In dem Jahrzehnt zwischen dem Marshallplan im Jahr 1948 und der Gründung der EWG im Jahr 1958 bildete sich unter Führung der Vereinigten Staaten von Amerika eine westeuropäisch-atlantische Gemeinschaft heraus.

Die Bundesrepublik Deutschland wurde in dieses entstehende System hineingeboren. Ihr Geburtsschein war die Einsicht in die Grundgegebenheiten des wirtschaftlichen Verbundsystems in Europa: Ohne die Wiederherstellung der westdeutschen Wirtschaft und ihrer Austauschbeziehungen mit den Nachbarn war ein Wiederaufstieg Westeuropas außerordentlich schwer. Die Autoren des Buches zeigen, wie Westdeutschland in kurzer Zeit – allen, aus den Erfahrungen mit dem nationalsozialistischen Deutschland wurzelnden politischen Vorbehalten zum Trotz – den Status eines wirtschaftlich und politisch nahezu gleichberechtigten Partners erlangte.

Rudolf Herbst ist stellvertretender Direktor des Instituts für Zeitgeschichte. Werner Bührer und Hanno Sowade sind wissenschaftliche Mitarbeiter des Instituts für Zeitgeschichte.

Oldenbourg

Vom Marshallplan zur EWG

Quellen und Darstellungen zur
Zeitgeschichte
Herausgegeben vom Institut für
Zeitgeschichte

Band 30

R. Oldenbourg Verlag München 1990

Vom Marshallplan zur EWG

Die Eingliederung der Bundesrepublik Deutschland in die westliche Welt

Herausgegeben von
Ludolf Herbst, Werner Bührer und Hanno Sowade

R. Oldenbourg Verlag München 1990

CIP-Titelaufnahme der Deutschen Bibliothek
Vom Marshallplan zur EWG : die Eingliederung der
Bundesrepublik Deutschland in die westliche Welt / hrsg. von
Ludolf Herbst... – München : Oldenbourg, 1990
  (Quellen und Darstellungen zur Zeitgeschichte ; Bd. 30)
  ISBN 3-486-55601-0
NE: Herbst, Ludolf [Hrsg.]; GT

© 1990 R. Oldenbourg Verlag GmbH, München

Umschlaggestaltung: Dieter Vollendorf, München
Gesamtherstellung: R. Oldenbourg Graphische Betriebe GmbH, München

ISBN 3-486-55601-0

Inhalt

Vorwort VII

Einleitung IX

I. Anfänge westdeutscher Integrationspolitik

Ludolf Herbst
Stil und Handlungsspielräume westdeutscher Integrationspolitik   3

Ulrich Enders
Der Konflikt um den Beitritt der Bundesrepublik und des Saargebiets
zum Europarat   19

Wolfgang Benz
Kurt Schumachers Europakonzeption   47

Wilfried Loth
Die Europa-Bewegung in den Anfangsjahren der Bundesrepublik   63

II. Rückkehr zum Weltmarkt

Christoph Buchheim
Die Bundesrepublik und die Überwindung der Dollar-Lücke   81

Martin Fritz
Schweden und der westdeutsche Markt 1945–1955   99

Albert E. Kersten
Die Niederlande und die Westintegration der Bundesrepublik.
Wirtschaft, Sicherheit und politische Kontrolle 119

Werner Bührer
Erzwungene oder freiwillige Liberalisierung? Die USA, die OEEC und
die westdeutsche Außenhandelspolitik 1949–1952 139

Reinhard Neebe
Optionen westdeutscher Außenwirtschaftspolitik 1949–1953 163

Gunther Mai
Osthandel und Westintegration 1947–1957. Europa, die USA und
die Entstehung einer hegemonialen Partnerschaft 203

Volker Berghahn
Zur Amerikanisierung der westdeutschen Wirtschaft. 227

III. Vom Schumanplan zur EWG

Raymond Poidevin
Die europapolitischen Initiativen Frankreichs des Jahres 1950 –
aus einer Zwangslage geboren? 257

Richard T. Griffiths
Die Benelux-Staaten und die Schumanplan-Verhandlungen 263

Peter Fischer
Die Bundesrepublik und das Projekt einer Europäischen
Politischen Gemeinschaft 279

Ulrich Kluge
Wege europäischer Agrarintegration 1950–1957   301
Michael Eckert
Kernenergie und Westintegration: Die Zähmung des westdeutschen
Nuklearnationalismus   313
Hanns Jürgen Küsters
Der Streit um Kompetenzen und Konzeptionen deutscher Europapolitik
1949–1958   335

IV. Die militärische Integration der Bundesrepublik

Wolfgang Krieger
Die Ursprünge der langfristigen Stationierung amerikanischer Streitkräfte
in Europa 1945–1951   373
Bert Zeeman
Der Brüsseler Pakt und die Diskussion um einen westdeutschen Militär-
beitrag   399
Pierre Guillen
Frankreich und die NATO-Integration der Bundesrepublik   427
Klaus A. Maier
Die Auseinandersetzungen um die EVG als europäisches Unterbündnis
der NATO 1950–1954   447
Bruno Thoß
Sicherheits-und deutschlandpolitische Komponenten der europäischen
Integration zwischen EVG und EWG 1954–1957   475
Mark Cioc
Abschreckung und Verteidigung. Die Kontroverse über die Atom-
bewaffnung in der Ära Adenauer 1949–1963   501

V. Die Westmächte und die Eingliederung der Bundesrepublik

Klaus Schwabe
Fürsprecher Frankreichs? John McCloy und die Integration der
Bundesrepublik   517
Heather J. Yasamee
Großbritannien und die Westintegration der Bundesrepublik 1948–1951   535
René Girault
Der kulturelle Hintergrund der französischen Integrationspolitik   561
Hellmuth Auerbach
Die europäische Wende der französischen Deutschlandpolitik 1947/48 .   577
Hans-Peter Schwarz
Die Eingliederung der Bundesrepublik in die westliche Welt   593

Abkürzungsverzeichnis   613
Auswahlbibliographie   615
Namenregister   641

Vorwort

Mit diesem Band von Quellen und Darstellungen eröffnet das Institut für Zeitgeschichte einen neuen Publikationsschwerpunkt. In lockerer Folge erscheinen von nun an in dieser Reihe Studien, die sich mit den internationalen Beziehungen Deutschlands nach 1945 befassen. Sie konzentrieren sich auf Westdeutschland bzw. die Bundesrepublik Deutschland, beziehen aber auch die DDR ein. Aufgenommen werden Studien zur Außenpolitik und zur Außenwirtschaftspolitik, aber auch zu anderen Bereichen der internationalen Beziehungen, wie sie nach 1945 vor allem im Zuge der europäischen Integration entwickelt haben.

Der vorliegende Band entstand als Ergebnis einer internationalen Tagung, die das Institut für Zeitgeschichte im Mai 1988 durchgeführt und die die Stiftung Volkswagenwerk dankenswerterweise finanziert hat. Die Tagung wurde im Rahmen des wissenschaftlichen Forschungsprojektes „Westdeutschland in den internationalen Beziehungen, 1945–1955" veranstaltet, das die Stiftung Volkswagenwerk ebenfalls finanziert hat. Ergebnisse dieses Projektes sind die als Band 31 und 32 dieser Reihe erscheinenden Studien: Christoph Buchheim, Die Wiedereingliederung der Bundesrepublik in die Weltwirtschaft 1945–1958 und Werner Bührer, Die Bundesrepublik Deutschland und die Organisation für europäische wirtschaftliche Zusammenarbeit (OEEC).

Zum Zustandekommen dieses Bandes haben viele helfende Hände beigetragen. Insbesondere zu danken ist Frau Christa Gutensohn für ihre nie ermüdende organisatorische Hilfe, Frau Barbara Knoller und Bärbel Dusik für ihre hilfreiche Unterstützung der Schreibarbeiten und für Korrekturarbeiten, sowie Herrn Peter Helmberger für die Anfertigung des Personenregisters und für Korrekturarbeiten. Die Übersetzungen aus dem Französischen bzw. Englischen besorgten Hellmuth Auerbach, Ute und Werner Bührer sowie Bärbel Dusik.

Einleitung

Der Verlauf der europäischen Geschichte in der ersten Hälfte des 20. Jahrhunderts gibt zu eindeutigen Schlußfolgerungen Anlaß. Die Kraft der großen Nationalstaaten Deutschland, Frankreich, England und Italien verzehrte sich im Krieg gegeneinander. Sie verloren ihre gemeinsame, wenn auch nicht im Konsens ausgeübte, Herrschaft über die Erde und büßten ihre überragende Position ein. Die von Tocqueville ein Jahrhundert zuvor als politische Kräfte der Zukunft beschriebenen Flügelmächte, die Vereinigten Staaten von Nordamerika und Rußland, die mehr Kontinentalimperien als klassischen Nationalstaaten glichen, rückten Europa machtpolitisch bedrohlich näher. Hitlers Versuch, sich dieser Entwicklung entgegenzustemmen und Deutschland, gestützt auf die Gewaltherrschaft über Europa und Teile Rußlands ebenfalls zu einem Kontinentalimperium zu machen, beschleunigte den Aufstieg der Flügelmächte und zertrümmerte die letzten Barrieren, die Europa der Herrschaft der „raumfremden" Mächte noch hätte entgegensetzen können. Das Zusammentreffen amerikanischer und sowjetischer Truppen am 25. April 1945 bei Torgau an der Elbe besiegelte diese Entwicklung. Deutschland und mit ihm Europa wurden geteilt und Machtsphären zugeordnet, deren Zentren, Washington und Moskau, sich außerhalb Kerneuropas und an der Peripherie des abendländischen Kulturkreises befanden.

Trotz aller Unsicherheit, die bleibt, solange Moskau dem Historiker keine Akteneinsicht gewährt, spricht die Evidenz der Fakten dafür, daß die Sowjetunion den in ihrer neugewonnenen Machtposition liegenden Ordnungsauftrag zur Errichtung klassischer direkter Herrschaft nutzte. Kaum verhüllt durch die marxistisch-leninistische Ideologie wurde der kommunistische Internationalismus, – gepaart mit der Macht der Roten Armee – dazu genutzt, in Osteuropa ein der Sowjetunion territorial vorgeschaltetes System von Satellitenstaaten zu errichten. Sowjetische Herrschaft wurde hier notfalls mit nackter Gewalt ausgeübt, wie die in den fünfziger Jahren beginnende lange Reihe der mit Panzern niedergewalzten Aufstände in der DDR, in Polen, Ungarn und der Tschechoslowakei gezeigt hat.

Die Vereinigten Staaten haben ihren Ordnungsauftrag von vornherein anders aufgefaßt. Ihre vorwiegend von ökonomischen Interessen geprägte imperiale Tradition der open door policy legte es nahe, nicht auf das plumpe klassische Arsenal direkter Herrschaft zurückzugreifen, sondern sich auf die weniger aufwendigen, weniger Kosten verursachenden und weniger auffälligen Formen indirekter Einflußnahme zu verlassen. Im Unterschied zur Moskauer Führung schien weder die Truman- noch die Eisenhower-Administration in bezug auf Europa einen besonders ausgeprägten Herrschaftswillen zu besitzen oder ihn gegenüber einer Öffentlichkeit und einem Kongreß, in denen isolationistische Tendenzen leicht wachzurufen waren, durchsetzen zu können. Wie anders wäre es sonst zu erklären, daß bis zum Beginn der 50er Jahre nicht einmal die Stationierung amerikanischer Truppen auf dem europäischen Festland eine geklärte Frage war. Ein dem sowjetischen Imperialismus vergleichbares rigides Herrschaftskonzept besaßen die USA also nicht.

Trotz der unverkennbaren Unterschiede im Herrschaftsgefüge weist die „westliche Welt" heute eine politische und wirtschaftliche Homogenität auf, haben sich die Beziehungen zwischen den westeuropäischen Staaten und den USA, hat sich der amerikanische Einfluß in Westeuropa in einer Weise gefestigt und erhalten, die die Homogenität, Kraft und Geschlossenheit des osteuropäischen Imperiums der Sowjetunion demgegenüber verblassen läßt. Während es mittlerweile deutlich geworden ist, daß in Osteuropa keine osteuropäisch-sowjetische Gemeinschaft entstanden ist, scheint sich in der westlichen Welt eine atlantisch-westeuropäische Gemeinschaft ausgeformt zu haben, für die zwar kein offener amerikanischer Herrschaftswille, wohl aber ein nachdrücklicher amerikanischer Ordnungswille und elementare Ordnungsinteressen konstitutiv waren und noch immer sind. Sie trafen freilich von Anfang an auf europäische Ordnungsinteressen und einen europäischen Selbstbehauptungswillen, dessen Kraft ausreichte, der wirtschaftlichen, politischen und kulturellen Amerikanisierung Grenzen zu ziehen. Im Widerstreit dieser Ordnungsinteressen wurden die Grundlagen der westeuropäisch-atlantischen Gemeinschaft geschaffen. Dabei richtet sich der genauere Auskünfte suchende Blick des Historikers auf die Jahre zwischen 1948 und 1958, als diese Gemeinschaft entstand. In diesem Jahrzehnt fielen die relevanten Entscheidungen und kristallisierte sich ein „System" heraus, dessen ungebrochene Vitalität und relative Stabilität überrascht, vor allem wenn man sie vor dem Hintergrund der Krisenerfahrungen der Zwischenkriegszeit und den mit dem Kapitalismus ganz generell verbundenen Krisenerwartungen betrachtet. Die im Unterschied zum osteuropäischen Sowjetimperium größere und mit weniger Machteinsatz erzielte Homogenität der atlantisch-westeuropäischen Gemeinschaft wird freilich um manches erklärlicher, wenn man sich die gemeinsamen Grundlagen und historischen Erfahrungen Westeuropas und Nordamerikas vergegenwärtigt.

So erinnerte der Präsident der American Historical Association, R. Palmers, Ende der 50er Jahre in einem vielbeachteten Buch an das den Westeuropäern und Nordamerikanern gemeinsame Erbe der bürgerlichen Revolution und der auf dem Prinzip der individuellen Freiheit und der Menschenrechte beruhenden Demokratie. Der Kreis der unter dieser den Atlantik überspannenden vergleichenden Perspektive in den Blick kommenden Länder war von jeher klein. Er umfaßte hüben kaum mehr als Großbritannien, Frankreich, Holland, Belgien, die skandinavischen Staaten und die Schweiz. Sieht man freilich die Spaltung Europas nach dem Zweiten Weltkrieg aus diesem Blickwinkel, so befand sich das demokratische Potential fast ausschließlich in der amerikanischen Hemisphäre. Dies traf selbst auf den westlichen Teil Deutschlands zu, der nun, – wie Adenauer oder Röpke es sahen –, befreit vom Alpdruck des despotischen Preußen, an die südwestdeutsche demokratische Tradition anknüpfen konnte. Die westeuropäischen Demokratien hatten durch die Abschließung gegenüber dem Osten gleichsam Ballast abgeworfen, auch wenn die Schwierigkeiten, die demokratische Staatsform nach 1945 wieder zu stabilisieren, angesichts der Kraft der kommunistischen Parteien in Frankreich, Italien und Belgien, der autoritären Strukturen in Westdeutschland und der kümmerlichen sozialen Verhältnisse sowie der schwierigen wirtschaftlichen Lage nicht unterschätzt werden dürfen. Ohne die dominante, relativ homogene demokratische Grundstruktur ist die große innere Integrationskraft der atlantischen westeuropäischen Gemeinschaft allerdings kaum zu erklären, der es gelang, die autoritären Gesellschaften erst Westdeutschlands, Italiens und Österreichs, dann Griechenlands, Portugals, und Spaniens gleichsam aufzusaugen.

Eine nicht minder wichtige historische Grunderfahrung war die industrielle Revolution. Sie griff im 19. Jahrhundert über die Staaten, in denen demokratische Traditionen fest verankert waren, hinaus und bezog zum Beispiel Deutschland mit ein. Die Spaltung Europas nach dem Zweiten Weltkrieg zerriß zweifellos einen Teil der im Zuge der Industrialisierung gewachsenen innnereuropäischen Austauschbeziehungen, vor allem wenn man an Mittel- und Ostdeutschland sowie an die Tschechoslowakei denkt. Andererseits befanden sich – mit diesen Ausnahmen – alle hochentwickelten europäischen Wirtschaftsgebiete im Westen, um deren Kerne, die rheinisch-lothringische und die englische Montanindustrie, sich die modernen Industrien kristallisierten.

In den so entstandenen westlichen Industrieregionen hatte sich lange vor dem Zweiten Weltkrieg ein durch enge industrielle Austauschbeziehungen geprägtes wirtschaftliches Verbundsystem gebildet, das auf die beiden mit Abstand größten Märkte, Großbritannien und Deutschland, ausgerichtet war. Es umschloß neben den großen Volkswirtschaften der demokratischen Mutterländer, Frankreich und Großbritannien, auch die hochmodernen Volkswirtschaften der kleinen traditionsreichen Demokratien der Niederlande, Belgiens, Schwedens, Dänemarks und der Schweiz. Die Staaten dieses Verbundsystems wickelten miteinander zwischen 50 und 70 Prozent ihres Außenhandels ab. Mit seiner ost- und südosteuropäischen Peripherie verbanden es hingegen sehr viel lockerere Beziehungen. Nicht ohne Recht tröstete sich der Beraterstab des amerikanischen Außenministers Marshall 1947, als es die Folgen der ökonomischen Teilung Europas abzuschätzen galt, mit der Erkenntnis, daß der Westen für den Osten Europas viel wichtiger sei als der Osten für den Westen Europas.

Gleichwohl zerschnitt die Teilung Europas ökonomische Verbindungen, für die nun jenseits des Atlantiks nach Substituten gesucht werden mußte. Die Vereinigten Staaten rückten dadurch auch ökonomisch näher an Westeuropa heran, als ihnen dies in der Zwischenkriegszeit gelungen war. Wichtiger wurde freilich die quantitative und qualitative Überlegenheit der nordamerikanischen Volkswirtschaft, die die Westeuropäer ihrerseits zur Modernisierung zwang. Allerdings halfen die USA Westeuropa durch Technologietransfer, Erfahrungsaustausch und Dollars dabei, wettbewerbsfähig zu werden und jene Industrialisierungsschübe nachzuholen, die in den USA schon in der Zwischenkriegszeit begonnen hatten und im Zweiten Weltkrieg kräftig vorangekommen waren. Auch die hierdurch bewirkte Homogenität der westlichen Welt kann kaum überschätzt werden.

Vergegenwärtigt man sich die Nordamerika und Westeuropa gemeinsamen historischen Grunderfahrungen, so wird man darüber hinaus auf den Zusammenbruch der Weltwirtschaft und des kollektiven Sicherheitssystems sowie auf die extreme innen- und außenpolitische Herausforderung der demokratischen Systeme durch den Faschismus und den Nationalsozialismus in der Zwischenkriegszeit hinweisen müssen. Die Weltwirtschaftskrise weckte und verstärkte das Bewußtsein, daß sich die modernen Industriestaaten in einer interdependenten Welt befanden, in der sie die Katastrophen gemeinsam ereilten und aus der sie daher gemeinsame Auswege zu suchen hatten. Mit der Konjunkturpolitik, die nun aufkam, und den modernen, aus der Krise resultierenden Forderungen nach Vollbeschäftigung und sozialer Sicherheit, gewann der Staat neue Aufgaben und Funktionen, die nicht mehr im nationalstaatlichen Rahmen allein zu lösen waren, sondern internationale Abstimmung erforderlich machten. Das Desaster der andere Wege gehenden nationalsozialistischen Strategie der Krisenüberwindung verstärkte diese in der Krise aufkeimende Erkenntnis. Zudem entschied sich im Krieg die zuvor offene Frage, ob der amerikanischen oder der britischen Wirtschaft die Führung in der westlichen Welt zukomme, eindeutig zugunsten der USA.

Die Krisenerfahrung hatte auch in anderer Hinsicht eine reinigende, die Komplexität der Politik in der westlichen Welt reduzierende Wirkung. Man wurde einerseits auf die radikalen Kräfte auf der rechten und auf der linken Seite des politischen Spektrums aufmerksam, die die Demokratie bedrohten, und lernte andererseits Deutschland in einem neuen Lichte zu sehen. Seine ungeheuren zerstörerischen Kräfte mußten gebändigt werden, ohne seine wichtige Rolle im westlichen Verbundsystem wesentlich zu beeinträchtigen. Aus dieser Perspektive bewirkte die Teilung Deutschlands ebenfalls eine Reduzierung von Komplexität, denn das halbe Deutschland würde leichter zu bändigen sein als das ganze.

Die Bedeutung dieses vielschichtigen Gewebes miteinander verbundener historischer Grunderfahrungen für die Formierung der westlichen Welt zu einer atlantisch-westeuropäischen Gemeinschaft kann kaum überschätzt werden. Stimuliert durch den Ost-West-Konflikt und die sich im Zuge des Kalten Krieges verfestigenden Feindbilder waren diese Grunderfahrungen nach 1945 ständig präsent und verdichteten sich zu der dem Historiker überall aus den Quellen entgegenspringenden, mit Rückbezügen auf das abendländische Kulturerbe unterfütterten Maxime, daß man sich auf die gemeinsamen Grundlagen besinnen und den ernsthaften Versuch unternehmen müsse, aus den Katastrophen der jüngsten Vergangenheit zu lernen.

Die Umsetzung dieser Grunderfahrungen in politische Konzepte und in praktische Politik war ein offener Prozeß, der viele Lösungsmöglichkeiten zuließ. Man muß sich nur die Vielzahl der Vorschläge und den Ideenreichtum der verschiedenen Gruppen der europäischen Résistance und der Europaföderalisten ansehen, um hiervon eine Vorstellung zu gewinnen. Für unseren Zusammenhang ist es besonders interessant zu beobachten, wie sich schon im konzeptionellen Denken ein dialektisches Verhältnis Westeuropas zu den Vereinigten Staaten von Nordamerika herauskristallisierte: man fühlte sich in Westeuropa einerseits im Sinne einer Wertegemeinschaft mit den USA verbunden und wußte sich von ihrer ökonomischen Kraft abhängig, andererseits stimulierte gerade ihre alles überragende politische, militärische und ökonomische Macht sowie ihre technologische Modernität den Willen zur Selbstbehauptung. Ähnliche Wirkungen gingen zeitweilig auch von der UdSSR aus und mündeten in der Vorstellung von einem geeinten Europa als „Dritte Kraft". Im Entscheidungsjahr 1947 büßte dieses Konzept freilich an Überzeugungskraft ein. Der Kalte Krieg zwang schon aus sicherheitspolitischen Gründen zur atlantischen Option. Die Idee einer von den Supermächten abgesonderten europäischen Identität lebte in Westeuropa gleichwohl unterschwellig fort und gehört mit zu den Wirkungsfaktoren des hier zu behandelnden Jahrzehnts.

Es ist jedoch zu Recht darauf verwiesen worden, daß die Umsetzung des skizzierten Erfahrungshorizonts in praktische Politik weder durch die Entwürfe der Résistance und der Europaföderalisten noch durch die europäischen Regierungen initiiert wurde. Westeuropa restaurierte sich auf nationalstaatlicher Basis, und die Regierungen waren dem Gedanken einer engen westeuropäischen oder gar westeuropäisch-atlantischen Gemeinschaft gegenüber keineswegs besonders aufgeschlossen. Der Anstoß kam von Washington. Doch wenn man dies betont, sollt man im Blick haben, daß auch die Vereinigten Staaten zunächst andere Wege gegangen waren. In den Konferenzen von Bretton Woods und San Francisco versuchten sie zwar, ihrer führenden Rolle in der Weltwirtschaft und im internationalen System gerecht zu werden, doch das zugrundeliegende Ordnungskonzept hatte globalen Zuschnitt und beruhte noch weitgehend auf der Kooperation der führenden Mächte der alliierten Kriegskoalition. In Roosevelt's „one world" sollte jedes Land freien Zugang zu den Rohstoffen und Märkten der Welt haben und der Friede durch das globale Sicherheitssystem der United Nations gewahrt werden. Erst mit dem aufflammenden Ost-West-Konflikt stellte sich das Konzept der one-world, das den Interessen der ökonomisch stärksten Macht der Erde und der Tradition der open door policy wohl am meisten entsprochen hätte, als Illusion heraus. Zugleich erwies sich, daß auch der westliche Teil der Welt durch globale Konzepte nicht geordnet werden konnte, weil Westeuropa infolge der Schwäche seiner Führungsmächte England und Frankreich, der inneren Zerrüttung seiner Volkswirtschaften und seiner gestörten zwischenstaatlichen Austauschbeziehungen seinen Part nicht zu spielen in der Lage war. Ohne eine regionale „Zwischenordnung" schien der Westen zudem nicht fähig zu sein, der imperialistischen Herausforderung durch die sowjetische Blockpolitik erfolgreich zu begegnen. Für die USA stellte sich damit die Frage, mit welchen Mitteln sie dem östlichen Imperialismus begegnen sollte.

Wenn man die Reaktion der USA im Jahre 1947 auf die Blockbildung in Osteuropa bedenkt, sollte man vielleicht zunächst fragen, wozu die westliche Führungsmacht überhaupt in der Lage war. Im Unterschied zur Moskauer Regierung, die auf die Wünsche der Bevölkerung weniger Rücksicht zu nehmen hatte, mußte die amerikanische Regierung ihre Maßnahmen im Kongreß und in der Öffentlichkeit nicht nur rechtfertigen, sondern ihre Handlungsmöglichkeiten hingen auch in hohem Maße von der öffentlichen Perzeption der Bedrohung ab. Einen Anlaß, daß sich die USA hätten direkt bedroht oder auch nur herausgefordert fühlen müssen, hatte die UdSSR aber nicht geliefert. Die Handlungsmöglichkeiten der amerikanischen Regierung in bezug auf Westeuropa waren daher eingeschränkt und hatten sich an den in jedem Parlament wirksamen Gesichtspunkten der sparsamen Haushaltsführung zu orientieren. Dies galt auch für den Marshallplan, dessen Belastungen für den amerikanischen Steuerzahler an dem Ziel orientiert waren, die Lebensfähigkeit (viability) Westeuropas binnen vier Jahren wiederherzustellen. Die den Europäern gewährten Warenkredite sollten langfristig dadurch Kosten einsparen, daß nach Ablauf dieser vier Jahre keine weiteren amerikanischen Interventionen mehr erforderlich waren. Dabei wurde viability im umfassendsten Sinne angestrebt: Westeuropa sollte zur politischen, wirtschaftlichen und militärischen Selbstbehauptung in der Lage sein. Implizit verband sich schon mit der Marshallplan-Hilfe und explizit mit der Mutual-Security Aid, die ihr folgte, die amerikanische Hoffnung, eines nicht zu fernen Tages auch die Stationierung amerikanischer Truppen in Westeuropa entbehrlich machen zu können. Die Hilfe wurde also als Hilfe zur Selbsthilfe gewährt und sollte langfristig nicht die Abhängigkeit Westeuropas von den USA, sondern ihre Unabhängigkeit stärken.

Dennoch erfüllt die Marshallplan-Hilfe und erfüllen die Begleitumstände und Bedingungen, unter denen sie gewährt wurde, den Tatbestand einer hochgradig interventionistischen Politik, die den Vergleich mit dem klassischen Repertoire des Handels- und Finanzimperialismus geradezu herausfordert. Begegneten die USA dem in den klassischen Formen der direkten Herrschaft erfolgenden imperialistischen Zugriff der UdSSR auf Osteuropa also ihrerseits mit dem klassischen Instrumentarium des auf indirekte Herrschaft zielenden Handels- und Finanzimperialismus? Tatsächlich legen einige Beiträge dieses Sammelbandes eine vorsichtig bejahende Antwort auf diese Frage nahe. Das Jahrzehnt der Herausbildung einer westeuropäisch-atlantischen Gemeinschaft von 1948 bis 1958 zerfiele danach in zwei Phasen, in eine erste bis etwa 1952 reichende Phase amerikanischer Finanz- und Handelshegemonie und eine sich 1950 bereits ankündigende und 1951/52 mit der Gründung der Sechsergemeinschaft zum Durchbruch gelangende Phase der westeuropäischen Gegenformierung.

Eine der größten Zumutungen, mit denen die amerikanische Politik die westeuropäischen Staaten konfrontierte, war aller Einsicht in die objektiven Gegebenheiten zum Trotz die Einbeziehung Westdeutschlands in die Marshallplan-Hilfe und in die Rekonstruktion der Wirtschaft Westeuropas, sowie die daraus abgeleitete und ihr folgende Gründung der Bundesrepublik Deutschland. Die Vereinigten Staaten verfügten als militärisch und ökonomisch führende Besatzungsmacht in Westdeutschland über beträchtliche Eingriffsrechte und Interventionsmöglichkeiten, die angesichts der zentralen Bedeutung der deutschen Volkswirtschaft in Westeuropa im Interesse einer hegemonialen Stellung genutzt werden konnten. Der Prozeß der Eingliederung der Bundesrepublik in die westliche Gemeinschaft eignet sich auch aus diesem Grund vorzüglich, Aussagen über die Herrschaftsstruktur dieser Gemeinschaft zu machen; denn keine Regierung in Westeuropa war druckempfindlicher, bei keiner stellte sich die Frage nach den nationalen Handlungsspielräumen schärfer als bei der Bundesregierung. Zudem hatte keine Gesellschaft in Westeuropa einen längeren Weg zurückzulegen, um voll in diese Gemeinschaft integriert zu werden, als die westdeutsche.

Die Bundesrepublik wurde in die entstehende westeuropäisch-atlantische Gemeinschaft hineingeboren. Ihr Geburtsschein war die Einsicht in die Grundgegebenheiten des wirtschaftlichen Verbundsystems: Ohne die Wiederherstellung der westdeutschen Wirtschaft und ihrer Austauschbeziehungen mit den benachbarten Volkswirtschaften war ein Wiederaufstieg Westeuropas wenn auch vielleicht nicht unmöglich, so doch außerordentlich schwer. Wie dringend man die deutsche Wirtschaftskraft brauchte, läßt sich daran ablesen, daß diese alte Erkenntnis, die John M. Keynes bereits 1919 formuliert hatte, sich bereits zwei Jahre nach dem Zweiten Weltkrieg gegen verständliche politische Haßgefühle die Bahn zu brechen vermochte.

Warum Westdeutschland für die Rekonstruktion des westeuropäischen Wirtschaftsverbundes und vermittelt durch ihn auch für die Weltwirtschaft so wichtig war, untersucht Christoph Buchheim. Das zentrale Problem, das 1947 die Rekonstruktion der westeuropäischen Volkswirtschaften behinderte, war die sogenannte Dollarlücke: die westeuropäischen Staaten importierten mehr Waren, vor allem Lebensmittel, Rohstoffe und Investitionsgüter aus den Vereinigten Staaten, als sie an Waren dorthin verkaufen konnten. Dies führte zu ständig steigenden Defiziten in der Handelsbilanz gegenüber dem Dollarraum. Eine wesentliche Ursache hierfür, so Buchheim, war im nahezu gänzlichen Ausfall Deutschlands als Investitionsgüterexporteur zu suchen. In demselben Maße, in dem es gelang, die westdeutsche Wirtschaft wieder anzukurbeln und das restriktive alliierte Außenhandelsregime zu lockern, das den Warenverkehr mit Westdeutschland behindert hatte, verlagerte sich der westeuropäische Importbedarf an Investitionsgütern von den Vereinigten Staaten auf die Bundesrepublik. Hierzu trugen ebenfalls die Handelsliberalisierung und die Gründung der Europäischen Zahlungsunion im Sommer 1950 bei, die den innereuropäischen Austausch nachhaltig zu intensivieren vermochten. An die Stelle der Dollarlücke trat eine DM-Lücke, die aber im Unterschied zu ihrer Vorgängerin finanzierbar war, „weil die Bundesrepublik sich als wesentlich importfreudiger erwies als die Vereinigten Staaten".

Dieses Ergebnis bestätigen aus der Perspektive Schwedens und der Niederlande auch die Beiträge von Martin Fritz und Albert E. Kersten. Seit August 1952 war die Bundesrepublik zum wichtigsten Lieferanten Schwedens geworden und verringerte damit die Abhängigkeit des Landes von Dollarimporten und trug dazu bei, den zuvor akuten Dollarmangel zu beheben. Da Schweden seinerseits gute Absatzmöglichkeiten auf dem deutschen Markt fand, erwies sich auch in diesem Fall die der Dollarlücke nachfolgende DM-Lücke als finanzierbar. Die handelspolitische Eingliederung der Bundesrepublik in die westliche Welt, so Martin Fritz, war für Schweden „von größtem Vorteil". Besonders deutlich prägten die Abhängigkeiten vom deutschen Markt und von deutschen Lieferungen auch das Verhältnis der Niederlande zur Bundesrepublik. Obgleich die bilateralen Beziehungen durch die deutsche Besatzungspolitik im Zweiten Weltkrieg extrem belastet waren, traten niederländische Politiker, so Kersten, in einer Mischung aus „nationalem wirtschaftlichen Interesse und entpolitisiertem Objektivismus" schon früh für eine gleichberechtigte wirtschaftliche Einbeziehung erst Westdeutschlands und dann der Bundesrepublik in die westliche Gemeinschaft ein. Allerdings ließ die Notwendigkeit einer wirksamen Kontrolle des deutschen Machtpotentials es aus niederländischer Perspektive geraten erscheinen, eine möglichst große Gemeinschaft anzustreben, in der es genügend starke Gegengewichte gegen einen deutschen Hegemonieanspruch gab.

Der Rahmen, in dem sich die handelspolitische Eingliederung der Bundesrepublik in die westliche Welt vollzog, war die im April 1948 gegründete OEEC, die Organisation für Europäische wirtschaftliche Zusammenarbeit. Die Amerikaner hatten eine solche Organisation als Voraussetzung für die Gewährung von Marshallplan-Hilfe gefordert. Sie sollte als Ansprechpartner der Vereinigten Staaten die Gesamtheit der westeuropäischen Regierungen vertreten und für einen gewissen Grad der Einheitlichkeit der wirtschaftlichen Planung und der Verteilung der Marshallplan-Gelder sorgen. Dies gelang zwar nur in sehr unvollkommenen Maße, aber die OEEC nahm sich dafür um so erfolgreicher der Liberalisierung des innereuropäischen Handels und Zahlungsverkehrs an. Schon das Zustandekommen dieser Organisation ist ohne Druck aus Washington nicht zu verstehen. Ohne die Gründung der OEEC als ständige Organisation wirtschaftlicher Zusammenarbeit in Europa hätte es keine Marshallplan-Hilfe gegeben. Druck übte Washington aber auch in der Frage der Liberalisierung aus. Er lastete auf allen europäischen Regierungen, betraf aber in besonderer Weise die Bundesrepublik. Die Amerikaner versuchten ihre überragende Machtposition dazu zu nutzen, die Bundesrepublik zum „Musterland" der Liberalisierung zu machen. Die Bundesrepublik war einerseits aufgrund ihrer staatsrechtlichen Lage das schwächste Glied der Kette, ihre Regierung hatte andererseits aufgrund der strukturellen Außenhandelsabhängigkeit des Landes ein lebhaftes Interesse an der Liberalisierung. Tatsächlich, so kann Werner Bührer zeigen, haben die Akteure in der Bundesrepublik, allen voran der Wirtschaftsminister Ludwig Erhard, eine im Prinzipiellen gleichgerichtete Zielsetzung verfolgt. Dies schloß freilich nicht aus, daß sie in der Durchführung andere Wege zu gehen versuchten. So verstanden sie unter der Parole „Liberalisierung des Handels" zu allererst den Abbau der einseitigen alliierten Beschränkungen. Auch als die OEEC im Herbst 1949 den Einstieg in die multilaterale Liberalisierung vollzog, entschieden sich die Experten aus der Bundesrepublik für eine andere Methode und verteidigten die von ihnen bevorzugte bilaterale Handelsliberalisierung. Daß die Bundesregierung, – auf wirtschaftlichem Gebiet mittlerweile weitgehend souverän, – nach Überwindung der Zahlungsbilanzkrise im Januar 1952 zur Liberalisierungspolitik zurückkehrte, wertet Bührer als Beleg dafür, daß ihr diese Politik nicht aufgezwungen wurde, auch wenn manche konkrete Einzelentscheidung „nur dank mehr oder weniger massiven Drucks" zustande gekommen war.

Druck mit Hilfe des Marshallplans übten die Amerikaner auch in anderer Weise aus. Um der sowjetischen Blockade Berlins zu begegnen und dem Kontrahenten im Kalten Krieg keine Waren und kein technisches know how zukommen zu lassen, die sein militärisches Potential stärkten, verhängten die Vereinigten Staaten ein Handelsembargo gegen die UdSSR. Firmen, die das Embargo durchbrachen oder verletzten, konnten auf Betreiben der European Cooperation Administration, dem amerikanischen Pendant zur OEEC, die Marshallplan-Gelder gesperrt werden. Der amerikanische Kongreß sorgte – mehr als die amerikanische Regierung – dafür, daß das Sanktionsmittel auch genutzt wurde. Gunter Mai macht in seinem Beitrag deutlich, daß diese Beeinträchtigung des Ost-West-Handels dem übergeordneten Ziel des Marshallplans, die Dollarlücke zu verringern, widersprach; denn aus der UdSSR konnten Rohstoffe und Nahrungsmittel bezogen werden, die sonst mit Dollars bezahlt werden mußten. Die Embargopolitik konterkarierte damit die Interessen der westeuropäischen Staaten und wurde von ihnen, allen voran Großbritannien, entsprechend zögerlich und, wo es möglich schien, gar nicht mitvollzogen. Für Gunther Mai war die amerikanische Embargopolitik der entscheidende Testfall auf die Unabhängigkeit der europäischen Staaten. An ihr entschied sich für ihn die Frage, ob die Vereinigten Staaten ihre „hegemoniale Führungsrolle" in „Herrschaft" würden umwandeln können. Die Europäer, so Mai, haben den Test bestanden. Ja, mehr noch, die europäische Integration habe es der „Abwehr dieser versuchten Fremdbestimmung mehr als der Frontstellung gegen die Bedrohung aus dem Osten ... zu verdanken ..., daß sie sich ... gegen die Beharrungskraft der nationalstaatlichen Traditionen und Interessen behaupten konnte".

Auch wenn man in der Schlußfolgerung nicht so weit geht wie Gunther Mai, wird man die Embargopolitik in ihrer Wirkung doch als ein Instrumentarium zur Abgrenzung einer westlichen Weltwirtschaft verstehen können. Sie trug mit dazu bei, die traditionellen Handelsströme zwischen West- und Osteuropa auf den Weg über den Atlantik umzulenken. Ob dies freilich der Festigung der westeuropäisch-atlantischen Gemeinschaft gedient hat, muß angesichts des Widerspruchs, den sie in Europa fand, fraglich bleiben. Mehr als die aus dem Horizont des Kalten Krieges verständliche Embargopolitik hat wohl die Staatshandelspolitik der Ostblockländer und ihre geringfügige Wirtschaftsdynamik dazu geführt, daß Westeuropa ökonomisch mehr mit den Vereinigten Staaten als mit Osteuropa zusammenwuchs.

Sehr deutlich kann Reinhard Neebe in seinem Beitrag den Interessensgegensatz zwischen amerikanischer Embargopolitik und europäischen Wirtschaftsinteressen am Beispiel der Bundesrepublik machen. Nennenswerte Teile der am Osthandel interessierten westdeutschen Industrie versuchten, die amerikanische Embargopolitik zu unterlaufen. Sie genossen dabei die „stillschweigende Billigung" der Bundesregierung, ja diese initiierte 1952 sogar die Gründung des „Ostausschusses der deutschen Wirtschaft" und bediente sich im April 1953 dieses Gremiums zu ersten offiziellen Kontakten mit der Sowjetunion. Neebe zieht aus seinen Untersuchungen den Schluß, daß die westdeutsche Außenhandelspolitik in ihrer traditionellen Bindung an die Erfahrungen der Zwischenkriegszeit dazu geneigt habe, sich von der außenpolitischen Option für die Vereinigten Staaten tendenziell abzukoppeln. Die daraus resultierende, nicht unerhebliche Belastung der bilateralen Beziehung zwischen der Bundesrepublik und den USA in der ersten Hälfte der 50er Jahre konnte freilich im politischen Feld entschärft werden. Erst allmählich entwickelte sich in der exportorientierten Industrie und in der Außenwirtschaftsbürokratie der Bundesrepublik ein westeuropäisch-atlantisches Bewußtsein.

Auf Umorientierungszwänge ganz anderer Art macht Volker Berghahn aufmerksam. Er befaßt sich am Beispiel des Hamburger Industriellen Otto A. Friedrich mit dem Problem der „Amerikanisierung der westdeutschen Industriewirtschaft". Friedrich war sich der Schwierigkeiten eines Transfers industriekultureller Elemente und Organisationsprinzipien von den USA nach Deutschland bewußt und setzte sich daher, – durch seinen Bruder Carl Joachim Friedrich, einen angesehenen Politologen in Harvard und Berater Clays, außergewöhnlich gut über die amerikanische Industriekultur informiert –, für die Durchsetzung amerikanischer Zielvorstellungen in der Bundesrepublik ein. Als Ergebnis amerikanischen Einflusses und entsprechender deutscher Rezeptionsbemühungen, so Berghahns Resümee, entstand „eine eigenartige Mischung amerikanischer industriekultureller Exporte und einheimischer Organisationen und Praktiken", die wesentlich mit zur Formierung einer westlichen Gemeinschaft beitrug.

Die wirtschaftliche Eingliederung der Bundesrepublik in die westliche Weltwirtschaft projizierte Probleme auf die Ebene der politischen Beziehungen zwischen den Staaten, die den Gang der westeuropäischen Integration und die Struktur der westeuropäisch-atlantischen Gemeinschaft erheblich beeinflußten. Würde der neue deutsche Staat nicht versuchen, sein gestärktes Wirtschaftspotential in politische Macht umzumünzen und dazu zu nutzen, erneut eine hegemoniale Stellung in Europa anzustreben? Die in die Zukunft weisenden Antworten auf diese Frage, die schon in der Résistance erörtert worden war und nach dem Krieg ebenso von den Europaföderalisten wie von in der Verantwortung stehenden Politikern aufgegriffen wurde, sahen die Kontrolle des deutschen Wirtschaftspotentials im Rahmen einer europäischen Union vor. Die europäischen Staaten, so meinte etwa Georg F. Kennan im Frühjahr 1949, seien den Deutschen als voneinander isolierte Nationalstaaten nicht gewachsen, sondern nur, wenn es ihnen gelänge, eine europäische Gemeinschaft zu bilden und Deutschland fest in sie einzufügen.

Als die erste Bundesregierung sich im September 1949 konstituierte, war die Bildung einer solchen europäischen Gemeinschaft noch nicht sehr weit gediehen. Als politischen Zusammenschluß gab es nur den Europarat, dessen Statut am 5. Mai 1949 von zehn westeuropäischen Staaten unterzeichnet worden war. Diese Einrichtung arbeitete

– wie die OEEC auch – auf rein kooperativer Basis. Die ursprüngliche Idee, eine Europäische Verfassung und ein direkt gewähltes Parlament zu schaffen, war im Europarat kaum noch wiederzuerkennen. Vor allem die Briten hatten unter Hinweis auf ihr Commonwealth-Interesse deutlich gemacht, daß sie irgendwelchen Einschränkungen ihrer Souveränität nie zustimmen würden. Zum institutionellen Kern des Europarats wurde daher der Außenministerrat, während die von europäischen Parlamentariern gebildete Beratende Versammlung nur Empfehlungen aussprechen konnte.

Gleichwohl waren sich die Regierungen der drei Westalliierten mit Adenauer von vornherein darüber einig, daß die Bundesrepublik die Mitgliedschaft im Europarat anstreben sollte. Trotz dieser gemeinsamen Ausgangsposition wurde, wie Ulrich Enders zeigt, der Beitritt zum Testfall für die europäische Gesinnung der Regierung Adenauer und die Spielräume westdeutscher Politik. Von einer Behandlung als gleichberechtigter Partner war die Bundesrepublik noch weit entfernt. Da sie bis zum März 1951 noch kein eigenes Außenministerium besaß, konnte sie im Ministerrat des Europarats nicht vertreten sein. Es wurde daher zunächst nur ihre Assoziierung ins Auge gefaßt. Frankreich erschwerte diesen Beitritt zu Minderkonditionen aber bekanntlich noch durch die Forderung nach einer gleichzeitigen Assoziierung der Saar. Hier setzt Enders ein und zeigt im Detail, wie die Regierung Adenauer in dieser unnötig erschwerten Lage mit vorsichtig taktierender Diplomatie ihre europapolitische Linie behauptete und zwischen der Kritik im eigenen Parlament und den Zumutungen der Alliierten sicher hindurchsteuerte.

Von einer etwas generelleren Perspektive geht Ludolf Herbst die Frage an, über welche europapolitischen Handlungsspielräume die Regierung Adenauer in den ersten Jahren nach 1949 verfügte. Er analysiert den Zusammenhang zwischen der Revision des Besatzungsstatuts und der Eingliederung der Bundesrepublik in die westliche Welt. Offenbar, so sein Fazit, machten die Westalliierten die Ablösung der ihnen zunächst noch verbliebenen Kontrollrechte von der Westintegration der Bundesrepublik abhängig. Es herrschte ein strenges do ut des. Unter diesen Bedingungen verengten sich die europapolitischen Handlungsspielräume der Bundesregierung sehr stark. Mit der „richtigen Mischung aus taktischer Geschmeidigkeit und selbstbewußter Beharrlichkeit" sei es Adenauer freilich gelungen, den Westmächten im Wege europapolitischer Vorleistungen eine Konzession nach der anderen abzuringen und der Bundesrepublik eine „materiell und politisch gesicherte Zukunft" in der westlichen Gemeinschaft als „gleichberechtigtem Partner" zu erringen.

Der Oppositionsführer im ersten Deutschen Bundestag, Kurt Schumacher, bekämpfte diese Politik der europäischen Vorleistungen auf das Heftigste. Wolfgang Benz macht auf das Paradoxe dieser Haltung aufmerksam; denn an sich hatte Schumacher gleich nach Kriegsende zu den überzeugten Verfechtern der Europaidee gehört. Was er bekämpfte war denn auch nicht so sehr das Ziel, als vielmehr den Weg, den Adenauer einschlug. Schumacher meinte, die Bundesregierung müsse zunächst die Gleichberechtigung gewinnen, ehe sie sich in den Westen integriere und dürfe durch ihre Europapolitik nicht die Optionen für die Wiedervereinigung Deutschlands verbauen. Schumachers Europa sollte darüber hinaus weniger kapitalistisch sein – eine Integration auf der Basis der Schwerindustrie, wie in der Montanunion vorgesehen, war ihm ein Greuel. Er stellte sich Europa „offener und größer, parlamentarischer und sozialer" vor. Das „Festhalten an fernen Ideallösungen", so Benz, verführte Schumacher und mit ihm die Mehrheit der SPD „zur kompromißlosen Verteidigung der vielleicht besseren Grundsätze ... und zur Verweigerung aller Eintrittsbilletts für die schlechtesten Plätze im europäischen Theater, auch als schon absehbar war, daß man spätestens im zweiten Akt von den Rängen ins Parkett würde wechseln dürfen". Schumachers Europapolitik haftete ein Zug des Verfahrenen an. Benz kann wahrscheinlich machen, daß dies auch mit den Spannungen in der sozialistischen Internationale und mit der schwierigen und zögerlichen Aufnahme, die die SPD nach dem Zweiten Weltkrieg in ihr fand, zu tun hatte. Schumacher, der zu Recht in dem Bewußtsein lebte, dem Widerstand angehört zu haben und einer Partei vorzustehen, die den Nationalsozialismus kompromißlos bekämpft hatte, fiel es offenbar schwerer als Adenauer, sich mit dem zwar undifferenzierten aber verständlichen kollektiven Schuldverdikt abzufinden, unter dem Deutschland nach der Nazi-Herrschaft stand und das die deutschen Handlungsspielräume gewissermaßen „ohne Ansehung der Person" einschränkte.

Wie sehr auch die Entwicklung der Gesinnung der Deutschen europaweites Interesse fand, zeigt Wilfried Loth am Beispiel der Europa-Bewegung in den Anfangsjahren der Bundesrepublik. Der europäische Dachverband, die Union Européenne des Fédéralistes (UEF), unterstützte die Entfaltung des Europagedankens in Westdeutschland von Anfang an: „Nur wenn die Deutschen für die Idee des europäischen Zusammenschlusses gewonnen wurden und das auch nach außen hin sichtbar wurde", so Loth, „war die Lösung des Deutschlandproblems durch Integration in den westeuropäischen Ländern politisch durchsetzbar; und nur mit deutscher Beteiligung war eine europäische Föderation, in welchen Grenzen auch immer, auf Dauer lebensfähig." Tatsächlich gelang die Belebung des Europagedankens in der Bundesrepublik nicht zuletzt infolge der Unterstützung, die die deutsche Europa-Union durch die UEF erfuhr. Auf dem Höhepunkt ihrer Entwicklung umfaßte sie 40 000 Mitglieder und vermochte zahlreiche prominente Persönlichkeiten aus dem politischen, wirtschaftlichen und kulturellen Leben anzuziehen. Der Mobilisierungseffekt reichte weit in das parlamentarisch-politische Leben hinein. So gelang es mit der Entschließung des Deutschen Bundestages zum „Europäischen Bundespakt" vom 26. Juli 1950, den alle Parteien mit Ausnahme der Kommunisten mittrugen, einen Grundkonsens in der Bundesrepublik zu etablieren, der „das Zielbild einer föderativen Neuordnung Europas" einschloß. Als die wichtigsten Grundentscheidungen über die Eingliederung der Bundesrepublik in die westliche Welt fielen, war die Europa-Idee dort „populär wie nie zuvor". Die ebenso von bürgerlichem Idealismus wie von konservativer Gesinnung geprägte Mitgliedschaft der Europa-Union wurde zu einer „wichtigen Hilfstruppe bei der innenpolitischen Durchsetzung des Adenauerschen Westintegrationskurses".

Adenauer war sich dessen bewußt, daß die Eingliederung der Bundesrepublik in die westliche Welt nicht nur den wohlverstandenen Interessen Westdeutschlands entsprach, sondern auch sicherheitspolitischen Interessen seiner Nachbarn Rechnung zu tragen hatte. Da er zudem seinem eigenen Volk mißtraute und einen Rückfall in den verderblichen Nationalismus früherer Zeit für möglich hielt, sollten die Bindungen an den Westen irreversibel und unauflöslich sein. Gleicher Auffassung waren auch die Westalliierten: „Das Ziel der Westmächte", so formulierte Dean Acheson auf der Pariser Außenministerkonferenz im November 1949 unter dem Beifall seines britischen und französischen Kollegen, „muß die Herstellung gänzlich neuer Beziehungen zu Deutschland sein." Gemeint waren Beziehungen eines neuen Typs, die verhinderten, daß die Bundesrepublik nationalstaatliche Handlungsfreiheit gewönne und sich – dem Vorbild des Dritten Reiches folgend – womöglich eines Tages wieder ihrer kollektiven Verpflichtungen entledigen würde. Die Mitgliedschaft der Bundesrepublik in der OEEC und im Europarat erfüllte die Voraussetzung einer solchen irreversiblen Bindung nicht. Diese Organisationen nötigten den Teilnehmerstaaten keinen Verzicht auf Souveränitätsrechte ab und konnten durchaus zum Vehikel einer raschen wirtschaftlichen und politischen Emanzipation der Bundesrepublik werden. Sollte die Idee einer Kontrolle der Deutschen mit Hilfe der Europäischen Integration Wirklichkeit werden, mußte die westliche Gemeinschaft über die rein kooperativen Formen der Zusammenarbeit hinaus zu supranationalen Strukturen fortentwickelt werden.

Vor allem die französische Regierung nahm sich dieses Gedankens an und eröffnete mit dem Schuman-Plan und dem Pleven-Plan eine neue Phase der europäischen Integration, die auf die Schaffung einer engeren supranational strukturierten Sechsergemeinschaft, eingebettet in den Rahmen der nach wie vor weiterbestehenden umfassenden westeuropäischen Kooperation, hinauslief. Raymond Poidevin umreißt – gestützt auf die Ergebnisse seiner großen Biographie Robert Schumans – die innerfranzösische und die europapolitische Interessenkonstellation, vor deren Hintergrund Schuman und Pleven ihre Vorschläge unterbreiteten: die französische Regierung fand auf diese Weise nicht nur aus der deutschlandpolitischen Sackgasse heraus, in die sie durch die Gründung der Bundesrepublik geraten war, sondern sie sicherte sich durch ihren mutigen Vorstoß auch soviel Einfluß auf Form und Inhalt der Integration, daß das unkontrollierte Wiedererstarken eines nationalen Machtstaates auf westdeutschem Boden unmöglich wurde.

Wie eng die französische Europapolitik mit der Lösung der deutschen Frage zusammenhing, zeigen auch die Beiträge von Hellmuth Auerbach und René Girault. Auerbach greift noch einmal auf die Wende der französischen Deutschlandpolitik 1947/48 zurück und konstatiert, daß die „europäische Phase" der französischen Politik damals begann. Er schreibt sie zum einen der wachsenden außenpolitischen Isolierung Frankreichs zu und sieht in ihr andererseits die Einsicht französischer Planer in die Notwendigkeit des deutschen Wiederaufbaus für ein prosperierendes Europa am Werk. Girault packt das Thema der französischen Europapolitik von der kulturpolitischen Seite an und zieht die Linien perspektivisch weit aus, bis zum Beginn des Jahrhunderts. In der unmittelbaren Nachkriegszeit, so sein Fazit, gab es vor allem wegen des kulturpsychologischen Schocks, den die „deutsche Gefahr" in Frankreich hinterlassen hatte, keine wirkliche Basis für eine europäische Integration. Daß sich die kleineuropäische Lösung und die Verständigung mit Westdeutschland in den fünfziger Jahren schließlich durchsetzte, hing vor allem auch mit der Weigerung Großbritanniens zusammen, das in Paris erhoffte enge Bündnis mit Frankreich einzugehen.

Die britischen Regierungen freilich, das zeigt Heather J. Yasamee, neigten mehr einer engeren Kooperation mit den Vereinigten Staaten zu und betrachteten die Deutschland- und Europapolitik mehr als Funktion der britischen Beziehungen zu den USA. Großbritannien, so Frau Yasamee, habe eine erstaunlich liberale und „selbstlose" Politik betrieben, aber stets darauf geachtet, daß Konzensionen an die Adresse der Bundesrepublik nur zu „alliierten und nicht zu deutschen Bedingungen" gewährt wurden. Britische Zweifel gegenüber europäischen Lösungen kamen auch darin zum Ausdruck, daß die Verantwortlichen einer Integration der Bundesrepublik in ein atlantisches System den Vorzug gaben; es war nämlich vor allem die Ungewißheit über den künftigen Weg der Bundesrepublik, die aus britischer Sicht die Einbeziehung der USA in den Kreis der permanenten „Kontrollmächte" attraktiv erscheinen ließ.

Auf die wichtige und durch die Geschichtswissenschaft bisher vernachlässigte Rolle der kleineren Länder im Integrationsprozeß weist Richard T. Griffith mit seinem Beitrag über die Politik der Beneluxstaaten in den Verhandlungen über die Montanunion hin. Griffith zeigt, wie die interessenbestimmte Politik der drei Staaten die supranationalen Ambitionen des Schuman-Plans verwässerte und dazu führte, daß die Gemeinschaft für Kohle und Stahl ein „überaus pragmatisches Gebilde" mit vielen „Widersprüchen und Ausnahmeregelungen" wurde. Zugleich zerstört Griffith den Mythos von der geschlossenen Einheitsfront der Benelux-Staaten und zeigt, wie sie in einzelnen Sachfragen unterschiedliche Koalitionen eingingen.

Wie schwer es auch dann war, europapolitische Konzepte in die Tat umzusetzen, wenn es darum ging, die zu kontrollierende Bundesrepublik möglichst „organisch" mit Westeuropa zu verbinden, und wie komplex die von divergierenden Interessen geprägten Realitäten waren, mit denen sie zu rechnen hatten, zeigt insbesondere auch der Beitrag von Peter Fischer. Er wendet sich einem Desiderat der bisherigen Forschung zu und schreibt ein Stück Geschichte der Mißerfolge der europäischen Integration. Er analysiert den Versuch der französischen Regierung, nach der Montanunion und der noch im Verhandlungsstadium befindlichen Europäischen Verteidigungsgemeinschaft „in einem dritten Schritt die Schaffung einer supranationalen politischen Autorität in Europa" anzustreben. Das Projekt einer „Europäischen Politischen Gemeinschaft", so Fischer, traf auf unterschiedliche Interessen und konzeptionelle Divergenzen der Partner der Sechsergemeinschaft und wurde von diesen Gegensätzen zerrieben, noch ehe das Scheitern der Europäischen Verteidigungsgemeinschaft in der französischen Nationalversammlung am 30. August 1954 das „Aus" auch für diese Initiative brachte. Damit, so Fischer, endete die Phase der von Frankreich inspirierten europäischen Integrationspolitik.

Die Regierung der Vereinigten Staaten hatte sich nach anfänglichem Zögern für den Gedanken einer wirtschaftlichen, militärischen und politischen Sechsergemeinschaft stark gemacht, weil sie die Bundesrepublik fest einzubinden versprach und als wertvolle Ergänzung der in diesen Politikbereichen schon existierenden territorial umfassenderen, aber institutionell nur locker gefügten Organisationen, der OEEC, der NATO und des Europarats, betrachtet werden konnte. Ein besonders engagierter Verfechter einer solchen kleineuropäischen Lösung war, wie Klaus Schwabe zeigt, der amerikanische Hochkommissar John McCloy. Er galt als Fürsprecher französischer Interessen, und lehnte es, – bei aller Bereitschaft, die alliierte Besatzungsherrschaft in der Bundesrepublik Zug um Zug zu beenden –, ab, der Bundesrepublik die volle Souveränität zuzugestehen, bevor sie nicht im Rahmen der Sechsergemeinschaft einen dauernden Interessenausgleich mit Frankreich zustande gebracht hatte. Am liebsten hätte er beide Länder mit Hilfe des amerikanischen Machtpotentials in eine kleineuropäische Interessengemeinschaft hineingezwungen. Dabei bewegte ihn die Überzeugung, so Schwabe, daß „der Schlüssel für den Erfolg der amerikanischen Europapolitik primär in Frankreich zu suchen" sei.

In Washington, so scheint es, konnte trotz aller Skepsis gegenüber der „Politik"
McCloys jeder Schritt mit pragmatischer Unterstützung rechnen, der die Sache der
Europäischen Integration überhaupt voranzubringen versprach. Dies zeigt auch
Michael Eckert am Beispiel der Atompolitik. Der parallel zur fortschreitenden Westintegration verlaufene Einstieg der Bundesrepublik in die Kernenergie, der geprägt war
von dem Bemühen der Westmächte, der Bundesregierung „den Weg zu einer eigenständigen Verfügung über Atomwaffen zu verwehren", sorgte immer wieder für Konflikte, vor allem mit Frankreich. Die Bestrebungen der Protagonisten eines deutschen
„Nuklearnationalismus" – Vertreter des Wirtschafts- und des Atomministeriums
sowie Teile der Industrie und der Wissenschaft – eine „Europäisierung" der Kerntechnik durch bilaterale Abkommen mit Großbritannien und den USA zu unterlaufen,
scheiterten aber schließlich am Widerstand der amerikanischen Regierung. Sie verwies
die Bundesrepublik entschieden auf den Weg der Integration. Mit der Zustimmung
zum Euratom-Abkommen, so Eckert, die Adenauer aus Einsicht in die Lage und in
Ermangelung günstigerer Optionen durchsetzte, mußte die Bundesregierung auch ihre
Hoffnungen auf einen gleichberechtigten Status mit ihrem „Nuklearpartner und -kon-
kurrenten Frankreich" endgültig begraben.

Die Sechsergemeinschaft, das zeigt sich nicht zuletzt auch am Beispiel der Atompolitik, war von der Lösung des Deutschlandproblems nicht zu trennen. Zugleich
konnte sie aber trotz der Unterstützung, die die USA ihr zuteil werden ließ und auf
die die Partner der Bundesrepublik oft sehr angewiesen waren, auch als Versuch
Westeuropas begriffen werden, ein machtpolitisches Gegengewicht gegen die USA
aufzubauen. Vor allem die Europäische Wirtschaftsgemeinschaft ist in diesem Sinne als
Versuch der sechs Montanunionländer interpretiert worden, dem amerikanischen Einfluß Grenzen zu ziehen und der westeuropäischen Emanzipation von amerikanischer
Vormundschaft eine solide Basis zu verschaffen. Auch Adenauer neigte solchen „politischen" Rechtfertigungen der westdeutschen Europapolitik zu und traf hierbei auf
den in der Sache ebenso unerbittlichen wie in der Form verbindlichen Widerspruch
Ludwig Erhards. Erhard dachte in den Kategorien einer globalen Liberalisierungspolitik, die an den weltweiten Exportinteressen der Bundesrepublik orientiert war. Aus
dieser Perspektive erschien die durch die Europäische Wirtschaftsgemeinschaft
begründete allgemeine Zollunion als protektionismusverdächtiger Störfaktor der Weltwirtschaft. Den hier aufflammenden Methodenstreit in der westdeutschen Integrationspolitik hat Hanns Jürgen Küsters analysiert. Er verbindet ihn mit den Kompetenzkonflikten, die es zwischen Wirtschaftsministerium, Kanzleramt, Auswärtigem Amt
und Marshallplan-Ministerium um die Außen- und Europapolitik gab. Eindringlich
zeigt er, wie nachteilig sich die späte Gründung eines Auswärtigen Amtes und die
lange Personalunion zwischen Kanzleramt und Auswärtigen Amt für die Kompetenzen des letzteren auswirkte. Zugleich wird deutlich, wie wenig das Auswärtige Amt
und das Wirtschaftsministerium adäquat auf die europapolitische Herausforderung
reagierten und in der Lage waren, über ihre bürokratischen Schatten zu springen:
„Beide Ministerien suchten nach alter bürokratischer Tradition ihre Kompetenzen zu
mehren, wo es eigentlich galt, auf neue europäische Organisationen mit innovativen
Kooperationsformen zu reagieren."

Konnte Erhard mit Recht darauf verweisen, daß die Außenwirtschaftsprobleme
Westeuropas und der Bundesrepublik nicht im Rahmen einer Sechsergemeinschaft zu

lösen waren, so galt dies in noch größerem Maße für den Agrarbereich. Ulrich Kluge zeichnet in seinem Beitrag nach, warum die zunächst im größeren Rahmen der OEEC angestrebte „arbeitsteilige und interessenausgleichende große Gemeinschaftslösung" nicht zustande kam und statt dessen die kleinere Lösung im Rahmen der Sechsergemeinschaft aus der Taufe gehoben wurde, die die deutsche Landwirtschaft „in besonderer Weise" belastete. Kluge macht darauf aufmerksam, daß das „kleine" Agrar-Europa von 1957 „von vornherein eine prekäre Kombination" gewesen sei.

In gewisser Weise war die Eingliederung der Bundesrepublik in die Verteidigung des Westens die Probe aufs Exempel für die Validität der die europäische Integration vorantreibenden Kräfte. Dabei zeigt sich besonders deutlich, wie sehr der Integrationsprozeß von Anfang an von den Vereinigten Staaten abhing und wie enge Grenzen der Emanzipation der Westeuropäer gezogen waren. Aus amerikanischer Perspektive wäre es wünschenswert gewesen, wenn die 1947 im Zuge der Containment-Politik eingeleitete Hilfe für Westeuropa gegen die Herausforderung aus dem Osten langfristig zu einer Reduzierung der amerikanischen Truppenpräsenz in Europa und zu einer Senkung der Militärausgaben geführt hätte. Warum dies nicht bzw. nur in begrenztem Umfang gelang und noch heute ca. 325 000 amerikanische Soldaten mit einem Kostenaufwand von 55 Milliarden Dollar jährlich in Europa stationiert sind, analysiert Wolfgang Krieger. Er zeigt, wie zögernd die Vereinigten Staaten eine dauernde Stationierung amerikanischer Truppen ins Auge faßten und wie sie durch ein weit gefächertes Spektrum politischer Maßnahmen, das von den NATO-Verhandlungen über das Military Assistance Program, die Einbeziehung der Bundesrepublik in die EVG bzw. die NATO, über Notmaßnahmen wie die Luftbrücke bis zur militärischen Kooperation mit Großbritannien und Frankreich reichte, das direkte Engagement in Grenzen zu halten versuchten. Am Beispiel der militärischen Kooperation mit Frankreich analysiert Krieger den Aufbau des amerikanischen Nachschub- und Versorgungsnetzes in Westeuropa, ohne das die NATO nicht hätte funktionieren können. Als einem der zugleich wichtigsten und instabilsten Partner galt Frankreich das besondere, von Mißtrauen und Zweifeln allerdings nicht freie amerikanische Interesse. Der Anstoß für das amerikanische Engagement, so Krieger, ging freilich von Paris und nicht von Washington aus. Hier wurde nicht etwa „eine Fortschreibung der Klientenbeziehung zwischen den USA und Frankreich" vorgenommen, sondern Frankreich entschied sich unter dem Schock des Korea-Krieges dafür, eine enge bilaterale militärische Kooperation mit den USA anzustreben, weil es seine Sicherheit nicht selbst gewährleisten konnte und weil es in dieser Kooperation die Möglichkeit erblickte, ein gleichrangiger Partner der USA zu werden.

Die Anfänge der militärischen Kooperation in Westeuropa und die Entstehungsphase der WEU von 1948 bis 1950 behandelt Bert Zeeman. Zunächst noch als Schutzbündnis auch gegen eine mögliche deutsche Bedrohung gegründet, kümmerte sich die Organisation bald um die Koordinierung der Verteidigungsbemühungen gegenüber der Sowjetunion. Die Unfähigkeit der westeuropäischen Staaten, die für eine ausreichende militärische Verteidigung erforderlichen Mittel aufzubringen, erhöhte ihre Bereitschaft, den früheren Gegner als Partner zu akzeptieren und einen deutschen Beitrag zur gemeinsamen Verteidigung in Erwägung zu ziehen. Auch wenn die praktische Umsetzung dieser Überlegungen trotz des Koreakrieges noch auf sich warten ließ, ebneten die im Rahmen der „Western Union" gesammelten Erfahrungen den Weg

zur militärischen Integration der Bundesrepublik. Widerstände gegen die Wiederbewaffnung kamen vor allem von jenseits des Rheins, wie Pierre Guillen in seinem
Beitrag über Frankreich und die NATO-Integration der Bundesrepublik zeigt.
Zunächst, 1949 und 1950, schloß Außenminister Schuman einen deutschen Beitritt
zum Atlantikpakt noch kategorisch aus. Nach dem Scheitern der EVG, gedrängt von
den Amerikanern und den eigenen Militärs, versuchte die Regierung in Paris ihre Ziele
via WEU durchzusetzen, ehe sie doch auf die NATO-Lösung umschwenkte. Die in
diesem Zusammenhang erhobenen Forderungen machten jedoch deutlich, daß Frankreich nicht gewillt war, eine unkontrollierte Wiederbewaffnung hinzunehmen: So
sollte die deutsche Truppenstärke unterhalb der französischen bleiben, es sollte keine
nationalen Armeekorps und Generalstäbe geben, und die Bundesregierung sollte eine
Art Gewaltverzichtserklärung hinsichtlich der Lösung territorialer Probleme abgeben.
Zwar waren damit nicht alle Ängste vor der „deutschen Gefahr" beseitigt, doch
reichten die französischen Garantien, zusammen mit verschiedenen Ansätzen zur
Intensivierung der deutsch-französischen Zusammenarbeit, dieses Mal aus, die parlamentarische Hürde zu überspringen.

Denselben Zeitabschnitt behandelt, allerdings unter anderer Fragestellung, auch
Klaus Maier. Er analysiert die Auseinandersetzungen um die EVG als europäisches
Unterbündnis der NATO in den Jahren 1950 bis 1954 und macht deutlich, daß die
Versuche zur militärischen Integration der Bundesrepublik sehr stark von der Absicht
geprägt waren, eine mögliche deutsche Schaukelpolitik von vornherein zu unterbinden. Die EVG wertet Maier als untauglichen Ansatz zur Lösung dieses Problems; die
eigentliche Kontrollinstanz gegenüber der Bundesrepublik, aber auch der einzige
effektive militärische Schutz gegenüber der UdSSR seien in den Augen der westeuropäischen Regierungen letztlich doch die USA gewesen. Das Scheitern der EVG führte
der Referent auf die Schwierigkeiten zurück, in einem von den USA dominierten
multinationalen Bündnis eine regionale, supranationale Unterorganisation einzurichten. Das komplizierte EVG-Projekt habe somit die Formationsphase des Westblocks
verlängert, die anschließende rasche Durchsetzung der NATO-Lösung durch die
intensiven Vorarbeiten freilich erleichtert.

Die Übergangsphase vom Scheitern des supranationalen Integrationsansatzes 1954
bis zur EWG-Gründung 1957 behandelt Bruno Thoß. Er unterscheidet dabei drei
Etappen: Ab Herbst 1954 sollte mit der Westeuropäischen Union (WEU) ein „Zwischenstück zwischen der festen deutschen Anbindung an eine Europa-Armee und der
freien Verfügung Bonns über eine Nationalarmee im Rahmen der NATO" etabliert
werden; als die WEU ihre Untauglichkeit als Integrationsmotor bewiesen hatte, rückte
seit dem Frühjahr 1955, unter der Parole „relance européenne", die „wirtschaftliche
Aktivierung der Europa-Idee" in den Vordergrund; seit Sommer 1956 schließlich
verstärkte sich die europäische Skepsis hinsichtlich der Dauer des amerikanischen
Engagements auf dem Kontinent und bewirkte ein engeres Zusammenrücken, um der
„einengenden Dominanz" der USA besser Paroli bieten zu können. Westliche Sorgen
vor einer „ostpolitischen Versuchung" der Bundesrepublik und Kontroversen zwischen den „Integrationisten" in den Außenministerien und den Pragmatikern in den
Fachministerien und der Wirtschaft kennzeichneten den schwierigen Integrationsprozeß; letztlich waren es aber gerade die sicherheits- und deutschlandpolitischen Gesichtspunkte, die sich, so Thoß, als die „aktivierenden Momente" erwiesen.

Die Akzeptanz von Wiederbewaffnung und atomarer Strategie in der Bundesrepublik thematisiert schließlich Marc Cioc. Die wachsende Erkenntnis, daß weite Teile des Landes als Schauplatz eines Nuklearkrieges ausersehen waren, führte zu heftigen Kontroversen im Parlament und in der Öffentlichkeit. Während Vertreter der Regierungskoalition die Implikationen der Doktrin der „massiven Vergeltung" zu verharmlosen suchten und auf ihre Abschreckungswirkung vertrauten, plädierte die SPD für konventionelle Verteidigungsstrategien. Die Auseinandersetzungen erreichten in den einschlägigen Bundestagsdebatten zwischen Mai 1957 und März 1958 ihren Höhepunkt, ohne daß es der SPD gelang, für ihren Standpunkt politische Mehrheiten zu gewinnen. In der Folgezeit revidierte die Partei ihre Haltung zur Bundeswehr und vor allem zur Nuklearstrategie, allerdings nicht den Versuch, das gültige Schwert/Schild-Konzept umzukehren: die konventionellen NATO-Truppen sollten nunmehr als Schwert fungieren, während den Nuklearstreitkräften die Schild-Funktion zugewiesen wurde. Die Entwicklung der neuen NATO-Doktrin der „abgestuften Antwort" war somit auch ein Reflex der bundesrepublikanischen Verteidungsdebatten.

In sehr anregender Weise erweitert Hans-Peter Schwarz am Ende des Bandes das analytische Spektrum: er schlägt vor, die von Krisen und Umbrüchen gekennzeichnete Periode vom Ausbruch des Ersten Weltkrieges bis zum Beginn der 50er Jahre als Periode der Instabilität zu begreifen. Sie werde von einer Periode relativer Stabilität abgelöst, die bis heute Bestand hat. Die 50er Jahre sind unter diesem Blickwinkel Jahre der Epochenzäsur, die dem Katastrophenzyklus folgen. In ihnen gelingt die dauerhafte Ordnung der Weltwirtschaft sowie die Lösung des Sicherheits- und des Deutschlandproblems. Zugleich wird „eine grundlegend neue Architektur des westlichen Staatensystems" geschaffen, die es nun rechtfertigt, von einem „westeuropäisch-atlantischen System" zu sprechen.

Die Verlagerung des Focus der Betrachtung von der zweiten Hälfte der 40er Jahre, in denen Deutschland noch ein Problem war, auf die Mitte der 50er Jahre, in denen dieses Problem „gelöst" war, erlaubt es Schwarz, die Rolle der Bundesrepublik neu zu bewerten: „Im Zentrum dieser Gründerzeit der neuen westeuropäischen Ordnung, als die wir die fünfziger Jahre verstehen lernen, steht ... eine mit bemerkenswerter außenpolitischer Reife operierende Bundesrepublik." Ohne ihre aktive, engagierte Beteiligung wäre die „Neuordnung" nicht möglich gewesen. Diese These gewinnt an Plausibilität, wenn man – wie Schwarz das tut – die Gegenrechnung aufmacht und die ebenso spekulative wie perspektivisch fruchtbare Frage stellt, was denn aus dem westeuropäisch-atlantischen System geworden wäre, wenn die Bundesregierung sich ihm verweigert hätte. Das „westdeutsche Schadenspotential", so Schwarz, war groß. Es wurde nicht nur nicht aktiviert, sondern mit dem bewußten Verzicht im Falle der Stalinnoten, die nationale Karte auszuspielen, brachte Adenauer sogar ein „deutsches Stabilitätsopfer".

Das System, das die Bundesregierung mit ebensoviel Entschlossenheit wie Augenmaß mit zu errichten half, bot ihr durch seine Struktur zugleich optimale Entfaltungsmöglichkeiten. Schwarz macht darauf aufmerksam, daß die unterschiedlichen „Bezugskreise" der westeuropäischen Integration, die von globalen Organisationen wie dem GATT, dem IMF und der UN über umfassende regionale Organisationen wie der OEEC, dem Europarat und der NATO bis zu den Organisationen der Sechsergemeinschaft, der Montanunion, der EWG und der Euratom hinunter reichen,

der Bundesrepublik erheblichen „Manövrierraum" eröffneten. Die so relativ „rasche
politische Akzeptierung der Bundesrepublik bei gleichzeitiger Einbindung ohne unerträgliche Diskriminierung" sei „durch die unterschiedlich zusammengesetzten Bezugskreise stark erleichtert worden". Entscheidende Bedeutung mißt Schwarz darüber
hinaus der Einbindung der Vereinigten Staaten in dieses System nicht zuletzt auch für
die Rolle der Bundesrepublik in Westeuropa bei: Die „amerikanische Hegemonie"
habe von der Bundesrepublik dazu genutzt werden können, „erst den französischen,
später den britischen Großmachtansprüchen auszuweichen". Damit waren die Fähig-
keiten des Systems zur Machtbalance beizutragen aber nicht erschöpft: seit 1956 gab
die Sechsergemeinschaft „zunehmend den Rahmen ab, auch der amerikanischen Übermacht entgegenzuwirken".

Läßt man die Beiträge dieses Sammelbandes Revue passieren, so kristallisieren sich
bei aller Vielfalt der Themen, Fragestellungen und Methoden Ergebnisse und Interpre-
tationslinien heraus, die abschließend thesenförmig zu umreißen sind.

1. Die Eingliederung in die westliche Welt erweist sich als der sowohl von der
Genese wie vom Resultat dieses Prozesses her wichtigste Bezugsrahmen für die Analyse der auswärtigen Beziehungen der Bundesrepublik im weitesten Sinne und der für
die vor dem Hintergrund des totalen Zusammenbruchs des Deutschen Reiches beachtlichen Rolle, die sie in den fünfziger Jahren erst in der westlichen Welt und dann bald
auch international zu spielen vermochte. Der Blick richtet sich dabei vor allem auf das
hochkomplizierte Geflecht neuartiger multilateraler Organisationen, die die „westeuropäisch-atlantische Gemeinschaft" konstituieren und in das die Bundesrepublik fest
verwoben wird.

2. Die Herausbildung dieser westeuropäisch-atlantischen Gemeinschaft vollzieht
sich in dem Jahrzehnt von 1948 bis 1958, das mit dem Marshallplan und der Gründung
der OEEC beginnt und mit der Gründung der EWG und der Konvertibilität der
wichtigsten westeuropäischen Währungen endet. Dabei ist es eine Frage der Perspektive, ob man diese „Übergangszeit" als Phase der Beendigung der vorangegangenen
Krisenperiode oder als Anfangsphase der nachfolgenden Periode relativer Stabilität
begreift. Wichtig ist freilich, daß der Bezug zur Zwischenkriegszeit nicht verloren
geht. Die Problemlösungen, die im Übergangsjahrzehnt von 1948 bis 1958 für die
westliche Welt gefunden wurden, kristallisierten sich nur zu oft in bewußter Auseinandersetzung mit den im Rückblick als verhängnisvoll erkannten „Fehlern" der
Zwischenkriegszeit heraus.

3. Der gemessen an Zielen wie der Bewahrung des Friedens, der Mehrung des
Wohlstands, der Herstellung von sozialer Sicherheit und der Garantie der Freiheits-
rechte des Einzelnen außerordentliche Erfolg der westeuropäisch-atlantischen
Gemeinschaft wirft die Frage nach den hierfür verantwortlichen konstitutiven Elementen dieses „Systems" auf. Tragfähige Antworten lassen sich offenbar nur finden, wenn
man neben der strukturellen Homogenität der beteiligten Staaten das neuartige Netzwerk der multilateralen Organisationen in seiner Genese und seiner Funktionsweise
analysiert. Für die hier im Mittelpunkt stehende Phase von 1948 bis 1958 erweist sich
die genetische Analyse als besonders fruchtbar. Dabei stießen die in der Regel von
einem systematischen Teilbereich der Politik ausgehenden Beiträge fast ausnahmslos
auf die Tatsache der unauflöslichen Interdependenz vor allem politischer, ökonomischer, sicherheitspolitischer und technologisch-kultureller Wirkfaktoren. Der mehr

oder weniger totale, alle Bereiche umfassende Prozeß der Integration der westeuropäisch-atlantischen Gemeinschaft und ihrer sie strukturierenden Organisationen konfrontiert den Historiker mit der ebenso unabweisbaren wie schwierig zu realisierenden Notwendigkeit der multisektoralen Analyse.

4. Unter dem Aspekt der Gemeinschaftsbildung erwiesen sich die Spaltung Europas und der Kalte Krieg als Vorteile. Sie riegelten den mehr agrarisch strukturierten Osten Europas, dessen demokratische Traditionen nur schwach entwickelt waren, vom Westen ab und überließen die homogener strukturierten und ökonomisch enger miteinander als mit der agrarischen „Peripherie" verbundenen hochindustrialisierten Kernstaaten weitgehend sich selbst. Die auf den Westen Europas beschränkte Marshallplanhilfe und die amerikanische Embargopolitik gegenüber dem Ostblock halfen zudem dabei, westliches Gemeinschaftsgefühl zu wecken und den Blick der Regierungen und der Exportindustrie vom unterentwickelten Osten nach Übersee und vor allem auf die USA als dem Leit- und Vorbild industrieller Modernität zu lenken. Auch die Teilung Deutschlands erwies sich als gemeinschaftsfördernd. Das halbe Deutschland im Westen war leichter umzuerziehen und leichter zu integrieren als es das ganze wohl gewesen wäre und es war als hochentwickelter extrem exportabhängiger Industriestaat ohne Agrar- und Rohstoffbasis nahezu alternativlos auf den Westen angewiesen.

5. Der bedeutendste Anlaß und einer der wichtigsten Wirkungsfaktoren für den Gesamtprozeß der Formierung des westeuropäisch-atlantischen Systems wie für die Eingliederung der Bundesrepublik und für die Rolle, die sie in ihm spielte, ist die Abhängigkeit der westeuropäischen Volkswirtschaften und bis zu einem gewissen Grade auch der Weltwirtschaft von den Mechanismen eines auf alteingespielten ökonomischen Austauschprozessen beruhenden „Verbundsystems". In diesem Verbundsystem spielten die westdeutsche Wirtschaft als Lieferant von Investitionsgütern und der westdeutsche Markt als Abnehmer von Waren aller Art eine, wie die Dollarlücke zeigte, kurz- und mittelfristig unersetzbare Rolle. Diesen objektiven Gegebenheiten vor allem verdankt die Bundesrepublik die frühe Aufwertung als Partner. Dieser Entwicklung folgte die Aussöhnung mit den Deutschen in weitem Abstand.

6. Die Westeuropäer hätten sich auch der Einsicht in die objektiven Gegebenheiten kaum so rasch und so entschieden gebeugt, wenn die Vereinigten Staaten die Eingliederung Westdeutschlands und der Bundesrepublik in die westliche Welt nicht mit solcher Entschiedenheit betrieben hätten. Der Beschreibung der Rolle der Vereinigten Staaten kommt daher zentrale Bedeutung zu. Dabei geht es insbesondere darum, wie man methodisch und begrifflich mit der unbestreitbaren Tatsache des erdrückenden militärischen und ökonomischen Übergewichts der USA umgeht. Sicher ist, daß die Vereinigten Staaten ihre Machtposition in Westeuropa nicht für den Aufbau direkter Herrschaft ausnutzten, obgleich die Truppenpräsenz in diesem Sinne hätte genützt werden können. Dieses hätte der imperialistischen Tradition der USA nicht entsprochen und wäre wegen der anfallenden Kosten innenpolitisch auch gar nicht durchsetzbar gewesen. Doch auch der Begriff der indirekten Herrschaft oder des Finanz- und Handelsimperialismus bereitet Schwierigkeiten. So sehr der Marshallplan und die ihn begleitende interventionistische amerikanische Politik offenkundig in dieses Modell passen, so wenig war doch die amerikanische Politik an dem Ziel orientiert, Westeuropa strukturell von den Vereinigten Staaten abhängig zu machen. Vielmehr

konnte das der amerikanischen Politik seit 1943/44 zugrundeliegende Modell einer liberalen Weltwirtschaft nur funktionieren, wenn die aus der Krise des Jahres 1947 geborene und dem liberalen Prinzip widersprechende amerikanische Intervention in die europäischen Verhältnisse zeitlich befristet und an dem Ziel der viability Westeuropas orientiert blieb. Die 1948 beginnende und Anfang der 50er Jahre – vielleicht 1952 – endende Phase zum Teil massiver interventionistischer amerikanischer Politik diente, obgleich sie sich des klassischen Instrumentariums indirekter Herrschaft bediente, nicht der Etablierung indirekter Herrschaft auf Dauer, sondern deren Überflüssigmachung. Westeuropa sollte sich im Gegenteil wenn möglich nach dem Modell der USA zusammenschließen und jedenfalls jenen Grad an Organisiertheit erreichen, der notwendig war, damit es seinen Part als zweites großes Gravitationszentrum der Weltwirtschaft spielen konnte. Aus diesem Rahmen auszubrechen, ist ihm freilich nicht erlaubt worden, aber diese Frage stellte sich auch nicht. Unbestreitbar waren die USA in diesem System von Anfang an die überlegene Ökonomie und sind es noch heute, obgleich sich der Abstand Westeuropas enorm verringert hat. Blickt man nur auf die Wirtschaft, könnte man den Einfluß, den die USA in diesem gemeinschaftlichen weltwirtschaftlichen System auf Westeuropa ausüben, als kooperative Hegemonie bezeichnen. Um die kooperative Basis herzustellen und zu wahren, bedurfte es neben der Selbstbeschränkung des Hegemon freilich auch der Emanzipationsbereitschaft des kleineren Partners, wie sie mit der Gründung der Europäischen Wirtschaftsgemeinschaft eindrucksvoll unter Beweis gestellt worden ist.

7. Bezieht man die militärische Überlegenheit der USA mit in die Analyse ein und berücksichtigt man die Interdependenz zwischen militärischem und wirtschaftlichem Bereich, wird das Bild freilich komplizierter. Im Unterschied zur Wirtschaftspolitik gelang es den Westeuropäern in der Sicherheitspolitik nicht zur viability vorzustoßen, unabhängig davon, wie ernst das amerikanische Bestreben einzuschätzen ist, sie ihnen zu gewähren. Dies hatte zwei eng miteinander verbundene Gründe: zum einen gelang es den westeuropäischen Staaten nicht, das Problem der Einbeziehung und der Kontrolle der Bundesrepublik im militärischen Bereich zu lösen. Zum anderen reichten ihre Anstrengungen und ihr Potential nicht aus, um ein genügendes Gegengewicht zur UdSSR zu bilden. Für beides blieben sie elementar auf die Unterstützung der USA angewiesen. Ja, um ihre Sicherheit gegen die deutsche Hegemonialgefahr und die russische Bedrohung zu gewährleisten, forderten sie den amerikanischen Hegemon ständig auf, sich mehr und kostenträchtiger in Westeuropa zu engagieren als diesem womöglich lieb war, oder ermöglichten ihm, dort den zögerlichen und sich selbst begrenzenden Hegemon zu spielen, wo amerikanische Sicherheitsinteressen womöglich eine andere Haltung gar nicht erlaubt hätten. Dies führte dann freilich dazu, daß die NATO-Atom-Strategie vorwiegend an amerikanischen und nicht an europäischen Sicherheitsinteressen orientiert wurde.

8. Die Rolle der Bundesrepublik in der westlichen Gemeinschaft ist durch die strukturellen Verknüpfungen mit der Grundkonstitution Westeuropas und seinen multinationalen Organisationen im wirtschaftlichen und militärischen Bereich in hohem Maße gewissermaßen objektiv definiert worden. Die Bundesrepublik wirkte dadurch als Motor der ökonomischen Integration und der eng mit ihr verbundenen politischen Einigung. Zugleich verstetigte sie die militärische Dominanz der USA und setzte der Emanzipation Westeuropas von den USA eine Grenze, die bis heute nicht überschrit-

ten worden ist. Dies heißt nicht, daß die Integrationspolitik der Bundesregierungen unter Adenauer und die europapolitische „Begeisterung" der Deutschen keine Rolle gespielt haben. Sie haben zweifellos wesentlich dazu beigetragen, aus den strukturellen Gegebenheiten Politik zu machen und den Prozeß schneller, reibungsloser und für alle Beteiligten fruchtbarer und nutzbringender zu gestalten. Doch insgesamt wird der Annahme von Hans-Peter Schwarz, daß sie über ein großes Schadenspotential verfügt, das sie nicht erprobte, die zweite an die Seite zu stellen sein, daß ihre Möglichkeiten für eine Politik der Verweigerung objektiv gering waren.

München, im Mai 1990   Ludolf Herbst
                                                    Werner Bührer
                                                    Hanno Sowade

I.

Anfänge
westdeutscher Integrationspolitik

Ludolf Herbst

Stil und Handlungsspielräume westdeutscher Integrationspolitik

Das vorherrschende Bild der Westintegration der Bundesrepublik ist von wenigen Grundlinien bestimmt: große Teile der politischen Eliten und der Bevölkerung Westdeutschlands – vermutlich deren Mehrheit – optierte schon bald nach 1945 für den Westen. Die materiellen Segnungen des Marshallplans, aber auch der militärische Schutz der USA gegen die aus dem Osten drohende kommunistische Gefahr taten ein Übriges, diese Option sinnvoll und notwendig erscheinen zu lassen. Adenauer begriff die durch den Ost-West-Konflikt und die Spaltung Europas definierte Lage Westdeutschlands lange vor 1949. Als Kanzler trat er dann für eine konsequente Westbindung der Bundesrepublik ein, bekämpfte etwa noch vorhandene neutralistische Schwärmereien mit Erfolg und führte die Republik, unbeirrbar von der Richtigkeit seiner Politik überzeugt, in das westliche Lager. Er warb mit dieser Politik bei den Westmächten um Vertrauen und trat ihnen zugleich mit der richtigen Mischung aus taktischer Geschmeidigkeit und selbstbewußter Beharrlichkeit gegenüber. So gelang es Adenauer, den Westmächten eine Konzession nach der anderen abzuringen, die Republik aus den Fesseln der Besatzungsherrschaft zu befreien und ihr als gleichberechtigter Partner eine materiell und politisch gesicherte Zukunft in der westlichen Gemeinschaft zu sichern. Zwar gab es auf diesem Wege einige retardierende Momente, auch manche Schönheitsfehler, aber das ändert nichts am positiven Ergebnis des Emanzipationsprozesses.

Natürlich hat diese Erfolgsgeschichte auch ihre Schattenseite: Adenauer räumte der Westintegration Priorität vor der Wiedervereinigung ein. Er wollte – wenn er denn die Wiedervereinigung nicht ohnehin für utopisch hielt – erst Westeuropa gebaut wissen und dann die nationale Frage lösen. Was diese sich etwas im Dunkel verlierende Variante seiner Politik angeht, so hat er sich, zumindest mittelfristig, geirrt. Gleichwohl erscheint er auch in der Wiedervereinigungsfrage als Vater der Nation, der den zu gefährlichem Nationalismus neigenden Deutschen die zwar bittere, aber heilsame Pille nationalpolitischer Abstinenz verabreichte und sie im Europagedanken Ersatz für den Nationalstolz finden ließ[1].

---

[1] Dieses Bild prägte vor allem: Waldemar Besson, Die Außenpolitik der Bundesrepublik. Erfahrungen und Maßstäbe, München 1970. Die bedeutende Rolle Adenauers wird durch die westdeutsche Geschichtsschreibung und die große Adenauer-Ausgabe unterstrichen: Hans-Peter Schwarz, Die Ära Adenauer. Gründerjahre der Republik, 1949–1957, Stuttgart 1981 und ders., Die Ära Adenauer. Epochenwechsel, 1957–1963, Stuttgart 1983 (= Geschichte der Bundesrepublik Deutschland Bd. 2 und 3, hrsg. v. Karl Dietrich Bracher u. a.); ders., Adenauer. Der Aufstieg: 1876–1952, Stuttgart 1986; Adenauer. Briefe, bearb. v. Hans-Peter Mensing, Bd. 1ff., 1945ff., Berlin 1983ff. (= Adenauer Rhöndorfer Ausgabe. Stiftung Bundeskanzler-Adenauer-Haus, hrsg. v. Rudolf Morsey und Hans-Peter Schwarz); Adenauer. Teegespräche, bearb. v. Hanns Jürgen Küsters, Bd. 1ff., 1950ff., Berlin 1984ff. (= Adenauer Rhöndorfer Ausgabe. Stiftung Bundeskanzler-Adenauer-Haus, hrsg. v. Rudolf Morsey und Hans-Peter Schwarz). Adenauer selbst hat nicht wenig zu dieser Orientierung durch seine Memoiren beigetragen. Konrad Adenauer, Erinnerungen 1945–1963, 4 Bde. Stuttgart 1965ff.

Löst man sich einmal von der deutschen Perspektive und nimmt die Entscheidungsprozesse auf der Seite der Westmächte in den Blick, vor allem auf den Außenministerkonferenzen, dann relativiert sich dieses vorherrschende Bild erheblich. Selbst wenn
man davon ausgeht, – wofür einiges spricht, – daß Adenauer es auf deutscher Seite
anfangs verstand, die Außenpolitik relativ unabhängig vom Kabinett und vom Parlament zu gestalten, werden seine außenpolitischen Handlungsspielräume doch erheblich überschätzt. Diesen Eindruck bestätigen auf deutscher Seite inzwischen auch die
Kabinettsprotokolle der Bundesregierung[2]. Die kargen Protokolle und die sorgfältigen
Aktenannotationen deuten eine Vielzahl von alliierten Reglementierungen an und
skizzieren das Bild einer sehr von alltäglichen Sorgen beherrschten Politik, die mehr
von Vergeblichkeiten und Frustrationen als von sensationellen Erfolgen geprägt war
und deren bestimmende Faktoren sich jenseits von deutschen Einwirkungsmöglichkei-
ten befanden.

I.

Die Frage nach den Handlungsspielräumen der Westpolitik der Bundesrepublik, die
damit gestellt ist, trifft auf ein Grundproblem, das nicht nur mit der vorwaltenden
Adenauer-Interpretation zu tun hat: Adenauer stimmte in den Grundprämissen seiner
Option für den Westen offensichtlich mit den Westmächten überein.[3] Seine Westpoli-
tik bestand sehr wesentlich darin, durch eine einfache, klare und über alle Irritationen
durchgehaltene Option für den Westen um Vertrauen bei den ehemaligen Kriegsgeg-
nern zu werben. Er spielte mit dieser Politik ganz bewußt einen Teil des politischen
Spiels der Westalliierten. In dieser grundsätzlichen Parallelität der Zielrichtung der
Politik Adenauers und der Westmächte liegt das eigentliche methodische Problem.
Indem Adenauer mit den Siegern im Grundsätzlichen konform ging, suggerierte er den
Zeitgenossen, er habe vergleichsweise große Handlungsspielräume besessen. Die um
nationale Identität ringenden Westdeutschen nahmen das darin steckende Angebot,
mehr zu scheinen als zu sein, gerne an und auch die Westalliierten sahen keine
Veranlassung, dieses „Wir-sind-wieder-wer-Gefühl" der Deutschen zu stören. Dennoch wird man versuchen müssen, zwischen subjektiver Wahrnehmung und kalkulier-
ter Selbstsuggestion einerseits und objektiven Gegebenheiten andererseits zu unterscheiden.

Ein Bild kann verdeutlichen, worum es geht: ein Vogel ist noch nicht frei, nur weil
er nicht gegen die Gitter fliegt und durch sein ruhiges besonnenes Verhalten den Käfig
vergessen macht oder den Eindruck zu erwecken vermag, dessen Tür stünde offen.
Wer genauer hinsieht, wird an seinen Bewegungsabläufen feststellen, in welcher Situation er sich befindet. Die Frage nach den Handlungsspielräumen einer Regierung zielt
auf die Bewegungsfähigkeit in zentralen Bereichen (issue areas) der Politik. Es geht
dabei nicht nur um die Grundorientierung der Politik. „Ob" eine Regierung für eine
bestimmte politische Zielsetzung optiert oder sich dagegen entscheidet, kann durch

[2] Die Kabinettsprotokolle der Bundesregierung, hrsg. für das Bundesarchiv von Hans Booms, Bd. 1ff.,
Boppard/Rh. 1982ff.
[3] Vgl. die Bemerkungen über den Stil bundesdeutscher Außenpolitik von Hans-Peter Schwarz, Die gezähmten
Deutschen, Stuttgart 1985, S. 15ff.; darin auch Hinweise auf die politikwissenschaftliche Diskussion der
Kategorie „Handlungsspielräume".

geographische und bevölkerungspolitische Bedingungen, durch die Verfügbarkeit von Ressourcen oder eine exponierte sicherheitspolitische Lage weitgehend vorgegeben sein. Zu fragen ist vielmehr insbesondere auch danach, „wie" eine Regierung mit einer gegebenen politischen Grundorientierung umgeht, „wie" sie sich in ihr bewegt und „wie" bzw. „ob" sie die selbstgesetzten Teilziele erreicht. Nehmen wir an, Adenauer habe durch Westintegration Souveränität erreichen wollen, so zielt die Frage nach seinen Handlungsspielräumen nicht nur darauf, „ob" er auch einer anderen Zielsetzung hätte folgen können, sondern auch darauf, „ob" und „wie" er die Bedingungen und den Ablauf dieses politischen Deals beeinflussen konnte. Anders gefragt: rang Adenauer den Alliierten Hohen Kommissaren die Souveränität mit politischen Mitteln ab, über die er selbst bestimmen konnte, oder bewegte er sich im Rahmen eines von den Regierungen in Washington, London und Paris vorgegebenen Emanzipationsplans? Wessen Zeitplan, wessen Konditionen galten in diesem Prozeß und wessen Interessen setzten sich durch? Ist es überhaupt möglich, von einem, die westdeutsche Integrationspolitik kennzeichnenden eigenen *Stil* zu sprechen und wie ist er gegebenenfalls zu beschreiben?

Die Bundesrepublik war bei ihrer Gründung im September 1949 und streng genommen in den ersten viereinhalb Jahren ihrer Existenz, nämlich bis zum 5. Mai 1955, kein souveräner Staat. Das heißt aber zugleich: sie war nicht souverän in einer Phase ihrer Entwicklung, in der sie wesentliche Grundentscheidungen über ihre Westorientierung treffen mußte. Bei der staats- und völkerrechtlichen Gesamtverfassung der Bundesrepublik hat man es, im Unterschied zu den anderen Partnern im Integrationsprozeß, mit einer historischen Anomalie zu tun. Man könnte sie mit einem Begriff des mittelalterlichen Lehnsrechts als „Suzeränität" bezeichnen. Gleich den Königen in grauer Vorzeit leiteten die Alliierten aus der bedingungslosen Kapitulation des Deutschen Reiches eine „supreme authority" über Deutschland her[4]. Darauf fußte das Besatzungsstatut, das ranghöchste Dokument in den ersten Jahren der Bundesrepublik. Es delegierte einen Teil der umfassenden alliierten Machtkompetenz an die Bundesregierung und das Bundesparlament[5]. Während der Besatzungsperiode, für die das Statut geschaffen war, sollten die Westdeutschen so viel Selbstregierung ausüben, wie mit dem Besatzungszweck vereinbar war. Zunächst nicht delegiert wurden alle für die Gestaltung der Beziehungen zur Außenwelt wichtigen Kompetenzen. Dies galt in erster Linie für die Kompetenz, auswärtige Politik und Außenhandelspolitik zu betreiben und in zweiter Linie für Problembereiche wie Entwaffnung und Demilitarisierung, Ruhrkontrolle, Rückerstattungen, Reparationen, Dekartellisierung und Dekonzentration. Diese Vorbehaltsrechte versetzten die Westalliierten in die Lage, die außenpolitische und außenwirtschaftliche Orientierung der Bundesregierung vollständig zu steuern.

Die probeweise Delegierung von Rechten in anderen Bereichen geschah zudem in der Erwartung, daß die Westdeutschen Wohlverhalten zeigten. Aber Zweifel waren natürlich angebracht, und so behielten sich die Westalliierten in der sogenannten Notfallklausel vor, „die Ausübung der vollen Gewalt ganz oder teilweise wieder zu

---

[4] Grundlage war die Berliner Deklaration vom 5. Juni 1945, in: Ingo von Münch (Hrsg.), Dokumente des geteilten Deutschland, Stuttgart, 1968, S. 19ff.
[5] Ebenda, S. 73ff.

übernehmen, wenn sie zu der Auffassung gelangen, daß dies für die Sicherheit, zur Bewahrung einer demokratischen Regierung in Deutschland und in der Verfolgung der internationalen Verpflichtungen ihrer Regierungen nötig ist"[6]. Es kam also alles darauf an, wie die Alliierten ihre Interessen definierten und welche Schlüsse sie aus der deutschen Entwicklung zogen. Die Bundesregierung jedenfalls stand unter Bewährungszwang.

Über die außenpolitische und außenwirtschaftliche Orientierung, die die Westalliierten von der Bundesregierung erwarteten, konnte ein Zweifel nicht aufkommen. Bereits auf der Konferenz der Außenminister der drei Westmächte in Washington am 8. April 1949 wurde die Erwartung formuliert, daß der inneren Integration die äußere zu entsprechen habe: die Deutschen sollten eine Demokratie nach westlichem Muster aufbauen und sich der europäischen Gemeinschaft einfügen. Als erster Schritt habe die zukünftige westdeutsche Regierung der OEEC beizutreten und ein Wirtschaftsabkommen mit den USA auszuhandeln[7]. Die Integrationsforderung wurde von nun an zum festen Bestandteil der Deutschland-Resolutionen der Außenministerkonferenzen, nur die konkreten Empfehlungen für den jeweils nächsten Schritt paßten sich dem erreichten Integrationsstand und der allgemeinen politischen Lage an. In Paris (9.–11. November 1949) wurde sie mit der ultimativen Aufforderung an die Adresse der Bundesrepublik verbunden, Mitglied der Internationalen Ruhrbehörde zu werden. Zudem sprachen die Außenminister die Erwartung aus, daß die Bundesrepublik bald dem Europarat als assoziiertes Mitglied beitreten möge. Der amerikanische Außenminister Dean Acheson plädierte dafür, der Bundesregierung eine schrittweise Erweiterung ihrer Rechte zu ermöglichen. So könne die Regierung Adenauer gestützt werden, deren Westpolitik der Zielsetzung der Alliierten in nahezu idealer Weise entgegenkäme. Allerdings dürfe dabei nicht herauskommen, daß der neue Staat nationalstaatliche Handlungsfreiheit im klassischen Sinne gewönne. Die Bundesrepublik müsse – wie übrigens Japan auch – in das westliche „System" integriert werden, wobei er nicht an eine „normale" Anbindung denke, sondern an einen gänzlich neuen Typus zwischenstaatlicher Beziehungen. Der französische Außenminister, Robert Schuman, hieb in dieselbe Kerbe. Nach dem Ersten Weltkrieg, so meinte er, habe man den Fehler gemacht, Deutschland sich selbst zu überlassen, nun müsse die Bundesrepublik ein integraler Bestandteil Westeuropas werden. Dadurch hindere man die Westdeutschen zudem daran, sich der UdSSR zuzuwenden[8].

Unmißverständlich machten die Außenminister auf den folgenden Konferenzen klar, daß sie von der Bundesrepublik die Bereitschaft erwarteten, den Prozeß der westeuropäischen Integration positiv mitzuvollziehen. Dies galt für die Verhandlungen über den Schumanplan ebenso wie für die Verhandlungen über die EVG und schließlich auch für die NATO. Es blieb also nicht bei der abstrakten Integrationsforderung, sondern diese wurde laufend konkretisiert.

[6] Ebenda, S. 72.
[7] Communiqué der Drei-Mächte-Konferenz in Washington, 8. April 1949, in: Germany 1947–1949. The story in Documents, hrsg. v. Department of State, Washington 1950, S. 89; vgl. Kabinettsprotokolle (Anm. 2), Bd. 1, S. 32.
[8] Auszüge der Protokolle der Pariser Konferenz in: Horst Lademacher; Walter Mühlhausen, Sicherheit, Kontrolle, Souveränität. Das Petersberger Abkommen vom 22. November 1949. Eine Dokumentation, Melsungen 1985, S. 373ff.; Foreign Relations of the United States (FRUS), 1949, Bd. 3, S. 632ff.

Eines der wichtigsten Mittel zur Beeinflussung der westdeutschen Integrationspolitik war die Revision des Besatzungsstatuts, d. h. die allmähliche Erweiterung der Kompetenzen der Bundesregierung. Die Revision des Besatzungsstatuts war nicht primär ein Erfolg der Außenpolitik Adenauers. Das Besatzungsstatut hatte vielmehr von vornherein Übergangscharakter. Die Kontroll- und Vorbehaltsrechte der Alliierten sollten unter bestimmten Bedingungen „ablösbar" sein. Auch dieses Prinzip war bereits am 8. April 1949 auf der Washingtoner Außenministerkonferenz formuliert worden: „The exercise of direct powers by the Allies is regarded in many instances as selfliquidating in nature."[9]

Die Regierungen der drei Westmächte ließen überhaupt keinen Zweifel darüber aufkommen, daß sie sich diesen Ablösungsprozeß als Geschäft auf Gegenseitigkeit vorstellten: er sollte Hand in Hand mit Fortschritten in der Westbindung der Bundesrepublik vor sich gehen. Dies galt nicht etwa pauschal, sondern war ganz konkret gemeint: jeder einzelnen Kompetenzerweiterung hatte ein Integrationsschritt voranzugehen. Dieses Muster wurde zum ersten Mal im Petersberger Abkommen vom 22. November 1949 angewandt und fortan strikt beachtet. Dabei stellte man der Bundesregierung – Integrationsbereitschaft vorausgesetzt – durchaus eine mittel- und langfristige Emanzipationsperspektive vor Augen. So bedeutete der designierte britische Hochkommissar, Sir Ivone Kirkpatrick, dem außenpolitischen Vertrauten Konrad Adenauers, Herbert Blankenhorn, am 27. April 1950 während dessen Londonbesuches, daß die Bundesrepublik klar für den Westen optieren müsse. Der Beitritt zum Europarat, – die Frage stand gerade an –, würde ein Beweis für diese Option sein und werde „zweifellos neue Konzessionen der Alliierten auf den verschiedensten Gebieten mit sich bringen". Außenminister Bevin habe sogar „Möglichkeiten einer Übertragung der Führung der Außenpolitik an die Bundesregierung angedeutet"[10].

Wenige Wochen später steckten die Außenminister in London das der Bundesregierung äußerstenfalls Erreichbare ab: Die Bundesrepublik möge sich Schritt für Schritt der Gemeinschaft der freien Völker eingliedern. Wenn dies vollständig erreicht sei (has been fully reached), werde sie der Kontrollen ledig sein, denen sie zur Zeit noch unterworfen sei und soviel Souveränität besitzen, wie mit den Grundlagen vereinbar sei, auf denen die Besetzung Deutschlands beruhe. Und um jeden Zweifel auszuräumen, wurde hinzugesetzt: „Progress will depend upon the degree of confident and frank cooperation displayed by the Government and the people of the Federal Republic."[11] Zwar bestanden zwischen den Außenministern der USA, Großbritanniens und Frankreichs Meinungsverschiedenheiten über das Tempo der Entwicklung und über das Procedere im einzelnen[12], aber das Grundprinzip des „do ut des" war unstrittig.

Welche Handlungsspielräume besaß die Bundesrepublik angesichts dieser eindeutigen Haltung der Westmächte? Eine generelle Obstruktionspolitik schied von vornherein aus. Dies hätten die Westalliierten der Bundesregierung einfach nicht gestattet und dies war von den Interessen der Bundesrepublik her auch gar nicht möglich. Vor allem die traditionell sehr große Abhängigkeit der westdeutschen Industrie vom Weltmarkt

[9] Germany (Anm. 7), S. 88f.
[10] Herbert Blankenhorn, Verständnis und Verständigung. Blätter eines politischen Tagebuchs 1949 bis 1979, Frankfurt/M. 1980, S. 98f.
[11] Declaration on Germany, 22. Mai 1950, FRUS 1950, Bd. 3, S. 1090.
[12] Vgl. dazu Acheson an Acting Secretary of State, London 14. Mai 1950, FRUS 1950, Bd. 3, S. 1063f.

verwies die Bundesrepublik auf den Westen. Zum Westen gehörte die Mehrzahl der wichtigsten Handelspartner der Zwischenkriegszeit. Zudem waren die Westzonen durch die Marshallplanhilfe, die de facto Mitgliedschaft in der OEEC und die Abriegelung vom Osten bereits ein Teil der westlichen Weltwirtschaft, bevor die Bundesregierung sich im September 1949 konstituierte. Optionen waren hier gewiß nicht mehr offen, schließlich verdankte die Bundesrepublik ihre Entstehung ja vor allem der Erkenntnis, daß ihre Wirtschaftskraft zum Aufbau der westlichen Weltwirtschaft gebraucht wurde. Wenn sie eine Chance haben wollte, ihrer durch die Zuwanderung von Millionen Menschen verschärften wirtschaftlichen Probleme Herr zu werden, mußte sie auf Export setzen, und das hieß, sich außenwirtschaftlich dem Westen öffnen.

Vergleichbare Orientierungszwänge gingen von der katastrophalen sicherheitspolitischen Lage aus, die die Bundesregierung bei ihrer Konstituierung vorfand. Sie besaß keine eigenen Streitkräfte, keine sichere Perspektive zu solchen zu gelangen und stand im übrigen vor der unabweisbaren Tatsache, daß das schmale Territorium der Bundesrepublik angesichts der sowjetischen Truppenmassierungen in Mitteldeutschland ohne die Hilfe der Westmächte gar nicht würde verteidigt werden können. Vordringliches Ziel mußte es also sein, eine Sicherheitsgarantie von den Besatzungsmächten, allen voran von den USA, zu erlangen.

Unter diesen Umständen wäre es einer Katastrophenpolitik gleichgekommen, wenn die Bundesregierung versucht hätte, sich dem von den West-Alliierten vorgeschlagenen do ut des zu widersetzen. Dies schlug selbst der Oppositionsführer im Bundestag Kurt Schumacher nicht vor, dessen Aufgabe es ja war, Alternativen zur Regierungspolitik aufzuzeigen. Er akzeptierte das Prinzip des do ut des ebenfalls, wies aber darauf hin, daß es zwar im deutschen Interesse liege, Konzessionen zu erlangen, daß die Alliierten aber auch von sich aus ein Interesse daran haben müßten, Konzessionen zu machen. Man möge doch begreifen, so hielt er der Bundesregierung am 13. Juni 1950 in der Europaratsdebatte entgegen, „daß jede Form der Erleichterung von den westlichen Alliierten zwangsläufig gewährt" würde, „um die deutsche Bundesrepublik überhaupt lebensfähig und konkurrenzfähig gegenüber dem östlichen Satellitensystem zu machen"[13]. Schumacher plädierte dafür, den Ost-West-Konflikt, die Gründung der DDR und später den Korea-Krieg dazu zu nutzen, die deutsche Verhandlungsposition zu verbessern. Er wollte den Westalliierten gegenüber auf Zeit spielen und die Konditionen für die Westintegration, die er im Falle sowohl des Beitritts zum Europarat als auch zur Montanunion für unbefriedigend hielt, verbessern. Dies hätte freilich nicht nur eine Rückkehr zum Stil klassischer Diplomatie bedeutet und eine enorme Belastung des politischen Verhältnisses zu den Westalliierten herbeigeführt, sondern auch die innenpolitische Basis der Regierung Adenauer gefährdet.

Adenauers Regierung war zumindest anfangs innenpolitisch darauf angewiesen, Kompetenzerweiterungen zu erzielen und Erfolge vorzuweisen. Die Alliierten hatten aber praktisch alle Schlüssel hierzu in der Hand, zumal ihre Vorbehaltsrechte jeweils in das Feld der inneren Politik hineinreichten. Es ist also nur zu verständlich, daß

---

[13] Kurt Schumacher, Reden und Schriften (= Turmwächter der Demokratie, Bd. 2, hrsg. v. Arno Scholz und Walther G. Oschilewski), Berlin 1953, S. 440.

Adenauer einen anderen Stil im Umgang mit dem Do-ut-des-Angebot der Alliierten bevorzugte. Er setzte auf rasche Kompetenzerweiterung und eine forcierte Integrationspolitik und fügte sich in die Erwartung, daß ein Vertrauensverhältnis zwischen den Deutschen und den Alliierten nur durch deutsche Vorleistungen und durch einen Stil berechenbarer Gesinnungsfestigkeit herzustellen sei. Hat diese Politik die Handlungsspielräume der Bundesregierung richtig eingeschätzt oder bestehende Chancen vertan? Welche Wirkungen hat sie gehabt? Hat sie die Handlungsspielräume erweitert, hat sie gar Optionen eröffnet und wenn ja welche? Antworten lassen sich auf vielen Gebieten finden. Dieser Beitrag konzentriert sich auf die Revision des Besatzungsstatuts und die Verhandlungen über den Deutschlandvertrag, weil sie vor allem als Gradmesser für den Erfolg der Westpolitik Adenauers in Anspruch genommen werden und am meisten über die Handlungsspielräume der Bundesregierung aussagen.

II.

Artikel 9 des Besatzungsstatuts enthielt eine Revisionsklausel, in der die Westalliierten sich verpflichtet hatten, nach zwölf Monaten, spätestens aber innerhalb von achtzehn Monaten im Lichte der Erfahrung zu prüfen, in welchem Umfang eine Erweiterung der deutschen Befugnisse möglich sei[14]. Eine deutsche Politik der Vorleistungen und des Wohlverhaltens konnte in diesem Rahmen zwei Ziele verfolgen: Sie konnte erstens versuchen, eine vorgezogene Revision zu erreichen und zweitens den Umfang der Revision auszudehnen, maximal bis zur vollen Souveränität der Bundesrepublik. Die Regierung Adenauer hat beide Ziele verfolgt und die Europapolitik in ihren Dienst gestellt.

Tatsächlich erreichte sie eine Revision in zwei recht bedeutsamen Schritten. Das Petersberger Abkommen vom 22. November 1949 gestattete der Bundesregierung konsularische Beziehungen, und die Revision vom 6. März 1951 ermöglichte die Errichtung eines bundesdeutschen Außenministeriums und den Aufbau eines diplomatischen Apparats im Ausland. Beide Konzessionen waren von alliierter Seite wohlkalkuliert und der Bundesregierung nur gewährt worden, nachdem sie ihrerseits klare Verpflichtungen eingegangen war. So bezahlte sie die erste Revision mit dem Beitritt zur Ruhrbehörde und die zweite mit der Übernahme der Vorkriegsschulden des Deutschen Reiches und der Nachkriegsschulden aus der alliierten Auslandshilfe. Gleichzeitig sicherte die Bundesregierung zu, an der alliierten Rohstoffbewirtschaftung mitzuwirken, die durch den Korea-Krieg nötig geworden war. Darüber hinaus ist die Revision vom 6. März 1951 auf dem Hintergrund der erfolgreichen Schumanplanverhandlungen zu sehen. Das neue Außenministerium sollte daher auch ausdrücklich dem Zweck dienen, „to accelerate the integration of the Federal Republic"[15].

Die auf den ersten Blick beeindruckende Bilanz ist freilich nur sehr bedingt eine Konsequenz bundesdeutscher Politik und – gemessen an den Zielen, die Adenauer verfolgte –, auch nur sehr bedingt ein Erfolg. Auf die Gestaltung des Petersberger Abkommens hatte Adenauer so gut wie gar keinen Einfluß. Der Rahmen des Mögli-

---

[14] Münch, Dokumente (Anm. 4), S. 73.
[15] Allied Communiqué on Revision, 6. März 1951, in: Elmar Plischke, Revision of the Occupation Statute for Germany, hrsg. v. HICOG Frankfurt/M. 1952, S. 76f.

chen wurde auf der Pariser Außenministerkonferenz präzise abgesteckt und in klaren Instruktionen für die Hochkommissare formuliert. Diese besaßen keinen nennenswerten Verhandlungsspielraum, als sie dem Bundeskanzler gegenübertraten, und dieser hat in den Verhandlungen mit ihnen auch nur Marginales zu bewirken vermocht. Immerhin konnte er das frühe Datum der Revision als Erfolg buchen, obgleich die Außenminister der Westmächte wohl weniger seinem Drängen nachgegeben hatten als vielmehr der Einsicht gefolgt waren, daß die Gründung der DDR und die sowjetische Deutschlandpolitik eine Stabilisierung der Regierung Adenauer nahelegten[16].

Auch die zweite Revision scheint mehr eine kühl kalkulierte langfristigen Erwägungen entspringende Maßnahme der Westalliierten gewesen zu sein als eine Wirkung bundesdeutscher Politik. Das Petersberger Abkommen konnte nicht als Revision im Sinne des Artikels 9 des Besatzungsstatuts betrachtet werden, und so setzten die Außenminister im Mai 1950 eine Study Group ein, die ihnen für September 1950 Vorschläge für eine Revision unterbreiten sollte. Man wollte pünktlich sein, und die Revision nach einem Jahr wenigstens in Angriff nehmen und möglichst innerhalb der äußersten Frist von 18 Monaten zu Ende bringen. Gleichzeitig wurde als Eckwert festgelegt, daß die „supreme authority" in den Händen der Alliierten verbleiben müsse[17]. Diese Beschlüsse verrieten weder besondere Eile noch großes Entgegenkommen und standen in diametralem Gegensatz zu den Bemühungen der Bundesregierung.

Wenige Wochen später brach der Korea-Krieg aus und erhöhte, so jedenfalls glaubte Adenauer, die bargaining power der Bundesregierung. Adenauer unterbreitete den Außenministern in Absprache mit McCloy kurz vor der New Yorker Außenministerkonferenz sein bekanntes „Memorandum zur Frage der Neuordnung der Beziehungen der Bundesrepublik zu den Besatzungsmächten" vom 29. August. Darin forderte er als Gegenleistung für bereits erbrachte Integrationsanstrengungen die Ersetzung des Besatzungsstatuts „durch ein System vertraglicher Abmachungen". „Wenn die deutsche Bevölkerung", so Adenauer, „die Pflichten erfüllen soll, die ihr im Rahmen der europäischen Gemeinschaft aus der gegenwärtigen Lage und ihren besonderen Gefahren erwachsen, muß sie innerlich hierzu instand versetzt werden. Es muß ihr ein Maß von Handlungsfreiheit und Verantwortlichkeit gegeben werden, das ihr die Erfüllung dieser Pflichten sinnvoll erscheinen läßt."[18]

Adenauer forderte freilich nicht nur, sondern machte in einem zweiten Memorandum vom selben Tag auch ein Angebot: Er erklärte die Bereitschaft, „im Falle der Bildung einer internationalen westeuropäischen Armee einen Beitrag in Form eines deutschen Kontingents zu leisten"[19]. Offenbar war er der Auffassung, daß die bisherige Integrationspolitik der Bundesregierung die Ablösung des Besatzungsstatuts rechtfertigte und daß diese Ablösung der militärischen Integration vorangehen müsse. Zudem setzte die Forderung nach vertraglichen Regelungen mit den Alliierten sowohl die Gleichberechtigung der Deutschen als auch die Herstellung der Souveränität voraus.

[16] Vgl. Anm. 8.
[17] FRUS 1950, Bd. 3, S. 1091.
[18] Adenauer, Erinnerungen (Anm. 1), Bd. 1, S. 358f.
[19] Memorandum des Bundeskanzlers über die Sicherung des Bundesgebiets nach innen und außen, 29. August 1950, Kabinettsprotokolle (Anm. 2), Bd. 3, S. 86ff.

Die New Yorker Außenministerkonferenz im September 1950 brachte zwar durchaus einige wichtige positive Veränderungen der Lage der Bundesrepublik, aber in der Frage der Revision des Besatzungsstatuts fiel das Ergebnis außerordentlich mager aus. So wurde zwar der Kriegszustand mit Deutschland aufgehoben, zugleich aber ausdrücklich vermerkt, daß dies weder den Status noch die Rechte der drei Mächte in Deutschland verändere. Das deutsche Angebot, bei einer militärischen Integration mitzumachen, wurde zur Kenntnis genommen, aber die Vorschläge zur Revision des Besatzungsstatuts, die am 6. März 1951 gerade noch innerhalb der Frist von 18 Monaten in Kraft gesetzt wurden, waren keine Folge des Memorandums des Bundeskanzlers. Der Rahmen der Revision war vielmehr bereits Mitte Juli, also gut vier Wochen vor Adenauers Memorandum, in internen alliierten Besprechungen abgesteckt worden. Dabei war deutlich geworden, daß Washington zu größeren Zugeständnissen bereit war als London und Paris. Franzosen und Briten bestanden darauf, daß die supreme authority bei den Alliierten verblieb. Wenn die Bundesregierung die Kompetenz erhielt, auswärtige Politik und eine von Restriktionen freie Außenhandelspolitik zu betreiben – worüber Einigkeit bestand – mußte aber auf jeden Fall der Eindruck vermieden werden, damit werde die supreme authority der Alliierten durchlöchert[20].

Der Meinungsbildungsprozeß unter den Westalliierten lief nahezu völlig autonom ab. Zwar hoffte Adenauer wohl, der amerikanischen Regierung mit seinen Memoranden vom 29. August 1950 Argumente zu liefern – immerhin hatte McCloy ihn ja aufgefordert, sie zu Papier zu bringen, – aber vorerst scheiterte diese Politik am Konsenszwang unter den Alliierten. Als Adenauer bei seinem Treffen mit den Alliierten Hochkommissaren am 31. August 1950 von François-Poncet darauf aufmerksam gemacht wurde, daß die Alliierten der Bundesregierung schon große Zugeständnisse gemacht hätten und weiteren Konzessionen sehr enge Grenzen gezogen seien, konnte er seine Enttäuschung nicht verbergen. „Adenauer agreed that there had been much progress and that the step by step method had shown results", berichtete Kirkpatrick nach London. „But even this had been too slow for the pace of world events. The man in the street wanted some striking evidence that Germany was really on the road to becoming a free member of the European Community. In reply to Poncet the Chancellor agreed that what he wanted was something which would strike the popular imagination and so make the nation conscious of its responsibility to Europe." Der britische Hochkommissar Kirkpatrick entließ Adenauer mit dem Trost, er möge nicht niedergeschlagen sein (not to be downhearted), seine Kollegen und er „would use our influence in favour of a generous step forward"[21].

Dieser Schritt unterblieb zwar vorerst, aber noch bevor die aus dem interalliierten Meinungsbildungsprozeß hervorgegangene Revision des Besatzungsstatuts in die Wirklichkeit umgesetzt wurde, gewann der von Adenauer favorisierte Gedanke, das Besatzungsstatut durch vertragliche Vereinbarungen abzulösen, an Boden. Der Motor der Entwicklung wurde, das hatte Adenauer richtig vorausgesehen, die Frage der militärischen Integration. Dabei kam mehreres zusammen. Mit Plevens Vorschlag vom 24. Oktober 1950 war die Beteiligung deutscher Truppen an einer integrierten Euro-

---

[20] Occupation Statute, Summary of Conclusion, 11th–20th July, 1950, S. 4ff., Public Record Office London (PRO), FO 371/85020.
[21] Kirkpatrick an Foreign Office, 1. Sept. 1950, PRO FO 371/85026.

paarmee zu einem öffentlichen Thema geworden. Schon in New York hatten die
Außenminister für den Fall einer Beteiligung der Westdeutschen an der europäischen
Verteidigung eine weitere Revision des Besatzungsstatuts in Aussicht genommen[22].
Adenauer selbst bemühte sich im November 1950 intensiv hierum, weil – so jedenfalls
meinte Kirkpatrick – seine Regierung in großen innenpolitischen Schwierigkeiten
stecke. „He is unpleasantly aware that his Government and party have lost ground and
is therefore seeking to make what political capital he can out of the advantages which
accrue to Germany from his policy of close association with the West." Dies hieß im
Klartext, je mehr Adenauer innenpolitisch mit dem Rücken zur Wand stand, desto
stärker war er darauf angewiesen, daß sich seine Europapolitik in Form von Kompetenzerweiterungen für seine Regierung auszahlte. Kirkpatrick plädierte dafür, Adenauer hierbei zu helfen: „There is no doubt that Adenauer with all his defects is more
likely than any other German politician to take a large view of current problems and
to carry through a western policy in Germany. Consequently we have an interest in
sustaining him by demonstrating, so far as we are able, that his western policy is in fact
bringing concrete advantages to Germany."[23]

In Washington ging man noch einen Schritt weiter und setzte die Ablösung des
Besatzungsstatuts durch vertragliche Vereinbarungen auf die Tagesordnung der Sitzung des NATO-Rats, der Mitte Dezember in Brüssel zusammentraf[24]. Briten und
Amerikaner trafen sich dort in dem Bewußtsein, daß sich der Status der Bundesregierung aus politischen und militärischen Gründen ändern müsse[25]. In Brüssel kam daher
der bekannte Doppelbeschluß zustande: Die Alliierten Hohen Kommissare wurden
ermächtigt, mit der Bundesregierung über die Beteiligung an der gemeinsamen Verteidigung auf der Basis der NATO-Vorschläge und über die Veränderung des Besatzungsstatuts zu verhandeln. Gleichzeitig sollten in Paris deutsch-französische Verhandlungen über den Pleven-Plan stattfinden[26].

Der Beschluß ließ die Meinungsunterschiede nicht erkennen, die zwischen den
Alliierten in Brüssel gleichwohl vorhanden gewesen waren. Die Amerikaner vor allem
hatten vorwärts gedrängt, die Briten waren ihnen mit vorsichtiger Zurückhaltung
gefolgt, und die Franzosen hatten ihre Bedenken nur mühsam überwunden. Die
gemeinsame Linie, die sich daraus ergab, bestätigte erneut das Prinzip des do ut des
von Integration und Statusverbesserung. Auf gar keinen Fall, so betonte der französische Außenminister Schuman, dürfe sich bei der Aufhebung der Vorbehaltsrechte der
Eindruck einstellen, als gehorche man einem Automatismus. Es gehe vielmehr um eine
langfristige Perspektive und es sei bei jedem Schritt zu prüfen, wie sich die deutsche
Haltung zur europäischen Integration entwickele. Den Deutschen, so kamen Schuman
und Acheson überein, müsse klar gemacht werden, daß die Haltung, die sie zum
Schumanplan und zur Europäischen Verteidigungsgemeinschaft (EVG) einnähmen,

---

[22] Vgl. Protokoll der Unterredung Adenauers mit den Hochkommissaren am 22. November 1950, PRO FO
371/85032.
[23] Kirkpatrick an Foreign Office, 22. November 1950, PRO FO 371/85032.
[24] Franks (Washington) an Foreign Office. 11. Dezember 1950, PRO FO 371/85033.
[25] German Participation in Western Defence, 13. Dezember 1950, PRO FO 371/85034.
[26] J. Le Rougetal (Brüssel) an Foreign Office, 20. Dezember 1950, PRO FO 371/85034; FRUS 1950, Bd. 3,
585ff. und Bd. 4, S. 65ff.; 1951, Bd. 3, S. 1501.

einen großen Einfluß auf die Haltung der Westalliierten zum Besatzungsstatut haben werde. Das Junktim zwischen EVG und Deutschlandvertrag wurde also bereits in Brüssel geboren. Offen blieb, wie weit die Alliierten in der Emanzipation der Deutschen äußersten Falls zu gehen bereit waren. Einerseits sollte die Bundesregierung gleichberechtigter Partner in einem vereinten Europa werden, andererseits betonten alle drei Außenminister, daß die supreme authority bei den Alliierten verbleiben müsse. Ein alliierter Botschaftsrat sollte sie an Stelle der Alliierten Hohen Kommission wahrnehmen. Doch, was das im einzelnen hieß, blieb kontrovers[27].

Aus den britischen Akten ergibt sich der Eindruck, daß Adenauer den Westalliierten im November/Dezember 1950 mit seinen Forderungen nach Gleichberechtigung und nach Ablösung des Besatzungsstatuts ziemlich auf die Nerven ging. McCloy meinte, die Beharrlichkeit des Kanzlers sei auf Schumachers „harassing tactics" und eine hysterische Öffentlichkeit zurückzuführen, die Adenauers Position unterhöhle. Daß Adenauer aus einer Position innenpolitischer Schwäche heraus agierte, schien allen Beteiligten evident. Acheson plädierte daher dafür, dem von deutscher Seite ausgehenden Drängen nicht nachzugeben: „we should probably in fact make more progress by appearing to want to make less."[28]

Diese Maxime wurde offenbar befolgt; jedenfalls zogen sich die Verhandlungen zwischen den Alliierten Hohen Kommissaren über den Generalvertrag lange hin. Als die Hohen Kommissare am 9. August 1951 ihren Abschlußbericht vorlegten, war die kleine Revision des Besatzungsstatuts lange vollzogen und der Vertrag über die Europäische Gemeinschaft für Kohle und Stahl bereits unterschrieben. Zudem kam den Verhandlungsergebnissen nur informatorischer Wert zu, sie dienten den Außenministern lediglich als Ausgangsmaterial zur Beschlußfassung[29]. Man hatte sich daher auch gar nicht darum bemüht, in allen Fragen Einigkeit zu erzielen. Große Meinungsunterschiede bestanden einerseits unter den Hochkommissaren, andererseits zwischen diesen und der deutschen Seite. Es würde zu weit führen, sie hier im einzelnen zu erörtern[30].

Die Entscheidung fiel erneut auf der Ebene der Außenminister. Sie traten vom 10. bis 14. September 1951 in Washington zusammen und verabschiedeten zwei Dokumente, die den weiteren Lauf der Dinge bestimmen sollten: eine Instruktion für die Hochkommissare für die Verhandlungen mit Adenauer[31] und einen Entwurf für einen Generalvertrag[32]. Da die deutsche Seite es versäumt hatte, den Alliierten rechtzeitig einen eigenen Entwurf, den der deutsche Delegationsleiter Wilhelm Grewe erarbeitet hatte, zuzuleiten, begannen die Verhandlungen am 24. September 1951 auf der Basis des Entwurfs der Alliierten. Er blieb zwar weit hinter den Erwartungen der deutschen Seite zurück, bestätigte aber im großen und ganzen die Linie der konsensfähigen alliierten Politik, die sich bereits in Brüssel abgezeichnet hatte. Grewe bezeichnete den

[27] Franks (Washington) an Foreign Office, 16. Dezember 1950, PRO FO 371/85034; J. Le Rougetal (Brüssel) an Foreign Office, 21. Dezember 1950 (Nr. 70 und 71), PRO FO 371/85034.
[28] J. Le Rougetal (Brüssel) an Foreign Office, 21. Dezember 1950 (Nr. 70), PRO FO 371/85034.
[29] Vgl. dazu auch Wilhelm G. Grewe, Rückblenden 1976–1951, Frankfurt/M. 1979, S. 134ff.
[30] Vgl. dazu: Report of the Allied High Commission vom 9. August 1951, FRUS 1951, Bd. 3, S. 1501ff.
[31] Entwurf vom 10. September 1951 in: FRUS 1951, Bd. 3, S. 1197ff.
[32] Ebenda, S. 1209ff.

alliierten Entwurf später als einen „Quasi-Friedensvertrag, wie man ihn nur einem total geschlagenen Gegner auferlegen kann"[33]. Doch dieses Urteil ist ungerecht und zeigt nur, daß die deutsche Seite ihre Verhandlungsspielräume maßlos überschätzt hatte, was auch an dem ganz illusionären deutschen Entwurf für einen Generalvertrag abgelesen werden kann, auf dessen Erörterung sich die Alliierten gar nicht erst einlie-ßen[34].

Immerhin erwiesen sich die Alliierten dann in den Verhandlungen flexibler als ursprünglich angenommen. Die Pariser Außenministerkonferenz vom 22. November 1951, an der die deutsche Seite zum ersten Mal nach dem Zweiten Weltkrieg teilneh-men durfte, segnete einige bedeutende Zugeständnisse ab: Der alliierte Botschafterrat, der seit Brüssel durch die Verhandlungen geisterte, verschwand, und die Notstands-klausel wurde gemildert. Allerdings behielten die Alliierten die „supreme authority" und erkannten der Bundesregierung nur „full authority" zu, von Souveränität konnte also keine Rede sein.

Man mag dieses Ergebnis – wie Grewe es tut – rückblickend für mager halten, gleichwohl zeigt es eine nicht unbedeutende Erweiterung der Handlungsspielräume auf deutscher Seite an. Wodurch war diese bewirkt worden? Man kann zwei Ursa-chenfelder unterscheiden, die sich bisher schon wie ein roter Faden durch die Ver-handlungen zogen: erstens die innere Lage der Bundesrepublik und zweitens Ade-nauers Europapolitik.

1. Die Schwierigkeiten, vor denen die Alliierten bei den Verhandlungen mit der deutschen Seite stünden, meinte der britische Hochkommissar Kirkpatrick kurz vor der Pariser Außenministerkonferenz, seien vor allem auf die Schwäche der innenpoliti-schen Situation zurückzuführen, in der Adenauer sich befinde. Seine Mehrheit im Bundestag sei schmal und unsicher. Nicht einmal die eigene Partei unterstütze seinen außenpolitischen Kurs geschlossen und die Koalitionspartner FDP und DP seien jederzeit bereit, ihm mit dem Blick auf die nächsten Wahlen in den Arm zu fallen. Zudem erlaubten das Grundgesetz und die parlamentarische Praxis in der Bundesrepu-blik den pressure groups einen erheblichen Einfluß. Zu allem Überfluß habe sich Adenauer auf den Standpunkt gestellt, daß das Parlament über den Lauf der Verhand-lungen informiert werden müsse. Zu diesem Zweck sei eigens ein Unterausschuß des Bundestagsausschusses für Auswärtige Angelegenheiten gebildet worden, dem neben Mitgliedern der Koalition auch zwei von der SPD angehörten. Kurz: Adenauer ver-schanze sich hinter seinen parlamentarischen Schwierigkeiten und versuche die Alliier-ten in dem Bewußtsein zu Konzessionen zu drängen, daß auch sie zu einem Erfolg kommen müßten, wenn ihre ganze Deutschlandpolitik nicht scheitern solle[35].

Es ist schwer einzuschätzen, welche Wirkungen diese Taktik Adenauers hatte und wie ernst die Alliierten die Gefahr eines Sturzes Adenauers einschätzten. Immerhin vermochte der Kanzler ihnen das Gefühl zu vermitteln, daß sie mit seiner Europapoli-tik bestens bedient seien und daß nach ihm allemal die Sintflut komme, zumal wenn Schumacher maßgeblichen Einfluß auf die Europapolitik gewinne. Er ließ deshalb

---

[33] Grewe, Rückblenden (Anm. 29), S. 146.
[34] Inhaltsangabe bei Grewe, Rückblenden (Anm. 29), S. 143ff.
[35] Kirkpatrick an Foreign Office, 14. November 1951, PRO FO 371/93418; auf ähnliche Argumente einigten sich die drei Hochkommissare im Bericht an ihre Außenminister vom 17. November 1951, in: FRUS 1951, Bd. 3, S. 1583ff.

auch keine Gelegenheit aus, den Oppositionsführer bei den Hochkommissaren anzu-
schwärzen. Mit parlamentarischen Schwierigkeiten hatte freilich nicht nur Adenauer
zu kämpfen. Robert Schuman verstand es ebenfalls, auf diesem Instrument virtuos zu
spielen, und – geringe parlamentarische Spielräume ins Feld führend – seine Verhandlungsspielräume zu erweitern. Entscheidend war freilich allemal das Interessenclearing
auf der Ebene der Außenminister. Bis zum 22. November 1951 war Adenauer aus
dieser Runde ausgeschlossen. Gewiß konnte er es als Fortschritt verbuchen, nun zu
diesem Club zugelassen zu sein. Doch welches Gewicht konnte er in die Waagschale
werfen? Unabhängig von allen formalen Statuszugeständnissen an die deutsche Adresse, so stellte Kirkpatrick ebenfalls kurz vor der Konferenz fest, bliebe die Bundesrepublik ein Staat, „without power, without independence, and hence without responsibility". Dies könne nicht durch Verträge, sondern nur durch praktische Kooperation in
der europäischen Gemeinschaft geändert werden. Das Hauptstatus-Anliegen der
Deutschen – Gleichberechtigung – werde sich dann von selbst erfüllen[36]. Adenauer
dachte ähnlich und handelte danach.

2. Das Junktim zwischen EVG und Generalvertrag garantierte, daß die Bundesrepublik ihren vollen Integrationsbeitrag leistete, bevor sich ihre Kompetenzen erweiterten.
Adenauer ging freilich noch einen Schritt weiter. Er band nicht nur die Bundesrepublik an den Westen, sondern auch ein zukünftiges wiedervereinigtes Deutschland.
Dieser unter dem Begriff „Bindungsklausel" bekannt gewordene Passus des Generalvertrages (Art. VII) kam erst in der letzten Phase der Verhandlungen in den Vertrag
hinein: ein wiedervereinigtes Deutschland sollte eine der Bundesrepublik vergleichbare
liberal-demokratische Verfassungsstruktur haben, Mitglied der westeuropäischen
Gemeinschaft werden und an die Westverträge gebunden sein[37]. Dem Bundeskanzler
kam es hierbei offenbar auf zweierlei an: Er wollte erstens selbst sichergehen und den
Westalliierten die Sicherheit verschaffen, daß ein wiedervereinigtes Deutschland keinen
neutralistischen Kurs steuern konnte und die Westalliierten zweitens trotz der Westintegration der Bundesrepublik auf die Wiedervereinigung ganz Deutschlands verpflichten. Beides gelang nur partiell. Die Hohen Kommissare wollten unter der Wiedervereinigung „Deutschlands" nur die Vereinigung der DDR und der Bundesrepublik verstehen, Adenauer hingegen ging von den Grenzen von 1937 aus[38]. Die Außenminister
entschieden sich schließlich eindeutig gegen eine Festlegung auf die Grenzen von 1937
und waren auch nicht bereit, ein integriertes Westeuropa als wichtigen Schritt in
Richtung auf eine Wiedervereinigung Deutschlands zu bezeichnen, wie Adenauer das
vorschwebte[39].

Gegen die Bindung eines zukünftigen wiedervereinigten Deutschlands an die Westverträge tauchten schließlich im Zusammenhang mit der ersten Stalin-Note vom 10.
März 1952 politische und rechtliche Bedenken im Bundeskabinett und in der CDU
auf. Verbaute sie nicht jede Chance für eine reale Wiedervereinigungspolitik und
durfte die Bundesregierung einer zukünftigen gesamtdeutschen Regierung in dieser

---

[36] Ebenda.
[37] Draft Agreement vom 17. November 1951, FRUS 1951, Bd. 3, S. 1592ff.
[38] Report der AHK vom 17. November 1951, FRUS 1951, Bd. 3, S. 1583ff.; Brief for Paris Talks, Annex C
und H, PRO FO 371/93418.
[39] Anm. zu Art. VII Generalvertrag, Entwurf vom 13. November 1951 (Annex C) PRO FO 371/93418;
endgültige Formulierung des Artikels VII: US-Delegation Minutes of the Tripartite Foreign Ministers
Meeting at the Quai d'Orsay, 22. November 1951, FRUS 1951, Bd. 3, S. 1597ff.

Weise vorgreifen? Zum Wortführer derjenigen, die gegen die Klausel opponierten, wurde Heinrich von Brentano, der Fraktionschef der CDU. Adenauer entschloß sich schließlich in letzter Minute, in der Frage der Bindungsklausel nachverhandeln zu lassen. Die Aktion hatte Erfolg, man einigte sich mit den Alliierten überraschend schnell auf eine neue Formulierung, die keine automatische Bindung mehr vorsah und es einer zukünftigen gesamtdeutschen Regierung freistellte, ob sie in die Westverträge eintreten wollte oder nicht[40].

Die Auseinandersetzungen über die Bindungsklausel sind symptomatisch. Sie zeigen an, wie stark die inneren Widerstände gegen die Politik einseitiger Westintegration angewachsen waren. Adenauer versuchte ihnen durch eine enge Verknüpfung der Westpolitik und der Wiedervereinigungsfrage die Spitze zu nehmen. Zweifellos hätte es die Gegner der Westpolitik innerhalb der Koalition beruhigt, wenn es gelungen wäre, den Westmächten eine Wiedervereinigungsverpflichtung für Deutschland in den Grenzen von 1937 zu entlocken. Doch dies erwies sich als unmöglich. Die Bindungsklausel war freilich ohne diese Zusage im Kabinett nicht konsensfähig. Daß die Westmächte ihre Revozierung akzeptierten, zeigt, daß Adenauer in der Westpolitik zum ersten Mal mehr angeboten hatte, als notwendig gewesen war.

III.

Die Außenpolitik der ersten drei Jahre der Bundesrepublik wurde durch das Ziel der Westmächte bestimmt, die Bundesrepublik in den Westblock einzufügen, der sich seit 1947/48 zu formieren begonnen hatte. Den Deutschen in der Bundesrepublik wurde dies nicht voll bewußt, weil sie in ihrer ganz überwiegenden Mehrheit dem Westen zuneigten und ihre ökonomischen sowie ihre sicherheitspolitischen Interessen sie auf die Zugehörigkeit zum Westen verwiesen.

Adenauer verfocht in Übereinstimmung mit diesen Prämissen eine Politik der konsequenten Westintegration, die Westmächte ließen ihm aber auch keine andere Wahl. Sie machten die Rückgabe zentraler Kompetenzen an die Bundesregierung von konkreten Integrationsfortschritten abhängig. Es ging streng nach dem Prinzip do ut des, die Bundesregierung wurde unter Bewährungszwang gestellt. Von ihr wurde erwartet, daß sie sich positiv zur OEEC, zum Europarat, zur Montanunion und zum EVG-Projekt verhielt, andernfalls lief sie Gefahr, in der Frage ihrer Kompetenzerweiterung nicht voranzukommen. Das heißt aber, sie stand unter Erfolgszwang, was ihre Spielräume in den jeweiligen Verhandlungen außerordentlich eingeengt haben dürfte.

Die erste Phase der Kompetenzerweiterung, die Revision des Besatzungsstatuts lief nach einem vorgegebenen Zeitplan ab und wurde auf den Außenministerkonferenzen nach den Konditionen der Westmächte bestimmt. Da diese ihrerseits unter Kompromißzwang standen, orientierte sich die gemeinsame Politik oft am kleinsten gemeinsamen Nenner, dem französischen. Die Bundesregierung versuchte zwar, das Tempo der Revision zu beschleunigen und deren Ausmaß zu erweitern, scheiterte damit aber.

---

[40] Vgl. Grewe, Rückblenden (Anm. 29), S. 151ff.; Text des Generalvertrages vom 26. Mai 1952, FRUS 1952–1954, Bd. 7, T. 1, S. 112ff.; Art. VII, S. 116f.

Eine bundesdeutsche Verzögerungspolitik wurde nicht erwogen, war aber auch angesichts der innenpolitischen Schwäche der Regierung Adenauer und der nahezu unbegrenzten Druckinstrumentarien der Besatzungsmächte nicht ratsam oder zumindest riskant. Eine Regierung mit einer so schwachen parlamentarischen Basis konnte wohl keine andere Politik betreiben. Andererseits war diese Politik geeignet, diese Basis ihrerseits zu schwächen, vor allem als es um die militärische Integration ging.

Bis zum Ausbruch des Korea-Krieges sah sich die Bundesregierung dem Zwang gegenüber, die Angebote der Westmächte weitgehend unverändert zu akzeptieren, um die aus Gründen der Innen-, wie der Außen- und Außenwirtschaftspolitik notwendigen Kompetenzerweiterungen zu erreichen. Das Entgegenkommen der Westmächte orientierte sich dabei an dem schwer einzuschätzenden Interesse, die Regierung Adenauer zu stützen. Allerdings wird man diesen Faktor wohl nicht zu hoch bewerten dürfen; denn über die Frage, wieviel Erfolg die Regierung Adenauer benötige, um am Ruder zu bleiben, gingen die Meinungen der drei Außenminister meist auseinander.

Auch der Ausbruch des Korea-Krieges änderte den Fahrplan der Revision des Besatzungsstatuts nicht, und Adenauers Memoranden vom 29. August 1950 blieben in dieser Hinsicht wirkungslos. Der Kanzler hatte den Hebel gleichwohl langfristig an der richtigen Stelle angesetzt: das Interesse der USA, dem Großbritannien und Frankreich sich anschlossen, deutsche Soldaten für die Verteidigung des Westens zu gewinnen, ließ sich für die Ablösung des Besatzungsstatuts durch vertragliche Abmachungen nutzen. Daß die Westmächte bereits in Brüssel ein Junktim zwischen Verhandlungen über den Generalvertrag und der EVG herstellten, zeigt freilich, wie hart das Do-ut-des-Prinzip nach wie vor gehandhabt wurde.

1951 vollzog sich die zweite Phase der Kompetenzerweiterung. Nun bahnte sich eine nicht unbeträchtliche Veränderung der Entscheidungsstrukturen an. Während den Verhandlungen zwischen den Alliierten Hochkommissaren und der bundesdeutschen Delegation in der ersten Hälfte des Jahres nur exploratorische Bedeutung zukam, änderte sich das in der zweiten Jahreshälfte. Die Verhandlungen vom September bis November begannen zwar mit einem Eklat, aber die Außenminister hatten den Hochkommissaren etwas weitere Spielräume gesteckt. Gleichwohl trafen die Entscheidungen auch jetzt die Außenminister. Daß Adenauer am 22. November in Paris mit am Konferenztisch Platz nahm, markiert den eigentlichen Fortschritt. Gleichwohl blieb es für die deutsche Seite enttäuschend, daß die Westmächte die „supreme authority" nach wie vor für sich reklamierten. Gleichberechtigung, so stellte Kirkpatrick fest, sei nur zu erreichen, indem man die Verträge in der politischen Praxis bestätige. Hierauf meinten die Westmächte Anfang 1952 noch warten zu können. Sie waren mit gutem Grund mißtrauisch und saßen allemal am längeren Hebel.

Am 26. Mai 1952 wurde ein Vertragswerk unterzeichnet, das Adenauers politischem Ansehen kaum dienlich gewesen wäre, wäre es je in Kraft getreten und hätte es womöglich auf längere Zeit die Basis für das Verhältnis der Bundesrepublik zu den Westmächten dargestellt; denn es enthielt den Deutschen die Souveränität vor und war auch sonst nicht dazu angetan, ihnen das Bewußtsein zu geben, in Europa nun „gleichberechtigt" zu sein. Die französische Politik rettete Adenauer aus der Klemme dieses trotz aller Statusaufbesserungen enttäuschenden Ergebnisses. Durch das Junktim zwischen Generalvertrag und EVG-Vertrag konnte das Vertragswerk erst in Kraft treten, wenn die Ratifizierung des EVG-Vertrages erfolgt war. Da es hierzu nicht kam, erhielt Adenauer 1954 die Chance, neu und diesmal besser zu verhandeln. Er hat sie genutzt, und die Souveränität schließlich in jenen durch die Lage Berlins und die Viermächteverantwortung für Berlin und Gesamtdeutschland gezogenen Grenzen erreicht. Aus der Perspektive des Jahres 1952 sieht die Bilanz freilich weniger positiv aus.

Ulrich Enders

Der Konflikt um den Beitritt der Bundesrepublik und des Saargebiets zum Europarat

Die Integration der Bundesrepublik Deutschland in ein westliches Bündnissystem war zentraler Bestandteil der Außenpolitik von Bundeskanzler Adenauer. Eine Mitwirkung der Bundesrepublik in supra-nationalen Institutionen bot die Chance, als Mitglied der Staatengemeinschaft Anerkennung und Gleichberechtigung zu erhalten und den eigenen außenpolitischen Handlungsspielraum zu erweitern.

Die Einbeziehung der Bundesrepublik in eine europäische überstaatliche Organisation lag aber auch im Interesse der westeuropäischen Staaten und im Interesse der drei westlichen Siegermächte. Eine möglichst enge Verflechtung der Bundesrepublik mit internationalen Institutionen entsprach nicht nur den Sicherheitsbedürfnissen der westlichen Nachbarstaaten, sie erschien auch als geeigneter Weg, das wirtschaftliche und politische Potential der Bundesrepublik zu kontrollieren und gleichzeitig für den europäischen Wiederaufbau zu nutzen. Voraussetzung für den von allen Seiten gewünschten Zusammenschluß Europas unter Einbeziehung der Bundesrepublik war jedoch die Herstellung von Vertrauen. Dabei wurde von der Bundesrepublik die vorbehaltlose Bereitschaft zur Mitarbeit in den europäischen Institutionen erwartet, denn nur eine freiwillige und uneingeschränkte Übernahme verbindlicher Verpflichtungen erschien als solide Grundlage für eine dauerhafte europäische Rechts- und Friedensordnung.

Gegenseitiges Vertrauen war auch die Grundvoraussetzung für eine deutsch-französische Verständigung, ohne die der europäische Zusammenschluß nicht denkbar war. Die gegensätzlichen Interessen Frankreichs und der Bundesrepublik im Saarland erschwerten jedoch eine deutsch-französische Annäherung und drohten vorübergehend den Prozeß der europäischen Integration zu blockieren.

Die Rahmenbedingungen

Die Konstituierung der Bundesrepublik Deutschland im September 1949 war möglich geworden, nachdem unter Einwirkung der Besatzungsmächte wesentliche Vorentscheidungen in innen-, gesellschafts- und wirtschaftspolitischen Bereichen für die westlichen Besatzungszonen getroffen worden waren. Der Aufbau eines demokratisch-parlamentarischen Rechtsstaates, einer pluralistisch geformten Gesellschaft und die Reorganisation wirtschaftlicher Strukturen unter dem Gesichtspunkt demokratischer Kontrollierbarkeit zielten nicht nur auf die Verwirklichung ordnungspolitischer

Konzepte der Alliierten, sie waren zugleich Bestandteil alliierter Sicherheitspolitik gegenüber Deutschland: ein in seinen verschiedenen Bereichen demokratisch verfaßter Staat, die verfassungsrechtliche Verankerung des Prinzips der Rechtsstaatlichkeit, der Wahrung der Menschenrechte und der Grundfreiheiten erschien den Westmächten als Beitrag zur Umwandlung des von ihnen besetzten Teils Deutschlands in einen friedlichen, dem Gedanken der Völkerverständigung verpflichteten Staat.

Dieser aus Sicht der Bundesrepublik gesehenen „positiven" Auswirkung alliierter Sicherheitspolitik stand eine „negative" Seite in Form von direkten Kontrollen in Deutschland gegenüber. Dazu zählten das Ruhrstatut, das Abkommen über beschränkte und verbotene Industrien, das Abkommen über die Drei-Mächte-Kontrolle in Deutschland, das Besatzungsstatut und die Satzung der Alliierten Hohen Kommission. Letzterer kam im Sicherheits- und Kontrollsystem der Westmächte insofern eine besondere Bedeutung zu, als sie die Verbindung zu den voneinander getrennten deutschlandpolitischen Vereinbarungen herstellte. So wurden u. a. der Beitritt der Bundesrepublik zur Ruhrbehörde und zur OEEC und die Zusammenarbeit mit dem Militärischen Sicherheitsamt unmittelbar materiell-rechtlicher Bestandteil der Beziehungen zwischen der Bundesrepublik und der Alliierten Hohen Kommission[1].

Im Besatzungsstatut schließlich hatten sich die Alliierten die oberste Regierungsgewalt vorbehalten und die Gesetzgebungshoheit des Bundes in Bereichen, die ihre Sicherheitsinteressen berührten, eingeschränkt.

Mit dem Besatzungsstatut hatten die Westmächte demnach deutlich zu erkennen gegeben, daß sie an der „Rechtsnatur der Besetzung Deutschlands"[2] festhielten und nicht bereit waren, sich durch rechtsverbindliche Vereinbarungen den Ermessensspielraum in der Behandlung Deutschlands einengen zu lassen.

Bestandteil des alliierten Sicherheitssystems war auch das Drei-Mächte-Kommuniqué über Deutschland vom 8. April 1949. Darin hatten die Außenminister der drei Westmächte es als ihr Hauptziel erklärt, „die möglichst enge Einbeziehung des deutschen Volkes unter einem demokratischen Bundesstaat in die europäische Gemeinschaft auf einer für beide Seiten vorteilhaften Grundlage zu fördern und zu erleichtern. In diesem Zusammenhang ist vorgesehen, daß die deutsche Bundesrepublik mit den Vereinigten Staaten ein zweiseitiges ECA-Sonderabkommen schließen und als vollberechtigtes Mitglied an der Organisation für europäische wirtschaftliche Zusammenarbeit teilnehmen soll, wodurch sie zu einem verantwortlichen Partner im europäischen Wiederaufbauprogramm werden wird"[3].

Die hier bekundete Entschlossenheit, den westdeutschen Teilstaat in ein europäisch-atlantisches Bezugssystem zu integrieren, wies auch auf einen weiteren Aspekt alliierter Deutschlandpolitik hin. Eine politische und wirtschaftliche Einbindung in den Westen sollte eine dauerhafte Grundlage für eine friedliche Zusammenarbeit schaffen

---

[1] Die Satzung der Alliierten Hohen Kommission für Deutschland (AHK) war am 20. 6. 1949 von den Außenministern der drei Westmächte unterzeichnet worden. Text der Satzung in: Europa-Archiv 4 (1949), S. 2323–2326; zu diesen Ausführungen vgl. auch Die Kabinettsprotokolle der Bundesregierung, hrsg. v. Hans Booms, Bd. 1: 1949, bearb. v. Ulrich Enders und Konrad Reiser, Boppard/Rh. 1982, S. 27–32.

[2] Wilhelm Grewe, Deutsche Außenpolitik der Nachkriegszeit, Stuttgart 1960, S. 39.

[3] Zit. nach Europa-Archiv 4 (1949), S. 2074.

und die aus dem deutschen Sonderweg entstandene Gefahr für die Sicherheit der europäischen Staaten langfristig bannen.

Das alliierte deutschlandpolitische Programm „Kontrolle durch Integration" fügte sich nahtlos ein in das europäische Wiederaufbauprogramm, in dem sich wiederum amerikanische Deutschland- und Europapolitik verbanden. Der Marshallplan als Bestandteil einer gegen die Sowjetunion gerichteten Bündnispolitik wies der Bundesrepublik nicht nur eine zentrale Bedeutung zu, von ihm gingen auch – vor allem durch die Verpflichtung der Teilnehmerländer an einer Zusammenarbeit in der OEEC – wesentliche integrationspolitische Impulse aus[4].

So hatten wirtschaftliche, politische und militärisch-strategische Gesichtspunkte der Westintegration der Bundesrepublik eine wichtige Rolle in der alliierten Deutschlandpolitik zugewiesen.

Der Gedanke, durch vertragliche Bindungen Westdeutschlands an die europäischen Staaten den eigenen Sicherheitsbedürfnissen Rechnung zu tragen, hatte seit 1948 auch in Frankreich an Boden gewonnen und die Voraussetzungen für eine konstruktive Einstellung gegenüber Deutschland geschaffen. Ausschlaggebend war dabei der Gedanke, durch eine europäische Integration unter Einbeziehung Westdeutschlands dessen Wirtschaftspotential zu kontrollieren und dessen politische Energien aus der gefährlich erscheinenden Isolation zu lösen und in Richtung auf eine internationale Kooperation und friedliche Zusammenarbeit mit den Staaten Europas zu lenken[5].

Hatten schon äußere Anstöße, wie der globale Konflikt zwischen den Vereinigten Staaten von Amerika und der Sowjetunion sowie das Auftreten der USA in Europa als Sicherheitsgarant und Wirtschaftsmacht und als Mitgestalter einer europäisch-atlantischen Wirtschaftskooperation, die Staaten Europas zu übernationaler Zusammenarbeit gedrängt, so hatte auch eine eigenständige europäische Bewegung den Gedanken einer Einigung propagiert und in der Errichtung des Europarates ein erstes konkretes Ergebnis hervorgebracht.

Seine Gründung ging zurück auf die Initiativen privater Organisationen und einzelner Persönlichkeiten, die sich, ausgehend von der Katastrophe zweier Weltkriege, für den Gedanken der Völkerverständigung und des wirtschaftlichen und politischen Zusammenschlusses der Staaten Europas als Grundlage einer dauerhaften Friedensordnung einsetzten[6].

Um ihren Ideen stärkeres Gewicht zu verleihen, hatten die Europa-Verbände ein „Internationales Komitee zur Koordinierung der Bewegung für die Einheit Europas"

---

[4] Zur Bedeutung des Marshallplans für die europäische Integration vgl. Hans-Jürgen Schröder, Marshallplan, amerikanische Deutschlandpolitik und europäische Integration 1947–1950, in: Aus Politik und Zeitgeschichte. Beilage zur Wochenzeitung Das Parlament, B18/87, 2. Mai 1987. Der Marshallplan hatte wesentlich zu den oben genannten Vorentscheidungen beigetragen und die Entscheidung für eine Westbindung durch die Aussicht auf wirtschaftliche Stabilisierung erleichtert; vgl. dazu Manfred Knapp (Hrsg.), Von der Bizonengründung zur ökonomisch-politischen Westintegration. Studien zum Verhältnis zwischen Außenpolitik und Außenwirtschaftsbeziehungen in der Entstehungsphase der Bundesrepublik Deutschland 1947–1952, Frankfurt/M. 1984. Für die Bizone hatten die Militärgouverneure das Abkommen vom 16. 4. 1948 über die wirtschaftliche Zusammenarbeit in Europa am 16. 6. 1948 und am 14. 7. 1948 das bilaterale Handelsabkommen mit den USA unterzeichnet; Kabinettsprotokolle (Anm. 1), Bd. 1, S. 97.
[5] Vgl. dazu Raymond Poidevin, Der Faktor Europa in der Deutschland-Politik Robert Schumans. (Sommer 1948 bis Frühjahr 1949), in: Vierteljahrshefte für Zeitgeschichte (VfZ) 33 (1985), S. 406–419.
[6] Zur Frühphase der europäischen Einigungsbewegung vgl. Walter Lipgens, Die Anfänge der europäischen Einigungspolitik 1945–1950, 1. Teil: 1945–1947, Stuttgart 1977.

gegründet. Auf dem Kongreß in Den Haag vom 7. bis 10. Mai 1948 erhielt es den Auftrag zur Ausarbeitung konkreter Vorschläge. Ein weiteres Ergebnis dieses Kongresses war die Gründung der „Europäischen Bewegung" im Oktober 1948[7].

Oberstes Organ war der Internationale Rat der europäischen Bewegung, dem insgesamt 75 Vertreter aus 17 Nationen, darunter 8 Delegierte aus westdeutschen Europaverbänden, angehörten[8]. Auf der Sitzung des Internationalen Rats in Brüssel vom 25. bis 28. Februar 1949 hatten die Delegierten unter Punkt 8 der Grundsätze einer europäischen Politik beschlossen: „Westdeutschland muß unverzüglich (und das übrige Deutschland so bald wie möglich) eingeladen werden, einen integrierenden Teil dieser neuen Gemeinschaft (angesprochen ist die „Europäische Union" d. V.) zu bilden, in der die Angehörigen aller Nationen gleiche Rechte und gleiche Pflichten haben werden."[9] Diese Empfehlung lag den Zehn-Mächte-Besprechungen zur Vorbereitung einer europäischen Union vor[10]. Sie fand insofern Berücksichtigung, als für einen Staat mit beschränkter Souveränität die Möglichkeit zum Beitritt offengehalten wurde. So unterschied die von den zehn Mitgliedsstaaten am 5. Mai unterzeichnete Satzung des Europarats zwischen Staaten als Vollmitgliedern mit dem Vertretungsrecht in der Beratenden Versammlung und im Ministerrat und zwischen Ländern minderer Staatsqualität mit dem eingeschränkten Recht, als assoziiertes Mitglied nur an der Konsultativversammlung teilzunehmen[11].

Nach diesen Bestimmungen konnte der künftige westdeutsche Teilstaat entsprechend seiner durch die Besetzung bedingten Stellung als Staat mit beschränkter Vollmachten nur in der Beratenden Versammlung vertreten sein. Sein Ausschluß aus dem Ministerrat, der sich aus den Außenministern der Mitgliedsstaaten zusammensetzte, beugte somit möglichen Souveränitätsansprüchen vor und tangierte damit nicht die Rechte der drei westlichen Besatzungsmächte.

So hatten die Gründerstaaten des Europarates die formal-rechtlichen Voraussetzungen für einen Beitritt des westdeutschen Teilstaates geschaffen und damit eine grundsätzliche Aufnahmebereitschaft signalisiert. Daß der Beitritt Westdeutschlands nurmehr eine Frage der Zeit sein würde, zeigten auch die Debatten bei der ersten, konstituierenden Sitzungsperiode der Beratenden Versammlung im August und September 1949. Wenn auch der Beitritt Westdeutschlands nicht auf der Tagesordnung stand, so wurde diese Frage im Rahmen der allgemeinen Aussprache über Maßnahmen und Wege zur wirtschaftlichen und politischen Stärkung Europas immer wieder angeschnitten. Der Einsicht in die Notwendigkeit einer Einbeziehung Westdeutschlands in den Europarat

[7] Vgl. dazu Norbert Lepszy, Haager Kongreß, in: Pipers Wörterbuch zur Politik, hrsg. v. Dieter Nohlen, Bd. 3: Europäische Gemeinschaft, München 1984, S. 353f.
[8] Unterlagen zu den einzelnen privaten Europa-Organisationen in Archiv des Auswärtigen Amtes, Abteilung II (Politische Abteilung) (PA AA II), Bd. 577 (Az 221–01 Bd. 1). Der Bestand der Politischen Abteilung wird gegenwärtig neu organisiert und von Aktenzeichen auf Archivnummern umgestellt. Es werden daher, soweit bereits vergeben, die Archivnummern zitiert (PA AA II Bd. 577). Unterlagen zu dem zahlenmäßig rasch anwachsenden Deutschen Rat der Europäischen Bewegung, von Eugen Kogon geleitet, in AA II Bd. 592.
[9] Als deutsche Vertreter hatten an dieser Tagung teilgenommen Ministerpräsident Karl Arnold, Frau Regierungspräsidentin Dorothea Bähnisch (Niedersachsen), Max Brauer, Prof. Dr. Pfeifer (Rektor der Universität Heidelberg), Eugen Kogon, Prinz Karl zu Löwenstein, Minister Karl Spieker und Christine Teusch (Nordrhein-Westfalen) und Otto Suhr; PA AA II Bd. 577. Die Resolution ist veröffentlicht in: Europa-Archiv 4 (1949), S. 2025.
[10] Vgl. Europa-Archiv 4 (1949), S. 2144.
[11] Satzung des Europarats vom 5. Mai 1949, Europa-Archiv 4 (1949), S. 2241–2244.

standen dabei häufig die Erinnerungen an die jüngste Vergangenheit gegenüber. Treffend hat diese Situation der englische Delegierte Edelman angesprochen, als er bemerkte: „But, there stands silently at the door, one great nation which is essential to the Unity of Europe, and if we have doubts about the admission of Germany to the Council of Europe, those doubts derive from the dangers which we have endured in the past from that country. In the past, Germany, standing outside, has presented us with a great leveller, and now presents us with certain paradoxes."[12]

In der Debatte über die Zweckmäßigkeit und Notwendigkeit eines Beitritts Westdeutschlands zum Europarat kam auch der Sicherheitsaspekt zum Vorschein. Die Argumentation deckte sich dabei weitgehend mit den Gedanken, wie sie im französischen Außenministerium entwickelt worden waren: eine Einbeziehung Westdeutschlands in eine übernationale europäische Organisation sollte eine erneute Vormachtstellung verhindern und seine wirtschaftliche Kraft und politische Energie dem europäischen Wiederaufbau zuwenden[13].

Für eine Aufnahme Westdeutschlands zu einem möglichst frühen Zeitpunkt setzte sich vor allem Churchill ein, der sich in seiner berühmten Züricher Rede vom September 1946 für eine deutsch-französische Verständigung als Voraussetzung einer europäischen Friedensordnung verwandt hatte[14]. Am 17. August 1949 erinnerte er Mitglieder der Beratenden Versammlung an den Haager Kongreß 1948, auf dem der deutschen Delegation ein herzlicher Empfang vor allem auch von französischer Seite zuteil geworden sei und auf dem die Voraussetzungen für den Eintritt eines demokratischen und freien Deutschland in den Kreis der westlichen Demokratien geschaffen worden seien. Die Entwicklung Deutschlands zu einem demokratischen Staat könne zwar noch nicht abgesehen werden, doch dränge die Zeit, um mögliche irreversible Entscheidungen Deutschlands zuungunsten eines europäischen Zusammenschlusses zu verhindern: „We cannot part at the end of this month on the basis that we do nothing more to bring Germany into our circle until a year has passed. That year is too precious to loose. If lost, it might be lost for ever. It might not be a year, but it might be the year."[15]

Obwohl die Beitrittsfrage in den Debatten immer wieder eine Rolle spielte, faßte die Beratende Versammlung keine förmlichen Beschlüsse zu diesem Punkt. Die Erörterungen in Straßburg hatten aber eine grundsätzliche Bereitschaft zur Aufnahme Deutschlands in den Europarat erkennen lassen, während die Frage des Zeitpunkts zur Disposition stand.

Die Bereitschaft zu einer überstaatlichen Zusammenarbeit mit den westlichen Nachbarstaaten und zu langfristiger vertraglicher Bindung war auch bei allen demokratischen Parteien der westlichen Besatzungszonen vorhanden. Sie kam auch in Artikel 24 des Grundgesetzes zum Ausdruck, der eine Übertragung von Hoheitsrechten auf zwischenstaatliche Einrichtungen und eine Beschränkung der Souveränität zugunsten einer friedlichen und dauerhaften Ordnung in Europa vorsah.

---

[12] Council of Europe, Consultative Assembly. Official Report of Debates, Straßburg 1949, S. 182.
[13] Vgl. dazu auch F. Roy Willis, France, Germany, and the New Europe 1945–1963, Stanford 1965, S. 57f. und Europa-Archiv 4 (1949), S. 257f.
[14] Text der Rede vom 19. 9. 1946, in: Europa. Dokumente zur Frage der europäischen Einigung, hrsg. v. Auswärtigen Amt, Bonn 1953, S. 84f.
[15] Council of Europe, Consultative Assembly, Official Report of Debates, Straßburg 1949, S. 286.

Die Forderung, eine derartige Bestimmung in das Grundgesetz aufzunehmen, hatte Carlo Schmid als Berichterstatter des Hauptausschusses in der zweiten Sitzung des Parlamentarischen Rates am 8. September 1948 mit der Entschlossenheit des deutschen Volkes begründet, „aus der nationalistischen Phase seiner Geschichte in die übernationale einzutreten"[16].

Diese Äußerung wies beispielhaft auf einen grundsätzlichen Konsens zwischen allen demokratischen Parteien hin, vor allem aber zwischen der SPD und der CDU. In der Frage der Westorientierung und der Bereitschaft zu einer vertraglichen Bindung an überstaatliche europäische Institutionen bestand auch zwischen Adenauer und Schumacher eine prinzipielle Übereinstimmung, wenn auch hinsichtlich der Prioritäten und der Instrumentalisierung der Westbindung für die Durchsetzung nationaler Ziele wesentliche Unterschiede vorhanden waren[17].

Die Erklärungen über die künftige Rolle Westdeutschlands in Europa, die von Politikern in der Beratenden Versammlung und ihrer Vorläuferorganisation abgegeben worden waren, deckten sich weitgehend mit den Zielvorstellungen der Siegermächte, wie sie in dem Kommuniqué vom 8. April 1949 formuliert worden waren. Besatzungsmächte wie Europapolitiker hatten gleichermaßen die Erwartung ausgesprochen, daß sich der künftige westdeutsche Teilstaat zu einem demokratischen Gemeinwesen nach westlichem Vorbild entwickle, sein wirtschaftliches Potential dem europäischen Wiederaufbau zur Verfügung stelle, sich aufrichtig und ohne Vorbehalte an einer internationalen Zusammenarbeit beteilige und damit zu einer dauerhaften europäischen Friedensordnung beitrage.

Da auch von deutscher Seite die grundsätzliche Bereitschaft zur Erfüllung dieser Erwartungen vorhanden war, schien der Beitritt der Bundesrepublik zum Europarat problemlos vorgezeichnet. Der Versuch Frankreichs, dem Saarland durch eine Aufnahme in den Europarat internationale Anerkennung zu verschaffen und den Status des Saarlandes als selbständigen Staat abzusichern, belastete jedoch nicht nur die deutsch-französische Verständigung, er brachte auch den Prozeß der europäischen Integration vorübergehend ins Stocken.

Die französische Saarpolitik

Nach dem Zweiten Weltkrieg war das Saarland zunächst Bestandteil der französischen Besatzungszone, 1946 aber ausgegliedert worden. In der Verfassung vom 15. Dezember 1947 hatte sich das Saarland vom Deutschen Reich losgesagt, sich wirtschaftlich an Frankreich angeschlossen und ihm die Vertretung außen- und sicherheitspolitischer

[16] Parlamentarischer Rat, Stenographischer Bericht, 2. Sitzung am 8. 9. 1948, S. 15, Bundesarchiv Koblenz (BA) Z 5 (Parlamentarischer Rat), Bd. 12 a.

[17] Auf die Haltung der CDU und der SPD, auf die unterschiedlichen Ausgangspositionen von Adenauer und Schumacher wird nicht näher eingegangen. Vgl. dazu Hans-Peter Schwarz, Das außenpolitische Konzept Konrad Adenauers, in: Adenauer-Studien Bd. 1, hrsg. v. Rudolf Morsey und Konrad Repgen, Mainz 1971, S. 71–108; Hans-Peter Schwarz, Adenauer und Europa, in: VfZ 27 (1979), S. 471–523; Walter Lipgens, Europäische Integration, in: Die Zweite Republik. 25 Jahre Bundesrepublik Deutschland – eine Bilanz, hrsg. v. Richard Löwenthal und Hans-Peter Schwarz, Stuttgart 1974, insbes. S. 528–533; Peter Eisenmann, Kontroverse Deutschland- und Europapolitik. Kurt Schumachers und Konrad Adenauers politische Grundkonzeptionen, in: Politische Studien 31 (1980), S. 505–515; Rudolf Hrbek, Die SPD – Deutschland und Europa. Die Haltung der Sozialdemokratie zum Verhältnis von Deutschland-Politik und West-Integration (1945–1957), Bonn 1972.

Interessen übertragen – mit dem Ziel, ein „internationales Statut" für das Saarland zu etablieren, „das die Grundlage für sein Eigenleben und seinen Wiederaufbau festlegen wird"[18].

Die Errichtung eines vom Deutschen Reich getrennten Saarstaates und seine enge Anlehnung an Frankreich waren jedoch rechtlich umstritten. Einmal fehlte der Ausgliederung der Saar aus der französischen Besatzungszone eine völkerrechtlich wirksame Anerkennung von seiten dritter Staaten, zum anderen war die Regelung der deutschen Grenzen und damit auch die Frage der Zugehörigkeit des Saarlandes einem Friedensvertrag zwischen den Siegermächten und Deutschland vorbehalten[19]. Schließlich bestanden auch Zweifel an der „Staatsqualität" des Saarlandes, da die Verfassung von 1947 keine völkerrechtliche Eigenständigkeit begründete. Frankreich und die saarländische Regierung unter Johannes Hoffmann waren daher bemüht, diesen Mangel auszugleichen und die Stellung des Saarlandes als politisch selbständige Einheit zu stärken[20].

Eine günstige Gelegenheit, de facto eine völkerrechtliche Anerkennung des Saarlandes als selbständigen Staates zu erreichen, bot der Beitritt des Saarlandes zum Europarat.

Als am 17. und 18. Juni 1949 der Ministerausschuß des Europarats in Luxemburg zusammentrat, ließ Schuman gegenüber seinen Amtskollegen das Interesse Frankreichs an einer Aufnahme des Saarlandes in die Beratende Versammlung des Europarates erkennen, ohne jedoch eine Antwort zu erwarten[21]. Im Juli 1949 richtete die französische Regierung an die Gründerstaaten des Europarats eine Note, in der sie den Beitritt des Saarlandes zum Europarat vorschlug. Die Aktivlegitimation hatte sie aus der Präambel der Saarverfassung abgeleitet[22].

Als Begründung seiner Initiative wies das französische Außenministerium in einer Erklärung vom 25. Juli 1949 darauf hin, daß das Bonner Grundgesetz ohne Beteiligung des Saarlandes ausgearbeitet worden sei und daß auch nie davon die Rede gewesen sei, das Saarland an den Verfassungsarbeiten zu beteiligen oder das Grundgesetz auf das Saarland anzuwenden. Das Saarland könne daher nicht als Bestandteil der Bundesrepublik angesehen werden, folglich müsse auch seine Vertretung im Europarat anderweitig betrieben werden. Da das Saarland verfassungsmäßig dem im Entstehen begriffenen westdeutschen Bundesstaat voraus sei, müsse es auch vor der Bundesrepublik in den Europarat aufgenommen werden[23].

Die Forderung, das Saarland vor der Bundesrepublik zum Europarat zuzulassen, begründete Schuman nochmals am 15. August 1949: „Die Saar ist aufgrund von Entscheidungen, die nichts an ihrem Wert verloren haben, mit einem Sonderstatut

[18] Präambel der Verfassung des Saarlandes vom 15. 12. 1947, veröffentlicht in: Robert H. Schmidt, Saarpolitik 1945–1957, Bd. 2: Entfaltung der Saarpolitik zwischen „Wirtschaftsanschluß" und „Europäisierung" 1945–1953, Berlin 1960, S. 671–680.
[19] Zur Problematik der Rechtslage des Saarlandes vgl. Schmidt, Saarpolitik (Anm. 18), S. 545–568.
[20] Diese Zweifel an der Staatsqualität hatten sich auch in der Verfassung selbst niedergeschlagen; vgl. Schmidt, Saarpolitik (Anm. 18), S. 189–200. Zu den nach der Verabschiedung der Verfassung einsetzenden Bestrebungen der Regierung Hoffmann, das Saarland zu einem eigenen Staatswesen zu verselbständigen vgl. Schmidt, Saarpolitik (Anm. 18), S. 207–217.
[21] Vgl. Poidevin, Europa (Anm. 5), S. 418.
[22] Entnommen aus der Denkschrift des Deutschen Büros für Friedensfragen vom Dezember 1949: „Die Aufnahme des Saarlandes in den Europarat", PA AA II 221–253, Bd. 1 und BA Z 35/616.
[23] Ebenda.

versehen worden; sie besitzt eine regulär gewählte gesetzgebende Versammlung und eine durch den Landtag ordnungsgemäß gewählte Regierung. Sie ist damit verfassungsmäßig dem neuen Deutschland voraus und hätte ihm auch logischerweise in seiner Beteiligung an den Arbeiten des Europarates voraus sein müssen."[24]

In einer amtlichen Stellungnahme vom 1. August 1949 verdeutlichte die französische Regierung nochmals ihren Standpunkt. Darin wurde als Ausgangspunkt ihrer Saarpolitik festgehalten: „Die gegenwärtig im Saarland bestehende Rechtsordnung beruht auf dem wirtschaftlichen Anschluß dieses Gebiets an Frankreich und auf seiner politischen Abtrennung von Deutschland." Hinsichtlich der künftigen Politik enthielt die Stellungnahme folgende grundsätzliche Feststellung: „Die französische Regierung ist entschlossen, die Grundlagen des gegenwärtigen Saarstatuts, die in dem französischen Memorandum[25] vom 10. April 1947 und in der saarländischen Verfassung enthalten sind, zu respektieren und dafür zu sorgen, daß sie auch von anderer Seite respektiert werden. In diesem Geiste ist sie bestrebt, die saarländische Autonomie soweit auszudehnen, als dies mit der Beibehaltung der Wirtschafts- und Zollunion vereinbar scheint."

Zur Beziehung des Saarlandes mit Deutschland hatte die französische Regierung abschließend erklärt: „Die französische Politik im Saarland verfolgt keine annexionistischen Ziele. Es liegt ihr ferne, die traditionellen Bande abzuschneiden, die zwischen Saarländern und Deutschen bestehen, die französische Regierung hat alles getan, was in ihrer Macht steht, um den freien Verkehr von Personen und Ideen zwischen der Saar und Deutschland zu erleichtern. [...] Nach Absicht der französischen Regierung soll ein autonomes Saarland, das wirtschaftlich an Frankreich angeschlossen ist, eine Stelle sein, an der sich Franzosen und Deutsche freundschaftlich begegnen können, und somit ein Pfand für die deutsch-französische Verständigung werden. Dies Ziel kann aber nur erreicht werden, wenn die Deutschen endgültig und ohne Hintergedanken auf alle Souveränitätsrechte im Saarland verzichten."[26]

In der Linie dieser offiziellen Haltung der französischen Regierung hatte Schuman am 23. Juli 1949 mit dem britischen Außenminister Bevin konferiert und – vergeblich – versucht, die Zustimmung Englands zur Aufnahme des Saarlandes in den Europarat zu gewinnen[27]. Mit der Erklärung vom 1. August 1949, gerichtet an die Außenminister der zum 8. August in Straßburg zusammentretenden Mitgliedsstaaten des Europarats war wohl ein letzter Versuch unternommen worden, eine vorzeitige Aufnahme des

[24] BA Z 35/229 Bl. 65.
[25] Auf der Konferenz in Moskau hatte die französische Delegation am 10. 4. 1947 ein Memorandum überreicht, das die Grundsätze der französischen Saarpolitik festhielt. Den Forderungen nach einem wirtschaftlichen und zollpolitischen Anschluß des Saarlandes an Frankreich und seine Abtrennung von Deutschland hatten die Vertreter der Vereinigten Staaten und Großbritanniens nicht widersprochen. Vgl. dazu Foreign Relations of the United States (FRUS) 1949, Bd. 3, S. 481. Aus der Tatsache, daß die beiden Westmächte keine Einwände erhoben hatten und unter Hinweis auf das alliierte Kommuniqué über die Berichtigung der deutschen Westgrenze vom 28. 3. 1949 – Europa-Archiv 4 (1949), S. 2028 – und auf das französisch-amerikanische Abkommen über die Marshallplanhilfe, in denen das Saarland erwähnt war, hatte die französische Regierung den Schluß gezogen, „daß die gegenwärtig an der Saar herrschende Rechtsordnung zwar noch keine definitive juristische Sanktion erhalten hat, wie sie sich nur aus einer Friedensregelung ergeben kann, dagegen besteht über diese Regelung ein ‚gentlemens agreement' zwischen Frankreich, den Vereinigten Staaten und Großbritannien", BA Z 35/229, Bl. 73.
[26] Wortlaut der französischen Stellungnahme in deutscher Übersetzung: BA Z 35/229, Bl. 72–75.
[27] Vgl. dazu FRUS 1949, Bd. 3, S. 479–482, dazu Pressestimmen in der Materialzusammenstellung des Büros für Friedensfragen vom 28. 7. 1949: „Das Saarland und der Europarat", BA Z 35/583, Bl. 101–103.

Saarlandes zu erreichen. Darauf wiesen nicht nur die Bemühungen hin, die französischen Maßnahmen als in Einklang mit den Westmächten stehend zu interpretieren, auch der positive Ausblick auf das Saarland als Ort und Ausgangspunkt einer deutschfranzösischen Verständigung hatte wohl eher den Grund, die juristischen Bedenken durch eine politisch hoffnungsvolle Perspektive abzuschwächen.

Die von Frankreich erwünschten positiven Reaktionen blieben jedoch aus. Als der Ministerrat am 8. August zusammentrat, um die Tagesordnung für die Beratende Versammlung festzulegen, war der Beitritt der Saar kein Thema[28]. Der Versuch Frankreichs, das Saarland noch vor der Bundesrepublik in den Europarat aufnehmen zu lassen und somit seinen internationalen Status zu verbessern, war gescheitert.

Durch mangelnde Unterstützung von seiten der europäischen Staaten zum Rückzug gedrängt, begann sich die französische Haltung in der Folgezeit auf die Forderung nach einem gleichzeitigen Beitritt von Saarland und Bundesrepublik zu versteifen. Am 16. August 1949 erklärte Schuman, das Saarland dürfe nicht später als die Bundesrepublik aufgenommen werden[29]. Im gleichen Sinne äußerte sich auch Georges Bidault einen Tag später in der Beratenden Versammlung[30]. Außenminister Schuman ging in seiner Argumentation auch auf die rechtlichen Bedenken gegen eine Verselbständigung der Saar ein, indem er den provisorischen Charakter der gegenwärtigen Ordnung des Saarlandes betonte, zugleich aber darauf hinwies, daß die bestehende politische Ordnung den Ansprüchen der Satzung des Europarates genüge und damit das Saarland zu einer Mitwirkung im Europarat berechtigte.

So hatte Schuman in einem Artikel die Ansicht vertreten, daß aufgrund der verfassungsmäßigen Entwicklung das Saarland „nicht darauf zu warten braucht, bis auch in Deutschland die Vorbedingungen erfüllt sind. Es braucht also nicht gleichzeitig oder gar nach Deutschland dem Europarat beizutreten. Es hat sich in diesem Punkt nichts an den Entschlüssen geändert, die Frankreich bereits seinem britischen Partner und den Vertretern der Beneluxländer bekanntgegeben hat. Das heißt: wir werden die Zulassung der Saar zur Europäischen Versammlung im gegebenen Augenblick zur Debatte stellen. Diese Dispositionen bergen noch keine Entscheidung für die Zukunft in sich. Sie interessieren heute den Europarat noch nicht, wohl aber in starkem Maße Frankreich"[31].

Hinsichtlich der zukünftigen Regelung definierte Schuman in einer Pressekonferenz am 25. August den völkerrechtlichen Status des Saarlandes als ein Provisorium, das völkerrechtlich als selbständig anzusehen sei, dessen Zustand wie bei allen Grenz- und Territorialfragen nur von einem zukünftigen Friedensvertrag endgültig gelöst werden könne. Würde nur die Bundesrepublik dem Europarat beitreten, so wäre das Saarland als einziges Land Westeuropas ausgeschlossen. Es müsse daher für das Saarland eine Lösung getroffen werden, ohne aus ihm ein undeutsches oder gar französisches Land zu machen. Unter Anspielung auf Äußerungen vor allem Kurt Schumachers fuhr er

---

[28] Vgl. dazu Council of Europe, Papers of the First Session of the Committee of Ministers (8th 13th August 1949), Straßburg 1949, Minutes, S. 3–16.

[29] Durchschrift des Deutschen Büros für Friedensfragen vom Dezember 1949: „Die Aufnahme des Saarlandes in den Europarat", BA Z 35/229, Bl. 65.

[30] Ebenda.

[31] Der Artikel war in den Stuttgarter Nachrichten vom 24. 8. 1949 aus Anlaß des bevorstehenden Besuchs von Schuman wiedergegeben, BA Z 35/229, Bl. 38.

fort: „Wenn deutsche Politiker erklärten, daß Deutschland dem Europarat nicht beitreten könne, falls die Saar vor Deutschland aufgenommen werden sollte, so müsse er
antworten, daß es auf zehn Minuten früher oder später nicht ankomme. Die Saar habe
in der Zwischenzeit die Voraussetzungen für ihre Zulassung bereits erhalten, für
Westdeutschland würden diese Voraussetzungen erst geschaffen, das sei keine politische, sondern eine chronologische Wertung."[32]

Zeichnete sich in dieser Bemerkung eine gewisse Verhandlungsbereitschaft hinsichtlich des Zeitpunkts des Beitritts ab, so blieb die grundsätzliche Haltung Frankreichs
zur Saarfrage unverändert: Anläßlich des überraschenden Besuchs der saarländischen
Regierung in Paris am 2. September bestätigte Schuman die bisherige französische
Saarpolitik durch die Erklärung, daß sich Frankreich für eine Politik des wirtschaftlichen Anschlusses des Saarlandes an Frankreich, für eine Stärkung der politischen
Autonomie und für einen Beitritt des Saarlandes zum Europarat einsetzen werde[33].

Die Reaktionen auf deutscher Seite

Während Frankreich sich um eine Aufnahme des Saarlandes in den Europarat
bemühte, herrschte in den westlichen Besatzungszonen Deutschlands Wahlkampfstim-
mung. Dabei geriet die Saarpolitik unversehens in eine von nationalen Empfindungen
getragene Kritik der Parteipolitiker.

Am 23. Juli 1949 wertete der Vorsitzende der FDP, Heuß, die französische Politik
als Versuch, „durch die Aufnahme des Saarlandes als assoziiertes Mitglied in die
Beratende Versammlung des Europarats die internationale Anerkennung eines vom
übrigen Deutschland abgetrennten Saarstaates zu erreichen. Gegen dieses Verfahren
muß die FDP die schwersten Bedenken geltend machen. Der europäische Gedanke
schließt alles aus, was irgendwie als ein Diktat gedeutet werden kann. [...] Eine
Vorwegnahme der politischen Seite der Frage im Sinne einer Separation des Saarlandes
muß von uns auf das lebhafteste bedauert und mißbilligt werden, weil dadurch der
Weg einer Verständigung, den auch wir in dieser heiklen Frage gehen wollen, verbaut
wird"[34].

Am gleichen Tage erklärte Kurt Schumacher auf einer Wahlveranstaltung in
Koblenz: „Das Saargebiet ist Bestandteil Deutschlands und des deutschen Volkes. Den
Europarat mit einem selbständigen Saarland aufbauen, würde bedeuten, auf die Aufnahme Deutschlands zu verzichten. Man hat uns schon genügend an Gebietsabtretungen vor Schaffung eines Friedensvertrages zugemutet und das deutsche Volk will nicht
auch mit dem Saargebiet noch einmal eine Oder-Neisse-Linie haben. Und wenn gesagt
wird, daß man die Saarfrage vorsichtig behandeln müsse, ja, der Meinung bin ich auch,
vorsichtig – aber auf beiden Seiten."[35]

Auf einer Wahlversammlung in Pirmasens am 28. Juli 1949 erklärte Jakob Kaiser,
daß die staatsrechtliche Zugehörigkeit des Saarlandes zu Deutschland für jeden Deutschen eine Selbstverständlichkeit sei. Frankreich müsse zwischen seinen wirtschaftli-

---

[32] Ebenda, Bl. 31.
[33] Ebenda, Bl. 14, dazu auch Schmidt, Saarpolitik (Anm. 18), S. 218.
[34] Zit. nach „Das Saarland und der Europarat", Materialzusammenstellung des Büros für Friedensfragen vom
Juli 1949, BA Z 35/583, Bl. 101.
[35] Zit. nach Der Sozialdemokratische Pressedienst, Hannover, 15. 7. 1949, BA Z 35/228, Bl. 40f.

chen Ansprüchen an Deutschland und einer politischen und staatsrechtlichen Regelung klar unterscheiden. Eine gesamteuropäische Zusammenarbeit werde stark behindert, solange das Saarproblem nicht zur Zufriedenheit sowohl Frankreichs wie Deutschlands gelöst sei[36].

Gemeinsamer Nenner dieser Äußerungen war, daß die Parteien in der französischen Saarpolitik den Versuchen sahen, die internationale Anerkennung eines von Deutschland abgetrennten Saarlandes zu erreichen. Dies wurde als einseitiger Akt gewertet, der den Gedanken einer europäischen Zusammenarbeit gefährde, den Beitritt der Bundesrepublik in Frage stelle und eine deutsch-französische Verständigung erschwere. Die künftige staatsrechtliche und völkerrechtliche Stellung des Saarlandes könne nur in einem Friedensvertrag geregelt werden[37].

Adenauer hatte sich während der Wahlkampfzeit mit Äußerungen zur Saarfrage bewußt zurückgehalten. Bei einem Gespräch mit Schuman im Oktober 1948 hatte er die Problematik der Saarfrage für das deutsch-französische Verhältnis, aber auch die wirtschaftlichen Motive der französischen Saarpolitik erkannt[38].

Zurückhaltung hatte Adenauer auch in seiner Regierungserklärung am 20. September 1949 ausgeübt. Zur Saarfrage sprach er lediglich die Hoffnung aus, daß sie einer deutsch-französischen Aussöhnung nicht im Wege stehen werde[39].

Wollte sich Adenauer durch öffentliche Äußerungen seinen Handlungsspielraum nicht einengen lassen, so hielt ihm Schumacher die Haltung der Opposition klar vor Augen: „Der Wille des deutschen Volkes in seiner Gesamtheit geht auf den politischen Verbleib des Saargebietes in Deutschland. [...] Die Schaffung eines selbständigen Saarstaates und seine Vertretung im Europarat scheint mir ein bedrohliches Hemmnis für die Entwicklung der europäischen Zusammenarbeit zu sein. Wenn wir nämlich ein selbständiges Saargebiet im Europarat tolerieren und – wie ich dies aus den Worten des Herrn Bundeskanzlers herauszuhören vermeine – erst in Straßburg den Ausgleich dieser Frage diskutieren, haben wir ja bereits eine vollendete Tatsache akzeptiert."[40]

Der Wahlkampf und die Aussprache über die Regierungserklärung hatten gezeigt, daß ein Beitritt der Bundesrepublik zum Europarat bei gleichzeitiger Aufnahme des Saarlandes innenpolitisch nicht ohne weiteres durchsetzbar war – und erst recht nicht bei einem Beitritt des Saarlandes vor dem der Bundesrepublik. Darüber hinaus war auch nicht mit Sicherheit abzusehen, ob Ministerrat und Beratende Versammlung einer Einladung an die Bundesrepublik mit der erforderlichen Mehrheit zustimmen würden. Das Risiko der Ablehnung eines deutschen Aufnahmeersuchens konnte Adenauer aber nicht eingehen. Soeben erst mit denkbar knappster Mehrheit zum Bundeskanzler gewählt, hätte ein Scheitern des Antrags seine Politik der Westintegration nachhaltig

---

[36] Vgl. BA Z 35/228 Bl. 14.
[37] Dazu weitere Parteistimmen in BA Z 35/228 und 229.
[38] Konrad Adenauer, Erinnerungen 1945–1953, Stuttgart 1965, S. 296.
[39] Vgl. Verhandlungen des Deutschen Bundestages, 1. Wahlperiode, Stenographische Berichte, Bd. 1, S. 30.
[40] Ebenda, S. 41f., vgl. dazu Punkt 13 der „Richtlinien der Politik im Bundestag: Ablehnung der Oder-Neiße-Linie als deutsche Ostgrenze. Verbleib des Saargebietes im deutschen Staatsverband. Abwehr neuer Gebietsabtretungen". Die vom Parteivorstand der SPD am 29./30. 8. 1949 beschlossenen „Dürkheimer 16 Punkte" sind veröffentlicht in: Ossip Flechtheim, Dokumente zur parteipolitischen Entwicklung in Deutschland seit 1945, Bd. 3, Berlin 1963, S. 35.

beeinträchtigt und innenpolitisch seine Position erheblich geschwächt. Auch mit Hinblick auf die DDR schien ein derartiges Risiko nicht tragbar[41].

So lagen zwar die Vorteile eines Beitritts – Anerkennung, Vertrauensgewinn und Erweiterung des Handlungsspielraums – zum Greifen nahe, eine Absage oder fehlende innenpolitische Zustimmung hätte diese Vorteile bei der gegebenen Situation jedoch auf lange Sicht verspielt. So blieb nur der Weg offen, vorsichtig Verhandlungsbereitschaft zu signalisieren, im übrigen aber die weitere Entwicklung abzuwarten.

Der Weg in die Sackgasse

Bei dieser innen- und außenpolitischen Konstellation gewann die Frage, von welcher Seite die Initiative für einen Beitritt der Bundesrepublik auszugehen habe, eine ausschlaggebende politische Bedeutung. Nach Artikel 4 der Satzung des Europarats hatte der Ministerausschuß die Einladung auszusprechen, andererseits war die Aufnahme Griechenlands und der Türkei aufgrund von Anträgen dieser Länder erfolgt[42]. Da Frankreich eine Initiative zum Beitritt des Saarlandes in den Europarat angekündigt hatte, konnte sich die Bundesrepublik nicht allein auf eine Position des Abwartens zurückziehen.

Adenauer nahm daher Kontakt zu ihm bekannten Europapolitikern auf. In Telegrammen vom 20. Oktober 1949 an den Präsidenten der belgischen Abgeordnetenkammer Van Cauwelaert und an das Mitglied des britischen Oberhauses Lord Layton fragte er an, ob ein Aufnahmeantrag der Bundesrepublik eine „sichere Aussicht auf Annahme" hätte[43]. Den positiven Antworten konnte er entnehmen, daß die Aufnahmefrage auf gutem Wege und eine besondere Bereitschaftserklärung vor der Zusammenkunft nicht erforderlich sei[44].

Adenauer hielt es dennoch für notwendig, seine Haltung zur Beitrittsfrage in aller Deutlichkeit zu erläutern. Er benutzte dazu ein Interview mit Ernst Friedländer, das am 3. November, dem Beginn der Ministerratssitzung in Paris, in der „Zeit" erschien. Auf die Frage, ob er eine Mitgliedschaft Deutschlands im Europarat ablehne, falls das Saarland dort Mitglied würde, erklärte Adenauer, er hielte es nicht für eine weise Politik, wenn Frankreich die Aufnahme Deutschlands von einer gleichzeitigen Aufnahme des Saarlandes abhängig machen würde. Es sei aber ebensowenig weise, wenn Deutschland bei einer Mitgliedschaft des Saarlandes einen Beitritt ablehnen würde. Er lehne es ab, aus den Mitgliedschaften ein Handelsgeschäft mit Bedingungen zu

---

[41] Vgl. Wortprotokoll der Besprechung der AHK mit Adenauer am 20. Oktober 1949, Public Record Office London (PRO), FO 1005/1628 und Kabinettsprotokolle (Anm. 1), Bd. 1, S. 142f.

[42] Vgl. dazu Vermerke in PA AA II Bd. 581 und BA Z 35/179.

[43] Telegramme in BA B 136/6431; Telegramm an Lord Layton gedruckt in: Adenauer. Briefe 1949–1951, bearb. v. Hans Peter Mensing, Berlin 1985 (= Adenauer. Rhöndorfer Ausgabe, hrsg. v. Rudolf Morsey und Hans-Peter Schwarz), S. 126. Lord Layton war Vize-Präsident, Van Cauwelaert Mitglied der Ständigen Kommission der Beratenden Versammlung des Europarats. Zu den Beziehungen mit Adenauer vgl. Adenauer, Briefe 1949–1951, S. 455. Aus dem Antwortschreiben Adenauers vom 2. 11. 1949 geht hervor, „daß auch Herr van Zeeland hinsichtlich der Aufnahme Westdeutschlands in den Europarat positiv eingestellt ist und daß auch die französische Haltung in dieser Frage günstig ist", PA AA II Bd. 581, Bl. 3.

[44] Vgl. Brief Adenauers vom 2. 11. 1949 an die italienische Journalistin Lina Morino, gedruckt in: Adenauer, Briefe 1949–1951 (Anm. 43), S. 134.

machen; die Saarfrage selbst könne nur in einem Friedensvertrag geregelt werden, während der Europarat nicht befugt sei, einer solchen Regelung vorzugreifen[45].

Damit hatte Adenauer zu erkennen gegeben, daß er Verhandlungen um den Status des Saarlandes und dessen definitiver Regelung in einem Friedensvertrag von der Frage des Beitritts zum Europarat getrennt wissen wollte. Diese Position hatte er schon mehrmals anklingen lassen, zuletzt in der Kabinettssitzung am 25. Oktober[46].

Die Entkoppelung hätte eine zeitlich abgestufte Lösung der Probleme ermöglicht und den Weg zu einer möglichst frühzeitigen Aufnahme der Bundesrepublik in den Europarat frei gemacht. Im Konzept der Westintegration Adenauers besaß der Beitritt zum Europarat einen höheren Stellenwert als die Vertretung und Einlösung nationaler Rechtsansprüche. Dies hatte auch Kurt Schumacher sofort erkannt, der in einer Pressekonferenz am 10. November die mit dem Interview signalisierte Verhandlungsbereitschaft Adenauers scharf kritisierte[47].

Das Interview blieb nicht ohne Wirkung – doch die Wirkung war anders, als Adenauer gehofft hatte. In der Sitzung am 3. und 4. November befaßte sich der Ministerausschuß des Europarats mit dem Verfahren für die Aufnahme neuer Mitglieder sowie mit der Einladung des Saarlandes und der Bundesrepublik. Dabei begründete Schuman den Aufnahmeantrag der Saarregierung[48] mit den seit Juli 1949 bekannten Argumenten. Gegenüber juristischen Bedenken erklärte er das Saargebiet als einen Staat, der die Verantwortung für seine Vertretung im Ausland auf Frankreich übertragen habe. Die Aufnahmebedingungen gemäß Artikel 5 der Satzung seien daher vollständig erfüllt. Zu den möglichen politischen Auswirkungen, die eine Aufnahme des Saarlandes auf die Bundesrepublik haben und die einen Beitritt der Bundesrepublik gefährden könnten, verwies Schuman auf die sich weiterentwickelnden Ansichten in der Bundesrepublik und zitierte als Beleg dafür das Interview Adenauers.

Wegen der rechtlichen und politischen Bedenken konnte sich der Ministerrat jedoch nicht zu einer förmlichen Einladung an beide Länder entschließen. Es sollten vielmehr die Ergebnisse der Außenministerkonferenz der drei Westmächte in Paris vom 9. bis 11. November abgewartet und die Stellungnahme der Ständigen Kommission des Europarats, die ebenfalls zum 9. November in Paris zusammentrat, eingeholt werden[49].

Bemerkenswert war jedoch die Differenzierung, die der Ministerrat in seinem Kommuniqué vorgenommen hatte. Zur Bundesrepublik lautete die Formulierung: „Der Ministerrat hat sich im Prinzip zugunsten des möglichst baldigen Beitritts Deutschlands zum Europarat ausgesprochen." Hinsichtlich des Saarlandes hielt das Kommuniqué fest: „In Anbetracht der Entwicklungen in den westlichen Zonen Deutschlands, die dazu geführt haben, daß das Saargebiet gegenwärtig im Europarat nicht vertreten ist und in Anbetracht, dies zu verbessern, solange eine endgültige Entscheidung über

---

[45] Gedruckt in: Norbert Frei, Franziska Fiedländer (Hrsg.), Ernst Friedländer: Klärung für Deutschland. Leitartikel in der Zeit 1946–1950, München 1982, S. 249–251; Umdruck in BA NL Blankenhorn/1 b, Bl. 71–76 und PA AA II Bd. 266, Bl. 33–38.

[46] Vgl. Kabinettsprotokolle, Bd. 1 (Anm. 1), S. 17–19.

[47] Text der Pressekonferenz in BA B 145 I/1, in Auszügen und mit Analyse in PA AA II Bd. 267, Bl. 17–19.

[48] Schreiben von Ministerpräsident Hoffmann an Außenminister Schuman vom 31. 10. 1949, PA AA II Bd. 581, Bl. 17.

[49] Vgl. dazu „Aufzeichnung betr. Debatte im Ministerkomitee des Europarats am 4. 11. 1949 über die Zulassung des Saargebietes zum Europarat", PA AA II Bd. 582, Bl. 110–114.

den Status des Saargebietes noch aussteht, hat der Ministerausschuß beschlossen, sich der Ständigen Kommission zu vergewissern, ehe er eine endgültige Entscheidung über die Zulassung des Saargebietes als assoziiertes Mitglied des Europarats trifft."[50]

Mit dieser Formulierung hatte der Ministerrat die zweifelhafte Staatsqualität des Saarlandes angesprochen und hinsichtlich einer definitiven Lösung seinen deutlichen Vorbehalt ausgesprochen.

Der Ständige Ausschuß des Europarats schloß sich den Empfehlungen des Ministerrats an und schob damit die Verantwortung für die Entscheidung wieder dem Staatengremium zu. Hinsichtlich des Beitritts der Bundesrepublik setzte er allerdings einen neuen Akzent. Hierzu lautete der Text des Kommuniqués vom 9. November: „Die Kommission hält es aber für notwendig, daß vor der endgültigen Zulassung die Westdeutsche Bundesrepublik die Versicherung gegeben hat, daß sie fest entschlossen ist, sich dem Statut des Europarats zu unterwerfen und ihren Willen dazu klar zum Ausdruck gebracht hat. Die Ständige Kommission erachtet es für richtig, den Ausschuß der zwölf Minister darauf aufmerksam zu machen, daß dieser Punkt von ganz besonderer Bedeutung für die gemeinsame harmonische Wiederaufbauarbeit Europas sei."[51] Angesprochen war Artikel 3 der Satzung, der jedes Mitglied verpflichtete, das Prinzip der Rechtsstaatlichkeit, den Schutz der Menschenrechte und der Grundfreiheiten sowie die in Artikel 1 genannten allgemeinen politischen Ziele des Europarates anzuerkennen.

In dieser Forderung kam erneut die Skepsis gegenüber der Aufrichtigkeit des deutschen Beitrittswillens zum Ausdruck. Sie erinnerte auch an die Debatten des Europarats vom September 1949, als vor allem die französischen und britischen Sozialisten vor einem zu frühen Beitritt der Bundesrepublik gewarnt hatten, da sie erst ihre aufrichtige demokratische Gesinnung unter Beweis stellen müsse[52].

Zu diesen „pädagogischen" Maßnahmen stellte das Deutsche Büro für Friedensfragen fest: „Aber so unangebracht man die angelsächsische ‚Schulmeisterei‘, für so übertrieben man das französische Sicherheitsbedürfnis halten und empfinden mag, das sich allerdings diesmal auf eine sehr bittere Erfahrung zwischen den beiden Weltkriegen berufen kann, die deutsche Politik hat solche Voreingenommenheiten und Vorurteile bis auf weiteres als feste Faktoren in ihre Rechnung einzubeziehen."[53]

Auch die Dreimächtekonferenz in Paris vom 9. bis 11. November 1949 brachte nicht die Klarheit, die sich der britische Außenminister Bevin in der Ministerratssitzung des Europarats am 4. November erwünscht hatte. Vielmehr hatten Rücksichtnahmen auf die Interessen Frankreichs auch die Außenministerkonferenz zu Zurückhaltung in der Beitrittsfrage veranlaßt. So stellte der amerikanische Außenminister seine Bedenken gegen einen Beitritt des Saarlandes zugunsten einer einheitlichen Position der Siegermächte zurück, beharrte jedoch darauf, daß die endgültige Lösung der Saarfrage einem Friedensvertrag vorbehalten bleiben müsse.

---

[50] PA AA II, Bd. 577, Bl. 186, veröffentlicht in: Europa-Archiv 4 (1949), S. 2612.

[51] Europa-Archiv 4 (1949), S. 2612.

[52] Vgl. dazu auch Bericht (o. D.) über die Sitzung der Beratenden Versammlung des Europarats, PA AA II Bd. 577 und Europa-Archiv 4 (1949), S. 2571f.

[53] Deutsches Büro für Friedensfragen: „Die Gründe für und gegen den Beitritt der Deutschen Bundesrepublik zum Europarat", Dezember 1949, BA Z 35/230, Bl. 21f.

Hinsichtlich der Aufnahme der Bundesrepublik legten sich die Siegermächte nicht fest, sie machten vielmehr ihre positive Zustimmung vom Votum der Ständigen Kommission sowie vom Ausgang der Debatten im Bundestag und in der Nationalversammlung über das beabsichtigte Abkommen mit Adenauer abhängig. In diesen Verhandlungen, die zum Petersberger Abkommen vom 22. November 1949 führten, sollte die Zustimmung der Alliierten zu einem Beitritt der Bundesrepublik von einem Entgegenkommen auf deutscher Seite abhängig gemacht werden[54]. Entsprechend allgemein fiel auch das Kommuniqué vom 11. November aus, das sich in seinem Grundtenor dem des Deutschlandkommuniqué vom 8. April 1949 anschloß. So hielten es die Westmächte „für angemessen, die fortschreitende Einbeziehung des deutschen Volkes in die europäische Gemeinschaft zu unterstützen und zu fördern", wobei sie wiederum die Erwartung zum Ausdruck brachten, „daß die Bundesregierung ihre friedlichen Absichten und die Aufrichtigkeit ihrer Zusammenarbeit mit den Staaten Europas zur Festigung der Rechtssicherheit und des Friedens beweise"[55].

In den anschließenden Verhandlungen mit Adenauer erklärten die Hohen Kommissare im Sinne der Beschlüsse der Außenministerkonferenz ihre grundsätzliche Zustimmung zu einem Beitritt der Bundesrepublik, verwiesen aber im übrigen auf den Ministerausschuß, der die hierzu erforderlichen formellen Schritte einzuleiten hätte[56]. Auch das Petersberger Abkommen hielt sich in diesem Punkt zurück, war darin doch nur der Wunsch geäußert, daß die Bundesrepublik so bald wie möglich assoziiertes Mitglied werde[57].

Die Institutionen des Europarats, die Siegermächte, Frankreich und die Bundesregierung hatten sich noch nicht zu einem klaren und entscheidenden Schritt durchringen können, da das Risiko des Scheiterns der jeweils eigenen Initiative, verbunden mit unabsehbaren Folgen für die von den einzelnen Protagonisten verfolgte Politik, noch immer im Bereich des Möglichen lag. Zurückhaltung war auch deshalb geboten, weil bei den bestehenden unsicheren Mehrheitsverhältnissen im Bundestag wie in der Nationalversammlung das Ergebnis der Beratungen über das Petersberger Abkommen abgewartet werden mußte, das als Prüfstein für die Befriedigung französischer Sicherheitsinteressen und für die Bereitschaft der Bundesregierung zu internationaler Zusammenarbeit angesehen wurde.

Die Parlamentsdebatten in Frankreich und in der Bundesrepublik änderten jedoch nichts an dem Schwebezustand.

Adenauer schnitt in seinen Regierungserklärungen vom 15. und 24. November die Saarfrage bewußt nicht an, um keinen Anlaß zu nationalen Äußerungen zu liefern[58].

---

[54] Vgl. Aufzeichnung über die Besprechung der drei Mächte am 9. 11. 1949, in: Horst Lademacher, Walter Mühlhausen (Hrsg.), Sicherheit, Kontrolle, Souveränität. Das Petersberger Abkommen vom 22. November 1949. Eine Dokumentation, Melsungen 1985, S. 375f.
[55] Zit. nach Europa-Archiv 5 (1950), S. 3153f.
[56] Vgl. Besprechung der AHK mit Adenauer am 15. 11. 1949, PRO FO 1005/1122, veröffentlicht bei Lademacher; Mühlhausen, Sicherheit (Anm. 54), S. 127.
[57] Wortlaut des Abkommens bei Lademacher, Mühlhausen, Sicherheit, S. 87–90. Satz 1 des Artikels I lautete: „Die Hohe Kommission und die Bundesregierung sind übereingekommen, die Teilnahme Deutschlands an allen den internationalen Organisationen herbeizuführen, in denen Sachkenntnis und Mitarbeit zum allgemeinen Wohl beitragen können." Der „von beiden Seiten ausgesprochene Wunsch, daß die Bundesrepublik demnächst als assoziiertes Mitglied in den Europarat aufgenommen werden soll" war von den Vertragsparteien mit „Genugtuung" aufgenommen worden, ebenda, S. 87.
[58] Vgl. ebenda, S. 129.

Dem Bemühen, eine Diskussion um den Beitritt zu verhindern, kam auch der Umstand entgegen, daß die Debatte von dem Streit um das Ruhrstatut bestimmt wurde. Nur gelegentlich klang das Bedauern an, daß eine Würdigung des als bevorstehend bezeichneten deutschen Beitritts zum Europarat zu kurz gekommen sei[59]. Vom 22. bis 26. November fand eine Debatte in der französischen Nationalversammlung über die französische Deutschlandpolitik statt, in deren Verlauf sich zunehmend das Bedürfnis nach Sicherheitsgarantien gegenüber Deutschland artikulierte[60]. Schuman selbst hielt sich bei der Erörterung der Saarfrage betont zurück und erklärte lediglich einmal beruhigend, daß die französische Regierung die Rechte Frankreichs im Saarland nicht preisgeben werde: mit Hinweis auf die Ergebnisse der Landtagswahlen von 1947 und der von den Alliierten eingegangenen Verpflichtungen glaubte er, dem in einem Friedensvertrag zu schaffenden Saarstatut mit Zuversicht entgegensehen zu können[61].

Hinsichtlich einer Aufnahme der Bundesrepublik in den Europarat legte Schuman sich nicht fest und verwies auf die Zuständigkeit des Ministerrats. Seine Ausführungen zu diesem Punkt schloß er mit den Worten: „Frankreich ist noch frei, aber unsere Zustimmung verweigern hieße, daß wir unsere gesamte deutsche und europäische Politik verleugnen würden."[62]

Vom Stillstand zum Tiefpunkt

Auch der Besuch des französischen Außenministers in der Bundesrepublik brachte keine Fortschritte. In einer zweistündigen Unterredung am 15. Januar 1950 erörterten Adenauer und Schuman vor allem die Saarfrage, ohne jedoch zu einem Ergebnis zu kommen. Die Gespräche standen unter dem Schatten der Verhandlungen zwischen Frankreich und dem Saarland über den Abschluß von Vereinbarungen, die den Status der Saar aufwerten sollten[63]. Adenauer selbst hatte den Eindruck gewonnen, Schuman wolle durch seinen Besuch lediglich eine günstige Atmosphäre herstellen, um so die Französisch-Saarländischen Verträge leichter „unter Dach zu bringen"[64].

Adenauers Verärgerung und Enttäuschung war so groß, daß er vorübergehend erwog, den zum 16. Januar 1950 vorgesehenen Abschluß eines deutsch-französischen Handelsvertrages auszusetzen[65]. Frankreich wertete dies als „erpresserisches Druck-

[59] So etwa Oppositionssprecher Arndt in der Aussprache am 24./25. 11. 1949, Verhandlungen des Deutschen Bundestages, 1. Wahlperiode, Stenographische Berichte, Bd. 1, S. 478.
[60] Vgl. dazu Willis, France (Anm. 13), S. 67–69.
[61] Vgl. BA Z 35/230 Bl. 73f.
[62] PA AA II Bd. 581, Bl. 63.
[63] Adenauer berichtet über dieses Gespräch ausführlich. Vgl. dazu Adenauer, Erinnerungen (Anm. 38), S. 295–302, ferner Herbert Blankenhorn, Verständnis und Verständigung. Blätter eines politischen Tagebuchs 1949–1979, Frankfurt/M. 1980, S. 90f.; Die Kabinettsprotokolle der Bundesregierung, hrsg. v. Hans Booms, Bd. 2: 1950, bearb. v. Ulrich Enders und Konrad Reiser, Boppard/Rh. 1984, S. 134; Hans-Peter Schwarz, Adenauer, Der Aufstieg: 1876–1952, Stuttgart 1986, S. 695–698.
[64] Blankenhorn, Verständnis (Anm. 63), S. 90.
[65] Vgl. dazu Kabinettsprotokolle (Anm. 63), Bd. 2, S. 134 und 146, dazu Schwarz, Adenauer (Anm. 63), S. 697–699.

mittel"[66] und drohte seinerseits mit dem Abbruch der Verhandlungen, so daß sich Adenauer zum Einlenken gezwungen sah[67].

Die Absichten der französischen Regierung waren bekannt geworden, als die Saarländische Volkszeitung am 12. Dezember 1949 ein Schreiben Schumans an Hoffmann vom 6. Dezember mit den Vorschlägen zu einer Intensivierung der wirtschaftlichen und politischen Beziehungen veröffentlichte. Das Schreiben schloß mit der Bemerkung: „Ich meinerseits bin überzeugt, daß diese Verhandlungen harmonisch verlaufen werden, und daß ihr schneller Abschluß dazu dienen wird, die guten Beziehungen beider Länder endgültig zu festigen."[68] In der deutschen Öffentlichkeit wurde dies sofort als Bestätigung des Verdachts interpretiert, Frankreich betreibe die Lostrennung des Saarlandes von Deutschland. Die Wogen nationaler Empörung konnte Schuman auch nicht in einem Interview glätten, das er der „Zeit" am 22. Dezember gab. Darin hatte er den Vorschlag Adenauers vom 3. November zu einer deutsch-französischen Verständigung und die von Adenauer ausgesprochene Anerkennung der französischen Sicherheitsinteressen begrüßt, den Beitritt der Bundesrepublik befürwortet, Pläne für eine Annexion des Saarlandes aber bestritten und ausdrücklich bestätigt, daß völkerrechtlich nur ein Friedensvertrag eine endgültige Entscheidung über den Status der Saar bringen könne[69].

In einer Rede am 10. Januar 1950 in Koblenz konnte Bundespräsident Heuss nur mit Mühe seine Erregung unterdrücken, als er ausführte: „Sie spüren, daß ich von der Saar spreche und Sie verstehen, daß ich es in diesem Augenblick mit Zurückhaltung tue. Aber ich kann nicht dazu schweigen, denn die Frage bewegt nicht nur unsere Seele, wir erwirken mit ihrer Beantwortung einen sehr wesentlichen Beitrag zur vollen Verständigung mit Frankreich, die uns so sehr am Herzen liegt, um der beiden Länder und um Europa willen. Das Saarproblem kann endgültig erst im künftigen Friedensvertrag geregelt werden. Dabei bleibt dies, daß das Land geschichtlich und ethnisch deutsches Land ist. Nichts möchte sachlich und psychologisch eine schlimmere Lage schaffen als eine Art von Vorentscheidung, die diesen Tatbestand mißachtend die positive Funktion der Saarproblematik in einer europäischen Gesamtschau erschweren müßte."[70]

Die allgemeine Empörung drohte auch das Kabinett zu erfassen und den bisherigen Rückhalt der Koalititonsregierung für Adenauers außenpolitischen Kurs zu unterminieren. Als am 21. Januar die Denkschrift Kaisers zur Saarfrage[71] bekannt wurde, die vor Zugeständnissen an Frankreich in der Saarfrage warnte, und als Dehler in einer Rede am 22. Januar Frankreich eine Mitverantwortung für die Entstehung der Hitler-Diktatur zuwies[72], konnte Adenauer nur mit Mühe durch Dementis und Entschuldi-

---

[66] Aufzeichnung Blankenhorns vom 20. 1. 1950 über ein Gespräch mit Bérard, BA NL Blankenhorn/3, Bl. 47.

[67] Vgl. Aufzeichnung vom 28. 1. 1950, BA NL Blankenhorn/3, Bl. 65f.

[68] BA Z 35/231, Bl. 80f. Das Schreiben befand sich in einer Materialzusammenstellung des Büros für Friedensfragen, die als Grundlage für die Besprechungen zwischen Schuman und Adenauer der Verbindungsstelle zur Alliierten Hohen Kommission am 11. 1. 1950 zugesandt worden war, ebenda, Bl. 69.

[69] BA Z 35/230, Bl. 31f.

[70] BA Z 35/231, Bl. 105.

[71] Denkschrift vom 12. 1. 1950, BA B 137/3408; PA AA II Bd. 473, Bl. 15–34; BA NL Kaiser/277 und NL Adenauer 12.08.

[72] Text der Rede in NL Dehler/1077 (Friedrich-Naumann-Stiftung Gummersbach).

gungsschreiben die Situation beruhigen[73] und durch eine Pressemitteilung der Bundesregierung das Kabinett wieder auf den Kurs seiner Verständigungspolitik bringen[74].

Adenauer selbst hatte sich trotz seiner Enttäuschung in der dem Schuman-Besuch folgenden Pressekonferenz am 16. Januar hoffnungsvoll und moderat gegeben und die Verantwortung für die aufgetretenen Schwierigkeiten vor allem der Saarregierung zugeschoben. Zur Lösung der Saarfrage bemerkte er: „Ich würde es lieber sehen, wenn die Regelung der Saarfrage erst in Angriff genommen wird, wenn das Verhältnis zwischen Frankreich und Deutschland noch normaler und der europäische Gedanke noch stärker geworden ist. Ich bin nach wie vor der Überzeugung, daß eine Regelung der Saarfrage zwischen Frankreich und Deutschland und der Saar selbst im Rahmen der Europäischen Union durchaus möglich ist." Gleichzeitig sprach er jedoch eine deutliche Warnung aus: „Wenn aber unter der Bezeichnung ‚größere Autonomie für die Saar' das Verlangen einer Abtrennung der Saar von Deutschland verborgen sein sollte, dann müßten wir dagegen ebenso entschieden Widerspruch erheben, wie gegen die Festsetzung der Oder-Neiße-Linie durch einen einseitigen Akt Sowjetrußlands."[75]

Die drohenden Worte Adenauers auf der Pressekonferenz und der Vergleich mit der Oder-Neiße-Linie verrieten eine zumindest verbale Kongruenz zu Äußerungen Schumachers, der im Januar auf Parteiveranstaltungen ausgeführt hatte: „Bei der Saarfrage habe ich immer an Berlin, an die Ostzone und als das wichtigste an die Oder-Neiße-Linie gedacht. [...] Man kann aber nicht im Westen etwas für richtig halten, was man im Osten für falsch hält." In einer Anerkennung oder auch nur einer Duldung von Gebietsabtretungen im Westen befürchtete Schumacher aber eine „verhängnisvolle Rückwirkung auf die juristisch-moralische Position der Deutschen beim Kampf gegen die Oder-Neiße-Linie"[76].

Es war daher gewiß keine leere Warnung, als Adenauer am 26. Januar bei der Besprechung mit den Alliierten Hohen Kommissaren dem französischen Botschafter François-Poncet erklärte, daß keine Fraktion des Bundestages einem Beitritt der Bundesrepublik zum Europarat zustimmen werde, wenn die französischen Saarpläne verwirklicht würden[77].

Hatte somit schon die Ankündigung neuer Statuten für das Saarland die Position der Bundesregierung und der Parteien in der Frage des Beitritts zum Europarat verhärtet und eine deutsch-französische Verständigung zusätzlich belastet, so hatten auf französischer Seite vor allem die Reaktionen der deutschen Presse[78] zu einer erheblichen Verstimmung geführt und der Zurückhaltung gegenüber den Deutschen neuen Auf-

---

[73] Zu diesen Vorgängen vgl. Kabinettsprotokolle (Anm. 63), Bd. 2, S. 157f. und Schwarz, Adenauer (Anm. 63), S. 693f. In diesem Zusammenhang mußte auch Regierungssprecher Bourdin zurücktreten, vgl. Kabinettsprotokolle (Anm. 63), Bd. 2, S. 176 und Arnulf Baring, Außenpolitik in Adenauers Kanzlerdemokratie, München 1969, S. 41–43.
[74] Siehe dazu Kabinettsprotokolle (Anm. 63), Bd. 2, S. 157f. Das Vorgehen des Bundeskanzlers hatte zu einer nachhaltigen Verstimmung zwischen Kaiser und Adenauer geführt, vgl. dazu Erich Kosthorst, Jakob Kaiser. Bundesminister für Gesamtdeutsche Fragen 1949–1957, Stuttgart 1972, S. 118–124.
[75] BA NL Blankenhorn/3, Bl. 40f. und NL Adenauer 12.09. Zur ersten Reaktion Adenauers auf die französischen Saarpläne vgl. Entwurf eines Schreibens an Schuman, gedruckt in: Adenauer, Briefe 1949–1951 (Anm. 43), S. 155–157.
[76] Zit. nach Hrbek, SPD (Anm. 17), S. 91.
[77] Protokoll in PRO FO 1005/1126; vgl. dazu auch Kabinettsprotokolle (Anm. 63), Bd. 2, S. 168. Zur Annäherung der Parteien vgl. auch Aufzeichnung vom 11. 1. 1950, BA NL Blankenhorn/3, Bl. 11.
[78] Zusammenstellung von Pressestimmen in BA Z 35/266.

trieb verliehen. So beklagte sich François-Poncet bei Blankenhorn über die deutsche Presse, die wieder in den Ton der NS-Zeit verfallen sei. „Diese Presse würde von Paris aus mit Mißfallen betrachtet und würde auch von dort aus wieder scharfe Entgegnungen auslösen. [...] Schuman sei über die Haltung der deutschen Presse in der Saarfrage bei seinem Eintreffen in Bonn schockiert gewesen." Bei dieser Gelegenheit führte der französische Botschafter weiter aus, daß man in Frankreich über Deutschland überrascht sei. „Man habe nach Konstituierung der Bundesrepublik im Bundestag und in den anderen Gremien eine andere Sprache erwartet. Anstatt der Bereitschaft habe man Drohungen und Forderungen, anstatt aufbauender Arbeit zum Teil recht überhebliche Kritik vernommen. Es sei eben Deutschland noch nicht gelungen, das Element des ‚Boches' im Deutschen zu überwinden, das Element des ‚Boches', das seinen stärksten Ausdruck in der unseligen Hitlerzeit gefunden habe." Unter diesen Umständen sei es für Schuman unmöglich, die Saarpolitik zu ändern „oder gar Konzessionen an die deutsche Adresse hinsichtlich von Verhandlungen oder Zeitaufschüben zu machen. Alle derartigen Maßnahmen würden zweifellos zum Sturz Schumans führen." Ein Rücktritt Schumans könne aber der Bundesrepublik nicht gleichgültig sein, „denn Schuman sei ein Verteidiger der deutsch-französischen Verständigung wie kein anderer."[79]

François-Poncet hatte damit auf das Dilemma von Außenminister Schuman hingewiesen, der aus notwendiger innenpolitischer Rücksichtnahme eine Saarpolitik betrieb, die seinem übergeordneten Ziel der deutsch-französischen Annäherung entgegenwirkte.

In einer ähnlichen Situation befand sich auch Adenauer, der sich in der innenpolitischen Auseinandersetzung vorübergehend der Argumente der Opposition mit den zu erwartenden nachteiligen Folgen bediente, um das Grundkonzept der Westbindung nicht zu gefährden.

Diese Taktik wurde deutlich, als die Texte der Saarkonventionen bekannt wurden. Die am 3. März 1950 in Paris unterzeichneten Saarverträge umfaßten insgesamt sieben Konventionen und fünf weitere Abkommen. Die wichtigsten Abmachungen waren die Allgemeine Konvention, die dem Saarland Autonomie in Gesetzgebung, Verwaltung und Rechtsprechung zubilligte, die Konvention über die Durchführung der französisch-saarländischen Wirtschaftsunion, die Konvention über den Betrieb der Saargruben und die Konvention über den Betrieb der Eisenbahnen des Saarlandes[80]. Am umstrittensten waren die Allgemeine Konvention, die entgegen ihrer Deklaration eine Einschränkung der Autonomie mit sich brachte, und die Konvention über den Betrieb der Saargruben, die Frankreich die „Verantwortung" für den Abbau der saarländischen Kohlefelder übertrug. Diese Konvention sollte, unbeschadet eines eventuell zu einem früheren Zeitpunkt mit Deutschland abzuschließenden Friedensvertrages, für die Dauer von 50 Jahren gültig sein.

Zum Ende der Besprechung der Hohen Kommissare mit dem Bundeskanzler am 2. März 1950 berichtete François-Poncet eher beiläufig von der für den 3. März vorgesehenen Bekanntgabe der Saarkonventionen. Dabei hob er den vorläufigen Charakter

---

[79] Aufzeichnung vom 20. 1. 1950, BA NL Blankenhorn/3, Bl. 47–49.
[80] Vgl. dazu Schmidt, Saarpolitik (Anm. 18), S. 243–249; Text der hier erwähnten Konventionen ebenda, S. 681–691; Konventionen vollständig in PA AA II, Bd. 473.

dieser Abmachungen hervor, die nur bis zum Abschluß eines Friedensvertrages Gültigkeit hätten. Adenauer erwiderte darauf schroff, daß unter diesen Umständen sich im Bundestag keine Mehrheit für einen Beitritt der Bundesrepublik zum Europarat fände. Der Empfehlung des französischen Hochkommissars, mit der öffentlichen Diskussion der Saarfrage abzuwarten, bis sich die Gemüter beruhigt hätten, vermochte der Bundeskanzler jedoch nicht zu folgen[81]. Nachdem er am 3. März im Kabinett die innen- und außenpolitischen Auswirkungen der Saarkonventionen erörtert hatte, nahm er in scharfer Form in einer Pressekonferenz am 4. März zur französischen Saarpolitik Stellung. Dabei bestritt er der Saarregierung jede demokratische Legitimation, zog die Staatsqualität des Saarlandes in Zweifel und rückte den durch die Konventionen geschaffenen Status in die Nähe eines Protektorats und schlimmer noch einer Kolonie[82]. Adenauer gebrauchte hier Begriffe aus der Zeit nationalsozialistischer Gewaltherrschaft über Europa, deren Verwendung er in einem Schreiben vom 30. Januar 1950 an Kaiser noch heftig kritisiert hatte[83].

Am 7. März sprachen Vertreter der SPD gelegentlich der Vorstellung ihrer Denkschrift zur Saar von einer politischen Annexion des Saargebiets, die den friedlichen Aufbau eines geeinten Europa belaste[84]. Auch ausländische Stimmen äußerten sich wegen der negativen Auswirkungen für Europa kritisch zu den Vorgängen. Daß auch die DDR sich zu Worte meldete und „im Bewußtsein für die Verantwortung gegenüber dem deutschen Volk" die Saarabkommen als einen „weiteren ungeheuren Gewaltakt der Westmächte gegen das deutsche Volk" bedauerte, mußte für Adenauer besonders peinlich wirken[85].

Die Pressekonferenzen vom 4. und 7. März hatten bereits eine einheitliche Ablehnung der französischen Saarpolitik durch Regierung und Opposition deutlich gemacht. Dennoch drängte Adenauer zur bevorstehenden Saardebatte des Bundestages auf eine eindrucksvolle Demonstration gegen die Saarkonventionen. So sollten die Äußerungen der Parteien auf einen einheitlichen Nenner gebracht werden, denn „es könne nicht deutlich genug gemacht werden, daß die Saarfrage von der denkbar größten Bedeutung sei; einmal wegen der Grenzfrage im Osten Deutschlands, zum anderen wegen der Gefahr, daß durch die Behandlung der Saarfrage die nationalistischen Strömungen erheblichen Auftrieb bekämen [...]". Doch auch in dieser kritischen Situation war Adenauer darum bemüht, die ihm berechtigt erscheinende Kritik an der französischen Saarpolitik nicht mit der Frage des Beitritts der Bundesrepublik zum Europarat zu verbinden. Er hielt es daher für richtig, „das Thema der Europa-Union nicht aufzuwerfen, sondern sich hierzu schweigend zu verhalten"[86].

---

[81] Protokoll in PRO FO 1005/1126.

[82] Noch in der Kabinettssitzung am 3. März hatte Adenauer eine sofortige Reaktion angekündigt, vgl. Kabinettsprotokolle (Anm. 63), Bd. 2, S. 240. Zur Pressekonferenz Adenauers vgl. Mitteilung des BPA Nr. 300/50 und zu dem nachfolgenden Diskussionsteil BA B 145 I/3. In einer ersten Reaktion nahm Schuman die Äußerungen Adenauers mit Zurückhaltung auf, wobei er auf die bekannte Argumentation hinsichtlich des Status der Saar zurückgriff und Parallelen zum Provisorium Bundesrepublik zog. Mitteilung der dpa Nr. 164, o. D. in: PA AA II Bd. 773, Bl. 35f. und NL Adenauer 12.08.

[83] Vgl. Schreiben Adenauers an Kaiser vom 30. 1. 1950, BA NL Kaiser/183, veröffentlicht in: Adenauer, Briefe 1949–1951 (Anm. 43), S. 167–169.

[84] Vgl. BA B 145 I/3; das Memorandum ist in der Broschüre (o. D.) „Die Sozialdemokratie und das Saarproblem" enthalten; Broschüre in PA AA II Bd. 555; BA ZSg 1-90/54(4) und NL Adenauer 12.09.

[85] BA Z 35/233, Bl. 143; dort auch weitere ausländische Pressestimmen.

[86] Vgl. Kabinettsprotokolle (Anm. 63), Bd. 2, S. 247f.

Die Bemühungen Adenauers waren offensichtlich erfolgreich. Nach der Regierungserklärung am 10. März 1950, in der er nochmals die Politik Frankreichs einer scharfen
Kritik unterzog und sich gegen die Saarkonventionen in feierlicher Form verwahrte,
bejahten die Sprecher der Parteien in bemerkenswerter Einmütigkeit grundsätzlich
eine Zusammenarbeit mit den Ländern Westeuropas und verurteilten das Vorgehen
Frankreichs als einseitigen Akt und unzeitgemäße Machtdemonstration. Die Saarkonventionen wurden einhellig abgelehnt, um eine de facto Anerkennung der Saar zu
vermeiden und um politisch und moralisch die Ansprüche auf die Gebiete östlich der
Oder-Neiße wahren zu können. Die Frage des Beitritts zum Europarat wurde zwar
angesprochen, jedoch nicht ausführlich debattiert[87].

Trotz aller Kritik hatte Adenauer in seiner Regierungserklärung seine grundsätzliche
Bereitschaft zu einer Mitarbeit im Europarat signalisiert und Zeichen einer Verhandlungsbereitschaft gesetzt, als er erklärte: „Unter keinen Umständen darf die Saar-Frage
zu einer Störung der Beziehungen zwischen Deutschland und Frankreich führen und
damit zu einer Erschwerung des Aufbaus von Westeuropa."[88]

Zuvor schon hatte Adenauer eine versöhnliche Tonlage angeschlagen, als er in einem
Interview am 7. März gegenüber dem Journalisten Kingsbury-Smith den Plan einer
deutsch-französischen Union mit einem gemeinsamen Parlament vortrug. In dieser
Union, die den Kern für die Entwicklung Europas zu einer wirtschaftlich und politisch konsolidierten Einheit bilden sollte, sah Adenauer auch eine Lösung des Saarpro-
blems[89].

Die Reaktion des Auslands auf dieses Interview war jedoch zurückhaltend bis
ablehnend. Dies führte Adenauer darauf zurück, „daß der Vorschlag zu einer allerdings
kühnen Neukonstruktion außenpolitischer Verhältnisse von einem besiegten
Land ausgegangen ist"[90]. In einem weiteren Interview mit Kingsbury-Smith am 21.
März konkretisierte Adenauer seine Vorstellungen, wobei er den Hauptakzent auf eine
wirtschaftliche Vereinigung mit Frankreich legte und die Schaffung eines gemeinsamen
Wirtschaftsparlaments vorschlug[91].

Diese Initiative war ein weiterer Versuch Adenauers, die Saarfrage als Hindernis
einer deutsch-französischen Annäherung in einem größeren zwischenstaatlichen oder
überstaatlichen Rahmen zu lösen. Bereits im November 1949 und im Januar 1950 hatte
er den Hohen Kommissaren, allerdings ohne Resonanz, die Idee vorgetragen, der Saar
in Analogie zum Ruhrstatut eine europäische Verfassung zu verleihen[92].

Die öffentlich vorgetragene Variante alter Vorstellungen war aber sicher mehr als ein
Versuchsballon. Es handelte sich auch nicht nur um einen verzweifelten Akt, mit dem

---

[87] Vgl. Verhandlungen des Deutschen Bundestages, 1. Wahlperiode, Stenographische Berichte, Bd. 2, S. 1555
D–1588 A. Erst mit der Note vom 5. 5. 1950 an den französischen Botschafter legte die Bundesregierung
formell ihren Protest gegen die Saarkonventionen ein, nachdem Adenauer in seiner Regierungserklärung
einen derartigen Schritt angekündigt hatte, Note mit Vorstufen in PA AA II Bd. 473, Bl. 158–161.

[88] Verhandlungen des Deutschen Bundestages, 1. Wahlperiode, Stenographische Berichte, Bd. 2, S. 1560 A.

[89] Vgl. PA AA II Bd. 573, Bl. 4f.; dazu Schwarz, Adenauer (Anm. 63), S. 700–702.

[90] Vgl. Aufzeichnung vom 21. 3. 1950, PA AA II Bd. 573, Bl. 1.

[91] Text des Interviews in PA AA II Bd. 573, Bl. 1 und in BA Z 35/182, Bl. 8–14.

[92] Vgl. Kabinettsprotokolle (Anm. 63), Bd. 2, S. 146 und Adenauer, Erinnerungen (Anm. 38), S. 303. Der
Vorschlag zu einer Europäisierung der Saar war auch in der „Denkschrift der Bundesregierung zur Saarfrage" vom 9. März 1950 enthalten, BA B 136/930. Er knüpfte an Gedanken an, die das State Department in
der Denkschrift „Die gegenwärtige Lage des Saarlandes" vom Oktober 1948 veröffentlicht hatte. Denkschrift in PA AA II Bd. 468, Bl. 18–28; vgl. dazu auch Schmidt, Saarpolitik (Anm. 18), S. 229f.

die Frage des deutschen Beitritts zum Europarat wieder ins Gespräch gebracht werden
sollte. Es war eher ein gezielter Versuch, einen Weg aus der Sackgasse zu finden, in die
die Beitrittsfrage durch die Saarkonventionen geraten war. Adressat dieser Äußerungen war einmal Frankreich, dem die grundsätzliche Bereitschaft zu einem konstruktiven Dialog signalisiert werden sollte, zum anderen der Ministerrat des Europarats, der
Ende März zusammentrat und die Beitrittsfrage zu entscheiden hatte. Auch ihm
gegenüber sollte ein positiver Verhandlungsvorschlag die Ernsthaftigkeit und Aufrichtigkeit des Beitrittswillens demonstrieren. Ein solcher Schritt war um so notwendiger,
als Zweifel an der Lauterkeit der Absichten der Bundesregierung laut geworden waren
– dergestalt, daß die Bundesregierung nach Erhalt der Einladung ihren Beitritt zum
Europarat von Zugeständnissen in der Saarfrage abhängig machen könnte[93].

Derartige Befürchtungen wiesen wiederum auf die seit November 1949 unverändert
bestehende Konstellation hin, die durch gegenseitiges Mißtrauen, Angst vor Prestige-
verlust und vor Diskriminierung der von den beteiligten Parteien vertretenen politischen Konzepte gekennzeichnet war und die den Stillstand in der Beitrittsfrage verursacht hatte.

Im Unterschied zum November 1949 drängte nun der Sitzungsplan zu einer Entscheidung. Den ersten Zug zur Beendigung der Hängepartie unternahm die Alliierte
Hohe Kommission.

Am 15. März überreichte der französische Botschafter Herrn Dittmann, Verbindungsstelle zur Alliierten Hohen Kommission, ein Memorandum, das zur Klarstellung
des technischen Verfahrens der Aufnahme der Bundesrepublik in den Europarat dienen
sollte. In dieser „Aktennotiz" war dargelegt und begründet worden, daß die Bundesregierung an den Ministerausschuß ein Gesuch mit der Bitte zu richten habe, die
Einladung in den Europarat auszusprechen. Nach Eingang dieses Gesuchs könne die
Bundesregierung der Antwort des Europarats „mit größter Zuversicht" entgegensehen.
Das Memorandum enthielt vorsorglich auch eine Schuldzuweisung im Falle eines
Scheiterns. Da die Alliierte Hohe Kommission und der Europarat im November 1949
im Prinzip dem Beitritt der Bundesrepublik zugestimmt hätten, könnten „etwaige
Hindernisse bezüglich des Eintritts der Bundesrepublik in die Straßburger Organisa-
tion weder von den drei alliierten Mächten noch vom Europarat herrühren"[94].

Obwohl François-Poncet bei der Übergabe des Memorandums ausdrücklich mehr-
mals betont hatte, „daß das Memorandum mit der politischen Seite des deutschen
Beitritts zum Europarat nichts zu tun habe"[95], so war es doch eminent politischer
Natur, da der Bundesrepublik die Verantwortung für Gelingen oder Scheitern des
Beitritts zugeschoben worden war.

Dagegen war die Verbindungsstelle nach Analyse des Memorandums – wie schon
früher – zu dem Ergebnis gekommen, daß der Europarat mit einer Einladung an die
Bundesrepublik am Zuge sei. Als Beleg hierfür diente einmal Punkt 1 Absatz 2 des
Petersburger Abkommens, in dem der Wunsch, als assoziiertes Mitglied in den Europarat aufgenommen zu werden, bereits artikuliert und damit die in Artikel 5 des

[93] Vgl. Aufzeichnung vom 23. 3. 1950, BA Z 35/179, Bl. 51.
[94] „Aktennotiz über das Verfahren zur Aufnahme Deutschlands in den Europarat" in PA AA II Bd. 581, Bl.
45f., veröffentlicht in: Europa-Archiv 5 (1950), S. 3130 und in der „Denkschrift der Bundesregierung zur
Frage des Beitritts zum Europarat" vom Mai 1950, BA B 136/6431.
[95] Aufzeichnung Dittmanns vom 15. 3., PA AA II Bd. 581, Bl. 44.

Statuts des Europarats vorausgesetzte Bereitschaftserklärung abgegeben sei, zum anderen wurden die Stimmen von Europapolitikern zitiert, die einen Schritt von seiten des Europarats erwarteten[96].

In der Besprechung mit den Hohen Kommissaren am 22. März lehnte Adenauer ein derartiges Gesuch ab, er forderte vielmehr von den Alliierten eine „Geste", die die Aussicht auf eine Zustimmung des Bundestages zu einem Beitritt der Bundesrepublik in den Europarat verbessern würde. Über die materielle Seite des von ihm erwünschten Entgegenkommens mochte Adenauer noch keine Auskunft geben, da er sich erst des Rückhalts der Koalitionsfraktionen versichern müsse[97].

Nach Rücksprache mit den Fraktionsvorsitzenden der Regierungskoalition präzisierte Adenauer den Hohen Kommissaren gegenüber am 23. März 1950 in gleichlautenden Schreiben, was er sich unter einer solchen „Geste" vorstelle: Die Hohen Kommissare sollten ihm erklären, daß die Westmächte den Beitritt der Bundesrepublik zum Europarat wünschten, die Mitgliedschaft des Saarlandes nur vorbehaltlich eines Friedensvertrages mit Deutschland gelte und die Bundesrepublik bis zu einer baldmöglichen Vollmitgliedschaft durch einen Beobachter im Ministerausschuß vertreten sein könne. Nach weiteren Verfahrensvorschlägen, die mögliche Gesichtsverluste der Hohen Kommissare ausschließen sollten, bat Adenauer um eine rasche Antwort, um Verhandlungen mit den Koalitionsfraktionen aufnehmen zu können[98]. Die gewünschte Antwort erhielt Adenauer noch am selben Tag. Nur hinsichtlich der Frage eines deutschen Beobachters im Ministerausschuß äußerten sich die Hohen Kommissare, wie erwartet, hinhaltend[99].

Am 28. März präzisierte die Alliierte Hohe Kommission die Stellungnahme der Westmächte zur Beobachterfrage. Sie kamen zu dem Schluß, daß die in Kraft befindliche Satzung des Europarates eine Verwirklichung des Wunsches von Adenauer nicht zulasse. Gleichzeitig teilte die Hohe Kommission mit, daß die französische und die britische Regierung bereit seien, dem Ministerausschuß eine Einladung an die Bundesrepublik zu empfehlen. Am 1. April übermittelte die Alliierte Hohe Kommission die offizielle Einladung des Europarats vom 31. März 1950 an die Bundesrepublik, dem Europarat als assoziiertes Mitglied beizutreten[100].

In den Verhandlungen mit den Hohen Kommissaren hatte Adenauer einen Teilerfolg erreicht, mußte jedoch die Hoffnung, durch die Entsendung eines Beobachters in den Ministerausschuß den Status der Bundesrepublik gegenüber dem Saarland aufzuwerten, begraben. Durch die Zusicherung der Westmächte bestärkt und durch die Einladung des Europarates gedrängt, war Adenauer nun gezwungen, den innenpolitischen Kampf um die Zustimmung zu seiner Politik der Westbindung aufzunehmen.

---

[96] Stellungnahmen vom 16. und 20. 3., PA AA II Bd. 581; dort und in BA Z 35/179 auch frühere Stellungnahmen. Äußerungen führender Politiker des europäischen Auslands zur Beitrittsfrage waren sorgfältig notiert worden; vgl. dazu PA AA II Bd. 581 und BA NL Blankenhorn/3.
[97] Protokoll der Besprechung in PRO FO 1005/1126; über die Besprechung berichtet Adenauer ausführlich, Adenauer, Erinnerungen (Anm. 38), S. 317–324; vgl. dazu auch die Kabinettsprotokolle (Anm. 63), Bd. 2, S. 285f. und 298f.
[98] Abdruck des Schreibens in Adenauer, Erinnerungen (Anm. 38), S. 324 und Europa-Archiv 5 (1950), S. 3130. In der veröffentlichten Fassung fehlt der letzte Satz: „Ich bitte um völlige Diskretion"; vgl. dazu Kabinettsprotokolle (Anm. 63), Bd. 2, S. 299.
[99] Veröffentlicht in: Adenauer, Erinnerungen (Anm. 38), S. 325f. und Europa-Archiv 5 (1950), S. 3131.
[100] Schriftwechsel in PA AA II Bd. 581, veröffentlicht in: Europa-Archiv 1950, S. 3131f.

Der Durchbruch

Adenauer ließ sich sogleich über die Haltung der Opposition zur neuesten Entwicklung informieren. Als Dittmann am 29. März bei Schumacher vorsprach und ihm die Schreiben Adenauers vom 23. März an die Alliierten Hohen Kommissare zur Kenntnis gab, bemerkte Schumacher distanzierend, „Punkt 1 sei eine Selbstverständlichkeit, Punkt 2 ein ‚Windei‘, mit Punkt 3 werde etwas gefordert, das mit der Revision des Besatzungsstatus sowieso kommen werde". Grundsätzlich bemerkte er zu dem Vorgehen Adenauers: „Es gäbe keine temporäre Beschleunigung, die es wert wäre, etwas nicht Revidierbares (in der Saarfrage) zu akzeptieren."[101]

Auch ein erneutes Sondierungsgespräch Blankenhorns bei Schumacher am 14. April brachte keine neuen Einsichten; unter den gegebenen Umständen beharrte die SPD auf ihrer kategorischen Ablehnung eines Beitritts der Bundesrepublik zum Europarat[102]. Bei der unsicheren innenpolitischen Lage begann Adenauer daher, auf den Faktor Zeit zu setzen. Obwohl von verschiedener Seite gedrängt, zögerte er die notwendigen Schritte für ein Ratifizierungsverfahren hinaus. Bemerkenswert war bei diesen Gesprächen der Wechsel der Tonart und die Einführung neuer Motive.

In einer Unterredung mit Lord Layton, der die Dringlichkeit des Beitritts der Bundesrepublik Deutschland hervorgehoben hatte, wies Adenauer dagegen auf die Tragweite seiner Entscheidung hin, die die Festlegung für Westeuropa bedeute und die Spaltung Deutschlands vertiefe. Er bedauerte auch, daß die Alliierten keine Tatsachen geschaffen hätten, die den Eintritt in den Europarat erleichtern könnten. Als solche nannte er eine Sicherheitsgarantie der Westmächte, mehr Informationen über die Verteidigung und eine stärkere Beteiligung an einer Verantwortung in europäischen Angelegenheiten[103]. Auch in Gesprächen mit McCloy am 12. April und am 4. Mai begründete Adenauer sein Zögern mit den möglichen Auswirkungen des Beitritts auf die deutsche Frage und auf sowjetische Reaktionen. In diesem Zusammenhang beklagte er sich über die politische und militärische Schwäche Europas und besonders über das Fehlen von Sicherheitsgarantien für die Bundesrepublik[104]. McCloy zog aus dieser veränderten Tonlage Adenauers den Schluß, daß der Bundeskanzler im Zusammenhang mit der Beitrittsfrage ganz offenkundig vorzeigbare Konzessionen anstrebe[105].

Bestätigung fand diese Annahme in dem Schreiben Adenauers an General Robertson vom 6. Mai 1950, in dem Adenauer im Poker um Zugeständnisse diesmal die Haltung der SPD zur Beitragsfrage einsetzte. So berichtete Adenauer, die SPD würde die Behandlung des Beitritts zum Europarat hinauszögern, um ein nicht allzu positives Ergebnis der Londoner Außenministerkonferenz zur Stimmungsmache gegen den Beitritt auszunutzen. „Es wäre deshalb erwünscht", so fuhr er fort, „wenn auf der Londoner Konferenz gewisse greifbare Ergebnisse erzielt werden könnten." Adenauer war auch frei genug, seine Erwartungen konkret auszusprechen. In abgestufter Reihenfolge nannte er den Schiffsbau, die Überlassung ausländischer Kapitalien für Inve-

[101] Aufzeichnungen Dittmanns vom 29. 3. 1950, PA AA II Bd. 581, Bl. 117.
[102] Aufzeichnung vom 14. 4., BA NL Blankenhorn/3, Bl. 159.
[103] Aufzeichnung vom 12. 4., BA NL Blankenhorn/3, Bl. 155.
[104] Aufzeichnung vom 13. 4., BA NL Blankenhorn/3, Bl. 156 und vom 4. 5. 1950, BA NL Blankenhorn/3, Bl. 252.
[105] Vgl. dazu Berichte McCloys vom 14. 4. und 7. 5., FRUS 1950, Bd. 4, S. 267, 635–637.

stitionszwecke, die Erhöhung der Stahlquote und eine Überprüfung des Besatzungs-statuts[106].

Die Verzögerungstaktik und die Formulierung neuer Konzessionswünsche vor der Beratung des Beitritts im Kabinett und vor der Londoner Außenministerkonferenz wiesen auf eine bewußte Inszenierung der Beratungsabfolge hin[107]. Eine Verzögerung konnte Adenauers Wunsch nach weiteren Konzessionen mehr Gewicht verleihen, während er andererseits durch einen Beschluß der Bundesregierung unmittelbar vor den am 11. Mai beginnenden Beratungen der Außenminister der drei Westmächte die Entschlossenheit zu einer Zusammenarbeit mit dem Westen unter Beweis stellen konnte. Danach sollten Zugeständnisse der Westmächte als Gegenleistung für die von Adenauer eingegangenen innenpolitischen Risiken seine Position in der Auseinander-setzung um den Beitritt und um den Kurs der Westintegration stärken helfen.

Am 9. Mai 1950 beschloß die Bundesregierung unter Anwesenheit der Fraktions-führer der Koalititonsparteien, die Einladung zum Beitritt in den Europarat anzuneh-men. In der viereinhalbstündigen Aussprache erhoben nur Heinemann und Kaiser Bedenken gegen einen Beitritt zu diesem Zeitpunkt. Heinemann begründete seine Ablehnnung mit der Befürchtung, daß ein Beitritt die Spaltung Deutschlands vertiefe und die zwangsläufige Integration der Bundesregierung in ein westliches Bündnissy-stem die Aufrüstung der Bundesrepublik mit sich bringen würde. Kaisers Argumenta-tion war dagegen ausschließlich von der Sorge getragen, daß die anstehende Entschei-dung die Spaltung Deutschlands festschreibe werde[108].

Wie die hartnäckige und ernsthafte Auseinandersetzung im Kabinett zeigte, war auch nach dem Beschluß der Bundesregierung das Risiko eines Scheiterns im Bundes-tag immer noch nicht ausgeschlossen.

Eine entscheidende Wende brachte der vom französischen Außenminister nach einer Ministerratssitzung ebenfalls am 9. Mai bekanntgegebene Plan einer europäischen Gemeinschaft für Kohle und Stahl, deren Kern eine deutsch-französische Zusammen-arbeit bilden sollte[109]. Die französische Initiative gab nicht nur einen neuen Impuls für die von Stagnation bedrohte europäische Einigungsbewegung und einen Anstoß zu konkreter Zusammenarbeit auf einem wesentlichen wirtschaftlichen Sektor, sie bot auch die Chance, den durch die Saarfrage entstandenen deutsch-französischen Gegen-satz zu überwinden. Die vorgeschlagene Vereinigung der europäischen Grundstoffin-dustrien unter einer gemeinsamen Behörde bot der Bundesrepublik zusätzlich die Chance, die Gleichberechtigung voranzutreiben, die Souveränitätsfrage ins Spiel zu

[106] PA AA II Bd. 581, Bl. 212.
[107] So erklärte Adenauer am 25. Mai vor dem Bundesrat: „Das Bundeskabinett hat den Beschluß ... aus wohlüberlegten Gründen vor der Londoner Konferenz gefaßt, weil es klar war, daß die Regierungen, die auf der Londoner Konferenz vertreten waren, nun einmal wissen mußten, wo die Bundesrepublik Deutsch-land steht." Deutscher Bundesrat, Sitzungsberichte Bd. 1, S. 366 B.
[108] Zur Kabinettssitzung am 9. 5. vgl. Kabinettsprotokolle (Anm. 63), Bd. 2, S. 370, dazu Adenauer, Erinne-rungen (Anm. 38), S. 327 und Kosthorst, Jakob Kaiser (Anm. 74), S. 124–141; vgl. ferner Aufzeichnung Heinemanns über diese Sitzung vom 9. 5. 1950, veröffentlicht in: Die Kabinettsprotokolle der Bundesregie-rung, hrsg. v. Hans Booms, Bd. 3: 1950 Wortprotokolle, Boppard/Rh. 1986, S. 67–69. Zur beginnenden Entfremdung zwischen Adenauer und Heinemann vgl. auch Hans-Erich Volkmann, Gustav W. Heinemann und Konrad Adenauer. Anatomie und politische Dimension eines Zerwürfnisses, in: Geschichte in Wissen-schaft und Unterricht 38 (1987), S. 10–32.
[109] Wortlaut des Beschlusses veröffentlicht in: Europa-Archiv 5 (1950), S. 3091; vgl. dazu auch Werner Bührer, Ruhrstahl und Europa. Die Wirtschaftsvereinigung Eisen- und Stahlindustrie und die Anfänge der europäi-schen Integration 1945–1952, München 1986, insbes. 165–169.

bringen und das als besatzungsrechtliche Hypothek empfundene Ruhrstatut zu überwinden.

Die mit der wirtschaftlichen und politischen Zusammenarbeit verbundene Aussicht
auf internationale Anerkennung und Gleichberechtigung lieferte den Befürwortern
einer Westintegration die ersehnte Argumentationshilfe in der bevorstehenden innenpolitischen Auseinandersetzung um den Beitritt der Bundesrepublik zum Europarat.

Auf der Pressekonferenz am 9. Mai unmittelbar nach der Kabinettssitzung zeigte
sich Adenauer ganz offensichtlich erleichtert. Er berichtete von seinen Bemühungen,
für den Beitritt eine breite Mehrheit zu finden, und von den Schwierigkeiten, die
durch die Saarfrage entstanden waren. In eine ausweglose Lage geraten, habe er
schließlich gehofft, „daß durch Zeitablauf oder durch Eintritt irgendeines nicht vorgesehenen Ereignisses die Annahme der Einladung in den Europarat allgemeine Zustimmung in Deutschland finden würde". Er zeigte sich „glücklich, daß dieses unerwartete
Ereignis eingetreten ist"[110].

Die französische Initiative, zu der Adenauer in einer geheimen Aktion zuvor seine
Zustimmung erteilt hatte[111], hatte den Bann gebrochen und den Weg zum Beitritt in
den Europarat und für die weitere Integration der Bundesrepublik in ein westliches
Bündnissystem geebnet.

Auf dieser Pressekonferenz gab Adenauer auch seine Zeitplanung preis, nach der er
den Beratungsablauf des Beitrittsgesetzes einzuteilen gedachte. Dabei bekannte er auch
offen, daß die Londoner Außenministerkonferenz eine wichtige Rolle in seinen Überlegungen spielte.

Der Beschluß des Bundeskabinetts vom 9. Mai sollte auch den Westmächten die
Entschlossenheit der Bundesregierung demonstrieren, an einer europäischen Zusam-
menarbeit mitzuwirken. Er sollte die Westmächte zudem in die Lage versetzen, der
Bundesregierung in der bevorstehenden innenpolitischen Auseinandersetzung um den
Kurs der Westbindung durch Zugeständnisse den Rücken zu stärken.

Sicherlich auch an die Adresse der Westmächte war die „Denkschrift der Bundesregierung zur Frage des Beitritts zum Europarat" gerichtet, in der die Gründe für und
wider den Beitritt dargelegt waren. Sie schloß mit den Sätzen: „Der Zusammenschluß
Europas auf föderativer Grundlage ist im Interesse aller europäischen Länder, insbesondere auch der Bundesrepublik Deutschland, notwendig. Der Europarat ist der
Anfang eines solchen Zusammenschlusses. Die Bundesrepublik Deutschland muß die
Einladung aus tiefer Überzeugung, daß nur auf diesem Wege Europa und der Friede
gesichert werden können, annehmen."[112] Da auch die Londoner Konferenz die Hoffnungen Adenauers nicht enttäuschte[113], konnte Adenauer gestärkt den Kampf um den
Beitritt aufnehmen, so wie er es sich auf der Pressekonferenz am 9. Mai vorgestellt
hatte. Durch das französische Angebot und durch die Beschlüsse der Londoner Kon-

---

[110] Pressekonferenz in BA B 145 I/3.
[111] Vgl. dazu BA NL Blankenhorn/3, Bl. 271–277; dazu Schwarz, Adenauer (Anm. 63), S. 710–713 und
unkorrekt Adenauer in: Adenauer, Erinnerungen (Anm. 38), S. 327.
[112] Denkschrift in BA B 136/6431.
[113] Adenauer war am 16. Mai über die Ergebnisse der Londoner Konferenz unterrichtet worden; vgl. Besprechung der Hohen Kommissare mit Adenauer, PRO FO 10050/1126; dazu auch Adenauer, Erinnerungen
(Anm. 38), S. 332–335 und Kabinettsprotokolle (Anm. 63), Bd. 2, S. 406f.

ferenz in seinem Kurs der Westbindung bestätigt, konnte Adenauer nunmehr klare Prioritäten setzen und die Problematik der Saarfrage in den Hintergrund drängen. Am 13. Juni 1950 beriet der Bundestag das Gesetz über den Beitritt der Bundesrepublik zum Europarat. In seiner Begründung setzte Adenauer Schumanplan, Europarat und Saarfrage zueinander in Beziehung und betonte, daß eine Ablehnung des Beitritts zum Europarat auch eine Ablehnung des Schumanplans bedeute, da beiden der politische Wille zu einer europäischen Zusammenarbeit zugrunde läge. Eine Ablehnung würde daher auch der Grundvoraussetzung einer europäischen Einigung, nämlich dem Abbau der deutsch-französischen Spannungen, entgegenstehen. Angesichts der Bedeutung des Schumanplans für die deutsch-französische Verständigung und des Beitritts der Bundesrepublik zum Europarat für die europäische Integration verlor die Saarfrage für Adenauer „in ganz großem Maße an Bedeutung"[114].

Saarfrage und Beitrittsfrage waren zu nicht vergleichbaren Größen geworden. Bedenken gegen einen Beitritt konnte Adenauer auch mit dem Hinweis auf die Zusage der Siegermächte beiseite schieben, daß der Status der Saar endgültig erst in einem Friedensvertrag oder in einer gleichwertigen Vereinbarung mit Deutschland geregelt würde. Dieser friedensvertragliche Vorbehalt ließ nach Ansicht Adenauers die Befürchtung in den Hintergrund treten, auf diese Weise werde das Saarproblem präjudiziert.

Die SPD beurteilte dagegen den Beitritt zum Europarat weiterhin unter dem Gesichtspunkt der deutschen Einheit. Sie sah daraus eine Weichenstellung für die Einbeziehung des westlichen Teils Deutschlands in ein europäisch-atlantisches Bündnissystem, die die Spaltung vertiefe. Als unvereinbar mit dem Ziel der deutschen Einheit bewertete sie auch die mit dem Beitritt verbundene Bereitschaft, eine selbständige Vertretung des Saarlandes im Europarat hinzunehmen. Unter Hinweis auf die Gebietsansprüche östlich der Oder-Neiße stellte sich für Schumacher mit dem Saarproblem die „Frage nach dem Prinzip, nach dem Europa errichtet werden soll; und man kann bei der Verschiedenheit aller tatsächlichen Voraussetzungen ein Prinzip im Westen nicht anders behandeln als im Osten"[115].

Bei der Schlußabstimmung am 15. Juni nahm der Bundestag das Beitrittsgesetz mit 220 gegen 152 Stimmen bei 9 Enthaltungen an. Die SPD hatte geschlossen gegen die Vorlage gestimmt[116].

Die SPD wollte ihr Nein zum Europarat aber nicht als Absage an eine europäische Zusammenarbeit verstanden wissen. Die Gelegenheit, sich zu den Zielen eines europäischen Zusammenschlusses zu bekennen, bot die von der Parlamentarischen Sektion des deutschen Rates der Europäischen Bewegung angeregte Resolution, in der ein Europäischer Bundespakt mit überstaatlicher Bundesgewalt gefordert wurde[117]. Als einen auch von der SPD getragenen interfraktionellen Antrag verabschiedete der Bundestag diese Resolution, abgesehen von der KPD, am 26. Juli 1950 einstimmig[118]. Die SPD fand sich auch rasch mit der vom Bundestag getroffenen Entscheidung ab,

---

[114] Verhandlungen des Deutschen Bundestages, 1. Wahlperiode, Stenographische Berichte, Bd. 4, S. 2464 C.
[115] Ebenda, S. 2472 B.
[116] Ebenda, S. 2520–2523.
[117] Vgl. PA AA II Bd. 592, Bl. 107f.
[118] Verhandlungen des Deutschen Bundestages, 1. Wahlperiode, Drucksache Nr. 1193 und Stenographische Berichte, Bd. 4, S. 2837 B.

beteiligte sich an der Aufstellung der deutschen Delegation[119] und saß ab August 1950 mit 7 Vertretern in der 18köpfigen Delegation der Bundesrepublik.

Das Saarland, das ebenfalls am 1. April vom französischen Hohen Kommissar Grandval die Einladung des Ministerrates erhalten und am 2. Mai im Landtag einstimmig den Beitritt zum Europarat beschlossen hatte, war gemäß den Statuten entsprechend seiner Bevölkerungszahl mit 3 Delegierten in der Beratenden Versammlung vertreten[120].

In dem Bestreben nach Anerkennung und Gleichberechtigung konnte die Bundesregierung noch vor dem Beitritt zum Europarat einen ersten Erfolg verbuchen. Am 27. April 1950 hatte die Alliierte Hohe Kommission der Bundesrepublik zugestanden, nach vollzogenem Beitritt ohne Einschaltung der Kommission direkt mit den Institutionen des Europarats zu verkehren, soweit Fragen im Zuständigkeitsbereich der Beratenden Versammlung betroffen waren[121].

Mit der Revision des Besatzungsstatuts im März 1951 verlor die Bundesrepublik auch ihren minderen Status eines assoziierten Mitglieds und nahm ab Mai 1951 als Vollmitglied auch an den Beratungen des Ministerrats teil[122].

Der Beitritt der Bundesrepublik zum Europarat war ein wichtiger Schritt auf dem Weg zur Westintegration, er war auch ein wichtiger Schritt auf dem Weg zur Anerkennung und zur Souveränität der Bundesrepublik Deutschland.

Ihr Widerstand gegen die französischen Pläne, den Status des Saarlandes durch den Beitritt in den Europarat international aufzuwerten, hatte gewisse Erfolge gehabt. Frankreich hielt jedoch auch in der Folgezeit an dem Ziel fest, die Autonomie des Saarlandes zu stärken und die de facto Anerkennung als selbständiger Staat zu erreichen.

Wenn auch mit dem Schumanplan, der Europäischen Verteidigungsgemeinschaft und der Europäischen Politischen Gemeinschaft neue Themen europäischer Zusammenarbeit in den Vordergrund drängten, so blieb doch die Saarfrage weiterhin ein Streitpunkt, der nicht nur die deutsch-französische Verständigung belastete, sondern auch den Prozeß der europäischen Einigung erschwerte. Erst der Vertrag vom 27. Oktober 1956, mit dem das Saarland ab 1. Januar 1957 Bestandteil der Bundesrepublik Deutschland wurde, bereinigte den Konflikt.

---

[119] Vgl. Kabinettsprotokolle (Anm. 63), Bd. 2, S. 476.
[120] Vgl. Schmidt, Saarpolitik (Anm. 18), S. 218.
[121] Schriftwechsel in PA AA II Bd. 581 und 582, veröffentlicht in: Europa-Archiv 5 (1950), S. 3133f.
[122] Vgl. Die Kabinettsprotokolle der Bundesregierung, hrsg. v. Hans Booms, Bd. 4: 1951, bearb. v. Ursula Hüllbüsch, Boppard/Rh. 1988, S. 350.

Wolfgang Benz

Kurt Schumachers Europakonzeption

„Wenn wir einmal zu einem geeinten Deutschland mit Ländern von beträchtlicher Kompetenz kommen, dann wird auch die Einheit dieses Deutschlands nicht die letzte Erfüllung unserer Wünsche sein, sondern die letzte Erfüllung unserer Wünsche wäre eine Europa-Föderation, in der Deutschland gleichberechtigt und gleichgeachtet ist, ich möchte sagen, eine europäische Föderation, die nicht nur in europäischer, sondern in weltmäßigen Aufgaben ihr Ziel sieht."

Dieser Vision verlieh Kurt Schumacher erstaunlich früh, im Juli 1946, Ausdruck. Das war bei der gemeinsamen Sitzung des Zonenbeirats der britischen Zone mit Vertretern des Länderrats der US-Zone[1]. Und der Appell fand auch außerhalb des Sitzungssaales Beachtung. In der Augsburger Schwäbischen Landeszeitung wurde die europäische Föderation Schumachers beifällig kontrastiert mit den Vorstellungen eines anderen prominenten Sozialdemokraten. Wilhelm Hoegner, damals Bayerns Ministerpräsident, hatte in einem Aufsatz zur Neugestaltung Deutschlands in beschränkterer Perspektive postuliert „Wir wollen wieder unsere eigenen Herren im Gasthaus ‚zum bayerischen Löwen' sein"[2]. Hoegner markierte freilich das Schumacher entgegengesetzte Ende ideologischer Bandbreite der SPD, und er war als Politiker – auch dies ein diametraler Unterschied zu Schumacher – vor allem anderen Föderalist bayerischer Observanz.

Aber auch in Schumachers europäischem Panorama standen Aspekte im Vordergrund, die Priorität hatten: die Wiedervereinigung Deutschlands (gemeint war damit damals mindestens die Zusammenfügung der vier Besatzungszonen unter deutscher Hoheit bei Aufrechterhaltung des Anspruchs auf die Ostgebiete) und die Gleichberechtigung des wiederzusammengefügten und alliierter Kuratel entwachsenen Deutschlands im europäischen Verband. Schumachers Diktion schien deutsche Vorleistungen auf staats- oder völkerrechtlichem Terrain auszuschließen. Die Hinwendung zu Europa als Trost für den Verlust der staatlichen Einheit und als Kompensation für verlorene Souveränitätsrechte gehörte nicht zu den Motiven des SPD-Vorsitzenden. Das unterscheidet seine Vorstellungen gründlich von den Europaprospekten vieler Politiker der Nachkriegszeit, namentlich in den Reihen der CDU.

---

[1] Kurt Schumacher, Begrüßungsrede zur gemeinschaftlichen Sitzung des Zonenbeirats der britischen Zone mit den Vertretern des Länderrats Stuttgart, 11. 7. 1946, in: Akten zur Vorgeschichte der Bundesrepublik Deutschland 1945–1949 (AVBRD), Bd. 1, bearb. v. Walter Vogel und Christoph Weisz, München 1976, S. 616f.

[2] Schwäbische Landeszeitung, Augsburg, 23. 8. 1946.

Kurt Schumachers Europakonzeption darzustellen, ist freilich schwierig und mühsam[3]. Ebenso selbstverständlich wie er die Idee von der Europaföderation früher als
andere propagierte, so vehement wehrte er sich an allen politischen Stationen des Wegs
zur europäischen Integration – Ruhrstatut, Beitritt zum Europarat, Schumanplan,
Europäische Verteidigungsgemeinschaft – gegen Strategie und Methode der Integration Deutschlands in europäische Zusammenhänge. Daß es nur noch um Westdeutschland und Westeuropa ging, war ihm schmerzlich genug, aber daß ein nicht gleichberechtigtes Deutschland im europäischen Konzert mitspielen sollte, quasi ohne Noten
am dritten Bratschenpult, das schien ihm einfach unannehmbar.

Die Quintessenz von Schumachers Europakonzeption enthält schon sein Aufruf
vom August 1945 „Konsequenzen deutscher Politik", in denen er Leitgedanken für
den Wiederaufbau entwickelte. Dort schrieb er, die Sozialdemokratische Partei, die
sich wegen ihrer betonten Internationalität als Vertretung der gesamten deutschen
Nation betrachte, fühle sich nicht belastet von nationaler Hysterie und deutscher
Arroganz, sie erhebe deshalb den Anspruch auf die nationale Geltung des deutschen
Volkes. „Die Sozialdemokratische Partei setzt alles daran, Deutschland als geschlossenes nationales und wirtschaftliches Ganzes im Rahmen des europäischen Gleichgewichts und der europäischen Notwendigkeit zu erhalten." Das richtete sich gegen die
befürchtete Aufteilung Deutschlands und dagegen zitierte Schumacher Talleyrand, der
1815 als Vertreter Frankreichs beim Wiener Kongreß für ein europäisches Staatensystem votiert hatte, das auf der Idee des Gleichgewichts basierte, eines Gleichgewichts
quasi lebendiger Wesen, die ihrer eigenen Lebensnotwendigkeit folgen müßten. Das
Gleichgewicht könne folglich nicht durch äußeren Zwang erzeugt werden. Schumacher fuhr fort: „Die Sozialdemokratie kann sich ein neues Deutschland nicht als ein
isoliertes und nationalistisches Deutschland vorstellen. Sie kann sich Deutschland
überhaupt nur als einen Bestandteil Europas denken. Aber sie will dieses Deutschland
dann nicht als Paria, sondern als gleichwertig."[4] Von dieser Überzeugung ließ der
SPD-Vorsitzende – auch gegen Widerstand aus den eigenen Reihen – nie ab.

Den Marshall-Plan hatte Schumacher fast vorbehaltlos akzeptiert, und zwar durchaus im Bewußtsein der missionarischen wirtschafts- und sicherheitspolitischen
Aspekte, die Amerika mit dem Projekt verfolgte. Schumacher pries das Unterfangen
als enorme wirtschaftliche und moralische Leistung. Er hoffte, daß der Ankündigung
des Programms im Juni 1947 schnell Taten folgen würden, und er wies anläßlich des
SPD-Parteitags in Nürnberg eher beiläufig darauf hin, daß Deutschland bei der Pariser
Konferenz über Modalitäten und Kooperation beim europäischen Wiederaufbau noch
nicht vertreten sein würde. Ein „Projekt von so gewaltigen Ausmaßen", meinte er, sei

---

[3] Vgl. Waldemar Ritter, Kurt Schumacher. Eine Untersuchung seiner politischen Konzeption und seiner
Gesellschafts- und Staatsauffassung, Hannover 1964, S. 133ff.; Anselm Doering-Manteuffel, Die Europakonzeption von Kurt Schumacher und Konrad Adenauer, in: Kurt Schumacher als deutscher und europäischer
Sozialist, Dokumentation einer internationalen Fachtagung im Kurt-Schumacher-Bildungszentrum der Fried-
rich-Ebert-Stiftung in Bad Münstereifel vom 6. bis 8. März 1987, bearb. und eingel. v. Willy Albrecht, Bonn
1988, S. 38–59.
[4] Kurt Schumacher, Konsequenzen deutscher Politik (Sommer 1945), in: Turmwächter der Demokratie. Ein
Lebensbild von Kurt Schumacher, Bd. 2: Reden und Schriften, hrsg. v. Arno Scholz und Walther G.
Oschilewski, Berlin 1953, S. 25–50, zit. S. 49.

„niemals ein Geschäftsprojekt. Ein Projekt von solcher Enormität ist stets ein Stück echter Hilfeleistung und Verantwortung vor der Welt und für die Welt."[5]

In der Beurteilung des Ruhrstatuts blieb Schumacher dagegen kompromißlos von Anfang an. Von der Prämisse ausgehend, das Ruhrgebiet sei das letzte Stück wirtschaftlichen Nationalvermögens, das den Deutschen nach dem Verlust der Verfügungsgewalt über die industriellen Schwerpunkte in Oberschlesien und Mitteldeutschland, an der Saar und im Waldenburger Revier in Niederschlesien noch verblieben sei, hielt er eine administrative Internationalisierung des Ruhrgebiets, wie im Ruhrstatut vorgesehen, für nicht akzeptabel. Im Februar 1947 wandte er sich gegen die soeben bekannt gewordenen französischen Vorstellungen zur Kontrolle und Verwaltung der Schwerindustrie des Ruhrgebietes, weil sie „bei aller Forschheit des Auftretens innerlich ganz unsicher" sei und „die Notwendigkeit Europas" verkenne. Der französische Plan gehe davon aus, „daß Deutschland nur das Objekt einer aktiven imperialen Politik ist und bleiben soll. Die Hoheit über das Ruhrgebiet soll den hauptsächlich interessierten Staaten übertragen, in jedem Falle aber von Deutschland genommen werden."[6]

Die internationale Kontrolle des Ruhrgebiets war aber ein unverzichtbarer Bestandteil des Pakets von Verabredungen und Vereinbarungen, mit denen auf der Londoner Sechsmächtekonferenz im Frühjahr 1948 die beiden westlichen Großmächte den Nachbarn eines künftigen deutschen Staats – Frankreich, Belgien, Niederlande und Luxemburg – die Staatsgründung erträglich zu machen suchten. Das Kardinalproblem, das bei der Realisierung des amerikanisch-britischen Konzepts zur Integration der drei westlichen Besatzungszonen über den Marshall-Plan in ein europäisch-atlantisches System zu lösen war, bestand darin, Paris die Zustimmung zu einem staatsrechtlichen Rahmen Westdeutschlands abzuringen, der mit den französischen Sicherheitsbedürfnissen zu vereinbaren war. Das bedeutete, daß die französischen Wünsche nach einem extrem föderalistischen deutschen Staatenbund zugunsten einer mäßigen, aber genügend handlungsfähigen deutschen Zentralgewalt zurückgedrängt und durch Entgegenkommen in der Sicherheitsfrage und bei der Kontrolle des Ruhrgebiets kompensiert werden mußten.

Es war mühsam, die Franzosen bei der Stange zu halten und zu verhindern, daß sie das Bündel von Forderungen (Zustimmung zum staatlichen Neubau in Westdeutschland) und Zugeständnissen (Ruhrkontrolle) aufschnürten und nur das ihnen Angenehme akzeptierten. Um den französischen Parlamentariern die Annahme der Londoner Vereinbarungen zu erleichtern, waren die für Frankreich positiven Ergebnisse ins beste Licht gerückt worden, während die Grundsätze, nach denen der staatliche Rahmen Westdeutschlands gezimmert werden sollte – Besatzungsstatut, Ruhrstatut, Verfassungsgebung – nur angedeutet waren[7].

Auf das Kommunique, das am 7. Juni 1948 publiziert wurde, reagierte der Parteivorstand der SPD umgehend mit Kritik und Ablehnung. Das Bedauern, daß deutsche

---

[5] Grundsatzreferat Schumachers auf dem Nürnberger Parteitag der SPD: Deutschland und Europa, in: Kurt Schumacher, Reden – Schriften – Korrespondenzen 1945–1952, hrsg. v. Willy Albrecht, Berlin 1985, S. 490.
[6] Kurt Schumacher, Um Rhein und Ruhr. Soll Deutschland nur Objekt sein?, in: Sozialdemokratischer Pressedienst, 7. 2. 1947.
[7] Schlußkommuniqué der Londoner Sechs-Mächte-Konferenz über Deutschland, 7. 6. 1948, in: Der Parlamentarische Rat 1948–1949, Akten und Protokolle, Bd. 1, Boppard/Rh. 1975, S. 1–17.

Stellen – vor allem die deutschen Parteien – bei den Londoner Beratungen und Empfehlungen nicht konsultiert wurden, war eher eine Pflichtübung, aber die Kritik an den skizzierten Modalitäten von Ruhrkontrolle und Staatsgründung war sehr ernst gemeint: „Alles in allem sehen sozialdemokratische Kreise in dem mitgeteilten Programm ein in wesentlichen Punkten unzureichendes Mittel, Deutschland in dem Grade wie es offenbar beabsichtigt ist, in seiner politischen und wirtschaftlichen Konsolidierung zu helfen."[8]

Weitaus energischer fiel der Protest aus, den Konrad Adenauer als Vorsitzender der CDU in der britischen Zone an die Adresse der Alliierten artikulierte. Adenauer hatte, gleich nachdem die Londoner Empfehlungen bekannt worden waren, mit den Vorsitzenden der CDU-Landesverbände der drei Westzonen konferiert, und das Entsetzen über die Pläne der Alliierten – insbesondere über die Vorstellungen zur Ruhrkontrolle – war beträchtlich gewesen. Adenauer, der in seinen Erinnerungen beklagte, daß der gemeinsame Protest aller westdeutschen Parteien (mit Ausnahme der KPD natürlich), den er gegen die Londoner Empfehlungen zusammenbringen wollte, nicht erreichbar war, erregte großes Ärgernis vor allem in London durch einen Artikel in der „Welt". Er hatte bedauert, daß die Pläne der Alliierten den Deutschen die freie Verfügung über ihre Wirtschaft und ihren Außenhandel „für dauernd" nehmen wollten. Er hatte weiter vermutet, die Londoner Empfehlungen würden den Marshall-Plan torpedieren und er hatte gemeint, die innere Zustimmung des deutschen Volkes zu einer Verfassung, die von den Militärregierungen genehmigt werden müsse, wäre nicht erreichbar. Adenauer gab sich den alliierten Plänen insgesamt gegenüber äußerst skeptisch: „Allmählich haben sich die Dinge so entwickelt, daß für alle Deutschen, gleichgültig welcher Partei sie angehören, die ernste Frage entsteht, ob sie es vor ihrem Gewissen und vor ihrem Volk verantworten können, weiter mitzuarbeiten an einer immer stärker sich auswirkenden dauernden Einengung der Freiheit. Wenn nicht entschlossen mit dem bisherigen System gebrochen wird, sehe ich mit Sicherheit den Zeitpunkt herankommen, an dem den Deutschen nichts anderes übrigbleibt, als durch Verweigerung der Mitarbeit wenigstens ihre Ehre vor der Nachwelt zu retten."[9]

Das waren starke Worte und der SPD-Vorstand beeilte sich, dem Artikel des CDU-Chefs eine Stellungnahme entgegenzusetzen, die zwar die grundsätzlichen Einwände gegen die Londoner Vereinbarungen der Westmächte aufrechterhielt, im wesentlichen aber Kritik am nationalen Pathos in Adenauers Artikel übte. Erich Ollenhauer war – in Vertretung des kranken Schumacher – der Verfasser des Artikels, der zwei Tage später, am 12. Juni, ebenfalls in der „Welt" erschien. Ollenhauer zeigte darin, sicherlich nicht gegen die Intention Schumachers, Verständnis für die Ruhrkontrolle, deren vorübergehende Hinnahme er als unvermeidlichen Schritt auf dem Weg zum Wiedereintritt Deutschlands in die europäische Völkergemeinschaft und zu übernationalen Lösungen der Nachkriegsprobleme bezeichnete[10].

Zu konstatieren ist hier nicht nur die Tatsache, daß sich die Exponenten der politischen Parteien ebenso wie die Ministerpräsidenten der drei Westzonen in den ersten

---

[8] SPD und Londoner Empfehlungen, in: Berichte der sozialdemokratischen Partei Deutschlands (SOPADE) Querschnitt, Juni 1948, S. 61.

[9] Konrad Adenauer, Die Empfehlungen von London, in: Die Welt, 10. 6. 1948, siehe auch Adenauer, Kontrollen und wahre Sicherheit, in: Kölnische Rundschau, 8. 6. 1948.

[10] Erich Ollenhauer, Die Ehre auf dem Spiel?, in: Die Welt, 12. 6. 1948.

Reaktionen auf die Londoner Empfehlungen einigermaßen verrannt hatten, und zwar Adenauer am ärgsten, dessen Ausfall zwar vornehmlich den von den Alliierten propagierten Methoden galt, der aber bei der Gelegenheit ungewöhnlich nationale Töne angeschlagen hatte. Das Bemerkenswerte an seiner Reaktion war vor allem, daß die Positionen vertauscht schienen, als die SPD mehr Verständnis für das Paket zu haben schien, das die Alliierten zum Angebot der Weststaatgründung zusammengepackt hatten. Adenauers Reaktion, die ja auch seiner Grundorientierung widersprach[11], gab überdies den Sozialdemokraten die erwünschte Gelegenheit, gemeinsame Proteste von CDU/CSU und SPD zurückzuweisen. Adenauers ungewöhnlicher nationalistischer Zungenschlag war für die Vertreter des SPD-Parteivorstandes (Ollenhauer, Heine, Henßler), die am 13. Juni 1948 mit Adenauer (der von Adolf Süsterhenn begleitet war) konferiert hatten, das willkommene Motiv, gemeinsame Schritte abzulehnen[12].

In der Ruhrfrage wurden bald wieder die gewohnten Fronten eingenommen. Die Christdemokraten zeigen sich entschlossen, aus dem Übel das beste zu machen, und auch auf taktischen Umwegen das Ziel deutscher Souveränität anzusteuern. Die SPD fiel auf die Position der grundsätzlichen Postulate zurück und Kurt Schumacher trug sie nach seiner Genesung unermüdlich vor.

Die immer wieder deklarierte Formel, das Bekenntnis zur eigenen Nation und deren Lebensinteressen bilde die Voraussetzung für alle europäische Politik und für alle Kooperation im europäischen Rahmen, wurde in der Argumentation gegen das Ruhrstatut mit dem Gleichberechtigungspostulat verknüpft. Damit stützte Schumacher seine These von der Erschwerung der Europäisierung durch die seiner Meinung nach altmodischen Rezepten der Sicherheitspolitik folgenden Ruhrpläne. Die Verpflichtung zur Wiedergutmachung der durchs Deutsche Reich im „Raubkrieg" angerichteten Schäden erkannte Schumacher an – er drückte sich auch in diesem Punkt früher und deutlicher aus als die meisten deutschen Politiker –, ebenso sah er die Notwendigkeit, Sicherheit zu leisten als Garantien gegen einen neuen deutschen Überfall auf Europa. Die internationale Kontrolle der Ruhrindustrie zur Verhinderung neuer Kriegsrüstung und die Kontrolle der Verwendung der Produktion hielt Schumacher daher für berechtigt, aber gegen eine internationale Verwaltung, wie sie in Gestalt der Ruhrbehörde installiert wurde, wehrte er sich mit aller Kraft. Eine solche Administration, gegen die es keine Rechtsmittel gebe, gegen deren Entscheidung keine Schiedsgerichtsbarkeit angerufen werden könne, sei nichts anderes als eine militärisch garantierte Unternehmermacht, etabliert vor allem zu dem Zweck, Deutschland in der Rolle des Rohstofflieferanten klein zu halten und als Exportkonkurrenten auszuschalten. Die Ruhrbehörde hatte in Schumachers Augen – ganz abgesehen von ihrer politischen und völkerrechtlichen Dimension – auch eine unzulässige und unvergleichlich starke Unternehmerposition: „Dieser überdimensionierte Arbeitgeber tritt in Gestalt von Fremden, die für fremde Interessen arbeiten, der großen Masse der deutschen Arbeiter, Angestellten und Techniker gegenüber."[13]

[11] Hans-Peter Schwarz, Vom Reich zur Bundesrepublik. Deutschland im Widerstreit der außenpolitischen Konzeptionen in den Jahren der Besatzungsherrschaft 1945–1949, Neuwied 1966, S. 478.
[12] Konrad Adenauer, Erinnerungen 1945–1953, Stuttgart 1965, S. 140f.; Adenauer und die SPD, in: SOPADE, Querschnitt, Juni 1948 (Anm. 8), S. 111; John Gimbel, Amerikanische Besatzungspolitik in Deutschland 1945–1949, Frankfurt/M. 1968, S. 272; vgl. Hans-Peter Schwarz, Adenauer. Der Aufstieg: 1876–1952, Stuttgart 1986, S. 574f.
[13] Kurt Schumacher, Ruhrstatut und Friedensordnung, in: Die Gegenwart, 1. 3. 1949, zit. nach: Turmwächter (Anm. 4), Bd. 2, S. 355–362; gekürzt auch bei Schumacher, Reden (Anm. 5), S. 627–632.

Zur Ablehnung des Ruhrstatuts und der im Herbst 1949 erfolgten Einladung zur Entsendung eines westdeutschen Vertreters in die Internationale Ruhrbehörde hatte Schumacher so viele ökonomische und politische Argumente zugunsten einer Strategie deutscher Selbstbehauptung aufgeboten, daß für den Gedanken, die Ruhrbehörde lasse sich als ein Experiment internationaler Zusammenarbeit auch von deutscher Seite aus nutzen, kein Raum blieb. Das Wagnis, ein solches Experiment als Vorstufe gleichberechtigter Kooperation zu starten, erschien Schumacher als unstatthafte deutsche Vorleistung. In seiner Strategie zur Erlangung von Souveränität und Gleichberechtigung wären solche Seitenwege selbst dann nicht gangbar erschienen, wenn er an ihren Erfolg geglaubt hätte. Die Methode galt dem intransigenten Oppositionspolitiker als unerlaubt, deshalb nahm er auch Konflikte mit den Gewerkschaften in Kauf[14], und deswegen ließ er sich in der denkwürdigen Parlamentssitzung im November 1949 so provozieren, daß er den Zwischenruf „Der Bundeskanzler der Alliierten" tat, als Adenauer den sozialdemokratischen Widerstand gegen die Entsendung eines deutschen Vertreters in die Ruhrbehörde mit der Unterstellung verband, die SPD sei eher bereit, die Demontagen bis zum bitteren Ende weitergehen zu lassen, als sich an der Ruhrbehörde zu beteiligen[15].

Ganz offensichtlich war Schumachers Vorstellung vom künftigen Europa nicht in Einklang zu bringen mit den Geboten der Tagespolitik, deren Stichworte Kontrolle, Reparationen und Sicherheit hießen. In der Rolle der Bewährungshelfer waren ihm die Nachbarn suspekt, da wollte er lieber warten, bis Partnerschaft möglich war. Daß man über Konstruktionen wie die Ruhrbehörde zur europäischen Integration kommen könne, schien dem sowohl ideal als auch machtpolitisch denkenden Schumacher unsinnig, weil er die beiden Kategorien nicht zur Harmonie bringen konnte. Dem Idealisten war ein Europa, das beim Ausgleich von Stahlproduktions- und Kohleförderungsquoten einsetzen würde, zu trivial. Der Machtpolitiker aber, der sich als Hüter nationaler Werte verstand, konnte sich nicht dazu durchringen, das noch verbliebene politische und ökonomische Vermögen aus der Hand zu geben. Dieses Argument, das er im nationalökonomischen Sinn gegen die Ruhrbehörde gebrauchte, verwendete er in leicht anderem Verständnis wieder, als er gegen den Beitritt zum Europarat polemisierte: Man dürfe das restliche politische Vermögen nicht für den Eintritt in Straßburg vergeuden, weil man es bei den Verhandlungen über die NATO noch brauchen werde.

Das Verhältnis der SPD zu den sozialistischen Parteien im europäischen Ausland hatte natürlich Wirkungen auf die Haltung Schumachers gegenüber einer künftigen Organisation Europas. Am 9. Juni 1947 vertrat Schumacher, flankiert von Fritz Henßler und Erich Ollenhauer, in einer dramatischen Sitzung in Zürich vor den Vertretern von 24 sozialistischen Parteien den Anspruch der SPD, in die wieder erstehende Sozialistische Internationale aufgenommen zu werden. Die demonstrativ herzliche Begrüßung durch den Italiener Nenni und den Franzosen Salomon Grumbach täuschte nicht darüber hinweg, daß die Stimmung gegenüber den Deutschen eisig war. Vor allem die Delegierten Polens und der Tschechoslowakei, aber auch der Vertreter Palästinas hielten in Abwesenheit der drei Deutschen nach Schumachers Rede scharfe

---

[14] Vgl. Schumachers Brief an den DGB-Vorsitzenden Hans Böckler, vom 26. 1. 1950, in: Schumacher, Reden (Anm. 5), S. 734f.
[15] Verhandlungen des Deutschen Bundestages, 1. Wahlperiode, Stenographische Berichte, Bd. 1, S. 524f.

Plädoyers gegen die Aufnahme der SPD in die Gemeinschaft der sozialistischen Parteien Europas. Schumacher hatte aber – sein Widerstand gegen Hitler und zehn Jahre Haft in nationalsozialistischen Konzentrationslagern legitimierten ihn dazu – auch alles andere als demütig den Standpunkt der deutschen Sozialdemokratie vertreten. Wenn die SPD noch nicht wieder in die Internationale aufgenommen werden könne, so sei dies begreiflich und sowohl die Internationale als auch die SPD würden dies überleben, ohne daß die deutsche Sozialdemokratie darüber ihre internationale Gesinnung aufgeben würde. Zweierlei Recht jedoch sei nicht akzeptabel, die SPD könne nur in gleichrangiger Partnerschaft der Internationale beitreten: „Entweder sind wir alle geachtet als internationale Sozialisten mit den gleichen konstitutionellen Rechten oder wir haben keinen Platz in der internationalen sozialistischen Gemeinschaft."[16]

Auf die anschließende Frage nach europäischen Perspektiven gab er zur Antwort „niemand werde heute von Deutschen Pläne über die Reorganisation Europas ertragen oder begehren, und er habe ihnen daher auch keine vorzuschlagen; er sei nur hier, um über deutsche Verhältnisse und Probleme Aufklärung zu geben"[17].

Ob das aus bescheidener Zurückhaltung geschah oder in der Absicht, Prioritäten zu setzen oder ob es schlicht Desinteresse an Europa war, das konnten die Vertreter der Internationale nach Belieben interpretieren. Daß die Zürcher Konferenz, bei der sich die notwendige Zweidrittelmehrheit für die Aufnahme der SPD in die Sozialistische Internationale noch nicht fand, für Schumacher mit tiefer Enttäuschung endete, steht aber außer Frage. Sicherlich hat das seine europäischen Perspektiven mit beeinflußt. Immerhin sprachen sich die französischen Sozialisten ebenso wie die Holländer und Norweger unumwunden für die Aufnahme der SPD aus, auch Großbritannien, Dänemark, Schweden, Österreich, Finnland und Luxemburg votierten für die Aufnahme. Das war, zwei Jahre nach Kriegsende, ein beträchtlicher moralischer Erfolg.

Ein Jahr später, im Juni 1948, bereitete die Internationale Sozialistische Konferenz in Wien eine neue Enttäuschung, als sie keinerlei Bereitschaft erkennen ließ, in der Frage der Internationalisierung des Ruhrgebiets Solidarität mit der Haltung der deutschen Sozialdemokratie zu üben. Schumacher kämpfte vom Krankenbett aus, um eine Resolution der sozialistischen Bruderparteien zu verhindern, in der gefordert wurde, die „Enteignung der Magnaten der Kohlengruben und der Stahlindustriellen", die „Sozialisierung auf internationaler Basis zugunsten einer Kooperativ-Organisation der hauptsächlich interessierten Staaten einschließlich Deutschlands" und die „internationale Kontrolle zwecks Verwaltung und Verteilung der Produktion". Die Resolution gründete sich auf einen französischen Antrag vom April 1948. Die Stellungnahme der SPD trug ganz Schumachers Handschrift, darin hieß es nämlich, die europäischen sozialistischen Parteien hätten dem Ruhrproblem zwar Aufmerksamkeit zu widmen, die Sozialistische Internationale sei „aber nicht Trägerin der Rechtsordnung und Gestaltung gegenüber Deutschland". Zur Abwehrstrategie Schumachers gehörte auch

---

[16] Julius Braunthal, Kurt Schumacher und die Sozialistische Internationale, in: Turmwächter der Demokratie. Ein Lebensbild von Kurt Schumacher, Bd. 1: Sein Weg durch die Zeit, hrsg. v. Arno Scholz und Walther G. Oschilewski, Berlin 1954, S. 519.

[17] Bericht St. Galler Tageblatt über die Zürcher Konferenz des Comité Consultativ International Socialiste, 14. 6. 1947, zit. nach Arno Scholz, Leben und Leistung, in: Turmwächter (Anm. 16), Bd. 1, S. 120.

der Vorschlag, alle Industriegebiete Westeuropas erst zu internationalisieren und dann zu sozialisieren[18].

Schumacher erwartete von den europäischen Sozialisten in erster Linie Solidarität, und darunter verstand er Unterstützung im Kampf um deutsche Gleichberechtigung und um die „Lebensnotwendigkeiten" der Deutschen. Anläßlich des Landesparteitags der Berliner Sozialdemokraten kam er darauf zu sprechen; er zitierte einen Genossen, der in Paris an der Sitzung der sozialistischen Europa-Bewegung teilgenommen hatte. Der deutsche Delegierte habe ihm berichtet, die Leute in Paris seien alle sehr nett und grundgescheit gewesen, aber er sei sich so ein bißchen „wie ein gefallenes Mädchen vorgekommen, das jetzt von den anderen zwar sehr höflich und freundlich begönnert wird, wobei aber doch dieser peinliche Beigeschmack des Mitleids und der Hilfsbereitschaft an der falschen Stelle" zum Ausdruck komme. Schumacher knüpfte daran die Mahnung, es dürfe keine Situation geben, in der man international „als Objekt von Erziehungskünsten" betrachtet werde. Der Wille der deutschen Sozialdemokraten zur internationalen Zusammenarbeit sei aber unüberwindlich stark und von kleinen Schönheitsfehlern lasse man sich nicht beirren. Das Problem an der Ruhrfrage exemplifizierend konstatierte er dann allerdings, außer bei den Skandinaviern und den Österreichern gebe es leider kein in praktische Konsequenzen hineinreichendes Verständnis für die Haltung der SPD[19]. Entscheidend nicht nur für die Ruhrfrage sondern auch wegen des Gewichts in der Sozialistischen Internationale war natürlich das Verhältnis zu den französischen Sozialisten und zur britischen Labour-Party.

Auf die letztere setzte Schumacher naturgemäß die größeren Hoffnungen; erstens war sie allein an der Regierung, zweitens glaubte der SPD-Vorsitzende den britischen Sozialisten gegenüber weniger Grund zum Argwohn zu haben, sie verfolgten – etwa in der Ruhrfrage – keine nationalegoistischen Ziele, wie sie französischen Politikern ohne besondere Mühe unterstellt werden konnten. Überdies war durch das Saarproblem Schumachers Verhältnis zu Frankreich ziemlich belastet. Von der britischen Labour-Party erhoffte Schumacher besonderes Verständnis für die deutsche Situation, darüber hinaus sah er die britischen Sozialisten als die potentesten Verbündeten im Kampf um den demokratischen Sozialismus gegen den totalitären Sozialismus nach sowjetischem Modell. Deshalb betonte Schumacher immer wieder, Europa sei ohne Großbritannien nicht denkbar: Die Insel sei „von entscheidender Bedeutung gerade durch den großen Versuch, den demokratischen Sozialismus durchzusetzen". Es sei eine europäische Notwendigkeit, daß Labour den Kampf um den Sozialismus gewinne, schrieb er im SPD-Pressedienst im August 1947[20]. Schumacher vergaß freilich auch nicht, hinzuzufügen: „Die sozialistische Solidarität in Europa mit Großbritannien als ‚primus inter pares' wird maßgebend davon abhängen, daß man auf der Insel darauf verzichtet, Europa und sein schwächstes Glied Deutschland als Objekt oder gar als Konkurrent zu betrachten."[21]

---

[18] Vgl. Rolf Steininger, Kurt Schumacher, die Sozialistische Internationale und die Ruhrfrage, in: Schumacher als deutscher und europäischer Sozialist (Anm. 3), S. 76f.

[19] Kurt Schumacher, Um die Lebensnotwendigkeiten des Volkes (Landesparteitag Berlin, Januar 1950), in: Turmwächter (Anm. 4), Bd. 2, S. 186–220, zit. S. 214f.

[20] Dr. Kurt Schumacher, Großbritannien – von deutschen Sozialisten gesehen, in: Sozialdemokratischer Pressedienst, 20. 8. 1947.

[21] Vgl. William E. Paterson, The British Labour Party and the SPD 1945–1952, in: Schumacher als deutscher und europäischer Sozialist (Anm. 3), S. 95–112.

Das Verhältnis zwischen der französischen Schwesterpartei SFIO und der SPD war aus mancherlei Gründen schlecht. Zwar hatten sich Salomon Grumbach und Léon Blum frühzeitig für eine Annäherung und für den gleichberechtigten Umgang mit der SPD engagiert. Aber Léon Blum war den Niederungen der Tagespolitik schon ziemlich entrückt – er war „seiner Vergangenheit wegen zu einer Art Mythos geworden, dessen Reden und Schriften zwar zitiert wurden, der aber auf die Partei und gar auf die Ideologie nur wenig einwirkte"[22] – und Grumbachs Einfluß in der SFIO war nicht groß. Und nachdem er im Pariser „Populaire" Schumacher fehlendes Maß und mangelnde Objektivität vorgeworfen hatte[23], war der Gesprächsfaden zwischen deutschen und französischen Sozialdemokraten ganz dünn geworden.

Die deutschen Sozialdemokraten hielten die französischen Genossen für verknöchert und mitschuldig an der Instabilität des französischen politischen Lebens, sie nannten die SFIO eine „Oberlehrerpartei" und Guy Mollet einen Opportunisten, sie nahmen den französischen Sozialisten ihre als antideutsch empfundene Haltung in der Saarfrage übel, und umgekehrt waren die Franzosen mißtrauisch gegenüber der deutschen Sozialdemokratie. Auch wenn sie Kurt Schumachers Besorgnisse etwa in der Ruhrfrage verstanden, so waren sie doch schockiert über die Art und Weise, in der er seine Befürchtungen und Forderungen artikulierte. Die Furcht der Franzosen vor dem deutschen Nationalismus wurde durch Schumachers Rhetorik alles andere als gedämpft[24].

Der Europa-Bewegung stand Schumacher recht distanziert gegenüber. Die Internationale Europäische Bewegung hatte im September 1950 in Hamburg eine prominent besetzte Konferenz veranstaltet, zu der Schumacher vom Präsidenten Paul-Henri Spaak persönlich eingeladen worden war. Sozialdemokraten wie Hermann Brill, die sich von Schumachers Teilnahme an der Konferenz mindestens den Abbau von Animositäten gegenüber dem Parteivorsitzenden der SPD erhofften, hatten Schumacher dringend gebeten, nach Hamburg zu gehen. Aufschlußreich ist daher nicht nur die unhöflich späte Absage Schumachers an Spaak und deren Begründung mit anderen Verpflichtungen, sondern auch die Argumentation gegenüber Brill. Der Parteivorsitzende führte Arbeitsüberhäufung und zum Beweis eher zweitrangige Termine wie eine Wahlversammlung an. Er halte aber auch sein Auftreten in Hamburg nicht für opportun, weil fast gleichzeitig die Außenminister der drei Westmächte in Washington über den Deutschlandvertrag konferierten: Da wolle er nicht in den Verdacht geraten, in Hamburg „andere Töne zu reden als gegenüber den Alliierten". Er müsse unbeschadet der hoffentlich guten Atmosphäre der Beratungen in Hamburg frei bleiben, um den Außenministern entgegenzutreten im Kampf „für die deutsche Selbstbehauptung und damit für eine vernünftige internationale Konstruktion". Es schmerze ihn, wenn Exponenten der Europabewegung wie Spaak und andere gute Leute wegen dieser Haltung enttäuscht seien, bei anderen komme es weniger darauf an, am wenigsten bei André Philip. Diesem – einem führenden Politiker der SFIO – war Schumacher besonders gram, weil er 1950 eine Schrift gegen die Haltung der Labour-Party zum

---

[22] Jean Paul Cahn, Einige Bemerkungen zum Thema Kurt Schumacher und Frankreich, in: Schumacher als deutscher und europäischer Sozialist (Anm. 3), S. 124.
[23] Vgl. Tagesspiegel, 10. 4. 1951 (Scharfe Attacke gegen Schuman-Plan).
[24] Cahn, Einige Bemerkungen, in: Schumacher als deutscher und europäischer Sozialist (Anm. 3), S. 124f., insbes. S. 131, Anm. 45–48.

Schuman-Plan publiziert hatte, in der er der deutschen Sozialdemokratie eine nationalistische Haltung vorwarf[25].

Schumacher fügte aber hinzu – und das bildete wohl den politischen Kern –, er würde sich von Philips infamer Hetze gegen die SPD und anderen abschreckenden Berichten aus Frankreich nicht abschrecken und sich „selbst von dieser gewöhnlichen Sorte Europäer nicht abhalten lassen, wenn die tatsächlichen und politischen Möglichkeiten gegeben wären"[26].

Der Europapolitiker Kurt Schumacher war durch drei Grundsätze, die ihm immer mehr zu Dogmen wurden, an der Entfaltung eigener Initiativen gehindert. Der erste Grundsatz lautete, daß Deutschland bzw. dann die Bundesrepublik nur gleichberechtigt in europäische Zusammenhänge sich integrieren dürfe. Das bedeutete: volles Stimmrecht in den Gremien und anteilmäßig entsprechende supranationale Verfügungsgewalt. Ein Start als nur assoziiertes Mitglied wie im Europarat 1950 oder die kontrollierte Mitwirkung wie in der Ruhrbehörde ab 1949 erschienen ihm als Kapitulation vor alliierten Forderungen mit der Folge eines inferioren Status auf Dauer. Der Gedanke, geringe Handlungsräume zu besetzen, um sie dann zu erweitern, war Schumacher nicht nur fremd, sondern geradezu suspekt. Er propagierte statt dessen das Prinzip der Nicht-Diskriminierung.

Der zweite Grundsatz leitete sich aus dem Primat der Wiedervereinigung ab. Jede Form der Westintegration, das war auch seinen politischen Gegnern klar, bildete ein Hindernis für die Wiedergewinnung der staatlichen Einheit Deutschlands. Durch Abwarten war freilich auch nichts zu gewinnen, denn einige Realitäten mußten auch dann in Kauf genommen werden, wenn man glaubte, Zeit zu haben, um bei künftigen besseren Konstellationen handeln zu können. Die Bizone als Vorform des Weststaats wie die Etablierung der Bundesrepublik selbst hatte Schumacher ja hinnehmen müssen, schließlich auch gerne hingenommen, obgleich diese Entwicklungen der Wiedervereinigung von allem Anfang an keineswegs förderlich zu sein versprachen.

Schumachers dritter, die Europapolitik empfindlich tangierender Grundsatz bestand in seiner Überzeugung, daß ökonomische Integrationsmodelle wie die Montanunion vor allem der Stabilisierung des kapitalistischen Wirtschaftssystems dienen würden. Ausschließlich wenigen kapitalistischen und kartellistisch strukturierten westeuropäischen Staaten bringe ein solches europäisches System Nutzen. Solange die Überzeugung galt, daß die Sozialisierung der Schlüsselindustrien eine wesentliche Voraussetzung der Demokratisierung – nicht nur Deutschlands sondern Europas – bilden müsse, konnte eine Montanunion aufgrund der Gegebenheiten des Jahres 1950 von den Sozialdemokraten nicht als ideale Keimzelle einer europäischen Föderation begriffen werden. Das Empfinden, deutschen Besitzstand bewahren, deutsche Interessen verteidigen und um deutsche Ansprüche kämpfen zu müssen, raubte Kurt Schumacher die Möglichkeit, europäische Visionen von den Notwendigkeiten des Tages abgehoben

[25] André Philip, La Socialisme et l'unité européenne, réponse à l'executive du Labour Party, Paris 1950; vgl. Rolf Steininger, Deutschland und die sozialistische Internationale nach dem Zweiten Weltkrieg. Die deutsche Frage, die Internationale und das Problem der Wiederaufnahme der SPD auf den internationalen Konferenzen bis 1951, unter besonderer Berücksichtigung der Labour Party, Darstellung und Dokumentation, Bonn 1979, S. 158, 175.
[26] Schumacher an Hermann Brill, 4. 9. 1951, in: Schumacher, Reden (Anm. 5), S. 818f.

zu formulieren. Schumachers Europakonzeption ist daher vor allem in der Argumentation aus dem Gegensatz heraus, im Widerspruch zur Tagespolitik erkennbar.

Im Referat auf dem ersten Nachkriegsparteitag der SPD im Mai 1946 in Hannover erklärte Schumacher, ein neues Deutschland wolle sich nicht in der Eigenstaatlichkeit erschöpfen, sondern es strebe „über seine Grenzen hinaus in freiwilliger Einordnung unter ein höheres Ganzes. Ein neues Deutschland würde seine höchste Aufgabe darin sehen, Bestandteil zu sein der Vereinigten Staaten von Europa." Im selben Atemzug aber fügte Schumacher hinzu, nicht Teile von Deutschland dürften internationalisiert werden, vielmehr solle ganz Europa internationalisiert werden. Gemeint waren die Pläne, dem Ruhrgebiet einen besonderen Status zu geben. Vor der politischen Internationalisierung des industriellen Herzstücks Restdeutschlands warnte Schumacher aber energisch, das wäre eine Gefahr für Europa, das würde den Revanchismus fördern und Balkanisierung bedeuten. Ein Nebengedanke bei der Abwehr alliierter Rhein-Ruhr-Projekte war die Forderung nach Sozialisierung. Die deutsche Sozialdemokratie glaubte mit ihrem Protagonisten Schumacher, daß die ökonomische Neuordnung in Deutschland nur im Zeichen eines demokratischen Sozialismus möglich und wünschbar sei; folglich sah sie in den alliierten Ruhrgebietsplänen vor allem die Gefahr der Ausbeutung durch ausländische Kapitalisten[27].

Auf derselben Linie argumentierte Schumacher auch noch vier Jahre später, auf dem Hamburger Parteitag im Mai 1950, als er den erst in Umrissen bekannten Schumanplan mit Skepsis – nicht mit Ablehnung – apostrophierte und im Namen der SPD erklärte, man sei zwar bereit, allen möglichen bisher unbekannten Faktoren in der Welt Vertrauen entgegenzubringen, jedoch nicht der Schwerindustrie in Deutschland und in Frankreich[28].

Diese Argumentation war wieder vom Gegensatz beherrscht zu Adenauers und der Bundesregierung wie Schumacher glaubte, eilfertiger und pauschaler Zustimmung zum Plan des französischen Außenministers. Schumacher warf seinem Gegenspieler vor, die Verhandlungslegitimation für die Regierungsparteien allein zu beanspruchen, das politische Problem auf Sachverständigenebene zu behandeln und überdies die Sachverständigen nahezu ausschließlich aus den Reihen der industriellen Interessenten zu rekrutieren. Das Ergebnis nannte Schumacher Anfang April 1951 vor SPD-Funktionären in Euskirchen eine „antidemokratische und technokratische Diktatur des Schuman-Plans" über das deutsche Volk. In seiner heutigen Gestalt sei der Schuman-Plan „eine fast unübersteigbare Barriere auf dem Wege nach Europa"[29].

In der Presseerklärung, mit der die SPD dann zwei Tage nach Unterzeichnung des Schuman-Plans am 20. April 1951 ihre Ablehnung des Projekts Montanunion manifestierte, waren nicht nur die grundsätzlichen Einwände Schumachers gegen die Europapolitik der von Adenauer geführten Regierung einzeln aufgelistet, sondern auch die Voraussetzungen einer Europapolitik der Sozialdemokraten:

1. die vollständige und tatsächliche Gleichberechtigung Deutschlands,

---

[27] Hauptreferat Schumachers auf dem Parteitag, 9. 5. 1946: Aufgaben und Ziele der deutschen Sozialdemokratie, Hamburg 1946, Schumacher, Reden (Anm. 5), S. 406f.
[28] Grundsatzreferat Schumachers auf dem Hamburger Parteitag (21.–25. 5. 1950) vom 22. 5. 1950: Die Sozialdemokratie im Kampf um Deutschland und Europa, zit. nach Schumacher, Reden (Anm. 5), S. 764.
[29] Telegraf, 2. 4. 1951 (Mobilmachung gegen Schuman-Plan!).

2. die Erweiterung des Integrationsgebiets zum ganzen demokratischen Europa, also unter Einschluß Großbritanniens und Skandinaviens,

3. eine europäische Planung auf der Basis der einzelnen Nationalwirtschaften statt vom Ausgangspunkt nur der deutschen Grundstoffindustrie,

4. die Vertretung in den europäischen Gremien nach Anteil und Leistung statt nach dem Prinzip von Privileg und Diskriminierung,

5. die Installierung eines internationalen Parlaments,

6. die Erhaltung und Entwicklung der in den einzelnen Volkswirtschaften vorhandenen Ressourcen und Strukturen ohne machtpolitische Eingriffe von außen und

7. die paritätische Mitbestimmung der Arbeitnehmer[30].

Schumacher hatte die Presseerklärung selbst formuliert und in der Folgezeit begründete er das Nein der Sozialdemokratie noch vielfach und ausführlich. Der Schuman-Plan bedeute nichts anderes als die „Solidarität von Siegern gegenüber Besiegten", und er sei nur „die Fortsetzung der alten Politik französischer Herrschaftsansprüche mit europäischen Worten". Der Kern der schumacherschen Kritik an der Montanunion, an der Europapolitik der Bundesregierung, an den Vorstellungen der Alliierten und damit an allen Integrationsmodellen findet sich im folgenden Satz: „Alle Spezialpläne, wie Schuman-Plan, Pleven-Plan usw., sind nur Versuche, eine kommende deutsche Gleichberechtigung dadurch zu verhindern, daß man möglichst viele Tatsachen der Ungleichheit schafft. Heute verwechselt die Bundesregierung Europa mit den eigensüchtigen Wünschen einzelner Alliierter."

Ob diese Einschätzung der Motive Adenauers realistisch war, ist hier nicht zu untersuchen. Zu fragen ist allenfalls, wie das „starke und lebenskräftige Europa" entstehen sollte, das Kurt Schumacher beschwor, ein Europa „dessen Freiheit, Menschlichkeit und soziale Gerichtigkeit für alle Völker in gleicher Weise" gelten solle, denn nur so könne die Gefahr des Kommunismus überwunden werden[31].

Läßt man das obligate Menetekel der kommunistischen Bedrohung, in der sich sozialdemokratische Opposition und bürgerliche Regierung ja einig waren, beiseite und ebenso die Argumente, die zur Abwehr befürchteter deutscher Diskriminierung in europäischen Zusammenhängen immer wieder benutzt wurden, so ergeben sich doch mindestens drei Positionen, in denen eine Europakonzeption Kurt Schumachers sichtbar wird, die über die zur Debatte stehenden Integrationsmodelle der Zeit hinaus wies. Schumacher wollte – sicherlich auch aus parteipolitischen Gründen – ein größeres Europa, als es damals um den Kristallisationskern der Montanindustrie im Raum Frankreich–Benelux–Westdeutschland–Italien geplant war. (In Schumachers Diktion war dies nur das Europa klerikaler, konservativer und kartellistischer Interessengruppen.)

Schumacher propagierte ferner ein Europa auf der Basis des Parlamentarismus. Ein Europaparlament sollte von Anfang an „Quelle und Gestalter aller Wirtschaftspolitik" sein, und die europäische Exekutive sollte allein von diesem Parlament abhängen. Das war konsequent demokratisch gedacht, und das hätte rundum Beifall verdient gehabt als Beweis für die Lernfähigkeit der deutschen Nachkriegsdemokraten.

[30] Presseerklärung der SPD: 7 Vorbedingungen für die Zustimmung der SPD zu einer europäischen Montan-Union, 20. 4. 1951, in: Schumacher, Reden (Anm. 5), S. 805.
[31] Kurt Schumacher, Unser Nein zum Schuman-Plan, in: Hamburger Echo, 21. 4. 1951, zit. nach Schumacher, Reden (Anm. 5), S. 489.

Schließlich verlangte Schumacher die gleichwertige Mitbestimmung auf sozialem und ökonomischem Felde – das Postulat war ebenfalls nur konsequent, wenn man ein demokratisches Europa im Sinn hatte. Über diese Forderung verliefen wenigstens für den Bereich der Montanindustrie die Verhandlungen zwischen DBG und Bundesregierung dann auch ganz erfolgreich.

Mindestens offener und größer, parlamentarischer und sozialer sollte also das Europa Kurt Schumachers sein.

Wenngleich als Politiker ein rigoroser Moralist von säkularem Maß (und daher in der politischen Praxis durch ein beinahe zwangsläufig intransigentes Verhalten an Entfaltung und Wirkung gehindert), war der SPD-Vorsitzende Realist genug, um zu wissen, daß das deutsch-französische Verhältnis den Angelpunkt aller Europapolitik markierte. Das Verhältnis Frankreich – Deutschland bilde „nach der geschichtlichen Erfahrung" aber auch den „Gradmesser für das Leben der Ideen der Freiheit und der Menschlichkeit auf diesem Kontinent"[32]. Das meinte Schumacher ernst, der Satz war ihm wichtig, und er hat ihn in Varianten wiederholt ausgeprochen. Alle seien sich auch darüber einig, „daß das Verhältnis zwischen den Franzosen und den Deutschen die Grundlage für eine Vereinigung Europas bilden" müsse, schrieb er Anfang 1949[33], und bei aller Skepsis gegenüber dem Projekt selbst begrüßte er auf dem Hamburger Parteitag im Mai 1950 den Schuman-Plan ausdrücklich, weil er den Vorzug habe, von französischer Seite zu kommen. Schumacher wörtlich: „Ich begrüße – und ich glaube, die Partei ist darin mit dem Parteivorstand einig – den Vorschlag Schumans als den Versuch, zum ersten Mal aus der Periode pathetischer, aber uneffektiver Deklamationen in den Versuch einer Realisierung von sachlich und ökonomisch Notwendigem zu kommen."[34]

Schumacher hatte drei Jahre zuvor, auf dem Parteitag in Nürnberg im Juni 1947, ohne Wenn und Aber für den Marshall-Plan plädiert, und zwar auch mit der Begründung, die amerikanische Hilfe zwinge die Völker Europas, sich einander anzunähern. Die Annäherung der Franzosen und der Deutschen sei deshalb so wichtig, weil kulturell und ökonomisch keines dieser beiden Länder auf die Dauer die Schwächung des anderen ertragen könne[35].

Schumacher war, wie sein Eintreten für den Marshall-Plan, seine Einschätzung des deutsch-französischen Verhältnisses und auch seine erste Reaktion auf den Schuman-Plan zeigen, überzeugt von der Notwendigkeit europäischer Integration. Noch vor seinem Tod sagte er in einem Rundfunkinterview Anfang August 1952, als Sozialdemokrat wolle er Europa und habe immer Europa gewollt. Es müsse nur nach gesunden Prinzipien konstruiert werden[36].

[32] Grundsatzreferat Schumachers auf dem Nürnberger Parteitag, 29. 6. 1947: Deutschland und Europa, zit. nach Schumacher, Reden (Anm. 5), S. 489.
[33] Kurt Schumacher, Frankreich und die SPD, in: Neuer Vorwärts, 26. 2. 1949.
[34] Grundsatzreferat Schumachers auf dem Hamburger Parteitag (21.–25. 5. 1950) vom 22. 5. 1950, zit. nach Schumacher, Reden (Anm. 5), S. 762.
[35] Grundsatzreferat auf dem Nürnberger Parteitag, 29. 6. 1947, zit. nach Schumacher, Reden (Anm. 5), S. 489; vgl. Hans-Peter Ehni, Die Reaktion der SPD auf den Marshall-Plan, in: Othmar Nikola Haberl u. Lutz Niethammer (Hrsg.), Der Marshall-Plan und die europäische Linke, Frankfurt/M. 1986, S. 217–230.
[36] Gesprächsausschnitt Kurt Schumacher, 5. 8. 1952, Deutsches Rundfunkarchiv Frankfurt/M., Bd. 75, U 3320/21.

Wegen der gesunden Prinzipien war Schumachers Europa-Argumentation aber längst festgefahren, und zwar in zweierlei Hinsicht. Einmal wegen seiner Forderung nach deutscher Gleichberechtigung, die er als unverzichtbares Ingredienz der europäischen Demokratie im außenpolitischen wie im innenpolitischen Zusammenhang wertete. Zum anderen aber wegen der Prioritäten, die Schumacher setzte: Erst müsse die deutsche Frage gelöst werden, ehe das Europa der freien und gleichberechtigten Völker verwirklicht werden könne. Damit hatte Schumacher praktisch keinen Bewegungsraum mehr und diese Position machte auch seine Vision eines größeren Europa, als es damals geplant war, zur Illusion. Wenn er 1947 konstatierte, die europäische Einigung sei am besten unter Einschluß Rußlands möglich und wünschbar, so konterkarierte er wenig später diese ohnehin sehr theoretische Idee mit dem Postulat, Europa müsse als demokratisches Bollwerk „gegenüber dem politischen, psychologischen, ökonomischen Ansturm des östlichen Totalitarismus" als „Damm gegen den Weltbolschewismus" errichtet werden[37].

Und auf die Einladung nach Straßburg reagierte Schumacher mit traditionellen nationalstaatlichen Einwänden, ganz im Dilemma, nationale, auf die Integrität und Gleichberechtigung Deutschlands zielende und europäische Politik gleichzeitig treiben zu müssen. Fixiert vom Problem der gleichzeitigen Aufnahme des Saargebiets in den Europarat, wies Schumacher im Frühjahr 1950 die ganze Konstruktion mit Abscheu zurück, als er erklärte: „Es ist dieser Hurra-Enthusiasmus, der jetzt in Deutschland zu dem Zwecke erzeugt wird, um am Schwanz des französischen Gauls sich durch das Portal des Europarats in Straßburg schleifen zu lassen."[38]

Schumachers Europaidee war im Anspruch viel edler als es die auf ökonomischen und sicherheitspolitischen Notwendigkeiten basierenden Projekte der westeuropäischen Integration sein konnten. Schumacher verwahrte sich, wie im Herbst 1949 in der großen Bundestagsrede, gegen das kleine Europa auf der Grundlage der Schwerindustrie, als er die Traditionen von Freiheit und Völkerversöhnung beschwor. Seine Europakonzeption gründete sich auf die Vorstellung, daß das freie kapitalistische Amerika den demokratischen Sozialismus in Europa toleriere und daß die Sowjetunion sich dem freiheitlichen Sozialismus und dem westlichen Demokratieverständnis annähern müsse. Dann – nach der Lösung der deutschen Frage und nach der stillschweigend vorausgesetzten Erringung der Mehrheit für den demokratischen Sozialismus – würde Schumachers Vision Wirklichkeit werden, die Vision eines autonomen, demokratisch verfaßten und sozialistisch strukturierten Europa als einer dritten Kraft zwischen den Weltmächten.

Ein solches Europa war unter den gegebenen Voraussetzungen freilich schon 1947, als Schumacher es erstmals propagierte, eine Illusion. Schumachers Axiom vom Primat der Wiedervereinigung und die Betonung der Vorrangigkeit nationaler Verpflichtungen, wie sie der Oppositionsführer anläßlich der Ablehnung der EVG-Verträge im Juni 1952 bekräftigte[39], konnten die Voraussetzungen für den großen Entwurf kaum verbessern. An gedanklicher Kühnheit und idealer Perspektive für ein Europa am

[37] Grundsatzreferat Schumachers: Die Sozialdemokratie im Kampf um Deutschland und Europa, Hamburg, 22. 5. 1950, in: Schumacher, Reden (Anm. 5), S. 746–780.
[38] Schumacher, Reden (Anm. 5), S. 762.
[39] Rede Schumachers im Bayerischen Rundfunk zur Begründung der Ablehnung der EVG-Verträge, 11. 6. 1952, in: Schumacher, Reden (Anm. 5), S. 905–911.

fernen Horizont fehlte es Schumacher nicht. Die größte Schwäche der schumacher-schen Europakonzeption war aber das Festhalten an fernen Ideallösungen, im Glauben, dafür Zeit zu haben. Das verführte ihn und die SPD zur kompromißlosen Verteidigung der vielleicht besseren Grundsätze, zur Unbeugsamkeit gegenüber Realitäten und zur Verweigerung aller Offerten und aller Eintrittsbilletts für die schlechteren Plätze im europäischen Theater, auch als schon absehbar war, daß man spätestens im zweiten Akt von den Rängen ins Parkett würde wechseln dürfen.

Wilfried Loth

Die Europa-Bewegung in den Anfangsjahren der Bundesrepublik

Die Europa-Bewegung der frühen Bundesrepublik hatte viele Aspekte: Da gab es alte Paneuropäer, die an die Aktivitäten der 20er Jahre anknüpften, und Vertreter einer jungen Generation, die in der Einigung Europas die Chance zu einem unbelasteten Neuanfang deutscher Politik sah; Anhänger eines sozialistischen Europas der Dritten Kraft und Anwälte einer Verteidigung des Westens gegen die kommunistische Gefahr; idealistische Visionäre, denen die Schaffung eines europäischen Bundesstaates zum Greifen nahe schien, und handfeste Realpolitiker, die von der Notwendigkeit europäischer Überzeugungsarbeit durchdrungen waren; politische Amateure und Berufspolitiker aller Kategorien; engagierte Europäer und geschickte Konjunkturritter; Politiker, die in lockerer Verbindung zu der Bewegung standen, und solche, die intensiv mitarbeiteten. Die organisatorischen Anfänge der Bewegung waren schwierig; Anläufe zum Zusammenschluß auf der Ebene der drei Westzonen blieben wiederholt in persönlichen Rivalitäten und konzeptioneller Unzulänglichkeit stecken; und ein nicht unbeträchtlicher Teil derjenigen, die sich der Europa-Idee verpflichtet fühlten, fand auch nie den Weg zu persönlicher Mitgliedschaft in einem Europa-Verband.

Will man verstehen, was sich hinter dieser schillernden Vielfalt verbarg, welche Kraft die deutsche Europa-Bewegung entwickelte und welche Rolle sie folglich in der bundesdeutschen Europa-Politik spielte, muß man zeitlich und nach Aktionsformen differenzieren. Dabei wird rasch deutlich, daß in dieser Bewegung ganz unterschiedliche Potentiale stecken, und daß die allgemeine Konjunktur der Europapolitik wesentlich dazu beigetragen hat, zu entscheiden, welche dieser Entwicklungsmöglichkeiten tatsächlich zur Geltung kamen.

I.

In der frühen Nachkriegszeit übte die Idee der europäischen Integration beträchtliche Faszination auf die Deutschen aus. Soweit sie sich überhaupt mit politischen Neuordnungsvorstellungen beschäftigten, sahen sie ihre Zukunft vorwiegend in europäischer Perspektive; europäische Einigungspläne wurden häufiger artikuliert als jede andere Konzeption internationaler Politik. Im Widerstand waren europäische Integrationspläne weit verbreitet gewesen[1], und nach der Diskreditierung, die der Nationalismus durch seine Übersteigerung und die Bindung an die Person des Führers erfahren hatte, fanden sie jetzt eine breite Resonanz. Das deutsche Volk sei nationalstaatlicher Traditionen müde und grundsätzlich pazifistisch geworden, berichtete etwa der Schweizer Publizist Ernst von Schenck nach einer Deutschlandreise, die er im Dezember 1946 im Auftrag der schweizerischen „Europa-Union" unternommen hatte. Unter denjenigen, die über diese allgemeinen Haltungen hinaus über positive Zukunftsaussichten für die Deutschen nachdächten, gebe es „nicht allzuviele, die ganz bewußt die Abhängigkeit von einer der Siegermächte als Ausweg postulieren"; vielmehr sei er „in ihren Reihen immer wieder dem Begriff Europa" begegnet[2]. Insbesondere die Idee eines Europas der „Dritten Kraft" wurde immer wieder und mit den unterschiedlichsten Akzentsetzungen artikuliert, so von Walter Dirks und Eugen Kogon, von Martin Niemöller und Hans-Werner Richter, von Richard Löwenthal und Alfred Weber, mit stärkerer Betonung der nationalen Komponente auch von Jakob Kaiser und Ulrich Noack. Aber auch diejenigen, die wie Konrad Adenauer und auch Kurt Schumacher von Anfang an eine staatliche Organisation der Westzonen unter dem Schutz der Westmächte im Blick hatten, dachten dabei in der Regel die europäische Dimension gleich mit: Ein Weststaat war letztlich nur in Verbindung mit der Westintegration durchsetzbar und lebensfähig[3].

Neben der breiten Europa-Diskussion der ersten Nachkriegsjahre nahmen sich die organisatorischen Anfänge der Europa-Bewegung sehr bescheiden aus. Zwar entstanden, meist unabhängig voneinander, in den Jahren 1946/47 eine ganze Reihe von Verbänden und Gruppen: die Pan-Europa-Union in Hamburg und Freiburg, der Pan-Europa-Bund in Berlin, die Europäische Volksbewegung Deutschlands in Hamburg, die USE-Liga in Ascheberg/Westfalen, die Deutsche Liga für förderalistische Union Europas in Schwerte, die Europäische Gemeinschaft in Münster, die Union-Europa-Liga in Minden, die Europäische Aktion in Stuttgart, die Europa-Union in Syke/Bremen und noch einige kleinere Gruppen[4]. Doch waren diese Gruppierungen nicht repräsentativ und gelang es ihnen auch nicht, sich über regionale Einflußbereiche hinaus zu einer profilierten Bewegung zusammenzuschließen. Fusionsbestrebungen, die Ende 1946 einsetzten, scheiterten insbesondere daran, daß der stärkste Verband, die von Wilhelm Heile in Anknüpfung an seine Weimarer Aktivitäten[5] gegründete Europa-Union, unter der Führung von Wilhelm Hermes eher einen Anschluß der

---

[1] Vgl. Walter Lipgens, Ideas of the German Resistance on the Future of Europe, in: Documents on the History of European Integration, Bd. 1, Berlin 1984, S. 363–455; Klaus Voigt, Ideas of German Exiles on the Postwar Order in Europe, in: Documents on the History of European Integration, Bd. 2, Berlin 1986, S. 555–628; ders. (Hrsg.), Friedenssicherung und europäische Einigung. Ideen des deutschen Exils 1939–1945, Frankfurt/M. 1988.

[2] Europa (= Monatsorgan der Schweizer „Europa-Union"), Januar 1947, S. 3, zit. nach Walter Lipgens, Die Anfänge der europäischen Einigungspolitik 1945–1950, Bd. 1: 1945–47, Stuttgart 1977, S. 387; weitere Zeugnisse für die generellen Emotionen ebenda S. 231–240 und 386–389; zu ihrer Widerspiegelung in der Literatur Ernst Nolte, Deutschland und der Kalte Krieg, München 1974, S. 190–196.

[3] Vgl. Wilfried Loth, Deutsche Europa-Konzeptionen in der Eskalation des Ost-West-Konflikts 1945–1949, in: Geschichte in Wissenschaft und Unterricht 35 (1984), S. 453–470; und Christoph Stillemunkes, The Discussion on European Union in the German Occupation Zones, in: Documents on the History of European Integration, Bd. 3, Berlin 1988, S. 441–565.

[4] Vgl. Lipgens, Anfänge (Anm. 2), S. 386–427.

[5] Vgl. Jürgen C. Heß, Europagedanke und nationaler Revisionismus. Überlegungen zu ihrer Verknüpfung in der Weimarer Republik am Beispiel Wilhelm Heiles, in: Historische Zeitschrift 225 (1977), S. 572–622.

kleineren Verbände als einen Zusammenschluß anstrebte. So schloß sich am 1. August 1947 nur ein Teil der Verbände zum Europa-Bund unter dem Vorsitz des ehemaligen Stresemann-Mitarbeiters Henry Bernhard zusammen; die Europa-Union blieb vorerst selbständig. Da zahlreiche Ortsgruppen der Europa-Union weiterhin auf eine Fusion drängten und sie zum Teil auch schon selbständig vollzogen, kam Hermes schließlich nicht um einen paritätischen Zusammenschluß herum: Am 28. Februar 1948 konstituierten sich die beiden Verbände zur neuen Europa-Union mit Bernhard und Hermes als gleichberechtigten Vorsitzenden und dem ehemaligen SPD-Abgeordneten und Generalsekretär des Stuttgarter Länderrats Erich Roßmann als ehrenamtlichem Generalsekretär. Hermes strebte jedoch auch weiterhin die Führungsrolle an und dachte auch daran, den Verband in eine politische Partei umzuwandeln. Das führte schon einen Monat später zum Rücktritt Bernhards und im Juni 1948 dann zur Amtsenthebung von Hermes. Nur mit großer Mühe gelang es Roßmann, die Organisation über die materiellen Schwierigkeiten der Währungsreform hinwegzuretten[6].

Daß die deutsche Europa-Bewegung diese anfänglichen Schwierigkeiten dann im Gründungsjahr der Bundesrepublik sehr rasch überwinden konnte, ist zu einem beträchtlichen Teil auf die Intervention der internationalen Europa-Bewegung zurückzuführen; und diese Intervention hat auch die Form, die die deutsche Bewegung schließlich fand, wesentlich geprägt. Insbesondere die UEF, der Zusammenschluß der europäischen Föderalistenverbände, hat die strategische Bedeutung einer deutschen Europa-Bewegung für das Gelingen ihres Einigungsprojekts von Anfang an sehr deutlich gesehen: Nur wenn die Deutschen für die Idee des europäischen Zusammenschlusses gewonnen wurden und das auch nach außen hin sichtbar wurde, war die Lösung des Deutschlandproblems durch Integration in den westeuropäischen Ländern politisch durchsetzbar; und nur mit deutscher Beteiligung war eine europäische Föderation, in welchen Grenzen auch immer, auf Dauer lebensfähig[7]. Die UEF-Führer – Henri Brugmans, Alexandre Marc und andere – drängten darum beständig auf einen Zusammenschluß der rivalisierenden deutschen Gruppen und bemühten sich zugleich, ihnen repräsentative Persönlichkeiten zuzuführen, die dem Verband mehr Gewicht verleihen sollten. Im Sommer 1947 gelang es Ernst von Schenck, der als Deutschland-Beauftragter der UEF die Westzonen bereiste, zunächst Eugen Kogon zur Mitarbeit zu gewinnen, der als Mitherausgeber der „Frankfurter Hefte" als einer der Wortführer des sozialistischen Föderalismus in Deutschland galt, und dann auch Carlo Schmid, damals Justizminister des Landes Württemberg-Hohenzollern, der mit besonders profunden Analysen zu den Problemen europäischer Einigung hervorgetreten war. Kogon wurde auf dem Kongreß in Montreux Ende August 1947 gleich in Abwesenheit in das Zentralkomitee der UEF gewählt, neben Hermes und Wilhelm Kasting, dem Vorsitzenden des Berliner Pan-Europa-Bundes[8].

---

[6] Lipgens, Anfänge (Anm. 2), S. 427–434, 592–605; Karlheinz Koppe, Das grüne E setzt sich durch, Köln 1967, S. 22 und 27; Roßmann an Cornides, 8. 10. 1951, Bundesarchiv Koblenz (BA) NL Roßmann 52.
[7] Vgl. z. B. die Deutschland-Resolution des UEF-Kongresses in Montreux vom 28. 8. 1947, abgedruckt bei Lipgens, Anfänge (Anm. 2), S. 530.
[8] Lipgens, Anfänge (Anm. 2), S. 538 (zu Kogon); Carlo Schmid, Erinnerungen, Bern 1979, S. 420f.; zu ihren Konzeptionen Loth, Deutsche Europa-Konzeptionen (Anm. 3), S. 453f. und 461f.

Während die Europa-Union mit den Ambitionen von Hermes zu kämpfen hatte, lud die UEF namhafte deutsche Politiker zum Haager Kongreß der Europäischen Bewegung ein, auf dem Anfang Mai 1948 das Projekt einer Europäischen Versammlung lanciert wurde. Konrad Adenauer, Karl Arnold, Heinrich von Brentano kamen, ebenso Thomas Dehler, Wilhelm Kaisen und Martin Niemöller; Carlo Schmid hielt sich dagegen an das Votum des SPD-Vorstands, der sich mit Rücksicht auf die Gegnerschaft der Labour-Party gegen eine Beteiligung aussprach[9]. Unmittelbar im Anschluß an den Kongreß holten von Schenck und Kogon die führenden Repräsentanten der UEF zu einer öffentlichen Kundgebung im Rahmen der Jahrhundertfeier der Paulskirche nach Frankfurt und dann zu einer fünftägigen Arbeitstagung mit deutschen Föderalisten nach Bad Homburg. Hier wurden die realpolitischen Konditionen deutscher Europapolitik erstmals gründlich diskutiert. Nach kontroversen Debatten verabschiedete man einen Bericht, der sich, wie Schmid es in seinem Einleitungsreferat empfohlen hatte, für einen alsbaldigen Beginn der westeuropäischen Föderation aussprach, die deutschen Besatzungszonen aber von dem Föderierungsprozeß aussparen wollte, bis die blocküberwindende Kraft Europas eine Beteiligung ganz Deutschlands ermöglichte. Adolf Süsterhenn, rheinland-pfälzischer Justizminister und als Vertreter des Bundes deutscher Föderalisten anwesend, vermochte sich mit seinem Votum für eine sofortige Beteiligung eines deutschen Weststaates nicht durchzusetzen[10].

Die Aufwertung und die inhaltliche Präzisierung, die die Europa-Union durch das Engagement der UEF erfuhr, brachten ihr im Laufe des Jahres 1948 erheblichen Zulauf. In Nordrhein-Westfalen wurden die Zentrumsführer Rudolf Amelunxen und Carl Spiecker für sie aktiv, in Bremen Bürgermeister Wilhelm Kaisen, in Bayern der CSU-Vorsitzende Josef Müller, in Berlin Otto Bach und Willy Brandt. Die Zahl der Kreisverbände, die mit eigenen Aktivitäten hervortraten, wuchs auf fast 300 an. Der Rektor der Universität Heidelberg und vormalige hessische Ministerpräsident Karl Geiler brachte eine Reihe führender Ordinarien in der Europäischen Akademie Schlüchtern mit der Europa-Bewegung in Verbindung[11]. Im Mai 1949 fand die organisatorische Konsolidierung dadurch ihren Abschluß, daß Kogon auf dem ersten ordentlichen Verbandskongreß in Hamburg zum Präsidenten gewählt wurde; Roßmann, der wesentlich an dieser Konsolidierung mitgewirkt hatte, hatte wegen schwerer Erkrankung abgewunken. Gleichzeitig wählte der Kongreß, bewußt den Willen zur Überparteilichkeit demonstrierend, Schmid und Spiecker zu repräsentativen Vizepräsidenten. Inhaltlich bewegte er sich jetzt aber stärker auf die CDU zu: Die Delegierten forderten einen alsbaldigen Beitritt des künftigen Weststaates zum Europarat und lehnten eine Neutralisierung Deutschlands strikt ab[12].

Vom Aufschwung im Kontext der westdeutschen Staatsgründung ermutigt, strebte die Europa-Union jetzt danach, eine Massenorganisation zu werden, wie es dem Konzept der UEF entsprach. Kogon rief die Deutschen in Hamburg zur Unterstüt-

---

[9] Vgl. Stillemunkes, Discussion (Anm. 3), S. 453f.
[10] Wilhelm Cornides, Die Anfänge des europäischen föderalistischen Gedankens in Deutschland 1945–1949, in: Europa-Archiv 6 (1951), S. 4243–4258, hier S. 4251–4254.
[11] Vgl. Koppe, Das grüne E (Anm. 6), S. 23 und 28f.
[12] Ingeborg Koza, Völkerversöhnung und europäische Einigungsbemühungen. Untersuchungen zur Nachkriegszeit 1945–1951, Köln 1987, S. 144–149; Koppe, Das grüne E (Anm. 6), S. 31f., der Resolutionstext ebenda S. 200–204.

zung und zur Mitarbeit auf: „Wenn Sie das tun, dann sind Sie einer von jenen Millionen in Europa, unserem alten, großartig jungen sich erneuernden Kontinent, dann können Sie einer von jenen Millionen sein, die die Dinge weitertreiben. Sie sind ein Mitglied der europäischen Revolution, einer konstruktiven Revolution, die unsere Rettung ist, eine ungeheure Leistung in der Geschichte darstellt und nicht nur den Krieg zu verhüten, sondern darüber hinaus den Frieden zu bauen sucht."[13] Darin schwang einiges von jenem revolutionären Föderalismus mit, wie er in Teilen der französischen und italienischen Europa-Bewegung praktiziert wurde, mit unverkennbarer antiparlamentarischer Tendenz und auf die Zerschlagung nationalstaatlicher Strukturen bedacht. Zumindest aber liefen diese Vorstellungen auf die Bildung einer mächtigen Pressure Group hinaus, an Gewicht der Einheitsgewerkschaft oder den Kirchen vergleichbar, die Parlament und Regierung der künftigen Bundesrepublik wie in den übrigen Ländern zwingen sollte, die föderative Umgestaltung Europas in kurzer Frist und mit energischen Schritten in Angriff zu nehmen.

Zur gleichen Zeit erhielt die deutsche Europa-Bewegung aber von der internationalen Bewegung noch einen weiteren Impuls, der zu dieser strategischen Zielsetzung in latentem Gegensatz stand und, wenn sie scheiterte, zu einem ganz anderen Verbandstypus führen konnte. Winston Churchill suchte die Einigungsbereitschaft auf dem europäischen Kontinent dadurch zu fördern, daß er über das von seinem Schwiegersohn geleitete United Europe Movement repräsentative Vertreter des öffentlichen Lebens für die Unterstützung und Propagierung des Europa-Gedankens zu gewinnen suchte. Sandys hatte zu diesem Zweck schon den Haager Kongreß der europäischen Bewegung mit beträchtlichem Erfolg organisiert und bemühte sich nun, in den einzelnen Ländern sogenannte „Nationale Räte" der Europäischen Bewegung zustande zu bringen, die sich dann auf europäischer Ebene in einem „Internationalen Rat" zusammenfinden sollten. Ein solches Honoratiorengremium, das in programmatischer Ausrichtung und Verpflichtung unverbindlich blieb, konnte die von den Föderalisten angestrebte Massenmobilisierung verstärken; es konnte sie aber auch eindämmen; und es konnte auch ganz einfach, wie es Churchill vorschwebte, jenes Maß an Einigungsbereitschaft mobilisieren, das ohne Veränderung der bestehenden Machtstrukturen vorhanden war[14].

Die UEF suchte Churchills Projekt natürlich im erstgenannten Sinn zu nutzen. Sie beteiligte sich daher am Haager Kongreß und suchte dann bei der Bildung der Räte die Initiative zu ergreifen. Für Deutschland stützte sie sich dabei auf Kogon: Auf dem zweiten UEF-Kongreß im November 1948 in Rom wurde er von den Kollegen des Zentralkomitees gebeten, die Organisation eines Deutschen Rates in die Hand zu nehmen. Da Sandys in der Kürze der Zeit keinen anderen deutschen Ansprechpartner fand, nahm er die Unterstützung, die Kogon ihm anbot, nach einigem Zögern an. Daraufhin lud Kogon Mitte Januar 1949 (zu einem Zeitpunkt also, da er noch ohne offizielle Funktion in der Europa-Union war) etwa 90 Persönlichkeiten des öffentlichen Lebens der Westzonen zu einer Besprechung mit Sandys nach Schönberg bei Frankfurt ein. Etwa 60 der Eingeladenen kamen, konstituierten sich und alle Eingeladenen zum „Provisorischen Ausschuß" und beauftragten dann ein Exekutivkomitee,

---

[13] Zit. nach Christel Ruppert, Die Europa-Union Deutschlands, Diss. Heidelberg 1960, S. 53.
[14] Vgl. Alan Hick, The European Movement, in: Documents on the History of European Integration, Bd. 4, Berlin 1989 (i. Vorb.).

dem neben Kogon und Roßmann unter anderen auch Hermann Brill und Ludwig Rosenberg angehörten, die Gründung des „Deutschen Rats der Europäischen Bewegung" vorzubereiten[15].

Der Erfolg des Unternehmens war auf den ersten Blick beachtlich: Die Liste der 252 Mitglieder, die nach einem Tauziehen der verschiedenen Gruppierungen auf der konstituierenden Sitzung am 13. Juni 1949 in Wiesbaden in den Deutschen Rat gewählt wurden[16], liest sich auf weite Strecken wie ein Who's Who der neuen westdeutschen Gesellschaft. Von der CDU waren unter anderen Karl Arnold, Christine Teusch und Theodor Steltzer im Exekutivausschuß des Rates vertreten, von der CSU Anton Pfeiffer, von der SPD Max Brauer, Hermann Brill und Luise Schroeder, von der FDP Thomas Dehler, von der Deutschen Partei Heinrich Hellwege und von der Bayernpartei Joseph Baumgartner. Die Gewerkschaften wurden von Ludwig Rosenberg und Adolf Ludwig repräsentiert, die Wirtschaft von Günter Henle von den Klöckner-Werken, die Wissenschaft von Fritz Baade, Karl Geiler und Werner Heisenberg. Als Vertreter des kirchlichen Lebens arbeitete Karl Erbprinz zu Löwenstein in dem Ausschuß mit, der Präsident des Zentralkomitees der deutschen Katholiken; als Repräsentant der Publizistik Ernst Friedlaender, der stellvertretende Chefredakteur der „Zeit". Die Europa-Union war unter anderem durch ihre beiden Vizepräsidenten Schmid und Spiecker vertreten; Kogon, der unterdessen Präsident der Europa-Union geworden war, übernahm zusätzlich das Amt des 1. Vorsitzenden des Exekutivausschusses des Rates, und Hermann Brill wurde 2. Vorsitzender. Das Amt des Präsidenten des Deutschen Rates übernahm Paul Löbe; zu den Mitgliedern zählten unter anderen Konrad Adenauer, Heinrich von Brentano, Jakob Kaiser, Ludwig Erhard, Herbert Wehner, Hermann-Josef Abs, Theodor Heuss, Adolf Grimme, Otto Hahn, Dolf Sternberger und Alexander Mitscherlich[17].

Nach dem Zusammentritt des ersten Deutschen Bundestages gelang es zudem, diesem Rat ein parlamentarisches Standbein zu verschaffen. Am 9. November 1949 wurde die „Deutsche Parlamentarische Sektion der Europäischen Bewegung" ins Leben gerufen. Den Vorsitz übernahm hier Carlo Schmid, der zuvor auch schon vom Exekutivausschuß des internationalen European Movement zu einem der Vizepräsidenten der internationalen Parlamentariergruppe gewählt worden war. Zweiter Vorsitzender wurde Heinrich von Brentano, Sekretär der Gruppe Fritz Erler. Bis Ende Februar 1950 traten der Sektion 244 Abgeordnete bei. Mit Ausnahme der Kommunisten waren alle Parteien vertreten; dabei bemerkenswert viele von der SPD und deutlich weniger, als nach der Fraktionsstärke zu erwarten gewesen wäre, von der CDU/CSU[18]. Der überparteiliche und fast schon offiziöse Charakter, den die deutsche Europa-Bewegung damit angenommen hatte, wurde noch dadurch verstärkt,

---

[15] Vgl. Kogons Bericht auf dem Hamburger Kongreß der Europa-Union, zit. bei Cornides, Anfänge (Anm. 10), S. 4255; Kogon an Hermann Brill, 14. 1. 1949, Hermann Brill an Kurt Schumacher, 24. 1. 1949, beide in BA NL Brill 84.

[16] Carlo Schmid, der hier das Hauptreferat hielt, berichtet darüber: Schmid, Erinnerungen (Anm. 8), S. 423 und 426–429. Vgl. auch Cornides, Anfänge (Anm. 10), S. 4255f.

[17] Mitgliederlisten in BA NL Brill 86 sowie im Geschäftsbericht des Deutschen Rats der Europäischen Bewegung 1950/51, ebenda 86 a.

[18] Mitgliederliste vom 1. 3. 1950 (angefertigt nach der definitiven konstituierenden Sitzung vom 22. 2. 1950) in BA NL Roßmann 52. Vgl. Schmid an das Exekutivbüro der Europäischen Bewegung Brügge; Schmid, Erinnerungen (Anm. 8), S. 425; Hartmut Soell, Fritz Erler – Eine politische Biographie, Berlin 1976, S. 135.

daß die Finanzierung der Arbeit des Rates ganz aus öffentlichen Mitteln erfolgte, zunächst aus Zuschüssen der Länder und dann ab 1950 aus Mitteln des Bundeskanzleramts. Kogon und Brill hatten bewußt eine solche Finanzierung angestrebt, um der Europa-Union den Markt für private Spenden zu erhalten; und dank der Verbindungen, über die der Rat unterdessen verfügte, konnten sie sich damit auch durchsetzen[19].

Ihren Höhepunkt erlebte die Mobilisierung der Parteien und des Bundestages mit der Durchsetzung einer „Entschließung zum europäischen Bundespakt", die das Parlament am 26. Juli 1950 mit den Stimmen aller Parteien mit Ausnahme der Kommunisten annahm. Darin trat der Bundestag für den Abschluß eines „Europäischen Bundespaktes" als Kern eines supranationalen Europas ein, wie ihn die europäischen Föderalisten-Verbände seit dem enttäuschenden Ausgang der ersten Sitzungsperiode der Beratenden Versammlung des Europarates verlangten und in der jetzt anstehenden zweiten Sitzungsperiode durchsetzen wollten. „Wirtschaftliche Einheit Europas", „gemeinsame europäische Außenpolitik" und „Gleichheit der Rechte aller europäischen Völker" wurden als die wesentlichen Ziele eines solchen Pakts der europäischen Staaten genannt[20]. Damit gehörte das Zielbild einer föderativen Neuordnung Europas nun auch offiziell zum Grundkonsens der neuen westdeutschen Republik.

II.

Freilich stand die Schaffung einer europäischen Föderation nicht unmittelbar auf der Tagesordnung bundesdeutscher Politik. Zunächst einmal ging es „nur" um Präliminarfragen auf operativer Ebene, die allerdings Zielkonflikte deutlich machten, die sich hinter dem grundsätzlichen Konsens verbargen: die Frage, ob die Bundesrepublik Mitglied der ersten europäischen Institutionen werden sollte, auch wenn die deutsche Einheit noch nicht wieder hergestellt war; die Frage, ob sie dem Europarat beitreten sollte, auch wenn dort das Saarland als eigenständiges Mitglied vertreten war; und die Frage, ob sie mit der Montanunion den Weg zu einem engeren Europa der Sechs beschreiten sollte, bei dem Großbritannien fehlte und ein sozialistischer Zuschnitt in weite Ferne rückte. Hier waren die Meinungen durchaus geteilt; insbesondere die SPD schreckte unter dem Einfluß von Kurt Schumacher letztlich vor einem konkreten Engagement zurück[21]. Infolgedessen blieben die Stellungnahmen des überparteilichen Rates recht allgemein und sein Einfluß auf den tatsächlichen Gang der Dinge bescheiden. Als die Beratende Versammlung des Europarats Ende August 1950 über das Bundespakt-Vorhaben diskutierte, rückten die meisten deutschen Abgeordneten unter der Führung von Schmid und von Brentano von ihrer ursprünglichen Unterstützung wieder ab, weil sie das Risiko eines Bruchs mit Großbritannien nicht eingehen wollten.

---

[19] Protokolle der Sitzung des Exekutivkomitees, 11. 7. 1949 und 16. 5. 1950, BA NL Brill 84.
[20] Verhandlungen des Deutschen Bundestages, I. Wahlperiode, Drucksache Nr. 1193. Zur Bundespakt-Kampagne der Verbände vgl. Documents (Anm. 14), Bd. 4, Dok. Nr. 26, 27, 29, 30, 65, 100, 101.
[21] Vgl. dazu den Beitrag von Wolfgang Benz in diesem Band; zu den Zielkonflikten westdeutscher Europapolitik generell Loth, Deutsche Europa-Konzeptionen (Anm. 3); und ders., Deutsche Europa-Konzeptionen in der Gründungsphase der EWG, in: Enrico Serra (Hrsg.), Il rilancio dell' Europa e i trattati di Roma, Milano 1989, S. 585–602.

Sie trugen damit mit dazu bei, daß der erste Anlauf zu supranationaler Einigung in bloßer Rhetorik stecken blieb[22].

Auch erschwerten die – meist unausgesprochenen – Zielkonflikte bundesdeutscher Europapolitik die Mobilisierung der breiten Öffentlichkeit für die europäische Bewegung und blockierten die im Rat vertretenen gesellschaftlichen Großgruppen diese Mobilisierung eher als daß sie sie förderten. „Die politischen Parteien dachten nicht daran", schrieb Wilhelm Cornides 1951 im Rückblick, „an einer Bewegung aktiv teilzunehmen, die sich ihrer politischen Kontrolle entzog. Das gleiche galt für die großen organisierten Interessenvertretungen der Arbeiterschaft, der Industrie und der Bauern."[23] Und es galt gewiß auch oft in umgekehrter Richtung: Der offizielle Charakter der Europa-Bewegung ließ persönliches Engagement vielfach nicht mehr so dringlich erscheinen. Unter diesen Umständen stieß die Europa-Union bald an ihre Grenzen: Bis 1950 konnten allenfalls 40 000 mehr oder weniger aktive Mitglieder gewonnen werden[24]. Dabei überwogen von Anfang an die bürgerlichen Schichten der Akademiker, besonders Lehrer, Freiberufler, der gehobenen Angestellten und leitenden Beamten, kurz: die Vertreter eines meist liberal-konservativ eingefärbten bürgerlichen Idealismus. Sie besetzten nahezu durchgehend die unteren Führungspositionen und bestimmten zumeist auch die Ausrichtung der örtlichen und regionalen Aktivitäten. „Der Stil dieser Zusammenkünfte", so wiederum Cornides, „war der von festtäglichen Matineen, von typisch bürgerlichen kulturellen Abendveranstaltungen oder von Volksbildungskursen der Jahre vor 1933"; und auch sonst entstammten die Organisations- und Artikulationsformen „ausschließlich der bürgerlichen Kulturwelt"[25]. Daß Vertreter der Arbeiterbewegung aktiv mitarbeiteten, war eine seltene Ausnahme.

Wollte man die Regierungen und Parlamente zu substantiellen Einigungsschritten treiben, genügte diese Art von Mobilisierung natürlich nicht. Die Führer der UEF und der Europa-Union strebten denn auch mit der Bundespakt-Kampagne weit mehr an als eine Entschließung des Deutschen Bundestages. Jedes Landesparlament, jeder Stadtrat und jeder Kreistag sollte zu einer gleichartigen Resolution bewegt werden, ebenso die großen gesellschaftlichen Organisationen wie der Deutsche Gewerkschaftsbund, der Deutsche Industrie- und Handelstag, die Spitzenvereinigung der Arbeitgeber-Verbände, der Deutsche Bundesjugendring, die Wohlfahrtsverbände und die Kirchen. Außerdem sollten Urabstimmungen in repräsentativ ausgewählten Städten unterschiedlicher Struktur und Lage die Unterstützung des Einigungsgedankens durch die breite Masse der Bevölkerung demonstrieren. Nur durch eine solche allseitige Demonstration, davon war man überzeugt, konnten die europäischen Regierungen dazu gebracht werden, ihre Zurückhaltung gegenüber den Plänen zu einem Ausbau des Europarats aufzugeben[26].

---

[22] Conseil de l' Europe, Assemblée consultative, Compte rendu 28. 8. 1950; vgl. Wilfried Loth, Der Abschied vom Europarat. Europapolitische Entscheidungen im Kontext des Schuman-Plans, in: Klaus Schwabe (Hrsg.), Die Anfänge des Schuman-Plans 1950/51, Baden-Baden 1988, S. 183–195.

[23] Cornides, Anfänge (Anm. 10), S. 4257.

[24] Der damalige Leiter der Pressestelle der Europa-Union bezeichnet diese Zahl als realistisch; eine exakte Nachprüfung ist aber nicht möglich: Koppe, Das grüne E (Anm. 6), S. 32.

[25] Cornides, Anfänge (Anm. 10), S. 4257. Einen guten Einblick in Aktivitäten und Führungsstruktur ermöglicht die laufende Berichterstattung in dem ab 1952 erscheinenden Verbandsorgan „Europa-Union".

[26] Max Freiherr von Gumppenberg, Bericht über die Aktion Europäischer Bundespakt in Deutschland, 20. 8. 1950, BA NL Brill 85 b.

Dieses Vorhaben überstieg jedoch die Möglichkeiten der Europa-Union bei weitem. Wohl konnte der Deutsche Rat für die Durchführung der Kampagne gewonnen werden. Aber dann schreckten die meisten Körperschaften vor einer Stellungnahme zurück, solange nicht das Votum des Bundestages vorlag; und dieser zögerte die Entschließung aufgrund der Auseinandersetzung um den Beitritt zum Europarat und anderweitiger Belastungen solange hinaus, daß dann bis zum Zusammentritt des Europarats kaum noch Zeit zu weiteren Resolutionen blieb. Lediglich der Landtag von Baden und das Berliner Abgeordnetenhaus machten sich die Entschließung noch zu eigen; und von den angesprochenen Organisationen sprach sich nur der Bundesjugendring für das Bundespakt-Projekt aus[27]. Urabstimmungen kamen lediglich in dem badischen Landstädtchen Breisach und in der Revierstadt Castrop-Rauxel zustande; für den „Zusammenschluß aller europäischen Völker zu einem Europäischen Bundesstaat" sprachen sich dort 95,6 bzw. 95,7% der Wähler aus, bei einer Wahlbeteiligung von 87,5 bzw. 73%. Eine Abstimmung in einer Großstadt, die weitaus eindrucksvoller gewesen wäre, kam nicht zustande, obwohl sich der Aktionsausschuß der Bundespakt-Kampagne bis zuletzt darum bemühte. In Aussicht genommene Großstädte wie Hamburg, Frankfurt, Stuttgart und Bremen sagten eine nach der anderen ab[28].

Nach dem sehr begrenzten Erfolg der Bundespakt-Kampagne verstärkte die Europa-Union ihre Mobilisierungsbemühungen unter Rückgriff auf öffentliche Geldgeber. Die Bundesregierung trug über die Bundeszentrale für Heimatdienst (die Vorläuferin der Bundeszentrale für politische Bildung) zur Finanzierung der Verbandsaktivitäten bei; und dann kamen beträchtliche Summen vom „American Committee for United Europe", das auf eine Initiative des Paneuropa-Gründers Coudenhove-Kalergi zurückging, unterdessen aber größtenteils von der CIA finanziert wurde[29]. Vom November 1950 an wurden Hunderttausende von Besuchern in eine Wanderausstellung geführt, die auf bunten Schautafeln den Niedergang Europas und seinen möglichen Wiederaufstieg demonstrierte. Im Sommer 1951 fand ein internationales Jugendlager auf dem Loreley-Felsen statt, das bei den Teilnehmern unauslöschliche Eindrücke hinterließ und auch sonst beträchtliche Resonanz auslöste. In Schulen, Werkshallen und Universitäten wurden Propagandaaktionen veranstaltet; es wurden Europa-Häuser eingerichtet und spezielle Schulungskurse entwickelt, die die Aufklärung über den bisherigen bürgerlichen Rahmen hinaus perfektionieren sollten. Im April 1952 lief der erste Europa-Spielfilm in den Kinos an: „Das Bankett der Schmuggler", ein Melodram im Grenzlandmilieu nach einem Drehbuch von Charles Spaak, dem Bruder des belgischen Außenministers, produziert von der E-Film-GmbH, einem der verzweigten kommerziellen Unternehmen, die Kogon neben der Verbandszentrale in Frankfurt aufbaute[30].

Der geballte Einsatz von Regierungsgeldern und Idealismus blieb nicht ohne Wirkung: 1952/53 war die Europa-Idee in der Bundesrepublik populär wie nie zuvor. Europa galt in breiten Kreisen als modern, als die Sache der Jugend, als die positive

---

[27] Geschäftsbericht des Deutschen Rates 1950/51, S. 17.
[28] Bericht Gumppenberg, BA NL Brill 85 b; vgl. auch die Protokolle des Aktionsausschusses in BA NL Brill 85 b.
[29] Vgl. Koppe, Das grüne E (Anm. 6), S. 45; zur Finanzierung durch die CIA Alan Hick, The European Movement and the Campaign for a European Assembly 1947–1950, Diss. Florenz 1981, S. 263.
[30] Koppe, Das grüne E (Anm. 6), S. 48, 52, 63.

Zukunft, auf die das Provisorium Bundesrepublik hinsteuerte. Nach einer Allensbach-Umfrage vom Februar 1953 glaubten 41% der Bundesbürger, den Zusammenschluß der westeuropäischen Länder zu den Vereinigten Staaten von Europa noch zu ihren Lebzeiten erleben zu können; 25% erwarteten sogar, es würde allenfalls noch fünf Jahre bis dahin dauern. 37% waren bereit, bei Entscheidungen in wichtigen Fragen einem europäischen Parlament „das letzte Wort" zuzubilligen; nur 14% wollten die letzte Entscheidung in Streitfällen eindeutig beim nationalen Parlament verankert wissen; die übrigen waren sich zumindest nicht sicher, welche Loyalität sie höher einschätzen sollten[31]. Eine Sammlung von Unterschriften für den sofortigen Abschluß des Europäischen Bundespakts, die die Europa-Union im Rahmen der UEF-Aktion „Feldzug der Völker" im Sommer 1952 begann, fand große Beachtung in der Presse und brachte bis zum Mai 1953 über 1,6 Millionen Europa-Bekenntnisse ein[32]. Die Europa-Union strotzte geradezu vor Aktivitäten und gewann auch international an Gewicht. Nachdem Kogon schon im Dezember 1950 zum Präsidenten der UEF gewählt worden war, rückten im März 1952 eine ganze Reihe deutscher Vorstandsmitglieder in das UEF-Zentralkomitee ein: Ernst Friedlaender, Otto Blessing, Albert Schinzinger, Max von Gumppenberg, Otto Bach und der Eßlinger Oberbürgermeister Dieter Roser. Hermann Pünder, der unterdessen im Deutschen Rat eine gewichtige Rolle spielte, wurde zum deutschen „Nationalvertreter" bei der UEF ernannt[33].

Revolutionäre Dimensionen nahm die Europa-Bewegung allerdings auch jetzt nicht an. „Es ist uns bis heute nicht gelungen", mußte Kogon auf dem vierten Kongreß der Europa-Union im Oktober 1952 in Eßlingen einräumen, „die Wünsche der Völker, die eindeutig mit uns sind, in den konkreten Willen umzuwandeln, der stark genug ist, das Notwendige in die notwendigen Formen zu zwingen"[34]. Wohl aber entwickelte sich die Europa-Union zu einer wichtigen Hilfstruppe bei der innenpolitischen Durchsetzung des Adenauerschen Westintegrationskurses, der anfangs bekanntlich alles andere als populär war[35]. Inhaltlich war diese Entwicklung schon angelegt, seit sich die UEF als programmatisches Vorbild der deutschen Europa-Föderalisten im August 1947 für ein „Beginnen in Westeuropa" entschieden hatte[36]. Ein provisorisches Abseitsstehen der Bundesrepublik, wie es Schmid empfohlen hatte, war auf Dauer keine tragfähige Lösung, wenn sich die Blockbildung weiter verfestigte. Organisatorisch wurde die Annäherung an den Regierungskurs dadurch angebahnt, daß die Europa-Union seit der Erfahrung mit der Bundespakt-Kampagne weniger über den überparteilichen Deutschen Rat arbeitete als vielmehr die bundesdeutsche Öffentlichkeit direkt ansprach. Im Dezember 1950 erklärte Kogon auf dem zweiten ordentlichen Kongreß der Europa-Union in Köln „contre coeur und schweren Herzens" seine Zustimmung zu einem Verteidigungsbeitrag der Bundesrepublik im europäischen Rahmen. Neutra-

---

[31] Jahrbuch der öffentlichen Meinung 1947–1955, Allensbach 1956, S. 340f.
[32] Europa-Union 9/1953.
[33] Koppe, Das grüne E (Anm. 6), S. 44, 60.
[34] Informationsdienst des Deutschen Rats der Europäischen Bewegung, Nr. 131, S. 9.
[35] Vgl. Wilfried Loth, Der Koreakrieg und die Staatswerdung der Bundesrepublik, in: Josef Foschepoth (Hrsg.), Kalter Krieg und Deutsche Frage. Deutschland im Widerstreit der Mächte 1945–1952, Göttingen 1985, S. 335–361.
[36] Vgl. Lipgens, Anfänge (Anm. 2), S. 514ff.

lismus und unentschiedener Attentismus wurden zunehmend schärfer verurteilt und die EVG als die große Hoffnung für Europas Zukunft nachdrücklich unterstützt[37].

Auf die Stalin-Noten vom Frühjahr 1952 hatte die Verbandsführung nur die Antwort, daß entschlossenes Weiterbauen an der europäischen Konstruktion die Voraussetzung für eine deutsche Einheit in Freiheit sei. „In dieser Welt mit ihren zwei Hemisphären", führte Kogon auf dem Aachener Kongreß der UEF im April 1952 aus, „gibt es keine Neutralität, weder im Kriege noch im Frieden. Es gibt nur die richtigen und die falschen Engagements mit allen Gefahren einer solchen Wahl und mit der Verpflichtung, umso mehr zu arbeiten, daß die Gefahren verringert werden. Es mag in einigen Punkten für viele Deutsche heute tragisch erscheinen, aber der Weg Deutschlands führt in der Tat über den Westen. (...) Es gibt nur eine dringende Losung jetzt: Beruft die Verfassungsgebende Versammlung Europas ein, beginnt in den Schuman-Plan-Ländern mit 165 Millionen Europäern, damit 284 Millionen den Schutz echten Friedens erfahren, und damit, daraus erwachsend, eines nicht so fernen Tages fast 400 Millionen Europäer insgesamt den Glanz der Freiheit wieder sehen dürfen, damit wir das Wunder zustandebringen, das in der Natur unmöglich, aber in der Politik, unserer Politik, möglich ist: daß die Sonne im Westen aufgeht."[38] Entsprechend wurden Verhandlungen, die das Recht Deutschlands zum Beitritt zur westeuropäischen Föderation infrage zu stellen drohten, strikt abgelehnt und Adenauers Kurs zunehmend offen unterstützt. Vor der Bundestagswahl 1953 veröffentlichte das Verbandsorgan ein ausführliches Interview Ernst Friedlaenders mit dem Kanzler, das diesem reichlich Gelegenheit zur Selbstdarstellung bot[39].

Unter diesen Umständen konnte es nicht ausbleiben, daß sich die Beziehungen der Europa-Union zur SPD zusehends abkühlten. Nachdem sich Hermann Brill und andere vergeblich bemüht hatten, Kurt Schumacher für eine stärkere Unterstützung der Europa-Bewegung zu gewinnen[40], fiel Carlo Schmid der Spagat zwischen Parteilinie und Einigungskampagne zunehmend schwerer. 1951 stand er für das Amt des Vizepräsidenten der Europa-Union nicht mehr zur Verfügung, und 1952 stellte er seine Mitarbeit ganz ein. Als der Bundestag die deutschen Vertreter im Europarat im November 1951 ermächtigte, „zusammen mit ebenso bevollmächtigten Delegierten der im Europarat vertretenen Nationen die Verfassung einer europäischen Föderation zu vereinbaren", war die SPD-Fraktion nicht mehr dabei[41]. Im Februar 1953 sprach sich der SPD-Parteivorstand offiziell gegen die Unterschriftenaktion des „Feldzugs der Völker" aus (was über 32 000 SPD-Mitglieder freilich nicht hinderte, sich zu beteiligen, gegenüber fast 48 000 Mitgliedern der CDU oder CSU und 8300 Mitgliedern der FDP)[42]. Um den Bruch nicht allzu offenkundig werden zu lassen, wählte der Verbandskongreß vom Oktober 1952 das SPD-Mitglied Roser demonstrativ zum neuen Vizepräsidenten. Dieser wertete dann Adenauers Wahlsieg im September 1953 als „Bekenntnis zu Europa" und empfahl der eigenen Partei dringend eine Kurskorrektur:

---

[37] Koppe, Das grüne E (Anm. 6), S. 44; vgl. Europa-Union 5, 10 und 13/1952.
[38] Text in Europa-Union 8/1952; vgl. auch die Kommentare von Georg Wieck, ebenda; und Albert Schinzinger, Europa-Union 10/1952, sowie die Resolution des Aachener UEF-Kongresses in Europa-Union 7/1952.
[39] Europa-Union 15–16/1953.
[40] Vgl. Brill an Schumacher, 24. 1. und 6. 4. 1949, BA NL Brill 84.
[41] Verhandlungen des Deutschen Bundestages, 1. Wahlperiode, Stenographische Berichte, Bd. 9, S. 7211–7223.
[42] Europa-Union 4 und 9/1953.

„Das deutsche Volk hat den europäischen Außenpolitiker Adenauer, nicht den Partei-vorsitzenden der CDU gewählt."[43]

Die Normalisierung der Bewegung im Zeichen der Westintegration, die sich damit schon andeutete, wurde noch dadurch verstärkt, daß Kogon mit seinen zahllosen Aktivitäten seine Kräfte überspannte und finanziellen Schiffbruch erlitt. Nachdem er zu allen anderen Ämtern 1951 auch noch eine Professur für Politische Wissenschaft an der Technischen Hochschule Darmstadt übernommen hatte, war er zeitweilig dem Zusammenbruch nahe und verlor völlig den Überblick über die verwickelten Finanzen des Verbandes. Ende Mai 1953 war die Europa-Union zahlungsunfähig, ihr Präsidium für niemanden mehr zu sprechen; die Geschäfte wurden notdürftig von einer Außen-stelle des nordrhein-westfälischen Landesverbandes in Bonn weitergeführt. Als das Ausmaß der Verfilzung der Verbandsfinanzen mit den kommerziellen Europa-Unter-nehmungen deutlich wurde, mußte Kogon auf dem Verbandskongreß Anfang Dezem-ber 1953 in Bonn seinen Abschied nehmen. Ein provisorisches Dreier-Präsidium, bestehend aus Ernst Friedlaender, dem Hamburger Landesvorsitzenden und CDU-Bundestagesabgeordneten Paul Leverkuehn und dem bayerischen Landesvorsitzenden Josef Müller, wurde mit der Verwaltung der Konkursmasse beauftragt[44].

III.

Dem Notpräsidium gelang es dann in der Tat, den Verband auf eine neue finanzielle Grundlage zu stellen. Mit Unterstützung des Bankiers Friedrich Carl Freiherr von Oppenheim, Kölner Kreisvorsitzender (und späterer Präsident) der Europa-Union, lancierte es einen Spendenaufruf an die deutsche Wirtschaft, der so erfolgreich war, daß bis zum Sommer 1954 alle Verbindlichkeiten abgedeckt werden konnten[45]. Damit war die organisatorische Kontinuität des Verbandes gesichert; es wurde aber auch deutlich, daß der Traum von der revolutionären Volksbewegung endgültig ausge-träumt war: Aus eigenen Mitteln konnte die Europa-Union nicht überleben; sie war nun fortlaufend auf Unterstützung der Wirtschafts- und Finanzwelt angewiesen und damit auch ihrem Einfluß ausgesetzt. Auf dem nächsten Kongreß, der am 2. Mai 1954 in den Räumen der Industrie- und Handelskammer Köln stattfand, übernahm Oppen-heim das Amt des Schatzmeisters. Außerdem wurde Wilhelm Beutler, der Hauptge-schäftsführer (und später geschäftsführendes Präsidialmitglied) des BDI, zu einem der Vizepräsidenten gewählt; und dann wurde auch noch ein „erweitertes Präsidium" gebildet, dem neben den Politikern Max Brauer, Wilhelm Kaisen und Heinrich Deist auch Hermann Josef Abs und Günter Henle angehörten, ebenso Ulrich Haberland, der Generaldirektor der Bayer-Werke, Heinrich Kost, Präsident der Wirtschaftsverei-nigung Bergbau, Albert Schäfer, Präses der Hamburger Handelskammer, und Rudolf Zorn, der Präsident des Bayerischen Sparkassen- und Giroverbandes[46].

Bei der Neuwahl des Präsidenten wurde der Versuch unternommen, die Europa-Union direkt in das Regierungslager einzubinden. Während das Dreier-Präsidium unter Einschluß Müllers den Delegierten Paul Leverkuehn vorschlug, präsentierte der

---

[43] Europa-Union 18/1953; vgl. auch Rosers Streitgespräch mit Fritz Erler, Europa-Union 19/1952.
[44] Koppe, Das grüne E (Anm. 6), S. 67f.
[45] Ebenda, S. 70.
[46] Europa-Union 9/1954.

bayerische Landesverband Franz-Josef Strauß, den Münchener Kreisvorsitzenden der Europa-Union, der unterdessen als Bundesminister für besondere Aufgaben im Kabinett vertreten war. Der Kongreß entschied sich allerdings in einer Kampfabstimmung mit 58 gegen 34 Stimmen für Leverkuehn. Er setzte damit ein deutliches Zeichen der Bereitschaft, der SPD eine Wiederannäherung an die europäische Bewegung zu erleichtern; und er verstärkte dieses Signal noch dadurch, daß er prominente sozialdemokratische Integrationsbefürworter in das erweiterte Präsidium berief[47]. Keine fünf Monate später wiederholte sich der gleiche Vorgang noch einmal, wenn auch in anderer personeller Besetzung. Leverkuehn trat schon im September wieder zurück, nachdem er einen schweren Autounfall erlitten hatte und außerdem von Otto John von der DDR aus wegen seiner nachrichtendienstlichen Tätigkeit im Zweiten Weltkrieg angegriffen worden war. Regierungsnahe Verbandsmitglieder betrieben daraufhin die Kandidatur von Kurt Georg Kiesinger, dem Vorsitzenden des Außenpolitischen Ausschusses des Bundestages, während die überparteilich orientierten Kräfte jetzt Ernst Friedlaender als Kandidaten gewannen. Als Roser auf dem Verbandskongreß in Hannover Ende Oktober im Namen der sozialdemokratischen Delegierten schwerwiegende Einwände gegen die Wahl Kiesingers vorbrachte, zog dieser freilich seine Kandidatur zurück; daraufhin wurde Friedlaender mit einer bescheidenen Mehrheit gewählt[48].

Damit war der Versuch, die Europa-Union unter die direkte Kontrolle der Bundesregierung zu bringen, gescheitert. Dennoch waren die wilden Jahre der deutschen Europa-Bewegung unwiderruflich vorüber. Friedlaender, der seit seinem Ausscheiden bei der „Zeit" 1950 als freier Publizist vorwiegend für die europäische Sache tätig war, hatte schon nach dem Scheitern der ersten Bundespakt-Kampagne erkannt, daß eine europäische Föderation in einem Anlauf nicht durchzusetzen war und der Integrationsprozeß folglich nur über funktionalistische Teilschritte vorangetrieben werden konnte. In seinen Grundsätzen ganz mit Adenauer übereinstimmend plädierte er für methodische Flexibilität und Konzentration auf das jeweils Machbare. Sein nüchterner Pragmatismus half der Europa-Union, über den Schock des Scheiterns der EVG hinwegzukommen, der andernorts beträchtliche Desorientierung hervorrief. Unterstützung fand er dabei durch Wilhelm Beutler, der sich mit Nachdruck für die Auffassung einsetzte, daß wirtschaftliche Integration der politischen vorausgehen müsse und diese wiederum eine Annäherung der wirtschaftlichen und sozialen Verhältnisse voraussetze[49]. Nach dem EVG-Desaster rückte so bald das Projekt der Wirtschaftsgemeinschaft in den Mittelpunkt der Hoffnungen der deutschen Föderalisten; und auch da gab sich die Verbandsführung undogmatisch und kompromißbereit.

Den gleichen Pragmatismus legte Friedlaender auch bei der Neuakzentuierung der Arbeitsformen der Bewegung an den Tag. Die Mitgliederzahl war unterdessen auf nahezu die Hälfte zurückgegangen – nicht nur infolge der zeitweiligen Handlungsunfähigkeit der Verbandsspitze, sondern auch aus Enttäuschung über den Gang der europäischen Dinge, insbesondere über das Scheitern der EVG, und infolge der zuneh-

---

[47] Koppe, Das grüne E (Anm. 6), S. 71.

[48] Bericht in Europa-Union 21/1954; vgl. auch Koppe, Das grüne E (Anm. 6), S. 72–74.

[49] Vgl. die Ausführungen auf dem Hannoveraner Kongreß, Informationsdienst des Deutschen Rats der Europäischen Bewegung, Nr. 235, sowie auf dem Berliner Kongreß im November 1955, ebenda, Nr. 284/285; für Friedlaender auch seine Rede auf dem UEF-Kongreß im Januar 1955 in Paris, Europa-Union 12/1955.

menden Wohlstandsmentalität. Von den 300 Kreisverbänden stand mittlerweile „gut
ein Drittel, wenn nicht mehr, auf dem Papier".[50] Friedlaender wandte sich mit
beträchtlicher Energie der Konsolidierung des Verbandes zu, freilich einer Konsolidierung auf niedrigerem Niveau. Das Ziel einer Massenorganisation, die selbst Ausdruck
der Volksbewegung war, wurde nicht mehr angestrebt; statt dessen konzentrierte sich
die Arbeit auf die Bereiche, in denen sie schon bislang am erfolgreichsten gewesen
war: auf die gezielte Einflußnahme auf die Regierungsbürokratie, die Parteien und die
Verbände und auf die Aufklärung im zumeist vorpolitischen Raum. Entsprechend
wurde auch der Deutsche Rat der Europäischen Bewegung neu organisiert: An die
Stelle der breiten Repräsentanz der gesellschaftlichen Kräfte trat ein begrenzter Kreis
von Vertretern der Bundestagsfraktionen und Persönlichkeiten des öffentlichen
Lebens. Das neue Gremium, das ganz auf effektive Kontaktnahmen zugeschnitten
war, wählte im Juli 1954 Friedlaender zum Präsidenten; Vizepräsidenten wurden Fritz
Erler, Hermann Pünder, Ludwig Rosenberg, Johannes Semler und Etta Gräfin Waldersee[51].
     Die Konzentration auf das Machbare brachte die neue Führung der deutschen
Europa-Bewegung rasch in einen Gegensatz zu den italienischen und einen Teil der
französischen Föderalisten, die unter der Führung von Altiero Spinelli und Alexandre
Marc genau den entgegengesetzten Schluß aus dem Scheitern der EVG zogen. Ihre
Forderung nach Vorbereitung einer europäischen verfassunggebenden Versammlung
unter Umgehung der nationalen Parlamente und Regierungen[52] konnte Friedlaender
nach den Erfahrungen mit den bisherigen Mobilisierungskampagnen nur als abenteu-
erlichen Verbalrevolutionarismus empfinden. Tatsächlich war die Bereitschaft der
westeuropäischen Bevölkerung, die nationalstaatlichen Strukturen infrage zu stellen, ja
keineswegs gewachsen, wie Spinelli und seine Anhänger glaubten; vielmehr hatten sich
mit dem Gelingen der ökonomischen Rekonstruktion die westeuropäischen Staaten
wieder gefestigt[53]. In der Bundesrepublik sank die Zahl derjenigen, die in Konfliktfäl-
len einem europäischen Parlament den Vorrang vor Bundestag und Bundesrat geben
wollten, vom Februar 1953 bis zum September 1955 von 37 auf 25%; 46% der
Befragten (gegenüber nur 14% 1953!) erklärten, die Beschlüsse eines europäischen
Parlaments sollten nur gelten, „wenn unsere Regierung zustimmt"[54]. Die Römischen
Verträge wurden von Adenauer im Windschatten einer teils resignierten und teils
desinteressierten Öffentlichkeit vorbereitet und durchgesetzt; ihr Mobilisierungseffekt
war verschwindend gering[55].
     In der Auseinandersetzung mit Spinelli hatte Friedlaender dann auch die überwie-
gende Mehrheit der Mitglieder der Europa-Union auf seiner Seite. Wohl übten einige
Verbandsangehörige, meist aus dem Kreis der jüngeren Generation, Kritik an dem
pragmatischen Kurs des neuen Vorstands und an der offenkundigen Anbindung an

---

[50] Koppe, Das grüne E (Anm. 6), S. 75.
[51] Ebenda, S. 76f.
[52] Vgl. Sergio Pistone, Il movimento federalista e i Trattati di Roma, in: Serra, Il rilancio (Anm. 21), S. 629–652.
[53] Soweit ist die Entwicklung von Alan S. Milward, The Reconstruction of Western Europe 1945–1951,
    London 1984, gewiß richtig gesehen worden; die Frage ist nur, ob sich der Integrationsprozeß darin bereits
    erschöpfte. Vgl. meine Einschätzung in: Wilfried Loth, Vertragsverhandlungen bei abklingender Europabe-
    geisterung. Eine zeitgeschichtliche Einordnung, in: Integration 10 (1987), S. 107–115.
[54] Jahrbuch der öffentlichen Meinung 1947–1955, Allensbach 1956, S. 341.
[55] Vgl. Loth, Deutsche Europa-Konzeptionen in der Gründungsphase der EWG (Anm. 21).

bundesdeutsche Wirtschafts- und Finanzkreise. Ihr Sprecher Claus Schöndube konnte sich jedoch nicht durchsetzen: Auf dem Berliner Verbandskongreß im November 1955 wurde Friedlaender mit 104 gegen 3 Stimmen bei 13 Enthaltungen wiedergewählt. Eine außerordentliche Generalversammlung im Februar 1956 in Bonn brachte 75 Stimmen für die pragmatische Richtung, die unterdessen auf internationaler Ebene von Henri Brugmans repräsentiert wurde, 10 Stimmen für Spinelli und zwei Stimmen für eine Kompromißfraktion, die von Henri Frenay geführt wurde. Als das Exekutivbüro der UEF in fragwürdiger Interpretation der Wahlergebnisse des Luxemberger UEF-Kongresses vom März 1956 einseitig mit Spinelli-Anhängern besetzt wurde, beschloß der Hauptausschuß der Europa-Union am 30. Juni 1956 nach erregten Debatten, die Beziehungen zur UEF zu suspendieren. Wenig später schloß sich die Europa-Union mit den niederländischen Föderalisten und dem französischen Föderalistenverband „La Fédération", die den gleichen Schritt vollzogen, zum „Aktionszentrum Europäischer Föderalisten" (AEF) zusammen[56].

IV.

Damit hatte sich die deutsche Europa-Bewegung nicht nur von der internationalen Patronage emanzipiert, die für ihre Entwicklung so wichtig gewesen war; sie hatte auch jene Form gefunden, die sie auf Dauer im politischen System der Bundesrepublik innehaben sollte: eine Kombination von Geld und gutem Willen, die, das vage Zielbild eines Vereinten Europas vor Augen, Integrationsfortschritte dort förderte, wo sie ohne tiefgreifenden Umbau der gesellschaftlichen Strukturen erreichbar waren. Mit dieser Haltung hat sie einiges zur Wiederannäherung der SPD an die konkrete Europapolitik beigetragen und auch, als sich die Politik der Stärke nach 1955 zunehmend als Illusion erwies, einige zaghafte Anstöße zur Entwicklung einer neuen Ostpolitik gegeben[57]. Generell trug sie dazu bei, daß der proeuropäische Grundkonsens der Bundesrepublik erhalten blieb, auch wenn er sich aufgrund seiner inneren Vielschichtigkeit oft nicht in konkrete Politik umsetzen ließ. Gemessen an den revolutionären Hoffnungen der Föderalisten war das gewiß wenig, gemessen an den Sorgen der Siegermächte und der europäischen Nachbarn aber viel.

[56] Koppe, Das grüne E (Anm. 6), S. 83–85, 94–99.
[57] Im Herbst 1957 plädierte Friedlaender für eine „verfeinerte Ostpolitik", die die unterschiedlichen Interessen im Ostblock zur Durchsetzung westlicher Prinzipien nutzen sollte: Europa-Union 24/1957; vgl. ebenda, 17/1956, 4, 5 und 18/1957.

II.

Rückkehr zum Weltmarkt

Christoph Buchheim

Die Bundesrepublik und die Überwindung der Dollar-Lücke

Zur Kennzeichnung des internationalen Zahlungsungleichgewichts, wie es nach dem Zweiten Weltkrieg bestand, war das Schlagwort von der Dollarlücke damals in aller Munde. In der Tat waren die USA als einzige der großen Wirtschaftsmächte nicht geschwächt, sondern ungemein gestärkt aus dem Krieg hervorgegangen, und sie hatten, im Vergleich zur Vorkriegszeit, ihren Produktivitätsvorsprung in praktisch allen Wirtschaftssektoren ausbauen und ihre gesamtwirtschaftliche Produktion gewaltig hochfahren können. So standen die USA für viele auf dem Weltmarkt dringend verlangte Güter als einziger, mindestens aber als der wichtigste Anbieter einer langen Reihe drängender Nachfrager in den vom Krieg schwer in Mitleidenschaft gezogenen Ländern Europas und Asiens gegenüber.

Und zwar galt dies für Nahrungsmittel, Rohstoffe und Investitionsgüter in gleicher Weise. Nordamerika war die einzige Region der Erde, in der die Nahrungserzeugung im Verhältnis zur Bevölkerung seit der Mitte der 30er Jahre stark zugenommen hatte, während sie überall sonst bestenfalls stagnierte[1]. So mußte sich auch Westeuropa zur Deckung seines traditionellen Nahrungsmitteldefizits nun nach Amerika orientieren, weil die in der Vorkriegszeit hierfür zur Verfügung stehenden Überschüsse Osteuropas weggefallen waren. Amerikanische Kohle hatte vor dem Krieg wegen der hohen Transportkosten keinen Markt in Europa, aber 1947 allein wurden 34 Millionen Tonnen dorthin exportiert. Und auch Kapitalgüter mußte Westeuropa verstärkt in den USA kaufen, um seinen Wiederaufbau durchführen zu können[2]. Überhaupt scheint die Dollarlücke in Westeuropa mit am ausgeprägtesten gewesen zu sein. Hatten sich doch die Exporte der USA, die sich weltweit 1938 auf etwa das Anderthalbfache der amerikanischen Importe beliefen, 1947 auf das Zweieinhalbfache, im Verhältnis zu den westeuropäischen Ländern, die später die OEEC bildeten, jedoch vom Zweieinhalbfachen auf das Siebenfache erhöht. Die Relation verbesserte sich für Europa zwar etwas, wenn man den Amerika-Handel der mit europäischen Staaten währungsmäßig verbundenen überseeischen Länder und Gebiete in die Betrachtung miteinbezieht. Aber auch dann wogen die amerikanischen Importe aus diesem Raum insgesamt in Höhe von 1,8 Mrd. Dollar 1947 die US-Exporte dorthin, die 6,6 Mrd. Dollar betrugen, längst nicht auf[3].

Allerdings war 1947, was die Dollarlücke anbetraf, das bei weitem schlimmste Jahr. Entgegen verschiedenen zeitgenössischen Prognosen erwies diese sich nämlich nicht

---

[1] United Nations (UN), Statistical Yearbook; Demographic Yearbook; verschiedene Jahrgänge.
[2] Alan S. Milward, The Reconstruction of Western Europe 1945–1951, London 1984, S. 35ff.
[3] Organization for European Economic Cooperation (OEEC), Statistical Bulletins, Foreign Trade, Series I, Yearbook 1937–1951, S. 122.

als langfristiges Phänomen, sondern verringerte sich danach schnell sowohl weltweit als auch in Europa. Und nachdem es schon 1950 und dann wieder um die Mitte der 50er Jahre vereinzelt zu Zahlungsbilanzdefiziten der Vereinigten Staaten gekommen war, setzte 1958, trotz weitgehenden Abbaus der handelsmäßigen Diskriminierung ·von Dollarwaren und bei stark zurückgegangener amerikanischer Auslandshilfeleistung, ein fast kontinuierlicher Abfluß von Gold aus den USA zur Deckung ihrer negativen Salden im internationalen Zahlungsverkehr ein[4]. Die Gründe dafür waren vielfältiger Art. Am wichtigsten war die Verringerung des Handelsbilanzüberschusses der USA. Während die amerikanischen Exporte ihr Niveau von 1947 die ganzen 50er Jahre hindurch, abgesehen von den Jahren der Suez-Krise, kaum überstiegen, zumeist aber nicht erreichten, nahmen die Importe einen Aufschwung. Ganz klar drückt sich hierin aus, daß nach der Wiederherstellung der Produktionsfähigkeit der vom Krieg direkt betroffenen Länder einerseits die Nachfrage nach amerikanischen Produkten nachließ und andererseits das auf dem amerikanischen Markt konkurrenzfähige Angebot wuchs. Darüber hinaus stellten jedoch auch amerikanische Militärausgaben im Ausland sowie der private Kapitalverkehr große Posten dar, die den Umschlag der amerikanischen Zahlungsbilanzentwicklung mitverursachten.

Aus historischer Perspektive gesehen war die Dollarlücke demnach ein auf relativ wenige Jahre beschränktes Phänomen. Das ändert jedoch nichts daran, daß diese wenigen Jahre für die handelnden Politiker ein außerordentliches Problem darstellten. Denn wie sollte die Dollarlücke finanziert werden, zumal da die außerhalb der USA vorhandenen Goldreserven und die laufende Goldproduktion infolge der Fixierung des Goldpreises auf dem Vorkriegsniveau angesichts der im Durchschnitt auf das Doppelte gestiegenen Dollarpreise der Güter sich stark entwertet hatten[5]. Natürlich wäre es theoretisch vielleicht denkbar gewesen, durch eine scharfe Nachfragedrosselung die Dollarlücke Europas zu beseitigen oder wenigstens zu verkleinern. Das hätte jedoch zu Arbeitslosigkeit sowie einer weiteren Senkung des Lebensstandards und damit vermutlich zu sozialen Eruptionen mit höchst ungewissen Folgen für die Stabilität westeuropäischer Regierungen geführt. Deshalb war dieser Weg auch für die USA selbst nicht akzeptabel. Ähnliches galt für die frühzeitige Korrektur der Überbewertung zahlreicher europäischer Währungen. Da dadurch an den realwirtschaftlichen Engpässen nichts verändert worden wäre, hätte die Aufwertung des Dollars das Problem lediglich verschärft. Aus diesem Grunde enthielt sich die amerikanische Administration zunächst jeden Drucks in Richtung einer Anpassung der Wechselkurse europäischer Währungen[6]. Wenn der Einsatz der Mittel zur Beseitigung der Dollarlücke als politisch höchst inopportun angesehen wurde und eine Heraufsetzung des Dollarpreises von Gold zu ihrer leichteren Finanzierung am amerikanischen Widerstand scheiterte, blieben als Instrumente zur Bewältigung der Dollarlücke nur noch die Gewäh-

[4] Vgl. auch für das Folgende, International Monetary Fund (IMF), Balance of Payments Yearbook; verschiedene Ausgaben.
[5] Auf diesen sehr wesentlichen Grund, der die Handhabung der Dollarlücke so schwierig machte, ist schon von Roy Harrod, The Dollar, London 1953, S. 135ff. hingewiesen worden. Ein ähnliches Argument wurde kürzlich vorgebracht, indem die besondere Schärfe der Dollarknappheit im Jahr 1947 mit dem rapiden Anstieg amerikanischer Preise nach dem Ende der Preiskontrollen 1946 erklärt wurde; vgl. Giorgio Fodor, Why Did Europe Need the Marshall Plan in 1947? (= European University Institute, Florence, Working Paper 78), Florenz 1984.
[6] Foreign Relations of the United States (FRUS) 1949, Bd. 4, S. 378.

rung von Auslandshilfe seitens der USA und die Aufrechterhaltung der Devisen-zwangswirtschaft in den Ländern mit überbewerteter Währung übrig. Beide Elemente zusammen können demnach auch als Charakteristika der internationalen Wirtschafts-beziehungen in der unmittelbaren Nachkriegszeit angesehen werden.

Die Ratio der damaligen Devisenzwangswirtschaft war die Diskriminierung gegen Dollarimporte. Dollars waren so knapp und daher so wertvoll, daß sie nur für den Kauf von Gütern ausgegeben werden sollten, denen die einzelnen Regierungen höchste Priorität für die Volkswirtschaften ihrer Länder zubilligten. Allerdings bestand kein Anlaß, den Handel mit Nicht-Dollarländern, deren Währungen weniger gefragt und leichter zu verdienen waren, ebenso stark auf den Austausch von essentiellen Produk-ten einzuschränken. Es war daher naheliegend, den aus der Zwischenkriegszeit ererbten Bilateralismus beizubehalten und weiter auszubauen. Kennzeichnend für die bilateralen Verträge der Nachkriegszeit war nun, daß beide Seiten darin übereinkamen, die Wäh-rung des jeweiligen Partners bis zu einer gewissen Grenze gegen eigene Währung anzukaufen. Damit hatte man das Medium gefunden, mit dem der gegenseitige Handel ohne den Rückgriff auf Dollars finanziert werden konnte. Solange der bilaterale Warenaustausch einigermaßen ausgewogen blieb, stand seiner Zunahme nun nichts mehr im Wege. Das erklärt wohl auch die Beliebtheit dieser Abkommen, denn allein die europäischen Länder hatten 1947 etwa 200 davon abgeschlossen[7].

Allerdings brachte der Bilateralismus auch spezifische Probleme mit sich. Der Han-del ließ sich nämlich nicht ohne weiteres in dieses Korsett pressen. Vielmehr zeigten sich recht bald strukturelle Defizite und Überschüsse einzelner Länder mit manchen ihrer bilateralen Partner. Die Folge war die Akkumulation blockierter Forderungen auf Seiten der jeweiligen Überschußländer, was praktisch nur durch eine administra-tive Drosselung ihrer Exporte bei Strafe verstärkter Arbeitslosigkeit zu verhindern war. Es ist daher kein Wunder, daß Belgien, einer der im Europahandel zu chroni-schen Überschüssen neigenden Staaten, schon 1947 im Committee of European Eco-nomic Cooperation, den Vorschlag einer begrenzten Multilateralisierung des innereu-ropäischen Handels unter Einschuß von Dollars machte. Damals waren die USA jedoch noch nicht bereit, Dollarhilfe zur Finanzierung des Handels innerhalb Europas zur Verfügung zu stellen. Zwar wurde in Verfolgung des belgischen Vorschlags dann dennoch ein beschränktes multilaterales Clearingabkommen vereinbart. Jedoch entfal-tete es nur eine äußerst geringe Wirkung, u. a. deshalb, weil sich lediglich eine sehr kleine Gruppe von Ländern daran verbindlich beteiligte[8].

Ein weiteres Problem des Bilateralismus war es, daß es bei den Verhandlungen um bilaterale Abkommen zu Bargaining-Prozessen kam. Diese führten häufig zu vom Welthandelsstandpunkt aus unökonomischen Geschäften, indem etwa überhöhte Import- und Exportpreise zugestanden oder Absprachen getroffen wurden derart, daß bei Lieferung essentieller Güter durch das eine Land diesem auch ein bestimmtes Quantum nicht konkurrenzfähiger Luxuswaren abgenommen würde. Die aus solchen Geschäften resultierenden Wettbewerbsverzerrungen bargen nun aber die Gefahr in sich, daß hieran in großem Umfang beteiligte Länder auf lange Sicht unfähig würden,

---

[7] Bank für Internationalen Zahlungsausgleich (BIZ), 17. Jahresbericht, S. 80.
[8] Immanuel Wexler, The Marshall Plan Revisited, Westport 1983, S. 124ff.; Milward, Reconstruction (Anm. 2), S. 77, 263; FRUS 1948, Bd. 3, S. 440f.

sich der internationalen Konkurrenz voll zu stellen. Ein Weichwährungsblock würde entstehen, der dauerhaft auf die Diskriminierung von Waren aus dem Dollarraum angewiesen wäre. Gegen diese Möglichkeit aber kämpften die USA seit Vorkriegstagen. Und im Krieg selbst ließen sie keine Chance ungenutzt, um ihre Alliierten, insbesondere Großbritannien, auf die rasche Wiederherstellung eines Systems multilateralen, d. h. nicht-diskriminierenden Welthandels festzulegen. Das ging so weit, daß sie eine entsprechende Absichtserklärung zu einer Bedingung für den Abschluß von Leih- und Pacht-Abkommen machten. Und die beiden wesentlichen, zur Regulierung des multilateralen Zahlungs- und Handelsverkehrs bald nach Kriegsende geschaffenen Institutionen, nämlich der Internationale Währungsfonds sowie das GATT, verdankten ihre Existenz entscheidend der amerikanischen Initiative.

Man kann die Situation der Weltwirtschaft in der unmittelbaren Nachkriegszeit also kurz folgendermaßen charakterisieren: Mit den USA existierte eine wirtschaftlich dominante Macht, die die Errichtung eines multilateralen Handelssystems anstrebte. Ein Großteil der anderen westlichen Länder, vor allem in Europa, wies aufgrund von den USA geteilter politischer Prioritätsentscheidungen ein enormes Zahlungsdefizit mit dieser Macht auf. Zur Finanzierung dieses Defizits war einerseits amerikanische Auslandshilfe erforderlich. Andererseits wurde versucht, mit Hilfe der Devisenzwangswirtschaft die Dollarlücke unter Kontrolle zu halten. Das führte seinerseits zum weiteren Aufbau des Bilateralismus und damit eines Systems, das dem von den USA propagierten diametral entgegenstand.

In Anbetracht dieser Ausgangslage scheint das Modell der hegemonialen Kooperation sehr geeignet, um zu erklären, wie es schließlich am Ende der 50er Jahre doch zur Etablierung der von den USA gewünschten Weltwirtschaftsordnung gekommen ist. Dieses Modell, angewandt auf die Durchsetzung der Welthandelsliberalisierung, geht davon aus, daß Liberalisierung zwar im Interesse eines jeden Staates liegt, aber aufgrund von Anpassungslasten und anderen Opportunitätskosten trotzdem häufig nicht zustandekommt. Eine dominierende Macht kann den faktischen Vollzug der Liberalisierung jedoch wesentlich erleichtern, indem sie das Kalkül der anderen Länder bei der Frage, ob sie hierbei kooperieren sollen oder nicht, durch die Schaffung zusätzlicher Kooperationsanreize beeinflußt[9]. Das Modell läßt demnach erwarten, daß die Gewährung von Auslandshilfe von den USA instrumentalisiert worden ist, um dadurch die Etablierung eines multilateralen Welthandelssystems zu fördern.

Tatsächlich läßt sich das in der Wirklichkeit feststellen. So wurde von den USA die Vergabe einer hohen, zinsgünstigen Nachkriegsanleihe an Großbritannien an die Bedingung der Wiederherstellung der Konvertibilität des Pfund Sterling geknüpft. Dabei ließen sich die Amerikaner von der Auffassung leiten, daß Großbritanniens finanzielle Probleme das größte Hindernis für rasche Fortschritte bei der Errichtung eines freien multilateralen Zahlungs- und eines liberalen Welthandelssystems darstellten. Mit anderen Worten: Wenn es gelänge, die britischen finanziellen Schwierigkeiten zu lösen, könnte Großbritannien die Devisenzwangswirtschaft abschaffen, mit der Konvertibilität der beiden wichtigsten Währungen der Welt, nämlich des Dollars und

---

[9] Beth V. Yarbrough; Robert M. Yarbrough, Cooperation in the Liberalization of International Trade: After Hegemony, What?, in: International Organization 41 (1987), S. 1ff.; Robert O. Keohane, After Hegemony. Cooperation and Discord in the World Political Economy, Princeton 1984.

des Pfundes, aber wäre die Durchsetzung des Multilateralismus gesichert[10]. Das Experiment scheiterte jedoch. Die Sterling-Konvertibilität führte zu einer Welle des Umtauschs von Pfund in Dollar und zu einem rapiden Verbrauch der britischen Währungsreserven einschließlich der amerikanischen Anleihe. Nur wenig mehr als einen Monat nach dem Stichtag ihrer Einführung mußte die Konvertibilität des Pfundes rückgängig gemacht werden[11]. Die Anreizwirkung der Dollaranleihe war verpufft, da sich die Kosten einer Kooperation bei der Etablierung eines multilateralen Systems für Großbritannien als wesentlich höher erwiesen hatten als erwartet und sie von der Anleihe nicht kompensiert wurden. Und die Konsequenz, die die Briten aus dem mißglückten Versuch zogen, war, daß sie von nun an jedem in ihren Augen vorzeitigen Schritt zur Multilateralisierung des Pfund-Zahlungsverkehrs hartnäckigen Widerstand entgegensetzten[12], Diskriminierung nach eigenem Gutdünken sowie bilaterale Abkommen also verstärkt in ihrem wirtschaftlichen Basisinteresse liegend ansahen.

Aber auch die USA nahmen eine Neuorientierung ihrer Politik vor. Zwar hielten sie an ihrem Ziel, der Schaffung eines liberalen, auf Nicht-Diskriminierung beruhenden Welthandelssystems, fest, jedoch schlugen sie einen anderen Weg dorthin ein. Nicht nur rechneten sie jetzt mit längeren Fristen bei der Erreichung dieses Ziels, sondern sie verlegten sich nunmehr vorrangig auf die Förderung der westeuropäischen Integration als eines Zwischenschritts hin zu globalem Multilateralismus. Durch die Beseitigung quantitativer Einfuhrbeschränkungen und der Devisenbewirtschaftung im Verkehr der europäischen Länder untereinander würde, so ihr Kalkül, der Wettbewerb zwischen den Anbietern der verschiedenen Staaten Europas stimuliert werden. Dadurch stiege deren Produktivität und ihre Wettbewerbsstellung in der Weltwirtschaft würde sich so verbessern, daß dann der Übergang zu freiem Welthandel leichter möglich wäre. Dabei sah man in den USA sehr wohl, daß die auf Europa beschränkte Verringerung der Handelsbarrieren ipso facto eine verschärfte Diskriminierung des Dollarraums bedeutete. Dies wollte man aber so lange tolerieren, wie die Schranken gegen Dollarimporte selbst nicht erhöht würden[13]. Die Tatsache, daß die USA sich bereit fanden, Diskriminierung gegen ihre eigenen Exporte auf mittlere Sicht zu akzeptieren, muß als entscheidend für die letztendliche Annäherung an ihr globales Ziel angesehen werden. Denn damit wurde erneut eine gewisse Interessenkongruenz zwischen den USA und Europa hergestellt, insofern als sich beide zunächst auf die Verbesserung der Voraussetzungen für den intraeuropäischen Handel konzentrieren konnten. Eine Basis für Kooperation, die nach dem Scheitern der britischen Konvertibilität bedroht schien, konnte so erhalten werden.

Innerhalb der amerikanischen Regierung war es die Economic Cooperation Administration (ECA), d. h. die für die Durchführung des Marshallplans geschaffene Behörde, die mit Unterstützung des Außenministeriums die neue Politik initiierte und gegen mancherlei Widerstand besonders des Schatzamtes auch durchsetzte[14]. Das paßt gut zu den Voraussagen des Modells hegemonialer Kooperation, weil die ECA durch

---

[10] FRUS 1945, Bd. 6, S. 54ff.
[11] Richard N. Gardner, Sterling-Dollar Diplomacy. Anglo-American Collaboration in the Reconstruction of Multilateral Trade, 1. Aufl., Oxford 1956, S. 308ff.
[12] Milward, Reconstruction (Anm. 2), S. 260.
[13] FRUS 1949, Bd. 4, S. 412ff.
[14] Milward, Reconstruction (Anm. 2), S. 268ff.

ihre Verfügungsgewalt über die Marshallplanhilfe einen sehr effektiven Anreiz besaß, die Europäer, mit deren Interessen die amerikanischen Ziele bei Verfolgung der von ihr vorgeschlagenen Politik grundsätzlich wieder in Einklang gebracht waren, zu wirklicher Zusammenarbeit zu veranlassen. Tatsächlich wurden die Marshallplangelder auch in diesem Sinn genutzt. So waren die USA nun doch bereit, Dollars zur Finanzierung des intraeuropäischen Handels einzusetzen. Zu dem Zweck wurde das begrenzte multilaterale Clearing, zu dem sich 1947 eine kleine Gruppe europäischer Staaten entschlossen hatte, ergänzt durch Ziehungsrechte. Dabei waren alle OEEC-Länder, die überhaupt in den Genuß von Marshallplanhilfe kamen, verpflichtet, europäischen Partnerländern, mit denen sie einen Leistungsbilanzüberschuß aufwiesen, in Höhe des prospektiven Saldos Ziehungsrechte einzuräumen. Das heißt, in dieser Höhe konnten die Defizitländer praktisch umsonst einkaufen. Als Ausgleich wurde den Überschußländern der als „bedingte Hilfe" zurückgehaltene Teil ihrer Zuteilungen aus dem Marshallplan fest zugewiesen. Dem Abkommen über den innereuropäischen Zahlungs- und Verrechnungsverkehr vom Herbst 1948 traten im Unterschied zu seinem Vorläufer alle OEEC-Länder bei, was kein Wunder war, da ja ein Teil der Dollarzuweisungen hiervon nun abhängig gemacht worden war[15].

Der durch das Abkommen erreichte Grad an Multilateralität des innereuropäischen Zahlungsverkehrs war allerdings sehr gering. Das lag an einer Besonderheit des vorgesehenen Clearings, die unverändert aus der Vereinbarung von 1947 übernommen worden war. Es wurde nämlich unterschieden zwischen sogenannten Verrechnungen erster und solchen zweiter Kategorie. Verrechnungen erster Kategorie verringerten die Salden, indem diese innerhalb eines geschlossenen Ringes von Ländern, die jeweils Schuldner des vorhergehenden und Gläubiger des folgenden Operationsteilnehmers waren, um einen einheitlichen Betrag gekürzt wurden. Sie wurden, soweit an ihnen nicht die Schweiz oder Portugal beteiligt waren, automatisch vom dazu bestellten Agenten, der Bank für Internationalen Zahlungsausgleich in Basel, vorgenommen. Verrechnungen der zweiten Kategorie waren dagegen für alle Beteiligten freiwillig. Diese beinhalteten die Erhöhung mindestens eines Saldos, wenn etwa das Defizit eines Landes gegenüber einem zweiten durch Übertragung eines Überschusses, den ersteres Land mit einem dritten erzielt hatte, ausgeglichen wurde, wobei das dritte Land jedoch selbst ein Defizit mit dem zweiten aufwies, das sich infolgedessen vergrößerte. Das Einverständnis zu Verrechnungen der zweiten Kategorie wurde jedoch nur selten erteilt. Das lag daran, daß es den Teilnehmerländern angesichts der prinzipiellen Weitergeltung der bilateralen Zahlungsabkommen nicht gleichgültig sein konnte, wenn durch eine Übertragung ihre Schuld gegenüber einem anderen Staat zunahm und deshalb eventuell die Notwendigkeit einer Gold- oder Dollarzahlung nach Ausschöpfung des bilateral gewährten Kreditspielraums für sie näherrückte. Aber auch ein Gläubigerland hatte Grund, häufig sein Veto gegen derartige Operationen einzulegen. Denn die vollständige Durchführung der Verrechnungen zweiter Kategorie hätte bedeutet, daß sich seine Guthaben tendenziell bei den schwächsten Ländern konzentrierten mit entsprechend geringerer Wahrscheinlichkeit baldiger Rückzahlung. So führte die Tatsache, daß das Verrechnungssystem den bilateralen Zahlungsabkommen

[15] Vgl., auch für das Folgende, ebenda; BIZ, 19. Jahresbericht, S. 216ff. (dort auf S. 250ff. ist auch der Abkommenstext abgedruckt).

lediglich übergestülpt worden war, ohne etwas an der fortbestehenden Zweiseitigkeit der Kreditbeziehungen zu ändern, nur zu einem höchst unvollständigen Clearing. Es war klar, daß sich die USA mit diesem Zustand nicht auf Dauer abfinden würden. Als Hebel bei der Durchsetzung einer weitergehenden Multilateralisierung des innereuropäischen Zahlungsverkehrs diente dabei zunächst die Forderung nach Transferabilität der Ziehungsrechte mit der Folge entsprechender Änderungen in der Verteilung der bedingten Dollarhilfe. Dieses Verlangen, von der ECA schon anläßlich der Verhandlungen um das erste OEEC-weite Abkommen vorgebracht, später aber wieder fallengelassen, wurde 1949 zur zentralen Bedingung der USA für ihre Bereitschaft, weiterhin Dollars zur Erleichterung des intraeuropäischen Handels herzugeben[16]. Gegen den langanhaltenden Widerstand der Briten, die die Gefahr, aufgrund des möglichen Verlustes bedingter Hilfe in unvorhergesehene Zahlungsschwierigkeiten zu geraten, fürchteten[17], setzten die Amerikaner das Prinzip schließlich doch durch. Allerdings mußten sie sich damit zufriedengeben, daß nur ein Viertel der insgesamt eingeräumten Ziehungsrechte multilateral verwendbar war. Und zusätzlich wurde Großbritannien die Annahme des Plans durch das Zugeständnis leichter gemacht, die Summe der auf Belgien übertragbaren Ziehungsrechte einem verhältnismäßig engen Limit zu unterwerfen. Denn Belgien wies damals einen enormen strukturellen Überschuß im Handel mit den OEEC-Ländern auf, was in britischen Augen eine umfangreiche Verlagerung von Ziehungsrechten und bedingter Hilfe vom Vereinigten Königreich nach Belgien sehr wahrscheinlich gemacht hätte, wenn ihr nicht durch die besagte Übereinkunft ein gewisser Riegel vorgeschoben worden wäre. Averell Harriman, der Chefdelegierte der ECA in Europa, verbarg nicht seine Genugtuung über den auf diese Weise zustandegekommenen ersten größeren Erfolg der USA im Kampf gegen den innereuropäischen Bilateralismus. Im gleichen Atemzug machte er jedoch klar, daß es sich dabei nach der Meinung der Amerikaner nur um einen ersten Schritt handelte[18].

Schon im Dezember 1949, weniger als ein halbes Jahr, nachdem das neue Abkommen in Kraft getreten war, präsentierte die ECA den OEEC-Ländern einen amerikanischen Vorschlag für die Schaffung vollständiger Transferabilität europäischer Währungen untereinander, was laufende Zahlungen anging, sowie für substantielle Handelsliberalisierung innerhalb Westeuropas[19]. Ein wichtiges Prinzip dabei war, daß die Teilnehmerländer wenigstens einen Teil ihrer Nettodefizite in Gold oder Dollars ausglichen bzw. einen Teil ihrer Nettoüberschüsse kreditierten. Dadurch sollte ein Anreiz gegeben werden, möglichst ein Zahlungsgleichgewicht anzustreben und mit einem Anpassungsprozeß zu beginnen, der zur allgemeinen Konvertibilität hinführen würde. Außerdem wurde von amerikanischer Seite deutlich gemacht, daß ein erheblicher Betrag aus den für 1950/51 vorgesehenen Marshallplanzuteilungen zurückgehalten werden würde, um damit einen solchen innereuropäischen Clearingmechanismus zu unterstützen. Derart unter Druck gesetzt, produzierte die OEEC schon bald den

---

[16] FRUS 1949, Bd. 4, S. 387.
[17] Ebenda, S. 403f.
[18] Ebenda, S. 405ff.
[19] Vgl., auch für das Folgende, FRUS 1950, Bd. 3, S. 646ff.; Milward, Reconstruction (Anm. 2), S. 304ff.; Michael J. Hogan, The Marshall Plan. America, Britain and the Reconstruction of Western Europe, 1947–1952, Cambridge 1987, S. 295ff.

Vorschlag einer Europäischen Zahlungsunion (EZU), der den amerikanischen Bedingungen entsprach. Und sie beschloß, daß nach deren Gründung die Liberalisierung des Handels der Mitgliedsländer untereinander erweitert und dabei jegliche Diskriminierung unterlassen würde.

Der hauptsächliche Widerstand gegen diese Pläne kam wiederum von den Briten. Ihrer Meinung nach sollte Großbritannien ein spezieller Status innerhalb der Union zugestanden werden, der es ihnen ermöglichte, ihr System bilateraler Abkommen voll in Funktion zu halten. Sie wollten sich nämlich ein Wahlrecht reservieren, ob sie Zahlungen über die EZU oder direkt im Rahmen ihrer bilateralen Abkommen vornehmen würden. Zusätzlich wollten sie sich nicht der Möglichkeit begeben, quantitative Restriktionen gegen die Exporte einzelner ihrer Partnerländer zu verhängen, wann immer das ihrer Meinung nach zum Schutz ihrer Währungsreserven unerläßlich sei. Damit wären die Briten der Notwendigkeit, jemals ungeplante Gold- oder Dollarzahlungen leisten zu müssen, weitgehend enthoben worden. Und darauf kam es ihnen nach ihren Erfahrungen mit der gescheiterten Sterling-Konvertibilität entscheidend an. Andererseits erwies sich genau das für die Amerikaner als unakzeptabel, da es ihnen ja gerade darum ging, die nationale Wirtschaftspolitik der OEEC-Länder einer gewissen, von außen vermittelten Disziplin zu unterwerfen, um so die Rückkehr ihrer Währungen zur Konvertibilität zu fördern. Schließlich wurde ein Kompromiß gefunden, indem die USA zusagten, Großbritannien für Goldüberweisungen an die Union, soweit sie auf den Einsatz existierender Sterlingguthaben der Teilnehmerländer für Zahlungen zurückzuführen waren, zusätzliche Dollarmittel zur Verfügung zu stellen. Immerhin war nämlich der Umtausch solcher Sterlingbestände in Dollars eine wichtige Ursache für den Zusammenbruch der Pfund-Konvertibilität im Sommer 1947 gewesen, weshalb die britischen Sorgen vor einem erneuten Versuch der Multilateralisierung des Zahlungsverkehrs nicht unbegründet erschienen. Dieser Sorge ledig, stimmten die Briten der vollen Einbeziehung des Sterlingraumes in die EZU schließlich doch zu.

Der Gründungsvertrag über die EZU wurde am 19. September 1950 von allen OEEC-Mitgliedern unterzeichnet. Die Abrechnungen über die Union begannen rückwirkend zum 1. Juli. Eine sehr wichtige Innovation der EZU stellte der mit ihr gegebene multilaterale Kreditmechanismus dar. Jedes Mitglied konnte sich nämlich im Rahmen seiner Quote bei anteiliger Goldzahlung gegenüber der Union als Ganzer verschulden, wie es auch bei Bedarf der Union als Ganzer bei anteiligem Goldempfang Kredit gewährte. Damit entfiel die Notwendigkeit, die Entwicklung der bilateralen Salden im Auge zu behalten. Und das ermöglichte es, zur vollständigen Verrechnung der Überschüsse mit den Defiziten eines jeden Landes im Zahlungsverkehr mit allen anderen Mitgliedsländern der Union überzugehen. Das bedeutete aber nichts anderes, als daß durch die EZU tatsächlich die uneingeschränkte Transferabilität der europäischen Währungen hergestellt war. Auf diese Weise konnten von den Bruttosalden, die sich im Zahlungsverkehr der OEEC-Länder untereinander während der ersten 21 Monate der Existenz der EZU ergaben, mehr als 70% durch Ausgleichsoperationen beseitigt werden, wohingegen es während der 21-monatigen Laufzeit der beiden Vorgängerabkommen nur etwa 6% waren[20]. Zudem erhöhte sich die Effektivität der von

[20] BIZ, 21. Jahresbericht, S. 224ff.; ebenda, 22. Jahresbericht, S. 239.

den USA eingebrachten Dollarmittel, da sie nun nicht mehr zur Deckung der innereuropäischen Defizite nach dem Bruttoprinzip, sondern nur noch zur Verringerung der Nettosalden herangezogen wurden. Nicht zuletzt aber hatten auch die Gläubiger der EZU gegenüber dem bilateralen System zwei Vorteile: Erstens erhielten sie anstelle einer blockierten Forderung gegenüber dem bilateralen Partner eine Forderung gegen die Union, mit der sie Zahlungen im gesamten Unionsgebiet bewirken konnten. Und zweitens floß ihnen schon sehr früh ein Teil ihrer Überschüsse in Gold oder Dollars zu, die sie für Zahlungen in der ganzen Welt einschließlich des Dollarraums verwenden konnten, während das zuvor, sieht man von der bedingten Hilfe ab, prinzipiell erst nach Ausschöpfung des Swings der Fall war. Mit anderen Worten, die europäischen Währungen wurden partiell gegenüber dem Dollar konvertibel.

Nach der Präambel ihres Gründungsabkommens sollte die EZU den vollständigen Übergang der europäischen Staaten zu Währungskonvertibilität und nicht-diskriminierendem Welthandel erleichtern. Und dies war ja, wie gezeigt, das Grundmotiv, aus dem heraus die USA überhaupt die zunächst auf die europäischen Währungen beschränkte Multilateralisierung des Zahlungsverkehrs Europas gefördert hatten. Tatsächlich scheint die EZU auf wenigstens zwei Wegen direkt zur Erreichung dieses Ziels beigetragen zu haben. Zum einen machten die Gläubigerländer der Union ein Interesse an ihrer „Härtung" geltend, d. h. an der Erhöhung des Anteils, zu dem die Quoten insgesamt aus Gold- oder Dollarzahlungen bestanden. Das geschah denn auch erstmals zum Juli 1954, als dieser Anteil von 40 auf 50% angehoben wurde, und dann nochmal ab August 1955, als er 75% erreichte[21]. Mit der so bewirkten Steigerung des Konvertibilitätsgrades der europäischen Währungen verringerte sich jedoch der Anreiz zur handelspolitischen Diskriminierung des Dollarraumes. Zum anderen nahm der Wettbewerb, dem die Unternehmen in den europäischen Ländern ausgesetzt waren, schon durch die regional begrenzte Handelsliberalisierung und Nicht-Diskriminierung zu. Der auf diese Weise wieder stärker zu seinem Recht kommende Preismechanismus löste, wie im GATT beobachtet wurde, eine Tendenz aus, verschiedene Handelsbeschränkungen auch überregional liberaler zu handhaben, um in den Genuß von Inputs zu den weltweit günstigsten Preisen zu kommen und damit die eigene Konkurrenzfähigkeit zu stärken[22]. Insofern entwickelte die auf Europa beschränkte Multilateralisierung des Zahlungsverkehrs und Teilliberalisierung des Handels also durchaus, genau wie von den USA erwartet, eine gewisse Eigendynamik im Hinblick auf die Herstellung der globalen Währungskonvertibilität sowie die Liberalisierung des Handels auch mit anderen Gebieten. Bezeichnend für das Vorhandensein einer solchen Eigendynamik ist jedenfalls, daß die USA weitere Fortschritte auf dem Weg zum multilateralen Welthandelssystem nicht mehr in derselben Weise mit Dollarhilfe „erkaufen" mußten, wie sie das in den verschiedenen Stadien, die zur Gründung der EZU führten, taten.

Allerdings darf man nicht übersehen, daß die Möglichkeit zur Entfaltung dieser Eigendynamik erst durch das allmähliche Verschwinden der Dollarlücke gegeben war. Denn von den neun Dauerschuldnern der EZU nach 1951 hatten sechs, nämlich Portugal, Dänemark, Norwegen, Island, Italien und Griechenland, generell keine

---

[21] European Payments Union (EPU), First Annual Report of the Managing Board, S. 15; ebenda, 5th Annual Report, S. 41.
[22] General Agreement on Tariffs and Trade (GATT), International Trade 1955, S. 26f.

Probleme, ihre Dollarüberweisungen an die Union aus ihrem Leistungs- und privaten
Kapitalverkehr mit dem Dollarraum sowie den Überschüssen im Handel mit dritten
Währungsgebieten zu finanzieren. Dabei spielten, abgesehen von den ersten Jahren,
amerikanische Hilfszahlungen nur in Griechenland eine größere Rolle, amerikanische
Regierungsausgaben in Island und in geringerem Ausmaß in Italien. Ansonsten waren
es Handelsbilanzüberschüsse mit dem Dollarraum oder dritten Gebieten, Frachtein-
nahmen, private Übertragungen und private ausländische Kapitalanlagen, die den
Dollarzufluß bei den genannten Dauerschuldnern bewirkten. Auch der Sterlingblock,
der ebenfalls ein strukturelles Defizit mit dem EZU-Raum aufwies, konnte dieses in
normalen, d. h. nicht durch Übernachfrage auf den Binnenmärkten gekennzeichneten
Jahren aus anderwärts erwirtschafteten hohen Dollarüberschüssen decken. Dagegen
war das Gleichgewicht der französischen Zahlungsbilanzsituation schon in normalen
Jahren labiler, weil hier die positive Dollarbilanz, die die negative EZU-Bilanz kom-
pensierte, stark von politischen Bestimmungsfaktoren unterliegenden amerikanischen
Hilfszahlungen und Regierungsausgaben abhängig war. Völlig aus dem Rahmen struk-
tureller Defizite mit dem EZU-Raum bei Erzielung von kompensatorischen Dollarüberschüssen fiel jedoch allein die Türkei, deren Wirtschaftslage infolge der Entwick-
lungsprogramme von permanenter Übernachfrage geprägt war, was zu einem dauerhaften allgemeinen Zahlungsbilanzungleichgewicht führte. In allen anderen Fällen
wurden von den EZU-Dauerschuldnern auf die eine oder andere Weise derartige
Dollarüberschüsse erzielt, die normalerweise zur Deckung des Negativsaldos mit der
Union ausreichten und häufig auch noch eine Aufstockung der Währungsreserven
erlaubten[23].

Eine nicht unwesentliche Bedingung, daß die Dollarlücke Westeuropas sich rasch
verkleinerte, war, wie noch dargestellt werden wird, die Einbeziehung Westdeutschlands in den Prozeß der europäischen Integration. Die Voraussetzung dafür wurde
jedoch erst 1949 durch den Wegfall der sogenannten Dollarklausel geschaffen[24]. Diese
Klausel ging in ihren Grundzügen zurück auf eine Kontrollvorschrift vom Herbst
1945, wonach deutsche Exporte in Dollars zu bezahlen und deutsche Importe auf das
Notwendigste zu beschränken waren. Ursprünglich war die Klausel nichts anderes als
die Umsetzung des „First-Charge Principle", das Exporten zur Finanzierung des
deutschen Minimaleinfuhrbedarfs Priorität vor allen anderen deutschen Lieferungen
aus der laufenden Produktion ins Ausland einräumte, in die Praxis. Bald wurde sie
aber ideologisch aufgeladen, weil die Amerikaner befürchteten, mit ihrem Anliegen
der Multilateralisierung des Welthandels unglaubwürdig zu werden, wenn sie sich
dort, wo sie das Sagen hatten, nicht an entsprechende Prinzipien hielten. Den Handel
gegen konvertible Währung, sprich Dollars, sahen sie als ein solches Prinzip an,
genauso wie die Freiheit, immer nur die preisgünstigsten Verkaufsgebote von unentbehrlichen Gütern wahrzunehmen. Aus diesen Gründen hielten sie so lange an der
Dollarklausel für den Handel der Bizone und später der Trizone fest.

Die Folgen jener Politik, die Westdeutschland zu einer Hartwährungsinsel im Meer
des Bilateralismus machte, waren zweifach: Zum einen wurde von den anderen euro-

[23] Für die Zahlungsbilanzen, aus denen diese Schlußfolgerungen abgeleitet wurden, siehe IMF, Balance of
Payments Yearbook, verschiedene Jahrgänge.
[24] Vgl., auch für alles Folgende, Christoph Buchheim, Die Wiedereingliederung Westdeutschlands in die
Weltwirtschaft 1945–1958 (in Vorbereitung).

päischen Ländern gegen die deutsche Ausfuhr wie gegen die eines Dollarlandes diskriminiert. Das heißt, man kaufte in Deutschland nur essentielle Waren, für die man in
jedem Fall Dollars ausgeben mußte, was zu einem guten Teil das Übergewicht der
Rohstoffe im deutschen Export jener Jahre erklärt. Zum anderen klaffte die Dollarlücke im deutschen Außenhandel noch viel weiter als im Durchschnitt der OEEC-
Staaten. Denn die Tatsache, daß nur Produkte, die von der Militärregierung als unentbehrlich angesehen wurden, importiert werden durften, schloß europäische Länder
aufgrund ihrer Produktionsstruktur als Lieferanten weitgehend aus. Fertigwaren
erfüllten nämlich nur selten das Kriterium absoluter Notwendigkeit, Rohstoffe hatte
Europa nur wenige anzubieten, und hochwertige Nahrungsmittel wie Gemüse, Butter
und Fisch waren im Verhältnis zu ihrem Kaloriengehalt teurer als Getreide und daher
entbehrlich. Zudem wirkte das Erfordernis der Preiswürdigkeit als fast unüberwind-
bare Barriere für Importe aus Ländern, die nicht dem Dollarraum angehörten, da die
meisten Währungen der Welt im Vergleich zum Dollar überbewertet waren und schon
deshalb die in diesen Währungen ausgedrückten Preise bei Umrechnung in Dollars
über den Preisen entsprechender Dollarwaren lagen. Hier läßt sich auch eine gewisse
Inkonsequenz in der Politik der USA feststellen, die einerseits die Überbewertung
zunächst tolerierten, andererseits bei der Entscheidung über die Einfuhr in das von
ihnen besetzte Gebiet strikt den Maßstab des Preises anlegten. Das Ergebnis war
jedenfalls, daß etwa 1947 75% der bizonalen Importe allein aus den USA stammten[25],
während sich dieses Verhältnis für die OEEC-Länder insgesamt damals auf 25%
belief[26]. Allerdings bereitete die Dollarlücke als solche den Deutschen selbst nur
geringe Sorge, da sie wie selbstverständlich von den Besatzungsmächten finanziert
wurde.

Weil die Politik der Dollarklausel die wirtschaftliche Integration Westdeutschlands
in Europa massiv behinderte, geriet sie 1948 und 1949 innerhalb der amerikanischen
Administration verstärkt unter Druck. Besonders das Außenministerium, das den
Marshallplan unter der Voraussetzung der Notwendigkeit des deutschen Wirtschaftspotentials für den europäischen Wiederaufbau konzipiert hatte[27], betrachtete die Dollarklausel deshalb als nicht mehr zeitgemäß. Unterstützt wurde es in dieser Auffassung
von der ECA, die die Gefahr der Kontraktion des Handelsvolumens innerhalb Europas, wenn dieser Handel auf Dollarbasis abgewickelt würde, deutlich sah[28]. Den
unmittelbaren Anlaß für die Abkehr von der Dollarklausel in Westdeutschland lieferte
im Frühjahr 1949 die Kündigung des deutsch-schweizerischen Zahlungsabkommens
durch die Schweiz. In den dann folgenden Verhandlungen bestand die Schweiz darauf,
daß es keinen uneingeschränkten Umtausch des positiven deutschen Handelssaldos in
Dollars mehr geben könne. Vielmehr solle zwingend ein Ausgleich der gegenseitigen
Zahlungen vereinbart werden. Da trat die Joint Export Import Agency, die Außenhan-
delsorganisation der Besatzungsmächte, die Flucht nach vorne an und schlug der

---

[25] Joint Export Import Agency (JEIA), Abschlußbericht, Frankfurt/M. 1949, S. 11 in Verbindung mit Office of
Military Government for Germany, United States (OMGUS), Report of the Military Governor, July 1949,
Statistical Annex, S. 208.
[26] OEEC, Statistical Bulletins, Foreign Trade, Series I, Yearbook 1937–1951, S. 2.
[27] Hans-Jürgen Schröder, Die amerikanische Deutschlandpolitik und das Problem der westeuropäischen Integration 1947/48–1950, in: Raimond Poidevin (Hrsg.), Histoire des débuts de la construction européenne
(Mars 1948 – Mai 1950), Brüssel usw. 1986, S. 77ff.; Hogan, Marshall Plan (Anm. 19), S. 35ff.
[28] FRUS 1949, Bd. 4, S. 414.

Schweiz den Abschluß eines liberalisierten Handelsabkommens vor. Hiernach waren die deutschen Importeure frei, innerhalb einer monatlichen Devisenhöchstgrenze nach Belieben gewerbliche Waren aus der Schweiz einzuführen. Das Prinzip der von der Militärregierung zu bestimmenden Notwendigkeit eines jeden Imports wurde demnach fallengelassen. Auf dieser Basis kam im August 1949 tatsächlich eine Einigung mit der Schweiz zustande. Diese hielt im Gegenzug ihre liberale Importpolitik gegenüber Westdeutschland aufrecht und erklärte sich nun doch bereit, deutsche Zahlungsüberschüsse, falls denn noch welche entstehen sollten, weiterhin in Dollars umzuwechseln. Mit dem Abkommen, dem in rascher Folge weitere mit anderen OEEC-Ländern folgten, war die Dollarklausel ad acta gelegt worden. An ihre Stelle trat jedoch nicht die Eingliederung Westdeutschlands in das System des Bilateralismus. Vielmehr zielte der Liberalisierungsaspekt weit darüber hinaus. Einer echten Integration der westdeutschen Wirtschaft in Westeuropa, einem entscheidenden Etappenziel des amerikanischen Außenministeriums sowie der ECA auf der Bahn zu globalem Multilateralismus, stand nun nichts mehr im Weg, zumal nur wenig später auch die multilaterale Liberalisierung im Rahmen der OEEC anlief, an der Westdeutschland teilnahm.

Die Liberalisierung führte zunächst zu einem Boom der Importe Westdeutschlands aus dem OEEC-Raum. Hieran waren vor allem veredelte landwirtschaftliche Produkte und bestimmte Fertigwaren, wie z. B. Textilien, beteiligt, im wesentlichen nicht als unentbehrlich angesehene Güter also, die zuvor durch die Dollarklausel erfolgreich von der Einfuhr ausgeschlossen worden waren. Es kam zu einem Umschwung der deutschen Zahlungsentwicklung mit den OEEC-Ländern. Hatte Westdeutschland gegenüber der Gesamtheit dieser Staaten früher Überschüsse erzielt, machten diese jetzt zunächst hohen Defiziten Platz. In der Folge wurden jedoch auch die Barrieren, die diese Staaten gegen die deutsche Ausfuhr errichtet hatten, schrittweise beiseitegeräumt, die Exporte der Bundesrepublik in den OEEC-Raum stiegen ebenfalls stark an und die Lücke zwischen Ein- und Ausfuhr schien sich wieder zu schließen. Die sich auf diese Weise verwirklichende verstärkte Integration Deutschlands in Europa trug ihrerseits entscheidend zur Verminderung der westdeutschen Dollarlücke bei. Denn während die Importe aus dem OEEC-Gebiet zwischen dem dritten Quartal 1949 und dem ersten Vierteljahr 1950 um die Hälfte zunahmen, fielen diejenigen aus den USA im gleichen Zeitraum um zwei Fünftel. Ein wichtiger Grund dafür war gewiß die verbesserte Konkurrenzfähigkeit europäischer Produkte nach der Abwertungswelle vom Herbst 1949. Nicht weniger wichtig dürfte aber auch die Tatsache gewesen sein, daß durch die Liberalisierung im Verhältnis zu den OEEC-Ländern nun vermehrt Güter importiert wurden, die enge Substitute von früher eingeführten Dollarwaren gewesen sind. Ganz deutlich wurde dies beispielsweise beim Import von Nahrungsmitteln aus Europa, wodurch der Bedarf an amerikanischem Getreide zurückging. Damit fiel die Verringerung der US-Auslandshilfe für Westdeutschland von 1949 auf 1950 um die Hälfte zusammen[29]. Aus den genannten Gründen übte diese jedoch keinen Zwang zu verzerrender Handelsumlagerung und normalerweise zu erwartender verschärfter Diskriminierung des Dollarraums aus. Vielmehr bewirkten die durch die Liberalisierung im Verkehr mit Europa geweckten ökonomischen Kräfte ganz natürlich eine Verlage-

---

[29] Monatsberichte der Bank deutscher Länder (BdL), Mai 1951, S. 50.

rung der deutschen Einfuhr, die den Verzicht auf die Hälfte der bisher gewährten Dollarhilfe ohne weiteres ermöglichte.

Allerdings brachte der Koreakrieg erst einmal eine Krise in der Zahlungsbilanzentwicklung der Bundesrepublik gegenüber den Währungsgebieten der OEEC-Länder. Diese Krise stellte die EZU, kaum daß sie gegründet war, vor eine schwere Belastungsprobe. Denn im zweiten Halbjahr 1950 übertraf das Wachstum der deutschen Importe aus dem EZU-Raum erneut dasjenige der Exporte dorthin bei weitem. Dabei spielte die schon recht weitgehende Liberalisierung der Einfuhr aus dem OEEC-Gebiet eine Rolle, weil sie die deutschen Behörden daran hinderte, sich der durch den Kriegsausbruch in Korea ausgelösten Nachfragewelle nach Importen erfolgreich entgegenzustemmen. Diese unterstützten sie vielmehr noch durch den staatlicherseits vorgenommenen Ankauf von Nahrungsmitteln und Rohstoffen im Rahmen eines Einfuhr-Sicherungsprogramms. Wesentlichen Anteil an der Verschlechterung der Handelsbilanz mit dem EZU-Raum hatte aber auch die unterschiedliche Preisentwicklung bundesdeutscher Importe und Exporte. Blieb der Durchschnittswert letzterer konstant, so erhöhten sich die Importpreise von Juli bis Dezember 1950 um 30%, eine Folge des plötzlichen Anschwellens der Welt-Rohstoffnachfrage. Zusätzlich wurde das deutsche Zahlungsdefizit noch durch die Verschlechterung der terms of payment, d. h. der Zahlungsgewohnheiten, wie etwa wieder üblicher werdender Importvorauszahlungen, aufgebläht. Die Konsequenz von alldem war, daß die deutsche EZU-Quote von 320 Millionen $ Ende Oktober 1950 beinahe aufgebraucht und damit die Gefahr drastischer Einschränkungen der Liberalisierung seitens der Bundesregierung verbunden war. Um das zu verhindern, wurde der Bundesrepublik vom Rat der OEEC nach Vorlage eines wirtschaftlichen Sanierungsprogramms ein Überbrückungskredit in Höhe von 120 Millionen $ bewilligt, der zur anteiligen Abdeckung künftiger Rechnungsdefizite mit der EZU dienen sollte. Auch dieser Kredit ging aber infolge einer neuen Preissteigerungs- und Einfuhrwelle in den ersten Monaten des Jahres 1951 schnell zur Neige, so daß sich die Bundesregierung Ende Februar doch gezwungen sah, die Ausgabe von Lizenzen für Einfuhren aus dem EZU-Raum einzustellen.

Da die Bundesrepublik im vierten Quartal 1950 an Bedeutung als Importeur von Produkten aus den OEEC-Ländern mit Großbritannien gleichgezogen hatte und nun als Nachfrager in dieser Hinsicht von keinem Land mehr übertroffen wurde[30], kann man ermessen, daß der Schritt vom Februar 1951 für die OEEC keine Lappalie darstellte. Zwar wurden die deutschen Einfuhren aus dem Unionsgebiet nicht total unterbrochen, weil ein hoher Betrag an Einfuhrlizenzen noch nicht ausgenutzt worden war und weiter in Geltung blieb. Dennoch hatten natürlich die Partnerländer Westdeutschlands allen Anlaß, Retorsionsmaßnahmen zu ergreifen. Ein Wettrennen um möglichst gute Ausgangspositionen für über kurz oder lang fällig werdende bilaterale Verhandlungen mit der Bundesrepublik hätte beginnen und die Ansätze zu multilateralem und liberalerem Handel innerhalb Europas zu einem jähen Ende bringen können, zumal der Ausfall Deutschlands als Nachfrager das Zahlungsbilanzgleichgewicht manch anderen EZU-Landes ernsthaft bedrohte.

Daß es anders kam, lag an der Bereitschaft aller Beteiligten, eine Lösung im Rahmen der OEEC zu suchen und einen Rückfall in den Bilateralismus zu verhindern. Die

---

[30] OEEC, Statistical Bulletins, Foreign Trade, Series I, Yearbook 1937–1951, S. 2f.

Partnerländer behielten ihre Liberalisierung gegenüber der Bundesrepublik voll bei
und ermöglichten auf diese Weise einen weiteren Anstieg der deutschen Exporte in
den EZU-Raum sowie eine Erholung der deutschen Zahlungsbilanz auf stark erhöhtem statt gesunkenem Handelsniveau. Und auch die Bundesrepublik zeigte sich, wie
vom Managing Board der EZU ausdrücklich anerkannt wurde, äußerst kooperations-
bereit[31]. So konnte für April und Mai 1951 eine Regelung vereinbart werden, nach der
ein Vermittlungsausschuß der OEEC in Abhängigkeit von der Verbesserung der
Zahlungsbilanzsituation Westdeutschlands Empfehlungen für zusätzliche deutsche
Importe sowie für deren Verteilung auf Waren und Länder aussprach. Dabei berücksichtigte der Ausschuß sowohl die Erfordernisse der deutschen Wirtschaft als auch die
Zahlungslage und Exportinteressen der Handelspartner. Ab Juni galt dann ein monat-
liches Limit von 170 Millionen $ für die deutschen Importe aus dem EZU-Raum,
aufgeteilt in bestimmte Beträge für Einfuhren aus dem exliberalisierten und dem
nichtliberalisierten Sektor, Einfuhren aus über die EZU abrechnenden Nicht-OEEC-
Ländern sowie eine Quote zur freien deutschen Disposition. Für den größten Teil
dieser Summe wurden die Anteile einzelner Länder in Verhandlungen im Rahmen der
OEEC festgesetzt, für den exliberalisierten Sektor darüberhinaus die Aufgliederung
auf verschiedene Warenkategorien. Im Ergebnis ist der westdeutsche Handel mit den
EZU-Ländern also weitgehend bilateralisiert worden, was denn auch auf scharfe
Kritik der ECA stieß. Allerdings war es eine multilateral ausgehandelte Bilateralisie-
rung, die keinen Raum für das typische Bargaining zweier bilateraler Partner ließ und
Diskriminierung infolgedessen möglichst vermied. Außerdem war dadurch von vornherein klargestellt, daß es sich nur um eine Zwischenlösung handeln würde, bei der
jedes Land Opfer bringen müßte, damit auf diese Weise desto rascher zur Liberalisierung der deutschen Einfuhr zurückgekehrt werden könne. Das Interesse hieran war
bei allen Beteiligten offenbar so groß, daß es freiwillig zur internationalen Zusammenarbeit kam, bei der die OEEC-Länder, allen voran die Bundesrepublik, auf die uneingeschränkte Ausübung von Hoheitsrechten bezüglich der Bestimmung von Höhe und
Zusammensetzung ihres Außenhandels zugunsten einer internationalen Organisation
verzichteten. Dies stärkte zweifellos die Autorität der OEEC und schuf einen positiven Präzedenzfall für die Behandlung ähnlicher Schwierigkeiten anderer Länder[32].

Tatsächlich hatten die Maßnahmen dauerhaften Erfolg. Seit März 1951 erwirtschaf-
tete die Bundesrepublik ständig Überschüsse in ihrem Zahlungsverkehr mit dem EZU-
Raum. Anfang Januar 1952 wurde die Liberalisierung von Importen aus OEEC-
Ländern wieder aufgenommen, und ab April ist die damals bestehende Verpflichtung
zu einer Liberalisierungsquote von 75% voll erfüllt worden. Damit hörten die positiven EZU-Salden Westdeutschlands aber nicht auf. Vielmehr setzte sich jetzt die strukturelle Gläubigerposition der Bundesrepublik im EZU-Raum durch. Ihr in die
Abrechnungen eingehender Überschuß summierte sich bis zur Auflösung der EZU im
Dezember 1958 auf knapp 4,6 Mrd. $ und war damit fast vier Mal so hoch wie

[31] EPU, First Annual Report of the Managing Board, S. 24.
[32] Hans Möller, Handelspolitik zwischen Bilateralismus und Multilateralismus, in: Weltwirtschaftliches Archiv
68 (1952 I), S. 251ff.; Hubert G. Schmidt, The Liberalization of West German Foreign Trade, 1949–1951,
hrsg. v. Historical Division, Office of the US High Commissioner for Germany, Frankfurt/M. 1952, S.
110ff.; Horst-Friedrich Wünsche (Bearb.), Die Korea-Krise als ordnungspolitische Herausforderung der
deutschen Wirtschaftspolitik. Texte und Dokumente, Stuttgart usw. 1986, Dokument Nr. 57, S. 443f.

derjenige des nächstgrößten Gläubigers, nämlich Belgiens. Zwar liberalisierte die Bundesrepublik ihre Einfuhr aus dem EZU-Raum rasch weiter, und 1955 begann eine Serie umfangreicher Zollsenkungen. Dies verfehlte offenbar auch seine Wirkung nicht, das Importvolumen nahm jedenfalls wesentlich rascher zu als das reale Sozialprodukt. Wegen der nun aber sinkenden Importpreise schlug sich das nur in einer geringeren Steigerung des Einfuhrwertes nieder, die von dem Wachstum der Exporte, deren Durchschnittswert leicht anstieg, übertroffen wurde, so daß sich der Handelsbilanzüberschuß tendenziell vergrößerte. Das galt besonders für weltwirtschaftliche Boomphasen.

Ein solches Boomjahr war 1957. Damals wies die Handelsbilanz der Bundesrepublik mit der EZU einen Rekordüberschuß von 8 Mrd. DM auf. Dazu spülte eine Welle der Aufwertungsspekulation in großem Umfang Auslandsgelder nach Deutschland hinein. Die Gold- und Dollarüberweisungen der EZU an die Bundesrepublik erreichten in jenem Jahr den Spitzenwert von 1,2 Mrd. $. Angesichts dieser Entwicklungen ist es kein Wunder, daß die Kritik der Partnerländer an der deutschen Wirtschaftspolitik zunahm. Beinahe zu einem Eklat kam es darüber auf einer Konferenz der Ministerstellvertreter der OEEC Mitte Juni 1957. Otmar Emminger berichtete von dieser Sitzung, daß die „Schärfe des Tones", insbesondere des englischen Delegierten, „eigentlich über die Grenze dessen hinauszugehen schien, was in solchen internationalen Organisationen normalerweise üblich und erträglich ist". Für bedenklich hielt Emminger außerdem, daß auch sämtliche andere EZU-Gläubigerländer sich gegen die Bundesrepublik gestellt hätten. Sie wollten nämlich, so erklärte Emminger das, die Verantwortung für die befürchtete ernsthafte Bedrohung des europäischen Handels- und Zahlungssystems ganz auf Deutschland schieben können. In diesem Zusammenhang wurde offen mit einer allgemeinen Diskriminierung deutscher Waren gedroht. Einige Sprecher lehnten es darüber hinaus explizit ab, weiter über kleine Einzelempfehlungen an die deutsche Adresse zu diskutieren, und verlangten fundamentale Maßnahmen wie eine Wechselkursänderung oder die bewußte Zulassung von Preisniveausteigerungen[33].

Obwohl derartige fundamentale Maßnahmen in der Bundesrepublik nicht durchgeführt wurden, bewahrheiteten sich die Befürchtungen nicht. Vielmehr verringerte sich der deutsche Überschuß 1958 sehr, einmal aufgrund der Beruhigung der ausländischen Nachfrage nach dem Ende der Hochkonjunktur, zum anderen wegen des Rückstroms von Auslandskapitalien nach Aufhören der Spekulation auf eine DM-Aufwertung. Außerdem war die Situation in der zweiten Hälfte der fünfziger Jahre nicht mehr mit der am Anfang jener Dekade vergleichbar, da die Dollarlücke sich weitgehend geschlossen hatte. Daher hatten ja auch die Dauerschuldner der EZU, wie dargestellt, damals im Allgemeinen keine Schwierigkeiten, die Dollars, die sie für ihre Überweisungen über die Union an die Gläubigerländer brauchten, zu verdienen. Insofern hatte sich tatsächlich eine komplementäre Beziehung zwischen Deutschland und Europa wieder herausgebildet, wie sie schon am Ende des 19. Jahrhunderts bestanden hat. Deutschland flossen durch Überschüsse im Handel mit europäischen Staaten, die ihrerseits Überschüsse im Zahlungsverkehr mit überseeischen Gebieten erzielten, die

---

[33] Bericht über die Sitzung des Ministerstellvertreterausschusses am 17./18. Juni in Paris, Historisches Archiv der Deutschen Bundesbank, 248. Zentralbankratssitzung, 26. 6. 1957.

Devisen zu, die es zur Abdeckung seines strukturellen Defizits mit dritten Ländern, vor allem den USA, brauchte. So gesehen war in der zweiten Hälfte der fünfziger Jahre die globale Multilateralität der Zahlungsbeziehungen Westeuropas eigentlich schon gegeben, ein Resultat, für das der formale Übergang wichtiger europäischer Währungen zur Konvertibilität Ende 1958 also lediglich noch die nachträgliche Konstatierung bedeutete.

Noch während des Bestehens der EZU und durch sie, besonders durch die Pflicht zur Teilabdeckung von Defiziten in Gold oder Dollars, war das multilaterale Weltwirtschaftssystem wieder errichtet, das Ziel der Amerikaner auf dem von ihnen anvisierten indirekten Weg – nachdem der direkte in die Sackgasse geführt hatte – erreicht worden. Das Verschwinden der Dollarlücke war eine notwendige Bedingung dafür, die durch die Integration der Bundesrepublik in Europa sehr gefördert worden ist. Das wird ganz deutlich, wenn man sich die Struktur der deutschen Exporte in die OEEC-Mutterländer betrachtet[34]. Schon 1952 bestanden sie zu 47% aus Maschinen, Fahrzeugen und unedlen Metallen, eine Summe von 1,2 Mrd. Dollar. Und seitdem stiegen sie kontinuierlich weiter in etwa dem gleichen Tempo wie die Gesamtausfuhr in den OEEC-Raum, so daß ihr Anteil bei immer ungefähr der Hälfte konstant blieb. 1958 beliefen sie sich auf 2,6 Mrd. Dollar.

Maschinen, Fahrzeuge und unedle Metalle stellten jedoch genau die Güter dar, die am Ende der vierziger Jahre die besondere Weite der europäischen Dollarlücke hauptsächlich verursacht hatten[35]. Drei Fünftel des Zuwachses der US-Ausfuhr nach Westeuropa zwischen 1938 und 1947 entfiel auf Investitionsgüter und Metalle. Der fast völlige Ausfall Deutschlands als Lieferant bewirkte, daß sich die europäischen Länder zu einem erheblichen Teil Ersatz in den USA suchen mußten, damit Wiederaufbau und Wachstum überhaupt möglich wurden. Im Jahre 1948 beispielsweise importierten Großbritannien, Frankreich, die drei skandinavischen Länder, die Schweiz, Italien und Österreich zusammen für 1,2 Mrd. Dollar Maschinen und Fahrzeuge. Davon stammten 38% aus den USA, aber nur 3% aus Deutschland. Das änderte sich am Anfang der fünfziger Jahre, nachdem Westdeutschland nicht nur seine Produktionsfähigkeit wiedergewonnen hatte, sondern auch durch den Fortfall der Dollarklausel wirtschaftlich voll in den EZU-Raum integriert worden war. Schon 1952 kamen von den Maschinen- und Fahrzeugeinfuhren der genannten Länder in Höhe von 2 Mrd. $ nur noch 24% aus den USA, aber 26% aus der Bundesrepublik, und 1955 betrugen die Anteile 19% für die USA und 34% für Deutschland. Insgesamt erhöhte sich die Ausfuhr von Kapitalgütern und Metallen der USA in die OEEC-Mutterländer von 754 Millionen $ 1951 um ein Drittel auf 1 Mrd. $ im Jahre 1958, die der Bundesrepublik dagegen von 808 Millionen auf 2,6 Mrd. $ um mehr als das Zweifache. Ohne diesen Export Westdeutschlands wäre die Nachfrage Europas nach Investitionsgütern aus den USA in all den Jahren wohl beträchtlich höher gewesen, das relative Gewicht Ameri-

---

[34] Die Quellen für die folgenden Handelsziffern sind: Statistisches Jahrbuch für die Bundesrepublik Deutschland, verschiedene Jahrgänge; OEEC Statistical Bulletins, Foreign Trade, Series IV, verschiedene Länder und Jahre; verschiedene nationale Außenhandelsstatistiken für 1948; für die Angaben zur amerikanischen Zahlungsbilanz siehe IMF, Balance of Payments Yearbook, verschiedene Ausgaben.

[35] Milward, Reconstruction (Anm. 2), S. 34ff.

kas als Lieferant hätte sich nicht verringert, sondern eher ausgeweitet[36]. Das aber hätte das Verschwinden der Dollarlücke im Verlauf der fünfziger Jahre massiv behindert oder sogar unmöglich gemacht. Einen Anhaltspunkt für diese Behauptung liefert jedenfalls die Tatsache, daß bei der hypothetischen Substitution der deutschen Kapitalgüterexporte nach Europa durch amerikanische in der gleichen Höhe in verschiedenen Jahren ein negativer Saldo der US-Bilanz des Leistungs- und privaten Kapitalverkehrs mit dem EZU- bzw. OEEC-Raum in einen positiven umgeschlagen wäre. Das aber bedeutet, statt eines Dollarzuflusses aus den USA nach Europa wäre ein Abfluß eingetreten.

Man kann demnach den strukturellen Überschuß der Bundesrepublik in ihrem Handel mit Westeuropa in gewissem Sinne als Nachfolger der Dollarlücke bezeichnen. Wie diese beruhte die „DM-Lücke"[37] zu einem guten ·Teil auf der anhaltenden Nachfrage des Auslands nach Investitionsgütern, die sich ihrerseits aus dem europäischen Wachstumsboom der fünfziger Jahre erklärt. Auch scheint die Preiselastizität der deutschen Exporte in europäische Länder gering gewesen zu sein[38], was auf die amerikanischen Exporte zur Zeit der akuten Dollarlücke ja ebenfalls zutraf. Und wie damals die amerikanische Preisniveausteigerung den Dollarmangel sehr verschärft hat, so hätte eine deutsche Aufwertung oder Inflationierung entgegen den Erwartungen der Handelspartner den strukturellen deutschen Überschuß möglicherweise nicht verkleinert, sondern vergrößert. Im Unterschied zur Dollarlücke war die DM-Lücke jedoch finanzierbar, weil die Bundesrepublik sich als wesentlich importfreudiger erwies als die Vereinigten Staaten. Wenn man nämlich die Kapitalgüterausfuhr von der deutschen Gesamtausfuhr in den EZU-Raum abzieht, dann hatte Westdeutschland immer ein Handelsbilanzdefizit mit dem Unionsgebiet, während die USA auch nach dem relativen Rückgang ihrer Kapitalgüterausfuhr in dieses Gebiet regelmäßig einen Handelsüberschuß mit ihm erzielten. Zwar erforderte also die Verlagerung der Investitionsgüternachfrage westeuropäischer Länder von den USA nach Deutschland auch Dollars zu ihrer Finanzierung, jedoch weniger als der Einkauf einer entsprechenden Warenmenge in den USA, weil ein erheblicher Teil davon durch eigene Ausfuhren nach Deutschland bezahlt werden konnte.

Genau das aber war eine Bedingung für den Erfolg des amerikanischen, mit dem Marshallplan verbundenen Konzepts, über die regional begrenzte Multilateralisierung des Handels- und Zahlungsverkehrs Westeuropas unter voller Einbeziehung Westdeutschlands zunächst die Dollarlücke zum Verschwinden zu bringen und dann erst zur globalen Multilateralität der Weltwirtschaft überzugehen. Das glückte tatsächlich. Und zwar gelang es, weil durch die Integration des westdeutschen Produktionspotentials in ein liberalisiertes Netz europäischer Handelsbeziehungen, wie wir sahen, nicht nur die Dollarknappheit von Westdeutschland selbst, sondern auch die der

[36] Otmar Emminger, Die Europäische Zahlungsunion als Etappe der europäischen Währungs-Neuordnung, in: Zeitschrift für die gesamte Staatswissenschaft 107 (1951), S. 654; siehe für das Beispiel der schwedisch-deutschen Handelsbeziehungen auch den Beitrag von Martin Fritz in diesem Band.
[37] Ludwig Erhard (Hrsg.), Deutschlands Rückkehr zum Weltmarkt, 2. Aufl., Düsseldorf 1954, S. 15f.
[38] Christoph Buchheim, Einige wirtschaftspolitische Maßnahmen Westdeutschlands von 1945 bis zur Gegenwart, in: Hans Pohl (Hrsg.), Wettbewerbsbeschränkungen auf internationalen Märkten, Stuttgart 1988, S. 223ff.

anderen Länder Westeuropas verringert wurde. Infolgedessen konnte die in der EZU und der Teilliberalisierung des Handels angelegte Eigendynamik zur Wirkung kommen und schließlich die Freiheit des Wirtschaftsverkehrs in weltweitem Maßstab hervorbringen.

Martin Fritz

Schweden und der westdeutsche Markt 1945–1955

Der folgende Beitrag behandelt eine Phase des schwedischen Außenhandels nach dem Zweiten Weltkrieg, die von ungewöhnlich großen Veränderungen im schwedischen Wirtschaftsleben geprägt war. Zwar herrschte in diesen Jahren Hochkonjunktur, aber schon bald zeigte sich, daß sich die schwedische Wirtschaft nicht im Gleichgewicht befand; denn sie wurde, wie das auch im übrigen Westeuropa der Fall war, mit in den Strudel der Zahlungsbilanzkrise des Jahres 1947 gezogen. Die Krise stellte auch Schweden bei der Devisenbeschaffung und beim Ausgleich seiner Zahlungsbilanz vor erhebliche Probleme. Sie führte zu dem üblichen Dollarmangel und beschränkte dadurch die schwedische Einfuhr. In diesem Zusammenhang war der Ausfall Deutschlands als natürlicher Handelspartner Schwedens von entscheidender Bedeutung.

Dem Außenhandel Schwedens kommt für die schwedische Wirtschaftsgeschichte der Jahre 1945–54 eine wichtige Bedeutung zu. Denn Schweden gehört zu den Industrieländern, die traditionell einen umfangreichen Außenhandel betreiben, so daß dessen Beeinträchtigung erhebliche Auswirkungen auf die Wirtschaft des eigenen Landes hat. Das wurde nicht zuletzt während des Zweiten Weltkrieges deutlich, als infolge eines reduzierten Außenhandels erhebliche Versorgungsengpässe auftraten[1].

Die folgende Untersuchung konzentriert sich auf den Handel mit den USA und mit Westdeutschland bzw. der Bundesrepublik und gibt zunächst einen allgemeinen Überblick über den schwedischen Außenhandel und die Wirkungen die von ihm auf die Volkswirtschaft ausgingen.

Der schwedische Außenhandel nach dem Zweiten Weltkrieg

Daß im letzten Kriegsjahr und in den ersten Nachkriegsjahren Störungen und Schwierigkeiten im Außenhandel auftreten würden, war zu erwarten. Am Ende des Krieges hatte sich infolge der langjährigen Absperrung von den westlichen Märkten ein erheblicher Importbedarf angestaut. Der private Verbrauch hatte jahrelang infolge der reduzierten Einfuhr nicht voll zufriedengestellt werden können. Da die Einfuhr aus Deutschland zudem im letzten Quartal 1944 fast vollständig zum Erliegen gekommen war, und auch der sogenannte Geleitbootverkehr am 1. Januar 1945 aufgehört hatte, waren die Lager erschöpft, was zu einer ernsthaften Gefährdung der Versorgung

---

[1] Martin Fritz u. a., The adaptable nation. Essays in Swedish economy during the Second World War, Göteborg 1982; ders., A question of practical policies. Economic neutrality during the Second World War, in: Neutrality and defense: The Swedish experience. Revue international d' histoire militaire, Nr. 57 (1984).

führte. Gleichzeitig hatte der Krieg den Produktionsapparat der ehemals wichtigsten Handelspartner, vor allem den Deutschlands, lahm gelegt und sie außerstande gesetzt, an Schweden zu liefern und die notwendigen Devisen zu verdienen, um von Schweden kaufen zu können. Es war daher vorauszusehen, daß es wenigstens für eine Übergangszeit nötig sein würde, den schwedischen Außenhandel stärker auf außereuropäische Länder auszurichten, die nicht in gleicher Weise beeinträchtigt waren[2].

Schweden konnte jedoch trotzdem einigermaßen zuversichtlich in die Zukunft blicken. Dank einer leistungsfähigen Industrie und einer intakten Infrastruktur verfügte Schweden über eine gute Wettbewerbsfähigkeit. Dies galt z. B. angesichts der geschwächten deutschen Konkurrenzfähigkeit für den Eisen- und Stahlbereich. Mit einer Devisenreserve von mehr als 2,5 Milliarden Skr war Schweden zudem äußerst zahlungsfähig. Die Exportindustrie hatte sich in der Schlußphase des Krieges durch den Aufbau großer Lager an Rohstoffen und Vorprodukten darauf vorbereitet, mit einer offensiven Außenhandelspolitik auf den Weltmarkt zurückzukehren.

Es kam jedoch anders als erwartet. Die schwedische Wirtschaftspolitik strebte eine Steigerung der Produktion, Vollbeschäftigung, die Aufhebung der Einfuhrbeschränkungen und die Beendigung der Bewirtschaftung an. Zudem sollten die Arbeitnehmer durch die Verbilligung von Importwaren für die während des Krieges erlittenen Einbußen entschädigt werden. Dies führte nach dem Krieg zu einer starken Steigerung der Produktion, zu einem vermehrten Angebot von Arbeitsplätzen, zu steigenden Einkommen und zu erhöhtem privatem Verbrauch. Die schnelle Expansion wurde begünstigt durch niedrige Zinsen, eine hohe Zahlungsfähigkeit und große Gewinne der Firmen, was wiederum erhebliche Investitionen ermöglichte. Hinzu kam eine starke Nachfrage nach Waren und Dienstleistungen, die durch große Einkommenssteigerungen und durch die aufgestaute Kaufkraft ausgelöst wurde. Zur Expansion trugen außerdem erhöhte Pensionen und Kindergeldbeträge bei. Die Außenhandelsbehinderungen während des Krieges hatten die Lager des Großhandels nahezu geleert. Ersatz- und Neuinvestitionen waren damals zurückgestellt worden und führten nun zu einem kräftigen Anstieg der Industrieinvestitionen. Die schwedische Wirtschaft trat somit bei Kriegsende in eine Hochkonjunktur ein, die durch eine starke Nachfrage und durch ein gestörtes gesamtwirtschaftliches Gleichgewicht gekennzeichnet war. Dabei muß freilich im Blick bleiben, daß diese expansive Wirtschaftspolitik auch einer gemeinhin erwarteten Nachkriegsdepression vorbeugen sollte. Das angestrebte Wirtschaftswachstum sollte außerdem auch umfassende soziale Reformen ermöglichen.

Im Außenhandel führten die Nachkriegsjahre zu einer dramatischen Veränderung. Nachdem im Frühjahr und Sommer 1945 der Außenhandel fast zum Erliegen gekommen war, lief im Herbst 1945 die Ausfuhr schnell wieder an, da die schwedischen Firmen auf Lager produziert hatten und auf Kredit verkaufen konnten. Zum ersten Mal seit vielen Jahren überstieg daher der Export wertmäßig den Import des Landes. Ende des Jahres stieg aber auch die Einfuhr an, die sich infolge der großen Nachfrage 1946 und 1947 schnell weiter erhöhte, während die Ausfuhr langsamer zunahm. Der

---

[2] Karl Amark, Kristidspolitik och kristidshushallning i Sverige under och efter det andra världskriget, Stockholm 1952 (= SOU 1952: 49–50), S. 117ff., 451ff.; Balanserad expansion. Betänkande avgivet av 1955 ars langtidsutredning (= SOU 1956: 53), S. 39ff. Allgemeines über schwedische Wirtschaft und Wirtschaftspolitik in: Assar Lindbeck, Svensk ekonomisk politik. Problem och teorier, Stockholm 1962.

Exportüberschuß vom Herbst 1945 verwandelte sich daher bald ins Gegenteil. 1946 betrug das Defizit 840 Millionen Skr und 1947 nahezu 2 Milliarden Skr[3].

Tabelle 1: Schwedens Aus- und Einfuhr 1945–1947 (in Mio. Skr)

Zeit		Ausfuhr	Einfuhr	Handelsbilanz
1945, Quartal	1	93	225	− 132
	2	200	138	+ 62
	3	723	243	+ 480
	4	742	478	+ 264
1946	1	535	637	−102
	2	643	851	−208
	3	669	889	−220
	4	700	1009	−309
1947	1	483	992	−509
	2	771	1294	−523
	3	948	1578	−630
	4	1038	1356	−318

Quelle: Amark, K., Statsmakterna och folkhushallningen under den till följd av stormaktskriget 1939 inträdda krisen. Del VIII. (SOU 1948:26), S. 165. Del X (SOU 1951:11), S. 175.

Obwohl der Import stark anstieg, erreichte er mengenmäßig erst 1947 das Vorkriegsniveau. Dieser Anstieg erfolgte jedoch nicht gleichmäßig, vielmehr bestand Mangel an so wichtigen Gütern wie Steinkohle und Koks, Fetten und Futtermitteln, während die Einfuhr teilweise entbehrlicher Waren, wie z. B. Obst, Kaffee, Zigaretten und Seidenstrümpfe, schnell zunahm. Der Grund für diese Unausgeglichenheit lag vor allem im Ausfall Deutschlands als Lieferant und in der Schwierigkeit, es in dieser Hinsicht durch andere Länder zu ersetzen.

Tabelle 2: Das Importvolumen 1946 und 1947 (1936/38 = 100)

		Verbrauchsgüter	Industriegüter	Brenn- und Treibstoff
1946, Quartal	1	96	81	47
	2	119	96	93
	3	106	103	88
	4	150	106	78
1947	1	166	93	70
	2	190	120	100

Quelle: SOU 1946:26, S. 186.

[3] Amark, Kristidspolitik (Anm. 2), S. 945ff., 965ff.; Balanserad expansion (Anm. 2), S. 229ff.

Der Importindex stieg schneller als der Exportindex, weil vor allem die Preise für Kohle stark anzogen. Das schwierigste Problem war die Versorgung mit Brennstoffen, unter denen insbesondere Kohle und Koks eine Hauptrolle für die schwedische Wirtschaft spielten. Vom September 1944 bis zum Juni 1945 konnten nahezu keine Brennstoffe eingeführt werden. Die auch danach bestehenden Importschwierigkeiten führten 1946 dazu, daß die Einfuhr bei Kohle nur 39% und bei Koks lediglich 45% des Stands von 1939 erreichte. 1947 waren es 65% für beide Brennstoffe[4]. Allgemein herrschte Kohlenmangel in Europa. Die schwedische Versorgungslage verschlechterte sich weiter dadurch, daß Großbritannien, das vor dem Krieg der wichtigste Lieferant von Kohle gewesen war, seine Lieferungen 1946 und 1947 nicht wieder aufnehmen konnte. Einen gewissen Ausgleich dafür erhielt man von den zwei Ländern, die als einzige Überschüsse hatten, den USA und Polen.

Tabelle 3: Einfuhr von Steinkohle und Koks (in %)

Jahr	Deutsch-land	Polen	Großbr.	USA	Andere	Insgesamt (1000 t)
Steinkohle						
1939	10,7	28,2	59,3	0,4	1,3	6343
1946	0,9	67,2	1,8	30,1	–	2443
1947	0,1	48,0	0,1	51,7	0,1	4160
1948	–	63,7	20,4	15,5	0,4	5401
1949	1,0	55,6	33,7	9,7	–	3965
1950	10,8	51,5	25,9	2,9	8,9	4830
Koks und Koksbriketts						
1939	36,6	7,7	15,5	0,3	39,9	2377
1946	17,0	38,0	1,6	24,3	19,1	1070
1947	52,2	24,8	–	3,0	19,9	1550
1948	48,9	13,8	15,6	0,5	21,2	1831
1949	64,3	4,4	15,2	0,1	16,0	1990
1950	72,4	1,1	9,1	0,1	17,2	2339

Quelle: SOS, Handel

Der Ausfall Deutschlands wirkte sich vor allem auf die Einfuhr von Kohle, Eisenwaren, Maschinen verschiedener Art, Textilien und elektrischen Geräten aus. Nur teilweise konnten diese Güter zu ungünstigeren Bedingungen durch Importe aus anderen Ländern oder zu höheren Kosten durch einheimische Produktion ersetzt werden[5].

Es dauerte etliche Jahre, ehe die Ausfuhr wieder den Stand der Vorkriegszeit erreichte. Das lag vor allem daran, daß der oben erwähnte Mangel an Brennstoffen die

---

[4] Amark, Kristidspolitik (Anm. 2), S. 965ff.
[5] Arne Nilsson, Det tyska rekonstruktionsproblemet ur svensk synpunkt, Ekonomisk Revy 1947, S. 19ff.

Produktion von Zellulose und Papier, den wichtigsten Exportprodukten Schwedens, hemmte. Dieser Mangel zwang dazu, einen Teil des schwedischen Holzeinschlags als Brennstoff zu verwenden. Eine um 1 Million t verringerte Einfuhr von Kohle entsprach etwa einer gleichen Menge verminderter Ausfuhr an Zellulose, das wiederum bedeutete einen Ausfall von 400 Millionen Skr an Devisen. Hinzu kam, daß das Fällen von Bäumen für Brennholz viele Arbeitskräfte beanspruchte. Die Ausfuhr von Holz, Zellulose und Papier erreichte 1946, in t gerechnet, lediglich zwei Drittel des Exports von 1939[6].

Die schwedische Exportfähigkeit wurde zudem noch durch andere Faktoren beeinträchtigt: durch einen erheblichen Mangel an Arbeitskräften, der zu Engpässen in der schwedischen Wirtschaft führte und durch eine lebhafte einheimische Nachfrage, die von der gestiegenen Kaufkraft stimuliert wurde. Dies alles führte zu einem erheblichen Defizit in der Außenhandelsbilanz, obgleich die Nachfrage nach schwedischen Exportwaren groß war.

Tabelle 4:   Ein- und Ausfuhrvolumen (1936/38 = 100) (ohne Werften und Maschinenhersteller)

Jahr	Einfuhr	Ausfuhr
1945	31,3	46,6
1946	96,6	61,9
1947	132,4	69,0

Quelle: Skandinaviska Bankens Kvartalsskrift 1950, S. 20.

Das Defizit in der Außenhandelsbilanz, das also teilweise durch den kriegsbedingten Nachholbedarf entstanden war, war jedoch nur die eine Seite des Problems. Eine weitere Komplikation ergab sich aus der regionalen Struktur des Außenhandels in den ersten Nachkriegsjahren. Vor dem Krieg hatte Schweden den Dollarländern gegenüber einen gewissen Importüberschuß aufgewiesen, der aber durch den multilateralen Außenhandel, durch die Ausfuhr in andere Länder, vor allem nach Großbritannien und in den britischen Machtbereich, ausgeglichen werden konnte. Da aber Großbritannien nach dem Krieg Dollars fehlten, war ein derartiger Ausgleich nicht mehr möglich. Außerdem stieg der Anteil des Imports aus dem Dollarraum (Nord- und Südamerika) von insgesamt 25% 1936/38 auf etwas über 50% im Jahre 1947 an. Dies lag vor allem an den erhöhten Einfuhren aus den USA, die 70% des schwedischen Imports aus dieser Region ausmachten. 1946 kamen 24% der schwedischen Einfuhr aus den USA, 1947 schon 31%. Dieser beachtliche Import war bei weitem nicht durch eine gesteigerte Ausfuhr auszugleichen[7]. Schwedens Ausfuhr nach Europa konnte nicht zur Bezahlung der Einfuhr aus dem Dollarraum verwendet werden, da entweder

[6] Sveriges officiella statistik: Handel. Bengt Senneby, Krisen för utrikeshandeln, in: Skandinaviska Bankens Kvartalsskrift 1948, S. 13ff.
[7] Senneby, Krisen (Anm. 6), S. 15f.

auf Kredit geliefert oder in nicht konvertiblen Währungen bezahlt wurde. In Anbetracht der Schwierigkeiten in dem vom Krieg verheerten Europa galt es z. B. als eine
natürliche, wenn auch zufällige Lösung, im Austausch gegen Kohle auf Kredit nach
Polen zu exportieren.

Das hatte jedoch ein erhebliches Absinken der schwedischen Devisenbestände zur
Folge, die ziemlich schnell dahinschmolzen. Zwar erzielte Schweden durch die Leistungen seiner Seefahrt einen Überschuß von 500 bis 600 Millionen Skr, aber dennoch
war die Zahlungsbilanz zwischen 1946 und 1949 insgesamt negativ[8]. Die folgende
Tabelle zeigt die unausgeglichene Bilanz der schwedischen Volkswirtschaft besonders
deutlich.

Tabelle 5:   Guthaben der Reichsbank an Gold und Devisen (netto) Mio. Skr

Zeitpunkt	Gold	Devisen	Summe
Juni 1945	2009	580	2589
Dez. 1945	2024	758	2782
Juni 1946	1985	988	2973
Dez. 1946	1371	538	1909
Juni 1947	606	155	761
Dez. 1947	379	345	724

Quelle: Statistisk arsbok und B. Senneby, Krisen för utrikeshandeln. Skandinaviska Bankens
Kvartalsskrift, 1948, S. 17.

Diese Entwicklung des Außenhandels zwang die Regierung, am 15. März 1947
allgemeine Importbeschränkungen zu erlassen, die die Einfuhr genehmigungspflich-
tig machten. Jedoch enthielten sie derart liberale Übergangsbestimmungen und
großzügige Regelungen für die Erteilung von Lizenzen, daß die Einfuhr statt
zurückzugehen weiter anstieg. Im Sommer 1947 und nochmals 1948 wurde daraufhin die Einfuhr vor allem von Gebrauchsgütern immer weiter eingeschränkt und
reglementiert. Außerdem wurden wirtschaftspolitische Maßnahmen, z. B.
erschwerte Kreditgebung und Drosselung des Wohnungsbaus, ergriffen, um die
Nachfrage zu dämpfen[9]. Die zuvor expansive Wirtschaftspolitik wurde in ihr
Gegenteil verkehrt. Sie zielte im Außenhandelsbereich einmal darauf ab, den Import
aus dem Dollarraum auf Länder mit schwacher Währung zu verlagern, zum anderen sollte durch einen gesteigerten Export in den Dollarraum die Einfuhr von dort
bezahlt werden.

Vor allem Großbritannien kam in Betracht, wenn es galt, den Import aus anderen
Ländern zu steigern. Traditionell war es Schwedens größter Abnehmer, und es bestan-
den außerdem zahlreiche Verbindungen zwischen der britischen und der schwedischen
Wirtschaft. 1946 und 1947 kamen etwa 10% der schwedischen Einfuhr aus Großbri-

---

[8] Ebenda, S. 17.
[9] Amark, Kristidspolitik (Anm. 2), S. 945ff., 958ff.

tannien. An sich hätte auch Großbritannien Deutschland als Handelspartner ersetzen können, aber es konnte diese Rolle nur unzureichend ausfüllen – u. a. vermochte es nicht, seine Vorkriegslieferungen von Kohle und Koks wieder aufzunehmen –, da sich sowohl Produktion als auch Produktivität ungünstig entwickelten. 1948 verbesserten sich indes die englischen Exportmöglichkeiten, und die schwedische Einfuhr aus Großbritannien stieg erheblich, wodurch zum ersten Mal ein schwedischer Importüberschuß entstand. Die Einfuhr aus Großbritannien konnte allerdings nur in gewissen Grenzen den gedrosselten Import aus den USA ersetzen.

Einen Ausgleich der Handelsbilanz mit den USA erhoffte man sich vor allem durch erhöhte Exporte dorthin. Doch setzte das wiederum einerseits den Import von Kohle, andererseits aber ein wirtschaftlich stärkeres Deutschland und einen wiederbelebten schwedisch-deutschen Handel voraus. Beides hätte dazu beitragen können, die schwedischen Probleme zu lösen. Im folgenden soll näher untersucht werden, welche Möglichkeiten in dieser Hinsicht bestanden.

Der Handel mit den USA und der Mangel an Dollars

Da der deutsch-schwedische Handel zum Erliegen gekommen und auch der mit dem übrigen Europa stark eingeschränkt worden war, erschien es vom schwedischen Standpunkt aus naheliegend zu versuchen, den aufgestauten Importbedarf, falls möglich, aus den USA zu decken.

Bereits 1946 spielten die außereuropäischen Länder eine wichtige Rolle für die Einfuhr. Von dort kamen 48% des Imports, verglichen mit gut 30% vor dem Krieg. Der Anteil der USA daran betrug 24% bzw. 14%. 1947 erhöhten sich diese Anteile auf 51% bzw. 31%. Die sogenannten Dollarländer deckten in diesem Jahr 35% des schwedischen Imports, verglichen mit 17% vor dem Krieg.

Die Handelsbilanz mit dem Dollarraum wies ein kräftiges Defizit aus. Es belief sich 1947 auf 1 368 Mio. Skr und machte 69% des gesamten Defizits dieses Jahres aus. Die entsprechenden Ziffern für die USA lauten 1 291 oder 65%.

Der bedeutende Import muß dem oben erwähnten Einfuhrbedarf, der liberalen schwedischen Kredit- und Devisenpolitik sowie dem Lieferungsvermögen der amerikanischen Wirtschaft zugeschrieben werden. Die schwedische Ausfuhr in die USA wurde durch die Mitte 1946 vorgenommene Abwertung der Krone und den begrenzten Zelluloseexport gehemmt.

Zu den verschiedenen Maßnahmen, die 1947 ergriffen wurden, um die Handelsbilanz auszugleichen, da sonst die Devisenguthaben dahinzuschmelzen drohten, gehörten die schon erwähnten umfassenden Einfuhrbeschränkungen und gleichzeitige Anstrengungen, den Export zu steigern. Diese Maßnahmen wirkten sich jedoch erst im Laufe des kommenden Jahres, und nachdem noch härtere Importbeschränkungen eingeführt worden waren, aus. Die Bemühungen, die Ausfuhr in den Dollarraum zu steigern, blieben nicht erfolglos, sondern verglichen mit 1947 sank der Export dorthin 1948 sogar, auch in die USA. Das Defizit gegenüber den Dollarländern verringerte sich jedoch dank der neuen einschneidenden Einfuhrbeschränkungen sehr erheblich. Die Importbeschränkungen wurden 1949 weiter verschärft[10]

Tabelle 6: Der Handel mit dem Dollarraum (in Mio. Skr)

	1936/38	1947	1948	1949
Einfuhr	331	1809	838	483
% des Gesamtimports	17	35	11	11
Ausfuhr	216	441	388	330
% des Gesamtexports	12	14	10	8
Handelsbilanz	−115	−1368	−450	−153
% des Imports	35	76	54	32

Quelle: Kommersiella Meddelanden, 1950, S. 622.

Mit einem Anteil von 85 bis 90% an der Einfuhr und mit etwa 75% an der Ausfuhr nahmen die USA die beherrschende Rolle im schwedischen Handel mit dem Dollarraum ein.

Die Steigerung des Imports aus den USA und den übrigen Dollarländern betraf 1946 und 1947 nicht nur die traditionell von dort bezogenen Waren, von denen vor allem Mineralöle besonders wichtig waren, sondern auch Güter, die früher vor allem aus Europa kamen, besonders, wie bereits erwähnt, Kohle und Koks, aber auch Eisen und Stahl sowie Textilien außer Baumwolle.

Tabelle 7: Einfuhr ausgewählter Güter aus dem Dollarraum (in %)

	1936/38	1947	1948	1949
Lebensmittel	21	13	10	9
Kohle und Koks	–	9	7	5
Mineralöle	12	6	15	15
Eisen und Stahl	3	9	9	14
Maschinen	27	23	34	30

Quelle: Siehe Tabelle 6.

Die Ausfuhr in den Dollarraum beschränkte sich auf wenige Warengruppen, vor allem Holzwaren, unter denen synthetische Zellulose dominierte. Wichtige neue

[10] Senneby, Krisen (Anm. 6), S. 14; Arne Nilsson, Den skärpta valutakrisen. Ekonomisk Revy 1948, S. 271ff., in: Utvecklingen av utrikeshandeln. Skandinavsika Bankens Kvartalsskrift 1950, S. 20ff.; Sveriges handel med dollaromradet. Index 1954, S. 95ff.

Exportgüter waren Eisenerz, das vor dem Krieg hauptsächlich auf dem deutschen Markt abgesetzt worden war, aber da dieser nun weitgehend ausfiel, vor allem in den USA verkauft wurde.

Tabelle 8:   Ausfuhr in den Dollarraum (in %)

	1936/38	1947	1948	1949
Eisenerz	3	6	7	17
Holzwaren	74	74	69	52
Davon chem. Zellulose	64	61	52	42
Eisen und Stahl	13	7	9	9
Maschinen	6	6	10	12

Quelle: Siehe Tabelle 6.

Der wichtigste Exportartikel und gleichsam das Rückgrat der Ausfuhr in den Dollarraum war die synthetische Zellulose, die sich jedoch auf dem amerikanischen Markt nur sehr schwer durchsetzen konnte. Nach t erreichte sie 1948 und 1949 nicht einmal 40% des Volumens von 1936/38.

Tabelle 9:   Ausfuhr von Zellulose und Zeitungspapier in den Dollarraum (1000 t)

Jahr	mech. Zellulose	synth. Zellulose	Zeitungspapier
1936/38	70	907	81
1947	14	550	37
1948	2	335	71
1949	7	336	36

Quelle: Siehe Tabelle 6.

Dieser begrenzte Export beruhte teils auf den schwedischen Verhältnissen, nämlich dem Mangel an Arbeitskräften und, infolge von unzureichender Kohleeinfuhr, an Rohstoffen, teils auf den Verhältnissen auf dem amerikanischen Markt, auf dem sich die Konkurrenz durch die Etablierung kanadischer und amerikanischer Fabriken während des Krieges verschärft hatte. Schwedens Anteil an der in den USA gekauften Zellulose sank von 36% im Jahre 1937 auf 15% zehn Jahre später, während der kanadische Anteil sich von 23% auf 41% erhöhte[11].

Die drastischen Einfuhrbeschränkungen für Waren aus den USA führten natürlich zu Schwierigkeiten in der schwedischen Wirtschaft, da die USA viele benötigte Investitionsgüter lieferten. Die Einschränkungen waren in sämtlichen Bereichen spürbar, vor allem aber bei den Verbrauchsgütern, aber auch der Import von Maschinen und Öl

---

[11] Sveriges handel med dollaromradet (Anm. 10), S. 98ff.

war betroffen, und offenbar wirkten sie sich hemmend auf die Produktion aus. Von
1948 bis 1950 erreichte die Einfuhr nur ein Drittel des Rekordjahres 1947. Falls keine
Gegenmaßnahmen getroffen wurden, war daher eine allgemeine Produktionskrise zu
erwarten[12].

Das Nächstliegende war, zu versuchen, die Ausfuhr in den Dollarraum, vor allem in
die USA, zu steigern, indem man die Exportindustrie durch Zuführung von Arbeitskräften, Rohstoffen und Anlagen begünstigte. Wie die obigen Tabellen zeigen, hatte
man damit jedoch nicht viel Erfolg. Im Gegenteil, die Ausfuhr in die USA sank,
verglichen mit 1947, sowohl 1948 als auch 1949.

Zwar gelang es, durch die Importbeschränkungen eine ausgeglichenere Handelsbilanz mit dem Dollarraum zu erzielen, aber gleichzeitig wirkten sich diese Einschränkungen so nachteilig auf die Produktion aus, daß sie die Entwicklung der schwedischen Wirtschaft hemmten.

Hinsichtlich der Zahlungsverpflichtungen in Dollar trat allerdings in diesen Jahren
dank der Marshallplanhilfe eine gewisse Erleichterung ein. Für Schweden belief sie sich
auf 118 Mio. $, von denen 106 Mio. $ oder 550 Mio. Skr in Anspruch genommen
wurden. Von den 118 Mio. $ waren 20 Mio. Kredit und 98 Mio. sogenannte gebun-
dene Hilfe, dank der Schwedens Exportüberschüsse gegenüber anderen europäischen
Ländern, die Marshallplanhilfe empfingen, vor allem Norwegen, konvertiert und für
die Bezahlung der Einfuhr aus den USA und anderen Dollarländern verwendet werden
konnten. So wurde die schwedisch-amerikanische Zahlungsbilanz erheblich verbessert[13].

Tabelle 10: Schwedens Handel mit den USA und die Marshallplanhilfe (Mio. Skr)

Jahr	Einfuhr	Ausfuhr	Saldo	M. Hilfe	Saldo
1936/38	281	191	− 90	−	− 90
1946	801	185	− 616	−	− 616
1947	1640	349	−1291	−	−1291
1948	692	292	− 400	−	− 400
1949	416	248	− 168	195	+ 27
1950	524	356	− 168	234	+ 66
1951	863	475	− 388	120	− 268

Quelle: Index 1951, S. 117f.

Die verbesserte Handelsbilanz sowie die schwedischen Dollareinnahmen aus der
Seefahrt und den Besuchen amerikanischer Touristen führten 1949 zu einer positiven
Handelsbilanz und ließen die schwedischen Gold- und Dollarreserven wieder anwach-

[12] Nilsson, Den skärpta valutakrisen (Anm. 10), S. 272ff.
[13] Marshalljälpen till Sverige – ett bokslut. Index 1954, S. 116ff.

sen. 1954 konnte dann die Einfuhr aus dem Dollarraum durch Aufhebung des Lizenzzwanges sogar liberalisiert werden[14].

Der Einfuhrüberschuß aus den USA, der Mangel an Dollars und die Einfuhrbeschränkungen waren keine spezifisch schwedischen Erscheinungen, sondern traten 1947 in ganz Europa auf. Da jedoch Schweden unverhältnismäßig stark auf den Außenhandel angewiesen war, wirkten sich die Einschränkungen besonders schwer aus, und das Defizit konnte nicht durch gesteigerte Exporte bezahlt werden. Schweden zählte außerdem nicht gerade zu den Ländern, welche die USA im Europa der Nachkriegszeit besonders bevorzugten. Im Gegenteil, es stand in der amerikanischen Gunst ziemlich weit unten. Die Hilfe durch den Marshallplan führte jedoch während einiger Jahre zu einer gewissen Erleichterung. Doch das Problem der schwedischen Handelsbilanz ließ sich nicht durch gesteigerten Handel mit den USA lösen. Was Schweden betraf, lag der Grund für die starke Einfuhr aus den USA darin, das der traditionell wichtigste Handelspartner, Deutschland, in den ersten Jahren nach dem Krieg ausfiel. Hingen die Möglichkeiten der schwedischen Wirtschaft somit von einem wirtschaftlichen Wiedererstarken Deutschlands ab?

Die Ausgangslage Deutschlands

In der späteren Phase des Zweiten Weltkriegs sowie in der Zeit unmittelbar nach dem Krieg, z. B. auf der Potsdamer Konferenz im Sommer 1945, wurde die Frage nach der wirtschaftlichen Zukunft Deutschlands nur politisch beurteilt. Der Leitgedanke war, Deutschland jede Möglichkeit zu nehmen, einen neuen Krieg zu beginnen. Die beste Voraussetzung, bzw. das beste Hindernis dafür sah man darin, zur Bezahlung der von Deutschland geforderten Reparationen große Teile seiner Industrie zu demontieren. Außerdem wurde bestimmten Industrien, z. B. den Werften und Kugellagerfabriken, die Produktion verboten und die anderer wichtiger Branchen stark eingeschränkt. So wurde z. B. die Eisen- und Stahlerzeugung auf 5,8 Mio. t jährlich, d. h. auf ein Viertel der Vorkriegsproduktion, festgesetzt. Die großen Konzerne wurden entflochten[15].

Zu der befürchteten Entindustrialisierung kam es aber nicht. Vielmehr trat allmählich und vor allem nach der berühmten Rede des amerikanischen Außenministers Byrnes im September 1946 in Stuttgart ein Wandel in der alliierten Vorstellung von der wirtschaftlichen Zukunft Deutschlands ein, der eine Wiederankurbelung der westdeutschen Wirtschaft ermöglichte. Schritt für Schritt wurden die Produktionsquoten der verschiedenen Branchen erhöht. Im Januar 1947 wurden die amerikanische und die englische Zone zur Bizone vereinigt. Andererseits vertiefte der Kalte Krieg die Kluft zur sowjetischen Zone. Den westdeutschen Parteien wurde ein zunehmender Einfluß auf die Verwaltung, nicht aber auf den Außenhandel gewährt.

Die Gründe, die Wiederankurbelung der westdeutschen Wirtschaft zu betreiben, waren vielfältig. Zunächst stellte sich heraus, daß ein entindustrialisiertes Deutschland sich niemals selbst würde versorgen können, sondern auf die wirtschaftliche Unter-

---

[14] Sveriges handel med dollaromradet (Anm. 10), S. 99.
[15] Folgendes stützt sich vor allem auf Werner Abelshauser, Wirtschaftsgeschichte der Bundesrepublik Deutschland 1945–1980, Frankfurt/M. 1983; Alan S. Milward, The reconstruction of Western Europe 1945–1951, London 1984.

stützung der Alliierten angewiesen bleiben würde. Außerdem würde ein derartiges Deutschland nicht nur der eigenen sondern auch der Wirtschaft seiner Nachbarn, darunter Schweden, große Schwierigkeiten bereiten. Für Europa insgesamt aber mußte das bedeuten, daß der notwendige Wiederaufbau verzögert, wenn nicht gar verhindert würde. Seit dem Ende des 19. Jahrhunderts war Deutschland das führende europäische Exportland für Kapitalgüter, aber gleichzeitig auch der Absatzmarkt für viele Länder gewesen, deren Wirtschaft unter der Voraussetzung eines intensiven Handels mit Deutschland aufgebaut worden war. Aber der Hauptgrund für die veränderte Einstellung lag natürlich in der Furcht der Westmächte vor einem wachsenden kommunistischen Einfluß in Europa.

Diese neue Einstellung gegenüber der deutschen Wirtschaft bedeutete jedoch nicht, daß die Realitäten sich sofort entscheidend veränderten. 1946 erreichte die Industrieproduktion nur gut 30% des Stands von 1936, im folgenden Jahr gut 40%. Im Winter 1946/47 kam es zu einer allgemeinen Produktionskrise, die sich insbesondere in einer niedrigen Kohlenförderung zeigte: 1947 wurde nur die Hälfte der Vorkriegsförderung erreicht. Der Kohlenmangel war einer der sichtbarsten Engpässe der deutschen Wirtschaft und führte u. a. dazu, daß die Stahlindustrie nicht einmal die von den Besatzungsmächten zugestandene niedrige Produktionsquote erreichte. Ein anderer Engpaß war der Verkehrssektor. Erst 1948 setzte eine schnelle und anhaltende Produktionssteigerung ein, und die Industrieproduktion erreichte in diesem Jahr 60% des Vorkriegsstands. Auch im Außenhandel trat 1948 mit der Ausfuhr von Industriewaren und der Einfuhr vornehmlich von Agrarprodukten, eine Folge des Verlusts der landwirtschaftlichen Überschußgebiete im Osten, eine schnelle Steigerung ein. Industriewaren nahmen in der Einfuhr nur einen untergeordneten Platz ein, was eine rasche Erholung verhinderte. Nach und nach spielte Westdeutschland eine immer wichtigere Rolle im europäischen Handel.

Die Währungsreform und die Marshallplanhilfe gelten als wichtigste Ursachen für die Wende von 1948 und den Beginn des deutschen „Wirtschaftswunders", wenngleich die tatsächliche Bedeutung des Marshallplans in Frage gestellt worden ist. Die Währungsreform im Juni 1948 führte dagegen zur wirklichen Wiederbelebung der Wirtschaft in den drei Westzonen, wo der Tauschhandel, die sogenannte „Zigarettenwirtschaft", aufhörte. Der Einfluß der Besatzungsmächte auf die deutsche Wirtschaft wurde eingeschränkt. Ab Ende der 40er Jahre erlebte die westdeutsche Wirtschaft einen außerordentlich schnellen Zuwachs.

Tabelle 11: Industrieproduktion in Westdeutschland 1946–1953 (letztes Quartal), 1936 = 100

1947	50
1948	79
1949	100
1950	134
1951	146
1952	158
1953	174

Quelle: Abelshauser, W., Wirtschaftsgeschichte der Bundesrepublik Deutschland, S. 64, Milward, A. S., The Reconstruction of Western Europe, 1945–1951, S. 135, 356.

Während der ersten Nachkriegsjahre bestand der äußerst bescheidene westdeutsche Außenhandel vor allem in der Einfuhr von Lebensmitteln und gewissen Halbfabrikaten und in der Ausfuhr von Rohstoffen, vor allem dem erzwungenen Export von Kohle. Das war ein völlig neuer Zustand, verglichen mit dem traditionellen Außenhandel, der vor allem durch den Export von Fertigwaren gekennzeichnet war.

Tabelle 12: Zusammensetzung der Ein- und Ausfuhr der Bizone (in %)

		Einfuhr			
Jahr	Landw. Produkte	Ind. tot.	Roh-stoffe	Halb-fabrikate	Fertig-waren
1936	34	66	37	18	11
1947	92	8	1	6	1
1948	82	18	5	11	2
		Ausfuhr			
Jahr	Landw. Produkte	Ind. tot.	Roh-stoffe	Halb-fabrikate	Fertig-waren
1936	3	97	10	10	77
1947	1	99	54	28	17
1948	1	99	54	28	17

Quelle: Abelshauser, W., Wirtschaft in Westdeutschland 1945–1948, S. 157.

Bis einschließlich 1950 war die Außenhandelsbilanz negativ. Das Defizit wurde teilweise durch die Marshallplanhilfe gedeckt. Aber ab 1951 wurden Überschüsse erzielt, vor allem dank des stark gesteigerten Exports von Fertigwaren, der sich bereits zwischen 1948 und 1950 versiebenfachte und 1952 wertmäßig 73% des gesamten Exports ausmachte. Das bedeutete auch, daß sich die Struktur des Außenhandels radikal verändert hatte.

Tabelle 13: Der Wert des westdeutschen Exports (Mio. $ laufende u. Veränderung in %)

1946	280	
1947	315	+ 13
1948	699	+122
1949	1123	+ 61
1950	1981	+ 76
1951	3474	+ 75

Quelle: Milward, Reconstruction, S. 354.

Dieser starke Zuwachs bedeutete natürlich auch, daß Westdeutschlands Anteil am europäischen Handel stark anstieg und sich 1950 dem Vorkriegsstand näherte.

Tabelle 14: Der prozentuelle Anteil Westdeutschlands am westeuropäischen Handel insgesamt 1937–1950

Jahr	Einfuhr	Ausfuhr
1937	11,8	18,1
1938	15,8	18,5
1946	6,2	6,8
1947	3,0	5,4
1948	5,5	8,4
1949	8,6	10,5
1950	14,0	13,8

Quelle: Milward, S. 215.

Der deutsch-schwedische Handel

Seit Ende des 19. Jahrhunderts hatte der Handel mit Deutschland außerordentliche Bedeutung für die schwedische Wirtschaft gehabt. Gegen Ende der 30er Jahre des 20. Jahrhunderts war Deutschland mit nahezu einem Fünftel am schwedischen Handel beteiligt, nämlich mit 21% an der Ein- und mit 17% an der Ausfuhr. Damit war Deutschland der größte Handelspartner Schwedens, vor Großbritannien und den USA[16].

Die Voraussetzungen für diesen umfangreichen Handel lagen natürlich außer in der geographischen Nähe beider Länder in ihrer unterschiedlichen Produktion. Der schwedische Export nach Deutschland bestand in den Jahren zwischen den Weltkriegen vor allem aus Eisenerz und tierischen landwirtschaftlichen Produkten. Zusammen machten diese beiden Warengruppen zwei Drittel der gesamten schwedischen Ausfuhr nach Deutschland aus. Außerdem wurden vor allem einige Stahl- und Industrieerzeugnisse dorthin ausgeführt, während Holzwaren – Hölzer, Zellulose und Papier – lediglich etwa 10% dieses Exports ausmachten. Das war ein verhältnismäßig niedriger Anteil, insbesondere in Anbetracht der Tatsache, daß der Anteil dieser Warengruppe an der schwedischen Ausfuhr insgesamt während der letzten Jahre vor Kriegsausbruch rund 40% betrug.

Die schwedische Einfuhr aus Deutschland bestand in weit höherem Maße aus Fertigwaren, besonders solcher der deutschen Stahl- und mechanischen Industrie sowie der Textilindustrie, aber auch aus chemischen Produkten verschiedener Art. Maschinen, Instrumente und Transportmittel (Autos) waren die wichtigsten Warengruppen und machten etwa 30% der Einfuhr aus. Auf Eisen und Stahl entfielen 17%, auf Textilien 15%, auf chemische Produkte 13% und auf Kohle und Koks nur 8% der Einfuhr aus Deutschland in den Jahren 1936–1938. Für die letztgenannte Warengruppe war das, verglichen mit dem Import während des Krieges, ein verhältnismäßig kleiner Anteil.

[16] Sveriges handel med Tyskland. Index 1950, S. 25ff.

Entscheidend war jedoch in diesem Zusammenhang, daß Deutschland einen Großteil des schwedischen Einfuhrbedarfs an Waren, die eine Schlüsselstellung einnahmen,
deckte, z. B. 46% des gesamten Imports an Maschinen, 28% an Eisen und Stahl sowie
36% an chemischen Produkten. Für einige unentbehrliche Erzeugnisse innerhalb dieser Warengruppen lag der Anteil sogar noch höher, z. B. bei Eisen- und Stahlröhren,
Anilinfarben, Soda, Glaubersalz usw. über 50%[17].

Infolge der Abriegelung von den westlichen Märkten im Krieg, wurde die Rolle
Deutschlands als Schwedens wichtigstem Handelspartner noch verstärkt, und da der
schwedische Außenhandel während des Zweiten Weltkriegs stark zurückging, wurde
das deutsche Übergewicht noch fühlbarer. So kamen bestimmte wichtige Importwaren, z. B. Kohle und Koks und einige andere unentbehrliche Güter, wie oben dargelegt, ausschließlich aus Deutschland oder aus dem von ihm beherrschten Europa.
Andererseits war Deutschland während dieser Zeit der einzige für schwedische Firmen
offene Exportmarkt von Bedeutung.

Auch änderte sich die Zusammensetzung des Handels im Vergleich zur Vorkriegszeit. Infolge der einheimischen Versorgungsschwierigkeiten hörte der schwedische
Export von landwirtschaftlichen Produkten nahezu völlig auf. Dagegen stieg der von
Holzwaren stark an. Auch Stahl, mechanische Erzeugnisse und Kugellager erhöhten
ihre Exportanteile. Infolge der Absperrung von dem herkömmlichen wichtigen englischen Belieferer spielten jetzt Kohle und Koks eine erheblich größere Rolle in der
Einfuhr aus Deutschland als zuvor. Dagegen ging die Einfuhr von Maschinen und vor
allem von Autos aus Deutschland zurück[18].

Der deutsch-schwedische Handel erreichte 1943 sein größtes Volumen. Aber bereits
in der zweiten Hälfte des folgenden Jahres wurde er auf schwedische Initiative hin
eingeschränkt. Vom Jahreswechsel 1944/45 bis 1947 gab es nahezu keine Ausfuhr nach
oder Einfuhr aus Deutschland.

Der Ausfall des deutschen Marktes in den ersten Nachkriegsjahren bedeutete einen
sehr fühlbaren und schwerwiegenden Abbruch eines seit Jahrzehnten bestehenden,
bedeutenden Warenverkehrs. Dieser Ausfall und die dadurch bedingten Versorgungsschwierigkeiten, die nicht anderweitig behoben werden konnten, waren, wie gezeigt,
auch der Grund für die vielfältigen und großen Schwierigkeiten der schwedischen
Wirtschaft in den ersten Jahren nach dem Zweiten Weltkrieg.

1946 bestanden keine Möglichkeiten für einen regulären Handelsaustausch mit
Deutschland oder genauer gesagt, mit den Besatzungsmächten. Die deutsche Produktionskrise im Jahre 1947 ließ dann die Aussichten für einen wiederbelebten deutsch-
schwedischen Handel noch schlechter erscheinen. Ein Ansatzpunkt für den Übergang
zu normalen Verhältnissen war allerdings das zwischen Schweden und den Besatzungsmächten der Bizone, d. h. den USA und Großbritannien, im Oktober 1947
geschlossene Zahlungsabkommen. Im Frühjahr 1948 wurde ein regelrechtes Handelsabkommen getroffen, nach dessen Warenlisten Schweden für 150 Mio. Skr importieren
und für 200 Mio. Skr exportieren sollte. Der schwedische Exportüberschuß sollte mit
noch verbliebenen Mitteln aus dem sogenannten Washingtoner Abkommen von 1946
gedeckt werden, durch welches Schweden Gelder für den Einkauf schwedischer

---

[17] Sveriges officiella statistik: Handel (Anm. 6).
[18] Martin Fritz, The Swedish economy 1939–1945. A survey, in: The adaptable nation (Anm. 1), S. 6ff.

Waren für die drei Westzonen zur Verfügung gestellt hatte. Die Abkommen bestimmten jedoch, daß in Dollar abgerechnet wurde, was zu einem strengeren Genehmigungsverfahren für die schwedischen Einfuhren führte. Der Handel erreichte daher nicht das festgelegte Volumen. Die Einfuhr belief sich nur auf 100 Mio. Skr, die Ausfuhr lediglich auf 143 Mio. Skr.

Das Wachstum der deutschen Wirtschaft führte dann 1949 zu einer Reihe neuer Abkommen über den deutsch-schwedischen Handel, in den seit Februar 1949 auch die französische Besatzungszone einbezogen wurde. Wiederum wurden Warenlisten festgelegt. Doch da Schweden das Risiko, in Dollar bezahlen zu müssen, scheute, gab es nur zögernd Mittel für den Import frei. Ein neues Abkommen im November 1949 gab dann die westdeutsche Einfuhr aus Schweden nahezu frei und hob auch die schwedischen Importbeschränkungen weitgehend auf. Die früheren Warenlisten wurden fast gänzlich abgeschafft. Die ersten Maßnahmen für die Wiederaufnahme eines normalen Handels waren ergriffen worden[19].

Erst nachdem sich die deutsche Wirtschaft nach und nach erholt hatte, konnte der Handel wieder aufgenommen werden, wenn auch in geringerem Umfang als vor dem Krieg und nahezu ausschließlich mit westdeutschen Gebieten. In festen Preisen gerechnet, erreichte die Einfuhr 1949 ungefähr ein Drittel des Vorkriegswertes und die Ausfuhr gut die Hälfte des Werts von 1936–1938. Dennoch war Deutschland 1949 nach Großbritannien und den USA Schwedens drittgrößter Handelspartner. Dieser Handel wuchs außerordentlich schnell, schneller als der mit anderen Ländern. Ab August 1952 war Deutschland wieder Schwedens wichtigster Lieferant. Infolge des zunehmenden Imports aus Deutschland verringerte sich auch Schwedens Abhängigkeit von der Einfuhr aus dem Dollarraum, die von 1947 bis 1949 so schwerwiegende Störungen der schwedischen Wirtschaft verursacht hatte[20].

Tabelle 15: Deutschlands (ab 1948 Westdeutschlands) Anteil am schwedischen Außenhandel 1945–1953 (in %)

Jahr	Einfuhr	Ausfuhr
1939	24,8	19,5
1945	8,1	0,0
1946	1,1	0,7
1947	2,1	0,6
1948	1,9	3,4
1949	6,4	7,4
1950	10,6	12,4
1951	13,3	10,0
1952	17,7	11,8
1953	18,3	11,5

Quelle: SOS Handel.

[19] Sveriges handel med Tyskland (Anm. 16), S. 25ff.; L. E. Larsson, Sveriges handel med Västtyskland. Kommersiella Meddelanden 1950, S. 359ff.; ders., Sveriges handel med förbundsrepubliken Tyskland 1950–1953. Kommersiella Meddelanden 1953, S. 103ff.
[20] Sveriges officiella statistik: Handel (Anm. 6).

Dieser neue Handel ab 1948 setzte sich aber wiederum teilweise anders zusammen als der in den 30er Jahren. Die Ausfuhr an Eisenerz, von der vor dem Krieg 70% nach Deutschland ging, sank nämlich sehr. Statt dessen stieg der Export von Holzwaren, vor allem von Zellulose, die bereits während der Kriegsjahre auf dem deutschen Markt etabliert worden war, stark an.

Anfang der 50er Jahre erfolgte dann allerdings ein erneuter Umschwung zurück in den „normalen" Zustand, d. h. der Handel nahm wieder die Struktur der Vorkriegszeit an. Unter den Importwaren verloren Kohle und Koks ihre vorherrschende Stellung. Dagegen wuchs die Einfuhr von Eisen und Stahl sowie von Erzeugnissen der mechanischen Industrie. Von den von Schweden ausgeführten Waren verloren die Holzwaren ihr starkes Übergewicht, auch wenn ihr Anteil weiterhin erheblich über dem Vorkriegsniveau lag. Andererseits wuchs die Bedeutung von Eisenerz, Eisen und Stahl sowie von Waren der mechanischen Industrie. Somit verschob sich die Ausfuhr auf mehr veredelte Produkte.

In diesem Zusammenhang war es besonders wichtig, daß der Import deutscher, für die schwedische Industrie wesentlicher Waren so stark gesteigert werden konnte, daß er die Beschränkungen unterworfene Einfuhr dieser Waren aus den USA ersetzen konnte. Als Beispiel hierfür seien die Ziffern für die Einfuhr von Maschinen genannt.

Tabelle 16: Der Anteil der USA bzw. Westdeutschlands an der schwedischen Einfuhr von Maschinen (in %)

Jahr	USA	Westdeutschland
1948	28,7	1,6
1949	24.5	5,8
1950	24,6	14,3
1951	18,1	27,2
1952	12,8	34,1
1953	15,2	35,7

Quelle: SOS Handel.

Verglichen mit den Vorkriegsjahren, zeigte die Handelsbilanz einen wichtigen Unterschied. Hatte sie damals ein großes schwedisches Defizit ausgewiesen, ergab sie in den Jahren nach dem Krieg einen kleineren schwedischen Überschuß. Allerdings war die Bilanz des recht unbedeutenden Handels mit Ostdeutschland negativ. Auch im Handel mit der Bundesrepublik kam es im Laufe der 50er Jahre zu einer Normalisierung, d. h. zu einem schwedischen Defizit.

Auch in anderer Hinsicht bestanden Unterschiede. Vor dem Krieg war die deutsche Einfuhr der Devisenbewirtschaftung unterworfen, während der schwedische Import frei war. Das bedeutete, daß Deutschland vor allem daran interessiert war, seine Ausfuhr nach Schweden zu erhöhen, um die wichtige Einfuhr von Eisenerz zu bezahlen und um seine anderweitig, vor allem im überseeischen Handel, negative Handelsbilanz auszugleichen. Das deutsch-schwedische Handelsvolumen in den 30er Jahren war daher vor allem durch die Absatzmöglichkeiten deutscher Firmen in Schweden begrenzt worden. Nach dem Krieg herrschten beinahe umgekehrte Verhältnisse. Die westdeutschen Behörden hoben nach und nach alle Einschränkungen für die Einfuhr aus Schweden auf, während in Schweden anfangs sehr einschneidende Restriktionen für den Handel mit Westdeutschland galten. Das lag an der geringen deutschen Kaufkraft, während schwedischerseits die Liste der gewünschten Importe lang war. Eine Freigabe der Einfuhr aus Deutschland hätte zu einem großen schwedischen Importüberschuß geführt, der nach den geltenden Zahlungsbestimmungen in Dollar beglichen werden mußte. Der Umfang des Handels zwischen beiden Ländern wurde also in diesen Jahren durch die Absatzmöglichkeiten der schwedischen Firmen in Deutschland bestimmt. Für die schwedischen Firmen galt es, den Export so zu steigern, daß die schwedischen Importwünsche zufriedengestellt werden konnten. Ein weiteres Wirtschaftswachstum Deutschlands führte so zu einem zunehmenden Handel zwischen beiden Ländern und indirekt auch zu einem stärkeren schwedischen Handel mit dem übrigen Europa.

Zusammenfassung

Die expansive Wirtschaftspolitik Schwedens, der Fortfall des wichtigen Handels mit Deutschland, die ungeheure Steigerung der Einfuhr aus den USA, um diesen Ausfall auszugleichen, die Unfähigkeit, diese Expansion mit einer gesteigerten Ausfuhr in die USA zu bezahlen, sowie schließlich die Unmöglichkeit, schwedische Exportüberschüsse gegenüber anderen Ländern in Dollar zu konvertieren, – alles dies zusammengenommen, verursachte schwere Störungen in der schwedischen Wirtschaft. Sie zeigten sich am deutlichsten im Zusammenschmelzen der schwedischen Devisenreserven, die nahezu aufgezehrt wurden und 1948, als sie nur noch 22% des Guthabens von 1945 ausmachten, auf den niedrigsten Stand absanken.

Diese Störungen mußten auf verschiedene Weise behoben werden. Das Bestreben, den Export in den Dollarraum zu steigern und so die Wirtschaft zu entlasten, führte aus verschiedenen Gründen nicht zum Ziel. Statt dessen mußte die Einfuhr aus den USA zum Nachteil der schwedischen Wirtschaft drastisch gedrosselt werden. Einige Erleichterungen brachte die Hilfe aus dem Marshallplan, die sich zwischen 1949 und 1951 auf 550 Mio. Skr belief, was nahezu einem Drittel des Werts der Einfuhr aus den USA in diesen Jahren entsprach. Die Lage blieb jedoch ernst.

In demselben Jahr 1948, indem die schwedischen Devisenreserven auf ihren niedrigsten Stand absanken, lief die deutsche Wirtschaft wieder an. Sowohl für die schwedischen Behörden als auch für die schwedische Wirtschaft gab es gute Gründe, mit Genugtuung festzustellen, daß Deutschland wieder zum wirtschaftlichen Mittelpunkt Europas wurde. Der Handel mit Schweden wurde wieder aufgenommen und ab 1949 geradezu dramatisch gesteigert. Bereits im August 1952 war Deutschland Schwedens wichtigster Lieferant. Im gleichen Maße wie die Einfuhr aus Deutschland stieg, konnte der „Ersatzimport" aus den USA reduziert und der Mangel an Dollars behoben werden. Es wurde wichtiger, offensiv auf den deutschen als auf den amerikanischen Exportmarkt zu setzen. Die Voraussetzungen für einen gesteigerten schwedischen Export nach Deutschland waren auch erheblich günstiger als in den Dollarraum.

Der gesteigerte Handelsaustausch mit Deutschland sowie mit dem übrigen Europa stellte auch wieder das Gleichgewicht in der schwedischen Wirtschaft her, was ebenfalls am einfachsten mit Angaben über die schwedischen Devisenvorräte veranschaulicht werden kann.

Tabelle 17: Devisenvorräte der Reichsbank jeweils am 31. 12. (Mio. Skr)

Jahr	Gold	Devisen netto	Davon $	Summe
1945	2024	758		2782
1946	1371	538	203	1909
1947	379	345	3	724
1948	290	315	113	605
1949	362	828	385	1190
1950	466	688	493	1154
1951	785	1594	288	2379
1952	954	1350	309	2304

Quelle: Statistisk årsbok.

In den einschlägigen schwedischen Handbüchern wird die Zeit des Zweiten Weltkriegs oft als „anormal" ausgeklammert und man geht von den Zahlen für 1946 aus, um die wirtschaftliche Entwicklung der Nachkriegszeit zu beschreiben. Tatsächlich aber traten die Störungen erst nach Kriegsende auf. Die Gründe lagen vor allem im Abbruch der langjährigen Beziehungen zu Deutschland und in der schwedischen Wirtschaftspolitik, die einen großen Import aus den USA zur Folge hatten, mit dadurch bedingter Devisenverknappung und Einfuhrbeschränkungen. Erst durch die Wiederaufnahme der „natürlichen" Beziehungen zu Deutschland und dem übrigen Westeuropa Anfang der 50er Jahre wurden die Voraussetzungen für die kommende Hochkonjunktur der schwedischen Wirtschaft geschaffen.

Albert E. Kersten

Die Niederlande und die Westintegration der Bundesrepublik

Wirtschaft, Sicherheit und politische Kontrolle

Einem Bericht der deutschen Wochenzeitung „Die Zeit" zufolge ließ sich der holländische Premierminister Ruud Lubbers auf dem Brüsseler Euro-Gipfel im März 1988 zu anti-deutschen Gefühlen hinreißen. Anlaß dazu hatte der Versuch Helmut Kohls gegeben, ihn dazu zu drängen, seinen Standpunkt in der Frage der Finanzierung der Agrarausgaben zu ändern. Eigentlich ist eine „Entgleisung" dieser Art in anstrengenden Verhandlungsrunden nichts ungewöhnliches. Lubbers Charakterisierung des Umfeldes, in dem die Bemerkung fiel – „ein Kreis von Fachkollegen" –, erleichtert ein nachsichtiges Urteil über das offen gezeigte Unbehagen des niederländischen Premiers. Es ist jedoch erstaunlich, daß eine Bemerkung aus einer nicht-öffentlichen Sitzung zur Presse durchsickerte und in der „Zeit" – bekannt für seriöse Berichterstattung – abgedruckt wurde[1]. Paßt nicht dieses kurze Aufflackern antideutscher Gefühle sehr gut zu jenem tragischen internationalen Rekord Hollands – der Inhaftierung zweier deutscher Kriegsverbrecher bis zum Frühjahr 1989? Antideutsche Gefühle mit zahlreichen Rückbezügen auf die deutsche Besetzung während des Zweiten Weltkrieges waren auch unter den jungen holländischen Fußballanhängern während des Halbfinalspiels der Europameisterschaft im Juni 1988 zwischen der Bundesrepublik und Holland sehr deutlich zu spüren. Diese Beispiele einer nicht bewältigten Vergangenheit zeigen, welche Belastung die deutsche Besetzung für die deutsch-niederländischen Beziehungen darstellt.

Diese sehr langsam heilende und immer wieder aufbrechende Wunde ist jedoch nur ein Aspekt im deutsch-holländischen Beziehungsgeflecht, wenn auch der schwierigste. Ein völlig anderes Bild ergibt dagegen ein flüchtiger Blick auf die holländische Haltung zur Rolle Deutschlands im europäischen Integrationsprozeß. Die niederländische Regierung hatte schon im März 1947 eine uneingeschränkte deutsche Teilnahme am europäischen wirtschaftlichen Wiederaufbau befürwortet. Drei Jahre später, im September 1950, unterstützte sie die Mitgliedschaft Westdeutschlands in der NATO als dem tragfähigsten Rahmen für eine deutsche Wiederbewaffnung. Dieser Kontrast zwischen den durch den Krieg belasteten bilateralen Beziehungen und der frühen und vorbehaltlosen Unterstützung einer deutschen Teilnahme an der europäischen und westlichen Integration und Kooperation verstärkt sich sogar noch, wenn die Frage der deutschen Wiedervereinigung mit in Betracht gezogen wird. Diese drei Fragenkom-

---

[1] NRC-Handelsblad, „Steun aan vrinden en anderen", 18. 3. 1988.

plexe bestimmen die holländische Interpretation der Rolle Deutschlands in der Nachkriegszeit wesentlich. Natürlich ist die eine Frage eng mit den anderen verknüpft;
doch bedarf die Gewichtung eines jeden Faktors und seines Einflusses auf die anderen
– sei es als Impuls oder Bremse – sorgfältiger Analyse. Deutlich ist vor allem, daß die
holländische Regierung unterschiedlichen Einfluß in diesen Bereichen ausgeübt hat;
ihre Politik war wiederum beeinflußt durch den Druck der Öffentlichkeit. Nicht
vernachlässigt werden darf auch das Verhältnis der genannten Probleme zu den öffentlich verkündeten nationalen Interessen. Eine solche Analyse ermöglicht eine ausgewo-
gene Darstellung der holländischen Perzeption der Rolle Deutschlands nach 1945 auf
bilateraler, westeuropäischer und internationaler Ebene.

Bevor die niederländische Außenpolitik der Nachkriegszeit behandelt wird, verdienen zwei Aspekte nähere Betrachtung: erstens die Intensität der holländisch-deut-
schen Beziehungen vor dem Krieg und zweitens die Nachkriegsplanungen der holländischen Exilregierung. Vor 1940 war die wirtschaftliche Abhängigkeit der Niederlande
von Deutschland groß: 18% der niederländischen Gesamtausfuhr gingen dorthin.
Diese beeindruckende Zahl gewinnt noch dadurch an Bedeutung für die holländische
Wirtschaft der Vorkriegszeit, daß 26% des holländischen Bruttosozialprodukts exportiert wurde. Der landwirtschaftliche Sektor profitierte vorwiegend durch den Export
von Gemüse und Milchprodukten an den östlichen Nachbarn; auf den Transportwe-
gen auf dem Rhein und anderen deutschen Inlandwasserwegen hatten die Niederländer eine herausragende Position erreicht[2]. Auch als ausländische Investoren in der
deutschen Wirtschaft nahmen die Holländer mit 1,669 Billionen RM eine Spitzenposi-
tion ein. Während der dreißiger Jahre hatte man die wirtschaftliche Abhängigkeit von
Deutschland sehr zu spüren bekommen, dennoch konnte der Generaldirektor für
Handel und Gewerbe, Hans Hirschfeld, durch ein enges Netz fast ständiger Verhandlungen mit deutschen Finanz- und Wirtschaftsbehörden einen Interessenausgleich
erzielen, der den Schaden der deutschen Autarkiepolitik für die Niederlande so weit
wie möglich einschränkte[3]. Angesichts der Neutralitätspolitik stellten diese bilateralen
wirtschaftlichen Beziehungen das Maximum des für die holländischen Nationalinteressen Erreichbaren dar, obwohl wachsende politische Kontroversen die Aufgabe
Hirschfelds während der Jahre vor der deutschen Invasion in Holland im Mai 1940
erschwerten.

Die deutsch-holländischen Beziehungen waren nicht nur auf rein wirtschaftlichem
Gebiet unausgeglichen; als kleine Macht hatten die Niederlande eigentlich keine realen
Möglichkeiten, dem Expansionsdrang ihres östlichen Nachbarn zu widerstehen. Bis
zum Vorabend des deutschen Angriffs am 10. Mai 1940 lebte die Regierung in der
Hoffnung, Deutschland werde seine Neutralität respektieren, obwohl verläßliche
Informationen über das Gegenteil vorlagen[4]. Die Verletzung der Neutralität erschütterte das Selbstverständnis der Niederlande und provozierte zwei deutliche Reaktionen. Die Erfahrung der deutschen Invasion und Besatzung schuf bzw. verstärkte für
bestimmte gesellschaftliche und politische Gruppen das Bild des nicht vertrauenswür-
digen, in einer Tradition gewaltsamer Expansion und gebrochener Verträge stehenden

[2] P. A. Blaisse, De Nederlandsche Handelspolitik, Utrecht 1948.
[3] Hans M. Hirschfeld, Herinneringen uit de jaren 1933–1939, Amsterdam 1959.
[4] L. de Jong, Het Koninkrijk der Nederlanden in de Tweede Wereldoorlog, Bd. 1: Voorspel, Den Haag 1969.

Deutschland. Dieses Land erschien einerseits als Hauptbedrohung für die Niederlande und Europa, andererseits aber wurden auch die Folgen der deutschen Besetzung für die internationale Stellung Hollands als solche reflektiert und die Problematik einer Politik der Bündnisfreiheit und Neutralität in Frage gestellt. Die harte und brutale Besatzungspolitik der Deutschen bis zum Mai 1945 bestätigte das Bild von Deutschland als einer nicht verläßlichen europäischen Macht. Dies schürte einerseits in der Nachkriegszeit starke anti-deutsche Gefühle und Einstellungen, andererseits begünstigte es Tendenzen zur Eindämmung der deutschen Gefahr, und Bestrebungen, die Wiederholung solcher Katastrophen zu verhindern. Die bloße Existenz eines deutschen Staates im Zentrum Europas war das Hauptproblem, das es jetzt und für alle Zeit zu lösen galt, um eine friedliche Zukunft für die Nachbarstaaten und den Rest der Welt zu sichern. Die Bestrafung Deutschlands für sein aggressives Verhalten und der Wille, zukünftige Störungen des internationalen Friedens zu verhindern, bildeten den Ausgangspunkt für diesen Denkansatz. Seine Protagonisten behandelten die deutsche Frage als isoliertes Sicherheitsproblem, das keine nennenswerten politischen und wirtschaftlichen Rückwirkungen auf das übrige Europa hatte. Die Annexion deutschen Gebietes, die Aufteilung des deutschen Staates, die Demilitarisierung und weitreichende Reparationen wurden als geeignete Maßnahmen zur Erlangung dieses Zieles verkündet[5].

Diese eigenen Wunschvorstellungen nachgebende und einseitige Sicht stand im Widerspruch zu einer mehr internationalistisch geprägten Denkweise, welche die internationale Stellung der Niederlande aus der Perspektive der plötzlichen Niederlage im Mai 1940 und von deren Rückwirkungen auf die zukünftigen Möglichkeiten einer Politik der Bündnisfreiheit gegenüber den Großmächten her zu überdenken suchte. In dieser Diskussion bildete die zukünftige Sicherheit die Ausgangsbasis, und obwohl die Eindämmung der deutschen Gefahr im Zentrum der Überlegungen stand, unterschieden sich die Methoden zur Erreichung dieses Zieles gewaltig. Für die Befürworter dieses Weges – Außenminister Eelco van Kleffens war die Zentralfigur – war eine Fortsetzung der Neutralitätspolitik nicht mehr vertretbar, weil eine isolierte Verteidigung holländischen Territoriums aufgrund der neuen Entwicklungen auf militärisch-technologischen und -strategischem Gebiet unmöglich geworden war. Man befürwortete die Zusammenarbeit mit anderen „friedliebenden" Staaten innerhalb eines regionalen Bündnisses, um einen zukünftigen Krieg erfolgreich verhindern zu können. Angesichts der Interdependenz von militärischer Kooperation, wirtschaftlicher Zusammenarbeit und gemeinsamen Interessen war eine Sicherheitsgarantie jedoch nicht ausreichend. Konzepte für eine umfassendere wirtschaftliche und währungspolitische Kooperation kamen in der niederländischen Nachkriegsplanung nicht zum Tragen. Eine regionale Sicherheitsgarantie in Europa mit ihren Auswirkungen auf die Zusammenarbeit auf anderen Gebieten war unvereinbar mit der internationalen Rolle der Niederlande als Kolonialmacht. Als realistische Lösung ersann man ein System regionaler Sicherheitsorganisationen unter der Ägide der UNO. Für die Niederlande sollte dieses Geflecht regionaler Organisationen auch dazu dienen, auf internationaler Ebene

---

[5] A. E. Kersten, Nederlandse opvattingen over Europese economische samenwerking na de Tweede Wereldoorlog, 1940–1945, in: Jaarboek 1986–1987 Ministerie van Buitenlandse Zaken, Den Haag 1987, S. 159–166; H. A. Schaper, Het Nederlandse veiligheidsbeleid 1945–1950, in: Bijdragen en mededelingen betreffende de Geschiedenis der Nederlanden, Bd. 96 (1981), S. 277–279.

jene einflußreiche Stellung zu erringen, die Den Haag aufgrund des größeren Engagements in internationalen, wirtschaftlichen und kolonialen Angelegenheiten für selbstverständlich hielt[6].

Anfänglich war man sich nicht klar, wie Deutschland in das vorgesehene Kooperationsnetz friedliebender Nationen passen sollte. Einigkeit herrschte aber darüber, daß man eine Politik der Bestrafung Deutschlands ablehnte. Wie in manch anderen Bereichen der Nachkriegsplanung war auch hier das Leitprinzip, nicht die nach dem Ersten Weltkrieg begangenen Fehler zu wiederholen. Zuallererst mußte ein Wiederaufleben des deutschen Revanchismus, hervorgerufen durch die Aufteilung Deutschlands, vermieden werden; eine begrenzte Zahl von Einschränkungen sollte Deutschland auferlegt werden, aber die wirksame Kontrolle ihrer Ausführung wurde als wesentliche Vorbedingung angesehen; Reparationsleistungen, sollten in einem Friedensvertrag nur bis zu einer gewissen Höhe festgelegt werden, denn der Lebensstandard des deutschen Volkes sollte nicht wesentlich hinter dem durchschnittlichen europäischen Standard zurückbleiben. Diese gemäßigten Vorstellungen hinsichtlich der Behandlung Deutschlands nach dem Kriege hatte Van Kleffens Ende 1942 federführend ausgearbeitet; er folgte damit weitgehend den Vorschlägen von Dr. J. G. de Beus, einem angehenden Diplomaten, der für die Nachkriegsplanungen im Außenministerium verantwortlich war. De Beus entwarf eine alliierte 'Politik, die beabsichtigte, Deutschland in eine größere Gemeinschaft oder ein kollektives Bündnis einzugliedern, das nicht von ihm dominiert werden konnte. Eine Ausrichtung nach dem Osten, d. h. eine Kooperation mit der Sowjetunion und dem südosteuropäischen Raum mußte aus verschiedenen Gründen vermieden werden; ein Bündnis zwischen Deutschland und den Westmächten erschien als die am meisten bevorzugte Lösung. Nur in einer solchen Kombination werde Deutschland auf eine oder mehrere Staaten treffen, die ihm an Zahl und Organisation gleichberechtigt oder überlegen sein würden[7]. Außenminister Van Kleffens schlug eine Organisation zur Kontrolle kriegswichtiger Rohstoffe – Kohle, Eisen und Nitrogen – vor. Alle Staaten der UNO, und nicht nur die ehemaligen Feindstaaten, sollten an einer internationalen Organisation teilnehmen, die die Produktion sowie den Im- und Export dieser Stoffe überwachte und kontrollierte. Auf der Basis dieser gemeinsamen Kontrolle und anfänglicher Restriktionen gegenüber Deutschland könnte eine Isolierung Deutschlands vermieden werden, während dieser Staat gleichzeitig lernen könnte, seine Verhaltensweisen allgemein akzeptierten friedlichen Gepflogenheiten anzupassen[8].

Die politische Alternative verfolgte man in den kommenden Kriegsjahren nicht weiter. Dennoch erscheint es wichtig, auf ihre Hauptpunkte hinzuweisen. Deutschland mußte an die westliche Welt, d. h. die westeuropäischen Staaten und vorzugsweise die Vereinigten Staaten gebunden werden, es sollte in einem Status innerhalb eines nur vage konzipierten Kooperationsnetzes gehalten werden, der eine erneute deutsche Hegemonialstellung vermied, und es sollte allmählich eine gleichberechtigte

---

[6] A. E. Kersten, Van Kleffens' plan voor regionale veiligheidsorganisaties, in: Jaarboek van het departement van Buitenlandse Zaken 1980–1981, Den Haag 1981, S. 157–164.
[7] Documenten betreffende de Buitenlandse Politiek van Nederland 1919–1945, Periode C: 1940–1945; Bd. 4, Den Haag 1984, S. 387f.
[8] Archief van het ministerie van Buitenlandse Zaken (zukünftig: BZ), archief ambassade London 1938–1945: Dossier: GA/07-3.

Stellung im Kreis der anderen Mitglieder dieses geplanten Kooperationssystems wiedererlangen. Es wäre aber zu einfach, in diesen zu Beginn des Krieges formulierten Überlegungen zur Stellung und Behandlung Deutschlands in der Nachkriegsphase den Kern der Politik der Niederlande zu sehen, die in der Ära der europäischen Integration entwickelt und verfolgt wurde. Dafür sind sie zu allgemein abgefaßt; sie können aber als Ausdruck eines wesentliche Interessen Hollands berücksichtigenden Konzepts gewertet werden. Insbesondere Van Kleffens Plan für die Kohle- und Eisenindustrie spiegeln die Notwendigkeit internationaler Kooperation wider und betonen eine aus Sicherheitsgründen effektive militärische und wirtschaftliche Kontrolle Deutschlands und gleichzeitig eine möglichst geringe Einmischung in die tagtäglichen Wirtschaftsbeziehungen.

Diese sehr rationale und offene Behandlung der deutschen Frage bestimmte jedoch nicht die Vorstellungen der holländischen Regierungsvertreter nach der Kapitulation Deutschlands im Mai 1945. Der in der Öffentlichkeit erhobene Ruf nach Annexion deutschen Gebietes, nach Bestrafung der Kriegsverbrecher und des deutschen Volkes sowie nach Entschädigungen für Kriegsschäden fand auch in der offiziellen Politik seinen Niederschlag[9]. Solche Ziele konnten jedoch nur in den Grenzen erreicht werden, die durch die alliierten Vereinbarungen und durch das eigene staatspolitische Geschick gesteckt waren. Die niederländische Regierung konnte deutsche Güter konfiszieren, deutsche Bürger vertreiben und Kriegsverbrecher aufgrund ihrer Greueltaten während der Besetzung anklagen, aber politische Maßnahmen gegenüber Deutschland selbst blieben den vier Besatzungsmächten vorbehalten. Gebietsannexionen und andere weitreichende Vorhaben wie der Transfer von Besitzrechten an Minen und anderen Produktionsanlagen oder die Rückforderung von Rhein-Barkassen, gestohlenem Vermögen und rollendem Material bedurften der Kooperationsbereitschaft der alliierten Stellen.

Als sich das unmittelbar nach dem Krieg entstandene Chaos allmählich normalisierte, sahen sich die Niederlande einer unerwarteten und ungewollten Situation gegenüber. Deutschland war durch die alliierten Besatzungsbehörden nach außen hin abgeriegelt, so daß eine Rückkehr zur wirtschaftlichen Zusammenarbeit der Vorkriegszeit blockiert war. Tatsächlich fühlten sich die Niederlande auf Gnade und Ungnade den Besatzungsmächten ausgeliefert, die kein oder nur sehr wenig Verständnis für ihre berechtigten Forderungen aufbrachten. Gerade diese wirtschaftliche und – damit verknüpft – währungspolitische Isolation Deutschlands ließ die Niederlande sehr früh erkennen, daß dies dem Wiederaufbau Europas zum Nachteil gereichte. Sehr schnell konzentrierte sich daher die offizielle Politik auf die wirtschafts- und währungspolitischen Aspekte der deutschen Frage. Die Suche nach einer erfolgreichen Strategie zur Änderung der alliierten Besatzungspolitik und die fortschreitenden nationalen Wiederaufbauplanungen ließ die Verantwortlichen zu dem vernünftigen Entschluß kommen, daß ein Wiederaufbau der Niederlande und Europas nur durch die Mitwir-

---

[9] Zur Annexions-Frage vgl. M. Bogaarts, Land in zich. Een schets van de ontwikkelingen rondom de Nederlandse plannen tot verwerving van Duits grondgebied en van het tijdelijk beheer van Duitse economische hulpbronnen 1945–1963, in: Politieke Opstellen, Bd. 1, Nijmegen 1982, S. 1–19; H. A. Schaper, Wij willen zelfs niet München-Gladbach! De annaxatiekwestie 1945–1949, in: Internationale Spectator, Bd. 39 (1985), S. 261–272. Zur allgemeinen Nachkriegspolitik gegenüber Deutschland vgl. L. de Jong, Het Koninkrijk der Nederlanden, Bd. 12: Naspel, Den Haag 1988. J.W.F. Wielenga, West-Duitsland: partner uit noodzaak. Nederland en de Bondsrepubliek 1949–1955 Utrecht 1989. S. 34–42.

kung Deutschlands erreicht werden könnte[10]. So wertvoll dieser Entschluß auch war, er half den Holländern nicht, die Blockade Deutschland gegenüber aufzubrechen, so lange die Besatzungsmächte nicht davon überzeugt waren, daß eine solche Politik gemeinsamen Interessen diente. Erst im Zusammenhang mit dem Marshallplan erhielten die Niederlande die Gelegenheit, ihre Ansichten auf internationaler Ebene vorzubringen.

Auf der Konferenz für europäische wirtschaftliche Zusammenarbeit (OEEC) in Paris verteidigte die Delegation der Benelux-Staaten unter der Leitung von Hirschfeld eine gemeinsame politische Linie, indem sie für eine multilaterale Lösung der wirtschaftlichen und finanziellen Probleme Europas plädierte. Im Grunde näherten sie sich damit amerikanischen Vorstellungen; aber nur den Sponsoren des europäischen Wiederaufbauprogramms einen Gefallen zu tun, war nicht ihr Hauptmotiv. Die Zusammensetzung der Konferenz, von der sich die osteuropäischen Staaten unter dem Druck der Sowjetunion ausgeschlossen hatten, zeigte, daß die holländischen Pläne für eine wirtschaftliche Zusammenarbeit zwischen Ost- und Westeuropa als Teil eines allgemeinen Viermächteabkommens über Demilitarisierung und Abrüstung in Deutschland politisch nicht mehr zu realisieren waren[11]. Deshalb mußte das Alternativkonzept in die Tat umgesetzt werden: nämlich westeuropäische Kooperation als Hebel zur Einbeziehung Westdeutschlands in die westeuropäische Wirtschaft[12]. Der Benelux-Plan stieß auf Widerstand. Die multilateralen Konzepte einer Lösung der finanziellen und wirtschaftlichen Probleme deckten sich nicht mit dem, was Hirschfeld als vorrangiges Ziel der meisten europäischen Länder bezeichnete, nämlich so viele Dollars wie möglich zu kassieren. Der Vorschlag, Deutschland mit einzubeziehen, den Hirschfeld hartnäckig verteidigte, stieß auf heftigen Widerstand, denn eine Produktionssteigerung der deutschen Wirtschaft wurde als Bedrohung der europäischen Sicherheit angesehen. Hirschfelds zusätzlicher Vorschlag, den amerikanischen Befehlshaber als Vertreter der deutschen Interessen zur Konferenz einzuladen, stieß auf „allgemeines Schweigen"[13]. Es wurde deutlich, daß eine rein wirtschaftlich akzentuierte Diskussion über die Vorteile eines deutschen Wiederaufbaus im westeuropäischen Verbund ein Ziel darstellte, das zu hoch gesteckt war. Die Debatte über den Stand der industriellen Produktion in Westdeutschland verblieb innerhalb des Kompetenzbereichs der drei Besatzungsmächte[14]. Für die nahe Zukunft bedeutete dies, daß eine Beseitigung der von den Besatzungsmächten an den Grenzen Westdeutschlands errichteten wirtschafts- und währungspolitischen Schranken durch eine deutsche Beteiligung an einem multilateralen europäischen Wiederaufbauprogramm nicht in Frage kam. Nach Ansicht der Niederlande war das schließlich verabschiedete Europäische Wiederaufbauprogramm (ERP) deshalb ungenügend; denn es setzte nicht alle zur Erfüllung dieser Aufgabe in Westeuropa vorhandenen Mittel voll ein. Die politischen Argumente der anderen Konferenzteilnehmer, insbesondere der französischen Delegation, stießen bei der niederländischen Delegation auf geringes Verständnis.

[10] S. I. P. van Campen, The Quest for Security, Den Haag 1958, S. 47–57.
[11] Schaper, Veiligheidsbeleid (Anm. 5), S. 289–290.
[12] P. van der Eng, De Marshall-hulp, Een perspectief voor Nederland 1947–1953, Houten 1987, S. 39.
[13] Eng, De Marshall-hulp (Anm. 12), S. 65.
[14] Alan S. Milward, The reconstruction of Western Europe 1945–1951, London 1984.

Wirtschaftliche Gründe hatten die Holländer vor allem dazu veranlaßt, eine deutsche Beteiligung am ERP zu befürworten. Nicht Mitleidsgefühle wegen der schlechten Lebensbedingungen in Deutschland selbst, sondern das drängende Interesse, die internationalen Handels- und Finanzbeziehungen der Zwischenkriegszeit wieder aufzubauen, waren der Motor für die holländische Politik; und zur Erreichung dieses Ziels war eine Teilnahme Deutschlands unbedingt notwendig. Obwohl Westdeutschland 1948 dann doch in das ERP integriert wurde, gab es zahlreiche Einschränkungen. So lange Frankreich die Politik verfolgte, Westdeutschland im Vergleich zu den anderen ERP-Empfängerländern nur einen minderen Status zuzugestehen, waren die Ziele der niederländischen Regierung, die aus nationalen Wirtschaftsinteressen geboren waren, nicht zu erreichen.

Die Frage einer westdeutschen Teilnahme an einem europäischen Verbund wurde im Herbst 1949 erneut aufgegriffen, als Vorschläge für eine Währungs-, Zoll- und Wirtschaftskooperation zwischen Frankreich, Italien und den Benelux-Staaten in den sogenannten Fritalux-Verhandlungen diskutiert wurden. Aus Zahlungsbilanzgründen vertraten die Niederlande die Ansicht, daß eine Mitgliedschaft der neuen westdeutschen Republik wesentlich sei, wenn Großbritannien nicht teilnehme. Anfänglich verteidigten die Holländer diese conditio sine qua non mit Unterstützung der belgischen Delegation, aber durch deren Abrücken von dieser Position wurde ihre Argumentationsbasis massiv erschüttert. Die Außenminister, Robert Schuman und Dirk Stikker, retteten die in eine Sackgasse geratenen Verhandlungen dadurch, daß sie sich darüber einigten, zunächst ohne eine deutsche Beteiligung weiter zu verhandeln, daß aber Fritalux nicht ohne Deutschland realisiert werden könne. Dieser Kompromiß konnte jedoch das Scheitern von Fritalux nicht verhindern, da fundamentale Differenzen über die Höhe der Zölle den Fortgang der Verhandlungen hemmten[15].

Insbesondere Frankreich hatte bei den ERP- und Fritaluxgesprächen gegen die holländische Initiative opponiert. Diese Tatsache verdeutlicht die schwache Position, die die Niederlande im westeuropäischen Verbund einnahmen. Die niederländische Regierung befürwortete eine deutsche Beteiligung an westeuropäischen Kooperationsplänen, die die Liberalisierung des intra-europäischen Handels zwischen den OEEC-Ländern oder – im kleineren Rahmen – zwischen den Fritalux-Ländern beschleunigen sollten, doch sie sah sich immer wieder der Opposition der französischen Regierung gegenüber, die eine Behandlung Deutschlands als gleichberechtigten Partner jetzt noch nicht befürwortete. Man kann daran zweifeln, ob die holländische Sicht mit ihrer Mischung aus nationalen Wirtschaftsinteressen und entpolitisiertem Objektivismus die französischen Kollegen sehr beeindruckte, für die die Realisierung ihres Sicherheitsbedürfnisses das vorherrschende Interesse ihrer Deutschlandpolitik war. So lange Paris eine harte Linie verfolgte, waren die Niederländer nicht gezwungen, eine eigene Verhaltensstrategie zu entwickeln. Dies änderte sich jedoch, als Schuman am 9. Mai 1950 seinen auf Kohle und Stahl beschränkten Kooperationsplan mit Deutschland und anderen westeuropäischen Staaten lancierte. Er stellte insofern einen Durchbruch in der französischen Politik dar, als er der Bundesrepublik Deutschland einen gleichberechtigten Status einräumte. Die niederländische Regierung war sich der politischen

---

[15] R. T. Griffiths and F. M. B. Lynch, L'échec de la Petite Europe: les négotiations Fritalux/Finebel, 1949–1950, in: Revue Historique, 274 (1986), S. 169–189.

Bedeutung dieser französischen Initiative voll bewußt. Außenminister Stikker schlug dem Kabinett vor, dem Schumanplan grundsätzlich zuzustimmen, da er eine volle deutsche Teilnahme an der europäischen Kooperation in Aussicht stellte. Wirtschaftsminister J. R. M. van den Brink erklärte offen, daß die Aufhebung aller existierenden Produktionsbeschränkungen für die Bundesrepublik nun in erreichbare Nähe rücke und dies für die wirtschaftliche Entwicklung der Niederlande nur zu begrüßen sei.

Die Schumanplanverhandlungen im Sommer 1950 führten zu schwerwiegenden Meinungsverschiedenheit zwischen den Befürwortern und Kritikern einer supranationalen Integration im holländischen Kabinett, aber schließlich zählten die wirtschaftlichen Vorteile mehr als die Detailprobleme der Kompetenzabgrenzungen der Hohen Behörde von den jeweiligen nationalen Regierungen[16]. Es ist jedoch bemerkenswert, daß weder in diesen Verhandlungen noch in solchen über Wirtschafts- und Finanzfragen besondere Vorsichtsmaßnahmen hinsichtlich der Rolle Deutschlands notwendig schienen. Man betrachtete und behandelte die Bundesrepublik als eine wichtige Wirtschaftsmacht, die in ihrer unmittelbaren Nachbarschaft unweigerlich eine gewisse dominante Rolle spielen werde. Ein Ziel, das die Niederlande während der Schumanplanverhandlungen verfolgten, bestand deshalb darin, die dominierende Rolle der beiden großen Mächte, Frankreich und Deutschland, in der Gemeinschaft für Kohle und Stahl soweit abzuschwächen, daß noch angemessene Einflußmöglichkeiten für die kleineren Teilnehmerländer übrig blieben. Das Abstimmungsverfahren für den Ministerrat und die Zusammensetzung der Hohen Behörde sollten der Einschränkung dieser Hegemonialstellung dienen.

Da einer vollen Beteiligung Deutschlands am wirtschaftlichen Integrationsprozeß Europas nichts mehr im Wege stand, stellte sich die Frage, ob die Bundesrepublik den holländischen Vorstellungen gemäß handelte. Was für Erwartungen hatten die Niederlande? Auf Grund seiner wirtschaftlichen Möglichkeiten war Westdeutschland in der Lage, das Europa der Sechs zu beherrschen, aber die offen verkündete Integrationspolitik des deutschen Bundeskanzlers, Konrad Adenauer, wurde als Anzeichen dafür gewertet, daß wirtschaftliche Vorherrschaft für Bonn keine Priorität besaß, so lange die Bundesrepublik auf internationaler Ebene nicht vollständig etabliert war. Die niederländische Regierung erwartete von Bonn eine positive Reaktion auf alle realistischen Vorschläge zur weiteren Integration. Dies kam in der Diskussion über die niederländische Initiative für eine Zollunion und einen gemeinsamen Markt, den 1952/53 vorgelegten Beyen-Plan, sehr deutlich zum Ausdruck. Zur Enttäuschung der Niederlande blieb eine positive deutsche Stellungnahme unmittelbar nach der Unterbreitung des Beyen-Plans aus[17]. Als der Plan auf der Außenministerkonferenz der EGKS-Staaten in Rom im Februar 1953 diskutiert wurde, blieb Adenauers Haltung sehr vage[18]. Im März bezeichnete sein Wirtschaftsminister, Professor Ludwig Erhard, den Beyen-Plan als einen falschen Ansatz, um eine wirtschaftliche Integration Europas

---

[16] A. E. Kersten, A welcome surprise. The Netherlands and the Schuman Plan Negotiations, in: Klaus Schwabe (Hrsg.), Die Anfänge des Schuman-Planes 1950/51, Baden-Baden 1988, S. 285–304.

[17] BZ, Blok I 1945–1954 (zukünftig: I), file GS 570:912.230 Duitsland West: contractual agreements: Codetelegram Lamping 23 (Bonn), 25. 3. 1953.

[18] BZ, I, 913.100 Europese integratie, Bd. 13: Report Beyen, 19. 3. 1953.

zu erreichen; seiner Ansicht nach verursachten die Einschränkungen auf dem Währungsgebiet weit größeren Schaden als eventuelle Zollschranken[19].

Als der Beyen-Plan später auf der Regierungskonferenz in Rom im September/ Oktober 1953 besprochen wurde, beharrten die Deutschen auf ihrer Meinung, daß der Anreiz für eine Wirtschaftsintegration vom Finanz- und Währungssektor ausgehen sollte, während die Niederlande der Überzeugung waren, der Schlüssel liege im freien Warenaustausch und eine Integration in anderen Bereichen resultiere aus Fortschritten auf diesem Gebiet. Dennoch schlossen diese verschiedenen Ansätze eine einvernehmliche Lösung nicht aus. Nach Ansicht der niederländischen Delegation bot der deutsche Vorschlag im Gegensatz zum Beyen-Plan nur wenige Garantien für einen wirklichen Anfang einer Wirtschaftsintegration, weil er die finanziellen und monetären Aspekte von Anfang an zu sehr betonte; dennoch war er weitreichender, da er schon den gemeinsamen Markt zum Thema hatte. Es erschien von Vorteil, den Deutschen etwas entgegenzukommen, da sie bereit waren, der geplanten europäischen Gemeinschaft supranationale Kompetenzen in Zollfragen und bei der Abschaffung von Handelsbarrieren zu übertragen. Abgesehen davon, daß sich der Beyen-Plan und die deutschen Vorstellungen gut ergänzten, hielt man es für möglich, daß die deutsche Delegation Druck auf die Franzosen ausüben könne, sich kooperativer zu verhalten. Die Niederlande erwarteten andererseits, daß die deutsche Regierung jeden Schritt vermeiden würde, der die Ratifikation des EVG-Vertrages durch Frankreich gefährden könnte. Die Delegation befürchtete, daß sich Bonn am Ende mit einer Europäischen (Politischen) Gemeinschaft in Gestalt politischer Institutionen zufrieden geben würde, deren Kompetenzen nicht über die der EGKS und der EVG hinausgingen, und die nicht einmal den Anfang einer Wirtschaftsintegration bedeuteten. Die Deutschen schienen vor allem auf der französischen Mitwirkung bei der Schaffung einer Europäischen Politischen Gemeinschaft zu bestehen und befanden sich darin in Übereinstimmung mit der amerikanischen Europapolitik. Diese Analyse zog sowohl wirtschaftliche wie politische Aspekte in Betracht und zeigte Verständnis für die Neigung der Deutschen, den Franzosen mehr Aufmerksamkeit zu schenken als den Niederländern[20].

Im allgemeinen fiel es den Niederlanden nicht schwer, die zentrale Rolle der Bundesrepublik im Rahmen der wirtschaftlichen Integration anzuerkennen und zu akzeptieren. So lange die Diskussionen reine Wirtschaftsfragen betrafen, tauchten keine grundlegenden Meinungsverschiedenheiten auf, und ein Kompromiß konnte meistens erzielt werden. Die Niederlande waren darauf bedacht, die Unterstützung der Deutschen für ihre Vorschläge – den Beyen-Plan und das Benelux-Memorandum vom Mai 1955 über die Wiederbelebung des europäischen Integrationsprozesses nach dem Scheitern der EVG – zu gewinnen, da sie von der ehrlichen Haltung der Bundesrepublik in der Frage der europäischen Integration überzeugt waren. Sie akzeptierten – wenn auch mit Bedauern –, daß Bonn seine Unterstützung für die Integrationsprojekte infolge der wenig kooperativen Haltung der Franzosen reduzierte. Diese pragmatische Einstellung der Niederlande entsprang sicherlich dem Bewußtsein von der wirtschaft-

---

[19] BZ, I, 913.100 Europese integratie, Bd. 13: Bericht der Botschaft in Bonn, 6. 3. 1953.
[20] Ministerie van Algemene Zaken, Kabinet Minister-President (zukünftig: AZ, KMP); file 531.88(4)075:32 EPG conferentie Rome: Bericht der Delegation, 10. 10. 1953.

lichen Abhängigkeit vom deutschen Hinterland, die nach dem Abschluß des deutsch-
holländischen Handelsabkommen vom Oktober 1949 wieder die Intensität der Vorkriegszeit erreichte. Die traditionell schwierigen Fragen des Rheinverkehrs, der Ausfuhr landwirtschaftlicher Produkte und des Transithandels blieben anfangs ungelöst,
aber von 1953 an erkannten beide Regierungen, daß diese Schwierigkeiten im Rahmen
von multilateralen Kooperations- und Integrationsprojekten besprochen werden
konnten[21].

Ein Vergleich der Planungen während des Krieges mit den Nachkriegsentwick-
lungen auf dem Gebiet der wirtschaftlichen Integration könnte leicht zu dem Schluß
führen, daß man auf niederländischer Seite die wirtschaftliche Abhängigkeit von
Deutschland zu sehr betonte, während die Sicherheitsfrage, die einen so hohen Stellenwert in den Kriegsplanungen eingenommen hatte, weniger Beachtung fand. Das
Gegenteil ist jedoch der Fall. Für die holländische Regierung blieb Deutschland sogar
noch nach 1955 ein – wenn auch an Bedeutung verlierendes – Sicherheitsrisiko.
Hauptproblem war, daß die Niederlande diese Frage auf internationaler Ebene kaum
zu beeinflussen vermochten. Bis Ende 1947 fiel sie in den ausschließlichen Entschei-
dungsbereich der Vier Mächte, und nach dem Auseinanderbrechen des Kriegsbündnis-
ses war eine Teilnahme an der Deutschlandpolitik der westlichen Großen Drei fast
unmöglich. In der Praxis klaffte zwischen den von den Holländern bevorzugten
Konzepten und der von den Großen Drei realisierten Politik eine Lücke. Nach 1950
komplizierten die sowjetischen Initiativen für eine Wiedervereinigung Deutschlands,
auf die die Holländer wegen ihrer möglichen Auswirkungen auf die Sicherheit des
Westens sehr empfindlich reagierten, diesen unklaren Zustand. Wenn man die holländische Politik gegenüber Deutschland aus der Perspektive der Sicherheitsfrage betrachtet, so muß zwischen der Furcht vor einer direkten Aggression Deutschlands auf der
einen Seite und der internationalen Stellung einer wiederbewaffneten Bundesrepublik
oder eines geeinten und neutralen Deutschlands auf der anderen Seite unterschieden
werden.

Wesentliches Ziel holländischer Sicherheitsplanungen während des Krieges war die
Verhinderung einer erneuten deutschen Aggression. Die Weltorganisation der Vereinten Nationen, die am 26. Juni 1945 auf der Konferenz von San Francisco errichtet
worden war, entsprach jedoch nicht dem holländischen Wunsch nach starken regionalen Sicherheitsorganisationen. So lange die Großen Vier eine Einigung über einen
Friedensvertrag mit Deutschland zu erzielen versuchten, gaben sich die Niederlande
mit der bestehenden Situation zufrieden, die zumindest den Vorteil hatte, daß die
Vereinigten Staaten an der Regelung europäischer Fragen beteiligt blieben. Als jedoch
die Viermächteverhandlungen im Dezember 1947 scheiterten, bekam der Wunsch der
Niederlande nach einer regionalen Sicherheitsorganisation erneut Auftrieb. Schon vor
Bevins Initiative für eine „Western-Union" im Januar 1948 war man sich im holländi-
schen Außenministerium einig, daß die Bildung eines westlichen Blockes nun an der

---

[21] Auskünfte über die Vorgeschichte des Handelsabkommens und die nachfolgenden Verhandlungen in: BZ, I,
file 613.211.411 Duitsland West, Bde. 5 und 6.

Zeit war, trotz der Gewißheit, daß eine solche Allianz auf das Mißtrauen der Sowjetunion stoßen würde[22].

De facto war dies ein entscheidender Schritt, die jahrhundertelange Politik der
Bündnisfreiheit zu beenden. Von nun an konnte man das latent vorhandene sowje-
tische Mißtrauen spüren und man zog daraus die Konsequenzen. Man war der Über-
zeugung, daß die Sowjetunion die Sicherheit des Westens bedrohte und man alle
Hilfsmittel dagegen mobilisieren müßte. Ein erster Schritt in diese Richtung war der
Abschluß des Brüsseler Vertrages im März 1948, der auf den ersten Blick gegen
Deutschland als möglichen Aggressor gerichtet schien. Der indirekte Hinweis auf
Deutschland als möglichen Feind stand allerdings im Widerspruch zu den Absichten
der Regierungen der Benelux-Staaten. Ihrer Ansicht nach konnte diese Allianz keinen
wirklichen Beitrag zur regionalen Kooperation leisten, da man Westdeutschland –
anfangs nur auf wirtschaftlicher Ebene, in einer zweiten Phase aber auch politisch und
militärisch – in sie einbeziehen müsse. Daß man einem multilateralen regionalen
Sicherheitsvertrag gemäß Artikel 51 der Charta der Vereinten Nationen den Vorzug
gab, diente auch dem Zweck, die Möglichkeit zu einer Mobilisierung des deutschen
Verteidigungspotentials gegenüber der sowjetischen Bedrohung zu kommen, offen zu
halten. Die holländische Regierung dachte gewiß nicht an eine Remilitarisierung
Westdeutschlands, aber nach ihrer Meinung mußte der Kampf auf mehreren Schauplätzen geführt werden. Die Empfänglichkeit der deutschen Bevölkerung für die
kommunistische Propaganda würde nachlassen und die Bereitschaft, infolge verbesserter Lebensbedingungen, mit dem Westen zu kooperieren, würde wachsen[23].

Dieser Gedankengang wurde auf Kabinettsebene erneut vorgetragen, nachdem
Montgomery sein Konzept einer Verteidigung Westeuropas durch die Brüsseler Pakt-
staaten vorgelegt hatte. Die Rhein-Issel-Linie als vorderste westliche Verteidigungslinie im Falle eines sowjetischen Angriffs hatte solche negativen Nebeneffekte, daß das
Kabinett eine Einbeziehung Westdeutschlands in die Verteidigung Westeuropas vor-
zog. Für den Augenblick blieb dies jedoch nur eine theoretische Option, da man sie
gegenüber den anderen Alliierten für nicht durchsetzbar hielt[24]. Obwohl man diesen
Alternativvorschlag als eine spontane Reaktion auf die Erkenntnis werten könnte, daß
die westlichen Verteidigungsmöglichkeiten zu schwach seien, wurde er im Winter und
Frühjahr 1949, als man über eine zukünftige Deutschlandpolitik nachdachte, erneut
vorgelegt und eingehend beraten. Der erste Entwurf des Regierungsbeauftragten für
Deutschland, Hans Hirschfeld, und seines Stellvertreters, Max Kohnstamm, ging von
der Notwendigkeit eines starken und gemeinsam handelnden Westeuropa aus. Ein
politisch und wirtschaftlich schwaches Deutschland und ein deutsches Volk, das dem
Westen voller Haß und Abneigung gegenüberstehe, sei eine gefährliche Hypothek für
Westeuropa. Aus Sicherheitsgründen müßte die künftige Bundesrepublik ein „starkes
Mitglied" im westlichen Verbund werden. Deutschland müsse in das westliche Vertei-
digungssystem auch deshalb einbezogen werden, weil sein Industriepotential nicht

[22] Für den Hintergrund der holländischen Entscheidung für einen regionalen westlichen Blick vgl. Cees
Wiebes und Bert Zeeman, Nederland, België en de sovjetdreiging (1942–1948), in: Internationale Spectator,
Bd. 41 (1987), S. 468–477.
[23] A. Kersten, In de ban van de bondgenoot, in: D. Barnouw u. a. (Hrsg.), 1940–1945: Onverwerkt Verleden?
Utrecht 1985, S. 112f.
[24] Algemeen Rijksarchief, Cabinet minutes, meetings of 21 and 24 January 1949 and 21 and 30 March 1949.

unter sowjetische Herrschaft geraten durfte. Das deutsche Verteidigungspotential müßte Schritt für Schritt in das westliche Verteidigungssystem integriert werden, wobei die Bildung einer deutschen Armee den Schlußpunkt darstellen sollte.

Hirschfeld und Kohnstamm waren jedoch nicht blind gegenüber den Nachteilen, die mit dem letztgenannten Ziel verbunden waren. Ihr Mißtrauen gegenüber der unvermeidlichen Einbeziehung ehemaliger Offiziere der Wehrmacht und gegenüber der „deutschen Mentalität" bewies, daß sie das Gebot der Vorsicht nicht mißachteten. Andererseits stellte ihrer Ansicht nach Deutschland allein nicht länger eine Bedrohung dar, da die westlichen Staaten das Land nach seiner Einbindung in die westliche Zusammenarbeit „automatisch" kontrollieren konnten. Hirschfeld und Kohnstamm waren der Meinung, daß die wirkliche Gefahr in einem Zusammengehen eines wiedererstarkten Deutschland mit der Sowjetunion liege. Auf der Grundlage dieser Analyse stellten sie fest, daß ein Bündnis Westdeutschlands mit Westeuropa ein wesentliches politisches Ziel sei[25].

Diese Politik der Eindämmung der sowjetischen Gefahr durch eine deutsche Beteiligung an einem westlichen Block wurde heftigst kritisiert, wobei der Gedanke, daß eine deutsche Bedrohung nicht mehr existiere, besonders im Kreuzfeuer der Kritik stand. Außenminister Stikker, seine Berater im Außenministerium und die Botschafter in Washington und London und der Vertreter in Berlin konnten den Vorschlag einer Stärkung Deutschlands nicht akzeptieren. Sie stimmten der Analyse der internationalen Lage zu und leugneten die Existenz einer sowjetischen Bedrohung nicht, aber die Verteidigung des schwachen Westeuropa bedurfte ihrer Ansicht nach vor allem amerikanischer Unterstützung. Für sie war die Bildung einer deutschen Armee kein „rettender Engel", sondern eher ein „Danaergeschenk". Gleich nach der globalen Bedrohung durch die Sowjetunion kam für diese Kreise die traditionelle Bedrohung durch ein wiedererstarktes Deutschland; dem ehemaligen Feind gegenüber konnte man nicht wachsam genug sein. Die Kontrahenten bekräftigten hingegen, daß alle erdenklichen Mittel zur Abwehr der sowjetischen Bedrohung eingesetzt werden müßten und Deutschland dafür unentbehrlich sei[26]. Sie schreckten jedoch vor der von Hirschfeld und Kohnstamm empfohlenen Beteiligung Deutschlands zurück und flohen somit in eine gewisse Zweideutigkeit.

Im Kern drehten sich die Meinungsverschiedenheiten um das Tempo, in welchem man das deutsche wirtschaftliche und militärische Potential in eine westliche Verteidigungsstrategie integrieren könnte; die Differenzen selbst resultierten jedoch aus den sich widersprechenden Prämissen. Kohnstamm und Hirschfeld hatten ihre Analyse auf die internationale Situation bezogen und die Frage zu beantworten versucht, welche Überlebensmöglichkeiten Westeuropa im Falle einer sowjetischen Bedrohung besitze. Für sie war es nur logisch, daß eine deutsche Beteiligung wesentlich zum Erfolg der westlichen Bemühungen beitragen würde. Sie erkannten zwar die darin liegenden Gefahren, waren aber davon überzeugt, daß man eine deutsche Loyalität gegenüber dem Westen herstellen könne, und daß man dadurch die Gefahr einer deutsch-sowjetischen Kooperation – die ständige Furcht vor einem neuen Rapallo – beseitigen würde. Stikker und seine Berater konnten sich jedoch nicht vorstellen, daß der neue westdeutsche Staat diese loyale Haltung an den Tag legen würde. Für sie war es

---

[25] BZ, I, file GS 912.230 Duitsland: Nederlandse verlangens ten aanzien van geallieerde politiek in Duitsland.
[26] Ebenda.

undenkbar, daß sich die traditionellen Ziele des deutschen Staates anders als durch einen langen Prozeß der Besatzung und Kontrolle ändern ließen. Sie konnten sich für die nahe Zukunft nicht vorstellen, daß die Deutschen einen Bruch mit der in der jüngsten Vergangenheit praktizierten Politik vollziehen würden.

Das Hirschfeld–Kohnstamm Memorandum über Deutschland hatte die Richtung gewiesen, der die holländische Politik bis zur endgültigen Mitarbeit der Bundesrepublik im westlichen Verteidigungsbündnis, durch den 1955 vollzogenen NATO-Beitritt folgte. Von 1950 an bildete Hirschfelds Konzept einer positiven Integration Westdeutschlands in einen westlichen Block das Leitprinzip der holländischen Politik gegenüber der Bundesrepublik. Wie jedoch diese Integration im militärischen Bereich konkret aussehen sollte, blieb unklar. Die einzige 1949 zur Debatte stehende Frage war die Bildung einer deutschen Armee; eine andere Form für eine militärische Eingliederung wurde nicht in Betracht gezogen. Erst die Vorschläge für eine europäische Armee und der Pleven-Plan öffneten die Diskussion für neue Vorschläge. In welchem Rahmen sich diese Anbindung auch vollziehen sollte, die Gefahren eines wiederbewaffneten Deutschland für den Westen lagen auf der Hand. Anfänglich wies man darauf hin, daß die Remilitarisierung Westdeutschlands einen sowjetischen Angriff auf den Westen provozieren könnte, doch war davon nach der Korea-Krise 1950 nichts mehr zu hören. Längerfristig befürchtete man jedoch, daß die Bundesrepublik die Frage der Wiedervereinigung ins Spiel bringen werde; diese Vorstellung verunsicherte die Holländer deshalb so sehr, weil sie nicht sicher waren, ob Deutschland auch weiterhin ein Bündnis mit dem Westen aufrechterhalten würde. Interne Entwicklungen in der Bundesrepublik wie auch sowjetische Vorschläge führten zu erheblicher Nervosität in Den Haag. Die Erwartung, daß das westliche Verteidigungsbündnis infolge eines Bonner Positionswechsels untergraben werden würde, blieb in der holländischen Regierung lange lebendig. Die beste Garantie gegen eine fatale Kursrichtung war eine amerikanische Beteiligung an der deutschen Wiederbewaffnung.

Als im Juni 1950 der Koreakrieg begann, war die Diskussion in Holland über den deutschen Militärbeitrag zur Verteidigung des Westens noch zu keinem Abschluß gekommen. Bis zu diesem Zeitpunkt hatte das Kabinett eine deutsche Wiederbewaffnung als verfrüht angesehen, während sich eine Mehrheit im Parlament dafür eingesetzt hatte. Der Koreakrieg fungierte als Katalysator in dieser Diskussion, die sich sehr bald von der Frage, ob man einer Wiederbewaffnung zustimmen solle, hin zur Frage, wie sie realisiert werden könnte, verlagerte. In den Sitzungen des Brüsseler Paktes wie der NATO überwanden die Holländer ihre Bedenken und plädierten offen für eine deutsche Wiederbewaffnung: für das holländische Volk hätte eine Verteidigung Europas ohne deutsche Beteiligung überhaupt keine Glaubwürdigkeit[27]. Auf der NATO-Ratssitzung in New York im September 1950 schlug Außenminister Stikker eine deutsche Beteiligung im Rahmen der integrierten NATO-Truppen in Westeuropa vor. Zu diesem Zeitpunkt diente der Vorschlag einem doppelten Zweck, nämlich erstens einer Vergrößerung der militärischen Stärke des Westens und zweitens einer Fortset-

---

[27] A. Kersten, Niederländische Regierung, Bewaffnung Westdeutschland und EVG, in: Die europäische Verteidigungsgemeinschaft. Probleme und Stand der Forschung. Hrsg. v. Hans-Erich Volkmann und Walter Schwengler, Boppard/Rh. 1985, S. 194 f.

zung der amerikanischen Führungsrolle in der Verteidigungsstrategie Westeuropas. Die Einbeziehung des deutschen Potentials in das im Entstehen begriffene NATO-Verteidigungssystem war der schnellste und sicherste Weg, dieses Doppelziel zu erreichen. Genauso wie 1947 in der Frage des wirtschaftlichen Wiederaufbaues, deckte sich auch dieses Mal die Verteidigung nationaler holländischer Interessen mit den allgemeinen Interessen des Westens an der deutschen Wiederbewaffnungsfrage. Die französische Opposition gegen die NATO-Ratsentscheidung über die deutsche Wiederbewaffnung beunruhigte die holländische Regierung nicht. Sie erwartete, daß man einen Kompromiß erzielen könnte, da über die Notwendigkeit eines deutschen Beitrages Konsens herrschte. Die französische Alternative, nämlich eine supranationale und auf den europäischen Kontinent beschränkte Verteidigungsorganisation, wie vom Pleven-Plan vorgesehen, widersprach allerdings völlig den holländischen Vorstellungen über die Rahmenbedingungen einer deutschen Wiederbewaffnung. Der Gedanke der Supranationalität würde Großbritannien und die skandinavischen Staaten von einer Teilnahme abhalten, so daß am Ende eine Gruppe von nur sechs Staaten eine integrierte europäische Armee mit deutscher Beteiligung unter französischer Führung bilden sollte. Ein weiteres Gegenargument der Niederlande war, daß der Aufbau des Verteidigungssystems durch die Realisierung des Pleven-Planes verzögert werden würde. Auch die Zersplitterung der westlichen Verteidigungsbemühungen durch zwei Organisationen wurde kritisch diskutiert. Ihrer Ansicht nach war die Gruppe der Sechs zu schwach, um langfristig ein wiederbewaffnetes Deutschland zu kontrollieren, denn nach holländischer Analyse war es glasklar, daß die Bundesrepublik nach einigen Jahren Frankreich als führende Nation in einer integrierten Kontinentalarmee ablösen würde, und eine solche zentrale Position sollte ihr nicht zugebilligt werden. Darüberhinaus befürchtete man, daß ein unruhiges Westdeutschland die EVG in einen Krieg zur Wiederherstellung der deutschen Einheit verwickeln könnte.

Auch wenn die holländische Regierung den Pleven-Plan für ein zu enges Konzept zur Lösung eines großen Problems hielt, war die Furcht Frankreichs vor einem wiedererstehenden deutschen Militarismus für sie ein politisches Faktum. Deshalb schlug Holland einen Kompromiß vor, der Elemente des Pleven-Planes mit zentralen Punkten eigener Vorstellungen verband. Danach sollten die deutschen Truppen durch eine Zusammenlegung aller auf deutschem Gebiet stationierten westlichen Streitkräfte unter einem NATO-Hochkommissar auf politischer und einem NATO-Oberbefehlshaber auf militärischer Ebene kontrolliert werden. Schritt für Schritt sollten deutsche Einheiten gebildet und in die Kampftruppen der anderen NATO-Staaten integriert werden. Die Kompetenzen der deutschen Behörden in militärischen Fragen mußten noch genau festgelegt werden[28]. Generell zielte dieser Kompromiß auf eine beschränkte und schrittweise Teilnahme der Bundesrepublik auf nicht gleichberechtigter Grundlage und nur innerhalb des NATO-Rahmens ab. Dies verdeutlicht, daß die holländische Regierung – mit Blick auf die französischen Vorstellungen – bereit war, die Bundesrepublik als nicht gleichberechtigten Partner in Fragen der westeuropäischen Verteidigung zu behandeln. Nachdem dieser Vorschlag abgelehnt worden war und Washington einer Konferenz über den Pleven-Plan zugestimmt hatte, setzten die Niederlande intern den Gedankenaustausch über einen passenden Rahmen für die

[28] Kersten, Niederländische Regierung (Anm. 27), S. 207–209.

deutsche Wiederbewaffnung und für ihre politische Durchsetzbarkeit fort. Während des Frühjahrs und Sommers 1951 rechneten sie sogar mit der Möglichkeit, daß Washington zugunsten einer NATO-Lösung intervenieren würde, da die Verhandlungen über den Pleven-Plan nicht zur Zufriedenheit verliefen und den Ausbildungsbeginn für die deutschen Truppen verzögerten.

Der Zwischenbericht der Konferenz vom Juli 1951 zerstörte diese Hoffnungen und zwang die Niederlande, ihre politischen Ziele für eine deutsche Wiederbewaffnung in supranationalem Rahmen darzulegen, weil deutlich geworden war, daß infolge amerikanischer Unterstützung alles auf eine solche Organisation hinauslief. Eine im August anberaumte Botschafterkonferenz diskutierte diese Frage ausführlich. Die Gegner der Europäischen Armee befürchteten, daß sich Frankreich durch diese Organisation eine Hegemonialstellung auf dem Kontinent verschaffen wollte und mit ihrer Hilfe eine Politik der „Dritten-Kraft" verfolgen werde. Weil in dieser Armee eine „Division" wahrscheinlich aus Soldaten jeweils einer Nationalität zusammengesetzt sein würde, gab es kaum eine Garantie gegen die Wiedergeburt einer deutschen Nationalarmee, weil aus diesen Divisionen eine solche Armee ohne große Schwierigkeiten gebildet werden konnte. Andere politische Realitäten trugen zu weniger pessimistischen Schlußfolgerungen bei. Für Frankreich war eine Europäische Armee der einzige organisatorische Rahmen, in dem es einer deutschen Wiederbewaffnung und damit dem schnellen Aufbau einer starken europäischen Verteidigung, zustimmen konnte. Inzwischen war auch für Bonn die Europäische Armee eine akzeptable Form der Wiederaufrüstung geworden. Schließlich – und dies war ein wesentlicher Gesichtspunkt bei diesen Überlegungen – bedurfte es des mäßigenden Einflusses der europäischen Staaten auf die herausfordernde Politik der USA. Die Schaffung einer Europäischen Armee konnte zu diesem Zweck eine äußerst passende Plattform abgeben[29]. Alle diese Argumente eines Für und Wider spiegelten sich in der Entscheidung der Niederlande wider, an den Verhandlungen für eine Europäische Verteidigungsgemeinschaft teilzunehmen. Um die vermeintlichen französischen Hegemonialbestrebungen abzuschwächen, befürworteten die Niederlande eine deutsche Beteiligung auf gleichberechtigter Basis. Mehrere organisatorische Vorschläge wurden vorgebracht, um sowohl eine deutsche wie eine französische Vorherrschaft innerhalb der EVG zu verhindern. Als Sicherheitsvorkehrung gegenüber einem unabhängigen Kurs der EVG plädierte man für eine Übertragung sämtlicher militär-strategischer Kompetenzen an die NATO[30].

Während der Verhandlungen über die EVG bis zum Mai 1952 blieben die grundsätzlichen Unterschiede zwischen der Sichtweise der Niederlande auf der einen und der Frankreichs und Deutschlands auf der anderen Seite bestehen. Unter dem Druck der internationalen Lage hatten die Niederlande der EVG zugestimmt, die sie auch weiterhin als ein Instrument für die deutsche Wiederbewaffnung und nicht, wie Schuman und Adenauer, als militärischen Arm einer zukünftigen europäischen Gemeinschaft ansahen. Aus außenpolitischen Gründen, um eine sowjetische Besetzung ihres Territoriums im Falle eines Angriffs der UdSSR zu verhindern, hatte die niederländische Regierung diese in ihren Augen nur ungenügende Lösung akzeptiert. Es überrascht nicht, daß der hartnäckigste Gegner der EVG, Premierminister W.

[29] Bericht über die Botschafterkonferenz von August 1951 in: BZ, I, 921.311 EDG, Bd. 7.
[30] Kersten, Niederländische Regierung (Anm. 27), S. 207–209.

Drees, im Februar 1953 seufzend zugab, daß eine baldige Realisierung der deutschen Wiederbewaffnung bevorstünde, „wenn Frankreich so klug sei und einem Beitritt Deutschlands in die NATO zustimme"[31]. Die wachsenden Schwierigkeiten Frankreichs bei der Ratifizierung der EVG veranlaßten die Niederlande nicht, die Bemühungen zur Realisierung des EVG-Vertrages zu untergraben. Stikkers Nachfolger im Außenministerium, Johan W. Beyen, unterstützte die EVG so wie sie war. Er meinte, ihr Scheitern würde einen Zustand ernster Instabilität in Westeuropa hervorrufen. Die Auseinandersetzungen über die Ratifizierung des EVG-Vertrages in der Bundesrepublik zwischen der Regierungskoalition und der SPD wurden überaus aufmerksam verfolgt. Adenauers Vorgehen, eine Verzögerung des parlamentarischen Abstimmungsverfahrens zu verhindern, erregte große Besorgnis, insbesondere als eine direkte Konfrontation mit dem Bundesverfassungsgericht unvermeidbar schien[32]. In zunehmendem Maße wurde sich die holländische Regierung dessen bewußt, daß die politische Existenz Bundeskanzler Adenauers vom Überleben der EVG abhing. Auf der anderen Seite war Adenauer für die Niederlande der einzige verläßliche, wenn auch nicht durch und durch demokratische deutsche Politiker, dessen Loyalität gegenüber dem Westen nicht angezweifelt wurde. Kein anderer deutscher Politiker hatte so überzeugend wie Adenauer eine auf die Wiedervereinigung zielende alternative Außenpolitik abgelehnt.

Gegenüber Frankreich verfolgte die niederländische Regierung eine vorsichtige Politik. Sie lehnte jeden Angriff auf die supranationale Struktur der EVG, so wie sie sich Frankreich wünschte, ab; zur gleichen Zeit aber wies sie jeden amerikanischen Vorschlag einer Isolierung Frankreichs zurück. Die französische Regierung mußte gedrängt werden, sich einer Konfrontation mit der Assemblée Nationale zu stellen, ehe man über eine Alternative zur EVG verhandeln konnte, und – in diesem Falle – mußte Frankreich mit am Verhandlungstisch sitzen. Im Außenministerium bestand Konsens darüber, daß es für die EVG mit ihrer dreifachen Zielrichtung – Garantie für die Sicherheit Europas, Motor für die europäische Integration und Schutz gegen ein Wiedererstarken des deutschen Militarismus – keine Alternative gab[33]. Mit Aufmerksamkeit verfolgte man die im Juli 1954 stattfindenden anglo-amerikanischen Diskussionen über eine Abkoppelung des EVG-Vertrages vom Generalvertrag und über die Wiederherstellung der deutschen Souveränität. Ein solcher Schritt würde die gesamte Situation verändern[34]. Die Bundesrepublik würde sich vermutlich nicht mit den eingeschränkten Souveränitätsrechten des Generalvertrages von 1952 zufrieden geben und eine deutsche Wiederbewaffnung war ohne französische Zustimmung undenkbar, solange Frankreich die Ratifizierung des EVG-Vertrages hinauszögerte[35]. Unabhängig von aller Kritik an der französischen EVG-Politik, sah man keine Möglichkeit für eine deutsche Wiederbewaffnung ohne Zustimmung Frankreichs.

Nach dem Scheitern der EVG am 30. August 1954 befürwortete die niederländische Regierung eine schnelle und klare Lösung der Frage der deutschen Wiederbewaffnung.

---

[31] Randbemerkung von Drees auf Memorandum no. 218, 21. 1. 1953, AZ, KMP, file 351.88(4)075.1.03.
[32] Berichte des Botschafters von November 1952 bis Januar 1953 in: BZ, archives embassy Bonn (zukünftig: AAB); file GS 921.311 EDG.
[33] AZ, KMP; file 351.88(4)075.355.1.03: Memorandum Lewe van Aduard, 13. 2. 1953.
[34] BZ, I, file GS 570, 912.230 Duitsland West: contractual agreements: Codetelegram Stikker 50, 13. 7. 1954.
[35] ebenda: Codetelegram Lamping 72, 11. 8. 1954.

Sie schlug zwei Lösungen vor: die erste und attraktivste sah eine volle Mitgliedschaft der Bundesrepublik in der NATO vor. Sie war auch bereit, eine Koalition bestehend aus einer begrenzten Anzahl von Staaten einschließlich Großbritanniens und der Bundesrepublik in einem eigenständigen Militärbündnis zu unterstützen. Diese kleinere Organisation sollte sich am besten völlig in die NATO einpassen. Jedwede Diskriminierung der Bundesrepublik in diesem intergouvernementalen Bündnis sollte verboten sein, jedoch hielt man eine gewisse Kontrolle und Aufsicht über deutsche Aktivitäten für ratsam. Eine freiwillige Zustimmung aller teilnehmenden Staaten zur gemeinsamen Ausübung von Kompetenzen, die der EVG-Vertrag vorgesehen hatte, konnte diese Aufsicht verwirklichen, ohne Deutschland zu diskriminieren. Die Niederländer waren bereit, dem Prinzip der Nicht-Diskriminierung, dessen Realisierung Adenauer gefordert hatte, in der Gewißheit zuzustimmen, daß die Bundesrepublik faktisch ohnehin diskriminiert werden würde[36]. Während der Vorbereitungen zur Neun-Mächte-Konferenz in London (September – Oktober 1954) vertraten die Niederländer einerseits diese grundlegenden Prinzipien der Nicht-Diskriminierung gegenüber der Bundesrepublik, auf der anderen Seite aber auch die Notwendigkeit, der Kontrolle und Einbindung der deutschen Truppen im Rahmen des westlichen Verteidigungssystems. Beide Ziele sollten durch eine Revision des Brüsseler Vertrages und eine Verstärkung der bestehenden Kontrollmaßnahmen innerhalb der NATO erreicht werden. Die maximale deutsche Truppenstärke konnte durch ein Sonderabkommen der nunmehr sieben Mitgliedstaaten des Brüsseler Paktes über den militärischen Beitrag zur Organisation eingeschränkt werden. Weil Bonn keinerlei außereuropäische militärische Verpflichtungen hatte, würde ein solches Abkommen die Höchstzahl der deutschen Truppenstärke begrenzen. Eine strategische Luftwaffe und die Aufstellung von schweren Tanks konnte man dadurch umgehen, daß man Deutschland keine Sonderaufträge im Rahmen des strategischen Verteidigungskonzepts der NATO für das Nordatlantikgebiet erteilte. Daß die Bundesrepublik diese letzteren – und auch andere – Bestimmungen einhielt, konnte im Rahmen der jährlichen NATO-Inspektion durch Kontrollen von Shape-Mitarbeitern und Einsatzkommandeuren sichergestellt werden. Bemerkenswert war jedoch, daß die niederländische Regierung den französischen Vorschlag eines Waffenproduktionspools sofort ablehnte, der genau wie die von den Niederlanden zuvor erwähnten Maßnahmen auf eine Kontrolle der bundesrepublikanischen Verteidigungsmöglichkeiten abzielte. Die Niederlande zogen statt dieser von Frankreich dominierten Konstruktion eine Erweiterung der jährlichen Revision vor, die eine begrenzte Zahl von Mitgliedstaaten – darunter die Bundesrepublik – zur Bekanntgabe ihrer Rüstungsproduktion verpflichtete. Generell war das Ziel der Niederlande, die Bundesrepublik für freiwillige Beschränkungen als Mitglied des revidierten Brüsseler Vertrages und der NATO zu gewinnen, aber sie waren bereit, selbst einige neue Verpflichtungen zu akzeptieren, um nötigenfalls die Anbindung der Bundesrepublik an den Westen sicherzustellen und sein „Abdriften in die Arme der Sowjetunion durch Neutralisierung und Neutralität"[37] zu verhindern. In dem Pariser Abkommen vom Oktober 1954 spiegelte sich der niederländische Standpunkt: Man

---

[36] 1. 9. 1954, BZ, AAB; file GS 921.311 EDG verwerping: Codetelegram Luns/circulaire 15, 3. 8. 1954 und Codetelegram Luns/circulaire 17.
[37] BZ, I, file Nato 913.50 folder 52: conferentie van Parijs 1954: Memorandum 21. 6. 1954; folder 57: conferentie London: Memorandum 16. 9. 1954 Paris und telegram circulaire Beyen N-1, 20. 9. 1954.

hatte sich nun endlich auf einen festen Rahmen für die deutsche Wiederbewaffnung geeinigt.

War es schon schwierig gewesen, in den internationalen Verhandlungen Einfluß auf den organisatorischen Rahmen des deutschen Militärbeitrages zu gewinnen, so mußten sich die Niederlande in der Frage der deutschen Wiedervereinigung mit der Rolle des Beobachters begnügen. Jede Veränderung des Status quo in der deutschen Teilung hätte jedoch die eigentlichen Grundlagen der niederländischen Politik in der Frage einer Teilnahme der Bundesrepublik an der westlichen Kooperation und Integration berührt. Nur ein pro-westliches Deutschland wurde als Aktivposten für den Bestand Westeuropas und der Niederlande im Falle eines kriegerischen Konflikts zwischen den Supermächten angesehen. Für die niederländische Regierung waren die Rahmenbedingungen der „deutschen Frage", so instabil, daß sie sie ständig im Auge behielt; und die Gründe für diese Instabilität lagen in der Bundesrepublik und in der Sowjetunion.

Die Bonner Republik war ein Provisorium, wobei die Frage der Wiedervereinigung mit der Sowjetzone offenblieb. Für die meisten deutschen politischen Parteien stand diese Frage an oberster Stelle des politischen Programms und schien sogar wichtiger als die geistige und politische Ausrichtung eines geeinten Deutschland. Die Niederlande betrachteten die demokratische Entwicklung nach 1949 mit Skepsis, und ihre diplomatischen Beobachter zeigten mehr Interesse für politische Mißstände als für den politisch-demokratischen Prozeß selbst. Es sah so aus, als ob sie ihre Meinung über Deutschland bestätigt sehen wollten, daß dieses aufgrund seiner autoritären Vergangenheit kein guter Nährboden für eine wahre demokratische Entwicklung sei[38]. Wenn die Deutschen die Demokratie so gering schätzten, würden sie jedes Angebot einer Wiedervereinigung freudig annehmen. Diese Vorstellung blieb bis zu den Wahlen 1953, in denen sich die Adenauer-Koalition eine solidere Basis sichern konnte, vorherrschend.

Vor dem Hintergrund dieses doch sehr negativen Bildes von der westdeutschen Bereitschaft, westlichen demokratischen Werten zu folgen, muß die holländische Reaktion auf das sowjetische Angebot einer Wiedervereinigung analysiert werden. Es erschien zu riskant, der deutschen Bevölkerung die Möglichkeit zur eigenen Entscheidungsfindung anzubieten. Es war bedeutend sicherer, eine freie Entscheidung zu verhindern, indem man die Glaubwürdigkeit des sowjetischen Vorschlages selbst diskreditierte. Darüber hinaus mußte gewährleistet sein, daß ein wiedervereinigtes Deutschland innerhalb des westlichen politischen Verbandes blieb. Diese Politik hatte den Vorteil, daß die Niederlande ihr Mißtrauen gegenüber der Loyalität Bonns zum Westen nicht zu offenbaren brauchten und Befürchtungen vor einem bevorstehenden zweiten Rapallo nicht ausgesprochen werden mußten. Obwohl die niederländische Regierung an dem seit 1951 in Gang gekommenen Notenwechsel zwischen den Grossen Vier über die Wiedervereinigung nicht direkt beteiligt war, meldete sie sich doch in Washington, London und Paris mit dem Ratschlag zu Wort, daß die Forderung nach freien Wahlen schon ausreichend sei, um das sowjetische Angebot abblitzen zu lassen. So lange der Westen der Sowjetunion einhellig zu verstehen gab, daß eine Wiedervereinigung nur in Frage komme, wenn das wiedervereinigte Deutschland ein

---

[38] F. Wielenga, Les lignes directrices de la politique allemande des Pays-Bas 1945–1955, in: Relations Internationales, Nr. 52 (1987), S. 431–449.

demokratischer Staat sei, brauchten die Niederlande das eigentliche Dilemma ihrer Politik nicht preiszugeben: denn einerseits erkannten sie prinzipiell das grundlegende Recht des deutschen Volkes auf Wiedervereinigung an, aber auf der anderen Seite war dies nur denkbar, wenn der neue Staat auch weiterhin – so wie die Bundesrepublik – mit dem Westen verknüpft blieb[39].

Als es nach dem Tod Stalins möglich schien, mit der Sowjetunion auf einer pragmatischeren Ebene zu verhandeln, wurde die Situation für die Niederlande noch komplizierter. Ein zu schneller Vorstoß in Richtung auf „Diskussionen über die Möglichkeiten flexibler Abkommen zwischen den beiden Sicherheitssystemen für die Bildung eines Sicherheitssystems für Europa als ganzes" erschien gefährlich. Der Westen mußte sich erst über längere Zeit konsolidieren, ehe er Verhandlungen, die die deutsche Wiedervereinigung zum Ergebnis haben könnten, beginnen durfte.

Zusammenfassung

Auf den ersten Blick scheint es, als ob es den Niederländern nicht schwer fiel, den Deutschen Wege für eine Teilnahme am westeuropäischen Integrationsprozeß zu öffnen. In ihren öffentlichen Stellungnahmen befürworteten sie schon 1947 die wirtschaftliche Integration Westdeutschlands und 1950 plädierten sie für die Mitgliedschaft der Bundesrepublik in der NATO. Hinter dieser Rationalität verbarg sich aber ein viel komplizierteres Motivationsgeflecht. Die eigentliche Auseinandersetzung mit den Folgen der deutschen Besetzung fand vorwiegend in den schwierigen bilateralen Beziehungen statt und kam insbesondere in den Normalisierungs-Verhandlungen an die Oberfläche. Sie blieb freilich nicht auf die bilateralen Beziehungen beschränkt. Die Zweifel, ob überhaupt ein solides demokratisches System in der Bundesrepublik aufgebaut werden könnte, verbanden sich auch mit einem bestimmten Bild von d e n „Deutschen" und von d e r „deutschen Politik". Die Art und Weise, wie man die Entwicklung in der Bundesrepublik beobachtete, erklärt die holländische Haltung. Die Berichte der Botschafter in Bonn über den Demokratisierungsprozeß waren nicht vielversprechend. Überall beobachteten sie Zeichen diktatorischen und autoritären Verhaltens und diese interpretierte man automatisch als Früchte der undemokratischen deutschen Vergangenheit. Dieses fehlende Vertrauen in die demokratische Zukunft der Bundesrepublik wirkte sich wiederum auf die holländische Interpretation der deutschen Wiederbewaffnung als Schwachpunkt im westlichen Sicherheitssystem aus. So lange man Deutschland nicht wirklich traute, mußten Schutzmaßnahmen ergriffen werden, um einen unerwünschten Gebrauch der Machtmittel zu verhindern, die man der Bundesrepublik in die Hand gegeben hatte. Man mußte das deutsche Potential in den Dienst der westlichen Interessen und der niederländischen Nationalinteressen stellen und im Grunde war es den meisten Politikern gleichgültig, wie die Deutschen ihre Vorschläge aufnahmen. Gewiß erkannten sie, daß den Deutschen die Eingliederung in den Westen nicht aufgezwungen werden konnte und daß dafür ihre Zustimmung erforderlich war, aber man dachte nicht darüber nach, ob die Vorschläge auch

[39] Zu den holländischen Vorstellungen gegenüber den Initiativen Stalins vgl. Jürgen Hess und F. Wielenga, Die Niederlande und die Wiedervereinigung Deutschlands. Zur Debatte um die verpaßten Gelegenheiten im Jahr 1952, in: Vierteljahrshefte für Zeitgeschichte 35 (1987), S. 349–384.

positive Auswirkungen auf die Bundesrepublik selbst haben würden. Daß diese völlig auf das eigene Interesse bedachte Haltung das Leitprinzip ihrer Deutschlandpolitik war, zeigte sich besonders deutlich auf dem Gebiet der Sicherheitspolitik. Doch das Selbstinteresse bildete auch 1947 die Grundlage für ihr Eintreten zugunsten einer wirtschaftlichen Zusammenarbeit mit Deutschland. Es blieb bis zum Beginn der fünfziger Jahre das vorherrschende Moment. Erst unter Außenminister Beyen brach sich eine offenere und kooperativere Haltung gegenüber der Bundesrepublik Bahn. Beyen und seine Mitarbeiter widmeten Bonns Vorschlägen auf dem Gebiet der Integrationspolitik mehr Aufmerksamkeit, und sie waren dazu bereit, deutsche Empfindlichkeiten wegen einer ungleichen Behandlung nicht unnötig wach zu rufen. Verständlicherweise waren auf wirtschaftlichem Gebiet eher Erfolge zu verbuchen als auf militärischem, wo sich die reservierte und mißtrauische Haltung am längsten hielt; dies war nicht zuletzt darauf zurückzuführen, daß es der niederländischen Regierung an Möglichkeiten fehlte, ihren Standpunkt zu erläutern, geschweige denn die politischen Planungen der USA, Großbritanniens und Frankreichs zu beeinflussen. Die unmittelbare Nachbarschaft zu Deutschland, die verhängnisvollen Konsequenzen einer deutschen Wiedervereinigung, die Gefahren einer Neutralisierung Deutschlands und die tiefverwurzelte Überzeugung von gefährlichen sowjetischen Absichten waren für einen kleinen Staat wie die Niederlande Grund genug, massive Garantien gegen ein Herausbrechen Deutschlands aus seiner Bindung an Westeuropa anzustreben.

Dies erklärt jedoch nicht ausreichend, warum man Deutschland innerhalb einer wirtschaftlichen Kooperation fast mühelos akzeptierte. Neben dem direkten Zusammenhang zwischen dem holländischen und europäischen einerseits und dem deutschen wirtschaftlichen Wiederaufbau andererseits, muß darauf hingewiesen werden, daß mächtige Interessengruppen die Regierung zu dieser Politik drängten. Obwohl der Beweis nicht leicht zu erbringen ist, scheint die Loslösung der Interessen in der Außenwirtschaftspolitik von den Interessen in der Sicherheits- und Außenpolitik diesen Wandel in der Politik erleichtert zu haben. Schließlich sollte man nicht vergessen, daß eine wachsende Zahl von Verantwortlichen im Wirtschaftsministerium und im Außenministerium die Meinung vertrat, daß nach dem Verlust Ostindiens die Zukunft der Niederlande in der Kooperation mit Westeuropa liege. Westdeutschland bildete einen wesentlichen Teil in diesem neuen internationalen Kontext; eine Integration des neuen deutschen Staates in diese demokratische und antikommunistische Einheit war möglich, da der autoritäre Zug der Deutschen nur einen Aspekt der deutschen Mentalität darstellte. Auf dem Wege der Kooperation konnte die Entwicklung der demokratischen Kräfte angeregt werden, und dies war möglich, ohne spezifisch nationale Interessen der Niederlande vernachlässigen zu müssen.

Werner Bührer

Erzwungene oder freiwillige Liberalisierung?

Die USA, die OEEC und die westdeutsche Außenhandelspolitik
1949–1952

Der Außenhandel war für die wirtschaftliche Prosperität und die politische Stabilität der Bundesrepublik Deutschland stets von überragender Bedeutung. In besonderem Maße galt dies für die Gründerjahre der Zweiten Republik, als der wirtschaftliche Wiederaufstieg noch keineswegs gesichert war. Entsprechend dramatisch fielen die Formulierungen aus, mit denen sich kompetente Zeitgenossen zum Thema einließen: In seiner Eröffnungsrede bei der Hannoverschen Exportmesse im Mai 1948 betonte Ludwig Erhard, damals noch Direktor der Verwaltung für Wirtschaft (VfW), die Wichtigkeit des Exportes für Westdeutschlands „künftiges Schicksal" könne gar nicht überschätzt werden[1]; Hans Posse, der von 1924 bis 1933, davon die letzten fünf Jahre als Staatssekretär, im Reichswirtschaftsministerium für die Handelspolitik zuständig gewesen war, erklärte auf der Gründungssitzung des Außenhandelsausschusses des Bundesverbandes der Deutschen Industrie (BDI) am 9. Mai 1950 in Fulda, die Bundesrepublik brauche die Ausfuhr „buchstäblich so notwendig wie das tägliche Brot"[2]; auf der zweiten Tagung dieses Gremiums, im Dezember des gleichen Jahres, bezeichnete der Ausschußvorsitzende Wilhelm R. Mann den Außenhandel als „Eckpfeiler der deutschen Wirtschaft", der maßgeblich Lebensstandard, Beschäftigungslage und den „nationalen Wohlstand" in der Bundesrepublik bestimme[3]. Matthias Schmitt, als Leiter des Referats „Wirtschaftspolitische Grundsätze der Außenwirtschaft" im Bundesministerium für Wirtschaft ebenfalls einer der damaligen Akteure, bekräftigte vor kurzem diese Einschätzungen, als er rückblickend die „Schlüsselposition" unterstrich, die dem Außenhandel wegen der „durch Krieg und Kriegsfolgen wesentlich verschlechterten volkswirtschaftlichen Grundstrukturen" zugefallen sei[4]. Dieses übereinstimmende Urteil der Praktiker wird auch von der heutigen Wirtschaftsgeschichtsschreibung geteilt, wenngleich die Bewertung, den Gepflogenheiten der Zunft entsprechend, deutlich nüchterner ausfällt[5].

---

[1] Ansprache Ludwig Erhards in: Außenhandel 1 (1948), Heft 1, S. 4–7, hier S. 7.

[2] Referat Posses über die handelspolitische Lage Westdeutschlands, IHK Augsburg/Archiv, NL Vogel, BDI-Außenhandelsausschuß I, März 1950–Juni 1951.

[3] Wilhelm R. Mann, Die Exportverpflichtung der deutschen Industrie, in: Bericht über die 2. Tagung des Außenhandels-Ausschusses des BDI in Düsseldorf am 4. 12. 1950, S. 5–9, hier S. 9.

[4] Matthias Schmitt, Außenwirtschaftsprobleme der Bundesrepublik während der Korea-Krise, in: Die Korea-Krise als ordnungspolitische Herausforderung der deutschen Wirtschaftspolitik. Texte und Dokumente, Stuttgart usw. 1986, S. 51–66, hier S. 51.

[5] Vgl. z. B. Werner Abelshauser, Wirtschaftsgeschichte der Bundesrepublik Deutschland (1945–1980), Frankfurt/M. 1983, bes. S. 147–149; Klaus Hinrich Hennings, West Germany, in: Andrea Boltho (Hrsg.), The European Economy. Growth and Crisis, Oxford 1982, S. 481–483.

Angesichts des hohen Stellenwerts des Außenhandels für die wirtschaftliche und
politische Entwicklung Westdeutschlands gewinnt die Frage nach der inhaltlichen
Konzeption und nach den „Vätern" der westdeutschen Handelspolitik an Bedeutung:
Konnten die deutschen Verantwortlichen auf diesem zentralen, für die Zukunft des
Landes so entscheidenden Politikfeld ihre eigenen, auf die „nationalen" Interessen
zugeschnittenen Vorstellungen durchsetzen, oder mußten sie sich den Wünschen und
Zielen anderer Mächte beugen? War, mit anderen Worten, die „Liberalisierung" des
westdeutschen Außenhandels, in den späten vierziger und in den fünfziger Jahren das
zentrale Thema des handelspolitischen „Richtungsstreits", „erzwungen"? Oder übernahm Westdeutschland „freiwillig" sogar eine Art Schrittmacherrolle auf diesen Weg?
In der einschlägigen Literatur finden sich beide Interpretationen. Während die Verfechter der These von der „zwangsweisen Liberalisierung" den Akzent auf die Ent-
scheidungsgewalt der Besatzungsmächte und den amerikanischen Druck in Richtung
liberaler Handelspraktiken legen[6], verweisen die Vertreter der gegenteiligen Position
auf die weitgehende Interessenidentität zwischen amerikanischen und deutschen Frei-
handelsanhängern[7]. Wenn, wie Otmar Emminger, damals Leiter der volkswirtschaftlichen Abteilung der deutschen Vertretung bei der Organization for European Economic Cooperation (OEEC), zurecht feststellte, „die Liberalisierung sozusagen die Visitenkarte (war), mit der Deutschland auf wirtschaftlichem Gebiet wieder als
selbständiges Mitglied in die europäische Völkergemeinschaft" eintrat[8], dann ist es, um
im Bild zu bleiben, nicht ganz unwichtig zu wissen, wer für die Gestaltung dieser
„Visitenkarte" verantwortlich zeichnete.

Ziel des folgenden Beitrages ist es, die westdeutsche Außenhandelspolitik im Kontext eigener und alliierter wirtschaftlicher und politischer Ziele zu analysieren.
Zunächst sollen die Liberalisierungsinitiativen der US-Regierung bzw. der für die
Durchführung des Marshallplans verantwortlichen Economic Cooperation Administration (ECA) sowie die Reaktionen und Vorstöße der westeuropäischen Staaten im
Rahmen der OEEC rekapituliert werden. Daran anschließend werden die einschlägigen Überlegungen und Maßnahmen auf deutscher Seite untersucht, die Hoffnungen
und Befürchtungen, die mit der Liberalisierung verknüpft wurden, die Antriebskräfte
und die Widerstände; insbesondere wird zu prüfen sein, ob sich die Liberalisierungspolitik mit zunehmender Übernahme wirtschaftspolitischer Kompetenzen durch
deutsche Stellen veränderte. Auf dieser Grundlage soll versucht werden, die Frage
nach „Zwang" oder „Freiwilligkeit" und damit nach dem Handlungsspielraum deutscher Politik in einer der „Lebensfragen" der Nation differenzierter als bislang geschehen zu beantworten.

[6] So beispielsweise Friedrich Jerchow, Außenhandel im Widerstreit. Die Bundesrepublik auf dem Weg in das
GATT 1949–1951, in: Heinrich August Winkler (Hrsg.), Politische Weichenstellungen im Nach-
kriegsdeutschland 1945–1953, Göttingen 1979, S. 254–289, hier S. 258; Abelshauser, Wirtschaftsgeschichte
(Anm. 5), S. 152.
[7] Vgl. z. B. Gerold Ambrosius, Europäische Integration und wirtschaftliche Entwicklung der Bundesrepublik
Deutschland in den fünfziger Jahren, in: Helmut Berding (Hrsg.), Wirtschaftliche und politische Integration
in Europa im 19. und 20. Jahrhundert, Göttingen 1984, S. 271–294, hier S. 279; Christoph Buchheim,
Nachkriegsdeutschland und Bundesrepublik Deutschland im Welthandelssystem nach 1945, in: Hans Pohl
(Hrsg.), Die Auswirkungen von Zöllen und anderen Handelshemmnissen auf Wirtschaft und Gesellschaft
vom Mittelalter bis zur Gegenwart, Stuttgart 1987, S. 380–397, hier S. 389.
[8] Otmar Emminger, Liberalisierung des Außenhandels, Abschnitt D, S. 5, Historisches Archiv der Deutschen
Bundesbank, HA 21.

Amerikanische Vorgaben, europäische Reaktionen

Die Wurzeln der während des Zweiten Weltkrieges ausformulierten amerikanischen Außenhandelsstrategie reichten bis in die dreißiger Jahre zurück. Außenminister Cordell Hull war einer der Promotoren der Restauration eines freien, multilateralen Welthandelssystems nach dem Vorbild der vor 1914 dominierenden Grundsätze[9]. Freilich waren die wichtigsten Handelsnationen in den Jahren zwischen Weltwirtschaftskrise und Kriegsbeginn noch nicht bereit, auf die amerikanischen Vorschläge einzugehen, die überdies wegen der weiterhin stark protektionistisch ausgerichteten Handelspolitik der USA an Überzeugungskraft verloren. Der im Juni 1934 verabschiedete Reciprocal Trade Agreement Act, der den Präsidenten zu Zollsenkungen auf Gegenseitigkeit ermächtigte und die Vertragspartner auf die unbedingte Meistbegünstigung verpflichtete, bedeutete zwar einen ersten Schritt in Richtung Freihandel, doch blieb die praktische Wirkung der zumeist mit unterentwickelten Ländern abgeschlossenen Verträge begrenzt. Während des Zweiten Weltkrieges reifte in der amerikanischen Administration schließlich die Erkenntnis, daß sowohl die endgültige Überwindung der immer noch spürbaren Folgen der Weltwirtschaftskrise als auch die Umstellung der Kriegs- auf die Friedenswirtschaft nur dann glücken konnten, wenn es gelang, den wirtschaftlichen Aufschwung und das Niveau der Auslandsnachfrage über das Kriegsende hinaus aufrechtzuerhalten. Dies bedeutete aus amerikanischer Sicht Ausweitung des Außenhandels und Steigerung des Kapitalexports, und es lag auf der Hand, daß ökonomische Blockbildungen, Schutzzölle, Außenhandelskontingente und andere diskriminierende Praktiken mit diesen Zielen unvereinbar waren. Das Wissen um die wirtschaftliche Kraft ihres Landes bestärkte die maßgeblichen Politiker und Planer in den USA in ihrer Absicht, die Prinzipien der neuen, nach amerikanischen Interessen ausgerichteten Weltwirtschaftsordnung schrittweise durchzusetzen und in den Status allgemeinverbindlicher Regeln zu erheben.

Fiel der entsprechende Passus in der von Roosevelt und Churchill am 14. August 1941 unterzeichneten Atlantik-Charta noch recht vage aus – alle Staaten sollten gleichberechtigten Zugang zu denjenigen Märkten und Rohstoffen erhalten, die sie zu ihrem wirtschaftlichen Wohlergehen benötigten[10] – wurde das im Februar 1942 mit Großbritannien abgeschlossene Lend-Lease-Abkommen schon deutlicher: Artikel VII verpflichtete die Vertragspartner nämlich, jegliche Art von Diskriminierung im internationalen Handel zu beseitigen und Zölle und andere Handelsbarrieren abzubauen[11]. Die amerikanischen Bemühungen zur Etablierung eines Freihandelssystems, das sich freilich von den Verhältnissen vor 1914 dadurch unterscheiden sollte, daß vermittelnde und kontrollierende internationale Instanzen eingebaut wurden, mündeten schließlich in die Verhandlungen über die Gründung einer International Trade Organisation

---

[9] Vgl. dazu und zum folgenden Detlef Junker, Der unteilbare Weltmarkt. Das ökonomische Interesse in der Außenpolitik der USA 1933–1941, Stuttgart 1975; Rainer Brähler, Der Marshallplan. Zur Strategie weltmarktorientierter Krisenvermeidung in der amerikanischen Westeuropapolitik 1933 bis 1952, Köln 1983, bes. S. 60–119; Alan S. Milward, The Reconstruction of Western Europe 1945–51, London 1984, bes. S. 212–222.

[10] Die Charta ist abgedruckt in Foreign Relations of the United States (FRUS) 1941, Bd. 1, S. 367–369.

[11] Das Abkommen ist abgedruckt in Documents on American Foreign Relations, Bd. 4, Boston 1942, S. 235–237.

(ITO)[12]. Entsprechende Vorarbeiten begannen bereits Anfang 1945, im November legte die US-Administration einen ersten Plan vor, der in nur leicht abgewandelter Form auch die Diskussionsgrundlage für die im Oktober 1946 in London beginnende erste Verhandlungsrunde darstellte. Ziel dieser und der folgenden Konferenz in Genf im April 1947 war es, verbindliche Regeln für einen freien und fairen Welthandel zu formulieren, eine die Einhaltung dieser Prinzipien überwachende Organisation zu gründen und ein Abkommen über gegenseitigen Zollabbau auszuarbeiten. Während die Verhandlungen über eine Zollreduzierung mit dem General Agreement on Tariffs and Trade (GATT) am 30. Oktober 1947 immerhin von einem ersten, wenngleich bescheidenen Erfolg gekrönt wurden, scheiterte die geplante Errichtung der ITO. Wohl verabschiedete die Konferenz von Havanna im März 1948 eine Handelscharta, die wesentliche Bestimmungen des GATT-Abkommens übernahm – unbedingte Meistbegünstigung, Zollabbau, Abschaffung von Präferenzzonen, Verbot nachträglicher kompensatorischer Steuern bei Zollreduktionen, Anwendung mengenmäßiger Beschränkungen nur in wenigen „Notlagen" – und als Richtschnur künftiger Liberalisierungsbestrebungen diente, doch trat die Vereinbarung nie in Kraft, weil sie bis Mitte 1950 lediglich von zwei der 53 Unterzeichnerstaaten ratifiziert wurde. Gingen die Bestimmungen den europäischen Ländern eher zu weit, vermochte der amerikanische Kongreß die ursprünglichen Vorstellungen kaum mehr wiederzuerkennen. Die Regierung legte das Vertragswerk, in Erwartung eines negativen Votums, deshalb gar nicht erst zur Abstimmung vor und besiegelte damit das Ende des ITO-Projekts. Diesen Fehlschlag auf globaler Ebene versuchte die amerikanische Regierung jedoch durch Fortschritte auf regionaler Basis auszugleichen. Das 1947 konzipierte, auf die politisch-ökonomische Stabilisierung Westeuropas und die Überwindung seiner „Dollarlücke" zielende European Recovery Program (ERP) stimmte zwar mit dem Grundsatz des weltweiten, multilateralen Freihandels nicht überein, doch versprach ein stufenweises Vorgehen schnellere Erfolge[13]. Der Abbau der innereuropäischen Handelsschranken gehörte fortan zu den unverzichtbaren Zielen der amerikanischen ERP-Politik. In einer Vielzahl von Gesprächen versuchten US-Diplomaten ihre im Sommer 1947 in Paris über eine Antwort auf die Initiative Marshalls beratenden europäischen Kollegen davon zu überzeugen, daß, so der amerikanische Botschafter in Frankreich, Jefferson Caffery, „economic distribution of output could best be effected by elimination of trade barriers, and adherence to principles of multilateralism"[14].

Diese Überzeugungsarbeit war durchaus notwendig. Obwohl in Westeuropa grundsätzlich die Bereitschaft vorhanden war, über neue, flexiblere Handels- und Zahlungssysteme nachzudenken – „because someone had to take these exports as

---

[12] Vgl. dazu Brähler, Marshallplan (Anm. 9), S. 120–123, 131–140; Herman van der Wee, Der gebremste Wohlstand. Wiederaufbau, Wachstum, Strukturwandel 1945–1980, München 1984, S. 392f. Die einzelnen Verhandlungsphasen sowie die Havanna-Charta sind dokumentiert in Europa-Archiv 3 (1948), S. 1329–1334, 1485–1492, 1547–1554.

[13] Zum Marshallplan/ERP vgl. Imanuel Wexler, The Marshall Plan Revisited. The European Recovery Program in Economic Perspective, Westport 1983; Milward, Reconstruction (Anm. 9), bes. S. 56–125; Michael J. Hogan, The Marshall Plan. America, Britain and the Reconstruction of Western Europe, 1947–1952, Cambridge 1987.

[14] Caffery an Marshall, 31. 7. 1947, FRUS 1947, Bd. 3, S. 341.

imports"[15] – dominierten bilaterale Muster und Vereinbarungen. 1947 existierten etwa 200 solcher Verrechnungsabkommen, deren Bedeutung für die Ausweitung des Handels in den ersten Nachkriegsjahren trotz ihres bilateralen Charakters beachtlich war, betrug doch die Summe der auf dieser Basis gewährten Kredite Ende 1947 etwa 1,5 Mrd. Dollar oder fast ein Viertel des Handels zwischen den späteren OEEC-Mutterländern[16]. Es lag deshalb nicht nur an der Neigung, überkommene Handelspraktiken beizubehalten, sondern auch am tatsächlichen Nutzen bilateraler Abkommen, daß die Verantwortlichen in Westeuropa nur zögernd auf die amerikanischen Initiativen eingingen.

Entsprechend vage und unverbindlich drohte der abschließende Bericht des Committee for European Economic Cooperation (CEEC) – zu diesem Gremium hatten sich die 16 in Paris über das ERP beratenden Delegationen der teilnahmewilligen Länder zusammengeschlossen – in dieser Frage auszufallen. Das amerikanische Außenministerium reagierte prompt: Acht Tage vor der angekündigten Veröffentlichung wies Robert A. Lovett, Acting Secretary of State, die Botschafter in den 16 Ländern an, „ihre" Außenminister darauf aufmerksam zu machen, daß der Bericht wegen zahlreicher Mängel in den USA ohne Zweifel heftige Kritik hervorrufen würde und für das State Department inakzeptabel wäre. Zu den in den Teilnehmerstaaten angemahnten „essentials" zählten auch „concerted steps to facilitate the greatest practicable interchange of goods and services among themselves, adopting definite measures directed toward the progressive reduction and eventual elimination of barriers to trade within the area in accordance with the principles of the ITO Charter"[17]. Getreu dieser Direktive drängten Caffery und zwei weitere US-Diplomaten auch gegenüber dem Exekutivkomitee der CEEC auf eine „Verschärfung" der Vorschriften über die Handelsliberalisierung[18].

Der am 22. September 1947 vorgelegte Schlußbericht der CEEC-Konferenz trug dem anhaltenden amerikanischen Druck auch in der Frage der Handelsliberalisierung Rechnung[19]: Die Teilnehmerländer verpflichteten sich, „die anormalen Beschränkungen, die gegenwärtig ihren gegenseitigen Handel hemmen, so schnell wie möglich zu beseitigen" sowie „untereinander und mit der übrigen Welt ein gesundes und ausgeglichenes, vielseitiges Handelssystem" gemäß den Grundsätzen des ITO-Vertragsentwurfs anzustreben. Allerdings wurde diese Vorschrift dadurch wieder entschärft, daß die Beschränkungen nicht sofort abgebaut, sondern nur „schrittweise gelockert" werden sollten. Als erste Maßnahmen empfahl der Bericht „offene Quoten" oder „offene Generallizenzen" für bestimmte Waren. Das war zwar weniger, als die amerikanischen Freihandelspromotoren erhofft haben mochten, aber immerhin ein erster Einschnitt in das Netz der bilateralen Vereinbarungen. Und ohne den massiven Druck aus Washing-

---

[15] Milward, Reconstruction (Anm. 9), S. 257.
[16] Buchheim, Nachkriegsdeutschland (Anm. 7), S. 381; vgl. auch Werner Abelshauser, Der Kleine Marshallplan. Handelsintegration durch innereuropäische Wirtschaftshilfe 1948–1950, in: Berding, Integration (Anm. 7), S. 212–224, hier S. 213.
[17] Lovett an US-Botschafter der CEEC-Länder, 7. 9. 1947, FRUS 1947, Bd. 3, S. 412–415, hier S. 414; vgl. auch Milward, Reconstruction (Anm. 9), S. 81–89. Am wenigsten mußten sich die Beneluxländer angesprochen fühlen, deren Vertreter bei den CEEC-Verhandlungen bereits zuvor entsprechende Vorschläge präsentiert hatten; vgl. Hogan, Marshall Plan (Anm. 13), S. 63f.
[18] Caffery an Marshall, 11. 9. 1947, FRUS 1947, Bd. 3, S. 421–423, hier S. 422.
[19] Die Wiedergesundung Europas. Schlußbericht der Pariser Wirtschaftskonferenz der sechzehn Nationen, Oberursel (Taunus) 1948; die zitierten Passagen auf S. 14f.

ton wäre das Bekenntnis der westeuropäischen Regierungen zu den Prinzipien eines freien, multilateralen Handels sicherlich noch unverbindlicher ausgefallen.

Hinter diesen Stand konnte die am 16. April 1948 in Paris gegründete ständige Organisation der Marshallplanländer, die OEEC, nicht mehr zurückgehen, ohne das ERP insgesamt zu gefährden. Schon die Errichtung einer solchen permanenten Institution war ein weiterer amerikanischer Erfolg, stellte sie doch ein zumindest potentielles Instrument dar, mit dem sich die projektierte Liberalisierung des Handels forcieren und kontinuierlich kontrollieren ließ. Der Grundsatz, die in Westeuropa bestehenden Handelsschranken „allmählich" abzuschaffen, tauchte schon in der Präambel der OEEC-Konvention auf[20]. Artikel 4 schrieb vor, daß die Mitgliedsländer zur Steigerung des Waren- und Dienstleistungsaustauschs „ihre bereits eingeleiteten Bemühungen um die baldmögliche Schaffung eines multilateralen Zahlungssystems untereinander fortsetzen und in der Auflockerung gegenseitiger Handels- und Zahlungsbeschränkungen zusammenarbeiten mit dem Ziel, diese Beschränkungen ... so bald wie möglich zu beseitigen". Artikel 5 regte die Bildung von Freihandelszonen an, Artikel 6 schließlich wiederholte nahezu wörtlich die bereits im OEEC-Bericht enthaltene Verpflichtung auf die – de jure unverbindliche – ITO-Charta. Nun kam es „nur" noch darauf an, diese Bestimmungen „mit Leben zu erfüllen".

Praktische Schritte in diese Richtung blieben jedoch zunächst aus, andere Probleme nahmen die Aufmerksamkeit der OEEC voll und ganz in Anspruch, so die Bemühungen um die Multilateralisierung des intraeuropäischen Zahlungsverkehrs, die allerdings für die Ausweitung des Handels von zentraler Bedeutung waren[21], und vor allem die Verteilung der Marshallplanhilfe[22]. Der Zwischenbericht über das ERP vom Dezember 1948 ging in der Frage der Handelsliberalisierung kaum über die OEEC-Konvention hinaus, sieht man davon ab, daß erstmals präzise Zahlen zur wirtschaftlichen Situation Westeuropas präsentiert wurden[23]. Der vom Rat der OEEC am 26. März 1949 gebilligte Aktionsplan für 1949/50 bedeutete insofern einen Schritt vorwärts, als er die Teilnehmerländer aufforderte, der Organisation „so bald wie möglich" einen Bericht über die Maßnahmen zur Ausfuhrsteigerung vorzulegen, u. a. auch über die „Lockerung oder Beseitigung von Handelsschranken"[24]. Die Arbeiten verlagerten sich in der Folgezeit in das OEEC-Trade Committee[25], und sie konzentrierten sich auf die Beseitigung der quantitativen Importrestriktionen. Dies war, wie ein zeitgenössischer Beobachter feststellte, vollauf gerechtfertigt, stellten diese Quoten nach dem Kriege doch das Haupthindernis für eine Intensivierung des Handels und der wirtschaftlichen Zusammenarbeit in Westeuropa dar[26]. „Liberalisierung" meinte dementsprechend im

[20] Die Konvention ist abgedruckt in Europa. Dokumente zur Frage der europäischen Einigung, München 1962, S. 214–223.
[21] Vgl. William Diebold, Jr., Trade and Payments in Western Europe. A Study in Economic Cooperation 1947–1951, New York 1952, bes. S. 15–86; Milward, Reconstruction (Anm. 9), S. 256–281; Abelshauser, Marshallplan (Anm. 16).
[22] Vgl. Milward, Reconstruction (Anm. 9), S. 180–195; Wexler, Marshall Plan (Anm. 13), S. 61-70; Robert Marjolin, Le travail d'une vie. Mémoires 1911–1986, Paris 1986, S. 196–200.
[23] Zwischenbericht über das Europäische Wiederaufbauprogramm, Bd. 1, hrsg. v. ECA-Mission, Frankfurt/M. 1949, bes. S. 83–96. Eine zusammenfassende Inhaltsangabe findet sich in Bundesarchiv (BA), Z 14, 124. Vgl. auch Diebold, Trade (Anm. 21), S. 160.
[24] Der Aktionsplan ist abgedruckt in Europa. Dokumente (Anm. 20), S. 294–299, hier S. 295.
[25] Vgl. die Wochenberichte der Bizonal Delegation in Paris in BA Z 14, 47.
[26] Diebold, Trade (Anm. 21), S. 158.

damaligen Sprachgebrauch und in der OEEC-Terminologie in erster Linie Abbau der mengenmäßigen Beschränkungen, also eine rein technische Maßnahme zur Ausweitung der Ein- und Ausfuhren.

Die ersten konkreten Vorschläge lagen Ende Mai/Anfang Juni 1949 vor. Wieder war verstärkter amerikanischer Druck, diesmal von seiten der ECA, vorausgegangen. Vor allem die Sorge, die westeuropäischen Länder könnten aufgrund ihres Dollarmangels die USA über Gebühr diskriminieren, veranlaßte den ECA-Sonderbeauftragten in Europa, W. Averell Harriman, zu wiederholten Vorstößen bei der OEEC[27]. Als erste reagierten die Briten mit einem allgemeinen Programm für den Abbau der quantitativen Restriktionen zunächst in Europa[28]. Wenige Tage später folgten die Franzosen mit dem Vorschlag, die OEEC-Mitgliedsländer sollten alle mengenmäßigen Handelsbarrieren schrittweise bis zum 30. Juni 1951 abbauen; Ausnahmen bedurften der Zustimmung des OEEC-Rates. Eine erste Liste liberalisierter Güter sollte zum 1. Oktober 1949 in Kraft treten, und zwar durch gemeinsamen Beschluß aller Teilnehmerländer. Darüber hinaus wurde jedes Land aufgefordert, entsprechend seinen Möglichkeiten einseitige Quotenreduzierungen vorzunehmen. Anders als die britische Regierung hielten die französischen Verantwortlichen außerdem eine fundamentale Anpassung der wirtschaftlichen, finanziellen und monetären Strukturen innerhalb Europas für erforderlich, um die „viability" der europäischen Wirtschaften zu erreichen[29].

In Washington wurden die beiden Vorschläge sorgfältig studiert. Der Vergleich der jeweiligen Vor- und Nachteile fiel klar zugunsten des französischen Konzepts aus. Ein umfangreiches Positionspapier aus dem State Department listete drei wesentliche Vorzüge auf: Erstens seien die Vorschläge zur Handelsliberalisierung umfassender und konsequenter, da sie auf den gemeinsamen Abbau der Restriktionen bei Im- *und* Exporten zielten; zweitens seien „the payments features ... flexible and ... accord closely with those which have heretofore been favored by this Government"; drittens sei der französische Plan unter politischen Gesichtspunkten vorzuziehen, und zwar vor allem aus folgendem Grund: „The French proposal is more readily identified with the OEEC; hence, the measure of increased discrimination inherent in any plan is more readily justified as a measure for European recovery." Die Empfehlung, in die dieses interne Papier mündete, war denn auch recht eindeutig: „The United States should support the adoption of a plan for the removal of intra-European trade barriers which incorporates the principal features of the French plan, i. e., multilateral action through the OEEC aimed at the earliest possible lifting of practically all quantitative restrictions on imports and exports among OEEC countries."[30].

Es ist zu vermuten, daß amerikanische Diplomaten und ECA-Beamte ihre europäischen Gesprächspartner über die amerikanischen Wünsche nicht im unklaren ließen, denn der erste verbindliche Beschluß über die Liberalisierung des innereuropäischen Handels, den der Rat der OEEC am 4. Juli 1949 faßte, lehnte sich stark an den

[27] Vgl. FRUS 1949, Bd. 4, S. 374–377, 394.

[28] Vgl. Diebold, Trade (Anm. 21), S. 160f.; Milward, Reconstruction (Anm. 9), S. 300.

[29] Acting Chief of the ECA Mission in Frankreich an ECA-Administrator, 4. 6. 1949, FRUS 1949, Bd. 4, S. 400–401. Eine nicht-amtliche englische Übersetzung des französischen Vorschlags v. 2. 6. 1949 findet sich im Washington National Records Center (WNRC), RG 469, Special Representative, Central Secretariat, Subject Files 1948–1952, Box 19.

[30] Position Paper: British and French Proposals for Liberalization of Intra-European Trade v. 10. 6. 1949, o. Verf., National Archives, Washington (NA), RG 59, Lot files 55 D 105, Files of Miriam Camp, Box 2.

Vorschlag Frankreichs an[30]. Die Teilnehmerländer wurden aufgefordert, „die mengenmäßigen Beschränkungen bei der Einfuhr untereinander allmählich abzubauen, damit
bis 1951 der intereuropäische Handel möglichst weitgehend liberalisiert" sei; diese
Beschränkungen waren zunächst „einseitig so weitgehend" aufzuheben, wie es die
wirtschaftliche und finanzielle Lage zuließ. Bis spätestens 1. Oktober 1949 sollten die
Regierungen über die entsprechenden Maßnahmen berichten, damit die OEEC nach-
prüfen konnte, „ob jedes Land einen Beitrag zum gewünschten Ziel in dem Umfang
leistet, wie es seine wirtschaftliche Lage erlaubt." Für den Fall, daß sich einige oder alle
Mitgliedsländer auf Listen von freigegebenen oder freizugebenden Waren einigen
sollten, schlug der Rat vor, diese Listen „für eine bestimmte Zeit festzulegen." Harriman zeigte sich von dieser Entwicklung zutiefst befriedigt[31].

Am 13. August präzisierte der Rat diesen Beschluß auf der Grundlage entsprechender Empfehlungen des OEEC-Handelskomitees dahingehend, daß zwei Arten von
Listen vorgelegt werden sollten: Einmal eine Zusammenstellung derjenigen Waren, die
unbeschränkt eingeführt werden konnten bzw. für die automatisch Einfuhrlizenzen
erteilt werden sollten; zum anderen eine sogenannte Verhandlungsliste mit Erzeugnissen, die nur bei entsprechenden Gegenleistungen anderer Mitgliedsländer von Einfuhrbeschränkungen befreit werden sollten. Noch nicht entschieden war die Frage, ob
auch „Globalkontingente" als Liberalisierungsmaßnahme zu werten seien[32].

Kaum hatten die ersten Regierungen ihre Listen vorgelegt – den Anteil liberalisierter
Waren an den bisherigen Kontingenten schätzte der deutsche Chefdelegierte in der
bizonalen OEEC-Delegation, Hans Karl von Mangoldt, auf durchschnittlich etwa
15–20 Prozent[33] –, wurde deutlich, daß die gesteckten Ziele ohne zusätzliche Maßnahmen nicht zu erreichen waren. Auf einer Sitzung der Konsultativgruppe der OEEC,
einem aus wenigen Ministern zusammengesetzten Gremium mit beratender Funktion,
schlug der englische Vertreter, Sir Stafford Cripps, am 28. Oktober deshalb vor, die
beiden Listen zu einer einzigen, ohne Einschränkungen gültigen Einfuhrliste zusam-
menzufassen und in einer gemeinsamen Aktion jeweils 50 Prozent der Importe in den
drei Warengruppen Nahrungsmittel, Rohstoffe und Fertigwaren bis zum 1. Januar
1950 von Quoten zu befreien. Während Cripps' europäische Kollegen eher zögernd
reagierten, brachte Harriman „strong U. S. interest in vigorous and definite action to
carry forward liberalization" zum Ausdruck[34]. Damit nicht genug, versuchte die ECA
diesem eher technischen Vorgang der Quotenreduzierung noch eine neue, politische
Wendung zu geben. Schon im Frühjahr 1949 hatten einzelne ECA-Angehörige begonnen, darüber nachzudenken, ob die bislang eingeleiteten Schritte und Programme
ausreichten, den OEEC-Ländern 1952 die erhoffte und, nach dem Auslaufen des ERP,
auch notwendige „viability" zu sichern. Die maßgeblichen Planer kamen mehr und
mehr zu der Überzeugung, daß dieses Ziel nur über die Intensivierung der Bemühungen um die wirtschaftliche und politische Einigung Westeuropas zu erreichen sein

[31] Der Beschluß – C (49) 88 (Final) – findet sich in deutscher Fassung als Anlage eines Schreibens des
    Bundeswirtschaftsministeriums an das Marshallplanministerium in BA B 146, 324. Zur Reaktion des ECA-
    Sonderbeauftragten vgl. Harriman an ECA-Missionen, 1. 7. 1949, FRUS 1949, Bd. 4, S. 405–407.
[32] Der Ratsbeschluß C (49) 116 (Final) v. 17. 8. 1949 ebenfalls in BA B 146, 324.
[33] Vgl. Ausarbeitung v. Mangoldt betr.: Gegenwärtiger Stand der Arbeiten der OEEC v. 12. 10. 1949, S. 11,
    BA Z 14, 46.
[34] Harriman an Secretary of State v. 29. 10. 1949, WNRC, RG 469, Special Representative, Central Secretariat,
    Subject Files 1948–1952, Box 19.

würde. ECA-Administrator Paul Hoffman nutzte eine Rede vor dem OEEC-Ministerrat am 31. Oktober 1949 – es war sein erster Auftritt vor diesem Forum nach 15 Monaten –, den Westeuropäern diese Botschaft nahezubringen[35]. Hoffman, der „zur Feier des Tages", wie der Korrespondent der Neuen Zürcher Zeitung stolz vermerkte, „eine offensichtlich aus Schweizer Seide angefertigte prächtige Krawatte trug, die den Neid der meisten Delegierten erregte", hielt ein großes Plädoyer für die wirtschaftliche Einigung Europas. Unter Hinweis auf den einheitlichen Binnenmarkt in den USA ermutigte er seine Zuhörer, auch in Westeuropa mit seinen 270 Millionen Verbrauchern solche Bedingungen zu schaffen: wirtschaftliche Einheit sei „nicht nur ein Wunschbild, sondern eine praktische Notwendigkeit". Er forderte die Delegationen auf, „schon Anfang 1950" einen Katalog geeigneter Maßnahmen vorzulegen, die Westeuropa auf den Weg zur wirtschaftlichen Einheit „ein gutes Stück" vorwärts brächten, beispielsweise „tatsächliche, wirkungsvolle Maßnahmen zur Beseitigung der quantitativen Handelsschranken", mit denen die OEEC bereits begonnen habe. Der Auftritt Hoffmans war jedoch nicht das einzige außergewöhnliche Ereignis dieser Ministerratssitzung. Kaum weniger bedeutsam war, zumindest aus deutscher Sicht, die offizielle Aufnahme der Bundesrepublik als gleichberechtigtes Mitglied der OEEC.

Handelspolitische Überlegungen in Westdeutschland zwischen Tradition und Neuanfang

Die Vertretung Westdeutschlands in der OEEC hatten bis zu diesem Zeitpunkt die Besatzungsmächte wahrgenommen, getrennt für die französische und die Bizone. Zwar waren die Verantwortlichkeiten seit Frühjahr 1949 sukzessive auf die deutschen Mitglieder der Delegationen übergeleitet worden, doch war die letzte Entscheidungskompetenz weiterhin bei den alliierten Stellen verblieben[36]. Dies hatte auch für den Handelsverkehr mit dem Ausland gegolten[37]. Eine einigermaßen selbständige Außenhandelspolitik war erst seit Herbst 1949 wieder möglich.

Erste einschlägige Überlegungen und Pläne reichten bis in die Endphase des Zweiten Weltkrieges zurück[38]. Während diese Analysen durchaus zutreffend die künftige wirtschaftliche Abhängigkeit von den USA prognostizierten, ließen sie jedoch eine ver-

---

[35] Vgl. Wexler, Marshall Plan (Anm. 13), bes. S. 217–223; Milward, Reconstruction (Anm. 9), bes. S. 282–287, 296–298; Hoffman an Harriman, 6. 10. 1949, FRUS 1949, Bd. 4, S. 426–429. Eine deutsche Übersetzung der Rede Hoffmans findet sich in Institut für Weltwirtschaft, Kiel/Wirtschaftsarchiv (IWW/WA), NL Baade, II ERP/Liberalisierung. Zur Interpretation der Rede vgl. Wexler, Marshall Plan (Anm. 13), S. 156–158; Hogan, Marshall Plan (Anm. 13), S. 273f.; aus zeitgenössischer Perspektive: Neue Zürcher Zeitung; 1. 11. 1949: Eröffnung der Pariser Wirtschaftskonferenz.

[36] Zur Tätigkeit der bizonalen OEEC-Delegation und zur Überleitung der Verantwortlichkeiten auf deutsches Personal vgl. Werner Bührer, Auftakt in Paris. Der Marshallplan und die deutsche Rückkehr auf die internationale Bühne 1948/49, in: Vierteljahrshefte für Zeitgeschichte (VfZ) 36 (1988), S. 529–556.

[37] Vgl. dazu und zum folgenden Evamaria Lierke, Der Wiederaufbau des Außenhandels in der Bizone, Diss. Bonn o. J. (1951); Werner Abelshauser, Wirtschaft in Westdeutschland 1945–1948. Rekonstruktion und Wachstumsbedingungen in der amerikanischen und britischen Zone, Stuttgart 1975, bes. S. 156–167; Friedrich Jerchow, Deutschland in der Weltwirtschaft 1944–1947, Düsseldorf 1978; Manfred Knapp, Die Anfänge westdeutscher Außenwirtschafts- und Außenpolitik im bizonalen Vereinigten Wirtschaftsgebiet (1947–1949), in: ders. (Hrsg.), Von der Bizonengründung zur ökonomisch-politischen Westintegration, Frankfurt/M. 1984, S. 13–93, bes. S. 53–70; Buchheim, Nachkriegsdeutschland (Anm. 7). Aus der Sicht eines der damaligen Akteure: Deutschlands Rückkehr zum Weltmarkt, hrsg. v. Ludwig Erhard, Düsseldorf ²1954.

[38] Vgl. hierzu Ludolf Herbst, Der Totale Krieg und die Ordnung der Wirtschaft. Die Kriegswirtschaft im Spannungsfeld von Politik, Ideologie und Propaganda 1939–1945, Stuttgart 1982, bes. S. 365–382.

gleichbare Hellsichtigkeit in der Frage der „passenden" Außenwirtschaftsstrategie vermissen. Letzteres traf auch auf die meisten frühen Planungen nach Kriegsende zu, die von bilateralen Denkmustern geprägt waren. So kam beispielsweise Werner Schulz von der Ferostaal AG Ende Oktober 1945 zu dem Ergebnis, daß „die Rückkehr zum ‚freien Spiel der Kräfte' " für den deutschen Außenhandel noch weniger möglich sei als für eine Reihe anderer, unter den Kriegsfolgen weniger leidenden Länder. Allerdings lehnte er – außer zur Veredelung – Kompensationsgeschäfte ab und schlug statt dessen die Errichtung eines „Sonderkontos für Auslandszahlungen" vor, das allmählich in eine „Clearingstelle für Devisenzahlungen" weiterentwickelt werden sollte[39]. Die Stellungnahme einer „Arbeitsgemeinschaft der Wirtschafts- und Fachgruppen" listete in einer Art Fragebogen als mögliche Verfahren u. a. „Kompensationen", „Aski" (= Ausländersonderkonto für Inlandszahlungen), „Clearings" und – immerhin – „freie Devisenzahlung (multilateraler Verkehr)" auf und stellte zur Diskussion, ob es zweckmäßiger sei, „Kontingente bzw. Zahlungswertgrenzen" zu vereinbaren, oder „die Zusammensetzung von Ein- und Ausfuhr der Entwicklung und der Entscheidung im Einzelfalle zu überlassen"[40]. Allerdings krankten alle diese frühen Planungen an der Unsicherheit über das verbleibende Wirtschaftspotential und der Chancenlosigkeit deutscher Interventionen. Außerdem taten die alliierten Stellen zunächst nichts, um den zusammengebrochenen Außenhandel wieder anzukurbeln: So wurden vom 8. August 1945 bis zum 31. Dezember 1946 aus der amerikanischen und britischen Zone Waren – überwiegend Kohle – im Wert von rd. 190 Millionen Dollar exportiert, während sich die Einfuhr – vor allem Nahrungsmittel – 1946 auf etwa 643 Millionen Dollar belief; das Ausmaß des Außenhandelseinbruches wird deutlich, wenn die entsprechenden Zahlen des Jahres 1936 – 2,64 bzw. 2,12 Mrd. Dollar – zum Vergleich herangezogen werden[41]. Erschwerend kam schließlich noch hinzu, daß gemäß einer Richtlinie des Alliierten Kontrollrates vom 20. September 1945 für Waren aus den drei westlichen Besatzungszonen Weltmarktpreise in Dollar zu zahlen waren – eine Vorschrift, die den Handel mit den unter Dollarmangel leidenden Nachbarländern massiv beeinträchtigte[42]. Verständlicherweise konzentrierten deutsche Planer und Wirtschaftsexperten angesichts dieser restriktiven Rahmenbedingungen ihre Bemühungen auf die Lösung binnenwirtschaftlicher Probleme; wenn sie das Gebiet des Außenhandels nicht von vornherein vernachlässigten, favorisierten sie die gewohnten, wenngleich nicht unbedingt bewährten Verfahren und Konzepte.

Dies änderte sich, als vor dem Hintergrund der Verschärfung des Kalten Krieges das bloße „Überleben" der Westzonen aus Sicht vor allem der amerikanischen Regierung zur Stabilisierung des westlichen Blocks nicht mehr ausreichte. Die Anfang 1947 gegründete angloamerikanische Joint Export Import Agency (JEIA) gestattete im April die stärkere Einschaltung deutscher Exporteure in die Abwicklung der Exportgeschäfte. Nachdem mit dem Marshallplan und der zu erwartenden Einbeziehung der Westzonen die Abkehr von der restriktiven Linie der Besatzungspolitik endgültig feststand, bemühten sich deutsche Instanzen verstärkt um Mitsprache auch auf inter-

---

[39] Gedanken über den Wiederaufbau des deutschen Außenhandels, 26. 10. 1945, BA Z 8, 1706, Bl. 177–182.
[40] Wiederaufbau des Außenhandels. Abschrift o. D., ebenda, Bl. 183–186.
[41] Vgl. Abelshauser, Wirtschaft (Anm. 37), S. 157 und 161.
[42] Vgl. Werner Abelshauser, Wirtschaftsgeschichte der Bundesrepublik Deutschland (1945–1980), Frankfurt/M., 1983, S. 29.

nationaler Ebene. Nachdem eine Teilnahme an der CEEC-Konferenz schon nicht möglich gewesen war, fragte der Zentrumspolitiker Fritz Stricker in der Sitzung des Zonenbeirats Mitte Oktober 1947 beim Vertreter der Militärregierung an, ob wenigstens deutsche Beobachter an der im November in Havanna beginnenden Wirtschaftskonferenz teilnehmen könnten; zur Begründung führte er an, daß es „für eine erfolgreiche Rückgliederung Deutschlands in den Weltmarkt" sinnvoll sei, daß „erfahrene deutsche Wirtschaftskenner" anwesend seien, „um sich mit dem Geist vertraut zu machen, der der künftigen Weltwirtschaft ... die Prägung geben" werde[43]. Aber diese Bitte wurde abschlägig beschieden, worauf ein Mitarbeiter der Verwaltung für Wirtschaft mit der trotzigen Bemerkung reagierte, daß es „nicht nur im deutschen Interesse, sondern auch im Interesse des wirtschaftlichen Wiederaufbaus Europas und der Belebung des Welthandels liege, wenn Deutschland an der von der Charter erstrebten internationalen Zusammenarbeit gleichberechtigter Völker beteiligt" werde[44]. Fortan gehörte die Forderung nach Mitwirkung deutscher Fachleute und Stellen sowohl an der Ausformulierung internationaler Handelsgrundsätze als auch beim Abschluß zweiseitiger Waren- und Zahlungsabkommen zum unverzichtbaren Grundbestand einschlägiger Stellungnahmen[45]. Gleiches galt für den Wunsch nach „Lockerungen und Freizügigkeiten auf handelspolitischem Gebiet", den beispielsweise Ludwig Erhard immer wieder auch öffentlich vortrug[46].

Diese beiden Ziele – deutsche Mitsprache und Abbau der einseitigen alliierten Restriktionen – waren es denn auch, die politische und wirtschaftliche Kreise in den Westzonen mit dem Begriff „Liberalisierung" vor allem verbanden. Dagegen stieß das amerikanische Projekt eines freien, multilateralen Welthandels anfangs eher auf Skepsis: Zwar sei, so Erhard im Mai 1948, „der multilaterale Warenaustausch gegenüber nur zweiseitigen Handels- und Clearingabkommen als die reifere Form außenhandelspolitischer Betätigung anzusprechen", aber angesichts der „mannigfachen Störungen" politischer und wirtschaftlicher Art sei er davon überzeugt, daß sich Westdeutschland solcher „Zwischenlösungen" bedienen müsse, „ehe das Ideal Verwirklichung finden" könne[47]. Möglicherweise lag es an der vergleichsweise großen Distanz – wirtschaftspolitisch und von den Zuständigkeiten her gesehen – des Direktors der bizonalen Wirtschaftsverwaltung zum Marshallplan und seiner Abwicklung, daß er noch im Frühjahr 1948, als die Einbeziehung der Westzonen ja bereits feststand, keinerlei Neigung zeigte, jene später gern beanspruchte Schrittmacherrolle im Liberalisierungsprozeß zu übernehmen. Von einer „seit 1948" betriebenen „Politik bewußter Liberalisierung" im

[43] Akten zur Vorgeschichte der Bundesrepublik Deutschland (AVBRD) Bd. 3, bearb. v. Günter Plum, München 1982, S. 639f.

[44] Weltwirtschaftskonferenzen von Genf (1927) bis Havanna (1948), Ausarbeitung aus der VfW, Hauptabtlg. V, v. 7. 4. 1948, Parlamentsarchiv, Bonn (PA), Bestand 2/597.

[45] Vgl. dazu auch die Übersicht über „Organisation und Arbeitsgebiete des Außenhandelsbeirates" der VfW, Minden, 27. 9. 1947, ebenda, Bestand 2/594; Besprechungspunkte für Unterredung mit Clay und Robertson v. 14. 5. 1948, BA Z 13, 2, Bl. 240–241.

[46] So beispielsweise in einer Rede vor der Vollversammlung des Wirtschaftsrates am 21. 4. 1948, abgedruckt in Ludwig Erhard, Deutsche Wirtschaftspolitik. Der Weg der Sozialen Marktwirtschaft, Düsseldorf usw. 1962, S. 37–61, bes. S. 57–59, und in der in Anm. 1 bereits erwähnten Ansprache zur Eröffnung der Hannover-Messe am 22. 5. 1948. Dieser Topos tauchte auch schon in dem Außenhandelsplan der Länder der US-Zone vom März 1946 auf; vgl. Rückkehr zum Weltmarkt (Anm. 37), S. 52f.

[47] Ansprache Ludwig Erhards, in: Außenhandel 1 (1948) Heft 1, S. 4–7, hier S. 6.

Sinne amerikanischer Vorstellungen war jedenfalls hier nichts zu spüren[48]. Auch in wichtigen einschlägigen Stellungnahmen der direkt mit dem ERP befaßten deutschen „Beamten" fehlten entsprechende Hinweise[49]. Das bizonale Long Term Program bis zum Jahr 1952 – ein solches Programm mußte jedes OEEC-Land in Paris vorlegen – handelte das Liberalisierungsthema in wenigen Zeilen ab, indem es hervorhob, daß „die Bizone nicht nur alles Interesse an der Einführung multilateraler Handels- und Zahlungsprinzipien in ein möglichst großes Gebiet" habe, sondern „in der Tat davon abhängig" sei. Die „Zusammenarbeit" und die „Schaffung einer wirtschaftlichen Einheit" würden deshalb als „eine bleibende Notwendigkeit und nicht als ein bloßer Notbehelf auf kurze Sicht" betrachtet werden[50]. Der eigens zur Beratung von Marshallplanfragen im April 1949 eingerichtete, aus Vertretern der verschiedenen Verwaltungen, des Länderrates, der Bank deutscher Länder und der Kreditanstalt für Wiederaufbau zusammengesetzte ERP-Ausschuß bei der Verwaltung für Wirtschaft beschäftigte sich in erster Linie mit technischen Problemen wie der Koordinierung der Planungsarbeiten oder der Ausweitung der deutschen Kompetenzen bei der Erstellung und Präsentation der Programme[51]. Kurzum, im ersten Jahr ihrer OEEC-„Mitgliedschaft" verhielten sich die westdeutschen Verantwortlichen offensichtlich kaum anders als die übrigen westeuropäischen Partner auch: Im Schutze wohlfeiler Bekenntnisse zum amerikanischen Projekt der Handelsliberalisierung bemühten sie sich in erster Linie darum, ihr eigenes „Liberalisierungsprogramm" durchzusetzen, d. h. die Alliierten zum Abbau der zahlreichen Beschränkungen und zur Einschaltung deutscher Fachleute zu bewegen. Wegen der schwierigen Lage der westzonalen wie auch der westeuropäischen Wirtschaft überhaupt gaben die maßgeblichen Kreise zunächst bilateralen Abkommen den Vorzug gegenüber multilateralen Vereinbarungen. Schließlich waren Fortschritte ja auch auf bilateraler Basis möglich, wie die Abkommen mit der Schweiz und den Niederlanden im Spätsommer 1949 bewiesen[52]. Dennoch: Nicht der bilaterale, sondern der multilaterale Abbau der Handelsbarrieren war das Ziel der amerikanischen Europapolitik und der OEEC seit ihrem Bestehen, und es erscheint doch bemerkenswert, daß Erhard, Pünder und andere maßgebliche deutsche Akteure in dieser Hinsicht lange Zeit Zurückhaltung übten, obwohl sie in Ermangelung eigener Kompetenzen „gefahrlos" und zugleich publikumswirksam in die Rolle des Vorreiters im westeuropäischen Liberalisierungsprozeß hätten schlüpfen können.

Als die OEEC im Juli 1949 erste praktische Schritte in Richtung Handelsliberalisierung einleitete, reichten bloße Lippenbekenntnisse nicht mehr aus; die Vorliebe für die bilaterale Methode trat nun jedoch noch deutlicher hervor[53]. Schließlich waren bis Ende Mai zweiseitige Besprechungen über Möglichkeiten der Handelsintensivierung

[48] Rückkehr zum Weltmarkt (Anm. 37), S. 15.
[49] Vgl. z. B. Redeentwurf von Oberdirektor Hermann Pünder für eine Erklärung vor dem ERP-Ausschuß des Wirtschaftsrates v. 6. 9. 1948 und Vertraulicher Jahresbericht 1948 des Beraters für den Marshall-Plan v. 27. 1. 1949, BA Z 14, 8.
[50] Das langfristige Programm der Bizone (endgültige Fassung), Anlage zur Mitteilung Nr. 7 des ERP-Arbeitsausschusses bei der VfW v. 29. 11. 1948, S. 9, PA, Bestand 2/608.
[51] Vgl. die Ausschußprotokolle in BA Z 14, 9.
[52] Vgl. Hubert G. Schmidt, The Liberalization of West German Foreign Trade 1949–1951, hrsg. v. Office of the U.S. High Commissioner for Germany, Frankfurt/M. 1952, bes. S. 6–9, 14–22.
[53] Zur Entwicklung des Bilateralismus in der ersten Hälfte des 20. Jahrhunderts, zu seinen Vor- und Nachteilen vgl. Hans Möller, Handelspolitik zwischen Bilateralismus und Multilateralismus, in: Weltwirtschaftliches Archiv 68 (1952), S. 203–259.

mit 11 Teilnehmerländern erfolgreich abgeschlossen worden, lediglich mit Griechenland und den Niederlanden hatte keine Übereinstimmung erzielt werden können; die
Verhandlungen mit Frankreich dauerten noch an. Nach einem Bericht des Generalsekretärs der OEEC betrafen solche zwischen allen Mitgliedsländern geführten Gespräche immerhin ein Volumen von etwa 4 Mrd. Dollar oder annähernd die Hälfte des
gesamten innereuropäischen Handels[54]. Den Ratsbeschluß vom 4. Juli 1949 kommentierte Hans Karl von Mangoldt, ranghöchstes deutsches Mitglied der von Amerikanern
und Briten dominierten Bizonalen Delegation in Paris, deshalb eher zurückhaltend,
waren doch Fortschritte auch auf gewohnten Wegen möglich. Freilich erkannte er die
Bedeutung dieser Ratsentscheidung und forderte für die vorgesehenen Verhandlungen
im Handelskomitee der OEEC die Anwesenheit hochrangiger Fachleute aus der Verwaltung für Wirtschaft[55]. Aber weder auf die Entscheidung vom 4. Juli noch auf ihre
Präzisierung Mitte August scheinen Vertreter der Bizone oder der französischen Zone
Einfluß genommen zu haben, von Schrittmacherdiensten ganz zu schweigen. Genau
dies erwarteten die amerikanischen Planer jedoch von den Westdeutschen, wie Hector
Prud'homme, ECA-Missionschef in der französischen Zone, Karl Albrecht vom dort-
igen deutschen Marshallplanbüro am 20. August 1949 vertraulich wissen ließ: Beim
„Hauptthema" der OEEC-Beratungen im kommenden Herbst, dem Abbau der
Importhindernisse im innereuropäischen Handel, wünsche man insbesondere, daß
Westdeutschland sich zum „Vorkämpfer einer wahrhaft europäischen Wirtschaft"
machen werde. Da sich die bizonalen Vertreter mit ihren bisherigen Erklärungen zur
Außenhandelsfrage „noch nicht auf diese Linie eingestellt" hätten, so die Sorge bei der
ECA, könnten sie sich auch künftig „mit kleinlichen Vorschlägen" zur Beseitigung der
Handelshemmnisse begnügen[56].
    Diese Befürchtung war durchaus berechtigt, allerdings nicht allein im Hinblick auf
die „Kühnheit", sondern auch auf die Tendenz deutscher Vorschläge. Albrecht hatte
nämlich fünf Tage vor seiner Unterredung mit Prud'homme in einer sechsseitigen
offiziellen Stellungnahme für die deutsche Marshallplanbürokratie in der französischen
Zone dem Problem der quantitativen Einfuhrbeschränkungen ganze drei Zeilen gewid-
met[57] – vielleicht sogar der Anlaß für den deutlichen Wink des Amerikaners. Der
„Rest" betraf andere Handelshindernisse wie Zölle, spezielle Präferenzen, Ausfuhr-
subventionen, Devisenkontrollen und mündete in die Forderung nach „Wiederherstellung normaler Verhältnisse für individuelle Betätigung der deutschen Außenhandels-
firmen". Gegen die einseitigen Restriktionen zielte auch ein Memorandum des deutschen ERP-Koordinators in der Bizone zur Liberalisierung der „unsichtbaren
Einfuhren" – dazu zählten u. a. der Reiseverkehr, Transportkosten, Gebühren für
Patente, Urheberrechte und Warenzeichen, Provisionszahlungen an Auslandsvertreter
– vom 6. September. Da war, nach dem obligatorischen Bekenntnis zum Abbau der

---

[54] Wochenberichte über die Tätigkeit der OEEC v. 16.–21. 5. und v. 7.–11. 6. 1949, BA Z 14,47. Diese Berichte
    wurden von deutschen Mitgliedern der Bizonalen Delegation verfaßt und an die zuständigen deutschen
    Stellen verschickt.
[55] Bericht über Council-Sitzungen v. 11. 7. 1949, BA Z 14, 48.
[56] Vermerk Martini v. 20. 8. 1949, BA Z 14, 5.
[57] Stellungnahme zur Frage der Reduktion der internationalen Handelshemmnisse v. 15. 8. 1949, BA Z 14,
    165b; dort auch das folgende Zitat. – Die drei Zeilen enthielten lediglich den Hinweis, daß von der bizonalen
    Verwaltung für Ernährung, Landwirtschaft und Forsten eine Liste über Kontingentsbefreiungen bereitet
    werde, der sich die französische Zone anschließen werde.

Handelsbarrieren, zu lesen, daß die westdeutschen Behörden im Falle nicht selbst zu verantwortender Beschränkungen „alles daran setzen" würden, bei den Besatzungsmächten eine Lockerung der entsprechenden Bestimmungen zu erreichen[58]. Nach einer Intervention des ERP-Sekretariats des Zweimächtekontrollamtes, wo das Memorandum „mehr wie eine Beschwerdeschrift über die Maßnahmen der Alliierten als wie eine Erklärung der deutschen Bereitschaft zur Beseitigung von Hemmnissen" gewirkt hatte[59], fehlte dieser Passus in der endgültigen Fassung. Offensichtlich hatte sich auf deutscher Seite die Erkenntnis durchgesetzt, daß es, um die bevorstehende gleichberechtigte Aufnahme der Bundesrepublik in die OEEC nicht zu gefährden, ratsam sei, auf allzu deutliche Kritik an der Deutschlandpolitik der Westalliierten zu verzichten.

Auch in der Kontroverse um die erfolgversprechende Liberalisierungsmethode hielten sich die deutschen Experten in Paris zurück. Die Fronten innerhalb der OEEC in diesem zentralen Konflikt vom Herbst 1949 waren klar: Für den „multilateral approach" sprachen sich vor allem der Generalsekretär der OEEC und sein Stellvertreter sowie, erwartungsgemäß, der Sprecher der ECA-Mission aus; die meisten Mitgliedsländer, an der Spitze Belgien und die Niederlande, favorisierten den bilateralen Ansatz. Otmar Emminger, einer der bizonalen Vertreter in den entscheidenden Sitzungen des Handelskomitees Ende September/Anfang Oktober, verteidigte den Bilateralismus mit dem Verweis auf die Handelsverträge zwischen Westdeutschland und der Schweiz bzw. den Niederlanden, die gezeigt hätten, daß eine „wirklich substantielle" Liberalisierung auf diesem Weg möglich sei[60]. Da sich die OEEC-Vertreter trotz amerikanischer Hilfe nicht durchsetzen konnten, einigten sich die Delegationen darauf, beide Methoden anzuwenden und sowohl, wie im Juli beschlossen, einseitige Freilisten sowie „Verhandlungslisten" einzureichen, als auch die bilateralen Verhandlungen fortzusetzen. Ebenfalls ohne definitive Entscheidung blieb das Problem der Globalkontingente; während die Mehrheit im Handelsausschuß, darunter auch die Vertreter Westdeutschlands, Globalkontingente als liberalisierungskonform einstuften, erblickte die Minderheit darin eine „praktische Diskriminierung". Ungeachtet dieser Kompromisse diktierte jedoch die Pariser OEEC-Bürokratie nun eindeutig das Tempo des Liberalisierungsprozesses. Am 8. Oktober faßte der Rat den Beschluß, zur Prüfung der Liberalisierungslisten eine Central Group einzurichten, bestehend aus den Vorsitzenden des Rats, des Exekutivkomitees der OEEC, der Komitees für Handel und für innereuropäischen Zahlungsverkehr sowie dem Generalsekretär[61]. Auf diese Weise sollte offensichtlich die Entscheidung darüber, ob die einzelnen Mitgliedsländer wirklich alle Möglichkeiten zur Intensivierung des Handels ausgeschöpft hatten, aus dem größeren und „großzügigeren" in ein kleineres, liberalisierungsfreudigeres Gremium verlagert werden. Außerdem forderte der Beschluß jedes Mitgliedsland dazu auf, bilateral gewährte Zugeständnisse auf alle OEEC-Partner auszudehnen.

Vor diesem Hintergrund ist das „Memorandum der Bundesrepublik Deutschland über die Befreiung des intereuropäischen Handels von Beschränkungen" vom 10. Ok-

---

[58] Martini an Bizonale Delegation v. 6. 9. 1949, ebenda.
[59] Vermerk Rieck v. 21. 9. 1949, ebenda.
[60] Record Sheet, vorbereitet von Dr. Emminger, Institut für Zeitgeschichte (IfZ) MF 260, 11/101–2/3. Vgl. hierzu und zum folgenden auch den Bericht v. Mangoldts v. 11. 10. 1949, BA Z 14, 165 b.
[61] Council Decision v. 8. 10. 1949, IfZ, MF 260, 11/101–2/4.

tober 1949 zu sehen[62]. Es war die erste „eigene" Stellungnahme der Bundesregierung, die ja offiziell noch nicht Mitglied der OEEC war; sie bekannte sich darin „in vollem Umfang" zum Ratsbeschluß vom 13. August 1949. Die beigefügte unilaterale Freiliste enthielt Waren mit einer jährlichen Einfuhr im Wert von 263,8 Millionen Dollar aus den Teilnehmerländern und deren überseeischen Besitzungen; dieses Volumen entsprach 37,4 Prozent der gesamten Importe aus diesem Raum, berechnet auf der Basis der Importe im ersten Halbjahr 1949. Die Bundesregierung bezeichnete dieses Verzeichnis als „vorläufiges Mindestprogramm", das „unabhängig von den bilateralen Verhandlungen" bald erweitert werden sollte. Eine zweite Liste beinhaltete die umstrittenen Globalkontingente, deren Wert mit 147,3 Millionen Dollar bzw. 20,9 Prozent der OEEC-Einfuhren angegeben war. Die Verhandlungsliste schließlich umfaßte Importe in Höhe von 117,4 Millionen Dollar entsprechend 16,6 Prozent der Wareneinfuhren aus den Partnerländern. Somit kam die Bundesrepublik – nach dieser Berechnung – auf die stolze Liberalisierungsquote von 74,9 Prozent. Allerdings, dies vergaß die Bundesregierung nicht hinzuzufügen, erwartete sie von den anderen OEEC-Ländern ähnlich weitgehende Zugeständnisse. Dieser Gesichtspunkt tauchte auch in einer Erklärung des Bundeswirtschaftsministeriums auf, die das Presse- und Informationsamt der Bundesregierung am 14. Oktober verbreitete[63]. Eher an die Adresse möglicher deutscher Kritiker war die Feststellung gerichtet, daß, ungeachtet einiger zu erwartender „Konzessionen" und „Opfer", die „Rückkehr zur Konkurrenzwirtschaft und damit zu den normalen Wegen des Handels gerade für Deutschland mit seiner durch Krieg und Nachkriegsfolgen bedingten erhöhten Abhängigkeit vom Außenhandelsumsatz besondere Vorteile" biete. Das Memorandum vermied eine offene Parteinahme in der Frage Bilateralismus oder Multilateralismus und enthielt sich, durch schlechte Erfahrungen klüger geworden, diesmal jeglicher Beschwerden wegen fehlender handelspolitischer Kompetenzen. Und verglichen mit manchen anderen OEEC-Ländern konnte sich die Liberalisierungsofferte der Bundesrepublik durchaus sehen lassen.

Die Reaktionen auf das deutsche Memorandum waren geteilt. Die Prüfung vor der Central Group der OEEC verlief aus deutscher Sicht zufriedenstellend, wenngleich die deutschen „Prüflinge" die zusammenfassende Beurteilung, die das Sekretariat als Grundlage des Examens vorbereitet hatte, als zu negativ kritisierten[64]. Die Fragen, die von deutschen Experten im Beisein zweier alliierter Beobachter beantwortet wurden, galten vor allem Inhalt und Umfang der Listen, den vorgesehenen Einfuhrverfahren sowie möglichen Behinderungen beim Import. Aber auch die beiden Liberalisierungsmethoden kamen zur Sprache, und auf Drängen eines „Prüfers" sah sich der deutsche Delegierte Vollrath von Maltzan von der Verwaltung für Wirtschaft doch zu einer Präzisierung des deutschen Standpunktes veranlaßt. Sein Votum fiel eindeutig aus: Die

[62] Das Memorandum ist u. a. enthalten in BA Z 8, 1708. Vgl. auch Die Kabinettsprotokolle der Bundesregierung, Bd. 1: 1949, bearb. von Ulrich Enders und Konrad Reiser, Boppard/Rh., 1982, bes. S. 114f.
[63] Presse- und Informationsamt der Bundesregierung, Mitteilung v. 14. 10. 1949; dort auch das folgende Zitat.
[64] Bericht über die Prüfung der Liberalisierungsmaßnahmen durch die Central Group – OEEC v. 31. 10. 1949, BA Z 8, 1708, Bl. 75–81; dort auch die folgenden Zitate. Auf die deutschen Vorhaltungen reagierten Mitglieder des Sekretariats mit der Entschuldigung, „ursprünglich eine wesentlich positivere Beurteilung der deutschen Liberalisierungsmaßnahmen entworfen zu haben, aber durch entsprechende Anweisung veranlaßt worden zu sein, den Nachdruck auf die negativen Seiten und schwachen Stellen unserer Liberalisierung zu legen". Von wem diese Anweisung ergangen war, wurde nicht mitgeteilt.

„multilaterale Liberalisierung im Sinne der OEEC" mit ihren „viel weniger wirksamen Positivlisten" sei dem deutschen Ansatz, „grundsätzlich – zunächst zumindest zweiseitig – alle Einfuhrbeschränkungen aufzuheben", unterlegt, ja er empfahl das deutsche Verfahren sogar als Vorbild für die Arbeiten der OEEC. Ob die Central Group von diesem sehr selbstbewußten Ratschlag tatsächlich so beeindruckt war, wie die deutschen Delegierten glaubten, muß freilich offenbleiben. Ungeteiltes Lob kam jedenfalls vom ECA-Administrator Hoffman[65]. Ein Mitarbeiter der ECA-Mission in Paris ermunterte die Bundesrepublik jedoch dazu, „wenn irgend möglich, in der Befreiung ihrer Einfuhr noch erheblich weiter(zu)gehen. Eine wirklich Aufsehen erregende weitere einseitige Befreiung des Handels in den nächsten zwei Monaten" werde die Bundesrepublik nämlich „mit einem Schlage an die dritte oder vierte Stelle unter den ERP-Nationen versetzen"[66].

Wenig Anklang fand die Liberalisierungspolitik der Bundesregierung dagegen im eigenen Land, und zwar nicht nur bei traditionell protektionistisch eingestellten Branchen wie Stahl und Textil oder in der Landwirtschaft, sondern auch in der Chemieindustrie[67]. Die Kritik zielte allerdings nicht so sehr auf die Liberalisierung an sich, als vielmehr auf das dabei eingeschlagene Tempo, die vermeintliche Benachteiligung der Bundesrepublik seitens mancher OEEC-Partner und den unzureichenden Einfluß auf den handelspolitischen Entscheidungsprozeß. Gefordert wurde, mit anderen Worten, die „uneingeschränkte Autonomie" auf dem Gebiet der Außenwirtschaftspolitik.

Trotz solcher Widerstände war die Bundesregierung bestrebt, die in ECA-Kreisen erwartete spektakuläre Aktion zu starten. Der erste Auftritt eines offiziellen Repräsentanten der Bundesrepublik auf einer OEEC-Ratssitzung Ende Oktober 1949 schien dafür die geeignete Gelegenheit zu bieten. Kern des eigens entworfenen Vorschlages war die Aufforderung an alle Mitglieder, „von einem bestimmten Stichtag ab sämtliche quantitativen Importrestriktionen gegenüber allen anderen Teilnehmerstaaten aufzuheben", vorausgesetzt, auch alle übrigen Handelsschranken wurden „im Wege gegenseitigen Einvernehmens fortschreitend abgebaut" und sämtliche Partner verzichteten auf „direkte oder indirekte Subventionen" zur Verbesserung ihrer Wettbewerbslage[68]. Für Aufsehen sorgte auf der Ratssitzung jedoch, wie erwähnt, ECA-Chef Hoffman, und der deutsche Vorschlag blieb in der Schublade. Mit seiner Rede gab Hoffman möglicherweise den letzten Anstoß zur Ratsentscheidung vom 2. November 1949 über „weitere Maßnahmen der wirtschaftlichen Zusammenarbeit"[69]. Diese Entscheidung verpflichtete die Mitgliedsstaaten dazu, die quantitativen Beschränkungen für wenigstens jeweils 50 Prozent der privaten Importe an Nahrungsmitteln, Rohstoffen und Fertigwaren aus dem OEEC-Raum bis spätestens 15. Dezember des Jahres aufzuhe-

---

[65] Vgl. Schmidt, Liberalization (Anm. 52), S. 44.

[66] Aktenvermerk Emminger über eine informelle Unterhaltung mit Mr. Ostrander v. 29. 10. 1949, BA B 146, 324.

[67] Vgl. für die Stahlindustrie Vermerk über die Sitzung des Engeren Vorstands der Wirtschaftsvereinigung Eisen- und Stahlindustrie v. 22. 9. 1949, Handakten Salewski (Kopie beim Verf.); für die Textilindustrie vgl. Parität und Freiheit. Zur Liberalisierung des innereuropäischen Außenhandels, ungezeichnete Stellungnahme v. 10. 10. 1949, IHK Augsburg/Archiv, NL Vogel, Gesamttextil, Außenhandel v. 1. 7. 1948 – 31. 12. 1949; für die Chemieindustrie Farbenfabriken Bayer an VfW v. 13. 9. 1949, IWW/WA, NL Baade, II ERP, Liberalisierung; für die Landwirtschaft Schmidt, Liberalization (Anm. 52), bes. S. 64–85.

[68] Entwurf eines Vorschlags der Bundesrepublik Deutschland für weitergehende Liberalisierungsmaßnahmen, o. D., BA Z 14, 165 b.

[69] Der Beschluß C (49) 181 in deutscher Übersetzung in BA Z 8, 1708, Bl. 91–92.

ben. Falls ein Land aus wirtschaftlichen oder finanziellen Gründen dazu außerstande war, mußte es der OEEC die Ursachen darlegen.

Der Unterschied zur Position der Bundesregierung liegt auf der Hand: Die OEEC wählte ein graduelles Verfahren mit konkreten Vorgaben und knapp bemessener Frist, während die Bonner Regierung freiwillig „nur" für maximalistische Ziele eintrat, deren Realisierung sie überdies noch an zunächst kaum erfüllbare Voraussetzungen knüpfte. Die Liberalisierungsanhänger in der ECA ließen sich, insbesondere nach der Pariser Rede ihres Chefs und der neuen Ratsentscheidung, denn auch nicht beeindrucken. Taylor Ostrander vom Stab des Sonderbeauftragten in Europa, der schon Ende Oktober gegenüber Emminger „kühnere Schritte" gefordert hatte, bekräftigte diesen Standpunkt in einem Memorandum vom 5. November 1949 aufs neue. Bei allem Lob für die bisherigen deutschen Vorschläge hielt er den Zeitpunkt gekommen „for a demonstration that the new Republic is prepared to take the initiative in working for the benefit of all Europe in an open international economy". Er hoffte, daß es dazu nicht alliierten Drucks bedürfen werde, sondern „that it will appear to the Germans ... that they have much to gain and little to risk in taking bold steps in this direction". Der Zeitpunkt des Beitritts zur OEEC sei besonders geeignet für einen solchen Schritt, der das deutsche Prestige innerhalb der Organisation gewiß erhöhen werde. Während diese allgemeinen Überlegungen vermutlich kaum Widerspruch provoziert hätten, stellten die konkreten Vorschläge des ECA-Beamten die deutsche Konzessionsbereitschaft doch auf eine äußerst harte Probe. Aufgrund einer günstigen Beurteilung der wirtschaftlichen Lage in der Bundesrepublik kam er nämlich zu der Empfehlung „to the leaders of the Federal Republic that they remove, with respect to trade in commodities and services with all other participating nations, *all* quantitative restrictions, whether by volume or value, whether bilateral or global, and provide foreign exchange freely for full implementation of this proposal". Damit nicht genug, sollte die Bundesregierung „take this step at this time *unilaterally* without making it contingent upon mutual agreement or reciprocal bargaining"[70].

Wenngleich solche Überlegungen von einem Kollegen als „radikal" eingestuft wurden und auch nur als interne Diskussionsgrundlage dienen sollten[71], ließen sie doch erkennen, in welche Richtung innerhalb der ECA gedacht wurde. Angesichts solcher Erwartungen und des geringen zeitlichen Spielraumes bis zur vorgeschriebenen Vorlage der neuen Listen setzte in der Bundesrepublik eine intensive Diskussion über das Für und Wider der beiden Liberalisierungsmethoden und über die erforderlichen Schritte zur Erfüllung der 50-Prozent-Klausel ein.

Eine erste Aufschlüsselung der bisherigen unilateralen Freiliste ergab eine Quote von 29 Prozent bei Nahrungsmitteln, 69 Prozent bei Rohstoffen und 33 Prozent bei Fertigwaren. Mit Hilfe weiterer liberalisierter Handelsverträge hofften die deutschen Verantwortlichen, bei den Nahrungsmitteln etwa 40 und bei den beiden anderen Kategorien annähernd 50 Prozent zu erreichen[72]. Dies war jedoch nur die eine, technische Seite des Problems. Notwendig war aber eine prinzipielle Entscheidung

---

[70] A Proposal for German Trade Liberalization v. 5. 11. 1949, WNRC, RG 469, FOA, SRE/Program Division, Records Relating to West Germany 1949–1952, Box 9.
[71] Gordon an Katz v. 22. 10. 1949, ebenda. Diese Einschätzung galt einer früheren Fassung des in Anm. 70 genannten Dokuments.
[72] Vermerk Albrecht betr. Liberalisierung des Handels v. 15. 11. 1949, BA Z 14, 165 a.

über die einzuschlagende Linie im Liberalisierungsprozeß. Diskutiert wurden zwei
Alternativen: Während einige Experten dafür plädierten, die 50-Prozent-Klausel weitestgehend zu erfüllen, und, im Vertrauen auf die traditionelle europäische Gläubiger-
stellung Deutschlands, „à la longue" die Bundesrepublik als „Gewinner" der Liberalisierungspolitik erwarteten, verurteilten andere die multilaterale Methode, weil sie den
Weg der bilateralen Liberalisierung als „den einzig gangbaren" ansahen. Die zuständigen Stellen einigten sich schließlich darauf, die existierenden Listen im großen und
ganzen unverändert zu lassen und eine für das Erreichen des 50-Prozent-Zieles möglichst günstige Referenzperiode zu wählen[73]. Das Memorandum vom 13. Dezember
1949, mit dem die Bundesregierung ihre Unterlagen immerhin fristgerecht bei der
OEEC einreichte, kam so auf Liberalisierungssätze von 52,9 Prozent bei Nahrungsmitteln, 64,3 bei Rohstoffen und 52,3 bei Fertigwaren[74]. Nachdem damit der Zeitdruck verschwunden war, konzentrierte sich die Diskussion auf die prinzipielle Frage,
ob die Liberalisierung für die Bundesrepublik überhaupt von Vorteil war und ob,
gegebenenfalls, bilateralen oder multilateralen Verfahren der Vorzug zu geben sei.
Unter der Überschrift „Ist die Liberalisierung wirklich eine Gefahr?" veröffentlichte
der bereits erwähnte ehemalige Staatssekretär im Reichswirtschaftsministerium, Hans
Posse, im Dezember 1949 einen kurzen Artikel in der offiziösen Zeitschrift „Außenhandel". Darin wandte er sich unter anderem dagegen, daß der Bilateralismus im
Unterschied zum Multilateralismus „wieder einmal als Kinderschreck herhalten"
müsse; beide Methoden hätten „ihre guten und schlechten Wirkungen", und es
komme nur darauf an, „welchen Nutzen sie für den Handelsverkehr bringen"[75]. Noch
deutlicher wurde Posse in einem Referat auf der konstituierenden Sitzung des Außenhandelsausschusses des BDI im Mai 1950, wo er ohne Rücksichtnahme auf neue
Sprachregelungen und mit dem Hinweis auf seine eigene Lehrzeit „im handelspolitischen Kampf Mann gegen Mann und Delegation gegen Delegation" seine Geringschät-
zung gegenüber multilateralen Konferenzen und Konventionen zum Ausdruck
brachte: „An ihnen sind zuviele Köche beteiligt, die den Brei versalzen."[76] Das Ziel
der Liberalisierung selbst hielt er allerdings gerade für die Bundesrepublik mit ihrem
„Exporthunger" für so „verlockend", daß er auch Anlaufschwierigkeiten in Kauf zu
nehmen bereit war. Insbesondere mit seiner Polemik gegen das multilaterale Prinzip
dürfte Posse seinen Zuhörern – und darüber hinaus weiteren Kreisen in Wirtschaft
und Politik – aus der Seele gesprochen haben[77].

---

[73] Vgl. z. B. Protokoll der Sitzung des ERP-Arbeitskreises „Außenhandel und Handelspolitik" v. 9. 11. 1949,
    und Aktenvermerk Seib v. 11. 11. 1949, ebenda.
[74] Memorandum der Bundesrepublik Deutschland zum Beschluß des Rates der OEEC v. 2. 11. 1949, BA Z 8,
    1708, Bl. 119–120; vgl. auch Schmidt, Liberalization (Anm. 52), S. 46–48.
[75] Außenhandel 2 (1949), S. 701–702.
[76] Referat über die handelspolitische Lage Westdeutschlands v. 9. 5. 1950, IHK Augsburg/Archiv, NL Vogel,
    BDI – Außenhandelsausschuß I, März 1950 – Juni 1951.
[77] Protokoll der Sitzung des ERP-Arbeitskreises „Außenhandel und Handelspolitik" v. 9. 11. 1949, BA Z 14,
    165a. – Edward Tenenbaum hatte in einer Studie für das Headquarters European Command v. 15. 2. 1948
    fünf Gruppen von Bilateralismus-Anhängern identifiziert: „Government Officials", „Exporters and Poten-
    tial Exporters", „Patriots", „Manufacturers" und „Hungry People"; Why we Trade for Dollars, WNRC,
    RG 469, ECA, Assistant Administrator for Programs, Subject Files 1948–50, Box 19. Auch wenn diese
    Gruppen mittlerweile zahlenmäßig geschrumpft waren, genoß der Bilateralismus weiterhin große Sympa-
    thie.

Die gründlichste zeitgenössische Stellungnahme zum Thema Liberalisierung stammte aus der Feder des Chefökonomen der deutschen OEEC-Delegation, Otmar Emminger. Auf insgesamt 40 Seiten analysierte er den Liberalisierungsprozeß und die besonderen Interessen der Bundesrepublik. Für ihn stand außer Frage, daß für die Bundesrepublik „starke taktische Beweggründe (bestanden), bei der allgemeinen Liberalisierungsbewegung nicht nachzuhinken, sondern eher vorauszugehen". Aber auch eine Reihe wirtschaftlicher Gründe sprachen nach Emmingers Urteil für die Liberalisierung, beispielsweise die zu erwartende raschere Beseitigung der Devisenbeschränkungen, die Öffnung der deutschen Hauptabsatzmärkte und die Rückgewinnung eines strukturellen Aktivsaldos gegenüber Westeuropa. Als Gegenargumente führte er u. a. die zu geringe deutsche Konkurrenzfähigkeit, die besonders ungünstige Dollarbilanz, fehlendes inneres Gleichgewicht sowie eine mögliche Gefährdung der Exportausweitung nach Übersee an. Fazit seiner Überlegungen war, daß die Liberalisierung für die Bundesrepublik grundsätzlich zu bejahen sei, falls kein zu hohes Tempo eingeschlagen werde und weitere wirksame Maßnahmen zur Ausweitung des Handels mit den Dollar- und östlichen Gebieten flankierend hinzukämen. In der „Methodenfrage" verteidigte Emminger die deutsche Praxis der zweiseitigen Liberalisierung, die gegenüber dem multilateralen Ansatz den „großen Vorzug" aufweise, daß sie sich „ganz und gar auf die zwischen den beiden Partnern vorliegende Zahlungsbilanz und Devisen-Situation einrichten" und so „bis zur äußerst möglichen Grenze der Liberalisierung" gehen könne[78].

Es ist zu vermuten, daß dies nicht das einzige Motiv für die deutsche Bilateralismusvorliebe war. Nicht minder wichtig dürfte gewesen sein, daß nur auf diese Weise eine kontrollierte Außenhandelspolitik möglich war – und daß sich die Deutschen „im Kampf Delegation gegen Delegation", mit dem gefürchteten Wirtschaftspotential im Rücken, größere Durchsetzungschancen ausrechneten als in zähen, von Kompromissen lebenden multilateralen Verhandlungen. Zwar unterschied sich der neue Bilateralismus, wie er sich unter der Ägide der OEEC entwickelte, von den herkömmlichen Praktiken insofern, als beide Seiten im Rahmen jeweils vereinbarter Gesamtquoten weitgehend darauf verzichteten, die Importeure in ihren Kaufentscheidungen zu beeinflussen; doch blieb jedem der Partner ein nicht unbeträchtlicher Rest an Verhandlungsmasse und damit Verhandlungsmacht, weil bestimmte „heikle" Warengruppen oder Produkte nach wie vor einzeln verhandelt werden konnten. Es ist jedenfalls schon bemerkenswert, mit welcher Beharrlichkeit die westdeutschen Akteure unter dem Deckmantel des „multilateral approach" der OEEC zunächst am bilateralen Prinzip festhielten. Die neue Leitidee der westeuropäischen Handelspolitik, die Liberalisierung, fand dagegen rasch Anhänger in den maßgeblichen wirtschaftlichen und politischen Kreisen Westdeutschlands. Die entscheidenden Impulse zum Abbau der Handelsbarrieren waren freilich zunächst von den USA und später von der OEEC ausgegangen.

Krisen und Erfolge der Liberalisierung

Eine Woche nach dem 50-Prozent-Beschluß des OEEC-Rates waren im Bundesministerium für den Marshallplan unter Vorsitz von Minister Franz Blücher die wichtig-

---

[78] Otmar Emminger, Liberalisierung des Außenhandels, Abschnitt D, Historisches Archiv der Deutschen Bundesbank, HA 21.

sten Fachleute aus den mit ERP-Fragen befaßten Ministerien und Institutionen zusammengetroffen, um über die anstehenden Aufgaben zu beraten[79]. Es hatte Übereinstimmung geherrscht, daß die Liberalisierung für die Bundesrepublik, ungeachtet aller wohlkalkulierten Prognosen, einem „Sprung ins Dunkle" gleichkomme. Vorsicht sei auf alle Fälle geboten, denn, so Blücher, nachdem die Bundesregierung mit ihren ersten Maßnahmen ihren „guten Willen" bewiesen habe, bestehe „kein Interesse daran, den guten Schüler zu markieren".

Diese Gefahr bestand allerdings nicht im geringsten, denn die OEEC-Bürokratie gab weiterhin das Tempo vor, und die einzelnen Mitgliedsländer hatten Mühe, überhaupt Schritt zu halten. Schon am 31. Januar 1950 faßte der Rat einen neuen Beschluß über die Liberalisierung des innereuropäischen Handels. Vorbehaltlich der Etablierung eines multilateralen Zahlungssystems – erste Vorschläge der USA lagen bereits vor – verpflichteten sich die Mitglieder, die mengenmäßigen Beschränkungen bei mindestens 60 Prozent der privaten Einfuhren zu beseitigen. Nach dem 30. Juni 1950 sollte sogar über eine 75prozentige Liberalisierung entschieden werden[80]. Die amerikanische Regierung ließ ebenfalls nicht locker. Schon in dem „Abkommen über wirtschaftliche Zusammenarbeit" vom 15. Dezember 1949, das die Bundesrepublik als ERP-Empfängerland mit den USA abgeschlossen hatte, mußte sie sich erneut dazu verpflichten, beim „Abbau der öffentlichen und privaten Handelsschranken zwischen den Teilnehmerstaaten und im Verkehr mit anderen Ländern" mitzuwirken[81]. Im März 1950, als sich in der Bundesrepublik bereits erste negative Effekte der Liberalisierung zeigten – z. B. waren zwischen dem 31. Oktober 1949 und dem 28. Februar 1950 die Devisenreserven um 200 Millionen Dollar gesunken – empfahl eine von der US-Hochkommission vorbereitete Stellungnahme wegen der wirtschaftlichen Schlüsselrolle des Landes dennoch, daß „Germany must support the liberalization of trade and the integration of Europe, while at the same time trying to cause the least possible disturbance to dollar exports and to hinder excessive imports of secondary goods"[82]. Das Bundeswirtschaftsministerium versuchte, diesen Beschlüssen und Erwartungen gerecht zu werden, ja es forderte von den einzelnen Wirtschaftszweigen bereits im Januar Berichte über mögliche „Rückwirkungen der vollen Liberalisierung" an und vergaß auch nicht hinzuzufügen, daß wirtschaftliche „Opfer" erbracht werden müßten, ehe mit der Errichtung eines großen Marktes „die Auslese der günstigsten Leistungen und Betriebe" garantiert sei[83]. Die Reaktion der Wirtschaftsvereinigung Eisen- und Stahlindustrie auf diese Anfrage dürfte typisch gewesen sein für verbreitete Stimmungen in der Industrie: Zwar erhielt die Liberalisierung der Weltwirtschaft „auf lange Sicht gesehen" als das „bessere Prinzip" den Vorzug vor protektionistischen Strukturen,

---

[79] Protokoll der Sitzung mit Bundesminister Blücher v. 9. 11. 1949, BA NL Blücher, 289; dort auch die folgenden Zitate.
[80] Beschluß des Rates C (50) 34 (Final) v. 31. 1. 1950, BA B 146, 324. Zum Zusammenhang zwischen 60- bzw. 75prozentiger Liberalisierung und der Gründung der Europäischen Zahlungsunion vgl. Wexler, Marshall Plan (Anm. 13), S. 155–201.
[81] Abkommen über wirtschaftliche Zusammenarbeit, IWW/WA, Baade-NL, V ERP, Staatsverträge.
[82] Briefs on the Current German Situation: Germany's Trade Liberalization and its Ramifications, 18. 3. 1950, WNRC, RG 469, SRE, Gen. Secretariat, Country Files 1948–52, Box 3.
[83] Mitteilung des Leiters der Hauptabtlg. I v. 17. 1. 1950, BA B 146, 324.

doch sei zu überlegen, ob die Bundesrepublik „bei den notwendigen Maßnahmen vorangehen" solle oder ob es richtiger sei, „Zeit zu gewinnen", bis die bundesrepublikanische Wirtschaft „ein starker Partner" geworden sei[84]. Für eine solche Verzögerungstaktik war es freilich zu spät. Das Handelskomitee diskutierte mittlerweile sogar schon über Zölle und andere Instrumente zur Behinderung des Handels[85]. Im Juni 1950 legte die Central Group den Abschlußbericht über die 50prozentige Liberalisierung vor, der allzu optimistischen deutschen Selbsteinschätzungen einen Dämpfer versetzte. Die Bundesrepublik war nämlich das einzige größere Mitgliedsland, das trotz wohlwollender Beurteilung seitens der Central Group, wie v. Mangoldt ausdrücklich einräumte, das Liberalisierungsziel nicht ganz erreicht hatte[86]. Immerhin gehörte die Bundesrepublik mit der Schweiz und Belgien zu denjenigen Ländern, die weitaus größere Konzessionen gewährten, als sie erhielten.

Das war auch einer der Gründe, warum sich im Herbst 1950 die deutsche Zahlungsbilanz verschlechterte[87]. Hinzu kam, daß mit der Gründung der Europäischen Zahlungsunion (EZU) am 1. Juli 1950, durch die der innereuropäische Handel eine erhebliche Ausweitung erfuhr, auch die 60prozentige Liberalisierungsverpflichtung akut wurde[88]. Grundlage dieser neuen Etappe war der sogenannte Liberalisierungskodex, der alle bisherigen einschlägigen Beschlüsse und Regeln zusammenfaßte und harmonisierte und den das Handelskomitee der OEEC in einem ersten Entwurf am 4. August präsentierte[89]. Die Bundesrepublik vollzog zwar den 60-Prozent-Schritt in vollem Umfang und mit nur eintägiger Verspätung am 5. Oktober mit und gab auch zur nächsten Stufe, der 75prozentigen Handelsbefreiung, eine positive Erklärung ab[90], doch die außenwirtschaftliche Situation verschlechterte sich mehr und mehr. Der sprunghafte Anstieg der liberalisierten Einfuhren und die im Gefolge des Koreakrieges nach oben geschnellten Weltmarktpreise bei Rohstoffen und Nahrungsmitteln, verbunden mit spekulativen „Voreindeckungstendenzen", ließen das deutsche Zahlungsbilanzdefizit in der EZU im vierten Quartal 1950 auf 357 Millionen Dollar anwachsen. Ein Sonderkredit der EZU über 120 Millionen Dollar sorgte zwar für eine kurze Entspannung, aber im Februar 1951 stieg das Defizit auf 457 Millionen Dollar[91]. In dieser Situation entschloß sich die Bundesregierung, die Liberalisierung gemäß Artikel 3c des Liberalisierungskodex der OEEC aus Zahlungsbilanzgründen am 22. Februar vorübergehend zu suspendieren, selbst auf die Gefahr hin, daß dieser Schritt „einem offiziell erklärten Zusammenbruch unserer bisherigen Außenhandelspolitik und unse-

---

[84] Stellungnahme v. 11. 4. 1950, Wirtschaftsvereinigung Eisen- und Stahlindustrie, Düsseldorf, NL Salewski, Mappe „Manuskripte" (Kopie beim Verf.).
[85] Bericht v. Mangoldt v. 3. 4. 1950, BA B 146, 324.
[86] Bericht v. Mangoldt v. 17. 6. 1950, ebenda.
[87] Vgl. dazu Schmitt, Außenwirtschaftsprobleme (Anm. 4). Die Diskussion in der ECA ist dokumentiert in WNRC, RG 469, SRE, Program Division, Country Desk Files 1950–51, Box 7.
[88] Vgl. Vertretung der Bundesrepublik Deutschland bei der OEEC an Bundesministerium für den Marshallplan v. 14. 7. 1950, BA B 146, 324.
[89] Code of the Council Decisions on the Liberalization of Trade TC (50) 60 v. 4. 8. 1950, ebenda. Laut Begleitbrief der deutschen OEEC-Vertretung waren darin „alle die deutschen Interessen irgendwie besonders berührenden Fragen in zufriedenstellender Weise geregelt".
[90] Vgl. dazu Schmidt, Liberalization (Anm. 52), S. 51–54; Die Kabinettsprotokolle der Bundesregierung, Bd. 2: 1950, bearb. v. Ulrich Enders und Konrad Reiser, Boppard/Rh. 1984, S. 679.
[91] Vgl. dazu insgesamt Korea-Krise (Anm. 4), insbesondere die Beiträge von Emminger und Schmitt.

rer Devisensituation" gleichkäme[92]. Diese Entscheidung wurde von den OEEC-Partnern mit Sorge, wenngleich nicht ohne ein gewisses Verständnis registriert[93]. Sie platzte mitten in die Pariser Verhandlungen über die 75prozentige Liberalisierung und die vom Sekretariat der OEEC vorgelegte vereinheitlichte, OEEC-weite Freiliste, die „Liste Commune". Wohl in Erwartung eines deutschen Ausscherens hatten Generalsekretär Marjolin und die einzelnen Delegationen wiederholt die überragende Bedeutung des deutschen Votums „für das Schicksal der ganzen weiteren Liberalisierung und der Liste Commune" unterstrichen[94]. Das künftige Verhalten der Bundesregierung wurde somit zum Test für ihre grundsätzliche Haltung in der Liberalisierungsfrage. Würde sie, in ihren Entscheidungen im Rahmen der bestehenden internationalen Verpflichtungen und Organisationen weitgehend autonom, den Stop als willkommene Gelegenheit benutzen, in der Liberalisierungspolitik einen oder gar zwei Gänge zurückschalten?

Nicht zuletzt dank der Hilfe der übrigen OEEC-Länder, die ihre Liberalisierungsmaßnahmen gegenüber der Bundesrepublik, von amerikanischer Seite ermuntert, aufrechterhielten, besserte sich die Lage rasch; ab April/Mai 1951 erzielte die Bundesrepublik wieder Handelsbilanzüberschüsse gegenüber der EZU, und das Zahlungsbilanzdefizit sank bis Oktober auf etwa 110 Millionen Dollar. Aus diesem Grund setzten bereits im Sommer Überlegungen ein, wie und wann die Rückkehr zur Liberalisierung am besten zu bewerkstelligen sei. Der Bundesverband der Deutschen Industrie meldete sich Ende Juli mit einem Memorandum zu Wort, aus dem die Sorge vor „Vergeltungsmaßnahmen" gegen die Ausfuhr der Bundesrepublik sprach, sollten nicht bald „konstruktive Vorschläge zur allmählichen Reliberalisierung" gemacht werden. Zwar vergaß der Verband nicht, wie stets in diesem Zusammenhang, die Abschaffung der einseitigen Restriktionen und Benachteiligungen anzumahnen, aber insgesamt fiel seine Empfehlung doch recht eindeutig zugunsten der Rückkehr zur 60prozentigen Liberalisierung zum 1. Januar 1952 aus[95]. In die Diskussion schaltete sich auch die ECA-Mission ein: Die Bundesrepublik, so ihre Forderung, solle „möglichst bald und in möglichst großem Ausmaß" reliberalisieren, da andernfalls „erheblicher Druck" der OEEC zu erwarten sei[96]. Die Bundesregierung kündigte einen solchen Schritt in einem Bericht an das EZU-Direktorium denn auch offiziell an, allerdings frühestens für den 1. Januar 1952; über die Höhe der Liberalisierungsquote schwieg sie sich allerdings noch aus[97]. Interessiert war man bei der OEEC jedoch nicht nur an einer baldigen und umfassenden Reliberalisierung, sondern auch an einer möglichst weitgehenden Berücksichtigung der Liste Commune[98]. Die Bundesvertretung bei der OEEC unterstützte diesen Wunsch und wies auf den ungünstigen Eindruck hin, den ein gegenteiliges Verhalten hervorrufen würde; ohnehin habe sich das Klima in letzter Zeit

---

[92] So Wilhelm Vocke, Präsident der Bank deutscher Länder, schon anläßlich der ersten Zahlungsbilanzkrise im Oktober 1950, zit. n. ebenda, S. 195; vgl. auch Schmidt, Liberalization (Anm. 52), S. 58f; Rückkehr zum Weltmarkt (Anm. 37), S. 108–110.
[93] Zur französischen Reaktion vgl. ein Telegramm des deutschen Botschafters in Paris, Wilhelm Hausenstein, v. 27. 2. 1951, BA B 146, 325.
[94] Fernschreiben Werkmeister (dt. Vertretung bei der OEEC) an Marshallplan-Ministerium v. 15. 2. 1951, BA B 146, 326; dort weitere Belege.
[95] Memorandum zur Frage der Wiederinkraftsetzung der Liberalisierung v. 25. 7. 1951, BA B 146, 525.
[96] Vermerk Sachs v. 12. 9. 1951, BA B 146, 531.
[97] Bericht an das EZU-Direktorium für die Sitzung am 20. 9. 1951, ebenda.
[98] Div. Belege in BA B 146, 525.

durch das „ungeschickte Verhalten verschiedener Kreise in Deutschland und einzelner Persönlichkeiten hier in Frankreich" deutlich verschlechtert[99]. Diesen Eindruck gewann auch der deutsche Vertreter bei der EZU, v. Mangoldt: In Paris sei man besorgt darüber, daß die Bundesrepublik trotz der Entwicklung ihrer Zahlungsposition „heute protektionistischer eingestellt" sei als früher und daß bei den Deutschen wenig Verständnis zu spüren sei, „wie bedeutungsvoll die übrigen Teilnehmerländer Deutschland durch Aufrechterhaltung der Liberalisierung unterstützt hätten"[100]. Der Rat der OEEC forderte die Bundesregierung schließlich am 18. Oktober 1951 dazu auf, zum 1. Januar des kommenden Jahres Liberalisierungsmaßnahmen zu ergreifen, die einem Gesamtprozentsatz der privaten Einfuhren entspreche, der „höher als 40%" sei und sich „soweit wie möglich 60%" nähere, diese Marke jedoch in keiner der drei Kategorien überschreite[101]. Nachdem die Bundesregierung zunächst nicht bereit gewesen war, über 55 Prozent bei Fertigwaren hinauszugehen, schien der konzertierte Druck seitens der OEEC und der ECA doch Eindruck gemacht zu haben: Die am 1. Januar in Kraft gesetzte Liste·erreichte bei Rohstoffen und Fertigwaren etwa 60 Prozent und bei Nahrungsmitteln knapp über 51 Prozent[102]. Und schon Anfang März kündigte der Leiter der deutschen Vertretung bei der OEEC eine Erhöhung der Prozentsätze auf 74, 70 und 66 Prozent für den 1. April 1952 an[103].

Dieser Linie blieb die Bundesrepublik auch in den folgenden Jahren treu, sie erhöhte kontinuierlich ihren Liberalisierungssatz und rangierte fortan in der Spitzengruppe der liberalisierungswilligen Länder. Dies bedeutete freilich nicht, daß die Bundesrepublik zum freihändlerischen Musterschüler geworden wäre: Zu Recht spottete der „Volkswirt" im Januar 1953 über die „prachtvollen Pappfassaden der Liberalisierungsquoten"[104], oft genug wurde verbissen um eher unbedeutende Güter wie Braumalz, Kammzüge oder bestimmte Käsesorten gerungen, und außerdem gab es ja auch noch andere Erscheinungsformen des Protektionismus[105]. Verglichen mit den anderen OEEC-Ländern schnitt die Bundesrepublik jedoch keineswegs schlecht ab. Es hatte indes meist eines Anstoßes von außen bedurft, ehe sich die Bundesregierung zur weitergehenden von zwei oder mehreren Alternativen entschließen konnte. Die grundsätzliche Entscheidung für die Liberalisierung und gegen den Protektionismus fiel, mit anderen Worten, „freiwillig", aber manche konkrete Einzelentscheidung kam nur dank mehr oder weniger massiven Drucks von seiten der ECA oder der OEEC zustande. Vor allem weil sie sich gegenüber ihren europäischen Konkurrenten aufgrund vermeintlich ungünstiger wirtschaftlicher Ausgangsbedingungen sowie nach wie vor bestehender alliierter Kontrollen und Restriktionen benachteiligt glaubten, konnten sich die deutschen Wirtschaftspolitiker, von der Industrie in ihrer Haltung noch bestärkt, nicht zu den mancherorts erhofften „kühnen Schritten" entschließen. Da die Einbindung in die OEEC-Strukturen und -Verfahren nicht zu vermeiden war, versuchten sie mit Hilfe der hartnäckig verteidigten bilateralen Methode, ihren Hand-

---

[99] v. Süsskind an Blücher v. 17. 10. 1951, ebenda.
[100] v. Mangoldt an Marshallplan-Ministerium v. 9. 11. 1951, BA B 146, 526.
[101] Aufzeichnung Sachs betr. deutsche Reliberalisierung v. 7. 11. 1951, BA B 146, 531.
[102] Vgl. Schmidt, Liberalization (Anm. 52), S. 61f.
[103] Werkmeister an Generalsekretär OEEC v. 3. 3. 1952, BA B 146, 526.
[104] Kurt Richebächer, Hinter den Kulissen der Liberalisierung, in: Volkswirt Nr. 4/1953, BA B 146, 528.
[105] Vgl. allgemein Jürgen B. Donges, Protektionismus und unternehmerische Wirtschaft (seit 1945), in: Hans Pohl (Hrsg.), Protektionismus. Fortschritt oder Rückschritt?, Wiesbaden 1985, S. 56–68.

lungsspielraum wenigstens ein Stück weit auszudehnen. Seit der Installierung der Europäischen Zahlungsunion verlor dieses Instrument allerdings an Bedeutung. Mit zunehmender wirtschaftlicher Emanzipation der Bundesrepublik von alliierter Bevormundung, insbesondere im Zusammenhang mit der raschen Reliberalisierung nach der Zahlungsbilanzkrise 1950/51 wurde deutlich, daß die Liberalisierung nicht „aufgezwungen" war, sondern, in Erkenntnis ihrer Nützlichkeit bei der Realisierung eigener Interessen, „freiwillig" zur Leitlinie der deutschen Handelspolitik erhoben wurde. Es war dies freilich eine Entscheidung, die aus der Einsicht in die Notwendigkeit geboren war.

Reinhard Neebe

Optionen
westdeutscher Außenwirtschaftspolitik
1949–1953[1]

„Die deutsche Industrie hat von Anfang an die von Bundeskanzler Dr. Adenauer verfolgte Politik der Integration und der Zusammenarbeit mit dem Westen mit allen Kräften unterstützt ... Deutschland wird seine kommerziellen Beziehungen mit den Sowjets nie auf Kosten seiner Beziehungen mit dem Westen verstärken. Die konsequente Politik der Förderung der westlichen Integration durch den Gemeinsamen Markt, die europäische Wirtschaftsassoziation und die verschiedenen wirtschaftlichen Organisationen des Westens sind hierfür, glaube ich, ein ausreichender Beweis. Wir sind überzeugt, daß Geschäfte mit dem Osten auf Kosten des Westens den Anfang vom Ende unseres freien Wirtschaftssystems und unserer freien Institutionen bedeuten würden ... Die deutsche Industrie ⟨ist⟩ davon überzeugt, daß sie unwiderruflich dem Westen zugehört ...“[2]

Diese Worte von Fritz Berg, dem Präsidenten des Bundesverbandes der Deutschen Industrie (BDI), aus einer Festansprache anläßlich der Neugründung der „Deutsch-amerikanischen Handelskammer“[3] im April 1959 in New York waren dazu gedacht, die scheinbar vorbehaltlose Hinwendung der deutschen Wirtschaft zu Westintegration und atlantischem Bündnis vor auserlesenem Publikum, darunter der frühere amerikanische Hochkommissar John McCloy, noch einmal demonstrativ zu bekräftigen. Das öffentliche Bekenntnis des BDI-Präsidenten zur ungebrochenen Kontinuität in der Westorientierung der deutschen Wirtschaft und der Einheit von Außenpolitik und Außenwirtschaftspolitik stimmte indes mit der Wirklichkeit und der tatsächlichen Haltung des BDI zu Beginn der 50er Jahre nur sehr bedingt überein. Und es war

[1] Der vorliegende Beitrag ist aus dem von der Stiftung Volkswagenwerk geförderten Forschungsprojekt „Die Rückkehr zum Weltmarkt. Deutsche Wirtschaft und transatlantische Beziehungen in der Ära Adenauer“ an der Philipps-Universität Marburg unter der Leitung von Prof. Dr. Gerd Hardach hervorgegangen. Ich danke der Stiftung Volkswagenwerk für die großzügige Förderung der Untersuchung und den Archiven, insbesondere dem Bundesarchiv in Koblenz, dem Politischen Archiv des Auswärtigen Amtes in Bonn, dem Haniel-Archiv in Oberhausen sowie den National Archives in Washington, der Truman Library in Independence, Miss. und der Eisenhower Library in Abilene, Kansas für ihre freundliche Unterstützung.
[2] Rede von Fritz Berg in New York am 27. 4. 1959, in: Mitteilungen des BDI (Mitt. BDI) Nr. 5 (1959), S. 1 4, hier S. 3/4.
[3] Die Kammer stellte keine völlig neue Organisation dar, sondern sie ging aus einer Zusammenlegung der bisherigen „United States-German Chamber of Commerce“ (seit 1947) und des 1950 gebildeten „German-American Trade Promotion Office“ (GATPO) hervor. Sie war als ein neues, den veränderten Bedingungen im Übergang zu den 60er Jahren angepaßtes Instrument zur weiteren Förderung der wirtschaftlichen Beziehungen zwischen den Vereinigten Staaten und der Bundesrepublik gedacht.

dabei, wie noch zu zeigen sein wird, nicht ohne eine gewisse Ironie, daß diese Worte
Bergs ausgerechnet im Zusammenhang mit der Würdigung der Leistungen der deutschen Dollar-Drive Organisation, des „German-American Trade Promotion Office"
(GATPO)[4], für die Förderung des deutsch-amerikanischen Handels zwischen 1950
und 1958 fielen.

Tatsächlich hatte der Bundesverband der Deutschen Industrie nämlich 1949/50, als
die grundsätzlichen Weichenstellungen für die Ausrichtung der zukünftigen Handelspolitik erfolgten, nachdrücklich gegen eine zu direkte Verkopplung der westdeutschen
Außenwirtschaftspolitik mit der politischen Vorgabe der Westintegration der Bundesrepublik opponiert. Und der BDI stand in dieser Auseinandersetzung nicht allein,
sondern hatte wichtige Verbündete in Politik, Wirtschaft und auch der Wissenschaft.
Um hier nur zu nennen: Ludwig Erhard und das Bundeswirtschaftsministerium, in
Sonderheit seine Außenwirtschaftsabteilung, der Wissenschaftliche Beirat beim BMWi
und nicht zuletzt auch eine Mehrheit der Abgeordneten im Bundestag, teilten in
diesem Punkte die Position des Spitzenverbandes der westdeutschen Industrie.

Dem in der Bundesrepublik verfochtenen Grundansatz einer möglichst weitgehenden Trennung von Außen- und Außenwirtschaftspolitik stand die amerikanische Auffassung von einer Instrumentalisierung der Handelspolitik als der wichtigsten Waffe
gegen den sowjetischen Expansionismus unvermittelt gegenüber. Die besondere politische Problematik in der Orientierung der Außenwirtschaftspolitik der Bundesrepublik
zu Beginn der 50er Jahre beruhte in ihrem Kern in den folgenden Ausgangsbedingungen:

1) Die Aufspaltung Europas und seine politische und ökonomische Formierung im
Kalten Krieg in zwei antagonistische Blöcke zerschnitten das traditionelle Muster der
deutschen und europäischen Handelsströme. Der bisherige Austausch von Rohstoffen,
Nahrungsmitteln und Industrieprodukten zwischen den Staaten in West-, Mittel- und
Osteuropa wurde weitgehend unterbrochen. Am stärksten betroffen von dieser
„Strukturzerreißung" war als westlicher Nachfolgestaat des Dritten Reiches die Bun-
desrepublik. Der Wiederaufbau der westdeutschen Außenhandelsbeziehungen nach
1945 wurde durch diese Ausgangslage entscheidend geprägt.

2) Für die westdeutsche Wirtschaft konnte vor dem Hintergrund ihrer traditionellen, seit langem gewachsenen Marktverflechtungen in Europa und Übersee die politische Zweiteilung der Welt in eine Interessensphäre der Vereinigten Staaten und der
Sowjetunion nicht von vorneherein den Verzicht auf eine „weltoffene" Handelspolitik
und ihre globalen Weltmarktinteressen bedeuten. Daß die Steigerung der Ausfuhr eine
„Frage auf Leben und Tod" für die gesamte deutsche Wirtschaft ist, und daß deshalb
„die Beseitigung aller Hemmnisse, die die Außenwirtschaftsbeziehungen ... in
Deutschland belasten", „das grundsätzliche Ziel" der Industrie sein müsse[5], war nach
1945 und dem Scheitern von Hitlers mitteleuropäischen Autarkieplänen allgemeines
Credo in der westdeutschen Unternehmerschaft, bei den politischen Instanzen und
auch in einer breiten Öffentlichkeit. Und Ludwig Erhard formulierte: „Wir ... befin-

---

[4] Zur GATPO bzw. FÖRDAH ausführlicher S. 171 ff.

[5] Stellungnahme des Außenhandels-Ausschusses Industrieller Verbände (AIV) zur Frage der Neuregelung der
Devisengesetzgebung, Eingabe an die Verwaltung für Finanzen des Vereinigten Wirtschaftsgebietes, Bad
Homburg, vom 17. 12. 1948, Haniel-Archiv Oberhausen (HA), Nr. 400101462/23.

den uns in der sklavischen – wenn Sie wollen: tödlichen Abhängigkeit vom Weltmarkt." Deutschland und die deutsche Wirtschaftspolitik begrüße deshalb jede Maßnahme und sei bereit voranzugehen, wenn es sich darum handele, „die Volkswirtschaft aus der Isolierung, der Autarkie und dem Protektionismus herauszuführen"[6]. Die Konzentration aller wirtschaftlichen, gesellschaftlichen und politischen Kräfte auf eine Exportoffensive auf den Auslandsmärkten versprach langfristig wirtschaftliche Stabilität und die Lösung der drängenden sozialen Probleme im Innern. Zugleich war der wirtschaftliche Erfolg nach außen als Hebel zu gebrauchen, um sich vom Status des „besetzten Verbündeten" unmerklich und behutsam zu emanzipieren.

3) Aus Sicht der USA bildete die Bundesrepublik den wichtigsten Ansatzpunkt zur politischen und auch wirtschaftlichen Neuordnung Mitteleuropas in der zweiten Hälfte der 40er und in den frühen 50er Jahren. In der von den USA forcierten Blockbildung Westeuropas gegen die sowjetischen Hegemonialansprüche kam Westdeutschland wegen seiner geopolitischen und strategischen Lage eine entscheidende Rolle zu. Nicht zuletzt eröffnete der noch unter Besatzungsstatut stehende Bonner Staat der amerikanischen Außenpolitik sehr viel weitergehende Einflußmöglichkeiten als sie in den anderen westeuropäischen Ländern, insbesondere England und Frankreich, gegeben waren.

4) Die von der Adenauer-Regierung praktizierte „Revisionspolitik" zielte auf die schnelle Überwindung der zahlreichen Restriktionen der alliierten Siegermächte für den westdeutschen Teilstaat und sie basierte auf einem vorbehaltlosen Bündnis mit den Vereinigten Staaten, ein Bündnis, das eine Art „zweites Grundgesetz" für die neu entstandene Bundesrepublik darstellte. Dies lag insoweit ganz im Interesse der Wirtschaft. Und auch ökonomisch bot die atlantische Orientierung der Bundesrepublik den Zugang zu wichtigen Rohstoffen, moderner Technologie sowie dem dringend benötigten Investitionskapital – und sie eröffnete zugleich wesentliche Voraussetzungen für eine erfolgreiche Reintegration in die kapitalistisch organisierte Weltwirtschaft. Gleichwohl ergibt die genauere Analyse des außenwirtschaftlichen Reintegrationsprozesses der Bundesrepublik, daß hier ein beträchtliches Konfliktpotential zwischen westdeutschen Optionen und amerikanischer Zielperspektive angesiedelt war.

Angesichts der besonderen politischen Brisanz des Konfliktes um die grundsätzliche Orientierung der westdeutschen Handelspolitik in den frühen fünfziger Jahren ist es erstaunlich, daß offenbar vor dem Hintergrund der rückblickend so erfolgreichen „Rückkehr zum Weltmarkt" diese Auseinandersetzungen in der Anfangsphase der Bundesrepublik in der wissenschaftlichen Literatur über die Geschichte der westdeutschen Reintegration in die Weltwirtschaft bisher nicht hinreichend rezipiert und analysiert worden sind. Zwar besteht weitgehend Einigkeit darüber, daß die außenwirtschaftlichen Komponenten der Westintegration der Bundesrepublik einen hohen, möglicherweise zentralen Stellenwert besitzen, aber durch ungedruckte Quellen fundierte Analysen des Zusammenspiels der politischen und ökonomischen Faktoren

---

[6] Rede Erhards bei der Eröffnung der Internationalen Messe in Frankfurt am 11. 3. 1951, in: Ludwig Erhard, Deutsche Wirtschaftspolitik. Der Weg der Sozialen Marktwirtschaft, Düsseldorf 1962, S. 153–162, hier S. 155.

innerhalb dieses Prozesses stehen erst am Anfang[7]. Dabei herrscht insgesamt die Ansicht vor, daß die deutsch-amerikanische Zusammenarbeit „letztlich auf dem gleichgerichteten Interesse an einer liberalen Welthandels- und Währungspolitik"[8] beruhte, eine Bewertung, der aufs Ganze gesehen gewiß kaum zu widersprechen ist, die jedoch im einzelnen und vor allem für die Anfangsphase der westdeutschen Außenwirtschaftspolitik zu modifizieren sein wird. Diese derzeit noch vorherrschende Sicht mag auch damit zusammenhängen, daß bestimmte Interessenskonflikte mit den alliierten Siegermächten gerade aus bundesdeutschem Blickwinkel in den frühen fünfziger Jahren sehr diskret gehandhabt werden mußten – und erst die Öffnung der Archive einen unverstellten Blick in die Handlungsstrategien in Politik und Wirtschaft dieser Zeit freigibt.

Absicht des vorliegenden Beitrages kann und soll nicht sein, die Geschichte der Außenwirtschaftsbeziehungen der Bundesrepublik in der ersten Hälfte der 50er Jahre systematisch darzustellen oder die einzelnen Etappen der Rückkehr zum Weltmarkt ausführlicher zu beschreiben. Hier soll vielmehr gezeigt werden, daß die Umstrukturierung der westdeutschen Außenwirtschaftsbeziehungen nach 1945, wie sie sich vor dem Hintergrund des Kalten Krieges und der globalen Auseinandersetzung der beiden Weltmächte, den USA und der Sowjetunion, der Teilung Deutschlands und Europas vollzog, für die handelnden Akteure in Wirtschaft und Politik der Bundesrepublik im einzelnen doch sehr viel problematischer war und nicht die fraglose Selbstverständlichkeit besaß, die sie aus dem Rückblick im allgemeinen zu besitzen scheint.[9]

Dabei soll vor allem gefragt werden: Welchen Weg der „Rückkehr zum Weltmarkt" sah die westdeutsche Wirtschaft zu Beginn der Bundesrepublik 1949/50 als den für sie richtigen an und was waren die Hintergründe für ihre Haltung? Wie optierte die Industrie tatsächlich und in welchem Verhältnis standen ihre „Weltmarktstrategien" zu den Zielvorhaben alliierter, d. h. vor allem amerikanischer Politik einerseits und den Möglichkeiten bundesdeutscher Politik andererseits? Und schließlich, als weitergehende Frageperspektive: Inwieweit gab es Handlungsspielräume und -alternativen in der Ausformung der Nachkriegsordnung und der wirtschaftlichen Blockbildung in Europa?

---

[7] Richtungsweisend hier der Sammelband von Manfred Knapp (Hrsg.), Von der Bizonengründung zur ökonomisch-politischen Westintegration. Studien zum Verhältnis zwischen Außenpolitik und Außenwirtschaftsbeziehungen in der Entstehungsphase der Bundesrepublik Deutschland (1947–1952), Frankfurt/M. 1984. Für den im vorliegenden Beitrag behandelten Zeitraum von besonderem Interesse ist der Aufsatz von Bernhard Welschke, Außenpolitische Einflußfaktoren auf die Entwicklung der westdeutschen Außenwirtschaftsbeziehungen in der Frühphase der Bundesrepublik Deutschland (1947–1952), in: Knapp, Bizonengründung S. 187–266; zuletzt siehe Harald Guldin, Außenwirtschaftspolitische und außenpolitische Einflußfaktoren im Prozeß der Staatswerdung der Bundesrepublik Deutschland (1947–1952), in: Aus Politik und Zeitgeschichte, Beilage zur Wochenzeitung Das Parlament, B 32/87, 8. August 1987, S. 3–20.

[8] Werner Link, Deutsche und amerikanische Gewerkschaften und Geschäftsleute 1948–1975. Eine Studie über transnationale Beziehungen, Düsseldorf 1978, S. 31; Manfred Knapp, Politische und wirtschaftliche Interdependenzen im Verhältnis USA – (Bundesrepublik) Deutschland 1945–1975, in: Manfred Knapp, Werner Link, Hans-Jürgen Schröder, Klaus Schwabe, Die USA und Deutschland 1918–1975. Deutsch-amerikanische Beziehungen zwischen Rivalität und Partnerschaft, München 1978, S. 153ff.

[9] Siehe z. B. Herman van der Wee, Der gebremste Wohlstand. Wiederaufbau, Wachstum, Strukturwandel 1945–1980 (= Geschichte der Weltwirtschaft im 20. Jh., Bd. 6), S. 38, S. 400ff.; Werner Abelshauser, Wirtschaftsgeschichte der Bundesrepublik Deutschland 1945–1980, Frankfurt/M. 1983, S. 158ff.; als Überblick nach wie vor sehr hilfreich: Helmut Gröner, Die westdeutsche Außenhandelspolitik, in: Handbuch der deutschen Außenpolitik, hrsg. von Hans-Peter Schwarz, München 1975, S. 405–437.

Dollar-Lücke und Dollar-Drive

Die Handelsbeziehungen und der Zahlungsverkehr der westeuropäischen Staaten mit den Vereinigten Staaten in den Jahren nach dem Zweiten Weltkrieg waren durch eine beinahe erdrückende Asymmetrie gekennzeichnet: So belief sich der Ausfuhrüberschuß der USA in den Jahren 1946/48 auf insgesamt rd. 25 Mrd. Dollar und er wurde zu über 50% durch Regierungskredite und Regierungszuschüsse an die europäischen Länder zu Lasten des amerikanischen Steueraufkommens bezahlt[10]. Für Westdeutschland konnten im Jahre 1947 nur 37,4% der Importe aus dem Einfuhrerlös finanziert werden, 1948 waren es 44,9% und selbst 1949 deckten die Exporte erst knapp 50% der Einfuhren. Besonders dramatisch stellte sich die Situation im deutsch-amerikanischen Handel bzw. der Waren- und Dienstleistungsbilanz (siehe Tab. Nr. 1) dar: Hier standen 1949 einer US-Ausfuhr nach Westdeutschland hauptsächlich von Nahrungsmitteln und Rohstoffen im Werte von 754,74 Millionen $ westdeutsche Exporte von nur 43,94 Millionen $ gegenüber, insgesamt wurden für rund 1000 Millionen Dollar Waren eingeführt, während nur etwa 90 Millionen $ Exporterlöse im Dollarbereich erzielt werden konnten[11].

Tabelle 1: Waren- und Dienstleistungsbilanz des Bundesgebietes einschl. Westberlin nach Zahlungsräumen im Jahre 1949[12] (in Mill. $)

Alle Länder	EZU-Raum	Verrechnungsländer	US-Dollar-Raum
-1021,3	-32,0	-63,8	-925,7

Innerhalb der amerikanischen Stabilisierungspolitik für Westeuropa kam dem Abbau der europäischen und besonders der westdeutschen „Dollar-Lücke" im Jahre 1949/50 eine Schlüsselrolle zu. So wurde u. a. in dem Bericht der Economic Cooperation Administration (ECA) „Westdeutschland im Europäischen Wiederaufbauprogramm" vom Februar 1949 konstatiert, daß für den Aufbau „einer sich selbst erhaltenden Wirtschaft in Westdeutschland" [„Viability"] der Ausgleich der Dollarkonten von grundlegender Bedeutung sei[13]. Im Mai 1949 besuchte dann auf Veranlassung der ECA Washington eine Sonderkommission unter der Leitung von Wayne C. Taylor[14] verschiedene europäische Länder, um die Möglichkeiten einer Steigerung des westeuropäischen Exports nach den USA zu untersuchen. Der sog. Taylor-Report vom 29.

---

[10] Der wissenschaftliche Beirat beim Bundeswirtschaftsministerium. Gutachten vom 18. 12. 1949: „Das Dollardefizit Europas im Handel mit den USA", Punkt 2, in: Der Wissenschaftliche Beirat bei der Verwaltung für Wirtschaft des Vereinigten Wirtschaftsgebietes. Gutachten 1948 bis Mai 1950, hrsg. vom Bundeswirtschaftsministerium, Göttingen o. J., S. 72ff.

[11] Ludwig Erhard, Deutschlands Rückkehr zum Weltmarkt, Düsseldorf 1953, S. 25, 177.

[12] Zit. nach: Wiederaufbau im Zeichen des Marshallplanes 1948-1952. 12., abschließender Bericht der Bundesregierung, erstattet vom Bundesminister für den Marshallplan, Bonn 1953, S. 85.

[13] European Recovery Programm Western Germany. Country Study, Washington (Febr. 1949). Hier zitiert nach der deutschen Ausgabe des Berichts, hrsg. von der ECA, Special Mission Western Germany, Frankfurt/M. 1949, S. 59f.

[14] Preliminary Report W. C. Taylor „Promotion of Imports From ERP Countries" vom 6. 5. 1949, National Archives, Washington (NA), RG 469, ECA, Administrator Subject Files.

August 1949[15] bildete schließlich die maßgebliche Grundlage für einen Bericht der ECA-Handels-Mission vom Oktober 1949, der sich mit den Möglichkeiten, die europäischen Dollareinnahmen zu steigern, befaßte[16]. In einem Vorwort zu dem Report formulierte der ECA-Administrator Paul G. Hoffman: „Amerika kann und soll nicht unbegrenzt Geschenke verteilen. Europa muß die Dollars verdienen, die es braucht, und es muß die meisten verdienen, indem es seine Waren auf dem amerikanischen Markt verkauft. Wir müssen kaufen, wenn wir zu kaufen beabsichtigen."[17]

In einer Rede vor dem Rat der OEEC am 31. 10. 1949 bekräftigte Hoffman diese Position: „Wenn die Dollareinnahmen bis zum Juni 1952 nicht kräftig steigen, muß sich der Handel Europas mit Gesamtamerika auf einer so geringen Höhe auspendeln, daß es für Sie zu einer Katastrophe und für uns zu Schwierigkeiten führen würde."[18] Schließlich formulierte auch der im Auftrag des amerikanischen Präsidenten verfaßte sog. „Gray-Report" vom Juli 1950 die Überwindung der Dollarknappheit vor allem Westeuropas und Japans als zentrales Problem der Außenwirtschaftspolitik für die Phase nach dem ERP-Plan[19].

In der Problemsicht der Dollar-Lücke bestand 1949/50 zwischen der amerikanischen Marshall-Plan-Behörde, der ECA[20], der Organisation für Europäische Wirtschaftliche Zusammenarbeit (OEEC) und auch den maßgeblichen deutschen Stellen eine weitgehende Übereinstimmung. So hieß es einem Gutachten des Wissenschaftlichen Beirats beim Bundeswirtschaftsministerium vom 18. 12. 1949 zum „Dollardefizit Europas im Handel mit den USA", daß angesichts des Auslaufens der Marshallplan-Hilfe spätestens bis zum Jahre 1952 die Frage gelöst werden müsse, wie die „zur Abwendung einer wirtschaftlichen und sozialen Katastrophe unentbehrlichen Einfuhren aus dem Dollarbereich ... künftig aufrechterhalten und aus eigenen ... Exporterlösen bezahlt"[21] werden können.

---

[15] Zusammenfassende Darstellung der Ergebnisse des Taylor-Berichts „Report of the Economic Cooperation Administration-Department of Commerce Mission on Increasing Dollar Earnings of Western Europe" vom 29. 8. 1949 nebst Anschreiben des Vorsitzenden des ERP-Arbeitsausschusses vom 3. 12. 1949, Bundesarchiv Koblenz (BA) Z 14, Bd. 122, Bl. 11–13. Gedruckter Auszug in: Documents on American Foreign Relations, 1949, Bd. 11, Princeton 1950, S. 224.

[16] Auszugsweise Übersetzung „Bericht der ECA-Handels-Mission. Zur Ermittlung der Möglichkeiten die Dollar-Einnahmen zu steigern". Washington Oktober 1949 (10 Seiten), BA B 140, Bd. 1.

[17] Ebenda.

[18] Rede von Paul G. Hoffman vor dem Rat der OEEC am 31. 10. 1949, NA RG 469, Administrator Files, Hoffman Speeches, Box 1; hier zitiert nach dem übersetzten Redetext in der Anlage eines Schreibens des ERP-Arbeitskreises „Außenhandel und Handelspolitik" an Dr. Albrecht (BMM) vom 11. 11. 1949, BA Z 14, Bd. 165a.

[19] Problems for United States Foreign Economic Policy, Report of Gordon Gray, Special Assistant to the President, July 1950, Truman Library, Independence Miss., Papers of George M. Elsey, Box 59. Siehe auch: Foreign Relations of the United States (FRUS) 1950, Bd. 1, S. 831–845: Efforts to develop a United States policy regarding the balance of payment problem („The Dollar Gap"); The Gordon Gray Report to the President on Foreign Economic Policies. Aus bundesdeutscher Sicht siehe: Deutscher Bundestag, Büro der Ausschüsse für Auswärtige Angelegenheiten und gesamtdeutsche Fragen, Information Nr. 12 „Die auswärtige Wirtschaftspolitik der Vereinigten Staaten nach dem GRAY-Bericht.", 1. 12. 1950. Politisches Archiv des Auswärtigen Amtes, Bonn (PA AA) II-300-01/80.

[20] Siehe auch 10. 11. 1949, W. A. Harriman (U.S. Special Representative in Europe) to the ECA Missions in Europe, in: FRUS 1949, Bd. 4, S. 445–447; Harriman nimmt ausdrücklich Bezug auf den Taylor-Report und die Hoffman-Rede.

[21] Der wissenschaftliche Beirat beim Bundeswirtschaftsministerium, Gutachten vom 18. 12. 1949, Punkt 3, in: Beirat, Gutachten (Anm. 10).

Bei genauerem Hinsehen zeigte sich freilich, daß in der Frage, wie die deutsche Dollar-Bilanz denn auszugleichen sei, deutliche Gegensätze zwischen den amerikanischen Zielvorgaben und den Optionen innerhalb der deutschen Industrie sichtbar wurden. Der Kernpunkt des Konflikts bestand darin, daß die Washingtoner Administration in Fortsetzung ihrer bereits durch den Marshall-Plan eingeleiteten „Economic Defense Policy"[22] eine grundsätzliche Verlagerung des deutschen und westeuropäischen Außenhandels auf die westliche Hemisphäre und auch den US-Markt erreichen wollte. In diesem Sinne schien dem Kongreß und auch amerikanischen Regierungskreisen eine Strategie des „Dollar-Saving", d. h. des Dollarsparens und des Abbaus der immensen amerikanischen Rohstoff- und Nahrungsmittelimporte[23], zumindest soweit dieses Ziel durch eine Rückorientierung des deutschen Imports auf die traditionellen Liefergebiete Ost- und Südosteuropa erreicht werden sollte, aus sicherheitspolitischen Gründen zunehmend als ein gefährlicher und deshalb obsoleter Lösungsansatz.

So unterstrich der amerikanische Hohe Kommissar McCloy im Zusammenhang der Unterzeichnung des „Abkommens über wirtschaftliche Zusammenarbeit zwischen den Vereinigten Staaten und der Bundesrepublik" vom 15. 12. 1949[24] in einem Schreiben an Bundeskanzler Adenauer noch einmal nachdrücklich als zentrales Ziel „die Schaffung eines Handels- und Währungsgebietes in Westeuropa" und mahnte zugleich ganz energisch eine Forcierung des westdeutschen Dollar-Drive und eine Steigerung der Dollar-Einnahmen an. McCloy schrieb: „Ich habe mit großer Besorgnis festgestellt, daß Ihre Verwaltung die Voranschläge für die im Rechnungsjahr 1949–50 zu erwartenden Dollareinnahmen Westdeutschlands gesenkt hat und daß die wirklichen Dollareinnahmen während der letzten Monate eher gefallen als gestiegen sind. Sie werden mir sicher beipflichten, daß der Kurs in entgegengesetzter Richtung gesteuert werden muß. Ihre Regierung und die deutsche Geschäftswelt müssen gewaltige Anstrengungen machen.[25]

In einer behördeninternen, von Adenauer angeforderten Stellungnahme zu dem Schreiben McCloys wurde grundsätzlich festgestellt, daß die Handelspolitik des Wirtschaftsministeriums „nach wie vor" darauf ausgerichtet sei, „die Liberalisierung des Wirtschaftsverkehrs innerhalb der OEEC-Länder in jeder Weise zu fördern", der Erfolg hänge aber weitgehend davon ab, inwieweit es gelinge, den OEEC-Raum seinerseits „in ein gesundes wirtschaftliches Verhältnis zum Dollarraum zu bringen". Ein Anwachsen der Dollareinnahmen sei erforderlich, jedoch dürfe man sich nicht „unbegründeten Illusionen" hingeben. Im einzelnen sei zur Förderung des deutschen Exports in den Dollar-Raum notwendig, zumindest in New York, Chicago, New Orleans und San Francisco erste deutsche Konsulate zu errichten. Ferner müsse den deutschen Firmen wieder das Niederlassungsrecht in den USA gegeben werden, weil ohne ständige kaufmännische Vertretung der amerikanische Markt nicht erschlossen

---

[22] Zur Entstehungsgeschichte der amerikanischen ökonomischen Sicherheitspolitik nach 1945 siehe jetzt: Robert A. Pollard, Economic security and the origins of the Cold War, 1945–1950, New York 1985, hier S. 133ff., 161ff.

[23] Im Jahre 1951 entfielen von dem US-Gesamtexport in die Bundesrepublik von 2721,5 Mio. DM allein 713,8 Mio. DM auf Weizen, 237,4 Mio. DM auf Mais und 546,9 Mio. DM auf Steinkohle; Statistisches Jahrbuch für die Bundesrepublik Deutschland, 1953, S. 344/345.

[24] Bundesgesetzblatt Nr. 5, 1950, S. 9–21.

[25] McCloy an Adenauer (Abschrift/Übersetzung) vom 22. 12. 1949, BA B 102, Bd. 206292.

werden könne. Von der Verwirklichung dieser beiden Voraussetzungen hänge ein
Großteil der im Taylor-Report vorgeschlagenen Exportförderungsmaßnahmen ab.

Der von der amerikanischen Seite bereits seit April 1949 ventilierte Gedanke, eine
besondere deutsche Dollar-Drive-Organisation für den Amerika-Export mit Büros in
den USA und der Bundesrepublik zu gründen, wurde in der Stellungnahme des
Wirtschaftsministeriums positiv aufgegriffen. In diesem Zusammenhang müsse jedoch
der amerikanische Hochkommissar „offen" darauf hingewiesen werden, „daß alle
deutschen Maßnahmen zum Mißerfolg verurteilt sein werden, wenn nicht die USA
ihrerseits bereit sind, eine ernsthafte Liberalisierung ihrer Einfuhrpolitik vorzunehmen. ... Der bisherige Abbau der prohibitiven Schutzzollmauer, welche die Vereinigten Staaten in den 20iger Jahren errichtet haben, und die angekündigte Zollsenkung
reichen ... noch keinesfalls aus, um den Absatz deutscher Waren auf dem amerikanischen Markt in dem erforderlichen Umfange zu ermöglichen. Hinzu kommt ..., daß
die Praxis der amerikanischen Zollbehörden seit den 20iger Jahren bis heute von einer
derart grundsätzlichen Einfuhrfeindlichkeit ist, daß sie als ein Faktor für sich betrachtet werden muß, der eine Schließung der Dollar-Lücke für die deutsche Wirtschaft wie
für die Wirtschaften anderer Länder erschwert."[26]

Im Wirtschaftsministerium wurden die Voraussetzungen für eine erfolgversprechende deutsche Dollar-Drive-Politik Anfang 1950 also in drei Punkten gesehen: 1)
der Errichtung von amtlichen deutschen Wirtschaftsvertretungen in den USA, 2) dem
Niederlassungsrecht für deutsche Kaufleute und 3) einem Handelsabkommen mit den
USA, jedoch seien schon vorher Zollsenkungen und Erleichterungen bei den Zollfor-
malitäten erforderlich. Dabei blieb in der Stellungnahme des Ministeriums offen, ob
und inwieweit bzw. zu welchem Zeitpunkt mit einer Umsetzung dieser Forderungen,
vor allem in der Zollfrage, in die politische Wirklichkeit gerechnet werden konnte.

Der Zusammenhang zwischen einem Erfolg der europäischen Dollar-Drive-Politik
und einer Revision der US-Zollverfahren war von Anfang an auch für die zuständigen
Kreise in Washington unstrittig: Bereits in Verhandlungen zwischen Vertretern der
Vereinigten Staaten, Großbritanniens und Kanadas im August/September 1949 hatten
vor allem die britischen Delegierten „mit Nachdruck auf die dringende Notwendigkeit
einer umfassenden Revision der amerikanischen Zollverwaltungspraxis" hingewiesen[27]. Auch der auf dem Taylor-Report aufbauende Bericht der ECA-Handelsmission
vom 23. 10. 1949 stellte fest: „Zur Ausnutzung aller Ausfuhrmöglichkeiten wird es
erforderlich sein, sowohl die bestehenden Beschränkungen und sonstigen Hindernisse
des Einfuhrhandels zu beseitigen oder erheblich zu vermindern als auch Reformen an
vielen bestehenden Handelsgebräuchen durchzuführen."[28]

In diesem Sinne erklärte Außenminister Acheson am 2. 11. 1949 in New York City,
daß eine rasche Beseitigung der einfuhrhemmenden amerikanischen Zollverfahren zur

---

[26] Aufzeichnung vom 18. 1. 1950 betr.: „Schreiben des US-Hohen Kommissars für Deutschland und Sonder-
    beauftragten der Verwaltung für wirtschaftliche Zusammenarbeit für Deutschland" vom 22. 12. 1949 nebst
    Aktenvermerk Dr. Seeliger (BMWi), BA B 102, Bd. 206292.
[27] Rundschreiben des Deutsch-Amerikanischen Wirtschaftsverbandes vom 6. 3. 1950, betr.: „Änderung der
    Zollverwaltungsbestimmungen des amerikanischen Zolltarifgesetzes von 1930", BA B 146, Bd. 553.
[28] Import Advisory Committee. Office of International Trade. United States Department of Commerce,
    Washington D.C., „Erster vorläufiger Bericht über Zollverwaltungsgesetze" vom 12. 12. 1949, hier zitiert
    nach einer vollst. Übersetzung des Deutsch-Amerikanischen Wirtschaftsverbandes, Frankfurt/M., in der
    Anlage zum Rundschreiben vom 6. 3. 1950, ebenda.

Bereinigung der Dollar-Überschüsse dringend erforderlich sei. Das vom amerikanischen Handelsministerium in diesem Zusammenhang eingesetzte „Import Advisory Committee" unterbreitete schließlich dem Außenhandelsamt des Ministeriums, dem „Office of International Trade", am 12. Dezember 1949 ein ausführliches Memorandum, das der Regierung der Vereinigten Staaten empfahl, „sofort" ein „umfassendes Programm für Reformen in der Zollverwaltung" vorzubereiten[29]. Und auch der vom Präsidenten in Auftrag gegebene Gray-Report vom Juli 1950 hob die Notwendigkeit des Abbaus der Beschränkungen für die erwünschten ausländischen Dollareinnahmen auf dem amerikanischen Markt hervor[30].

Grundlage der amerikanischen Zollgesetzgebung war der protektionistische Smoot-Hawley Tarif von 1930, der im Juni 1938 durch den „Customs Administration Act" ergänzt worden war. Obwohl die amerikanische Regierung an dem am 30. 10. 1947 in Genf abgeschlossenen General Agreement on Tariffs and Trade (GATT) führend beteiligt war und bei den GATT-Verhandlungen in Annecy und Torquay in vielen Positionen wesentliche Senkungen vorgenommen hatte, betrug das amerikanische Zollniveau[31] nach einer überschlägigen Berechnung der deutschen Delegation bei der OEEC in Paris noch im August 1952 im Durchschnitt mindestens 30% und lag damit wesentlich über dem deutschen, das zu diesem Zeitpunkt ca. 17% ausmachte[32]. Neben der absoluten Zollhöhe bildeten Anwendung und Auslegung der Zollverwaltungsvorschriften eine besondere Behinderung. Die Bestimmungen über die Wertermittlung und Markierung ließen den „Appraisers" einen so weiten Spielraum, daß in vielen Fällen eine zuverlässige Kalkulation der Exportware nicht möglich war. Eine weitere Unsicherheit bedeutete die 1951 vorgenommene Neuregelung des „Escape Clause"-Verfahrens[33] und die Einführung des „Peril Point"[34], die dem protektionistischen Druck amerikanischer Wirtschaftskreise auf die Regierung neue Wege eröffnete. Ein besonderes Hindernis für die europäische Wirtschaft war ferner, daß nach dem „Buy American Act" bei Regierungskäufen nur dann Aufträge ins Ausland vergeben werden durften, wenn die ausländische Ware mindestens 25% unter dem amerikanischen Preis lag[35].

Gleichwohl muß festgehalten werden, daß die westeuropäischen Klagen über den amerikanischen Protektionismus teilweise auch Alibi-Charakter hatten: Dies zeigten nicht zuletzt die tiefgreifenden Auseinandersetzungen, die der schließlichen Gründung

---

[29] Ebenda.
[30] Gray-Report: Problems for United States Foreign Economic Policy, 1950, Abschn. G und I., Truman Library (Anm. 19).
[31] Eine informative Übersicht über den amerikanischen Zolltarif (Stand 1951/53) findet sich in: Commission on Foreign Economic Policy (Randall Commission), Staff Papers, Washington 1954, S. 300, 308–309.
[32] „Bericht über Einfuhrhemmnisse in den USA" der deutschen OEEC Delegation in Paris vom 23. 8. 1952, nebst Anschreiben des BMWi vom 25. 8. 1952, PA AA IV-Ref. 414, Bd. 41.
[33] Nach dem „Escape Clause"-Verfahren konnten amerikanische Produzenten, wenn sie „schwere Schädigungen" der einheimischen Industrie sahen, Zollerhöhungen und andere Maßnahmen zur Fernhaltung fremder Waren beantragen. Die Entscheidung über die „Escape Clause"-Anträge lag beim Präsidenten.
[34] Die „Peril Point"-Klausel im „Reciprocal Trade Agreements Extension Act" von 1951 machte es dem Präsidenten zur Auflage, alle Herabsetzungen von Importzöllen unter einen bestimmten Satz (den Peril Point), der als nachteilig für die amerikanische Industrie angesehen wurde, vor dem Kongreß zu begründen.
[35] Siehe auch Aktenvermerk BMWi, Referat Nordamerika, vom 25. 5. 1954, betr.: „Hindernisse, die von der Wirtschaft der Bundesrepublik im Export nach den USA als besonders hemmend empfunden werden.", PA AA IV-Ref. 414, Bd. 45.

einer deutschen Dollar-Drive-Organisation im Juni 1950 vorausgingen und die ihre spätere Arbeit belasteten.

Die praktischen Planungen für ein deutsches Dollar-Drive-Büro gingen zurück auf eine Initiative von Eric M. Warburg, der seine Vorstellungen erstmals im April 1949 mit Frhr. Vollrath von Maltzan in New York erörtert hatte. Der sog. Warburg-Plan sah die Gründung einer Korporation amerikanischen Rechts in New York mit einem Aktienkapital von ca. 120 000 $ vor. Aktionäre der Korporation, die ganz bewußt auf dem Ansatz einer Eigeninitiative der deutschen Wirtschaft beruhte, sollten über einen amerikanischen Treuhänder deutsche Firmen bzw. die Verbände sein, aber auch amerikanischen Firmen sollte der Aktienerwerb offen stehen[36]. An eine Finanzierung durch die öffentlichen Hände war dagegen nicht gedacht. Nachdem das Interesse der Wirtschaft im Herbst 1949 an einer Inangriffnahme der Exportförderung in den USA zunächst „noch relativ gering“[37] war, beschloß der Außenhandelsbeirat beim Bundeswirtschaftsminister (AHB) schließlich im Dezember 1949, daß „geeignete Maßnahmen zu diesem Zweck unverzüglich ergriffen werden müßten“[38]. Bis zur tatsächlichen Gründung einer deutschen Dollar-Drive-Gesellschaft vergingen indes noch einmal weitere sechs Monate. An die Spitze des Widerstands einzelner Industriegruppen gegen den Dollar-Drive hatte sich inzwischen der neugegründete BDI gesetzt, der erst in offener[39], dann in verdeckter Form[40] den amerikanischen Vorstellungen entgegenzuarbeiten suchte.

In einer Besprechung im Bundeswirtschaftsministerium am 8. Mai wurde von Regierungsseite deshalb deutliche Kritik an der Haltung der Industrie geäußert. Wie der Hauptgeschäftsführer des BDI, Beutler, berichtete, sei von der Regierung insbesondere betont worden, daß „das politische Moment“ bei den bisherigen Verhandlungen zu wenig beachtet worden sei. Die Amerikaner[41] erwarteten „einen positiven und starken Beitrag der deutschen Wirtschaft“. Beutler beeilte sich jetzt, festzustellen, daß nach Auffassung des BDI der Dollar-Drive „als das ernsteste Problem des Außenhandels“ angesehen werde. Jeder Vorwurf des „Dollar-Defaitismus“ müsse daher vom BDI energisch zurückgewiesen werden, lediglich gegen die geplante „Form“ der Durchführung habe die Industrie „gewisse Bedenken“[42]. Bei der formellen Konstituierung des Außenhandels-Ausschusses des BDI am 9. Mai 1950 in Fulda, also einen Tag nach der Besprechung im Wirtschaftsministerium, wurde dann in Abänderung der Tagesordnung der Punkt „Dollar-Drive“ neu aufgenommen. Der BDI fand sich jetzt erstmals zu einer grundsätzlichen „positiven“ Bewertung bereit, betonte aber zugleich, daß der Gesichtspunkt des „Dollar-Saving“ nicht unberücksichtigt bleiben dürfe: Man

---

[36] Eric Warburg an von Maltzan nebst Memorandum über die Einrichtung einer „Western German Trade and Commerce Corporation“, 3. 6. 1949, BA Z 14, Bd. 122, Bl. 252–259.
[37] Aufzeichnung BMWi, Abt. VA, (Dr. Gülke) vom 14. 1. 1950 über die Tagungen des Außenhandelsbeirats: „Einzelmaßnahmen der Außenhandelsförderung – Dollar-Drive“, BA B 102, Bd. 206292.
[38] BMWi Erhard an BMM Blücher, 19. 12. 1949, BA Z 14, Bd. 121, Bl. 13. Die Tagung des AHB fand am 13. 12. 1949 in Rüdesheim statt, Protokoll vom 29. 12. 1949, ebenda, Bl. 2–4R.
[39] Schreiben der Hauptgeschäftsführung des BDI an Erhard vom 21. 3. 1950, BA B 102, Bd. 206292.
[40] Bericht über die Konstituierung des Außenhandels-Ausschusses des BDI am 9. 5. 1950 in Fulda mit Datum vom 6. 6. 1950 (20 Seiten), HA Nr. 400101401/85.
[41] Zur amerikanischen Position im Mai 1950 siehe „Conference on Promotion of the Dollar Drive“ unter Leitung von Paul G. Hoffman am 4. 5. 1950 in Washington, NA RG 469, Administrator Files.
[42] Bericht über die Konstituierung des Außenhandels-Ausschusses des BDI am 9. 5. 1950, hierin u. a. Kritik von Dykerhoff an der ablehnenden Haltung bei Teilen der Wirtschaft zum „Dollar-Drive“, HA Nr. 400101401/85.

müsse sich neben der Förderung der Exporte in den Dollar-Raum auch die Frage vorlegen, „in welcher Weise es möglich erscheint, die westdeutschen Einfuhren an Lebensmitteln und Rohstoffen aus den USA nach solchen Ländern zu verlagern, die nicht unbedingt Dollarzahlungen verlangen bzw. bereit sind, im Austauschwege deutsche Industrieerzeugnisse aufzunehmen"[43]. Wie diese Äußerung zeigte, hatte sich der BDI inzwischen mit der Gründung einer Dollar-Drive-Organisation abgefunden, aber der Blick zugleich auch in Richtung Osten zur Lösung des Dollar-Problems war damit keineswegs aufgegeben.

In der Schlußphase der Verhandlungen behinderten schließlich noch von gegensätzlichen Verbandsinteressen und auch persönlichen Animositäten bestimmte Querelen zwischen der „Arbeitsgemeinschaft Außenhandel der Deutschen Wirtschaft" und ihrem ersten Vorsitzenden, Hubert H. A. Sternberg, sowie der BDI-Führung und seinem Präsidenten Berg ein schnelleres Procedere[44]. Erst nach persönlicher Intervention von Ludwig Erhard konnte in einer Besprechung im Bundeswirtschaftsministerium am 12. Juni 1950 eine oberflächliche Einigung der verschiedenen Parteien herbeigeführt werden[45]. Erhard ließ dabei keinen Zweifel daran, daß der Aufbau einer deutschen Dollar-Drive-Organisation vor allem deshalb nötig sei, weil er „von den Amerikanern verlangt werde ... Unsere Anstrengungen ... werden von den Instanzen, auf die wir angewiesen sind, im Gesamtverhältnis Deutschland/Amerika bewertet ... Wir wollen den amerikanischen Markt auch nicht erobern, wir wollen lediglich die Marktritzen ausfindig machen."[46]

Der BDI-Präsident Berg dagegen bezweifelte erneut die Zweckmäßigkeit dieser Form der Exportförderung. „In den amerikanischen Wirtschaftskreisen gäbe es noch viel Feindschaft gegen deutsche Waren. Beim konjunkturellen Rückschlag sei auch mit einem Widerstand der Gewerkschaften gegen den deutschen Export zu rechnen."[47] Immerhin sei der BDI, trotz seiner „sehr starken Bedenken"[48], „sowohl aus optischen Gründen, als auch um entsprechende Anstrengungen zu machen" bereit, die neue Organisation zu unterstützen, wenn man in der Industrie auch lieber den Ausbau der Generalkonsulate anstelle eines Dollar-Drive-Büros gesehen hätte. Im übrigen war nicht einmal Bergs persönlicher Gegenspieler Sternberg von dem wirtschaftlichen Nutzen der Unternehmung überzeugt. In einem vertraulichen Gespräch hatte Sternberg geäußert, er glaube, „daß bei dem Dollar-Drive nichts wesentliches herauskomme, halte es aber für seine Pflicht, den von den Amerikanern gewünschten äußeren Schein einer kolossalen Anstrengung zu machen"[49].

Am 26. 6. 1950 erfolgte dann schließlich die Gründung der „Gesellschaft zur Förderung des Deutsch-Amerikanischen Handels m.b.H." (FÖRDAH) mit Sitz in

[43] Bericht über die Konstituierung des Außenhandels-Ausschusses des BDI am 9. 5. 1950, HA Nr. 400101401/85.
[44] Siehe u. a. Aktenvermerk Dr. Gerbaulet (BMM) vom 25. 4. 1950, BA B 102, Bd. 206292; BMM Blücher an Reusch, vom 2. 5. 1950, HA Nr. 400101462/30. Ferner diverse Rundschreiben des BDI-Außenhandels-Ausschusses, so vom 2. 3. 1950 (AIV Mitteilungen Nr. 11), HA Nr. 400101462/23 und vom 1. 7. 1950 (Außenhandels Abteilung Mitteilungen Nr. 26), HA Nr. 400101401/85.
[45] Es liegen zwei Protokolle über die Besprechung vor, und zwar 1) Aktenvermerk vom 14. 6. 1950 (4 Seiten), BA B 102, Bd. 206292 und 2) Protokoll Dr. Dehne vom 14. 6. 1950 (7 Seiten), BA B 140, Bd. 1.
[46] Protokoll Dr. Dehne vom 14. 6. 1950, BA B 140, Bd. 1.
[47] Aktenvermerk vom 14. 6. 1950, BA B 102, Bd. 206292.
[48] Schreiben der Hauptgeschäftsführung des BDI an Erhard vom 21. 3. 1950, ebenda.
[49] Aktenvermerk Dr. Gerbaulet (BMM) vom 25. 5. 1950, ebenda.

Frankfurt[50]. Gesellschafter der Organisation waren der BDI mit einem Kapitalanteil von DM 40 000, der DIHT mit einem Anteil von DM 30 000, der Deutsche Hotel- und Gaststätten-Verband e. V. mit einem Anteil von DM 20 000 und schließlich der Zentralverband des deutschen Handwerks e. V. sowie der Verein Hamburger Exporteure e. V. mit einem Anteil von je DM 15 000. Der BDI-Präsident Berg übernahm den Vorsitz im Aufsichtsrat der Gesellschaft. Zugleich wurde ein Beirat unter dem Vorsitz Hubert Sternbergs eingerichtet, in dem sämtliche am Nordamerika-Ausfuhrgeschäft interessierten Wirtschaftskreise vertreten waren. Neben der Hauptgeschäftsstelle in Frankfurt, später in Köln (Dr. Oncken und Dr. Dehne) richtete die Gesellschaft vor allem das „German Trade Promotion Office" in New York unter der Leitung von Henri A. Abt sowie ein weiteres Büro in Kanada ein. Zu den Aufgaben der deutschen Dollar-Drive-Organisation im engeren Sinne gehörten:

1) Kontaktherstellung zwischen deutschen und amerikanischen Firmen, dabei besondere Unterstützung von Branchengruppen, die ihren Absatz auf dem US-Markt vergrößern wollen. Prüfung von Absatzmöglichkeiten für neue Produkte, Hilfe bei Lizenznahme und -vergabe.

2) Marktanalysen und Beratungen, Planungen von Geschäftsreisen deutscher und amerikanischer Industrieller, Herstellung von Kontakten zwischen „linkagegroups" im Bereich von Wirtschaft und Politik.

3) Gemeinschaftswerbung und Beschickung von Messen und Ausstellungen in USA und Kanada, u. a. eine „Permanent Exhibition" in New York seit 1952.

4) Pressearbeit und Herausgabe der Zeitschriften „Amerika-Handel" und „German-American Trade News" (GATNews).

Die weitere Tätigkeit der FÖRDAH bis zu ihrer Umwandlung in die „Deutsch-amerikanische Handelskammer" im April 1959 kann hier nicht dargestellt werden. Kennzeichnend für das Gewicht, das vor allem die US-Administration der Organisation zumaß, war u. a., daß die in 1952/53 anlaufenden Off-Shore-Aufträge der US-Armee nicht über regierungsamtliche Stellen, sondern die FÖRDAH abgewickelt wurden[51]. Diesem Bild entsprach, daß der Chef der ECA-Sondermission in Westdeutschland, Robert M. Hanes, in die Gründung der FÖRDAH große Hoffnungen setzte, da diese „den Einwohnern Westdeutschlands die beste Gelegenheit gibt, mit ganzem Herzen aktiv an der Überwindung eines der Hauptprobleme Westdeutschlands, der Dollar-Lücke, mitzuarbeiten". Demgegenüber blieb die Resonanz innerhalb der deutschen Wirtschaftskrise nach wie vor zwiespältig.

Dollar-Saving durch Osthandel? Die Anfänge der „Ostpolitik" des BDI 1950

Der scheinbare „Dollar-Defaitismus" in der westdeutschen Industrie, wie er sich beispielhaft in den Auseinandersetzungen um die FÖRDAH gezeigt hatte, entsprang zunächst einer deutlich bemerkbaren Unsicherheit verschiedener Exportbranchen gegenüber den Herausforderungen des aus europäischer Sicht schwierigen Dollar-Mark-

---

[50] „Aufruf an die deutsche Wirtschaft und an den deutschen Gewerkschaftsbund", gezeichnet vom Vorsitzenden des Beirats der FÖRDAH, H. A. Sternberg, 27. 6. 1950, in: B 140, Bd. 1.
[51] Gesellschaft zur Förderung des Deutsch-Amerikanischen Handels m.b.H. (Dr. Dehne/Dr. Schaller) an das Auswärtige Amt, Abt. IV. ORR Sante, 30. 11. 1951. PA AA IV-Ref. 414, Bd. 84.

tes[52]. Hinter der Reserve des BDI und anderer Wirtschaftsorganisationen, ja selbst der zögerlichen Haltung im Wirtschaftsministerium stand jedoch mehr: nämlich die Option auf die Wiedererschließung auch der osteuropäischen Märkte, die ökonomisch aus Sicht der westdeutschen Wirtschaft die weitaus bessere Alternative zu dem von den US initiierten einseitigen „Dollar-Feldzug" darstellte, die aber politisch den außenwirtschaftlichen Direktiven der westlichen Führungsmacht diametral entgegenlief.

Dieser Sachlage entspricht, daß die erste bedeutende außenhandelspolitische Initiative des neugegründeten BDI nicht der westlichen Hemisphäre, der westeuropäischen Integration oder dem Dollar-Raum galt, sondern die Wiederbelebung der Vorkriegsmärkte in Ost- und Südosteuropa zum Ziele hatte:[53] So traf auf Einladung des BDI am 3. März 1950 in Köln ein repräsentativer Kreis namhafter Vertreter von führenden deutschen Unternehmungen zu einer vertraulichen Besprechung über den „Handel mit den ost- und südosteuropäischen Ländern" zusammen[54]. Ursprünglich war daran gedacht, bereits an diesem Tage einen „Ost-Ausschuß der deutschen Wirtschaft" analog zu dem früheren „Rußland-Ausschuß" ins Leben zu rufen. In einem Anschreiben zu dem Protokoll der Sitzung wurde jedoch lakonisch mitgeteilt, daß diese Absicht „aus Gründen, auf die hier nicht näher eingegangen werden soll, die aber im wesentlichen in der Gefahr des Mißverstehens auf der politischen Ebene liegen"[55], zunächst aufgegeben worden sei. Vertreten waren, um nur einige wichtige Firmen zu nennen, aus der Chemiebranche die BASF und die Bayer AG, aus der Elektroindustrie die AEG, und aus dem Bereich Schwerindustrie und Maschinenbau u. a. MAN, DEMAG AG, Klöckner & Co., Mannesmann AG, Otto Wolff und die Ferrostaal AG.

Das Hauptreferat auf der Kölner BDI-Tagung hielt der Hauptgeschäftsführer der „Vereinigung deutscher Maschinenbau-Anstalten" (VDMA), Karl Lange. Lange hob einleitend „die außerordentliche Bedeutung, die der Osthandel für Deutschland früher gehabt habe", hervor. Die Intensivierung der Handelsbeziehungen mit den Ländern Ost- und Südosteuropas sei „eine Lebensfrage für die deutsche Wirtschaft". Während der Dollar-Markt selbst bei einer hundertprozentigen Steigerung der deutschen Exporte einen immer noch vergleichsweise geringen Stellenwert innehabe[56] und auch die Erhöhung der Exporte nach Westeuropa „nur in begrenztem Rahmen möglich" sei, bleibe als „Fazit" dieser Überlegungen „die Notwendigkeit, unsere Geschäftsbeziehungen nach den uns naheliegenden Ländern des ost- bzw. südosteuropäischen

[52] Ausführlicher s. u. S. 193ff.
[53] Aus der umfangreichen Literatur zum Ost-West-Handel für die frühen 50er Jahre und den vorliegenden Argumentationszusammenhang von besonderer Ergiebigkeit: Walter Trautmann, Osthandel Ja oder Nein?, Stuttgart 1954; Hans Jürgen Lambers, Das Ost-Embargo, Frankfurt/M. 1956; Gunnar Adler-Karlsson, Western Economic Warfare 1947–1967. A Case Study in Foreign Economic Policy, Stockholm 1968; Hanns-Dieter Jacobsen, Die Ost-West-Wirtschaftsbeziehungen als deutsch-amerikanisches Problem, Baden-Baden 1986; aus amerikanischer Sicht zuletzt Philip J. Funigiello, American-Soviet Trade in the Cold War, Chapel Hill/London 1988.
[54] Protokoll der Kölner Sitzung vom 3. 3. 1950 „Der Handel mit ost- und südosteuropäischen Ländern" (17 Seiten) nebst Teilnehmerliste, HA Nr. 400101401/85.
[55] BDI Außenhandels-Ausschuß, Mitteilungen Nr. 18: An die industriellen Wirtschaftsverbände und Arbeitsgemeinschaften, Betr.: Handel mit den Ländern des ost- und südosteuropäischen Raumes/Errichtung eines Ost-Referates, 24. 4. 1950 HA Nr. 400101401/85.
[56] Gleich zu Beginn der Tagung hatte Direktor Hobrecker (Westf. Drahtindustrie, Hamm) unterstrichen, daß der „notwendige Ausgleich unserer Zahlungsbilanz bis zum Ablauf des Marshallplanes im Jahre 1952 ... allein durch Vermehrung unserer Exporte nach den Dollar-Ländern wahrscheinlich nicht möglich" und deshalb der Ausbau des Handels mit den Ostländern notwendig sei, ebenda.

Abb. 1: Der Außenhandel des Deutschen Reiches bzw. Westdeutschlands[a] nach Erdteilen 1936 und 1948–1950[57]

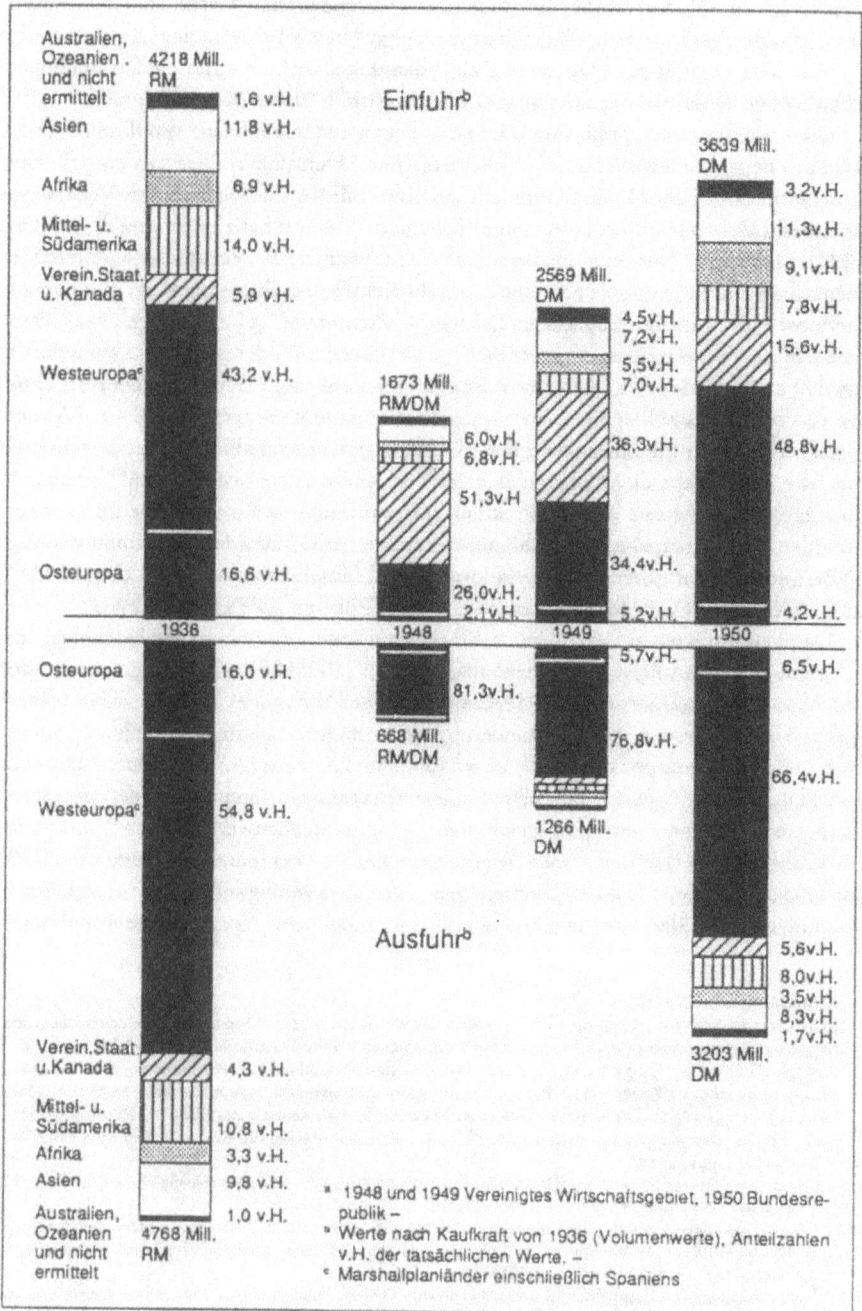

[57] Nach Theodor Zotschew, Die Strukturwandlungen im deutschen Außenhandel und deren Folgen für die westeuropäische Wirtschaft, in: Weltwirtschaftliches Archiv, 66 (1951), S. 311.

Raumes stärker zu entwickeln. ... 34% der Gesamteinfuhren der Ostländer wurden früher aus Deutschland geliefert, während wir etwa 17% der Gesamtausfuhren der Ostblock-Länder abnahmen. Wir waren für die Ostländer der wichtigste Lieferant von Fertigerzeugnissen und gleichzeitig ihr bester Abnehmer für Rohstoffe und Nahrungsmittel."

Die Tatsache, daß vor allem England und auch andere westeuropäische Länder nach dem Krieg wegen des Ausfalls von Deutschland ihre Handelsbeziehungen mit den osteuropäischen Staaten ungewöhnlich ausweiten konnten, sei „unnatürlich". „Westdeutschland gehört geographisch zu den Ländern, die für einen Handelsverkehr mit dem Ostblock naturgemäß in Frage kommen." Immerhin habe das Jahr 1949 erfreuliche Ansatzpunkte für eine Wiederbelebung der westdeutschen Handelsbeziehungen mit dem Osten gebracht, wie die abgeschlossenen Handelsverträge mit der Tschechoslowakei, Bulgarien, Jugoslawien, Polen und Ungarn in einem Gesamtvolumen von 162 Mio $ zeigten.

Die politische Brisanz des Zielkonflikts zwischen Westbindung und Ost-Handel war dem BDI-Ausschuß durchaus bewußt: In diesem Sinne betonte Lange, „daß die heutige Besprechung sich lediglich auf wirtschaftliche Fragen erstrecke und keinerlei politische Absicht verfolge. Wir befänden uns z. Zt. in einer außerordentlichen nervösen politischen Situation, jede Erörterung von Fragen unserer Beziehungen mit den Ostblock-Ländern könne leicht mißdeutet werden. Es müsse daher ganz klar unterstrichen werden, daß die Ursache für die heutige Kölner Zusammenkunft ausschließlich in den großen wirtschaftlichen Sorgen zu erblicken sei, vor die sich Westdeutschland gestellt sieht, damit die von den Westalliierten in Übereinstimmung mit uns angestrebte Steigerung der Ausfuhr erreicht werden könne. Niemand von uns denkt an irgendeine Änderung unserer politischen Haltung. Wir seien nicht nur darauf angewiesen, mit dem Westen zusammen zu arbeiten, sondern fühlten uns in diesem Kreise wohl sämtlich als Westeuropäer, die auch den inneren Wunsch hätten, sich zu Westeuropa zu bekennen und hier die politische Zukunft zu suchen."[58]

Die vom VDMA-Geschäftsführer propagierte Stoßrichtung der westdeutschen Außenhandelspolitik nach Ost- und Südosteuropa fand bei den Teilnehmern der Kölner Besprechung einhellige Zustimmung. Dabei wies u. a. Direktor Schauke (Mannesmann AG) darauf hin, daß der Wunsch, „mit Deutschland wieder im großen Stil ins Geschäft zu kommen, ... seiner Ansicht nach auch bei den Russen zweifellos vorhanden" sei. „Es sei daher die Frage zu überlegen", so Direktor Haiblen (Felten & Guilleaume), „wie man mit Rußland in Fühlung kommen könne."

Da die Wiederbelebung des ehemaligen „Rußland-Ausschusses" gegenwärtig politisch obsolet war, wurde in Köln einstimmig beschlossen, als Provisorium zunächst innerhalb des Außenhandels-Ausschusses des BDI ein besonderes „Ost-Referat"[59] einzurichten. Gleichzeitig sollte den einzelnen Wirtschaftsverbänden vorgeschlagen

---

[58] Protokoll vom 3. 3. 1950 „Der Handel mit ost- und südosteuropäischen Ländern", HA Nr. 400101401/85.
[59] Dem „Ost-Referat" waren innerhalb des BDI die drei Arbeitskreise: „Allgemeine Fragen des Ostgeschäfts", „Vertreterfrage" und „Zahlungs- und Lieferbedingungen" zugeordnet.

werden, auch innerhalb ihres Arbeitsbereiches einen ständigen Arbeitskreis „Ost-
und Südost-Europa" zu bilden. Zu den konkreten Aufgaben des „Ost-Referats"
beim BDI sollte insbesondere gehören, vertrauliche Informationen über die weitere
Entwicklung des Ostgeschäfts zusammenzutragen, eine „enge Zusammenarbeit" mit
den zuständigen Abteilungen des Bundeswirtschaftsministeriums anzustreben sowie
„zu gegebener Zeit" eine Verbindungsstelle des Ost-Referates in Berlin (!) zu errichten.

Zu diesem Zeitpunkt, im März 1950, war die westliche Embargo-Politik, die sehr
bald die Ost-West-Handelsbeziehungen entscheidend bestimmen sollte, erst ansatz-
weise zu praktischer Entfaltung gekommen. In dem Protokoll der Kölner Tagung
findet sich lediglich ein knapper Hinweis darauf, daß eine Embargo-Liste für
Westdeutschland zusammengestellt sei, deren Inhalt jedoch „bis heute noch nicht
bekannt" sei. Bei der formellen Konstituierung des BDI-Außenhandels-Ausschusses
am 9. Mai 1950 in Fulda[60] hatte sich die Lage indes schon merklich verändert.
Inzwischen war auf der Basis der umfangreichen US-Embargoliste ein neues Genehmigungsverfahren bei der Warenausfuhr in Kraft gesetzt worden, das nach Auffassung des BDI-Außenhandels-Ausschusses eine „neuerliche schwere Belastung unserer Export-Industrie darstelle, die sich mit der Notwendigkeit einer freien Gestaltung des westdeutschen Außenhandels nicht vereinbaren lasse". Da die Liste
innerhalb der OEEC-Staaten nur für die Bundesrepublik verbindlich war, war der
Vorwurf des BDI von einer „Diskriminierung" tatsächlich auch schwer von der
Hand zu weisen. Hinzu kam, daß die Richtlinien, nach welchen die Zentrale Aus-
fuhrkontrollstelle (ZAK) in Frankfurt die vorlizenzpflichtigen Ausfuhrgeschäfte
behandelte, nicht zur Veröffentlichung frei gegeben wurden. Vor allem die
westdeutsche Maschinenindustrie fühlte sich von der Neuregelung „außerordentlich
stark betroffen". Dagegen müsse, so Audouard vom VDMA, „eindeutig Stellung"
genommen werden. Vor allem müsse die deutsche Industrie verlangen, daß die neue
Ausfuhr-Sperrliste in allen Marshallplan-Ländern in Kraft gesetzt werde[61].

Wie die Vorgänge um Dollar-Drive und Ost-Referat in den Entscheidungsgremien
der führenden westdeutschen Industrieverbände in der ersten Hälfte des Jahres 1950
belegen, konnte zu diesem Zeitpunkt von einer Euphorie über die sich anbahnenden
grundlegenden Strukturveränderungen in den Außenwirtschaftsbeziehungen der Bundesrepublik, jedenfalls soweit diese Wandlungen unmittelbar aus den politischen Prämissen des Kalten Krieges resultierten, nicht die Rede sein. Im Gegenteil: Soweit der
Handlungsspielraum reichte, und teilweise sogar darüber hinaus, versuchten die Industrie und ihre Verbandsorganisationen, das alte mitteleuropäische Strukturmuster der
Austauschbeziehungen zwischen dem hochindustrialisierten Deutschland und den ost-
und südosteuropäischen Staaten als Lieferanten von Getreide und Rohstoffen zu
reaktivieren. Dies mußte zu diesem Zeitpunkt konzeptionell auch keineswegs als völlig
illusorisch erscheinen: Der Wirtschaftskrieg gegen den Ostblock hatte noch nicht in
voller Schärfe begonnen – und selbst die ECA-Administration sah, möglicherweise in
gewissem Gegensatz zur forcierten wirtschaftlichen Containmentpolitik vor allem im

---

[60] Bericht über die Konstituierung des Außenhandels-Ausschusses des BDI am 9. 5. 1950 in Fulda mit Datum
   vom 6. 6. 1950, HA Nr. 400101401/85.
[61] Ebenda, hier Punkt 4 der Tagesordnung: Neues Genehmigungsverfahren bei der Warenausfuhr", S. 14–16.

amerikanischen Handelsministerium und auch State Department, durchaus eine ökonomische Logik im Ausbau der Ostmärkte der Bundesrepublik[62].

US-Embargo und westdeutsche Gegenstrategien 1950–1952

Die Anfänge der amerikanischen Embargo-Politik reichten bis in das Jahr 1947/48
zurück, aber erst die Installierung des „Coordinating Committee on export controls"
(COCOM) am 22. 11. 1949 in Paris schaffte den institutionellen Rahmen, um den
europäisch-amerikanischen Wirtschaftskrieg gegen den Osten zu koordinieren und in
der Praxis wirksam werden zu lassen. Immerhin waren zu diesem Zeitpunkt noch
gewisse Unschärfen in der Zielrichtung der amerikanischen Außenwirtschaftspolitik
erkennbar. So hieß es noch in einem Memorandum der ECA-Washington (William C.
Foster und Robert N. Golding) vom 23. Februar 1950 zum Ost-West-Handel für die
Hearings im Kongreß: „Necessarily ECA has been interested in increasing East-West-
Trade as that builds up the economy of Western Europe without additional cost to the
American tax payer."[63]
Einheitliche Grundprinzipien für die zukünftige US-Außenwirtschaftspolitik for-
mulierte erst das Memorandum des National Security Council vom 14. 4. 1950 (NSC
68)[64]. Hierbei kam der Doppelcharakter der amerikanischen Europapolitik präzise
zum Ausdruck, nämlich 1) die Unterstützung für Westeuropas Wiederaufbau und für
die Schaffung einer lebensfähigen Wirtschaft und 2) die Restriktionen im Ost-West-
Handel. Im Anschluß an die NSC 68-Direktive unterstrich der US-Handelsminister
Charles Sawyer in einem Bericht an den Nationalen Sicherheitsrat (NSC 69) die
Notwendigkeit einer drastischen Verschärfung der Exportkontrollen für alle westlichen Lieferungen in den Ostblock: „For many months we have urged the need for
bringing Western European countries into line with our embargo and restrictions. This
has not been accomplished. The beneficiaries have been Russia and manufactures in
Western Europe and the United Kingdom. The sufferers have been American manufactures and anti-Communist security."[65]
Die US-Regierung sollte eine keine Zweifel lassende Anstrengung machen, die
zögerlichen westeuropäischen Staaten zur Übernahme der von den Vereinigten Staaten
angewandten strikten Embargo-Bestimmungen zu bringen, ohne Rücksicht darauf,
daß ihr Außenhandel dadurch Verluste erleiden könnte. Der Beginn des Korea-Krieges im Juni 1950 spielte für diese Entwicklungen zunächst nur eine nebengeordnete

---

[62] Telegramm US-HICOG (McCloy) an Secretary of State, 20. 9. 1949, FRUS 1949, Bd. 3, S. 448–450. Im
Zusammenhang der Überlegungen für einen geeigneten Abwertungssatz der DM im Anschluß an die
britische Pfundabwertung hatte die US-HICOG noch im September 1949 als Position formuliert: „We are
impressed by the necessity for Western Germany to be in a position to earn by export to South America and
the Eastern European countries, the imports which she will have to obtain in order to be viable." Zum
Zielkonflikt zwischen ökonomischer Rekonstruktion durch Osthandel und ökonomischer Sicherheitspolitik
durch Embargo in den Jahren 1947–49 ausführlicher Pollard, Economic security (Anm. 22), S. 161ff.
[63] 23. 2. 1950 Proposed statement on East-West Trade which Mr. Hoffman or Mr. Harriman might make in
Executive Session (Secret), by William C. Foster and Robert N. Golding (9 Seiten), NA RG 469, ECA,
Administrator Files, Interoffice Memorandums, Box 4.
[64] FRUS 1950, Bd. 1, S. 234–292. Zur Bedeutung von NSC 68 siehe Pollard, Economic security (Anm. 22),
1985, S. 222ff., sowie John L. Gaddis, Strategies of containment, New York 1982, S. 89ff.
[65] A Report to the National Security Council by The Secretary of Commerce on Export Controls and Security
Policy, 26. 4. 1950, NA NSC-Files, NSC 69. Das Zitat ist entnommen dem Anschreiben Sawyers an den
NSC vom 25. 4. 1950, ebenda.

Rolle: Er war weder Ursache noch eigentlicher Auslöser der dann im Jahre 1951/52 forcierten Embargo-Politik. Andererseits darf nicht übersehen werden, daß die Rückwirkungen der militärischen Eskalation in Süd-Ost-Asien vor allem auf die amerikanische Innenpolitik die Dinge schließlich sehr beschleunigt hat.

Die neue Gangart der USA im „economic warfare" gegen die Sowjetunion und die Satellitenstaaten im Ostblock begann seit Sommer 1950 auch auf den Außenhandel der Bundesrepublik durchzuschlagen. Schon in einer US-Denkschrift vom 18. 3. 1950, die sich speziell mit den Kontrollen im Ost-West-Handel für Deutschland beschäftigte, wurde das wesentliche Problem in „the absence of physical boundaries between the Western and Eastern Sectors of Berlin" (!) gesehen. Das Fehlen einer „physischen Grenze" müsse durch verschärfte Kontrollen ausgeglichen werden, allerdings sei dabei der politische Effekt auf westdeutsche Industrie- und Regierungskreise sorgfältig zu beachten: „These groups are turning more and more to the point of view that the entire Soviet area is a vast market for German products, from which German industry is shut off by restrictions imposed by the Allies in a struggle in which Germany has no part."[66]

Aus amerikanischer Sicht geriet die westdeutsche Industrie, deren Reserve gegen die Dollar-Drive-Politik nicht verborgen geblieben war, jetzt zunehmend in ein Zwielicht – ein Zwielicht, das sich mit der Zuspitzung der Embargo-Frage 1950/51 nicht unbedingt aufhellte. Als im Herbst 1950 erste Grenzanhaltungen von deutschen Exportlieferungen, für die reguläre Ausfuhrgenehmigungen vorlagen, in die CSSR erfolgten, verschärfte sich der Konflikt zunehmend. Der BDI intervenierte umgehend bei Erhard und verlangte insbesondere, daß die „Diskriminierung" der westdeutschen Ausfuhrindustrie durch die Oktroyierung der verschärften amerikanischen Embargo-Liste, die von den anderen westeuropäischen Staaten abgelehnt wurde, wenigstens in erträglichen Grenzen gehalten werden müßte[67].

Nachdem diese erste Intervention keinen Erfolg hatte und sich die willkürlichen Grenzanhaltungen häuften, forderten BDI und DIHT vor allem die „Herstellung der Rechtssicherheit" für die deutschen Ostexporteure. In einer gemeinsamen Grundsatzbesprechung der Verbände mit Wirtschaftsminister Erhard am 18. 12. 1950 konnte eine Verständigung von Wirtschaft und Politik über die Verfahrensregelungen im Ost-West-Handel, soweit die Bundesregierung darauf Einfluß hatte, erzielt werden. Das Ergebnis der Verhandlungen wurde in einer vertraulichen 5-Punkte-Erklärung niedergelegt. Zur grundsätzlichen Problematik hieß es: „Das Bundeswirtschaftsministerium wird die Bemühungen der deutschen Wirtschaft um die Steigerung des Exports in jeder Hinsicht weiterhin tatkräftig unterstützen, und zwar im Rahmen der politisch gesetzten Grenzen auch hinsichtlich der Ausfuhr nach den Ostländern."[68] Weiter sagte

---

[66] Memorandum vom 18. 3. 1950 „Control of East-West Trade as it affects Germany" by J. T. Rogers, NA RG 469, ECA Administrator Files, Interoffice Memorandums, Box 4.

[67] BDI-Hauptgeschäftsführer Beutler an Dr. Erhard, 18. 10. 1950: „Die Pariser Verhandlungen über die Aufstellung einer gemeinsamen Verbotsliste haben gezeigt, daß sich die übrigen Länder mit allen Mitteln sträuben, eine so starke Beeinträchtigung ihres Ost-Exports hinzunehmen. Der deutschen Ausfuhrindustrie dagegen ist diese Liste einfach auferlegt worden, ohne daß sie die Möglichkeit, dagegen Stellung zu nehmen, gehabt hat. Wenn schon hier eine Diskriminierung der deutschen Industrie aus dem Zwange der Verhältnisse heraus in Kauf genommen werden mußte, so kann es unter keinen Umständen hingenommen werden, daß im Rahmen der verbliebenen Möglichkeiten auch noch durch willkürliche Eingriffe der alliierten Behörden Störungen verursacht werden.", HA Nr. 400101401/85.

[68] „Vertraulich" Mitteilungen Nr. 42 der BDI-Außenhandels-Abteilung vom 22. 12. 1950, ebenda.

die Bundesregierung zu, daß, soweit es in ihrer Verantwortung liege, in der Anwendung der Embargo-Bestimmungen zukünftig „nach den gleichen Grundsätzen" wie bei den übrigen westeuropäischen Ländern verfahren werde. Faßt man das Ergebnis der Vereinbarung vom 18. 12. 1950 zusammen, so wird deutlich, daß das Wirtschaftsministerium im Konflikt zwischen den Osthandelsinteressen der deutschen Wirtschaft und der Embargo-Politik des State Department nach wie vor zu seiner Konzeption einer „weltoffenen Handelspolitik" stand und dementsprechend versuchte, die Behinderungen im Ost-Handel auf ein Mindestmaß beschränkt zu halten. Gleichwohl war allen Beteiligten auf deutscher Seite klar, daß der Handlungsspielraum begrenzt und ein grundsätzliches Ausscheren aus der Embargo-Front politisch nicht durchführbar war.

In der amerikanischen Öffentlichkeit setzten inzwischen scharfe Angriffe gegen verschiedene westeuropäische Staaten ein, weil diese durch ihren anhaltenden Export von strategischen Gütern in die Sowjetunion die „Kriegsvorbereitungen" der kommunistischen Welt unterstützten. In den Mittelpunkt der Kritik rückten neben Frankreich und England vor allem die zuständigen westdeutschen Stellen. In einem viel beachteten Artikel der „United States News and World Report" vom 22. 9. 1950 wurde so u. a. ausgeführt: „Die Industriellen Westdeutschlands befördern, oft mit Hilfe deutscher Funktionäre, nach Rußland und seinen verbündeten Staaten kriegswichtige Konterbande für Millionen von Dollar. Der illegale Handel hat derartige Formen angenommen, daß er aus der deutschen Ruhr ein „Hilfsarsenal" Rußlands zu machen droht. ... Die umfangreichsten Mengen fließen über die schlecht bewachte Grenze von Westdeutschland nach Ostdeutschland ab. Das deutsche Kontrollsystem der Exporte ist so lasch, daß die verbündeten Behörden nicht genau feststellen können, welche Waren nach dem Osten transportiert werden. ...“[69]

Daß diese Pressestimmen nicht isoliert dastanden, sondern der Konflikt über den Ost-West-Handel inzwischen zu einer ernsthaften Belastung des deutsch-amerikanischen Verhältnisses geworden war, belegen nicht zuletzt interne Aufzeichnungen aus der Deutschland-Abteilung des State Department. Dabei wurde im übrigen auch deutlich, daß zwischen der HICOG, die mit den konkreten Problemen der deutschen Wirtschaft besser vertraut war, und der Washingtoner Zentrale, die der Stimmung im Kongreß[70] und in der amerikanischen Öffentlichkeit unmittelbar ausgesetzt war, nicht unerhebliche Meinungsverschiedenheiten bestanden. In der Materialzusammenstellung (Top Secret) für eine Deutschland-Reise des Leiters der Deutschland-Abteilung, Byroade, Anfang 1951 rangierte die Embargo-Frage unter mehr als 20 Punkten (darunter Kohle, Ruhr und Demontage, Arbeitslosigkeit, Mitbestimmung, GATT-Mitgliedschaft, dt.-amerik. Handelsvertrag, Besatzungskosten, etc.) auf dem ersten Platz. Dort hieß es: „The Department is under extreme pressure on this

---

[69] Entnommen aus einer Zusammenstellung des BMWi Abt. V „Interessante Pressestimmen zur Frage der Ausfuhr strategischer Waren nach dem Ostblock", PA AA II-300-01-76.

[70] Die Embargo-Problematik bildete in den Jahren zwischen 1950 und 1956 ein Dauerthema im amerikanischen Kongreß. U. a. wurden eine Reihe umfangreicher Sonderberichte vorgelegt: 12. 10. 1951, 82d Congress, 1st Session, Senate Report No. 944: „Export controls and policies in east-west trade." Report of the Committee on Interstate and Foreign Commerce (134 S.). 21. 7. 1953, 83d Congress, 1st Session, Senate Report No. 606: „Control of trade with the Soviet bloc." Interim report of the Committee on Government Operations (Chairman Joseph R. McCarthy, 57 S.). 18. 7. 1956, 84th Congress, 2nd Session, Senate Report No. 2621 „East-west trade". Report of the Committee on Government Operations (54 S.).

issue, and our position in regard to it with HICOG is not wholly satisfactory. None of the other matters ... is of such importance. ... We agree with HICOG that the Germans should not be subject of discrimination, but we think that most aspects of discrimination have been or shortly will be removed. We are extremely concerned, however, that Germany continues as the greatest single source of strategic commodities for the Soviet area and that the Federal Government is apparently not making a very strong effort to enforce its control regulations. ... Congressional and public interest in this problem is increasing rapidly to such a point that, politically, we will soon not be able to ,live with' the problem."[71]

Nachdem schließlich der Auswärtige Ausschuß des Repräsentantenhauses in einer Sitzung am 8. 6. 1951 die deutsche Exporttätigkeit nach dem Osten in „scharfer Form" kritisierte, griff die ECA-Administration im Juli 1951 erstmals zum Mittel der Suspendierung von ERP-Gegenwertmitteln für ein deutsches Unternehmen aus dem Ruhrgebiet[72]. McCloy hatte Bundeskanzler Adenauer auf derartige Konsequenzen im übrigen bereits am 22. Mai 1951 nachdrücklich hingewiesen[73]. Bis zum Juni 1952 verlängerte sich die „schwarze Liste" westdeutscher Firmen, die von den USA illegaler Praktiken im Ost-West-Handel beschuldigt wurden, auf insgesamt 87 (!). Die Sanktionen umfaßten neben der Streichung von ERP-Gegenwertmitteln vor allem die Verweigerung von Belieferungen mit strategischen Gütern aus den USA sowie die Bekanntgabe der betreffenden Firmen bei den Beschaffungsstellen von HICOG, EUCOM (European Command, United States Army) und USAFE (United States Air Force, Europe) mit der Maßgabe, diese Firmen von den Lieferprogrammen der Dienststellen zu streichen[74].

Vor diesem Hintergrund war die erste offizielle Reise einer BDI-Delegation in die Vereinigten Staaten im Juli 1951 in Puncto Embargo-Politik nicht ohne besondere politische Brisanz. Aber auch hier blieb der BDI in der Frage des Ost-West-Handels, trotz aller sonstigen Bekenntnisse zur deutsch-amerikanischen Zusammenarbeit, im Kern bei seiner offensiven Linie gegen die Restriktionen der Amerikaner. Immerhin aber hatte sich der BDI schon im Januar 1951 bemüßigt gefühlt, in einer ausführlichen Darlegung an den britischen Hohen Kommissar, Sir Ivone Kirckpatrick, „mit aller Bestimmtheit" die Entscheidung der Bevölkerung der Bundesrepublik und insbesondere der deutschen Industrie „für den Westen und gegen den Osten" zu belegen[75]. In den Unterlagen vom Juli 1951 für die BDI-Delegation, die als Diskussionsgrundlage für die Gespräche mit amerikanischen Dienststellen und der „National Association of

---

[71] Office Memorandum from Prud'homme to Byroade vom 29./30. 1. 1951 (Top Secret), Paper on East-West-Trade (Nr. 13), NA RG 59, 762A.00/1–1951.

[72] Walter Trautmann, Osthandel (Anm. 53), S. 116.

[73] HICOG Frankfurt an Department of State, Washington, Desp. No. 194 „Administrative Action Against Firms Engaging in Illegal East-West Trade", 15. 8. 1951, NA RG 59 462A. 119/8–1551.

[74] Trautmann, Osthandel (Anm. 53), S. 116f. Vgl. auch HICOG Bonn an Department of State Washington „Action Programs in Germany Directed Against East-West Trade Violations", 24. 6. 1952, NA RG 59 462 A.119/6–2452.

[75] Fritz Berg an Kirckpatrick, 31. 1. 1951, HA Nr. 400101401/40. Unmittelbarer Anlaß des BDI-Schreibens war eine Rede Kirckpatricks vor dem Überseeclub in Hamburg am 12. 1. 1951, in der dieser die politische Zuverlässigkeit der Deutschen in Frage gestellt hatte. Dem BDI-Schreiben an Kirckpatrick beigefügt war eine 7-seitige Zusammenstellung von Zitaten aus der bisherigen Verbandsarbeit der Industrieorganisationen von 1949–51, die die Entscheidung der Wirtschaft für die „abendländische Kultur" und den Westen gegen die östliche „Barbarei" belegen sollten.

Manufacturers" (NAM) gedacht waren, wurde betont, daß die deutsche Industrie von der „Strukturzerreißung" in Deutschland und Europa „sehr viel schwerer als andere Länder betroffen sei, „deren natürliches Austauschgebiet nicht in dem Maße im Osten lag. Wenn wir überhaupt Handel mit dem Ostblock treiben, dann nur um die nötigen Rohstoffe zu bekommen, die wir mangels Dollar vom Westen nicht bekommen können. ... Durch Verlagerung von Rohstoff- und Lebensmittel-Importen aus Übersee nach dem Osten könne die deutsche Devisenbilanz um ca. 370 Mill. $ verbessert werden."[76] Die BDI-Position hatte sich im Kern gegenüber der Ausgangslage 1949/50 also nicht verändert. In diesem Sinne hatte auch die Mitglieder-Versammlung des BDI am 26. 6. 1951 in München eine Grundsatzresolution zum Ost-Handel verabschiedet. Darin hieß es: „Die deutsche Industrie lehnt mit aller Entschiedenheit jedes illegale Geschäft mit der Ostzone und den Staaten des Ostblocks einschließlich Rot-China ab. ... Die deutsche Industrie stellt aber fest, daß alle Vorwürfe, die in letzter Zeit wieder gegen sie erhoben wurden, bisher nicht substantiiert worden sind. Sie ist bereit, diese Vorwürfe zu prüfen und gegebenenfalls die Konsequenzen zu ziehen. Jedoch muß sie fordern, daß ihr konkrete Beweise für Übertretungen geliefert werden. ... Die deutsche Industrie betrachtet es andererseits als absolut notwendig, den legalen Handel mit dem Osten im Rahmen der Sicherheitsbestimmungen mit allen Mitteln zu fördern."[77]

Dieses Statement lief in seinem Kern nicht nur den Intentionen der amerikanischen Regierung, sondern gleichermaßen den Überzeugungen in der amerikanischen Business Community entgegen. So bekräftigte z. B. das „National Foreign Trade Council" (NFTC) Ende Oktober 1951 auf seiner Tagung in New York die Linie der US-Regierung in der Embargo-Frage vorbehaltlos und unterstrich dabei insbesondere die Unterordnung der amerikanischen Exportwirtschaft unter die außenpolitischen Interessen ihres Landes. Die amerikanischen Unternehmer trügen eine besondere Verantwortung, ihren Teil dazu beizutragen, daß der Kalte Krieg gewonnen werden könne: „To fight today's cold war without the aid of private enterprise abroad would be fighting with one hand tied behind our back."[78]

Im Jahre 1952 erreichten die direkten amerikanischen Interventionen gegen den Ost-West-Handel ihren Höhepunkt. Der vom amerikanischen Präsidenten Truman am 26. 10. 1951 unterzeichnete und am 24. 2. 1952 in Kraft getretene sog. „Battle Act"[79], benannt nach dem Kongreßabgeordneten Laurie C. Battle aus Alabama und gültig bis 1979, war das bedeutsamste Dokument, das die Gewährung von amerikanischen Hilfsprogrammen mit spezifischen Auflagen in der Embargo-Politik gegenüber dem Ostblock verknüpfte. Der „Battle Act" stellte die gesetzliche Fundierung der US-Beteiligung am Pariser COCOM her und bestimmte zugleich, daß solchen Ländern, die sich am strategischen Embargo gegen die UdSSR nicht beteiligten, zukünftig jegliche mili-

---

[76] BDI-Rundschreiben vom 17. 7. 1951, betr.: Ost-West-Handel, hier Anlage: „West-Ost-Handel", HA Nr. 400101401/10.

[77] Entschließung der BDI-Mitgliederversammlung in München vom 26. 6. 1951, HA Nr. 400101401/40.

[78] Rede von Thomas W. Phelps (Socony-Vacuum Oil Company, Inc.) auf der 38. Tagung des NFTC am 30. 10. 1951, BA B 102, Bd. 6156, Heft 1.

[79] Die offizielle Bezeichnung des „Battle Act" lautete: „Mutual Defense Assistance Control Act of 1951", Public Law 213, 82d Congress. Das Dokument ist vollständig abgedruckt bei Adler-Karlson, Western Economic Warfare (Anm. 53), S. 28–30; siehe im übrigen FRUS 1951, Bd. 1, S. 341 etc.

tärische, wirtschaftliche und politische Unterstützung der Vereinigten Staaten entzogen würde[80].

Der „Battle Act" stieß bei den westeuropäischen Staaten auf wenig Gegenliebe. Insofern stand die Bundesrepublik in ihrem Bemühen, die Auswirkungen der amerikanischen Embargo-Politik zu begrenzen, keineswegs allein. Vor allem mit Großbritannien entwickelte sich im Rahmen der Pariser COCOM-Verhandlungen eine gut abgestimmte Zusammenarbeit. Auf britischer Seite spielte dabei nicht zuletzt der Wunsch mit, die immer drückender werdende Konkurrenz der westdeutschen Exportindustrie auf dem Weltmarkt[81] durch eine Ausweitung des Ost-Handels abzumildern[82]. Aus dem gemeinsamen Interesse, möglichst viele östliche Aufträge durch die COCOM-Gremien zu „schleusen", sprachen die deutsche und britische Delegation zunehmend vor Beginn der COCOM-Sitzungen ihre Strategie ab, verzichteten in kritischen Fällen auf ein „Veto" gegen die Genehmigungsanträge des anderen Landes und vereinbarten auch gegenseitige indirekte Beteiligungen an den Geschäften, z. B. durch Zulieferungen bei sowjetischen Schiffsbauaufträgen an deutsche oder englische Werften[83]. Die deutsche Delegation ging im Einzelfalle, um einen Erfolg ihrer Anträge in den COCOM-Sitzungen möglichst sicherzustellen, sogar soweit, das in Paris übliche „Frage- und Antwortspiel" vorab in Bonn im Kreise der zuständigen Sachverständigen „kriegsmäßig"[84] zu üben (!).

Die tatsächliche Einstellung der zuständigen Dienststellen der Bundesrepublik zum „Battle-Act" illustrierte exemplarisch der Fall Schloemann: Ausgangspunkt der Affäre war die beabsichtige Lieferung eines kompletten Walzwerkes durch die Schloemann AG an Ungarn. Nachdem alliierte Stellen seit Sommer 1951 die vertraglich vereinbarte und von den zuständigen Behörden bereits genehmigte Ausfuhr der Anlagen blockiert hatten, ging die Hauptlieferung des Walzwerkes schließlich auf unmittelbare Anweisung des Leiters der Gruppe West-Ost im Wirtschaftsministerium, Dr. Kroll[85], am 23. 1. 1952 in einer Nacht- und Nebelaktion über die Grenze. Besonders pikant war, daß die Ausfuhrgenehmigung der Fa. Schloemann erst am Tag zuvor ausgehändigt worden und für den 23. 1. 1952 bis 24.00 Uhr befristet war, also buchstäblich bis zu der letzten Minute (!) vor Inkrafttreten des Battle-Act am 24. 1. 1952. Die amerikanische Reaktion blieb nicht aus: Wie der Leiter des East-West-Trade Sub-Committee bei der HICOG, Kiefer, der Bundesregierung erklärte, hätten diese Vorgänge in den Vereinigten Staaten „größte Verstimmung hervorgerufen. Bei der stimmungsmäßigen Einstellung des amerikanischen Volkes würde die Erteilung einer Ausfuhrgenehmigung für die Restteile des Walzwerkes gefährliche Folgen für das gesamte Auslandshil-

[80] Vgl. auch Jacobsen, Ost-West-Wirtschaftsbeziehungen (Anm. 53), S. 62ff.
[81] Siehe u. a. die regierungsamtliche britische Ausarbeitung „Die deutsche Konkurrenz" als Anlage in einem Schreiben BMWi/Ockhardt an Dr. H. Reusch vom 28. 11. 1952, HA Nr. 400101462/32.
[82] Als die Embargolisten im Jahre 1954 nach Vorlage des Randall-Reports und auf eine Initiative Churchills bei Präsident Eisenhower erstmals gelockert werden sollten, kommentierte der „Daily Herald" am 30. 3. 1954: „Der größte Gewinn für Großbritannien wäre wahrscheinlich, wenn der natürliche Markt Deutschlands im Osten wieder geöffnet würde, anstatt daß sich die Deutschen in die Märkte Eingang verschaffen müssen, die normalerweise unsere Märkte sind." Zit. nach Trautmann, Osthandel (Anm. 53), S. 100, Anm. 6.
[83] Siehe u. a. Aktenvermerke vom 27. und 30. 11. bzw. 12. 11. 1953, BA B 102, Bd. 57 793.
[84] Aktennotiz Dr. Scholz, 30. 10. 1953, BA B 102, Bd. 57 793.
[85] Fernschreiben BMWi an Schloemann AG vom 21. 1. 1952, BA B 102, Bd. 7201, Heft 2. Dort auch weiteres Material zum Gesamtvorgang.

feprogramm haben, zumal die amerikanische Presse die Ausfuhr eines Walzwerkes nach einem Sowjetblockstaat journalistisch entsprechend auswerten würde.«[86] Wie hoch der Fall Schloemann noch ein Jahr später gehandelt wurde, zeigte sich anläßlich des ersten Besuchs von Bundeskanzler Adenauer im April 1953 in Washington. Im Rahmen der bilateralen Wirtschaftsverhandlungen stellte die amerikanische Seite, die in dieser Frage nach wie vor unter einem außerordentlichen innenpolitischen Druck stand, die Embargo-Problematik und vor allem den Fall Schloemann in den Mittelpunkt der Gespräche. Assistant Secretary Linder[87] verlangte hier ultimativ und, wie im Protokoll vermerkt ist, „mit unverkennbarer Schärfe"[88] von der Bundesregierung, die Auslieferung von 10000 t Schrott sowie der restlichen Walzwerkteile der Fa. Schloemann an Ungarn zu verhindern. Von Maltzan als deutscher Delegationsleiter entgegnete ebenfalls sehr bestimmt, daß die Bundesregierung nur im Falle Schloemann bereit sei, die Lieferung zu unterbinden. Dagegen sei man außerstande, den Schrottexport zu stoppen, da hier eine klare handelsvertragliche Verpflichtung der Bundesrepublik vorliege und im übrigen die Zustimmung der alliierten Stellen eingeholt worden sei.

Die politische Bedeutung des Falles zeigte sich nicht zuletzt darin, daß sogar Außenminister Dulles bei seinen Gesprächen mit Adenauer auf die Angelegenheit zurückkam: „Die amerikanische Öffentlichkeit und der Kongreß seien in der Frage des Ost-West-Handels besonders empfindlich, und man müsse mit der Streichung jeglicher Auslandshilfe rechnen, wenn ein Land gegen wesentliche Teile des für den Ost-West-Handel aufgestellten Programms verstoße." Dulles unterstrich in diesem Zusammenhang, wie Adenauer notierte, noch einmal „eindringlich die Bedeutung des Ost-West-Handels für die deutsch-amerikanischen Beziehungen"[89].

Die Moskauer Weltwirtschaftskonferenz, die Stalin-Note und die Gründung des „Ostausschusses der deutschen Wirtschaft"

Die Entwicklungen im Jahre 1952 bewiesen, daß alle administrativen Restriktionen und Drohungen der USA nur einen sehr begrenzten Erfolg haben konnten. In den Mittelpunkt der Auseinandersetzungen um eine westliche „Economic Defense Policy" war jetzt die Moskauer Weltwirtschaftskonferenz gerückt. Zu dieser Konferenz waren Vertreter aus Ost und West sowie den Staaten der Dritten Welt vom 3.–12. April 1952 nach Moskau eingeladen worden[90]. Die US-Embargo-Politik erzielte hier nach außen

---

[86] Aktenvermerk Dr. v. Zahn-Stratnik über den Besuch von Mr. Renner und Mr. Kiefer beim Staatssekretär im BMWi vom 25. 3. 1952, ebenda.

[87] Zur Position Linders siehe auch: Economic Relations Between Eastern and Western Europe, v. Harold F. Linder, Deputy Assistant Secretary for Economic Affairs, 12. 11. 1951 (Reprint from Department of State Bulletin, PA AA IIIb-311-22, Bd. 1.

[88] Siehe Anm. 137, Zur Kontroverse Linder – von Maltzan und dem Gesamtverlauf der Gespräche aus amerikanischer Sicht siehe auch: 15. 4. 1952 Telegram, Acting Secretary of State, Smith an HICOG Bonn (secret). FRUS 1952–54, Bd. 7, T. 1, S. 450–453.

[89] Konrad Adenauer, Erinnerungen 1945–1953, 2. Aufl., Stuttgart 1973, S. 576.

[90] Siehe dazu demnächst meine Dokumentation: „Die Moskauer Weltwirtschaftskonferenz 1952". Im Rahmen dieses Beitrages können Vorgeschichte, Verlauf und Ergebnisse der Konferenz nicht ausführlicher behandelt werden. Siehe im übrigen Keesing's Archiv der Gegenwart, 22 (1952), S. 3427f.

hin noch einmal einen gewissen Scheinerfolg, indem eine Reihe von prominenten westlichen Wirtschaftlern von einer Teilnahme an dem Treffen abgehalten werden konnte[91]. Im übrigen mag die Tatsache, daß die Konferenz und ihre Auswirkungen in den westlichen Medien systematisch heruntergespielt wurden, mit eine Ursache dafür sein, daß unsere Kenntnisse über die Moskauer Konferenz bis heute ganz unbefriedigend sind und ihre langfristige Bedeutung in der wissenschaftlichen Diskussion bisher nicht hinreichend rezipiert worden ist[92]. Im Kern wurde diese Konferenz zum eigentlichen Wendepunkt in den Ost-West-Wirtschaftsbeziehungen in der Ära des Kalten Krieges:

Die Moskauer Weltwirtschaftskonferenz bildete in der sowjetischen Strategie der Jahre 1951/52 die unmittelbare Antwort auf die amerikanische Embargo-Politik und sie war der ökonomische Hebel in der sowjetischen „Friedensoffensive". Die zeitliche Koinzidenz der bekannten Stalin-Note vom 10. 3. 1952 mit der Moskauer Konferenz in der ersten Aprilhälfte 1952 war dabei kein Zufall[93]. Schon in der Stalin-Note spielte die Embargo-Frage eine in der wissenschaftlichen Diskussion bisher zu wenig beachtete Rolle[94]. Unter dem Punkt „Wirtschaftliche Leitsätze" hieß es im Vertrags-Entwurf scheinbar lapidar: „Deutschland werden für die Entwicklung seiner Friedenswirtschaft, die der Hebung des Wohlstandes des deutschen Volkes dienen soll, keinerlei Beschränkungen auferlegt. Deutschland werden auch keinerlei Beschränkungen in bezug auf den Handel mit anderen Ländern, die Seeschiffahrt und den Zutritt zu den Weltmärkten auferlegt."[95] Aus sowjetischer Sicht hätte dies unter dem Aspekt der Embargo-Problematik bedeutet, über Deutschland als dem wichtigsten Industrieland an der Nahtstelle zwischen West und Ost den de facto freien Zugang zu westlicher Technologie und technischem Know-how zu bekommen.

In den wirtschaftlichen Auswirkungen einer deutschen Wiedervereinigung wurde im übrigen sowohl von der französischen als auch der englischen Regierung die größte Gefahr gesehen[96]. Und auch in den USA wurde die Haltung der westdeutschen Industrie zur Frage der Wiedervereinigung und zu Stalins Angebot einer Aufhebung

---

[91] Die amerikanische Haltung zur Moskauer Weltwirtschaftskonferenz in Umrissen dokumentiert in: FRUS 1951, Bd. 4, T. 2, S. 1273ff. und FRUS 1952–54, Bd. 1, T. 2, S. 833f., 858–860.

[92] Vgl. z. B. Ute Daniel, Dollardiplomatie in Europa. Marshallplan, Kalter Krieg und US-Außenwirtschaftspolitik 1945–52, Düsseldorf 1982, S. 194f. Daniel weist zurecht auf die Moskauer Konferenz hin, kommt aber aus der Unkenntnis der Aktenlage zu einer schiefen Bewertung.

[93] Auf diesen Zusammenhang hat im übrigen auch schon Gerd Meyer, Die sowjetische Deutschland-Politik im Jahre 1952, Tübingen 1970, S. 29 und 123 hingewiesen.

[94] Die wirtschaftlichen Aspekte der Stalin-Note für die westdeutsche Industrie sind angedeutet bei Wilfried Loth, Die Teilung der Welt 1941–1955, München 1980, S. 289ff.

[95] Sowjetische Note vom 10. 3. 1952, zit. nach Eberhard Jäckel, Die deutsche Frage 1952–1956. Notenwechsel und Konferenzdokumente der vier Mächte, Frankfurt/Berlin 1957, S. 24.

[96] 14. 3. 1952 Aufzeichnung von Frank Roberts, Foreign Office über die Haltung des Quai d'Orsay, als Faksimile abgedruckt bei Rolf Steininger, Deutsche Geschichte 1945–1961, Bd. 2, Frankfurt/M. 1983, S. 417f. In der Aufzeichnung heißt es u. a.: „Economic clauses. These were perhaps even more dangerous, since Germany would be left completely free to trade with the East whereas other West European countries had accepted important limitations upon their trade with the Communist world ... the Quai d'Orsay fear that the effect of the Soviet proposals would be to produce a rich and economically strong Germany which would however be military dominated by the Soviet Union and also be under Soviet economic dominance ..." In einer handschriftlichen Randbemerkung notierte Außenminister Eden zustimmend: „Which has been my view all along, i.e. that the Soviets are sincere in these proposals because, though there is danger in them, they would on balance, suit them well."

der wirtschaftlichen Beschränkungen mit größter Aufmerksamkeit verfolgt[97]. Dabei zeigte sich interessanterweise, daß im State Department neben der offiziellen, vor allem von Charles E. Bohlen vertretenen Linie in der Deutschland- und Europapolitik auch eine andere Denkschule existierte, die sich um Paul H. Nitze im Politischen Planungsstab gruppierte und die bereit war, auf das sowjetische Angebot substantiell einzugehen. In einem bisher nicht bekannt gewordenen Memorandum des Politischen Planungsstabes vom 14. 3. 1952 wurde die Stalin-Initiative positiv aufgenommen und bereits ein Wahltermin für eine gesamtdeutsche Nationalversammlung (nach dem Procedere der Wahl für die Weimarer Nationalversammlung am 19. 1. 1919) für den 16. November 1952 vorgeschlagen[98]. Die relative Offenheit der amerikanischen Position und die unterschiedlichen Auffassungen zur Stalin-Note dokumentierten sich auch in einer Besprechung des State Department am 1. 4. 1952. Zum wirtschaftlichen Aspekt der sowjetischen Initiative wurde bemerkt: „Bohlen feels that the present Soviet bid for a unified Germany is really directed at the right wing industrialists who support Adenauer rather than at the German Socialists; it is the industrialists whom the Soviet Union could tempt with markets stretching from Eastern Europe to the Pacific (including China)-markets which it would be very difficult for Germany to duplicate in the West."[99]

Richtig an der Analyse Bohlens, soweit sie die Haltung der westdeutschen Industrie betraf, war, daß hier nach wie vor die Option auf die östlichen Märkte eine besondere Priorität besaß. Aber dies bedeutete keineswegs, daß die Exportwirtschaft sich etwa einem neutralistischen Konzept verschrieben hätte und zugunsten einer Öffnung nach Osten ihre westlichen Märkte gefährden wollte. Insofern hatte das Interesse an dem süd-osteuropäischen Raum mit einer Rapallo-Option[100] wenig oder gar nichts zu tun. Das Credo der Industrie bestand vielmehr im „sowohl als auch" und dies hieß ins Politische gewendet, daß eine unmittelbare Verkopplung ihrer außenwirtschaftlichen Interessen mit einer spezifischen Lösung der Deutschland-Frage, wie sie etwa von Stalin angeboten worden war, für die Unternehmerschaft gerade nicht in Frage kam.

Doch zurück zur Moskauer Weltwirtschaftskonferenz: Nachdem im August 1951 die ersten Pläne für die Wirtschaftskonferenz bekannt geworden waren, war sich das

[97] Telegram McCloy an Acheson vom 29. 3. 1952, NA RG 59, 662.001/3-2952; abgedruckt auch bei Rolf Steininger, Eine Chance zur Wiedervereinigung?, Die Stalin-Note vom 10. 3. 1952, 2. Aufl. Bonn 1986, S. 177f. Darin berichtete McCloy zum Punkt Wirtschaft: „Freedom of trade. This Soviet proposal would seem to be particularly attractive to German industry. As yet we have no concrete evidence of the Ruhr's reaction to Soviet note or our reply. However there are enough straws in wind indicating Adenauer's industrial supporters are urging him to go slow on the contractual negotiations, to prompt us to investigate this interesting phase more carefully. We believe for example that Bluecher's adherence to Kaiser school may be promted by Dusseldorf's covetousness of Eastern markets particularly in event of business recession."
[98] Ausführlich dokumentiert bei Reinhard Neebe, Wahlen als Test: Eine gescheiterte Initiative des Politischen Planungsstabs im State Department zur Stalin-Note vom 10. März 1952, In: Militärgeschichtliche Mitteilungen 45 (1989), S. 139–162.
[99] Memorandum von Louis Pollak, 2. 4. 1952, FRUS 1952–54, Bd. 7, T. 1, Dok.Nr. 81, S. 195.
[100] Das „Neue Deutschland" (ND) stellte demgegenüber in der publizistischen Begleitung der Moskauer Konferenz den Rapallo-Gedanken bewußt heraus; siehe u. a. ND Nr. 86, 10. 4. 1952 „Zum 30. Jahrestag der Konferenz von Genua am 10. April 1922"; ND Nr. 90, 17. 4. 1952 Wilhelm Pieck: Der Rapallo-Vertrag und seine nationale Bedeutung für das deutsche Volk.

State Department zunächst unschlüssig, wie die USA auf die sowjetische Initiative reagieren sollten. Innerhalb des State Department wurden so zunächst auch Überlegungen angestellt, ob die USA nicht offensiv reagieren und in Moskau präsent sein sollten. Jedenfalls sah man in Washington, daß nicht zuletzt angesichts der wirtschaftlichen Probleme in vielen westeuropäischen Ländern die geplante Weltwirtschaftskonferenz auf keinen Fall auf die leichte Schulter genommen werden durfte[101].

Als im State Department die Entscheidung gegen eine US-Beteiligung an der Moskauer Konferenz gefallen war, wurde eine konzertierte Reaktion aller westeuropäischen Regierungen gegen die sowjetische Handelsoffensive eingeleitet. Die Gegenstrategie der US-Regierung konzentrierte sich zunächst darauf, die Konferenz mit dem kommunistischen „World Peace Council" zu identifizieren und die sowjetische Initiative als „Propagandaveranstaltung" zu diskreditieren. Anfang Februar 1952 erhielten sämtliche amerikanische Botschaften und Konsulate die entsprechenden Instruktionen[102] und am 14. 3. 1952 erklärte der amerikanische Außenminister Dean Acheson vor der Presse, daß der Zweck der Konferenz allein darin bestehe, Uneinigkeit im westlichen Bündnis zu erzeugen und die Restriktionen gegen die Lieferung strategischer Güter für die Sowjetunion zu unterminieren[103]. Die Bundesregierung erklärte die Teilnahme deutscher Wirtschaftler „politisch für höchst unerwünscht und inopportun"[104] und der BDI ließ ohne jede inhaltliche Begründung lediglich verlauten, „daß er eine Teilnahme an der Moskauer Weltwirtschaftskonferenz ablehnt"[105].

Nach Ablauf der Konferenz zeigte sich freilich, daß die öffentlichen Verlautbarungen von Bundesregierung und Wirtschaft mit ihrer praktischen Politik wenig zu tun hatten. Tatsächlich hatte nämlich mit stillschweigender Billigung der Regierung eine Gruppe von 19 deutschen Geschäftsleuten an der Moskauer Konferenz teilgenommen. Während aus anderen westlichen Ländern zahlreiche Prominenz vertreten war, vor allem eine Reihe hochrangiger englischer Politiker und Wirtschaftler, konnte aus naheliegenden politischen Gründen nicht die erste Garnitur der westdeutschen Wirtschaft in Moskau vertreten sein[106]. Aber die Resultate der Konferenz sprachen für sich. Sie bedeuteten vor allem auch für die deutsche Exportwirtschaft den ersten

[101] Office Memorandum U.S. Government, From: Bonbright Via: Ch. Bohlen To: Matthews, 12. 10. 1951 (Secret). Betr.: Soviet-Inspired International Economic Conference Scheduled to be Held in Moscow in December., NA RG 59, 398.00 MO/10-1251.
[102] Circular Airgram „Department's position on the Soviet-Inspired International Economic Conference Scheduled to be Held in Moscow during April", 1. 2. 1952, ebenda.
[103] Department of State for the Press Nr. 193. Statement by Secretary of State Dean Acheson vom 14. 3. 1952, BA B 102, Bd. 7238, Heft 1. Siehe ferner: U.S. Views on Economic Conference at Moscow. Statement by Secretary Acheson vom 14. 3. 1952, in: Department of State Bulletin, 24. 3. 1952, S. 447f.
[104] Telegramm Blankenhorn vom 15. 3. 1952 (Abschrift), BA B 102, Bd. 7238, Heft 1. Eine dem Bundeskanzleramt von englischer Seite übergebene Liste von deutschen Persönlichkeiten, die angeblich an der Konferenz teilnehmen wollten, wurde von Staatssekretär Dr. Lenz dem Bundesamt für Verfassungsschutz zugeleitet; Lenz an Erhard, 19. 3. 1952, ebenda.
[105] BDI an Blankenhorn, 20. 3. 1952, ebenda.
[106] Ein vollständiges Verzeichnis der 471 Teilnehmer aus 49 Ländern befindet sich in NA RG 59, Box 1481, 398.00 MO/4-2352. Zur westdeutschen Delegation gehörten u. a.: E. van Hazebrouck, Heinrich Krumme, Ferdinand Westerbarkey und Alfons Metzner. Mitglieder der britischen Delegation waren u. a. Lord John Boyd-Orr, Sam. S. Silvermann (MP), M. H. Dobb (Cambridge University) und Alexander K. Cairncross (Glasgow University). Kanada war u. a. durch Pierre E. Trudeau vertreten.

politischen Durchbruch im Rußlandgeschäft. Der Leiter der sowjetischen Delegation und Präsident der Handelskammer der UdSSR, Michail Nesterow, hatte in einer Rede vom 5. 4. 1952 erstmals ein offizielles Angebot für die Aufnahme von Handelsbeziehungen auch mit Westdeutschland vorgelegt: „Die sowjetischen Handelsorganisationen treiben mit der Deutschen Demokratischen Republik einen großangelegten Handel, können aber auch Wirtschaftsbeziehungen mit den Industriekreisen Westdeutschlands unterhalten. Sie könnten dort Aufträge von Waren unterbringen, die Deutschland schon früher in der UdSSR auszuführen pflegte. Die Lieferungen müßten in den nächsten zwei bis drei Jahren erfolgen und würden einen Wert von mindestens 2 Mrd. Rubel haben. Westdeutsche Firmen könnten Aufträge auf Werkzeugmaschinen, auf elektrotechnische und metallurgische Ausrüstungen, auf Einrichtungen für den Bergbau, auf Pump- und Kompressoranlagen, auf Stahl- und Walzerzeugnisse u. a. erhalten. In der Sowjetunion könnten die westdeutschen Firmen Getreide, Erz, Mangan- und Chromerz, Erdölerzeugnisse und andere Waren kaufen.“[107]

In einer internen, „streng vertraulichen“ Aufzeichnung über das Ergebnis der Moskauer Konferenz vom 19. 4. 1952, die der Leiter der Gruppe West-Ost im Wirtschaftsministerium, Dr. Kroll, angefertigt hatte und die Minister Erhard persönlich vorgelegt wurde, war dazu zunächst zu lesen[108], daß in einem Teil der deutschen Presse „in z. T. sensationeller Aufmachung“ Berichte deutscher Teilnehmer an der Konferenz über „angeblich dort getroffene geschäftliche Abmachungen“ veröffentlicht worden seien. Dabei könne der irreführende Eindruck erweckt werden, „als ob mit offiziellen Regierungsstellen der Sowjetunion, Chinas, Rumäniens und Bulgariens feste Vertragsabschlüsse zwischen der Bundesrepublik und diesen Ländern getätigt worden“ seien. Dies treffe nicht zu. Es handele sich vielmehr „um völlig lose Rahmenabreden“, die zu ihrer Realisierung allerdings der Billigung „durch die zuständigen Stellen der Bundesregierung bedürfen“.

Tatsache war aber, daß die von einem deutschen Konsortium, der sog. „OSTAG“[109] in Moskau getroffenen privaten Rahmenabschlüsse Kroll „zur persönlichen, streng vertraulichen Kenntnis“ vorgelegt worden waren. Die Vereinbarungen umfaßten insgesamt vier Warenaustauschabkommen der „OSTAG“, und zwar a) mit dem staatlichen sowjetischen Getreide-Kontor „Exportchleb“ im Werte von 250 Mill. Rubel (1 Rubel = 1 DM), b) mit der China National Import and Export Corporation (CNIEC) im Werte von 150 Mill. Rubel, c) mit der Rumänischen Export- und Importgesellschaft Bukarest im Werte von 20 Mill. $ und d) mit der Bulgarischen Export- und Importzentrale in Sofia über Lieferungen im Werte von 15 Mill. $[110]. Da die Abmachungen auf Seiten der Sowjetunion durch „staatliche Stellen“ erfolgt waren, mußte, wie Kroll notierte, davon ausgegangen werden, „daß in der Einstellung zum Handel mit der Bundesrepublik offenbar eine Änderung gegenüber dem bisherigen Standpunkt eingetreten ist und ein gegenseitiger Warenaustausch gewünscht

[107] Rede Nesterow vom 5. 4. 1952, zit. nach dem ins Deutsche übertragenen vollständigen Text seiner Ausführungen während der Moskauer Konferenz, BA B 102, Bd. 7238, Heft 1.

[108] „Aufzeichnung über das Ergebnis der Moskauer Konferenz“ von Dr. Kroll vom 19. 4. 1952 („streng vertraulich“), 4 Seiten nebst Anlagen, ebenda, Heft 2.

[109] OSTAG gleich „Arbeitsgemeinschaft der am Handel mit dem Osten beteiligten Firmen“, die in Moskau ad hoc gebildet worden war.

[110] „Aufzeichnung über das Ergebnis der Moskauer Konferenz“ von Dr. Kroll vom 19. 4. 1952, BA B 102, Bd. 7238, Heft 2.

wird". Auch in der Bundesrepublik bestehe bei den wirtschaftlichen Spitzenverbän-
den, insbesondere dem BDI und DIHT, aber auch den Parteien im Bundestag, wie
sich in der einstimmigen Billigung des Ausschußberichts zum Osthandel[111] gezeigt
habe, „ein starkes Interesse an der Ausweitung des Handels mit den Ostgebieten".
Hinsichtlich der taktischen Behandlung der wirtschaftlich erwünschten, aber politisch
so heiklen sowjetischen Offerte, vor allem im Zusammenhang mit der bevorstehenden
und von der Bundesregierung mit allen Kräften angestrebten schnellen Unterzeichnung des Generalvertrages, schlug Kroll die folgende Strategie vor:

> „Andererseits muß damit gerechnet werden, daß die Aufnahme von Wirtschaftsbeziehungen
> beträchtlichen Umfangs zwischen der Bundesrepublik und der Sowjetunion bei den alliierten
> Stellen und insbesondere den Amerikanern im gegenwärtigen Zeitpunkt mit Mißtrauen und
> Unbehagen aufgenommen wird und möglicherweise zur Folge hat, daß die Besatzungsmächte bei
> den jetzigen Verhandlungen über den Generalvertrag sich gewisse Vorbehalte hinsichtlich des
> Osthandels der Bundesrepublik auch für die Zeit nach Ablösung des Besatzungsstatus ausbedin-
> gen, die eine Einschränkung der Gleichberechtigung der Bundesrepublik bedeuten würden. Dies
> sollte sowohl aus wirtschaftlichen Gründen wie auch im Hinblick auf die daraus mit Sicherheit zu
> erwartenden innerpolitischen Auswirkungen unbedingt vermieden werden.
> Ich würde es daher aus taktischen Gründen für richtig halten, den Alliierten gegenüber zu
> betonen, daß in der Haltung der Bundesregierung zu den Problemen des West-Ost-Handels
> durch die Moskauer Konferenz und die dort etwa von einzelnen deutschen Kaufleuten getroffe-
> nen privaten Abreden keinerlei Änderung eingetreten ist und daß die Bundesregierung insbeson-
> dere nicht die Absicht hat, in ihren Wirtschaftsbeziehungen mit dem Osten von den international
> festgelegten Embargovorschriften abzugehen. Falls die Aufnahme von Wirtschaftsbeziehungen
> mit der Sowjetunion in absehbarer Zeit für erwünscht gehalten wird, dürfte es sich empfehlen, die
> ohnehin dafür notwendigen Vorarbeiten so lange hinzuziehen, bis die schwebenden Verhand-
> lungen über den Generalvertrag zum Abschluß gebracht sind und die uneingeschränkte Gleichbe-
> rechtigung der Bundesrepublik im Handel mit dem Osten dabei sichergestellt worden ist. Damit
> wäre eine Lage geschaffen, in der etwaige neue Abkommen nicht mehr der Zustimmung der
> alliierten Stellen bedürfen."[112]

Mit der Unterzeichnung des Deutschlandvertrages am 26. 5. 1952 schien der von
Dr. Kroll vorgezeichnete Weg also frei:[113] Unmittelbar anschließend, auf der Kabinettssitzung vom 24. Juni 1952, stimmte das Bundeskabinett einer „streng vertraulichen" Vorlage von Bundeswirtschaftsminister Erhard zum Osthandel zu. Das Memorandum begann wie folgt:

> „Mit dem Inkrafttreten des Generalvertrages werden die letzten Beschränkungen in Fortfall
> kommen, die bisher die Handlungsfreiheit der Bundesrepublik auf dem Gebiet der Handelsbezie-
> hungen mit der sowjetischen Besatzungszone und den Ostblockländern eingeengt haben. Sie wird
> dann lediglich wie auch die anderen westlichen Ländern an die COCOM-Vorschriften über den
> West-Ost-Handel und die Bestimmungen der Battle-Bill gebunden sein, im übrigen aber ihre
> Handelspolitik mit dem Osten nach eigenem Ermessen gestalten können. Die chronische Dol-
> larknappheit im deutschen Außenhandel und die seit einiger Zeit erschwerten Absatzbedingun-

[111] Der Antrag auf Förderung des Osthandels war am 12. 12. 1951 von der SPD im Bundestag eingebracht
worden; Verhandlungen des Deutschen Bundestages, 1. Wahlperiode, Drucksache Nr. 2935. Nachdem der
schriftliche Ausschußbericht ebenda, Drucksache Nr. 3282 am 4. 4. 1952 vorgelegt worden war, kam es am
6. 5. 1952 zu einer Plenardebatte im Bundestag über den Ost-West-Handel und die Embargo-Problematik.
Verhandlungen des Deutschen Bundestages, 1. Wahlperiode, Stenographische Berichte, S. 8961ff.
[112] „Aufzeichnung über das Ergebnis der Moskauer Konferenz" von Dr. Kroll vom 19. 4. 1952, BA B 102, Bd.
7238, Heft 2.
[113] Tatsächlich verzichtete die AHK erst mit Schreiben AGSEC (54) 668 vom 12. 11. 1954 auf die gemäß
Weisung AGSEC (51) 413 vom 7. 3. 1951 erforderliche alliierte Vorabgenehmigung aller Handelsabkommen der Bundesrepublik mit Ostblockstaaten, BA B 102, Bd. 7199, Heft 1.

gen in weiten Gebieten der westlichen Welt wie auch auf dem innerdeutschen Markt machen die Ausschöpfung aller Export- und Bezugsmöglichkeiten mit den Ländern des Ostens, selbstverständlich unter strikter Einhaltung der Embargo-Bestimmungen, unbedingt erforderlich. ... Mit Rücksicht auf die Empfindlichkeit der amerikanischen Öffentlichen Meinung und einflußreicher Gruppen des amerikanischen Kongresses in allen Fragen der West-Ost Handelspolitik sollte man allerdings bei der Wiederanknüpfung von Wirtschaftsbeziehungen mit der Sowjetunion behutsam und ohne auffallende Plakatierung in der Öffentlichkeit vorgehen...“[114]

Die praktische Konsequenz dieser neuen Politik war der Beschluß des Bundeskabinetts zur Einrichtung des sog. „Ostausschusses der deutschen Wirtschaft“. Durch die Kabinettsentscheidung wurde Wirtschaftsminister Erhard ermächtigt, „einen organisatorischen Zusammenschluß der am Osthandel beteiligten Wirtschaftskreise zwecks gemeinsamer Wahrung ihrer Interessen gegenüber den Ostblockstaaten herbeizuführen“[115]. Die prinzipielle politische Funktion des „Ostausschusses“, auf dessen genauere Darstellung und weitere Entwicklung hier nicht eingegangen werden kann, bestand darin, die vom Wirtschaftsministerium und der Exportindustrie verfochtene Entkoppelung von bündnispolitischer Orientierung einerseits und handelspolitischen Interessensphären andererseits quasi institutionell zu verankern. Der „Ostausschuß“ wurde auf Beschluß der Bundesregierung eingerichtet, er war aber de jure ein privatwirtschaftlich getragenes, dem BDI angegliedertes Gremium, das auf dem bereits 1950 gebildeten „Ost-Referat“ (s. o.) beim BDI aufbaute. Die Mitglieder des „Ostausschusses“ waren im BDI organisierte Privatunternehmer, aber ihnen wurden in Ausübung ihrer dortigen Tätigkeit bei Bedarf hoheitliche Funktionen übertragen, vor allem besaß der „Ostausschuß“ eine Handelsvertragsvollmacht im Ostgeschäft[116].

Die personelle Zusammensetzung des „Ostausschusses“ spiegelte das Interesse vor allem der Investitionsgüterindustrien, des Maschinenbaus und des Eisenhandels (Otto Wolff) am Ostgeschäft wider. Es wäre aber falsch, hier nur ein Interesse der Schwerindustrie sehen zu wollen: So hatten z. B. auch Unternehmen der Elektro- und Chemieindustrie (Siemens & Halske, Farbenfabriken Bayer und Farbwerke Hoechst) einen erheblichen Anteil an den Kompensationsabkommen mit den Oststaaten. Und es war insofern auch kein Zufall, daß der Chemieindustrielle W. A. Menne (Hoechst) den stellv. Vorsitz im „Ostausschuß“ innehatte[117]. Politisches Gewicht erhielt diese Konfiguration vor allem auch deshalb, weil Menne 1952 zugleich den Vorsitz der deutschen Dollar-Drive Organisation (FÖRDAH) in Nachfolge von Fritz Berg übernommen hatte und somit führender Ansprechpartner der westdeutschen Wirtschaft sowohl bei amerikanischen als auch sowjetischen Regierungsstellen war.

Über den „Ostausschuß der deutschen Wirtschaft“ wurde folgerichtig auch die Wiederaufnahme der offiziellen Kontakte zwischen der Bundesrepublik und der Sowjetunion nach dem Zweiten Weltkrieg in die Wege geleitet. Nachdem im August 1952

---

[114] „Aufzeichnung über den gegenwärtigen Stand und die weiteren Perspektiven der Handelsbeziehungen der BRD mit der sowjetischen Besatzungszone und den Ost-Blockstaaten“ vom 9. 6. 1952 („Streng vertraulich“), als Kabinettsvorlage vom BMWi Erhard am 16. 6. 1952 in Umlauf gegeben, BA B 102, Bd. 7204.

[115] 29. 3. 1955 Ludwig Erhard an Franz Josef Strauß, BA B 102, Bd. 7199, Heft 2.

[116] Die Kompetenzen des „Ostausschusses“ waren im einzelnen bewußt „locker“ formuliert. Daß der „Ostausschuß“ das Recht hatte, im Namen der Bundesregierung verbindliche Verträge abzuschließen, ergibt sich u. a. aus einem Aktenvermerk vom 28. 6. 1954, betr.: „Fragen der Wiedervereinigung Deutschlands“, BA B 102, Bd. 57793.

[117] „Bonner Wirtschaftsdienst“ „Ostausschuß der deutschen Wirtschaft“ (1955), BA B 102, Bd. 7199, Heft 2.

in einem geheim gehaltenen Treffen in Kopenhagen[118] die während der Moskauer Konferenz aufgenommenen deutsch-sowjetischen Wirtschaftsgespräche fortgesetzt worden waren, kam es im Rahmen der von Gunnar Myrdal geleiteten ECE-Ost-West-Handelskonferenz in Genf vom 13.–27. 4. 1953 zu der ersten offiziellen Begegnung. Eine von Otto Wolff von Amerongen geleitete Industriellengruppe des „Ostausschusses" führte dort als deutsche Sachverständigendelegation im Namen der Bundesrepublik die ersten direkten Wirtschaftsverhandlungen mit der Sowjetunion nach dem Zweiten Weltkrieg. Die sowjetische Seite legte dabei sofort ein Angebot für Gegenseitigkeitsgeschäfte im Werte von 250 Mill. Rubel vor und nannte ihre Bezugswünsche. Zugleich lud sie die deutsche Delegation des „Ostausschusses" zu weiteren Verhandlungen nach Moskau ein[119].

Bereits Ende April 1952, noch vor dem Kabinettsbeschluß über die Gründung des Ostausschusses im Juni 1952, ging im Wirtschaftsministerium der erste Antrag auf Genehmigung eines Gegenseitigkeitsgeschäfts mit der Sowjetunion durch die Fa. Faber-Castell im Umfange von 416.719 $ ein. Anfang Mai folgte eine Anfrage der Fa. Otto Wolf über die Lieferung von Portalkränen und im Juni 1952 legte die E. van Hazebrouck GmbH ein Kompensationsgeschäft im Werte von 15 Millionen DM vor: Aus der Sowjetunion sollten vor allem Brotgetreide, Ölsaaten und Holz bezogen werden, während von deutscher Seite Textilien, Chemikalien, Walzwerkerzeugnisse und Maschinen exportiert werden sollten. Beteiligt an dem Geschäft war wiederum die Fa. Otto Wolff, und für die chemischen Erzeugnisse im Werte von 1 Million DM unterbreiteten die Farbenwerke Bayer einen spezifizierten Lieferungsvorschlag[120].

Wenn auch fraglich ist, inwieweit alle in dem Zusammenhang mit der sowjetischen Handelsoffensive von 1952 eingeleiteten Kompensationsgeschäfte schließlich in die Wirklichkeit umgesetzt werden konnten[121], so war doch spätestens zur Jahreswende 1952/53 klar geworden, daß die Embargo-Politik der USA ihr ursprüngliches Ziel, nämlich die vollständige Zerschneidung des Ost-West-Wirtschaftskreislaufes, nicht hatte erreichen können. Aber: Der „Zerfall des einheitlichen Weltmarktes" in „zwei gegensätzliche Lager"[122] war Tatsache geworden und, „ein eindrucksvolles Beispiel für den kontraproduktiven Effekt einer wirtschaftlichen Sanktion", die osteuropäischen Länder wendeten sich nicht etwa von der Sowjetunion ab, sondern wurden als Folge der westlichen Blockade-Politik „noch enger an sie gekettet"[123].

Zur gleichen Zeit hatten sich in Westeuropa wesentliche Schritte zu einer wirtschaftlichen Integration vollzogen: Im Juli 1952 trat die Montanunion in Kraft und knapp drei Jahre später, im Juni 1955, fiel auf der Konferenz von Messina die politische Grundsatzentscheidung für die Gründung der Europäischen Wirtschaftsgemeinschaft. Die von Ludwig Erhard verfochtene Konzeption einer „weltoffenen" Handelspolitik

---

[118] Dokumentation demnächst in: Reinhard Neebe, Überseemärkte und Exportstrategien in der deutschen Wirtschaft 1945–1965. Aus den Reiseberichten von Dietrich Wilhelm von Menges.
[119] Aufzeichnung über den Verlauf der Ost-West-Handelskonferenz (ECE) in Genf in der Zeit vom 13.–27. 4. 1953, angefertigt am 6. 5. 1953 („Streng vertraulich!"), BA B 102, Bd. 7236, Heft 1.
[120] BA B 102, Bd. 7214 b.
[121] Vgl. Department of State-Intelligence Report No. 5936 vom 18. 6. 1952, NA RG 59 Dec. Files 398-MO/6-2452.
[122] Josef Stalin, Ökonomische Probleme des Sozialismus in der UdSSR, Stuttgart 1952, S. 30ff.
[123] Jacobsen, Ost-West-Wirtschaftsbeziehungen (Anm. 53), S. 66

war insofern an einem kritischen Punkt angelangt: Der Primat der Politik über die Wirtschaft wurde jetzt evident.

Ganz in diesem Sinne muß die Entscheidung der Bundesregierung im Frühjahr 1953 verstanden werden, die „Gruppe Ost-West" (Dr. Kroll) aus dem Wirtschaftsministerium auszugliedern und die Kompetenzen für die Embargo-Politik vom Wirtschaftsministerium auf die neu eingerichtete „Handelspolitische Abteilung" (Abt. IV HaPol) des Auswärtigen Amtes zu übertragen. Die Konflikte zwischen Auswärtigem Amt und dem Wirtschaftsministerium in den folgenden Jahren waren damit vorprogrammiert[124]. Und auch in der Frage der europäischen Integration übernahmen Bundeskanzler Adenauer und das Auswärtige Amt die Initiative: Hier setzte Adenauer im Januar 1956 unter Anwendung seiner Richtlinienkompetenz nach Art. 65 GG die Umsetzung der Beschlüsse von Messina gegen Ludwig Erhard und das Wirtschaftsministerium durch[125]. Die „Nebenaußenpolitik" des Bundeswirtschaftsministeriums der Jahre zwischen 1949 und 1953 war jetzt nicht mehr möglich. Nunmehr gebot die Staatsraison der Bundesrepublik, dem Primat der Politik unzweideutig der Vorrang einzuräumen.

Der westeuropäische Markt, der Dollar-Raum und Südamerika

Versucht man, aus der Perspektive des Jahres 1953 eine Zwischenbilanz der deutschen Außenwirtschaftspolitik und der Rolle der USA zu ziehen, so wird eine Analyse, die vornehmlich aus dem Blickwinkel der Embargo-Politik und des Ost-Handels urteilt, den Gesamtzusammenhängen nur teilweise gerecht. Bei einer Gewichtung der Märkte zeigt sich dies deutlich: Im Jahre 1952 entfiel bei einer Gesamteinfuhr von 326,77 Mill. $ der Hauptteil der Importe mit 48,3% auf die OEEC-Länder. Bei den Nichtteilnehmerländern standen die USA mit 13,4% immer noch an der Spitze, aber ihr Anteil hatte sich von 51,3% (1948) doch inzwischen merklich reduziert und damit normalisiert. Auf die Ostblock-Länder kamen gerade 5% der Importe, sie rangierten damit hinter Lateinamerika mit 7,6% und den Sterling-Ländern mit 6,2% im Vergleich zur Vorkriegszeit an nachgeordneter Stelle. Bei der regionalen Aufgliederung der deutschen Ausfuhr war das Gewicht der OEEC-Länder noch deutlicher: Hierhin gingen 62,3% der Exporte, im Handel mit den USA (6,5% der deutschen Ausfuhr) war es dagegen nicht gelungen, die Bilanz wesentlich zu verbessern. Der Exportanteil, der auf die Osteuropäischen Länder entfiel, stagnierte bei 5,5% und betrug damit nach wie vor noch weniger als ein Drittel der Werte von 1937. Von größerer Bedeutung war dagegen der lateinamerikanische Markt: Hier konnte mit 10,2% der Ausfuhranteile der Vorkriegsstand (1937 11%) fast wieder erreicht werden, ein Erfolg, dessen Bedeu-

---

[124] Kennzeichnend für die Animositäten zwischen Wirtschaftsministerium und Auswärtigem Amt und die politischen Hintergründe war u. a. eine interne Aufzeichnung aus dem Wirtschaftsministerium (Ref. V A 7) vom 15. 9. 1954: „Die bisherige policy (des Wirtschaftsministeriums) lag ungefähr auf der Linie, der deutschen Wirtschaft so wenig wie möglich durch politische Maßnahmen zu schaden und ihr so viel Entwicklungsmöglichkeiten zu geben, wie sich politisch nur eben verantworten ließ ... Diese policy fand bis etwa zum Frühjahr ds. Js. stets die Zustimmung des AA. Seit diesem Zeitpunkt ist ... der Eindruck entstanden, als habe sich die policy des AA geändert. Es mußte festgestellt werden, daß das AA den übertriebenen Forderungen von US HICOG nicht mehr mit dem notwendigen Nachdruck entgegentritt, sondern diese Forderungen vielfach kritiklos zu ihren eigenen macht, um sodann gegenüber BMW, das weiterhin die alte Linie verfolgt, Vorwürfe zu erheben.", BA B 102, Bd. 7198, Heft 1, S. 89–91.

[125] Siehe zuletzt Daniel Koerfer, Kampf ums Kanzleramt, Erhard und Adenauer, Stuttgart 1987, S. 134ff. sowie ders., Zankapfel Europapolitik: Der Kompetenzstreit zwischen Auswärtigem Amt und Bundeswirtschaftsministerium 1957/58, in: Politische Vierteljahresschrift (29) 1988, S. 553–568.

tung durch Betrachtung der absoluten Werte noch unterstrichen wird: Die Ausfuhr nach Südamerika hatte sich gegenüber 1937 (21,83 Mill. $) um mehr als 50% gesteigert und 1952 35,32 Mill. $ erreicht[126].

Während 1949 die Waren- und Dienstleistungsbilanz der Bundesrepublik noch mit einem Passiv-Saldo von mehr als 1 Mrd. $ abgeschlossen hatte, ergab sich im Jahre 1951 erstmals ein Überschuß von 150 Mill. $. Wie die folgende Tabelle zeigt, hatte sich die strukturelle Schieflage zwischen EZU-Raum und Dollar-Raum indes nicht verändert:

Tabelle 2: Waren- und Dienstleistungsbilanz der Bundesrepublik nach Zahlungsräumen im Jahre 1951 (in Mill. $)[127]

Alle Länder	EZU-Raum	Sonst. Verrechnungsl.	US-Dollar-Raum
+ 150,3	+ 405,5	+ 87,6	− 342,8

Die erste Etappe der deutschen „Rückkehr zum Weltmarkt" vollzog sich, wie auch diese Zahlen verdeutlichen, auf dem westeuropäischen Markt. Die Entwicklung des Handelsverkehrs mit den europäischen Nachbarstaaten spiegelte zum einen die traditionellen historischen Wirtschaftsverflechtungen Deutschlands wider. Zum anderen wurde der Einstieg in den Europamarkt durch das „breite Tor"[128] der EZU und der OEEC politisch flankiert. Marshall-Plan, Schuman-Plan, GATT, Weltbank, Währungsfonds, der Einzug der Bundesrepublik in das Londoner Handelsvertrags- und Zahlungssystem, alle diese Vorgänge beruhten auf dem übergeordneten Willen zur politischen Integration und sie legten der Rückkehr des westdeutschen Teilstaates auf den Weltmarkt „gleichsam Flügel"[129] an.

Wenn auf diese Entwicklungen hier im einzelnen auch nicht näher eingegangen werden kann, so ist andererseits gerade vor dem Hintergrund der US-Interventionen gegen den Osthandel doch bemerkenswert, daß, wie sich u. a. schon in der Frage der Montanunion[130] und der Liberalisierung[131] gezeigt hatte, der politisch gewollten Orientierung der deutschen Außenwirtschaft auf Europa[132] sowohl in den Kreisen der

---

[126] Zit. nach Wiederaufbau im Zeichen des Marshallplanes, (Anm. 12), S. 82.

[127] Ebenda, S. 85.

[128] Erhard, Rückkehr (Anm. 11), S. 22.

[129] Ebenda, S. 41.

[130] Siehe vor allem Volker R. Berghahn, Montanunion und Wettbewerb, in: Helmut Berding (Hrsg.), Wirtschaftliche und politische Integration in Europa im 19. und 20. Jahrhundert, Göttingen 1984, S. 247ff. bzw. ders., Unternehmer und Politik in der Bundesrepublik, Frankfurt/M. 1985, S. 131ff.; Jetzt auch Werner Bührer, Ruhrstahl und Europa, Die Wirtschaftsvereinigung Eisen- und Stahlindustrie und die Anfänge der europäischen Integration 1945–1952, München 1986.

[131] Vgl. Friedrich Jerchow, Außenhandel im Widerstreit. Die Bundesrepublik auf dem Weg in das GATT 1949–1951, in: Heinrich A. Winkler (Hrsg.), Politische Weichenstellungen im Nachkriegsdeutschland 1945–1953, Göttingen 1979, S. 254ff.

[132] Zur westeuropäischen „Integrationslegende" kritisch vor allem Alan S. Milward, Entscheidungsphasen der Westintegration, in: Ludolf Herbst (Hrsg.) Westdeutschland 1945–1955. Unterwerfung, Kontrolle, Integration, München 1986, S. 231ff. Wichtig in diesem Zusammenhang auch Hanns Jürgen Küsters, Zollunion oder Freihandelszone? Zur Kontroverse über die Handelspolitik Westeuropas in den fünfziger Jahren, in: Berding, Integration (Anm. 130), S. 295ff.

deutschen Exportwirtschaft als auch im Bundesministerium für Wirtschaft mit Zurückhaltung und Skepsis begegnet wurde. Die außerordentlich intensive Verflechtung des westdeutschen Außenhandels von beinahe 70% mit Europa galt hier eher als Warnzeichen(!): Der hohe Europaanteil am Export sei, so die Auffassung im Wirtschaftsministerium, nur so auszulegen, daß das „leicht Greifbare" zwar schnell erreicht wurde, damit aber in Wirklichkeit nur die erheblichen Verluste im Ostgeschäft sowie die Versäumnisse im Überseehandel überdeckt worden seien[133].

Im Handel mit den Vereinigten Staaten und Kanada war es der deutschen Exportwirtschaft dagegen bis 1952/53 nicht gelungen, die strukturelle Asymmetrie gegenüber dem Dollar-Raum nennenswert abzubauen. Der Anteil der Importe aus den USA blieb hier bis Mitte der 60er Jahre in etwa konstant und betrug durchschnittlich ca. 12–15% der Gesamteinfuhren der Bundesrepublik. Die Vereinigten Staaten waren also in der Länderstatistik nach wie vor der wichtigste Importeur für die Bundesrepublik. Demgegenüber stagnierten die westdeutschen Exporte auf den nordamerikanischen Markt im gleichen Zeitraum bei 6–7% der Gesamtausfuhren und hatten damit in etwa die gleiche Höhe wie schon vor dem ersten Weltkrieg (!) (1913 7,1%) bzw. in der Zwischenkriegszeit (1929 7,4%)[134]. Zu berücksichtigen ist allerdings, daß sich in der Warenstruktur der Ausfuhr erhebliche Verschiebungen zugunsten der Investitionsgüter vollzogen hatten und damit zumindest eine Anpassung an die veränderte Nachfrage auf dem US-Markt sichtbar wurde.

In einem Bericht der deutschen OEEC-Delegation in Paris vom 23. 8. 1952[135] wurde vor allem der amerikanischen Protektionismus dafür verantwortlich gemacht, daß es der deutschen Wirtschaft bisher nicht gelungen war, die Dollar-Lücke in dem erhofften Maße zu verringern. Marshallplan-Minister Blücher übergab das Memorandum der OEEC-Gruppe der US-HICOG, die ihrerseits die Denkschrift durch Walter J. Connelly mit einem eher kritischen Kommentar an das State Department weiterleitete. Gegenüber Blücher betonte Connelly, daß der Gesamtproblematik auf der obersten Ebene der amerikanischen Regierung vorrangige Beachtung gegeben würde, konnte jedoch von sich aus keine konkreten Maßnahmen nennen[136].

Eine umfassende Bestandsaufnahme der bilateralen deutsch-amerikanischen Wirtschaftsbeziehungen brachte der erste Besuch von Bundeskanzler Adenauer im April 1953. Die wirtschaftlichen Besprechungen anläßlich des Kanzler-Besuchs nahmen einen sehr breiten Raum ein und erstreckten sich über das gesamte Tableau der bilateralen Wirtschaftsbeziehungen[137]. In der Frage der rechtlichen Normalisierung der kommerziellen Beziehungen, d. h. insbesondere der Freigabe des beschlagnahmten deutschen Vermögens, der Warenzeichen und Urheberrechte – einem Dauerthema der deutsch-amerikanischen Beziehungen bis in die 60er Jahre – konnte die deutsche

[133] Erhard, Rückkehr (Anm. 11), S. 22.
[134] Vgl. u. a. C. E. H. Hames, Sternstunde des deutschen Exports, in: Der Volkswirt 13 (1959), S. 2183–185.
[135] 23. 8. 1952 Deutsche OEEC-Delegation: „Bericht über Einfuhrhemmnisse in USA", PA AA IV-Ref. 414, Bd. 41.
[136] US-HICOG an State Department, 10. 11. 1952, nebst Schreiben Connelly an Blücher vom 12. 11. 1952 sowie einem eigenen Memorandum der HICOG „Expansion of Exports to the U.S.A.", NA RG 59, Box 1849, 411.62A/11-1052.
[137] Interne Aufzeichnung des Auswärtigen Amtes vom 6. 5. 1953: „Bericht über die wirtschaftlichen Besprechungen mit der amerikanischen Regierung anläßlich des Kanzlerbesuchs in den Vereinigten Staaten (April 1953) („Vertraulich"), PA AA II-304-06/80.

Delegation einen wichtigen Erfolg in den Gesprächen verbuchen: Wenn auch eine Einigung über die Rückgabe des Vermögens nicht erzielt wurde, so erklärte der amerikanische Präsident doch in einer Botschaft vom 17. April 1953, daß die Enteignung des deutschen Vermögens in den USA nach dem „Trading With the Enemy Act" nunmehr definitiv beendet sei[138].

Im eigentlichen Mittelpunkt der Wirtschaftsbesprechungen standen jedoch die Handelsbeziehungen. Die amerikanischen Wünsche bezogen sich lediglich auf zwei Punkte, nämlich 1) den West-Ost-Handel und 2) die Dekartellisierung und Gewerbefreiheit. Während die Gespräche sonst „in einer ausgesprochen freundschaftlichen Atmosphäre" verliefen und die USA sich auf eindringlichen Wunsch der deutschen Delegation bereit erklärten, auf eine Aufnahme ihrer Forderung nach einer wirksamen Kartellgesetzgebung in der Bundesrepublik in das Schlußkommuniqué zu verzichten, kam es in der Frage des Ost-Embargos zu der bereits oben dargestellten heftigen Kontroverse über die Walzwerklieferungen der Fa. Schloemann an Ungarn[139].

Die deutsche Agenda in den Washingtoner Verhandlungen umfaßte im einzelnen die Punkte: 1) die Wiederinkraftsetzung des alten Handelsvertrages von 1923, 2) die amerikanischen Zolltarife und Zollverfahren, 3) Offshore-Aufträge, 4) Lieferungen im Rahmen des Punkt 4-Programms für Investitionsprogramme in „unterentwickelten Ländern", 5) amerikanisches Privatkapital für Deutschland, 6) Einzelfragen der Produktivitätsbeschränkung und der Entflechtung, und schließlich 7) Konvertibilität und EZU[140]. Die deutschen Wünsche konzentrierten sich dabei auf eine Liberalisierung der amerikanischen Zoll- und Handelspolitik. Zu „konkreten Äußerungen" waren die amerikanischen Vertreter zu diesem Zeitpunkt indes nicht zu bewegen. Im Hintergrund der zögernden Haltung stand die verständliche Absicht der seit knapp zwei Monaten im Amte befindlichen Eisenhower-Administration, zunächst den Gesamtkomplex der Außenwirtschaftsbeziehungen systematisch aufzuarbeiten[141] und weiterführende Entscheidungen erst nach der Vorlage einer entsprechenden Empfehlung (CEFP bzw. Randall-Commission)[142] zu treffen. Immerhin fand aber eine allgemeingehaltene Absichtserklärung des amerikanischen Präsidenten Eisenhower Aufnahme in das Kommuniqué. Darin hieß es: „Die Vertreter beider Regierungen tauschten ihre Ansichten über die freiheitliche Gestaltung und Erweiterung des Welthandels und die Erreichung einer Konvertierbarkeit der Währungen aus. Die deutschen Vertreter brachten hauptsächlich ihr Interesse an einer Herabsetzung der Zoll- und Tarifschranken sowie der verwaltungsmäßigen Barrieren zum Ausdruck. Die Vertreter der Vereinigten Staaten verwiesen ihrerseits auf die Erklärung Präsident Eisenhowers vom 7. April, in der es heißt, ‚die Welt muß auf eine Erweiterung des Handels hinarbeiten, der in den Spitzen ausgeglichen wird und jeder Nation die Möglichkeit geben soll,

---

[138] Auf Einzelheiten kann hier nicht eingegangen werden. Zum Gesamtkomplex siehe: Hans-Dieter Kreikamp, Deutsches Vermögen in den Vereinigten Staaten. Die Auseinandersetzung um seine Rückführung als Aspekt der deutsch-amerikanischen Beziehungen 1952–1962, Stuttgart 1979.

[139] Siehe oben S. 184f.

[140] Lt. Aufzeichnung Auswärtiges Amt vom 6. 5. 1953, PA AA II-304-06/80.

[141] 17. 3. 1953 Konversation Dulles-Stassen (MSA Administrator). Eisenhower-Library, Abilene (Kansas), Dulles Papers, Chronological Series, Box 1.

[142] 23. 1. 1953 Commission on Foreign Economic Policy (CEFP), Report to the President and the Congress, 83d Congress, 2d Session, House Document No. 290. Auf Arbeit und Ergebnisse der Randall-Commission kann hier nicht eingegangen werden, reichhaltiges Material zur CEFP befindet sich in der Eisenhower-Library.

ihren vollen Beitrag zum Fortschritt der Wirtschaft der freien Welt zu leisten und Anteil zu haben an dem Nutzen dieses Fortschritts'."[143]

Der Verlauf der Washingtoner Gespräche im April 1953 bestätigte damit noch einmal, worin der Hauptkonfliktpunkt in den deutsch-amerikanischen Handelsbeziehungen lag: Während die amerikanische Regierung, nicht zuletzt auch aus innenpolitischen Gründen, mit aller Entschiedenheit auf einer Abwendung der deutschen und der westeuropäischen Wirtschaft von den Ost-Märkten insistierte, machte sie zugleich wenig Anstalten, die eigene Zollpolitik einer grundlegenden Revision zu unterziehen und den eigenen Markt für deutsche und europäische Exporte stärker zu öffnen.

Gleichwohl muß festgehalten werden, daß der amerikanische Zolltarif keine unüberwindliche Barriere darstellte. Dieses Argument, von deutscher und westeuropäischer Seite immer wieder vorgebracht, hatte auch taktischen Charakter: Nämlich einmal, um die amerikanischen Widerstände gegen das Ostgeschäft zu schwächen und zum anderen, um die seit 1952/53 auch in den USA deutlicher werdende Kritik an der westdeutschen Konkurrenz auf Dritt-Märkten einzudämmen. Auch dürfen ideologische Vorbehalte in der deutschen Industrie gegen die amerikanische Wettbewerbswirtschaft und den insofern „besonders unbequemen Markt" nicht übersehen werden[144]. Das Interesse am Dollar-Raum bestand aus bundesdeutscher Sicht zu diesem Zeitpunkt noch vornehmlich darin, durch Lizenznahme und Beteiligungen den Zugang zu dem fortgeschrittenen technologischen Standard der USA zu finden[145]. Ferner galt es, Anschluß an den amerikanischen Kapitalmarkt zu finden, vor allem auch, um bei Großprojekten in Drittländern, vor allem Lateinamerika, attraktive Finanzierungsangebote machen zu können.

Die Praxis der bundesdeutschen Behörden bei Anträgen auf die devisenrechtliche Genehmigung von Niederlassungen und Beteiligungen westdeutscher Firmen in den USA spiegelt im übrigen die Veränderungen in der Einstellung zum amerikanischen Markt zwischen 1951 und 1953/54 sehr gut wider: So mußte z. B. die Rosenthal-Porzellan AG 1951 trotz mehrfacher persönlicher Vorsprachen des Aufsichtsratsvorsitzenden Baron Tann und des Direktors Philip Rosenthal im Bundeswirtschaftsministerium mehr als vier Monate warten, um im Dezember 1951 eine Devisengenehmigung für die Beteiligung an einer Vertriebsgesellschaft in New York in Höhe von 350,$ (!) zu erhalten[146]. Ähnliche Erfahrungen mußte die Maschinenfabrik Meer AG, eine Tochtergesellschaft der Mannesmann AG machen: Die Bewilligung von 8000 $ zur Gründung einer Zweigniederlassung in Easton (Penns.) wurde vom Wirtschaftsministerium nach den ersten Besprechungen im Okt. 1951 fast ein ganzes Jahr hinausgezögert und erfolgte erst im September 1952. Hierbei spielten, wie die Akten zeigen, Ressentiments der Sachbearbeiter gegen das Amerika-Geschäft und Befürchtungen wegen etwaiger Konkurrenz für in Deutschland produzierte Rohre, Pressen etc. eine

---

[143] Adenauer, Erinnerungen (Anm. 89), S. 577.
[144] Siehe hier u. a. auch die von dem deutschen Geschäftsträger in Washington, Dr. Heinz Krekeler verfaßte Ausarbeitung: „Die USA als deutscher Exportmarkt. Die Vereinigten Staaten eine Summe regionaler Teilmärkte" für die Exportausgabe der Frankfurter-Messe-Zeitung vom 14. 2. 1952, PA AA IV-Ref. 413, Bd. 60.
[145] Hierzu ausführlich Reinhard Neebe, Technologietransfer und Außenhandel in den Anfangsjahren der Bundesrepublik Deutschland, in: Vierteljahrschrift für Sozial- und Wirtschaftsgeschichte 76 (1989), S. 49–75.
[146] BA B 102, Bd. 6932, Heft 1.

nicht unerhebliche Rolle[147]. Bis zum Jahre 1953 hatte sich die Situation allerdings deutlich gewandelt: Die forcierte Expansion der IG-Farben-Nachfolger Hoechst und Bayer auf dem US-Markt seit Mitte 1953 wurde jetzt vom Wirtschaftsministerium und der Bundesbank in großem Stile gefördert[148]. Und auch die Siemens & Halske bzw. Siemens & Schuckert AG hatten im Dezember 1953 keinerlei Probleme mehr, eine Devisengenehmigung über 15 000 $ für die Gründung der „Siemens New York Incorp." zu erhalten[149].

Während die deutschen Chemie-Unternehmungen unmittelbar am amerikanischen Markt interessiert waren, sah Siemens den Aufgabenkreis seiner New Yorker Niederlassung zunächst noch vor allem darin, durch persönliche Fühlungnahme mit den großen Consulting Engineering Firmen sowie den bedeutendsten amerikanischen Elektro-Unternehmungen eine erfolgreiche Aquisation im Großanlagengeschäft, insbesondere für Mittel- und Südamerika zu betreiben. Erst in zweiter Linie sollte die Möglichkeit genutzt werden, durch die Präsenz in New York die Möglichkeiten einer intensiven Marktbeobachtung und Marktbereitung für den Siemens-Export nach den USA zu nutzen.

Die deutsche Handelsoffensive auf den Drittmärkten und hier insbesondere in Lateinamerika hatte zu diesem Zeitpunkt (1953/54) bereits voll eingesetzt. Sie stand in einem doppelten Zusammenhang mit der Dollar-Saving- und Embargo-Politik: Zunächst verbesserte eine Reduzierung des amerikanischen Importüberschusses die deutsche Dollarbilanz, und da eine Verlagerung des Handelsaustausches auf den osteuropäischen Markt nicht in dem gewünschten Maße möglich war, eröffnete sich vor allem Lateinamerika als attraktive Alternative. Aus der Sicht Südamerikas ergab sich eine vergleichbare Situation. „Wie Europa den Abbruch seines Osthandels, so mußte Südamerika die Unterbrechung seines Europahandels mit einer chronischen ‚Dollar-Lücke' bezahlen." In einem Gutachten der Wirtschaftsabteilung der UN vom Januar 1953 hieß es dazu: „Lateinamerika kann sich kaum darauf verlassen, aus seinen direkten Eingängen jene Mengen von Dollargütern und Leistungen zu bezahlen, die es kaufen möchte, selbst wenn die Preise für Urprodukte außerordentlich hoch liegen und USA-Kapital frei einströmt. In normalen Zeiten muß Lateinamerika entweder seine Importe auf ein beträchtlich niedrigeres Niveau beschränken, oder mehr aus Europa einführen, oder weiterhin Dollarzahlungen von europäischen Ländern verlangen. Die letztere ‚Lösung' macht eine weitere Verminderung des Europahandels unvermeidlich."[150]

Den ersten großen Durchbruch im Südamerikageschäft brachte ein Großauftrag der Stadt Buenos Aires an ein deutsches Firmenkonsortium über die Lieferung von 800 Trolleybussen im Herbst 1951. In das Geschäft teilten sich Daimler-Benz, Henschel und MAN unter der Federführung der Ferrostaal AG[151]. Drei Jahre später, nicht zuletzt anläßlich des großen Erfolges der deutschen Industrieausstellung in Mexiko,

[147] Ebenda, Bd. 6936, Heft 1.
[148] Ebenda, Bd. 6938, Heft 1.
[149] Ebenda, Bd. 6935, Heft 1.
[150] A Study for Trade between Latin America and Europe. Gemeinschaftsgutachten der Economic Commission for Latin America, der Economic Commission for Europe und der Food and Agriculture Organization, hrsg. von der Wirtschaftsabteilung der UN, Genf, Januar 1953, hier zit. nach Erhard, Rückkehr (Anm. 11), S. 157.
[151] Einzelheiten bei Dietrich v. Menges, Unternehmensentscheide, Düsseldorf 1976, S. 86ff.

war unübersehbar geworden, daß die westdeutsche Industrie inzwischen wieder zu einem ernsthaften, argwöhnisch betrachteten Konkurrenten für die amerikanischen und britischen Exporteure in Lateinamerika und Übersee geworden war.

1954 hatte die Embargo-Problematik an Bedeutung verloren[152], und es zeigte sich jetzt immer deutlicher, daß einer Ausdehnung des Ost-West-Handels nicht nur politische, sondern auch wirtschaftliche Grenzen gesetzt waren: Die Liefer- und Aufnahmefähigkeit der Ostblockstaaten erwies sich als begrenzt, zumal die dortigen Industrialisierungsprogramme in Verbindung mit den Veränderungen in der westdeutschen Exportstruktur die Rekonstruktion der traditionellen Austauschbeziehungen zunehmend erschwerten[153]. Die erfolgreiche Rückkehr auf den Weltmarkt warf jetzt neue Fragen für die deutsche Wirtschaft und ihre Repräsentation im Ausland auf: Im Auswärtigen Amt und bei verantwortlichen Wirtschaftskreisen in der Bundesrepublik wurde das überhebliche Auftreten mancher deutscher Geschäftsleute im Ausland mit einer gewissen Beunruhigung aufgenommen. Erste öffentliche Mahnungen zur „Bescheidenheit" und gegen „die Hybris der Erfolgreichen"[154] folgten. Und die deutsche Diplomatische Vertretung in Washington bemerkte in einem Bericht vom Juni 1954: „Die Bedeutung eines taktvollen, unauffälligen Auftretens der Deutschen im Ausland für die Entwicklung der Beziehungen zwischen dem besuchten Land und der Bundesrepublik kann gar nicht hoch genug veranschlagt werden. Auch in den USA ruht das Deutschland wieder entgegengebrachte Vertrauen noch auf einem sehr labilen Unterbau. Je stärker wir als Konkurrenten auf dem Weltmarkt auftreten, desto geringer sollten wir Veranlassung bieten, dem Neid auf unsere materiellen Erfolge durch ein etwas auffälliges Verhalten neue Nahrung zu geben."[155]

Ausblick und Zusammenfassung

Das Jahr 1953 markierte für die Rückkehr Deutschlands zum Weltmarkt eine wichtige Etappe: Das Ziel, im Rahmen des Wiederaufbaues der westdeutschen Wirtschaft bis zum Ablauf der Marshall-Plan-Periode die „Wiedereingliederung einer sich selbst erhaltenden deutschen Volkswirtschaft in den Weltwirtschaftlichen Güterkreislauf zu schaffen"[156], war in einem beeindruckenden Tempo erreicht worden. Während die Handelsbilanz noch 1950 mit einem Passivsaldo von mehr als 3 Mrd. DM abgeschlossen hatte, konnten 1951 bei einem annähernden Gleichgewicht von Ein- und Ausfuhr

---

[152] Am 15. 8. 1954 trat eine revidierte COCOM-Vorbehaltsliste in Kraft, auf der die Anzahl der indizierten Positionen erstmals seit Beginn der Embargopolitik deutlich vermindert war; Walter Trautmann, Osthandel (Anm. 53), S. 101f.

[153] 2. 11. 1953 HICOG Bonn an Department of State, Bericht von Alexander F. Kiefer, Leiter der „Eastern Economic Relations Division" über eine Unterredung mit Dr. v. Lupin vom Auswärtigen Amt. In dem Bericht wird ausgeführt, daß nach Auffassung von Dr. Lupin der Sowjetblock ganz offensichtlich nicht in der Lage sei, die westlichen Märkte in einem größeren Umfange mit zusätzlichen Gütern zu beliefern. „Lupin went so far as to express the view that if all East-West trade restrictions were removed in the West the volume of East-West trade would not be significantly affected ...", NA RG 59 460.509/11-253 Desp. No. 1391.

[154] Frankfurter Allgemeine Zeitung, 10. 5. 1954.

[155] Bericht der Dipl. Vertretung Washington vom 22. 6. 1954: „Auftreten deutscher Geschäftsleute im Ausland", PA AA IV-Ref. 414, Bd. 61. Vgl. Aufzeichnung der Dipl. Vertretung Washington vom 19. 11. 1953: „Amerikanische Veröffentlichungen über die deutsche Wirtschaftspolitik und die deutsche Konkurrenz auf dem Auslandsmarkt", BA B 102, Bd. 6159, Heft 1.

[156] Wiederaufbau im Zeichen des Marshallplanes (Anm. 12), S. 75.

die Vorkriegswerte im Außenhandelsvolumen (1937) bereits deutlich übertroffen werden, und schon 1953 ergab sich ein Ausfuhrüberschuß von 2,5 Mrd. DM[157]. Die Bundesrepublik hatte zu diesem Zeitpunkt mit 45 Staaten Handels-, Waren- und Zahlungsabkommen abgeschlossen und nahm einen festen Platz als gleichberechtigtes Mitglied in den verschiedenen westlichen Wirtschaftsorganisationen (OEEC, EZU, GATT) ein. Gleichzeitig hatte sich der außenwirtschaftliche Handlungsspielraum auch in Richtung Osten vergrößert. Beim Übergang von der Rekonstruktionsphase zur Wachstumsphase in den Jahren 1952/53 waren die wesentlichen wirtschaftlichen und politischen Weichenstellungen bereits erfolgt und die Basis für das langfristige „Exportwunder" der Bundesrepublik gelegt. Für diese erste Etappe der westdeutschen Reintegration in die Weltwirtschaft erscheint bemerkenswert:

1) Der Wiederaufbau der Außenwirtschaftsbeziehungen Westdeutschlands nach dem Zweiten Weltkrieg stand in besonderer Weise unter dem Vorzeichen des Ost-West-Konflikts und der damit zusammenhängenden Zerschneidung des traditionellen Güteraustauschs in Mitteleuropa. Der tiefgreifende regionale Strukturwandel im westdeutschen Außenhandel und die Verlagerung der Handelsströme auf die westliche Hemisphäre erfolgten unter primär politischer Vorgabe. Dieser Umbruch verlief nicht konfliktfrei:

Die westdeutschen Weltmarktstrategien basierten auf der Formel einer „weltoffenen Handelspolitik": Der Konflikt zwischen weltweiten wirtschaftlichen Interessen und politischer Westorientierung wurde in den Kontroversen zwischen der Bundesrepublik und den USA in den Jahren 1949–53 über den Ost-Handel am deutlichsten. Aber auch in dem zurückhaltenden Engagement für den Dollar-Drive und die „klein"europäische Integration zeigte sich, daß die westdeutsche Exportoffensive konzeptionell auf einer Entkoppelung von Außenpolitik und Außenwirtschaftspolitik beruhte und in ihrer Anfangsphase noch weitgehend von den überkommenen Denkmustern der Vorkriegszeit geprägt war. Die Blickrichtung auf die östlichen Märkte bedeutete aber gerade nicht, daß damit die Option für politische Neutralität oder eine „Rapallo-Politik" Bonns verknüpft war. Insofern wirkte die Bundesrepublik gemäß ihrem Ansatz einer multilateralen Außenwirtschaftspolitik auch innerhalb der westlichen Wirtschaftsorganisationen am Aufbau einer „von allen künstlichen Schranken des Handels- und Zahlungsverkehrs möglichst freien, rationellen Weltwirtschaft"[158] aktiv und an führender Stelle mit.

2) Soweit sich die Politik der Vereinigten Staaten auf eine Instrumentalisierung der Handelspolitik für die Zwecke der „wirtschaftlichen Kriegsführung" gegen die Sowjetunion und die Ost-Block-Staaten bezog, stieß diese Strategie auf vehementen Widerspruch innerhalb der deutschen Exportindustrie, die im Wirtschaftsministerium ihren stärksten Verbündeten fand. Die Diskrepanz zwischen der Bundesrepublik und den USA in der Frage der Ost-West-Wirtschaftsbeziehungen führte in der ersten Hälfte der 50er Jahre zu einer nicht zu unterschätzenden Belastung der bilateralen Beziehungen. Dieses handelspolitische Konfliktfeld blieb gleichwohl begrenzt, und es wurde

---

[157] Bevölkerung und Wirtschaft 1872–1971, hrsg. v. Statistischen Bundesamt, Wiesbaden 1972, S. 191.
[158] Vollrath Frhr. von Maltzan, Fünf Jahre deutsche Handelspolitik. Bestandsaufnahme und Plädoyer für eine liberale Handelspolitik. (Bulletin vom 30. 4. 1955), in: Die Auswärtige Politik der Bundesrepublik Deutschland, Köln 1972, S. 289.

immer überwölbt durch die gemeinsamen politisch-wirtschaftlichen Grundinteressen. Die Vereinigten Staaten waren in der Länderstatistik der wichtigste Importeur der Bundesrepublik und sie spielten im Transfer von fortgeschrittenem technologischen „Know How" für die westdeutsche Wirtschaft eine Schlüsselrolle. Die Interessengegensätze im Osthandel verloren im übrigen nach 1953/54 und der Auflockerung der westlichen Embargopolitik viel von ihrer ursprünglichen Brisanz.

3) Die Möglichkeiten einer „Nebenaußenpolitik" des Bundeswirtschaftsministeriums wurden zum gleichen Zeitpunkt erheblich beschnitten: Mit der Einrichtung einer eigenen Handelspolitischen Abteilung übernahm das Auswärtige Amt vom Wirtschaftsministerium die Zuständigkeit nicht zuletzt in der Embargo-Politik. Und in der Frage der westeuropäischen wirtschaftlichen Integration machte Bundeskanzler Adenauer schließlich gegenüber Ludwig Erhard von seiner Richtlinienkompetenz Gebrauch und unterstrich damit demonstrativ den Primat der Politik vor dem der Wirtschaft. Somit zeigte sich paradoxerweise, daß zu einem Zeitpunkt, wo die Bundesrepublik eigenständige außenpolitische Verantwortung übernahm, die vom Bundeswirtschaftsministerium in den Jahren zwischen 1949 und 1952/53, also z. Zt. der Oberhoheit der westlichen Siegermächte, betriebene Entpolitisierung der Außenwirtschaftsbeziehungen in dieser Form jetzt nicht mehr möglich war. Nunmehr verlangte die Staatsraison der Bundesrepublik, daß dem Primat der Politik nach innen und außen unzweideutig der Vorrang einzuräumen war.

4) Langfristig gesehen bleibt zu konstatieren, daß der andauernde westdeutsche Wirtschaftserfolg in der Wachstumsphase ab 1952/53 zu einem guten Teil Folge des erhöhten Modernisierungsdrucks durch die politischen Vorgaben der westlichen Sieger war. Die drei Elemente: 1) Umlenkung der Handelsströme auf die westlichen Märkte, 2) die Durchsetzung einer Wettbewerbswirtschaft im Innern und auch 3) die westeuropäische Integration waren in den Anfangsjahren der Bundesrepublik zunächst primär von außen induziert. So wie in der Ausgestaltung der Wirtschaftsordnung im Innern, so wurden die Westdeutschen auch in ihren außenwirtschaftlichen Beziehungen in nicht unwesentlichen Punkten zu ihrem „Glück" gezwungen.

5) Die Analyse ergibt aber auch, daß die europäische Blockbildung nicht primär einer ökonomischen Motivation entsprang, sondern in erster Linie eine Folge politischer Zielsetzung war. Dabei war die Ausformung des Gegenblocks im Osten durchaus auch ein, in dieser Form vielleicht unbeabsichtigtes Resultat der westlichen „economic defense policy". Diese Politik scheiterte, gemessen am Ziel, mit wirtschaftlichen Mitteln ein Zurückweichen der Sowjetunion und ihrer Verbündeten zu erzwingen. Aber das Embargo war wirksam insofern, als es einen bedeutenden Anteil an der Blockbildung sowohl in Ost als auch in West hatte. Im übrigen wirft nicht zuletzt eine Analyse der Stalin-Note von 1952 und der Reaktion der Westmächte auf die sowjetische Initiative aus wirtschaftlicher Perspektive neue und weiterführende Fragen auf.

Zusammenfassend kann gesagt werden, daß die mitteleuropäische Ordnung nach 1945 nur bedingt einer ökonomischen Rationalität entsprang, und das ökonomische Argument in der Regel zur Begründung des politischen mit herangezogen wurde. Insofern muß zumindest fraglich erscheinen, ob die damals gefundene Basis der Stabilisierung, nämlich die Teilung Europas und die spezifische Form der politischen und wirtschaftlichen Blockbildung, in dieser Form tatsächlich zwingend war. Einzuräumen ist allerdings zugleich, daß alternative Konfigurationen, die eine vergleichbare langfristige ökonomische und politische Stabilität hätten garantieren können, aus Sicht des Westens Ende der vierziger und zu Beginn der fünfziger Jahre nur schwer vorstellbar waren. Dabei darf aber nicht übersehen werden, daß die Kosten für diese Ordnung höchst ungleich verteilt waren und vor allem zu Lasten der Gesellschaften in Ostmitteleuropa gingen.

Wie die Analyse zeigt, waren die Ursprünge der nach dem Zweiten Weltkrieg entstandenen Blockbildung in Europa in wesentlichen Teilen unbedingt durch eine temporäre Lagesituation auf dem Höhepunkt des Kalten Krieges. Indes, aus diesen Entscheidungen erwuchsen neue Strukturen und ergaben sich neue Wirklichkeiten, die die politische und wirtschaftliche Zweiteilung Europas für annähernd vier Jahrzehnte festschreiben sollten. Erst der welthistorische Vorgang des Umbruchs in der Sowjetunion und in Ostmitteleuropa im Übergang zu den neunziger Jahren, vor dem Hintergrund der qualitativ neuen Dynamik des westeuropäischen Integrationsprozesses und des relativen Bedeutungsverlusts der Vereinigten Staaten als der Garantiemacht der westlichen Staatengemeinschaft, hat die Frage einer grundlegenden Neuordnung Europas unter demokratischen Vorzeichen und unter Überwindung der politischen und wirtschaftlichen Spaltung des Kontinents erneut aufgeworfen.

Gunther Mai

Osthandel und Westintegration 1947–1957

Europa, die USA und die Entstehung einer hegemonialen Partnerschaft

„Ziel der Integration", so der Wissenschaftliche Beirat des Bundeswirtschaftsministeriums im März 1953, „ist nicht allein eine Steigerung der Produktion und der Produktivität in den europäischen Ländern. Eine europäische Integration würde es ermöglichen, einen ansehnlichen Teil der seit Kriegsende notgedrungen statt aus den östlichen europäischen Gebieten von Übersee, insbesondere aus dem Dollarraum, bezogenen Güter wieder in Europa selbst zu gewinnen, und würde damit einen wesentlichen Beitrag zur Schließung der Dollarlücke leisten."[1] Neben das doppelte Ziel, durch eine Integration Westeuropas das Wirtschaftspotential Westdeutschlands kontrollierend zu nutzen und durch die kollektive Steigerung von Wohlstand und sozialer Stabilität die geistige und militärische Abwehrbereitschaft gegenüber der Bedrohung aus dem Osten zu stärken, trat also – nicht weniger wichtig, wenngleich zumeist vernachlässigt – als dritte Komponente das Bestreben, die „wirtschaftliche Abhängigkeit" von den USA durch Schaffung eines gemeinsamen Marktes zu verringern[2].

Wenn es aber das Ziel der westeuropäischen Integrationsbestrebungen war, eine europäische Nachkriegsordnung mit möglichst geringem Einfluß der USA zu schaffen[3], dann mußte das Verhältnis zu Osteuropa stets ein spezifischer Indikator für den Grad der Bindung an die USA sein. Selbst in den Hochzeiten des Kalten Krieges war der Osthandel immer mehr als nur Teil einer rudimentären „Ostpolitik"[4]. Er war – je mehr diese Frage beiderseitig in einem „Klima von Emotion und Vorurteil" behandelt wurde[5] – in zunehmendem Maße bündnispolitischer Zündstoff zwischen Europa und den Vereinigten Staaten. Bereits zeitgenössische Beobachter meinten erkannt zu haben, daß „gewöhnlich Spuren eines anti-amerikanischen Geistes in den westeuropäischen Vorschlägen für eine Zollunion zu entdecken" waren, so wie umgekehrt – trotz aller Hilfsprogramme – stets ein „anti-europäischer Geist" in der amerikanischen Außenwirtschaftspolitik vorzuherrschen schien[6].

---

[1] Wiss. Beirat des Bundeswirtschaftsministeriums, 21./22. 3. 1953, Bundesarchiv Koblenz (BA) B 102/11306.

[2] Bundesminister für den Marshallplan, 10. 4. 1952, BA B 102/11306; Council of Europe, 4th session, May 1952, Debates, Bd. I, S. 48ff.

[3] Alan S. Milward, Entscheidungsphasen der Westintegration, in: Ludolf Herbst (Hrsg.) Westdeutschland 1949–1955. Unterwerfung, Kontrolle, Integration, München 1986, S. 231ff.

[4] Siehe vor allem Michael Kreile, Osthandel und Ostpolitik, Baden-Baden 1978, der auch die ältere Literatur nachweist. Walter Trautmann, Osthandel. Ja oder Nein?, Stuttgart 1954.

[5] Foreign Relations of the United States (FRUS), 1952-54, Bd. I, S. 1110 (Eisenhower).

[6] Raymond Vernon, Die Vereinigten Staaten und die Organisation für Zusammenarbeit auf dem Gebiete des Handels, in: Europa-Archiv 11 (1956), S. 8541ff. Vgl. National Archives (NA), RG 59/Camp Files, Box 1, Folder: East-West Trade 1953 (30. 6. 1952).

Osthandel *und* Westintegration waren die beiden – komplementären – Punkte, an denen sich entscheiden mußte, ob das atlantische Bündnis Instrument hegemonialer „Führerschaft" (leadership) oder direkter „Herrschaft" der USA sein würde. Hegemonie[7] in diesem Sinne ermöglichte es den USA, „dem Leben der Gesamtheit die gewünschte Richtung zu geben und den Stempel des eigenen Geistes aufzudrücken", wobei vor allem der atomare Schirm zum einen das wichtigste „Mittel der ‚Integration' " wurde, zum anderen aber „Schutz- *und* Isolierungsfunktion" hatte. Gleichwohl bot der „Föderalismus" des Bündnisses „Schutzmittel gegen völlige Unterwerfung", indem die „Anerkennung" der europäischen Bündnispartner und ihrer staatlichen Souveränität diesen „Mitwirkung", also Konsultationsrechte, ermöglichte. Auch wenn die Regierungen Truman und Eisenhower sich bewußt gegen die Ausübung „direkter Herrschaft", d. h. gegen die Drohung mit äußerem Zwang, und für die „Selbstbändigung", für eine „nur" hegemoniale Führerschaft entschieden[8], so mußte – wie die bündnispolitische Praxis immer wieder erwies – die Entscheidung über herrschaftliche oder hegemoniale Struktur des Bündnisses letztlich davon abhängen, ob es den *Europäern* gelang, sich durch kollektive Selbstorganisation einen autonomen Gestaltungs- und Mitwirkungsbereich zu verschaffen. Die Integration war das Mittel, der Osthandel war einer der brisantesten Testfälle, in denen sich Flexibilität und Lebenswille des Bündnisses in seiner Gründungsphase erweisen mußten.

Zielkonflikte: Rekonstruktion und Osthandel 1947/48

Gesamtwirtschaftlich hatte der Osthandel zu keiner Zeit eine erhebliche Bedeutung für die westeuropäischen Staaten. Doch ohne ihn schien eine erfolgreiche Rekonstruktion nicht denkbar. Die OEEC ging 1948 davon aus, daß bis zum Auslaufen der Marshall-Hilfe im Jahr 1952 die Wirtschaft Westeuropas nur dann ohne weitere Dollarhilfe lebensfähig sein würde, wenn die Importe aus Osteuropa auf mindestens 75%, die Exporte nach Osteuropa auf mindestens 80% des Standes von 1938 gehoben werden konnten[9]. Dies würde eine Verdreifachung des innereuropäischen Warenaustauschs von 1947 erfordern. Die Bedeutung des Ost-West-Handels für die westliche Rekonstruktionspolitik lag weniger in seinem Gesamtvolumen, sondern in der Bereitstellung von spezifischen Gütern, deren produktionsstrategische Bedeutung nicht an ihrem Warenwert zu messen war: Westeuropa bezog in erster Linie (Futter-)Getreide, (Gruben-)Holz sowie besonders polnische, d. h. oberschlesische Kohle, dazu auch Öl, Mangan, Nickel, Chrom u. ä. m. Ohne die Wiederbelebung des intra-europäischen Handels würde sich die westeuropäische Rekonstruktion verzögern und die Abhängigkeit von der amerikanischen Dollar-Hilfe weiter steigen.

Bemühungen zu einer koordinierten, gesamteuropäischen Rekonstruktion hatten bereits vor Kriegsende eingesetzt und im März 1947 mit der Gründung der UN-

---

[7] Heinrich Triepel, Die Hegemonie. Ein Buch von führenden Staaten, 2. Neudruck der Ausgabe von 1943, Aalen 1974, bes. S. 125ff.

[8] Für die Regierung Truman vgl. Gunther Mai, Dominanz oder Kooperation im Bündnis? Die Sicherheitspolitik der USA und der Verteidigungsbeitrag Europas 1945–1956, in: Historische Zeitschrift 246 (1988), S. 352ff. (Einzelnachweise ebenda, Anm. 68). Für die Regierung Eisenhower vgl. FRUS 1952–54, Bd. 1, S. 940f., 990, 1106f., 1163.

[9] David Wightman, Economic Co-operation in Europe. A Study of the United Nations Economic Commission for Europe, London 1956, S. 195f.

Economic Commission for Europe (ECE) ihren vorläufigen Abschluß gefunden. Diese wurde jedoch, als sie im September 1947 ihre Arbeit aufnahm, nicht mehr als ein westeuropäisches Koordinations- und Informationsgremium, da die osteuropäischen Staaten angesichts der Eskalation des Kalten Krieges und als Reaktion auf den Marshallplan sich auf einen Beobachterstatus zurückzogen. Doch sollte sich die ECE als das Forum erweisen, auf dem die Sowjetunion 1952, noch weit vor Stalins Tod, unter dem Motto der „friedlichen Koexistenz" eine „Änderung der Generallinie" (zumindest) ihrer Handels- und Außenwirtschaftspolitik einzuleiten suchte[10]. Offenkundig war zu diesem Zeitpunkt die Sowjetunion mit ihrem Versuch, durch eine forcierte Industrialisierungspolitik (rüstungs-)wirtschaftlich und politisch unabhängig vom Westen zu werden, an ihre immanenten Begrenzungen gestoßen. Auch die verschärfte Ausbeutung Osteuropas hatte sie nicht von dem Zwang befreien können, hochwertige Kapitalgüter aus dem Westen importieren zu müssen. Vor allem Polen, der Tschechoslowakei und Ungarn beließ sie daher den Freiraum, etwa die Hälfte ihres Handels mit dem Westen abzuwickeln und sich mit einer Serie von Handelsverträgen in den Jahren 1947 bis 1949 zur Lieferung von Getreide, Holz und Kohle zu verpflichten. Doch die ungeheuren Wiederaufbaubedürfnisse, die Folgen von Landreform und Planwirtschaft, die forcierte Industrialisierung und die damit einhergehende Urbanisierung schränkten die Lieferfähigkeit der osteuropäischen Staaten in einem Maße ein, daß dem Ost-West-Handel deutliche wirtschaftliche Grenzen gesetzt waren[11].

Infolge ihrer Industrialisierungsbemühungen war die Sowjetunion offenkundig bemüht, Lebensmittel und Rohstoffe gegen Halbprodukte und vor allem höherwertige Kapitalgüter (inkl. ‚know how') einzutauschen; der Anteil von Maschinen an den Gesamteinfuhren stieg von 38% 1936 auf 50% 1950. Sie nahm dabei notgedrungen in Kauf, daß dieser Technologieimport ihr Ziel der strategischen Autarkie zumindest vorübergehend beeinträchtigte. Die USA, die im Frühjahr 1947 noch überlegt hatten, ob sie den Marshallplan ganz oder teilweise über die ECE abwickeln sollten[12], sahen in dieser Konstellation die Chance, durch ein Embargo die sowjetischen Bestrebungen zu durchkreuzen. Ende 1947 wurde die Einführung von Exportkontrollen für den amerikanischen Osthandel beschlossen, die am 1. März 1948 in Kraft traten und in kürzester Zeit den US-Handel mit der Sowjetunion zum Erliegen brachten. Parallel dazu sicherten sich die Vereinigten Staaten mit Hilfe des Marshallplan-Gesetzes (Sec. 117d und 118) bereits im April 1948 das Recht, die Ausfuhr aller Güter und Rohstoffe, die ganz oder teilweise mit ihren Hilfsgeldern bezahlt worden waren, an ihre Zustimmung und damit an ihre strengen Ausfuhrbestimmungen zu binden[13]. Die Gegenblockade, die im September 1948 als Antwort auf die sowjetische Blockade Berlins und den Putsch in der Tschechoslowakei verhängt wurde, unterbrach zunächst vor allem den deutschen

[10] Trautmann, Osthandel (Anm. 4), S. 31. The United States in World Affairs, hrsg. vom Council on Foreign Relations, 1952, New York 1953, S. 39ff.
[11] Recent Developments in Trade between Eastern and Western Europe, in: Economic Bulletin for Europe 3 (1951), Nr. 2, S. 49ff. Developments in Trade between Eastern and Western Europe from 1950 to mid-1952, ebenda 4 (1952), Nr. 3, S. 34ff.
[12] FRUS 1947, Bd. 3, S. 221, 227ff. u. ö.
[13] FRUS 1948, Bd. 4, S. 489ff. passim. Gunnar Adler-Karlsson, Western Economic Warfare 1947-1967. A Case Study in Foreign Economic Policy, Stockholm 1968. Die wichtigsten Dokumente bei Hans Jürgen Lambers, Das Ost-Embargo. Dokumentensammlung, Frankfurt/M. 1956.

Interzonen- und Osthandel; sie war aber gleichzeitig der erste Probelauf, die Westeuropäer zum Anschluß an das Embargo zu veranlassen.

Es lag jedoch ein offenkundiger Widerspruch darin, daß mit diesen Maßnahmen der
Zweck des Marshallplans, einen möglichst raschen Wiederaufbau Westeuropas zu
bewirken, behindert wurde, sofern der Ausfall des Osthandels nicht durch zusätzliche
Hilfszahlungen der USA kompensiert wurde. Bei der Abwägung von militärischen
und wirtschaftlichen Interessen überwogen schließlich die ersteren. Wenngleich der
Wunsch, durch den Marshallplan qua Osthandel nicht indirekt den Wiederaufbau
Osteuropas mitfinanzieren zu wollen, verständlich war, so hatte die Unterbrechung
des intra-europäischen Handelsaustausches aus Sicht der USA doch zugleich auch den
Vorteil, die Warenströme systematisch nach Westen umzulenken und damit die politische und ideologische Bindungswirkung des atlantischen Blocksystems durch wirtschaftliche Verflechtung zu verstärken. Daß dies der Sowjetunion die Aufgabe erleichterte, ihrerseits im „Rat für gegenseitige Wirtschaftshilfe" (Januar 1949) die nun gesteigerte handels- und wirtschaftspolitische Abhängigkeit ihrer Nachbarn zum Ausbau
der eigenen Hegemonialsphäre in Osteuropa zu nutzen, wurde dabei in Kauf genommen[14].

Die Europäer waren indes ungleich stärker auf den Osthandel angewiesen als die
USA, daher auch weniger bereit, diesen ohne weiteres aufzugeben. Finanzielle Kompensationen, wie die USA sie im Marshallplan bereitstellten, waren langfristig wirtschaftlich wie politisch unbefriedigend, da sie strukturelle Abhängigkeiten begründe-
ten. Obwohl der Osthandel 1948 noch immer nur einen Bruchteil des westeuropäischen Außenhandels ausmachte, so hatte er doch in der unmittelbaren Nachkriegszeit
seine objektive wirtschaftliche Bedeutung dadurch erlangt, daß er eine gewisse Kompensation für die zunächst fast völlig ausgefallenen deutschen Lieferungen bot und
insofern eine Art Überbrückungshilfe bis zur Wiederherstellung eines Weltgetreide-
marktes oder des globalen (maritimen) Transportsystems bedeutete, deren Funktions-
fähigkeit die zentrale Voraussetzung der überseeischen Versorgung eines von den
traditionellen osteuropäischen Liefergebieten abgeschnittenen Westeuropa mit
Lebensmitteln oder (amerikanischer) Kohle war. Ungeachtet aller Begrenzungen verschaffte der Osthandel die Atempause, die nötig war, um in Westeuropa die Voraussetzungen für den Aufbau neuer Industriestandorte (z. B. Textil), für die Anknüpfung
neuer Handelsbeziehungen (besonders mit dem Dollar-Raum) oder für die Überwindung der unmittelbaren Kriegsfolgeschäden zu schaffen. Ein Embargo wäre insofern
vor 1948 kaum möglich gewesen. Aber in diesen objektiven wirtschaftlichen Erfolgen,
in der darauf gründenden Hoffnung einer potentiellen wirtschaftlichen Alternative lag
seine politische Brisanz. Es blieb daher abzuwarten, ob die Westeuropäer das Embargo
auf Dauer akzeptieren würden, das ihren traditionellen Handelsverflechtungen ebenso
widersprach wie ihrem traditionellen Selbstverständnis, das die potentielle Abhängigkeit von der Sowjetunion durch die reale Abhängigkeit von den USA zu ersetzen
drohte.

---

[14] FRUS 1948, Bd. 4, S. 498ff., 529 (Polen), 591; FRUS 1949, Bd. 5, S. 96ff. (Polen); FRUS 1950, Bd. 4, S. 108;
FRUS 1951, Bd. 1, S. 1040. Vgl. Trautmann, Osthandel (Anm. 4), S. 20ff. Ministère des Affaires Etrangères
(MAE), B/Etats-Unis, Bd. 241, Bl. 42ff. (10. 8. 1950), S. 135ff. (15. 6. 1951).

Bündniskonflikte: Handelsströme und Blockbildung 1948–1952

Einigkeit bestand in den USA über das doppelte Ziel der Osthandelspolitik, zum einen die rüstungswirtschaftlichen Autarkiebestrebungen der Sowjetunion zu behindern, dabei möglicherweise durch den ökonomischen Druck eine Auflockerung des Ostblocks zu bewirken und weitere „Titoismen" zu provozieren[15], sowie zum anderen die Abhängigkeit Westeuropas vom Handel mit den kommunistischen Nachbarn zu begrenzen. Erhebliche Meinungsunterschiede bestanden dagegen während der zweiten Amtsperiode Trumans über die Mittel und die zumutbaren wirtschaftlichen und politischen Kosten.

Vor allem das State Department und die ECA-Behörde plädierten für einen kooperativen Kurs gegenüber den Westeuropäern, da sie die ausgeprägtere Bedeutung des Osthandels für die Volkswirtschaften der Verbündeten akzeptierten. Der Osthandel sollte nicht vollständig unterbunden, sondern lediglich auf das unerläßliche Maß reduziert werden. Dazu gehörte, daß strategisch wichtige Güter aufgrund freiwilliger Selbstbeschränkung vom Ostexport ausgenommen bleiben sollten, soweit nicht im Gegenzug strategische Rohstoffe (z. B. Mangan) aus dem Osten bezogen werden konnten. Besondere Berücksichtigung fand die Tatsache, daß gerade die Länder Mittel- und Nordeuropas die traditionellen deutschen Positionen im Ostgeschäft übernommen hatten, die als Neutrale dem Einfluß der NATO entzogen waren (Schweden, Schweiz, Finnland, auch Österreich), starke neutralistische Traditionen hatten (Norwegen, Island) oder friedensvertraglich zu Reparationsleistungen an die Sowjetunion verpflichtet waren (Italien, Finnland) und die allesamt stark von polnischen Kohlelieferungen abhängig waren[16]. Trotz anhaltender Differenzen über die Definition der „strategischen Wichtigkeit", d. h. über den Umfang der Exportrestriktionen, gelang es der amerikanischen Regierung doch, im Rahmen der 1949 gegründeten Consulting Group/Coordinating Committee (CoCom) in Paris, sodann im Zeichen des Koreakrieges eine gemeinsame Embargopolitik zu verwirklichen, auch wenn diese hinter den eigenen Restriktionen zurückblieb[17].

Ein spezifisches Problem stellte in diesem Zusammenhang Deutschland dar, dessen Interzonen- und Osthandel alliierter Kontrolle unterstand und dabei den strengeren amerikanischen Bestimmungen unterworfen war. Vor allem Großbritannien, das inzwischen von den Deutschen die führende Stellung im Osthandel übernommen hatte, und Frankreich drängten auf die Aufhebung dieser „Diskriminierung" (!) und forderten eine Lockerung der Ausfuhrkontrollen. Denn, so befürchteten sie, ohne eine Steigerung der Ostexporte würden die deutschen Ausfuhren auf die westlichen Märkte drücken, auf denen infolge der bereits gegebenen Einschränkungen des westeuropäischen Osthandels eine verschärfte Konkurrenzsituation zu befürchten stand[18]. Obwohl die USA eine Sonderregelung für die Deutschen nur ungern akzeptierten, sahen sie sich doch zum Nachgeben gezwungen, um die beiden europäischen Führungsmächte zur Unterstützung ihrer Embargopolitik zu bestimmen, zumal sie selbst

---

[15] FRUS 1949, Bd. 5, S. 28ff., 42ff., 162; FRUS 1951, Bd. 1, S. 1026ff.; FRUS 1952-54, Bd. 1, S. 1007, 1111.
[16] Recent Developments in Trade between Eastern and Western Europe (Anm. 11), S. 54.
[17] FRUS 1948, Bd. 4, S. 536ff., 547ff., 552ff., 564ff., 585ff.; FRUS 1949, Bd. 5, S. 68ff., 125f. und passim. FRUS 1950, Bd. 4, S. 84ff.; FRUS 1951, Bd. 1, S. 1026ff., 1095ff. (NSC 111).
[18] FRUS 1950, Bd. 3, S. 920ff., 1009, 1064; FRUS 1950, Bd. 4, S. 238; FRUS 1952-54, Bd. 7, S. 362.

die deutsche Konkurrenz in Lateinamerika wieder zu spüren begannen. Der Bundesrepublik, die Anfang 1950 auf „Einladung" der drei Besatzungsmächte der CoCom beigetreten war, wurden die relativ größten Ausfuhrkontingente nach Osteuropa zugebilligt[19]. Denn zur Furcht um handelspolitische Einbußen auf den westlichen Märkten traten Bedenken hinsichtlich der bündnispolitischen Rückwirkungen: „Wenn Deutschland zu restriktiv behandelt wird, besteht immer die Gefahr, daß gewisse Elemente sich nach Osten wenden werden, um mit den Satelliten oder Rußland Handel zu treiben."[20]

Solche Rücksichten nahm der Kongreß nicht, darin vor allem unterstützt vom Handelsministerium und von den Militärs[21]. Schon in den ECA-Act hatte der Kongreß 1948 die Klausel hineingeschrieben, daß alle Ostexporte, die mit Hilfsdollars auch nur teilweise finanziert worden waren, vom ECA-Administrator unterbunden werden sollten. Enttäuscht über die vermeintlich indifferente und eigensüchtige Haltung der Europäer („merchants of death"), die trotz des Kriegs in Korea nicht zu Wohlstandsopfern und Geschäftsverzicht im Interesse von Wiederaufbau und Wiederaufrüstung bereit schienen, mehrte sich die Kritik am „falschen" Einsatz der Hilfsgelder.

Wiederholt unternahm der Kongreß[22] seit 1950 Vorstöße, um die Bewilligung von Hilfszahlungen an immer neue Bedingungen und Klauseln zu binden. Sofern sich die Europäer nicht den amerikanischen Exportkontrollen im Osthandel unterwarfen, sollte der Präsident diesen Ländern automatisch die Hilfe streichen. Der Kongreß behielt sich selbst ein weitreichendes Kontrollrecht über die Einhaltung dieser Sanktionsdrohung vor. Trotz aller Warnungen der Regierung weigerte er sich, die wirtschaftlichen wie die bündnispolitischen Kosten einer solchen Politik in Rechnung zu stellen, obwohl es auch ihm keineswegs verborgen geblieben war, daß diese Auflagen – trotz gegenteiliger Beteuerungen – einen erheblichen Eingriff in die Souveränität der Empfängerstaaten darstellten. Isolationistische und protektionistische Tendenzen gleichermaßen lagen seiner „Empfehlung" an die Europäer zugrunde, sich durch Beschleunigung und Ausweitung der bisherigen Integrationsansätze von amerikanischer Hilfe unabhängig zu machen. Es dürfte insofern ganz in seinem Sinne gelegen haben, wenn eine Delegation, die unter Leitung des Handelsministers Sawyer 1952 Europa bereist hatte, den Partnerstaaten die deutliche Warnung gab, sich nicht weiterhin auf amerikanische Hilfe zu verlassen und auf immer neue Dollars oder die Öffnung des amerikanischen Marktes zu spekulieren. Europa müsse endlich zur Selbsthilfe greifen, nicht indem es eine Expansion des Osthandels anstrebe, sondern indem es sich selbst nach dem Vorbild der USA durch Liberalisierung des Handels, durch Konvertibilität der Währungen und durch Steigerung der Produktivität einen großen europäischen Binnenmarkt schaffe[23].

[19] Ausw. Amt an Ausschuß für Ausw. Angelegenheiten des Bundestags, Feb. 1952, BA B 102/57801.
[20] Trade between a United Germany and the USSR and Satellite Nations, 14. 5. 1949, NA RG 59/ASSOA, Box 1, Folder: CFM and WGA Files; FRUS 1952–54, Bd. 7, S. 362.
[21] FRUS 1948, Bd. 4, S. 523ff.; FRUS 1950, Bd. 4, S. 84ff., 94, 139ff.; FRUS 1951, Bd. 1, S. 1000ff. (NSC 102), 1049ff.
[22] Vgl. Congressional Records, 82nd Congress, 1950, Bd. 96, Teil 11, S. 14606ff. (Senate), 15416ff. (House), 15480ff. (Senate); Congressional Records, 1951, Bd. 97, Teil 7, S. 9434ff. (House); Teil 8, S. 10661ff. (Senate); FRUS 1950, Bd. 4, S. 189, 193, 250ff.; FRUS 1951, Bd. 1, S. 1095ff. (NSC 111), 1121ff., 1203ff.
[23] Eine umfassende Dokumentation der Besprechungen und der Abschlußbericht in: Truman Library, Papers of Charles Sawyer, Boxes 109, 110.

Die Regierung Truman setzte, gedrängt vom State Department und auf Beschluß des Nationalen Sicherheitsrates, ihren ganzen Einfluß ein, um Repressalien, wie der Kongreß sie wünschte, zu verhindern und den Europäern „demütigende" Maßnahmen zu ersparen, indem alle Unterbrechungen der Hilfszahlungen an den Vorbehalt des Präsidenten und die Vereinbarkeit mit den nationalen Sicherheitsinteressen gebunden wurden (Battle Act)[24]. Das State Department warnte davor, von den verarmten Europäern überzogene Eigenleistungen zu erwarten, nachdem die ersten Stabilisierungserfolge durch die gewaltigen Rüstungsanstrengungen im Gefolge des Koreakrieges wieder in Frage gestellt worden waren. Es handelte aber insofern selbst inkonsequent, als es im Frühjahr 1952 auf der NATO-Ratstagung in Lissabon ein Rüstungsprogramm durchsetzte, dem sogar die USA wirtschaftlich nicht gewachsen waren. Das Außenministerium befürwortete zwar ebenfalls eine systematische „Umleitung", „Verlagerung" und „Re-Orientierung" des europäischen Handels nach Westen[25], doch war es bereit, den Europäern für die weitgehende Einschränkung des Osthandels einen „Marktverlust-Ausgleich"[26] in Form „alternativer Märkte" zu gewähren: Entweder müßten die USA den Ausfall des Osthandels, dessen Volumen ca. ein Drittel der Marshallplan-Gelder ausmachte, durch höhere Finanzhilfen ausgleichen, so wie sie den Briten die Zustimmung zur Europäischen Zahlungsunion (EPU), den Europäern insgesamt den Verzicht auf polnische Kohle regelrecht abgekauft, die Montan-Union durch Vorfinanzierung auf den Weg gebracht hatten; oder, wollten die USA nicht ständig die Dollarlücke der Europäer selbst finanzieren, mußte diesen der Zugang zum amerikanischen Markt erleichtert werden: durch Reduzierung der Zölle, Vereinfachung des Einfuhrverfahrens, Aufhebung von Importquoten und Einstellung der Schiffahrtsdiskriminierungen[27]. Beide Wege waren indes kostspielig, und so wurde zunehmend eine weitere Möglichkeit ventiliert, die (möglicherweise auch strategische) Abhängigkeit vom Osten zu reduzieren: nämlich die Erschließung von Drittmärkten in den „unterentwickelten Regionen", die aufgrund erster sowjetischer Vorstöße ohnehin stärker in den Mittelpunkt des Interesses gerückt waren. Durch amerikanische Hilfsgelder, z. B. im Rahmen des „Point IV"-Programms, sollte das dreifache Ziel erreicht werden, zum einen den Europäern neue Absatzwege für die sich abzeichnende Überproduktion zu eröffnen, zum anderen in der Dritten Welt der kommunistischen Konkurrenz entgegenzutreten, zum dritten die Multilateralisierung des Welthandels zu fördern[28].

Scheiterte aber eine solche Lösung am Widerstand des Kongresses, konnte der politisch unerwünschte Osthandel nur noch durch Integration und Schaffung eines westeuropäischen Binnenmarktes aufgefangen werden. Dabei bestand allerdings die Gefahr, daß ein (durch amerikanische Vorfinanzierung) wirtschaftlich unabhängiges

[24] FRUS 1951, Bd. 1, S. 1081. Die inneramerikanischen Auseinandersetzungen sind aus der Sicht des State Department gut dokumentiert in: NA RG 59/Secretary's Daily Meetings, 1950 und 1951 passim,
[25] FRUS 1949, Bd. 5, S. 162; FRUS 1951, Bd. 1, S. 1028, 1033, 1047, 1069, 1092, 1191. Im Rahmen der CoCom wurde eine „Decreasing Reliance (on Trade with the Soviet Bloc) Working Group" eingerichtet, die aber offenbar ohne großen Erfolg arbeitete. FRUS 1952–54, Bd. 1, S. 844, 889f., 973f., 973, 1249.
[26] Trautmann, Osthandel (Anm. 4), S. 109ff.
[27] FRUS 1948, Bd. 4, S. 527, 537; FRUS 1950, Bd. 3, S. 617ff., 628, 635ff., 643ff. u. ö.; FRUS 1950, Bd. 4, S. 109, 178, 274; FRUS 1951, Bd. 1, S. 413, 1033f., 1064, 1081; FRUS 1951, Bd. 4, S. 19, 24, 107, 111f., 139ff.
[28] Economic Survey of Europe (Sawyer-Report 1952), S. 7; Truman Library, Papers of Charles Sawyer, Box 109; Consul General Düsseldorf an State Department, NA RG 59, 460.509/12–2353. HICOG Bonn an State Department, ebda., 10–2153. Vgl. auch Anm. 25.

Westeuropa sich zu einer „dritten Kraft" zwischen den Blöcken entwickelte. Dies aber war, anders als zur Zeit Marshalls und Kennans, nicht mehr das Ziel amerikanischer Europapolitik[29]. Insofern war die Regierung Truman/Acheson durchaus nicht abgeneigt, die restriktive Haltung des Kongresses als Druckmittel gegenüber den Europäern einzusetzen und von diesen unter beständigem Hinweis auf den „constitutional process" vorauseilende Anpassung zu erwirken. Zu Demonstrationszwecken setzte sie die Zwangsmittel des ECA- bzw. MSA-Acts von 1951 ein, in der Regel nicht gegen die Empfängerstaaten selbst, wohl aber gegen einzelne Firmen, die auf „Schwarze Listen" gesetzt und von amerikanischen „off shore"-Aufträgen ausgeschlossen wurden[30].

In dem Bestreben, gewisse Garantien zu erhalten, daß die mit ihrer Hilfe entwickelten Ressourcen zumindest nicht gegen die Interessen der USA eingesetzt wurden oder gar unter sowjetische Kontrolle gerieten, war es das verständliche Ziel der USA, daß Westeuropa zwar wirtschaftlich „ohne fremde Hilfe auskommen" (self-supporting) und „lebensfähig" (viable) sein, aber nicht „autark" (self-sufficient) werden sollte. Es durfte (vorübergehend) gegen amerikanische Waren diskriminieren, jedoch nicht zu einem geschlossenen Markt hinter Zollmauern werden. Mit anderen Worten: Europa sollte frei sein von amerikanischer Hilfe, aber nicht frei von amerikanischem Einfluß. Schon die OEEC war auch ein Medium amerikanischer, gleichwohl kollektiv verkleideter Führerschaft (leadership)[31]. Sie, wie später die Montan-Union oder auf militärischem Gebiet die NATO, sollte durch ökonomische Verflechtung die Autarkisierung einzelner Länder verhindern, besonders der mit neutralistischen Tendenzen (Deutschland) oder mit starken kommunistischen bzw. gaullistischen Kräften (Italien, Frankreich)[32].

Schmal war der Grad zwischen Herrschaft und Hegemonie im Bündnis, wie die Regierung Truman sehr wohl wußte, vor allem je mehr die Kosten für die Aufrüstung den wirtschaftlichen Wiederaufbau beeinträchtigten. Aber solange die USA bereit waren, mit der Zusicherung eines langfristigen Engagements in Europa eine vergleichbare Gegenleistung zu erbringen, solange der Wiederaufbaubedarf die Prioritäten europäischer Außen(wirtschafts)politik diktierte, akzeptierten die Europäer diese „leadership", wenngleich nie ohne Reserven.

Emanzipation durch Handel? Europa, die USA und die Ostpolitik 1949–1952

Nur zögernd hatten zunächst die Briten im März 1949, dann Zug um Zug die übrigen westeuropäischen Staaten dem amerikanischen Druck nachgegeben und sich den Exportkontrollen gegenüber Osteuropa angeschlossen. Im Nebeneffekt hatte das Bemühen, diese Kontrollen weniger strikt zu handhaben als die USA, wohl zu einer gewissen Solidarisierung und Konzertierung des europäischen Widerstands in der CoCom geführt, doch beschränkte sich diese „Solidarität" zumeist auf das Bestreben, die potentiellen Konkurrenten gleichermaßen mit den Einbußen auf dem Ostmarkt zu belasten. Mit der Gründung der CoCom im Herbst 1949 hatten die Europäer die Hoffnung begraben müssen, mit amerikanischer Starthilfe zu einer „europäischen

---

[29] Vgl. Mai, Dominanz (Anm. 8), bes. S. 339ff. MAE, B/Etats-Unis, Bd. 241, Bl. 62ff. (Bonnet, 28. 9. 1950), 135ff. (Bonnet, 15. 6. 1951).
[30] BA B 102/7203 (21. 5. und 28. 6. 1952); ebenda, 55998 (3. 7. und 16. 10. 1951).
[31] FRUS 1949, Bd. 5, S. 100.
[32] Mai, Dominanz (Anm. 8), S. 356ff.; FRUS 1950, Bd. 3, S. 652, 722.

Autarkie" zu gelangen, „die sich von der amerikanischen Wirtschaft loslöst". Wenn die ECE nicht den erwarteten organisatorischen Rahmen für die europäische „Solidarität" abzugeben vermochte, so scheiterte dies zum einen an dem Rückzug der osteuropäischen Länder auf einen Beobachterstatus, zum zweiten an der nur halbherzigen Unterstützung seitens der USA, zum dritten aber an der bald als Illusion decouvrierten Vorstellung, die Briten könnten aus dem Sterlinggebiet Ersatz für die Versorgung mit Rohstoffen und Lebensmitteln bereitstellen, die jetzt aus dem Dollarraum bezogen werden mußten[33]. Je stärker diese Konzeption von den Realitäten des Kalten Krieges zunichte gemacht wurde, desto empfindlicher reagierten die Westeuropäer auf die Erfahrung, daß sie durch die Bedingungen der amerikanischen Hilfeleistung zur (in ihren Augen) übermäßigen Einschränkung ihres Osthandels gezwungen wurden. Die Dollarlücke schien ihnen im wesentlichen eine „Osthandelslücke" zu sein[34]. Vor allem aber sahen sie im Falle einer konsequenten Anwendung der Sanktionsdrohungen in den Sektionen 117 (d) und 118 des Marshallplangesetzes die Gefahr einer Aushöhlung ihrer nationalen Souveränität heraufziehen. Es war bezeichnend, daß die europäischen Regierungen es bald nicht mehr für opportun hielten, durch zu ausgeprägten Widerstand gegen diese Auflagen bzw. durch Mißachtung des Embargos den Kongreß aufmerksam zu machen und diesen zu einer weiteren Verschärfung des Kontrollverfahrens zu provozieren[35].

Großbritannien hatte zwar als erstes europäisches Land im März 1949 Exportkontrollen verhängt. Angesichts der prekären Wirtschaftslage des Landes begründete die Regierung aber die ständige Durchbrechung des Embargos und das Beharren auf Sonderkonditionen („prior commitments") damit, daß eine konsequente Anwendung nach amerikanischem Muster der britischen Wirtschaft und Verteidigungsbereitschaft mehr schaden würde als der sowjetischen. Sie schloß daher nicht nur im Mai 1949 einen Handelsvertrag mit der Sowjetunion ab, sie hatte im Gegenteil nicht einmal Skrupel, zum Jahreswechsel 1949/50 für die heimische Wirtschaft nach zusätzlichen Expansionsmöglichkeiten auf dem osteuropäischen Markt systematisch Ausschau halten zu lassen: „Die andauernde Schwere der Dollarlücke zwingt uns, kurzfristig alles Mögliche zu unternehmen, um aus Osteuropa die Waren zu beziehen, die wir sonst gegen Dollars oder harte Währung bezahlen müssen." Für den Bezug dieser Waren („hard currency saving commodities") waren die Briten sogar bereit, eine steigende wirtschaftliche Abhängigkeit von den kommunistischen Staaten Osteuropas ebenso in Kauf zu nehmen wie „einen gewissen Grad des Aufbaues der ökonomischen und selbst der militärischen Stärke Rußlands und der Satelliten"[36].

Auch während des Koreakrieges hielten die Briten trotz amerikanischer Proteste an dem Primat ihrer nationalen Interessen fest, nämlich über die wirtschaftliche Konsolidierung die politische Unabhängigkeit von den USA zurückzugewinnen. Nach wie vor wollte das Königreich, darin zweifellos mit den anderen Westeuropäern einig, dem

[33] Vincent Auriol, Journal du Septennat, Bd. 3, Paris 1977, S. 150 (März 1949); Europa-Archiv 4 (1949), S. 2355ff.
[34] BA B 102/57827 (23. 6. 1952).
[35] FRUS 1949, Bd. 5, S. 69. Ähnlich Bundeswirtschaftsministerium, 9. 6. 1952, BA B 102/57788.
[36] Public Record Office (PRO), CAB 21/1902; BT 11/4411; vgl. FRUS 1952-54, Bd. 1, S. 836f. Frankreich wickelte einen guten Teil des verdeckten Osthandels über die Schweiz ab. MAE, B/Etats-Unis, Bd. 241, Bl. 62ff.

Ostblock lediglich reines Kriegsmaterial verweigern. Jeder weitergehende Importstopp für Waren aus dem Osten würde nicht allein „schwere zusätzliche Dollarausgaben" bedeuten, die das Land nicht zu leisten vermochte, sondern dies würde außerdem zu einem verschärften Konkurrenzkampf der westeuropäischen Exportindustrien auf den Drittmärkten führen, was die Aufrüstungsbemühungen beeinträchtigen und damit indirekt der Sowjetunion zugute kommen werde. Bevin beharrte ganz entschieden darauf, daß „die Stimmung in Amerika nicht unsere Politik diktieren dürfe ... Unsere Politik, zum gegenwärtigen Zeitpunkt die Tür zur Sowjetunion für verbesserte Beziehungen offenzuhalten, ist ihrem Denken völlig fremd. Daß wir die Lebensfähigkeit (viability) erreichen, ist für sie eine sekundäre Überlegung, und unsere Bedenken würden von ihnen mit dem Angebot ausgleichender Hilfeleistung beantwortet, die", das war der entscheidende Punkt, „unsere Abhängigkeit von ihnen verlängern würde."[37]

Auch die Bundesrepublik schloß sich dieser Politik der europäischen Nachbarn an, konnte sie von ihr doch nur profitieren: Nachdem sie bisher mit Hilfe der USA die „Gleichberechtigung" (der Lasten) gegen die Europäer wiedergewonnen hatte, bot sich ihr nun die Chance, im europäischen Verbund die Abhängigkeit von den USA zu lockern. Hatte sie bereits frühzeitig in der CoCom eine „gewisse deutsche Vorzugsstellung" in Form höherer Ausfuhrkontingente erreicht, so vermochte sie bis 1951/52 die noch bestehenden „Diskriminierungen" weiter abzubauen, indem – zumindest formal – die Kontrolle des Osthandels von der Hohen Kommission auf sie überging[38]. Doch änderte dies in der Praxis wenig daran, daß die „gegebenen Bindungen" weiterhin spürbar blieben, „z. B. auch [der] Marshall-Plan, durch die die deutsche Politik zum Teil zwangsläufig orientiert" wurde. Das aber hieß: Die Genehmigungspflicht von Ostexporten durch die amerikanische ECA- bzw. MSA-Vertretung wurde auch von der Bundesregierung als „Zwangsmittel" empfunden. Im Juni 1951 prüfte das Wirtschaftsministerium daher die Frage, ob aus diesen „Bindungen" die Forderung abgeleitet werden könne, „daß Deutschland wieder zu seinem traditionellen West-Ost-Handel in dem Maße zugelassen wird, wie es nicht gelingt, einen Ausgleich für die Verluste im West-Ost-Handel auf den westlichen Märkten zu finden"[39]. Einen Schritt weiter noch gingen SPD und CDU im Mai 1952, die in ungewohnter Übereinstimmung im Bundestag nicht zuletzt unter wirtschaftlichen Aspekten für „Entspannung" durch den Handel und für den Handel plädierten, da die Bundesrepublik der „Hauptleidtragende an dieser Spannung" in Europa sei, indem alte Märkte verloren blieben und neue nicht erschlossen werden könnten[40].

Diese Überlegungen waren um so bemerkenswerter, als doch gerade in diesen Wochen die Bundesregierung und die sie tragenden Parteien mit der brüsken Zurückweisung der Stalin-Noten eine gänzlich andere Haltung an den Tag gelegt hatten.

[37] PRO CAB 130/62 (19. 7. 1950); BA B 102/55988 (13. 6. 1950).
[38] Ausw. Amt, Feb. 1952; BA B 102/57801; ebenda, 7196, Bl. 156f. (21. 4. 1952). Nach Kreile, Osthandel (Anm. 4), S. 45 blieben die alliierten Kontrollen offenbar bis 1954 bestehen.
[39] BA B 102/7196, Bl. 9; vgl. Konrad Adenauer, Erinnerungen, Bd. 1, Stuttgart 1965, S. 412. Auf informelle bzw. indirekte Kontrollen deuten auch amerikanische Berichte hin. NA RG 59, 460.509/10–2153, 10–3053 und 11–2353 (jeweils HICOG Bonn an State Department).
[40] Verhandlungen des Deutschen Bundestages, 1. Wahlperiode, Drucksachen Nr. 2935 und 3282.; ebenda, Stenographische Berichte, S. 8961ff. (6. 5. 1952); Trautmann, Osthandel (Anm. 4), S. 102ff.; Lambers, Ost-Embargo (Anm. 13), S. 28ff.

Offiziell konnte die Regierung zwar die handelspolitische Offensive der Sowjetunion im Rahmen der „Moskauer Weltwirtschaftskonferenz"[41] vom April 1952 nicht aufnehmen, das Interesse im Ostgeschäft war aber doch so groß, daß die Bundesregierung im Juni durch Kabinettsbeschluß den BDI aufforderte, einen „Ostausschuß der deutschen Wirtschaft" zu gründen. Dieser sollte zum einen für Koordination und Kontrolle (im Sinne der CoCom) im Verkehr mit den Staatshandelsmonopolen dienen; er sollte aber zugleich quasi-staatliche Konsularfunktionen in den osteuropäischen Staaten übernehmen, solange die Bundesrepublik aufgrund ihrer Nichtanerkennungspolitik dort selbst offiziell keine Vertretung unterhalten konnte[42].

Die Bundesrepublik war insofern noch nicht in der Lage, den Wunsch nach Expansion des Osthandels in eine aktive Ostpolitik umzusetzen, und sei es nur, um nicht in den Verdacht zu geraten, mit einer Schaukelpolitik zu liebäugeln. Obwohl die Dollarlücke noch immer „das größte Strukturproblem des deutschen Außenhandels" war, schien Zurückhaltung auch deshalb geboten, weil die deutsche Industrie auf dem amerikanischen Exportmarkt bereits wieder eine derart starke Position erreicht hatte, daß die Bundesrepublik von der Liste für dollarbedürftige Länder gestrichen wurde. Die Bundesregierung zögerte daher, sich britischen und italienischen Protesten vom Januar und April 1951 gegen die protektionistischen Handelspraktiken der USA anzuschließen. Gleichwohl erklärte sie sich bereit, eine „gemeinsame europäische Aktion" mitzutragen; denn „mit handelspolitischen Mitteln" allein werde man das Dollar-Defizit „kaum beseitigen" können[43]. Es ging aber bereits nicht mehr nur um die Schließung der „Osthandelslücke". Die deutsche Wirtschaft, aber nicht sie allein, suchte – ergänzt durch „Einfuhrverlagerungen, insbesondere aus dem Dollarraum und insbesondere in Schuldnerländer" – neue Märkte für ihre Produkte, die angesichts der „seit einiger Zeit erschwerten Absatzbedingungen in weiten Gebieten der westlichen Welt wie auch auf dem innerdeutschen Markt" nicht mehr absetzbar waren. Trotz ihrer rigiden ideologischen und vor allem deutschlandpolitischen Abgrenzung von der Sowjetunion kam auch die Bundesregierung im Juni 1952 nicht mehr umhin, allein aus ‚konjunkturpolitischen' Erwägungen heraus sich dem westeuropäischen Konsens anzuschließen, daß die Ausweitung des Osthandels generell „zu einer politischen Entspannung" beitragen werde, die wiederum der Expansion des Handels nur förderlich sein konnte[44]. Entspannung würde zugleich die Rüstungskosten senken, d. h. den wichtigsten Kostenfaktor in der negativen Dollarbilanz ausräumen, der die westeuro-

---

[41] Zur Moskauer Weltwirtschaftskonferenz vgl. BA B 102/7238; Keesings Archiv der Gegenwart (KAG), 1952, S. 3427A. In Moskau wurde eine Arbeitsgemeinschaft westdeutscher Firmen gegründet, die durch Rahmentauschverträge Aufträge in Höhe von 550 Mio. DM abschloß und ein Handelsvolumen von 1,5 bis 2 Mrd. DM in den nächsten drei Jahren für möglich hielt; Trautmann, Osthandel (Anm. 4), S. 30ff. – Zu ersten Ansätzen der sowjetischen Handelsoffensive, unter Hinweis auf die Dollarlücke, im Rahmen der Economic Commission for Europe und im unmittelbaren Vorfeld des Korea-Krieges 1950, vgl. MAE, B/Etats-Unis, Bd. 241, Bl. 37ff. Zur Vorgeschichte der Konferenz, ebenda, Bl. 182ff. (27. 10. 1951).

[42] BA B 102/57788 (1. 7. 1952 und passim); KAG, 1952, S. 3740C. Die Verlautbarung der Bundesregierung in: Lambers, Ost-Embargo (Anm. 13), S. 36 (Nr. 11).

[43] BA B 102/7190, Bl. 93 (19. 5. 1952). „Die Ursachen sind überwiegend politischer Art: Abtrennung der Ostgebiete und der russisch besetzten Zone, Flüchtlingszustrom, Blockade des West-Osthandels." Die letzten drei Worte sind von Empfängerseite (v. Maltzan?) unterstrichen und mit Fragezeichen versehen.

[44] Bundeswirtschaftsministerium, 9. 6. 1952, BA B 102/57788; Vermerk, 23. 6. 1952; ebenda, 57827; Bundeswirtschaftsministerium, 11. 3. 1953, ebenda, 57796. Die Perspektive von Entspannung auch bei: Adenauer, Teegespräche 1950–1954, bearb. von Hanns Jürgen Küsters, Berlin 1986 (= Adenauer. Rhöndorfer Ausgabe, hrsg. v. Rudolf Morsey und Hans-Peter Schwarz), S. 326 (Juli 1952).

päischen Staaten in eine „Situation wie vor dem Marshallplan" zurückgeworfen
hatte[45].

Angesichts der Handelsoffensive der Sowjetunion befanden sich bereits 1952 alle
wichtigen Exportländer Westeuropas in einem Wettlauf um die günstigsten Ausgangsbedingungen für die erhoffte Öffnung des vermeintlich riesigen Ostmarktes. Der
Ostblock, so resümierte ein Jahr später der amerikanische Generalkonsul in Düsseldorf ein Gespräch mit dem Vorsitzenden des Ostausschusses der deutschen Wirtschaft, Reuter, sei für die deutsche Industrie ein ebenso „wichtiger potentieller Markt"
wie vor dem Krieg. Aus den Äußerungen Reuters könne insgesamt geschlossen werden, daß die deutsche Industrie die amerikanische Vorstellung von der „abnehmenden
Abhängigkeit" vom Osthandel nicht „kaufen" werde. Gleichwohl sei nicht zu erwarten, daß „Druck innerhalb Deutschlands oder seitens der Sowjetunion ... in einen
grundsätzlichen Wandel der gegenwärtigen Politik Bonns münden" werde. Reuter
scheine Adenauers Politik der Westbindung „als politisch nötig im Augenblick" (!) zu
erachten, so daß sich aus den daraus ergebenden Behinderungen des Osthandels keine
„politische Trennung zwischen der gegenwärtigen Regierung und den Spitzen der
Wirtschaft" entwickeln werde[46]. Insgesamt schien sich 1952 den Deutschen wie den
anderen Europäern die Möglichkeit zu eröffnen, durch Ausdehnung des Osthandels
„das Defizit der europäischen Dollarbilanz" und damit ihre „wirtschaftliche Abhängigkeit" von den USA zu verringern, ohne daß die gesteigerte wirtschaftliche Unabhängigkeit zum Ausgangspunkt einer politischen Abwendung von den Vereinigten
Staaten werden sollte[47].

Diese Analyse der amerikanischen Dienststellen in Europa trug indes nicht zur
Beruhigung im State Department bei. Dieses schien vielmehr zu befürchten, daß das
Liebäugeln der Europäer mit Osthandel und Entspannung der Auftakt zu einer „Massenrevolte" gegen den Battle Act von 1951 werden könnte. Mit diesem Gesetz, das
weitgehend im State Department formuliert worden war, wurde zwar der Automatismus des Kem Amendment durchbrochen, daß bei Verstößen gegen amerikanische
Exportkontrollvorschriften der Präsident alle Hilfszahlungen an das betreffende Land
einzustellen habe; gleichwohl hatte die Regierung diese Auflagen des Kongresses
genutzt, um in der CoCom ein neues Verfahren durchzusetzen, das ihr erweiterte
Aufsichtsrechte einräumen würde. Hatte bislang jedes Mitgliedsland die gemäß eigener
Entscheidung genehmigten Lieferungen nachträglich zu rechtfertigen, so sollte künftig
jeweils im Vorfeld eine entsprechende „Information" der CoCom erfolgen, um, so
fürchteten die Europäer, dem amerikanischen MSA-Administrator Gelegenheit zu
bilateraler Einflußnahme zu geben. Verbittert mußten sich die Briten eingestehen, daß
sie trotz aller Konsultationsversprechen der USA nicht hatten verhindern können,
„daß die [Dollar-]Hilfe zur Durchsetzung der amerikanischen Politik genutzt wird".
Sie hofften auf die Entstehung einer „gemeinsamen Front" gegen dieses „mächtige
Zwangsinstrument", nachdem sie bereits vor der Verabschiedung des Battle Act
gemeinsam mit den Franzosen vergeblich dagegen protestiert hatten, „daß amerika-

[45] FRUS 1951, Bd. 1, S. 1183.
[46] NA RG 59, 460.509/12–2353.
[47] Bundesministerium für den Marshallplan, 10. 4. 1952, BA B 102/11306; vgl. dazu die Telegramme an das
State Department von HICOG Bonn (5. 12. 1952) und Botschaft Paris (29. 12. 1952 und 12. 1. 1953), NA
RG 59, 460.509.

nische Gesetzgebung auf europäische Länder angewendet wird"; dies bedeute nichts anderes, als „unsere Kontrolle unseres eigenen Handelsaustausches Entscheidungen der amerikanischen Regierung zu unterwerfen, die auf Gesetzgebung des Kongresses beruhen"[48].

Gegen diesen Anspruch der USA, der den Übergang von der Hegemonie zur Herrschaft anzukündigen schien, setzten die Europäer die (vom britischen Schatzkanzler Butler geprägte) Formel: „Handel statt Hilfe" (trade not aid)[49] – mit anderen Worten: Emanzipation durch Handel. Dies beinhaltete zwei sich ergänzende Strategien: zum einen das „dollar-saving" durch Osthandel *und* Westintegration, zum anderen den „dollar-drive" durch Vorstoß auf den nordamerikanischen Markt. Daß ein solches Ziel nur durch kollektive Aktion erreichbar sein würde, war mittlerweile Konsens unter den Europäern, wie etwa die Empfehlungen des Europarats belegen. Wiederholt forderte die Beratende Versammlung 1952 einen entsprechenden Katalog von Maßnahmen: 1. Liberalisierung des Handels und Herstellung eines gemeinsamen Marktes, 2. Wiedergewinnung der Konvertibilität und Freizügigkeit des Kapitals, 3. Eröffnung des nordamerikanischen Marktes durch Abbau protektionistischer Handelsschranken, 4. „Unter den gegenwärtigen Umständen muß Europa daher bis zum Äußersten die Produktion derjenigen Güter auf seinem Gebiet ausweiten, die es bisher aus dem Dollarraum beziehen konnte", vor allem Kohle und Lebensmittel; 5. Ausweitung der Produktion dieser Güter in den abhängigen überseeischen Gebieten, die über die Mutterländer der EPU angeschlossen waren; 6. „schließlich wäre es ratsam, die gesamte Handelspolitik zu überdenken, wie sie bislang gegenüber den Ländern Osteuropas betrieben worden ist. Restriktionen, wie sie aus militärischen Gründen verhängt worden sind, sollten ausschließlich auf den Handel mit den Gütern beschränkt werden, die wirklich [!] strategische Bedeutung haben. Keine Anstrengung sollte gescheut werden, den Handel mit den östlichen Ländern zum gegenseitigen Nutzen aller Beteiligten zu fördern."[50]

Daß der Verwirklichung dieses Maßnahmenkatalogs indes nicht nur politische Hindernisse, sondern auch objektive wirtschaftliche Beschränkungen im Wege standen, haben die Europäer oft verdrängt. Der Osthandel war, wie die USA zu Recht hervorhoben, nicht beliebig ausdehnbar, solange die Länder Osteuropas, aus welchen Gründen auch immer, nur begrenzt lieferfähig waren. Und auf dem amerikanischen Markt fehlte den europäischen Produkten z. T. ganz einfach die Konkurrenzfähigkeit. Doch war dies nicht der ausschlaggebende Punkt. Sondern politisch wirkungsmächtig war das subjektive Gefühl der Europäer, in ihren Möglichkeiten von den USA behindert und von diesen in eine strukturelle Abhängigkeit gedrängt zu werden. Entspannung schien das Mittel zu sein, um den USA Argument und Instrument für eine solche Politik aus der Hand zu nehmen; und diese Forderung war, völlig unabhängig von Stalins Tod und nachfolgenden Veränderungen in der Sowjetunion, zunächst ein

[48] PRO PREM 11/284 (27. 12. 1951, 4. und 15./16. 1. 1952); NA RG 59/Camp Files, Box 2, Folders. Battle Act 1952 und East-West Trade 1951; FRUS 1952–54, Bd. 1, S. 836f.

[49] Economic Survey of Europe (Sawyer-Report 1952), S. 4; Truman Library, Papers of Charles Sawyer, Box 109. The United States in World Affairs, 1952, S. 401ff.; FRUS 1952–54, Bd. 5, S. 1559 (Frankreich), 1718 (Großbritannien); BA B 102/11579 (EZU, 14. 4. 1954).

[50] Council of Europe, 4th session, May 1952, Documents, Bd. 1, Doc. 17 (27. 5. 1952); KAG, 1952, S. 3701A, 3704B, 3724A; KAG, 1953, S. 4026B.

Ergebnis der innerwestlichen Dissonanzen. Doch würde es den Europäern aufgrund der Abhängigkeit vom amerikanischen Atomschirm wohl kaum gelingen, eine derartige Kurskorrektur gegen die Führungsmacht im Bündnis durchzusetzen, solange die USA sich nicht selbst durch interkontinentale Trägersysteme strategisch und durch Überrüstung wirtschaftlich gleichermaßen betroffen fühlten. Angesichts dieser Konstellation glaubten sich die Westeuropäer geradezu gezwungen, durch Integration den Grad kollektiver Autonomie herzustellen, der ihnen politisches Mitspracherecht als eigenständige Kraft *im* Bündnis, nicht aber – dies stand auch gar nicht mehr ernsthaft zur Debatte – *zwischen* den Blöcken gestatten würde.

Der Realisierung dieses prinzipiellen Konsenses stand jedoch in erster Linie die Uneinigkeit der Europäer über den Weg zu diesem Ziel im Wege, die „Spaltung" in Atlantiker und Europäer, in Integrationisten und Funktionalisten. Es waren wiederum vor allem die Briten, die rücksichtslos versuchten, „die Integrationsbewegung von ausschließlich europäischen Ideen fortzuleiten zu einer atlantischen Gemeinschaft, einschließlich Deutschlands"[51]. Letztlich war es eindeutig das Ziel dieser Politik, auf allen Seiten die Vorteile abzuschöpfen, ohne eigene Vorleistungen zu erbringen: Das Commonwealth sollte Dollarüberhänge, die OEEC und die EPU (in Verbindung mit einer als Alternative schon 1950 projektierten Europäischen Freihandelszone) Dollarersparnisse erwirtschaften, so daß das Königreich auf dieser Grundlage – und unter gleichzeitiger Diskriminierung amerikanischer Waren – in die Lage versetzt würde, eine (zusätzlich subventionierte) Exportoffensive auf dem amerikanischen Markt zu starten. Für diese Strategie konnte Großbritannien nicht an regionaler Selbstbindung oder segregierten Regionalmärkten interessiert sein; allein eine „one world commercial policy" würde ihm die Chance eröffnen, aus der Abhängigkeit vom Dollar herauszukommen und diesen als Leitwährung wieder durch das Pfund Sterling abzulösen[52].

Losgelöst von ihren post-imperialen Phantasien fand diese – für eine sozialistische Regierung bemerkenswerte – „atlantische" Freihandelsphilosophie ebenso auf dem europäischen Kontinent Anhänger, auch wenn sie bei den Briten (wie nicht minder bei den USA) eher Anspruch gegen andere als Selbstverpflichtung bedeutete. In Deutschland wandte sich vor allem Ludwig Erhard gegen eine rein „europäische" Lösung. Die EPU, so monierte er, „drängt den europäischen Handel in Richtung einer europäischen Autarkie aus dem Dollarraum ab" und schaffe so die Gefahr, durch regionale „Großraumkonzeptionen" den Weltmarkt aufzuspalten, statt durch die „Konkurrenz aus USA ... die europäischen Staaten zur Bildung eines gemeinsamen Marktes und zur Entwicklung der produktiven Kräfte [zu] zwingen". „Europa" dürfe nicht mehr als eine „Stufe zur Weltwirtschaft", eine „Phase" sein[53]. Sobald durch intra-europäische Liberalisierung des Handels und durch Herstellung der vollen Konvertibilität die europäische Dollar-Position konsolidiert sei, so sahen es auch die USA, war die Zeit gekommen, in einem zweiten Schritt die Liberalisierung gegenüber dem Dollarraum wiederherzustellen und die Rekonstruktion eines westlichen, „atlantischen"

---

[51] Documents on British Policy Overseas, Serie II, Bd. 1, S. 594; zum Zusammenhang vgl. Mai, Dominanz (Anm. 8), S. 339ff.

[52] Working Group for Third OEEC Report of 1951, Juli 1950, PRO CAB 130/62.

[53] Erhard gegenüber Vertretern der US-Treasury, 3. 12. 1953, BA B 102/11579/Konvertibilität; 11580/Generalbericht („Deutschlands wirtschaftlicher Beitrag zur Verteidigung Europas", ca. 1952); vgl. die Rede Erhards in Brüssel am 17. 5. 1955, Politisches Archiv des Auswärtigen Amts (PA AA), 200–85–11/0, Bd. 1.

Weltmarktes abzuschließen. Dem Osthandel konnte in einer solchen Perspektive kaum mehr als eine funktionale Aufgabe für die „europäische" Übergangsphase zukommen, ohne daß ihm daraus eine langfristige, strategische Bedeutung erwachsen wäre.

Für die „Europäer" war ein integriertes Europa demgegenüber Ziel: als „dritter Wirtschaftsraum"[54]. Frankreich, das die Führung der „Europäer" übernahm, erachtete die „atlantische" Lösung als zu wenig, weil sie weder das Deutschlandproblem in befriedigender Weise zu lösen vermochte, noch in der Lage sein würde, dem Land die materiellen Ressourcen zur Verfügung zu stellen, die zum Wiederaufstieg als Weltmacht *gegen* die USA erforderlich waren[55]. Eine derartige Instrumentalisierung der Integration ließ aber eine supranationale Einbindung als weniger attraktiv erscheinen als eine Summe funktionaler Teilintegrationen. So wurden nicht zufällig „kleineuropäische" Lösungen für Kohle und Stahl (Schuman-Plan), bald auch für die Landwirtschaft (Pflimlin-Plan), später für die Atomenergie (Euratom) gefunden, die einerseits den französischen nationalen Bedürfnissen, andererseits aber auch den vordringlichen Interessen praktisch aller Kontinentaleuropäer in ihrem Bestreben nach kollektiver wirtschaftlicher Unabhängigkeit von amerikanischer Hilfe und Einflußnahme entsprachen.

Hier waren zweifellos schon weit vor de Gaulle „gaullistische" Ansätze als Ausdruck eines Großmachttraum(a)s zu erkennen. Die französische Initiative war aber gleichwohl repräsentativ für ein verbreitetes europäisches Unbehagen, das über die kollektive Organisation „Autonomie und Unabhängigkeit" suchte, wie übereinstimmende Äußerungen im Europarat im Mai 1952 belegen. Die Europäer sahen sich zwischen zwei rascher wachsenden, gleichwohl „hochgeschützten" Wirtschaftsblöcken eingeklemmt, zwischen Embargo und Protektionismus in ihren Expansionsmöglichkeiten beengt, so daß allein die Erweiterung der EGKS und der EVG durch einen Transport-, einen Agrar-, einen Chemie- sowie einen Energie-Pool, überwölbt von einer Europäischen Politischen Gemeinschaft, gerade in den Jahren 1951/52, als der Tiefpunkt der europäischen Dollarkrise noch nicht als überwunden gelten konnte, Europas Absinken zum „Untergebenen der Supermächte" verhindern würde[56]. Protektionistische Maßnahmen (weniger Autarkiebestrebungen) eines solchen „gemeinsamen Marktes" erschienen den Europäern als eine Art legitimer Notwehr, wenn z. B. die Bundesregierung den Agrarpool mit dem Argument begrüßte, „daß schon angesichts der Dollarlücke, der Verluste der osteuropäischen agrarischen Überschußgebiete, die zu einer Überbürdung des Westhandels geführt haben, der Industrialisierung überseeischer Gebiete und des gewaltigen Nahrungsbedarfs in Asien eine Erhöhung der Selbstversorgung der europäischen Länder durch Steigerung der Eigenproduktion angebracht ist"[57]. Je höher der Grad der „Selbstversorgung", das hatten die Erfahrun-

---

[54] So der „Straßburg-Plan", veröffentlicht 1952 vom Generalsekretariat des Europarats, dt. 1953 hrsg. vom Bundesminister für den Marshallplan, S. 1, in: BA B 102/11580/Generalbericht.

[55] Mai, Dominanz (Anm. 8), S. 342ff.

[56] Council of Europe, 4th session, May 1952, Debates, Bd. 1, S. 48ff.; Adenauer, Erinnerungen, Bd. 3, Stuttgart 1967, S. 13.

[57] Wiss. Beirat des Bundeswirtschaftsministeriums, 21./22. 2. 1953, MS, S. 7: Prof. Kromphardt, BA B 102/11408; vgl. den Bericht des Conseil Economique der französischen Regierung vom 21./22. 10. 1952, deutsche Übersetzung in: BA B 102/11305, hier: MS, S. 44ff.

gen der letzten Jahre zur Genüge demonstriert, desto größer die politische wie die
militärische „Autonomie und Unabhängigkeit".

Handel durch Entspannung? Interessenkonflikte im Bündnis 1953–1955

Es war nicht ohne Ironie, daß sich die bis 1952 angestauten Konflikte im atlantischen
Bündnis in dem Augenblick entluden, als die immer häufiger erhobene Forderung der
Europäer nach Entspannung sich zu erfüllen begann. Es war nur Anzeichen eines
Normalisierungsprozesses, wenn die atlantische Gemeinschaft sich in Form einer
Zwei- bzw. Drei-Säulenstruktur differenzierte, die den unterschiedlichen Verpflich-
tungen und Bedürfnissen der Teilnehmerstaaten Rechnung trug und die gerade den
USA den gewünschten Spielraum bei der Definition des eigenen Engagements beließ.
Zurück blieb indes auf beiden Seiten des Atlantik Ernüchterung, ja das Gefühl einer
tiefreichenden „Krise", die von wechselseitigen Vorwürfen des Rückzugs in „Isolationismus" bzw. „Neutralismus" zwischen Europa und den USA einerseits, der „Spaltung" Westeuropas durch Integrationisten und Funktionalisten andererseits begleitet
war[58].
Die Ursachen dieser transatlantischen Krisenstimmung waren vielfältig. Und es
kann nicht deutlich genug hervorgehoben werden, daß diese Dissonanzen bereits 1952
einsetzten – noch weit vor dem Wechsel der Administration in den USA und weit vor
Stalins Tod. Gewarnt durch die „Massenrevolte" der Europäer gegen den Battle Act,
erkannte die Regierung Truman, daß sie mit ihrer rücksichtslosen Aufrüstungspolitik
die Westeuropäer ökonomisch wie politisch überfordert hatte. Besonders alarmiert
war sie von der Beobachtung, daß es der Sowjetunion mit einer „neuen Waffe", den
handelspolitischen Angeboten der Moskauer Weltwirtschaftskonferenz, scheinbar
gelungen war, einen Keil in CoCom und Bündnis zu treiben, der langfristig zu
Entfremdung oder gar Zerbrechen des Bündnisses führen könnte[59]. Energisch trat die
Regierung daher bereits im Juni 1952 allen Versuchen, besonders wiederum aus dem
Kongreß, entgegen, die Hilfe für Europa an neue, strengere Auflagen zu binden: Die
Bündnispartner hätten bei der Verwirklichung derartiger Vorhaben zweifellos „keinen
anderen Ausweg, als sich dahingehend zu entscheiden, daß sie nicht in der Lage seien,
die Bedingungen unserer Hilfe zu erfüllen ... Sie könnten dies nicht tun, ohne vor
ihren eigenen Völkern den Eindruck zu erwecken, ein wesentliches Element ihrer
nationalen Unabhängigkeit und Souveränität aufgegeben zu haben." Dies aber würde
die NATO zu einem bloßen Fetzen Papier machen, „belastet bis zum Punkt der
Wirkungslosigkeit infolge interner Differenzen". Daß derartige Äußerungen nicht
bloß propagandistische Pression gegenüber dem Kongreß waren, zeigte sich in einem
internen Umdenkensprozeß, der Ausdruck eines realen Krisenbewußtseins war: Erste
Priorität bei der Behandlung der Osthandelsfragen müßten „Einheit und Wohlstand"
des Westens genießen, „auf der Grundlage der Annahme, daß die Entwicklung des
nichtkommunistischen Potentials wichtiger ist als die Vernichtung des kommunistischen Potentials" durch Embargo oder gar regelrechten Wirtschaftskrieg. Das aber

[58] Vgl. Mai, Dominanz (Anm. 8), S. 360ff. (mit Einzelnachweisen).
[59] FRUS 1952–54, Bd. 1, S. 817, 830f., 833ff., 989, 1039ff.; NA RG 59, 460.509/12–552 (HICOG Bonn). Vgl.
Anm. 41.

bedeutete: Eingehen auf die Vorstellungen der Europäer, Wiederherstellung des multilateralen Ansatzes in der CoCom durch Konsultation und „richtige Verhandlungen"[60].
Daß die Überdehnung der amerikanischen Forderungen und Einflußnahme mehr Schaden als Nutzen mit sich bringen werde, war ebenso Leitlinie der Bündnispolitik unter Eisenhower und Dulles: „Wenn wir weiterhin unsere europäischen Verbündeten in dem Maße unter Druck setzen", wie es die geltenden Regierungsbeschlüsse an sich verlangten, „dann könnten wir durchaus vor einer Situation der vollständigen Isolation stehen." Wollten die USA durch hartnäckige Verweigerung von Zugeständnissen nicht selbst ihre Führungsrolle im Bündnis verspielen oder der Sowjetunion die Chance zur Spaltung des Bündnisses eröffnen, dann mußten sie einen „wirklichen Schritt" (move) machen. Am Ende eines längeren internen Planungs- und Entscheidungsprozesses ergriffen sie schließlich die Initiative, indem sie den Europäern anboten, auf eine (abermals vom Kongreß geforderte) *Ex*tensivierung der Exportbeschränkungen zu verzichten; als Gegenleistung für die Verkleinerung der Kontrollisten verlangten sie jedoch eine *In*tensivierung der Überwachung[61].
Auf der Grundlage dieser Entscheidungen wurden im Sommer 1953 zunächst mit den Briten, nach der Bermuda-Konferenz (Dezember 1953) auch mit den Franzosen Vorverhandlungen über eine Revision der CoCom-Listen aufgenommen[62]. Bereits in einem sehr frühen Stadium dieser Gespräche mußten die USA sich eingestehen, „daß wir nicht mehr lange in der Lage sein werden, den Deich gegen die Flut der Nationen zu halten, die ihren Handel mit den kommunistischen Nationen auszudehnen wünschen"[63]. Zur „Kapitulation" waren Briten und Europäer ohnehin nicht mehr zu zwingen: „Wir haben den Handel unserer Alliierten durch die Drohung, die Hilfe einzustellen, unter Kontrolle gehalten. Da wir jedoch diese Hilfe reduzieren, wird es schwieriger sein, diesen Handel weiterhin zu kontrollieren, und wir werden ein Druckmittel gegenüber unseren Verbündeten verloren haben. Daher ... sollten wir in dem Maße, in dem wir unsere Hilfe reduzieren, unseren Verbündeten größere Freiheit lassen, mit den Satelliten zu handeln, aber besonders strategisch wichtige Dinge davon ausnehmen."[64]
Gerade diese Definition der „strategischen Wichtigkeit" wurde zum eigentlichen Gegenstand der Kontroverse. Bei Kriegsgerät, Waffen oder Atomtechnologie gab es keine Meinungsunterschiede, wohl aber bei den Produkten, die sowohl militärisch als auch zivil nutzbar waren („dual use"). Angesichts ihrer verzweifelten Wirtschaftslage waren die Briten zu einer restriktiven Praxis nicht länger zu bewegen, sondern um fast jeden Preis zu einer Ausweitung des Osthandels durch Entspannung entschlossen. Sie, wie ähnlich die Franzosen, argumentierten dabei, der Osthandel biete die „Chance zur Infiltration hinter dem Eisernen Vorhang"; die Lieferung sicherheitsempfindlicher Güter werde die Sowjetunion vom Handel mit dem Westen abhängig(er) machen und

---

[60] FRUS 1952–54, Bd. 1, S. 847ff., 864f. NA RG 59/Camp Files, Box 1, Folder: Chronological File 1953 (6. 11. 1952).
[61] FRUS 1952–54, Bd. 1, S. 92ff., 940, 1009ff. (NSC 152/2), 1039ff. Eisenhower Library, Eisenhower Papers, NSC-Series (Whitman Files), Box 5 (13. 5. 1954).
[62] FRUS 1952–54, Bd. 1, S. 1014, 1018ff., 1039ff., 1061ff., 1067ff., 1103ff. passim; dazu NA RG 59, 460.509 und 740.5 passim.
[63] Eisenhower Library, Eisenhower Papers, NSC-Series (Whitman Files), Box 5 (7. 1. 1954); ähnlich bereits NA RG 59/ASSOA, Box 1, Folder: CFM und WGA Files (14. 5. 1949).
[64] FRUS 1952–54, Bd. 1, S. 990 (Dulles), 1010 (NSC 152/2).

damit eine strategische Unabhängigkeit eher verhindern als die auf kurzfristige Erfolge angelegte amerikanische Embargopolitik[65]. Mangels einer Einigung der „Großen Drei" mußten die nachfolgenden offiziellen Verhandlungen in der CoCom, die im Frühjahr 1954 begannen, die Entscheidung bringen. Obwohl die kleineren Staaten sich von der „Kulissenarbeit" der Großmächte zurückgesetzt fühlten, so teilten sie doch mit Frankreich und Großbritannien das Ziel, eine „Auflockerung der starren Grundsätze, die allein zu Gunsten der USA sprechen", zu erreichen. Das amerikanische Werben um ihre Unterstützung gegen Briten und Franzosen bot die Chance zu echten Verhandlungen auf der Ebene von gegenseitigem Respekt und Gleichberechtigung. In diesem „neuen" Klima wurde bis August 1954 folgender Kompromiß erarbeitet: Die Liste I (Totalembargo) wurde von 266 auf 188, die Liste II (quantitative Beschränkungen) von 102 auf 20 Positionen noch drastischer reduziert. Die Liste III (Überwachung) schrumpfte zwar von 88 auf 14 Positionen, doch wurden ihr in einem zweiten Schritt 48 Positionen aus den Listen I und II wieder hinzugefügt[66].

Nachdem sie in diesen CoCom-Verhandlungen Zugeständnisse hatte machen müssen, die z. T. über das von ihr für vertretbar gehaltene Maß hinausgingen, sah sich die Regierung Eisenhower zu einer Neuformulierung ihrer Handels- und Außenwirtschaftspolitik gedrängt. Jetzt endlich war sie bereit, den jahrelangen Forderungen der Europäer nachzugeben und diesen durch eine gewisse Öffnung des nordamerikanischen Marktes und durch Hilfestellung bei der Erschließung von Drittmärkten eine Alternative zum Osthandel anzubieten. Die Elemente des neuen Kurses umschrieb Eisenhower als „Hilfe – die wir einzuschränken wünschen; Investierungen – die wir anregen wollen; Konvertierbarkeit – die wir zu fördern wünschen; Handel – den wir erweitern wollen"[67]. Angesichts der Rezession in der USA und einer Verlagerung im Welthandel um 10 Prozent zugunsten Westeuropas im Jahr 1953 war es eine bemerkenswerte Leistung der Regierung, wenn sie gegen alle Widerstände der einflußreichen Protektionisten im Kongreß eine Lockerung der Einfuhrbeschränkungen durchsetzte. Gleichzeitig konnte sie durch die Ausweitung von Regierungskäufen außerhalb der Hilfsprogramme sowie durch Anregung privater Auslandsinvestitionen eine derartige Konsolidierung der europäischen Dollarposition bewirken, daß die Europäer dies mit einer zunehmenden Liberalisierung für Dollarimporte zu honorieren vermochten.

Obwohl diese neue (ost)handelspolitische Strategie der Regierung Eisenhower deutliche bündnispolitische und außenwirtschaftliche Erfolge nach sich zog, leistete die Lockerung der Exportkontrollen vor allem im Kongreß, aber auch – gelegentlich wider besseres Wissen – in Teilen der Regierung der Auffassung Vorschub, die USA würden von den wankelmütigen, allein am Geschäft interessierten Europäern in eine Entspannungspolitik hineingezogen, die verfehlt, zumindest aber verfrüht erschien, solange die westeuropäische Position nicht ausreichend gegenüber sowjetischen Zer-

[65] NA RG 59, 740.5/3–454; vgl. dazu das Memorandum der britischen HICOG-Gruppe vom 25. 8. 1954, BA B 102/55988. PRO CAB 130/99 (23. 1. 1954).
[66] FRUS 1952–54, Bd. 1, S. 1147ff. passim. Die legalen Exporte Großbritanniens in den bisher gesperrten Warengruppen stiegen von 2,4 Mio Pfund 1954 auf 12,1 Mio 1955, vor allem infolge des Anstiegs der Kupferlieferungen aus dem Commonwealth von 1,8 auf 10,3 Mio Pfund. PRO FO 371/121229/M341/1. CAB 130/99; BA B 102/55998 (2. 9. 1954) und 57782 (8. 7. 1955).
[67] Zit. nach Die internationale Politik 1955, hrsg. von Arnold Bergsträsser u. a., München 1958, S. 89; das folgende nach ebenda, S. 89ff.; zum Randall-Report und zur Revision der US-Handelspolitik vgl. FRUS 1952–54, Bd. 1, S. 49ff. passim und 1078ff. (zum Osthandel).

setzungsversuchen gesichert war. Der Kongreß – dies kam kaum überraschend – unternahm neue Anläufe, die Europäer zu einer Einschränkung ihres Osthandels einerseits und zu einer entsprechenden Intensivierung ihrer Integrationsbemühungen andererseits zu zwingen. Indem er die Gewährung neuerlicher Hilfeleistung an die Zustimmung zur Europäischen Verteidigungsgemeinschaft (EVG) zu knüpfen suchte, wollte er ein Ausbrechen der neutralistischer, gaullistischer oder kommunistischer Wankelmütigkeit verdächtigten Problemstaaten Deutschland, Frankreich und Italien durch supranationale Bindungen verhindern[68]. Aber auch die Regierung selbst schloß sich derartigen Versuch(ung)en an, indem sie u. a. öffentlich für den Fall der Ablehnung der EVG mit einem „agonizing reappraisal" ihrer gesamten Europapolitik, ja mit einer „Abkoppelung" (disassociation) von Westeuropa drohte[69].

Diese Drohung war weder nur eine diplomatische Entgleisung, noch richtete sie sich ausschließlich gegen Frankreich[70]. Indem letzterem vor Augen geführt werden sollte, „in welchem Maße es von den USA abhängig sei"[71], waren die USA offenbar auf dem Wege, in dieser für sie „lebenswichtigen" (vital) Grundsatzfrage nicht nur auf die Mittel der Hegemonie zu vertrauen, sondern notfalls auch die der „Herrschaft" einzusetzen. Die Revisionsdrohung stand zugleich in einem offenkundigen inneren Bezug zur Politik des „New Look", mit der die Regierung Eisenhower nicht nur einen Wandel in ihrer Militärpolitik, sondern der gesamten Außen-, Außenwirtschafts- und Bündnispolitik betrieb. Nach den Jahren der Eskalation von Spannung, Auslandsengagement und Rüstungsausgaben waren zur Sanierung des Staatshaushaltes Ausgabenbegrenzungen erforderlich, die durch den Abbau der überseeischen konventionellen Verpflichtungen, durch Rückkehr zur „atomaren Diplomatie" (massive retaliation) und vor allem durch Verlagerung der Verteidigungskosten auf die Schultern der wirtschaftlich stabilisierten Bündnispartner ermöglicht werden sollten. Während die USA für sich eine erweiterte, unilaterale Handlungsfreiheit anstrebten, durfte die Stabilität des westeuropäischen Pfeilers im atlantischen Bündnis nicht in Frage gestellt werden, war diese doch Grundvoraussetzung für das konventionelle Disengagement in Europa und für die wirtschaftliche Neuorientierung auf den Wettlauf mit der Sowjetunion in der „Dritten Welt"[72]. Die USA versuchten daher nicht nur, die Bindungswirkung des

---

[68] FRUS 1952–54, Bd. 2, S. 654, 659, 684f., 694f., 719; Mai, Dominanz (Anm. 8), S. 352ff.; FRUS 1952–54, Bd. 5, S. 796ff., 1554, 1619, 1764, 1770; Hans-Jürgen Stieringer, Die Auslandshilfegesetzgebung des amerikanischen Kongresses und die europäische Integration, in: Europa-Archiv 9 (1954), S. 6421f.; Adenauer, Teegespräche, 1950–54 (Anm. 44), S. 757.

[69] FRUS 1952–54, Bd. 5, S. 1205ff. passim, 1730ff. passim. Zum sehr gewundenen Dementi einer „disassociation" auf der Bermuda-Konferenz durch Eisenhower vgl. ebenda, S. 1802. Zu Eisenhower 1957 vgl. Sehr verehrter Herr Bundeskanzler! Heinrich von Brentano im Briefwechsel mit Konrad Adenauer, 1949–1964, hrsg. von Arnulf Baring, Hamburg 1977, S. 206; bestätigend zitiert bei Adenauer, Erinnerungen, Bd. 3 (Anm. 56), S. 275.

[70] Druck wurde auf alle anderen EVG-Länder ausgeübt, damit diese ihrerseits Druck auf Frankreich ausübten bzw. damit z. B. die Bundesrepublik abermalige Vorleistungen etwa in der Saarfrage erbrachte. Dulles an Conant, Eisenhower Library, Dulles Papers, Subject Series, Box 8 (20. 11. 1953); NA RG 59, 740.5 passim; FRUS 1952–54, Bd. 5, S. 825ff., 912 u. ö.

[71] Dulles an Stassen, 8. 9. 1954; Eisenhower Library, Dulles Papers, General Correspondance and Memoranda Series, Box 1, Folder: S (3).

[72] Zu diesen Planungen, die seit dem Frühjahr 1953 betrieben wurden, siehe FRUS 1952–54, Bd. 2, bes. S. 307ff. (NSC 149/2), 378ff. (NSC 153/1), 437, 440ff., 489ff. (NSC 162) u. ö. In Europa bestanden Befürchtungen, die USA wollten ihre Truppen durch deutsche ersetzen. Zu der durchaus unklaren Haltung der USA in dieser Frage vgl. FRUS 1952–54, Bd. 5, S. 1207, 1733ff., 1742f.; NA RG 59, 740.5/3–854. Eisenhower Library, Eisenhower Papers, NSC-Series (Whitman Files), Box 7 (Eisenhower, 27. 2. 1956).

atlantischen Bündnisses für die europäischen Staaten aufrechtzuerhalten oder gar noch
auszudehnen, sondern sie zeigten sich im Gegenteil gewillt, diesen die supranationale,
stärker bindende Integrationslösung in Gestalt von EVG und Politischer Gemeinschaft
aufzuzwingen, die den Europäern aber inzwischen offenkundig nicht mehr als das
erstrebenswerte Modell erschien. Als die EVG, wie seit längerem vorhersehbar, gleichwohl scheiterte, hatten die USA Alternativen nicht entwickelt, weil sie solche nicht
wünschten – und weil sie offenbar ihre Möglichkeiten, die EVG gegenüber den
Europäern durchzusetzen, falsch beurteilt hatten.

1954 standen die USA vor einem Scherbenhaufen ihrer Bündnis- und Europapolitik.
Die Regierung zog daraus die Konsequenz, daß sie das Bündnis langfristig nur erhalten und führen konnte, wenn sie auf den Einsatz „direkter Herrschaft" verzichtete und
sich auf eine hegemoniale „leadership" beschränkte. Doch diese Zurückhaltung in der
Europapolitik – das war symptomatisch für die eingetretene Entfremdung – wurde
von den Europäern als Desinteresse und als Beweis für die beginnende Abwendung
kritisiert[73]. Schon aus ureigensten nationalen Sicherheitsinteressen befürwortete die
Regierung Eisenhower weiterhin sehr energisch und unzweideutig die Kooperation
mit einem (wie auch immer) vereinigten Europa im atlantischen Bündnis, die Initiative
zur Neudefinition dieses Verhältnisses war aber auf die (Kontinental-)Europäer übergegangen. Die „Relance Européenne"[74] der Jahre 1954/55 war insofern keineswegs nur
ein verzweifelter Versuch, nach dem Scheitern der EVG eine neue Lösung für die
Deutschlandproblematik zu finden, waren doch in Europa wie in den USA erhebliche
Bedenken verbreitet, daß die Deutschen (besonders die „Nationalisten" um Erhard
und die Industrie!) das Scheitern der EVG und die bevorstehende Entlassung der
Bundesrepublik in die volle Souveränität nutzen könnten, um die europäische Lösung
zugunsten der nationalstaatlichen zu verwerfen[75]. Dieser Aspekt wurde indes zweifellos ergänzt durch das Bestreben, sich von den USA zu lösen, ohne sich von ihnen zu
trennen, d. h. sich durch kollektive Selbstorganisation aus der extremen Abhängigkeit
von der hegemonialen Vormacht zu befreien und auf der Grundlage dieser neugewonnenen Selbständigkeit den Weg zu einer partnerschaftlichen (nicht „gaullistischen")
Zwei-Säulen-Struktur des Bündnisses zu eröffnen.

Für eine gesteigerte Selbständigkeit Europas durch Integration sprach zum einen
„die militärische Abhängigkeit von den USA"[76]. Der Übergang zur atomaren Strategie
der „massiven Vergeltung", das drohende konventionelle Disengagement der USA,
deren Rückzug auf die durch Frühwarnsystem und Kontinentalverteidigung ausge-
baute „Festung Amerika" im Zeichen des atomaren Patt und die konventionelle Überlegenheit der Sowjetunion ließen es geraten erscheinen, sich verteidigungspolitisch
Konsultationsrechte im Bündnis zu sichern und eine regionale Autonomie mit Hilfe

---

[73] Vgl. FRUS 1955–57, Bd. 4, S. 299f.
[74] Sehr facettenreiche und umfassende Darstellung in: Die internationale Politik 1955 (Anm. 67), S. 315ff.
[75] Der belgische Außenminister Spaak sprach in diesem Zusammenhang von „tendances mondialistes", PA
AA, 210-80-00, Bd. 1 (Botschaft Brüssel, 20. 6. 1955); zu ähnlichen niederländischen Äußerungen ebenda
(Botschaft Paris, 23. 6. 1955); zu den Dementis des Auswärtigen Amts im Umfeld der Konferenz von
Messina vgl. PA AA, 200–85–11/0, Bd. 1 (z. B. Hallstein in Brüssel, 9. 7. 1955; Ressortbesprechung, 20. 6.
1955).
[76] So der niederländische Landwirtschaftsminister Sicco Mansholt, Exposé vom 12. 4. 1956, PA AA, 200-80-
10.

eigener Atomwaffen anzustreben[77]. Für den Zusammenschluß Europas sprach zum zweiten nach wie vor der handelspolitische Dissens mit den USA. Angesichts der Erfolge der Europäer in der CoCom 1954 und der immer weiteren Schließung der Dollarlücke waren Osthandel und Embargo nur noch ein „Teilproblem, aber nach wie vor aktuell"[78]. Denn während der europäische Wunsch, die CoCom-Listen weiter zu reduzieren, am Widerstand der amerikanischen Regierung gescheitert war, bestanden im amerikanischen Kongreß noch immer Bestrebungen, die Europäer durch Gesetzesklauseln zur Reduzierung ihres Osthandels zu veranlassen[79]. Wenngleich diese Vorstöße keine Mehrheiten fanden, so sahen die Europäer darin gleichwohl eine potentielle Bedrohung ihrer Souveränität, die weiterhin die „Notwendigkeit der Überprüfung unserer grundsätzlichen Einstellung zur amerikanisch inspirierten Embargo-Politik" begründete, vor allem da die einheimische Industrie auf eine weitere Ausdehnung des Handelsaustausches mit dem Osten drängte[80]. Wichtiger Faktor blieb zum dritten die US-Handelspolitik, die „einen neuen Ansporn zur wirtschaftlichen Integration geben muß"[81], vor allem je mehr die Europäer feststellen mußten, daß die USA zwar die Bildung eines westeuropäischen Binnenmarktes befürworteten, aber mit allen ihnen als Führungsmacht zu Gebote stehenden Mitteln sich bestrebt zeigten, „protektionistische" und „autarke" Abschließungstendenzen zu verhindern und ihrer Exportindustrie diesen neuen Markt offenzuhalten. Zum Verlust des Ostmarktes einerseits und dem begrenzten Zugang zum amerikanischen Markt andererseits traten als vierter Aspekt hinzu „die Verluste Europas in den übrigen Teilen der Welt, insbesondere die Beseitigung des Kolonialismus", d. h. der Fortfall relativ sicherer, nach außen abgeschlossener Märkte, die nun durch erste Ansätze einer europäischen Entwicklungshilfepolitik neu erschlossen werden mußten[82].

Es war insofern kein Zufall, daß die „Relance Européenne" in dem Augenblick einsetzte, als die Vollendung des atlantischen Bündnisses erreicht schien. Je deutlicher Europa seine bleibende Abhängigkeit von den USA (und dem atomaren Schutzschirm) zur Kenntnis nehmen mußte, desto stärker wurde das Bestreben, durch Entspannung politischen und wirtschaftlichen Freiraum, durch Integration Mitspracherechte im Bündnis zu gewinnen. Nur ein wirtschaftlich starkes, von direkter amerikanischer Hilfe unabhängiges Europa konnte ein gleichberechtigter Partner *im* Bündnis werden, vor allem soweit es in den kollektiven Besitz von Atomwaffen kommen sollte. Nicht trotz, sondern wegen der bevorstehenden Entspannung wollte die Integration für den Fall amerikanischen Disengagements Vorsorge treffen, war insofern „ein Gebot nicht

---

[77] Vgl. FRUS 1952–54, Bd. 2, S. 498f., 728.

[78] BA B 102/57782 (5. 3. 1956).

[79] PRO FO 371/121929/M341/1 und 8; FO 371/121931/M343/9.

[80] BA B 102/57782 (19. 1. und 24. 5. 1956). Zu den Überlegungen 1955, durch Entspannung zu einer weiteren „Auflockerung der Embargopolitik" zu kommen, obwohl „Westdeutschland sich in seinen Importen weitestgehend auf westliche Lieferanten umgestellt hat", vgl. ebenda, passim.

[81] Bericht über die Rede Zijlstras, 10. 12. 1955, BA B 102/11580/Arbeitsunterlagen Brüssel 1955; ebenda, 11409 (24. 4. 1953, MS, S. 15ff.)

[82] Im Zuge dieser etwa 1956 beginnenden Überlegungen gewann auch der Osthandel einen neuen Stellenwert: Sollte man angesichts der „russischen Wirtschaftsoffensive in unterentwickelten Gebieten" die Sowjetunion nicht handelspolitisch unter Druck setzen, indem man ihr durch Beschränkung des Osthandels die innere Umstellung auf die Konsumgüterproduktion erschwerte (und damit ihre Exportfähigkeit beeinträchtigte) und die so freigesetzten Waren und Mittel zu einer handelspolitischen Offensive durch Entwicklungshilfe nutzen? BA B 102/57782 (1. und 8. 2. 1956).

nur der Europapolitik, sondern der weltweiten Politik"[83]. Allein der Zusammenschluß, darin war sich die Konferenz von Messina 1955 einig, war das Mittel, um – so
die bemerkenswerte Reihenfolge – „Europa den Platz zu erhalten, den es in der Welt
einnimmt, um ihm seinen Einfluß und seine Ausstrahlungskraft zurückzugeben und
um den Lebensstandard seiner Bevölkerung stetig zu heben"[84].

Ganz in diesem Sinne war auch für Adenauer die Integration keineswegs nur
Instrument der kollektiven Abwehr des Kommunismus einerseits, Voraussetzung fortdauernder amerikanischer Solidarität und Hilfeleistung andererseits. Nicht minder
wichtig war ihm in den Jahren 1955/56 zu verhindern, daß die Europäer zu „Untergebenen der Supermächte" herabsanken, eine „Existenz im Schatten der Atommächte"
führten. Gegen den „übertriebenen Führungsanspruch" der Weltmächte konnten die
Europäer durch Integration, durch Rückbesinnung auf „ihre eigene Stärke und Verantwortung" die „fortschreitende Machtverschiebung" zu ihren Ungunsten aufhalten,
gleichwohl nicht zwischen den Blöcken und nicht mit den Supermächten konkurrie-
rend, aber doch durch ihr Eigengewicht ausgleichend und vermittelnd[85]. Angesichts
der isolationistischen Grundströmung blieb auch bei Adenauer ein „fundamentales
Mißtrauen"[86] gegenüber den USA bestehen. Amerika sei, so formulierte es der Gehilfe
Blankenhorn, zu schnell Weltmacht geworden und besitze nicht das qualifizierte
Führungspersonal für die ihm zufallende Verantwortung. Es mußte daher durchaus im
Interesse der Europäer liegen, durch Kooperation nicht in „allzu starke Abhängigkeit"
von den USA zu geraten, bei denen sich in diesen Jahren zudem ein gewisser Mangel
an außenpolitischen Konzeptionen bemerkbar zu machen schien[87]. Auch Adenauer
war es nicht entgangen, daß zumindest der Kongreß Auslandshilfe, Osthandel und
Handelspolitik mitunter geradezu als „Zwangsmittel" einzusetzen bereit war und daß
auch die Regierung gelegentlich mit ähnlichen Gedanken spielte. Die Suezkrise 1956
hatte den Europäern nicht nur ihre „Ohnmacht" demonstriert und die unterschiedliche Interessenlage offenbart, sondern sie schien auch endgültig zu belegen, daß man
sich „auf die Vereinigten Staaten nicht unbedingt verlassen könne". Aus der Feststellung, daß zwar die „Grundinteressen" Europas und der USA, „aber nicht alle Lebensinteressen" gleich seien, zog der Bundeskanzler den Schluß: „Wir durften nicht völlig

[83] PA AA, 210-80-00, Bd. 1 (20. 6. 1955); 210-86-00 (6. 7. 1955). Fast wörtlich Adenauer, Erinnerungen, Bd. 3
(Anm. 56), S. 19.

[84] Abgedruckt in: Europa-Archiv 10 (1955), S. 7973ff. Ein ähnlicher Passus war sowohl im Entwurf der
Benelux-Staaten als auch im Memorandum der Bundesregierung enthalten; PA AA, 200-85-11/0, Bd. 1;
Außenminister Beyen und Staatssekretär Hallstein erklärten übereinstimmend, die Integrationsbestrebungen
müßten nicht trotz, sondern gerade wegen der bevorstehenden Ost-West-Gespräche vorangetrieben werden,
PA AA, 210-86-00, Bd. 1.

[85] Adenauer, Erinnerungen, Bd. 3 (Anm. 56), S. 13, 17ff., fast wörtlich nach der Zusammenfassung von
Adenauers Rede in Brüssel am 25. 9. 1956 in: Bulletin des Presse- und Informationsamtes der Bundesregie-
rung, Nr. 181, 26. 9. 1956, S. 1726 und 1728; die Rede ist abgedruckt bei: Hans-Peter Schwarz (Hrsg.),
Konrad Adenauer. Reden 1917–1967. Eine Auswahl, Stuttgart 1975, S. 327ff.

[86] Klaus Dohrn, Globkes Verhältnis zu den Vereinigten Staaten, in: Klaus Gotto (Hrsg.), Der Staatssekretär
Adenauers. Persönlichkeit und politisches Wirken Hans Globkes, Stuttgart 1980, S. 179. Wesentlich zurückhaltender ders., Das Amerikabild Adenauers, in: Dieter Blumenwitz u. a. (Hrsg.), Konrad Adenauer und
seine Zeit. Politik und Persönlichkeit des ersten Bundeskanzlers, Bd. 1, 2. Auflage Stuttgart 1976, S. 510ff.
Von „Alternative" und „Gegengewicht" spricht Hans Peter Schwarz, Adenauer und Europa, in: Vierteljahrshefte für Zeitgeschichte 27 (1979), S. 475, 483ff.

[87] Herbert Blankenhorn, Verständnis und Verständigung. Blätter eines politischen Tagebuchs 1949–1979,
Frankfurt/M. 1980, S. 152, 167, 257ff.

im Schlepptau der Vereinigten Staaten treiben und mußten die Möglichkeiten für eine selbständige europäische Politik schaffen". Gegen den Unilateralismus der Regierung Eisenhower setzte Adenauer den kollektiven Unilateralismus Westeuropas: „Verschiedenheiten der politischen Auffassungen" müßten „in bestimmten Lagen notwendigerweise zu selbständigem politischem Vorgehen führen"[88].

Die Gründungsphase der atlantischen Gemeinschaft, die mit der Reorganisation der NATO 1956 und der Unterzeichnung der Römischen Verträge 1957 endete, war geprägt von z. T. mit Erbitterung geführten Auseinandersetzungen um Verteidigungsstrategie und politische Konsultation, um Kostenverteilung und Handelspolitik. Dem Osthandel kam dabei, ungeachtet seiner ökonomisch eher marginalen Bedeutung und fehlenden Expansionsmöglichkeiten, eine eher symbolische Rolle zu. Er wurde zu dem (meist sehr „emotional" definierten) Maßstab, an dem der Grad europäischer Autonomie gemessen wurde. Ursache dieser Konflikte waren vor allem die erheblichen strukturellen Asymmetrien in der ökonomischen Machtverteilung und den außenpolitischen Verpflichtungen, der militärischen Stärke und der geostrategischen Verwundbarkeit. Diesen Asymmetrien strukturell immanent waren wiederholte Anläufe der USA, ihre an sich unbestrittene (weil in letzter Instanz auf der atomaren Schutzfunktion fußende) hegemoniale Führungsrolle in Dominanz, in Herrschaft umzuwandeln. Die Dollar-Hilfe war, vor allem in den frühen Jahren des Marshallplans, eines der wichtigsten Instrumente dieser Politik, doch war es gerade diese Hilfe, die den Europäern die erfolgreiche Behauptung bzw. die Wiedergewinnung einer kollektiven Autonomie erlaubte. Es war insofern nicht nur Resultat politischer Weitsicht, wenn die Regierungen Truman und Eisenhower jeweils sehr bewußt den Entschluß faßten, sich mit einer hegemonialen Führerschaft zu begnügen und auf direkte Herrschaft zu verzichten. Das Bündnis verdankte langfristig seine Lebensfähigkeit in nicht minderem Maße dem oft diffusen, aber in seiner Tendenz doch einheitlichen Willen und der Fähigkeit der Europäer, ihre Autonomie national wie kollektiv gegenüber den oft ungeduldigen, gelegentlich wenig feinfühligen Eingriffen der USA in ihre Souveränitätsrechte zu wahren. Die funktionale Integration Westeuropas erwies sich als die ideale Lösung, weil sie nationale Souveränität in Europa und kollektive Autonomie Europas im Bündnis miteinander verknüpfte. Insofern haben die amerikanische Regierung und der Kongreß mit ihren hegemonialen Ansprüchen, Protektionismus und Ostembargo gleichermaßen gegen die Europäer zu erzwingen, diesen den Weg in die kollektive Selbstbehauptung gewiesen. Man wird die These wagen dürfen, daß auf lange Sicht die europäische Integration der Abwehr dieser versuchten Fremdbestimmung seitens der USA fast noch mehr als der Frontstellung gegen die Bedrohung aus dem Osten es zu verdanken hat, daß sie sich – anders als die ersten Ansätze nach dem vorangegangenen Weltkrieg und jenseits des Kalten Krieges – gegen die Beharrungskräfte der nationalstaatlichen Traditionen und Interessen behaupten konnte.

---

[88] Adenauer, Erinnerungen, Bd. 3 (Anm. 56), S. 17ff. (vgl. Anm. 85), 223; vgl. Adenauer, Teegespräche 1950–54 (Anm. 44), S. 104, 226ff., 499.

Volker Berghahn

Zur Amerikanisierung der westdeutschen Wirtschaft

Überblickt man die Literatur zum Thema dieser Konferenz, so ist kaum zu übersehen, daß wir über die politischen und militärischen Aspekte der „Eingliederung der Bundesrepublik in die westliche Welt vom Ende der vierziger bis zum Ende der fünfziger Jahre" ungleich besser informiert sind als über die wirtschaftliche Integration und „Deutschlands Rückkehr zum Weltmarkt". Was immer die Gründe für dieses Ungleichgewicht in der Forschung sein mögen, seine Beseitigung ist eine der vorrangigen Aufgaben der Historiographie zur Geschichte Westdeutschlands – und sei es nur aus dem durchaus nicht nebensächlichen Grunde, in Zukunft keine Gesamtdarstellungen der Entwicklung der Bundesrepublik mehr vorgelegt zu bekommen, aus denen so gut wie überhaupt nicht ersichtlich wird, daß wir es mit einem der wichtigsten Industrieländer der Welt zu tun haben. So sind z. B. im Band 4 der breit angelegten und unter großem Aufwand veröffentlichten „Geschichte der Bundesrepublik Deutschland" über die Jahre 1963–1969 viele zweit- und drittrangige Politiker zu finden, nicht aber so prominente Unternehmer wie Hermann-Josef Abs, Fritz Berg, Friedrich Flick, Otto A. Friedrich, die Gebrüder Quandt oder Hans-Günther Sohl[1].

Dabei dürften die Aktenbestände zu den wirtschaftshistorischen Aspekten des Tagungsthemas zumindest ebenso umfangreich sein wie die zur politischen und militärischen Entwicklung. Mit ihrer jetzt endlich beginnenden systematischen Auswertung erhebt sich zugleich aber das Problem der Perspektiven und Fragestellungen, unter denen diese langwierige Arbeit am sinnvollsten erfolgen könnte. Gewiß wäre es unbefriedigend, wenn aus den gegenwärtigen Forschungsanstrengungen hunderte von hochspezialisierten Detailstudien hervorgingen, denen ein größerer analytischer Rahmen bzw. eine Bezugnahme auf und Auseinandersetzung mit umfassenden Hypothesen fehlte. Mit anderen Worten, es wäre bedauerlich, wenn die Historiker der Westintegration zwar viele schöne Bäume sichteten, der Wald inzwischen aber nicht einmal in Umrissen erkennbar wäre.

Bei der Suche nach möglichen Ansätzen für eine Erfassung des „Waldes" scheint der Rückgriff auf die Arbeiten von Werner Link besonders vielversprechend, sofern man

---

[1] Klaus Hildebrand, Von Erhard zur Großen Koalition, 1963–1969. Geschichte der Bundesrepublik Deutschland, hrsg. v. Karl Dietrich Bracher, Theodor Eschenburg, Joachim C. Fest, Eberhard Jäckel, Bd. 4, Stuttgart 1984.

seinen Ansatz zugleich erheblich erweitert und präzisiert. Versuchten diese Arbeiten
doch zwei große, auch für diese Konferenz zentrale Fragen anzuschneiden, nämlich 1)
wie eine traditionelle Politik- und Diplomatiegeschichte durch eine breitere Analyse
der internationalen Wirtschafts- und Finanzbeziehungen aufgefächert werden kann; 2)
wie eine derart erweiterte Historiographie darüber hinaus mit Hilfe einer *Soziologie*
der internationalen Beziehungen und speziell der Wirtschaftsbeziehungen noch einmal
zu verfeinern wäre. Das erste Problem bemühte sich Link bekanntlich in den sechziger
Jahren in seiner Habilitationsschrift zu durchdringen[2]. Zum zweiten Komplex legte er
einige Jahre später eine interessante und m. E. ungenügend beachtete Studie vor, in der
er soziologische *networks* im internationalen Wirtschaftsraum zu rekonstruieren
suchte[3].

Der dritte wichtige Beitrag, den Links Arbeiten auch zum Tagungsthema zu leisten
vermögen, ist, daß er in beiden Büchern die deutsch-amerikanischen Beziehungen vor
bzw. nach dem Zweiten Weltkrieg untersucht und damit den Blick entschieden auf die
Hegemonialstellung der USA in der Weltwirtschaft nach 1918 lenkt und die deutsche
Entwicklung mit dieser Stellung in Beziehung setzt. Wie er gezeigt hat, war die
deutsche Industriewirtschaft schon Mitte der zwanziger Jahre ein von den USA pene-
triertes System geworden. Die Autarkie- und Großraumwirtschafts-Ambitionen des
Dritten Reiches, einschließlich seiner ökonomischen Eliten, stellen sich in dieser Perspektive als eine Art „Rebellion" Deutschlands gegen die westliche Wirtschaftsvor-
macht dar, die 1945 zusammenbrach. Danach setzte sich die in der Weimarer Zeit
begonnene Penetration in noch stärkerem Maße fort. Dabei kam es der amerikanischen
Rekonstruktionsstrategie sicherlich zugute, daß die USA – als einzige Macht aus dem
Zweiten Weltkrieg gestärkt hervorgegangen – zumindest in den drei westlichen Besatzungszonen nicht nur gegenüber den geschlagenen Deutschen, sondern auch gegenüber den Briten und Franzosen erhebliche Hebelkräfte besaßen und diese für Veränderungen in der westdeutschen (und indirekt in der westeuropäischen) Industriestruktur
einzusetzen begannen.

Unter gleichzeitiger Heranziehung der Hegemonieproblematik, die in theoretischer
Perspektive vor allem in der Wissenschaft von den Internationalen Beziehungen ausführlicher diskutiert worden ist[4], scheint mir eine Übertragung und Erweiterung des
Linkschen Ansatzes in Kombination mit dem soziologischen Einstieg, der in seinem
zweiten Buch zu finden ist, auf die Zeit nach 1945 als außerordentlich fruchtbar.
Jedenfalls soll dies im folgenden versucht werden. Als erstes geht es also darum, die
amerikanische Rekonstruktionsstrategie einschließlich ihrer internen bürokratischen
Konflikte und Widersprüche zu analysieren. Als nächstes wäre sodann auf die
innerdeutschen und transatlantischen Kontaktnetze unter den Wirtschaftseliten einzugehen. Auf diese Weise – dies ist jedenfalls die Hoffnung – könnte es gelingen, die
graduelle Penetrierung und zumindest teilweise „Amerikanisierung" der westdeutschen Industriewirtschaft zu erfassen. Dabei wäre unter Penetration freilich nicht

---

[2] Werner Link, Die amerikanische Stabilisierungspolitik in Deutschland, 1921–1932, Düsseldorf 1970.
[3] Werner Link, Deutsche und amerikanische Gewerkschaften und Geschäftsleute 1945–1975, Düsseldorf 1978.
[4] Siehe z. B. Helge H. Hveem, The Global Dominance Systems: Notes on a Theory of Global Political
Economy, in: Journal of Peace Research, 1973, S. 319–340; John Gerard Ruggie, International Regimes,
Transactions and Change. Embedded Liberalism in the Post-War Economic Order, in: International Organization, 1982, S. 370–418; Immanual Wallerstein, The Capitalist World Economy, Cambridge 1979.

allein das Hineinwirken der USA in die deutsche Entwicklung auf dem Wege der Handelspolitik, des Kapitalexports und der Errichtung von Produktionsbasen zu verstehen, die Link in seiner Weimarer Studie in den Mittelpunkt stellte. Vielmehr wäre an dieser Stelle an die Arbeiten von Frank Costigliola anzuknüpfen, der neuerdings auch die kulturelle Dimension für die Zwischenkriegszeit einzufangen versuchte[5].

Freilich dürfte es in diesem Falle genügen, wenn unsere Analyse die *industrie*kulturellen Aspekte des deutsch-amerikanischen Verhältnisses nach 1945 einbegreift. Denn die westliche Hegemonialmacht nahm nach 1945 nicht nur den früheren Export von Kapital und Technologien wieder auf, die quantitativ mit Hilfe der Wirtschaftsgeschichte und institutionell mit Hilfe der Politikwissenschaft erfaßt werden könnten; vielmehr exportierte sie auch Ideologien und Mentalitäten. Hier wäre in weiterführender Weise auf die Arbeiten des Münsteraner Soziologen Heinz Hartmann zurückzugreifen[6]. Er hat vor Jahren und wiederum anhand des deutsch-amerikanischen Beispiels darauf aufmerksam gemacht, daß es fragwürdig sein könnte, eine Trennung zwischen „instrumentellen Exporten" und solchen „kultureller" Art vorzunehmen. Denn instrumentelle Exporte beinhalten zugleich immer auch den Export der dahinterstehenden Ideen von wirtschaftlichem Verhalten und industrieller Organisation. Damit wies Hartmann zugleich darauf hin, daß die Einfuhr technischer wie kultureller „Güter" für das Empfängerland alles andere als ein simpler Prozeß ist. Auch die Traditionen und Mentalitäten der empfangenden Kultur müssen genauer studiert werden, da sie als Filter wirken und die Importe auf Kompatibilität testen.

Die Aufarbeitung empirischen Materials, das eine Überprüfung der Hartmannschen Thesen erlaubte, ist für die Zeit vor und nach 1918 wiederum sehr viel weiter fortgeschritten, als für die Zeit nach 1945. So gibt es über die in diesem Zusammenhang außerordentlich relevante Taylorismus- und Fordismus-Rezeption in Deutschland und Europa in der ersten Hälfte dieses Jahrhunderts inzwischen eine sehr anregende Literatur[7]. Aus ihr geht hervor, daß die intensive Auseinandersetzung mit den damals aus Amerika kommenden Ideen über Fabrik-, Firmen- und Marktorganisation die deutsche Unternehmerschaft in zwei Lager spaltete. Auf der einen Seite standen diejenigen, die für den Import und die Adaption amerikanischer Vorstellungen von Industrial Relations, Management und Trustifizierung, für den Traum eines Massenproduktions- und Massenkonsum-Kapitalismus offen waren; auf der anderen Seite erhoben diejenigen ihre Stimme, die alle diese Konzeptionen strikt ablehnten. Obwohl die Forschung auch in diesem Punkt noch weitgehend am Anfang steht, scheint es für die Zeit nach dem Zweiten Weltkrieg eine ähnliche Spaltung der Meinungen gegeben zu haben. Inzwischen hatte sich, wie bereits angedeutet, der Druck infolge des Kriegsausgangs erheblich verstärkt, amerikanische Ideen über die Organisation einer kapitalistischen Industriewirtschaft nach Westdeutschland zu importieren. Die Denkhaltun-

---

[5] Frank Costigliola, Awkward Dominion. American Political, Economic and Cultural Relations with Europe, 1919–1933, Ithaca 1984.

[6] Heinz Hartmann, Amerikanische Firmen in Deutschland, Köln 1963.

[7] Siehe z. B. Charles S. Maier, Between Taylorism and Technocracy, in: Journal of Contemporary History, 1970, S. 27–61; Heidrun Homburg, Anfänge des Taylor-Systems in Deutschland vor dem Ersten Weltkrieg, in: Geschichte und Gesellschaft (GG) 1978, S. 170–194; Lothar Burchardt, Technischer Fortschritt und sozialer Wandel. Das Beispiel der Taylorismus-Rezeption, in: Wilhelm Treue (Hrsg.), Deutsche Technikgeschichte, Göttingen 1977, S. 52–98; Anita Kugler, Von der Werkstatt zum Fließband, in: GG 1987, S. 304–339.

gen und die Politik derjenigen, die der amerikanischen Rekonstruktions- und Integrationsstrategie skeptisch oder ablehnend gegenüberstanden, ist bereits an anderer Stelle untersucht worden[8]. Relativ wenig ist bisher indessen über die „Amerikaner" unter den westdeutschen Industrieeliten bekannt geworden. So sehr es der weiteren Erforschung der westdeutschen und westeuropäischen Industriellenopposition bedarf[9], der Rest dieses Papiers soll den Vorstellungen und Reaktionen auf die Washingtoner Politik jener „Amerikaner" in der Unternehmerschaft gelten, die eine Anpassung an das hegemoniale Wirtschaftssystem jenseits des Atlantik befürworteten. Dies soll anhand eines besonders gut dokumentierten Beispiels geschehen in der Hoffnung, auf diese Weise exemplarisch das Erkenntnispotential zu illustrieren, das in einem Ansatz liegt, der gewissermaßen Link mit Hartmann verbindet.

Bevor wir jedoch auf die Gedanken und die Politik dieses einen „Amerikaners" in der Bundesrepublik eingehen, müssen zuvor kurz die in den vierziger Jahren entwickelten wirtschaftspolitischen Ziele der USA zusammengefaßt werden. Werden die Entwicklungen innerhalb der westeuropäischen Unternehmerschaft und auch der politischen Führung doch nur vor dem Hintergrund dieser Ziele verständlich. Die Jahre 1940/42 bieten dafür den schnellsten Einstieg. In der Forschung ist diese Zeit bisher ebenfalls einerseits unter machtpolitisch-militärischen Gesichtspunkten abgehandelt worden. Es ging um „Hitlers Strategie" oder die großen Wendepunkte und Entscheidungsschlachten des globalen Ringens[10]. Andererseits besitzen wir zahlreiche Arbeiten über die rassistischen Ziele des Nationalsozialismus und den Weltanschauungskampf zwischen den beiden großen Lagern des Weltkriegs[11]. Betrachtet man diesen Krieg jedoch in einem ökonomischen Zusammenhang, so stellt er sich als ein gigantischer Kampf dar zwischen zwei unterschiedlichen Typen einer privatwirtschaftlich organisierten Industriewirtschaft und Industriegesellschaft: des nordamerikanischen und des deutschen (und wohl auch des japanischen) Typs. Eine knappe, aber treffende Definition dieses Unterschieds steht in der zeitgenössischen Schrift des Großraumwirtschafts-Theoretikers H. Kremmler, der auf dem Höhepunkt des Weltkriegs schrieb[12]:

> Damit stoßen wir auf der Suche nach der letzten Ursache der Autarkiebestrebungen auf zwei gegensätzlich eingestellte Denkweisen: auf das weltwirtschaftliche, kosmopolitische und auf das nationalwirtschaftliche Denken. ... Der Begriff Autarkie findet damit seine letzte Wurzel in der Unterschiedlichkeit von Volks- und Weltwirtschaft, oder genauer ausgedrückt: in den Organisationsprinzipien [!], die die Gestaltung einer Volkswirtschaft und ihre Beziehungen zu anderen Volkswirtschaften bestimmen und regeln.

In der Tat setzten sich in Deutschland 1940/42 jene Kräfte durch, die das angesichts der Siegeszüge der Wehrmacht scheinbar unaufhaltsam entstehende „Großgermanische Reich" nicht nur macht- und rassenpolitisch, sondern auch ökonomisch als geschlossenen, von der Weltwirtschaft weitgehend abgekoppelten Block organisieren wollten. Eine genauere Darstellung dieser Organisationsprinzipien findet sich in Arno

---

[8] Siehe z. B. Volker R. Berghahn, Unternehmer und Politik in der Bundesrepublik, Frankfurt/M. 1985.
[9] Siehe dazu die Arbeiten von John Gillingham sowie von Alan S. Milward und seinen Schülern.
[10] Andreas Hillgruber, Hitlers Strategie. Politik und Kriegführung, 1940–41, Frankfurt/M. 1965; Klaus Hildebrand, Deutsche Außenpolitik, 1933–1945, Stuttgart 1970.
[11] Siehe z. B. Eberhard Jäckel, Hitlers Weltanschauung, Tübingen 1969; Lucy S. Dawidowicz, The War against the Jews, 1939–1945, Harmondsworth 1976; Gerald Fleming, Hitler and the Final Solution, Stanford 1984; Raul Hilberg, The Destruction of European Jewry, London 1961.
[12] H. Kremmler, Autarkie in der organischen Wirtschaft, Dresden 1940.

Sölters Buch aus dem Jahre 1941 mit dem bezeichnenden Titel *Großraumkartell*[13].
Ganz im Gegensatz dazu hatten in den USA nach den traumatischen Erfahrungen des
Great Slump mit ihren protektionistischen Panikreaktionen in der amerikanischen
Geschäftswelt und Politik schon in den dreißiger Jahren jene erneut die Oberhand
gewonnen, die – wie Kremmler richtig erkannte – zu einem multilateralen, liberal-
kapitalistisch organisierten Weltmarkt und zur Open Door zurückkehren wollten[14].
Diese Konzeptionen tauchten denn auch 1941/42 in öffentlichen Erklärungen und
Reden auf, die keineswegs als leere Versprechungen der Alliierten Kriegspropaganda
zu werten sind. Unter diesen Erklärungen war auch ein Artikel von Henry Luce, dem
Herausgeber von *Time Magazine* und *Life*, der Anfang 1942 in letzterer Zeitschrift
erschien. Unter der Überschrift „The American Century" umriß Luce hier die Grundlinien jener Pax Americana, die die USA als Friedensziel jener damals Konturen
gewinnenden Pax Germanica (und im Fernen Osten der Pax Nipponica) mit ihrer
Rassenutopie und mit ihren großraumwirtschaftlichen Neuordnungsideen entgegensetzten[15].

In den folgenden Jahren wurden die Grundlinien der vieldiskutierten „American
Century" in Washington und in den *Think Tanks* des neuenglischen Wirtschafts- und
Universitäts-Establishments nach verschiedenen Richtungen hin präzisiert. Dabei war
es unvermeidlich, daß es zu unterschiedlichen Betonungen und auch Radikalisierungen
einzelner Elemente kam. Eine führende Rolle spielte bei diesen Diskussionen neben
den Planern in den Ministerien und dem Council on Foreign Relations auch das
Committee on Economic Development (CED)[16]. Hier trafen sich Mitglieder der Ivy
League Universitäten, des East Coast Big Business und der Politik, um die ökonomi-
sche Neuordnung einer von den USA mit leichter Hand geleiteten One World der
Nachkriegszeit zu entwerfen. Es kann nicht genug betont werden, wie stark gerade
hier auch die Frage nach dem „richtigen" organisatorischen und verfassungsrechtlichen
Rahmen dieser Neuordnung im Mittelpunkt stand. In der Tradition des politischen
Verfassungsdenkens wurzelnd und durch die Überzeugung von der Überlegenheit des
amerikanischen Wirtschaftsverfassungsrechts seit 1890 gestärkt, versuchte man, die
New Order gerade auch als gesetzliches und institutionelles Gebäude zu konzipieren,
innerhalb dessen sich die Industrie- und Handelsnationen der Welt hinfort bewegen
sollten. Für ein Verständnis dieses Denkens ist auch wichtig, daß es hier nicht um die
Festsetzung von wirtschaftlichen Beschränkungen und um die Errichtung eines autoritären, durch den Staat überwachten Kapitalismus ging. Vielmehr sollten, wiederum
ganz in der amerikanischen Verfassungstradition, Spielregeln entwickelt werden, nach
denen Handel und Gewerbe dann möglichst frei und wettbewerbsmäßig würden
agieren können[17]. Kurzum, es handelte sich um einen ganz anderen Kapitalismus als

---

[13] Arno Sölter, Großraumkartell, Dresden 1941.
[14] Siehe z. B. Detlef Junker, Der unteilbare Weltmarkt, Stuttgart 1975; Hans-Jürgen Schröder, Deutschland und die Vereinigten Staaten, 1933–1939, Wiesbaden 1970.
[15] Siehe dazu Lawrence S. Kaplan, Western Europe in the American Century, in: Diplomatic History, 1982, S. 111–123.
[16] Zur Arbeit des CED siehe Robert M. Collins, The Business Response to Keynes, 1929–1964, New York 1981; siehe auch die Studie von Edward S. Mason, Controlling World Trade, New York 1946, die mit der Unterstützung des CED erschienen ist.
[17] Dazu etwa Richard (?) Hofstadter, What Happened to the Antitrust Movement? Note on the Evolution of an American Creed, in: E.-F. Cheit (Hrsg.), The Business Establishment, New York 1964, S. 113–151.

den, den die Parteifunktionäre und Manager des „Dritten Reiches" inzwischen im besetzten Europa durchzusetzen versuchten.

Für die meisten Planer in Washington und im CED bestand nun auch kein Zweifel, daß die deutsche (und japanische) Industrie über kurz oder lang wieder in das aufzubauende multilaterale Weltwirtschaftssystem integriert werden würde. Dementsprechend wurden die punitiven Ausschließungs- und Deindustrialisierungspläne der Gruppe um Henry Morgenthau denn auch bald in den Hintergrund gedrängt[18]. Die deutsche Industrie, deren großes Potential man weiterhin durchaus sah, sollte nicht zerschlagen werden, sondern im Gegenteil mit relativ großen Einheiten als Motor für den Wiederaufbau des kriegszerstörten Europa dienen. Allein Quasimonopolstellungen, wie die der IG Farben oder der Vereinigten Stahlwerke, sollten, wiederum im Einklang mit dem amerikanischen Wirtschaftsverfassungsdenken, in kleinere, aber lebens- und international wettbewerbsfähige Einheiten aufgebrochen werden. Gerade aus diesen letzteren Plänen wird aber auch ersichtlich, daß man nicht eine schlichte Restauration anvisierte. Vielmehr ging es denen, die sich schließlich auch in den Besatzungsbehörden gegenüber den „Morgenthauians" durchsetzten, gerade um einen *Umbau* der herkömmlichen deutschen (und japanischen) Industriestruktur und Industrieorganisation sowie deren Anpassung an das amerikanische „Modell". Ja, es gibt sogar Anzeichen dafür, daß auf dem Umwege über Deutschland auch die Struktur der übrigen westeuropäischen Länder, deren Industrien z. T. in den Sog des deutschen „Modells" geraten waren, verändert werden sollte. Dieses Kalkül ergibt sich jedenfalls aus einer Stellungnahme, die Paul Hoffman, ehemals Präsident der Studebaker Corporation, prominentes Mitglied des CED und Marshall-Plan-Koordinator für Europa, im Mai 1950 vor einem Unterausschuß des amerikanischen Kongresses abgab[19]. Darin sagte er, daß die Zerschlagung der alten deutschen Industrieorganisationen ihn mit den „größten Hoffnungen für die Wiederherstellung der Wettbewerbsfähigkeit von Westeuropa via Deutschland" erfülle. Ziel sei es, „in Westdeutschland den Typ einer freien, wettbewerbsfähigen Wirtschaft zu gestalten, den wir in den Vereinigten Staaten besitzen". Sobald dies erfolge, „wird Deutschland eine sehr wirksame Wirtschaft entwickeln" und „ihr Einfluß wird sich über Deutschland hinaus ausbreiten, weil das Konkurrieren mit einer wettbewerbsfähigen Wirtschaft die Einführung der Wettbewerbsfähigkeit auch in anderen Ländern" erfordere.

Es dürfte hiernach in groben Umrissen deutlich geworden sein, vor welchem Hintergrund die westdeutsche Industriepolitik und die Westintegration hier gesehen wird. Die quantifizierende Wirtschaftshistorie hat für die frühe Nachkriegszeit gewiß interessante und wichtige Ergebnisse erzielt[20]. Dieses Papier versucht dagegen, Wirtschaftsstrukturen und Organisationsprinzipien mit den dahinterstehenden Werthaltungen und Mentalitäten in den Brennpunkt zu rücken, zusammen mit den Strategien, die daraus seitens der ökonomischen und politischen Eliten auf beiden Seiten des Atlantik entwickelt wurden. Es geht also um die strukturellen Fundamente der bundesrepublikanischen Industriewirtschaft, um das wirtschaftliche Grundgesetz als Pendant zum politischen Grundgesetz von 1949, wie Ludwig Erhard es einmal formu-

[18] Siehe z. B. James S. Martin, All Honorable Men, Boston 1950.
[19] Zit. nach Industrie-Kurier, 9. 5. 1950.
[20] Siehe die Arbeiten von Werner Abelshauser und Alan S. Milward.

lierte[21]. Es dürfte kein Zweifel bestehen, daß diese Fundamente in der Vorstellung der damals in den USA dominanten „strategischen Cliquen" nach amerikanischem Vorbild umgebaut werden sollten. Und mit der Einfuhr dieser neuen Wirtschaftsverfassung im weitesten Sinne erwarteten sie auch den Import der damit verbundenen Ideen und Perzeptionen vom Industriekapitalismus im Zeitalter des „Massenkonsums" und der „Massendemokratie". Denn an dieser Stelle der politischen und ökonomischen Verfassung eines Landes waren, wiederum in der amerikanischen Verfassungstradition, „political democracy" und „industrial democracy" unmittelbar verbunden[22].

Wir haben jetzt den Punkt erreicht, an dem vor dem Hintergrund der soeben dargestellten amerikanischen Umbaukonzeption die Reaktionen jenes Mannes auf sie analysiert werden können, der weiter oben bereits als „Amerikaner" unter seinen westdeutschen Industriekollegen bezeichnet worden ist. Jedenfalls muß er als wichtiger Vermittler der Industriepolitik Washingtons gelten und ist daher für den hier verfolgten politikgeschichtlichen und soziologischen Ansatz von besonderem Interesse. Was ihn, den Hamburger Gummiindustriellen Otto A. Friedrich, für seine Vermittlerrolle in dem deutsch-amerikanischen Import-Export-Verhältnis besonders prädestinierte waren seine familiären Beziehungen und beruflichen Erfahrungen[23].

Grundlegend für ein Verständnis seiner nach 1945 eingenommenen Position ist zunächst, daß er, 1902 geboren, Mitte der zwanziger Jahre den Entschluß faßte, in die USA zu gehen und möglicherweise sogar auszuwandern. Auf verschiedenen Umwegen landete er schließlich in Akron, Ohio, bei dem Reifenkonzern B. F. Goodrich. Zunächst als Arbeiter angeheuert, fiel er seinen Vorgesetzten offenbar bald auf und wurde befördert. Ende der zwanziger Jahre wurde er sodann als Goodrich-Vertreter nach Deutschland geschickt. Nach 1933 wechselte er als Fachmann in die Wirtschaftsorganisationen der inzwischen total kartellisierten Gummibranche über. Im Jahre 1939 gelang ihm dann der Sprung in den Vorstand der Phoenix A.G. in Hamburg-Harburg. Den Krieg verbrachte Friedrich als Sachverständiger und Reichsbeauftragter für Kautschuk. Es war eine Stellung, die ihm im Rahmen der kriegswirtschaftlichen Totalmobilisierung durch den Speer-Apparat Reisen nach Frankreich, Belgien, Skandinavien und wohl auch Polen machen und ihn offenbar auch mit Hans Kehrl in näheren Kontakt kommen ließ, den er nach 1945 aufrechterhielt.

Nach Kriegsende ging er unter dem Vorsitz seines Mentors, des späteren DIHT-Präsidenten Albert Schäfer, sofort an den Wiederaufbau der stark zerstörten Anlagen der Phoenix. Von jeher geistig und politisch interessiert, nahm er sich zugleich aber die Zeit, genauer über die Lage Deutschlands und der Welt nach der nationalsozialistischen Diktatur nachzudenken. Bei der Klärung seiner Gedanken kam ihm sein Bruder Carl Joachim zu Hilfe. Dieser war in den zwanziger Jahren gleichfalls nach Amerika gegangen, hatte dort dann aber eine Dozentur für Regierungslehre an der Harvard-Universität erhalten und die amerikanische Staatsbürgerschaft erworben. Es handelte sich hier um keinen anderen als den Politologen, der später zusammen mit Zbigniew K. Brzezinski das Buch *Totalitarian Dictatorship and Autocracy* veröffentlichte, das die westliche Totalitarismus-Diskussion der fünfziger und sechziger Jahre maßgeblich

---

[21] Siehe Ludwig Erhard (Hrsg.), Deutsche Wirtschaftspolitik, Düsseldorf 1962, S. 239.
[22] Siehe z. B. Thurmond Arnold, Bottlenecks of Business, New York 1940.
[23] Das folgende Material ist in dem z. T. noch ungeordneten Nachlaß Otto A. Friedrichs enthalten. Aus diesem Grunde muß hier auf genaue Zitatangabe verzichtet werden.

beeinflußte[24]. Zum ersten Male bekannt wurde Friedrich aber schon vor dem Zweiten
Weltkrieg mit seiner 1937 erschienenen Studie über *Constitutional Government and
Politics*[25], in der übrigens auch viele der soeben erwähnten Gedanken über die amerikanische Verfassungstradition, einschließlich der Rolle der Wirtschaft innerhalb dieser
Tradition, zu finden sind. Kein Zweifel also, daß Carl Joachim sich ausdrücklich mit
amerikanischen Vorstellungen von Demokratie gerade auch im Gegensatz zu den
„totalitären Diktaturen" des 20. Jahrhunderts und deren Verfassungsformen identifi-
zierte. Nicht zuletzt seine Veröffentlichungen und seine ehemaligen Studenten verschafften ihm im und nach dem Kriege zahlreiche Kontakte nach Washington und
zum übrigen akademischen Establishment Neuenglands. Es schien daher auch völlig
logisch, daß er nach 1945 zu Lucius D. Clay, dem amerikanischen Militärgouverneur
im besetzten Deutschland, geschickt werden würde, um diesen in verfassungspoliti-
schen Fragen zu beraten. Bei den Diskussionen um das Bonner Grundgesetz spielte er
eine wichtige Vermittlerrolle. Bei seinem ersten Besuch in Europa war es selbstverständlich, daß er seine Mutter und seinen Bruder Otto besuchte.

Auf diese Weise konnte Otto A. Friedrich nun bald nach Kriegsende zwei Kontaktnetze knüpfen. Das eine bestand aus Geschäftspartnern in der amerikanischen Gummibranche; das andere aus Akademikern mit guten Verbindungen nach Washington,
bei denen sein Bruder ihn einführte. Die Ideen über Politik und Wirtschaft, mit denen
er auf diesen Wegen nach Kriegsende in Berührung kam, ließen ihn bald Gedanken
modifizieren, die damals in den Westzonen weitverbreitet waren. Dazu gehörten auch
Gedanken über ein Deutschland zwischen den Blöcken und über eine Synthese von
Kapitalismus und Sozialismus. Daß selbst ein Mann wie Otto A. Friedrich solchen
Konzeptionen zunächst anhing, läßt erahnen, wieviel tiefer der Graben zwischen den
Amerikanern und jenen Industriellen gewesen sein muß, die eine halbe Generation
lang in noch größerer Isolierung von der westlichen Welt gelebt hatten. Immerhin, bis
spätestens Anfang 1948 hatten sich seine Auffassungen so weit gewandelt, daß er sich
stark an den politischen und ökonomischen Idealen des Westens zu orientieren
begann, und speziell an deren amerikanischer Variante. Dabei ist sicherlich nicht zu
übersehen, daß der sich verschärfende Kalte Krieg und ein subjektiv ehrliches Gefühl
einer Bedrohung aus dem Osten seinen Gesinnungswandel beschleunigten.

Soweit es seine Vorstellungen von Wirtschaft und Wirtschaftsverfassung betrifft,
wird man zusammenfassend sagen können, daß sie sich in Richtung auf einen sozial
gedämpften Liberalkapitalismus hinbewegten. Auch hierbei dürften die Diskussionen
mit Carl Joachim, dessen Ansichten zur weltpolitischen Lage nie so schwankend
waren, wie die seines in Deutschland gebliebenen und nun nach neuem ideologischem
Halt suchenden Bruders, eine wichtige Rolle gespielt haben. Vor allem boten ihm diese
Geträche Gelegenheit zu erfahren, was die Amerikaner im kriegszerrütteten Deutschland und Europa politisch und ökonomisch eigentlich planten.

Bis zum Frühjahr 1948 war Friedrichs Meinungsbildung in den großen Fragen der
Weltpolitik und Weltwirtschaft soweit vorangeschritten, daß er einen in unserem
Zusammenhang bemerkenswerten Beitrag zu einer Diskussion beisteuerte, die am
7. April im Redaktionsausschuß der Volkswirtschaftlichen Gesellschaft stattfand. An

---

[24] Cambridge (Mass.) 1956.
[25] New York 1937.

der Sitzung nahm auch Professor Alfred Müller-Armack teil, für dessen Persönlichkeit (und wohl auch Ideen) er sich seinen Notizen zufolge sehr interessierte[26]. Friedrich betonte in seiner eigenen Stellungnahme „hauptsächlich" die „Forderung auf völlig freie Betätigung Deutschlands im Außenhandel und auf eine Klarstellung der sozialen Bindungen einer neuen freien Marktwirtschaft". Darüber hinaus ritt er sein „Stecken-pferd gegen die aufgeblähte Bürokratie, die fortgesetzt negativ in die Wirtschaft und in Leben und Freiheit jedes einzelnen eingreift und deshalb der gemeinsame Feind aller produktiv tätigen Menschen ist". Bald darauf schrieb Friedrich im Anschluß an ein Gespräch mit einem in Leipzig wohnenden Bekannten, er glaube, „daß wir [in den Westzonen] die eigentlich deutsche Substanz retten müssen, die nur in Freiheit und persönlichem Leistungswettbewerb bestehen kann, und unter einem totalitären System, wie bei Hitler, zugrunde gehen wird". Angeblich zeigte sich sein Gesprächs-partner sehr von Friedrichs Überzeugung beeindruckt, „daß die Erhaltung der persön-lichen Freiheit, gegebenenfalls auch in einer Preisgabe des Nationalen an eine west-europäische Zusammenarbeit, wichtiger als alles andere" sei.

Allerdings war er kein Anhänger eines uneingeschränkten wirtschaftlichen Laissez faire, und entwickelte sich allenfalls in den fünfziger und sechziger Jahren mehr und mehr zu einem gemäßigten Keynesianer, wie sie den neueren Studien von Robert Collins und Michael Hogan zufolge damals auch in einflußreichen Kreisen des ameri-kanischen Big Business anzutreffen waren[27]. Jedenfalls vermerkte er am 14. August 1948, er sei „ein Gegner bedingungsloser freier Marktwirtschaft geworden". Eine „ausgeblutete Wirtschaft wie die deutsche muß zwar im Wettbewerb ihre Leistung entwickeln", müsse aber „aus ihrer Arbeit auch eigenes Kapital bilden können". Dann kam er auf die alten wettbewerbsbeschränkenden Organisationen der deutschen Indu-strie zu sprechen. Wenn man ihr, so schrieb er, schon „ihre traditionellen Kartelle" nehme, die auf dem Gebiet der Gummiproduktion im übrigen „niemals monopolartig wirkten, sondern einen Schutz gegen die Continental-[Reifen A.G.-]Übermacht und gegen die Schleuderkonkurrenz unseriöser Firmen darstellten, so sollte man sich die Korrektur eines hemmungslosen Wettbewerbs [jetzt] dadurch sichern, daß die Roh-stoffzufuhr auf den echten Bedarf abgestimmt und damit das Angebot nicht übermäßig über die Nachfrage erhöht" werde. Dies sei nicht zuletzt auch „ein Erfordernis der deutschen Ein- und Ausfuhr-Bilanz".

Mit diesen Bemerkungen hatte Friedrich auf die ganze Problematik jener Indu-strieorganisation hingewiesen, die sich in Deutschland seit dem späten 19. Jahrhundert entwickelt und unter dem Nationalsozialismus schließlich zu einem sehr speziellen Kapitalismus ausgewachsen hatte[28]. Er selber hatte dieses System als Verbandsfunktio-när und später als Reichsbeauftragter für Kautschuk im „Dritten Reich" persönlich miterlebt. Diese Erfahrungen hatten in ihm zunächst eine Aversion gegen Bürokratien und Staatsinterventionismus wachgerufen, ihn aber nicht in das andere Extrem eines unbegrenzten Wettbewerbs fallen lassen. Bei der Formulierung seiner Position in Wettbewerbsfragen kamen ihm wie auch sonst seine amerikanischen Kontakte zustat-

[26] Guter Überblick über seine Ideen in Alfred Müller-Armack, Geneaologie der Sozialen Marktwirtschaft, Bern 1974.
[27] Collins, Business (Anm. 16); Michael Hogan, The Marshall Plan, New York 1987.
[28] Siehe z. B. Bernd Weisbrod, Schwerindustrie in der Weimarer Republik, Wuppertal 1978; Arthur Schweit-zer, Big Business in the Third Reich, Bloomington 1964.

ten. Wie erwähnt, verfolgten die USA, weiter angespornt durch den Ausbruch des Kalten Krieges, nicht allein den materiellen Wiederaufbau, sondern auch den Umbau der Wirtschaft, d. h. die Zerschlagung der überkommenen deutschen Industrieorganisationen und die Schaffung einer Wirtschaftsverfassung, deren Grundprinzipien dem amerikanischen Vorbild und speziell der Anti-Trust-Gesetzgebung entnommen waren. Daß die amerikanischen Planungen in dieser Richtung bis Kriegsende die höchste Entscheidungsebene erreicht hatten, geht sehr plastisch aus einer Erklärung hervor, die Präsident Franklin Roosevelt kurz vor seinem Tode abgab. Er begründete den Umbau der deutschen Industriestruktur, der im Rahmen der Neuordnung der Weltwirtschaft erfolgen sollte, damals wie folgt, wobei besonders auf die Formulierungsweise aufmerksam gemacht wird[29]:

> During the past half century, the United States has developed a tradition in opposition to private monopolies. The Sherman and Clayton Acts have become as much part of the American way of life as the Due Process clause of the Constitution. By protecting the consumer against monopoly, these statutes guarantee him the benefits of competition. ... Unfortunately, a number of foreign countries, particularly in Continental Europe, do not possess such a tradition against cartels. On the contrary, cartels have received encouragement from these governments. Especially this is true with respect to Germany. Moreover, cartels were utilized by the Nazis as governmental instrumentalities to achieve political ends. ... Defeat of the Nazi armies will have to be followed by the eradication of these weapons of economic warfare. But more than elimination of the political activities of German cartels will be required. Cartel practices which restrict the free flow of goods will have to be curbed.

Diesen Auffassungen entsprechend wurde sowohl in die richtungsweisende Direktive JCS 1067 als auch in das Potsdamer Abkommen eine Klausel aufgenommen, die – ganz in der Tradition des Sherman Acts von 1890 stehend – Horizontalabsprachen und Monopolstellungen in der deutschen Industrie verbot und kriminalisierte[30]. Freilich konnten die Amerikaner mit solchen Verordnungen nicht verhindern, daß Hand in Hand mit der Wiedereinstellung vieler westdeutscher Unternehmer, die auch vor 1945 schon in Führungspositionen in den Konzernen gestanden hatten, alte Überzeugungen und Mentalitäten in der vermeintlichen „Stunde Null" auflebten. Gewiß wäre es für die Besatzungsbehörden noch hingegangen, wenn es bei Traditionsbekenntnissen hinter geschlossenen Vorstandstüren geblieben wäre. Tatsächlich begannen einzelne Branchen in Handel und Gewerbe aber nur wenige Jahre nach der bedingungslosen Kapitulation bereits wieder die alten Organisationen aufzubauen. Hatte die Direktive JCS 1779 vom Juli 1947 im Hinblick auf die Kartellfrage noch postuliert, den Deutschen müsse Gelegenheit gegeben werden, „die Prinzipien und Vorteile des *free enterprise* zu erlernen"[31], so gewannen die Besatzungsbehörden bald den Eindruck, daß ihr ökonomisches Umerziehungsprogramm, das mit den Umbauplänen einher- und mit der politischen Umerziehung der Westdeutschen zu guten Demokraten gleichsam parallel lief, nicht die erwünschten Erfolge zeitigte. Bis Anfang 1949 war die Lernunwilligkeit der Unternehmer offensichtlich so stark geworden, daß Clay sich zu einer ausdrückli-

---

[29] Zit. in: Jeffrey Davidow, The Seeking of a World Competition Code: Quixotic Quest?, in: Oscar Schachter, Robert Hellawell (Hrsg.), Competition in International Business, New York 1981, S. 361f.
[30] Siehe z. B. Richard B. Heflebower, Monopoly and Competition in the United States of America, in: Edward H. Chamberlin (Hrsg.), Monopoly and Competition and Their Regulation, London 1954, S. 110–140.
[31] Zit. nach Rüdiger Robert, Konzentrationspolitik in der Bundesrepublik, Berlin 1975, S. 91.

chen Warnung vor Verbotsverletzungen veranlaßt sah. Nunmehr, so fügte der Militär-gouverneur hinzu, gehe es darum, die Gesetzesbrecher „ausfindig zu machen und zu bestrafen"[32].

Die Sorgen, die das deutsche Verhalten den Amerikanern damals bereitete, bekam Otto A. Friedrich im August 1948 gleich zweimal zu spüren. Am 19. August traf er mit Frederik Shuman zusammen, der damals im Bipartite Control Office (BICO) arbeitete und später am Williams College in Massachusetts einen Lehrstuhl für Ver-waltungs- und Regierungslehre innehatte. Offenbar war Shuman zuerst recht feindse-lig, taute dann aber mehr und mehr auf. Gegen Ende des Gesprächs wies auch er Friedrich „auf [die] deutsche Kartelltendenz hin", die zerschlagen werden solle, wor-aufhin letzterer anscheinend die Argumente wiederholte, die er wenige Tage zuvor in seinem Logbuch vermerkt hatte. Am 22. August schmeichelte ihn dann sein Bruder in einer ihrer Unterredungen, daß die „Amerikaner ... allein auf mich als Antikartellhoff-nung" blickten.

Diese Hoffnungen hingen vermutlich stark mit der Wettbewerbspolitik zusammen, die die Phoenix damals verfolgte. Jedenfalls war Friedrich gegen Ende 1948 „mehr und mehr zu dem Schluß" gekommen, „daß jüngere Menschen" wie seine Kollegen Fritz Koenecke, später Vorstand bei Phoenix und dann bei Daimler-Benz, und Hans Pahl, Besitzer der gleichnamigen Gummiwerke, zusammen mit ihm „eine junge Phalanx in der Wirtschaft bilden" müßten, „die abgestellt ist auf Leistungswettbewerb, ausgehend von der einzelnen Persönlichkeit, die aber ... auch bei dem Arbeitnehmer mehr inneres Interesse an seiner Arbeit weckt". Dem war Anfang November eine „nächtliche Aussprache" mit Pahl vorausgegangen, bei der deutlich wurde, „daß [die] Phoenix heute in der ganzen Gummi-Industrie als weit unruhiger, dynamischer und aggressiver angesehen wird als [die] Continental". Den „Auftakt zu dieser Entwicklung" habe „der Kassaskonto von 5% im Juni gegeben". Friedrich äußerte zudem die Vermutung, daß die Conti die Stimmung gegen die dynamische Phoenix schüre, teils um letztere „niederzuhalten", teils „um hinter diesem Manöver die Vorbereitung zur eigenen Stärkung im Wettbewerb zu betreiben". Der Hannoveraner Konzern benutzte dabei „das schöne Argument", heute „die 10 000-Mann-Grenze nicht überschreiten zu wol-len". Folglich müsse „die Phoenix-Expansion auf Kosten der übrigen Wettbewerber und nicht auf Kosten von Continental gehen". Schließlich wurde Friedrich an dem Abend noch klar, „daß wir in der Ruhr in den letzten 2 bis 3 Jahren viel versäumt haben. Wir hätten die Zeit zur Verankerung unseres Fabrikats bei den Zechen [wahr-scheinlich sind Transportbänder gemeint], d. h. zu echter Kundenwerbung nutzen sollen, statt allein einer bürokratischen Erfüllung unserer Verteilungsquote zu huldi-gen."

Man sieht also, welch frischen Wind ein derartiges Wettbewerbsverhalten im Zei-chen der Erhardschen Marktwirtschaft in die kartellgewohnte Gummiindustrie hinein-brachte. Und soweit es eine „echte Kundenwerbung" betraf, für die bei vielen deut-schen Unternehmern im früheren Zeitalter der fixen Produktionsquoten und ver-bandsorganisierten Verkaufskontore ebenfalls der Sensus abhanden gekommen war, so hatte die Phoenix schon Ende 1947 eine Marktforschungsexpertise über Hamburg in Auftrag gegeben, die im Januar 1948 vorlag. Auch Werbefragen standen wiederholt auf

<hr />

[32] Industrie-Kurier, 16. 2. 1949.

der Tagesordnung. Ein Jahr später notierte Friedrich, daß die Phoenix jetzt noch schärfer als bisher dem Wettbewerb folge, während Koenecke über die Fortschritte in der Werbung berichtete. Auch auf einer Sitzung der Transportbandfabriken meinte er im Mai 1949, „daß wir hier wie im Reifengeschäft zu Selbsterziehung schreiten müssen, um als selbständige Firmen einen gesunden Wettbewerb zu ermöglichen und auch auf die Konsumenten Rücksicht zu nehmen".

Auch seine Unterstützung der Erhardschen Liberalisierungspolitik in dieser Zeit ist im Zusammenhang dieser Entwicklung zu sehen. Denn um die gleiche Zeit, zu der Friedrich in der BICO und mit seinen Kollegen aus der Gummibranche Wettbewerbsfragen diskutierte, gewann er auch Kontakt zu Ludwig Erhard, der damals noch der VfW in Frankfurt vorstand. Erhard hatte sich ebenfalls früh mit dem deutschen Kartellproblem beschäftigt, dessen Auswirkungen er auch im „Dritten Reich" persönlich miterlebt hatte[33]. Als Clay im Januar 1947 dem Länderrat mitteilte, daß die Alliierten Verordnungen zur Industrieorganisation möglicherweise nur eine Zwischenstufe seien, wurden seine Bemerkungen offenbar als Aufforderung an die Westdeutschen verstanden, eigene Gesetzesvorschläge zu entwickeln[34]. Tatsächlich hatte sich in Süddeutschland schon ein Ausschuß konstituiert, dem Erhard als bayerischer Wirtschaftsminister angehörte. Ebenfalls im süddeutschen Raum hatte sich ein Expertenkreis zusammengefunden, dessen Arbeiten an einem Wettbewerbsgesetz bis Januar 1947 so gute Fortschritte gemacht hatten, daß ein Entwurf fertiggestellt wurde. Unter den Autoren waren die Professoren Franz Böhm, Walter Bauer und Bernhard Pfister. Als Ausschußvorsitzender fungierte Paul Josten, einst Leiter der Kartellabteilung im Reichswirtschaftsministerium und nach 1945 unter dem Länderrat für die Preisüberwachung verantwortlich. Da auch Erhard die deutsche Industrie unbedingt aus ihren alten Organisationsformen heraus- und in den Wettbewerb hineindrängen wollte, verließ er sich außer den Fachleuten in seiner VfW auch auf Josten.

Zu seinen eigenen Fachleuten gehörte auch Roland Risse, der – seit 1932 mit Erhard bekannt – im „Dritten Reich" in der Geschäftsführung des Reichsverbandes der Deutschen Industrie (RDI) unter Max Metzner „hauptsächlich mit den Gebieten Preise, Kartelle und öffentliches Auftragswesen befaßt" gewesen war. Später übernahm er unter Karl Guth, Erhards Schwager, „die selbständige Leitung der Abteilung Kartellaufsicht", wodurch er „Krupp von Bohlen und Halbach, Wilhelm Zangen und Rudolf Stahl, die Präsidenten des Reichsverbandes bzw. der Reichsgruppe Industrie" kennenlernte. Es dürfte nicht lange gedauert haben, bis Risse und sein Adlatus Eberhard Günther, der vor 1945 der Rechtsabteilung des Stickstoff-Syndikats angehört hatte, merkten, daß Josten recht radikale Wettbewerbsideen vertrat. Diese lassen sich an dem Gesetzentwurf ablesen, an dem der Josten-Kreis inzwischen weitergearbeitet hatte und der im Frühjahr 1949 in die Diskussionen zwischen den Frankfurter Verwaltungsstellen eingegeben wurde. Der Josten-Entwurf forderte nämlich erstens ein so gut wie totales Kartellverbot. Fast noch weitgehender war der Vorschlag, daß Unterneh-

---

[33] Zu Erhards Lebenslauf und politischer Entwicklung siehe z. B. Volkhard Laitenberger, Ludwig Erhard, Göttingen 1986; Daniel Koerfer, Kampf ums Kanzleramt, Stuttgart 1987; Volker R. Berghahn, Ideas into Politics. The Case of Ludwig Erhard, in: Roger Bullen u. a. (Hrsg.), Ideas Into Politics, London 1984, S. 178–192.
[34] Dazu Robert, Konzentrationspolitik (Anm. 31).

men, die marktbeherrschend wurden, aufgebrochen und die Erringung wirtschaftlicher Machtpositionen ohne Kartelleigenschaft zwangsweise entschachtelt werden sollte. Mit anderen Worten, nicht allein horizontale Absprachen zwischen unabhängigen Firmen, sondern auch starke Konzentrationen in einer oder wenigen Händen sollten unmöglich gemacht werden. Für die Überwachung beider Klauseln hatte Josten ein mit erheblichen Vollmachten ausgestattetes Monopolamt vorgesehen.

Nun wollten Risse und erst recht Günther gewiß nicht zu den deutschen Zuständen der Zwischenkriegszeit zurückkehren; aber ein Konzentrationsverbot und die Zwangsentflechtung marktbeherrschender Unternehmen lehnten sie auf jeden Fall ab. Bei einem Verbot von Kartellen und Syndikaten waren sie bereit, diverse Ausnahmen zuzulassen. Dabei wußte Risse freilich auch um die Vorstellungen der Amerikaner, die auf einen dem amerikanischen Anti-Trust ähnlichen gesetzlichen Rahmen drängten. Welche Kalkulationen Ende 1948 in der VfW hinsichtlich Washingtons angestellt wurden, erfuhr Friedrich in einem Gespräch mit Risse am 5. November. Darin äußerte sich letzterer „betroffen" über die „Folgen der Truman-Wahl" für sein Referat. Hatte er doch bei einer „Wahl Deweys mit einer verständnisvolleren Haltung der Amerikaner zu den deutschen Kartellen gerechnet, während jetzt wieder die völlige Intransigenz die Oberhand gewinnen werde". Ganz so schlimm kann es für Risse dann allerdings doch nicht gekommen sein. Denn Ende März 1949 ging der VfW eine BICO-Direktive zu, die vorschlug, bei den Vorbereitungen für eine deutsche Wettbewerbsgesetzgebung das Kapitel V der Havanna-Charta zugrunde zu legen. Diese empfahl aber neben einer Liberalisierung des Welthandels seitens der Signatarstaaten vor allem die Einführung von Kartellverboten, nicht jedoch eine Zwangsdekonzentration à la Josten. Mit diesen Vorgaben machte sich Günther im Frühjahr 1949 an die weiteren Arbeiten an dem Entwurf seiner Abteilung.

So kam es, daß bald darauf zwei sehr verschiedene Konzepte für eine Lösung der Wettbewerbsproblematik auf Erhards Tisch lagen. Die Frage war, welche von beiden zur Grundlage für die künftigen gesetzgeberischen Diskussionen werden würde. Die Stärke des Josten-Entwurfs lag darin, daß er mit dem Denken der sog. Freiburger Schule im Einklang stand, deren Schriften zur Organisation eines liberalen Kapitalismus im Nachkriegsdeutschland damals einflußreich waren und auch auf Erhards Wirtschaftsvorstellungen gewirkt hatten. Risse dagegen wußte sich der Unterstützung der westdeutschen Industrie sicher, die absolut gegen den Josten-Entwurf eingestellt war. Inzwischen hielten die Amerikaner den Deutschen ihre eigene Wirtschaftsverfassung vor Augen. Nun hatte der Sherman Act von 1890 horizontale Absprachen zwar grundsätzlich kriminalisiert; doch hatte der Kongreß in den folgenden Jahrzehnten immer wieder Gesetze verabschiedet, die den Wettbewerbsrahmen schärfer definierten und vor allem Ausnahmen zuließen. Wohl hatte diese Gesetzgebung insgesamt die Wirkung, die amerikanische Industrie vom Weg in die Kartelle, den Deutschland ging, abzudrängen und den Oligopolismus zu fördern; dennoch wurde später z. B. die Landwirtschaft aus dem Absprachenverbot weitgehend ausgeklammert, während der Webb-Pomerene Act von 1918 Exportvereinigungen amerikanischer Firmen in überseeischen Märkten ermöglichte. Nicht zuletzt etablierten sich auch die Regeln eines *fair trading*, die zudem oft ebenfalls mit Hilfe einer stillschweigenden Zurückhaltung der Geschäftswelt gegenüber einem ausgesprochenen Vernichtungswettbewerb gestützt wurden.

Es bedürfte einer genaueren Klärung, wie weit sich Risse und Günther in dieser Frühzeit aller Feinheiten der Anti-Trust-Gesetzgebung bewußt gewesen sind. Gewiß aber war Friedrich mit ihnen von Anfang an vertraut. Infolgedessen wußte er auch, daß die Beamten der BICO (und die Akademiker unter ihnen allemal) ein sehr puristisches Bild des amerikanischen Wettbewerbmodells vor Augen hatten, wenn sie westdeutsche Gesprächspartner zur Nachahmung animierten. Das ergibt sich sehr deutlich aus einer Passage in seinem Logbuch, in der es unter dem 27. Dezember 1948 hieß:

> Die amerikanische Antitrustgesetzgebung hat durch ihre in den letzten 30 Jahren folgende Ergänzungsgesetzgebung im Interesse fairen Wettbewerbs ein Gerüst von Wettbewerbsbedingungen geschaffen, das den deutschen Kartellregelungen – mit Ausnahme der reinen Preisvereinbarung – kaum nachsteht und durch wesentlich wirksamere Strafbestimmungen und Schadensersatzansprüche geschädigter Wettbewerber noch stärker gestützt ist als das deutsche frühere Kartellsystem. Das Studium dieses Gegenstandes war für mich eine große Überraschung. Es ist mir unbegreiflich, daß in Deutschland von Seiten der Militärregierung das Negative der Kartellauflösung bearbeitet wird, daß aber weder von deutscher Seite noch von Seiten der Besatzungsmächte das geringste unternommen wird, um der amerikanischen Gesetzgebung fairen Wettbewerbs irgendetwas an die Seite zu stellen. Die deutsche Wirtschaft wird damit Formen eines Wild-West-Liberalismus ausgesetzt werden, sobald die Mangellage aufhört, wie sie in Amerika längst überwunden ist. In dieser Frage werde ich nach meiner Rückkehr aus Amerika öffentlich Stellung nehmen.

Zweifellos in der Absicht, Informationen aus erster Hand zur Verfügung zu haben, schnitt er das Problem denn auch auf seiner Amerika-Reise im Januar 1949 an, so etwa in einem Gespräch mit dem Gummiindustriellen Al Viles. Tatsächlich hielt dieser es für seine Branche nicht für sehr bedeutsam. Denn, so erklärte er Friedrich, „der Wettbewerb der Gummifabriken werde weniger von den Gesetzen für fairen Wettbewerb als von gesundem Menschenverstand regiert". Die Deutschen müßten halt lernen, „bei Unterbietungen uns nicht gleich die Weste schwellen zu lassen und zurückzuschlagen, sondern ruhig mal den Riemen enger schnallen, bis sich die Konkurrenten erschöpft haben". Infolge einer solchen Haltung „werde der Wettbewerb in Amerika in erträglichen Grenzen gehalten". Das mochte gewiß ein praktischer Rat sein. Noch besser war es aber, wenn die BICO von Washington aus angewiesen wurde, den Deutschen gegenüber keine allzu radikalen Forderungen zu stellen. Dies anzuregen, hatte Friedrich eine günstige Gelegenheit, als er am 17. Januar auf seiner Reise seinen Bruder zusammen mit dem Direktor des Stabes des Auswärtigen Kongreß-Ausschusses Elliot zum Lunch traf. Denn er brachte prompt „das Gespräch auf die amerik[anische] Gesetzgebung über ‚Fair competition' ", wobei er sogleich hinzufügte: „Die in Deutschland betriebene Dekartellisierung ... muß bei deutscher Rücksichtslosigkeit im Wettbewerb ohne gesetzliche Ordnung bei Überangebot zu primitivem kapitalistischem Kampf um ‚Survival' führen oder auf Umwegen zu monopolistischem Niederkonkurrieren." Wie, so fragte er, „kann man nur Kartelle negieren und Gesetzgebung unterlassen, die in den USA 3/4 der Kartellsubstanz ersetzt"? Im weiteren meinte Friedrich, „daß die Amerikaner sich eine Welle von Zustimmung verschaffen würden, wenn sie selbst die Initiative zu [einer] deutschen Marktordnung" ergriffen, „da in Deutschland völlig falsche Vorstellungen über ihre Absichten" herrschten. Anderenfalls würde er „selbst die Sache vor die deutsche Öffentlichkeit bringen", zumal auch „die Gewerbefreiheit, die Clay viele positive Zuschriften von Deutschen" eingebracht habe, „in dieses Kapitel" gehöre.

Ob irgendwelche von diesen Anregungen Clay am Ende erreichten, läßt sich vielleicht anhand der amerikanischen Akten feststellen. Auf jeden Fall machte Friedrich nach seiner Rückkehr aus Amerika seinen Entschluß wahr, sich mit seinem Fachwissen in der westdeutschen Kartelldebatte zu engagieren. Wahrscheinlich wird er darin durch Gespräche noch bestärkt worden sein, die er Ende März mit Engländern führte. Zumindest muß es für ihn beruhigend gewesen sein zu wissen, daß diese – der europäischen Kartelltradition z. T. selber verhaftet – den amerikanischen Plänen skeptisch gegenüberstanden. Dies erfuhr er, als er am 22. März im Hause des Hamburger Gouverneurs Henry Berry den Deutschland-Korrespondenten der Londoner *Daily Mail* traf. Beide Herren erlaubten sich bei dieser Gelegenheit spöttische Bemerkungen über Clay, der glaube, „jedes Problem mit der amerik. free competition lösen zu können". Auf eine andere Art und Weise dürfte auch ein Frühstückstreffen, das er tags darauf mit dem amerikanischen Generalkonsul in Hamburg hatte, ihn davon überzeugt haben, daß er eine Vermittlerrolle zu spielen hatte. Wie er verwundert feststellte, wußte der Amerikaner kaum etwas über die amerikanische Wettbewerbsgesetzgebung und war sogar erstaunt, „daß es dort Fabrikanten nicht gestattet sein soll, sich über Preise und Bedingungen zu unterhalten und zu verständigen". Friedrich konnte über so viel Ignoranz nur den Kopf schütteln, „insbesondere wenn man bedenkt, daß die Dekartellisierung eine der Maßnahmen ist, mit denen die vergangene deutsche Wirtschaftsstruktur zerstört werden sollte". Damit war das Ziel noch einmal korrekt beschrieben. Jetzt war es an der Zeit, zu den Methoden Stellung zu nehmen und dabei mitzuhelfen, daß der korrekte „amerikanische" Rahmen importiert und in den deutschen Gesetzentwurf inkorporiert wurde.

Allerdings wurde Friedrich sich offenbar erst jetzt auch der Schwierigkeiten bewußt, die sich dem Transfer von industriekulturellen Elementen und Organisationsprinzipien von Amerika nach Westdeutschland entgegenstellten. Auslöser war ein Gespräch, das er am 7. März 1949 mit Theodor Steltzer, dem ehemaligen Oberpräsidenten von Schleswig-Holstein, führte. Es begann mit einem Gedankenaustausch über Technik und ihre Anwendung, ehe sich die beiden der Gefahr zuwandten, die aus der Dekartellisierung drohe. Ihm sei, so notierte Friedrich, „bei der Rückkehr nach Deutschland die Nervenruhe aufgefallen, die hier geradezu von den Menschen ausstrahlt". Im Vergleich „mit der Unruhe des Amerikaners, sind die bei uns gewachsenen Ordnungen des Wettbewerbs (die verfemten Kartelle) eine Grundvoraussetzung für das produktivere Schaffen der Wirtschaft". Unter diesem Blickwinkel habe er „die Dinge bisher nicht gesehen und Steltzers Überlegungen haben diese Fragestellung in mir vertieft".

Es wäre indessen ein Fehler anzunehmen, daß Friedrich hiernach eine Kehrtwendung unternahm und in die alten Industrieorganisationen zurück wollte. Vielmehr ging es ihm hinfort darum, sich gegen radikale Wettbewerbsentwürfe wie den Jostens zu wenden und den maßgeblichen Politikern und Ministerialbeamten anhand seiner Informationen genauer zu erklären, wie das amerikanische Wirtschaftsverfassungssystem wirklich aussah und gehandhabt wurde. Seine Grundposition kam zunächst drei Tage nach dem Gespräch mit Steltzer im Kreise seiner Kollegen aus der Gummibranche erneut zum Ausdruck. Auf einer Sitzung der Fachstelle Kautschuk in Königstein mokierte er sich über einen Teilnehmer, der „lauter tiefe Gründe" suche, „um seine Ängstlichkeit vor der nun wieder erforderlichen Selbstbewährung zu ver-

kleiden", wobei „Pahl, der ewige Kartellist", ihm beipflichte. Doch es habe ihnen
nichts geholfen; denn „dann wurde die Verbotsliste aufgehoben, die Erstausrüstungs-
regelung für Reifen aufgehoben, die Neuerrichtungssperre aufgehoben usf., d. h. die
Bewirtschaftung steht nur noch dem Namen nach, nicht de facto".

Doch während er seine Kollegen ermunterte, sich mit Mut und Freude in den freien
Markt zu stürzen, scheint sich zugleich bei ihm der Verdacht gefestigt zu haben, daß
der Industrie von der VfW durch einen allzu weitgreifenden Entwurf Unbill drohte.
Jedenfalls bat er seinen Kontaktmann in Frankfurt, ihm Risses Kartellgesetzunterlagen
zu besorgen. Nun konnte ein deutscher Beamter zwar mit „Interessenten" Gespräche
führen; aber es war ihm streng verboten, seine Unterlagen außer Haus zu geben. Als
dieses Prinzip auf Friedrich angewandt wurde, interpretierte er es sogleich als Büro-
kratismus. Es sei „typisch deutsch", so schrieb er düpiert, „daß man mich, der ich die
Dinge drüben ins Rollen gebracht habe, nun hier wieder ganz beiseite läßt". Er
beklagte Risses Hektik und „Windigkeit" und empfand es als Zumutung, daß Günther
„eine ganz merkwürdige, fast polizeiliche Anfrage an ADK wegen der Belieferung von
Genossenschaften gerichtet" hatte.

Zehn Tage später hatte der Kontaktmann dann aber doch Erfreuliches zu berichten.
Wie er Friedrich am Telefon mitteilte, hatte Risse ihm vertraulich den Josten-Entwurf
gezeigt. Was er gesehen hatte, entsetzte ihn. Der Entwurf sei „ein ganz negatives
Machwerk", das „nichts von den positiven Regelungen Amerikas" enthalte. Stattdessen sei „dem Monopolamt eine fast uneingeschränkte Gewalt eingeräumt worden".
Wie Friedrich notierte: „Also eine neue Stütze der bürokratischen Maschinerie!" Nach
diesen Informationen erfaßte ihn der kalte Zorn. Er sprach von der Hochnäsigkeit
deutscher Beamten und dem Machtstreben der Bürokratie, die einer freimütigen Beratung mit der Industrie über so wichtige Fragen der Wirtschaftsverfassung auswichen.
Am nächsten Morgen stand sein Kontaktmann bereits um 8 Uhr vor Friedrichs Tür.
Er hatte zwei vertrauliche Aktenstücke bei sich, nämlich den Gesetzesentwurf Jostens,
der „,grauen Eminenz' der VfW", und „eine Abschrift des Briefes von Bipartite zur
Frage der Dekartellisierung, der ein klarer Ausfluß meiner Besprechungen in Washington ist". Allerdings mochte der frühe Besucher Friedrich den Josten-Entwurf, ein
Produkt „peinlicher, angeblicher 4j[ähriger] Arbeit", lediglich „zeigen, aber nicht
überlassen". Es war jedoch schon beim Überfliegen festzustellen, daß der Entwurf,
obwohl „verwaltungstechnisch hervorragend, in der Sache rein negativ" war. Zielte er
angeblich doch „in erster Linie auf eine absolute Behördenherrschaft durch das Monopolamt ..., dessen Leiter wahrscheinlich Josten werden" wolle. Da traf es sich mit dem
zweiten Dokument natürlich gut, das Friedrich auf seine Bemühungen in Amerika
zurückführte und bei dem es sich höchstwahrscheinlich um das erwähnte BICO-
Schreiben handelte, das die VfW Ende März erreichte. Denn dieses Schriftstück gab
Risse Gelegenheit, „einen eigenen Entwurf" auszuarbeiten und dabei, wie Friedrich
sarkastisch hinzusetzte, „naturgemäß wieder einen ‚Ausschuß' bilden" würde, da Risse
und sein Vorgesetzter Eduard Schalfejew weder selber etwas zustande bringen könnten, „noch geeignete Referenten" besäßen. Friedrich empfahl daher, „in diesen Ausschuß Leute wie Metzner, Berlin, Fritz und andere Syndici zu setzen und den Entwurf
dann von einem von Unternehmern ergänzten Kreis überarbeiten zu lassen". Sofern
„Josten aufgrund seiner politischen Verbindungen (Pünder, Frings etc.) Boden gewinnen" sollte, werde er sich an „Prof. Elliot wenden".

Ein gewiß noch wirkungsvolleres Mittel, eine Annahme des Josten-Entwurfs zu verhindern, war es zweifellos, ihn durch eine Presseindiskretion an die Öffentlichkeit zu bringen. Vermutlich war es daher kaum ein reiner Zufall, daß eine der Fassungen in der April-Ausgabe der Wirtschaftskorrespondenz *Platow-Briefe* erschien[35]. Die Entdeckung undichter Stellen im Regierungsapparat erregte damals in Bonn noch erhebliche Unruhe. Es begann die Suche nach den Verantwortlichen, die sich bis zum Frühjahr 1952 hinzog und in einem staatsanwaltschaftlichen Ermittlungsverfahren gegen Risse und Günther gipfelte. Laut einem Bericht im *Industrie-Kurier* vom 5. April 1952 bestand nach Ansicht der Oberstaatsanwaltschaft Bonn der dringende Verdacht gegen die beiden Beamten, „gemeinschaftlich im Jahre 1949 über die Arbeiten einer mit der Fertigstellung eines Kartellgesetzentwurfs amtlich beauftragten Kommission unter Verletzung ihrer amtlichen Schweigepflicht Mitteilungen an interessierte Wirtschaftskreise" gemacht zu haben. Der Verdacht war damals nicht zu erhärten und die zwei konnten ihre Karriere erfolgreich fortsetzen. Obwohl *Platows* Quellen auch anhand der Friedrich-Papiere nicht genau auszumachen sind, wissen wir jetzt zumindest, was für „Mitteilungen" welche Kreise erreichten.

Wichtiger waren die Folgen der Indiskretion: Im Unternehmerlager entstand eine wortstarke Oppositionsbewegung gegen eine so radikale Wettbewerbsvorlage, die Erhard am Ende veranlaßte, den Josten-Entwurf zu den Akten zu legen. Möglicherweise spielte bei dieser Entscheidung auch eine Rolle, daß Erhard inzwischen selbst auf einer Amerika-Reise erfahren hatte, wie das amerikanische Wirtschaftsverfassungssystem im einzelnen aussah und daß Washington nicht auf Jostens Vorschlägen bestehen würde. Friedrich hatte sich vor dieser Reise Anfang März mit Erhard zum Abendessen getroffen, um von seinen eigenen Erfahrungen und Gesprächen zu erzählen. Er gab Erhard bei dieser Gelegenheit Tips für eine Behandlung der Amerikaner und vermittelte ihm über seinen Bruder und Elliot diverse Gespräche. Darüber hinaus empfahl er, „etwa 20 geeignete Wirtschaftler in Verbindung miteinander zu bringen und in gewisser Reihenfolge von 1–2 Jahren Amerika bereisen zu lassen". Dem Logbuch zufolge fand sich Erhard „sofort bereit, die Frage der business-diplomats zu prüfen und zu fördern. Er möchte die Besprechung darüber nach seiner Rückkehr aus [den] USA aufnehmen". Während dieser Gedanke im Hinblick auf eine Soziologie der internationalen Beziehungen relevant sein dürfte, konnte die westdeutsche Industrie an der Front der Wirtschaftsverfassungspolitik einen ersten Erfolg verbuchen. Jedenfalls erfuhr Friedrich Ende April 1949, daß die BICO in einem weiteren Schreiben an die VfW verlangt habe, sich bei den Arbeiten an einem deutschen Gesetz auf die Frage horizontaler Absprachen zu konzentrieren und die Marktbeherrschungsproblematik beiseite zu lassen. Und zwei Monate später berichtete ihm Walter Strauss, der Leiter des Frankfurter Rechtsamts, mit dem Friedrich ebenfalls seit den dreißiger Jahren bekannt war, „Jostens Entwurf sei praktisch erledigt; wie weit Risse kommen werde, ahne er nicht".

Hatte Friedrich also seinen Einfluß beim VfW und bei der BICO gegen zu weitgehende Wettbewerbslösungen geltend gemacht, so kämpfte er auf der anderen Seite gegen jene Kollegen, die sich an alten Traditionen festklammerten. Freilich, so sehr seine Grundposition festlag, über die konkrete Form eines westdeutschen Anti-Trust-

---

[35] Dazu Berghahn, Ideas into Politics (Anm. 33), S. 154, auch für das Folgende.

Gesetzes war auch er sich im Frühjahr noch nicht im klaren. Als er Ende April Zeit fand, den Josten-Entwurf noch einmal etwas näher zu studieren, stellte er fest, daß „er zur Begründung ziemlich vage, wenn auch interessante wirtschaftspolitische Betrachtungen" enthielt, „alles in allem aber [auch] mehr Positives, als ich bisher aus Fritz' Äußerungen entnommen habe". Solche Reaktionen mögen erklären, warum er Mitte Mai schrieb, seine Gedanken zur Kartellfrage seien noch nicht ausgereift. Vor allem suche er nach einem Angelpunkt, den er jetzt darin gefunden zu haben glaubte, daß „die Verpflichtung der Wirtschaft gegenüber den drei Parteien: Kapitalgeber, Arbeitnehmer und Verbraucher ins richtige Maß" gebracht wurde. Weiterhin verdiene „die Abschöpfung durch Staat und Steuer erhebliche Beachtung, also das Verhältnis unproduktiver und produktiver Kräfte". Hingegen befasse sich „die amerikanische Dekartellisierungs-Maschinerie ... ausschließlich oder ganz vorwiegend mit dem angeblichen Wohl des Verbrauchers und vernachlässigt, daß dieser gleichzeitig auch Produzent ist". Aber auch sonst könne man „ja überhaupt nicht verleugnen ..., daß sie geschaffen wurde, um einer funktionierenden deutschen Wirtschaft das Rückgrat zu brechen".

Dieser kritische Rückblick auf die Anfänge der Besatzungspolitik zeigte, daß auch Friedrich sich nicht ganz von einer „patriotischen" Auflehnung gegen die Alliierten befreit hatte, die übrigens auch an anderen Stellen zum Ausdruck kam[36]. Das hinderte ihn allerdings nicht daran, seinen Kollegen weiterhin das alte Kartellverhalten auszutreiben. So setzte er sich gelegentlich bei einer Veranstaltung der WdK „für einen neuen Wettbewerbsgeist ein" und meinte, daß die Firmen im freien Markt einen individuellen Kurs steuern müssen" und dies offen tun sollten: „Einer solle den anderen gewähren lassen und nicht immer gleich Gegenaktionen unternehmen." Sonst bliebe „nur die Alternative eines rigorosen Preiskampfes oder heimliche Zugeständnisse". Es scheint an dieser Stelle, als ob Friedrich im Januar während seiner USA-Reise Al Viles gut zugehört hatte. Zu einer weiteren Auseinandersetzung kam es einige Tage später im Vorstand der ADK. Die Sitzung war anberaumt worden, um „eine umfassende Erörterung der allgemeinen Lage und der sich aus ihr ergebenden Verschärfung des Wettbewerbes" einzuleiten. Syndikus Fritz vertrat dabei die bezeichnende Ansicht, „auf dem Gesetz gegen unlauteren Wettbewerb und auf dem Gesetz für den Wettbewerb (1934, Goederler-Gesetz, an dem ich mitgearbeitet habe) Wettbewerbsregeln für die Kautschukindustrie aufbauen zu können, die er als Test-Fall bei der VfW (Risse) und mit seiner Unterstützung auch bei der Mil. Reg. hofft durchbringen zu können". Allerdings war die Reaktion der anderen Vorstands- und Beiratsmitglieder darauf „im allgemeinen skeptisch". Zu den Skeptikern gehörte auch Friedrich, wenn wohl auch aus anderen Gründen als sie von den meisten seiner Kollegen vorgebracht wurden. Jedenfalls meinte er auf einer Sitzung der westdeutschen Transportbandproduzenten am 11. Mai, daß „der Weg wirklich freien Wettbewerbs unter Selbstdisziplin der Fabriken gefunden werden müßte, sonst bleibe nur ein halsabschneiderischer Preiskampf". Auch in der weiteren Diskussion ritt er erneut sein „Pferd disziplinierten Wettbewerbs" und sah „die einzige Chance in gelegentlicher freimütiger Aussprache, auch telefonischen Gedankenaustausches, aber doch in erster

---

[36] Dazu demnächst weiteres in der vor dem Abschluß stehenden Biographie über Otto A. Friedrich.

Linie in der Selbsterziehung zu vernünftigem Handeln". Solle doch keine Fabrik glauben, „daß die anderen sich das Geschäft wegnehmen lassen". Daher solle man „dem Wettbewerber auch eine Chance geben, wenn man für sich selbst den nötigen Anteil gewonnen zu haben" glaube. Er „finde dies auch viel ehrlicher als ein Vertrauen auf gegenseitige Unterrichtung, das fortgesetzt durch die Erfahrungen der Praxis Lügen gestraft" werde.

Diese Stellungnahme, so notierte Friedrich weiter, wurde ihm „sehr verübelt", woraufhin er „nach weiterem Palaver mittags noch einmal" seine Gedanken dahingehend zusammenfaßte, „daß wir bei dem gegenwärtigen Darniederliegen des Geschäftes alle Zurückhaltung üben sollten, um uns nicht die Preise ruinös herunterzuwirtschaften für eine Zeit, in der wir wieder alle einen vernünftigen Anteil am Gesamtumsatz haben" könnten. Deshalb werde die Phoenix auch „ihre bisherige Haltung bewahren, lediglich in einzelne Unterangebote einzutreten, die ihr nachgewiesen werden". Dann folgte der entscheidende Zusatz: „Später allerdings, wenn das Geschäft wieder einen normalen Umfang erreicht haben würde, sei es eine Frage der Loyalität gegenüber dem Abnehmer, bei etwaigen Unterbietungen nicht nur im Einzelfall zu folgen, sondern Preise und Bedingungen dann auf der ganzen Linie gleichmäßig für alle gleichgestellten Abnehmer zu senken."

Auch beim anschließenden Essen ging es um diesen Punkt, nachdem Friedrich sich veranlaßt sah, „bei Tisch ... nochmals eine kleine Ansprache" zu halten. Inzwischen war ihm nämlich zu Ohren gekommen, „daß mein Appell an die Vernunft im Wettbewerb als der ‚Anfang vom Ende' bezeichnet worden" wäre. Ungeduldig fragte er daraufhin, ob „es denn wirklich in Deutschland so" sei, „daß die Unvernunft die Regel und deshalb nur der Zwang ein Ausweg sei?" Man müsse lernen, „Rücksicht aufeinander zu nehmen und uns dadurch vor dem Ruin zu retten, der vielleicht von einer feindseligen Gruppe der Besatzungsmacht gewollt wäre". Er jedenfalls könne „diesen Glauben nicht aufgeben". In seiner Antwort erklärte Pahl, „jeder wisse, daß mir meine mahnenden Worte aus dem Herzen gekommen" seien. Doch leider pflanze „der Idealismus, der in ihnen gelegen habe", selbst in der Phoenix sich „nicht bis nach unten fort". Friedrich befände sich „in der Stellung eines gründlich erfahrenen Arztes am Bette eines Kranken, an dem aber auch Heilpraktiker und Kurpfuscher (Koenecke ruft dazwischen: ‚auch Krankenschwestern!') stünden, und wenn diesen nicht ‚feste Weisungen' gegeben würden, so kurierten sie den Patienten zu Tode". In der Tat, es fiel der Runde schwer, die alten Gewohnheiten abzulegen.

Während Friedrich also seinen Kollegen nahelegte, sich so am Markt zu verhalten, wie es seinen Erfahrungen und Informationen zufolge die unter der Anti-Trust-Gesetzgebung lebende amerikanische Industrie schon seit langem tat, zeigte er für die Anpassungsschwierigkeiten seiner Kollegen insofern Verständnis, als er sie gegenüber der BICO verteidigte. Bereits im April 1949 war die westdeutsche Gummiindustrie in den Verdacht geraten, im Fahrradreifenhandel „eine Abrede getroffen" zu haben, „Warenhäuser nicht zu beliefern". Die BICO lud daher eine Delegation zu einem klärenden Gespräch ein, der Friedrich wohl nicht zuletzt aus dem Grunde angehörte, weil er sowohl über das deutsche als auch über das amerikanische Wettbewerbssystem mit einiger Autorität sprechen konnte. Es wurde, wie er berichtete, „eine der interessantesten Verhandlungen ..., die ich je bisher geführt habe". Aus diesem Grunde soll das Gesprächsprotokoll im folgenden kurz zusammengefaßt werden. Der BICO-

Sprecher erklärte, seine Abteilung sei nicht grundsätzlich gegen Verbände eingestellt, wünsche aber, daß sie den fairen und freien Wettbewerb förderten. Die Zukunftsprobleme der deutschen Wirtschaft könnten nur durch größere Produktivität gelöst werden, und in Amerika sei die Produktivität nun einmal dem Konkurrenzprinzip zu verdanken. Dementsprechend sei die alliierte Dekartellisierungspolitik in Westdeutschland an die Anti-Trust-Gesetzgebung angelehnt. Allerdings, so fuhr der Sprecher fort, habe es dabei einige Veränderungen gegeben, sei das amerikanische Wirtschaftsrecht doch über 50 Jahre hinweg gewachsen. Hier dagegen habe man die Lehren dieser 50 Jahre zusammengefaßt. Die daraus entstandene strikte Fassung sei zwar nicht makellos, aber dennoch erforderlich gewesen, weil man die alten deutschen Kartelltraditionen habe erschüttern und in neue Bahnen lenken wollen. Insgesamt wolle man eine Entwicklung einleiten, die generell den amerikanischen Prinzipien folge. Man wünsche eine Befreiung von allen Restriktionen und deshalb blicke die BICO auch mehr in die Zukunft als in die Vergangenheit. In der anschließenden Diskussion fiel Friedrich durch Sachkenntnis und einige irritierende Fragen auf. Neugierig geworden, lud ihn der BICO-Sprecher daraufhin ein, ihn gelegentlich in seinem Büro zu besuchen. So kam es, daß Friedrich – die Einladung wahrnehmend – am 13. Mai 1949 sich erneut mit der amerikanischen Position vertraut machen und umgekehrt den Amerikanern die Schwierigkeiten eines Transfers erklären konnte.

Nach diesen Erfahrungen mit der BICO, aber auch mit seinen Kollegen hielt Friedrich es für noch wichtiger, daß die deutsche Industrie in der Wirtschaftsverfassungsfrage Zeit gewann, während das politische Grundgesetz verwirklicht wurde. Auf jeden Fall durfte nicht der Josten-Entwurf die Grundlage für zukünftige Diskussionen bilden. Wie er Anfang Juni vor der Hauptversammlung der Technischen Händler erklärte, ging es jetzt darum, „die gefährliche Übergangszeit der nächsten Monate mit Selbstdisziplin zu überstehen, bis wir hoffentlich in die Lage versetzt werden, der Wettbewerbsregelung wieder eine deutsche Note zu geben". Auf diesem Wege war es gewiß bereits eine Beruhigung für Friedrich, von Strauss erfahren zu haben, daß der Josten-Entwurf totgeboren war, als er am 5. Juli 1949 endlich an Erhard offiziell überreicht wurde. Auch Risse war, einem Bericht in *Die Welt* vom 27. Juli zufolge, hierüber offenbar erleichtert. Die VfW-Beamten seien mit dem Entwurf nicht einverstanden gewesen und hofften, eine öffentliche Diskussion der Materie bis zur Fertigstellung der eigenen Vorlagen hinauszuschieben. Das wird wohl auch die Stoßrichtung einer Rede gewesen sein, die Risse am 30. Juni vor der Mitgliederversammlung der AdK und des Kautschuk-Instituts hielt. Ansonsten verabschiedete die Versammlung einen „Wettbewerbskodex", der – wie Friedrich hinzusetzte – seiner Meinung nach zwar „arm und ideenlos" war, „aber immerhin der Wettbewerbserziehung dienen" würde. In diesem Punkte lag er somit weiterhin ganz auf der Linie der Amerikaner.

Der Sommer verging mit der Vorbereitung zu den Bundestagswahlen und im Herbst bildete Konrad Adenauer dann sein erstes Kabinett, dem Erhard als Wirtschaftsminister angehörte. Diese Pause gab der Industrie Zeit, sich wirkungsvoller als bisher zu organisieren und zu so grundlegenden Fragen wie der zukünftigen Wettbewerbsordnung Stellung zu beziehen, wenn diese als Gesetzesvorlage dem neuen Bundestag zugehen würde. Am 18. Juli wurde in Limburg zunächst ein Ausschuß für Marktforschung gegründet, dessen Ursprünge und weitere Entwicklung noch der Erforschung bedürfen [37]. Es scheint aber, daß dieses Gremium ab Herbst 1949 als „Unterausschuß Marktwirtschaft" im Rahmen des „Ausschusses für Wirtschaftsfragen der industriellen Verbände" weiterarbeitete. Dieser letztere Ausschuß wurde bald darauf in „Bundesverband der Deutschen Industrie" umbenannt, der seinerseits den „Unterausschuß" als „Ausschuß für Wettbewerbsordnung" übernahm. Während diese Namensänderungen auch mit dem Problem zusammenhingen, ob die westdeutsche Industrie durch eine oder mehrere Spitzenorganisationen vertreten sein sollte, blieb die Position von Handel und Gewerbe zur Frage der Organisation und Wirtschaftsverfassung hinfort recht eindeutig: auch die im Vergleich zum Josten-Entwurf stark gestutzten Vorschläge der Erhard-Behörde waren nicht akzeptabel. Dort hatte nämlich während des Sommers und Herbstes Günther zusammen mit Risse an einem Entwurf geknobelt, der Jostens scharfe Antikonzentrationsklausel praktisch fallen ließ und, der BICO-Direktive folgend, auf der Grundlage der Havanna-Charta lediglich horizontale Absprachen verbieten wollte. Dieses Verbot fand sich auch in der revidierten Fassung vom 11. November 1949, die Günther zusammen mit Vertretern der Bundesländer im Anschluß an seinen Entwurf vom 27. Oktober erarbeitete. Wie R. Robert richtig geschrieben hat[38], ging es dem BWM jetzt nicht mehr so sehr darum, „wirtschaftliche Machtkörper als solche zu bekämpfen, als vielmehr Wettbewerbsbeschränkungen dort zu beseitigen, wo dies zur Steigerung der volkswirtschaftlichen Leistung und zur bestmöglichen Versorgung der Verbraucher erforderlich schien". Damit wurden „die gegebenen Möglichkeiten zur Beseitigung horizontaler Wettbewerbsbeschränkungen" in diesen Entwürfen überhaupt nicht mehr ausgeschöpft. In der anderen Frage, für die Josten eine so radikale Lösung vorgeschlagen hatte, „wurde ein Unternehmen zwar ohne Rücksicht darauf, ob es diese marktbeherrschende Stellung in der Vergangenheit genutzt oder gar mißbraucht hatte, als marktbeherrschend bezeichnet, nicht aber verpflichtet, sich im Geschäftsverkehr so zu verhalten, als ob es einem wirklichen Wettbewerb ausgesetzt sei". Hiernach beschränkten sich die jetzt vom BWM vorangetriebenen Arbeiten de facto in der Tat wohl auf nicht mehr als „auf den reinen Kartellsektor"[39].

Bedenkt man nun freilich die starken Kartellneigungen, die wir soeben bei der Kautschukindustrie festgestellt haben und die auch in anderen Branchen herrschten, dann ist nicht verwunderlich, daß Erhard Ende des Jahres erneut unter Beschuß geriet und die Verbände Gegenvorschläge zu entwickeln begannen. Die Haltung Friedrichs, der inzwischen im Präsidium des neuen industriellen Spitzenverbandes saß, war in der Sache unverändert. Auf jeden Fall hielt er den Entwurf des Ministeriums Ende November 1949 für „tragbar". Allerdings wußte er auch um die „allg. Meinung für Kartellfreiheit und Mißbrauchskontrolle", d. h. die Bestrebungen zum alten System der Zwischenkriegszeit zurückzukehren. Als er Schäfer und Schultze-Schlutius Anfang Dezember daher über die Kartellfrage berichtete, endete er mit der Feststellung, „daß [die] vergangene Entwicklung unerfreulich, [die] gegenwärtige Situation noch unerfreulicher [und die] Zukunftsaussichten am allerunerfreulichsten" seien, weil man dem „Problem fairer Handelsmethoden" vorbeisähe. Auch stünde die Tradition „d[eu]tscher Selbsthilfeorganisation" der „amerik. Gesetzeserziehg." gegenüber. Es

---

[37] Siehe dazu Volker R. Berghahn, The Americanisation of West German Industry, 1945–1973, New York 1986, S. 160.
[38] Robert, Konzentrationspolitik (Anm. 31), S. 123ff.
[39] Hamburger Freie Presse, 24. 11. 1949.

war an der Zeit, daß Friedrich erneut seine Vermittlungskünste zwischen Erhard, westdeutscher Industrie und Washington unter Beweis stellte.

In dieser Überzeugung dürfte er durch ein aufgeregtes Fernschreiben bestärkt worden sein, das Fritz ihm am 20. Dezember „über Erhards Gesetzesentwürfe z[um] Wettbewerb" sandte. Der Syndikus drängte ihn darin, „z[um] Anticken bei Berg und Beutler und zur Doch-Teilnahme an der USA-Kommission". Nach Rücksprache mit Schäfer und Koenecke hielt er sich mit einem vollen Engagement in der Wettbewerbsfrage jedoch zurück. Die Phoenix-Führung hielt dies für „verfrüht in der Sache" und zudem wollte man „selbst erst einmal fest stehen, in jedem Wettbewerbssturm".

Der Primat des Phoenix-Interesses hinderte Friedrich freilich nicht, die Vorbereitungen jener „USA-Kommission" zu fördern, die möglicherweise sogar auf eine Anregung von ihm zurückging. Genauer gesagt handelte es sich um eine westdeutsche Experten-Delegation, die 1950 nach Amerika reisen sollte, um vor Ort die Anti-Trust-Gesetzgebung in allen Details zu studieren und ihre Erkenntnisse dann den Planungen der Bundesregierung zugute kommen zu lassen. Wir haben es hier also mit einem weiteren Beispiel dafür zu tun, wie das Problem des industriekulturellen Transfers von der Hegemonialmacht Amerika in die Bundesrepublik praktisch vonstatten ging, und es ist zu vermuten, daß Risses USA-Besuch im November 1949 der endgültigen Vereinbarung dieser Studienreise galt. Bei dieser Gelegenheit hatte der Erhard-Beamte bereits selber feststellen können, daß das „Kartellproblem nur noch in [der] Industrie" eine Rolle spielte, da der „Handel ... von Fair Trade Practices" reguliert werde.

Tatsächlich fuhr am 15. Juni 1950 unter der Leitung von Franz Böhm eine Expertengruppe für mehrere Wochen über den Atlantik[40]. Zweck des Besuchs war es, den „ausgewählten Delegierten der Bundesrepublik Gelegenheit zum Studium besonderer Gebiete des Antitrustrechtes, der Anwendung der Antitrustgesetze und ihrer Wirkung in den Vereinigten Staaten zu geben". Die Reise fand statt „im Rahmen des Technischen Hilfeleistungsprogramms der ECA (Economic Cooperation Administration) ..., die auch das offizielle Programm festlegte". Der Gruppe standen „als besondere Berater ... zwei frühere Mitglieder der Antitrust Division of the Department of Justice" zur Seite: der Rechtsanwalt und ehemalige Professor für öffentliches Recht an der Yale Universität, Walton Hamilton, sowie Heinrich Kronstein, Rechtsprofessor an der Georgetown University und eine Experte für internationale Kartelle, der als Emigrant auch die deutsche Industrietradition gut kannte. Die Kommission hatte Gespräche mit Vertretern der Federal Trade Commission (FTC), der Antitrust Division des Justizministeriums und der Securities and Exchange Commission (SEC). Sie traf auch mit Gewerkschaftlern und Industriellen zusammen sowie mit Koryphäen wie Thurmond Arnold, Corwin Edwards und Edward Mason, die alle auch durch ihre Schriften die amerikanische Wirtschaftsverfassung beeinflußt hatten[41].

Nach ihrer Rückkehr legte die Delegation einen 60-seitigen Erfahrungsbericht vor, der das amerikanische System beschrieb. Der Bericht ist an anderer Stelle in einen breiteren Zusammenhang eines Aufklärungs- und „Erziehungs"-Programms gestellt worden, das von der ECA unter Paul Hoffman damals westeuropäischen Industriellen anbot, das Industriesystem jenseits des Atlantik persönlich zu studieren und die

---

[40] Dazu Berghahn, Americanisation (Anm. 39), S. 168f.
[41] Zu Arnold siehe oben Anm. 22; zu Mason siehe oben Anm. 16; zu Edwards siehe Berghahn, Americanisation (Anm. 39), S. 37.

Erfahrungen auf die eigenen Produktions-, Management- und Marketingmethoden anzuwenden. Auf die Schaffung einer neuen westdeutschen Wettbewerbsordnung bezogen hatte die *Deutsche Zeitung* die Aufgabe daher richtig erfaßt, als sie am 18. März 1950 einen Artikel unter der Überschrift veröffentlichte: „Vernünftige Kartellpolitik. Mehr eine Erziehungs- als eine Polizeiaufgabe." Das war eine Sichtweise des Problems, der wir schon mehrmals begegnet sind.

Hatte Friedrich auch auf Anraten Schäfers und Koeneckes von einer Teilnahme an der Böhmschen Studiengruppe Abstand genommen, so war er doch an deren weiterer Vorbereitung als Vermittler von Kontakten in Amerika beteiligt. Und auch sonst blieb er in der Kartellfrage tätig. Um die Jahreswende hatte er eine öffentliche Korrespondenz mit Erhard, in der er dem Bundeswirtschaftsminister eine engere Zusammenarbeit mit der Industrie nahelegte. Daraus ergab sich zum 5. Januar ein kurzfristig arrangiertes persönliches Gespräch mit Erhard. Die Runde, an der auch Schalfejew, Merton und Petersen teilnahmen, diskutierte zunächst Fragen der Außenhandelspolitik. Als man auf Kartelle zu sprechen kam, reagierte Erhard „wie ein angeschossenes Tier". Er betonte, „nicht gegen *notwendige* Abreden (etwa 50 Kartelle), aber gegen die Kartellfreudigkeit bis zu ‚Puppenaugen' und ‚Klosettdeckeln' zu sein". Seinem Logbuch zufolge erwiderte Friedrich daraufhin folgendes: „Amerikaner sind naiv. Positiv u. negativ. Möchten uns zum Prellbock machen, weil sie hier bestimmenden Einfluß haben." Die Westdeutschen müßten dagegen die politische Konstellation in Europa mit einkalkulieren. Würden „wir als die ‚Starken' Bahn brechen", würden „die Franzosen ... uns unfairer Handelsmethoden anklagen. Dann schlägt die Sache gegen uns mit irgendwelchen Sanktionen, für die wir im Schweiße unseres Angesichts arbeiten müssen." Deswegen sei es besser für die Bundesrepublik, auch unter Hinweis auf die Belastungen durch das Flüchtlingsproblem schwach zu erscheinen und mit solchen Argumenten nach dem Auslaufen des Marshall-Plans die Notwendigkeit weiterer Kapitalhilfe zu rechtfertigen. Man müsse den Amerikanern klarmachen, „daß wir wohl in ihrem Sinne vorgehen wollen, ... aber daß wir [den] Eindruck wirtsch. Aggression vermeiden möchten. Dtschld. will sich in europ. Wi. einfügen" und nicht umgekehrt die „europ. Wi. in [die] deutsche". Dies bedinge, „daß wir uns nicht als die ‚Starken', ‚Entschlossenen' u. ‚Belehrenden' geben, sondern als die zu jeder Anstrengung Willigen Hilfesuchenden – sowenig dies unserem Stolz auch liegen" möge.

Erhard sah dies angeblich ein und fügte hinzu, er habe gegenüber „einem Vertreter der Associated Press [eine] ähnliche Erklärung abgegeben". Die Amerikaner verstünden schon, daß auch „sie betont kühl ‚auftreten'" müßten, „um sich Vorwürfen der ‚Deutschld.-Begünstigung' zu entziehen, obwohl sie auf uns mehr als auf andere Länder" setzten. Abschließend ging Friedrich noch einmal auf die geplante Wettbewerbsgesetzgebung ein, „die [das] Kartellverbot, d. h. [die] Liquidierung vergangener Selbsthilfe erst ermögliche". Er wies auf die „50-jährige Erfahrung" der Amerikaner und Engländer hin, aber auch auf die „Ungewißheit u. Mißdeutg." der Erhardschen Politik durch die westdeutsche Unternehmerschaft und Erhards Vernachlässigung der Friedrichschen Anregung, mit der Industrie engere Fühlung zu suchen. Er habe die Absicht, diese Gedanken demnächst im *Volkswirt* vorzutragen. Offenbar zeigte sich der Bundeswirtschaftsminister am Schluß durchaus reumütig, gab Fehler zu und zog aus dem Briefwechsel mit Friedrich eine Schlußfolgerung: Er kündigte an, zum 19. Januar einen Kreis von 30 Unternehmern zu einer Aussprache zu laden. Am nächsten Morgen traf Friedrich den Bundeswirtschaftsminister noch einmal im Foyer seines Hotels und es entwickelte sich ein kurzes Gespräch. Erhard äußerte bei dieser Gelegenheit, daß er ein „Wettbewerbsregelverhalten jetzt für ganz gravierend" halte. Des weiteren zeigte er sich „erstaunt über [die] bestehende amerik. Gesetzgebung, z. B. Fed. Trade Commission u. Branchenkonkretisierung". Abschließend bat er Friedrich „dringend", den am Vorabend erwähnten Aufsatz für den *Volkswirt* noch vor seiner Abreise nach Amerika an die Zeitschrift zu geben; denn das „Eisen sei jetzt heiß".

Der Artikel erschien und Erhard traf, wie geplant, die Prominenz der westdeutschen Unternehmerschaft im „Haus der Länder" in Unkel bei Bonn. Es kam zu einer vorübergehenden Verständigung zwischen dem BWM und der Industrie. Über die Motive des Rapprochements schrieb der *Industrie-Kurier* vom 24. Januar 1950, die Versammlung sei von der „Notwendigkeit" geleitet worden, „auf gewisse außenpolitische Belange Rücksicht zu nehmen". Hier sei „vor allem an die Einstellung der USA zum Kartellproblem" zu denken und möglicherweise habe „auch die Frage der Auslandskredite in diesem Zusammenhang eine Rolle" gespielt. Das waren genau die Gründe, die Erhard und Friedrich am 5. Januar diskutiert hatten. Es ist sogar zu vermuten, daß beide in dieser Diskussion an jenen Artikel dachten, den Erhard vier Wochen zuvor im *Handelsblatt* veröffentlicht hatte[42]. Darin hatte er geschrieben, es werde im Zuge der „Liberalisierung der außenwirtschaftlichen Beziehungen ... sorgsam zu prüfen sein, inwieweit die künftige Wettbewerbsgesetzgebung den Erfordernissen eines Umbaus der europäischen Industriestruktur Rechnung tragen" könne. Bringt man diesen Satz nun mit der weiter oben zitierten Stellungnahme Paul Hoffmans über die Funktion zusammen, die die Amerikaner einer wettbewerbsorientierten westdeutschen Industrie innerhalb Europas zugedacht hatten[43], so erscheint der breitere Hintergrund, vor dem der Dialog vom 5. Januar zu sehen ist, auf einmal in recht greller Beleuchtung. Das heißt, Erhard und Friedrich hatten die amerikanische Strategie im Prinzip durchaus begriffen und auch verstanden, warum die Frage der alten europäischen Industrieorganisationen sowie deren Umbau in dieser Strategie eine so zentrale Rolle spielten. Doch wußten alle Seiten auch um die Schwierigkeiten, die einer Adaption der westeuropäischen an die amerikanische Industriestruktur entgegenstanden. Friedrich spielte auf sie mit Bezug auf die Franzosen an, als er am 5. Januar den Bundeswirtschaftsminister traf. Und in der Tat sollten diese Schwierigkeiten im Laufe des Jahres 1950 bei den Schumanplan-Verhandlungen sehr deutlich zutage treten, ehe sie im Hinblick auf die Schwerindustrie durch den EGKS-Vertrag einer mehr oder weniger zufriedenstellenden Kompromißlösung zugeführt wurden[44]. Besser als die Amerikaner und wohl auch Erhard war Friedrich über die Probleme informiert, die die westdeutsche Unternehmerschaft mit dem geplanten Wettbewerbsgesetz hatte und von denen er meinte, daß sie nur in einem längeren Erziehungs- und Gewöhnungsprozeß überwunden werden konnten. Aus diesem Grunde war ihm auch so sehr daran gelegen, daß in der Bundesrepublik soviel wie möglich über die amerikanische Antitrustgesetzgebung bekannt wurde, und zwar nicht nur über den Inhalt einzelner

---

[42] Handelsblatt, 5. 12. 1949.
[43] Siehe oben S. 232.
[44] Siehe Volker R. Berghahn, Montanunion und Wettbewerb, in: Helmut Berding (Hrsg.), Wirtschaftliche und politische Integration in Europa im 19. und 20. Jahrhundert, Göttingen 1984, S. 247–270. Siehe auch die Arbeiten von John Gillingham.

Vorschriften, sondern auch über die Anpassungen, die die amerikanische Industrie an den langsam gewachsenen Organisationsrahmen vorgenommen hatte. Die erwähnte westdeutsche Studienkommission schien ihm ein geeignetes Vehikel für diese Vermittlungs- und Verständigungspolitik zu sein. Als er daher im Januar seine nächste Geschäftsreise in die USA machte, besuchte er nicht nur seinen Bruder Carl Joachim, sondern mit diesem zusammen auch dessen Kollegen Edward Mason in Harvard.

Über das Gespräch, das sich bei dieser Gelegenheit entwickelte, sind wiederum interessante Aufzeichnungen Friedrichs erhalten. Danach sorgte sich vor allem Mason, daß die „Kartellkommission" in Amerika „den richtigen Weg" ging, nämlich „1) Begegnung mit erfahrenen Antitrustanwälten u. ihm bekannten Geschäftskreisen [!], 2) Erörterung der Historie u. theoret. Grundlagen in Cambridge, 3) Besprechung mit den polit. u. Verwaltgskreisen in Washington". Mason und Carl Joachim Friedrich wollten auch „darauf hinwirken, daß die Sache von Bovy [recte: Bowie] bei McCloy richtig angefaßt wird". Bowie solle sich an das State Department wenden und die Angelegenheit dort am besten über den Assistant Secretary in der Economic Division laufen lassen. Auch Hoffman sollte angesprochen werden. Die geplante Zahl von 19 Kommissionsmitgliedern hielt Mason für zu hoch: 10–12 war seiner Ansicht nach die richtige Größenordnung. Abschließend erörterten die drei noch, auf welchem Wege am besten eine Einladung zu einem Amerika-Besuch Erhards ausgesprochen werden könne und ob der Bundeswirtschaftsminister inoffiziell auf Einladung der Harvard-Universität oder offiziell kommen solle, welchletzteres „nur aus polit. Erwägung[en] erfolgen" könne.

In die Bundesrepublik zurückgekehrt, übersandte Friedrich dem Bundeswirtschaftsminister am 4. März einen Bericht über seine Amerika-Gespräche. Er habe auch Erhards neuerliche Ausführungen zum Wettbewerbsgesetz mit Interesse gelesen und dabei eine erhebliche Übereinstimmung zwischen ihren Auffassungen festgestellt. Auch in der Folgezeit war Friedrich an prominenter Stelle an den Auseinandersetzungen um das Wettbewerbsgesetz, die erst 1957 mit dessen Ratifizierung endeten, beteiligt[45]. Allerdings nahm das Problem mehr und mehr die Form eines Disputs zwischen dem Bundeswirtschaftsministerium und einflußreichen Teilen der Industrie an und die Amerikaner traten in den Hintergrund, je mehr sich die Bundesrepublik konsolidierte und Souveränitätsrechte zurückgewann. Zwar kam es noch wiederholt zu Interventionen der Hohen Kommission und auch die amerikanische Presse interessierte sich gelegentlich stark für den Gang der Kartelldiskussion. Insgesamt aber verschoben sich die Problemfelder der deutsch-amerikanischen Beziehungen in den fünfziger Jahren. Unter diesen Umständen scheint dies ein günstiger Punkt zu sein, die Vorlage empirischen Materials abzuschließen und einige Schlußfolgerungen zu ziehen.

Wie eingangs erläutert, versuchte dieser Aufsatz unter Rückbezug auf die Arbeiten von Link und Hartmann (wirtschafts)politikhistorische und soziologische Fragen anzuschneiden, die nicht nur für ein Verständnis der Westintegration und der deutsch-amerikanischen Beziehungen nach dem Zweiten Weltkrieg, sondern auch für die innere Entwicklung der Bundesrepublik und ihrer Industriekultur von fundamentaler Bedeutung sind. Zugleich ging es darum, anhand des Quellenmaterials und eines Falles zu illustrieren, wie die einleitend vorgestellte Fragestellung anhand der Quellen über-

---

[45] Siehe dazu Berghahn, Americanisation (Anm. 39), S. 170ff.

prüft werden und in welcher Richtung die zukünftige Forschung nach neuem Material
suchen könnte.

Soweit es eine Soziologie der internationalen Beziehungen betrifft, dürften die
Ergebnisse dieses Aufsatzes relativ unkontrovers sein. Jedenfalls besteht m. E. kein
Zweifel, daß Otto A. Friedrich nicht nur in einem innerdeutschen, sondern auch in
einem wichtigen deutsch-amerikanischen Kontaktnetz „hing", das vermittelnd zwischen der Industrie der Hegemonialmacht USA und der Westdeutschlands wirkte und
die Anpassung der deutschen Industriestruktur und -kultur nach der nationalsozialistischen Katastrophe an die Pax Americana förderte. Wie auch aus Links zweiter Studie
hervorgeht, bestanden auch andere Netze sowie Überlappungen zwischen ihnen. Hinweise auf sie und auf ihre Wichtigkeit während der Rekonstruktions- und Umbauphase
finden sich auch in den Memoiren westdeutscher Unternehmer[46]. Eine Aufgabe zukünf-
tiger Westintegrationsforschung wird es daher sein, diese Soziologie soweit wie möglich
zu rekonstruieren. Auf amerikanischer Seite stellt die neuere Studie von Walter Isaacson
und Evan Thomas einen Ansatz dar, der freilich nicht sehr zu befriedigen vermag[47].

Vielschichtiger und auf den ersten Blick verwirrender müssen die Schlußfolgerungen
ausfallen, die sich aus dem vorgelegten Material in wirtschafts- und politikhistorischer
Perspektive ergeben. Klar und unzweideutig dürfte zunächst sein, daß es sich bei
unserem Ansatz, bei dem Wirtschaftsverfassungs- und Wirtschaftsorganisationsfragen
im Mittelpunkt standen, nicht um ein nebensächliches Gebiet der Forschung handelt.
Mögen die Kartellproblematik heute die Gemüter auch nicht mehr erhitzen und
andere Fragen der Organisation der Weltwirtschaft aktuell sein, in dem Jahrzehnt vor
und nach 1945 stellte sie einen Schlüssel wirtschaftspolitischer Strategieformulierung
dar. Das galt auf jeden Fall zunächst für die Amerikaner, die aufgrund ihrer Hegemonialstellung dann aber auch die Tagesordnung in anderen Ländern und vor allem im
besetzten Westdeutschland entscheidend mitbestimmten. Weder Erhard noch die
westdeutsche Industrie konnten sich unter diesen Umständen einfach taub stellen.
Mochte der spätere Bundeswirtschaftsminister auch schon früh selber zu der Überzeugung gelangt sein, daß die alte deutsche Industriestruktur umgebaut werden mußte,
das amerikanische Bestehen auf einer Anti-Trust-Gesetzgebung, die der amerikanischen ähnlich war, zwang ihn dazu, seine Beamten zur Vorlage eines Entwurfs anzu-
spornen. In der deutschen Industrie war, wie wir sahen, die Neigung, von den eigenen
Traditionen Abschied zu nehmen, in weiten Teilen denkbar gering. Aber auch sie
mußte reagieren, auch wenn es eine sehr störrische Reaktion war.

In diesem dynamischen Dreieck von Aktionen und Reaktionen, Perzeptionen und
Fehlperzeptionen, Strategie und Taktik bewegte sich nun Friedrich. Und nach allen
Seiten hin sah er sich nicht nur als Vermittler, sondern er war es wohl auch. Das
vorstehend präsentierte Material zeigte auch, wie er – der Wandler zwischen zwei
Welten, der die Grundsätze und Parameter der Pax Americana im Prinzip erkannt
hatte und sie nach Westdeutschland importieren wollte – gegen einen dogmatischen
Transfer von Industriekultur argumentierte. Die guten Sachkenntnisse, die er sich
dabei über das amerikanische System angeeignet hatte, waren ihm in doppelter Weise

[46] Siehe z. B. Walter Rohland, Bewegte Zeiten, Stuttgart 1978, S. 158f. Interessant auch die von Wolfgang Benz
herausgegebenen Aufzeichnungen von L. Vaubel: Wolfgang Benz, Ludwig Vaubel, Zusammenbruch und
Wiederaufbau, in: Biographische Quellen zur deutschen Geschichte nach 1945, Bd. 1, München 1984.
[47] Walter Isaacson und Evan Thomas, The Wise Men. Six Friends and the World They Made, New York 1986.

nützlich. Den Puristen in der BICO konnte er entgegnen, daß das amerikanische Anti-Trust-Gebäude nicht so stromlinienförmig war, wie angenommen. Seine Unternehmerkollegen konnte er damit beruhigen, daß die Gesetzgebung auch in Amerika nicht so heiß gegessen wurde, wie sie gekocht war. Und inzwischen animierte er Erhard, das System jenseits des Atlantik so genau zu studieren, wie er es getan hatte, und die Lehren daraus in seine Entwürfe einzubauen. Über die Frage des Erfolges und der Nachhaltigkeit der Bestrebungen Friedrichs, wie der These von der Amerikanisierung der westdeutschen Industriewirtschaft, wird die Diskussion weitergehen. Dabei ist zu betonen, daß dieser Prozeß immer nur als Teilamerikanisierung gesehen worden ist, in dessen Verlauf eine eigenartige Mischung amerikanischer industriekultureller Exporte und einheimischer Organisationen und Praktiken entstand. Aus diesem Grunde scheint mir der hier vertretene Ansatz auch nicht allein für eine „Geschichte der Bundesrepublik Deutschland" vielversprechend, sondern auch für eine vergleichende Geschichte der Entwicklung West- und Südeuropas sowie Japans nach 1945 im Zeichen der Pax Americana. Das Industriesystem der USA würde dabei jenes *tertium comparationis* abgeben, das sonst bei Vergleichen allzu häufig fehlt. Hier scheint sich mir zumindest ein Weg zu eröffnen, die Problematik der Westintegration nicht nur voranzutreiben, soweit es den sachlichen Wissensstand betrifft, sondern auch hinsichtlich ihrer theoretischen und methodischen Durchdringung.

III.

Vom Schumanplan zur EWG

Raymond Poidevin

Die europapolitischen Initiativen Frankreichs des Jahres 1950 – aus einer Zwangslage geboren?

Die beiden großen Initiativen von 1950 – die Erklärung Robert Schumans vom 9. Mai 1950, in der er die Gründung eines Montan-Pools anregte, und der Vorschlag René Plevens vom 24. Oktober 1950 zur Schaffung einer Europäischen Verteidigungsgemeinschaft sind wohlbekannt. Dennoch scheint es sinnvoll, sich noch einmal zu vergegenwärtigen, welche Gründe die französischen Verantwortlichen dazu brachten, solche Initiativen zu ergreifen. Entstanden sie nicht im einen wie im anderen Fall aus einer Zwangslage heraus? Ganz sicher war es nicht eine starke europäische Strömung, die sie zum Handeln trieb; sie mußten vielmehr die französische Öffentlichkeit überzeugen, die noch ganz von der Furcht eines Wiederauflebens der deutschen Gefahr gekennzeichnet war. Es ist in jedem Falle klar, daß diese französischen Initiativen große internationale Wirkung gehabt haben.

Offenbar spielte der Faktor Europa schon ab dem Sommer 1948 eine große Rolle in der neuen Deutschlandpolitik Frankreichs[1]. Am Beginn des Prozesses, der zur Schaffung des Europarates führte, brachten mehrere Noten des Quai d'Orsay die Überzeugung der französischen Regierung zum Ausdruck, daß die gewünschten Garantien nur zu erhalten waren, wenn Deutschland in einen europäischen Rahmen eingefügt wurde. Ein durch vertragliche Bindungen und unter Wahrung seiner Interessen an Europa assoziiertes Deutschland käme nicht in Versuchung, sich in Abenteuer zu stürzen[2]. Um eine nationalistische Wiedererneuerung jenseits des Rheins zu vermeiden, war Schuman entschlossen, der zukünftigen deutschen Regierung eine Chance zur europäischen Verwirklichung anzubieten. Andernfalls werde „le nationalisme allemand se cristallisera complètement autour de l'idée de restitution de l'unité allemande et l'Allemagne reprendra entre l'Est et l'Quest un jeu de bascule adapté à cette fin"[3].

Während der Deutschlandkonferenz der Drei Mächte vom 9. bis 10. November 1949 bekannte sich der Minister im Namen der französischen Regierung als Verfechter der Integration Deutschlands in einen europäischen Verbund, denn dies sei das einzige Mittel, eine Hinwendung der Bundesrepublik zum Osten zu verhindern, ebenso wie

---

[1] Raymond Poidevin, Le facteur Europe dans la politique allemande de Robert Schuman (été 1948 – printemps 1949), in: Histoire des débuts de la construction européenne, hrsg. v. Raymond Poidevin, Brüssel usw. 1986, S. 311–326; ders., Der Faktor Europa in der Deutschlandpolitik Robert Schumans 1948/1949, in: Vierteljahrshefte für Zeitgeschichte 33 (1985), S. 406–419.
[2] Note A. E., Direction d'Europe, 4 janvier 1949, A. E., Z. Europe, Allemagne, t. 41.
[3] Robert Schuman an R. Massigli, Botschafter in London vom 7. 10. 1948, A. E., Z. Europe, Généralités, t. 10.

wirtschaftliche und auch militärische Expansionsbestrebungen, deren Gefahren augenfällig seien.

Gewisse französische Verantwortliche dachten auch an eine europäische Lösung für
die leidige Ruhrfrage, die in Frankreich immer noch Stürme entfachte. Bereits Ende
1948 erwog die Europa-Abteilung des Quai d'Orsay die Möglichkeit der Schaffung
eines europäischen Stahlpools, „dans lequel Allemands et Francais siègeraient à égalité
et exerceraient en commun un contrôle de la production de l'acier de l'Europe"[4].
Gewiß war man sich in Paris bewußt, daß diese Lösung kühn und gefährlich sein
würde, aber man mußte dennoch einen Versuch wagen: „Nous sommes encore les plus
forts, nous pouvons encore offrir à l'Allemagne une solution de ce genre, dont nous
prendrions la direction."[5]

Während im Westen Deutschlands die Bundesrepublik entstand, setzte man in
Frankreich ganz auf den europäischen „Hebel", um sich die Garantien zu sichern, die
auf anderen Wegen nicht zu erhalten sein würden. Die französische Regierung wollte
eine verständnisvolle und positive Politik gegenüber der neuen Republik praktizieren,
indem sie den führenden Kreisen in Bonn Vertrauen schenkte[6]. Stattdessen kam es von
Ende 1949 bis zum Frühjahr 1950 zu ernsten deutsch-französischen Spannungen.
Erwähnt seien nur die heftige antifranzösische Pressekampagne; die massive Kritik
Schumachers und der SPD am Petersberger Abkommen; die Haltung des Bundeskanzlers, der im Hinblick auf die Saar und die Internationale Ruhrbehörde Öl ins Feuer goß;
der Fehlschlag der Reise Schumans in die Bundesrepublik im Januar 1950; die Unterzeichnung des französisch-saarländischen Abkommens vom 3. März 1950 mit heftigen
deutschen Reaktionen; die Zuspitzung im April, als Adenauer die deutsche Gleichberechtigung, die Revision des Petersberger Abkommens und das Ende der alliierten
Kontrollen vor dem Eintritt in einen europäischen Staatenverbund verlangte[7].

Da die Tür für künftige Saarverhandlungen dessenungeachtet offen blieb, zeigte sich
Schuman erstaunt über die Ungeduld und die gereizte Stimmung der Deutschen, die ihre
Vergangenheit zu schnell vergessen wollten. Seiner Ansicht nach konnte Frankreich sich
nicht durch Druck und Drohungen den Weg diktieren lassen. Die Spannungen erreichten, wie erwähnt, im April 1950 ihren Höhepunkt; man war in eine Sackgasse geraten.
Dieser Konflikt verstärkte ohne Zweifel bei Schuman die Einsicht in die Notwendigkeit
jener aufsehenerregenden Initiative, die ihm Monnet vorschlug: mit der Erklärung vom
9. Mai 1950, einer außergewöhnlichen politischen Geste, kündigte der Außenminister
ein Europa an, das auf französisch-deutschen Grundlagen beruhte. Sicher spielten auch
andere Faktoren eine Rolle bei dieser Entscheidung Schumans: der amerikanische
Druck; der Wille zur Schaffung eines europäischen Wirtschaftskomplexes als ein erster
wirklicher Grundstein für eine größere europäische Konstruktion; das Bestreben, eine
Überproduktionskrise der Stahlindustrie dadurch zu vermeiden, daß die deutsche
Produktion, die sich anschickte, wieder eine Spitzenstellung einzunehmen, begrenzt
wurde[8]. Aber hätte Schuman seine Reserve, seine traditionelle Vorsicht, tatsächlich
aufgegeben, wenn er nicht die Notwendigkeit gespürt hätte, einen Ausweg aus der

---

[4] Note A. E., Direction d'Europe, 13 décembre 1948, A. E., Z. Europe, Allemagne, t. 40.
[5] Ebenda.
[6] Commission des Affaires étrangères du Conseil de la République, 7 décembre 1949.
[7] Raymond Poidevin, Robert Schuman, homme d'Etat, Paris 1986, S. 216–220.
[8] Ebenda, S. 244ff.

französisch-deutschen Krise zu finden und einen Verständigungsvorschlag zu machen, bevor die USA und Großbritannien für Frankreich noch bedrohlichere Lösungen durchsetzen würden? In diesem Sinne erscheint die Erklärung vom 9. Mai 1950 wohl wie ein Handeln unter Zwang, in jedem Fall wie eine aus einer Krise geborene Initiative.

Noch viel heikler erscheint die Frage der deutschen Wiederbewaffnung, welche den Vorschlag zum Ergebnis hatte, die Europäische Verteidigungsgemeinschaft (EVG) zu schaffen. Während der Gedanke eines Kohle-Stahl-Pools lange genug hatte reifen können, zwang im Fall der EVG der Koreakrieg die französische Führungsschicht dazu, sehr rasch von einer unnachgiebigen Opposition gegen die Wiederbewaffnung Deutschlands überzugehen zu einer „in fine" gedachten Lösung, um aus dem „Wespennest" herauszukommen.

Zur Veranschaulichung des Widerstands gegen die deutsche Wiederbewaffnung stützen sich die Historiker häufig auf die sehr harten Erklärungen von Jules Moch, dem Verteidigungsminister. Ich werde mich hier auf die meines Erachtens nicht weniger unnachgiebigen Stellungnahmen Robert Schumans beschränken.

Schuman lehnte lange jegliche deutsche Wiederbewaffnung ab. Bereits im Herbst 1948 reagierte er heftig, als Walter Lippmann in der New York Herald Tribune vom 24. Oktober den Aufbau einer westdeutschen Verteidigungsmacht vorschlug[9].

Anläßlich der Verhandlungen über den Atlantikpakt griff Le Monde die Frage öffentlich auf und verdeutlichte die Alternativen: entweder Neutralisierung ganz Deutschlands oder Atlantisierung, das heißt Integration Westdeutschlands in den Atlantikpakt. Nach der Unterzeichnung des Paktes verkündete die Zeitung: „Le réarmement de l'Allemagne est contenu dans le Pacte de l'Atlantique comme le germe dans l'oeuf." Schuman teilte diese Ansichten nicht, er bekräftigte mehrfach, daß eine Teilnahme Deutschlands am Pakt nicht in Frage komme. In einer Pressekonferenz am 15. November 1949 bekräftigte Schuman noch einmal, daß Westdeutschland weder wiederbewaffnet sein solle noch im Atlantikpakt mitarbeiten werde; dieses entwaffnete Land müsse entmilitarisiert bleiben. Die außenpolitische Debatte, die in der Nationalversammlung Ende November 1949 begann, gab ihm Gelegenheit zu der Feststellung, daß die französische Regierung „considère comme hors de toute discussion possible la reconstitution d'une force militaire allemande".

Das Interview, das Kanzler Adenauer einem Journalisten des Cleveland Plain Dealer am 3. 12. 1949 gewährte, war nicht geeignet, die französischen Befürchtungen zu zerstreuen. Der Kanzler favorisierte den Gedanken eines deutschen Kontingents im Rahmen einer europäischen Armee. In der Kommission für auswärtige Angelegenheiten versicherte Schuman am 7. Dezember, daß eine Wiederbewaffnung Deutschlands nicht in Frage komme, „même pas sous la forme d'une armée européenne dont nous sommes encore très loin". Dieser aus seiner Sicht überflüssigen und gefährlichen Diskussion stellte er die offizielle französische Position entgegen und zeigte sich überzeugt, daß „réhabituer l'Allemagne au goût militaire, ce serait abandonner une partie essentielle" der Ziele Frankreichs.

So gelang es Schuman Schritt für Schritt bis zum Koreakrieg, die französische Öffentlichkeit glauben zu machen, daß eine Wiederbewaffnung Deutschlands nicht

---

[9] Vgl. ebenda, S. 306–313.

zur Debatte stehe. Er wußte, daß das französische Oberkommando aus Effizienzgründen eine Wiederbewaffnung favorisierte. Er wußte, daß viele Franzosen die sowjetische Bedrohung ebenso fürchteten wie ein Wiederaufleben der deutschen Gefahr. Er konnte die Dinge nicht überstürzen. Er schien übrigens überzeugt, daß die Wiederbewaffnung Deutschlands sowohl für das Land selbst, als auch für Frankreich und Europa eine schlechte Lösung sein würde.

Mit dem Beginn des Koreakrieges am 25. Juni 1950 bekam das Problem der Verteidigung Europas eine ganz andere Dimension. Am 12. August 1950 schlug Churchill im Europarat die Bildung einer europäischen Armee vor. Die Beratende Versammlung, die ihm mit 89 gegen 5 Stimmen – bei 27 Enthaltungen – folgte, stimmte für einen Antrag zugunsten der Schaffung einer solchen Armee, die unter dem Befehl eines europäischen Verteidigungsministers stehen sollte.

Die Frage der Sicherheit Westdeutschlands und seiner möglichen Teilnahme an der gemeinsamen Verteidigung konnte nicht mehr übergangen werden. Am 25. Juli gab der amerikanische Hohe Kommissar in Deutschland, John McCloy, seiner Überzeugung Ausdruck, daß man den Deutschen wohl die Mittel geben müsse, sich gegen einen Angriff zu verteidigen. Die französische Öffentlichkeit mußte einsehen, daß Washington eine deutsche Wiederbewaffnung befürwortete. Sie blieb jedoch, ebenso wie Schuman, mißtrauisch.

Der französische Außenminister fürchtete, daß während der Konferenz der NATO, die am 15. September eröffnet wurde, ohne weitere Diskussion die Wiederbewaffnung beschlossen werde. Aus einer isolierten Position heraus wagte er am 16. September 1950 einen massiven Vorstoß vor den Repräsentanten der Zwölf. Es war eine seiner bemerkenswertesten Reden: Genau, klar, geschickt, hellsichtig, sogar mitreißend, stellte er die richtigen Fragen und gab ihnen begründete Antworten. Er legte ein extremes Mißtrauen gegenüber Deutschland an den Tag. Es handelte sich im Grunde genommen um eine wahre antideutsche Anklage. Schuman unterstrich die psychologischen Hindernisse. Frankreich und andere hätten ihre durch den Krieg entstandenen Ressentiments überwunden, aber man müsse die Gemüter vorbereiten: „Les placer devant un fait accompli ne ferait que préparer un choc en retour et nous ramener en arrière." Man müsse auch die Reaktion in Ostdeutschland in Rechnung stellen, in den Satellitenstaaten, in der UdSSR. Schuman machte sich sogar Gedanken über die Haltung der Politiker in Bonn, wo es zwar Männer des guten Willens gebe, „mais il y en avait aussi à Weimar et ils n'ont pas pu empêcher la catastrophe de se produire vingt ans plus tard".

Seit Adenauer einen deutschen Verteidigungsbeitrag vorgeschlagen habe, so Schuman, „nous constatons un raidissment dans l'attitude des Allemands, dans les négociations que se déroulent actuellement, car ils s'imaginent que nous avons besoin d'eux actuellement, car ils s'imaginent que nous avons besoin d'eux maintenant". Deutschland sei erst auf dem Wege der Genesung, „elle vient de trop loin pour être définitivement guérie". Man müsse also vermeiden, Entwicklungsschritte zu überspringen, sonst werde der Hang zu militärischen Dingen leicht wieder hervortreten: „ toute la convalescence de l'Allemagne serait faussée par la reconnaissance de cet esprit que nous avons cherché à éliminer." Schuman ging in seinem Mißtrauen so weit, daß er am Verhalten dieser ins Auge gefaßten deutschen Streitkräfte zweifelte: „Nous autres Francais, nous n'avons pas perdu le souvenir de l'attitude des contingents allemands dans l'armée de Napoléon: c'est quant changeait la fortune qu'ils ont eux aussi changé de camp, à Leipzig. L'Allemagne subit le prestige de la force." Er hielt sogar den Gedanken für gefährlich, daß Deutschland ab sofort Kontingente bereitstellte für eine integrierte europäische Armee, die ja noch nicht einmal existierte. Aber Schuman wollte nicht in einer ablehnenden Haltung verharren. Er konnte zwar nicht sofort eine Entscheidung über eine deutsche Teilnahme treffen, dennoch legte er näher fest, welche Formen diese Beteiligung annehmen könnte: Polizeikräfte; Beiträge zur Rüstungsindustrie der Alliierten durch Lieferung von Stahl und chemischen Produkten; Einsatz deutscher Arbeitskräfte; Beteiligung an Befestigungsarbeiten im Osten – an der Elbe – durch Bereitstellen der Arbeitskräfte. Diese Entschlossenheit Schumans ging ohne Zweifel zurück auf die Argumente, die Jean Monnet ihm vor seiner Abreise nach New York dargelegt hatte[10]. Monnet konnte sich eine Lösung nur im Zusammenhang mit der Verwirklichung des Schumanplans vorstellen: „Nous courons le risque de les voir se détourner de nous." Die Wiederbewaffnung der Deutschen auf nationaler Basis werde ihnen im Gegenzug Handlungsfreiheit einbringen und sie zur Schaukelpolitik zwischen Ost und West verleiten. Davon überzeugt, versicherte Schuman, daß der Standpunkt der Regierung eindeutig sei: Eine Wiederbewaffnung Deutschlands, unter welchen Bedingungen auch immer, stehe nicht zur Debatte.

Dies war freilich ein Rückzugsgefecht Schumans, der ziemlich isoliert erschien, als die Zwölf am 18. September vorläufig auseinandergingen. Er wußte, daß die Vereinigten Staaten eine prinzipielle Entscheidung über die deutsche Wiederbewaffnung wünschten – vor dem 28. Oktober, dem Datum des Treffens des Atlantischen Verteidigungsrates. Ihm war auch bewußt, daß Frankreich sich nicht mehr in eine Verweigerungshaltung flüchten konnte, denn es bestand die Gefahr, daß die Vereinigten Staaten ohne Zustimmung aus Paris vorangingen und deutsche Streitkräfte in ihre in Deutschland stationierten Einheiten integrierten. In die Enge getrieben, mußte die französische Regierung eine Lösung finden.

Während Jules Moch und Finanzminister Maurice Petsche in Washington verhandelten, um eine bedeutende amerikanische Hilfe zur Steigerung des Verteidigungshaushaltes zu erhalten, teilte Robert Schuman dem amerikanischen Geschäftsträger Bohlen am 15. Oktober folgendes mit: Mit Unterstützung René Mayers und René Plevens werde er der Regierung einen Plan zur Integration Deutschlands in eine europäische Verteidigungsgemeinschaft nach dem Vorbild der EGKS vorschlagen. Die französische Regierung mußte schnell handeln: Am 24. Oktober schlug René Pleven der Nationalversammlung die Gründung einer EVG vor.

Es hat den Anschein, als ob ohne den Koreakrieg und seine Folgen die französische Regierung, die in dieser Frage auf eine sehr empfindliche Öffentlichkeit Rücksicht nehmen mußte, die deutsche Wiederbewaffnung nicht akzeptiert hätte. Sie hätte ohne Zweifel gewünscht, wie Schuman in New York deutlich gemacht hatte, daß die Bundesrepublik in anderer Form zur westlichen Verteidigung beitragen sollte. Frankreich blieb das einzige Mitglied der atlantischen Allianz, das die deutsche Wiederbewaffnung ablehnte. Das führte dazu, daß die amerikanische Regierung intern einen sehr starken Druck auf Frankreich ausübte, während sie sich nach außen hin so moderat wie möglich gab. Übrigens verzichtete Washington nicht darauf, seine finanzielle Hilfe von der Zustimmung Frankreichs zur deutschen Wiederbewaffnung

[10] Jean Monnet, Mémoires, Paris 1976, Bd. 2, S. 501–502.

abhängig zu machen. Der Pleven-Plan war also wirklich die Karte, die gespielt werden mußte, um ein „fait accompli" zu vermeiden. Es war eine Notlösung, eine Entscheidung für das kleinere Übel, die von Beginn an dieser Initiative eine Zweideutlichkeit verlieh, die schwer auf ihrer Zukunft lastete. Frankreich konnte nicht auf ein politisches Europa als Krönung der europäischen Konstruktion warten, es mußte Entwicklungsschritte überspringen, weil es keine andere Wahl hatte.

So entsprangen die beiden französischen Initiativen des Jahres 1950 nicht einer mächtigen proeuropäischen Strömung; vielmehr scheinen sie aus einer durch die internationale Entwicklung erzeugten Zwangslage geboren.

Richard T. Griffiths

Die Benelux-Staaten
und die Schumanplan-Verhandlungen

Als rein politische Geste, die auf die Reintegration Westdeutschlands in das Gefüge der freien, demokratischen Nationen und auf die Versöhnung zwischen Frankreich und Deutschland abzielte, fand der im Mai 1950 unterbreitete Schumanplan ein positives Echo in den Benelux-Staaten. Das niederländische Kabinett war bereits sieben Monate nach Kriegsende übereingekommen, sich der Entindustrialisierung Deutschlands zu widersetzen, weil die Niederlande nicht so sehr demontierte Anlagen und Ausrüstungsgüter, die nur schwer in die bestehende Wirtschaftsstruktur hätten eingefügt werden können, als vielmehr deutsche Absatzmärkte und damit deutsche Kaufkraft benötigte. Die Belgier, für die diese Notwendigkeit weniger zwingend war, zogen mit etwas Abstand und ein bißchen widerstrebend nach, und im Dreierrat (Conseil tripartite) sprachen sie sich mit den Niederländern gegen den Beitritt zu einem gemeinsamen Markt mit Frankreich unter Ausschluß Deutschlands und gegen die Pläne zur Begrenzung des industriellen Wiederaufbaus Deutschlands aus[1]. Noch wenige Monate vor der Einbringung des Schumanplans bekundeten sie diese Entschlossenheit erneut im Rahmen der Fritalux-/Finebel-Verhandlungen, indem sie die Einbeziehung Deutschlands zur Bedingung für ihre Teilnahme machten[2]. Im Jahre 1948, als Bevin seine Vorstellung von einer „Western-Union" vortrug, waren es die Benelux-Staaten, die sich mit Erfolg der Umwandlung des Brüsseler Pakts in einen spezifisch antideutschen Militärblock widersetzten – in Erwartung eines politischen Klimawechsels zugunsten einer deutschen Wiederbewaffnung. Die Gründe dafür lagen auf der Hand. Ohne eine deutsche Armee war ein sowjetischer Vorstoß wohl kaum vor der Erreichung der niederländisch-belgischen Grenze zu stoppen[3]. Die aus wirtschaftlichen und politischen Gründen gebotene Einbeziehung Deutschlands in den westeuropäischen Verbund machte es für die Benelux-Staaten schwer, einer Initiative fernzubleiben, die einen Schritt in diese Richtung zu gehen versuchte.

Die Schuman-Vorschläge gingen jedoch über die Schaffung eines politischen Rahmens, der die wirtschaftliche Rekonstruktion Westdeutschlands für die Franzosen

[1] Richard T. Griffiths; Frances M. B. Lynch, L'échec de la „Petite Europe", Le Conseil tripartite 1944–1948, in: Guerres mondiales et conflicts contemporains, Nr. 252 (1988), erscheint in Kürze.

[2] Richard T. Griffiths; Frances M. B. Lynch, L'échec de la „Petite Europe". Les négociations Fritalux/Finebel, 1949–1950, in: Revue historique, Nr. 274 (1985), S. 159–193. Es ist interessant festzustellen, daß die Belgier im letzten Augenblick von der extremeren Position der Niederlande abrückten.

[3] Jan van der Harst, European Union and Atlantic Partnership: Political, Military and Economic Aspects of Dutch Defence, 1948–1954, and the Impact of the European Defence Community, Kapitel 1, Diss. Europäisches Hochschulinstitut, Florenz 1988.

annehmbar machen würde, hinaus. Sie implizierten, daß die Benelux-Staaten ihre nationale Hoheitsgewalt über zwei strategisch wichtige Wirtschaftsbereiche – den Kohle- und Stahlsektor – bis zu einem gewissen Grad aufgeben mußten. Für Belgien und vor allem für Luxemburg hatten diese Wirtschaftszweige größere Bedeutung als für die übrigen Mitgliedstaaten. In Luxemburg arbeiteten 13,5% der erwerbstätigen Bevölkerung im Eisen- und Stahlsektor, während der Prozentsatz für den belgischen Kohle-, Eisen- und Stahlsektor insgesamt 5,9% betrug, wovon mehr als zwei Drittel dem Kohlenbergbau zuzurechnen waren. Nur das Saargebiet, dessen endgültiger politischer Status immer noch offen war, wies höhere Zahlen auf[4].

Trotz der verhältnismäßig großen Bedeutung von Kohle und Stahl für die Volkswirtschaft von zwei der drei Benelux-Staaten reichte ihr Produktionsniveau nicht aus, ihnen bei den Verhandlungen von vornherein großes Gewicht zu verleihen. Sie waren bestenfalls zu wichtigen, aber zweifellos untergeordneten Partnern in einer Sechsergemeinschaft prädestiniert. Was die Kohleförderung anbelangt, so entfielen 1949/50 12,8% der Gesamtproduktion der Schumanplan-Länder auf Belgien und 5,6% auf die Niederlande. Beide verblaßten neben Deutschland bzw. Frankreich. Bei der Eisen- und Stahlerzeugung spielten die Niederlande lediglich eine untergeordnete Rolle. Auf Belgien und Luxemburg entfielen 1949 – vor dem Wiedererstarken der deutschen Produktion – 15,5% bzw. 10,0% der Eisenerzförderung, 13,5% bzw. 8,0% der Rohstahlerzeugung und 14,9% bzw. 7,5% der Fertigstahlerzeugnisse. Andererseits war die Abhängigkeit des Benelux-Handels von den übrigen Mitgliedern der Gruppe zu groß, als daß die drei ohne weiteres ein Fernbleiben von jeglichen neuen Vereinbarungen hätten beschließen können. Luxemburg deckte seinen gesamten Kohleverbrauch durch Importe aus den anderen Ländern der Gruppe, während die Niederlande bei 32,8% ihres Nettoverbrauchs auf Einfuhren angewiesen waren, wovon etwas mehr als die Hälfte auf die übrigen Verhandlungspartner entfiel; die Niederlande verzeichneten ihrerseits auch einen geringfügigen Ausfuhrhandel. Belgien war bei Kohle ein Nettoausfuhrland mit einem Exportvolumen von 12% der Gesamtförderung; davon waren 78,8% für die anderen Mitglieder der Gruppe bestimmt. Es führte andererseits verhältnismäßig geringe, aber wichtige Mengen von Kokskohle, die es für seine Eisen- und Stahlindustrie unbedingt brauchte, aus Deutschland ein[5]. Nimmt man Eisen und Stahl zusammen, so waren die Niederlande ein nicht unbedeutendes Nettoeinfuhrland. Die Importe entsprachen 90,7% des Bedarfs, wovon 84,8% aus den übrigen Ländern der Gruppe kamen. Belgien und Luxemburg (BLWU) exportierten nicht weniger als 73,5% der Gesamtproduktion, davon 24,6% in die Länder der Gruppe[6]. Die Teilnahme an den Verhandlungen war deshalb eine wirtschaftliche Notwendigkeit. Keines der drei Länder konnte es sich leisten, einer mächtigen kontinentaleuropäischen Gruppe fernzubleiben, aber alle waren sich der Gefahren bewußt, die mit dem Beitritt

---

[4] Francesca Schinzinger, Die wirtschaftlichen Rahmenbedingungen des Schuman-Planes, in: Klaus Schwabe (Hrsg.), Die Anfänge des Schuman-Plans 1950/51. Beiträge des Kolloquiums in Aachen, 28.–30. Mai 1986, Baden-Baden 1988 (= Veröffentlichungen der Historiker-Verbindungsgruppe bei der Kommission der Europäischen Gemeinschaften, Bd. 2), S. 143–159.

[5] Note relative aux effets du Plan Schuman sur les industries du charbon et de l'acier en France, 9. 12. 1950, Fondation Jean Monnet, Lausanne (FJM) AMG 22/2/1. Es sei darauf hingewiesen, daß die Zahlen für 1949/50 sich auf den Zeitraum April 1949 – März 1950 erstrecken.

[6] Communauté Européenne du Charbon et de l'Acier, Rapport à l'Assemblée commune. Situation de la Communauté au 31. décembre 1952.

zu einem Bündnis verbunden waren, dessen Interessen sich allzu sehr von den eigenen unterschieden.

Die Benelux-Beteiligung war sicherlich nützlich, um das ganze Projekt der französischen öffentlichen Meinung schmackhafter zu machen, der vielleicht unwohl bei dem Gedanken gewesen wäre, als einzige Partei dazustehen, die mit zwei ehemaligen Feinden, zwei ehemals faschistischen Ländern, Hoheitsgewalt teilte; dieser Umstand verlieh den Benelux-Staaten bei den anschließenden Verhandlungen doch ein gewisses Gewicht. Mit ihrer Beteiligung erzwangen sie wichtige Änderungen an Monnets ursprünglichem Konzept und änderten in der Folge auch zahlreiche Einzelbestimmungen. Es war übrigens auch die Benelux-Beteiligung, die die Verhandlungen verzögerte und dadurch die Gefahr verringerte, daß Deutschland in ein unausgewogenes Vertragswerk hineingedrängt wurde.

Daß die Benelux-Staaten es vermochten, Änderungen im endgültigen Vertrag durchzusetzen und seine Form abzuwandeln, war weniger auf ein gemeinsames diplomatisches Vorgehen, wie es für ihre Reaktion auf so manche Initiative in der unmittelbaren Nachkriegszeit kennzeichnend gewesen war[7], als vielmehr auf ein entschlossenes Verteidigen des jeweiligen nationalen Eigennutzes zurückzuführen.

Die wichtigste Ausnahme davon stellte der gemeinsame Angriff auf das von Frankreich geplante institutionelle Gefüge dar. Ansonsten war die Benelux-Haltung bezüglich der wesentlichen Fragen eher gespalten als einträchtig. Dies hatte wiederum einen unbeabsichtigten Nebeneffekt für Deutschland in dem Sinne, daß es sich bei dem Versuch, eigene Ziele zu verwirklichen, selten völlig isoliert sah. Im Folgenden werden vier getrennte Problemkreise untersucht, um zu veranschaulichen, in welchem Maße die Standpunkte der Benelux-Länder konvergierten bzw. divergierten. In zwei Bereichen, bei der gesamten institutionellen Frage und bei den Beratungen über die Höhe des Zollschutzes für Eisen und Stahl, bildeten die Benelux-Staaten eine mehr oder weniger geschlossene Einheitsfront und vermochten Änderungen des deutschen Standpunkts durchzusetzen. In der Kohlefrage gingen ihre Interessen weit auseinander, mit dem Ergebnis, daß die Niederländer die deutsche Auffassung teilten, während bei dem Problem der Kartelle und Unternehmenszusammenschlüsse Belgien und Luxemburg verhinderten, daß Deutschland isoliert wurde.

Die institutionellen Vereinbarungen gaben von Anfang an Anlaß zur Besorgnis. Schon bei den beiden Ministertreffen, die Frankreich mit den Benelux-Staaten noch vor Beginn der eigentlichen Verhandlungen abhielt, ging es um den Grad der Autonomie, den die Franzosen der Hohen Behörde bei der Ausübung ihrer Machtbefugnisse zubilligen wollten[8]. Die Beunruhigung im niederländischen Kabinett war so groß, daß in der offiziellen Antwort auf die französische Einladung die Teilnahme von einer

[7] Siehe Albert E. Kersten, Maken drie kleinen een grote? De politieke invloed van de Benelux 1945–1955, Bussum 1982.
[8] Für eine Beschreibung des ersten Treffens siehe Chiffretelegramm, Michiels 20 an Außenministerium (MBZ) vom 16. 5. 1950 und Stikkers Bericht an das niederländische Kabinett, Außenministerium, Den Haag (MBZ) 966.1/1; Kabinettsprotokoll vom 22. 5. 1950; Algemeen Rijksarchief, Den Haag (ARA) Ministerraat (MR) 394. Für eine Darstellung des zweiten Treffen, das eine Woche später am 24. Mai stattfand, siehe Spierenburg an Wirtschaftsministerium, Den Haag (MEZ), 29. 5. 1950, MBZ 966.1/1; Compte rendu de la Réunion tenue au palais due Quai d'Orsay le 24 mai 1950 à 16 heures und Réunion tenue du 24 mai entre Ministres français et Ministres du Bénélux au sujet de la proposition Schuman, Ministère des Affaires Etrangères (MAE [Bel]) 5216; Compte rendu de la séance d'information du 24 mai 1950 au sujet du Plan Schuman, 25. 5. 1950, Archives de Etat, Luxembourg, Ministère des Affaires Etrangéres (MAE [1.]) 11346.

annehmbaren Lösung der Souveränitätsfrage abhängig gemacht wurde[9]. Die von den Niederländern formulierte Lösung bestand in der Einsetzung eines Ministerrats, dem die Hohe Behörde letztlich rechenschaftspflichtig sein sollte[10], während die Belgier für Streitigkeiten zwischen den nationalen Regierungen eine Art Schiedsverfahren einführen wollten, wie es in ähnlicher Weise bereits im Benelux-Rahmen bestand – und vermutlich eben aus diesem Grunde von den Niederländern abgelehnt wurde[11]. Da sich diese Ansätze nicht gegenseitig ausschlossen und beide Regierungen darin übereinstimmten, daß die französischen Vorstellungen abgeändert werden mußten, kam man überein, auf diesem Gebiet zusammenzuarbeiten. Es bestand ferner Einvernehmen darüber, daß nicht lediglich ein Rahmenvertrag geschlossen werden sollte, der die Festlegung der Einzelheiten der Hohen Behörde überließ, wie die Franzosen zu hoffen schienen[12], sondern daß die exakten Befugnisse der Hohen Behörde und die Voraussetzungen, unter denen sie tätig werden konnte, im Detail festgelegt werden mußten[13]. Der Leiter der belgischen Delegation, Suétens, legte dies Monnet bei der Eröffnungssitzung mit den Worten dar: „Sie sehen die Lösung unserer Probleme durch die Hohe Behörde. Wir sehen die Hohe Behörde durch unsere Probleme und ihre Lösung."[14] Und der belgische Außenminister Van Zeeland drückte es gegenüber der belgischen Delegation wie folgt aus: „Der politische Aspekt sollte sich aus dem wirtschaftlichen Erfolg ergeben, und nicht umgekehrt."[15] Diese Denkweise veranlaßte die Belgier, zu einem gewissen Zeitpunkt die Verschiebung der Beratungen über institutionelle Fragen bis zur Regelung aller technischen Einzelheiten zu erwägen, doch diese Strategie wurde vom Leiter der niederländischen Delegation, Spierenburg, zurückgewiesen, der die der Hohen Behörde zugedachten Befugnisse als „diktatorisch" bezeichnete und die Franzosen keinesfalls im Zweifel darüber lassen wollte, daß die niederländische Zustimmung zum Plan von der Erlangung zufriedenstellender Bedingungen abhing[16].

Die Benelux-Delegationen mußten die Frage der politischen Kontrolle gegen den gemeinsamen Widerstand der restlichen Länder durchdrücken. Monnet trat für sein ursprüngliches Konzept mit dem Argument ein, die jüngste Erfahrung habe gezeigt, daß nicht ein neues „Kooperationsorgan", sondern ein „Verschmelzungs- und Integrationsorgan" benötigt werde. Hallstein machte geltend, daß die politische Kontrolle bereits in der Gestalt der Versammlung im Vertrag vorgesehen sei, was nicht nur

[9] Kabinettsprotokoll vom 30. 5. 1950, ARA, MR 394.

[10] Protokoll des Kabinettsausschusses für Wirtschaftsfragen vom 13. 6. 1950, ARA, MR 572.

[11] W. G.'s Jacob an MBZ vom 8. 6. 1950 mit dem als Anlage beigefügten belgischen Dokument Projet de Traité réalisant le Plan Schuman, MBZ 966.1/1.

[12] Siehe beispielsweise Entrevue du 23 mai 1950 entre Jean Monnet et le Chancelier Adenauer, Archives nationales, Paris (AN) 81 AJ 154 und Document de Travail vom 24. 5. 1950 FJM, AMG 3/3/9.

[13] Verslag van de bespreking te Brussel op Woensdag 14 Juni inzake Plan Schuman, ARA, MEZ, Buitenlandse Economische Betrekkingen (BEB) 562; Réunion entre fonctionnaires néerlandais, belges et luxembourgeois, tenue le 14 juin 1950 au Ministère des Affaires Etrangères de Belgique, en vue de préparer les négociations concernant la création d'un pool international du charbon et de l'acier, MAE (L) 11347.

[14] Kort verslag van de vergadering die op 23 Juni werd gehouden ten kantore van het Plan Monnet, CVP 2, ARA, MEZ, BEB 562; Réunion du 23 juin au Commissariat du Plan, MAE (L) 11247.

[15] Plan Schuman, Compte-rendu de la Réunion de la délégation Belge chez Monsieur van Zeeland ... le 29 juin à 14 heures, 30. 6. 1950, MAE (B) 5216.

[16] Kort verslag van de bespreking inzake het Plan Schuman met de Belgische en Luxemburgse delegaties op 3 Juli 1950 te Parijs gehouden, MBZ 996.1; Plan Schuman. Entrevue du 3 juillet à 15 heures entre les délégations néerlandaises, belges et luxembourgeoises, MAE (L) 11347.

ausreiche, sondern auch das erforderliche Maximum darstelle, während Taviani, der italienische Delegationsleiter, die Meinung äußerte, daß ein Ministerrat, selbst wenn er sich für Mehrheitsbeschlüsse entschied, die Tätigkeit der Gemeinschaft völlig paralysieren könnte[17]. Um aus dieser Sackgasse herauszukommen, erwirkte Monnet von der französischen Regierung eine Kompromißformel, die zwischen übergreifenden Fragen, bei denen dem Ministerrat die endgültige Entscheidung obliegen sollte, und streng auf Kohle und Stahl bezogenen Angelegenheiten unterschied, die das Monopol der Hohen Behörde blieben[18]. Als Spierenburg die grundsätzliche Zustimmung seines Kabinetts mitteilte, war die Hauptbresche in das ursprüngliche Konzept geschlagen. In seiner zweiten Bemerkung wies er darauf hin, daß die Trennlinie zwischen den Zuständigkeitsbereichen unterschiedlich interpretiert werden könnte[19] – eine Untertreibung, die ihresgleichen sucht, denn es waren eben diese Fragen zusammen mit dem Problem der Definition der Befugnisse der Höhen Behörde, welche die Delegationen auf Monate hinaus beschäftigten.

Die Benelux-Länder bemühten sich ebenfalls mit vereinten Kräften um ein System der Stimmengewichtung in den Gemeinschaftsinstitutionen, das die Interessen der kleineren Mitgliedstaaten wahrte. Die beste Lösung wäre natürlich eine strikte Parität gewesen, die zuzugestehen Deutschland bei Verhandlungsbeginn geneigt schien[20]. Doch währte diese deutsche Haltung nicht lange, und die Frage wurde als so heikel eingestuft, daß die Entscheidung bis zur Ministerkonferenz vom April 1951 zurückgestellt wurde, auf der über den Vertrag befunden, ja auf der er unterzeichnet werden sollte. Zu diesem Zeitpunkt hatte Deutschland seine am niederländischen Standpunkt orientierte Haltung bereits dahin gehend gewandelt, daß es versuchte, in den Institutionen ein seinem Rang als Großproduzent entsprechendes Übergewicht zu erhalten. Obwohl dem Ministertreffen gemeinsame deutsch-französische Vorschläge zugrunde lagen, zeigte sich Schuman häufig bereit, den französischen Standpunkt fallen zu lassen und als Vermittler zwischen Deutschland und den übrigen Ländern zu fungieren[21]. Was die Franzosen anbelangt, so ging es ihnen hauptsächlich um die Gleichstellung mit Deutschland, und eine stärkere Vertretung der kleineren Länder würde vermutlich die Gefahr einer deutschen Hegemonie in der Gemeinschaft verringern. Schon im Mai 1950 hatte Bech Schuman gefragt, warum es, wenn die Hohe Behörde sich vom Interesse der Allgemeinheit leiten ließ, irgendwelche Garantien für ein kleines Land mit 300 000 Einwohnern in einem Europa von vielen Millionen geben sollte. Schuman hatte darauf geantwortet, daß Luxemburg – entgegen Bechs Befürchtungen – eine bedeutende Rolle zu spielen hätte, weil „Frankreich Luxemburg gegen Deutschland brauchen würde"[22].

---

[17] Kort verslag van de vergadering van de werkgroep Institutionele Vraagstukken op 5 Juli, (CVP/WPG/Inst. 1) (Raad voor Economische Aangeleggenheden (REA), 18. 7. 1950, ARA, MR 586; Groupe I – Questions institutionnelles. Réunion du 5 juillet 1950, MAE (L) 11358.

[18] Kort verslag van de tweede vergadering van de werkgroep Institutionele Vraagstukken op 12 Juli 1950, VP/WP/Inst. 2 (REA 18. 7. 1950), ARA, MR 586; Réunion du Groupe 1 du 12 juillet 1950, MAE (L) 11358.

[19] Verslag van de vergadering van de werkgroep Institutionele Vraagstukken gehouden op 20 Juli 1950, CVP/WP/Inst. 3 (REA 8. 8. 1950), ARA, MR 528; Groupe I – Questions institutionnelles, Séance du 20 juillet 1950, MAE (L) 11358.

[20] West-Duitsland en het Plan Schuman, 16./17. 6. 1950, MBZ 996.1/1.

[21] Minister-concerentie Plan Schuman. Parijs 12–18 April 1951, 7. 5. 1951, ARA, MEZ BEB 557.

[22] Compte-rendu de la séance d'information du 24 mai 1950 au sujet du Plan Schuman, 25. 5. 1950, MAE (L) 11346.

Was die Hohe Behörde betrifft, so wurde in den französisch-deutschen Vorschlägen eine Beschränkung der Mitgliederzahl auf fünf befürwortet, um den Eindruck zu vermeiden, als sei sie aus nationalen Vertretern zusammengesetzt. Dem hielten die Benelux-Staaten und Italien entgegen, daß dann einige Staaten überhaupt nicht vertreten wären, was wiederum im Widerspruch zum Supranationalitätsgedanken stünde. Sie schlugen ihrerseits eine Zusammensetzung aus neun Mitgliedern vor: mindestens eines, aber höchstens zwei pro Staat. Diese Formel wurde mit kleineren Zugeständnissen an Frankreich im Hinblick auf Zuwahl und Mehrheitsbeschlüsse im Ministerrat bei der Ernennung von Mitgliedern der Hohen Behörde akzeptiert[23].

Frankreich und Deutschland hatten für ihre Stimmen im Ministerrat eine doppelte Gewichtung gewünscht, die ihre größere Rolle als Produzenten widerspiegelte, während die übrigen Länder das System ein Land = eine Stimme vorgezogen hätten.

Es war schließlich Italien, das den toten Punkt mit einem Vorschlag überwand, der die von den beiden großen Ländern favorisierte Regelung nur für die Fälle zuließ, in denen eine Zustimmung erforderlich war, d. h. dann, wenn die Regierungen die Hohe Behörde zu unterrichten und nicht, wenn sie über Entscheidungen der Hohen Behörde zu befinden hatten[24].

Der letzte strittige Punkt war die Zahl der Sitze in der Versammlung. Der französisch-deutsche Vorschlag beinhaltete jeweils 18 Sitze für Frankreich, Deutschland und Italien, jeweils 7 für Belgien und die Niederlande und 4 für Luxemburg. Der Gegenvorschlag der Benelux-Staaten sah statt 7 jeweils 10 Sitze für Belgien und die Niederlande vor. Dadurch sollte den drei großen Vertragsparteien die Dreiviertelmehrheit verwehrt werden, die in der Versammlung für Vertragsänderungen vorgeschrieben war. Darüber hinaus erhielten die Benelux-Staaten, wenn sie gemeinsam stimmten, einen Stimmenblock, der größer war als der jedes anderen Einzelstaates. Auch das wurde akzeptiert[25].

Alles in allem stellten die Ergebnisse der Ministerkonferenz einen Triumph für den Standpunkt der Benelux-Staaten und einen Rückschlag für die Bestrebungen Deutschlands dar, seinen eigenen und gleichzeitig den Stimmenanteil Frankreichs in der neuen Gemeinschaft auszudehnen. Das war alles etwas zuviel für Adenauer gewesen. Der französische Hochkommissar François-Poncet vertraute dem Leiter der Luxemburger Delegation in Bonn an: „Was ihn in Paris am meisten erstaunte, war das unverhältnismäßig große Gewicht, das dem Standpunkt der kleinen Länder beigemessen wurde, die die ganze Zeit geredet hätten. Es wollte nicht in den Kopf eines Deutschen, daß einem kleinen Land wie Luxemburg das gleiche Rederecht wie Deutschland zustünde". Um der Chronistenpflicht zu genügen, sei bemerkt, daß François-Poncet hinzufügte, Adenauer sei dennoch entzückt von seiner Reise nach Paris zurückgekehrt. „Seither ist er fast liebenswürdig!"[26]

[23] Die Franzosen hatten bei der Hälfte der Mitgliederzahl der Hohen Behörde eine Zuwahl gewünscht, mußten sich jedoch mit der Zuwahl eines Mitglieds bescheiden. Sie hatten ferner für den Rat die Möglichkeit von Ernennungen mit Zweidrittelmehrheit angestrebt, mußten aber für die ersten sechs Jahre die Einstimmigkeit und für danach eine 5/6-Mehrheit akzeptieren.
[24] Dies lief letzten Endes darauf hinaus, daß ein Mehrheitsbeschluß nur zählte, wenn entweder Frankreich oder Deutschland der Mehrheit angehörten, und daß eine Stimmengleichheit überwunden werden könnte, wenn Frankreich und Deutschland auf derselben Seite wären.
[25] Minister-conferentie Plan Schuman. Parijs 12–18 April 1951, 7. 5. 1951, ARA, MEZ BEB 557.
[26] Leiter der Luxemburger Delegation in Bonn zu Bech, 30. 4. 1951, MAE (L) 11379.

Ein weiterer Punkt, in dem sich die Interessen der Benelux-Staaten deckten, war ihre Einstellung zur Höhe der Außenzölle, und hierbei sahen sie sich in erster Linie mit Deutschland konfrontiert. Der springende Punkt war nicht, wie Hogan in seinem kürzlich erschienenen Buch behauptet, der Versuch Deutschlands, einen niedrigen Zollsatz durchzusetzen[27], sondern genau das Gegenteil. Wie aus Tabelle 1 ersichtlich ist, war der Benelux-Zoll der niedrigste zwischen den Partnerländern und der westdeutsche bei fast allen Produkten der höchste[28].

Tabelle 1: Einfuhrzölle (in %, Wertzölle)

	Benelux	Italien	Frankreich	Deutschland
Kohle	0	0	0	0
Koks	0	5–10	0	0
Eisenerz	0	0	0	0
Roheisen	0–1	11–20	5	12
Roh- und Halbfabrikate	1–2	11–15	7–10	15–18
Warm fertiggestellte Erzeugnisse	1–6	15–20	10–18	15–25
Fertigstahlerzeugnisse	6–8	15–23	16–22	15–28

Quelle: E. B. Haas, The Uniting of Europe, Political, Social and Economic Forces 1950–1957, Stanford, California, 1968[2], 61.

Die Benelux-Länder waren in gewisser Hinsicht gezwungen, eine gemeinsame Verhandlungsposition zu beziehen, denn sie waren durch ein gemeinsames Zolltarifschema fest aneinander gebunden. Niedrige Zölle auf Eisen und Stahl waren indessen – angesichts der starken Importabhängigkeit der Niederlande und der ausgeprägten Exportabhängigkeit Belgiens und Luxemburg – für sämtliche Parteien sinnvoll. Andererseits hätte Belgien logischerweise für einen höheren Kohlezoll plädieren können, doch wäre dies sowohl für die Niederlande als auch für die Luxemburger, die in hohem Maße auf Importe angewiesen waren, und in gleicher Weise auch für Frankreich und Deutschland unannehmbar gewesen. Der Schutz für die Kohle in Westeuropa rührte nicht von Grenzabgaben, sondern von einer Reihe offener oder versteckter Beihilfen her.

Die Niederländer waren von Anfang an nicht gewillt, die Regelung der Zollfrage der Hohen Behörde zu überlassen, obwohl sie zunächst nicht auf einem Einheitszoll bestanden. Dieser Standpunkt wurde von den beiden anderen Benelux-Partnern weitgehend geteilt[29]. Die Sachverständigenberatungen verliefen ergebnislos, und zu Beginn der Sommerpause der Schumanplan-Verhandlungen hatte nur Frankreich einen klar-

[27] Michael J. Hogan, The Marshall Plan. America, Britain and the reconstruction of Western Europe, 1947–1952, Cambridge 1987, S. 373f., 377.
[28] Zu Beginn der durch den Koreakrieg bedingten Hausse hatten Frankreich, Italien und Deutschland die Anwendung des Großteils dieser Zölle ausgesetzt.
[29] Kort verslag van de vergadering die op 23 Juni werd gehouden ten kantore van het Plan Monnet, CVP 2, ARA, MEZ, BEB 562; Réunion du 23 juin au Commissariat du Plan, MAE (L) 11347.

umrissenen Standpunkt; Anhebung des Benelux-Zolls bei gleichzeitiger Senkung der höheren Sätze der drei anderen Partner[30]. Diese Ungewißheit über die Höhe des Zolls führte zu einer Verhärtung der niederländischen Haltung. Das Kabinett verwarf die Empfehlung seines Beratungsausschusses, Zollbandbreiten so lange zuzustimmen, wie der Benelux-Zoll das Miminum darstellte, und erteilte seiner Delegation die Weisung, auf einen möglichst niedrigen Einheitszoll zu drängen[31].

Der Wandel der niederländischen Haltung diente unmittelbar dazu, einen sich anbahnenden Konsens zu zerschlagen; Frankreich und Italien hatten nämlich ebenfalls zu einer Formel gefunden, nach der der Benelux-Zoll die Untergrenze der neuen Zollbandbreite darstellen, während die Höchstgrenze nach Maßgabe einer Analyse der Frachtdifferenzen bestimmt werden sollte[32]. Der Grund für den Schwenk der Franzosen war, daß sie beschlossen hatten, sich statt dessen auf Schutzmechanismen zur Abschirmung des Markts gegen ein Überangebot zu verlassen. Jetzt wurde zum erstenmal ein Protestschrei der deutschen Delegation vernehmbar. Die deutsche Stahlindustrie, so machte sie geltend, bedurfte einer Modernisierung, die ohne einen Schutz vor den Einfuhren aus dem Vereinigten Königreich, aus den USA und aus Schweden nicht möglich war[33]. Auf dieses Argument reagierte Suétens mit offenem Unverständnis. Die deutsche Industrie schien ihm unter günstigen Bedingungen zu arbeiten und würde ebenfalls von Schutzklauseln und Antidumpingmaßnahmen profitieren, so daß er keinen Grund sah, warum ihr ein zusätzlicher Schutz in Form von hohen Einfuhrzöllen zugute kommen sollte. In dieser Phase begann Hallstein zurückzuweichen. Er argumentierte damit, daß lediglich ein kurzfristiger Schutz vonnöten wäre und daß er selbst gewillt sei, diesen Schutz degressiv zu gestalten, so daß der deutsche Zoll schließlich das Benelux-Niveau erreichen würde. Danach tat er etwas, was sich als raffinierter Schachzug erweisen sollte. Wäre es nicht besser, so fragte er, wenn im Vertrag ein höherer Zoll vorgesehen würde, damit vom Vereinigten Königreich bei den kommenden GATT-Verhandlungen entsprechende Zugeständnisse erwirkt werden könnten[34].

Dieser Vorschlag spaltete die bis dahin geschlossene Benelux-Front, denn Belgien stellte sich voll hinter diesen Vorschlag, und diesmal waren es die Niederländer, die

---

[30] Verslag von de bespreking over de handelspolitiek op 3 augustus 1950, CVP/WP/HP4, ARA, MEZ, BEB 562.

[31] Nota betreft hervatting besprekingen Plan Schuman, 24. 8. 1950 (REA 30. 8. 1950), ARA, MR 587; Protokoll des Kabinettsausschusses für Wirtschaftsfragen vom 30. 8. 1950, ARA, MR 572.

[32] Verslag over de besprekingen te Parijs betreffende het Plan Schuman van 31 augustus – 9 september 1950 (REA 20. 9. 1950), ARA, MR 588; Verslag van de vergadering van de Commission Restreinte voor het Schuman Plan op 1 september 1950, CVP 12 (REA 12. 9. 1950), ARA, MR 588; Rapport à Monsieur le Ministre. Objet: Reprise, à Paris, des pourparlers au sujet du Plan Schuman. Réunion du 1er septembre 1950, MAE (Bel) 5216; Réunion restreinte du 1er septembre 1950 au Commissariat au Plan, MAE (L) 11360.

[33] Verslag van de derde vergadering van de groep van deskundigen voor handels- en tarifaire politiek dd. 13 september 1950, CVP/HP/7, ARA, MEZ, BEB 562; Réunion du Groupe de la Politique Commerciale le 13 september 1950, MAE (L) 11360; Verslag van de besprekingen te Parijs betreffende het Schumanplan van 17 t/m 23 September 1950, Verslag van de vergadering van het Comité Restreint op 21 en 22 september 1950, CVP 17 (REA 3. 10. 1950), ARA, MR 589; Comité Restreint. Compte rendu de la Réunion du Vendredi 22 september 1950, MAE (Bel) 5216; Réunion du Groupe Restreint du 21 september 1950, Réunion du Groupe Restreint du 22 september 1950, MAE (L) 11374.

[34] Verslag van de besprekingen te Parijs betreffende het Schumanplan van 17 t/m 23 september 1950, Verslag van de vergadering van het Comité Restreint op 21 en 22 september 1950, CVP 17 (REA 3. 10. 1950), ARA, MR 589; Comité Restreint, Compte-rendu de la Réunion du Vendredi 22 september 1950, MAE (Bel) 5216; Réunion du Groupe Restreint du 22 september 1950, MAE (L) 11374.

Die Benelux-Staaten und die Schumanplan-Verhandlungen 271

allein standen und um eine Lösung rangen[35]. Zu guter Letzt kam ein Kompromiß zustande, der eine Frist für die Zollanpassung einräumte und Deutschland eine Atempause gewährte. Der Benelux-Zoll wurde als Untergrenze akzeptiert, doch für den Fall eines Scheiterns der internationalen Verhandlungen wurde auch ein getrenntes, um zwei Punkte höheres Zollschema ins Auge gefaßt. Dies wurde sowohl der deutschen Forderung nach einem verhandlungsrelevanten Zoll als auch dem niederländischen Anliegen, keine zu hohe Obergrenze zuzugestehen, gerecht. Schließlich verschafften sich die Niederländer in der Übergangszeit ein Zollkontingent, das es ihnen erlaubte, ihre Eisen- und Stahlimporte nach Maßgabe des allgemein gültigen Benelux-Satzes zu decken[36].

Wenn die anfänglichen Verhandlungen den Interesseneinklang der Benelux-Staaten bei institutionellen Fragen und Zöllen unter Beweis gestellt hatten, so gab es andererseits kein deutlicheres Beispiel für einen Interessenkonflikt als den Fall der Kohle. Beim allerersten Treffen der Benelux-Beamten hatte Baron Snoy einräumen müssen, daß die unterschiedlichen Bedingungen der jeweiligen Industrie in den einzelnen Ländern ein gemeinsames taktisches Vorgehen im Hinblick auf die bevorstehenden Verhandlungen, so wünschenswert dies in der Theorie auch sein möge, nicht immer gestattet würden[37]. Ein Blick auf Tabelle 2 macht die Gründe dafür deutlich.

Im Vergleich zur Industrie andernorts – insbesondere in den Niederlanden und in Westdeutschland – war der belgische Kohlenbergbau personell übersetzt und wies eine niedrige Produktivität und hohe Lohnkosten auf[38]. Die vom belgischen Kabinett zur Lösung dieses Problems entwickelte Strategie implizierte eine Angleichung der Lohnkosten – möglichst nach oben hin und die Schaffung eines Ausgleichsfonds, der aus Abgaben der billiger produzierenden Länder gespeist und durch dessen Finanzspritzen Belgien der Eintritt in den gemeinsamen Markt während der Übergangszeit erleichtert werden sollte[39]. Die französische Arbeitsunterlage (document de travail) bot die Möglichkeit, beide Ansätze weiterzuverfolgen. Sie enthielt Klauseln, in denen die Hohe Behörde angehalten wurde, eine Angleichung des Lebensstandards zu fördern (Art. 17), den Rückgriff auf niedrige Löhne als Mittel der wirtschaftlichen Anpassung zu untersagen (Art. 26) und einen Ausgleichsfonds zu schaffen (Art. 24). Zunächst sah es so aus, als könnte Belgien mit seiner Strategie auf die Unterstützung Frankreichs rechnen. Den Niederlanden, wo gerade qua staatlicher Lohnregelung eine Niedriglohnstrategie als Eckpfeiler der Wiederaufbaupolitik institutionalisiert worden war, ging das alles viel zu weit. Sie waren höchstens gewillt, der Hohen Behörde Befugnisse zur Verhinderung eines „sozialen Dumpings" zuzugestehen, etwas, was in

---

[35] Textes de références sur les institutions et les Dispositions économiques et sociales permanentes du Plan Schuman dd. 28. 9. 1950, FJM, AMG 6/4/7; Verslag van de vergadering van het Comité Restreint op 4 october 1950, CVP 18 (REA 25. 10. 1950), ARA, MR 589.

[36] Verslag van de vergadering van de Commissie van Advies voor het Plan Schuman, gehouden op 9 december 1950 (SchV713), ARA, MEZ, BEB 563.

[37] Verslag van de bespreking te Brussel op Woensdag 7 Juni inzake Schuman-Plan, 10. 6. 1950, MBZ 996.1/1; Réunion du Plan Schuman – 7 Juni 1950 (Délégations Belgo-Luxembourgeoise et Néerlandaise), MAE (B) 5216; Réunion entre fonctionnaire néerlandais, belge et luxembourgeois tenue le 7. 6. 1950 au Ministère des Affaires Etrangères de Belgique en vue de préparer les négociations concernant la création d'un pool international au charbon et de l'acier, MAE (L) 11346.

[38] L'industrie charbonnière belge en face du Plan Schuman, 16. 6. 1950, MAE (Bel) 5216.

[39] W. G.'s Jacob an MBZ vom 8. 6. 1950 mit dem als Anlage beigefügten belgischen Dokument Projet de Traité réalisant le Plan Schuman, MBZ 966.1/1.

Tabelle 2: Vergleichende Übersicht über die Kohleindustrie

	Belgien	Niederlande	Frankreich	Saar	West-deutsch-land	Italien
Produktion (in Mill. t)[1]	27,5	12,0	53,2	14,5	106,1	1,1
Anzahl Beschäftigte (in Tsd.)[2]	156,7	36,7	268,3	67,0	474,2	13,0
Arbeitsproduktivität (Kg pro Schicht)[2]	985	1763	1148	1486	1403	437
Stundenlohn (FF)[2]	201	164	129	134	147	79
Stundenlohn + Soziallasten (FF)[2]	277	244	230	214	182	120
Lohnkosten pro Tonne (FF)[2]	2205	1109	1597	1152	1072	1920
Gestehungskosten (FF pro t)[2]	5208	2868	3560	3520	3242	4098
Verkaufspreis (FF pro t)[3]	4837	3066	3502	3396	2818	3072

Quelle: FJM, AMG 22/2/1 Note relative aux effets du Plan Schuman sur les industries du charbon et de l'acier en France, 9. 12. 1950.
[1] 1. 4. 1949–31. 3. 1950.
[2] 1. 1. 1950–31. 3. 1950.
[3] 1. 1. 1950–31. 5. 1950.

ihren Augen nur auf Deutschland, nicht aber auf sie selbst zutraf. Andererseits wurde die Notwendigkeit eines Übergangsfonds eingeräumt, wenngleich das niederländische Opfer sorgsam gegen die zu erwartenden Vorteile, z. B. den Abbau des Doppelpreissystems und anderer diskriminierender Maßnahmen, abgewogen werden sollte[40]. Obwohl die spezifischen Ausnahmeregelungen – soziales Dumping und Doppelpreissystem – beide gegen Deutschland gerichtet waren, deckte sich die niederländische Position mit dem in Bonn entwickelten Standpunkt.

Die erste Gelegenheit während der Verhandlungen, die belgischen Zielsetzungen zu verwirklichen, bot sich in der Arbeitsgruppe für Sozialfragen, wo die Trennlinie zwischen Belgien, den Niederlanden und Deutschland von Anfang an sichtbar wurde. Die entscheidende Variable war die Position Frankreichs oder genauer, Pierre Uris, der die Beratungen leitete. Uri wollte zunächst eine Ausdehnung der Befugnisse der Hohen Behörde auf andere Sektoren vermeiden, weil ihm vorschwebte, daß die Hohe Behörde lediglich Unternehmen, die ihren Empfehlungen nicht nachkamen, mit Geldbußen belegen dürfte[41]; später änderte er seinen Standpunkt dahin gehend, daß die Hohe Behörde, wenn der gemeinsame Markt nicht wirklich in Gefahr war, keinerlei

[40] Concept instructie voor de delgatie die aan de onderhandlingen betreffende het Plan Schuman zal deelnemen, 2. 6. 1950, MBZ 996.1/1; Nota inzake de Nederlandse deelneming aan de besprekingen betreffende het Schuman Plan, 10. 6. 1950 (REA 13. 6. 1950), ARA, MR 586; Protokoll des Kabinettsausschusses für Wirtschaftsfragen vom 13. 6. 1950, ARA, MR 572.
[41] Kort verslag van de tweede bespreking der Sociale Commissie op 22 Juli 1950, VP/WP/Soc 3, ARA, MEZ, BEB 562; Compte-rendue de la réunion de la Vème commission en date du samedi, 22 juillet 1950, MAE (L) 11362.

Vollmachten haben sollte. Zum Leidwesen der Belgier vertrat er die Auffassung, daß die Gemeinschaftsgelder nicht dazu verwendet werden sollten, günstigere Arbeitsbedingungen herbeizuführen, und daß hohe Bergarbeiterlöhne hohe Kohlepreise bedeuteten, und zwar zum Nachteil der gewerblichen Abnehmer und niedrigerer Reallöhne in anderen Bereichen[42]. Da Italien vorher mit der stillschweigenden Zusicherung, daß seine Probleme durch einen vorübergehenden Einfuhrzoll gelöst werden könnten, gewonnen worden war, sah sich Belgien in bedenklicher Weise isoliert. Während der Sommerpause trat das Kabinett den Rückzug an, denn es räumte ein, daß niedrigere Kohlepreise tatsächlich der Stahlindustrie zugute kämen. Ohne große Erwartungen wies es die belgische Delegation zwar an, weiter über Löhne zu diskutieren[43], mußte jedoch letztlich akzeptieren, daß die Hohe Behörde keinerlei unmittelbare Vollmachten zur Angleichung des Lebensstandards besitzen und im Hinblick auf die Nominallöhne lediglich dazu befugt sein würde, Lohnkürzungen als Mittel der Wettbewerbsregulierung für ungesetzlich zu erklären.

Der Schwerpunkt der belgischen Bestrebungen verlagerte sich nun darauf, befriedigende Übergangsbestimmungen zu erzielen. Die Belgier hofften insbesondere, die Zustimmung der Verhandlungspartner durch das Angebot zu erleichtern, daß die Kosten des Ausgleichsfonds zur Hälfte aus der Staatskasse der einzelnen Staaten bestritten werden sollten, wollten sich jedoch dafür das Recht auf eine von den Gemeinschaftsfonds unabhängige – nationale Subventionspolitik bewahren[44]. Spierenburg wurde unmittelbar um die Unterstützung der Niederlande in dieser Frage gebeten; ob dies notwendig war, mag dahinstehen. Das Kabinett hatte bereits eine positive Entscheidung gefällt und war in der Sommerpause übereingekommen, einer Ausgleichsumlage von 1 Gulden je Tonne niederländischer Kohle zuzustimmen, falls die Gelder dazu verwendet wurden, die belgischen Kohlepreise (und damit Stahlpreise) zu senken[45]. In Deutschland hatte sich indessen der Widerstand gegen die Zahlung irgendwelcher Ausgleichsbeträge zugunsten einer Aussetzung des gemeinsamen Marktes verhärtet[46]. Als dieses Ansinnen bei der Wiederaufnahme der Verhandlungen vorgetragen wurde, stieß es auf die brüske Ablehnung der übrigen Länder[47], während Deutschland sich seinerseits weigerte, Abgaben auf seine eigene Förderung oder die Anhebung der Bergarbeiterlöhne bzw. der inländischen Kohlepreise, wodurch sich die Höhe der betreffenden Umlagen verringert hätte, zu akzeptieren[48].

Unterdessen kamen die Verhandlungen über die Übergangszeit im November 1950 richtig in Gang, denn den deutschen Bergleuten war eine 13%ige Lohnerhöhung

---

[42] Kort verslag van de zesde bespreking van de Sociale commissie op 4 Augustus 1950, CVP/WP/Soc 6, ARA, MEZ, BEB 562.

[43] Plan Schuman. Note pour le CMCE, 24. 8. 1950, Rapport sur les négociacions autour du Plan Schuman, 30. 12. 1950, MAE (Bel) 5216.

[44] ebenda.

[45] Nota betreft hervatting besprekingen Plan Schuman, 24. 8. 1950 (REA 30. 8. 1950), ARA, MR 587; Protokoll des Kabinettsausschusses für Wirtschaftsfragen vom 30. 8. 1950, ARA, MR 572.

[46] Protokoll der internen Delegationssitzung am 22. 8. 1950, Politisches Archiv des Auswärtigen Amtes, Bonn (PA AA), Ref. 213, VSP, Akte 48, Soust/10, Akte Organisation Kabinettsausschußchefs Va; Brief von Graf an Bundeskanzleramt und verschiedene Ministerien vom 25. 8. 1950, ebenda, 1A3/6007/50.

[47] Rapport à Monsieur le Ministre. Réunion concernant le Plan Schuman, Séance du 4. 9. 1950, MAE (Bel) 5216; Compte-rendu de la réunion restreinte du lundi 4 septembre, ebenda; Comité restreint, Réunion du lundi 4 septembre, MAE (L) 11374; Verslag over de besprekingen te Parijs betreffende het Schumanplan van 31 Augustus – 9 September 1950 (REA 20. 9. 1950), ARA, MR 588.

[48] Note pour Monsieur le Ministre, 18. 9. 1950, MAE (Bel) 5216.

gewährt worden und eine Anhebung des Kohlepreises, die sich ebenfalls in einer
Verringerung der Kluft zwischen Inlands- und Ausfuhrpreisen auswirken würde,
stand bevor. Die Niederländer, die damit gerechnet hatten, daß die Beseitigung des
Doppelpreissystems durch eine Senkung der Exportpreise erreicht würde, waren
mehr denn je entschlossen, die Ausgleichsumlage niedrig zu halten[49]. Der Kompromiß, auf den man sich schließlich einigte, gründete sich auf die Bereitschaft der
Franzosen, auf alle Ausgleichsforderungen (und -zahlungen) zu verzichten. Die belgische Regierung sollte 50% zu den Beihilfekosten beisteuern, von denen eine Senkung der Stahlpreise erwartet wurde und erklärte sich damit einverstanden, binnen
fünf Jahren die Produktionskapazität um 5 Mio t zu reduzieren. Die Niederländer
und die Deutschen sollten eine Ausgleichsumlage in Höhe von 1,5% des Umsatzes
entrichten, wobei der Betrag schrittweise gesenkt und nach fünf Jahren völlig weg-
fallen würde[50]. Als Van Zeeland im letzten Augenblick auf der mit der Vertrags-
unterzeichnung im April 1951 betrauten Ministerkonferenz Zugeständnisse erwirkte,
die praktisch darauf hinausliefen, der Regierung eine Weitersubventionierung zu
gestatten und nicht unbedingt die Durchführung des Schließungsprogramms zu verlangen[51], sah es so aus, als seien alle Teilnehmer innerhalb der Grenzen des politisch
Machbaren einigermaßen zufriedengestellt worden. Diese Feststellung läßt jedoch
Luxemburg unberücksichtigt.

Zu Beginn der Verhandlungen hatte Vinck „höchst förmlich zugesichert", daß er bei
den Bemühungen um eine Lösung des belgischen Kohleproblems auf Luxemburg
Rücksicht nehmen würde. In der Praxis waren die Kontaktaufnahmen ausgeblieben,
und die luxemburgische Delegation war unangenehm überrascht, als im November
1950 die Grundlagen des französisch-belgischen Kompromisses bekanntgegeben wurden[52]. Die Stahlproduzenten machten geltend, daß die Anhebung der deutschen Kohlepreise ihre eigenen Kosten um 130 bfrs je Tonne erhöhen würde, während die
Ausgleichsumlage dazu diente, die Kosten im belgischen Stahlsektor um 200 bfrs je
Tonne zu verringern, wodurch ihre Stellung auf dem belgischen Markt gefährdet
würde[53]. Von einer Benelux-Solidarität war wenig zu spüren. Als Wehrer die Möglichkeit einer Ausgleichsumlage für luxemburgischen Stahl ansprach, fuhr ihm Spierenburg mit einem „ungestümen, aufbrausenden" Angriff dazwischen[54], während ein
Appell an die belgischen Stahlproduzenten, eine Entschädigung nach Maßgabe des
BLWU-Vertrags von 1921 zu gewähren, kategorisch zurückgewiesen wurde[55]. Wehrer
beantragte eine Sondersitzung zur Erörterung der Situation, wobei er „mit Kummer
im Herzen" hinzufügte, daß Luxemburg dem Vertrag ohne eine diesbezügliche
Lösung nicht beitreten könnte[56]; Monnet pflichtete dem mit dem Hinweis bei, daß nie
die Absicht bestanden habe, Luxemburg zu diskriminieren, ja daß ihm die gleiche

[49] Telex Kohnstamm und Blaise an Spierenburg vom 16. 11. 1950, MBZ, 996.1.
[50] Projet de convention relative aux dispositions transitoires, 7. 2. 1951, FJM, AMG 12/1/3.
[51] Ministerconferentie, Plan Schuman, Parijs 12 – 18 April 1951, 7. 4. 1951, ARA, MEZ, BEB 557
[52] Plan Schuman, Projet de Rapport Final. Cas de l'acier luxembourgeois, 2. 4. 1951, MAE (L) 11385.
[53] Note pour Monsieur le Ministre des Affaires Etrangères, 7. 12. 1950, MAE (Bel) 5216.
[54] Wehrer an Bech, 4. 12. 1950, MAE (L) 11368.
[55] Compte-rendu de la réunion du 29 décembre 1950 entre les délégations belges et luxembourgeoises au plan
Schuman, MAE (Bel) 5216.
[56] Wehrer an Monnet, 9. 1. 1950, FJM, AMG 11/2/7.

Behandlung wie den übrigen Ländern zuteil würde[57]. Als eine besondere Untersuchung ergab, daß Luxemburgs Forderungen unbegründet waren und es sich eher um einen Wegfall von Vergünstigungen als um eine neue Diskriminierung handelte[58], stellten sich die übrigen Delegierten bei der „überzeugend und bisweilen dramatisch" vorgetragenen Bitte um Sonderbehandlung taub[59]. Suétens wies jede Erwähnung eines „belgisch-luxemburgischen Problems" im Vertrag klipp und klar zurück, weil dies bedeutet hätte, daß Belgien irgendeine Schuld traf, und Spierenburg fügte unnützerweise hinzu, daß bei Berücksichtigung der von Luxemburg vorgebrachten Argumente auch die Niederländer einen Ausgleich verlangen könnten[60]. Erst nachdem Bech unmittelbar bei Schuman Fürsprache eingelegt hatte, wurde in den Vertrag eine Klausel aufgenommen, die Luxemburg das Recht einräumte, sich bei einer Gefährdung der Interessen seiner Industrie direkt an die Hohe Behörde zur Gewährung einer Sonderbehandlung zu wenden[61].

Der November war kein besonders guter Monat für Luxemburg, denn mit dem französischen Vorschlag zur Angleichung der Frachtsätze[62] tauchte ein neues Problem auf, das – wenngleich in unterschiedlicher Weise – ebenfalls die Kohle berührte. Es bestand darin, daß 70% der luxemburgischen Eisenbahneinkünfte vom Transport von Kohle und Eisen in ihren verschiedenen Verarbeitungsformen stammten, vor allem aber darin, daß, um sich das Geschäft mit den für Frankreich bestimmten Ruhrkohletransporten nicht entgehen zu lassen, niedrigere Frachtsätze als für die luxemburgischen Abnehmer berechnet wurden. Eine Beseitigung der Diskriminierung hätte entweder Einkommens- oder Transporteinbußen nach sich gezogen[63]. Erneut sah sich Wehrer völlig alleingestellt[64], und er scheiterte mit seinem Versuch einerseits eine Streichung der Klauseln und andererseits die Schaffung eines Sonderfonds zum Ausgleich für die Einkommensverluste zu erreichen[65]. Man einigte sich schließlich darauf, die Anwendung der Klauseln im Falle Luxemburgs auszusetzen, denn Wehrer war es gelungen, die Unentschlossenen mit dem Argument auf seine Seite zu ziehen, daß diese Lösung keinerlei Kosten beinhaltete und daß Luxemburg nicht beabsichtigte, andere Nationen zu diskriminieren, es sei denn zu ihrem Vorteil[66]!

Die Uneinigkeit der Benelux-Staaten offenbarte sich zwar in der Kohlefrage in ihrer ganzen Schärfe, am meisten kam den Deutschen die Interessenspaltung wahrscheinlich aber bei den verwickelten Diskussionen über Kartelle und Unternehmenszusammenschlüsse zupaß. In dieser Frage verhinderte die Unterstützung der belgischen und der luxemburgischen Delegation die andernfalls drohende Isolierung Deutschlands in einer kritischen Verhandlungsphase und half, entscheidende Zugeständnisse zu erwirken, so daß die endgültigen Vertragsklauseln weniger schmerzhaft

---

[57] Monnet an Wehrer, 20. 1. 1951, FJM, AMG 11/2/8.
[58] Monnet an Wehrer, 20. 1. 1951, FJM, AMG 11/2/9.
[59] Plan Schuman, Projet de Rapport Final. Cas de l'acier luxembourgeois, 2. 4. 1951, MAE (L) 11385.
[60] Wehrer an Bech, 25. 1. 1951, MAE (L) 11384.
[61] Plan Schuman. Projet de Rapport Final. Cas de l'acier luxembourgeois 2. 4. 1951, MAE (L) 11385.
[62] Note de service, 23. 11. 1950, MAE (L) 11368.
[63] Plan Schuman. Note pour Monsieur le Ministre des Affaires Etrangères, 7. 12. 1950, ebenda.
[64] Wehrer an Bech, 5. 12. 1950, ebenda.
[65] Wehrer an Bech, 18. 1. 1951, 3. 2. 1951, ebenda.
[66] Réunion des Chefs de Délégation à la Conférence sur le Plan Schuman le 16 février 1951. Question de tarifs de chemin de fer, ebenda.

ausfielen, als dies vielleicht sonst der Fall gewesen wäre. Die Niederländer mit einer
verstaatlichten Kohleindustrie und einer aus einem einzigen Betrieb bestehenden Stahlindustrie hatten kein Interesse an eigenen Regelungen auf nationaler Ebene oder
unterhalb der nationalen Ebene und von entsprechenden Vorkehrungen in anderen
Ländern nur Negatives zu erwarten.

Deutschland wollte die „regionalen Gruppen", in denen Monnet grenzüberschrei-
tende Unternehmensorganisationen mit Beratungsbefugnissen sah, zu Vollstreckern
von Beschlüssen der Hohen Behörde ausbauen[67]. Es wollte ihnen vor allem eine
zentrale Stellung bei der Preisfestsetzung verschaffen[68] und wurde dabei von Belgien
und Luxemburg unterstützt. Die deutschen Vorstellungen gingen in Wirklichkeit aber
noch weiter. Die regionalen Gruppen sollten Produktionsprogramme ausarbeiten und
den einzelnen Firmen Quoten zuteilen. Das Ziel bestand darin, die größtmögliche
Ausnutzung der inländischen Kapazitäten zu gewährleisten. Die Preise sollten so
festgesetzt werden, daß der Markt bereinigt werden könnte, und wenn unter diesen
Umständen ein „Überangebot" (sic) drohte, sollten die Einfuhren gedrosselt werden.
Das waren unverfälschte Kartelltöne, gegen die sich die Niederländer, die Franzosen
und selbst ein Teil der deutschen Delegation wandten[69]. Monnet begann sich über die
Richtung, in die die regionalen Gruppen drifteten und über den negativen Eindruck,
den das auf die Amerikaner machen könnte[70], Sorgen zu machen, und Suétens' Feststellung, daß die Unternehmen, selbst wenn die Gruppen abgeschafft werden würden,
wahrscheinlich ohnehin ähnliche Absprachen untereinander treffen würden[71], dürfte
alles andere als beruhigend für ihn gewesen sein.

Monnets Lösung bestand darin, im Vertragsentwurf die regionalen Gruppen unerwähnt zu lassen und einen Angriff auf Unternehmenszusammenschlüsse und Kartelle
zu starten. Seine Vorschläge erlaubten es der Hohen Behörde, jede Absprache, die die
freie Entfaltung der Marktkräfte beeinträchtigte, zu prüfen und für nichtig zu erklären
und die Beteiligung einer Firma am Aktienkapital einer anderen zu beschränken, ganz
zu schweigen von kompletten Verschmelzungen oder Fusionen[72]. Er erläuterte, daß
die Artikel dazu bestimmt seien, eine Kartellisierung der Ruhrindustrie zu verhindern,
wenn die Ruhrbehörde ihren Griff lockere; sobald die drastischeren Maßnahmen aus
dem Text gestrichen seien, könne er auf die uneingeschränkte Unterstützung der
Niederländer und Italiener rechnen.

In einem gemeinsamen Schreiben an die Regierung warfen die belgischen Kohle-
und Stahlproduzenten Monnet vor, „unter Androhung drakonischer Zwangsmaßnah-
men einen vollkommenen Dirigismus der Hohen Behörde, der in der Praxis einer

---

[67] Delegiertenanweisungen. Vertrauliches Dokument, das wie folgt beginnt: „Die Delegation hat dem Kabinett
anhand des am 25. 6. von Herrn Monnet überreichten Arbeitsdokuments ...", ohne Datum, PA AA, Ref.
213, VSP, Akte 45, KA 61.
[68] Brief von Graf an Bundeskanzleramt und verschiedene Ministerien vom 25. 8. 1950, 1A3/6007/50, PA AA,
Ref. 213, VSP, Akte Organisation Kabinettsausschußchefs Va.
[69] Verslag van de besprekingen te Parijs betreffende het Schuman Plan van 10 t/m 14 September 1950 (REA 26.
9. 1950), ARA, MR 588.
[70] Observations sur le mémorandum du 28 Septembre 1950 exposées par M. Jean Monnet au cours de la
réunion restreinte des chefs de délégation le 4. 10. 1950, MAE (Bel) 5216.
[71] Verslag van de vergadering van het Comité restreint op 4 October 1950, CVP 18 (REA 25. 10. 1950), ARA,
MR 589.
[72] Propositions relatives à la mise en oeuvre du Plan Schuman en ce qui concerne les accords et pratiques
tendant à la constitution de monopoles, 27. 10. 1950, FJM, AMG 8/2/18.

verschleierten Verstaatlichung gleichkomme", zu begründen. Sie machten geltend, daß der Wettbewerb ohne informelle Absprachen zwischen den Unternehmen (z. B. in Form von langfristigen Lieferverträgen) leicht in einen „wilden, unbändigen Kampf" ausarten könnte, dessen Auswirkungen allen zum Schaden gereichen würden. Das Verbot von Verschmelzungen usw. sei zu unflexibel und könnte den vom Nationalen Kohlenbergwerksrat (Conseil National des Charbonnages) ausgearbeiteten Reorganisationsplan für den Kohlenbergbau gefährden[73]. Diese Argumente machte sich die Regierung zu eigen[74], und während sich die Deutschen auf den Widerstand gegen den französisch-amerikanischen Entflechtungsangriff in der alliierten Hochkommission konzentrierten, fiel es Belgien zu, sich um eine Abschwächung der Artikel des Vertragsentwurfs zu bemühen. Während die deutsche Delegation sich so passiv verhielt, daß die Belgier – zu Unrecht – annahmen, sie habe sich bereits entschlossen, die Artikel in der bestehenden Form zu akzeptieren[75], erwirkte Belgien zwei entscheidende Zugeständnisse. Die Artikel im ursprünglichen Entwurf *erlaubten* es der Hohen Behörde, bestimmte Abmachungen und Fusionen anzuerkennen, die neue Klausel dagegen *verpflichtete* sie zu ihrer Anerkennung, wenn bestimmte Voraussetzungen erfüllt waren. Zweitens wurde ein Absatz aufgenommen, der der Hohen Behörde tatsächlich vorschrieb, den bestehenden Besitzstrukturen Vorrang vor dem in Kraft tretenden Vertrag einzuräumen, was bedeutete, daß den Deutschen, die den von der Hochkommission beschlossenen Entflechtungsmaßnahmen zugestimmt hatten, eine neue Entflechtungswelle von seiten der Hohen Behörde erspart bleiben würde[76]. Die Belgier zögerten jedoch immer noch und gaben erst auf amerikanischen Druck hin nach. McCloy nahm an, die Deutschen würden das Argument der belgischen Vorbehalte in dieser Frage dazu benutzen, ihren Widerstand zu verstärken. „Er wies uns darauf hin, wie wichtig es sei, die Verhandlungen so schnell wie möglich abzuschließen. Er war der Auffassung, daß die Stimmung in Deutschland wieder günstig sei. Andererseits glaubte er, daß eine Weigerung, den Text in seiner bestehenden Fassung zu akzeptieren, die Franzosen veranlassen würde, den Plan aufzugeben, und ihre Haltung bei anderen Aspekten der französisch-deutschen Beziehungen unnachgiebiger gestalten würde. Um es kurz auszudrücken: er forderte uns auf, entgegenkommender zu sein."[77]

Die für diesen Aufsatz gewählten Beispiele sollten die Vorgänge lediglich veranschaulichen. Andere hätten das Bild noch verstärkt, z. B. die mit dem deutschen Standpunkt übereinstimmende gemeinsame Benelux-Position in der Frage der Beschränkung der Befugnisse der Hohen Behörde auf eine Unternehmensinformation; die Abspaltung der Niederlande von Belgien und ihr Einschwenken auf die deutsche Linie im Hinblick auf eine Begrenzung der Größe des Investitionsfonds; ihre erneute Abspaltung in der Frage der Investitionskontrollbefugnisse der Hohen Behörde, dieses Mal mit Belgien auf deutscher Seite. In allen Fällen lassen sich die vertretenen Standpunkte unmittelbar bis hin zu den Strukturen der jeweiligen Industrien zurückverfol-

---

[73] Positions communes de l'industrie charbonnière et de l'industrie sidérurgique belges vis-à-vis du Plan Schuman, 7. 12. 1950, MAE (Bel) 5216.
[74] Note exposant les principales questions restand à discuter, 8. 1. 1951, ebenda.
[75] Suétens an Meurice, 6. 2. 1951, ebenda.
[76] Plan Schuman. Note concernant les articles 60 (ententes) et 61 (concentrations) du projet de traité, 30. 3. 1951, ebenda.
[77] Telegramm Gruben an das Außenministerium vom 16. 3. 1951, ebenda.

gen. Der ursprüngliche Ansatzpunkt des Schumanplans war vielleicht tatsächlich in erster Linie politisch gekennzeichnet, das Endergebnis war es ganz bestimmt nicht. Infolge der hartnäckigen Verteidigung der nationalen Interessen stellte sich der abschließende Vertrag vielmehr als ein überaus pragmatisches Gebilde dar. Es spiegelte weder in vollkommener Makellosigkeit die Supranationalität wider, die in Monnets ursprünglichem Arbeitsdokument enthalten war, noch mangelte es darin an Widersprüchen und Ausnahmeregelungen, wodurch ein wirklich auf Wettbewerb beruhender gemeinsamer Markt noch in weite Ferne gerückt wurde. Im Verlauf der Verhandlungen war die Benelux-Front so weit auseinandergeklafft wie nie zuvor. Paul van Zeeland, der ziemlich aufgelöst aus der Ministerkonferenz im April 1951 kam, beklagte sich bei einem Luxemburger Kollegen darüber, daß Belgien im Angesicht der Gefahr von den anderen alleingelassen worden sei. Dem Luxemburger erschien diese Bemerkung von seiten des Belgiers in Anbetracht der Position seines eigenen Landes als ein recht starkes Stück, und er gab ihm dies auch zu verstehen – worauf Van Zeeland „schnell hinzufügte, daß jedes der sechs Länder seine Interessen verteidigt habe und daß er sich zu den erzielten Ergebnissen gratuliere"[78]. Die Benelux-Länder hatten bei diesen Verhandlungen unabhängig voneinander operiert und sollten dies auch noch die gesamten frühen fünfziger Jahre hindurch tun – vor dem Hintergrund der immer erbitterter geführten Auseinandersetzungen mit der Benelux-Organisation selbst. Der Schumanplan kennzeichnete den Beginn, das Beyen/Spaak-Memorandum für die Konferenz von Messina im Jahre 1955 den Anfang vom Ende dieses Prozesses.

---

[78] Robert Als an Joseph Bech, 19. 4. 1951, MAE (L) 11379.

Peter Fischer

Die Bundesrepublik und das Projekt einer Europäischen Politischen Gemeinschaft[1]

I.

Unmittelbar nach der Washingtoner Außenministerkonferenz im September 1951, der die Parallelverhandlungen auf dem Petersberg und in Paris über die Aufhebung des Besatzungsstatuts und die Schaffung einer Europäischen Verteidigungsgemeinschaft (EVG) folgten, war der französische Außenminister Schuman mit der überraschenden Erklärung an die Öffentlichkeit getreten, daß Frankreich nunmehr, nach Montanunion und EVG, in einem dritten Schritt die Schaffung einer supranationalen politischen Autorität in Europa anstreben werde[2].

Wenige Wochen später, nachdem in der Presse schon heftig über die Existenz eines sog. „Zweiten Schumanplans" spekuliert worden war, präzisierte Schuman seinen Vorstoß vom September. Er halte es für geboten, erklärte der französische Außenminister, die Frage einer supranationalen politischen Behörde auf der kommenden Straßburger Tagung des Europarats einmal zur Debatte zu stellen[3]. Der Zeitpunkt, den Schuman für seinen neuerlichen Vorstoß gewählt hatte, war keineswegs zufällig. Der Vertrag über die Errichtung der Europäischen Gemeinschaft für Kohle und Stahl (EGKS) war im April des gleichen Jahres nach zähen Verhandlungen in Paris unterzeichnet worden. Die Außenministerkonferenz in Washington (10.–14. September 1951) hatte in der heftig umstrittenen Frage der westdeutschen Wiederaufrüstung den endgültigen Durchbruch für die von Frankreich vorgeschlagene europäische Integrationslösung gebracht. Damit waren innerhalb kürzester Zeit zwei große französische Initiativen auf dem Wege, die Ordnung der Dinge in der europäischen Staatenwelt dramatisch zu verändern.

Mit der Wiederaufnahme der seit dem Sommer unterbrochenen Verhandlungen über den Pleven-Plan war jedoch ein Problem akut geworden, das einen Schritt über die militärische Integration hinaus erforderlich zu machen schien. Schon auf der Eröff-

---

[1] Für diese Ausarbeitung wurde neben den einschlägigen Dokumenten des Auswärtigen Amtes im Politischen Archiv des Auswärtigen Amtes Bonn (PA AA) und des Bundeswirtschaftsministeriums im Bundesarchiv Koblenz (BA B 102), auch der Nachlaß von Herbert Blankenhorn (BA NL Blankenhorn) ausführlich berücksichtigt. Die Literatur über die EPG ist immer noch spärlich. Quellengestützt sind lediglich die Untersuchungen von Richard T. Griffiths; Alan S. Milward, The Beyen Plan and the European Political Community, in: Noi si mura, hrsg. v. Werner Maihofer, Florenz 1986, S. 596–621 (Niederländische Regierungsarchive) und R. Cardozo, The Project for a Political Community (1952–1954), in: The Dynamics of European Union, hrsg. v. Roy Pryce, London 1987, S. 49–77 (Dokumente des Europäischen Parlaments und des Europarates).
[2] Heinrich Siegler (Hrsg.), Europäische und politische Einigung 1949–1968. Dokumentation von Vorschlägen und Stellungnahmen, Bonn 1968, S. 9.
[3] Vgl. Notiz am 9. 11. 1951, BA NL Blankenhorn Nr. 8, S. 209.

nung der Pleven-Plan-Konferenz in Paris im Februar 1951 war die Frage laut geworden, wie man eine europäische Armee bilden und unterhalten könne, bevor eine
europäische politische Behörde, eine europäische Regierung und ein europäisches
Parlament vorhanden seien[4]. Obwohl die Initiativen zur Bildung supranationaler
Gemeinschaften auf den Gebieten der Montanindustrie sowie der Verteidigung offensichtlich mehr dem Zwang einer für Frankreich akzeptablen Lösung des „Deutschlandproblems" entsprungen waren[5], schien sich damit schon während der Verhandlungen über die militärische Integration eine Dynamik zu entfalten, die der Logik
genuin europapolitischer Zielsetzungen folgte.

Gleichwohl zeigte sich schon im Kontext der konkreten Verhandlungen über die
Europäische Verteidigungsgemeinschaft, daß unter den beteiligten Staaten grundlegende Meinungsverschiedenheiten über die Wünschbarkeit einer Fortsetzung des eingeschlagenen Weges der supranationalen Vergemeinschaftung bestanden. Während
von seiten der Bundesrepublik und Italiens die Initiative des französischen Außenministers nachhaltig unterstützt wurde, bestanden unter den Benelux-Staaten gleich zu
Beginn erhebliche Vorbehalte gegen das Konzept einer, auf die sechs kontinentaleuropäischen Staaten beschränkten Föderation[6]. Nachdem sich die Beratende Versammlung des Europarates auf ihrer Sitzung im November/Dezember nicht auf die Anträge
des französischen Außenministers Schuman und des italienischen Ministerpräsidenten
De Gasperi zur Schaffung einer supranationalen Autorität einigen konnte, hatte sich
vor allem der niederländische Außenminister Stikker dem Versuch widersetzt, das
Problem der politischen Kontrolle der Verteidigungsgemeinschaft nunmehr im Rahmen des EVG-Vertrages zu regeln. Als Kompromiß war schließlich, auf Initiative De
Gasperis, die Aufnahme des föderalistischen Artikels 38 in den EVG-Vertragsentwurf
beschlossen worden, der eine Lösung dieses Problems von den unmittelbaren Vertragsverhandlungen abkoppelte. Binnen sechs Monaten nach Aufnahme ihrer Tätigkeit
sollte, nach den Bestimmungen dieses Artikels, die parlamentarische Versammlung der
EVG die Frage ihrer Direktwahl prüfen und „Vorschläge" für eine endgültige Organisation machen, „die an die Stelle der vorläufigen Organisation treten" und so beschaffen sein sollte, „daß sie den Bestandteil eines späteren bundesstaatlichen oder staaten-
bündischen Gemeinwesens bilden kann, das auf dem Grundsatz der Gewaltenteilung
beruhen und insbesondere über ein Zweikammersystem verfügen soll"[7].

Nach der Unterzeichnung des EVG-Vertrages im Mai 1952 war jedoch offenkundig,
daß das erzielte Verhandlungsergebnis vor allem in Frankreich nur mit allergrößten
Schwierigkeiten über die Hürde der parlamentarischen Ratifikation zu bringen sein
würde.

Sowohl Gaullisten als auch Sozialisten hatten, wenn auch aus unterschiedlichen
Motiven, ihre Vorbehalte gegenüber der EVG vor allem mit der fehlenden „politi-

---

[4] Konrad Adenauer, Erinnerungen 1945–1953, Stuttgart 1965, S. 448; vgl. zur EVG: Die Europäische Verteidigungsgemeinschaft. Stand und Probleme der Forschung, hrsg. v. Hans-Erich Volkmann und Walter Schwengler, Boppard/Rh. 1985 (= Militärgeschichte seit 1945, hrsg. v. Militärischen Forschungsamt, Bd. 7).
[5] Vgl. Alan S. Milward, Entscheidungsphasen der Westintegration, in: Ludolf Herbst (Hrsg.), Westdeutschland 1945–1955. Unterwerfung, Kontrolle, Integration, München 1986, S. 231–245.
[6] Albert E. Kersten, Niederländische Regierung, Bewaffnung Westdeutschlands und EVG, in: Volkmann;
Schwengler, Verteidigungsgemeinschaft (Anm. 4), S. 191–219, hier S. 214f.
[7] Kommuniqué der Ministerkonferenz vom 30. 12. 1951, in: Europa. Dokumente zur Frage der Europäischen
Einigung, Bd. 2, München 1962, S. 829f.

schen" Integration Europas begründet[8] und damit zugleich eine Grundposition französischer Deutschlandpolitik eingeklagt, die bis zum Ausbruch des Korea-Krieges und der Plevenplan-Initiative noch von allen politischen Kräften Frankreichs ohne Einschränkung geteilt worden war: daß nämlich die deutsche Wiederaufrüstung nur im Rahmen einer europäischen Föderation, d. h. „nach" der Schaffung einer echten föderalistischen Struktur erfolgen sollte[9]. In der ersten Debatte der französischen Nationalversammlung nach der Unterzeichnung des EVG-Vertrages hatte sich deshalb Verteidigungsminister Pleven nicht anders zu helfen gewußt, als das Problem der politischen Kontrolle als Paradoxon zu präsentieren, indem er erklärte, „daß die politische Organisation Europas ihre logische Fortsetzung und zugleich die Voraussetzung für ein befriedigendes Funktionieren der EVG sei"[10].

Nur wenige Tage nach dieser Debatte hatte Schuman vor der Presse angekündigt, daß Frankreich die Außenminister der Sechs bei ihrer nächsten Zusammenkunft auffordern werde, die Versammlung der Montanunion, erweitert um die für die Versammlung der EVG festgesetzte Anzahl von Abgeordneten, mit der Ausarbeitung eines Statuts zur Errichtung einer Europäischen Politischen Gemeinschaft zu beauftragen[11]. Ministerpräsident Pinay hatte dazu begleitend erklärt, daß die Schaffung einer verfassunggebenden Versammlung die „Krönung" der erfolgreichen französischen Integrationspolitik darstellen und Frankreich deshalb die Initiative zur baldigen Verwirklichung dieses Projektes ergreifen werde.

Nachdem wegen der Regierungsumbildung in den Niederlande, auf der Außenministerkonferenz der Montanunion-Staaten vom 23.–25. Juli ein inzwischen erweiterter französisch-italienischer Vorschlag zur vorzeitigen modifizierten Inkraftsetzung des Artikels 38 des EVG-Vertrages nicht behandelt werden konnte[12], beschloß der Ministerrat der Europäischen Gemeinschaft für Kohle und Stahl (EGKS) auf seiner konstituierenden Sitzung am 10. September 1952 dem Antrag zu entsprechen und die parlamentarische Versammlung der Gemeinschaft aufzufordern, den Entwurf eines Vertrages über die Gründung einer „Europäischen Politischen Gemeinschaft" (EPG) auszuarbeiten und sich zu diesem Zweck auf die, für die Versammlung der EVG vorgesehene Anzahl von Abgeordneten zu erweitern[13]. Die Außenminister hatten auch schon eine Frist für die Fertigstellung des Vertragsentwurfs festgelegt. Innerhalb von sechs Monaten nach Einberufung der Schumanplan-Versammlung, d. h. am 10. März 1953, sollten die Ergebnisse der Beratungen an die EVG-Versammlung sowie an die Außenminister der sechs Länder übermittelt werden.

---

[8] Vgl. Siegler, Einigung (Anm. 2), S. 11.

[9] Vgl. Wilfried Loth, Die deutsche Frage in französischer Perspektive, in: Herbst, Westdeutschland (Anm. 5), S. 37–49.

[10] Deutsche Diplomatische Vertretung (Paris) an AA vom 25. 6. 1952, PA AA II, 221-65.

[11] Auf die Rolle des Europarates und die Auseinandersetzungen über den sog. „Eden-Plan", der eine Einbindung der Integrationsprojekte der Sechs in den Europarat gefordert und zu diesem Zweck den Ausbau des Ministerausschusses zu einem obersten politischen Kontrollorgan vorgeschlagen hatte, sowie die Rolle des Europarates in dieser Initiativphase kann hier nicht näher eingegangen werden. Vgl. zur Einschätzung des Eden-Plans Donald C. Watt, Die konservative Regierung und die EVG 1951–1954, in: Volkmann; Schwengler, Verteidigungsgemeinschaft (Anm. 4), S. 81–99.

[12] Zur Bedeutung der Regierungsumbildung in Den Haag für die niederländische Integrationspolitik vgl. Griffiths; Milward, Beyen Plan (Anm. 1), S. 598f.

[13] Beschluß des Rates der Montan-Union vom 10. 9. 1952 („Luxemburger Resolution"), in: Europa. Dokumente, Bd. 2 (Anm. 7), S. 921–923.

Es war dem deutschen Bundeskanzler als erstem Präsidenten des Ministerrats der Montanunion vorbehalten, diesen Beschluß der Schumanplan-Versammlung, auf ihrer konstituierenden Sitzung am 11. September 1952, mitzuteilen. Nachdem die Versammlung die Beauftragung der Minister am 13. September offiziell angenommen hatte, konnte sich am 15. September, nach der Hinzuwahl von neun Abgeordneten (je drei für Frankreich, Italien und die Bundesrepublik), das erweiterte Schumanplan-Parlament als sog. „Ad-Hoc Versammlung" offiziell konstituieren. Dieser Bezeichnung war gegenüber dem möglichen Namen „Verfassunggebende Versammlung" der Vorzug gegeben worden, um den provisorischen Charakter dieses Gremiums und seiner Vorschläge zum Ausdruck zu bringen[14].

II.

In der Bundesrepublik war die Erklärung des französischen Außenministers vom September 1951 von seiten der Bundesregierung vorbehaltlos begrüßt worden[15].

Nachdem man den Pleven-Plan als Grundlage der deutschen Wiederaufrüstung wegen der darin enthaltenen diskriminierenden Bestimmungen für die Bundesrepublik zunächst mehr oder weniger offen abgelehnt und statt dessen auf eine Verwirklichung der sog. „atlantischen Lösung", der Eingliederung der bundesdeutschen Verbände in die NATO, gedrängt hatte, war mit den Beschlüssen der Washingtoner Außenminister-Konferenz jedweder Spielraum in dieser Frage aufgebraucht. Die Aufnahme der konkreten Verhandlungen auf dem Petersberg und in Paris bedeutete deshalb für die Bundesregierung, sich endgültig mit der ungeliebten „EVG-Lösung" arrangieren zu müssen und nach Möglichkeiten zu suchen, die eigenen Vorbehalte durch eine positive Identifikation mit dem Konzept der supranationalen Verteidigungsgemeinschaft zu verdecken[16]. Den Ansatzpunkt dafür konnte aber, wegen der heftig umstrittenen Remilitarisierungsproblematik, nur die europapolitische Komponente des EVG-Projekts darstellen.

Die Ankündigung des französischen Außenministers vom September, mit der militärischen Integration gleichzeitig auch die politische Integration in Angriff zu nehmen, wies der Bundesregierung hier die Richtung. Schon in den ersten Stellungnahmen Adenauers zeichnet sich deutlich der Versuch ab, in der öffentlichen Auseinandset-

---

[14] Europa-Archiv 7 (1952), S. 5193; nach der Wahl Paul Henri Spaaks zum Präsidenten und der Beauftragung des Sekretariats der Schumanplan-Versammlung für die Verwaltungsarbeiten beschloß die Ad Hoc Versammlung, zur Ausarbeitung des Entwurfs für die Europäische Politische Gemeinschaft eine Unterkommission zu bilden. Diese sog. „Commission Preconstituante" oder „Ad Hoc Kommission" konnte sich am 22. September in Straßburg konstituieren. Sie umfaßte 26 ordentliche Mitglieder sowie 13 Beobachter aus dem Europarat und bestimmte den Deutschen Heinrich von Brentano, Fraktionsvorsitzender der CDU im Bundestag, zum Vorsitzenden; zur Arbeit der „Ad Hoc Kommission" vgl. Cardozo, Project (Anm. 1), S. 54–62; zur Bedeutung der Verfassungsarbeiten allgemein, vgl. Werner Lipgens, Die Bedeutung des EVG-Projekts für die politische europäische Einigungsbewegung, in: Volkmann; Schwengler, Verteidigungsgemeinschaft (Anm. 4), S. 9–30, hier S. 27ff. und Paul Noack, Das Scheitern der Europäischen Verteidigungsgemeinschaft, Düsseldorf 1977, S. 45–47.

[15] Vgl. die Rede Adenauers vor der Beratenden Versammlung des Europarates vom 10. 12. 1952, abgedruckt unter dem Titel „Europa muß verwirklicht werden" in: Bulletin des Presse- und Informationsamtes der Bundesregierung vom 15. 12. 1952, Nr. 21, S. 157f.

[16] Vgl. Paul Noack, EVG und Bonner Europapolitik, in: Volkmann; Schwengler, Verteidigungsgemeinschaft (Anm. 4), S. 239–254 und Wilhelm Meier Dörnberg, Politische und militärische Faktoren bei der Planung des deutschen Verteidigungsbeitrages im Rahmen der EVG, in: ebenda, S. 271–290.

zung über die Integrationspolitik der Bundesregierung das Schwergewicht von der EVG auf die neue politische Integrationsinitiative zu verschieben. Die Verteidigungsgemeinschaft wurde dabei wahlweise entweder als der eigentliche Schrittmacher[17] oder als eher marginale Vorstufe auf dem Weg zur europäischen Föderation bezeichnet[18].

Wie virtous Adenauer dieses neue europapolitische Argument gegen die SPD-Opposition einzusetzen wußte, demonstrierte er auf einer Bundestagsausschußsitzung am 3. September 1952. Adenauer: „Dann hat Herr Kollege Brandt gesagt: Wir sind für die Integration Europas, aber welches Europa, was soll der Inhalt sein? Da muß man doch nun auf die Dynamik der Entwicklung vertrauen. (...) Gerade der Art. 38 des EVG-Vertrages ist der Artikel, in dem die Schaffung eines europäischen Parlaments in Aussicht genommen ist. Das ist doch die Quelle der dynamischen Entwicklung. Diesen Art. 38 betrachte ich als einen der allerwichtigsten Artikel des ganzen Vertrages über die Europäische Verteidigungsgemeinschaft. Er zeigt, daß es nicht etwa mit den militärischen Dingen und mit der Montanunion sein Ende haben soll, sondern, daß nun wirklich ein Europa, und zwar, Herr Kollege Brandt, ein demokratisches Europa geschaffen werden soll. Dieser Art. 38 ist von allen anderen abgesehen so unendlich wertvoll, daß ihn, glaube ich, kaum ein Europäer verneinen dürfte."[19]

Für die vorbehaltlose Unterstützung der neuen Integrationsinitiative durch die Bundesregierung spielten aber auch außenpolitische Erwägungen eine zentrale Rolle. Im Hinblick auf die Schwierigkeiten, die der Weiterbehandlung des EVG-Vertrages in der Pariser Nationalversammlung von Anfang an entgegenstanden, hatte die Bundesregierung den neuerlichen Integrationsvorstoß des französischen Außenministers als Anzeichen einer konstruktiven Ratifizierungspolitik begrüßt[20]. Dabei ließ sich auf diesem Weg zugleich demonstrieren, daß die Bundesrepublik sich nicht nur, wie in Frankreich offen befürchtet wurde, aus rein taktischen Erwägungen auf die Politik des europäischen Zusammenschlusses eingelassen hatte, sondern zu einer Fortsetzung der Integrationspolitik auch über den engeren Kontext der Rekonstruktionsproblematik hinaus bereit war. Nur durch die Weiterführung der europäischen Integrationspolitik auf der Basis eines umfassenden deutsch-französischen Interessenausgleichs ließ sich aber auch der Gefahr eines französisch-russischen Rapprochements, sowie einer Entspannungspolitik der Großmächte auf Kosten Deutschlands begegnen, die von Adenauer bis zum Inkrafttreten des sog. „Deutschlandvertrages" stets zu den größten Bedrohungen der deutschen Außenpolitik gezählt wurden[21].

[17] Vgl. die Rede Adenauers vor der Beratenden Versammlung vom 10. 12. 1952, in: Bulletin (Anm. 15).
[18] Vgl. das Interview des Bundeskanzlers mit Ernst Friedländer, in: Bulletin des Presse- und Informationsamtes der Bundesregierung vom 6. 3. 1952, Nr. 27, S. 261–263.
[19] BA NL Blankenhorn Nr. 14, S. 18f. Nach Bekanntwerden der neuen französischen Integrationsinitiative hatte Karl Mommer im SPD-Parteiorgan „Neuer Vorwärts" (2. 11. 1951) angekündigt, daß „die SPD ihren bisherigen Kampf gegen die nationalpolitische Ausnutzung des Europa-Gedankens durch Frankreich auch gegen den zweiten Schumanplan" fortsetzen werde. „So wie die Kohle- und Stahlunion eine verfeinerte Fortsetzung der internationalen Ruhrbehörde sein wird", hatte Mommer argumentiert, „so soll die europäische politische Union eine verfeinerte Fortführung des Besatzungsstatuts auf außenpolitischem Gebiet sein".
[20] Vgl. Deutsche Diplomatische Vertretung (Paris) an AA vom 2. Juli, PA AA II, 221-65.
[21] Vgl. Hans-Peter Schwarz, Adenauer und Europa, in: Vierteljahrshefte für Zeitgeschichte (VfZ) 27 (1979), S. 471–523, hier S. 480ff.; Werner Weidenfeld, Konrad Adenauer und die EVG. Eine Studie zum subjektiven Faktor in der Politik, in: Volkmann; Schwengler, Verteidigungsgemeinschaft (Anm. 4), S. 255–270, hier S. 262.

Die ständige Kritik des US-Kongresses am „schleppenden Gang der europäischen Integration" sowie der bevorstehende amerikanische Präsidentschaftswahlkampf, trugen zusätzlich dazu bei, daß der Bundeskanzler dem Projekt der Europäischen Politischen Gemeinschaft eine große Bedeutung beimaß[22].

Gegenüber der Betonung der instrumentellen Funktion des neuen Integrationsprojektes trat die Frage der inhaltlichen Ausgestaltung in den Äußerungen Adenauers weitgehend zurück. Zwar lagen idealtypische Vorstellungen wie die „Vereinigten Staaten von Europa" durchaus in der „Fluchtlinie" der außenpolitischen Zielvorstellungen des Bundeskanzlers[23]. Seine Stellungnahmen zu dem Projekt der Politischen Gemeinschaft blieben dagegen von Anfang an pragmatisch an der Vorstellung des Machbaren, d. h. vor allem an dem in Paris und Washington definierten konkreten Bedingungsrahmen der bundesdeutschen Außenpolitik orientiert[24].

III.

Schon in den ersten Wochen nach der Luxemburger Außenministerkonferenz trat in den konkreten Verhandlungen vor allem zwischen Frankreich und den Niederlanden ein Grundgegensatz hervor, der auf völlig konträre Konzepte einer künftigen Europäischen Politischen Gemeinschaft hindeutete.

Gegen anfänglich starke Bedenken hatte die Regierung in Den Haag ihren Widerstand gegen die Schaffung neuer supranationaler Strukturen nur deshalb aufgegeben, weil sie sich von dem neuen Integrationsprojekt vor allem eine konkrete Möglichkeit zur Ingangsetzung wirtschaftlicher Integrationsmaßnahmen versprochen hatte[25]. Parallel zu den Beratungen der Ad-Hoc Versammlung in Straßburg übermittelte der niederländische Außenminister Beyen den Außenministern der beteiligten Staaten am 10. Dezember ein Memorandum, in dem die niederländische Regierung eine Erweiterung der bisher für die Politische Gemeinschaft vorgesehenen Zuständigkeiten um den Bereich der wirtschaftlichen Integration forderte. Das Memorandum Beyens machte unmißverständlich deutlich, daß die niederländische Regierung ihre Zustimmung zum Projekt der politischen Integration von der gleichzeitigen Bereitschaft der anderen fünf Regierungen zur Aufnahme konkreter Maßnahmen zur Schaffung eines Gemeinsamen Marktes abhängig machte[26]. Als wichtigsten Schritt in diese Richtung nannte das Memorandum die Beseitigung der Handelsbeschränkungen durch Schaffung einer Zollunion („Beyen-Plan"). Um eine Berücksichtigung der niederländischen Vor-

---

[22] Adenauer. Teegespräche 1950 1954, bearb. v. Hanns Jürgen Küsters, Berlin 1984 (= Adenauer. Rhöndorfer Ausgabe, hrsg. v. Rudolf Morsey und Hans-Peter Schwarz), S. 169f.; vgl. auch die Notiz über ein Gespräch zwischen US-Botschafter Kennan, Hallstein und Blankenhorn vom 30. 11. 1952, BA NL Blankenhorn Nr. 14, S. 171–173.

[23] Vgl. Schwarz, Adenauer und Europa (Anm. 21), S. 521.

[24] Vgl. dazu Adenauer, Erinnerungen 1945–1953 (Anm. 4), S. 502.

[25] Vgl. Griffiths, Milward, Beyen Plan (Anm. 1), S. 598ff.

[26] BA B 102/11409; das Memorandum bezog sich ausdrücklich auf folgende Passage der Luxemburger Resolution: „... daß die Konstituierung der Europäischen Politischen Gemeinschaft in Form eines bundesstaatlichen oder staatenbündlichen Gemeinwesens zusammenhängt mit der Schaffung gemeinsamer Grundlagen für die wirtschaftliche Entwicklung und mit einer Verschmelzung der wesentlichen Interessen der Mitgliedstaaten." Im Memorandum war dieses Zitat jedoch eigenwillig verändert worden. Statt der einfachen Konstatierung eines Zusammenhangs war der Satz hier, durch Einfügen der Worte „gleichzeitig" und „erfolgen muß", konditional wiedergegeben.

schläge bei der Ausarbeitung des Verfassungsentwurfes sicherzustellen – so informierte Beyen seine fünf Amtskollegen in einem Begleitschreiben – habe er dem amtierenden Präsidenten des Ministerrats, Van Zeeland, die Einberufung einer außerordentlichen Außenministerkonferenz noch vor der ersten Plenarsitzung der Ad-Hoc Versammlung im Januar 1953 vorgeschlagen[27].

Im Auswärtigen Amt in Bonn wurde das Memorandum Beyens als Ausdruck einer gewandelten konstruktiven Haltung der niederländischen Regierung zum Projekt der Politischen Gemeinschaft grundsätzlich positiv aufgenommen[28]. Auch mit der Einberufung einer speziellen Konferenz der Außenminister war man grundsätzlich einverstanden, jedoch zeitlich „nach" den Vorschlägen des Ad Hoc Ausschusses. Die positive Haltung zur Initiative Beyens wurde auf einer ersten interministeriellen Besprechung im Januar weiter bekräftigt. Von seiten des Wirtschaftsministeriums begrüßte man vor allem das, den niederländischen Vorschlägen zugrunde gelegte Prinzip der „horizontalen Wirtschaftsintegration" und damit die Gelegenheit, eine Korrektur an dem bisher eingeschlagenen Integrationskurs der ungeliebten sektoralen Teilintegration vorzunehmen[29]. Dieser Gesichtspunkt trat auch in ersten offiziellen Stellungnahmen von Ludwig Erhard deutlich hervor. In einem Schreiben an das Auswärtige Amt vom 13. Februar betonte der Wirtschaftsminister den notwendigen Zusammenhang von politischer und wirtschaftlicher Integration, brachte allerdings auch zum Ausdruck, daß aus wirtschaftspolitischen Gesichtspunkten wirtschaftliche Integrationsmaßnahmen „einen möglichst weiten räumlichen Bereich umfassen" sollten. Ausdrücklich forderte Erhard, daß „bei weiteren Integrationsmaßnahmen horizontal und nicht vertikal (branchenweise) vorzugehen" sei und nannte die Bereinigung der Währungsfrage, die Beseitigung mengenmäßiger Beschränkungen und einen weitgehenden Abbau der Zölle als vordringlichste Maßnahmen auf dem Weg zur „Schaffung eines gemeinsamen, diskriminierende Wettbewerbsmaßnahmen ausschließenden Marktes"[30].

In Frankreich stieß die Initiative Beyens dagegen von Anfang an auf Ablehnung. Auf einer Konferenz der Regierungsstellvertreter unmittelbar nach der Außenministerkonferenz in Luxemburg hatte die französische Regierung unmißverständlich deutlich gemacht, daß sie das Straßburger Projekt in erster Linie mit der Schaffung einer direkt gewählten europäischen Versammlung identifizieren und der dann schrittweise zu errichtenden Politischen Gemeinschaft lediglich die „Funktion eines überformenden Rahmeninstruments" für die bereits bestehenden und die zukünftigen Integrationsmaßnahmen zuweisen wollte[31]. Mit dieser Minimalkonzeption hatte die Regierung in Paris aber nicht nur die Niederländer, unterstützt durch die Belgier, gegen sich aufgebracht; auch die Italiener äußerten ihr starkes Befremden darüber, daß Frankreich nach der gemeinsamen Initiierung des Projekts so ohne weiteres als impulsge-

---

[27] Beyen an Adenauer vom 10. 12. 1952, ebenda.

[28] Vgl. Hallstein an Deutsche Botschaften in Brüssel und Den Haag vom 17. 12. 1952, PA AA II, 224-90.

[29] „Bericht über eine Besprechung im AA über Wirtschaftsverhandlungen zwischen den Montan-Unions-Ländern" vom 13. 1. 1954, BA B 102/11408; allerdings gab es auch kritische Stimmen. Die Vertreter des Finanz- und Marshallplanministeriums brachten, unter Verweis auf die unvermeidlich eintretenden Verzögerungen bei den EPG-Verhandlungen, ihre grundsätzlichen Bedenken gegen eine Aufnahme der niederländischen Vorschläge in das EPG Projekt zum Ausdruck.

[30] Erhard an AA vom 13. 2. 1953, BA B 102/11408.

[31] Vgl. Niederschriften über zwei Konferenzen der Außenminister-Stellvertreter am 4. und 17. 10. 1952 in Bonn, PA AA II, 224-20-00.

bende und progressive Kraft aus dem europäischen Integrationsprozeß aussteigen wollte[32]. Hintergrund für die französische Defensivposition waren natürlich die wachsenden Schwierigkeiten bei der Ratifikation des EVG-Vertrags. Seit der Unterzeichnung des Vertrages im Mai 1952 war die Regierung Pinay/Schuman in der Nationalversammlung zunehmender Kritik am Ausverkauf der nationalen Souveränität Frankreichs und seiner historischen Großmachtsbestimmung durch den europäischen Integrationsprozeß ausgesetzt.

Nach dem Regierungswechsel im Januar 1953, der mit der Aufstellung von Zusatzforderungen zum EVG-Vertrag eine Teilrevision der französischen Integrationspolitik mit sich brachte, waren die Aussichten auf eine Kompromißfähigkeit Frankreichs hinsichtlich der Einbeziehung wirtschaftlicher Integrationsmaßnahmen dramatisch weiter geschwunden. Da die Niederländer ihrerseits auch keinen Hehl aus ihrer Ablehnung eines direkt gewählten europäischen Parlaments machten, standen sich zwei konträre Konzepte einer künftigen Europäischen Politischen Gemeinschaft unvermittelt gegenüber. Beide neuerlichen Initiativen – der niederländische Vorstoß zur Erweiterung der EPG-Zuständigkeiten und die französischen Zusatzforderungen zum EVG-Vertrag – waren Gegenstand einer außerordentlichen Außenministerkonferenz der sechs Montanunionstaaten, die am 24. und 25. Februar 1953 in Rom stattfand.

Während in der Frage der EVG-Zusatzprotokolle vor allem die deutsche und die französische Position hart aufeinanderstießen, waren in der Frage der wirtschaftlichen Zuständigkeiten, die niederländische und die französische Position meilenweit voneinander entfernt[33]. Der neue französische Außenminister bekräftigte zum einen das Interesse seiner Regierung an der „Frage der Errichtung einer politischen Gewalt" und betonte, daß gewichtige Kräfte im französischen Parlament die Schaffung einer EPG sogar zur Vorbedingung für die Ratifizierung des EVG-Vertrages machten, stellte jedoch zugleich klar, daß Frankreich die Schaffung eines Gemeinsamen Marktes zwar als erstrebenswertes Ziel ansehe, die Inangriffnahme konkreter wirtschaftlicher Integrationsmaßnahmen jedoch nicht als Angelegenheit des Verfassungsentwurfs sondern eines extra auszuhandelnden Sondervertrages betrachte.

Demgegenüber unterstrich der niederländische Außenminister Beyen mit Nachdruck, daß ein Vertrag über die Politische Gemeinschaft, der nicht gleichzeitig wirtschaftliche Integrationsfragen regele, von der niederländischen Regierung dem Parlament weder vorgelegt werden könne noch Aussicht habe, von diesem ratifiziert zu werden. Weniger ultimativ sprachen sich sowohl Adenauer als auch der italienische Ministerpräsident, De Gasperi, und der belgische Außenminister, Van Zeeland, für eine wirtschaftliche Untermauerung der politischen Gemeinschaft aus. Die Minister kamen jedoch überein, eine endgültige Bewertung der niederländischen Vorschläge erst nach dem Abschluß der Beratungen der Ad-Hoc Versammlung vorzunehmen.

Mit den Ergebnissen der Außenministerkonferenz in Rom konnte sich die Bundesregierung am wenigsten zufrieden geben. In Bezug auf die Ratifizierung des EVG-Vertrags war genau die Situation eingetreten, die der Bundeskanzler am meisten

---

[32] Ebenda.
[33] Vgl. Aufzeichnung. Tagung der Außenminister in Rom am 24. und 25. Februar 1953, PA AA II, 224-21-04; Europa-Archiv 8 (1953), S. 5579f.

fürchten mußte: eine, von der Bundesregierung nicht beeinflußbare Verzögerung des Ratifikationsverfahrens, damit verbunden eine innenpolitisch unvorteilhafte Dauerthematisierung der Militarisierungsproblematik wenige Monate vor den Bundestagswahlen im Herbst 1953 und schließlich und vor allem eine Blockierung der bundesdeutschen Außen- und Sicherheitspolitik[34]. Der Zwang, rechtzeitig nach Alternativen für die gefährdete EVG zu suchen, war genauso unabweisbar wie es für die Bundesregierung ausgeschlossen schien, dieses Thema von sich aus gegenüber den alliierten Besatzungsmächten vorzubringen. Das Dilemma bestand nicht zuletzt darin, daß die Bundesregierung sich den notwendigen außenpolitischen Kredit für eine eventuelle Neuaushandlung des Vertragswerks gerade nicht durch eine frühzeitig angezettelte Alternativendiskussion, sondern nur durch ein klares und unmißverständliches Bekenntnis zu den Zielen und Werten der europäischen Integration verschaffen konnte. Eine Möglichkeit, dieses Bekenntnis unter Beweis zu stellen, bot sich mit dem Projekt der Schaffung einer politischen Gemeinschaft.

Doch auch hier sah sich die Bundesregierung nach der Außenministerkonferenz von Rom mit einem Dilemma konfrontiert. Eine Unterstützung der minimalistischen Konzeption Frankreichs, die EPG als Überdachungsorgan der bestehenden Gemeinschaften, ohne neue Zuständigkeiten und im Anfang im wesentlichen beschränkt auf die Schaffung eines direkt gewählten Parlaments, einzurichten, konnte zwar die Ratifikationsaussichten des EVG-Vertrages in der französischen Nationalversammlung günstig beeinflussen, provozierte jedoch gleichzeitig einen Ausstieg der Niederlande aus den weiteren Verhandlungen. Außerdem hatten sich auch Belgien und Italien für eine Erweiterung der EPG-Zuständigkeiten ausgesprochen. Eine Unterstützung des Beyen-Plans hingegen mußte Frankreich mehr und mehr aus dem EPG-Projekt ausschließen.

IV.

Mit der Verabschiedung des „Entwurf(s) eines Vertrages zur Errichtung einer Satzung der Europäischen Gemeinschaft" beendete die Ad-Hoc Versammlung am 10. März 1953 fristgemäß ihre Arbeit[35]. Kernbestandteil der Gemeinschaft sollte die direkt gewählte Völkerkammer sein, der, zusammen mit dem Senat auch die Gesetzgebungsbefugnis zufiel und die das Recht zur Investitur und Absetzung der Exekutive (Mißtrauensvotum) haben sollte.

Überdeutlich hatten die Parlamentarier der Ad-Hoc Versammlung ihre Handschrift bei der Konstruktion des Senats hinterlassen. Er sollte nicht aus Vertretern der Einzelstaaten, sondern, nach dem Grundsatz der Stimmenponderierung, aus Abgeordneten

---

[34] Vgl. Notiz vom 9. 3. 1953, BA NL Blankenhorn Nr. 18, S. 33.
[35] Europa. Dokumente, Bd. 2 (Anm. 7), S. 947–982; vgl. auch: Ellinor von Puttkamer, Der Entwurf der Satzung einer Europäischen Gemeinschaft, in: Bundesanzeiger vom 16. 3. 1953, Nr. 59, S. 7; Walter E. Genzer, Die Satzung der Europäischen Gemeinschaft. Zum Entwurf einer europäischen Verfassung, in: Europa-Archiv 8 (1953), S. 5653–5664; der Entwurf entsprach im wesentlichen einem Vorentwurf, der von der Ad-Hoc Versammlung – nach Vorlage durch die Ad-Hoc Kommission – schon Anfang Januar beraten worden war; auf Initiative der niederländischen Abgeordneten hatte die Ad-Hoc Versammlung jedoch eine substantielle Revision der wirtschaftspolitischen Passagen dieses Vorentwurfs vorgenommen; vgl. dazu: Interner Vermerk vom 9. 1. 1953, PA AA II, 224-10; der Vorentwurf ist abgedruckt in: Europa-Archiv 8 (1953), S. 5506.

der nationalen Parlamente zusammengesetzt werden, d. h. nicht die Staaten, sondern die „Völker der Staaten" repräsentieren. Dieser Senat sollte grundsätzlich die gleichen Rechte wie die Völkerkammer haben und darüber hinaus den Präsidenten der Exekutive bestimmen. Mit dieser Konstruktion hatten die Parlamentarier zugleich versucht, eine Verbindung mit dem Europarat herzustellen. Der Senat war in ähnlicher Weise ponderiert wie die Vertretung der sechs Staaten in der Beratenden Versammlung.

Für die Exekutive sah der Verfassungsentwurf die Bildung eines Rates in der Funktion einer echten und weitgehend selbständigen europäischen Regierung vor. Weder bei der Bestellung noch bei der Abberufung sollten die nationalen Regierungen, repräsentiert durch den Ministerrat, eine Rolle spielen. Die Ernennung der Mitglieder, die sich Minister der Europäischen Gemeinschaft nennen durften, war ausschließlich Sache des Präsidenten, der seinerseits durch den Senat bestimmt werden sollte. Investitur und Abberufung des Exekutivrats war ebenfalls allein Angelegenheit von Senat und Völkerkammer.

Während der Exekutivrat die Zuständigkeiten der Hohen Behörde und des EVG-Kommissariats erst nach einer Übergangszeit übernehmen sollte, entsprach der Rat der nationalen Minister von Anfang an den Ministerräten der Montanunion und der Verteidigungsgemeinschaft. Seine Aufgabe blieb es, die nationalen Interessen der Staaten mit den föderalen Anliegen der Gemeinschaft zu vermitteln[36].

Den ‚kritischsten Teil des Vertragsentwurfs stellten jedoch die Passagen über die wirtschaftlichen Zuständigkeiten der EPG dar. In 5 Artikeln (Art. 82–87) wurde der Gemeinschaft die Aufgabe zugewiesen, nach Ablauf des ersten Jahres mit der Verwirklichung des gemeinsamen Marktes zu beginnen. Innerhalb eines Zeitraums von fünf Jahren sollten sämtliche hierzu erforderlichen Maßnahmen noch der einstimmigen Zustimmung des Rates der nationalen Minister bedürfen. Nach Ablauf dieser Frist sollte dagegen dann eine einfache Mehrheit genügen, unter der Voraussetzung allerdings, daß dann der Senat mit einer Zweidrittelmehrheit einwilligen würde. Der Verfassungsentwurf enthielt jedoch weder eine Aussage über den Zeitraum, in dem der Gemeinsame Markt verwirklicht werden, noch über den Weg, auf dem dieses Ziel erreicht werden sollte[37].

Fristgerecht überreichte der Präsident der Ad-Hoc Versammlung, Paul Henri Spaak, am 9. März 1953 den Verfassungsentwurf, der von dem amtierenden Präsidenten des Ministerrats, dem französischen Außenminister Bidault, entgegengenommen wurde.

Die Problematik des eingeschlagenen Verfahrens – parlamentarische Ausarbeitung des Verfassungsentwurfs, Weiterbehandlung des EPG-Projekts durch die Regierungen, wobei der Status des Verfassungsentwurfs nicht näher präzisiert war – trat schon auf der anschließenden Auseinandersetzung der Außenminister über die nunmehr einzuleitenden weiteren Schritte offen zutage[38]. Während der Art. 38 lediglich die

---

[36] Vgl. Cardozo, Project (Anm. 1), S. 58–61.

[37] Die Frage der Saarbeteilligung blieb im Verfassungsentwurf unerörtert. Obwohl im Ad Hoc Ausschuß schon ein entsprechender Text vereinbart worden war, blieb der dafür vorgesehene Art. 101 des Verfassungsentwurfs weiß. Dies geschah nicht zuletzt auf Betreiben Adenauers, der sich kategorisch gegen jede Präjudizierung der Saarfrage durch die Ad Hoc Versammlung ausgesprochen hatte; vgl. Adenauer, Briefe 1951–1953, bearb. v. Hans Peter Mensing, Berlin 1987 (= Adenauer. Rhöndorfer Ausgabe, hrsg. v. Rudolf Morsey und Hans-Peter Schwarz, Bd. 4), S. 342–344.

[38] Protokoll der Zusammenkunft der Sechs Außenminister in Straßburg am 9. März 1953, PA AA 224-21-01.

Aufforderung an die Regierungen der Mitgliedstaaten enthielt, nach Zuleitung der Vorschläge der Versammlung, „binnen drei Monaten eine Konferenz zur Prüfung der Vorschläge einzuberufen", hatten die Minister sich in ihrer Luxemburger Resolution über die weitere Vorgehensweise ausgeschwiegen. Auf der Grundlage eines niederländischen Memorandums und auf konkrete Initiative des italienischen Ministerpräsidenten De Gasperi, kam man schließlich überein, eine nächste Zusammenkunft der Außenminister auf den 12. Mai 1953 festzusetzen, die, vor der Einberufung der offiziellen „Regierungskonferenz", einer ersten Erörterung des vorgelegten Verfassungsentwurfs dienen sollte.

V.

Einen Tag vor dem Beginn der Außenministerkonferenz in Paris (12./13. Mai 1953) traf der Bundeskanzler in Paris mit dem französischen Ministerpräsidenten Mayer und Außenminister Bidault zu einem vorbereitenden Meinungsaustausch zusammen. Die Ankündigung Churchills vom gleichen Tage, zur Sondierung der internationalen Entspannungsmöglichkeiten nach dem Tode Stalins die Einberufung einer Dreimächte-Konferenz vorzuschlagen, auf der u. a. die Möglichkeit einer „Ost-Locarno Lösung" für Deutschland geprüft werden sollte[39], hatte Adenauers „Potsdam-Komplex"[40] mit einem Schlag reaktiviert und trug entschieden zu seinem Drängen bei, hinsichtlich der Politischen Gemeinschaft zu einer gemeinsamen deutsch-französischen Position zu gelangen. Man konnte sich deshalb schnell darauf einigen, „daß die wesentliche Aufgabe der Politischen Gemeinschaft sein soll, für die bereits unterzeichneten Verträge, Montan-Vertrag und Verteidigungsgemeinschaft, Überbau und Stütze zu bieten", jede „Kompetenz", d. h. die Möglichkeit einer Zuständigkeitserweiterung der Gemeinschaft nach eigenem Belieben, dagegen kategorisch auszuschließen sei[41]. Von beiden Seiten ausdrücklich hervorgehoben wurde der Bedingungszusammenhang von EPG-Konzeption und EVG-Ratifikation. Bidault: „Man kann die Politische Gemeinschaft so betreiben, daß daraus Schwierigkeiten für die Verteidigungsgemeinschaft entstehen. Man kann sie aber auch so betreiben, daß die Verteidigungsgemeinschaft dadurch gefördert wird", worauf Adenauer erwiderte: „Wir müssen den zweiten Weg wählen."[42]

Zu den Problemen mit der Ratifikation des EVG-Vertrages kamen die Befürchtungen bzgl. der bevorstehenden Bundestagswahl im Herbst. Zum ersten Mal in der kurzen Geschichte der Bundesrepublik war ein Plebiszit über die außenpolitischen Grundentscheidungen der Bundesregierung möglich. Was Adenauer in dem Gespräch mit Bidault und Mayer für den italienischen Ministerpräsidenten De Gasperi rekla-

---

[39] Unterhausrede Premierminister Sir Winston Churchills vom 11. 5. 1953, in: Europa-Archiv 8 (1953), S. 5738–5744.

[40] Interview Adenauers mit Ernst Friedländer vom 11. 6. 1953, in: Bulletin des Presse- und Informationsamtes der Bundesregierung vom 13. 6. 1953, Nr. 109, S. 926; vgl. zum sog. „Potsdam-Komplex", Schwarz, Adenauer und Europa (Anm. 21), S. 480 und Weidenfeld, Adenauer, in: Volkmann; Schwengler, Verteidigungsgemeinschaft, (Anm. 4) S. 262.

[41] Gespräch zwischen Adenauer, Ministerpräsident Mayer und Außenminister Bidault (Kurzprotokoll), PA AA II, 224-20.

[42] Ebenda.

mierte: „Er braucht für den Wahlkampf die Berufung auf Europa"[43], galt noch um vieles mehr für ihn selbst. Mit der EPG war endlich ein europäisches Integrationsprojekt in Angriff genommen worden, daß nicht die Kontrolle Deutschlands sondern die Schaffung eines vereinten Europas zum Zentrum hatte. Hierzu waren jedoch vorweisbare Resultate und nicht langwierige Expertenverhandlungen erforderlich. Adenauer hatte sich deshalb schon kurz nach der Entgegennahme des Verfassungsentwurfs im März in einem Brief an den amtierenden Ratspräsidenten Bidault dafür eingesetzt, der für den 12. Mai angesetzten Tagung der Außenminister schon den Status einer offiziellen Regierungskonferenz nach Art. 38 des EVG-Vertrages zu verleihen.

Auf der Außenministerkonferenz selbst zeigte sich jedoch sehr rasch, daß auch die Franzosen, trotz weitgehenden Entgegenkommens der Bundesregierung in inhaltlichen Fragen, sich hinsichtlich des weiteren Verfahrens nicht unter das Zeitdiktat des Bundeskanzlers stellen lassen wollten[44]. Adenauer hatte sein Drängen auf eine Identität der Außenministerkonferenz mit der offiziellen Regierungskonferenz pragmatisch damit begründet, daß eine Begrenzung der Aufgaben der Politischen Gemeinschaft auf die Zuständigkeiten der Montanunion und der EVG es möglich mache, die Aushandlung eines Vertrags zur Schaffung dieser Gemeinschaft unverzüglich durch die Außenminister selbst ausführen zu lassen. Neue integrationspolitische Schritte über die bestehenden Verträge hinaus, die intensive und vor allem langwierige Verhandlungen von Sachverständigen erforderlich machten, sollten deshalb, so der Bundeskanzler, „erst nach Konstituierung der Gemeinschaft schrittweise in Angriff genommen werden"[45]

Im Widerspruch zu diesem Antrag, der nur vom italienischen Ministerpräsidenten De Gasperi unterstützt wurde, machten sowohl der belgische Außenminister als auch sein niederländischer Amtskollege kompromißlos geltend, daß eine, auf die Integration der beiden Gemeinschaften reduzierte EPG mit ihnen nicht zu haben sei und bestanden statt dessen darauf, daß der vorgelegte Vertragsentwurf der Ad-Hoc Versammlung, aber auch andere Vorschläge zur Schaffung einer neuen Gemeinschaft, einer vorherigen sorgfältigen Prüfung durch Sachverständige unterzogen werden müßten.

Man einigte sich schließlich auf den französischen Kompromißvorschlag, für den 12. Juni unter dem Vorsitz des amtierenden Ratspräsidenten De Gasperi, eine Konferenz von Experten nach Rom einzuberufen, die zugleich den Status der angeforderten Regierungskonferenz erhalten sollte. Am 10. Juli sollten dann die Außenminister selbst wieder in Den Haag zusammentreten, um den Bericht De Gasperis über die Beratungsergebnisse der Rom-Konferenz entgegenzunehmen.

Adenauers Vorstoß, auf der Basis der minimalistischen französischen EPG-Konzeption zu einem raschen und sichtbaren europapolitischen Erfolg zu gelangen, war damit nicht nur an der kompromißlosen Haltung Belgiens und der Niederlande, sondern vor allem auch an der ausgebliebenen Unterstützung Frankreichs gescheitert. Außenminister Bidault hatte zwar in seinen Redebeiträgen keinen Zweifel daran gelassen, daß seine Regierung einem Junktim von politischer und wirtschaftlicher Integration ablehnend gegenüber stand und nach wie vor die Schaffung eines direkt gewählten

---

[43] Ebenda.
[44] Protokoll der Zusammenkunft der sechs Außenminister in Paris am 12. und 13. Mai 1953, PA AA II, 224-21-01.
[45] Kurzprotokoll der Sitzung vom 12. Mai 1953, PA AA II, 224-21-01.

europäischen Parlaments für den Angelpunkt des EPG-Projektes hielt. Er machte jedoch zugleich auch deutlich, daß Frankreich zum jetzigen Zeitpunkt keine endgültige Entscheidung suche, sondern eine dilatorische Strategie, d. h. weitere Verhandlungen auf der Ebene von Experten, bevorzuge. Derartig isoliert konnte und wollte natürlich auch der Bundeskanzler den Abbruch der EPG-Verhandlungen aufgrund deutscher Forderungen nicht riskieren und stimmte deshalb schließlich dem vereinbarten Verfahren, die Regierungsverhandlungen auf niedrigerer Ebene mit einer Prüfung des vorgelegten Verfassungsentwurfs in seiner gesamten Spannweite zu beginnen, zu. Intern waren die Voraussetzungen dafür keineswegs schlecht, denn sowohl im Auswärtigen Amt als auch im Wirtschaftsministerium stand man, wie schon erwähnt, den niederländischen Vorschlägen keineswegs ablehnend gegenüber. Hier hatte man auch schon seit geraumer Zeit damit begonnen, nicht nur die wirtschaftspolitischen Artikel des Vertragsentwurfs einer genauen Analyse und Kritik zu unterziehen. Auch eine eigene deutsche Konzeption zum Projekt „Gemeinsamer Markt" war bereits im Entstehen begriffen[46].

VI.

Aufgrund innenpolitischer Krisen in Frankreich und in Italien konnte der von den Ministern beschlossene Zeitplan jedoch nicht eingehalten werden.

Am 21. Mai stürzte die Regierung Mayer in Paris. Am 28. Juli scheiterte die Regierung De Gasperi, die aus den Wahlen Anfang Juni deutlich geschwächt hervorgegangen war, an einer Vertrauensabstimmung im Parlament. Gleichzeitig war die internationale Politik – nach der Rede Churchills vom 11. Mai und der Ankündigung einer Dreimächte-Konferenz (Bermuda) durch Eisenhower zehn Tage später – erheblich in Bewegung geraten. In dieser außenpolitischen Konstellation kam die Verschiebung der für den 12. Juni 1953 angesetzten Regierungskonferenz in Rom, die die Bundesregierung ausdrücklich „zu einer wirkungsvollen Demonstration für ein einiges Europa"[47] benutzen wollte, äußerst ungelegen. Im Hinblick auf die Stimmung in den Vereinigten Staaten und unter dem Druck der bevorstehenden Bundestagswahlen, aber auch zur Absicherung seiner außenpolitischen Mobilität, war dem Bundeskanzler mehr denn je daran gelegen, auf dem Felde der europäischen Integrationspolitik die konstruktive Rolle der Bundesrepublik unter Beweis zu stellen[48]. Dazu waren aber nicht nur Bekenntnisse erforderlich, sondern vor allem auch konkrete vorweisbare Resultate. Mit denen aber war, angesichts der Verzögerungen bei der Ratifikation des EVG-Vertrages und nunmehr auch der EPG-Verhandlungen, vorerst nicht zu rechnen. Am 22. Juni 1953 hatten sich die Außenminister der Montanunion zwar noch einmal in Paris getroffen, diese Konferenz hatte aber ausschließlich einer Besprechung der internationalen Lage nach der Volkserhebung im sowjetisch besetzten Teil Deutschlands

---

[46] Vgl. hier vor allem die Ergebnisse der 24. Tagung des Wissenschaftlichen Beirats beim Bundeswirtschaftsministerium vom 24. April bis 1. Mai 1953 zum Thema: „Wirtschaftliche Integration Europas" (Protokoll), BA B 102/11409, sowie das daraufhin erstellte offizielle Gutachten, das unter dem Titel: „Für die wirtschaftliche Integration Europas. Vergrößertes Wirtschaftsgebiet bringt große Vorteile" abgedruckt ist in: Bulletin des Presse- und Informationsamtes der Bundesregierung vom 21. 5. 1953, Nr. 94, S. 801–805.
[47] BA NL Blankenhorn Nr. 20, S. 20f.
[48] Ebenda, S. 5.

und der Ankündigung der Bermuda-Konferenz gedient. Die Fortsetzung der EPG-Verhandlungen sollte dagegen auf einer weiteren Außenministerkonferenz am 7. August 1953 diskutiert werden. Im Hinblick auf die Bundestagswahlen am 6. September hatte man als Tagungsort Baden-Baden bestimmt[49].

Intern waren unterdessen die Vorbereitungen der weiteren Verhandlungen sowohl im Auswärtigen Amt als auch im Wirtschaftsministerium weiter vorangetrieben worden. Dabei hatte ein Besuch niederländischer Regierungsvertreter in Bonn Ende Mai eine weitgehende Übereinstimmung in der Kritik der wirtschaftlichen Bestimmungen des Verfassungsentwurfs gezeigt und man hatte sich sogar auf eine Neuformulierung der entsprechenden Artikel 82–87 einigen können[50]. Nichtsdestotrotz stellte sich diese Harmonie schon bald als trügerisch heraus, als die Niederländer Anfang August ein in Vertragsartikeln formuliertes Memorandum vorlegten, das die abweichende Auffassung der Regierung in Den Haag zur Verwirklichung des Gemeinsamen Marktes deutlich zum Ausdruck brachte[51]. Während die Niederländer das Schwergewicht eindeutig auf handelspolitische Maßnahmen und hier auf die Schaffung einer Zollunion („Beyen-Plan") innerhalb einer festgelegten Frist von zehn Jahren legten, bezeichnete das Bundeswirtschaftsministerium die Herstellung von Konvertibilität sowie die Koordinierung der Währungs-, Kredit- und Finanzpolitik der beteiligten Länder als die wichtigsten und vorrangigsten Maßnahmen auf dem Wege der Errichtung eines Gemeinsamen Marktes[52].

Trotz eines eigenen genuinen Interesses an der Einbeziehung wirtschaftspolitischer Maßnahmen in das EPG-Projekt sah man im Bonner Auswärtigen Amt jedoch die Kompromißlosigkeit der niederländischen Regierung in dieser Frage, neben der belgischen Forderung nach einer paritätischen Vertretung der Staaten im Senat, als das Haupthindernis bei den EPG-Verhandlungen an[53]. Für die Bonner Verhandlungsstrategie konnten daraus jedoch unmittelbar keine Konsequenzen gezogen werden, weil es zunächst darum gehen mußte, die unterbrochenen EPG-Verhandlungen überhaupt erst einmal wieder in Gang zu setzen und – im Hinblick auf die bevorstehenden Bundestagswahlen – auf der Außenministerkonferenz in Baden-Baden ein möglichst optimistisches Schlußkommunique zu produzieren. Die Zeichen dafür standen allerdings nicht besonders günstig, da die anderen Außenminister der Einberufung der Konferenz nach Baden-Baden zwar zugestimmt hatten („pour être agréable au Chancelier en vue des élections"[54]), an substantiellen Verhandlungen und konkreten Resultaten jedoch nicht interessiert waren.

Das Zusammentreffen der Minister am 7. und 8. August 1953 hatte damit von vornherein den Charakter einer Wahlkampfveranstaltung. Während die Bundesregie-

---

[49] Europa-Archiv 8 (1953), S. 5883.
[50] Vgl. Deutsch-niederländische Besprechungen zur Vorbereitung der Regierungskonferenz in Rom am 29. 5. 1953 (Aufzeichnung vom 2. 6. 1953), PA AA II, 224-90; übereinstimmend wurde vor allem kritisiert, daß der Vertragsentwurf lediglich das Ziel, nicht aber die Mittel, die zur Verwirklichung des Gemeinsamen Marktes ergriffen werden sollten, definiert hatte.
[51] NL-Memorandum: „Entwurf für wirtschaftliche Bestimmungen des Vertrages über die Satzung der Europäischen Gemeinschaft" vom 3. 8. 1953, PA AA II, 224-90.
[52] Vgl. BMWi-Stellungnahmen zum NL-Memorandum vom 2. und 4. 9. 1953, BA B 102/11409.
[53] Vgl. die Aufzeichnung Hallsteins über ein Gespräch mit dem amerikanischen Botschafter Bruce vom 29. 5. 1953, BA NL Blankenhorn Nr. 21, S. 25–33.
[54] Bidault in einem Gespräch mit dem Leiter der Deutschen Diplomatischen Vertretung in Paris, Hausenstein, am 8. 7. 1953, PA AA II, 224-20-22.

rung den beteiligten Staaten das vorbereitete Schlußkommunique vorsorglich schon vor Konferenzbeginn zukommen ließ[55], blieben in Baden-Baden selbst alle strittigen Punkte unberührt. Für die Fortsetzung der eigentlichen Verhandlungen einigte man sich darauf, die verschobene Regierungskonferenz der Außenministerstellvertreter auf den 22. September nach Rom einzuberufen. Einen Monat später sollten dann die Minister selbst in Den Haag zusammentreten, um, wie es in dem Beschluß offiziell hieß, „Kenntnis von den Arbeiten ihrer Vertreter zu nehmen"[56].

Für die weitere Behandlung des Verfassungsentwurfs bedeutete die erfolgreich bestandene Probe der Bundestagswahl vom 6. September, daß der unmittelbare Druck, hier in möglichst kurzer Zeit zu vorweisbaren Ergebnissen zu gelangen, aufgehoben war. Die Sorge um das angeschlagene deutsch-französische Verhältnis und, damit verbunden, die instrumentelle Funktion des EPG-Projekts für die Ratifikation des EVG-Vertrags in der französischen Nationalversammlung traten wieder deutlicher in den Vordergrund[57].

Zu berücksichtigen blieben aber auch die Interessen der Amerikaner, die nach dem erfolgreichen Wahlausgang den Bundeskanzler drängten, dem Quai d'Orsay nicht mit schnellen Kompromissen entgegenzukommen, sondern auf wesentlichen integrationspolitischen Grundpositionen zu bestehen. Dazu wurde insbesondere das Festhalten an einer „wirklich supranationalen Politischen Gemeinschaft" mit einem echten europäischen Exekutivorgan gezählt[58].

VII.

Die Expertenberatungen, die am 22. September 1953 in Rom aufgenommen wurden und die ursprünglich der Prüfung des von der Ad-Hoc Versammlung vorgelegten Vertragsentwurfes dienen sollten, standen von Anfang an unter keinem guten Vorzeichen. Gleich zu Beginn der Verhandlungen bestand die französische Delegation im Namen ihrer Regierung ausdrücklich darauf, daß in den nachfolgenden Beratungen der Vertragsentwurf vom 10. März lediglich als „texte de référence", nicht aber als „texte de base" herangezogen werden sollte[59]. Demgegenüber gab die deutsche Delegation unter Leitung von Staatssekretär Hallstein „ihre grundsätzliche Übereinstimmung mit dem parlamentarischen Verfassungsentwurf" zu Protokoll[60].

Zur organisatorischen Durchführung der Beratungen, deren Resultate in einem Bericht für die Außenminister zusammengefaßt werden sollten, einigte man sich auf die Einsetzung eines Lenkungsausschusses und zweier Arbeitsausschüsse, einer für die wirtschaftlichen, einer für die institutionellen Fragen. Die eigentlichen Beratungen

---

[55] Vgl. Hallstein an Pinna Caboni vom 27. 7. 1953, PA AA II, 224-20; vgl. auch: „Europa lebt. Nach der Konferenz von Baden-Baden", in: Bulletin des Presse- und Informationsamtes der Bundesregierung vom 11. 8. 1953, Nr. 150, S. 1263f.

[56] Vgl. Protokoll der Zusammenkunft der sechs Außenminister in Baden-Baden am 7. und 8. August 1953, PA AA II, 224-21-01.

[57] Vgl. Adenauer. Briefe 1951–1953, bearb. v. Hans Peter Mensing, Berlin (= Adenauer. Rhöndorfer Ausgabe 1987, hrsg. v. Rudolf Morsey und Hans-Peter Schwarz, Bd. 4), S. 432.

[58] Vgl. die Unterredung zwischen Adenauer und dem amerikanischen Botschafter Bruce vom 9. 9. 1953, BA NL Blankenhorn Nr. 24, S. 203–207.

[59] Vgl. Müller-Armack an Erhard vom 1. 10. 1953, 1. Bericht über den Stand der Konferenzarbeit auf dem Gebiet der wirtschaftlichen Integration, BA B 102/11419.

[60] Hallstein an Adenauer vom 29. 9. 1953, 2. Bericht über die Römische Konferenz, S. 2, PA AA II, 224-20-03.

wurden von vornherein durch den französisch-niederländischen Interessenkonflikt bestimmt. Während im Wirtschaftsausschuß die schroffe Ablehnung einer automatisch wirkenden wirtschaftlichen Integration durch die Franzosen auf den ebenso schroff von holländischer Seite präsentierten Standpunkt stieß, daß ohne eine Erstreckung der Integration auf das wirtschaftliche Gebiet die Politische Gemeinschaft keinen Gegenstand haben würde, kam es im Institutionenausschuß zu einer bizarren Allianz der beiden Hauptkontrahenten. Die französische und die niederländische Delegation erklärten gemeinsam die Schaffung eines neuen supranationalen Exekutivorgans der Gemeinschaft für „unnötig und unerwünscht, solange die Gemeinschaft keine, über die Montangemeinschaft und die Verteidigungsgemeinschaft hinausgehenden Zuständigkeiten erhält"[61]. Selbst für den Fall einer Ausstattung der EPG mit wirtschaftlichen Zuständigkeiten – für die niederländische Regierung „conditio sine qua non" für ihre Zustimmung zum EPG-Projekt überhaupt – zeigten sich Niederländer und Franzosen gemeinsam einer „einheitlichen politischen Exekutive" abgeneigt. Beide befürworteten statt dessen die Errichtung einer „Art dritter Sondergemeinschaft für wirtschaftliche Fragen". In diesem Punkt bestanden jedoch sowohl die italienische, als auch die deutsche Delegation darauf, „daß ein einheitliches Exekutivorgan in jedem Fall sinnvoll und notwendig" sei[62].

Der schließlich nach mehr als zwei Wochen Konferenzdauer produzierte sog. „Rom-Report" enthielt mehr Frage- als Ausrufezeichen[63]. Zwar konnte in einigen Fragen weitgehende Übereinstimmung verzeichnet werden, so in der Definition des Charakters der Gemeinschaft als „Gemeinschaft souveräner Staaten, die im Interesse aller die überstaatlichen Befugnisse ausüben soll, die in den bereits geltenden Verträgen begründet sind oder sich aus weiteren Verträgen ergeben". Ferner konnte Konsens gemeldet werden hinsichtlich der Wünschbarkeit eines gemeinsamen Gerichtshofes, eines Zweikammersystems sowie der Bildung des Senats als Staatenkammer. In den zentralen Fragen, wie der Zuständigkeiten der neuen Gemeinschaft, der Zusammensetzung und Funktion des supranationalen Exekutivorgans wie auch des Senats, verhinderten grundsätzliche Vorbehalte von mindestens einer der Delegationen eine gemeinsame Position[64].

Es blieb damit den Ministern vorbehalten, die Hindernisse auf den Weg zur Schaffung der EPG durch politische Entscheidungen beiseite zu räumen. Dazu sollte es jedoch vorerst nicht kommen. Auf ausdrücklichen Wunsch der niederländischen Regierung wurde die für den 20. Oktober 1953 vorgesehene Außenministerkonferenz um mehr als fünf Wochen auf den 26. November verschoben[65].

[61] Hallstein an Adenauer vom 29. 9. 1953, S. 4, ebenda.
[62] Ebenda.
[63] Vgl. zu den Einzelheiten des „Rom-Reports", Cardozo, Project (Anm. 1), S. 64–67.
[64] Die Auseinandersetzungen über die wirtschaftlichen Zuständigkeiten waren zwar von der französisch-niederländischen Kontroverse bestimmt. Hinter dem kategorischen Widerstand Frankreichs verbarg sich jedoch, wie im BMWi spekuliert wurde, vor allem die Angst vor der „machtvollen Konkurrenz" Deutschlands. „Die deutschen Forderungen erwecken" – wie ein französisches Delegationsmitglied es in privater Unterhaltung nannte – „den Eindruck, als ob Deutschland eine Luftlandeoperation großen Stils vorbereite, nachdem es ihm gelungen sei, durch den Montanvertrag einen ersten Brückenkopf auf feindlichem Gebiet zu schlagen." von Maltzan an BMWi, Dritter Bericht über den Stand der Konferenzarbeit ..., vom 4. 11. 1953, S. 5, BA B 102/11411.
[65] Europa-Archiv 8 (1953), S. 6071.

VIII.

Die neuerliche Verzögerung bei den EPG-Verhandlungen stieß bei keiner der beteiligten Regierungen auf nennenswerten Widerspruch. In Italien war die neue Regierung unter Ministerpräsident Pella, deren Bestehen keineswegs gesichert war, immer noch dabei sich einzuarbeiten. Luxemburg und vor allem Belgien hatten sich bisher stets mehr als zögerlicher denn als drängender Verhandlungspartner erwiesen. In Frankreich, das im Präsidentschaftswahlkampf stand und überdies der ersten großen Europadebatte in der Nationalversammlung seit 21 Monaten entgegensah, war die Bereitschaft zu erfolgsorientierten EPG-Verhandlungen ohnedies gering. Die Einbeziehung wirtschaftlicher Integrationsmaßnahmen kompromißlos ablehnend, nahm die französische Regierung bzgl. des supranationalen Charakters der EPG, mit Rücksicht auf die konträren Forderungen von Gaullisten und Sozialisten, eine lavierende Haltung ein. In Bonn wurden von der Haager Außenministerkonferenz von vornherein keine konkreten Ergebnisse erwartet. Angesichts des Präsidentschaftswahlkampfes in Frankreich hielt es der Bundeskanzler für geboten, die Regierung in Paris jetzt nicht festzulegen[66].

Als einzig treibende Kraft blieben schließlich die Niederländer übrig, die sich seit dem ersten Memorandum Beyens im Dezember 1952 mit immer neuen Vorschlägen zur wirtschaftlichen Integration, beharrlich für ein Zustandekommen der EPG ausgesprochen hatten. Der Zusammenhang der niederländischen Initiativen zur Schaffung der „Politischen" Gemeinschaft war jedoch gleichwohl immer prekär geblieben und die Auseinandersetzungen über die Errichtung eines neuen supranationalen Exekutivorgans auf der Expertenkonferenz in Rom hatten schon angedeutet, daß die niederländischen Integrationsbestrebungen letztlich mehr auf die Schaffung einer „Europäischen Wirtschaftsgemeinschaft" hinausliefen[67]. Aufgrund der kategorischen Weigerung Frankreichs, der Gleichzeitigkeit wirtschaftlicher und politischer Integrationsmaßnahmen zuzustimmen, war für die kommende Außenministerkonferenz mit Entscheidungen im Sinne der, von der niederländischen Regierung geforderten Junktimlösung kaum zu rechnen. Mehr noch stand zu befürchten, daß unter dem Druck der zunehmenden Schwierigkeiten bei der Ratifizierung des EVG-Vertrages in der französischen Nationalversammlung die niederländische Regierung zu einer Aufgabe ihrer kompromißlosen Forderungen gezwungen werden könnte. Auf einem Besuch in Bonn am 16. November 1953 hatte Außenminister Beyen deshalb schon angekündigt, daß die niederländische Regierung auf der bevorstehenden Außenministerkonferenz „keine endgültigen Lösungen" anstreben wolle. Mit Rücksicht auf die schwierige Situation in Frankreich sollte die Behandlung aller strittigen Punkte weiter verschoben und an eine Sachverständigenkommission überwiesen werden[68].

Auf der Außenministerkonferenz in Den Haag (26.–28. 11. 1953) legte Beyen die Haltung seiner Regierung zu den weiteren EPG-Verhandlungen ausführlich dar[69]. „Es

---

[66] Vgl. Kurzprotokoll über die Besprechung zwischen Adenauer und dem amerikanischen Botschafter Bruce vom 14. 10. 1953, BA NL Blankenhorn Nr. 25, S. 9f.

[67] Vgl. die interne Stellungnahme des Auswärtigen Amtes zu den „deutsch-niederländischen Meinungsverschiedenheiten" hinsichtlich der Schaffung eines neuen Exekutivorgans vom 31. 10. 1953, PA AA II, 224-90.

[68] Vgl. Besprechung am 16. November 1953 zwischen dem niederländischen Außenminister Beyen und Staatssekretär Hallstein, Aufzeichnung vom 16. 11. 1953, PA AA II, 224-20-53.

[69] Vgl. Protokoll der Außenministerkonferenz, Den Haag, 26.–28. November 1953, vom 5. 12. 1953, PA AA II, 224-21-01.

müsse vermieden werden", so erklärte der niederländische Außenminister gleich zu
Beginn, „daß der Vertrag über die Gründung einer Politischen Gemeinschaft unter
dem Druck der Ratifizierung der Verteidigungsgemeinschaft ausgehandelt werde." In
Luxemburg seien die Minister willentlich über die Bestimmungen des Art. 38 des
EVG-Vertrags hinausgegangen und hätten mit dem Projekt einer Politischen Gemeinschaft mehr als nur die Sicherstellung einer echten demokratischen Kontrolle der
Verteidigungsgemeinschaft in Angriff genommen. „Wenn wirklich eine dringende
Notwendigkeit bestehe, eine demokratische Kontrolle über die EVG zu schaffen, dann
handle es sich um eine Änderung des EVG-Vertrages hinsichtlich der im Artikel 38 ...
aufgestellten Grundsätze, und man könnte die Beschleunigung des in diesem Artikel
vorgesehenen Verfahrens in Erwägung ziehen. Wenn es sich jedoch um die Schaffung
einer Politischen Gemeinschaft handle, dann müsse man sich Zeit lassen und sich
weiterhin auf die Luxemburger Entscheidung stützen. Eine andere Lösung, die auf den
ersten Blick diesen beiden Zielen gerecht werden würde und darin bestehen würde,
eine politische Gemeinschaft als bloßes Dachorgan für die EVG und die Montangemeinschaft zu errichten, sei für die niederländische Regierung unannehmbar."[70]

Obwohl es zunächst nicht danach aussah, war der gordische Knoten in den EPG-
Verhandlungen mit dem Vorschlag des niederländischen Außenministers gelöst worden. Die Minister kamen zwar noch überein, die Ergebnisse der Expertenkonferenz
einer Überprüfung zu unterziehen, beschränkten sich jedoch im einzelnen darauf, die
von den Ministerstellvertretern erzielten Übereinstimmungen anzunehmen, während
die Probleme, über die in Rom keine Einigung erzielt werden konnte – so insbesondere die Frage der Zuständigkeiten sowie die Schaffung eines supranationalen Exekutivorgans – an eine sog. Studienkommission verwiesen wurden. Diese Studienkommission, die aus den gleichen Sachverständigen bestehen sollte, die schon den „Rom-
Report" produziert hatten, wurde beauftragt, bis zum 15. März 1954 in Paris einen
neuen Report anzufertigen, der von den Ministern auf einer für den 30. März in
Brüssel angesetzten Außenministerkonferenz geprüft werden sollte[71].

Offiziell hatten die Minister mit der Einsetzung einer neuen Studienkommission
zwar die Voraussetzung für eine Weiterverhandlung des EPG-Projekts geschaffen, in
Wirklichkeit war jedoch mit dieser „Verschiebung" der Probleme auf die untere Ebene
das Schicksal der Europäischen Politischen Gemeinschaft besiegelt worden[72]. Die
Beauftragung der Experten wurde im Auswärtigen Amt denn auch als „reines Beschäf-
tigungsprogramm" bezeichnet[73]. „Es erscheint im gegenwärtigen Zeitpunkt, zumal
angesichts der Lage in Frankreich, aussichtslos", so charakterisierte der deutsche
Delegationsleiter Ophüls die Situation, „in den Kommissionen eine Entscheidung der
großen grundsätzlichen Fragen, insbesondere der wirtschaftlichen Zuständigkeiten,
herbeizuführen. Der Versuch dies zu tun, würde nur zu einer Verhärtung der Standpunkte und im Ergebnis zu der Feststellung führen, daß die Meinungsverschiedenheiten überbrückbar seien."[74] Zusätzlich entwertet wurden die Pariser Experten-Ver-

---

[70] Bemerkungen der niederländischen Delegation zum Protokoll der Außenministerkonferenz , vom 20. 1.
1954, S. 2, ebenda.
[71] Vgl. Protokoll der Außenministerkonferenz, Den Haag, 26.–28. November 1953, vom 5. 12. 1953, ebenda.
[72] Vgl. Noack, Scheitern (Anm. 14), S. 46.
[73] Vgl. Programm für die Pariser Verhandlungen über die Politische Gemeinschaft, interner AA-Vermerk
(Ophüls) vom 21. 12. 1953, PA AA II, 224-23-04.
[74] Interner Vermerk vom 9. 12. 1953, ebenda.

handlungen durch die Tatsache, daß die französische Delegation ihre Mitarbeit im Ausschuß für Wirtschaftsfragen im Januar 1954 offiziell einstellte. Der französische Vertreter nahm an den weiteren Beratungen über die wirtschaftlichen Integrationsmaßnahmen nurmehr als Beobachter teil[75]. Die verbliebenen fünf Delegationen im Wirtschaftsausschuß sahen sich daraufhin außerstande, den vom Lenkungsausschuß angeforderten Zwischenbericht abzuliefern. Zur Begründung wurde darauf hingewiesen, daß man es für „unzweckmäßig halte, den Ministern nochmals einen Bericht in der Form des Rom-Reports vorzulegen, da „ihnen ein Eindringen in die gesamte wirtschaftliche Problematik nicht zuzumuten" sei[76]. Das war freilich auch nicht mehr erforderlich, da die Minister Anfang März, auf Initiative des französischen Außenministers Bidault[77], den Beschluß faßten, ihre auf den 30. März angesetzte Konferenz über die EPG auf unbestimmte, auf jeden Fall aber auf die Zeit nach der Ratifizierung des EVG-Vertrages zu verschieben[78].

Das endgültige „Aus" für das Projekt „Europäische Politische Gemeinschaft" kam jedoch noch vor dem Scheitern der EVG im August 1954. Anfang Mai beschlossen die Außenminister auf einer informellen Ratssitzung in Straßburg, einem Antrag des EVG-Interimsausschusses zu entsprechen und die Errichtung eines direkt gewählten europäischen Parlamentes unmittelbar nach der Ratifikation des EVG-Vertrages gesondert vorzunehmen[79].

Obwohl, wie ausdrücklich betont wurde, die weiteren Verhandlungen über die EPG von dieser Entscheidung nicht beeinträchtigt werden sollten, war klar, daß damit das EPG-Projekt in zwei völlig verschiedene Integrationsprojekte aufgesplittert worden war: die Errichtung eines direkt gewählten Europäischen Parlaments und die Schaffung einer Europäischen Wirtschaftsgemeinschaft[80].

[75] Vgl. das Protokoll der ersten Sitzung des Lenkungsausschusses vom 28./29. 1. 1954, BA B 102/11416.
[76] Deutsche Delegation (Sachs): Vierter Bericht über die Arbeiten des Wirtschaftsausschusses der Studienkommission ... vom 18. 2. 1954, S. 5, BA B 102/11419.
[77] Vgl. Vermerk vom 9. 3. 1954, BA NL Blankenhorn Nr. 30, S. 20.
[78] Vgl. Siegler, Einigung (Anm. 2), S. 83.
[79] Europa-Archiv 9 (1954), S. 6629; wie aus einem Vermerk von Blankenhorn an Adenauer – BA NL Blankenhorn Nr. 29, S. 242 vom 10. 2. 1953 – hervorgeht, war auch Monnet an der Abkoppelung des Teilprojektes „direkt gewählte europäische Versammlung" vom EPG-Gesamtprojekt tatkräftig beteiligt. Der Präsident der Hohen Behörde in Luxemburg hatte der Initiative Schumans zunächst äußerst reserviert gegenübergestanden – vgl. BA NL Blankenhorn Nr. 8a, S. 209 –, sich dann aber nach dem Abschluß der Berliner Viermächtekonferenz verstärkt für die französische EPG-Konzeption eingesetzt; zur Aufsplittung des EPG-Projekts vgl. auch: Deutsche Botschaft (Den Haag) an AA vom 13. 5. 1954, PA AA II, 224-20/L.
[80] Wie eine interne Vorlage für Wirtschaftsminister Erhard zeigt, wurde die Möglichkeit einer Weiterentwicklung der Verhandlungen über den sog. „Beyen-Plan" im Bundeswirtschaftsministerium schon frühzeitig reflektiert: „In der letzten Zeit zeichneten sich verschiedene Entwicklungen ab", heißt es in dem Dokument vom 28. Mai 1954, „die geeignet sein können, die Problematik der EPG grundlegend zu verändern. Wird im Zusammenhang mit der EVG ein echtes europäisches Parlament geschaffen werden, so würde dieser politische Gesichtspunkt, der bisher stark für die Schaffung der Europäischen Politischen Gemeinschaft gesprochen hat, praktisch als erledigt angesehen werden können. In materieller Hinsicht ist dadurch eine sehr wesentliche Veränderung der Sachlage eingetreten, daß die Herstellung der Konvertibilität nunmehr in greifbare Nähe gerückt ist. Gelingt es, in der nächsten Zeit den Zahlungsverkehr einer möglichst großen Anzahl von Ländern herzustellen, so wäre damit auch dieses Problem weitgehend gelöst. ... Damit würde der sogenannte Beyen-Plan, der die Errichtung einer Zollunion zum Ziel hat, zum Hauptinhalt der weiteren EPG-Verhandlungen werden. Bisher hatte sich die deutsche Delegation diesem niederländischen Vorschlag gegenüber verhältnismäßig reserviert verhalten, da sie das Schwergewicht der Integration nicht in der Schaffung einer Zollunion, sondern in der Herstellung eines freien Zahlungsverkehrs erblickte. Wird die Konvertibilität nun auf breiter internationaler Ebene hergestellt, so wird sich zu gegebener Zeit die Frage ergeben, ob der deutsche Standpunkt hinsichtlich der holländischen Zollunionspläne zu revidieren ist", BA B 102/11418.

IX.

Das Projekt der Europäischen Politischen Gemeinschaft markiert somit Ende und Neubeginn des europäischen Integrationsprozesses zugleich.

Mit dem Scheitern der EPG und der Europäischen Verteidigungsgemeinschaft ging die Phase der von Frankreich dominierten europäischen Integrationspolitik zu Ende. Die beiden großen französischen Integrationsinitiativen zu Beginn der fünfziger Jahre, der Schuman- und der Pleven-Plan, waren weniger föderativen Zielsetzungen als dem französischen Interesse an der Kontrolle der Machtausstattung eines künftigen westdeutschen Nationalstaates entsprungen. Die Projekte supranationaler Integration als Instrumente französischer Deutschlandpolitik waren dabei von Anfang an mit dem Dilemma behaftet, daß Frankreich gezwungen war, „sich selbst binden zu müssen, um Deutschland zu kontrollieren". Das EPG-Projekt nahm hier eine eigentümliche Zwitterstellung ein.

Zum einen war die Initiative Schumans vom September 1951 eine Antwort auf die Kontrollücke, die mit der Aufweichung des supranationalen militärischen Integrationskonzepts des Pleven-Plans entstanden war. Die Einbindung der Bundesrepublik in eine supranationale politische Gemeinschaft sollte zusätzliche Sicherheiten hinsichtlich der künftigen Ausrichtung der bundesdeutschen Sicherheits- und Außenpolitik und damit zugleich die Bedingungen für eine Annahme des EVG-Vertrags durch die französische Nationalversammlung schaffen.

Zum anderen war die Initiative Schumans aber auch der Versuch, die bisher keiner integretionstheoretischen Konzeption folgende französische Politik nachträglich zu systematisieren[81]. Ein aus direkten Wahlen hervorgegangenes europäisches Parlament sollte den technokratischen Teilgemeinschaften die demokratische Legitimation verschaffen, die für die Absicherung des Integrationsprozesses auf breiter Basis erforderlich war. Die kompromißlose Reaktion auf die niederländischen Vorschläge zur wirtschaftlichen Integration zeigte jedoch, daß die Bereitschaft zur Vergemeinschaftung nationaler Hoheitsrechte in Frankreich an die Lösung der sog. „Deutschlandfrage" gekoppelt war[82].

Das niederländische *Junktim* zwischen wirtschaftlichen und politischen Integrationsmaßnahmen war dagegen der erklärte Versuch, aus dieser Logik auszubrechen und die Fortsetzung des Integrationsprozesses nicht mehr nur vom französisch-deutschen Interessenausgleich, sondern von der Verwirklichung eigener nationaler Interessen abhängig zu machen. Noch vor dem Scheitern der EVG und dem Beginn der sog. „relance européenne" war damit ein neuer Impuls im europäischen Integrationsprozeß aufgetaucht, der sich jedoch erst nach der für Frankreich akzeptablen Wiederherstellung der westdeutschen Souveränität im Rahmen der Pariser Verträge entfalten konnte.

---

[81] Schon auf der Eröffnungssitzung der Plevenplan-Konferenz im Februar 1951 in Paris hatte Schuman erklärt: „Was wir wollen ist keine Improvisation, die uns die unmittelbare Notwendigkeit auferlegt. Das Werk, das wir schaffen wollen ... muß ein dauerhafter Bau werden, der Ausdruck einer endlich gegründeten Europäischen Gemeinschaft", zit. in: Adenauer, Erinnerungen 1945–1953 (Anm. 4), S. 450.

[82] Vgl. Wilfried Loth, Die europäische Integration nach dem Zweiten Weltkrieg in französischer Perspektive, in: Helmut Berding (Hrsg.), Wirtschaftliche und politische Integration in Europa im 19. und 20. Jahrhundert, Göttingen 1984, S. 225–246.

Die Bundesrepublik nahm in der ersten Hälfte der 50er Jahre im europäischen Integrationsprozeß von Anfang an eine Sonderrolle ein. Im Unterschied zu den anderen beteiligten Staaten war für sie die Integrationspolitik zuallererst *Voraussetzung* für die Wiederherstellung nationalstaatlicher Souveränität. Die daraus resultierende stark reaktive Disposition der bundesdeutschen Europapolitik zeigte sich nicht nur bei den Schumanplan- und EVG-Verhandlungen, sondern auch bei der Behandlung des EPG-Projekts. Trotz idealtypischer Vorstellungen über den föderativen Zusammenschluß Westeuropas blieben die konkreten Stellungnahmen des Bundeskanzlers zum Projekt der Europäischen Politischen Gemeinschaft pragmatisch an einer Politik des Schritt für Schritt, d. h. an erster Stelle an den Bedingungen für die Ratifikation des EVG-Vertrags in Frankreich orientiert. Dabei ließ sich in der innenpolitischen Auseinandersetzung über die Verteidigungsgemeinschaft die EPG als der eigentliche Zielpunkt der Integrationspolitik der Bundesregierung präsentieren, während außenpolitisch der Verdacht zerstreut werden sollte, die Bereitschaft der Bundesrepublik zu supranationalen Integrationsmaßnahmen sei mit der Lösung der Militarisierungsfrage erschöpft.

Nichtsdestotrotz stellten die EPG-Verhandlungen aber auch den Rahmen dar, in dem die Bundesrepublik – in Reaktion auf die niederländische Initiative – zum ersten Mal begann, eigene Vorstellungen über die Weiterführung des europäischen Integrationsprozesses zu entwickeln. Darin impliziert war der Versuch einer Revision des mit der Montanunion verfolgten Konzepts der sektoralen Wirtschaftsintegration. Gegenüber Frankreich konnte sich dieses nationale Interesse der Bundesrepublik an der Schaffung eines Gemeinsamen Marktes freilich erst nach dem endgültigen Scheitern der Europäischen Verteidigungsgemeinschaft und der Neuaushandlung der Verträge über die Wiederherstellung der staatlichen Souveränität artikulieren.

Ulrich Kluge

Wege europäischer Agrarintegration 1950–1957

I.

Seit Gründung der Europäischen Wirtschaftsgemeinschaft 1957 erzeugen immer weniger Bauern für immer mehr Konsumenten immer mehr Nahrungsmittel. Auch die deutsche Landwirtschaft paßte sich dem hohen Leistungsstandard westeuropäischer Agrarsysteme in einem relativ kurzen Modernisierungsprozeß an, sie gab althergebrachte Wirtschaftsweisen auf und brach mit der Mentalität traditionsbestimmten „Bauerntums". Die Bilanz fällt jedoch zwiespältig aus: Die Bauern des einst hungernden Kontinents bannten mit großen Produktionsanstrengungen zwar die Gefahren akuten Nahrungsmangels für immer, aber sie überlasten – im Zeichen der „grünen" Integration hochsubventioniert – die Märkte und beschwören damit internationale Handelskonflikte herauf.

Trotz kurzfristiger Unterbrechungen erlebt die deutsche Landwirtschaft seit Abschluß ihrer ersten Wiederaufbauphase 1950 die längste Stabilisierungsperiode ihrer Geschichte. Dieser Wandel vollzog sich nach außen hin unspektakulär und ohne innergesellschaftliche Erschütterungen; der soziale Frieden in der Bundesrepublik Deutschland blieb gewahrt. Dennoch: Die Entwicklung der nachkriegsdeutschen Landwirtschaft im Zeichen der europäischen Agrargemeinschaft ist alles andere als eine Erfolgsstory. Die Europäische Wirtschaftsgemeinschaft selbst enttäuschte sehr schnell Hoffnungen auf eine konfliktfreie Entwicklung des internationalen Agrarmarktes. Kritiker behaupteten seit langem, daß die EWG selbst dort Probleme schuf, wo sie der europäischen Landwirtschaft zuvor unbekannt waren. Der mit dem Vertrag von Rom (1957) einsetzende rapide Strukturwandel forderte in allen Ländern der Gemeinschaft Opfer, deren politische Konsequenzen nur mit hohem sozialstaatlichen Aufwand in Grenzen gehalten werden können. Wenn europäische Bauern heute mitunter der agrarpolitischen „Re-Nationalisierung" offen das Wort reden, zählt das längst nicht mehr als Verrat am Gründungseifer der Väter eines vereinten Europa. Aber indem man sich in den Dörfern wieder stärker auf die nationalen Wurzeln der Entwicklung besinnt, wird eine alte Frage wieder aktuell: In welcher Weise können nationale Agrar- und Ernährungssysteme so zusammengeschlossen werden, daß sie langfristig zur Lösung wirtschaftlich-sozialer Probleme unter den Bedingungen der Hochindustrialisierung beitragen? Die moderne Agrargeschichte ging bisher einer fundierten Antwort darauf aus dem Weg. Wohin zeigt der aktuelle Forschungstrend?

Die Erwartungen an einen leistungsfähigen Markt europäischer Agrarerzeugerstaaten als Beweis für die Überlebensfähigkeit „freier Bauern auf freier Scholle" und als Abgrenzung gegenüber dem östlichen Agrarkollektivismus waren nach 1945 hoch. Aber inzwischen gehören die Hoffnungen, die die europäischen Bauern, Agrarpolitiker und -wissenschaftler mit dem Vertragswerk von Rom verknüpft haben, einer fernen Vergangenheit an. Zwischen Euphorie und Pessimismus gelang es noch nicht, der agrarpolitischen Integrationsforschung ein festes Fundament zu geben. Nach über dreißig Jahren europäischer Agrargemeinschaft ist die europäische Diskussion über die historisch bedingten Möglichkeiten und Grenzen des gemeinsamen Marktes über einige Ansätze nicht hinausgekommen. Die Debatte um den Charakter des deutschen Anteils an Agrar-Europa kreist – der empirischen Forschung spekulativ weit vorauseilend[1] – polemisch um die Schlagwörter „Bremse" und „Motor" der Integration. Hierzulande scheiden sich staatliche Agrarverwaltung und Agrarwissenschaft seit langem an der Frage, ob in der „bruchlosen Entwicklung deutscher Marktordnungspolitik zwischen Reichsnährstand und Sozialer Marktwirtschaft" die Hauptursache des Dilemmas der deutschen und damit auch der europäischen Landwirtschaft zu sehen ist[2]. Es ist hier nicht der Ort, den fundierten Beweis gegen die These zu führen.

Die agrarhistorische Integrationsforschung wählt einen anderen Ansatz: Sie fragt am deutschen Beispiel zunächst nach den agrarpolitischen und -gesellschaftlichen Reaktionen auf die wirtschaftliche Westintegration und die Rückkehr zum Weltagrarmarkt: Fühlten sich die Bauern im geteilten Deutschland zu Beginn der 50er Jahre schon stark genug, um im Konzert der internationalen Agrarexportstaaten hörbar mitzuspielen? Offensichtlich nicht, denn die Landwirtschaft forderte von der staatlichen Agrarpolitik einen ihrer traditionellen Rolle angemessenen Platz neben der einheimischen Industrie sowie die sozialstaatliche Absicherung der Bauern gegenüber den Wechselfällen des internationalen Konkurrenzkampfes. Beides wurde in den 50er Jahren gewährt: über nationale Marktordnungen und das „Paritätspreis"-System[3].

Landwirtschaft und Agrargesellschaft der Bundesrepublik Deutschland erfuhren dementsprechend eine doppelte Integration: Bevor sie in ein internationales Wettbewerbsgefüge eingegliedert wurden, sicherte der Staat mit Zustimmung aller Parteien ihre entwicklungsfähige Existenzbasis ab. Der traditionelle Charakter der bäuerlichen Landwirtschaft auf Familienarbeitsbasis sollte in ein künftiges Agrar-Europa hinübergerettet werden. In dieser Sicht wird der gespaltene Weg deutscher Integrationspolitik im Bereich der Landwirtschaft deutlich: *Einhegung* und *Öffnung* sind seine begrifflichen Bezugsgrößen. Der demokratische Interventionsstaat Bundesrepublik Deutschland, so lautet die zentrale These, mußte einerseits die eigene Landwirtschaft mit sozialstaatlichen Mitteln einhegen, um den Agrarbinnenmarkt dem internationalen Wettbewerb öffnen zu können. Andererseits mußte mit Rücksicht auf den ungestörten Verlauf der deutschen Agrarmodernisierung die Einbindung in den internationalen Markt mit den inneren Agrarreformen synchron geschaltet werden. Europäische

[1] Siehe hierzu den ersten zusammenfassenden Überblick: Ulrich Kluge, Vierzig Jahre Agrarpolitik der Bundesrepublik Deutschland 1949–1989, Hamburg 1989 (= Berichte über Landwirtschaft, Bd. 202, T. 1 und 2).
[2] Hermann Priebe, Die subventionierte Unvernunft, Berlin 1985; Herbert Kötter, Die Landwirtschaft, in: Werner Conze; M. Rainer Lepsius (Hrsg.), Sozialgeschichte der Bundesrepublik Deutschland, Stuttgart 1983, S. 115–142; Christoph Weisz, Versuch zur Standortbestimmung der Landwirtschaft, in: Ludolf Herbst (Hrsg.), Westdeutschland 1945–1955. Unterwerfung, Kontrolle, Integration, München 1986, S. 117–126; Wilfried Feldenkirchen, Zur Kontinuität in der deutschen Agrarpolitik seit 1879. Bismarcks Schutzzölle und die Folgen, in: Historia socialis et oeconomia. Festschrift für Wolfgang Zorn, Wiesbaden 1987 (= VSWG-Beiheft 84), S. 205–223.
[3] Curt Puvogel, Der Weg zum Landwirtschaftsgesetz, Bonn 1957.

Agrarintegration und deutscher Agrarschutz sind die beiden Seiten einer gemeinschaftspolitischen Medaille.

Damit schlägt die zeitgeschichtliche Agrarforschung ein Thema an, ohne für dessen Variationen ein passendes Instrument, geschweige denn ein Orchester zu haben. Tatsache ist, daß die Agrarforschung der historischen Integrationsdebatte um einige Jahre hinterherhinkt. Es gilt, den Punkt für den unverzüglichen Anschluß an die weiterführende Diskussion zu finden, ohne dabei die thematischen Sonderinteressen der modernen Agrargeschichte aus den Augen zu verlieren. Der Blick fällt zwangsläufig auf das deutsch-französische Verhältnis, das neben den amerikanisch-europäischen Beziehungen als „ein Angelpunkt für das Verständnis der Nachkriegsentwicklung Westeuropas" (L. Herbst) gilt. Aus dieser Themenvorgabe folgt für die noch in den Anfängen steckenden Beiträge zur „grünen Integration" zwangsläufig die Frage nach den nationalen Interessen auf dem Weltagrarmarkt. Die komplizierten Zusammenhänge werden vor allem unter zwei Fragen zu erklären sein: *Erstens:* Welche Hindernisse lagen auf dem „amerikanischen Weg" zu einer umfassenden OEEC-Agrargemeinschaft? *Zweitens:* Schlug Frankreich im deutschen Interesse planvoll den konträren „europäischen Weg" mit einem „Grünen Pool" der Montanunion-Staaten ein?

Der Weg der europäischen Landwirtschaft nach „Rom" verlief nicht so geradlinig und von bäuerlichem Enthusiasmus geebnet, wie das lange Jahre angenommen wurde[4]. Daß sich nur die sechs Motanunionstaaten und nicht alle, zumindest aber die überwiegende Mehrheit der OEEC-Länder zur Integration ihrer Landwirtschaftssysteme bereitfinden würden, war anfangs keineswegs abzusehen. Welche Wirtschaftskräfte, so wird zu fragen sein, begünstigten unter welchen nationalen bzw. internationalen Entwicklungsbedingungen die Entstehung der „kleinen" Gemeinschaftsvariante des europäischen Agrarmarktes?

II.

Emphatische Einigungsappelle, Zollabbauverhandlungen und Pro-Europa-Kampagnen internationaler Bauernverbände verschleierten die Tatsache, daß in den ausgehenden 40er Jahren auf dem Weltagrarmarkt die Lage mindestens so ernst war wie in den 30er Jahren. Die europaweite Ernährungskrise überdauerte den 8. Mai 1945 um viele Jahre und hielt die Bevölkerung in Abhängigkeit von überseeischer, überwiegend nordamerikanischer Zufuhr. Noch 1951 betrug der Wert des kontinentalen Ernährungsgüterdefizits nahezu 8 Mrd. $, davon 75% gegenüber den USA[5]. Der prozentuale Anteil am Netto-Einfuhrsaldo war bei Getreide (25,3), Ölfrüchten (18,4), Zucker (4,5) und Fleisch (4,3) am höchsten[6]. Die Politik des Marshallplans ebnete die unterschiedliche Krisenbetroffenheit der Mitgliedsländer nicht ein, denn Frankreich und Großbritannien versorgten sich aus den Nahrungsressourcen ihrer überseeischen Besitzungen, während andere Länder des Kontinents eher ihre eigene Überschußproduktion drosselten, als sie im darbenden Europa auf den Markt zu bringen.

---

[4] Horst Marmulla; Pierre Brault, Europäische Integration und Agrarwirtschaft, München 1958.
[5] Ebenda, S. 33.
[6] Hans Gareis; Georg Schütz, Die europäische Agrargemeinschaft, in: Berichte über Landwirtschaft 31 (1953), S. 136.

Amerikas Kurs der internationalen Handelsliberalisierung begünstigte die Entwicklung der „grünen" Integration nicht. Die kontinentalen Agrarüberschußländer schufen sich ein eigenes Ordnungssystem, mit dem sich Europa vom Weltagrarmarkt abkoppelte. Sie setzten damit eine Entwicklung fort, die 1927 mit der globalen Agrarkrise begann[7] und die in den 30er Jahren einen „vollkommen mit nationalen Regulierungen durchsetzten Weltmarkt" hinterlassen hatte. Europas Überschußländer mißtrauten dem amerikanischen Liberalisierungspostulat und setzten ihre Hoffnungen auf ein Außenwirtschaftssystem, das den binnenwirtschaftlichen Lenkungs- und Ordnungstendenzen der Zwischenkriegszeit sehr ähnlich war. Im *antiamerikanischen Sonderweg* kontinentaler Agrarexportstaaten[8] liegt der Schlüssel zum Verständnis der europäischen Agrargemeinschaft. Die intensiven Binnenmarktregulierungen zerstörten nicht nur die europäisch-überseeischen Handelsbeziehungen[9], sie zerklüfteten auch das kontinentale Agrarhandelssystem: Im Außenwirtschaftsklima der späten 40er Jahre reiften Ansätze zu bi- und trilateralen Wirtschaftsunionen indessen nicht aus. Die alten Absatzrivalitäten im Kräftedreieck Großbritannien – Frankreich – Niederlande, insbesondere um den importabhängigen deutschen Markt, erforderten eine spezifische Handelsordnung, die sich grundlegend von amerikanischen Ordnungsvorstellungen abhob. Die „Europäisierung" des deutschen Agrarwirtschaftssystems ging nicht von der handelspolitischen Fiktion des freien Weltmarktes aus, sondern von der Realität des europäischen Marktes, dessen Einheitlichkeit vom Abbau der nationalwirtschaftlichen Binnenmarktregulierungen abhing und deshalb lange Zeit umstritten blieb. Kein westeuropäischer Staat zeigte sich in Fragen des internationalen Agrarhandels konzessionsbereit. Auch die Bundesrepublik Deutschland betrat unmittelbar nach ihrer Gründung mit dem prohibitiven „Importausgleichgesetz"[10] den nationalwirtschaftlichen Weg, den die Nachbarstaaten nie verlassen hatten. Sie schlug in Reaktion auf das Liberalisierungsgebot des OEEC-Rates im „Statement von Annecy"[11] damit nicht minder harte Töne an. Als ECA-Chef Paul G. Hoffman im Oktober 1949 einen europäischen Markt als Forum einer „arbeitsteiligen Wirtschaft" forderte[12], war das nicht mehr als ein schwacher Ordnungspfiff in einem Spiel, in dem jeder seine „Bauern" nach eigenen Regeln setzte.

---

[7] Ulrich Kluge, Bauern, Agrarkrise und Volksernährung in der europäischen Zwischenkriegszeit, Wiesbaden 1988 (= VSWG-Beiheft 86).

[8] Über das amerikanisch-europäische Spannungsverhältnis auf einem signifikanten Teilmarkt: Anneliese Binder, Internationale Regulierungen auf dem Weltweizenmarkt, Kiel 1952; zur Rolle der USA: Murray R. Benedict; Oscar C. Stine, The agricultural commodity programs, New York 1956.

[9] Gerhard Mackenroth gab sich zu optimistisch, als er während des Krieges schrieb: „Auch der regulierte internationale Austausch ist ausweitungsfähig, vielleicht sogar stärker als der noch unter liberalen Bedingungen stehende Außenhandel, und darüber hinaus wird diese Ausweitung gleichmäßiger und dauerhafter sein, weil sie abgestimmt ist auf die binnenwirtschaftlichen Lenkungs- und Ordnungstendenzen der beteiligten Nationalwirtschaften"; Karl Schiller, Marktregulierung und Marktordnung in der Weltagrarwirtschaft, Jena 1940, S. XXXIV.

[10] Gesetz über die Festsetzung und Verrechnung von Ausgleich- und Unterschiedsbeiträgen für Einfuhrgüter der Land- und Ernährungswirtschaft, Gesetzblatt der Verwaltung des Vereinigten Wirtschaftsgebietes, S. 291; Friedrich Jerchow, Außenhandel im Widerstreit, in: Heinrich August Winkler (Hrsg.), Politische Weichenstellung im Nachkriegsdeutschland 1945–1953, Göttingen 1979, S. 256.

[11] Beschluß des OEEC-Rates, Bundesarchiv Koblenz (BA) B 116, Nr. 464.

[12] 1. Deutscher Bundestag (14.) Ausschuß für Außenhandelsfragen, Protokoll der 3. Sitzung v. 4. 11. 1949, Anlage 1, Parlamentsarchiv Bonn.

III.

Am Ende der 40er Jahre spielten die USA nicht mehr die starke Rolle, mit der sie während der Berlin-Blockade in Europa debütiert hatten. Sobald der Konflikt um die geteilte Stadt beigelegt war, entließen sie den europäischen Ernährungssektor aus ihrer politischen Verantwortung. Als Hauptträger der Welternährung engten die Vereinigten Staaten ihren Aktionsradius ein; sie paßten sich damit der eigenen Marktlage an, die von den Unwägbarkeiten einer überwiegend in Monokultur betriebenen Großlandwirtschaft bestimmt wurde. Daß die Vereinigten Staaten zwischen 1948 und 1950 an der Weizen-Weltversorgung zu 45%, an der Versorgung mit Futtergetreide zu 35% und mit Ölen und Fetten zu 15% beteiligt waren, verdankte ihre Landwirtschaft hauptsächlich den klimatischen Vorzügen dieser wenigen Jahre. In dieser agrarwirtschaftlichen Schönwetterlage zeigten sich seit 1950 die ersten dunklen Wolken: Trotz des hohen Produktionszuwachses auf den meisten Agrarmärkten gelang es den USA nicht, den Stand der Nahrungsmittelproduktion von 1944 zu überschreiten. Erzeugung und steigender Bedarf einer wachsenden Bevölkerung drohten immer mehr aus dem Lot zu geraten[13].

Der Weltagrarmarkt befand sich 1950 am Rande seiner Leistungsfähigkeit. Die lästigen Konkurrenten der USA von einst, Argentinien und Australien, drosselten mit Rücksicht auf den wachsenden Eigenbedarf ihre Exportüberschüsse[14]. Auch Kanadas Getreideexportvolumen stagnierte, während die Agrarerzeugerstaaten des Fernen Ostens nicht mehr soviel eigene Ressourcen besaßen, um ihre rapide wachsende Bevölkerung selbst zu versorgen[15]. Die Sowjetunion, die in den 30er Jahren den internationalen Getreidemarkt mit Dumpingmethoden zugrunde richten half, fiel wegen eigener Versorgungsprobleme und der Ernährungslücken in Osteuropa[16] als Zulieferstaat für den westlichen Kontinent aus[17].

Amerikanische Augenblickserfolge täuschten darüber hinweg, daß der durchschnittliche Pro-Kopf-Verbrauch an Nahrungsmitteln 1950/51 in der Welt um 4% unter dem Vorkriegsstand lag. Seit 1939 war die Weltbevölkerung um 13%, die Weltweizenernte seit 1950 jedoch nur um 5–10% größer als vor dem Krieg. Während die Weltreisernte nahezu unverändert blieb, nahm die Weltfleischproduktion lediglich um 6% zu[18]. Zu Beginn der 50er Jahre standen der Bevölkerung Asiens und Europas etwa 15 Mill. t Nahrungsmittel weniger als früher zu Verfügung. Die ostasiatischen und afrikanischen Länder entwickelten sich auf dem Weltagrarmarkt zunehmend zu Konkurrenten der europäischen Agrarimportstaaten.

---

[13] Die amerikanische Landwirtschaftsverwaltung betonte die Zusammenhänge zwischen der wachsenden Nachfrage auf dem Binnenmarkt und dem amerikanischen Rüstungsprogramm, dessen Finanzvolumen im Herbst 1952 65 Mrd. $ gegen 41 Mrd. $ im Vorjahr betrug; Agricultural Outlook Digest (Oktober 1951), hrsg. v. USDA-Bureau of Agricultural Economics.

[14] Quarterly Review of Agricultural Economics, Jahrgang 1948–1951.

[15] Ostasien konnte vor dem Zweiten Weltkrieg immerhin 2 Mill. t Reis exportieren; nach dem Krieg mußten, um überhaupt einen Grundstock zu haben, jährlich 6–7 Mill. t Getreide importiert werden; Wolfgang Fischer, Thesen zur Welternährung, in: Agrarwirtschaft 1 (1952), S. 54f.

[16] Naum Jasny, The Soviet economy during the plan era, Stanford 1951.

[17] Naum Jasny, Soviet grain crops and their distribution, in: International Affairs 28 (1952), insbes. S. 452–457; Otto Schiller, Die agrarwirtschaftliche Exportkapazität der Sowjetunion, in: Agrarwirtschaft 3 (1954), S. 141–147.

[18] Frank J. Rossiter, Food and the World Tension, in: Foreign Agriculture 16 (1952), S. 47–54.

Daß die USA im Vertrauen auf die Rekonstruktionskraft Westeuropas sich in den
am stärksten unterversorgten Regionen Asiens und Afrikas künftig stärker engagieren
könnten, stand zu befürchten. Aber hierbei übersah man in Washington die langwierigen Folgen des Krieges in Europa: Er hinterließ hier eine verwüstete Kulturlandschaft,
ausgeplünderte Höfe und Bauern, die nur unter Druck und mit Aussicht auf staatliche
Prämien bereit waren, für den öffentlichen Nahrungsgütermarkt zu produzieren. Kein
europäischer Agrarpolitiker gab sich der Illusion hin, daß der Wiederaufbau schnell
abgeschlossen und die Versorgung auf eigene Füße gestellt werden könnte. Hierzu
hätte man von vornherein die Agrarförderungsmittel des Marshallplans in europäische
Gemeinschaftsprojekte leiten müssen und nicht in nationalen Sonderprogrammen ver-
sickern lassen dürfen. Die Chance eines europäischen Agrarmarktes mit Dollar-Hilfe
war von den USA selbst verpaßt worden, noch bevor die alten Ausfuhrstaaten des
Kontinents (insbesondere Schweden, Dänemark, die Niederlande und die Türkei) ihre
traditionelle Konkurrenzposition wiedergefunden hatten.

Aber nicht die wirtschaftliche Stärke der Exportländer bestimmte Tempo und Ziel
der europäischen Integrationsdebatte, sondern die Besonderheiten des westdeutschen
Agrarmarktes: Die Bundesrepublik Deutschland mußte nach Möglichkeiten suchen,
für den Bevölkerungs„überhang" von 18 Millionen Menschen zusätzliche Nahrungsquellen zu erschließen. Die Ernährung Deutschlands, hieß es in einer agrarpolitischen
Stellungnahme von 1952, sei zu einer „strategischen Aufgabe" geworden, zu deren
Lösung die taktischen Mittel oft gewechselt werden müßten: „Bald muß hier, bald
dort in der Welt eingekauft und der Devisenbetrag dazu bereitgestellt werden, teils
müssen Vorräte gesammelt, teils wieder aufgelöst werden, und doch lebt man nicht in
der Gewißheit, stets den Anschluß an die neue Ernte zu gewinnen."[19] Die europäischen Agrarpolitiker begriffen den Korea-Krieg, wie die Berlin-Blockade zuvor, vor
allem als Lehrstück für die globale Ernährungsvorsorge der Zukunft und als Alibi für
die protektionistischen Mittel ihrer eigenen Landwirtschaftsförderung. Erfolgreich
appellierten Agrarverbände an die „Hausvater"-Pflichten des Staates, gegen künftige
Wechselfälle umfangreiche Vorräte anzulegen. Die Erinnerungen an den brisanten
Zusammenhang von „Kanonen und Butter" waren in Westeuropa noch sehr lebendig[20]. Man wird zumindest der deutschen Versorgungspolitik zugute halten müssen,
daß ihr der Gedanke an eine europäische Agrarautarkie fremd war. Offene Ressentiments gegenüber der amerikanischen Agrar- und Handelspolitik wird man hierzulande
in den frühen 50er Jahren vergeblich suchen. Nicht die traditionelle Führungsrolle der
US-Landwirtschaft auf dem Weltmarkt stand zur Diskussion, sondern die Frage,
wieviel Westeuropa im allgemeinen, die Bundesrepublik Deutschland im besonderen
auf eigener Fläche produzieren müsse, um gegenüber potentiellen Störfällen gewapp-
net zu sein: „Die westliche Welt", lautete der Rat deutscher Marktforscher, „kann
auch in Zukunft ihr Ernährungsproblem lösen. Von entscheidender Bedeutung hierfür

---

[19] Wilhelm Busch, Wege zu Nahrungsquellen, in: Agrarwirtschaft 1 (1952), S. 33.
[20] „Etwa notwendig werdende größere Veränderungen in der Verwendung der Produktionsfaktoren (Boden,
Kapital, Technik, Dünger, Saatgut – U.K.) einschließlich Arbeitskraft, für Rüstungs- und Verteidigungs-
zwecke oder internationale Entwicklungen, die die Versorgung mit kritischen Rohmaterialien beeinflussen,
würden wohl in manchen Gebieten nicht ohne Wirkung auf die landwirtschaftliche Produktion bleiben",
hieß es in einem typischen Kommentar; Agrarwirtschaft 1 (1952), S. 5.

ist neben der Erholung Westeuropas die bedeutende Leistungssteigerung Nordamerikas.«[21]

Die agrarpolitische Öffentlichkeit Westeuropas bewegte die Frage, ob über politische Zusammenschlüsse und Zollunionen die bisherigen Produktionsstandorte für Grundnahrungsgüter so verschoben werden könnten, daß sie dem erhöhten Nahrungsbedarf Rechnung tragen. Und wenn das gelänge, wie war das westliche Deutschland, dessen einstige Agrarhandelspartner mehrheitlich in Ost- und Südosteuropa lagen, in diesem System zu verankern? Besonders französische Politiker beschworen die Gefahr, daß das industrielle Westdeutschland sich mit dem agrarischen Ostdeutschland arrangieren könnte. Auch wenn uns heute diese Vermutung mehr in die politische Landschaft eines emotionalisierten Antikommunismus', weniger in die politische Realität des geteilten Deutschland zu passen scheint, ist doch sicher, daß sie ihre Wirkung auf die argwöhnischen Zeitgenossen von damals nicht verfehlte.

An Debatten über einen europäischen Agrarmarkt mangelte es in der agrarpolitischen Öffentlichkeit der Jahre 1950–1952 nicht, wohl aber an einem Konzept, auf das die Parlamente einzuschwören gewesen wären. Aus der liberalen Wirtschaftstheorie der 30er und 40er 'Jahre ließen sich keine Integrationskonzepte destillieren, die auch den aktuellen Rahmenbedingungen eines europäischen Marktes Rechnung trugen. Die integrationspolitischen Qualitäten einer europäischen Marktorganisation mußten sich vor allem an zwei Fragen messen lassen: 1) Wie sind die knappen Nahrungsgüter auf eine ausgezehrte Bevölkerung so zu verteilen, daß Demokratie und Rechtsstaatlichkeit überzeugend wirken? 2) Wie ist die Eigenversorgungsbasis in den traditionellen Eigentums- und Produktionsformen der bäuerlichen Landwirtschaft so zu rekonstruieren, daß sie in der Auseinandersetzung mit dem Kommunismus zugleich Zeugnis vom Wert der privaten Verfügungsgewalt ablegt? Beides schloß ein liberales Wettbewerbskonzept aus, solange die westeuropäische Landwirtschaft nicht unter gleichartigen Bedingungen am internationalen Markt beteiligt war.

Einer vollständigen Geschichte der europäischen Agrargemeinschaft fehlen noch viele Bausteine. Aus ersten Erkenntnissen entsteht der Eindruck, daß die französische Agrarpolitik mit der französischen Industriepolitik wohl in der allgemeinen Zielsetzung, nicht jedoch in Organisations- und Verfahrensweisen übereinstimmte. Unbestritten bleibt indessen, daß die Gründung des gemeinsamen Marktes für Kohle und Stahl 1952 nahelegte, die wichtigsten Agrarmärkte Westeuropas zu vereinheitlichen, wie das Pierre Pflimlin und Sicco Mansholt in ihren Plänen zum Ausdruck brachten[22]. Welche Motive letztlich den Ausschlag gegeben haben, mag später den Spezialisten zu entscheiden überlassen bleiben. Zusammenfassend beurteilt strebte Frankreich zu Beginn der 50er Jahre eine andere Basis für die Gleichberechtigung der westeuropäischen Landwirtschaft am Weltagrarmarkt an, als sie OEEC und Weltweizenrat boten. Mit ihren „grünen" Integrationsplänen suchten französische Agrarpolitiker Probleme des Weltmarktes und des innereuropäischen Marktes pari passu zu lösen: Im globalen

---

[21] Ebenda, S. 54.

[22] Verband der Europäischen Landwirtschaft – CEA. Geschichte, Organisation, Tätigkeit. Festgabe zum Jubiläum des zehnjährigen Bestehens der CEA 1948–1958, Brugg 1959, S. 108; Bernhard Mehrens, Liberalisierung, europäische Marktorganisation und Landwirtschaft, in: Deutsche Bauern-Korrespondenz 4 (1951), Nr. 3 v. 13. Februar, S. 3; Carl G. Zimmerer, Die Liberalisierung, Frankfurt/M. 1953, S. 10–12; Agrarpolitische Revue 7 (1950/51), S. 361–364.

Maßstab ging es hauptsächlich darum, im verzerrten Wettbewerb der „wirtschaftlichen Produzenten" Westeuropas mit den überseeischen „Raubbauproduzenten"[23] das außenwirtschaftliche Gleichgewicht zu finden; im kontinentalen Maßstab suchte Frankreich – mit Blick auf die deutsche Importabhängigkeit – einen Weg, um mit langfristiger Garantie die überschüssigen „Früchte" der modernisierten Landwirtschaft abzusetzen[24]. Oder anders gewendet: Westeuropas Ernährungssystem sollte mit vereinten Kräften aus der „Dollarlücke" gehoben werden. Hierzu schien eine Zollunion nach dem Muster des Benelux-Vertrages von Ouchy (1932) mit einheitlicher Zollhoheit gegenüber Drittländern besser als eine Freihandelszone nach GATT-Regeln geeignet zu sein[25].

Eine wesentlich facettenreichere Entwicklung wird man als ersten Beitrag für die noch offene Diskussion folgendermaßen zusammenfassen können: Die Perspektiven der Pariser und Bonner Agrarpolitik zeigten nicht über die eigenen Staatsgrenzen hinaus. Frankreich ging es nicht darum, wieviel Mitglieder einer künftigen Agrargemeinschaft angehören würden, sondern, wieviel Entwicklungschancen gemeinschaftliche Politik der *eigenen* Landwirtschaft bot. In der umstrittenen Grundsatzfrage Zollunion oder Freihandelszone ging es um den Spielraum für nationale Entscheidungen über die eigenen Produktionsstandorte und die Handelsbeziehungen zu Drittländern. Allein in diesem Punkt wußte man sich mit der deutschen Seite einig. Die internationalen Agrarverbände kämpften indessen nur halbherzig gegen die ersten Anzeichen einer bäuerlichen Europafeindlichkeit an. Die Aussicht, daß Europas Landwirtschaft in nicht zu ferner Zukunft zentralistisch und nach Grundsätzen industriewirtschaftlicher Rationalität wie die Grundstoffindustrie „ferngesteuert" werden könnte, erregte unter den westeuropäischen Bauern beträchtliche Unsicherheit. Das Zeitalter eines bürokratisch gelenkten „Agrarkollektivismus" schien zu beginnen. Antikapitalistische Ängste wurden wach, die in der Bundesrepublik Deutschland sehr stark an den ideologischen Konflikt der Bismarck-Zeit um „Agrarstaat oder Industriestaat" erinnerten. In der modernen Variation des alten Themas ging es um die Frage, wieviel Landwirtschaft in einem modernen Industriestaat überhaupt noch nötig sei. Für eine Agrargemeinschaft der „Technokraten" wollten die Bauern nicht auf die Barrikaden gehen. Die Agrarpolitiker in der Bundesrepublik Deutschland setzten für die deutsch-französische Annäherung keine Signale, solange hierzulande die Illusion der baldigen Wiedervereinigung mit dem agrarischen Teil Deutschlands bestand[26]. Während die Kontakte zwischen den Berufsverbänden der westdeutschen und franzö-

---

[23] Valentin F. Wagner, Die Stellung der Landwirtschaft im Konkurrenzsystem, in: Schweizerische Zeitschrift für Volkswirtschaft und Statistik, 1946, S. 528.

[24] Revue du Ministère de l'Agriculture, 1952, No. 68 u. 72; Bulletin Mensuel de Statistique, Paris 1953, L'économie agricole française 1938–1958, Paris 1959; Economie Rurale. Bulletin de la Societé Française d' Economie Rurale, No. 39–40. Numéro spécial; Annuaire Statistique 58 (1951), passim; Joseph Klatzmann, La localisation des cultures et des productions animales en France, Paris 1955, Jean-Marie Sourdillat, Géographie agricole de la France, Paris 1950; Peter von Blanckenburg, Die französische Landwirtschaft im Zeichen des Monnet-Plans, in: Agrarwirtschaft 2 (1953), S. 257–268; Dieter Grupe, Entwicklung und Möglichkeiten der Getreideproduktion in Frankreich, in: Agrarwirtschaft 9 (1960), S. 317–332; Pierre Guillen, Frankreich und die europäische Wiederaufschwung. Vom Scheitern der EVG zur Ratifizierung der Verträge von Rom, in: Vierteljahrshefte für Zeitgeschichte 28 (1980), S. 1–19.

[25] Hermann Martinstetter, Agrarzollpolitik, München 1958.

[26] Memorandum Sonnemanns „Europäische Agrarunion" v. 5. 3. 1952, BA B 116, Nr. 1869.

sischen Landwirte unverbindlich blieben[27], verhielt sich die Bundesregierung in internationalen Agrarverhandlungen der Jahre 1950 bis 1952 gegenüber allen Integrationsplänen „wohlwollend distanziert". Sie ließ die französische Seite wissen, daß die Montanunion „weder in Tempo noch Methode" Vorbild für eine Agrarunion sein könne, solange keine handels-, markt- und produktionspolitische „Flurbereinigung" mit Zustimmung der betroffenen Bauern stattgefunden habe.

IV.

Äußerlich betrachtet war bis dahin der Wiederanschluß der westdeutschen Landwirtschaft an den Weltagrarmarkt seit Aufnahme des Teilstaates in die OEEC unspektakulär verlaufen; die reibungslose Zoll-Liberalisierung und der in den EZU-Bilanzen ablesbare Leistungsbeweis hatten den Erwartungen des Westens an den Integrationswillen der Deutschen im großen und ganzen entsprochen. Die staatliche Agrarpolitik regte eine Entwicklung an, die sich in ihren wirtschaftlichen und sozialen Konsequenzen (Produktionssteigerung, Preis- und Einkommensstabilität) in nichts von den Entwicklungszielen der westeuropäischen Landwirtschaft unterschied. Daß die Gründung der Montanunion im allgemeinen, das deutsch-französische Verhältnis im besonderen für die Entstehung einer europäischen Agrargemeinschaft eines Tages bedeutsam werden könnten, überstieg wegen der ungebrochenen nationalwirtschaftlichen Fixierung agrarpolitischer Entscheidungen jener Jahre die kühnste Phantasie. Die wirtschafts- und sozialgeschichtliche Integrationsforschung wird zu erklären haben, warum die Konstituierung des europäischen Agrarmarktes seit dem Schuman-Plan noch fast ein Jahrzehnt auf sich warten ließ. Die „große" Lösung der Gemeinschaftsfrage scheiterte ebensowenig am Streit um Verfahrensfragen wie die „kleine" Lösung für einen „grünen Pool" zwangsläufig aus der vorbildhaften Wirkung des „schwarzen Pools" folgte. Bis Mitte der 50er Jahre sprach alles dagegen, daß eine neue Form der innereuropäischen Beziehungen im Bereich der Landwirtschaft entstehen könnte, die das Ende nationaler Agrarpolitik einleiten würde.

Woher kam dann – wenn nicht aus ideellem Gemeinschaftsstreben oder industriewirtschaftlichem Kalkül – der entscheidende Gründungsimpuls für die „grüne" Integration? Die westeuropäischen Agrarpolitiker begriffen sehr wohl die Gefahren, die der ungesicherten Landwirtschaft aus dem Entwicklungsschub der Montanunion drohten. Im Schatten der industriewirtschaftlichen Modernisierung begannen die westeuropäischen Staaten ihre Agrarsysteme immer stärker gegeneinander abzuschotten und in eine nationalwirtschaftliche Sonderstellung zu heben[28]. Hiermit sollten die strukturellen, wirtschaftlichen und sozialen Wettbewerbsnachteile der Landwirtschaft beseitigt und die wachsende Einkommensdisparität zwischen „Land" und „Stadt" ausgeglichen werden. Die deutschen Bauern erhielten durch einen historisch einmaligen Konsens aller demokratischen Kräfte auf der Basis des „Landwirtschaftsgesetzes"

[27] Niederschrift über die 4. Sitzung des Zentralausschusses der Deutschen Landwirtschaft vom 30. 6. 1950, Bl. 4–5, Niedersächsisches Hauptstaatsarchiv Hannover, Nachlaß Rehwinkel.

[28] Schreiben (Gareis) an Bundesministerium für Ernährung, Landwirtschaft und Forsten, Referat VI/8 vom 25. 4. 1955, BA B 116, 7295; Bericht des Ausschusses für Agrarpolitik vom 30. 9. 1955, ebenda, 7296; Archiv der Gegenwart 25 (1955), S. 4965, 5032, 5181 u. 5253–5254; Rudolf Hartmann, Die europäische Wirtschaftsunion und ihre Beziehungen zur Landwirtschaft, in: Agrarpolitische Revue 11 (1955), Nr. 101, S. 313–329.

von 1955 die staatliche Existenzgarantie unter den Entwicklungsbedingungen der Hochindustrialisierung[29]. Im Herbst 1955 mußte die OEEC nach Prüfung der Voraussetzungen für eine umfassende Agrargemeinschaft eine bittere Bilanz ziehen: „1) Es gibt kein Land, das in seiner Agrarpolitik nicht mit mehr oder weniger dirigistischen Methoden arbeitet. 2) Alle Länder fördern die Ausdehnung ihrer Produktion. 3) Alle Länder gewähren in einem oft schwer kontrollierbaren Ausmaß künstliche Exportförderung. 4) Fast alle Länder setzen Exportpreise fest oder beeinflussen zumindest die Preisgestaltung."[30]

Dieser antiliberalen Flucht nach rückwärts fiel die „große" Lösung eines europäischen Agrarmarktes zum Opfer – noch bevor eine „kleine" Lösung sich abzuzeichnen begonnen hatte. Ohne die unerwartete „Entwicklungshilfe" der USA wären die westeuropäischen Agrarsysteme lange Zeit hinter ihren protektionistischen Schutzwällen geblieben. Aber der „Geist von Genf" (Juli 1955) stimulierte die US-Landwirtschaft auf dem Weltgetreidemarkt zur größten Exportoffensive des 20. Jahrhunderts mit ihren beiden Hauptadressaten: Sowjetunion und Europa. Die Weizenvorräte der vier wichtigsten Exportstaaten (USA, Kanada, Argentinien und Australien) erreichten einen neuen Rekordstand, auch die anderen Märkte standen unter dem Druck wachsender Überschüsse[31]. Die französische Weizenausfuhr, eine sehr ertragreiche Devisenquelle, drohte durch die 56er Mißernte ins Hintertreffen zu geraten. In Europa befürchtete man, daß sich die Vereinigten Staaten nun auch mit tierischen Veredlungsprodukten auf eine neue Exportoffensive vorbereiteten. Immerhin standen hierfür pro Jahr 1 Mrd. $ allein als gesetzlich garantierte Mittel für Exportsubventionen bereit.

In der handelspolitischen Kosten-Nutzen-Rechnung der Amerikaner drohte die OEEC-Landwirtschaft ungeachtet der französischen, schwedischen und türkischen Produktionserfolge[32] über kurz oder lang in die roten Zahlen zu geraten. Die Neuansätze eines innereuropäischen Agrarausgleichs wie 1955 zwischen den Benelux-Ländern oder wie zwischen Frankreich und der Bundesrepublik Deutschland[33] entwickelten keine Gravitationskraft, solange die europäische Wirtschaftsdiplomatie um ein politikfähiges Integrationskonzept rang, mit dem auch Großbritannien zu gewinnen gewesen wäre.

Es erübrigt sich im vorliegenden Zusammenhang, die agrarpolitischen Verhandlungsdetails seit der Messina-Konferenz (Mitte 1955) zu erörtern, weil ein geschlossenes Konzept für die „grüne" Integration nicht erreicht wurde. Das Vertragswerk von

[29] Curt Puvogel, „Landwirtschaftsgesetz" – nicht „Paritätsgesetz", in: Agrarwirtschaft 4 (1955), S. 158–166.
[30] Bericht des Ausschusses für Agrarpolitik vom 30. 9. 1955, BA B 116, 7296.
[31] Hans-Broder Krohn, Entwicklungstendenzen der Weltgetreidewirtschaft, in: Agrarwirtschaft 5 (1956), S. 114–121.
[32] Frankreichs Weizen-Ausfuhrüberschuß (in Mill. t) betrug 1953/54: 0,9; 1954/55: 2,1; 1955/56: 2,2; Zahlen aus der Statistik des Instituts für landwirtschaftliche Marktforschung Braunschweig-Völkenrode, in: Agrarwirtschaft 6 (1957), S. 160–164 und 357–360.
[33] Die Benelux-Staaten einigten sich am 6. 5. 1955 auf einen siebenjährigen Harmonisierungsprozeß der unterschiedlichen Agrarsysteme mit dem Ziel eines freien gemeinsamen Marktes. Für den Schutz der nationalen Landwirtschaften sah die Vereinbarung sog. Katastrophenklauseln vor, die bei Preiseinbrüchen den Rückzug auf einzelstaatliche Maßnahmen erlaubten. Im deutsch-französischen Handelsvertrag vom 5. 8. 1955 übernahm die Bundesrepublik Deutschland 500 000 t Weizen und erhielt Ausfuhrmöglichkeiten auf dem kontingentierten Sektor in Höhe von ca. 8 Mill. DM. Das französisch-saarländische Zollgebiet nahm das größte Ausfuhrkontingent deutschen Weins auf. Aus den französischen Überseegebieten erhielt die Bundesrepublik Deutschland Durum-Weizen zu einem Vorzugspreis.

Rom (März 1957) hob kein funktionsfähiges Agrar-Europa aus der Taufe. Der EWG-Vertrag schuf einen gemeinschaftlichen Agrarmarkt nur zur einen Hälfte, während die andere Hälfte von nationalen Marktordnungen und Preissystemen dominiert blieb. Die Lösung der offenen Agrarfrage lag nicht vor „Rom", sondern weit dahinter. Der Vertrag zwang die europäische Landwirtschaft auf einen langen und kostspieligen Umweg, der nach über dreißig Jahren in der ursprünglichen „großen" Lösung des Gemeinschaftsproblems zu enden scheint.

Michael Eckert

Kernenergie und Westintegration

Die Zähmung des westdeutschen Nuklearnationalismus

Zwei vertragliche Regelungen – die eine aus dem Jahr 1952 im Rahmen der geplanten Europäischen Verteidigungsgemeinschaft (EVG), die andere aus dem Jahr 1957 im Rahmen bilateraler Beziehungen mit den USA – illustrieren, in welchem Umfang der Spielraum für die beginnende Kernenergieentwicklung in der Bundesrepublik in der kurzen Zeitspanne dazwischen vergrößert wurde: Die EVG-Regelung gestattete der Bundesrepublik lediglich einen Forschungsreaktor mit einer maximalen Leistung von 1,5 MW, klein genug, daß die Menge des damit jährlich produzierbaren Plutoniums weit unterhalb der für eine Bombe erforderlichen kritischen Masse blieb[1]. Fünf Jahre später boten die USA der Bundesrepublik in einem „Kraftreaktorabkommen" 2500 kg angereichertes Uran für den Betrieb von 4 Forschungsreaktoren, 2 „Demonstrationsreaktoren" zu je 15 MW und einen „Kraftreaktor" von 100 MW Leistung an[2]. Nach der Unterzeichnung der „Römischen Verträge" (25. März 1957) konnte die Bundesrepublik darüber hinaus als Mitglied der Europäischen Atomgemeinschaft (EURATOM) darauf zählen, über eine gemeinsame Versorgungsagentur Kernbrennstoffe zu erwerben. Zusammen mit einem bereits 1956 unterzeichneten Forschungsreaktorabkommen mit Großbritannien und einem Ende 1957 unterzeichneten deutsch-kanadischen Abkommen bestand damit ein internationaler vertraglicher Rahmen, der die Bundesrepublik am Know How der führenden Atommächte teilnehmen ließ und die Einfuhr großer Mengen von Kernbrennstoffen und ganzer Reaktoren gestattete[3].

Ohne diesen Daten den Stellenwert herausragender Zäsuren für die bundesdeutsche Atompolitik beizumessen, soll damit zunächst nur soviel angedeutet werden: Der Einstieg der Bundesrepublik in die Kernenergie verlief parallel mit der fortschreitenden Westintegration[4]. Um zu verstehen, daß es sich dabei nicht um eine zufällige

---

[1] „... dabei wird die Jahresleistung von 500 Gramm Kernbrennstoff im Fall eines Kernreaktors als Gegenwert einer Wärmeerzeugung von 1,5 Megawatt angesehen...", abgedruckt in: Bundesgesetzblatt 1954, Teil II, Nr. 3, S. 417.

[2] Hermann Costa, Die Abkommen der Bundesrepublik Deutschland mit den USA über Kraftreaktoren und über die Zusammenarbeit zugunsten von Berlin, in: Die Atomwirtschaft, Bd. 2, 1957, S. 256–257, 266–269.

[3] Jaroslav G. Polach, EURATOM: Its Background, Issues and Economic Implications, New York 1964; Hermann Costa, Die Bundesrepublik Deutschland und die internationale Zusammenarbeit auf dem Atomgebiet, in: Taschenbuch für Atomfragen, Bonn 1959, S. 17–54.

[4] Die Begriffe „Kernenergie", „Atomenergie", „Kern-", „Atom-" bzw. „Nukleartechnik" werden im folgenden unspezifisch für „friedliche" und „militärische" Anwendungsarten dieser Technologie gebraucht. Über die physikalisch-technischen Zusammenhänge von ziviler und militärischer Kerntechnik gibt es eine Reihe von Darstellungen, z. B.: Udo Schelb (Hrsg.), Reaktoren und Raketen, Köln 1987; Amory B. Lovins; L. Hunter Lovins, Atomenergie und Kriegsgefahr, Reinbeck 1981. Zum Begriff „Westintegration" siehe Ludolf Herbst (Hrsg.), Westdeutschland 1945–1955. Unterwerfung, Kontrolle, Integration, München 1986, S. 9–25.

Michael Eckert

Zeitgleichheit handelte, muß zunächst an die globalen nuklearen Entwicklungen in den 50er Jahren erinnert werden. Das „Atom" war zuerst aufgrund seiner militärischen Anwendungen eine Angelegenheit von größter politischer Bedeutung. Auch als die USA ab 1953 ihre Politik strikter Geheimhaltung änderten und ein Programm zur Förderung des „friedlichen Atoms" („Atoms for Peace") initiierten, handelte es sich dabei keineswegs um Energiepolitik sondern um den Versuch, nach dem verlorenen Atombomben-Monopol den weltweiten Vorsprung auf diesem Gebiet mit Hilfe ihrer technologischen Überlegenheit zu erhalten und durch Kooperation die nuklearen Entwicklungen bei den Vertragspartnern des „Atoms for Peace"-Programms zu kontrollieren sowie deren Verbindungen mit den USA zu stärken[5]. Gleichzeitig wurden entsprechend der Strategie des „New Look" die US-Streitkräfte in Europa mit taktischen Atomwaffen ausgerüstet[6]. Großbritannien hatte nach der von den USA unterbrochenen nuklearen Zusammenarbeit nach dem Zweiten Weltkrieg eine eigene Atomwaffenkapazität aufgebaut und mit ersten Testexplosionen seit 1952 sein Auftreten als eigenständige Atommacht demonstriert[7]. Frankreich begann 1952 mit einem ehrgeizigen Fünf-Jahresprogramm die Voraussetzung (Plutoniumproduktion) für ein militärisches Nuklearprojekt zu schaffen, das mit einer Reihe zunächst geheimer Maßnahmen während der darauffolgenden Jahre konkrete Gestalt annahm und nach entsprechenden Erklärungen im französischen Parlament und in der französischen Presse seit Sommer 1956 mehr oder weniger offen weiterverfolgt wurde[8].

Die Bundesrepublik wurde von diesen Nuklearprogrammen in mehrfacher Hinsicht tangiert: Als Stationierungsland für taktische Atomwaffen der USA und als voraussichtlicher nuklearer Kriegsschauplatz im Fall einer Eskalation des Kalten Krieges war die BRD zunächst daran interessiert, Fragen nach der Explosionswirkung von Atombomben, Untersuchungen über radioaktiven Fallout und allgemeine Probleme des Luftschutzes untersuchen zu lassen – was noch vor der Souveränität als Anlaß diente, Forschungen über nukleare Angelegenheiten in Angriff zu nehmen[9]. Da die Westmächte die Wiederherstellung der Souveränität der Bundesrepublik, ihre militärische Aufrüstung und ihre Integration in das westliche Bündnis als zusammenhängenden

---

[5] Dies geht aus 1985 veröffentlichten Dokumenten zur US-Außenpolitik mit großer Eindringlichkeit hervor. Foreign Relations of the United States (FRUS) 1952–1954, Bd. 2, T. 2: „Policy of the United States with respect to atomic energy ...", S. 845–1589; siehe dazu auch Michael Eckert, Atoms for Peace – Eine Waffe im Kalten Krieg, in: Bild der Wissenschaft (1987), Nr. 5, S. 64–74.

[6] Siehe dazu FRUS 1952–1954, Bd. 5. Zur Reaktion der Bundesrepublik auf diese Art der „Nuklearisierung" ihres Territoriums siehe Christian Greiner, Zwischen Integration und Nation. Die militärische Eingliederung der Bundesrepublik in die NATO, 1954 bis 1957, in: Herbst, Westdeutschland (Anm. 4), S. 267–278.

[7] Margaret Gowing, Independence and Deterrence. Britain and Atomic Energy, 1945–1952, 2 Bde., London 1974.

[8] Lawrence Scheinmann, Atomic energy policy in France under the fourth republic, Princeton 1965; Bertrand Goldschmidt, Le complexe atomique. Histoire politique de l'énergie nucleaire, Paris 1980; Aline Coutrot, La politique atomique sous le gouvernement de Mendes France, in: Francois Bedarida; Jean-Pierre Rioux (Hrsg.), Pierre Mendes France et le mendesisme, Paris 1985, S. 309–316; Institut Charles-de-Gaulle (Hrsg.), L'aventure de la bombe. De Gaulle et la dissuasion nucléaire, 1958–1969, Paris 1984; Yves Rocard, La naissance de la bombe atomique francaise, in: La Recherche, Bd. 14, Nr. 141, Februar 1983, S. 198–208.

[9] Dies wurde einer 1951 gegründeten „Schutzkommission" unter der Aufsicht des Bundesministeriums des Innern zur Aufgabe gemacht. Protokoll, Sitzung der Schutzkommission, 8. 1. 1951, Deutsches Museum München, Maier-Leibnitz Akten (MLA); der dieser Kommission angehörende Physiker Heinz Maier-Leibnitz spielte in der deutschen Atompolitik eine wichtige Rolle; siehe dazu Michael Eckert, Neutrons and research in the FRG, in: Historical Studies in the Physical and Biological Sciences, Bd. 19:1, 1988, S. 81–113.

Komplex behandelten, wurden mit fortschreitender Westintegration nukleare Fragen immer wieder im Kontext von politischen Themen höchster Priorität aufgeworfen: unter dem Thema „Rüstungskontrolle" bei den EVG-, WEU- und NATO-Verhandlungen, als Forderung nach einer „nuklearen Mitwirkung" der Bundesrepublik, was die auf ihrem Territorium stationierten Atomwaffen betrifft, sowie als Testfall für die Problematik der „Nicht-Diskriminierung" gegenüber den künftigen Bündnispartnern England und Frankreich, deren Nuklearrüstung im Gegensatz zur Bundesrepublik keinen Restriktionen unterworfen war[10].

Das erklärte Ziel der Westmächte, der Bundesrepublik den Weg zu einer eigenständigen Verfügung über Atomwaffen zu verwehren, und das beharrliche Drängen der Bundesregierung auf Gleichberechtigung unter den europäischen Partnern sorgte bei den verschiedenen Integrationsverhandlungen immer wieder für Konfliktstoff – vor allem gegenüber Frankreich; dort wurde just zur gleichen Zeit mit der Weichenstellung in Richtung Atommacht eine Souveränität demonstriert, die der Bundesrepublik verwehrt war. Von daher ist es nicht verwunderlich, daß die Hürden auf dem Weg zur EURATOM-Integration, von denen im folgenden die Rede sein wird, vor allem durch den deutsch-französischen Gegensatz aufgestellt wurden.

Die Phasen, in denen das „Atom" für die Westintegration der Bundesrepublik eine wesentliche Rolle gespielt hat, lassen sich grob unterscheiden in:

– den Zeitraum zwischen den EVG-Verhandlungen (Anfang 1952), als der nukleare Spielraum der noch nicht souveränen BRD dort endete, wo das Know How und das mit der „friedlichen Kernenergie" erzeugbare Plutonium militärisch relevant wurden, und der Wiederherstellung der Souveränität im Herbst 1954 (Integration der BRD in WEU und NATO) bzw. Mai 1955 (Ratifikation der „Pariser Verträge");

– den Beginn der EURATOM-Verhandlungen von den ersten Vorgesprächen vor der Außenministerkonferenz von Messina (Juni 1955), als das „friedliche Atom" selbst zum Integrationsobjekt erklärt wurde und in der – nun souveränen – Bundesrepublik die Atom-Außenpolitik noch fast ausschließlich durch das Auswärtige Amt bestimmt war, bis zur Etablierung der nationalen Atominteressen contra EURATOM durch das Atomministerium (Frühsommer 1956);

– den Zeitraum heftiger Auseinandersetzungen um „supranationale" Befugnisse von EURATOM, als von Seiten des Atomministers (Franz Josef Strauß) der Versuch gemacht wurde, die Begrenzung nationaler Autorität durch EURATOM mit bilateralen Verträgen zu umgehen (Mai bis November 1956);

– die Konsolidierung von EURATOM (Unterzeichnung der „Römischen Verträge" am 25. März 1957) – ohne die Preisgabe nationaler Optionen, die für die „friedliche" Kernenergieentwicklung mit bilateralen Abkommen (mit USA, Großbritannien, Kanada) und für die „militärische" Nuklearentwicklung mit einer trilateralen Zusammenarbeit zwischen Frankreich, Italien und der BRD verfolgt werden sollten.

---

[10] Catherine McArdle Kelleher, Germany and the politics of nuclear weapons, New York 1975; Kurt J. Lauk, Die nuklearen Optionen der Bundesrepublik Deutschland, Berlin 1979; Dieter Mahncke, Nukleare Mitwirkung. Die Bundesrepublik in der atlantischen Allianz 1954–1970, Berlin 1972; Greiner, Integration (Anm. 6).

Es ist nicht Zweck der folgenden Darstellung, den Beginn deutscher Atompolitik in seiner ganzen Komplexität zwischen ökonomischen, wissenschaftlichen, militärischen, innen- und außenpolitischen Interessen nachzuzeichnen[11]. In dieser Arbeit geht es primär darum, den bundesdeutschen Nuklearnationalismus, d. h. das Drängen nach einer möglichst weitreichenden nationalen Verfügungsgewalt contra supranationale EURATOM-Befugnisse beim Einstieg in die Kernenergie transparent zu machen.

I.

Im EVG-Vertrag waren die speziellen nuklearen Restriktionen für die BRD in Form eines Briefes von Adenauer an die Außenminister Großbritanniens, Frankreichs und der USA formuliert worden, unter Bezugnahme auf eine, auch für die übrigen EVG-Mitglieder geltende Vertragsklausel (Art. 107), die ein Atomwaffenverbot für sog. „strategically exposed areas" enthielt. Für den Generalstab des französischen Heeres war diese Konstruktion, von der man eine Einflußnahme des EVG-Kommissariats auf die nationale Kernwaffenentwicklung befürchtete, mit ein Anlaß, um gegen die Ratifizierung des EVG-Vertrages zu sein[12]. Bertrand Goldschmidt, wissenschaftlicher Direktor in der französischen Atomenergiekommission (CEA) und zuständig für ihre Außenbeziehungen, ging soweit, das Scheitern der EVG unmittelbar auf die Problematik der Atomklausel für die Bundesrepublik zurückzuführen[13].

Auch bei der Suche nach Ersatzlösungen für die EVG spielte das „deutsche Problem", und dabei insbesondere die „Frage der Sicherungen", eine große Rolle. Anthony Eden, der für die Gründung der Westeuropäischen Union (WEU) und die Integration der Bundesrepublik in die NATO die wesentliche Initiative ergriff, erinnerte sich an langwierige Unterredungen mit Mendès France: „Ich sagte ihm, diese Sicherungsvorkehrungen könnten jetzt natürlich nicht so streng wie im Fall der EVG sein und dürften auf keinen Fall diskriminierend wirken."[14] Die Lösung des Problems fand man, was den Nuklearbereich betrifft, in einem „freiwilligen Verzicht" Adenauers auf eine nationale Atomwaffenproduktion und in einer Begrenzung der deutschen Nuklearentwicklung auf eine Reaktorleistung von 10 Megawatt mit einer Pluto-

---

[11] Dies geschieht – mit unterschiedlichen Schwerpunkten – in einer Reihe anderer Arbeiten; siehe vor allem Joachim Radkau, Aufstieg und Krise der deutschen Atomwirtschaft, 1945–1975, Reinbek 1983. Radkau widmet sich allerdings kaum den außenpolitischen und militärischen Aspekten der Atompolitik. Dazu werden in Kürze die Dissertationen von Peter Fischer (Europäisches Hochschulinstitut Florenz) und Roland Kollert (FU Berlin) vorgelegt. (Beiden sei an dieser Stelle für zahlreiche Diskussionen und wertvolle Hinweise herzlich gedankt.)

[12] Pierre Guillen, Die französische Generalität, die Aufrüstung der Bundesrepublik und die EVG (1950–1954), in: Die Europäische Verteidigungsgemeinschaft. Stand und Probleme der Forschung, hrsg. v. Hans-Erich Volkmann und Walter Schwengler, Boppard/Rh. 1985 (= Militärgeschichte seit 1945, hrsg. v. Militärgeschichtlichen Forschungsamt, Bd. 7), S. 125–157, hier S. 153 (Memorandum von General Blanc).

[13] Goldschmidt, Le complexe atomique (Anm. 8), S. 143; Coutrot, La politique atomique (Anm. 8), S. 314, berichtet, daß Mendès France von Guillaumat auf diese Problematik aufmerksam gemacht worden war.

[14] Anthony Eden, Memoiren, 1945–1957, Köln 1960, S. 191.

niumerzeugung von höchstens 3,5 kg jährlich – ausgesprochen in einem „letter of intent" und für einen Zeitraum von zwei Jahren[15].

Für die Bundesrepublik bedeutete diese Beschränkung – verglichen mit der EVG-Ristriktion – bereits einen erweiterten Spielraum für die ersten Reaktorplanungen, der faktisch in dem vorgesehenen Zeitraum von zwei Jahren nicht einmal ausgeschöpft werden konnte[16]. Obwohl die bundesdeutsche Kernenergieentwicklung zu dieser Zeit bereits auf eine mehr als zweijährige Planungsphase zurückblicken konnte, hatte Adenauer konkrete atompolitische Schritte wie die Schaffung eines Atomgesetzes und die Berufung einer Atomkommission sowie die Aufnahme von Bauarbeiten für eine erste Reaktorstation unterbunden, solange die Souveränität der Bundesrepublik noch ausstand. Damit sollte – mit Blick auf die Westmächte und die große EVG-Gegnerschaft in Frankreich – jeder Zweifel an der Vertragstreue der BRD vermieden und gleichzeitig der Handlungsspielraum künftiger Atompolitik offengehalten werden[17].

Die Integration der Bundesrepublik in die NATO brachte ihr zwar die eingeschränkte Souveränität und die militärische Einbindung in das atlantische Bündnissystem, nicht aber jene enge politische Bindung an den Westen, wie sie im Fall der EVG vorgesehen gewesen wäre. Der belgische Außenminister Paul-Henri Spaak forderte in diesem Zusammenhang seinen britischen Kollegen Anthony Eden auf, mehr zu tun, „um die deutsche Politik in der Zukunft endgültig festzulegen" und weiter nach einer „Interessengemeinschaft" zu suchen, „die uns gegen gewisse Versuche und gewisse Abenteuer absichert"[18]. Insbesondere aus französischer Sicht war es vordringlich, die Bundesrepublik „in einen Rahmen (einzubinden), der ihr Grenzen setzt und sie kontrolliert", und die Verhinderung einer deutschen Nuklearbewaffnung blieb dabei ein zentrales Thema. Für den französischen Generalstab war es „undenkbar, daß Deutschland sie erhält, und unerläßlich, daß Frankreich Atommacht wird"; da die Bundesrepublik „eine solche Diskriminierung nicht akzeptieren" würde, dachte man an „die Schaffung einer integrierten europäischen Atommacht (nach Möglichkeit mit Beteiligung Englands) im Rahmen eines atlantischen Atompools"[19].

Die Idee eines „Atompools" war in anderem Zusammenhang kurz zuvor in USA geboren worden: Eisenhower hatte in seiner berühmten „Atoms for Peace"-Rede am

---

[15] Wie aus FRUS, 1952–1954, Bd. 5, S. 1144f. und insbesondere S. 1164f. hervorgeht, war diese Form des „freiwilligen Verzichts" durch Großbritannien und die USA sorgfältig vorbereitet worden. Von einer „einsamen Entscheidung" Adenauers kann keine Rede sein, auch wenn dies Adenauer in seinen Memoiren behauptet. General a. D. Graf Kielmannsegg, der während der Londoner Konferenz assistierte und während der Abgabe der Verzichtserklärung als einziger deutscher Konferenzteilnehmer neben Adenauer zugegen war, bestätigte dies vor kurzem. (Tagung des „Nuclear History Project", Stiftung Wissenschaft und Politik, Ebenhausen, 1.–2. 7. 1988). Siehe dazu außerdem Konrad Adenauer, Erinnerungen 1953–1955, Bd. 2, Stuttgart 1965, S. 347, 363; Eden, Memoiren (Anm. 14), S. 178–201. Adenauers „letter of intent" ist abgedruckt in: The Times, 18. 11. 1954. Im Unterschied zur früheren EVG-Regelung war dieser Brief nicht Bestandteil des Vertragswerks, mit dem die Restituierung der Souveränität vollzogen werden sollte. Zur Rolle der Atomwaffen-Verzichtserklärung siehe insbesondere McArdle Kelleher, Germany (Anm. 10), S. 21–28.

[16] Die ersten Planungen für Forschungsreaktoren werden beschrieben in: Rolf-Jürgen Gleitsmann, Im Widerstreit der Meinungen. Zur Kontroverse um die Standortfindung für eine deutsche Reaktorstation (1950–1955). – KfK-Bericht 4186, Karlsruhe 1986; Michael Eckert, Die Anfänge der Atompolitik in der Bundesrepublik Deutschland, in: Vierteljahrshefte für Zeitgeschichte (VfZ) 37 (1989), S. 115–143.

[17] Fischer, siehe Anm. 11.

[18] Spaak an Eden, 7. 2. 1956, in: Paul-Henri Spaak, Memoiren eines Europäers, Hamburg 1969, S. 310.

[19] Guillen, Aufrüstung (Anm. 12), S. 156 (zit. aus einem Memorandum von General Blanc vom 11. 9. 1954).

8. Dezember 1953 einen internationalen Atompool vorgeschlagen, an den die Nuklearmächte ihr militärisches Spaltmaterial abgeben sollten, um es statt für Bomben für
friedliche Zwecke zu verwenden. Was so der Weltöffentlichkeit als Abrüstungsvor-
schlag dargeboten wurde, war freilich in erster Linie Teil eines lange vorbereiteten
Propagandafeldzugs im Kalten Krieg und keineswegs dazu gedacht, die militärische
Verwendung des „Atoms" zu beenden[20].

Es ist nicht verwunderlich, daß angesichts der weltweit entfachten Atompropaganda
des „Atoms for Peace"-Programms das „friedliche Atom" nun auch propagandabe-
wußten Europäern wie Monnet als geeignetes Vehikel für neue Integrationspläne
erschien: „Wenn es ein Gebiet gab, auf dem die Methode des Schumanplanes voll und
mit Erfolg angewendet werden konnte, so war es dieser Bereich einer noch in den
Kinderschuhen steckenden Technologie. Dies rechtfertigte die Schaffung einer spezialisierten Institution, die ich als eine neue Hohe Behörde für die Entwicklung von
Atomenergie zu friedlichen Zwecken sah und deren Aufgaben ich definierte. Mehrere
Monate später brachte mir Louis Armand zusammen mit seiner Begeisterung und der
Kraft seines Einfallsreichtums auch den Namen. Der Name war „Euratom" ...[21]

II.

Unter solchen Vorzeichen bekam das „Atom" im Frühjahr 1955 eine neue Rolle:
neben der horizontalen Integration der sechs Montanunionstaaten zur Europäischen
Wirtschaftsgemeinschaft (EWG) sollte das Atom zum Motor der nächsten sektoralen
Integration werden. Die Etappen dieser Europaintegration wurden durch die Außenministertreffen „der Sechs" in Messina (Juni 1955), Brüssel (Februar 1956), Venedig
(Mai 1956), Paris (Oktober 1956) und Brüssel (Januar/Februar 1957) markiert und mit
der Unterzeichnung der „Römischen Verträge" im März 1957 abgeschlossen. Die
Gründungsgeschichte von EURATOM und EWG ist jedoch Thema anderer Arbeiten[22] und soll hier, was EURATOM betrifft, nur soweit rekapituliert werden, als dies
für eine Beurteilung des nationalen Autarkiestrebens nötig ist, mit dem die bundesdeutsche Kernenergieprotagonisten die Europaintegration zu unterlaufen suchten.

Ein entscheidender Faktor, der bislang unterbewertet wurde, betrifft dabei den
Einfluß der USA. Zunächst hielt man es in Washington für opportun, im Hintergrund
zu bleiben: „... Dept considers it vital that choice of institutional means for achieving
European unification should be decision of European countries themselves ...", unter-
wies das State Department die US-Botschaft in Italien am Vorabend der Messina-
Konferenz[23]. Was den nuklearen Bereich angeht, währte die Zurückhaltung jedoch
nicht sehr lange. Die mit dem „Atoms for Peace"-Programm soeben eingeleitete
Internationalisierung der Kerntechnik auf dem Weg bilateraler Abkommen – zunächst
für Forschungsreaktoren, dann auch für Leistungsreaktoren – machte die Frage nach

---

[20] Eckert, Atoms (Anm. 5).
[21] Jean Monnet, Erinnerungen eines Europäers, München 1978, S. 508.
[22] Peter Weilemann, Die Anfänge der Europäischen Atomgemeinschaft: Zur Gründungsgeschichte von
EURATOM 1955–1957, Baden-Baden 1983; Christian Deubner, Die Atompolitik der westdeutschen Industrie und die Gründung von EURATOM, New York 1977; Hanns Jürgen Küsters, Die Gründungsgeschichte der Europäischen Wirtschaftsgemeinschaft 1955–1957, Baden-Baden 1982.
[23] FRUS 1955–1957, Bd. 4, S. 290.

besonderen Nuklearbeziehungen zwischen USA und den europäischen Staaten der Sechsergemeinschaft nun vordringlich. „Delay new bilateral arrangements in the power reactor field", empfahl der für Europa-Fragen zuständige Staatssekretär im State Department (Merchant) am 1. Juli 1955 seinem Außenminister. Der telegraphierte noch am selben Tag an die US-Botschaft in Bonn, daß deutsche Wünsche nach bilateralen Abkommen künftig nicht mehr gefördert werden sollten[24].

In der Bundesrepublik hatte die Anregung zu einer europäischen Atomgemeinschaft nach dem Modell der Montanunion wenig Begeisterung gefunden. Im Umkreis Monnets war man sich von Anfang an darüber im klaren, daß „Männer wie Erhard" eine „neue supranationale Organisation" ablehnen würden und nur durch ein Junktim mit dem Projekt des Gemeinsamen Marktes geködert werden konnten[25]. Schon eine „Mitwirkung der Montanunion bei der Beschaffung von Uran" ging einem Vertreter des Wirtschaftsministeriums zu weit: „Wir machen das wohl besser allein. Bundesregierung will klären, welche Vorteile in einem eventuellen Vertrag mit USA in der vorgenannten Angelegenheit bestehen (Eisenhower-Plan)."[26] Die damit in Aussicht gestellten bilateralen Abkommen erschienen hierfür als das geeignete Mittel. „Bilateral" contra „EURATOM" lautete, auf eine Formel gebracht, deshalb die deutsche Verhandlungsposition, die jedoch zunächst noch nicht wirksam wurde, solange die Atominteressen noch keine feste institutionelle Basis besaßen.

Für Frankreich hatte Euratom einen anderen Stellenwert als in der Bundesrepublik. Von allen Staaten der Sechsergemeinschaft war das französische Atomprogramm am weitesten fortgeschritten, so daß an einer Führungsrolle Frankreichs innerhalb EURATOMs nicht zu zweifeln war. Darüber hinaus versprachen sich die französischen Atompolitiker von EURATOM den bislang vergebens angestrebten Zugang zu angereichertem Uran. Ein Versuch, von Großbritannien Know How und Unterstützung für den Bau einer Isotopentrennanlage zu erhalten, wurde Ende 1954 von den USA unter Verweis auf ein amerikanisch-britisches Abkommen von 1943 zur Wahrung des Atomgeheimnisses („Quebec-Abkommen") unterbunden. Darüber hinaus mußte man auf Seiten der CEA (Commissariat à l'Energie Atomique) zur Kenntnis nehmen, daß Belgien nicht bereit war, Uranerz aus Belgisch-Kongo zum selben Preis an Frankreich abzugeben wie an die USA. Nach diesen Erfahrungen betrachtete man eine europäische Atomgemeinschaft zuerst als eine Möglichkeit, das US-Monopol zur Herstellung angereicherten Urans zu brechen. Bereits auf den ersten Treffen, auf denen nach der Messina-Konferenz das Projekt einer europäischen Atomgemeinschaft weitererörtert wurde, präsentierte man eine Isotopentrennanlage als Hauptaufgabe der neuen Gemeinschaft[27].

---

[24] Ebenda, S. 304–308.
[25] Monnet, Erinnerungen (Anm. 21), S. 510.
[26] Sitzungsprotokoll, Technisch-Wissenschaftlicher Beirat der Physikalischen Studiengesellschaft (PSG), 28. 6. 1955, Hoechst-AG, Frankfurt-Hoechst, Winnacker-Akten (WA). Noch am 15. 7. 1955 hatte die deutsche Botschaft aus Washington nach Bonn berichtet, daß Eisenhower am 11. 6. 1955 „eine Ausdehnung des ‚Atoms-for-Peace'-Programms ankündigte", Bundesarchiv Koblenz (BA) B 136/06125.
[27] Pierre Guillen, La France et la negociation du traite d'Euratom, in: Relations internationales, Bd. 44, 1985, S. 391–412; Goldschmidt, Le complexe atomique (Anm. 8), S. 307–313; die USA unterstrichen ihre Monopolstellung auf dem Gebiet des angereicherten Urans noch mit der Belehrung der Franzosen, ihre Versuche seien aussichtslos, für den U-Bootantrieb anstelle von angereichertem Uran Natururan zu verwenden; siehe dazu Institut Charles-de-Gaulle, L'aventure (Anm. 8), S. 64, 79.

Der europäische Integrationsprozeß auf dem nuklearen Sektor, bei dem die beiden Hauptteilnehmer Frankreich und Deutschland von so unterschiedlichen Ausgangspunkten ausgingen, profitierte zunächst von der Tatsache, daß die deutsche Gegnerschaft noch keinen wirkungsvollen Ausdruck annahm: Die Zeitspanne zwischen der Messina-Konferenz und der Ernennung von Franz Josef Strauß zum deutschen Atomminister (20. Oktober 1955) wurde in einem Ausschuß unter dem Vorsitz Armands in Brüssel dazu genutzt, ein erstes Konzept für die europäische Atomgemeinschaft zu entwickeln, das den Interessen Frankreichs weitgehend entgegen kam. Die deutsche Delegation in diesem Ausschuß repräsentierte die Interessen des Auswärtigen Amtes, wo man den politischen Vorteil der europäischen Integration höher bewertete als die Einwände des Wirtschaftsministeriums. Nach dem „Armand-Konzept" sollte Euratom außer einer gemeinsamen Isotopentrennanlage vor allem ein Monopol für die Versorgung seiner Mitglieder mit Kernbrennstoff besitzen. Nur wenn die Mitglieder der Gemeinschaft ihren Bedarf an Spaltstoffen ausschließlich bei ihr selbst decken konnten – so Armands Auffassung – würde ihr von den einzelnen Mitgliedsstaaten die notwendige Autorität zuerkannt[28].

Als Strauß sein Amt als Atomminister antrat, versuchte er sogleich, dieses Konzept zu Fall zu bringen. Er berief zunächst einen interministeriellen Ausschuß, der die deutsche Delegation in Brüssel zur Stimmenthaltung veranlaßte, und konfrontierte Spaak mit seiner Auffassung, daß europäische Atompolitik „doch nicht ein Monopol der Außenpolitik" und die „Montanunion nicht ein zu kopierendes Beispiel" sei. Spaak hielt – offensichtlich verärgert – Strauß entgegen, daß die Bundesrepublik „nicht vor der Wahl völliger Freiheit oder Beitritt zu einer europäischen Organisation" stehe und sich zwischen der Kontrolle durch die USA und „europäischer Selbstkontrolle" entscheiden müsse[29]. Einen Tag nach dieser Unterredung unterstrich Strauß bei einer Aufsichtsratssitzung der Physikalischen Studiengesellschaft nochmals seine Ansicht, „daß diese Verhandlungen (in Brüssel) nicht Sache des AA sein könnten. Entscheidungen darüber (sollten) nur durch das Bundeskabinett, nicht durch ein Ressort" getroffen werden[30].

Im Auswärtigen Amt sah man den Versuchen zur Einschränkung der eigenen Kompetenzen nicht tatenlos zu. Am 21. Oktober 1955, einen Tag nach Strauß' Ernennung zum Atomminister, gab der Botschafter der USA in Belgien eine Bitte des deutschen Delegationsleiters (Ophuels) an das State Department weiter, die US-Regierung möchte doch zum Ausdruck bringen, daß bilaterale Beziehungen gegenüber einer Teilnahme an der europäischen Atomgemeinschaft keinen Vorteil brächten. Dort reagierte man auf diesen Wunsch postwendend. Am 24. Oktober 1955 telegraphierte der Acting Secretary of State (Hoover) an die US-Botschaft in der Bundesrepublik, man wünsche nicht „to see Germans use any alleged US preference for bilateralism as a

---

[28] Weilemann, Anfänge (Anm. 22), S. 42–49.
[29] Aufzeichnung, Besprechung zwischen F. J. Strauß und Spaak in der belgischen Botschaft am 14. 11. 1955, BA B 138/721.
[30] Protokoll, Aufsichtsratssitzung der PSG, 15. 11. 1955, Hoechst-AG, WA. Auf Seiten der in der PSG vertretenen Industrie (vor allem der chemischen Industrie) bestand von Anfang an eine starke Opposition gegen die Europapolitik des Auswärtigen Amtes. Winnacker: „Wir sollten uns aber davor hüten, auf diesem unübersehbaren Gebiet Bindungen einzugehen, die auf die Schaffung einer hohen Behörde hinauslaufen und uns schließlich die Bewegungsmöglichkeit gegenüber anderen Völkern nimmt ...", Protokoll, Aufsichtsratssitzung der PSG, 9. 9. 1955, Hoechst-AG WA.

reason to prevent agreement on atomic integration arrangments". Dies solle den zuständigen Stellen in der Bonner Regierung mit einer „separate message" nahegebracht werden[31]. Diese „Botschaft" wurde kurz darauf in Form eines geheimen, nur in fünf Ausfertigungen verteilten „Aide-Memoire" deutschen Politikern zugestellt (eine davon für Strauß, die anderen Adressaten dürften im Wirtschaftsministerium, im Auswärtigen Amt und im Bundeskanzleramt zu suchen sein). Danach legten die USA bei der Errichtung einer „europäischen Atomstelle" vor allem darauf Wert, daß sie „als mit souveräner Verantwortung und Autorität ausgestattet betrachtet werden könnte"[32].

Dem deutschen Außenminister ging dies – wie er in einem Gespräch mit dem US-Botschafter (Conant) ausführte – nicht weit genug: „At request of Foreign Minister von Brentano I saw Minister Strauss this morning and explained position US Goverment as set forth in aide-memoire", telegraphierte Conant am 4. November nach Washington. Danach habe er den Eindruck gewonnen, daß man deutscherseits die Notwendigkeit zur Kontrolle des Spaltmaterials herunterspiele und „no need for more control of this industry than of electricity" erkenne[33].

Daß Conants Argwohn, was das deutsche Bedürfnis nach unkontrolliertem Umgang mit Kernbrennstoffen betraf, durchaus berechtigt war, zeigen Parallelgespräche zwischen der Bundesrepublik und Großbritannien. Am 24. September 1955 hatte Ministerialdirigent Hinsch aus dem Wirtschaftsministerium anläßlich einer bevorstehenden Unterredung bei Adenauer mit dem Direktor des zentralen britischen Kernforschungszentrums in Harwell (Cockroft) seinem Kollegen im Bundeskanzleramt (Grau) folgendes Anliegen vorgetragen: „Es wäre interessant, mit Sir John Cockcroft darüber zu sprechen, ... ob die Engländer bereit sind, den notwendigen Kernbrennstoff zum Betreiben der von ihnen gelieferten Reaktoren zur Verfügung zu stellen und dabei auf die unversehrte Rückgabe der gebrauchten Uranstäbe zu verzichten, auf der die Amerikaner in ihrem Standardvertrag bestehen. Die deutsche Chemie ist gerade an der eigenen Aufbereitung des bestrahlten Kernbrennstoffs hervorragend interessiert."[34] Wenige Wochen später (am 25. Oktober 1955) fand im Ministry of Supply eine Unterredung zwischen Vertretern des Bundesverbandes der Deutschen Industrie (BDI) und der britischen Atomenergiebehörde (United Kingdom Atomic Energy Authority, UKAEA) statt, in deren Verlauf den Deutschen mitgeteilt wurde, daß die englische Regierung „grundsätzlich zu einer Zusammenarbeit mit Deutschland bereit" sei und daß man „zu einem ‚collaboration agreement' kommen könnte, welches sehr weitgehend sein könnte"[35].

---

[31] FRUS 1955–1957, Bd. 4, S. 332–337.
[32] Übersetzung des Aide Memoire der Botschaft der Vereinigten Staaten vom 28. 10. 1955, Ausfertigung Nr. 4 „für Herrn Minister Strauß", BA B 138/721.
[33] FRUS 1955–1957, Bd. 4, S. 337, S. 344–346.
[34] Hinsch an Grau, 24. 9. 1955, BA B 136/2047.
[35] Bei dieser Gelegenheit teilte man den deutschen Industriellen auch mit, daß die englische Regierung im September 1955 beschlossen habe, nicht Mitglied der Europäischen Atomgemeinschaft zu werden, da man sich nicht „die Hände binden lassen" wolle. Der BDI-Repräsentant beeilte sich, dem zuzustimmen: Auch er halte „von einem europäischen Atomenergie-Pool a la Montanunion nichts". Das Auswärtige Amt wurde über diese Unterredung durch die Botschaft der BRD in London am 2. und 17. 11. 1955 unterrichtet, BA B 136/2048. Über die Politik Großbritanniens gegenüber EURATOM siehe Weilemann, Anfänge (Anm. 22), S. 62–66.

Angesichts dieser Perspektiven war es nicht verwunderlich, daß Strauß trotz der Intervention der USA in seinen Äußerungen gegenüber Spaak und auch vor der Physikalischen Studiengesellschaft Mitte November jede Monopolstellung einer europäischen Atomgemeinschaft ablehnte. Für Spaak war dabei klar, daß Strauß nicht nur als Anwalt der deutschen Industrie und des Wirtschaftsministeriums gegen eine Monopolstellung von Euratom Stellung bezog, sondern vor allem aus politischen Motiven: „Deutschland wollte nicht, daß Frankreich eine bevorzugte Stellung genoß", schrieb Spaak mit Bezug auf die von Pinay und Gaillard bereits im Herbst 1955 vorgetragene Entschlossenheit, einen Euratomvertrag nicht zu akzeptieren, „wenn er die militärische Entwicklung Frankreichs behindern sollte"[36]. Die Bundesrepublik konnte (zumindest offiziell) nicht dieselbe Forderung erheben. Bilaterale Verträge würden die nationale Nuklearentwicklung in der Bundesrepublik zwar nicht von externer Kontrolle befreien, aber sie eröffneten – wie die Gespräche mit Großbritannien gezeigt hatten – größere Handlungsspielräume, deren Ausgestaltung mit nationaler Autorität und je nach Partner mit mehr oder weniger Kontrollbefugnis ausgehandelt werden konnte.

In den USA wurde diese Entwicklung mit großer Besorgnis zur Kenntnis genommen. „For Germany, at least, a failure of the present drive towards integration could remove all restraints upon those special interests capable even now of exploiting East-West tensions in a bold gamble to advance narrow German nationalist purposes. Rampant and successful German nationalism could hardly fail to breed predatory and competitive nationalism elsewhere in Western Europe, from which only the Soviet Bloc could benefit", argumentierte man im State Department. Der eigenen US-Politik wurde zum Vorwurf gemacht, sie habe selbst den Versuch ermöglicht, „bilateralism" gegen Euratom auszuspielen, da State Department und AEC nicht „mit einer Stimme" sprechen: Während das Außenministerium die Europäer zur Annahme einer supranationalen Organisation zu bewegen suche, fördere die AEC bei den einzelnen europäischen Staaten die Wünsche nach bilateralen Verhandlungen[37].

Während in den USA um eine deutlichere Haltung gegenüber Euratom gerungen wurde, hatten Monnet und Spaak weitere Initiativen ergriffen: Monnets, im Oktober 1955 gegründetes „Aktionskomitee" übte insbesondere auf die Haltung der sozialistischen Parteien einen großen Einfluß aus und brachte die SPD, die bislang Adenauers Integrationspolitik bekämpft hatte, zu einer Zustimmung zu Euratom[38]. Spaak, der in Brüssel die Aktivitäten koordinierte, war in Bonn bei Adenauer vorstellig geworden, um sich über die zögernde Haltung der deutschen Delegation in Brüssel zu beschweren. Wie er telefonisch dem US-Außenminister am 17. Dezember 1955 mitteilte, habe Adenauer ihm dabei versichert, Strauß mit Richtlinien „along the right lines" auf den

[36] Spaak, Memoiren (Anm. 18), S. 321.
[37] Memorandum des „Office of European Regional Affairs" an den für Atomfragen zuständigen Staatssekretär im State Department (Gerard Smith) über „Peaceful Uses of Atomic Energy and European Integration", 6. 12. 1955. Smith reagierte prompt und bekräftigte in einem eigenen Memorandum „the need for concrete and dramatic action by the U.S. to give impetus to the idea of European atomic energy integration". Zum Beispiel könnten die USA den Europäern Hilfe bei der Brennstoffherstellung und der Errichtung von Wiederaufarbeitungsanlagen anbieten: „If these became the sole European facilities of their kind, they would be very useful control mechanism (against weapons activities) and would make the individual nations dependent on group facilities, thus tying the Europeans together in a practical way.", FRUS 1955–1957, Bd. 4, S. 360–362.
[38] Weilemann, Anfänge (Anm. 22), S. 70–76; Monnet, Erinnerungen (Anm. 21), S. 523–524.

gewünschten außenpolitischen Kurs zu bringen. Dulles tat das seine und lieferte dem deutschen Außenminister Argumente gegen Strauß: Die US-Kooperation wäre im Fall des „community approach" größer als auf der Basis „individueller" Beziehungen, versicherte er[39].

Ein anderes Projekt, mit dem die Gegner einer supranationalen europäischen Atomorganisation den EURATOM-Plan zu torpedieren versuchten, bestand darin, eine europäische Nuklearkooperation im größeren Verband der OEEC herbeizuführen – ohne Preisgabe nationaler Autorität an eine Behörde mit monopolistischen Befugnissen[40]. Die USA hatten in ihren bisherigen Verlautbarungen zwar keinen Hehl daraus gemacht, daß sie den EURATOM-Plan bevorzugten, jedoch auch dem OEEC-Projekt gelegentlich Sympathie bekundet[41]. Wie im Fall der bilateralen Abkommen standen die USA auch hier vor einer Klärung ihrer Politik. Am 9. Januar 1956 empfahl Dulles seinem Präsidenten, die AEC und das State Department gemeinsam dazu aufzufordern, die „six-country integration" gegenüber der OEEC-Alternative zu fördern und bilaterale Verhandlungen generell nur noch in solchen Fällen zuzulassen, in denen die „larger objectives we have in mind" nicht gefährdet würden[42].

Damit war das „friedliche Atom", das die USA bislang nur „in some undefined manner" als „political weapon"[43] ihrer Außenpolitik eingesetzt hatten, zum gezielten Instrument der amerikanischen Europapolitik erklärt. Nicht zufällig waren Anstöße dazu immer wieder aus der französischen US-Botschaft gekommen, wo das Problem des deutsch-französischen Gegensatzes augenfällig sein mußte: „... in spite of the WEU accords, the presence of atomic weapons in the hands of France is bound to raise problems vis-a-vis the Germans which would result in placing great if not fatal strains on the present strenuous relationship", erfuhr man etwa am 27. Dezember 1955 im State Department aus Paris, als von den Bemühungen Monnets um eine gemeinsame Resolution seines Komitees bei einem bevorstehenden Treffen (am 17./18. Januar 1956) die Rede war. Monnet hatte dazu „in the strongest possible terms" das State Department ersucht, während der nächsten Monate auf keinen Fall neue bilaterale Kraftreaktorabkommen zu schließen. „He is particularly anxious that the U.S. not enter into an agreement with France at this point, nor with Germany ..."[44]

Da zur selben Zeit gerade die Verhandlungen um das bilaterale deutsch-amerikanische Forschungsreaktorabkommen begonnen hatten und der deutsche Atomminister gerade Vorbereitungen für seine erste USA-Reise traf, bei der er bereits für das weitergehende Kraftreaktorabkommen die nötigen Vorgespräche führen wollte, hatte die Klärung der amerikanischen Position für die deutsche Atompolitik unmittelbare Folgen. Der Botschafter der BRD in Washington, Heinz Krekeler, riet Strauß zunächst, mit seiner Reise noch zu warten, bis das Forschungsreaktorabkommen unter

[39] FRUS 1955–1957, Bd. 4, S. 369–372.
[40] Weilemann, Anfänge (Anm. 22), S. 59–66.
[41] „The United States Government has enthusiastically supported both of these concepts", hatte z. B. Dulles noch am 10. 12. 1955 an Macmillan geschrieben, FRUS 1955–1957, Bd. 4, S. 362–364, hier 363.
[42] FRUS 1955–1957, Bd. 4, S. 388–389. Eisenhower reagierte darauf am 11. 1. 1956 mit der Bemerkung, er sei „very much in accord with your proposals" und würde „approve the recommendations for joint action by the Atomic Energy Commission and the Department of State".
[43] Mit diesem Vokabular diskutierten Robinson (Special Assistant to the US-Ambassador in France) und Bowie (Assistant Secretary of State for Policy Planning) am 27. 12. 1955 die US-Atompolitik, FRUS 1955–1957, Bd. 4, S. 378–387.
[44] Ebenda, S. 378–387.

Dach und Fach sei, „damit klar ersichtlich ist, daß Ihr Interesse auf die Erörterung unserer weiteren Wünsche hinsichtlich der Anwendung der Atomenergie für Krafterzeugung gerichtet sind"[45]. Krekeler bat auch Hallstein, bei Strauß auf eine Verschiebung seiner USA-Reise hinzuwirken. Es habe sich bei seinen Verhandlungen gezeigt, „welchen Wert die Amerikaner darauf legen, daß wir den europäischen Atompool unterstützen"[46]. Strauß verschob daraufhin seine zunächst für Februar geplante USA-Reise[47]. Adenauer selbst reagierte mit großer Geste auf die Wünsche der USA. Am 19. Januar 1956 löste er das gegenüber Spaak gegebene Versprechen ein und sandte „Richtlinien" an „die Herren Bundesminister": „Die Amerikaner sehen, wie sie offiziell erklärt haben, in einer europäischen Atomgemeinschaft, die im Gegensatz zur OEEC eigene Rechte und Verantwortlichkeiten hat, ein entscheidendes Moment der politischen Entwicklung. Sie sind bereit, eine solche Atomgemeinschaft mit allem Nachdruck zu unterstützen. Andererseits läßt sich nach Auffassung der Weltöffentlichkeit die friedliche Nutzung der Atomenergie von der Möglichkeit der Herstellung von Atombomben praktisch nicht trennen. Der deutsche Versuch einer rein nationalen Atomregelung würde daher vom Ausland mit größtem Mißtrauen aufgenommen werden ..."[48]

III.

Mit diesem „Machtwort" hatte Adenauer die Haltung der Bundesrepublik gegenüber EURATOM im Sinn des Auswärtigen Amtes bestätigt. Nachdem zur selben Zeit (am 18. Januar 1956) auch die „Monnet-Resolution" von allen Mitgliedern des Aktionskomitees geschlossen angenommen worden war[49], schien einer Verwirklichung von EURATOM nach den Vorstellungen Monnets, Spaaks, Armands und des State Departments nichts mehr im Wege zu stehen[50]. Doch der Anschein des reibungslosen Fortschritts bei der Verwirklichung von EURATOM trügt. Die Hauptstreitfrage betraf die Rolle von EURATOM für die militärische Nuklearentwicklung: Aufgrund der „Monnet-Resolution" sollten die EURATOM-Mitglieder „collectively deny themselves atomic weapons production", wie man im State Department am 25. Januar 1956 befriedigt zur Kenntnis nahm[51]. Diese Selbstbegrenzung der Europäer sollte nach Monnets Verständnis das Problem der Nichtdiskriminierung der Bundesrepublik dauerhaft lösen und gleichzeitig die Zustimmung der Sozialdemokraten erleichtern[52]. Für die Protagonisten der französischen Nuklearbewaffnung ging sie jedoch entschie-

---

[45] Krekeler an F. J. Strauß, 6. 1. 1956, Archiv Institut für Zeitgeschichte (Archiv IfZ), Krekeler Akten (KA).
[46] Krekeler an Hallstein, 7. 1. 1956, ebenda.
[47] Strauß an Krekeler, 13. 1. 1956, ebenda.
[48] Abgedruckt in Adenauer, Erinnerungen (Anm. 15), S. 253–255. Diese „Richtlinien" betrafen auch noch andere Bereiche der deutschen Europapolitik. Sie wurden von Adenauer als „Richtlinien der Politik der Bundesregierung (Art. 65 GG)" deklariert.
[49] Monnet hatte die Mitglieder seines Komitees darauf verpflichtet, in ihren Ländern die von ihnen vertretenen Parteien (in der BRD die SPD) zur Annahme der Resolution zu bewegen. Für die BRD bedeutete dies, daß von diesem Zeitpunkt an die Opposition die offizielle Haltung der Regierung mittrug. Siehe dazu Weilemann, Anfänge (Anm. 22), S. 72–74; Monnet, Erinnerungen (Anm. 21), S. 520–536.
[50] Weilemann, Anfänge (Anm. 22), S. 76–99.
[51] FRUS 1955–1957, Bd. 4, S. 390–399, hier S. 397.
[52] Monnet, Erinnerungen (Anm. 21), S. 521.

den zu weit[53]. Dasselbe galt für den deutschen Atomminister. Im State Department konnte man sich bezüglich der Reaktionen in Paris und Bonn auf die Monnet-Resolution und die darin vorgebrachte Enthaltsamkeitsforderung für Atomwaffen keine Illusionen machen: „French already have, or are about to have, capability for manufacturing nuclear weapons and this is only respect in which their position is presently more favorable than German position. I am convinced that French will not voluntarily renounce this right", berichtete etwa am 3. Februar 1956 der US-Botschafter in Paris (Dillon) an das State Department[54], und aus der Bundesrepublik erfuhren die Atompolitiker in Washington am 9. Februar 1956: „Min Strauss and others very suspicious of Monnet proposal as method of controlling German atomic development."[55] Aus US-Sicht war also klar, daß trotz Adenauers „Richtlinie" und Monnets Resolution der eigentliche Konfliktpunkt, der deutsch-französische Gegensatz bezüglich der militärischen Kernenergieentwicklung, weiter bestand und eine rasche Lösung dieses „Problems" nicht zu erwarten war.

Im Sommer des Jahres 1956 wurden die USA auch direkt mit dem aufkeimenden Nuklearnationalismus der Bundesrepublik konfrontiert. Nach dem Inkrafttreten des bilateralen deutsch-amerikanischen Forschungsreaktorabkommens am 23. April 1956 bestand für Strauß kein Grund mehr, seine geplante USA-Reise noch länger aufzuschieben – nun aber mit den weitgehenden Wünschen im Bezug auf „Kraftreaktoren" im Reisegepäck. Strauß beabsichtigte dabei, „den Amerikanern die Grundzüge eines deutschen Industrie-Zweckforschungsprogramms vorzulegen"[56]. Seine Liste umfaßte „die Lieferung von 200 kg U-235" aus dem „20 000 kg-Eisenhower-Programm", wovon „ca. 120 kg" für einen, von Siemens-Westinghouse zu errichtenden Reaktor und der Rest „für Eigenbaureaktoren" vorgesehen waren[57]. Was EURATOM betrifft, erklärte er sich zwar „im Grundsatz" mit einer europäischen Zusammenarbeit der sechs Staaten der Montanunion einverstanden – aber Strauß' „Grundsatz" wich erheblich von den Brüsseler Vorstellungen ab: in der „Frage der Brennstoffbeschaffung werde er keine Priorität anerkennen, sondern die Errichtung einer europäischen Einkaufsgesellschaft befürworten, derer man sich, wenn sie Vorteile biete, bedienen könne"[58].

Diese Position sprach allen Kontrollabsichten der USA Hohn und stieß, als Strauß sie im Mai 1956 in Washington vortrug, auf entsprechenden Widerspruch: „The problem is how to have controls to insure that atomic energy is being used for peaceful purposes. Because of the by-product of plutonium, the efficacy of controls will be

---

[53] Guillen, France (Anm. 27), S. 394–395; Goldschmidt, Le complexe atomique (Anm. 8), S. 150. Unmittelbar vor Beginn der Konferenz von Venedig, am 24. 4. 1956, versuchte Spaak noch, die Außenminister wenigstens zur Annahme eines zeitlich befristeten Atomwaffen-Produktionsverbots zu bewegen; sein Kompromißvorschlag wurde jedoch nicht angenommen, Spaak, Memoiren (Anm. 18), S. 321–322.

[54] FRUS 1955–1957, Bd. 4, S. 401–402, hier S. 401.

[55] Ebenda, S. 413–415, hier S. 414.

[56] Protokoll, Deutsche Atomkommission (DAtK), 20. 4. 1956, Hoechst-AG WA.

[57] Protokoll („Bericht über die Amerikareise des Bundesministers für Atomfragen vom 12. 5. 1956–28. 5. 1956"), DAtK, 5. 6. 1956, ebenda. Siemens führte um diese Zeit Verhandlungen über die Ausdehnung eines seit 1924 mit Westinghouse bestehenden Kooperationsvertrages, die am 9. 1. 1957 mit einem Lizenzvertrag auf dem Gebiet der Reaktortechnik abgeschlossen wurden. Siehe dazu: Chronik der Reaktorentwicklung im Hause Siemens, 20. 2. 1974. Siemens-Akten-Archiv, SAA-35/76 Lm 233. (Das Siemens-Westinghouse-Reaktorprojekt sollte zum Bau eines 10 MW-Reaktor für die RWE führen, wurde jedoch nie verwirklicht.)

[58] Protokoll, DAtK, 20. 4. 1956, Hoechst-AG WA.

most important ... It is appalling to contemplate a multiplicity of uncontrolled national
atomic developments leading to multiplying atomic weapons programs", hielt Dulles
dem deutschen Atomminister entgegen[59]. Der Eindruck, den Strauß im State Department hinterlassen hatte, wurde am 23. Mai 1956 von der Bonner US-Botschaft so
zusammengefaßt: „It appears to us that Strauss wished to take advantage his trip to
Washington to find out for himself to what extent US might lend atomic assistance to
Germany on bilateral basis and how strongly US Government actually feels about
giving preference to EURATOM over bilateral arrangements."[60]

Damit war der alte Streit – „bilateralism" contra „EURATOM" – wieder voll
entflammt. Die USA reagierten erneut mit einem vertraulichen „Aide-Memoire",
diesmal über die belgische US-Botschaft in Brüssel an die Adresse aller Mitgliedsstaaten der Montanunion, in dem sie ihre Auffassung zu EURATOM mit bis dahin
ungewohnter Eindringlichkeit zum Ausdruck brachten: EURATOM müsse bezüglich
des Kernbrennstoffs eine wirkliche „Machtbefugnis" besitzen, hieß es darin[61]. Strauß
zeigte sich davon jedoch wenig beeindruckt. Er „hoffe, daß die amerikanischen Überlegungen durch die am 18. Juni 1956 beginnenden deutsch-britischen Besprechungen
über ein Atomabkommen zu unseren Gunsten beeinflußt würden", erläuterte er der
Deutschen Atomkommission. Damit wolle er „das deutsche Bemühen um eine eigene
Rohstoffbasis etwas deutlicher zum Ausdruck ... bringen"[62]. In diesem Sinn bat er
auch Adenauer, bei dessen bevorstehenden Besprechungen in USA „nachdrücklich"
auf den Abschluß eines Kraftreaktor-Abkommens hinzuwirken[63]. Gleichzeitig drängte
er die Bundesländer, in deren Kompetenz Forschungsreaktoren gehörten, durch
Bestellungen in USA den Rahmen des bestehenden Abkommens möglichst rasch
auszuschöpfen, „damit der Weg zu einem Kraftwerkreaktorabkommen eröffnet
werde"[64].

Im Juni 1956 reiste Strauß ein zweites Mal nach USA, um in Verhandlungen mit
Industriellen, der Atomic Energy Commission (AEC) und dem State Department
einem bilateralen Kraftreaktorabkommen näherzukommen. „Die amerikanische Industrie habe sich besonders aufgeschlossen gezeigt. Sie wünsche eine rasche Aufnahme
enger industrieller Verbindungen mit Deutschland und lege großen Wert auf eine
bilaterale Zusammenarbeit", referierte er anschließend vor der Deutschen Atomkommission. Die AEC „wünsche ebenfalls eine bilaterale Zusammenarbeit. Sie sei jedoch
als staatliche Behörde im Verkehr mit dem Ausland naturgemäß den Weisungen,
zumindest aber den Richtlinien des State Department unterworfen ... Das State

[59] FRUS 1955–1957, Bd. 4, S. 438–441, hier S. 441.
[60] Ebenda, S. 438–441.
[61] Aide-Memoire: „Die Auffassung der Vereinigten Staaten über EURATOM", 25. 5. 1956, BA B 138/721.
Diese Verdeutlichung des US-Standpunktes mag nicht unerheblich dazu beigetragen haben, daß auf dem
Außenministertreffen der Sechs in Venedig am 29. und 30. 5. 1956 „grünes Licht" für die nächste EURA-
TOM-Verhandlungsrunde gegeben wurde, wenngleich klar war, daß es „im Sommer", wie von Brentano
gehofft hatte, nicht mehr zu einem Vertrag kommen würde. Vor allem in Frankreich scheint diese US-
Intervention großen Eindruck gemacht zu haben; Goldschmidt, Le complexe atomique (Anm. 8), S. 308,
widmet dem „memorandum americain" ein eigenes Kapitel.
[62] Protokoll, DAtK, 5. 6. 1956, Hoechst-AG WA.
[63] F. J. Strauß an Adenauer, 8. 6. 1956. (Memorandum für die Besprechungen in den Vereinigten Staaten des
Herrn Bundeskanzlers), BA B 138/723.
[64] Protokoll, Bayerische Atomkommission, 6. 6. 1956, Deutsches Museum München, MLA. Maier-Leibnitz
wurde der Betreiber des ersten „Atoms for Peace"-Forschungsreaktors („Atomei") in der Bundesrepublik.
Siehe dazu Eckert, Neutrons (Anm. 9).

Department habe sich als schwierigster Verhandlungspartner gezeigt, denn es betreibe mit der amerikanischen Vorrangstellung und teilweise Monopolstellung auf dem Atomsektor Politik. Es versuche auf diesem Gebiet gewisse politische Vorstellungen durch Junktims durchzusetzen, so z. B. dadurch, daß die von uns erbetene und von Amerika generell schon zugesagte Hilfe, soweit sie über den Rahmen des Forschungs- abkommens hinausgehe, von der deutschen Zustimmung zu Euratom oder zur euro- päischen Atomgemeinschaft amerikanischer Vorstellung abhängig gemacht werden solle. In diesem Punkt seien die Meinungen am schärfsten aufeinandergestoßen ... Die Amerikaner seien sehr darüber enttäuscht gewesen, daß er dem amerikanischen Eura- tom-Plan nicht vorbehaltlos zugestimmt habe."[65] Strauß machte sich in dieser Situa- tion die unterschiedlichen Interessen seiner amerikanischen Verhandlungspartner zunutze: „Seine Taktik sei dahingegangen, die Hilfsbereitschaft der AEC zu fördern, gewissen Bestrebungen des State Department entgegenzutreten und die amerikanische Industrie im Kampfe zwischen AEC und State Department soweit wie möglich für die deutschen Interessen zu gewinnen."[66]

Anders als zu Beginn seiner Amtszeit verfügte Strauß im Sommer 1956 bereits über einen beachtlichen Apparat, insbesondere über eine mit den wichtigsten Interessenver- tretern aus Wirtschaft und Wissenschaft besetzte Atomkommission mit spezialisierten Fachkommissionen und Arbeitskreisen, mit dem er seine politischen Pläne mit kon- kreten Maßnahmen untermauern und dem Auswärtigen Amt in Sachen Atompolitik eine eigene Kompetenz entgegensetzen konnte. Die Kernenergie trat mit den fort- schreitenden Planungen des Atomministeriums in eine Phase der Ausdifferenzierung, und Atompolitik bedeutete künftig sowohl Forschungs-, Energie-, Außen- als auch Sicherheitspolitik – wenngleich mit unterschiedlichen Gewichten[67]. Strauß sah sich im Zentrum dieser vielschichtigen Angelegenheit und versuchte die technischen und poli- tischen Weichen so zu stellen, daß insbesondere die beiden letztgenannten Politikbe- reiche offen gehalten wurden.

Dazu lieferte ihm die Entwicklung in Frankreich ausreichend Vorwand. Im Juni 1956 beschloß die französische Regierung die Schaffung einer militärischen Abteilung innerhalb der CEA. Kurz darauf bekräftigte der Regierungschef (Mollet) vor der Nationalversammlung „la liberté francaise dans le domaine atomique militaire", die sich die französische Regierung von keiner, wie immer gearteten EURATOM-Ent- scheidung beschneiden lassen werde[68]. Nachdem man die militärische Entwicklung so von jeder EURATOM-Kontrolle ausgenommen hatte, konnte man für die zivile Kernenergieentwicklung französischerseits getrost die monopolistischen EURATOM- Befugnisse akzeptieren, die nach dem „Spaak-Bericht" vorgesehen waren. Strauß nahm dies zum Anlaß, den deutschen Widerstand gegen das EURATOM-Brennstoffmono- pol mit dem altbewährten Argument der „Nicht-Diskriminierung" neu zu schüren und forderte, daß sich die Kontrolle „auch auf die militärische Verwendung erstrecken

---

[65] Bericht des Bundesministers für Atomfragen über seine beiden Amerikareisen vor der Fachkommission III (Technisch-wirtschaftliche Fragen bei Reaktoren) der Deutschen Atomkommission, 25. 6. 1956, Deutsches Museum München, MLA.

[66] Ebenda.

[67] Siehe dazu aus politikwissenschaftlicher Sicht Herbert Kitschelt, Kernenergiepolitik, Arena eines gesell- schaftlichen Konflikts, Frankfurt/M. 1980.

[68] Goldschmidt, Le complexe atomique (Anm. 8), S. 151.

müsse, da andernfalls für die Bundesrepublik wegen ihres Verzichts auf militärische Entwicklung und Produktion eine diskriminierende Situation geschaffen würde"[69].

In USA beobachtete man diese Entwicklungen mit zunehmender Sorge: Am 3. Oktober 1956 sandte Conant auf Anweisung des State Departments ein Schreiben an Adenauer, um ihn nochmals über den US-Standpunkt zu „informieren"[70]. Als weitere Schwierigkeit kam hinzu, daß Frankreich und Italien in den ersten Oktobertagen unabhängig voneinander Vorstöße bei der US-Regierung unternommen hatten, um ihrerseits auf den Abschluß von „classified atomic energy bilateral agreements" zu drängen – offenbar um für den Fall des Scheiterns von EURATOM vorzusorgen. Conant warnte eindringlich davor, zum gegenwärtigen Zeitpunkt auf diese Wünsche einzugehen. Der Vorsitzende der AEC, Lewis Strauss, vertrat jedoch die gegenteilige Ansicht und wollte die „bilaterals" noch im selben Monat (Oktober) gewähren; für ihn war EURATOM weiter denn je von einer Verwirklichung entfernt, und die US-Regierung setzte sich heftiger Kritik aus, „if concrete progress toward applying atomic power in the foreign field were not made in the next few months". Nur mit Mühe konnte er vom State Department dazu gebracht werden, die Verhandlungen wenigstens bis Anfang 1957 hinauszuschieben[71]. Man gab sich überzeugt, daß die „Germans" zu guter Letzt doch noch dazu gebracht werden konnten, „to buy the common market with this atomic currency"[72]. Tatsächlich gab Adenauer auf eine erneute Intervention Conants hin zu verstehen, daß nun, da Strauß mit anderen Dingen befaßt sei, kein Grund zur Sorge mehr bestünde[73].

Schon bei den früheren Interventionen der USA hatte Adenauer gegenüber dem US-Botschafter den Eindruck vermittelt, daß seine eigenen Vorstellungen völlig im Einklang mit den Wünschen des State Department seien – ohne deshalb den Kurs des Atomministeriums in der EURATOM-Frage zu ändern. Diesmal tat er es: Am 6. November 1956 kündigte er bei einem Treffen mit Mollet in Paris den deutschen Widerstand gegen das EURATOM-Brennstoffmonopol auf und führte auch in den deutsch-französischen Streitfragen beim Gemeinsamen Markt eine rasche Einigung herbei[74].

IV.

Zweifellos war die Ablösung des Atomministers Strauß durch Balke im Oktober 1956 ein Faktor, der eine Einigung bei EURATOM erleichterte. Dennoch wäre es falsch, darin den alleinigen Schlüssel für den „Durchbruch" zu sehen. Was die nuklearen Ambitionen der Bundesrepublik angeht, so wäre es naiv zu glauben, Strauß hätte ohne Zustimmung Adenauers den Spielraum durch Ausspielen von „bilateralism" contra EURATOM zu erweitern versucht. Adenauers spätes Einlenken war vielmehr Resultat eines politischen Kalküls, das nach dem Krisenherbst 1956 („Radford-Krise", „Suez-Krise") der Abhängigkeit nationaler Entscheidungen in Europa von der Politik

---

[69] Protokoll, DAtK, 24. 7. 1956, Hoechst-AG, WA.
[70] FRUS 1955–1957, Bd. 4, S. 466–468.
[71] Ebenda, S. 475–478.
[72] Ebenda, S. 478.
[73] Ebenda, S. 480.
[74] Weilemann, Anfänge (Anm. 22), S. 129–132; Guillen, France (Anm. 27), S. 403.

der USA seinen Tribut zollte und „die Intensivierung der europäischen Zusammenarbeit für die nächste Zeit (als) die erfolgversprechendste außenpolitische Option" erscheinen ließ[75].

Die EURATOM-Planung trat nun – nach der deutsch-französischen Übereinkunft – in ihre Schlußphase: Einer Anregung des Monnet'schen Aktionskomitees folgend, wurden „Drei Weise" ernannt, die den Umfang für den Einsatz der Kernenergie in den EURATOM-Ländern umreißen sollten. Monnets Grundlage dabei war, die mit der Suez-Krise vor Augen geführte Abhängigkeit Europas von Ölimporten aus dem Nahen Osten propagandistisch für EURATOM auszuschlachten und gleichzeitig die US-Förderung von EURATOM festzuschreiben, was von US-Seite sehr begrüßt und mit „as much public fanfare as possible" gefördert wurde[76]. Die EURATOM-Vertragsverhandlungen selbst verliefen nach Adenauers Einlenken in der Frage des EURATOM- Brennstoffmonopols ohne größere Reibungen und wurden Anfang 1957 zum Abschluß gebracht. EURATOM wurde als „Eigentümerin der besonderen spaltbaren Stoffe" (angereichertes Uran und Plutonium) mit den von USA gewünschten Kontrollbefugnissen ausgestattet, allerdings nur auf dem Gebiet der „friedlichen Kernenergienutzung"[77]. Militärische Nuklearprogramme blieben davon erklärtermaßen ausgenommen: „(The) decision to permit military uses of atomic energy (or rather not to forbid them) was unfortunate but politically indispensable", erklärte Spaak dem US-Außenminister am 8. Februar 1957, „the maintenance of at least a theoretical possibility to engage in the weapons program was the price which had to be paid to the moderate Right in France for their support of EURATOM and also of the Common Market."[78]

Was bedeutete die EURATOM-Einigung für den bundesdeutschen Nuklearnationalismus? Kurz nachdem Adenauer und Mollet in Paris einig geworden waren, warnte man in der Deutschen Atomkommission „vor weiteren Zugeständnissen auf dem Gebiet der europäischen Zusammenarbeit"[79]. Auch weiterhin ließ man nichts unversucht, um bilateralen Abkommen näherzukommen. Mit Verweis auf ein im Herbst 1956 abgeschlossenes, erweitertes bilaterales Forschungsreaktor-Abkommen der USA mit Frankreich, das immerhin die Lieferung von 40 kg angereichertem Uran beinhaltete, wurde ein weiteres Mal das „Nicht-Diskriminierungsargument" ins Spiel

---

[75] Weilemann, Anfänge (Anm. 22), S. 131. Aus den immer wieder laut werdenden Überlegungen in USA, ihre Truppen-Präsenz in Europa zu verringern („Radford-Krise"), hatte Adenauer den Schluß gezogen: „Wir Europäer müßten uns zusammenschließen, um unsere Interessen wahren zu können" und (gegenüber dem italienischen Verteidigungsminister im Juli 1956) angeregt, „ob man nicht die EVG in einer etwas veränderten Form wieder entstehen lassen könne". Kurz darauf (im September 1956) „begrüßte" er Vorschläge aus Frankreich, die „insbesondere eine enge französisch-deutsche Zusammenarbeit auf dem Rüstungsgebiet" zum Gegenstand hatten. Adenauer, Erinnerungen (Anm. 15), S. 221, 259–262. Das US-Veto in der Suez-Krise tat ein übriges, den Europäern die Begrenztheit ihrer nationalen, außenpolitischen Handlungsspielräume vor Augen zu führen.
[76] FRUS 1955–1957, Bd. 4, S. 487–495. Der Besuch der „Drei Weisen" in USA (3.–14. 2. 1957) mit den dabei protokollierten Gesprächen – ebenda, S. 512–522 – zeigt deutlich, daß es nun vor allem um die Wirkung in der Öffentlichkeit ging. Der erst im Mai 1957 fertiggestellte Bericht der „Drei Weisen" („A Target for EURATOM") spielte für die EURATOM-Vertragsverhandlungen selbst keine Rolle, allenfalls für die Ratifikationsdebatten. Siehe dazu Weilemann, Anfänge (Anm. 22), S. 151–156.
[77] Weilemann, Anfänge (Anm. 22), S. 140–141.
[78] FRUS 1955–1957, Bd. 4, S. 519–522, hier S. 520.
[79] Protokoll, Fachkommission III der DAtK, 26. 11. 1956, Deutsches Museum München, MLA.

gebracht; gleichzeitig wurden private Beziehungen von Industriellen dazu benutzt, „die Möglichkeit eines südafrikanischen Abkommens" zu erörtern[80].

In den USA wurde angesichts laufender Verhandlungen der AEC über Kraft-reaktor-Abkommen mit den Nicht-EURATOM-Staaten Schweden, Norwegen und Spanien die Hinhaltetaktik gegenüber den deutschen und italienischen Wünschen allmählich fragwürdig; nicht weniger peinlich war diese Haltung Frankreich gegen-über, das im Oktober 1956 „freiwillig" seine Kraftreaktor-Verhandlungen mit den USA ausgesetzt hatte, um den Fortgang der EURATOM-Verhandlungen nicht zu blockieren[81]. Im Januar 1957, nach einem gemeinsamen Vorstoß der Bundesrepu-blik, Italiens und Frankreichs, gab das State Department schließlich grünes Licht für die so dringend begehrten bilateralen Abkommen. Um nicht mit den laufenden EURATOM-Verhandlungen in Konflikt zu geraten, wurden die bilateralen Abkommen nun als „interim bilateral power reactor agreements" ausgegeben, mit denen lediglich der Zeitraum bis zur Gründung von EURATOM überbrückt wer-den sollte. Welche „Lücke" damit eigentlich überbrückt werden sollte, bleibt rät-selhaft angesichts der Auskunft deutscher Atompolitiker an die US-Botschaft, daß zur Zeit „noch keine konkreten Projekte im Bundesgebiet für Materialprüf- oder Kraftreaktoren bestehen und im Augenblick noch keine verbindliche Belegung anzufordernder Kernbrennstoffe mit technischen Reaktorprojekten erfolgen kann"[82].

Es waren daher weniger energiepolitische als außenpolitische Motive dafür verant-wortlich, daß das Atomministerium nun den zuständigen Arbeitskreis „Kernreakto-ren" der Deutschen Atomkommission dazu drängte, konkrete Kraftwerksprojekte namhaft zu machen. Dort wurden im Januar 1957 gerade erste „Programmvorschläge" skizziert, mit denen die noch vagen Pläne der bereits etablierten industriellen Reaktor-entwicklungsgruppen gefördert werden sollten[83]. Als bei der folgenden Sitzung dieses Arbeitskreises unter ausdrücklichem Verweis „auf den bevorstehenden Abschluß der internationalen Verträge" darauf gedrängt wurde, das Reaktorprogramm zu präzisie-ren, reagierten mehrere Mitglieder des Arbeitskreises eher abwehrend: Maier-Leibnitz hielt „eine allzu präzise Formulierung des Programms bedenklich, weil der Arbeits-kreis zu den geplanten Projekten der einzelnen Gruppen noch kein abschließendes Urteil abgeben könne". Der Vertreter der Siemens-Reaktorentwicklung, Wolfgang Finkelnburg, „befürchtet(e) ebenfalls, daß die organische Entwicklung durch ein spe-zialisiertes Programm des Arbeitskreises möglicherweise behindert werde. Es genüge, wenn die einzelnen Reaktorgruppen um Auskunft über die von ihnen geplanten Reaktortypen und die Termine der Durchführung gebeten würden." Der Arbeitskreis konkretisierte schließlich sein Leistungsreaktor-Programm auf fünf Projekte[84]; damit

---

[80] Vermerk über eine Besprechung zwischen Grau und Breecher, 15. 12. 1956, BA B 138/656.

[81] FRUS 1955–1957, Bd. 4, S. 498–500.

[82] Vermerk über eine Besprechung zwischen Grau und Breecher, 15. 12. 1956, BA B 138/656.

[83] Protokoll, Klausurtagung in Eltville, 25./26. 1. 1957, Arbeitskreis „Kernreaktoren" der DAtK, Deutsches Museum München, MLA.

[84] Je eines von den Industriekonsortien Siemens-Schuckert-Werke („Wasserreaktor 100 MW"), AEG („Spei-cherreaktor 100 MW"), BBC/Krupp („Hochtemperatur-Reaktor") sowie Babcock & Wilcox („Calder Hall-Reaktor"), sowie eines der „Karlsruher Reaktorgruppe" („Prototyp-Brutreaktor"); Protokoll, Arbeitskreis „Kernreaktoren" der DAtK, 29. 3. 1957, Deutsches Museum München, MLA.

konnte dem Auswärtigen Amt der „Bedarf" für das bilaterale Kraftreaktorabkommen mit den USA spezifiziert werden[85].

Als die USA den Botschaften der Bundesrepublik, Frankreichs und Italiens im Mai 1957 die Vertragsentwürfe für die bilateralen Kraftreaktorabkommen aushändigten, wiesen sie in einem beigefügten Aide Memoire nochmals auf den Interims-Charakter dieser Abkommen hin – und auf den Widerspruch, daß einige der Reaktorprojekte, mit denen die Brennstoffwünsche begründet wurden, erst zu einem Zeitpunkt begonnen würden, zu dem auch EURATOM schon „in operation" sein würde[86]. Dennoch wurden die Kraftreaktorabkommen zwischen der Bundesrepublik, Frankreich und Italien mit den USA wenig später (am 3. Juli 1957) unterzeichnet und die AEC autorisiert, Uran mit einem Anreicherungsgrad von maximal 20% bis zu einer Menge von 2500 kg an die jeweiligen Vertragspartner zu „verkaufen oder verpachten". Den USA wurde damit das Recht eingeräumt, die „Pläne von allen Reaktoren und anderen Ausrüstungen und Vorrichtungen, die von ihnen zur Verfügung gestellt oder mit US-Material betrieben werden" zu kontrollieren und „Inspekteure zu entsenden, die zu allen für die Sicherheitskontrolle wesentlichen Orten und Angaben unmittelbaren Zugang haben". Außerdem enthielten die bilateralen Abkommen eine Klausel, wonach EURATOM nach Inkrafttreten des EURATOM-Vertrages die „Rechte und Pflichten" der Abkommen übernehmen konnte[87].

EURATOM trat nach der Ratifizierung durch die Parlamente der „Sechs" am 1. Januar 1958 in Kraft. Danach durften die Mitgliedstaaten mit Dritten auf dem Gebiet der Versorgung mit Kernbrennstoffen überhaupt keine eigenen Verträge mehr abschließen und mußten alle übrigen auswärtigen Vereinbarungen auf dem Gebiet der Kernenergie der EURATOM-Kommission vorlegen, die dagegen ein Veto einlegen konnte. Die Bundesrepublik hatte noch kurz zuvor (am 11. Dezember 1957) mit Kanada ein bilaterales Atomabkommen abgeschlossen, mit dem vor allem der Bezug von Natururan geregelt wurde. Pläne für ein bilaterales Kraftreaktorabkommen mit Großbritannien (nach dem 1956 abgeschlossenen Forschungsreaktorabkommen) fielen bereits EURATOM zum Opfer, das 1959 – nach dem Abschluß eines USA-EURATOM-Abkommens – mit Großbritannien sein zweites internationales Abkommen zur Lieferung von Kernbrennstoffen unterzeichnete. Für Brennstoff-Lieferungen, die nicht durch EURATOM oder die Abkommen mit Kanada und USA geregelt wurden, wandte man sich an „Staaten, die ohne bilaterale Abkommen Kernmaterial liefern"; so lieferte etwa „die Südafrikanische Union Urankonzentrate"[88].

Wie ist das Tauziehen um bilaterale Abkommen contra supranationale EURATOM-Befugnisse zu bewerten? Wenn es lediglich um einen möglichst breit angelegten

---

[85] Meyer-Cording an AA, 23. 5. 1957, BA B 138/656.

[86] Aide Memoire, 21. 5. 1957, BA B 138/656.

[87] Costa, Abkommen (Anm. 2), S. 256–257. Ungeachtet der EURATOM-Überführungsklausel wurden die Kernbrennstoff-Lieferungen aus USA aufgrund des bilateralen Abkommens nach der Gründung von EURATOM direkt mit der BRD abgewickelt. Erst nach Ablauf der 10jährigen Laufzeit des Abkommens wurde die bis dahin allein von der Bundesregierung (über das Bundesamt für gewerbliche Wirtschaft) ausgeübte Beschaffungs- und Überwachungstätigkeit eingestellt und die aus USA stammenden Kernbrennstoffe den Bestimmungen eines USA-EURATOM-Abkommens unterworfen; siehe Gernot Heyne, Bilaterale Beziehungen, in: Taschenbuch für Atomfragen 1968, Bonn 1968, S. 432–436.

[88] Detaillierte Informationen über den Ausbau der internationalen Beziehungen zur Versorgung mit Kernbrennstoffen findet man in: Taschenbuch für Atomfragen 1959, S. 20–24, 46–54; 1960/61: S. 13–15, 39–51; 1964: S. 304–308, 346–349; 1968: S. 404–405, 432–436.

Einstieg in die friedliche Kernenergie gegangen wäre – den hätten die bundesdeutschen Atompolitiker auch mit EURATOM allein haben können; hatten nicht die USA über EURATOM eine großzügigere Versorgung mit Know How und Kernbrennstoffen in Aussicht gestellt als über bilaterale Beziehungen, und waren die „Drei Weisen" nicht angetreten, um für EURATOM einen Rahmen abzustecken, der selbst bei noch so großen Erwartungen in die Kernenergie kaum ausgeschöpft werden konnte? Ganz offensichtlich ging es der Bundesregierung also nicht um eine Erweiterung des nuklearen Spielraums an sich, sondern um eine möglichst große nationale Verfügungsgewalt dabei. Dabei richtete sich der bundesdeutsche Widerstand gegen internationale Kontrollbefugnisse weniger gegen die USA – denn auch in den bilateralen Abkommen mußten strenge Kontrollen hingenommen werden – als gegen den europäischen Nuklearpartner und -konkurrenten Frankreich, demgegenüber man um jeden Preis gleichberechtigt auftreten wollte.

Obwohl EURATOM letztlich nach den von USA gewünschten Grundzügen realisiert wurde, zeugt die tatsächliche Entwicklung von EURATOM eher von der Dominanz der nationalen Interessen als von einem Triumph des Europa-Gedankens[89]. Wo nationale Interessen nicht autark befriedigt werden konnten, suchte man supranationale Kontrolle nach wie vor auf bilateralem Weg zu umgehen – insbesondere dann, wenn es um die militärische Anwendung der Kernenergie ging. Zwar wäre eine nationale Atomwaffenproduktion ohne die Zustimmung der Westmächte politisch nicht möglich gewesen, und eine Atomwaffenproduktion auf deutschem Boden hätte Adenauers Verzichtserklärung in eklatanter Weise Lügen gestraft, aber es gab Ausweichmöglichkeiten wie etwa eine Ausstattung eigener Trägersysteme mit Sprengköpfen, die im Ausland aufgrund bilateraler Abkommen mit deutscher Beteiligung hergestellt wurden. Daß solche Auswege von deutscher Seite tatsächlich gesucht und beschritten wurden, zeigt ein deutsch-französischer und ein deutsch-französisch-italienischer Nuklearflirt, dessen Realisation jedoch am französischen Nuklearnationalismus De Gaulles scheiterte[90].

Die ersten Anzeichen dafür wurden mit dem Wechsel von Strauß ins Verteidigungsministerium erkennbar. Der Aufbau konventioneller Streitkräfte in der Bundesrepublik war langsamer verlaufen als von den USA gewünscht wurde, was dem Einfluß der Bundesrepublik in der NATO nicht gerade förderlich war – und gerade dies war ein vorrangiges Interesse nationaler bundesdeutscher Politik: Deutschland sollte als Machtfaktor im westlichen Bündnis etabliert werden, gleichrangig vor allem mit Frankreich und Großbritannien. Wenn dies mit konventioneller Bewaffnung nicht möglich war, dann sollte es nun durch eine Nuklearrüstung erreicht werden, so der Tenor vieler Äußerungen gegen Ende des Jahres 1956[91]. Der Anlaß für Adenauer, um

[89] Heinz Kramer, Nuklearpolitik in Westeuropa und die Forschungspolitik der EURATOM, Köln 1976; Henry R. Nau, National politics and international technology: nuclear reactor development in Western Europe, Baltimore 1974.

[90] McArdle Kelleher, Germany (Anm. 10), S. 146–153; Wilfrid Kohl, French Nuclear Diplomacy, Princeton 1971, S. 54–65. Diese Darstellungen stützen sich auf Presseberichte. In den letzten Jahren mehrten sich die Informationen darüber durch die Aussagen wichtiger französischer Zeitzeugen: Goldschmidt, Le complexe atomique (Anm. 8), S. 205; Guillaumat, in: L'aventure (Anm. 8), S. 68. Eine neuere Zusammenfassung findet man in Matthias Küntzel, Auf leisen Sohlen zur Bombe? Bonner Begehrlichkeiten und der Atomwaffenverzicht, in: Schelb, Reaktoren (Anm. 4), S. 176–237, hier S. 184–187.

[91] Greiner, Integration (Anm. 6), S. 267–278.

dieselbe Zeit mit Mollet die Möglichkeit einer deutsch-französischen Atombombe zu erörtern, war seiner eigenen Darstellung nach „die Tatsache, daß die Engländer über nukleare Waffen, und zwar über eine Wasserstoffbombe, verfügen würden"[92].

Zu konkreten Kooperationsplänen kam es jedoch erst unter Mollets Nachfolger Felix Gaillard. Adenauer zerstreute Gaillards anfängliche Bedenken, wonach eine militärische Nuklearkooperation der Adenauerschen Atomwaffenverzichtserklärung zuwiderlaufe, mit dem Hinweis, „solange es sich um Forschungsuntersuchungen handele, könne nichts passieren"[93]. Daraufhin wurden eine Reihe von bi- und trilateralen Geheimabkommen unterzeichnet, über deren Inhalt auch heute noch keine Klarheit herrscht. Vermutlich ging es um gemeinsame Atomwaffenforschungen in einem Institut bei Saint-Louis im Elsaß, das seit dieser Zeit als gemeinsames Forschungsinstitut dem französischen und dem deutschen Verteidigungsministerium untersteht, um eine Mitfinanzierung der französischen Isotopentrennanlage bei Pierrelatte, und um eine Bestückung deutscher Trägersysteme mit französischen Sprengköpfen[94].

Wenn der Absicht zur militärischen Nuklearkooperation keine Taten folgten, so lag dies nicht an einem atompolitischen Kurswechsel in der Bundesrepublik, sondern an der Machtübernahme De Gaulles, der die Geheimabkommen „sofort zerriß" und den Aufbau einer ausschließlich nationalen französischen Atomstreitmacht ohne ausländische Beteiligung in die Wege leitete[95]. Angesichts dieser Extremform eines Nuklearnationalismus kam es in der deutschen Politik zu einiger Verunsicherung. Als etwa in einer „provozierenden Feststellung von Mr. Debre" die französische Haltung zugespitzt wurde zu der Aussage, daß „Nationen, welche die Kerntechnik nicht militärisch anwenden, nur noch eine Satellitenrolle spielen könnten", nannte Krekeler „diese Auffassung töricht, weil die militärische Verwertung der Kernenergie schließlich nur eine Anwendung dieser Technik ist, welche von jedem Land mit einer entwickelten Atomwirtschaft ohne weiteres verwirklicht werden kann". Schließlich sei es nicht dasselbe, ob ein Land „auf die militärische Verwertung der Kernenergie verzichten muß, weil es dazu technisch nicht in der Lage ist, oder ob seine Regierung freiwillig

---

[92] Adenauer, Erinnerungen (Anm. 15), S. 293.

[93] Ebenda, S. 339–344.

[94] Siehe dazu die in Anm. 90 zusammengestellte Literatur, die sich jedoch nur auf Presseberichte stützt. Lediglich bezüglich der Beteiligung an einer französischen Isotopentrennanlage gibt es Hinweise aus Primärquellen. Am 6. 12. 1957 verriet ein Mitglied des „Kernreaktoren"-Arbeitskreises (Riezler), „daß Guillaumat bei seinem bevorstehenden Besuch in der Bundesrepublik offenbar ein zweiseitiges Abkommen über den Bau einer Uran-Isotopentrennanlage anzuregen gedenke", Protokoll, Arbeitskreis „Kernreaktoren" der DAtK, 6. 12. 1957, Deutsches Museum München, MLA. Was dabei herausgekommen ist, kann einer „Notiz für den Herrn Bundeskanzler" entnommen werden, die Krekeler – inzwischen EURATOM-Kommissar in Brüssel – am 26. 6. 1958 anfertigte: „Am 21. Juni sagte mir (EURATOM-) Präsident Armand, die französische Regierung habe beschlossen, am 1. Juli mit dem Bau einer Isotopen-Trennanlage nach dem Diffusionsverfahren zu beginnen. Nach seinen Informationen würde sich an diesem Unternehmen außer der italienischen auch die deutsche Regierung beteiligen. Er bat mich festzustellen, ob dies zuträfe. Vor zwei Tagen sagte Präsident Armand in Gegenwart der anderen Mitglieder der Kommission und einiger unserer Mitarbeiter in der gleichen Sache folgendes: das Projekt würde auf die Herstellung von 12 to Uran 235 im Jahr ausgelegt und etwa 140 Millionen Dollar kosten. Davon würde Italien etwa 10%, d. h. 10 Milliarden Lire übernehmen. Er sei inzwischen zuverlässig darüber unterrichtet, daß zwischen dem französischen Verteidigungsminister, Herrn Guillaumat und Herrn Bundesminister Strauß Einverständnis über die deutsche Beteiligung erzielt worden sei. Er bäte nun noch festzustellen, in welcher Form bzw. über welchen Haushalt die deutsche Beteiligung finanziert würde ...", Briefentwurf, Krekeler an Adenauer, 26. 6. 1958, Archiv IfZ, KA.

[95] Jean Delmas, Diskussionsbeitrag auf dem Kolloquium Deutschland–Frankreich, 12.–15. 10. 1987, Deutsches Museum München; siehe auch: Guillaumat, in: L' aventure (Anm. 8), S. 68.

davon Abstand nimmt". Allerdings müsse klar sein, daß es sich „um einen freiwilligen, durch keine technische Rückständigkeit herbeigeführten Verzicht handelt"[96].

Man erkannte in der Kernenergie also eine Option, die sich selbst dann in nationales, politisches Gewicht umsetzen ließ, wenn die militärische Anwendung nur als nicht ergriffene Möglichkeit demonstriert werden konnte. Die Nukleardiplomatie, die mit der offengehaltenen dualen Nutzungsmöglichkeit der Kernenergie in Bonn offenbar praktiziert wurde, hat ein – leider anonymer – Kenner dieser Politik einmal so formuliert: „the greatest opportunity for influence and bargaining lay not in painful, dangerous acquisition of national capabilities (for nuclear weapons), but in appearing able to exercise such an option at times and places of momentuous national choice or at times when the compensating payoffs were not forthcoming"[97]. Die Anfänge der deutschen Atompolitik und das Tauziehen um bilaterale Verträge contra EURATOM gewinnen erst angesichts dieser Perspektive die Logik, die aus forschungs-, technologie- und energiepolitischen Momenten heraus nicht zu finden ist.

---

[96] Briefentwurf, Krekeler an Adenauer, 16. 9. 1960, Archiv IfZ, KA.
[97] McArdle Kelleher, Germany (Anm. 10), S. 8.

Hanns Jürgen Küsters

Der Streit um Kompetenzen und Konzeptionen deutscher Europapolitik 1949–1958

Kompetenzstreitigkeiten zwischen Ressorts gehören zum Tagesgeschäft jeder Regierung, sind also nichts Außergewöhnliches. Besonderes Interesse verdienen sie, wenn der reibungslose Ablauf politischer Entscheidungsprozesse blockiert, die Handlungsfähigkeit der Regierung spürbar beeinträchtigt wird. Beispiel dafür sind die Auseinandersetzungen in der Bundesregierung um Zuständigkeiten und die konzeptionelle Gestaltung der Außenwirtschafts- und Europapolitik in den fünfziger Jahren. Die Konflikte reichten weit über die klassischen Gegensätze zwischen Auswärtigem Amt und Wirtschaftsministerium hinaus, drehten sich nicht nur um die Frage, ob dem Primat der Außenpolitik oder dem Primat der Innenpolitik Vorrang einzuräumen sei.

Galt es in den Anfangsjahren der Bundesrepublik Deutschland zunächst, die Zuständigkeiten der obersten Bundesbehörden festzulegen und gegeneinander abzugrenzen, so ging es in der zweiten Legislaturperiode bei den Kompetenzkonflikten vor allem um größeren Machtzuwachs innerhalb des Regierungsapparates, für den einen oder anderen Minister zugleich um eine günstige Ausgangsposition, auf den Stuhl des Bundeskanzlers zu wechseln.

Kompetenzverteilungen für die Europapolitik

Mit Konstituierung der Bundesregierung im September 1949 waren zwar die formalen Grundlagen einer geordneten Staatsverwaltung geschaffen worden. Geschäftsordnung, Ressortkompetenzen und Fragen der interministeriellen Zusammenarbeit mußten aber noch im einzelnen vereinbart werden. Der Handlungsspielraum war in Art. 65 Grundgesetz vorgegeben:

„Der Bundeskanzler bestimmt die Richtlinien der Politik und trägt dafür die Verantwortung. Innerhalb dieser Richtlinien leitet jeder Bundesminister seinen Geschäftsbereich selbständig und unter eigener Verantwortung. Über Meinungsverschiedenheiten zwischen den Bundesministern entscheidet die Bundesregierung. Der Bundeskanzler leitet ihre Geschäfte nach einer von der Bundesregierung beschlossenen und vom Bundespräsidenten genehmigten Geschäftsordnung."

Nach allgemeiner Auffassung besitzt der Kanzler neben der Richtlinienkompetenz auch die Organisationsgewalt, nämlich über die Gliederung der Regierung, die Zahl der Ministerien und ihre Zuständigkeiten zu entscheiden[1]. Im Hinblick auf die Gestal-

---

[1] Karl Carstens, Politische Führung. Erfahrungen im Dienste der Bundesregierung, Stuttgart 1970, S. 112f.; Theodor Eschenburg, Kanzler, Kabinett und Koalition. Eine kleine Chronik der Richtlinienkompetenz der Regierungschefs, in: „Die Zeit", 8. 4. 1988, S. 9f.

tung der Außenpolitik der Bundesrepublik gewann dieses Recht um so größeres Gewicht, als es 1949 der unter Besatzungsrecht stehenden Bundesregierung einerseits verboten war, eigenständig Außenpolitik zu betreiben. Demzufolge existierte kein Auswärtiges Amt. Andererseits jedoch hatte die Alliierte Hohe Kommission die Bundesregierung am 7. Oktober 1949 ermächtigt, durch einen Delegierten ihre Mitgliedschaft in der OEEC wahrzunehmen[2]. Sie sollte also auf dem Feld der Außenwirtschaftspolitik und bei der Entwicklung von bi- oder multilateralen Handelsbeziehungen in begrenztem Rahmen außenpolitisch tätig werden.

Durch verschiedene Entwicklungen wurde die Gestaltung der Bonner Außenwirtschaftspolitik bereits in den Anfängen kompliziert und auf die folgenden Jahre hin belastet. Schon die Kompetenzabgrenzungen unter den Verwaltungen des Frankfurter Wirtschaftsrats, insbesondere der für Wirtschaft, für Ernährung, Landwirtschaft und Forsten, sowie für Verkehr, hatten große Schwierigkeiten bereitet. Adenauer übertrug vornehmlich aus Gründen der Koalitionsarithmetik bei Bildung seiner ersten Regierung die Zuständigkeit für die Handelspolitik dem Bundesminister für Wirtschaft (BMW)[3], behielt die Federführung für OEEC-Fragen aber dem Minister für den Marshallplan (BMM), Franz Blücher, vor, um Wünsche des Koalitionspartners FDP zu befriedigen. Wirtschaftsminister Erhard wollte in seinem Ressort die Federführung für alle Fragen der Binnen- und Außenwirtschaftspolitik vereinen. Blücher dagegen, der absichtlich nur einen kleinen, schlagkräftigen Apparat mit drei Abteilungen zuließ, hoffte, allmählich bei allen ressortübergreifenden Arbeiten der Außenwirtschaftspolitik die Federführung zu gewinnen, das ERP-Ministerium zum Ort der Koordinierung der beteiligten Fachministerien zu machen[4]. Diesen Bestrebungen setzte sich Erhard von Beginn an zur Wehr. Er befürchtete, wesentliche Kompetenzen zu verlieren und „auf die Rolle eines Gewerbe- und Handelsministers" beschränkt zu werden. Deshalb unterstrich er am 7. November 1949 gegenüber Blücher nochmals seine Zuständigkeit: „Der Grundsatz, daß der Wirtschaftsminister nach Tradition und bewährter Übung für die gesamte Wirtschaftspolitik des Landes die Verantwortung zu tragen habe, muß unangetastet bleiben ..."[5]. An diesen Anspruch hielt Erhard in der Folgezeit fest.

Immerhin leistete das BMW, genauer die Abteilung V Außenwirtschaft, bis 1953 jene Aufbauarbeit bei den Außenwirtschaftskontakten, auf die das Auswärtige Amt später zurückgreifen konnte. Der Vorsprung an Erfahrungen war nur schwer aufzuwiegen. Solange noch keine Gemeinsame Geschäftsordnung der Bundesregierung (GOB) existierte[6], Zuständigkeiten nicht präzise definiert waren, lag es an der Persönlichkeit des Ressortleiters, durch geschicktes Taktieren bei der Einrichtung und Aufgabenverteilung interministerieller Ausschüsse Positionen zu erkämpfen, die den Einfluß gegenüber konkurrierenden Ressorts langfristig stabilisieren halfen. So hatte Blücher

---

[2] Das Kabinett hatte am 4. 10. 1949 seine Absicht erklärt, „ohne Verzug an dem Abkommen für Europäische Wirtschaftliche Zusammenarbeit teilzunehmen" und war bereit, „mit den USA ein ERP-Abkommen abzuschließen". Vgl. Die Kabinettsprotokolle der Bundesregierung, Bd. 1: 1949, bearb. v. Ulrich Enders und Konrad Reiser, Boppard/Rh. 1982, S. 97f.

[3] Herbert Blankenhorn, Verständnis und Verständigung, Blätter eines politischen Tagebuchs 1949–1979, Frankfurt/M. 1980, S. 55.

[4] Udo Wengst, Staatsaufbau und Regierungspraxis 1948–1953. Zur Geschichte der Verfassungsorgane der Bundesrepublik Deutschland, Düsseldorf 1984, S. 170f.

[5] Schreiben Erhard an Blücher, 7. 11. 1949, Ludwig Erhard-Stiftung (LES), Nachlaß (NL) Erhard I. 4) 37.

[6] Zu den Diskussionen um die Entwürfe: Die Kabinettsprotokolle der Bundesregierung, Bd. 2: 1950, bearb. v. Ulrich Enders und Konrad Reiser, Boppard/Rh. 1984, S. 590, 779f., 808, 892, 901f.

am 9. November 1949 dem Kabinett vorgeschlagen, aus Vertretern von BMM, Bundesministerium der Finanzen (BMF), BMW und dem Bundesministerium für Ernährung, Landwirtschaft und Forsten (BMELF) einen wirtschaftspolitischen Ausschuß zu bilden. Er sollte die „Beschlußfassung für alle das Gebiet der Wirtschaftspolitik betreffenden Grundsatzfragen" vorbereiten und für eine einheitliche Wirtschaftspolitik der Bundesregierung sorgen[7]. Erhard reklamierte den Vorsitz in diesem ersten vom Kabinett eingesetzten Ausschuß für sich, beschwor den Kanzler, das Wirtschaftsministerium müsse die federführende Verantwortung für die Wirtschaftspolitik in Händen halten, weil damit das Schicksal des Konzepts der Sozialen Marktwirtschaft verbunden sei[8]. Adenauer zog daraufhin den Vorsitz im „Wirtschaftsausschuß", der 1950 mehrmals tagte[9], an sich.

Neben dem Konflikt BMM–BMW entbrannte zwischen Kanzleramt und Wirtschaftsministerium ein weiterer permanenter Streit. Personalisiert durch Spannungen im Verhältnis Adenauer–Erhard und institutionalisiert durch die Schaffung der Dienststelle für auswärtige Angelegenheiten im Bundeskanzleramt unter Leitung von Herbert Blankenhorn. Am 25. November 1949 machte Adenauer die Ernennung des von Erhard favorisierten Ministerialdirektors Schalfejew zum Staatssekretär von „der organisatorischen Vervollkommnung des Wirtschaftsministeriums" abhängig[10]. Ungeachtet der Bestrebungen Blüchers wollte der Kanzler selbst die Oberaufsicht über die Gesamtwirtschaft behalten. Bewerkstelligen sollte das der bayerische Wirtschaftsminister, Hanns Seidel, den Adenauer im April 1950 als Staatssekretär für das Bundeskanzleramt zu gewinnen suchte. Dessen vordringlichste Aufgabe sollte sein, „die drei Bundesminister ... Erhard, Blücher und Niklas ... mehr zu koordinieren sowie ihre Zusammenarbeit herbeizuführen, als das bisher der Fall" war[11]. Die Bemühungen waren vergeblich. Seidel blieb an der Isar.

Neue Regelungen für den Schuman-Plan

Ungeklärte Details der Zuständigkeitsabgrenzung, die fehlende Geschäftsordnung, Kompetenzgerangel zwischen den Ressorts – vor diesem Hintergrund nahm die Bundesregierung ihre ersten internationalen Verhandlungen auf, als die französische Regierung am 9. Mai 1950 den Schuman-Plan unterbreitete. Adenauer behielt die Aufsicht im eigenen Amt. Er sah die politische Bedeutung des Vorschlags, die weder durch eine falsche Politik noch durch die Bürokratie gefährdet werden durfte[12]. Im Bundeskanz-

---

[7] 21. Kabinettssitzung, TOP 7, 11. 11. 1949, in: Die Kabinettsprotokolle der Bundesregierung, Bd. 1 (Anm. 2), S. 189f.

[8] Schreiben Erhard an Adenauer (Auszüge), 24. 11. 1949, in: Adenauer. Briefe 1949–1951, bearb. v. Hans Peter Mensing, Berlin 1985 (= Adenauer. Rhöndorfer Ausgabe, hrsg. v. Rudolf Morsey und Hans-Peter Schwarz, S. 464f.

[9] Die Kabinettsprotokolle der Bundesregierung, Bd. 1 (Anm. 2), S. 190.

[10] Ebenda, S. 223f. Schreiben Adenauer an Erhard, 30. 11. 1949 und 17. 2. 1950, beide in: Adenauer, Briefe 1949–1951 (Anm. 8), S. 140, 173.

[11] Schreiben Adenauer an Otto Seeling, 29. 4. 1950, in: Adenauer, Briefe 1949–1951 (Anm. 8), S. 201f.

[12] Zu den Kontakten Adenauers und Schumans vor Veröffentlichung des Plans vgl. den Beitrag des Verf.: Die Verhandlungen über das institutionelle System zur Gründung der Europäischen Gemeinschaft für Kohle und Stahl, in: Klaus Schwabe (Hrsg.), Die Anfänge des Schuman-Plans 1950/51. Beiträge des Kolloquiums in Aachen, 28.–30. Mai 1986, Baden-Baden 1988, S. 73–102. Im folgenden handschriftliche Notizen von Ulrich Sahm (seit dem 13. 9. 1950 Leiter des Sekretariats) über die Sitzung des interministeriellen Ausschusses für den Schumanplan, 12. 7. 1950, Privatarchiv Sahm.

leramt wurde am 3. Juni 1950 in der Dienststelle für auswärtige Angelegenheiten ein Sekretariat für Fragen des Schuman-Plans eingerichtet. Es sollte den Kanzler unterrichten, die Arbeiten der einzelnen Fachressorts in Bonn und der deutschen Delegation in Paris koordinieren.

Erhard machte aus seiner Reserviertheit gegenüber den wirtschaftspolitisch schwer einzuschätzenden Plänen der französischen Administration keinen Hehl. Sein erst zwei Jahre zuvor begründetes Konzept einer liberalen Wirtschaftsordnung sah er durch die übernationale europäische Hohe Behörde für die Sektoren Kohle und Stahl gefährdet. Trotz allem Gerede von Freizügigkeit und Nichtdiskriminierung konnte niemand sagen, ob die angestrebte Montanunion nicht doch dirigistischen Maßnahmen Vorschub leisten würde. In Anbetracht der Unterstützung des Schuman-Plans durch Adenauer riet Erhard Blücher zu der Taktik, „jede Dramatisierung zu vermeiden"[13], die Entwicklung abzuwarten und erst später Forderungen auf den Verhandlungstisch zu legen. Korea-Krise, angespannte Lage der Kohlenversorgung, sich rapide verschlechternde Zahlungsbilanz, erwartete Verknappung der Rohstoff-Vorräte sowie Forderungen Washingtons nach verstärkten staatlichen Lenkungsmaßnahmen der Bundesregierung schürten Erhards Befürchtungen einer Abkehr vom Ziel der Liberalisierung.

Zu alledem drängte die FDP auf administrative Konsequenzen. Um die Liberalisierung reibungsloser durchführen und eine den Interessen des Außenhandels gerechte Politik gewährleisten zu können, sollte ein eigenes Außenhandelsministerium geschaffen werden[14]. Zur Sicherung der Rohstoffimporte in die Bundesrepublik forderte Blücher am 4. Januar 1951 im Kabinett „die Einrichtung einer überministeriellen Organisation, die sich umgehend an die Prüfung und Vorbereitung der deutscherseits zu ergreifenden Maßnahmen zu begeben habe"[15]. Der offiziell am 14. Dezember 1950 ins Leben gerufene interministerielle Wirtschaftsausschuß, eigentlich mit der Bearbeitung von OEEC-Fragen betraut, wurde angewiesen, auch die Rohstoffprobleme zu behandeln.

Die ungeklärten Einzelheiten der Kompetenzabgrenzung im Bereich der Außenwirtschaftspolitik machten eine Regelung erforderlich. Am 12. September 1950 waren der Leiter der Personal- und Verwaltungsabteilung in der Dienststelle für auswärtige Angelegenheiten, Wilhelm Haas, und Staatssekretär Schalfejew vom BMW zu einer ersten Besprechung in dieser Angelegenheit zusammengetroffen. Ihr folgte ein Briefwechsel, in dem organisatorische Fragen des Geschäftsverkehrs und künftige personelle Besetzungen abgeklärt wurden[16]. Am 27. Januar 1951 übersandte der Leiter der Außenwirtschaftsabteilung des BMW, Vollrath von Maltzan, an Staatssekretär Hallstein die Vereinbarung über die Abgrenzung der Aufgabengebiete[17].

---

[13] Schreiben Erhard an Blücher, 30. 5. 1950, LES, NL Erhard I. 4) 37.
[14] Schreiben Adenauer an Blücher und an Hans Wellhausen, 23. 11. 1950, in: Adenauer, Briefe 1949–1951 (Anm. 8), S. 311–315, hier S. 311 und 566.
[15] 119. Kabinettssitzung, TOP 3, 4. 1. 1951, in: Die Kabinettsprotokolle der Bundesregierung, Bd. 4: 1951, bearb. v. Ursula Hüllbusch, Boppard/Rh. 1988, S. 32f.
[16] Abt. IV 100-08-IV-10126/54, Aufzeichnung, Betr. Zusammenarbeit Abt. IV-BMW künftige Abgrenzung der beiderseitigen Arbeitsgebiete, 29. 10. 1951, Politisches Archiv des Auswärtigen Amtes, (PA AA), L, Betreff: Abgrenzung der Zuständigkeit zwischen dem Ausw. Amt und dem BMWi, Bd. I 1955 (L, Abgrenzung, Bd. I). Schreiben Schalfejew an Haas, 13. 9. 1950, Bundesarchiv (BA), B 102 / 128 687.
[17] Schreiben von Maltzan an Hallstein, 23. 1. 1951, sowie Aufzeichnung, Betr. Abgrenzung der Aufgaben zwischen Abt. V BMW und Abt. IV der Dienststelle für auswärtige Angelegenheiten, ebenda.

Das BMW war künftig für Fragen der außenwirtschaftlichen Ausrichtung der deutschen Industrie und des Handels zuständig. Es hatte zudem in Zusammenarbeit mit der Bank deutscher Länder die Federführung für alle Fragen der steuerlich und kreditpolitisch begünstigten Exportförderung. Die Handelspolitische Abteilung des Auswärtigen Amtes, das nach der ersten Revision des Besatzungsstatuts am 15. März 1951 aufgebaut werden durfte, sollte nunmehr die Federführung für die außenwirtschaftlichen Kontakte übernehmen, insbesondere für die bi- und multilateralen Handels- und Wirtschaftsverträge. Eine integrale Überführung der Abteilung V (BMW) in die Dienststelle für auswärtige Angelegenheiten war aber nicht vorgesehen. Dem AA oblag in erster Linie die sachliche Koordinierung handelspolitischer Belange, d. h. divergierende Ansichten der einzelnen Ressorts auszutarieren und die verhandlungstechnischen Abstimmungen im Handelspolitischen Ausschuß[18] zur Vorbereitung von Kabinettsentscheidungen zu leisten. Verbindungsreferenten des AA und des BMW sollten im jeweils anderen Ressort die „reibungslose und fruchtbare Zusammenarbeit" sicherstellen.

Die Vereinbarung entsprach im wesentlichen der Praxis, wie sie sich in den Schuman-Plan-Verhandlungen herausgebildet hatte. Wollte das AA überhaupt wieder in Außenwirtschaftsfragen Kompetenzen zurückgewinnen, so mußte es sich zunächst als Koordinationszentrale verstehen, als Verbindungsstelle zwischen Auslandsbehörden und innerdeutschen Außenhandelsstellen.

Die schlechte Wirtschaftslage, aber auch Adenauers Kritik an der Amtsführung des Wirtschaftsministers – er vernachlässige wegen häufiger Abwesenheit von Bonn sein Ministerium, dem „schon seit geraumer Zeit die Kontinuierlichkeit und die Stetigkeit der Arbeit sowie die Einheitlichkeit" fehle –, brachten Erhard in eine schwierige Situation[19]. Zunächst hatte der Kanzler versucht, mit einer Hinhaltetaktik bei der Besetzung des Staatssekretärpostens Erhard stärker im Zaume zu halten[20]. Doch war diese Chance mit der Ernennung Ludger Westricks im April 1951 endgültig vertan. Westrick erwies sich als getreuer Anhänger seines Ministers.

Adenauer wollte nun Erhards Entscheidungsbefugnisse durch den wirtschaftspolitischen Koordinierungsausschuß begrenzen[21]. Das Kabinett beschloß am 2. März 1951, einen Ministerausschuß unter Adenauers Vorsitz einzusetzen, der sich vornehmlich mit wirtschaftspolitischen Fragen befassen sollte. Ein Koordinierungsstab unter Lei-

---

[18] Der Handelspolitische Ausschuß (HPA) war 1925 durch Beschluß der Reichsregierung eingesetzt worden, um das Kabinett von Streitigkeiten zwischen den Ressorts in handelspolitischen Fragen zu entlasten. Die Federführung lag beim AA. Durch Beschluß des Frankfurter Verwaltungsrates wurde der HPA am 18. 1. 1949 neu gegründet, hatte damals und späterhin jedoch keinen Kabinettsstatus, sondern war lediglich ein ständiger interministerieller Ausschuß. Ihm gehörten als stimmberechtigte Mitglieder Vertreter des AA, BMW, BMF, BMELF, BM Verkehr, BMZ und der deutschen Bundesbank an. Den Vorsitz führte von Maltzan für das AA. Seinem Stellvertreter, Reinhardt (BMW), wurde der Posten zunächst belassen, bei dessen Wechsel aber vom AA beansprucht. Aufgabe des HPA war, über Vorsitz und Zusammensetzung der deutschen Delegationen für Verhandlungen über Handelsverträge und Warenabkommen zu beschließen, Richtlinien und Weisungen für Verhandlungen zu geben und zu deren Ergebnissen Stellung zu beziehen. Entwurf von Posadowsky-Wehner, Schreiben Bundesminister des Auswärtigen an Bundeskanzler, Anlage zur Aufzeichnung, Betr. Vorsitz im Handelspolitischen Ausschuß, 18. 11. 1957, ebenda.
[19] Schreiben Adenauer an Erhard, 24. 2. 1951, in: Adenauer, Briefe 1949–1951 (Anm. 8), S. 351f., hier S. 352.
[20] Wengst, Staatsaufbau (Anm. 4), S. 254f.
[21] Tee-Empfang, 2. 3. 1952, in: Adenauer. Teegespräche 1950–1954, bearb. v. Hanns Jürgen Küsters, Berlin 1984 (= Adenauer. Rhöndorfer Ausgabe, hrsg. v. Rudolf Morsey und Hans-Peter Schwarz), S. 46; Die Kabinettsprotokolle der Bundesregierung, Bd. 4 (Anm. 15), S. 51.

tung von Friedrich Ernst sollte fortan einen überministeriellen Ausgleich herbeiführen. Erhard befürchtete, Adenauer könnte Blücher – der als Kanzler-Stellvertreter den zweiten Vorsitz im Kabinettsausschuß übernahm[22] – zu einer Art Koordinierungsminister machen, so daß ihm die Führung der Wirtschaft allmählich aus den Händen gleiten würde[23]. Seine Proteste und das vom Ausland argwöhnisch beobachtete Festhalten an der Liberalisierungspolitik schienen ihm bald den Kabinettsposten zu kosten[24]. Zumal Adenauer nicht sklavisch an dem Konzept der Sozialen Marktwirtschaft hing, wenn es aufgrund veränderter Umstände nicht haltbar war[25]. Der Kanzler hatte jedenfalls keine Mühe, Blücher mit der ständigen Vertretung im Wirtschaftskabinett zu beauftragen[26].

Die Situation änderte sich binnen kurzem. Adenauer suchte über die zu verabschiedende Geschäftsordnung der Bundesregierung die einzelnen Bundesministerien fester in Griff zu bekommen. Er beanspruchte das Recht, ihren Geschäftsbereich abzugrenzen[27]. Gegen massiven Widerstand einiger Kabinettsmitglieder gelang es ihm nicht, diese Kompetenz für sich einzunehmen. Die Bundesminister forderten eine Entscheidung durch das Bundeskabinett[28]. Die von Verkehrsminister Seebohm vorgeschlagene und schließlich angenommene Kompromißformel des § 9 GOB sah vor: „Der Geschäftsbereich der einzelnen Bundesminister wird in den Grundzügen durch den Bundeskanzler festgelegt. Bei Überschneidungen und sich daraus ergebenden Meinungsverschiedenheiten zwischen den einzelnen Ministerien entscheidet die Bundesregierung durch Beschluß"[29].

Noch einen weiteren Erfolg konnte Blücher für sich verbuchen. Nach § 11 GOB durften Verhandlungen mit dem Ausland künftig nur im Benehmen und mit Zustimmung des AA geführt werden[30]. Die besondere Stellung des BMM bei Verhandlungen mit ausländischen Regierungen aber blieb erhalten. Damit waren die Kompetenzen von AA und BMW zum BMM abgegrenzt, jedoch nicht zwischen AA und BMW. Das Verhältnis zum BMW wollte Erhard „freundschaftlich vertiefen und verstärken", um „von der Aufsplitterung der Wirtschaftspolitik" loszukommen und „vor allen Dingen die bis heute de facto bestehende Finanzdiktatur" zu überwinden[31].

Schwierigkeiten beim Aufbau des AA; die Absicht der Diplomaten, Kompetenzen einzuvernehmen, die ihnen „eigentlich" zustanden, sowie Adenauers Doppelfunktion als Kanzler und Außenminister belasteten die Koalition zusehends. Der Aufbau des AA warf mehr Probleme auf als erwartet, insbesondere bei der Einstellung des Perso-

---

[22] Sondersitzung der Bundesregierung, TOP 1, 20. 3. 1951, in: Die Kabinettsprotokolle der Bundesregierung, Bd. 4 (Anm. 15), S. 261.

[23] Schreiben Erhard an Adenauer, 2. 3. 1951, Stiftung Bundeskanzler-Adenauer-Haus (StBKAH) 11.02.

[24] Schreiben Adenauer an Erhard, 19. 3. 1951, in: Adenauer, Briefe 1949–1951 (Anm. 8), S. 26–32.

[25] Protokoll der Sitzung des Bundesausschusses der CDU, 12. 2. 1951, Archiv für Christlich-Demokratische Politik der Konrad-Adenauer-Stiftung (ACDP) VII-001-019/1-15.

[26] Schreiben Adenauer an Erhard, 4. 3. 1951, in: Adenauer, Briefe 1949–1951 (Anm. 8), S. 354f.

[27] Die Kabinettsprotokolle der Bundesregierung, Bd. 4 (Anm. 15), S. 250. Zu vorangegangenen Diskussionen der Entwürfe Wengst, Staatsaufbau (Anm. 4), S. 247f.

[28] Ebenda.

[29] Die Kabinettsprotokolle der Bundesregierung, Bd. 4 (Anm. 15), S. 251. Gemeinsame Geschäftsordnung der Bundesministerien, hrsg. v. Bundesminister des Inneren, Allgemeiner Teil, Bonn 1958, Besonderer Teil, Bonn 1960.

[30] Blücher hatte mit Schreiben vom 5. 1. 1951 eine entsprechende Regelung gefordert. Die Kabinettsprotokolle der Bundesregierung, Bd. 4 (Anm. 15), ebenda.

[31] Schreiben Erhard an Blücher, 19. 3. 1951, LES, NL Erhard I. 4) 37.

nals[32]. Verschiedentlich äußerte sich Adenauer besorgt, Hallstein habe nicht die Zeit und Fertigkeit, das Ressort zu leiten. Er selbst vermochte aber wenig daran zu ändern. Beschwerden Blüchers über fehlende Abstimmungen mit dem AA waren in dieser Zeit nicht unberechtigt[33]. Überdies sah sich Adenauer dem Drängen der FDP-Bundestagsfraktion ausgesetzt, das Amt des Außenministers abzugeben[34]. Vor den entscheidenden Verhandlungen mit den Westalliierten über den Deutschland-Vertrag und den Vertrag über die Europäische Verteidigungsgemeinschaft dachte er aber nicht im entferntesten daran, die Außenpolitik in andere Hände zu legen. Geradezu töricht erschien es ihm, jetzt einen unerfahrenen Mann zum Außenminister zu berufen.

Die Annahme des Schuman-Plans im Deutschen Bundestag am 11. Januar 1952 erforderte weitere Entscheidungen über die Zuständigkeiten. Erhard war es inzwischen gelungen, Adenauer zu überzeugen, daß die Kompetenzen für den Schuman-Plan beim BMW ressortieren müßten. Jedenfalls äußerte sich der Bundeskanzler am 17. Januar 1952 dahingehend vor dem Auswärtigen Ausschuß des Bundesrates[35]. Das BMW legte daraufhin den Entwurf einer Kabinettsentscheidung vor. Dieser war im wesentlichen zwischen dem Leiter der Unterabteilung für den Schuman-Plan im BMW, Hans von der Groeben, und dem Leiter des Sekretariats für Fragen des Schuman-Plans, Ulrich Sahm, abgestimmt worden. Das AA sollte demnach die Zuständigkeit für den Interimsausschuß, der die Vorarbeiten für die Aufnahme der Tätigkeit der EGKS-Organe leistete, und für Entscheidungen über den Sitz der Organe und die Sprache erhalten sowie federführend sein für Personalentscheidungen bei der Besetzung der Hohen Behörde und des Gerichtshofs und für Belange der Gemeinsamen Versammlung. Unter Federführung des BMW sollten wirtschaftliche Fragen bearbeitet werden einschließlich der Entscheidungen des Ministerrats und des Beratenden Ausschusses. Die Zuständigkeiten anderer Ministerien, insbesondere des BM Justiz und des BMF, blieben auf den jeweiligen Sachgebieten ebenso unangetastet wie die Vorschriften der Geschäftsordnung der Bundesregierung[36].

Hallstein, nicht bereit, diese Regelung zugunsten des BMW hinzunehmen, argumentierte, „daß eine Abgrenzung der Zuständigkeiten nach sachlichen Kriterien unmöglich sei, da sich die politischen Gesichtspunkte, die vom Standpunkt der Europäischen Integration geltend zu machen sind, nicht von den reinen Fachfragen trennen lassen. Für die politische Führung aller Integrationspläne müsse die ausschließliche Zuständigkeit des Auswärtigen Amtes sichergestellt werden. Das Auswärtige Amt werde daher seine Zuständigkeit für den Schuman-Plan, auch seiner Durchführung, behalten müssen." Beschleunigt sollte eine Unterabteilung für europäische Fragen

---

[32] Wilhelm Haas, Beitrag zur Geschichte der Entstehung des Auswärtigen Dienstes der Bundesrepublik Deutschland, Bremen 1969.

[33] Schreiben Blücher an Adenauer, 10. 7. 1954 (Auszug), in: Adenauer. Briefe 1951–1953, bearb. v. Hans Peter Mensing, Berlin 1987 (= Adenauer. Rhöndorfer Ausgabe, hrsg. v. Rudolf Morsey und Hans-Peter Schwarz), S. 50f.

[34] Schreiben Adenauer an Hermann Schäfer, 14. 7. 1951, ebenda, S. 84f., an August Martin Euler 16. 7. 1951, ebenda, S. 86f. und an Fritz Schäffer, 13. 8. 1951, ebenda, S. 110.

[35] Sekretariat für Fragen des Schuman-Plans, Aufzeichnung Sahm, Betr. Vorbereitende Maßnahmen für den Schuman-Plan, 11. 2. 1952, Tagebuch (Tgb.)-Nr. 307/52, PA AA, 2, Bd. 90 1949–1957, Betr. Zuständigkeitsregelung zwischen den obersten Bundesbehörden Bd. 1 bis Dez. 1952 (2, Bd. 90, Zuständigkeitsregelung Bd. 1).

[36] Sekretariat für Fragen des Schuman-Plans, Aufzeichnung Sahm, Betr. Zuständigkeitsabgrenzung zwischen dem Auswärtigen Amt und dem Bundeswirtschaftsministerium in Schumanplanangelegenheiten, 23. 1. 1952, ebenda.

aufgebaut werden, in der jeder Integrationsplan ein Referat bekommen würde. Ferner müßte der laufende Geschäftsverkehr in Zusammenarbeit mit den anderen beteiligten Ressorts, besonders des BMW, reibungsloser abgewickelt werden[37].

Sahm entwarf drei Modelle für die ressortmäßige Zuständigkeit der Schuman-Plan-Fragen. Modell 1 sah eine aufgesplitterte Kompetenzregelung vor, nämlich die Federführung für die geschäftsmäßige Behandlung den jeweiligen zuständigen Ressorts AA, BMW, BM Justiz, BMF, BM Arbeit und BM Verkehr je nach zu behandelnden Sachfragen zu überantworten. Aus Sicht des AA war dieses Verfahren aber unzweckmäßig, da die für erforderlich gehaltene einheitliche Behandlung des Schuman-Plans sowohl gegenüber den Organen der Montanunion als auch innerhalb der Bundesregierung nur schwer herzustellen sein würde. Eine Koordinierungsstelle, die über Oberkompetenzen und Verantwortung verfügt, wäre unausweichlich.

Modell 2 hätte die Zuständigkeit vollends in das BMW verlagert, was den Interessen des AA zuwiderlief. Modell 3 ging von der Federführung des AA aus mit der Begründung, man könne sich wegen der politischen Bedeutung des Schuman-Plans auf eine „nur mitwirkende, aber nicht bestimmende Beteiligung an den wirtschaftlichen Fragen" nicht zufrieden geben. Das Amt müsse „für alle Sachgebiete, die auf europäischer Ebene entschieden werden, die politischen Gesichtspunkte der europäischen Integration in eigener Zuständigkeit voll zur Wirkung bringen können". Die politische Steuerung der Integration könne nur von einer Stelle aus erfolgen, eben vom AA. Ein wirtschaftliches Fachressort sei dafür „von vornherein als ungeeignet" anzusehen. Daraus leitete sich die Forderung nach einer Generalzuständigkeit des AA für alle Fragen der europäischen Integration und deren Durchführung ab, nach dem Motto: „Ist das Bundesjustizministerium der ‚Hüter der Verfassung' in der Regierungsarbeit der Bundesregierung, so sollte das Auswärtige Amt der ‚Hüter der europäischen Integration' sein"[38].

Hinsichtlich der Anwendung von § 11 GOB vom 11. Mai 1951 wurde eine Reihe von Maximalforderungen aufgestellt, um die dominierende Rolle des AA zu gewährleisten. So sollte jede verbindliche Erklärung einer deutschen Regierungsstelle gegenüber den EGKS-Organen nur durch das AA erfolgen; andere Ressorts lediglich bei Überschneidungen der Zuständigkeiten innerhalb der Geschäftsverteilung hinzugezogen werden. Der Geschäftsverkehr wäre ausschließlich über das AA zu leiten, das an allen Sachentscheidungen beteiligt wird und berechtigt ist, die Kompetenz an sich zu ziehen, Rechts- und Personalfragen eingeschlossen; zuständige Ressorts wären entsprechend einzubeziehen.

Nachdem Josef Rust, Leiter der Abteilung III Grundstoffindustrie im BMW und bei Adenauer in besonderer Vertrauensstellung, erhebliche Aktivitäten mit Blick auf den Schuman-Plan entfaltet hatte, war die Kanzler-Entscheidung kaum noch umzustoßen[39]. Nach einem Gespräch zwischen Hallstein und Westrick war die Federführung für den Schuman-Plan endgültig im Sinne des BMW entschieden.

---

[37] Sekretariat für Fragen des Schuman-Plans, Kurzprotokoll über die Sitzung über vorbereitende Maßnahmen für den Schumanplan, 11. 2. 1952, Tgb.-Nr. 307/52, ebenda.

[38] Sekretariat für Fragen des Schuman-Plans, Aufzeichnung, Betr. Ressortmäßige Zuständigkeit innerhalb der Bundesregierung für die Durchführung des Schumanplans, 13. 2. 1952, Tgb.-Nr. 340/52, ebenda.

[39] Sekretariat für Fragen des Schuman-Plans, Aufzeichnung Sahm, Betr. Schumanplan, 4. 4. 1952, Tgb.-Nr. 615/52, ebenda. Dazu auch Josef Rust, Streifzug mit Hans Globke durch gemeinsame Bonner Jahre, in: Klaus Gotto (Hrsg.), Der Staatssekretär Adenauers, Persönlichkeit und politisches Wirken Hans Globkes, Stuttgart 1980, S. 27–38.

Das AA setzte darauf, daß nach Unterzeichnung des Deutschland- und des EVG-Vertrages im Mai 1952 eine nochmalige grundsätzliche Erörterung der „allgemeinen Zuständigkeit für alle zukünftigen Europäischen Gemeinschaften" stattfände. In der Hoffnung, dann eine günstigere Kompetenzverteilung zu erreichen. Ophüls und Sahm konnten am 10. April 1952 im BMW Rust, von der Groeben und Holthaus das Zugeständnis abringen, daß „eine ständige enge Zusammenarbeit zwischen BMW und AA notwendig ist, die zunächst im Wege des gegenseitigen Einverständnisses der beiden am meisten beteiligten Ressorts sichergestellt werden"[40] muß. Beim Thema Schuman-Plan wurde vereinbart, dem AA die Delegationsführung im Interimsausschuß und die Federführung für Fragen des Sitzes der Organe, der Mitglieder und des Personal des Gerichtshofs und der Gemeinsamen Versammlung zu überlassen. Personalangelegenheiten der Hohen Behörden und deren Organisation sollten vom AA und BMW gemeinsam bearbeitet werden. Für letztere sowie für Arbeiten des Ministerrats, des Beratenden Ausschusses und die Vorbereitung der legislativen, administrativen und wirtschaftlichen Maßnahmen nach Inkrafttreten des Schuman-Plans wäre das BMW federführend. Die Regelung des Schriftverkehrs zwischen den EGKS-Organen und den deutschen Amtsstellen blieb späteren Entscheidungen vorbehalten. Damit war eine Plattform der Zusammenarbeit geschaffen, ohne das Kernproblem – die administrative Behandlung der allgemeinen Integrationsfragen – gelöst zu haben.

Diskussionen um die Kabinettsvorlage

Wenige Wochen später unternahm das BMW einen neuen Vorstoß, seine Kompetenzen auszudehnen. Aufgrund der Zuständigkeit für den Schuman-Plan beanspruchte es die Leitung und Einrichtung der Vertretung der Bundesrepublik bei der Hohen Behörde. Als deren Leiter war der Oberregierungsrat Ernst vorgesehen. Das AA räumte zwar ein, daß „eine weitgehende sachliche und personelle Beteiligung des BMW ... unerläßlich" sei. Doch wenn das BMW mit seiner Taktik Erfolg habe, so befürchtete man in der Koblenzer Straße, werde das AA auf seinem klassischen Aktionsfeld vor Ort, bei Pflege der Beziehungen zwischen dem Ausland und den eigenen Behörden, völlig an Einfluß verlieren. Waren bereits dem ERP-Ministerium aufgrund besonderer Umstände bei der ersten Regierungsbildung die Vertretungen bei der OEEC in Paris und Washington unterstellt worden, so durfte sich dieser „Sündenfall" jetzt, wo das Amt existierte, auf keinen Fall wiederholen[41]. Bevor das AA reagierte, hatte Erhard mittels Erlaß über die Errichtung einer Verbindungsstelle unter Leitung von Ernst Tatsachen geschaffen[42].

Die Personalunion von Bundeskanzler und Ressortleiter bereitete dem Auswärtigen Amt bei der Durchsetzung eigener Interessenstandpunkte zusehends Schwierigkeiten. Adenauer empfand sich stets als Außenminister auf Zeit. Doch keiner wußte genau, wie lange er sie auszudehnen gedachte. Hatte sich die FDP im Sommer 1951 noch mit

[40] Auswärtiges Amt, Konferenzsekretariat, Aufzeichnung Sahm, Betr. Zuständigkeitsabgrenzung in Angelegenheit des Schumanplans, 19. 4. 1952, Tgb.-Nr. 646/52, PA AA, 2, Bd. 90, Zuständigkeitsregelung Bd. 1.
[41] Auswärtiges Amt, Konferenzsekretariat, Aufzeichnung Sahm, Betr. Vertretung der Bundesrepublik bei der Hohen Behörde, 14. 7. 1952, 1150/52II, ebenda.
[42] Schreiben Büro Staatssekretär, Auswärtiges Amt, Legationssekretär Pauls an Sahm, 19. 8. 1952, Luxemburg, ebenda.

dem Argument vertrösten lassen, erst müßten die Westverträge unter Dach und Fach sein, stellte sie nun – nach Unterzeichnung der Verträge – erneut die Gretchenfrage. In einem als „Kabinettssache-Umlaufsache" deklarierten Schreiben betreffend die Neuorganisation des BMM vom 11. Juli 1952 erklärte sich Adenauer damit einverstanden, das BMM in „Bundesministerium für europäische Zusammenarbeit" umzubenennen und mit der Aufgabe zu betrauen, „bei der Behandlung der politisch und wirtschaftlich vertretbaren Bestrebungen zur Förderung der europäischen Zusammenarbeit mitzuwirken". Bestehende Kompetenzverteilungen für die Montanunion und die EVG würden unangetastet bleiben. Zu den bisherigen Aufgaben sollte das neue Ressort die Geschäftsführung des Wirtschaftskabinetts übernehmen, außerdem ein zentrales Berichtswesen aufbauen[43].

In der CDU/CSU-Bundestagsfraktion entfachte das Vorgehen des Kanzlers heftige Proteste. Die Fraktionsspitze wußte von der geplanten Umorganisation offenbar nichts. Von Brentano nahm Adenauer vor allem übel, gewillt zu sein, die Domäne bundesdeutscher Außenpolitik – die europäische Integration – organisatorisch „einem Minister zu übertragen, der nicht unserer Partei angehört". Der Fraktionschef drohte gar mit Rücktritt, wenn Blücher die Kompetenz erhalte[44]. Adenauer gab zu, daß zunächst das Ministerium „für europäische-wirtschaftliche Zusammenarbeit" heißen sollte. Nach Einwänden von Erhard und Schäffer sei der Ausdruck „wirtschaftlich" gestrichen worden. „Ich werde aber dafür sorgen, daß er wieder hinein kommt"[45]. Die Forderung der Fraktion nach Mitsprache bei der Errichtung neuer Ministerien[46] parierte er zwar mit der Zusicherung, die Angelegenheit nochmals zu erörtern. Dennoch trat er gleich den Rückzug an: „Es ist aber ein Irrtum, wenn Sie glauben, daß ein neues Ministerium errichtet werden soll ... Ich habe niemals daran gedacht, etwa Herrn Blücher andere Funktionen zu übertragen als diejenigen, die er schon hat. Es muß aber etwas geschehen, weil ja unmöglich ein Marshallplan ... bei uns bestehen kann, wenn es keinen Marshallplan mehr gibt"[47]. Das war Adenauers eigentliches Dilemma. Blücher besaß gewisse Befugnisse für europäische Fragen. Fielen sie fort, mußten für ihn ersatzweise neue Kompetenzen zusammengestellt werden, wollte der Kanzler nicht schon im Vorfeld der Bundestagswahlen 1953 die Neuauflage der Koalition mit der FDP gefährden. Andererseits sah er sich dem massiv auftrumpfenden Fraktionsvorsitzenden gegenüber, der auf seine Chance wartete, in das Amt des Außenministers zu wechseln, sobald Adenauer den Stuhl freigab. Von Brentano reagierte wohl auch deshalb so heftig, weil er glaubte, mit Blücher einen ernsthaften Konkurrenten aus dem Felde schlagen zu müssen[48].

Als die Hohe Behörde im August 1952 ihre Tätigkeit in Luxemburg aufgenommen hatte, drängte das BMW in einer Kabinettsvorlage auf eine baldige Festschreibung der

[43] Arnulf Baring unter Mitarbeit von Bolko von Oetinger und Klaus Mayer, Sehr verehrter Herr Bundeskanzler! Heinrich von Brentano im Briefwechsel mit Konrad Adenauer 1949–1964, Hamburg 1974, S. 108f.
[44] Schreiben von Brentano an Adenauer, 17. 7. 1952, in: Baring, Briefwechsel (Anm. 43), S. 110f. Adenauer, Briefe 1951–1953 (Anm. 33), S. 244f.
[45] Schreiben Adenauer an von Brentano, 18. 7. 1952, in: Baring, Briefwechsel (Anm. 43), S. 112. Adenauer, Briefe 1951–1953 (Anm. 33), S. 246f.
[46] Schreiben von Brentano an Adenauer, 18. 7. 1952, in: Baring, Briefwechsel (Anm. 43), S. 112f.
[47] Schreiben Adenauer an von Brentano, 18. 7. 1952, ebenda, S. 113f. Adenauer, Briefe 1951–1953 (Anm. 33), S. 247.
[48] Schreiben Adenauer an von Brentano (Auszug), 3. 5. 1953, in: Baring, Briefwechsel (Anm. 43), S. 119.

Kompetenzabgrenzung[49]. Zur Gewährleistung einer einheitlichen Haltung der Bundesregierung in den Gemeinschaftsorganen war die Bildung eines Interministeriellen Ausschusses, bestehend aus Vertretern des Bundeskanzleramts, BMW, AA, BMM, BM Finanzen, BM Justiz, BM Verkehr und BM Arbeit ins Auge gefaßt, das unter Vorsitz des BMW tagen und vor Entscheidungen allgemeiner Bedeutung einberufen werden sollte. Darunter würden Entscheidungen, Empfehlungen und Gutachten der Hohen Behörde an die Bundesregierung oder an Unternehmen innerhalb des Bundesgebietes fallen. Koordinieren sollte der Ausschuß Stellungnahmen gegenüber der Hohen Behörde und die Haltung der Bundesregierung im Ministerrat sowie gegenüber dem Gerichtshof im Klagefall. Die Federführung ermöglichte dem BMW den Direktverkehr mit der Hohen Behörde und die Bearbeitung aller laufenden Geschäfte. Für außenpolitische Sachverhalte und organisatorische Angelegenheiten der Gemeinsamen Versammlung und des Gerichtshofs sollte das AA federführend agieren. Dies entsprach weitgehend den Absprachen von Anfang 1952. Obwohl das AA nicht „im vollen Umfang" mit der Kabinettsvorlage des BMW[50] einverstanden war, wollte Erhard mit dem am 3. Dezember 1952 verteilten Entwurf einer Kabinettsvorlage[51] eine endgültige Entscheidung herbeiführen.

Die Reaktionen seiner Kollegen aber hatte er völlig falsch eingeschätzt. Kaum ein Minister, der plötzlich nicht sein Herz für Europa entdeckte. Theodor Blank, Beauftragter des Bundeskanzlers für Verteidigungsfragen mit Ambitionen auf das Amt des Verteidigungsministers, forderte wegen der greifbaren Wechselwirkungen zwischen Montanunion und EVG, das künftige Bundesverteidigungsministerium sollte zu gegebener Zeit im Interministeriellen Ausschuß vertreten sein[52]. Finanzminister Schäffer ging noch einen Schritt weiter. Weil die EGKS eine Teil-Zollunion sei, somit zollrechtliche, -tarifliche und -technische Maßnahmen entschieden werden müßten, reklamierte er für die Bearbeitung dieser Fragen im Ausschuß Vorsitz und Federführung, und soweit erforderlich, auch den unmittelbaren Verkehr mit der Hohen Behörde[53]. Von seiten des BM Verkehr und dem BW Wohnungsbau[54] wurden ähnliche Ansprüche auf Vertretung im Ausschuß angemeldet.

---

[49] Auswärtiges Amt, Konferenzsekretariat, Vermerk Sahm, 17. 9. 1952, Tgb.-Nr. 1721/52, PA AA, 2, Bd. 90, Zuständigkeitsregelung Bd. 1.

[50] Zu dem Entwurf eines Kabinettsbeschlusses: Schreiben des Bundesministers für Wirtschaft, Betr. Bearbeitung von Angelegenheiten der Europäischen Gemeinschaft für Kohle und Stahl, 11. 10. 1952, III D1-100-760/52, ebenda.

[51] Schreiben Bundesminister für Wirtschaft an Staatssekretär des Bundeskanzleramtes, Entwurf einer Kabinettsvorlage, Betr. Bearbeitung von Angelegenheiten der Europäischen Gemeinschaft für Kohle und Stahl, 3. 12. 1952, III D1-100-1070/52, ebenda.

[52] Bundeskanzleramt, Der Beauftragte des Bundeskanzlers für die mit der Vermehrung der alliierten Truppen zusammenhängenden Fragen, 12. 12. 1952, III/2 3507/52, Stellungnahme zur Kabinettsvorlage des BMW, ebenda.

[53] Bundesminister für Finanzen, Betr. Kabinettssache an StS des Bundeskanzleramtes, 19. 12. 1952, III B-Z 2052-55/52, ebenda.

[54] Das Bundeswohnungsbauministerium begründete seinen Anspruch auf Vertretung mit den Zielsetzungen der Hohen Behörde für die Steigerung der Stahlproduktion in den kommenden Jahren. Da jede Erhöhung der Stahlproduktion eine Erhöhung der Kohleproduktion um das Anderthalbfache voraussetzte (Faustregel: 1 t Stahl = 1 t Kohle), erfordere jede Erhöhung der Kohleproduktion zugleich eine Ansiedlung von Bergarbeitern. Dafür entstehe wiederum ein sofortiger Bedarf zusätzlicher Bergarbeiterwohnungen, die eine besondere Verzahnung mit dem allgemeinen Wohnungsbauprogramm bedinge. Bei einer Produktion von 18 Mill. t Stahl werde mit einer Neueinstellung von 45.000 Bergarbeitern gerechnet. Schreiben Bundesminister für Wohnungsbau an Staatssekretär des Bundeskanzleramtes, 30. 12. 1952, Az.: 1156-00/123/52, ebenda.

Zwar maßen Rust und von der Groeben den Forderungen „keine große Bedeutung"
bei, doch reichten sie aus, den angestrebten Kabinettsentscheid hinfällig zu machen.
Da sich das Verfahren zwischen BMW und AA mehr schlecht als recht eingespielt
hatte, rechnete man auch im AA damit, daß das BMW vorerst nichts unternehmen
werde. Dennoch war Vorsicht geboten: Niemand wisse, wie lange eine loyale Zusammenarbeit anhalten werde, ob sich die Gegensätze nicht doch wieder verschärfen oder
es zu einer Ausschaltung des AA kommt, gab Sahm im Januar 1953 zu bedenken[55].
Zurecht. Mit der Bemerkung: „Das heiße Eisen der Kabinettsvorlage soll erneut in
Bearbeitung genommen werden"[56], übersandte Rinck vom BMW Sahm die neue Fassung[57]. Sie unterschied sich von der alten Vorlage hauptsächlich dadurch, daß der
Interministerielle Ausschuß nunmehr „aus Vertretern der am häufigsten beteiligten
Ministerien" bestehen und alle Ministerien Gelegenheit zur Stellungnahme erhalten
sollten. Der Ausschuß sollte „lediglich der Klärung und Abstimmung dienen", also
keine wirklichen Entscheidungsvollmachten besitzen.

Sahm und Rinck einigten sich am 24. Februar 1953, in der Kabinettsvorlage auf die
Regelung des Vorsitzes zu verzichten, wenn stillschweigend der Vorsitz des AA bei
außenpolitischen Fragen akzeptiert werde. Damit war den Interessen beider Ressorts
Rechnung getragen, der Kompromiß annehmbar. Zumal, wie Sahm meinte, „außenpolitische Fragen praktisch niemals im interministeriellen Ausschuß erörtert werden, so
daß die Frage des Vorsitzes für das AA keine praktische Bedeutung haben wird"[58].

Vereinbarungen über den praktischen Ablauf der Regierungsgeschäfte ersetzten aber
noch längst nicht notwendige Entscheidungen des Kanzlers über die weitere Koordinierung der Europapolitik. Adenauer wußte, woran es fehlte: an einer Instanz zur
weitgehenden Wirtschaftsplanung im europäischen Sinne. Die einzelnen Ressorts verteidigten naturgemäß ihre fachlichen Standpunkte und Interessen, ohne eine Abstimmung vorzunehmen. Zwar hatte von Maltzan schon frühzeitig auf die Mängel hingewiesen und dafür sogar die Unterstützung des Bundespräsidenten. Jedoch sperrte sich
Hallstein gegen durchgreifende Änderungen. Vor allem wollte er keinen Generalsekretär haben, der neben ihm für die Koordinierung der Integrationsfragen sorgte. Kein
Wunder, daß Mißstände beklagt wurden. Ungenügende Ressortvertretung bei der
Zusammensetzung der oft zu großen deutschen Verhandlungsdelegationen, mangelnde
Vorabsprachen der Standpunkte und Weisungsprobleme aufgrund von Rangunter-
schieden der einzelnen Ressortvertreter gegenüber den Delegationsführern, die meist
vom AA gestellt wurden[59], waren die häufigsten Klagen. Negativ bemerkbar machte
sich auch, daß das AA nur für einige Sachgebiete die Zuständigkeit von den inneren
Ressorts zurückerobert hatte. Jede Kompetenz, mühsam erkämpft, rief Verärgerung
hervor.

---

[55] Konferenzsekretariat, Vermerk Sahm, Betr. Bearbeitung von Angelegenheiten der Europäischen Gemeinschaft für Kohle und Stahl, 21. 1. 1953, Tgb.-Nr. 162/53, PA AA, 2, Bd. 91, Zuständigkeitsregelung 1953.
[56] Schreiben Rinck (BMW) an Sahm (AA), 19. 3. 1953, Tgb.-Nr. 448, ebenda.
[57] Entwurf einer Kabinettsvorlage, Betr. Europäische Gemeinschaft für Kohle und Stahl, Bildung eines Interministeriellen Ausschusses, Tgb.-Nr. 448/53, ebenda.
[58] Konf. Sekr., Aufzeichnung Sahm, Betr. Kabinettsvorlage über Bildung eines interministeriellen Ausschusses,
24. 2. 1953, Tgb.-Nr. 489/53, ebenda.
[59] Schreiben Mosler, Abteilung V (Rechtsabt.), an Abteilung I (Personalabt.), Betr. Zusammensetzung der
Auslandsdelegationen vor der Wiedererrichtung des Auswärtigen Amtes, 1. 7. 1953, ebenda.

Nachdem die Kabinettsvorlage nicht zur Vorlage gelangt war, und auch kurzfristig keine Einigung mit dem BMW in Aussicht stand, dagegen die tatsächliche Bearbeitung der Montan-Angelegenheiten mit dem AA auf der Grundlage der ursprünglichen Kabinettsvorlage einigermaßen klappte, gab sich das BMW zunächst mit der informellen Regelung zufrieden. Dem Vorstoß des Schäffer-Ministeriums, das am 15. August 1953 einen eigenen Entwurf einer Kabinettsvorlage präsentierte, indem die Grundposition vom Dezember 1952 (Vertretung im Interministeriellen Ausschuß, Clearing-Funktion, auf Wunsch Vorsitz bei einzelnen Sachfragen, Direktverkehr mit EGKS-Organen) nochmals dargelegt wurden, begegneten BMW und AA mit Gelassenheit. Eine Behandlung im Kabinett war nicht vorgesehen.

Zu recht vermutete das AA, Rust habe sich auf die Taktik des Abwartens verlegt. Der Kanzler werde nach der Bundestagswahl im Herbst 1953 im Zuge der Regierungsumbildung organisatorische Veränderungen ergreifen, die bisherige Entwürfe gegenstandslos machen[60]. Zwischenzeitlich könne man selbständig vorgehen und die Mitwirkung des AA möglichst einschränken. Sahm plädierte daher für eine Kabinettsvorlage des AA, die „berechtigte" Interessen „mehr sichert, als dies in den anderen Entwürfen der Fall ist" und unmittelbar nach Bildung der neuen Regierung dem Kabinett zur Entscheidung vorgelegt werden könne. Das AA sollte die Federführung für alle Gemeinschaftsangelegenheiten erhalten, ausgenommen die wirtschafts-, sozial-, verkehrs- und finanzpolitischer Art, die Beziehungen zu den Organen pflegen und ihre organisatorischen Fragen behandeln, das BMW hingegen die Verbindung zur deutschen Wirtschaft herstellen. Auf der Basis gegenseitiger Unterrichtung wäre es beiden Häusern möglich, auf ihren Zuständigkeitsgebieten direkt mit den Gemeinschaftsorganen zu verkehren[61].

Für seinen Standpunkt sammelte das AA per Erlaß vom 14. September 1953 in den Mitgliedstaaten der Gemeinschaft weitere Argumente. Dort waren die gleichen administrativen Probleme entstanden und die Federführung überwiegend zugunsten der Auswärtigen Ämter entschieden worden. In Belgien hatten das Ministerium für Auswärtige Angelegenheiten und Außenhandel, das Wirtschaftsministerium und das Arbeitsministerium die Kompetenzen untereinander aufgeteilt. Das Außenamt besaß die Zuständigkeit für den Ministerrat, die Gemeinsame Versammlung und den Gerichtshof sowie den Schriftverkehr. Koordinierungen besorgte die ständige Interministerielle Wirtschaftskommission, in der alle beteiligten Ressorts vertreten waren. Ihm unterstand eine Unterkommission für Schuman-Plan-Fragen mit einem Sekretär aus dem Wirtschaftsministerium[62]. Eigentlich wollte das Außenministerium eine Unterkommission für den Schuman-Plan im eigenen Haus organisieren, doch war ihm der Generalsekretär im Wirtschaftsministerium, Baron Snoy et d'Oppuers, zuvorgekommen, indem er den Ausschuß ins Leben rief. Zwar konnte er nicht verhindern, daß die

[60] Aufzeichnung Sahm, Betr. Zuständigkeitsabgrenzung in Angelegenheiten der Montan-Gemeinschaft, 28. 8. 1953, II B 4/2221-09/2340/53, ebenda.
[61] Anlage: Entwurf eines Kabinettsbeschlusses, ebenda.
[62] Schreiben Botschaft Brüssel, Pfeiffer, an Auswärtiges Amt, Betr. Bearbeitung von Angelegenheiten der Montangemeinschaft auf den Erlaß vom 14. 9. 1953 – II B 4/221-09/2428/53, 18. 9. 1953, 221-09 K.-Nr. 4480/53, ebenda.

gesamte Korrespondenz von den Organen der Gemeinschaft zuerst an das Außenministerium ging; doch bekam er direkt aus Luxemburg Durchschriften[63]. Anders dagegen in Den Haag. Da es im Außenministerium damals keine Wirtschaftsabteilung gab, war im August 1952 die Federführung für die EGKS vom Rat für Wirtschaftliche Angelegenheiten (REA), einem Kabinettsausschuß, dem Generaldirektor für wirtschaftliche Auslandsbeziehungen (BEB) im Wirtschaftsministerium übertragen worden[64]. In Italien und in Luxemburg lag die Kompetenz ausschließlich bei den Außenministerien. Sie wurden je nach Bedarf von interministeriellen Koordinierungsausschüssen unterstützt[65].

Allein in der französischen Administration war der Begriff eines federführenden Ministeriums unbekannt, gab es demzufolge auch keinen direkten Streit um die Federführung, jedoch um die Kompetenzen. Der Minister für Industrie und Handel vertrat Frankreich im Ministerrat, war aber dem Außenminister in Schuman-Plan-Fragen gleichgestellt, die generell vom Interministerellen Ausschuß (Comité Interministeriel pour la Questions de Cooperation Economique) entschieden wurden. Die Vorbereitungen leistete eine besondere Abteilung des Ausschußsekretariats, wobei der Quai d'Orsay das Recht hatte, allen Schriftverkehr mit der Gemeinschaft zu führen[66].

Bei der Regierungsbildung im Herbst 1953 waren die Spekulationen des BMW auf organisatorische Änderungen fehlgeschlagen. Aus verschiedenen Gründen schien es ratsam, an der bisherigen Kompetenzverteilung festzuhalten. Zum einen zeigte Adenauer wenig Neigung, seinen Posten als Außenminister an von Brentano abzutreten[67], nicht zuletzt, weil sich die Ratifikation der Westverträge durch den Abgang Schumans in Frankreich erheblich komplizierte[68]. Außerdem hatte sich mit dem Wechsel von Maltzans vom BMW auf den Posten des Abteilungsleiters der nun aufzubauenden Handelspolitischen Abteilung im AA die interne Machtbalance der beiden Ressorts etwas verlagert. Von Maltzan war und blieb Vorsitzender des Handelspolitischen Ausschusses. Schließlich könnte eine Kabinettsentscheidung über die Kompetenzregelung, speziell für den Schuman-Plan, präjudizierende Wirkung zugunsten des BMW, vielleicht auch für das AA haben, suchte von der Groeben Sahm am 24. Oktober 1953 in einem Telefonat zu überzeugen. Dann nämlich, wenn Zuständigkeiten für die in Aussicht stehende EVG und EPG festzulegen sein würden und das BM Verteidigung mit im Spiel wäre[69]. BMW und AA mußten an einem Strang ziehen, wollten sie unliebsamen Konkurrenten, insbesondere das BMF und die Dienststelle Blank, vorzei-

[63] Bericht Gesandtschaft Luxemburg, Jansen, an Auswärtiges Amt, 21. 9. 1953, 221-09a/Ber.-Nr. 949/53, ebenda.
[64] Schreiben Botschaft Den Haag, Mühlenfeld, an Auswärtiges Amt, 22. 9. 1953, 221-09 Kontr. Nr. 1975, und Schreiben Gesandtschaft Luxemburg an Auswärtiges Amt, 23. 9. 1953, 221-09a/Ber.Nr. 970/53, beide ebenda.
[65] Bericht Gesandtschaft Luxemburg an Auswärtiges Amt, 21. 9. 1953, 221-09a/Ber.Nr. 948/53 und 24. 9. 1953, 221-09a/Ber.Nr. 970/53 beide ebenda.
[66] Diplomatische Vertretung der Bundesrepublik Deutschland, Paris, an Auswärtiges Amt, 30. 9. 1953, 221-09 I Tgb. Nr. 3354/53, ebenda. Veröffentlicht wurde die Regelung in: Journal Officiel de la République Française, Lois et Décrets, Nr. 212, 4. 9. 1952, S. 8746f.
[67] Adenauer am 14. 9. 1953 an von Brentano: „Ich weiß, daß die erneute Übernahme des Fraktionsvorsitzes für Sie den vorläufigen Verzicht auf die Erfüllung anderer Wünsche bedeutet." Adenauer, Briefe 1951-1953 (Anm. 33), S. 433.
[68] Schreiben Adenauer an Außenminister George Bidault, 14. 9. 1953, ebenda, S. 432.
[69] Aufzeichnung Sahm, Betr. Zuständigkeitsregelung auf dem Gebiet der Montangemeinschaft, 24. 10. 1953, II B 4/221-09/2684/53, PA AA, 2, Bd. 91, Zuständigkeitsregelung 1953.

tig das Wasser abgraben. Eine Beteiligung dieser Ressorts hielten AA und BMW schon deshalb für unangebracht, weil es die Formulierung einer einheitlichen deutschen Position erschwere, vor allem aber, weil der Hohen Behörde stärker als bisher die Möglichkeit eröffnet wurde, die Ressorts gegeneinander auszuspielen[70]. Ressortegoismus und Besitzstandsinteressen ließen sich schon immer am besten mit dem Argument übergeordneter Staatsräson rechtfertigen. AA und BMW demonstrierten jedenfalls immer dann Eintracht, wenn es darum ging, Mitwirkungsansprüche anderer Ressorts im Keime zu ersticken bzw. sachlich in Grenzen zu halten.

Zur Abklärung ihrer engeren Zusammenarbeit handelten die Außenwirtschaftsabteilung des BMW und die Handelspolitische Abteilung des AA bis zum Frühjahr 1954 einen Richtlinien-Entwurf (sog. Punktation)[71] aus. Obwohl nie formal in Kraft getreten, funktionierte das Zusammenspiel auf dieser Grundlage bis zum Herbst 1957 einigermaßen. Punkt 7 legte die prinzipielle Arbeitsteilung fest: Der Verkehr mit Vereinigungen der gewerblichen Wirtschaft sowie mit einzelnen Firmen gehört grundsätzlich zur Zuständigkeit des BMW. Soweit das AA aus besonderen Gründungen unmittelbaren Verkehr mit der Wirtschaft aufnimmt, wird es die Außenwirtschaftsabteilung des BMW nachträglich unterrichten. Die Wirtschaftsabteilungen diplomatischer Vertretungen unterstehen dem AA, worüber auch der Schriftverkehr geführt wird. Handelsattachés sind befugt, direkten Verkehr mit der Außenwirtschaftsabteilung des BMW zu führen, für amtliche Erklärungen ist das AA zuständig. Dafür wirkt das BMW an der Einstellung von Referenten bei den Wirtschaftsabteilungen der Auslandsvertretungen mit. Vorsitzender des Handelspolitischen Ausschusses (HPA) ist der Leiter der Handelspolitischen Abteilung des AA, von Maltzan, sein Stellvertreter der Leiter der Außenwirtschaftsabteilung im BMW, Reinhardt.

Insgesamt gesehen war die Vereinbarung ein feingesponnenes Netz gegenseitiger Abhängigkeiten und Einflußmöglichkeiten, die jeder Seite erlaubte, ihr Gesicht zu wahren, ohne eine endgültige Regelung zu bedeuten, Garantie zu sein für langfristige, kontinuierliche Planungen, wie sie im politischen Regierungsgeschäft unabdingbar sind. Von Aufgaben gestellter Ansprüche konnte keine Rede sein.

Der Streit um den „Königsweg" zur Integration

Das Scheitern der EVG im August 1954 und der Beitritt der Bundesrepublik zur NATO und WEU setzten zwar neue Rahmenbedingungen für die deutsche Europapolitik. An den Grundsatzproblemen und konzeptionellen Konflikten änderte sich aber kaum etwas. Als die Pariser Verträge am 5. Mai 1955 in Kraft traten, das AA wieder seine volle außenpolitische Handlungsfreiheit bekam, setzten gleichzeitig Diskussionen über Wege und Methoden zur Fortsetzung der Integration ein, zeigte sich, wie anfällig, ja brüchig die Ressortvereinbarungen waren. Aus vielfältigen Gründen erreichten die Konflikte Mitte 1955 einen weiteren Höhepunkt.

Abgesehen von den Kompetenzstreitigkeiten stellten sich in der praktischen Arbeit mit der Hohen Behörde doch deutliche Mängel heraus, die größtenteils auf das Kon-

---

[70] Aufzeichnung Sahm, Betr. Zuständigkeitsregelung für Angelegenheiten der Montangemeinschaft, 14. 12. 1953, II B 4/221-09/2887/53, ebenda.
[71] Letzter Entwurf der „Richtlinien" für die Zusammenarbeit zwischen BMW und AA vom Frühjahr 1954 (sog. Punktation) – nicht in Kraft getreten, ebenda.

zept der Teilintegration zurückzuführen waren. Im Rahmen der Gemeinschaft konnten nur Probleme aufgegriffen werden, die mit Kohle- und Stahlfragen direkt zu tun hatten. Allgemeine Wirtschaftsprobleme ließen sich dagegen kaum lösen. Dazu fehlten den EGKS-Organen schlichtweg die Kompetenzen und das notwendige Instrumentarium. Auf lange Sicht versprach die Methode der Sektorintegration wenig Erfolg, die Wirtschaftspotentiale so effektiv wie möglich in einem Gemeinsamen Markt zu integrieren. Der Wissenschaftliche Beirat beim BMW hatte in zwei Gutachten vom 1. Mai und 11. Oktober 1953 nachdrücklich darauf hingewiesen[72].

Erhard sah sich in seinem Urteil der Sechser-Integration vollauf bestätigt, die seinem Grundverständnis außenwirtschaftlicher Verflechtungen der Nationalstaaten zuwiderlief. Sein Ziel war, das liberale weltwirtschaftliche Ordnungssystem, wie es vor dem Ersten Weltkrieg existierte, wiederherzustellen. Die nach 1945 einsetzenden Bemühungen, über ein Netzwerk multilateraler Handelsverträge (wie das des GATT oder der OEEC) allmählich ein funktionierendes System zwischenstaatlicher Wirtschaftsbeziehungen aufzubauen, schienen ihm erste, geeignete Schritte zu sein, dem Freihandelsprinzip wieder globale Anerkennung zu verschaffen, Protektionismus und Devisenzwangswirtschaft zugunsten fortschreitender Handelsliberalisierungen und freier Konvertibilität zu beseitigen. Die Montanunion lehnte er wegen der starken, institutionellen Eingriffsmöglichkeiten in den Wirtschaftsverkehr ab. Ihm kam es darauf an, Prinzipien zu setzen, die aus dem Ordnungssystem heraus das Verhalten der Nationalstaaten in Richtung Liberalisierung lenken. Die Fortsetzung der Sektorintegration, wie sie der Beraterkreis um Monnet in den ersten Wochen des Jahres 1955 vorgeschlagen hatte, führte eben nicht zur allmählichen Verflechtung der Volkswirtschaften, sondern im Gegenteil zur Zerstückelung ihrer binnen- und außenwirtschaftlichen Beziehungen. Erhard plädierte für ein System funktioneller Integration, das einer institutionellen Verankerung nur soweit bedurfte, um das System funktionsfähig zu halten. Supranationale Institutionen hingegen behinderten den Freihandel gegenüber Drittländern, wirkten also weiterhin protektionistisch und begünstigten im Binnenverkehr dirigistische Tendenzen, um die unterschiedlichen Entwicklungsniveaus der beteiligten Volkswirtschaften auf Gemeinschaftsebene auszugleichen[73].

Seine Grundgedanken fanden im März 1955 nochmals in einem Memorandum Niederschlag[74]. Darin bekräftigte er seinen Ansatz der funktionellen Integration, bei dem es letztendlich um eine verstärkte Kooperation mit losen institutionellen Klammern bei gleichzeitiger Erhaltung der volkswirtschaftlichen Ordnungssysteme gehe.

Hallstein, in seiner Denkweise mehr der konstitutionell-föderalistischen Integrationsmethode zugetan, hatte bereits im Februar 1954 vergeblich versucht, Erhard klarzumachen, daß die Kohle- und Stahlgemeinschaft nicht vollkommen sei. Aber es gebe auch andererseits keine nationale Verfassung, „welche, wie der Montanvertrag, eine freie subventionslose Marktwirtschaft zu ihren Grundsatzartikeln festlegt" und

---

[72] Der Wissenschaftliche Beirat beim Bundesministerium für Wirtschaft, Sammelband der Gutachten von 1948 bis 1972, hrsg. v. Bundesministerium für Wirtschaft, Göttingen 1973, S. 177–192, 199–211.
[73] Dazu ausführlich die Studie Hanns Jürgen Küsters, Die Gründung der Europäischen Wirtschaftsgemeinschaft, Baden-Baden 1982, S. 80–83.
[74] Ludwig Erhard, Gedanken zu dem Problem der Kooperation oder der Integration (Private Studie – vertraulich), März 1955, Privatarchiv Hans von der Groeben, Akte Deutsche Unterlagen zu den Integrationsverhandlungen 2.

„die Möglichkeit dirigistischer Eingriffe nur annähernd so eingeengt hat". Folglich werde man „bis auf weiteres wahrscheinlich nur vor der Wahl stehen, ob wir dem übernationalen Dirigismus von Luxemburg oder nationalen (Kartell-)Dirigismus den Vorzug geben sollen"[75].

In seiner Antwort auf das Erhard-Memorandum spielte Hallstein die grundsätzlichen Gegensätze auf den „Unterschied in Modalitäten" herunter. Warum es künftig nicht bei einer funktionellen Integration mit sekundären institutionellen Organen konsultativer Art bleiben könne, begründete er mit den fehlenden politischen Impulsen der OEEC. Man könne nicht endlos lange auf die politischen Folgewirkungen warten. Allenfalls 2 bis 5 Jahre habe man Zeit, notwendige Schritte zu unternehmen. Zudem werde nach aller Erfahrung jedes Land doch eine „rein nationale Sauve qui-Politik" treiben. Also blieb seiner Ansicht nach nur die Fortführung und Ausdehnung der Integration nach dem Vorbild der Montanunion, sprich: die additive Sektorintegration, übrig. Das, was Monnet angeregt hatte mit seinem Vorschlag, die Kompetenzen der Hohen Behörde auf den Gebieten Verkehr, Energie und bei der Nutzung der Atomenergie zu erweitern. Dafür sprach die Möglichkeit einer raschen Realisierung, die vermutlich geringen Widerstände in Frankreich und die bereits erhobene Forderung nach wirtschaftlicher Ausdehnung des Kohle- und Stahlmarktes zu einem umfassenden Gemeinsamen Markt. Dessen ungeachtet könne, so Hallstein, die europäische Einigung nicht von Experten herbeigeführt werden. Der konstitutionalistische Integrationsansatz sei entscheidend, die Entstehung eines europäischen Parlamentarismus, einer Volksvertretung mit wirklichen Entscheidungsvollmachten[76].

Adenauer sah die Entwicklung pragmatisch, wollte mit neuen Initiativen auf jeden Fall warten, bis die Pariser Verträge gültig, die WEU-Organe geschaffen waren. Vielleicht boten sie weiterführende Ansätze zusammen mit Großbritannien[77]. Erhard gegenüber unterstützte der Kanzler die Position Hallsteins, „daß man, wie die Dinge einmal gekommen sind, von der Integration wirklich wichtiger wirtschaftlicher Teilgebiete zu einer Integration auf politischer Ebene kommen kann und wird. Der umgekehrte Weg, der an sich der richtige wäre, ist leider ... bis auf weiteres unmöglich"[78].

Die unterschiedlichen Standpunkte über den Königsweg zur Integration gewannen politische Brisanz, als die Bundesregierung aufgefordert war, zu den Vorschlägen Monnets Stellung zu beziehen. Da sich Spaak auch gegenüber Adenauer hinter diese Pläne gestellt hatte[79], eine Diskussion auf der nächsten Sitzung des EGKS-Ministerrats kommen würde, hatte Adenauer den Wirtschaftsminister mit der Prüfung der Vorschläge beauftragt. Daraus entspann sich zwischen Mitte April und Mitte Juli 1955 der eigentliche Streit um die Europapolitik.

[75] Schreiben Hallstein an Erhard, 16. 2. 1954, 213-221-09/49/54, (Abschrift), und Schreiben Erhard an Hallstein, 9. 3. 1954, beide LES, NL Erhard I. 4) 46.
[76] Der Staatssekretär des Auswärtigen Amtes, Erwiderung auf die Gedanken des Herrn Bundeswirtschaftsministers zu dem Problem der Kooperation oder der Integration, 30. 3. 1955, ebenda.
[77] Hanns Jürgen Küsters, Adenauers Europapolitik in der Gründungsphase der Europäischen Wirtschaftsgemeinschaft, in: Vierteljahrshefte für Zeitgeschichte (VfZ), 31 (1983), S. 646–673, hier S. 650f.
[78] Schreiben Adenauer an Erhard, 13. 4. 1955, LES, NL Erhard I. 1) 3.
[79] Schreiben Spaak an Adenauer (Abschrift, Übersetzung), 4. 4. 1955, 115-104-01/830/55, und Schreiben Adenauer an Spaak (Abschrift), 13. 4. 1955, sowie Schreiben Adenauer an Bech, 15. 4. 1955 (Durchschrift), alle PA AA, 2, Referat 200, 85. 11/0, Betr. Integration-Allg.- Bd. 1 19. 3. 1955 bis 16. 1. 1956.

Mittlerweile lagen drei verschiedene Ansätze auf dem Tisch, aus denen es eine einheitliche Position für die Außenministerkonferenz der Sechs in Messina (1.–3. Juni 1955) zu schmieden galt. Die Haltung des BMW wurde von Erhards Integrationskonzept geprägt. Dagegen knüpften die in der Schumanplan-Abteilung erarbeiteten Vorschläge an Diskussionen über einen Gemeinsamen Markt an, die bereits 1954 bei den Verhandlungen über die Europäische Politische Gemeinschaft geführt worden waren. Deren Leiter, von der Groeben, verfocht das Konzept eines Gemeinsamen Marktes mit dem Kern einer Zollunion, der Ansatzpunkt für den Prozeß einer volkswirtschaftlichen Gesamtintegration sein sollte. Mit Kompetenzen ausgestattete Institutionen, die den Freihandel mittels einer Zollunion sichern, würden tragende Säulen des Gemeinsamen Marktes sein, auf dem binnenmarktähnliche Verhältnisse herrschen, freier Waren-, Kapital- und Dienstleistungsverkehr, Freizügigkeit für Personen und eine gemeinsame Wettbewerbsordnung[80].

Dagegen stellte sich das AA hinter Monnets Teilintegrationskonzept. Von Luxemburg aus griff der Vizepräsident der Hohen Behörde, Franz Etzel, in die Diskussion ein. Er unterstützte das von der Groeben-Konzept, wollte es mit den Plänen Monnets verbinden und zugleich Hallsteins institutionellen Integrationsansatz durch ein gemeinsam gewähltes europäisches Parlament der sechs Mitgliedsstaaten einbeziehen[81]. Seine Taktik: man einigt sich, gewisse gemeinsame Spielregeln für den Wirtschaftsaustausch zu erarbeiten, die Aufgabe wird dem gewählten Parlament übertragen und den Mitgliedsstaaten zur Annahme eventuell mit Übertragung von Souveränitätsrechten empfohlen[82]. Es war im Grunde der Vorschlag, funktionelle und institutionelle Integrationsmethode auf konstitutionalistischem Wege zu vereinen.

Die Fronten waren verhärtet, bewegten sich kaum aufeinander zu. Auf Einladung des Leiters der Grundsatzabteilung im BMW, Professor Müller-Armack, trafen sich die rivalisierenden Gruppen am 22. Mai 1955 in dessen Landhaus in Eicherscheid. In einem Kraftakt gelang es von Brentano, Ophüls, Erhard, Westrick, Rust, von der Groeben, Etzel und Regul ein tragfähiges Konzept für das Memorandum der Bundesregierung zur Messina-Konferenz zustande zu bringen, Erhard ein halbherziges Ja zum Konzept des Gemeinsamen Marktes mit einer Zollunion abzuringen[83]. Den Eicherscheider Beschlüssen lag das Konzept einer funktionellen Integration zugrunde, das durch ein institutionelles Gefüge ergänzt werden sollte[84].

Der von Erhard durchgesetzte Vorschlag, unter der Ägide des Ministerrats „ein ständiges Konsultativorgan zu bilden zur Verwirklichung einer engeren wirtschaftlichen Zusammenarbeit", bereitete der deutschen Delegation auf der Messina-Konferenz große Schwierigkeiten. Schließlich hieß das im Klartext: die Bundesregierung ist nicht bereit, der Errichtung neuer europäischer Institutionen zuzustimmen. Hallstein

---

[80] Küsters, Wirtschaftsgemeinschaft (Anm. 73), S. 84–86.
[81] Aufzeichnung, Betr. Plan Etzel, 29. 4. 1955, PA AA, 2, Referat 200, 85. 11/0, Integration Bd. 1.
[82] Schreiben Etzel an Monnet (Durchschlag), 27. 4. 1955, ebenda.
[83] Zum Verlauf der Unterredung Alfred Müller-Armack, Auf dem Wege nach Europa. Erinnerungen und Ausblicke, Tübingen 1971, S. 99; Küsters, Wirtschaftsgemeinschaft (Anm. 73), S. 116–119.
[84] Wortlaut des Memorandums der Bundesregierung vom 1. 6. 1955 in: Bulletin des Presse- und Informationsamtes der Bundesregierung, Nr. 106, 11. 6. 1955, S. 880.

sprach gar davon, daß dies „vermieden werden müsse"[85]. Gegen den Widerstand der Beneluxstaaten und Italiens und wohl gegen seine eigene Überzeugung setzte er jedoch im Kommuniqué (sog. Messina-Resolution)[86] eine flexible Formulierung durch. Der eingesetzte Regierungsausschuß von Sachverständigen hatte lediglich die „Ausgestaltung der Institutionen, die der Errichtung und Ausgestaltung des gemeinsamen Marktes gemäß sind", zu prüfen – nicht mehr! Gemunkelt wurde im westeuropäischen Ausland, die Deutschen würden nach Erlangung der Souveränität ihre Europapolitik in ein anderes Fahrwasser leiten, nicht mehr zum Ziel der europäischen Einigung stehen wie ehedem. Die am 7. Juni überbrachte Einladung des Kremls an den Bundeskanzler zum Besuch in Moskau tat ihr Übriges, diesen Stimmen Auftrieb zu geben. In Wirklichkeit verbarg sich hinter alledem die erbitterte interne Auseinandersetzung um Kompetenzen und Konzeptionen, um Machtpositionen schlechthin.

Der Kompetenzstreit 1955

Die gespannte Atmosphäre zwischen AA und BMW resultierte in dieser Phase nicht ausschließlich aus konzeptionellen Divergenzen, bei denen es vordergründig um die Frage des Primats der Außenpolitik gegenüber dem Primat der Außenwirtschaftspolitik ging. Im Mittelpunkt stand vielmehr die Frage nach dem Amtsverständnis, der Aufgabenverteilung und den Zuständigkeitsgrenzen beider Ressorts im Regierungsapparat. Letztendlich drehte es sich um möglichst weitreichende Einflüsse auf die Innen- und Außenpolitik und ihr Ansehen bei ausländischen Regierungsstellen.

Eine wesentliche Ursache für diese Entwicklung war der Rückzug Adenauers vom Amt des Außenministers. Die dominierende Führungspersönlichkeit der ersten Jahre der Bundesrepublik war nunmehr gezwungen, einen Teil seiner außenpolitischen Macht abzugeben. Der Kanzler konnte von Brentano nicht länger vom Amt des Außenministers fernhalten. Um so mehr beunruhigte ihn die Unerfahrenheit und mangelnde Stetigkeit des scheidenden Fraktionsvorsitzenden in außenpolitischen Dingen. Dem entgegenzutreten gab es nur zwei Möglichkeiten: eine extensive Interpretation des Art. 65 Grundgesetz und eine gezielte Personalpolitik. Adenauer behielt sich die „‚Führung in europäischen-, US- und SU-Fragen und in den sich aus den jetzt beginnenden Konferenzen ergebenden Fragen' bis auf weiteres" vor. „Selbstverständlich würde diese ‚Führung' nur in bestimmten besonderen Fällen auch nach außen zu Tage treten"[87]. Außerdem beabsichtigte er Blankenhorn neben Hallstein zum zweiten Staatssekretär im AA zu ernennen, um dessen Vormachtstellung im Amt besser unter Kontrolle zu bekommen. Sicher, Adenauer schätzte Hallsteins Sachverstand; für den professoralen Beamtentyp aber hatte er wenig übrig. Blankenhorn winkte jedoch ab, bezog lieber den Posten als NATO-Botschafter in Paris.

Zur gleichen Zeit waren im BMW Überlegungen im Gange, die personelle Umstrukturierung an der Spitze des AA zu nutzen, verlorengegangene Kompetenzen

[85] Entwurf eines Protokolls über die Konferenz der Außenminister der Mitgliedstaaten der EGKS 1.–3. 6. 1955, in Messina, MAE 11 d/55, Anlage zu Tgb.-Nr. 213 898/55 vom 13. 6. 1955, PA AA, 2, Referat 200, 85. 11/0, Betr. Pol. Integration, SB: Messina-Konferenz, Bd. 3, 28. 4. 55–16. 7. 55.

[86] Wortlaut in: Europa-Archiv 10 (1955), S. 7974f.; Bulletin des Presse- und Informationsamtes der Bundesregierung, Nr. 202, 26. 10. 1955, S. 1690f.

[87] Schreiben Adenauer an Heuss, 22. 5. 1955, in: Heuss–Adenauer. Unserem Vaterlande zugute. Der Briefwechsel 1948–1963, bearb. v. Hans Peter Mensing, Berlin 1989 (= Adenauer. Rhöndorfer Ausgabe, hrsg. v. Rudolf Morsey und Hans-Peter Schwarz), S. 179–185.

in der Handelspolitik wieder an sich zu ziehen. Erste Anzeichen dafür waren Erhards Äußerungen vor dem Haushaltsausschuß des Deutschen Bundestages am 10. Februar 1955. Dort hatte er den unmittelbaren Geschäftsverkehr zwischen seinem Amt und den Wirtschaftsabteilungen der deutschen Auslandvertretungen gefordert. Begründung: Die gegenwärtige Arbeitsteilung zwischen AA und BMW sei überholt. Sie müsse den wirtschaftspolitischen Erfordernissen eines modernen Staates angepaßt werden[88].

Als nächstes forderte Erhard, den freiwerdenden Posten von Maltzans im Handelsdirektorium der OEEC (er wurde Botschafter in Paris) mit einem BMW-Vertreter zu besetzen; Freiherr von Mahs war dafür vorgesehen. Am 11. Mai protestierte Erhard dann beim Kanzler gegen die Ernennung von Rolf Lahr zum Delegierten für die Ausgestaltung der deutsch-französischen Beziehungen, verlangte, dessen Tätigkeit auf die politischen und kulturpolitischen Fragen zu beschränken, eigene Initiativen auf wirtschaftlichen und wirtschaftspolitischem Gebiet zu unterbinden[89].

Im AA witterte man nicht zu unrecht hinter diesen Vorstößen umfangreichere Forderungen. „Wenn sie aus taktischen Gründen zunächst auch nur einzeln und andeutungsweise vorgebracht werden", stellte Hallstein in einer Vorlage für den Bundeskanzler am 17. Mai 1955 fest, „so steht hinter ihnen doch eine *andere* Grundauffassung, die von dem Bundeswirtschaftsminister vertreten wird und die dahingeht, daß die Richtlinien für die Außenhandelspolitik von seinem Ministerium bestimmt werden müssen. Hierbei geht Prof. Erhard augenscheinlich von dem Gedanken aus, daß die Außenwirtschaft als Teil der Binnenwirtschaft keinen anderen Gesetzen unterliegen darf, als sie sich aus der binnenwirtschaftlichen Situation ergeben. Das Auswärtige Amt wird dieser Konzeption die eigene entgegenstellen müssen, wenn es nicht seinen Einfluß auf die Außenhandelspolitik aufgeben und damit seine außenpolitischen Funktionen verlieren will"[90].

Zur Verteidigung seiner Position tat Hallstein den ersten Schritt in die Öffentlichkeit. Im Bulletin erschien am 17. und 18. Mai im Wortlaut sein Vortrag vor der Carl-Schurz-Gesellschaft am 22. April in Bremen[91]. Die grundsätzlichen Äußerungen über die Stellung Deutschlands in der Weltwirtschaft und die spezifischen Aufgaben des AA im Bereich der Außenwirtschaftspolitik gaben im wesentlichen jene Gedanken wieder, die das Amt über sein Selbstverständnis und seine Rolle innerhalb der Bundesregierung intern anstellte:

(1) „Die Außenwirtschaftspolitik ist nicht nur ein Teil der Gesamtwirtschaftspolitik, sie ist auch ein Teil der Gesamtaußenpolitik." (2) Aufgabe des AA ist es, dafür zu sorgen, daß die Außenwirtschaftspolitik von den außenpolitischen Grundprinzipien geführt wird: „kooperativ, liberal, europäisch, weltwirtschaftlich orientiert, Freiheit statt Zwangswirtschaft, Nichtdiskriminierung statt Diskriminierung, Multilateralisierung statt Bilateralismus". (3) Für den Gesamtbereich der Wirtschaftspolitik trägt

---

[88] Aufzeichnung Harkort, Betr. Verhältnis Abt. 4 AA-Abt. V BMW unter Bezug auf Aussprache im Haushaltsausschuß des Bundestages am 10. 2.–11. 2. 1955, PA AA, L, Abgrenzung Bd. I.

[89] Schreiben Erhard an Adenauer, 11. 5. 1955, BA, B 102/128690, und 24. 5. 1955, LES, NL Erhard I 1) 3.

[90] Vorlage Hallstein „Dem Herrn Bundeskanzler", 17. 5. 1955, 576/55, mit Vermerk „Vorlage offenbar persönlich in Bühler Höhe abgegeben", PA AA, L, Abgrenzung Bd. I.

[91] Walter Hallstein, Deutschland in der Weltwirtschaft, in: Bulletin des Presse- und Informationsamtes der Bundesregierung, Nr. 92, 17. 5. 1955, S. 766–768, Nr. 93, 18. 5. 1955, S. 771f., hier insbes. S. 772.

nicht ein einzelnes Ressort die Verantwortung, sondern die Ministerien allesamt, von denen jedes einen legitimen Anspruch auf Mitgestaltung erhebt. (4) Jedes Ressort ist für einen bestimmten Bereich der Volkswirtschaft zuständig mit Ausnahme des AA. Kein wirtschaftliches Fachministerium übt die notwendige Koordination aus.

Das AA suchte jenes Handlungsfeld zu besetzen, das bislang noch ungeregelt geblieben war: die ressortübergreifende Koordinierung der Außenwirtschaftspolitik. Behaupten in der Außenwirtschaftspolitik könne man sich nur, so die Vorstellungen im AA, wenn das Amt als „ehrlicher Makler" auftritt, nach außen die Abstimmung der Außenhandelspolitik auf die Außenpolitik besorgt und nach innen die Abstimmung gegenüber allen an der Außenwirtschaft beteiligten Stellen auf eine im Gesamtinteresse der Bundesregierung liegende Linie ermöglicht. Den Führungsanspruch und das Primat der Außenpolitik reklamierte das AA für sich mit der Begründung, nur dort werde die außenpolitische Situation in allen Schattierungen übersehen, seien die Auswirkungen handelspolitischer Maßnahmen auf die gesamte Außenpolitik abzuschätzen[92].

Mit dem Heranrücken des Wechsels von Brentanos ins AA ging Erhard in die Offensive. Gut begründet, denn Adenauer hatte im Kabinett angeregt, die Organisationsfragen zur Erörterung zu stellen. Am 24. Mai übersandte Erhard dem Kanzler ein achtseitiges Memorandum „Zur Frage der Zusammenarbeit zwischen dem Bundesministerium für Wirtschaft und dem Auswärtigen Amt"[93]. Daraus möge dieser ersehen, setzte der Wirtschaftsminister in seinem Begleitschreiben hinzu, „daß mir keineswegs vorschwebt, die handelspolitischen Fragen vom Auswärtigen Amt abzutrennen, sondern daß ich eine reibungslose und fruchtbare Zusammenarbeit sichergestellt sehen möchte"[94].

Seine Forderungen waren dazu aber keineswegs angetan. Erhard argumentierte mit der Im- und Exportabhängigkeit der deutschen Wirtschaft. Sie erfordere eine ständige Abstimmung der außenhandelspolitischen Maßnahmen mit den innerwirtschaftlichen Notwendigkeiten. „Eine *einheitliche und zielstrebige Wirtschaftspolitik* ist daher *ohne Einbeziehung der Außenhandelspolitik nicht denkbar.*" Deshalb bedürfe es einer klaren Aufgabenteilung und Kompetenzabgrenzung zwischen BMW und AA. Die vom AA notwendigerweise vorzunehmende Koordinierung von wirtschaftspolitischen und außenpolitischen Gegebenheiten bedinge aber nicht, „daß *das Auswärtige Amt eine eigene Handelspolitik betreibt*". Sie sei vielmehr eindeutig Bestandteil der Wirtschaftspolitik und daher in Verantwortung des BMW gewesen, und zwar „noch ehe es ein Auswärtiges Amt und in ihm eine Handelspolitische Abteilung gab". Als „Mindest-Erfordernis" führte Erhard einen ganzen Katalog von Maßnahmen auf:
– personalpolitischer Austausch zwischen Beamten der Außenwirtschaftsabteilung des BMW und der Handelspolitischen Abteilung des AA sowie der Wirtschaftsabteilungen der Auslandsvertretungen einschließlich der Mitwirkung des BMW bei der Besetzung der dortigen Referentenstellen,
– Direktverkehr mit den Wirtschaftsabteilungen der Auslandsvertretungen sowie Änderungen von Mitteilungen an diese Stellen nur nach Abstimmung mit dem BMW,

[92] Vorlage Hallstein an Adenauer „Dem Herrn Bundeskanzler", 17. 5. 1955, 576/55, PA AA, L, Abgrenzung Bd. I.
[93] Fassung vom 28. 6. 1955, ebenda.
[94] Schreiben Erhard an Adenauer, 24. 5. 1955, LES, NL Erhard I. 1) 3.

- Direktverkehr von Handelsattachés fremder Staaten in wirtschaftlichen Fragen mit dem BMW,
- Unterlassung unmittelbaren Verkehrs des AA mit deutschen Wirtschaftsvereinigungen in allen wirtschaftlichen Fragen, für die das BMW die Kompetenz besitzt,
- Übernahme des Vorsitzes im Handelspolitischen Ausschuß durch den Leiter der Außenwirtschaftsabteilung des BMW und schließlich
- Federführung und Direktverkehr mit den zuständigen Organen internationaler Wirtschaftsorganisationen[95].

Die Handelspolitische Abteilung des AA lehnte die Forderungen ab[96]. Immerhin werde die Einheitlichkeit der Gesamtwirtschaftspolitik und die Einordnung der Handelspolitik durch die Bundesregierung respective das Bundeskabinett gewährleistet und nicht nur durch das BMW. Auch gebe es keine eigene Handelspolitik des AA oder des BMW. Ebenso datiere der Anspruch des AA auf eine starke Handelspolitische Abteilung auch nicht aus Zeiten des Dirigismus der Nachkriegszeit. Der Einfluß des AA auf die Handelspolitik sei vielmehr mit dem wachsenden Dirigismus in den dreißiger Jahren langsam zurückgegangen. „Völlig unzutreffend" sei es daher, „eine Verbindung zwischen Dirigismus und handelspolitischer Kompetenz des AA zu stipulieren". Schon aus Gründen der Gesamtverantwortlichkeit der Missionschefs wäre es ferner unmöglich, die Wirtschaftsabteilungen der Auslandsvertretungen dem BMW zu unterstellen. Den anderen Ressorts müsse dann für ihre Sachgebiete gleiches Recht zugestanden werden. Wolle man verhindern, daß deutsche Interessen bei internationalen Organisationen nur aus wirtschaftspolitischen Überlegungen behandelt würden, so müsse die Federführung beim AA bleiben. Andernfalls würde die Bundesrepublik bald unter verschiedenen Namen zwei Außenministerien haben. Eine Kompromißmöglichkeit sei allenfalls, zu prüfen, ob das BMW unmittelbar Durchschriften von Berichten der Wirtschaftsabteilungen erhalten könne, eventuell über je einen Verbindungsmann im AA und im BMW. Damit komme das AA dem BMW „sehr weit" entgegen, „weitergehende Konzessionen auf diesem Gebiet erscheinen sehr bedenklich", kommentierte Harkort seine Stellungnahme[97].

Von Brentano, seit dem 7. Juni 1955 neuer Außenminister, konnte der Rückendeckung Adenauers sicher sein. Hatte ihn der Kanzler doch wegen der Klagen aus dem AA über die Äußerungen Erhards gegen die europäische Integration gebeten, „die Angelegenheit im Auge zu behalten und sobald Sie durch Reden des Herrn Erhard Schwierigkeiten sehen, unter Vorlage dieser Reden mir Mitteilung zu machen, damit eine Besprechung mit Herrn Erhard aufgrund von Tatsachen stattfinden kann"[98].

Derart gestärkt, brachte von Brentano die Meinungsverschiedenheiten andeutungsweise an die Öffentlichkeit. In einem Interview mit dem Hessischen Rundfunk am 7. Juli[99] bezeichnete er es als „echte Fehlentscheidung", die Handelspolitik in die Hände des BMW zu geben. Erhard beschwerte sich daraufhin bei ihm über dessen und

[95] Fassung vom 28. 6. 1955, PA AA, 1, Abgrenzung Bd. I.
[96] Abt. 4, VLR Harkort, Betr. Bemerkungen zur Zusammenarbeit zwischen dem Auswärtigen Amt und dem Bundesministerium für Wirtschaft, 1. 8. 1955, Anlage, ebenda.
[97] Abt. 4, VLR Harkort, Betr. Stellungnahme zu dem Memorandum Erhards „Zur Frage der Zusammenarbeit zwischen dem Bundesministerium für Wirtschaft und dem Auswärtigen Amt", 1. 8. 1955, ebenda.
[98] Schreiben Adenauer an von Brentano, 27. 6. 1955, StBKAH III/40.
[99] Wortlaut in: Bulletin des Presse- und Informationsamtes der Bundesregierung, Nr. 127, 13. 7. 1955, S. 1064f.

Hallsteins Stil, die Kontroversen öffentlich auszutragen, statt sie „im Geiste echter Verständigungsbereitschaft durch persönliche Aussprache und in letzter Instanz durch eine Kabinettsentscheidung beizulegen", wie der Außenminister am 4. Juli vorgeschlagen hatte. Die Einladung zum klärenden Gespräch wollte Erhard als versöhnliche Geste verstanden wissen[100]. Doch konnte er es sich nicht verkneifen, auch öffentlich zu antworten. Seinen Artikel in der „Frankfurter Allgemeinen" am 19. Juli („Handelspolitik von gestern und morgen') rechtfertigte er dem Kanzler gegenüber damit, daß von Brentano und Hallstein „einen unabänderlichen Tatbestand schaffen wollen" und der Versuch einer Verständigung „bisher zu keinem Ergebnis geführt habe"[101].

Unter dem provozierenden Titel „Wer ist ein guter Europäer? Es gibt nicht nur einen Weg und eine Methode hin zu Europa", der am 6. August im Bulletin erschien[102], legte Erhard nochmals seine konzeptionellen Bedenken gegen Teilintegrationen und supranationale Verwaltungen dar. Adenauer ermahnte ihn dann, sich an die Kanzler-Linie der Europapolitik zu halten und warnte: „Es ist für mich unmöglich, zu dulden, daß durch Rivalitäten die deutschen Interessen irgendwie geschädigt werden"[103]. Obwohl aus dem AA schon der Ruf nach einer Richtlinien-Entscheidung des Regierungschefs zu hören war[104], hoffte Adenauer wohl immer noch auf eine gütige Einigung in der angekündigten Unterredung, die schließlich am 11. November zustande kam[105].

Es hatte den Anschein, als wollten alle Beteiligten endlich einen Schlußstrich unter das leidige Kapitel Zuständigkeit ziehen. Von Brentano und Hallstein kamen Erhard und Westrick in wesentlichen Punkten entgegen: Personalaustausch zwischen den Wirtschaftsabteilungen beider Ressorts, die Einsetzung von Verbindungsreferenten und das Recht zur Stellungnahme bei Neubesetzungen der Wirtschaftsreferenten der Auslandsabteilungen. Deren Berichte an das AA sollten dem BMW künftig in Durchschlag sofort zugestellt werden. Des weiteren erlaubte das AA Direktkontakte ausländischer Handelsattachés mit dem BMW und versprach, in wichtigen Fällen das BMW zu unterrichten, wenn es mit Vereinigungen der Wirtschaft oder Firmen unmittelbaren Kontakt aufnimmt. Dafür erklärten sich die Vertreter des BMW mit dem Vorsitz des AA im Handelspolitischen Ausschuß für weitere 3 bis 6 Monate einverstanden. Ungeklärt blieb lediglich die Nachfolge von Maltzans im Handelsdirektorium der OEEC.

Die harmonische Stimmung schien wenig später verflogen, als Erhard den Vermerk von Ministerialdirigent Junker vom AA über das Ergebnis der Besprechungen bekam. Die Aufzeichnung gab in seinen Augen nicht das Vereinbarte wieder. „Vor allen Dingen", schrieb Erhard umgehend an von Brentano, „ist in dieser Niederschrift gar nichts mehr von dem Geist und der Atmosphäre unserer Unterhaltung zu spüren". Erhard war überrascht, „ja fast bestürzt, daß jener gute Geist ... nunmehr in der Behandlung der Einzelfragen durch bürokratische Kleinlichkeiten zerredet werden soll"[106]. Von Brentano wollte es dagegen nicht auf eine Verschärfung des Konfliktes

[100] Schreiben Erhard an von Brentano, 8. 7. 1955, LES, NL Erhard I. 4) 38.
[101] Schreiben Erhard an Adenauer, 19. 7. 1955, LES, NL Erhard I. 1) 3.
[102] Bulletin des Presse- und Informationsamtes der Bundesregierung, Nr. 145, 6. 8. 1955, S. 1221f.
[103] Schreiben Adenauer an Erhard, 11. 8. 1955, Mürren (Durchschrift), PA AA, L, Abgrenzung Bd. I.
[104] Küsters, Europapolitik (Anm. 77), S. 657.
[105] Vermerk von Posadowsky-Wehner, 5. 4. 1957, Betr. Zuständigkeitsfragen AA-BMW, hier: Stichworte und Zitate, Anlage zu Ref. 402, Dok.Nr. 402-100-08-2686/57, 8. 4. 1957, PA AA, L, Abgrenzung Bd. I.
[106] Vermerk Junker (Abschrift), 11. 11. 1955, BA, B 102/128759; Schreiben Erhard an von Brentano (Abschrift), 14. 11. 1955, LES, NL Erhard I. 4) 38.

ankommen lassen, beauftragte seine Mitarbeiter, lieber über das dem BMW Gesagte hinauszugehen, als hinter dem zurückzubleiben[107]. Erhard reagierte ebenfalls friedfertig, erkannte an, daß der Brüsseler Regierungsausschuß sich „Mühe gegeben hat, eine möglichst liberale Lösung zu finden", konnte aber trotzdem „schwerwiegende Bedenken gegen manche vorgeschlagene Konstruktionen nicht zurückstellen" und versprach sorgfältige Prüfung[108].

Die Richtlinien-Entscheidung

Derweil entspann sich zwischen Kanzler und Wirtschaftsminister ein weiterer Konflikt über die personalpolitischen Entscheidungen im BMW. Adenauer brauchte den Wirtschaftsfachmann Rust beim Aufbau der Bundeswehr und hatte ihn als Staatssekretär auf der Hardthöhe vorgesehen. Auf Anraten von Etzel und mit Empfehlung Hallsteins bat Adenauer Erhard, den Ministerialdirigenten von der Groeben für diese Stelle vorzuschlagen[109], weil dieser allseits als Anhänger der europäischen Integration galt und mit Geschick im Brüsseler Regierungsausschuß die Probleme des Gemeinsamen Marktes verhandelt hatte. Erhard aber favorisierte den Leiter der Zentralabteilung, Kattenstroth[110], und setzte ihn auch durch. Als Adenauer dann Anfang Dezember mit dem Gedanken spielte, Westrick zum Botschafter in Moskau zu ernennen, sah Erhard sein Ressort personell ausbluten und lehnte entschieden ab[111]. Adenauer übte Druck aus, drohte mit Konsequenzen: „Wenn Sie bei der Besetzung der Abteilung III mit Herrn Ministerialdirektor Kattenstroth verbleiben", dem zu recht oder zu unrecht eine Reserviertheit gegenüber den europäischen Integrationsfragen nachgesagt wurde, dann müsse die Schumanplan-Abteilung von der Abteilung getrennt und einem Herrn unterstellt werden, der als „Europäer" gilt[112]. Erhard jedoch blieb hart.

Kopfzerbrechen bereitete dem Kanzler auch der europapolitische Kurs des neu ernannten Bundesministers für Atomfragen, Franz Josef Strauß. Vehement wandte sich der noch junge Ressortchef gegen die im Brüsseler Regierungsausschuß diskutierte Absicht der französischen Regierung, die ersten Schritte zu einer nationalen deutschen Atompolitik durch eine supranationale Behörde kontrollieren zu lassen und das entscheidende Gewicht auf die Realisierung des Verteilungsmonopols zu legen. Strauß sah die deutsche Atomindustrie der Gefahr ausgesetzt, beim Zugang zu spaltbaren Materialien durch die geplante Ankaufs- und Versorgungsagentur von EURATOM benachteiligt zu werden[113]. Erhard, aus dessen Ressort die Kompetenzen des BM Atom ausgegliedert worden waren, wandte sich ebenso wie Blücher gegen das französische Konzept, befürwortete eine Regelung im OEEC-Rahmen. Das AA hingegen befürchtete, eine andere Regelung würde für die übrigen Partner nicht annehm-

---

[107] Vermerk Junker, 19. 1. 1956, PA AA, L, Abgrenzung Bd. I.
[108] Schreiben Erhard an von Brentano, 23. 11. 1955, LES, NL Erhard I. 4) 38.
[109] Schreiben Adenauer an Erhard, 5. 11. 1955, LES, NL Erhard I. 1) 3.
[110] Schreiben Erhard an Adenauer, 12. 11. 1955, ebenda.
[111] Schreiben Erhard an Adenauer, 9. 12. 1955, ebenda.
[112] Schreiben Adenauer an Erhard, 19. 12. 1955, ebenda.
[113] Zu den Einwänden, die nach dem Amtsantritt von Strauß deutscherseits im Brüsseler Atomenergie-Ausschuß geltend gemacht wurden vgl. Peter Weilemann, Die Anfänge der Europäischen Atomgemeinschaft. Zur Gründungsgeschichte von Euratom 1955–1957, Baden-Baden 1983, S. 49–59; Franz Josef Strauß, Die Bundesrepublik und die Internationale Zusammenarbeit auf dem Kernenergiegebiet, in: Atomwirtschaft 1 (1956), S. 209ff.

bar sein. Bei Konzessionen bestand überdies die Erwartung, die Franzosen in Fragen des Gemeinsamen Marktes stärker einbinden zu können.

Adenauer, gegen Ende des Jahres 1955 wegen Krankheit sechs Wochen lang außer Gefecht gesetzt, sah die Zeit für ein „Machtwort" gekommen. Außenpolitische wie innenpolitische Gründe spielten eine Rolle. Enttäuschte Hoffnungen auf eine größere Entspannungsbereitschaft der Sowjetunion nach seiner Moskau-Reise im September, die gescheiterte Genfer Außenminister-Konferenz, das Drängen von Dulles auf weitere Integrationsschritte, die zögernde Haltung deutscher Unterhändler bei EURA-TOM, obschon sich in der Saarfrage eine für Bonn positive Entwicklung anbahnte, Erhards unnötiges Taktieren in Fragen des Gemeinsamen Marktes, wodurch im westlichen Ausland weiterhin der Eindruck aufrechterhalten wurde, als wolle Bonn die Integration nicht[114], die Auseinandersetzungen um die institutionelle Ausgestaltung künftiger europäischer Organe und nicht zuletzt die anhaltenden Grabenkämpfe zwischen den Ressorts – das alles zusammen veranlaßte den Kanzler am 19. Januar 1956[115] zu einem Schreiben an die Bundesminister. Er rückte darin die Bedeutung und Notwendigkeit der europäischen Integration für die deutsche Außenpolitik wieder ins rechte Maß, suchte Erhard und Strauß auf seine europapolitische Linie zu verpflichten und die internen Streitigkeiten zu beenden. Uneingeschränkt bejahte er die Durchführung der Messina-Beschlüsse und lehnte derartige Initiativen im OEEC-Rahmen ausdrücklich ab. Besonderes politisches Gewicht erhielt der Brief durch den ausdrücklichen Hinweis auf die Richtlinienkompetenz des Bundeskanzlers gemäß Art. 65 Grundgesetz.

Auch wenn Erhard seinem Regierungschef nie Loyalität verweigerte, war er doch aufgrund seiner Überzeugung keineswegs bereit, sich diesem „Integrationsbefehl", wie er es nannte, und den personalpolitischen Forderungen des Kanzlers zu unterwerfen. Der Gemeinsame Markt sei volkswirtschaftlich eine Sünde, nicht dadurch gutzuheissen, daß man ihn als europäisch proklamiere, machte er seinem Ärger Luft[116]. Adenauer entgegnete ihm, die europäische Integration sei das notwendige Sprungbrett für die Westdeutschen gewesen, „um überhaupt wieder in die Außenpolitik zu kommen". Europäische Integration sei um Europa – und damit um der Deutschen willen –, aber auch um der USA willen notwendig, weil Washington sie als Ausgangspunkt ihrer ganzen Europapolitik betrachtete und man auf amerikanische Hilfe angewiesen sei[117].

Erhard fühlte sich von den „Europa-Romantikern" des AA, die seiner Einschätzung nach unerreichbaren Idealen nachhingen und viel zu francophil eingestellt waren, persönlich in seinem Urteil als Wirtschaftsfachmann verachtet: „Ich empfinde es – und das auch gegenüber meiner eigenen Person – auf die Dauer fast unerträglich, daß in Bezug auf die Europapolitik subjektive Werturteile als objektive Maßstäbe gesetzt

---

[114] Informationsgespräch, 13. 12. 1955, und Kanzler-Tee, 1. 3. 1956, beide in: Adenauer. Teegespräche 1955–1958, bearb. v. Hanns Jürgen Küsters, Berlin 1986 (= Adenauer. Rhöndorfer Ausgabe, hrsg. v. Rudolf Morsey und Hans-Peter Schwarz), S. 32f., 37, 57.

[115] Wortlaut in: Konrad Adenauer, Erinnerungen 1955–1959, 3. Aufl., Stuttgart, 1982, S. 253–255, auch abgedruckt in: Die Auswärtige Politik der Bundesrepublik Deutschland, hrsg. v. Auswärtigen Amt, Köln 1972, S. 317f.

[116] Schreiben Erhard an Adenauer, 11. 4. 1956, StBKAH III/23. Dazu auch Daniel Koerfer, Kampf ums Kanzleramt. Erhard und Adenauer, Stuttgart 1987, S. 138f.

[117] Schreiben Adenauer an Erhard, 13. 4. 1956, StBKAH III/23. Küsters, Europapolitik (Anm. 77), S. 649; Koerfer, Kanzleramt (Anm. 116), S. 140.

werden, und jedes kritische Urteil als Verrat gestempelt zu werden droht. Die Geschichte wird noch erweisen, welche Haltung ‚europäischer‘ gewesen ist"[118].

Das Ringen um die Brüsseler Verhandlungslinie

Erhard wie auch Strauß opponierten in der Kabinettsitzung am 9. Mai 1956 gegen die
Aufnahme von Regierungsverhandlungen auf der Grundlage des Spaak-Berichts,
waren aber der gemeinsamen Front von Kanzler und AA nicht gewachsen[119]. Letzteres wurde die Federführung für die Regierungsverhandlungen übertragen und hatte
sich mit dem BMW über die Koordinierung der Verhandlungspositionen in Brüssel
abzustimmen.

Im September 1956 legte die französische Regierung überzogene Forderungen für
ihre Zustimmung zum Gemeinsamen Markt vor[120], in der Absicht, diesen Verhand-
lungspart zugunsten eines raschen Abschlusses des EURATOM-Vertrages im Sande
verlaufen zu lassen. Als Alternative zum Gemeinsamen Markt hatte die britische
Regierung die Schaffung einer industriellen Freihandelszone im Rahmen der OEEC
vorgeschlagen. Erhard erblickte darin eine Chance, den Gemeinsamen Markt einer
supranationalen Sechser-Gemeinschaft in ein multilaterales Wirtschaftsabkommen
überzuleiten, wegzukommen von der Frankreichorientierung und die Briten stärker
ins Spiel zu bringen.

Zehn Tage vor der entscheidenden Kabinettssitzung, in der die Bundesregierung
ihre Verhandlungsposition für Brüssel festlegte, äußerte er erneut starke Bedenken. Sie
richteten sich nunmehr weniger gegen die Funktion des Gemeinsamen Marktes als
gegen Versuche Frankreichs, „eine echte Integration dieser Art zu behindern, zu
verfälschen oder zu verzögern". Dahinter stand die Sorge, den Franzosen könnte es
angesichts der nachgiebigen Haltung des AA gelingen, ihre protektionistische Politik
im europäischen Kontext vertraglich zu verankern. Wohl zu recht warnte Erhard
davor, zu den französischen Integrationsmethoden und -vorstellungen nicht vorbehaltlos Ja und Amen zu sagen. „Nicht in der Sache selbst", schrieb er an Adenauer,
„sondern in dieser Frage scheiden sich die Geister zwischen Auswärtigem Amt und
Wirtschaftsministerium". Da Gemeinsamer Markt und Zollunion ein eminent ökonomisches Problem darstellen, sollte unbeschadet gleicher politischer Zielsetzung das
volkswirtschaftliche Wissen und Gewissen nicht automatisch taktischer Rücksichtnahme geopfert werden. Er bat den Kanzler „inständig, ... sicherzustellen, daß von
Seiten des Auswärtigen Amtes in Gesprächen keine Zusagen gegeben werden, die die
Bundesregierung präjudizieren, ehe diese ihre Entscheidung getroffen hat"[121]. Erhard

---

[118] Schreiben Erhard an Adenauer, 27. 4. 1956, StBKAH III/23. Am Ende des Briefes machte Erhard allerdings
   wieder einen Kotau vor Adenauer: „Ich hoffe sogar, daß diese briefliche Auseinandersetzung, die um der
   Sache willen unerläßlich ist, uns noch enger verbinden wird. An mir, sehr verehrter, lieber Herr Bundeskanzler, werden Sie niemals eine menschliche Enttäuschung erleben ... Ich habe wohl auch hinreichend
   deutlich gemacht, daß ich nicht um Ämter anstehe, sondern daß es mir darauf ankommt, einer Sache und
   einer Idee zu dienen. Das gibt mir ein so gutes Gewissen, daß ich auch dann frei zu sprechen wage, wenn
   selbst das eine oder andere Urteil mit Ihrer Auffassung nicht übereinstimmen sollte. So gewertet und
   gewogen, dürfen Sie mich wohl zu Ihren getreuesten Mitarbeitern zählen, und als solcher bin ich allezeit Ihr
   Ludwig Erhard."
[119] Küsters, Europapolitik (Anm. 77), S. 660.
[120] Küsters, Wirtschaftsgemeinschaft (Anm. 73), S. 303–305.
[121] Schreiben Erhard an Adenauer, 25. 9. 1956, LES, NL Erhard I. 1) 4.

schloß offenbar nicht aus, Adenauer könnte aus innenpolitischen Erwägungen im Hinblick auf die Bundestagswahl 1957 bei einem Vertragsabschluß zu Konzessionen bereit sein, die aus volkswirtschaftlicher Sicht untragbar wären.

Die sachlichen Einwände waren durchaus berechtigt und fanden auch in der Kabinettssitzung am 9. Oktober 1956 Unterstützung. Etzel hatte dem Kanzler ebenfalls geraten, sich den französischen Forderungen zu widersetzen, das Junktim zwischen Gemeinsamem Markt und EURATOM aufrechtzuhalten[122]. Ergebnis dieser harten Verhandlungslinie war das Scheitern der Außenministerkonferenz der Sechs am 20./21. Oktober in Paris, auf der sich Deutsche und Franzosen über die Frage der sozialen Harmonisierung nicht verständigen konnten. Bereinigt wurden diese Probleme erst während des Besuchs von Adenauer am 6. November in Paris, an dem Tage, als die Suezkrise ihren Höhepunkt erreichte.

Erhards Widerstand gegen die Brüsseler Verhandlungen konzentrierte sich fortan auf die Probleme der Einbeziehung der französischen Überseegebiete in den Gemeinsamen Markt. Doch vermochte er sich gegen das AA und die Haltung des Kanzlers nicht durchzusetzen. Adenauer war zu erheblichen finanziellen Opfern an die Franzosen bereit, um deren Unterschrift unter die Römischen Verträge am 25. März 1957 sicherzustellen.

Interne Verhandlungen über die EWG-Kompetenzen

Obwohl die Zusammenarbeit zwischen AA und BMW auf Referatsebene nach der Vereinbarung vom November 1955 ohne größere Störungen ablief, sorgten die ungeklärten Grundsatzfragen der Kompetenzabgrenzung im Hinblick auf die nun zu regelnde Zuständigkeit für die Bearbeitung der EWG und der EURATOM-Gemeinschaft für neuen Zündstoff. Ganz abgesehen von der Frage, wer die anstehenden Verhandlungen der Sechs mit den restlichen OEEC-Staaten über die Errichtung einer Freihandelszone (FHZ) führen sollte. Weder durch Gesetz noch in der Geschäftsordnung der Bundesregierung – so ein Gutachten des AA – war geregelt, wer zur Führung internationaler Verhandlungen zu bevollmächtigen sei[123]. Bereits am 14. Februar 1957 wandte sich Erhard diesbezüglich an von Brentano.

Von Brentano leitete die Schlüsselstellung des AA bei der Verhandlungsführung aus § 11 Abs. 2 GOB her. Demnach durften Verhandlungen mit dem Ausland oder im Ausland „nur mit Zustimmung des Auswärtigen Amtes, auf sein Verlangen auch nur unter seiner Mitwirkung geführt werden". Bestärkt fühlte sich das AA überdies durch das Schreiben des Bundeskanzlers vom 11. November 1953, in dem es hieß: „Die Führung der Delegation bei internationalen Verhandlungen liegt – unbeschadet der ressortmäßigen Federführung und Zuständigkeit – ausschließlich beim Auswärtigen Amt, soweit dieses nicht die Delegationsführung einem anderen Ressort überläßt"[124]. Erhards Besorgnisse, das AA könnte auch für die EWG-Kompetenzen hieraus Ansprüche ableiten, gründete auf der Anregung von Brentanos wenige Tage zuvor, ein Europaministerium einzurichten, dem die Koordinierung und Federführung der

---

[122] Küsters, Europapolitik (Anm. 77), S. 664–666.
[123] Abteilungsleiter 4, Aufzeichnung, Betr. Vollmachten zur Führung von interministeriellen Verhandlungen, 404-353-06-14228/56II, 3. 6. 1957, PA AA, L, Abgrenzung Bd. I.
[124] Schreiben von Brentano an Erhard, 24. 6. 1957, ebenda.

Europapolitik obliegen sollte[125]. Näher betrachtet, lag dieser Vorschlag aber weder im Interesse des AA noch des BMW. Adenauers Überlegungen liefen darauf hinaus, Etzel aus Luxemburg zu holen und mit der Leitung des neuen Europaministeriums zu betrauen. Neue Streitigkeiten zwischen AA und BMW über die Zuständigkeiten für die EWG ließen sich in Zukunft auch dadurch vermeiden, daß beiden Ressorts die Kompetenzen entzogen würden. Das Bundesministerium für wirtschaftliche Zusammenarbeit sollte aufgelöst werden, die Federführung für die OEEC dann ebenfalls bei Etzel ressortieren. Der drohende Kompetenzverlust machte von Brentano und Erhard vorübergehend zu Verbündeten. Beide einigten sich in einer Unterredung am 6. August 1957, entsprechend dem Vorschlag Erhards vom 2. Juli, ihm die Vertretung der Bundesrepublik im EWG-Ministerrat zu überlassen[126]. Durch diese Regelung hofften sie, ihren Besitzstand wahren, die Einrichtung eines Europaministeriums verhindern zu können.

Während Erhard glaubte, nun eine endgültige Regelung in seinem Sinne erreicht zu haben, spielte das AA auf Zeit. Auf Direktorenebene war man nicht gewillt, dem BMW kampflos das Feld zu überlassen. Am 22. Juli erging an das BMW die Mitteilung, „daß eine formale Beschlußfassung über diesen Gegenstand zweckmäßigerweise erst nach den Wahlen bzw. von der neuen Regierung erfolgen sollte"[127].

Unmittelbar vor der Bundestagswahl am 15. September war im AA der Vorschlag entwickelt worden, bis zum Inkrafttreten des EWG-Vertrages dem Außenminister die Vertretung in den Ministerkonferenzen zu übertragen und diese in Ressortbesprechungen unter Vorsitz des AA vorzubereiten. Nach Inkrafttreten des Vertrages sollte der oder die unmittelbar zuständigen Bundesminister die Vertretung im Rat wahrnehmen. Das AA sollte dann die Federführung für alle grundsätzlichen Angelegenheiten der EWG (z. B. Sitz der Organe, Bestellung der Mitglieder der Kommission und des Gerichtshofs, Geschäftsordnungsfragen für den Rat und die Ausschüsse, Fragen der Gemeinsamen Versammlung und des Gerichtshofs), deren Außenbeziehungen (Aufnahme neuer Mitglieder, Assoziationsverträge, Beziehungen zu internationalen Organisationen, Handelspolitik), EURATOM berührende Fragen, sowie für Probleme von aktuellem außenpolitischen Interesse erhalten. Das BMW wäre dann für die Herstellung des freien Warenverkehrs innerhalb der Gemeinschaft, die Regelung des Wettbewerbs sowie für die Konjunktur-, Währungs- und Wirtschaftspolitik (außer der Handelspolitik) zuständig. Ressortbesprechungen würden unter Federführung und Vorsitz des AA stehen. Die einzurichtende Vertretung bei der EWG unterstünde als Dienststelle ebenfalls dem AA. Eine ähnliche Regelung war für die OEEC vorgesehen. Mit dieser Kompetenzabgrenzung hätte das BMW zwar die formale Federführung besessen, jedoch das AA faktisch die Ausführung bestimmt. Ein raffinierter Schachzug von Carstens, der Zuständigkeiten retten wollte, die sein Minister durch Zusagen an Erhard bereits verspielt hatte.

In einer Unterredung am 19. September bestritt von Brentano gegenüber Carstens die Vereinbarung mit Erhard über dessen ständige Vertretung im Rat, behauptete vielmehr, die Frage sei noch offen. Er beabsichtige nicht, auf die Möglichkeit zu

[125] Küsters, Wirtschaftsgemeinschaft (Anm. 73), S. 498. Daniel Koerfer, Zankapfel Europapolitik: Der Kompetenzstreit zwischen Auswärtigem Amt und Bundeswirtschaftsministerium 1957/58, in: Politische Vierteljahresschrift, 29 (1988), S. 553–568.
[126] Schreiben Erhard an von Brentano, 6. 8. 1957, LES, NL Erhard I. 4) 38.
[127] Ebenda.

verzichten, die Sitzungen des Rats selbst wahrzunehmen. Niemand im AA rechnete mit der Durchsetzung der Maximalforderungen. Man wollte es eigentlich auch nicht. Denn das Amt hätte sich damit nur den Unwillen aller inneren Ressorts zugezogen. Erfolgversprechender schien die Taktik, die Zuständigkeit für die Handelspolitik eindeutig dem AA zu sichern, am besten durch eine Entscheidung des Bundeskanzlers nach § 9 GOB. Eine solche war ohnehin fällig. Das BMZ sollte nämlich in das neu gegründete BM für den wirtschaftlichen Besitz des Bundes aufgehen. Damit wurde aber zugleich das feingesponnene Netz der Vereinbarungen mit dem BMW mehr oder weniger zur Disposition gestellt.

Wegen der Einwände von AA und BMW nahm Adenauer vom Gedanken eines Europaministerium Abstand. Mit einigen süffisanten Bemerkungen gab er in seiner Regierungserklärung am 29. Oktober 1957 vor dem Deutschen Bundestag die Umorganisationen bekannt. „Zu meinem Erstaunen habe ich noch nie einen Minister gefunden, der gern und freudig aus seinem Geschäftsbereich an einen anderen Minister etwas abgibt. ... ein Ministerium ist wie ein Tintenfisch, das sicher oft gegen die Absichten seines Ministers seine Polypenarme ausstreckt, um immer mehr zu bekommen"[128]. Trotz Überlastung mancher Ressorts, vor allem des AA und des BMW, spreche viel dafür, dem Wirtschaftsminister die Aufgabe zu übertragen, die deutsche Wirtschaft in die europäische Wirtschaft, entsprechend den Römischen Verträgen, hineinzuführen. Dazu waren erhebliche Änderungen der Organisationen erforderlich, da das BMW auch noch die Zuständigkeit für die OEEC erhielt. Lediglich die deutsche OEEC-Vertretung ressortierte künftig beim AA. Zwei Tage zuvor hatte Adenauer Erhard die Erweiterung seines Geschäftsbereichs mitgeteilt. Der Wirtschaftsprofessor schien das lang umkämpfte Ziel erreicht zu haben. Doch machte der Kanzler eine wichtige Einschränkung: „Für den Fall, daß sich Zweifel über die Neuabgrenzung Ihres Geschäftsbereichs ergeben, behalte ich mir weitere Weisungen vor"[129].

Ein wichtiger, vielleicht sogar der ausschlaggebende Grund für Adenauers Entscheidung zugunsten des BMW war seine ständige Kritik an von Brentanos Amtsführung. Schon im Sommer/Herbst 1956 hätte der Kanzler gerne organisatorische Veränderungen vorgenommen, am liebsten Blankenhorn neben Hallstein als zweiten Staatssekretär im AA postiert. Letzterer hatte sich jedoch erfolgreich dagegen zu wehren gewußt, seinen Chef überzeugen können, daß allenfalls unter ihm zwei Unterstaatssekretäre fungieren könnten. Hinzu kam von Brentanos Nachgiebigkeit gegenüber Erhard im Vorfeld dieser Entscheidung. Sie ließ Adenauer praktisch keine andere Wahl, als die EWG-Angelegenheiten dem BMW zu überlassen.

Ursprünglich wollte Etzel nur nach Bonn kommen, um das Europaministerium zu übernehmen, wogegen sich Erhard strikt wehrte und sogar mit Rücktritt gedroht haben soll[130]. Etzel willigte dann ein, das Finanzressort zu leiten. Dafür wurde er vom Kanzler beauftragt, „seine persönliche Aufmerksamkeit auch den Fragen der europäischen Wirtschaft (OEEC, Montanunion, Euratom, EWG) und des Aufbaus einer gemeinsamen europäischen Währungspolitik zu widmen". Überdies behielt sich Ade-

[128] Wortlaut der Regierungserklärung in: Verhandlungen des Deutschen Bundestages, 3. Wahlperiode 1957, Stenographische Berichte, Bd. 39, S. 17–26, hier S. 18f.
[129] Schreiben Adenauer an Erhard, 27. 10. 1957, LES, NL Erhard I. 1) 5.
[130] Regierung-Bildung, Die Über-Partei, in: „Der Spiegel", 30. 10. 1957, S. 14.

nauer die Regelung der Stellvertretung des Bundeswirtschaftsministers in den Ministerräten der europäischen Gemeinschaften einer weiteren Entscheidung vor[131].

Die Grundsatzentscheidung war zwar gefallen[132], die Federführung für die EWG beim BMW. Zu klären waren aber noch die Einzelheiten des Entscheidungsablaufes, wer wann unter welchem Vorsitz interministeriell die Vorarbeiten leistet und Instruktionen erteilt.

Das AA versuchte nun, die verbliebenen Mitsprache- und Mitentscheidungsrechte so extensiv wie möglich auszuschöpfen. Dazu boten sich drei Ansatzpunkte:
– Die OEEC-Vertretung sollte dem AA unterstellt, personelle Entscheidungen im gegenseitigen Einvernehmen getroffen, die Weisungen in den zuständigen Ressorts, d. h. in erster Linie im BMW, erarbeitet werden.
– Die Vertretung bei den FHZ-Verhandlungen im Ministerausschuß würde vom Bundeswirtschaftsminister wahrgenommen werden. Sein Stellvertreter sollte der Staatssekretär des AA sein. Im Gremium der Ministerstellvertreter sollte umgekehrt verfahren werden. Unter der Federführung des AA würden die Instruktionen gemeinsam erarbeitet.
– Ungeklärt war nach wie vor die Frage des Vorsitzes im Handelspolitischen Ausschuß, der traditionell unter der Federführung des AA stand, früher zunächst unter Vorsitz von Maltzans. Nach dessen Weggang beanspruchte das BMW durch den damaligen Stellvertreter, Reinhardt, den Vorsitz. Da infolge der Auflösung des BMZ der Vorsitz im Wirtschaftskabinett an Erhard übergegangen war, pochte das AA um so mehr darauf, Vorsitz und Federführung zu bekommen, um wenigstens dort die Möglichkeit einer Einflußnahme auf die Außenwirtschaftspolitik zu behalten. Es war vorrangig eine Prestigefrage. Denn Entscheidungsbefugnisse standen dem Handelspolitischen Ausschuß nicht zu. War dort keine Einigung erzielt worden, entschied ohnehin das Wirtschaftskabinett, eventuell das Bundeskabinett.

Von Brentano leitete die Vorschläge als Kompromißangebot an Erhard und Adenauer. Auf Anregung Erhards sollte ein Gespräch stattfinden zwischen van Scherpenberg und Müller-Armack, der als zweiter Staatssekretär des Wirtschaftsministeriums für die neu aufzubauende Europaabteilung vorgesehen war[133]. Da Erhard gleich Gefahr in Verzug sah und Bedenken gegen die Forderungen des AA erhoben hatte, wies er Außenminister van Scherpenberg an, die Unterredung „in einem konzilianten Geiste" zu führen. Zu genau wußten alle Beteiligten, in welch schwacher Position das AA nach Adenauers Grundsatzentscheidung war[134]. Den Kanzler oder gar das Kabinett wollte man mit der Sache nicht mehr befassen.

Zwischen van Scherpenberg und Carstens kam es zu einer grundsätzlichen Kontroverse über die einzuschlagende Verhandlungsstrategie gegenüber dem BMW. Van Scherpenberg ging davon aus, daß an der Entscheidung über die Federführung bei EWG-Fragen kaum etwas zu ändern sein würde, empfahl, die Ansprüche des BMW grundsätzlich anzuerkennen. Deshalb plädierte er für eine moderatere Vorgehens-

[131] Schreiben von Brentano an Erhard, 25. 10. 1957, LES, NL Erhard I. 4) 38.
[132] Schreiben Staatssekretär des Bundeskanzleramtes an die Bundesminister, Betr. Neubildung der Bundesregierung, 30. 10. 1957, 4-14010-4603/57, PA AA, L, Abgrenzung Bd. I.
[133] Vorlage Limbourg an Direktor Abteilung 4, 28. 10. 1957, MB (Ministerbüro) 1652/57, ebenda.
[134] Aufzeichnungen von Scherpenberg, Betr. Verhältnis Auswärtiges Amt – Bundeswirtschaftsministerium, 28. und 29. 10. 1957, beide ebenda.

weise, dem AA die Möglichkeit zu bewahren, sich in allen politischen und handelspolitischen Angelegenheiten einschalten zu können. Damit wäre die Stellung des AA „wenn auch in weniger spektakulärer, so doch sehr wirksamer Weise" gesichert. Man hätte etwas gewonnen, wenn dafür dem BMW die eindeutige Anerkennung der handelspolitischen Zuständigkeit des AA endlich abgerungen werden könnte, und zwar durch die Zustimmung zum Vorsitz des AA im Handelspolitischen Ausschuß[135]. Van Scherpenberg glaubte dadurch die Existenz seiner Abteilung langfristig gesichert.

Während die Handelspolitische Abteilung schon organisatorisch keine Möglichkeit sah, die EWG-Fragen zu bearbeiten, war Carstens sofort bereit, die Kompetenz in seine Abteilung 2 zu übernehmen. Er sah nicht ein, für eine Konzession des BMW im Bereich der Handelspolitik im Gegenzug dem BMW den EWG-Komplex vollends zu überlassen. Schließlich seien EWG- und EURATOM-Gemeinschaft „Schritte auf dem Wege zu der Herstellung eines politisch geeinten Europas", die als Einheit gesehen werden müßten. Insoweit bliebe die Zuständigkeit des AA, insbesondere der Abteilung 2, bestehen. Er widersprach der Ansicht van Scherpenbergs, das AA könne wegen der grundsätzlichen Federführung des BMW für die OEEC auch die Erteilung von Weisungen an die deutsche OEEC-Vertretung anerkennen[136].

Carstens setzte sich zunächst durch, führte am 4. November die interministerielle Verhandlungsrunde mit Müller-Armack, die aber wenig Klarheit brachte. Entsprechend der Entscheidung des Bundeskanzlers beanspruchte Müller-Armack für das BMW ab sofort die bislang vom AA wahrgenommene Federführung im Interimsausschuß, den Direktverkehr mit der OEEC-Vertretung einschließlich der Erteilung von Instruktionen. Das BMW wünschte den deutschen Sprecher im Gremium der Ministerstellvertreter, falls dieses gebildet werde, zu stellen. Konzessionsbereit zeigte er sich in der Frage des Vorsitzes des Handelspolitischen Ausschusses und in Angelegenheiten der Gemeinsamen Versammlung, für die das AA vornehmlich zuständig sei. Da die Außenbeziehungen der EWG in den Bereich der Handelspolitik fallen, sei auch hier das BMW verantwortlich. Offen blieb die Stellvertretung Erhards im Ministerrat, auf die Etzel Anspruch erhob[137].

Auf Drängen von Carstens suchte von Brentano am 5. November Adenauer davon zu überzeugen, bei seiner endgültigen Entscheidung über die Geschäftsabgrenzung zu berücksichtigen, daß alle Fragen, die in den Bereich der politischen Integration fallen, in die Zuständigkeit des AA gehören. Die Formel der „politischen Integration" war im Rahmen der Kanzler-Entscheidung der einzige Hebel, die Federführung in den Griff zu bekommen. Das AA könne sich formal „auf Angelegenheiten vorwiegend außenpolitischen Charakters" beschränken, wie Carstens in einer internen Aufzeichnung am 22. November vorschlug[138]. Besaß es erst die Kompetenz für die „allgemeinen Fragen

[135] Aufzeichnungen van Scherpenberg, Betr. Besprechung mit Ministerialdirektor Professor Müller-Armack über die Zuständigkeitsabgrenzung Auswärtiges Amt – Bundeswirtschaftsministerium, 30. 10. 1957, ebenda.

[136] Aufzeichnung Carstens, Betr. Aufzeichnung des Leiters der Abteilung 4 v. 30. 10. 1957, 31. 10. 1957, ebenda.

[137] Aufzeichnung Carstens, Betr. Abgrenzung von Zuständigkeiten zwischen Bundesministerium für Wirtschaft und Auswärtigem Amt, 6. 11. 1957, Dg 2-210-81.16/0/2625/57II, ebenda.

[138] Aufzeichnung Carstens, Betr. Abgrenzung von Zuständigkeiten und Verwaltungsfragen im Zusammenhang mit der Errichtung der EWG, 22. 11. 1957, 2-210-81.16/0/2625/57III, und Betr. Abgrenzung von Zuständigkeiten, 22. 11. 1957, Dg 2-210-81.16/0/2625/57IV, beide ebenda.

der europäischen Integration", konnte man alle Vorgänge an sich ziehen, die für den Fortgang der Integration von grundlegender Bedeutung sein würden, die Handelspolitik eingeschlossen. Außerdem sei anzustreben, dem AA den Vorsitz und die Leitung des Sekretariats des Interministeriellen Ausschusses zu unterstellen und die Ständige Vertretung bei der EWG, wie dies bei der OEEC geregelt worden war. Schließlich sollte der gesamte Schriftverkehr über die Vertretung bei der EWG laufen, dessen Verteilung durch Dienstanweisung des AA festgelegt werden.

Der Kompromiß

In den folgenden Verhandlungen konnte Müller-Armack erste Erfolge verbuchen. Er setzte die materielle Verhandlungsführung für das BMW deshalb durch, weil er selbst die meiste Erfahrung auf diesem Gebiet bei den Brüsseler Verhandlungen gesammelt hatte. Gestärkt durch die Position des Vizekanzlers und den Kompetenzzuwachs, wollte Erhard dem AA auch die Aufsicht über die OEEC-Vertretung aus der Hand nehmen, äußerstenfalls eine Beteiligung konzedieren. Entschieden lehnte er es ab, in seiner „europäischen Gesinnung einer Art Kontrolle des Auswärtigen Amtes" unterstellt zu werden[139].

Das AA hatte jedoch zu dieser Zeit keine wirkliche Chance mehr, für seine Interessen beim Kanzler Unterstützung zu erfahren. Adenauer liebäugelte immer noch damit, Blankenhorn als zweiten Staatssekretär ins AA zu schicken, um dort für Ordnung zu sorgen. Wie gering damals des Kanzlers Vertrauen in von Brentano war, zeigte sich daran, daß Etzel im Dezember mit der Stellvertretung Erhards in den Ministerräten der OEEC, der EWG, des GATT, der Montanunion und bei Euratom beauftragt wurde. „Falls die Interessen der Bundesregierung in diesen Ministerräten nicht von einem Kabinettsmitglied wahrgenommen werden", teilte Adenauer Erhard mit, „soll die Bundesregierung durch den Staatssekretär im Bundesministerium für Wirtschaft vertreten werden. Das Recht anderer Fachminister, die Bundesregierung in solchen Fällen zu vertreten, in denen es sich um ihr Sachgebiet handelt, bleibt unberührt"[140].

Als sich für Hallstein gegen Ende des Jahres 1957 Aussichten auf den Posten des EWG-Kommissionspräsidenten eröffneten[141], konnten jene strukturellen Veränderungen vorgenommen werden, die bislang an seinem Widerstand gescheitert waren. Im Sinne der neuen taktischen Linie, die Federführung für die politische Integration an sich zu ziehen, hatte von Brentano zu Beginn des Jahres 1958 Adenauer Vorschläge zur organisatorischen Gestaltung der europäischen Einrichtungen übermittelt.

Der Kanzler war von der Konstruktion eines zweiten Staatssekretärs für europäische Fragen im BMW keineswegs begeistert, weil ihm das BMW dann zu stark werden würde. Er schlug Erhard am 9. Januar vor, statt eines zweiten Staatssekretärs es bei einem zu belassen und diesem zwei Unterstaatssekretäre zu unterstellen, wovon der eine die europäischen, der andere die übrigen Angelegenheiten bearbeiten sollte. Müller-Armack sollte Unterstaatssekretär für europäische und Außenhandelsfragen werden,

[139] Schreiben Erhard an Adenauer, 23. 11. 1957, LES, NL Erhard I. 1) 5.
[140] Schreiben Adenauer an Erhard, 23. 11. 1957, ebenda.
[141] Schreiben Adenauer an von Brentano, 28. 12. 1957, StBKAH 11. 02; Küsters, Wirtschaftsgemeinschaft (Anm. 73), S. 499–501.

die Grundsatzabteilung übernehmen und Erhards Stellvertreter im Ministerrat sein, womit Westrick praktisch ausgeschaltet gewesen wäre.

Politisch gefährlicher konnten dem BMW die neuen Vorschläge des AA werden. Sie schienen Erhard geeignet, Adenauers „bereits getroffene Entscheidung hinsichtlich der Zuständigkeit zu inhibieren". Deshalb drängte er den Kanzler am 20. Januar, die Behandlung der Frage im Kabinett zurückzustellen, bis das vereinbarte Gespräch mit von Brentano stattgefunden habe[142]. Ein allerletzter Anlauf zur Einigung, dem sich Adenauer nicht verschloß, wollte er doch die Sache endlich durchgepaukt haben.

In einem Gespräch mit dem Kanzler insistierte Erhard nochmals, die Vertretung der Bundesrepublik im Ministerrat zu übernehmen. Da Adenauer ihm die Kompetenz übertragen habe, könne er schon wegen der internationalen Reputation nicht darauf verzichten. Andernfalls würde man ihn als zweitrangigen Vertreter Bonner Interessen ansehen. Adenauer zeigte Verständnis für diese Argumente[143]. Denn Erhard gab zu erkennen, in politischen Fragen dem Außenminister die Vertretung zu überlassen. Beiden, von Brentano und Erhard[144], schlug Adenauer die Lösung vor: als Vertreter der Bundesregierung im Rat fungiert für politische Angelegenheiten der Außenminister, für wirtschaftliche Fragen der Wirtschaftsminister. Vorausgesetzt, der Wortlaut des EWG-Vertrages lasse eine solche Lösung zu[145] bzw. die übrigen Mitgliedsstaaten, in denen es ähnliche Probleme gab, widersetzen sich ihr nicht.

„Trotz mancher Bedenken" stimmte Erhard dieser generellen Funktionsaufteilung zu, „wenn von vornherein eine klare Abgrenzung der Kompetenzen erfolgt und deren Regelung für die Bundesrepublik nicht von weiteren diplomatischen Verhandlungen abhängig gemacht wird"[146]. Lieber war ihm eine Lösung unabhängig von der Regelung in anderen Ländern.

Problematisch erschien nun die Stellvertretung im Rat durch Bundesfinanzminister Etzel, der eben aus Gründen der Gleichberechtigung der Ressorts Stellvertreter für beide nominierten Minister sein mußte – was allerdings weder die Zustimmung des BMW noch die des AA fand. Sinnvoller war es, beide Häuser durch ihre zuständigen Staatssekretäre vertreten zu lassen, sofern nicht auf Ministerebene verhandelt würde. Etzel mußte also überzeugt werden, von der Stellvertretung Abstand zu nehmen. Wegen der guten persönlichen Beziehungen, die Etzel zu Erhard und Müller-Armack pflegte, gelang es Westrick, den Finanzminister zum Verzicht zu bewegen. Dieser bestand lediglich auf eine umfassende Unterrichtung über die Verhandlungsergebnisse im Ministerrat.

Im BMW hatte man bald die Taktik des AA durchschaut. „Es geht natürlich nicht an", ließ Erhard den Kanzler am 6. Februar wissen, „daß rein wirtschaftliche Fragen, die möglicherweise auch einen gewissen politischen Aspekt haben, vom Auswärtigen Amt dann insgesamt für seine Zuständigkeit reklamiert werden. Jedes Mitglied der

[142] Schreiben Erhard an Adenauer, 20. 1. 1958, LES, NL Erhard I. 1) 6.
[143] Adenauer im Schreiben an von Brentano, 30. 1. 1958, StBKAH III/40: „Ich verkenne nicht, daß in den Ausführungen Erhards ein Teil Wahrheit steckt." Im folgenden ebenda.
[144] Schreiben Adenauer an Erhard, 31. 1. 1958, LES, NL Erhard I. 1) 6.
[145] Art. 146 EWG-Vertrag bestimmt: „Jede Regierung entsendet *eines* ihrer Mitglieder ..." (Hervorhebung des Verf.).
[146] Schreiben Erhard an Adenauer, 6. 2. 1958, LES, NL Erhard I. 1) 6.

368 Hanns Jürgen Küsters

Regierung trägt gleichermaßen eine politische Verantwortung"[147]. Die gleichen Argumente hatte Adenauer anderthalb Jahre zuvor aus dem AA gehört.

Über jene Frage, die „als spezifisch außenpolitisch anzusehen" waren, verhandelten AA und BMW in den folgenden Wochen und Monaten nochmals gesondert. Im Zuge der Neubesetzung der europäischen Organe[148] hatten sich die Machtverhältnisse im AA verschoben, war van Scherpenberg zum Staatssekretär ernannt worden. Die nachgiebigere Linie gegenüber dem BMW obsiegte[149], das BMW setzte seine Forderungen in den wichtigsten Punkten durch.

Im Ministerrat vertraten nunmehr Erhard und von Brentano die Interessen Bonns. Die Ständige Vertretung in Brüssel wurde dem AA unterstellt. Dessen Leiter sollte dem diplomatischen Dienst angehören. Sein Vertreter und die Beamten der Wirtschaftsabteilung wurden vom AA und BMW bestellt, letzteres erhielt ein direktes Weisungsrecht. Für Fragen der Zoll- und Handelspolitik blieb die Zuständigkeit beim BMW. Sollte indessen sich eine gemeinsame Handelspolitik der EWG-Staaten nach außen herausbilden, die Kommission die nationalen Regierungen bei der Federführung handelspolitischer Verhandlungen mit Drittstaaten heranziehen, so würde die Zuständigkeit des AA gegeben sein. Für Beziehungen zu internationalen multilateralen Organisationen einschließlich der FHZ-Verhandlungen sollte die Koordinierung und Instruierung in wirtschaftspolitischen Fragen beim BMW, in außenpolitischen Fragen beim AA liegen. Die Verhandlungsführung blieb beim BMW, die Delegationsführung beim AA.

Die interministerielle Koordinierung und Entscheidungsvorbereitung der EWG-Politik wurde fortan vom BMW besorgt, und zwar von der Abteilung E/Europäische multilaterale wirtschaftliche Zusammenarbeit. Dagegen nahmen sich die Erfolge des AA bescheiden aus. Es behielt den Vorsitz im Handelspolitischen Ausschuß. Wegen der langjährigen Tätigkeit des damaligen Leiters der Außenwirtschaftsabteilung im BMW, Reinhardt, akzeptierte das AA eine alternierende Vorsitzlösung zwischen AA und BMW.

In der Folgezeit entwickelte sich aus den Absprachen der Staatssekretäre, zu denen die des BMF und des BMELF hinzukamen, das Gremium der „vier Musketiere", in dem die Europafragen koordiniert und Kabinettsentscheidungen vorbereitet wurden.

Die Verständigung über die letzten Details der Abgrenzung war dann am 6. Juni 1958 erzielt[150]. Die Regelung funktionierte auf der Arbeitsebene – entgegen allen Erwartungen. Ausschlaggebend war nicht zuletzt, daß Erhard seine Ansprüche weitgehend durchgesetzt hatte und von Brentano nicht das Durchsetzungsvermögen gegenüber Kanzler und Wirtschaftsminister besaß, seinem Ressort mehr europapolitische Kompetenzen zu verschaffen.

---

[148] Küsters, Wirtschaftsgemeinschaft (Anm. 73), S. 498–501.
[149] Aufzeichnung van Scherpenberg, Betr. Verhältnis Auswärtiges Amt – Bundeswirtschaftsministerium, 12. 2. 1958, PA AA, L, Abgrenzung Bd. I. Vermerk Reinhardt über eine Besprechung van Scherpenberg–Harkort über Zuständigkeitsfragen am 13. 12. 1958, BA, B 102/128759.
[150] Edgar Randel, Das Bundesministerium für Wirtschaft, Frankfurt/M. 1966, S. 169.

Fazit

Die Auseinandersetzungen um die deutsche Europapolitik zwischen 1949 und 1958 waren einerseits bestimmt von den Kompetenzkonflikten innerhalb des Regierungsapparates, andererseits von grundsätzlichen Auffassungsunterschieden über den einzuschlagenden Weg zur europäischen Integration. Streitigkeiten über die Kompetenzen erwuchsen aus dem eingeschränkten außenpolitischen Handlungsspielraum, der den Aufbau des Auswärtigen Amtes erschwerte. Wichtige Zuständigkeiten mußten anfangs auf die inneren Ressorts aufgeteilt werden, teils besatzungsrechtlich notgedrungen, teils aus koalitionspolitischen Erwägungen von Adenauer bewußt herbeigeführt. Die Konflikte von BMW und AA mit dem BMM waren von der Regierung Adenauer selbst verursacht. Daß der Konflikt zwischen AA und BMW sich solange hinzog, war vornehmlich auf das Fehlen des AA bis 1951 und auf den erst langsamen Aufbau der Handelsabteilung ab 1953 zurückzuführen. Die über die erste Legislaturperiode vom BMW wahrgenommene Außenwirtschaftskompetenz war nur schwer ins AA überzuführen. Auch personelle Umbesetzungen halfen da wenig. Weil die Zuständigkeiten für den Schuman-Plan, von Adenauer wegen der überwiegend wirtschaftspolitischen Bedeutung dem BMW zugewiesen, ebenfalls nicht im AA ressortierten. Dem Kanzler genügte die politische Kontrolle über den Integrationsprozeß. Beide Ministerien suchten nach alter bürokratischer Tradition ihre Kompetenzen zu mehren, wo es eigentlich galt, auf neue europäische Organisationen administrativ mit innovativen Kooperationsformen zu reagieren.

Die Persönlichkeit Erhards, sein Anspruch auf Anerkennung der Politik des BMW ließen dem AA in Fragen der Außenwirtschaftspolitik kaum eine Chance der Profilierung und Entfaltung. Die Doppelfunktion Kanzler/Außenminister wirkte sich hier mehr hemmend als fördernd aus. Die vom BMW gezwungenermaßen abgegebenen Zuständigkeiten wollte Erhard sich 1955 wiederholen, als der Kanzler das Amt abgab, der neue Außenminister über keine Amtserfahrung verfügte, das Amt noch mit seinem Selbstverständnis rang und seine Rolle innerhalb der Aufgabenverteilung der Bundesregierung zu definieren suchte.

In dieser Phase wurde die Bundesregierung in eine noch größere Dimension multilateraler europäischer Verhandlungen hineingezogen, über die – nach dem Scheitern der föderalen Integrationsansätze – noch keine klaren konzeptionellen Vorstellungen existierten. Das AA, auf der Leitungsebene geprägt von professoralen Beamten, strebte auf konstitutionellem Wege einen europäischen Bundesstaat an, während seitens des BMW ein funktionell-pragmatisches Vorgehen befürwortet wurde. Erhard, der dafür die Kompetenzen besaß, war allerdings aufgrund seiner liberal-freihändlerischen Überzeugung nicht gewillt, den Weg einer konstitutionalistischen Integration zu gehen. Er machte keine politischen Konzessionen, die er volkswirtschaftlich für unverantwortlich hielt.

Der Kompetenz- und Methodenstreit über die deutsche Europapolitik im Jahre 1955/56 war das Resultat der innenpolitisch paradoxen Situation. Das AA unterstützte eine politisch-pragmatische Außenwirtschafts- und Integrationspolitik auf europäisch-supranationaler Ebene, die vom BMW bekämpft wurde und nur durch die Haltung des Bundeskanzlers intern durchzusetzen war. Aber auch ihm gelang es nicht, die Gegensätze zu bereinigen, weil zum einen die konzeptionellen Auffassungen sich diametral entgegenstanden, zum anderen der Wirtschaftsminister und sein Ressort ein zu großes Machtpotential im Regierungsapparat darstellte.

Einigermaßen klare Abgrenzungen der Kompetenzen waren erst möglich, als die EWG- und Euratom-Verträge unterzeichnet, die Bundestagswahl 1957 vorüber war. Mit einer starken Persönlichkeit an der Spitze hätte das AA vielleicht größere Chancen gehabt, die Kompetenzen weitgehend für das eigene Ressort zu sichern. Falsches Taktieren, Dissonanzen zwischen Ressortchef und Arbeitsebene im AA ließen Adenauer im Grunde keine andere Möglichkeit, als die Kompetenzen für die Europapolitik dem BMW zu übertragen – trotz seiner Bedenken gegenüber den politischen Folgen der Erhardschen Integrationsvorstellungen. Für den Kanzler war es die Wahl zwischen zwei „Übel". Er hat sich – wie sollte es auch anders sein – für das kleinere entschieden. Hier war eben die Grenze seiner Richtlinienkompetenz politisch ausgeschöpft.

IV.

Die militärische Integration
der Bundesrepublik

Wolfgang Krieger

Die Ursprünge der langfristigen Stationierung amerikanischer Streitkräfte in Europa 1945–1951[1]

I.

Seit Ende des Zweiten Weltkrieges sind amerikanische Streitkräfte in großer Zahl und praktisch ohne zeitliche Begrenzung in Europa stationiert: derzeit 325 000 Soldaten mit einem jährlichen Finanzaufwand von 55 Mrd. Dollar[2]. Ebenso lange währt die politische Debatte über die Bedeutung dieser Streitkräfte im Ost-West-Konflikt. Und doch hat die geschichtswissenschaftliche Forschung zu den europäisch-amerikanischen Beziehungen nach 1945 diesen bedeutenden Faktor internationaler Politik bisher wenig beachtet, jedenfalls wenn man darunter verstehen will, daß möglichst alle erreichbaren Akten, Daten und Publikationen sowohl auf amerikanischer Seite wie auch bei den jeweiligen Stationierungsländern ausgewertet werden. Es gibt zahlreiche Untersuchungen über die europäische Einigung und die transatlantischen Beziehungen in politischer und wirtschaftlicher Hinsicht. Mit militärischen Aspekten befaßte man sich hauptsächlich, soweit sie zu heftigen öffentlichen Diskussionen führten, wie es beispielsweise bei der deutschen Wiederbewaffnung in den fünfziger Jahren oder mit den Plänen für eine europäische Atomstreitmacht (MLF) in den sechziger Jahren der Fall war. Gängige Darstellungen der amerikanischen Militärgeschichte, einschließlich der offiziellen Geschichtsschreibung, gehen kaum auf die nach 1945 in Europa stationierten US-Streitkräfte ein[3]. Relativ gut erforscht sind gewisse Einzelbereiche wie die

---

[1] Dieser Aufsatz ist Teil eines laufenden Forschungsprojektes über die „Geschichte der amerikanischen Streitkräftepräsenz in Europa 1945–1955", das seit 1985 von der Deutschen Forschungsgemeinschaft gefördert wird.

[2] Je nach Berechnungsgrundlage und Verwendungszweck werden stark divergierende Zahlen genannt. Amtliche amerikanische Angaben schwanken zwischen 20% und 60% der konventionellen Komponente des US-Verteidigungshaushaltes. Die zusätzlichen Kosten der Stationierung in Europa, gemessen an einer Unterhaltung derselben Streitkräfte in ihrer Heimat, betragen nur etwa zwei Milliarden Dollar. Vgl. Jörg Baldauf, Zur amerikanischen Kritik an der US-Truppenpräsenz in Europa, unveröff. Ms., Stiftung Wissenschaft und Politik, Ebenhausen 1987, S. 25.

[3] Vgl. das im US-Militär populäre, von Maurice Matloff herausgegebene Handbuch: American Military History, überarb. Aufl., Washington 1973. Insgesamt siehe: Steven L. Rearden, History of the Office of the Secretary of Defense: The Formative Years, 1947–1950, Washington 1984; Robert F. Futrell, Ideas, Concepts, Doctrine. A History of Basic Thinking in the United States Air Force 1907–64, Montgomery 1974; The History of the Joint Chiefs of Staff. The Joint Chiefs of Staff and National Policy, Bd. 1: 1945–1947 von James F. Schnabel; Bd. 2: 1947–1949 von Kenneth W. Condit, Wilmington 1979/80. Eine offizielle amerikanische Darstellung zu den in Europa stationierten Truppen ist nach meiner Kenntnis nicht geplant.

Berlinkrise von 1948/49 oder die britisch-amerikanischen Militärbeziehungen[4]. Über die französisch-amerikanischen Militärbeziehungen ist jedoch vergleichsweise wenig bekannt, zumal Arbeiten, welche auf die Konflikte unter de Gaulle zulaufen, die Bedeutung jener frühen Jahre weitgehend ignorieren[5].

Wie kam es zu dieser langfristigen Stationierung amerikanischer Streitkräfte in Europa? Welche Rolle spielte sie in der Entwicklung der amerikanisch-europäischen Beziehungen, und welche Bedeutung hatte sie für die Entwicklung der amerikanischen Weltmachtpolitik einerseits und für die Außen- und Sicherheitspolitik der Stationierungsländer andererseits? War sie der „American pacifier" (Josef Joffe), der größere Konflikte unter den Europäern verhinderte? Diente sie vor allem der Durchsetzung amerikanischer Großmachtinteressen? Oder stellte sie vielmehr den Kern des „empire by invitation" (Geir Lundestad) dar, jener Einladung an die USA zum Engagement in Europa, mit der die nach der „europäischen Katastrophe" rekonvaleszierenden europäischen Nationalstaaten geschickt ihre eigenen Partikularziele verfolgten[6]? Welche Querverbindungen oder „linkage" gab es zwischen dem militärischen Bereich auf der einen Seite und politischen sowie wirtschaftlichen Beziehungen auf der anderen? Und schließlich: Was bedeuteten die Wandlungen des amerikanisch-sowjetischen Verhältnisses in diesem Zusammenhang?

Die nachfolgende historische Skizze des amerikanischen sicherheitspolitischen Engagements in Europa soll erstens die Ausgangslage nach dem Ende des Zweiten Weltkrieges umreißen und zweitens die Entwicklung bis zum Beginn des Koreakrieges nachzeichnen – mit dem Schwerpunkt auf den amerikanisch-französischen Beziehungen. Drittens wird dann das amerikanisch-französische Nachschubabkommen vom November 1950 näher betrachtet, das von erheblicher Bedeutung war für den Ausbau und die Umformung der damaligen amerikanischen Streitkräftepräsenz unter dem Eindruck des Koreakrieges.

II.

Seit „Pearl Harbor" sahen sich die USA vor die Notwendigkeit gestellt, ihr Territorium und ihre Stellung in der Weltpolitik durch internationale Instrumente der Friedenssicherung (UNO) oder durch eine aktive Bündnispolitik zu schützen. Ihre Präferenz galt einer Friedenssicherung durch die Vereinten Nationen, gleichsam einer Fortsetzung der Kriegskoalition, weil hierfür geringere militärische Mittel ausreichend erschienen und weil dieses Modell der traditionellen isolationistischen Außenpolitik eher entsprach.

---

[4] Zur Berlinkrise siehe: Wolfgang Krieger, General Lucius D. Clay und die amerikanische Deutschlandpolitik, 1945–1949, Stuttgart 1987, mit weiteren Literaturangaben. Zu den britisch-amerikanischen Militärbeziehungen: John Baylis, Anglo-American Defense Relations 1939–1980. The Special Relationship, London 1981; Simon Duke, US Bases in the United Kingdom, London 1986.
[5] Beispielsweise: Michael Harrison, The Reluctant Ally. France and Atlantic Security, Baltimore 1981. Die ausgezeichnete Überblicksdarstellung französischer Militärpolitik für den Zeitraum 1871–1969 kann darauf verständlicherweise nur kurz eingehen: Jean Doise, Maurice Vaisse, Diplomatie et outil militaire 1871–1969, Paris 1987.
[6] Josef Joffe, Europe's American Pacifier, in: Foreign Policy (Frühjahr 1984) S. 66–84; Geir Lundestad, Empire by Invitation? The United States and Western Europe, 1945–1952, in: SHAFR Newsletter 15/3 (1984) S. 1–21; Alan S. Milward, The Reconstruction of Western Europe 1945–51, London 1984.

Aus dieser Sicht wurde noch während des Krieges eine neue Verteidigungspolitik entworfen, die sich auf folgende Hauptelemente stützen sollte:
- eine Art allgemeiner Wehrpflicht (Universal Military Training, UMT),
- eine stärkere Integration der Teilstreitkräfte in regional eingeteilten Befehlsbereichen (Unification),
- größere Intensität im Bereich der Rüstungsforschung und
- die Bereitstellung von Streitkräften, vor allem der strategischen Luftflotte, für die mit militärischer Sanktionsgewalt auszustattende UNO[7].

Zwar gingen die Vereinigten Staaten mit vergleichsweise mäßigen Verlusten aus dem Krieg hervor; ihr Industriepotential war enorm angewachsen; ihre technischen Leistungen und ihr Lebensstil fanden weltweite Bewunderung; ihr Selbstvertrauen als führende Weltmacht schien nahezu grenzenlos zu sein. Aber intern stellte man sich in Washington auf eine schwierige Nachkriegsphase in der Innenpolitik ein: Über 12 Millionen Soldaten mußten demobilisiert werden; von der abrupten Einstellung der Rüstungsproduktion befürchtete man erhebliche Störungen der Industrieproduktion[8].

Diese düsteren Nachkriegsprognosen ließen Präsident Roosevelt und zunächst auch seinen Nachfolger Truman zögern, aufwendige Verpflichtungen in Übersee einzugehen. Aus diesen Erwartungen ist das große Engagement der amerikanischen Politik zugunsten einer Fortsetzung der Kooperation der Siegermächte – unbeschadet aller ideologischen Gegensätze mit den Sowjets – bei der Neugestaltung der internationalen Beziehungen zu verstehen. Wie sich jedoch bald nach Kriegsende herausstellen sollte, führten die zwischen den Siegermächten getroffenen Absprachen nicht zu einer schnellen politischen und wirtschaftlichen Stabilisierung Europas. Dafür gab es drei hauptsächliche Gründe:

(1) Die Sowjets konzentrierten sich nicht in dem von den USA erwarteten Maß auf ihren inneren Wiederaufbau, sondern forcierten die Abschirmung und womöglich die Ausdehnung ihres Einflußgebietes.

(2) Die überraschend langanhaltende wirtschaftliche Schwäche Großbritanniens und Frankreichs reduzierte deren Fähigkeit, ein Gegengewicht zur Sowjetunion zu bilden; das zeigte sich beispielsweise am britischen Rückzug aus Griechenland Anfang 1947 und in der zunehmenden finanziellen Abhängigkeit der beiden westeuropäischen Mächte von der amerikanischen Deutschlandpolitik[9].

(3) Die drastischen Etatbegrenzungen durch den Kongreß erzwangen eine schnellere Abrüstung der US-Streitkräfte als vorgesehen, und sie ließen zudem Zweifel an der weiteren aktiven Rolle der USA in Übersee aufkommen. Trotz der Neueinschätzung sowjetischer Außenpolitik (seit Anfang 1946) war an eine auch nur eng begrenzte konventionelle Aufrüstung nicht zu denken. Es blieb die nukleare Abschreckung, die

---

[7] Dazu allgemein: Russel F. Weigley, History of the United States Army, New York 1967; ders., The American Way of War, Bloomington 1973; C. Joseph Bernardo, Eugene H. Bacon, American Military Policy. Its Development Since 1775, (1955) Neuaufl. Westport 1977; Michael S. Sherry, Preparing for the Next War. American Plans for Postwar Defense 1941–1945, New Haven 1977, S. 159–190ff.; Melvyn P. Leffler, The American Conception of National Security and the Beginnings of the Cold War, 1945–48, in: American Historical Review 89/1 (1984), S. 346–400.

[8] Siehe: Robert J. Donovan, Conflict and Crisis. The Presidency of Harry S. Truman 1945–1948, New York 1977, S. 105–115; Jack Stokes Ballard, The Shock of Peace. Military and Economic Demobilisation after World War II, Washington 1983.

[9] Die USA finanzierten (teilweise über Umwege) in beachtlichem Maß die Kosten, die aus der britischen und französischen Besetzung Deutschlands entstanden (vgl. dazu, Krieger, Clay, Anm. 4).

sich allerdings – was selbst der Präsident bis April 1947 nicht im einzelnen wußte – nur auf ein kleines, schwer einsetzbares Potential stützte[10].

Von zentraler Bedeutung für die 1946/47 einsetzende Neuorientierung der amerikanischen Außenpolitik war eine Revision der Sicherheitspolitik, die ihrerseits den entscheidenden Anstoß zum Marshallplan gab. Neu daran war nicht das schon in den ersten Nachkriegsplänen implizierte ‚Containment‘ sowjetischen Einflusses, sondern die Tatsache, daß dieses Ziel nun offen propagiert wurde. Zudem war es mit einem auf unbestimmte Zeit festgelegten sicherheitspolitischen Engagement der USA in Europa verbunden, das Außenminister James Byrnes im September 1946 erstmals öffentlich verkündete – und zwar in der Erklärung, die USA würden ihre Besatzungstruppen in Deutschland lassen, solange Besatzungstruppen anderer Mächte dort stationiert seien[11].

Selbst angesichts der Krisenstimmung nach dem Prager Putsch vom Februar 1948 und der bald darauf folgenden ersten Berlinkrise ging die Containment-Politik ausdrücklich nicht davon aus, daß ein Krieg mit der Sowjetunion unmittelbar bevorstehe. Die amerikanische Führung hielt einen geplanten direkten militärischen Angriff der Sowjets für sehr unwahrscheinlich. Nach amerikanischen Vermutungen glaubte Stalin, in der Deutschlandpolitik auf Kompromisse verzichten und politischen Gewinn aus den Versorgungskrisen und politischen Unruhen in Westeuropa ziehen zu können. Der zentrale Gedanke des Containment bestand deshalb darin, in Westeuropa Vertrauen in westlich-demokratische Institutionen und in die Zukunft privatwirtschaftlich organisierter Gesellschaften aufzubauen[12]. Damit sollte einer schleichenden Destabilisierung entgegengewirkt werden, wie man sie besonders drastisch beim Zusammenbruch Frankreichs im Jahre 1940 erlebt hatte. Diese Ausrichtung der amerikanischen Nachkriegspolitik steckte bereits in früheren Überlegungen zu einer neuen Weltwirtschaftsordnung, wobei übrigens die Sowjetunion zunächst an wesentlichen Teilen dieser Konzeption mitwirkte. Zum Beispiel akzeptierte sie im Juli 1944 das Abkommen von Bretton Woods für eine neue Weltwährungsordnung, ohne es dann allerdings rechtzeitig zum Jahresende 1945 zu ratifizieren. Trotzdem bekundete der Kreml weiterhin sein lebhaftes Interesse am internationalen Handelsaustausch[13].

Zwei Punkte sind in diesem Zusammenhang hervorzuheben: Erstens setzten die großen amerikanischen Wirtschaftshilfeprogramme für Europa schon vor Kriegsende ein. Und zweitens waren sie – das gilt insbesondere für den Marshallplan – manchen Geschichtsdeutungen zum Trotz in der amerikanischen Geschäftswelt nicht sonderlich populär. Den Befürwortern hielt man entgegen, das entsprechende amerikanische Kapital könne viel produktiver im eigenen Land investiert werden. Die USA befanden sich in einer stürmischen wirtschaftlichen Aufbauphase, in der vor allem der vom

---

[10] Vgl. verschiedene Aufsätze von David A. Rosenberg, vor allem: The Origins of Overkill. Nuclear Weapons and American Strategy 1945–1960, in: International Security 7 (1983), S. 3–69.

[11] Text der Byrnes-Rede in: Documents on Germany 1944–1985, hrsg. vom Department of State, Washington 1985, S. 91–99, vgl. Krieger, Clay (Anm. 4), S. 160–165.

[12] Diese „reassurance" hält Sir Michael Howard für einen ebenso wichtigen Aspekt amerikanischer Sicherheitspolitik in Europa wie die Abschreckung („deterrence") eines sowjetischen Angriffes. Vgl.: Michael Howard, Reassurance and Deterrence, in: Foreign Affairs 61/1 (1982–83), S. 309–324.

[13] Robert A. Pollard, Economic Security and the Origins of the Cold War 1945–1950, New York 1985, S. 275.

Krieg blockierte Privatkonsum nachgeholt wurde; sowohl die US-Auslandsinvestitionen als auch der US-Export waren in jenen ersten Nachkriegsjahren rückläufig[14].

Vor allem aber sollte die hauptsächlich ökonomische Orientierung der Containment-Politik der restriktiven Haushaltspolitik des Kongresses genüge tun. Die amerikanische Regierung nützte zwar die krisenhafte Stimmung von 1948 und 1949, um den Marshallplan und das Militärhilfeprogramm (MAP) durch den Kongreß zu bringen. Das US-Militärbudget selbst wurde jedoch nicht erhöht. Noch im Januar 1950 kündigte Präsident Truman eine sechsprozentige Kürzung für das folgende Haushaltsjahr an, obwohl im August 1949 die erste sowjetische Kernwaffenexplosion bekannt geworden war und obwohl mit dem Sieg der chinesischen Kommunisten im Oktober 1949 der Kalte Krieg in vollem Umfang auf Asien übergegriffen hatte[15]. Im April 1950 legte der Nationale Sicherheitsrat seine berühmt gewordene Studie NSC-68 vor, in der eine drastische Erhöhung des US-Militärhaushaltes gefordert wurde. Es ist aber ganz unwahrscheinlich, daß Truman und der Kongreß diesen Plänen zugestimmt hätten ohne den Anstoß des Koreakrieges. Der Präsident gab jedenfalls erst Ende September 1950 sein Placet.

Man hat diese ökonomisch orientierte Reaktion auf die sowjetische Politik als eine „asymmetrische Erwiderung" bezeichnet, die für die amerikanische außenpolitische Tradition typisch sei[16]. Es darf jedoch nicht übersehen werden, daß es auch symmetrische, also militärisch ausgerichtete, Schritte gab, die für das Containment von erheblicher Bedeutung waren. Ihren Anfang nahmen derartige Überlegungen in einem routinemäßigen militärischen Planungsvorgang, als am 1. November 1945 Kriegsminister Robert Patterson beim State Department anfragte, welche außenpolitischen Aufgaben an das amerikanische Militär gestellt würden. „Das Kriegsministerium strebt insgesamt eine nationale Versicherung zum günstigsten Tarif an. Wir brauchen dazu die Einschätzung des State Departments über die wahrscheinlichsten Risiken, gegen die das Kriegsministerium eine Versicherung bereithalten soll."[17] Die Antwort lautete, sobald die Alliierten im Vollzug des Potsdamer Abkommens Fortschritte gemacht hätten, könne man von der Militärregierung auf eine zivile Kontrolle übergehen, die dann nur mehr polizeiartige Schutztruppen erfordere. Insgesamt aber sei in Europa wichtig, „durch ausreichende militärische Stärke zu Hause und draußen unseren Willen zu

---

[14] Vgl. Werner Link, Der Marshallplan und Deutschland, in: Aus Politik und Zeitgeschichte. Beilage zur Wochenzeitung Das Parlament, B 50/80, 13. Dezember 1980, S. 3–18. Die historiographische Debatte um die Bedeutung und die Qualität ökonomischer Faktoren in der amerikanischen Außenpolitik hält allerdings an. Vgl. dazu Charles S. Maier, The Two Postwar Eras and the Conditions for Stability in Twentieth Century Western Europe, in: American Historical Review 87 (1982), S. 327–367; Thomas J. McCormick, Drift or Mastery? A Corporatist Synthesis for American Diplomatic History, in: Reviews in American History 10 (1982), S. 318–330; Michael J. Hogan, American Marshall Planners and the Search for a European Neocapitalism, in: American Historical Review 90/1 (1985), S. 44–72; ders., The Marshall Plan: America, Britain, and the Reconstruction of Western Europe, 1947–1952, Cambridge 1987; Ludolf Herbst, Die zeitgenössische Integrationstheorie und die Anfänge der europäischen Einigung 1947–1950, in: Vierteljahrshefte für Zeitgeschichte (VfZ) 34 (1986), S. 161–205; zur Einordnung in den Kontext der Sicherheitspolitik: John Lewis Gaddis, The Long Peace, New York 1987.

[15] Pollard, Security (Anm. 13), S. 284.

[16] John Lewis Gaddis, Strategies of Containment, New York 1982.

[17] Foreign Relations of the United States (FRUS) 1946, Bd. 1, S. 1112; Übers. – hier wie im folgenden – d. Verf. Den allerersten Anstoß zur strategischen Planung hatte das Budgetamt schon im August 1945 gegeben, als es verlangte, daß der Militärhaushalt durch ein übergreifendes Verteidigungskonzept zu begründen sei: Sherry, Preparing (Anm. 7), S. 197ff.; History of the JCS, Bd. 1 (Anm. 3), S. 140–149.

bekunden, daß wir der Politik unserer Regierung, wo immer erforderlich, Nachdruck verleihen werden. Unser Einfluß und Prestige in der ganzen Welt hängen großenteils davon ab. Unser militärisches Engagement der Jahre 1917 und 1918 hat uns nicht davor bewahrt, in den Zweiten Weltkrieg eingreifen zu müssen."[18]

Die von der amerikanischen Öffentlichkeit erzwungene schnelle Demobilisierung ließ erste Zweifel an dieser Kalkulation aufkommen. Während im September 1945 eine Studie der Joint Chiefs of Staff (JCS) noch den Weltfrieden durch Kooperation zwischen Großbritannien, der Sowjetunion und den USA sichern wollte[19], sah im Februar 1946 eine andere JCS-Studie die „... Konsolidierung und Entwicklung der Macht Rußlands als die größte Bedrohung der Vereinigten Staaten in der absehbaren Zukunft" an – allerdings noch mit dem Zusatz, das hauptsächliche Risiko seien Zusammenstöße der Sowjetunion mit Großbritannien, „... in die wir hineingezogen werden könnten"[20].

Dieser Einschätzung hinkten die strategischen Planungen weit hinterher. Zunächst gab es nur einen „Basic Plan for the Post-War Military Establishment" vom 9. November 1945, der voll auf die abschreckende Wirkung der UNO vertraute und nur in groben Umrissen Pläne für einen totalen Krieg enthielt; er war dabei völlig an den Erfahrungen des Zweiten Weltkrieges orientiert[21]. Im Februar 1946 erließ Armee-Stabschef Eisenhower eine „strategic guidance", die eine frei erfundene Kombination von Gegnern annahm und im übrigen eine direkte Bedrohung des amerikanischen Festlandes ausschloß[22]. Derartige Fingerübungen der Planungsstäbe hatten jedoch kaum politische Bedeutung. Die Sorge der Militärplaner galt in erster Linie den genannten großen Organisationsreformen. Strategische Planungen wurden hauptsächlich als Grundlage für das Militärbudget erstellt und hatten die heftigen Rivalitäten zwischen Armee und Luftstreitkräften einerseits und der Flotte andererseits zu berücksichtigen[23]. Versuche, die routinemäßig betriebene Strategieplanung konkret auf die Sowjetunion zu beziehen, wurden von Eisenhower wiederholt scharf abgewiesen. Im März 1946 widersprach er J. Edgar Hoovers Verdacht, die Sowjets betätigten sich subversiv gegen die USA[24]. Im Juni 1946 erklärte er dem Präsidenten und den Joint Chiefs: „Ich glaube nicht, daß die Roten einen Krieg wollen. Was können sie jetzt bei einem bewaffneten Konflikt gewinnen? Sie haben so ziemlich alles erworben, was sie aufnehmen können." Im übrigen fehle es ihnen an einer strategischen Luftwaffe und an Seestreitkräften.[25]. Im August 1946 schrieb er an seinen Schwiegervater, „...nur weil sie [die Russen] aus unserer Sicht anstößig, bockig und unhöflich sind, dürfen wir uns nicht für einen Augenblick erlauben, die Geduld, Toleranz, den Geist der Versöhnung und den Versuch zu einem besseren Verständnis aufzugeben"[26].

---

[18] FRUS 1946, Bd. 1, S. 1129, 1132.
[19] Ebenda, S. 1161.
[20] Ebenda, S. 1165.
[21] James E. Hewes, From Root to MacNamara. Army Organization and Administration 1900–1963, Washington 1975, S. 132–134.
[22] Alfred D. Chandler, Louis Galambos (Hrsg.), The Papers of Dwight David Eisenhower, 9 Bde., Baltimore 1970–79, Bd. 7, S. 848–850.
[23] Chandler, Galambos, Eisenhower, Bd. 7 (Anm. 22), S. 862–63, 927–32.
[24] Ebenda, S. 962–964.
[25] Ebenda, S. 1106, Absatz 3.
[26] Chandler, Galambos, Eisenhower, Bd. 8 (Anm. 22), S. 1259.

Eisenhowers Bemerkungen beziehen sich vermutlich auf den strategischen Plan PINCHER vom 18. Juni 1946, den ersten, der einen möglichen militärischen Konflikt mit den Sowjets annahm, mit den Briten als Verbündeten und ohne Bezug auf die UNO[27]. PINCHER ging ausdrücklich davon aus, daß „die UdSSR in den nächsten Jahren einen großen Konflikt zu vermeiden wünscht" und daß es jedoch durch eine Aggression seitens einer sowjetischen Satellitenmacht zu militärischen Auseinandersetzungen kommen könnte. Für derartige Fälle galt es Vorsorge zu treffen für die amerikanischen Besatzungstruppen in Deutschland, Österreich, Triest und Korea, wobei wegen der haushohen sowjetischen Überlegenheit nicht einmal an Rückzugsgefechte zu denken war[28]. Diese Routineplanungen konnten allerdings nicht zu Ende geführt werden, da man nicht über den für einen schnellen Rückzug erforderlichen Schiffsraum verfügte. Für die Verschiffung von Truppen und Material (zunächst auf die britischen Inseln) mußte man auf britische Hilfe zählen, und das war eine politisch delikate Angelegenheit.

Ende April 1946 einigten sich General John E. Hull, Chef der Operationsabteilung der Armee, und die US-Marine auf eine Anfrage bei den Briten[29]. Zwar bestand damals noch der kombinierte angloamerikanische Generalstab (CCS), übrigens ohne gesetzliche Grundlage; er hatte jedoch keine Planungs- und Operationsaufgaben, sondern beschränkte sich auf einen Austausch in Fragen der Waffentechnik und der Geheimdienstarbeit[30]. Endlich trug man im Juli oder August 1946 das Anliegen der britischen Militärmission in Washington vor. In einem „Privatgespräch" Eisenhowers mit Montgomery in London am 10. Oktober 1946 wurden dann folgende Vereinbarungen getroffen:

– Die britischen Inseln sollen als Rückzugsgebiet oder als Stützpunkt für einen Gegenangriff gesichert werden.
– Das östliche Mittelmeer bis Zypern muß kontrolliert werden.
– Beim Rückzug der Besatzungstruppen muß möglichst ein Brückenkopf gehalten werden.

Insgesamt orientierte man sich an der Zusammenarbeit, wie sie während des Krieges im Alliierten Oberkommando (SHAEF) praktiziert worden war, samt technischen Einzelheiten wie Kryptographie und Nachschub[31]. Umstritten blieb allerdings die Einschätzung der sowjetischen Schlagkraft. Auf britischer Seite rechnete man damit, daß ein sowjetischer Vorstoß wenigstens teilweise aufgefangen werden könne. Die Amerikaner kalkulierten mit der Notwendigkeit eines völligen Rückzuges. Eine Stabsstudie beim US-Oberkommando in Europa zweifelte deshalb am Sinn eines Brückenkopfes in Belgien oder Holland, „weil die Kräfte zur Verstärkung des Brückenkopfes für eine ganze Weile nicht in Sicht zu sein scheinen". Aus psychologischen und

---

[27] National Archives, Washington DC, Record Group (NA RG) 165 ABC 381 UdSSR (2 Mar 46) sec I-B; Chandler, Galambos, Eisenhower, Bd. 7 (Anm. 22), S. 1157–59; History of the JCS, Bd. 1 (Anm. 3), S. 158ff.

[28] Admiral William D. Leahy, Trumans Stabschef, bezeichnet die militärische Situation in Deutschland als „hoffnungslos"; im Notfall würde nicht einmal genug Zeit bleiben, um die US Truppen zu evakuieren. Library of Congress, Leahy Diary MS (28 May 46).

[29] Record of teleph conv Hull/Sherman (29 Apr 46), NA RG 165 box 384 ABC 381 US-UK (23 Feb 46).

[30] Insgesamt dazu: Chandler, Galambos, Eisenhower, Bd. 7 (Anm. 22), S. 1157–1159.

[31] „Aide memoire" (10 Oct 46), NA RG 319 P&O 1946–48, 091 Great Britain TS; insgesamt vgl. David Dilks, The British View of Security: Europe and a Wider World, 1945–1948, in: Olav Riste (Hrsg.), Western Security: The Formative Years, Oslo 1985, S. 25–59.

politischen Gründen sei jedoch die Alternative eines zu haltenden Brückenkopfes zu erwägen[32].

Schließlich legte man Anfang 1947 diese Pläne den Briten vor, bei denen nun allerdings erhebliche politische Zweifel aufkamen[33]. Aus Furcht vor undichten Stellen in der Geheimhaltung ließ Premierminister Attlee im Januar 1947 die Gespräche einstellen. Erst die Verschärfung des politischen Konfliktes mit den Sowjets im Verlauf des Jahres 1947 ließ eine Fortsetzung der gemeinsamen militärischen Planungen zu.

In der ersten Jahreshälfte 1947 erhielten auch die strategischen Planungen im Pentagon wichtige Impulse. General Wedemeyer, der Direktor der Planungs- und Operationsabteilung, legte Ende März eine Denkschrift zu „einigen Gedanken über die Kriegsplanung" vor, in der er seine Erfahrungen des Zweiten Weltkriegs mit den neuen Anforderungen kontrastierte. Wedemeyers Ziel war eine Planung für den Fall eines „totalen Krieges" innerhalb der nächsten zehn Jahre; dabei würden ständige politische, wirtschaftliche und technische Veränderungen eine konstante Planungstätigkeit erfordern – im Unterschied zu den früheren statischen Operationsplänen für begrenzte Einsätze[34].

Mitte Mai 1947 lag eine fast hundertseitige „strategische Studie für West- und Nordeuropa" vor, die auf drei Jahre bis Juli 1950 angelegt war. Ein Kriegs-Szenario für den 1. Juli 1947 – also mit dem damaligen Defacto-Bestand – ließ die Sowjets in 45 Tagen gesamt Nord- und Westeuropa mit Ausnahme der Schweiz, Schwedens, Spaniens und Großbritanniens überrollen[35]. Als strategisches Hauptproblem wurde die politische Unentschiedenheit der Mehrheit der Europäer zwischen den Blöcken gesehen. Schon im Fall „akuter internationaler Spannungen" wäre der Standort Frankreichs, Westdeutschlands, Polens und Finnlands fraglich; nur von Belgien, den Niederlanden, Dänemark, Norwegen, Österreich und den Neutralen sei eine prowestliche Haltung zu erwarten[36]. Frankreich wurde (abgesehen von Deutschland) als der unsicherste Faktor eingeschätzt, seine politischen und gesellschaftlichen Institutionen hielt man für weitgehend kommunistisch unterwandert[37].

Wie wenig konkret die strategische Planung damals noch war, wird in der Frage des Kernwaffeneinsatzes deutlich. Erst nachdem im Dezember 1946 eine UNO-Abstimmung über die internationale Kontrolle von Kernwaffen am sowjetischen „Njet" gescheitert war, richteten sich die amerikanischen Militärs endgültig auf eine unilaterale US-Politik ein[38]. Im Februar 1947 kamen die Vorbereitungen für den Aufbau eines amerikanischen Kernwaffenarsenals in Gang. Am 3. April 1947 teilten die Generalstabschefs dem Präsidenten mit, die USA hätten gegenwärtig einen „sehr geringen" Vorrat an Kernwaffen, die Bomben existierten nur in ihren einzelnen Bestandteilen und das Militär verfüge nicht über eine ausreichende Zahl von Technikern zur End-

---

[32] „Report of Ad Hoc Committee ..." with Memo by Norstad (23 Feb 46), NA RG 165 box 384 ABC 381 US-UK (23 Feb 46).
[33] Huebner to Norstad (17 Jan 47), NA RG 165 box 384 ABC 381 US-UK (23 Feb 46); Chandler, Galambos, Eisenhower, Bd. 8 (Anm. 22), S. 1344–1345.
[34] Global Estimate (18 Jul 47), NA RG 165 ABC 381.
[35] „Strategic Study" JWPC 474/1 (13 May 47), NA RG 218 CCS 092 UdSSR (3-27-45) sec 20, S. 7.
[36] Ebenda, S. 52.
[37] Ebenda, S. 52–55.
[38] Chandler, Galambos, Eisenhower, Bd. 8 (Anm. 22), S. 1677–78, 1855–58; History of the JCS, Bd. 1 (Anm. 3), S. 249ff.

montage dieser Bomben. Truman, der offensichtlich schockiert war über diese Information, ordnete nun die Endmontage eines kleinen Kernwaffenarsenals an[39].

Aber Truman machte seinen militärischen Beratern immer wieder deutlich, daß er in Kernwaffen kein „normales" Kriegsmittel sah, sondern eine Ultima ratio, die er ausdrücklich nicht in der Verfügungsgewalt der Militärs wissen wollte[40]. Auf der Höhe der Berlinkrise verweigerte er den Militärs zugunsten der zivilen Atomenergiebehörde (AEC) die Verfügungsgewalt (custody) über Atomsprengköpfe, und diese Regelung blieb bis in den Koreakrieg hinein bestehen[41]. Tatsächlich ist der Faktor Kernwaffen in der Frühzeit des Kalten Krieges sehr viel differenzierter zu beurteilen, als es in der älteren Literatur geschah. Das gilt sowohl auf amerikanischer Seite hinsichtlich der Einsetzbarkeit in den Jahren des US-Monopols als auch für die sowjetischen Reaktionen und Entwicklungen[42].

Die militärische Stärke der USA suchte Truman zunächst durch das „Universal Military Training" unter Beweis zu stellen. Diese Pläne blieben aber trotz der zunehmenden Ost-West-Spannungen auf der Strecke. Abgesehen von der Sparsamkeit des Kongresses wirkte sich hier die Rivalität der Teilstreitkräfte aus. Die Air Force setzte auf Flächenbombardements, obwohl bereits eine Stabsstudie vom November 1945 zu dem beunruhigenden Schluß gekommen war, daß die Sowjetunion selbst mit der Vernichtung von 20 ausgewählten „Nervenzentren" nicht zu besiegen sei. Die Marine, als traditionelle „erste Verteidigungslinie", wog sich in der Gewißheit, ihren Personalbedarf weiterhin durch Freiwillige decken zu können; die Armee erschien demgegenüber als überlebter Koloß, der im Atomzeitalter viel zu spät einsatzbereit wäre[43].

Wegen dieser internen Auseinandersetzungen standen die USA 1947, also am Beginn des verschärften Ost-West-Konfliktes, nahezu vor einem Scherbenhaufen ihrer Militärpolitik. Zwar sah die militärische Führung keine akute Kriegsgefahr; selbst im März 1947, als Truman seine Doktrin verkündete, betonten die Joint Chiefs, die sowjetische Bedrohung sei viel mehr politisch-ökonomisch-psychologischer als militärischer Natur. Aber die amerikanische Sicherheitspolitik bedurfte offensichtlich einer grundsätzlichen Revision, in der sich eine allmähliche Hinwendung zu einer Bündnis-

---

[39] History of the JCS, Bd. 1 (Anm. 3), S. 290–295; Chandler, Galambos, Eisenhower, Bd. 8 (Anm. 22), S. 1606; insgesamt auch: Richard G. Hewlett and Oscar E. Anderson, The New World 1939/1946 (= A History of the United States Atomic Energy Commission, Bd. 1), Philadelphia 1962; Richard H. Hewlett und Francis Duncan, Atomic Shield 1947/1952 (= A History of the United States Atomic Energy Commission, Bd. 2), Philadelphia 1969; David A. Rosenberg, Nuclear Stockpile 1945 to 1950, in: Bulletin of the Atomic Scientists (38) 1982, S. 25–30, gibt erstmals gesicherte Zahlen des frühen Kernwaffenarsenals an. Sehr informativ über die Behandlung der Kernwaffen in den Luftstreitkräften: John T. Greenwood, The Emergence of the Postwar Strategic Airforce, 1945–1953, in: Alfred F. Hurley, Robert C. Ehrhart (Hrsg.), Air Power and Warfare, Washington 1979, S. 215–244.

[40] David E. Lilienthal, The Atomic Energy Years 1945–1950 (= The Journals of David E. Lilienthal, Bd. 2) New York 1964, S. 391–392.

[41] Rearden, History (Anm. 3), S. 423ff.

[42] Vgl. Harry R. Borowski, A Hollow Threat. Strategic Air Power and Containment Before Korea, Westport 1982; Hannes Adomeit, Die Sowjetmacht in internationalen Krisen und Konflikten, Baden-Baden 1983; Avi Shlaim, The United States and the Berlin Blockade 1948 1949. A Study in Crisis Decision-Making, Berkeley 1983. Neuere Forschungen zur sowjetischen Kernwaffenentwicklung widerlegen die bisher sorgsam gepflegte Vorstellung von einem in erster Linie von den USA angeführten nuklearen Rüstungswettlauf. Vgl. Charles Fairbanks, Do Arms Races Exist?, Washington 1985; David Holloway, The Soviet Union and the Arms Race, New Haven 1983; Arnold Kramish, Der Greif, München 1987; Richard Rhodes, The Making of the Atomic Bomb, New York 1987.

[43] Sherry, Preparing (Anm. 7), S. 195, 297, 220–232.

strategie in Europa und die Abwendung von der UNO-Strategie Roosevelts abzeichnete[44]. Diese Entwicklung ist unter anderem in einer Studie der Joints Chiefs vom
29. April 1947 erkennbar, die wiederum eine wichtige Rolle bei der Formulierung des
Marshallplans spielte[45]. Ihr Ausgangspunkt war die Annahme, die Verteidigung der
USA sei „untrennbar" mit der Sicherheit Kanadas, Großbritanniens und Frankreichs
verbunden; keine dieser Mächte könne auf Dauer ohne die drei anderen einem Angriff
der Sowjetunion standhalten; die politische Kontrolle der Sowjets über Frankreich
oder Großbritannien wäre eine Gefahr erster Ordnung für die nationale Sicherheit der
USA[46].

An dieser Stelle sei vermerkt, daß die amerikanische Militärstrategie in bezug auf
Europa in der damaligen Öffentlichkeit, aber auch in der späteren wissenschaftlichen
Debatte, oft mißverstanden wurde. Dabei ist der Aussagewert strategischer Planungen
besonders schwer einzuschätzen[47]. Pläne, die im Fall eines sowjetischen Angriffes
vorsahen, sich hinter die Pyrenäen und auf die britischen Inseln zurückzuziehen,
dienten in erster Linie zur Begründung des Militärhaushaltes und gaben an, was mit
den vom Kongreß bewilligten Mitteln erreichbar sei[48]. In diesen Plänen fehlten
bestimmte wichtige Faktoren (Kernwaffen, schnelle Mobilisierung von Reserven
usw.); für die sowjetische Seite wurde mit optimalen Bedingungen (worst case assump-
tion) kalkuliert; vor allem aber gibt es deutliche Hinweise, daß viele dieser „Papier"-
Pläne nicht dem Denken der militärischen Führung entsprachen. Beispielsweise hielten
es in der gespannten Situation des Sommers 1948 General Marshall (als Außenminister), General Clay (als US-Oberbefehlshaber in Europa) und General Wedemeyer (als
Chefplaner der US-Armee) für möglich, einen sowjetischen Angriff am Rhein aufzuhalten. Ähnlich dachte Field Marshall Montgomery. Richtig ist allerdings, daß die
frühen NATO-Pläne (wie auch die Pläne des Brüsseler Paktes) den Rhein als erste
Verteidigungslinie und damit eine Preisgabe Deutschlands vorsahen. Diese Pläne gerieten später zur Peinlichkeit, weshalb man noch drei Jahrzehnte später in den vom State
Department publizierten Foreign Relations-Bänden die entsprechenden Passagen
tilgte[49].

III.

Für die Jahre nach 1947 lassen sich fünf verschiedene, zueinander in bestimmten
Wechselbeziehungen stehende Entwicklungslinien für die militärische Kooperation
der USA mit Westeuropa unterscheiden:

[44] History of the JCS, Bd. 1 (Anm. 3), S. 131–132.
[45] FRUS 1947, Bd. 1, S. 734–750.
[46] Ebenda, S. 740; vgl. Melvyn P. Leffler, The United States and the Strategic Dimensions of the Marshall Plan,
in: Diplomatic History 12/3 (1988), S. 277–306.
[47] Vgl. Ernest R. May, Writing Contemporary International History, in: Diplomatic History 8 (1984), S. 103–
113; die Schwierigkeit der Bewertung dieses Quellenmaterials illustrieren: Melvyn P. Leffler, American
Conception of National Security (Man beachte die kritischen Kommentare von John Lewis Gaddis und
Bruce Kuniholm!, Anm. 7); Gunther Mai, Containment und militärische Intervention. Elemente amerikanischer Außenpolitik zwischen der Griechenland-Krise von 1947/48 und dem Koreakrieg von 1950, in: VfZ 32
(1984), S. 491–528.
[48] Zur Genese und Bedeutung der US-Militärbudgets von 1949 bis 1951 vgl. Rearden, History (Anm. 3), S.
309–384; Warner R. Schilling u. a., Strategy, Politics and Defense Budgets, New York 1960.
[49] Z. B. FRUS 1951, Bd. 3, S. 460–464.

(1) Im März 1948 begannen die zunächst streng geheimen Pentagongespräche zwischen den USA, Großbritannien und Kanada, zu denen Frankreich und die Benelux-Staaten erst später eingeladen wurden, und die schließlich in den Nordatlantik-Vertrag vom 8. April 1949 mündeten.

(2) Es gab die bereits erwähnte Militärhilfe für Westeuropa, das Military Assistance Program (MAP), das vom Marshallplan getrennt und erst zwei Jahre nach ihm zur Verwirklichung kam.

(3) Die amerikanische Deutschlandpolitik hatte sehr wichtige sicherheitspolitische Komponenten, vor allem weil hier der sowjetischen Politik demonstrativ Einhalt geboten wurde und weil die dort stationierten amerikanischen Besatzungstruppen zumindest einen symbolischen Schutz für Westeuropa bildeten. Dazu diente unter anderem der im April 1949 endgültig beschlossene und im darauffolgenden Herbst gegründete Weststaat.

(4) Die Berlinkrise demonstrierte das militärische Engagement der USA in Europa. Zwar wurde das Krisenmanagement ausgesprochen vorsichtig gesteuert. Aber es wurde doch erstmals seit Kriegsende amerikanische Militärmacht in Europa eingesetzt, die offensichtlich weit über die Besatzungsaufgaben hinausging. Die Luftbrücke stellte die Fähigkeit der USA zum Lufttransport großen Umfangs und fern der heimischen Versorgungsbasen zur Schau. Zusätzliche in Europa eingesetzte Jagdfliegerverbände und die nach England und Westdeutschland verlegten B-29 Bomberverbände gaben deutliche militärische Signale.

(5) Und schließlich ist die im Herbst 1947 eingeleitete direkte militärische Kooperation mit Großbritannien und Frankreich zu nennen, die im folgenden vor allem in bezug auf Frankreich eingehender behandelt werden soll.

Am 20. Oktober 1947 richtete der Stabschef der französischen Armee, General Revers, an den amerikanischen Militärattaché in Paris die „dringende Bitte", die militärische Planung beider Länder zu koordinieren. Revers betonte, „ein gemeinsames amerikanisch-britisch-französisches Militärprogramm könnte die Gefahr eines Krieges abwenden"; er sprach von der Möglichkeit, „... 20 bis 40 französische Divisionen mit amerikanischem Gerät auszurüsten, die bei Bedarf Hafengebiete und Strände (zu amphibischen Operationen) für amerikanische Streitkräfte halten könnten", und bat um eine Einladung hoher französischer Offiziere nach Washington. Auf amerikanischer Seite reagierte man mit Zögern. Im Dezember 1947 wandte sich dann der französische Armeeminister Teitgen an den US-Botschafter in Paris mit dem Vorschlag, Frankreich habe sich nunmehr offen auf die Seite des Westens gestellt und sei zu jeder Art von militärischer Zusammenarbeit mit den USA bereit; die Situation sei günstig, weil sich der Kommunismus in Frankreich auf dem Tiefpunkt befinde.

Außenminister Marshall hielt diese französische Initiative vor allem für den Versuch, amerikanische Waffenlieferungen zu erhalten. Mit seinem britischen Kollegen Bevin war er sich einig, daß die militärischen Beziehungen zu Frankreich nicht die Qualität der britisch-amerikanischen erreichen könnten[50]. Schließlich wurde auf Vorschlag von General Wedemeyer beschlossen, General Bull in geheimer Mission nach Paris zu entsenden, nur mit dem Auftrag, die französische Initiative zu erkunden. Vor

---

[50] Memo von Wedemeyer „Strategic Planning ... French Military Combat Effectiveness" (26 Dec 47) inc. appendices, NA RG 319 P&O 091 France TS sec I cas 1/2; FRUS 1947, Bd. 3, S. 818–819.

einer tatsächlichen Kooperation müsse der entsprechende politische Rahmen vorgegeben werden; zunächst seien die Kontakte auf die Zentrale im Pentagon zu beschränken[51].

Die französische Seite zeigte sich über dieses Zögern enttäuscht. Am Rande harter Verhandlungen um deutsche Wirtschaftsfragen trat der französische Militärgouverneur in Deutschland, General Koenig, an seinen amerikanischen Kollegen Clay heran, um über Notstandspläne im Fall eines sowjetischen Angriffs zu sprechen und dabei vor allem praktisch-technische Probleme zu behandeln[52]. Vermutlich aus Furcht vor dem Kongreß wich man jedoch noch im Mai 1948 dem französischen Drängen nach „konkreter Stabsarbeit" der drei Streitkräfte aus[53].

Wie ist diese französische Initiative zu bewerten? Was war ihr Hintergrund? In den ersten Jahren der Vierten Republik gab es praktisch keine durchdachte Verteidigungspolitik. Die wenigen ausgerüsteten Truppenverbände waren in Indochina eingesetzt. In Deutschland und Österreich wurden Besatzungsaufgaben wahrgenommen. Der nach der Befreiung Frankreichs gebildeten „Armée de transition" mangelte es an Geld und Ausrüstung. An einen wirksamen äußeren Schutz des französischen Mutterlandes und der nordafrikanischen Besitzungen war nicht zu denken[54]. Selbst zur Aufrechterhaltung der inneren Sicherheit galten die Streitkräfte als unzureichend und unzuverlässig, falls die Kommunisten einen Bürgerkrieg anzetteln sollten, wie mancherorts befürchtet wurde[55].

Eine grundlegende Denkschrift des Armeeministeriums vom August 1946 gab zu verstehen, daß man bestenfalls die Option einer zukünftigen französischen Militärmacht offenhalten könne, wenn man „die Führungsstruktur unserer Streitkräfte bewahrt, die reguläre Ausbildung des Nachwuchses wieder aufnimmt und die Einrichtungen zu den erforderlichen Planungen und Forschungen bereithält". Immerhin habe man die Wehrpflicht und die Offizierskader wiederhergestellt[56]. Der Mängelkatalog fiel allerdings sehr lang aus. Es gab keine einzige mobilisierbare Einheit. Die Moral bei Offizieren und Unteroffizieren war denkbar schlecht. Neben materiellen Gründen dafür herrschte tiefes gegenseitiges Mißtrauen zwischen den drei personellen Komponenten der französischen Streitkräfte, nämlich den Leuten aus der „Résistance", ihren ehemaligen Gegnern der „Armée de l'Armistice", und den ehemaligen Kriegsgefangenen[57].

Wie ein Anhang zu dieser Denkschrift einräumte, würde ein internationaler Konflikt „Frankreich uneins und ohne Waffen treffen". Als einziger Ausweg böte sich die Neutralität an; sie sei mit allen Mitteln anzustreben. Deshalb seien die Möglichkeiten eines Bündnisses entweder mit der sowjetischen oder mit der anglo-amerikanischen

[51] Memo für Eisenhower von Wedemeyer (31 Dez 47) „Conference w/the French C/S", NA RG 319 P&O 091 France TS sec I case 1/4; FRUS 1948, Bd. 3, S. 616–622.
[52] Murphy an Hickerson (31 Dez 47), NA RG 84 box 460 file 9.
[53] Teleg MA 248 Tate to Dept Army (6 May 48), NA RG 319 P&O 092 1946–48 sec X case 147.
[54] Aus diesem Grund hatte es bereits im Februar 1946 einen Versuch gegeben, militärische Kontakte zu den USA aufzunehmen. Aus Rücksicht auf kommunistische Regierungsmitglieder kam es nicht dazu. – Siehe Georgette Elgey, Histoire de la IVe République, Bd. 1, Paris 1965, S. 118.
[55] Vgl. dazu Doise, Vaïsse, Diplomatie (Anm. 5), S. 383ff.
[56] „Mémoire sur la politique militaire de la France" (23. August 46), Service Historique de l'Armée de Terre (Paris) (SHAT), 1K233 (Ely) carton 6D2.
[57] Auf dieses Problem geht der Rundbrief des Armeeministers an die kommandierenden Generäle vom 30. Oktober 1946 besonders ein: No. 785 CAB.SP/Mi-SHAT 1K233 (Ely) carton 7D5.

Seite zu erwägen[58]. „… die Lösung (könnte) eine parallel mit beiden Parteien geschlossene politische und militärische Entente" sein, „mit der Bedingung, daß wir unsere Position festlegen, je nachdem wer eine Aggression gegen unser Territorium begeht …" Ob hierin eine realistische Chance für eine Politik zwischen den Blöcken lag, sei dahingestellt. Jedenfalls wurde dieser Weg zunächst eingeschlagen. Als wichtigster Anknüpfungspunkt ist der sowjetisch-französische Bündnisvertrag vom Dezember 1944 zu nennen. Gespräche über bilaterale Bündnisse fanden noch Anfang 1948 mit Polen und mit der Tschechoslowakei statt[59].

Aber bereits 1947, als der Ost-West-Konflikt offen zutage trat, wurden erhebliche Zweifel an dieser Position laut. Ende Juli 1947 schrieb der vorläufige Chef des Generalstabes, General Humbert, an den Premierminister, „die Rolle und die Haltung" der französischen Streitkräfte im Fall eines Krieges seien völlig ungeklärt. Für eine absolute Neutralität fehlten alle militärischen und wirtschaftlichen Voraussetzungen. Eine vorübergehende Neutralität würde dazu zwingen, ohne spezielle Vorbereitungen und eventuell zu einem ungünstigen Moment in einen Krieg gezogen zu werden. Ein klares Votum zugunsten der USA sprach Humbert allerdings nicht aus[60].

Vier Wochen später drängte General Ely zu einer sofortigen Option für „das angelsächsische Lager". Er argumentierte dabei mit den nationalen Interessen Frankreichs und hob hervor, daß insbesondere der Marshallplan zeige, auf welcher Seite die politisch und wirtschaftlich stärkeren Bataillone stünden. Frankreich müsse die Initiative für ein westeuropäisches Sicherheitsbündnis ergreifen und auf dem europäischen Kontinent eine Führungsrolle vis-à-vis den Angelsachsen einnehmen[61].

Wegen des erwähnten amerikanischen Zögerns bot es sich an, zunächst die Möglichkeiten auf britischer Seite auszuloten. Dabei bestanden jedoch zwischen der politischen und der militärischen Ebene erhebliche Disparitäten. Auf der politischen Ebene gab es den Dünkirchener Vertrag vom März 1947, dem jegliches konkrete militärische Element fehlte. In seiner Grundsatzrede vom 22. Januar 1948 unterbreitete dann der britische Außenminister Bevin das Angebot einer „Western Union", das unter dem Eindruck des Prager Umsturzes vom Februar 1948 und der italienischen Wahlen vom 18. April 1948 auf einen militärischen Bündnisvertrag zulief. Aber in den Brüsseler-Pakt-Gesprächen um Strategie und Rüstung ging es den Briten in erster Linie um eine Beschwichtigung Frankreichs[62].

Anfang 1948 war es innerhalb der britischen Regierung zu einer Kontroverse über die Rolle Großbritanniens bei der Verteidigung Westeuropas gekommen. Premierminister Attlee, Bevin und führende Militärs hielten erhebliche Kürzungen des Militärbudgets und der Stärke der Streitkräfte für unumgänglich. Die Armee sollte von etwa einer Million Mann auf 713 000 verringert werden, woraus sich allerdings weittragende

---

[58] „Annexe au Mémoire sur la politique militaire de la France" (23. August 46), SHAT 1K233 (Ely) carton 6D2.
[59] Teleg. 190 Harvey to FO (1 Mar 48), Public Record Office London (PRO), FO 371/73051.
[60] Humbert au Président (29. Juli 47), SHAT EMDN 402D2.
[61] „Politique de défense nationale" (par Ely) (23. September 47), SHAT 1K233 (Ely) carton 6D2.
[62] Dazu vgl. Sean Greenwood, Return to Dunkirk. The Origins of the Anglo-French Treaty of March 1947, in: Journal of Strategic Studies 6 (1983), S. 49–65; Wolfgang Krieger, Gründung und Entwicklung des Brüsseler Paktes, 1948–1950, in: Norbert Wiggershaus, Roland G. Foerster (Hrsg.), Die westliche Sicherheitsgemeinschaft 1948–1950, Boppard/Rh. 1988, S. 189–205; weitere Beiträge im gleichen Band und in: Riste, Western Security (Anm. 31).

strategische Konsequenzen ergaben: „... wir werden in einer künftigen Krise zunächst keine Landstreitkräfte zum (europäischen) Kontinent entsenden" – so die interne britische Haltung. Oder wie Bevin es ausdrückte: „Wir wollen keine weiteren Dünkirchen. Ich glaube nicht, daß große Armeen auf dem Kontinent effektiv sein werden."[63]

In den internen militärischen Einschätzungen der Franzosen bestanden kaum Illusionen über die britischen Absichten (wenngleich diese streng geheim gehalten wurden!). Trotzdem suchte man die Zusammenarbeit mit London. Vom 20. bis 24. Januar 1948, just in den Tagen der großen Bevin-Rede, stattete General Revers als Stabschef der französischen Armee den Briten einen Besuch ab. Montgomery erläuterte ihm seine ausdrücklich als persönlich bezeichnete Auffassung zur Strategie: „Wenn es die Russen wagen, nach Westen einzudringen, bedeutet das den Krieg. In diesem Fall will ... (ich) am Rhein kämpfen."[64]

Die französisch-britischen Militärbeziehungen konnten sich nur langsam entwikkeln, nicht zuletzt wegen der heftigen Auseinandersetzung um die Frage des Oberbefehls im Brüsseler Pakt. Montgomery leitete das Committee of Commanders-in-Chief nur als ‚Chairman‘, da im Kriegsfall seine Ablösung durch einen amerikanischen ‚Supreme Allied Commander‘ vorgesehen war[65]. Der einzige Bereich, in dem es frühzeitig eine effektive militärische Kooperation gab, ging nicht aus dem Brüsseler Pakt hervor. Es handelte sich um den Ausbau der britischen Luftabwehr in Frankreich und in den Benelux-Ländern; hier wurden schon seit Anfang 1946 Verhandlungen geführt – auf britischer Seite mit dem Ziel, die volle Luftüberwachung sowie Nachschub- und Landerechte zu erhalten[66].

Auch beim Ausbau der Zusammenarbeit auf technischem und operativem Gebiet kamen zahlreiche Probleme auf. Die dürftig ausgerüsteten französischen Luftstreitkräfte wurden nach dem Territorialprinzip befehligt, während die Briten eine funktionale Befehlsstruktur hatten, bei der Einheiten unabhängig von ihren Standorten befehligt wurden. Verbesserungen wurden im Herbst 1947 eingeleitet, nachdem Belgien, die Niederlande und Dänemark ihre Bereitschaft erklärt hatten, ihre Luftverteidigung mit Frankreich zu integrieren. Mit ihren Radarstationen in Nordostfrankreich, Belgien und Holland verfügten die Briten über ein Frühwarnsystem, das nun ausgebaut

---

[63] Memo von Bevin (12 Jan 48), PRO/FO 371/73045; allgemein dazu Michael Howard, The Dilemma of British Defence Policy in the Era of the Two World Wars, Harmondsworth 1972; Donald Cameron Watt, Succeeding John Bull. America in Britain's Place 1900–1975, Cambridge 1984; David Dilks, The British View of Security: Europe an and Wider World, 1945–1948, in: Riste, Western Security (Anm. 31), S. 35.

[64] Memorandum: Conversation du 21 Janvier 1948 de 15 h à 17 h au War Office (app. de: Revers au Ministre des Forces Armées (25. Januar 48), SHAT EMDN 4Q37 D2.

[65] Record of meeting Defense Ministers and COS (27 Sep 48), PRO/DG 1/5 (= Akten des Brüsseler Paktes). Neben den Problemen der militärischen Hierarchie gab es schwerwiegende Einschränkungen der Befehlsgewalt. So war der Chairman ausdrücklich nicht für die Luftverteidigung und ebenfalls nicht für die innere Sicherheit der Mitglieder zuständig. Ebenso blieben die Besatzungsstreitkräfte bis zu ihrer ausdrücklichen Eingliederung unter dem Befehl der Militärgouverneure, das heißt ihre Operationsbefehle mußten mit ihnen (möglichst im voraus) abgestimmt werden. Vgl. Draft Directive with Annex I FP (48) 41 (30 Sep 48), PRO/DG 1/9/52; vgl. insgesamt: André Kaspi, Prelude to NATO: Two Examples of the Integration of Military Forces, in: Lawrence S. Kaplan, Robert W. Clawson (Hrsg.), NATO after Thirty Years, Wilmington 1981, S. 196.

[66] Vgl. FO Minute von FDW Brown (1 Mar 48), PRO/FO 371/73051; „Report by the Air Ministry Mission on Their Visit to France, Belgium and Holland to Advise on the Air Defense Organizations for Those Countries" (30 Oct 47), NA RG 341 USAF entry 214 Reg No 2-837 TS (Jan 1948).

wurde und über dessen Nutzung durch die US Air Force seit Anfang 1948 verhandelt wurde[67].

Das französische Verteidigungsdilemma ließ sich mit britischer Hilfe nur in geringem Maß lösen. Zwar forderten die Instruktionen des Brüsseler Paktes für Montgomery: „Das Kriegsziel wird sein, den Feind in Europa so weit östlich wie möglich zu halten, um die Staatsgebiete der Western Union zu verteidigen und der Luftverteidigung Raum zu geben." Aber es fehlten die dafür erforderlichen Bodentruppen. In Paris glaubte man deshalb, nur die amerikanischen Truppen in Deutschland stellten eine „wirkliche Garantie" dar.

Trotz amerikanischer Zurückhaltung gelang es, die Zusammenarbeit mit den Amerikanern in einigen Punkten zu verbessern. Den Anfang machten die Eventualpläne für die französischen Besatzungstruppen in Deutschland und Österreich. Sie erhielten am 13. Mai 1948 den Befehl, sich im Falle eines Krieges sofort mit Amerikanern und Briten zu verbinden, um den Angreifer östlich des Rheins aufzuhalten[68]. Auf amerikanischer Seite bestand daran sowohl im europäischen Hauptquartier (EUCOM) als auch bei der Planungsabteilung der Armee im Pentagon lebhaftes Interesse. Die Joint Chiefs blieben jedoch zunächst bei ihren erheblichen Bedenken.

Im Mai 1948 berichtete EUCOM nach Washington, man sei „mit den kommandierenden Generälen der französischen und britischen Besatzungsarmeen ... zu einer Vereinbarung gekommen, wie wir unsere Aktionen koordinieren können, angesichts einer sowjetischen Aggression, und wir stimmen darin überein, die Gebiete westlich des Rheins zu verteidigen. Darüber hinaus koordinieren die amerikanischen Luftstreitkräfte in Europa ihre Pläne mit der RAF (der britischen Royal Air Force) und in noch größerem Maß mit den französischen Luftstreitkräften." Zu diesen Vorbereitungen gehörten amerikanische Nachschubdepots in der französischen Zone, aber auch in Frankreich selbst, wo man unter dem Deckmantel des American Graves Registration Command (Kriegsgräbererfassung) und der Verwertungsbehörde für überzähliges Kriegsgerät tätig wurde[69]. Da es weder eine ordentliche Rechtsgrundlage noch speziell dafür bewilligte Etatmittel gab, mußte man vielfach improvisieren[70].

Am 16. Juni 1948 stellte EUCOM den Notstandsplan „Joint Operations Order" (JOO) fertig, der ein Dokument vom 21. November 1947 ablöste[71]. Die bedeutendste Neuerung war, daß die Evakuierung von US-Bürgern (und ausgewählten anderen Personen) nicht mehr im Zentrum der Notstandsmaßnahmen stand. Vielmehr sollten die amerikanischen Bodentruppen zwischen Mainz und Karlsruhe zusammengezogen und an beiden Rheinufern in Verteidigungspositionen gebracht werden. Die Luftstreit-

[67] Memo McDonald an Deputy COS/Operations (9 Feb 48), NA RG 341 USAF entry 214 Reg No 2-844b/3 TS (Jan 48).

[68] Schuman: Instruction Nr. 1 Au sujet de l'attitude à tenir par les Troupes d'Occupation en cas d'attaque sovietique (13. Mai 48) ULTRA SECRET, SHAT 1K233 (Ely) carton 6D6.

[69] Huebner an Wedemeyer (18 May 48) und Wedemeyer an Huebner (14 June 48), NA RG 319 P&O 381 TS 1946–48 sec V-A case 88/37. Die formelle Empfehlung der drei Oberkommandierenden erfolgte am 16. Juli 1948. Vgl. Teleg. WX-89860 Wedemeyer an Clay und Kibler (26 Sep 48), NA RG 338 EUCOM SGS box 353 file 381 TS.

[70] Summary Sheet „Provisions for Initial Stockages ..." (11 June 48) with attached papers, NA RG 319 P&O 381 TS 1946–48 sec V-A case 88/39.

[71] „JOO" withdrawn from NA RG 319 P&O 381 TS 1946–48 sec V-A case 88/102. Obwohl der Originalplan derzeit noch nicht öffentlich zugänglich ist, läßt der Bericht einer Stabsübung wichtige Rückschlüsse zu. Siehe Krieger, Clay (Anm. 4), Kap. 14.

kräfte sollten von „vorbereiteten Basen westlich des Rheins" bei der Verteidigung der Rheinlinie mitwirken.

Sehr viel vorsichtiger wollten die Joint Chiefs diese Neuorientierung vollziehen. Das wurde im Zusammenhang mit der veränderten Direktive JCS 1259/75 an den Oberkommandierenden für Europa (CINCEUR) erkennbar. Ein Entwurf des EUCOM-Stabes hatte vorgesehen, daß der CINCEUR Vorbereitungen für einen allgemeinen Krieg treffen sollte, „... einschließlich die Linie des Rheines in der US-Zone zu verteidigen. Er ist autorisiert, mit den Befehlshabern der französischen und britischen Besatzungsstreitkräfte Gedanken auszutauschen und Pläne aufeinander abzustimmen."[72] Demgegenüber ließen die Joint Chiefs aber nur die Formulierung zu, er solle Vorbereitungen treffen „für einen allgemeinen Krieg einschließlich der Vorsorge für die Sicherheit der US-Streitkräfte und ihres (zivilen) Personals". Die Möglichkeit einer Zusammenarbeit wurde nur vage angedeutet, damit allerdings für zulässig erklärt. Die Verteidigung der Rheinlinie wurde nicht ausdrücklich zur Aufgabe erklärt. Immerhin sah jedoch die revidierte Direktive erstmals strategische Reserven vor – also Verbände, deren Aktivitäten über die Besatzungs- und Evakuierungsaufgaben hinausgingen[73].

Diese Planungen bei EUCOM erhellen eine Aussage General Clays gegenüber Verteidigungsminister Forrestal am 21. Juli 1948 in Washington. Clay sagte, er glaube nicht, „daß wir ein sofortiges Überrollen Frankreichs annehmen müssen ...", und fügte hinzu, nach seiner Einschätzung „werden die Franzosen kämpfen. ... 20 gute Divisionen können die Russen am Rhein aufhalten." Ähnlich optimistisch hatte sich Außenminister Marshall zwei Tage vorher in Anwesenheit des Präsidenten geäußert, woraufhin Truman seine Politik des Verbleibens in Berlin bekräftigt hatte[74]. Es ist nicht belegt, ob Clay diese Einschätzung des militärischen Kräfteverhältnisses dem Präsidenten persönlich vortrug[75]. Angesichts des außerordentlichen Vertrauens, das Truman zu Außenminister Marshall hatte, ist jedoch kaum zu bezweifeln, daß diese, von Marshall – in Übereinstimmung mit Clay – vertretene Auffassung erheblichen Einfluß auf Trumans historische Entscheidung vom 22. Juli 1948 hatte, in Berlin die sowjetische Herausforderung anzunehmen und die Luftbrücke auszubauen.

Zu berücksichtigen ist, daß man die militärische Lage in Europa folgendermaßen einschätzte: In Deutschland und Österreich standen 90 821 Mann der US-Armee, die nur teilweise kampfbereit waren; dazu kamen 18 443 Mann der US-Air Force mit 90 Kampfjägern (P-47), 90 Langstreckenbombern vom Typ B-29, 157 Truppentransportern und 21 Aufklärungsflugzeugen. Die Briten verfügten über insgesamt 115 000 Mann, die Franzosen über 75 000. Demgegenüber vermutete man 348 000 Mann der Roten Armee und 32 700 Mann der sowjetischen Luftstreitkräfte mit annähernd 1000 Kampfflugzeugen und 480 Bombern auf deutschem und österreichischem Boden, die selbstverständlich schnell aus dem Osten verstärkt werden konnten[76]. Damit sei nicht

---

[72] Teleg S-1006 Huebner an Wedemeyer (9 June 48), NA RG 338 EUCOM SGS box 352 file 322 TS.
[73] Teleg W-84987 JCS to Clay (30 June 48), ebenda.
[74] Walter Millis, Eugene S. Duffield (Hrsg.), The Forrestal Diaries, New York 1951, S. 459–460.
[75] Lucius D. Clay, Decision in Germany, Garden City 1950, S. 368; Harry S. Truman, Memoirs, 2 Bde., New York 1955/56, Bd. 2, S. 149–151.
[76] JCS 1907/1 „Military Situation in Germany" (17 Jul 48), NA RG 319 P&O 381 TS 1946–48 sec V-A case 88/111.

behauptet, es habe damals ein ungefähres militärisches Gleichgewicht zwischen Ost und West in Europa bestanden; allein das Fehlen französischer Luftstreitkräfte und die völlig unzulängliche Ausrüstung aller westeuropäischen Streitkräfte – außer den britischen – spricht gegen diese These[77]. Es wird aber deutlich, daß sich die amerikanische Führung keineswegs von derartigen Zahlenvergleichen einschüchtern ließ, zumal sie natürlich nur begrenzt aussagefähig hinsichtlich der Kampfkraft oder der sowjetischen Absichten waren[78].

Nachdem Frankreich zu den Vorgesprächen zum Nordatlantikpakt zugelassen wurde, konnte die militärische Kooperation auch auf die politische Ebene ausgeweitet werden. Am 26. Juni 1948 sprach der französische Armeeminister Teitgen mit Unterstaatssekretär Draper vom US-Armeeministerium und mit General Wedemeyer. Dabei gab er zu, seine Regierung sei (trotz anderslautender öffentlicher Beteuerungen) mit den USA darin einig, „... daß es gegenwärtig keine rein deutsche Gefahr gebe und ... (daß) die einzige wirkliche gegenwärtige Bedrohung von Sowjetrußland komme". Er warnte vor dem Gedanken, Westeuropa nach einem sowjetischen Überfall wieder befreien zu können. Die Sowjets würden sofort die gesamte französische Elite nach Sibirien deportieren, und das französische Volk würde sich dann „dumpf und widerstrebend dem Kommunismus zuwenden". Westeuropa wäre für immer verloren. Frankreich könne sich nicht allein auf den Brüsseler Pakt stützen, weil die Briten in erster Linie an „eine neue Schlacht um England" (wie 1940) dächten; man brauche deshalb amerikanische Unterstützung und eine amerikanische Sicherheitsgarantie. Die strategische Planung müsse eine Verteidigung wenigstens am Rhein oder noch besser auf deutschem Boden vorsehen[79].

Zu den ersten an die USA gerichteten Forderungen gehörten Waffenlieferungen für Frankreich; anfang 1948 sagte General Revers, daß Frankreich zwei Millionen Mann mobilisieren, davon aber nur 300000 oder sieben Divisionen bewaffnen könne[80]. Dagegen gab es in Washington erhebliche Bedenken, weil Frankreich seine hauptsächlichen militärischen Anstrengungen nicht auf Europa konzentrierte, sondern zur Rückgewinnung der Kolonialherrschaft in Südostasien unternahm. Schließlich wurde aber während der Berlinkrise, im September 1948, militärisches Gerät an die drei auf deutschem Boden stationierten französischen Divisionen übergeben[81]. Weitere Verhandlungen folgten, in denen die amerikanische Seite drängte, das französische Mobilisierungs- und Nachschubsystem zu reformieren sowie unter dem Deckmantel ameri-

---

[77] Vgl. Thomas W. Wolfe, Soviet Power and Europe 1945–1970, Baltimore MD 1970. Anders urteilt: Matthew A. Evangelista, Stalin's Postwar Army Reappraised, in: International Security 7 (1982/83), S. 110–138.

[78] Im State Department glaubte man, die sowjetischen Streitkräfte in Deutschland seien zwar groß, aber weder personell noch hinsichtlich des Nachschubs zu einer Offensive fähig: FRUS 1948, Bd. 3, S. 185–186.

[79] Memo Conv von R. B. Knight (Paris Embassy) (26 June 48), NA RG 319 P&O 091 France TS sec I case 8. Der französische Staatspräsident Auriol äußerte sich ähnlich gegenüber Bevin: „War with Soviet Russia would mean civil war in France, since the Communist Party would rise in conjunction with the enemy. Moreover, war with Russia would be even worse than with Germany and might involve the destruction of the whole elite of the Nation, so that after two years nothing valuable might be left"; Record of Conv. Bevin-Auriol on 17 April 48 by Harvey (22 Apr 48), PRO/FO 371/73057.

[80] Memo „Conversation with General Revers" (by Draper?) (31 Jan 1948), NA RG 218 CCS 092 Western Europe (3-12-48) sec I.

[81] FRUS 1948, Bd. 3, S. 664–682.

kanischer Waffenlieferungen auch die Errichtung eigener amerikanischer Waffendepots zu gestatten[82].

Mit dem Aufbau der militärischen Beratungs- und Kommandogremien des Brüsseler Paktes drohte die französisch-amerikanische Militärkooperation zu versiegen. Die USA waren in diesen Gremien nur beobachtend und beratend vertreten[83]. Die amerikanische militärische Führung schätzte den Pakt nicht hoch ein; zum Beispiel spielte er in der Berlinkrise praktisch keine Rolle. Deshalb bemühte man sich auf französischer ebenso wie auf amerikanischer Seite, die bilaterale Zusammenarbeit weiter auszubauen.

Vier Wochen nach der ersten Sitzung des Commanders-in-Chief Committee des Brüsseler Paktes (am 12. Oktober 1948) erging an EUCOM die französische Bitte, „... wieder direkte Kontakte aufzunehmen mit dem Ziel, gemeinsam zu prüfen, wie die amerikanischen Besatzungsstreitkräfte und die französischen Streitkräfte gemeinsam und am wirksamsten an der Verteidigung des Rheins teilhaben könnten"[84]. Eine interne französische Denkschrift vom 6. Oktober 1948 nannte ganz offen die Gründe für diesen Schritt:

– Die USA würden im Kriegsfall nicht, oder jedenfalls nicht schnell, mit ausreichenden Landstreitkräften in Europa präsent sein; ihre Fernbomber, auch die mit Atomwaffen bestückten, könnten einen sowjetischen Vormarsch höchstens ein Jahr lang, möglicherweise nur für einige Monate stoppen.

– Die Verteidigungsachse des Brüsseler Paktes sei nach Nord-Osten und zudem vorwiegend auf Luftverteidigung ausgerichtet; West- und Südfrankreich sowie die Verbindungen zu Nordafrika würden vernachlässigt. „In Wirklichkeit ... (decke) sie vor allem die britischen Inseln" – und sie bestärke die USA „in ihrem egoistischen strategischen Konzept." Zu allem Übel habe die französische Regierung selbst diese Entwicklung gefördert, indem sie den Briten die militärische Führung des Paktes überlassen habe.

– In dieser Situation liege „... allein in Washington der Schlüssel für eine wirksame Verteidigung unseres Bodens, dort (müsse) ... man ihn holen, und diesem Ziel (müßten) alle laufenden Verhandlungen untergeordnet werden". Man müsse in erster Linie die strategischen Planer der USA für sich gewinnen[85].

Ausdrücklich wurde also dem Brüsseler Pakt, und damit der politisch-militärischen Integration Westeuropas, eine sehr eingeschränkte Rolle zugewiesen. Und ebenso dringend forderte man die unmittelbare – wenn und soweit erforderlich geheime – militärische Zusammenarbeit mit den USA. Diesem Ziel diente der dreiwöchige Besuch General Revers' in den USA im März/April 1949. Mit zwei ausführlichen Denkschriften suchte er die amerikanische Armeeführung über die Absichten Frankreichs zu unterrichten und für eine Änderung ihrer Strategie zu gewinnen. Rüstungs-

---

[82] Huebner an Wedemeyer (18 Oct 48), NA RG 319 P&O 1948 Hot File 381 TS case 204; Memo „Conference with French Representatives on Equipment" (19 Oct 1948), NA RG 319 P&O 1949–50 091 France TS sec I-B case 7.
[83] Lawrence S. Kaplan, The United States and NATO, Lexington 1984, S. 65–92. Gut für die frühen Jahre: Escott Reid, Time of Fear and Hope. The Making of the North Atlantic Treaty 1947–1949, Toronto 1977; insgesamt auch: Lawrence S. Kaplan, The United States and NATO: The Enduring Alliance, Boston 1988.
[84] De Lattre de Tassigny to Huebner (19 Nov 48), NA RG 338 EUCOM SGS box 353 file 381 TS.
[85] „Note sur la situation stratégique faite à la France par ses présents accords militaires" par Col. de la Chapelle (6. Okt. 48), SHAT EMDN 4Q12/8.

lieferungen und „Mitsprache in den großen Entscheidungen der Weltstrategie" – das waren die Wünsche auf französischer Seite[86].

Weder das eine noch das andere wurde in dem erhofften Ausmaß verwirklicht. Bis zum Ausbruch des Koreakrieges machte die Verstärkung der konventionellen Verteidigung Westeuropas nur bescheidene Fortschritte. Nach dem Abklingen der Berlinkrise rückten für die westeuropäischen Staaten die überseeischen Interessen wieder stärker in den Vordergrund. Die amerikanische Regierung sah sich an ihr Versprechen gegenüber dem Kongreß gebunden, mit der Unterzeichnung des Nordatlantikvertrages sei ausdrücklich nicht ein ausgedehntes militärisches Engagement in Europa verknüpft; der Bündnisvertrag sei vielmehr die Grundlage für einen möglichst vollständigen Rückzug aus Europa. In der amerikanischen Militärpolitik hatten deshalb der Ausbau des Nukleararsenals und eine rigorose Sparpolitik Vorrang.

Immerhin wurden bei der US-Armee weitere Überlegungen zur Verteidigung Westeuropas angestellt, bei deren Beurteilung allerdings zu berücksichtigen ist, daß es im amerikanischen Militär dazu unterschiedliche Auffassungen gab. Die Armee hatte ein institutionelles Interesse, „die Verteidigung Westeuropas zum vorrangigen Ziel der alliierten Ressourcen", vor allem aber der amerikanischen strategischen Planung, zu machen[87].

Am 1. Oktober 1949 sollte bei EUCOM ein neuer Notstandsplan, die „General Alert Order" (GAO), eingeführt werden, der in einem Stabspapier „gegenüber dem Plan JOO generell als Verbesserung" bezeichnet wurde, weil er „eine wirksamere Verteidigung Westeuropas durch koordinierte Aktionen der alliierten Streitkräfte vorsehe"[88]. Allerdings seien noch immer der Konflikt des Kremls mit Tito und die Möglichkeiten psychologischer Kriegführung (in Osteuropa) nicht voll berücksichtigt worden. Vor allem aber werde zu großes Gewicht auf Nachschublager auf deutschem Boden, insbesondere bei Kaiserslautern, gelegt. Es müsse überlegt werden, ob nicht der Nachschub zu einem größeren Teil weiter westlich gelagert werden könne, um ihn nicht schon beim ersten sowjetischen Vorstoß zu verlieren. Damit war einer der schwächsten Punkte in der Vorbereitung einer ‚Verteidigungslinie am Rhein' angesprochen: die Frage des Nachschubs.

Bereits zu Beginn der Berlinkrise hatte man begonnen, Nachschubdepots für eine konventionelle Verteidigung Westeuropas anzulegen. Für deren weiteren Ausbau bedurfte es jedoch einer Reihe grundlegender Verbesserungen:

– Die amerikanischen Besatzungsstreitkräfte wurden noch zur Zeit der Berlinkrise über Bremerhaven versorgt, von wo aus die Güter über Hannover und Kassel zum Verteilerpunkt Frankfurt transportiert wurden. Schon bei einem ersten sowjetischen Vorstoß mußte diese Linie als akut gefährdet gelten.

---

[86] Revers, „Aide mémoire" (24 Mar 49), NA RG 319 P&O 1949–50 091.713 TS case 1. Eine noch ausführlichere Denkschrift „Conceptions stratégiques d'ensemble" par Revers (28 Mar 49) und weiteres Material zu diesem Besuch findet sich in der gleichen Akte.

[87] Memo an Wedemayer von Maddocks (29 Apr 49), NA RG 319 P&O 1949–50 381 Europe TS sec I case 11/2.

[88] Memorandum for Operations Group by C.V.R.S. (16 Sep 49), NA RG 319 P&O 1949–50 381 Europe TS sec IE case 20. Dieses Dokument enthält nur einige Angaben zu GAO; der Plan selbst wurde noch nicht deklassifiziert.

– Um eine Verteidigung der Rheinlinie überhaupt in Erwägung zu ziehen, brauchte
man leistungsfähige Häfen, die weiter vom Eisernen Vorhang entfernt und auf
besser gesicherten Wegen zu erreichen waren.
– Neben den technischen Voraussetzungen waren hierfür zusätzliche zwischenstaatliche Vereinbarungen erforderlich.

Wie zu zeigen sein wird, waren die militärischen und diplomatischen Bemühungen
auf diesem Gebiet ein Maß für die politisch-militärische Kooperation zwischen den
USA und Westeuropa insgesamt. Hierbei wurde unter anderem deutlich, wie ernst die
USA eine konventionelle Verteidigung Westeuropas nahmen und wie weit vor allem
Frankreich bereit sein würde, seine staatliche Souveränität einschränken zu lassen und
sich militärisch stärker in Europa zu engagieren.

IV.

Während des Zweiten Weltkrieges hatten sich die militärischen Beziehungen zwischen
den USA und Frankreich auf zwei Ebenen entwickelt. Zum einen hatte sich die
amerikanische Regierung bemüht, Frankreich als europäischen Machtfaktor wiederherzustellen: Sie bewaffnete die „Freien Französischen Streitkräfte" de Gaulles, die
unter Eisenhowers alliiertem Oberbefehl vor allem an der Rückeroberung Frankreichs
mitwirkten; durch die Übertragung internationaler Aufgaben, vor allem bei der Besetzung Deutschlands und Österreichs, sollte Frankreich als militärische Siegermacht zur
Geltung kommen. Zugleich behandelte man jedoch Frankreich als Klienten, der nach
Kriegsende überschüssiges amerikanisches Kriegsgerät und Kredite erhielt und auf
dessen Territorium die USA Militärstützpunkte unterhielten, für deren Personal und
Einrichtungen sie einen Sonderstatus in Anspruch nahmen. Aus dieser doppelten
Perspektive des Alliierten und des Klienten sind die Probleme zu sehen, die sich bei
der Einrichtung einer amerikanischen Nachschublinie in Frankreich ergaben.

Zunächst ist zu fragen, warum das während des Krieges quer durch Frankreich
führende Nachschubsystem nicht wenigstens in Ansätzen erhalten blieb. Dazu ist in
Erinnerung zu rufen, daß Präsident Roosevelt nach Festlegung der deutschen Besatzungszonen im September 1944 die nordwestliche Zone beansprucht hatte, da die
südwestliche Zone über Frankreich logistisch versorgt werden müsse, wobei er
befürchtete, die amerikanischen Truppen könnten von ihrem Nachschub abgeschnit-
ten werden, wenn es im Gefolge der Befreiung Frankreichs dort zu einem Bürgerkrieg
kommen sollte. Schließlich überließ er aber doch den Briten diese Zone, womit er
ihnen die Sorge um die zerbombten und teilweise zu demontierenden Industriezentren
an Rhein und Ruhr übertrug. Für Nachschubzwecke wurde Bremerhaven als amerikanische Exklave eingerichtet, die auf fest vereinbarten Interzonenwegen mit der süd-
westlichen US-Zone verbunden wurde.

Trotzdem blieben bestimmte Transit- und Aufenthaltsrechte für die US-Streitkräfte
in Frankreich bestehen. Dafür gab es noch in den ersten Nachkriegsjahren keine
vertragliche Vereinbarung mit einer gewählten französischen Regierung. Man berief
sich auf das mit der Provisorischen Regierung geschlossene Abkommen vom
25. August 1944, das die „gegenseitige Hilfe" von und für Frankreich festlegte. (Es galt
übrigens auch für die französischen Territorien in Nordafrika.)

Mitte 1946 wurde die amerikanische Präsenz auf 30 000 Mann geschätzt[89]. Ein Teil dieses amerikanischen Militärpersonals war mit der Durchführung des Byrnes-Blum-Abkommens vom Mai 1946 beschäftigt, in dem Frankreich erhebliche Mengen „überzähliger" amerikanischer Rüstungsgüter übereignet wurden. Dessen Abwicklung wollte Paris selbstverständlich nicht durch völkerrechtlich und politisch heikle Fragen stören. Weiteres US-Militärpersonal gehörte dem American Graves Registration Command an. Als dritte Aktivität sind die US-Stützpunkte in Nordafrika zu nennen, die Versorgungs- und Kommunikationsaufgaben für Navy und Air Force hatten.

Im März 1947 begannen die Verhandlungen über eine neue Stationierungsvereinbarung, bei denen die französische Seite zu erkennen gab, daß man Souveränitätsrechte zur Geltung bringen wolle und daß deshalb die amerikanischen Aufenthalts- und Transitrechte völkerrechtlich zu regeln seien. „Sind wir nicht verbündete Nationen?" rief der erste Sekretär der US-Botschaft dazwischen. Das schon, so wurde ihm versichert, aber es seien einerseits die Erfordernisse im Zusammenhang mit den amerikanischen Besatzungsaufgaben zu berücksichtigen, andererseits „habe Frankreich im Dezember 1944 mit den Sowjets, und vor kurzer Zeit mit Großbritannien (in Dünkirchen), Pakte zur (gegenseitigen) Hilfe geschlossen, deretwegen es zu Schwierigkeiten kommen könnte, wenn man einer bestimmten Macht Vorteile gewähre, ohne dabei die Gesamtheit der unterschriebenen Verpflichtungen zu bedenken ..."[90].

Die Verhandlungen zogen sich bis Dezember 1947 hin, und erst am 16. Februar 1948 konnte ein Abkommen unterzeichnet werden, das formell ganz auf die amerikanischen Besatzungsaufgaben in Deutschland und Österreich zugeschnitten war[91]. Als Rechtsgrundlage für eine Verstärkung der amerikanischen Militärpräsenz, wie man sie infolge der Krisen von 1947 und 1948 anstrebte, war es deshalb kaum geeignet. Höchstens 1500 US-Soldaten und 1000 dazugehörige Zivilpersonen durften sich im Land aufhalten. Gruppen von mehr als 250 Personen mußten bei den französischen Behörden gemeldet werden[92].

Wegen der Stärke der französischen KP und der mit ihr verbündeten Gewerkschaft CGT gab es in Washington weiterhin erhebliche Bedenken gegen ein Nachschubsystem auf französischem Boden. 1948 dachte man zunächst nur an eine zusätzliche Nachschublinie, die den Korridor nach Bremerhaven ergänzen und etwa 20% des geschätzten EUCOM-Bedarfs decken sollte. Übrigens hatte man dafür im Oktober 1948 ein Angebot des französischen Stabschefs erhalten[93]. Anfang 1949, als man in den USA die politische Situation in Frankreich stabiler einschätzte, legte die EUCOM-Logistikabteilung eine erste Bedarfschätzung für eine leistungsfähigere Kommunikationslinie (Line of Communications, LOFC) vor. Dabei hoffte man, die französische

[89] Juin au Président du Gouvernement Provisoire (5. Aug. 46) avec 2 annexes, SHAT 4Q60 D2.
[90] Note pour le Secretaire Général (22. März 47) MAE série Y 1944–49 doss. 113, S. 40–43; zur Vorbereitung der französischen Verhandlungsposition siehe das Protokoll einer interministeriellen Besprechung vom 18. März 1947: Compte-Rendu ... Accords franco-américains (22. März 47), SHAT 4Q60 D1.
[91] Entwürfe in: Archivs de Ministère des Affaires étrangères (MAE) série Y 1944–49 doss. 113, S. 49–55; und SHAT 4Q60 D1; gedruckter, aber „secret" gestempelter Text: MAE série Y 1944–49 doss. 113, S. 120.
[92] Material dazu in: NA RG 330 OSD 1951 decimal files box 268; Text des Abkommens mit Anhängen: MAE série Y 1944–49 doss. 113, S. 120.
[93] Vgl. Memo to CS/USA (13 Sep 48); Memo to Wedemeyer by CR Huebner „US and British Bases in Territories West of the Rhine" (15 Sep 48); Memo by Lt Col Lemley „Use of Bordeaux as a Supply Port for the European Command" (26 Nov 48), NA RG 338 EUCOM box 353 file TS 381.

Regierung werde die erforderliche Infrastruktur kostenlos zur Verfügung stellen im Ausgleich für die in Aussicht genommene amerikanische Rüstungshilfe[94].

Im November 1949 ordneten dann die Vereinigten Stabschefs die Vorbereitungen an. Dazu wurde am 1. Dezember das „7966 EUCOM Detachment" gegründet, eine besondere Stabseinheit, die über

- 2500 US-Soldaten in Frankreich,
- 750 polnische DPs („displaced persons" - im Westen verbliebene ehemalige „deutsche" Zwangsarbeiter) als Wachpersonal und
- 4 Fernmeldeeinrichtungen

verfügen sollte[95]. Die anfänglichen Aufwendungen bezifferte man auf etwa 20 Millionen Dollar, die jährlichen Folgekosten auf 10 Millionen Dollar. Gedacht war an 100000 Tonnen in Frankreich zu lagernde Nachschubgüter, die 100000 Mann für 45 Tage versorgen würden. Wie sich bald zeigen sollte, waren diese Zahlen viel zu niedrig angesetzt. 1951 wurden die Erfordernisse mit 700000 Tonnen Nachschubgütern für 259000 Armeesoldaten und 50000 Mann der Air Force beziffert. Das Budget der amerikanischen Nachschublinie wurde für 1951 auf 51,5 Millionen Dollar festgesetzt. Noch im gleichen Jahr wurde aus der „Line of Communications" die „Communications Zone" (COMZ), die nun über 170 Einrichtungen und Projekte zählte[96].

Es war selbstverständlich der Koreakrieg, der den Anlaß zu diesen drastischen Veränderungen gegeben hatte[97]. Bemerkenswert ist jedoch, daß die amerikanisch-französischen Verhandlungen bereits am 9. Juni 1950 aufgenommen wurden, also noch vor Ausbruch des Koreakrieges. Dabei trat die französische Seite mit der Forderung an, die USA müßten zunächst die gesamten Kosten tragen; im zweiten Jahr könne dann Frankreich bis zu 20% der Kosten beisteuern[98]. Wie erwähnt, widersprach diese Forderung grundlegend den amerikanischen Vorstellungen, die im wesentlichen auf eine Reziprozität zwischen Militärhilfe und Stützpunkt- bzw. Stationierungsrechten abzielten. Angesichts der, wie es schien, mit dem Ausbruch des Koreakrieges akut gewordenen Bedrohung Westeuropas drängte aber dann die amerikanische Militärführung, das französische Angebot zu akzeptieren. Am 6. November 1950 kam es schließlich zur Unterzeichnung eines „Agreement ... Regarding the Establishment and Operation of a Line of Communications Across France", das eine Logistikverbindung, hauptsächlich auf dem Schienenweg, „von der Gegend um La Pallice-Bordeaux zur deutschen Grenze" vorsah. Es wurde zunächst auf fünf Jahre abgeschlossen und war

[94] Summary Sheet by Charles L. Bolte „Establishment of a Line of Communications Across France and Italy" (28 Sep 49), NA RG 319 P&O 1949/50 381 Europe sec. I-B case 7; gleichwohl hatte man den Franzosen versichert, es gehe nicht um ein quid pro quo für das MAP; FRUS 1949, Bd. 4, S. 670–671.
[95] Vgl. dazu die ursprünglich SECRET klassifizierte interne Studie: Jean R. Moenk, Establishment of Communications Through France, 1950–1951 (EUCOM Historical Division 1952) NA RG 319 ACMH box 475; veröffentlichte Hinweise finden sich in: Oliver J. Frederiksen, The American Military Occupation of Germany, 1945–1953, Historical Division USAREUR 1953, S. 150ff.
[96] Moenk, Establishment (Anm. 95), S. 48.
[97] Auf die „great debate" um vier zusätzliche US-Divisionen für Europa soll hier nicht eingegangen werden. Siehe dazu: FRUS 1950, Bd. 3; FRUS 1951, Bd. 1, 3; Executive Sessions of the Senate Foreign Relations Committee (Historical Series), Bd. 3, Teil 1, Washington 1976; Phil Williams, Senate and US Troops in Europe, New York 1985; Kaplan, The United States and Nato. The Formative Years (Anm. 83), S. 145–175 mit weiteren Literaturhinweisen.
[98] Text des französischen Angebots: FRUS 1950, Bd. 3, S. 1381–1382; Einzelheiten der Verhandlungen in: Moenk, Establishment (Anm. 95), S. 12ff.

als Baustein zur Erweiterung der amerikanischen militärischen Präsenz in Europa im Rahmen des Nordatlantikvertrages konzipiert[99].

Nun galt es, das Abkommen in ein brauchbares militärisches Instrumentarium umzusetzen.

Ohne diesen Vorgang im einzelnen zu beschreiben, lassen sich einige Probleme nennen, welche die amerikanisch-französischen Militärbeziehungen der frühen fünfziger Jahre in besonderer Weise charakterisieren:

- Zunächst ist die Beschaffung von Gütern und Dienstleistungen zu nennen, die zum größten Teil über die Verwaltung der französischen Pioniere, das Corps de Génie, zu erfolgen hatte. Nach interner amerikanischer Darstellung hatte man es überwiegend mit schlechtem Personal und einer noch schlechteren Verwaltung zu tun. In einem Bericht heißt es, das Corps „... hatte wenig Geld und hatte seit der Niederlage Frankreichs von 1940 wenig erreicht"[100].
- Sodann habe die französische Bauindustrie weit unter dem US-Standard gelegen. Wohngebäude und Unterkünfte für 9600 Amerikaner seien nur mit erheblichen Verzögerungen und Qualitätseinbußen errichtet worden[101].
- Telephon- und andere Nachrichtenverbindungen konnten in den ärmeren Regionen Westfrankreichs nur mit großen Schwierigkeiten installiert werden, da es „in diesen Gegenden praktisch keine PTT-(Telephon- und Telegraphen-)Einrichtungen gab"[102].
- Ein erhebliches Sicherheitsrisiko, so glaubte man anfänglich, würde von den stark kommunistisch beeinflußten Industrie- und Hafenregionen ausgehen. Ende November 1950 rief die kommunistische Gewerkschaft im Hafengebiet von Bordeaux-La Pallice zum Streik auf, der von 90% der Dockarbeiter befolgt wurde. Er dauerte jedoch nur einen Tag, und danach beschränkten sich die französischen Kommunisten zumeist auf Propaganda-Aktionen[103].
- Zu den größten Problemen gehörte die finanzielle Seite des Abkommens. Alle Aufwendungen auf französischem Boden unterlagen der Besteuerung durch den französischen Staat, also Umsatz-, Luxus- und Produktionssteuern aller Art. Das änderte sich auch nicht, als das NATO-Truppenstatut vom 19. Juni 1951 zur Rechtsgrundlage wurde. Im EUCOM-Hauptquartier schätzte man diesen Abfluß auf 20% der Aufwendungen, was bei den geschätzten Baukosten von 250 Mio. Dollar etwa 50 Mio. Dollar zusätzliche französische Steuereinnahmen ausmachte und damit in der Praxis den französischen Kostenanteil erheblich überstieg. Wenn man dazu noch den Gewinn an Infrastruktureinrichtungen und Arbeitsplätzen addiert, so mußte die amerikanische Nachschublinie als ein erheblicher wirtschaftlicher Gewinn für Paris erscheinen[104].

Einen Teil dieser Schwierigkeiten hatten sich die Amerikaner jedoch selbst zuzuschreiben, weil ihre örtlichen Erkundungen und Berechnungen zunächst wenig realistisch waren. Zum Beispiel war bereits vor dem 6. November 1950 klar, daß die

---

[99] Text und weiteres Material: NA RG 330 OSD 091.6 France (1950); vgl FRUS 1950, Bd. 3, S. 1435 1437; dieses Abkommen war TOP SECRET klassifiziert.
[100] Moenk, Establishment (Anm. 95), S. 48.
[101] Ebenda, S. 50f.
[102] Ebenda, S. 87.
[103] Ebenda, S. 93f.
[104] Ebenda, S. 115f.

Hafengebiete von Bordeaux-La Pallice nicht genügend leistungsfähig und auch die Häfen in St. Nazaire, Brest und Cherbourg in das Nachschubsystem einzubeziehen sein würden[105]. Dieser Wunsch konnte erst in den Folgeverhandlungen für eine Erweiterung des Abkommens eingebracht werden, zusammen mit einer ganzen Reihe von Verhandlungsgegenständen, die wegen der rapiden Erweiterung der amerikanischen Truppenpräsenz in Europa dringlich wurden. Im November 1951 versprach die amerikanische Regierung, in Frankreich etwa 650 Millionen Dollar auszugeben, wenn dafür bürokratische Hindernisse ausgeräumt werden könnten. Vor allem wollten die amerikanischen Behörden unmittelbaren Zugang zu Dienstleistungen und Gütern in Frankreich erhalten, selbst Verträge mit französischen Baufirmen abschließen können, Zugang zu den Häfen Nantes und St. Nazaire bekommen und den Bau der Pipeline vom Ölhafen Donges (bei St. Nazaire) nach Montargis (östlich von Orléans) beschleunigt wissen[106].

Diese Pipeline war zunächst mit 9 Mio. Dollar veranschlagt; sie sollte in einem separaten Regierungsabkommen beschlossen und durch eine staatlich geführte Monopolfirma gebaut werden. Frankreich insistierte allerdings auf einer erheblich leistungsfähigeren Pipeline – zum eigenen wirtschaftlichen Nutzen –, ohne bereit zu sein, wenigstens die Mehrkosten zu tragen. Deshalb war Ende 1951 noch nicht absehbar, wann es zum ersten Spatenstich kommen würde[107]. Einem amerikanischen Vertragsentwurf vom Januar 1952 folgte sechs Monate später ein französischer. Erst ein Jahr später, am 30. Juni 1953, wurde endlich ein amerikanisch-französisches Pipeline-Abkommen unterzeichnet[108].

Der amerikanische Bedarf an Logistikeinrichtungen stieg derart rapide an, daß bereits im Februar 1951, also nur drei Monate nach Abschluß des LOFC-Abkommens, Folgeverhandlungen über eine Erweiterung begannen[109]. Die Amerikaner wollten ihr Militärpersonal in diesem Bereich von 10 000 auf 20 000 erhöhen, wozu noch 5000 polnische DPs und 12 000 französische Beschäftigte kommen sollten. Diese Zahlen wurden Ende 1952 tatsächlich erreicht, womit der im November 1949 festgelegte Personalstand des „7966 EUCOM Detachment" um das Zehnfache überschritten war[110]. Selbstverständlich reflektierte der enorm gestiegene Logistikbedarf die dramatisch angestiegene Zahl der US-Streitkräfte in Europa von etwa 100 000 (Mitte 1950) auf ihren (bis heute) höchsten Stand von 427 000 Mann (1953), von denen ein Großteil in Deutschland stationiert und über Frankreich versorgt wurde.

---

[105] Ebenda, S. 71–76.
[106] Ebenda, S. 109. Eine weitere amerikanische Bedingung war, daß die französische Regierung ein ausreichendes Aufrüstungsprogramm vorlegen würde. Damit versuchte man, die Stationierungsfragen enger an die amerikanische Wirtschafts- und Rüstungshilfe zu koppeln.
[107] Moenk, Establishment (Anm. 95), S. 106–107; weiteres Material in: NA RG 330 OSD CD 091.6 France 1951; NA RG 338 EUCOM 7966 EUCOM Detachment classified decimal files 1951; NA RG 59 Decimal file 1950–54 boxes 3187 & 3188.
[108] Beide Entwürfe und Text des Abkommens in: NA RG 59 Decimal File 1950–54 box 3188.
[109] Mason J. Young an Woodrow Wallner (11 Apr 1951), NA RG 338 EUCOM classfied decimal files 1951 box 3385; Briefwechsel dazu: Teleg Paris 3133 David Bruce an State Dept. (27 Apr 51), NA RG decimal file 1950–54 box 3187.
[110] Teleg Paris 752 Bonsal to State Dept. (15 Sep 51), NA RG 59 decimal file 1950–54 box 3187; Bruce Siemon (= Command Historian, US Army Hq, Heidelberg), USAREUR Briefing (undated, 1985?) Typoskript im Besitz von W. K.

V.

Fassen wir einige Ergebnisse zusammen:

(1) Aus bescheidenen Anfängen Ende der 1940er Jahre wurde innerhalb weniger Jahre ein Netzwerk von amerikanischen Militäreinrichtungen auf französischem Boden: etwa 20 für die US Army, 4 große Luftstützpunkte (Châteauroux, Toul-Rosière, Evreux, Laon), ein Marinestützpunkt in Villefranche-sur-Mer, die Communications Zone (COMZ) und die schließlich bis nach Deutschland reichende Pipeline. Dazu kamen die Basen in französisch Nordafrika und natürlich wichtige NATO-Einrichtungen (Rat, Sekretariat, SHAPE und AFCENT), an denen die USA wesentlichen Anteil hatten[111].

(2) Bekanntlich mußten diese Einrichtungen aufgelöst oder verlegt werden, als Frankreich unter Staatspräsident de Gaulle 1966 aus dem militärischen Teil der Allianz austrat. Ohne auf die Gründe näher einzugehen, wird aus der hier betrachteten Frühgeschichte klar, daß ein erheblicher Anstoß für die ursprüngliche Aufnahme dieser Beziehungen von der französischen Seite gekommen war. Mit anderen Worten, die amerikanischen Militäreinrichtungen in Frankreich waren keineswegs eine Fortschreibung der Klientenbeziehung zwischen den USA und Frankreich im Zweiten Weltkrieg und kurz danach; ebensowenig lassen sie sich auf den „Koreaschock" von 1950/51 reduzieren, wenngleich dieser die westliche Sicherheitspolitik entscheidend beeinflußte (4 zusätzliche US-Divisionen, westdeutscher Wehrbeitrag, SHAPE, SACEUR usw.). Auf französischer Seite gab es vielmehr eine Reihe von Gründen, warum das souveräne Frankreich die Sicherheitspartnerschaft mit den USA in der skizzierten Form forcierte:

– Frankreich konnte seine Sicherheit im Rahmen des sich verschärfenden Ost-West-Konfliktes und des gleichzeitigen Kolonialkrieges in Indochina nicht selbst gewährleisten.

– Es bemühte sich deshalb um ein militärisches Engagement der USA, das über den ursprünglichen Nordatlantikvertrag hinausreichte.

– Bis in die fünfziger Jahre hinein hatte man in Paris die Hoffnung, die britisch-amerikanische „special relationship" zu überwinden und mit den Briten zumindest gleichrangiger Partner der USA zu werden.

– Frankreich strebte in Rivalität mit Großbritannien ein möglichst weitgehend bilaterales Verhältnis zu den USA an, während die USA immer multilateral dachten[112].

Deshalb wird man den amerikanisch-französischen Sicherheitsbeziehungen nicht gerecht, wenn man sie hauptsächlich unter der NATO-Perspektive betrachtet, wie das in der Literatur vorwiegend geschieht[113]. Dafür liefert die hier nachgezeichnete Frühgeschichte wichtige Hinweise, wenngleich es für eine schlüssige Beweisführung erfor-

---

[111] Rund 25% der NATO-Ausgaben für Infrastruktur gingen nach Frankreich. Vgl. Harrison, Reluctant Ally (Anm. 5), S. 25; eine Landkarte mit den US-Militäreinrichtungen in Frankreich findet sich in: Doise, Vaisse (Anm. 5), S. 415.

[112] Demgegenüber sieht die richtungsweisende Arbeit von Harrison, Reluctant Ally (Anm. 5) (S. 16ff.) noch Frankreichs Ziel in einer trilater Beziehung unter Einschluß Großbritanniens.

[113] Hierzu liefert die genannte Darstellung von Vaisse wertvolle Korrekturen. Neben den Schwächen französischer Verteidigungspolitik hebt sie auch das enorme Ausmaß der französischen Wiederaufrüstung in den 1950er Jahren hervor, die 1952–54 jährlich mehr als ein Drittel der Staatsausgaben verschlang; Doise, Vaisse, Diplomatie (Anm. 5), S. 404ff. Zugleich wird der erhebliche Beitrag der USA ausführlich gewürdigt.

derlich wäre, in vergleichbarer Weise das gesamte Spektrum dieser Beziehungen über
einen größeren Zeitraum hinweg zu analysieren.

(3) Auf der amerikanischen Seite zeigen die frühen Sicherheitsbeziehungen zu
Frankreich ein deutliches Interesse Washingtons, Frankreich stärker in die amerika-
nische Containment-Politik einzubinden, als es mit diplomatischen und wirtschaftli-
chen Instrumenten, einschließlich der Rüstungshilfe, möglich war. Nachdem 1949 die
Ereignisse im kommunistischen Lager zu den Schluß geführt hatten, daß die westliche
Verteidigungsfähigkeit gestärkt werden müsse, wies die dafür wegweisende interne
Studie NSC-68 ausdrücklich darauf hin, daß es den USA im Fall einer drastischen
Aufrüstung „... an (Stationierungs)Orten fehlen (würde), die gehalten werden können
und von denen aus diese (zusätzlichen) Streitkräfte eingesetzt werden ...“ könnten[114].

(4) Die Schnelligkeit, mit der nach Ausbruch des Koreakrieges die US-Militäreinrichtungen installiert wurden, erlaubte es allerdings nicht, mit der beabsichtigten
diplomatischen Finesse zu operieren. Die USA pumpten deshalb viel Geld nach
Frankreich, ohne ein entsprechendes Maß an politischen Vorteilen dafür zu erhalten;
das zeigt das Beispiel der Logistikeinrichtungen. Neben technologischen Faktoren
(Kernwaffen, Raketen, usw.) lag in diesem Umstand eine Ursache für die späteren
militärpolitischen Konflikte mit Frankreich.

(5) Schließlich wird im historischen Rückblick ebenso wie in Hinsicht auf die
absehbare Zukunft deutlich, daß dieses Teilgebiet westlicher Nachkriegspolitik nicht
oder nicht überwiegend aus der Perspektive der späteren NATO-Krisen beurteilt
werden darf. Damit versteht man weder die Zeiten und Bereiche, in denen diese
Kooperation funktionierte, noch werden die sicherheitspolitischen Veränderungen auf
nationaler Ebene und die technologischen Wandlungen sichtbar, welche den „Krisen“
zugrunde lagen. Nicht zuletzt weil sich Frankreich in jüngster Zeit der NATO und
der amerikanischen Sicherheitspolitik wieder stärker annähert, wäre es ganz unzureichend, den Blick auf die französischen NATO-Querelen zu fixieren. Und nur aus der
politisch-militärischen Gesamtperspektive – im Gegensatz zur gleichsam Bündnis-
fixierten deutschen Sichtweise – wird man die derzeit großen Hoffnungen (oder sind
es Illusionen?) auf eine noch engere deutsch-französische Zusammenarbeit in der
Sicherheitspolitik zutreffend einschätzen können.

---

[114] FRUS 1950, Bd. 1, S. 261.

Bert Zeeman

Der Brüsseler Pakt und die Diskussion um einen westdeutschen Militärbeitrag[1]

„Qu'on en convienne ou non, le réarmament de l'Allemagne est contenu dans la pacte de l'Atlantique comme le germe dans l'oeuf."[2] Dieser berühmte Ausspruch stammt vom damaligen Herausgeber der französischen Zeitung „Le Monde", Hubert Beuve-Méry, und er hatte recht. Wenn man die Bedrohung der westeuropäischen Demokratien durch die Sowjetunion als erwiesen ansah, dann waren die Truppen dieser Länder in der Tat gänzlich unzureichend, um einer Aggression aus dem Osten begegnen zu können. Von den zehn europäischen Staaten, die der atlantischen Allianz beitraten, waren mindestens sechs (Dänemark, Island, Italien, Luxemburg, Norwegen und Portugal) nicht in der Lage, Truppen von nennenswerter Stärke aufzustellen, während drei der verbliebenen vier Länder tief in Kolonialkriege verwickelt waren. Großbritannien kämpfte gegen die kommunistischen Rebellen in Malaya, Frankreich war in langwierige Kriegshandlungen in Indochina verstrickt, und Holland sah sich in seinem Kampf gegen die indonesischen Nationalisten gravierenden Schwierigkeiten gegenüber. Die für „den europäischen Kriegsschauplatz" zur Verfügung stehenden Streitkräfte waren zahlenmäßig gering. Um einer sowjetischen Aggression widerstehen zu können, war die atlantische Allianz, abgesehen von der abschreckenden Wirkung der Atombombe, maßgeblich auf kanadische und insbesondere amerikanische Hilfe – entweder durch finanzielle Mittel und Waffen oder durch Truppen – angewiesen. In welcher Form der amerikanische Unterstützungsbeitrag erfolgen sollte, war eines der ungelösten Probleme des am 4. April 1949 geschlossenen transatlantischen Abkommens zwischen Nordamerika und Westeuropa; das andere ungelöste Problem war der deutsche Beitrag. Beuve-Mérys Kommentar erschien am 6. April 1949 in Le Monde. Die Frage ist jedoch berechtigt, ob er diesen Kommentar auch mehr als ein Jahr zuvor, d. h. nach dem Abschluß des Brüsseler Vertrages vom 17. März 1948 durch Großbritannien, Frankreich, Belgien, Luxemburg und die Niederlande geschrieben haben könnte. Hing nicht die Lebensfähigkeit einer westeuropäischen Verteidigungsorganisation, mehr noch als ein atlantisches Bündnis, von einem deutschen Beitrag ab? Wenn ja, dann müßte ein möglicher deutscher Beitrag in den Überlegungen der fünf Brüsse-

---

[1] Zum besseren Verständnis meint „Western Union" die auf dem Brüsseler Pakt vom 17. März 1948 beruhende Militärorganisation. Obwohl schon damals zeitgenössische Berichte von einer Westeuropäischen Union sprachen, sollte, streng genommen, diese Bezeichnung für die nach dem Beitritt von Westdeutschland und Italien im Jahre 1954 erneuerte Brüsseler Pakt-Organisation reserviert werden.

[2] Zit. nach Alfred Grosser, Les Occidentaux. Les pays d'Europe et les Etats-Unis depuis la guerre, Paris 1978, S. 115.

ler Pakt-Staaten einen hohen Stellenwert eingenommen haben, und zwar angefangen von den ersten öffentlichen Andeutungen zu einer „Western Union" am 22. Januar 1948 durch den britischen Außenminister Ernest Bevin bis zur Entscheidung des Konsultativrates vom 20. Dezember 1950, den Brüsseler Pakt in den Nordatlantikpakt (NATO) einzugliedern. In anderem Zusammenhang hat Lawrence Kaplan darauf hingewiesen, daß man die Bedeutung des Brüsseler Vertrages am besten anhand des Studiums seiner versteckten Tagesordnung begreifen könne: ihm zufolge war die „Western Union" eher „an elaborate devise to entangle the United States in European affairs"[3]. Man könnte noch eine weitere versteckte Tagesordnung konstruieren: vielleicht war das letztendliche Ziel der „Western Union" die Wiedereingliederung Deutschlands in den westeuropäischen Verbund – und zwar nicht nur wirtschaftlich, wie durch die Teilnahme der drei westlichen Besatzungszonen am Marshall-Plan, sondern auch militärisch.

Die Beschäftigung mit dieser Frage fällt nicht leicht, vor allem weil die Geschichtsschreibung über die „Western Union" erst am Anfang steht. Die ersten Anzeichen einer militärischen Integration in der Nachkriegsära sind immer von der NATO überschattet gewesen, einer Organisation, die auf der Basis der „Western Union" gegründet wurde und sie schrittweise absorbierte. Als eigenständiges Studienobjekt fand die „Western Union" kaum Beachtung, sondern nur im Hinblick auf andere möglicherweise wichtigere Ereignisse. Ihre Entstehung im Jahre 1948 wird stets mit der ein Jahr später vollzogenen Bildung der NATO verknüpft; ihre Wiedergeburt 1954 wird vorwiegend als ein Nebenprodukt der im Rahmen der NATO verwirklichten deutschen Wiederbewaffnung gesehen; und ihre gegenwärtige Wiederbelebung scheint ebenfalls nur ein Nebeneffekt der Neuordnung der atlantischen Beziehungen zu sein. Die Öffnung der politischen Akten des Brüsseler Paktes vor acht Jahren und der militärischen vor fünf Jahren hat kaum Spuren hinterlassen.

Eine Studie über die Frage eines deutschen Militärbeitrages zur „Western Union" dient daher zwei Zielen: auf der einen Seite vergrößert sie unser Wissen über die Frage der deutschen Wiederbewaffnung an sich; auf der anderen Seite ist sie ein Beitrag zur Historiographie der „Western Union" von ihren Anfängen im Januar 1948 bis zu ihrem selbstauferlegten Winterschlaf im Dezember 1950.

I.

Die bevorstehende Geburt der „Western Union" wurde am 22. Januar 1948 von dem britischen Außenminister Ernest Bevin öffentlich verkündet. In seiner berühmten außenpolitischen Rede zog Bevin die Schlußfolgerungen aus der sowjetischen Nachkriegspolitik, aus der Verschlechterung in den Beziehungen zwischen Ost und West und aus dem daraus resultierenden Scheitern der Londoner Außenministerkonferenz im Dezember 1947. Die ehemaligen Kriegsverbündeten waren nicht fähig, ihre unterschiedlichen Vorstellungen hinsichtlich der Zukunft Deutschlands zu überbrücken – nach Meinung Bevins aufgrund sowjetischer Unnachgiebigkeit und Unflexibilität.

[3] Lawrence S. Kaplan, An Unequal Triad: The United States, Western Union, and NATO, in: Olav Riste (Hrsg.), Western Security: The Formative Years. European and Atlantic Defense 1947–1953, Oslo 1985, S. 107.

Angesichts dieser Situation hatte Westeuropa keine andere Alternative als sich enger zusammenzuschließen. Die Zeit war, nach Meinung Bevins, reif für eine Konsolidierung Westeuropas, und er kündigte an, daß in Kürze Verhandlungen mit Belgien, den Niederlanden und Luxemburg beginnen würden, um den 1947 geschlossenen Vertrag von Dünkirchen zu ergänzen. Ein wichtiger Kern würde damit geschaffen werden: „We shall have to consider the question of associating other historic members of European civilization, including the new Italy, in this great conception."[4] Zur Rolle eines „neuen" Deutschland machte er in diesem Zusammenhang keinerlei Andeutungen.

Intern jedoch nahm Bevin hinsichtlich der Rolle Deutschlands in der vorgesehenen „Western Union" kein Blatt vor den Mund. In den Gesprächen mit seinem amerikanischen Kollegen George Marshall nach dem Scheitern der Außenministerkonferenz wurde Westdeutschland als einer der Mitgliedstaaten einer potentiellen westeuropäischen Union zwar nicht erwähnt, doch die Memoranden, die seiner Januar-Rede und den Berichten an das State Department zur Erläuterung seiner Politik zugrunde lagen, ließen keinen Zweifel über das künftige Schicksal Westdeutschlands zu. In dem Memorandum „The First Aim of British Foreign Policy", das am 8. Januar 1948 im Kabinett diskutiert wurde, schlug Bevin die Schaffung eines westlichen demokratischen Systems vor, das, wenn möglich, die skandinavischen Länder, die Benelux-Staaten, Frankreich, Portugal, Italien und Griechenland umfassen sollte. Doch die „Western Union" sollte noch darüber hinausgehen. In dem Memorandum hieß es dazu: „As soon as circumstances permit we should of course wish also to include Spain and Germany, *without whom no Western system can be complete.*"

Nachdem das Kabinett diesen Plan gebilligt hatte, übermittelte Bevin Marshall am 13. Januar den Kerngedanken seines neuen Konzepts und benutzte dabei die gleichen Worte hinsichtlich der zukünftigen Rolle Deutschlands[5]. Die französische Regierung, die nach britischer Erwartung in Übereinstimmung mit London handeln sollte (so z.B. in der Frage eines Vertragsangebotes an die Benelux-Staaten) wurde am selben Tag über die Pläne Bevins informiert. Die Franzosen signalisierten ihr Einverständnis, obwohl sie von Bevins unstimmigen und unpräzisen Vorstellungen irritiert waren. In dem Augenblick, als sie selbst versuchten, ihre wirtschaftlichen Verbindungen mit Italien und den Benelux-Staaten zu festigen, befürchteten sie, in die Position des „brilliant second"[6] manövriert zu werden.

Die Diskrepanz zwischen den in der Öffentlichkeit und intern formulierten politischen Zielen manifestierte sich augenblicklich, als Bevins Rede in die Tat umgesetzt werden mußte. Denn am Vorabend seiner Rede wurde den Benelux Staaten die Erweiterung des Dünkirchener Vertrages angeboten, der am 4. März 1947 geschlossen worden war und sich insbesondere gegen eine Aggression Deutschlands richtete[7].

[4] Zit. nach Alan Bullock, Ernest Bevin. Foreign Secretary, London 1983, S. 519.
[5] The First Aim of British Foreign Policy, 4 Jan 1948 (Hervorhebung durch Verf.), Public Record Office London (PRO) CAB 129/23, C. P. (48) 6; Foreign Relations of the United States (FRUS) 1947, Bd. 2, S. 814–815; FRUS 1948, Bd. 3, S. 3–6.
[6] Maurice Vaisse, L'échec d'une Europe Franco-Britannique ou comment le Pacte de Bruxelles fut créé et délaissé, in: Raymond Poidevin (Hrsg.), Histoire des Débuts de la Construction Européenne, Mars 1948 – Mai 1950, Brüssel usw. 1986, S. 373–375.
[7] Vgl. Bert Zeeman, Britain and the Cold War: An Alternative Approach. The Treaty of Dunkirk Example, in: European History Quarterly 16 (1986), S. 343–367.

Dieser englisch-französische Bündnisvertrag rundete jenes Allianzsystem ab, das 1942 mit dem britisch-sowjetischen und 1944 mit dem französisch-sowjetischen Vertrag begonnen worden war. Bevins Ziele – Wiederherstellung des Gleichgewichts gegenüber der Sowjetunion, was letztendlich einen deutschen militärischen Beitrag erforderte, und seine Mittel – Erweiterung eines Bündnissystems, das auf die Eindämmung der deutschen Gefahr hinzielte – standen eindeutig im Widerspruch miteinander.

Die Benelux-Staaten erkannten diese gravierende Diskrepanz sogleich. Paul-Henri Spaak, der belgische Außenminister, teilte dem amerikanischen Botschafter in Brüssel mit, daß eine Erweiterung des Dünkirchener Vertrages bedeutungslos sei, wenn man ihn nicht „as a screen behind which to consider defenses against Russia <sic>" betrachten würde. Wenn er die britisch-französischen Vorschläge annähme, würde er das belgische Volk hinters Licht führen. Auch die Holländer überraschte der Vorschlag einer Erweiterung des Dünkirchener Vertrages. Nach Aussagen des Direktors der Politischen Abteilung im holländischen Außenministerium, Han Boon, war diese geplante Erweiterung als Ausgangspunkt für eine Konsolidierung Westeuropas insgesamt angesichts eines möglichen sowjetischen Angriffs denkbar ungeeignet. Deutschland, oder wenigstens die Westzonen, mußten vielmehr als in Zukunft notwendige Partner in einem westlichen Verband in Betracht gezogen werden. Sein belgischer Kollege, Hervé de Gruben, war in diesem Punkt ein wenig vorsichtiger: Es sei noch nicht opportun, die Dinge bis zur letzten Konsequenz zu treiben[8].

Die Benelux-Staaten ergriffen die Initiative, vor allem Spaak drängte. Er hatte mehr als drei Jahre auf die nun von Bevin angebotene Gelegenheit gewartet und wollte jetzt seinen schon im Krieg ausgedachten Traum einer westeuropäischen Entente unter britischer Führung realisieren[9]. Die drei Staaten beschlossen gemeinsam zu handeln und als ihnen am 19. Februar die britisch-französischen Vertragsentwürfe vorgelegt wurden, konnten sie einen eigenen gemeinsamen Vorschlag präsentieren. Von dem britisch-französischen Angebot (im Kern eine Reihe auf dem Dünkirchener Vertrag basierender bilateraler Verträge) unterschied sich der Gegenvorschlag der Benelux-Staaten grundsätzlich in dreierlei Hinsicht: Erstens, keine bilateralen Verträge, sondern ein multilateraler, von den betreffenden fünf Staaten unterzeichneter Vertrag; zweitens, keine reine Militärentente, sondern eine mit politischen und wirtschaftlichen Aufgaben betraute Organisation; drittens, kein Hinweis auf Deutschland, sondern eine allgemeine Übereinkunft, gemeinsam im Falle einer bewaffneten Aggression vorzugehen[10].

In dem Zeitraum vom 19. Februar bis zur Unterzeichnung des Brüsseler Vertrages am 17. März 1948 gelang es, die unterschiedlichen Gesichtspunkte zu überbrücken. Briten und Franzosen gaben bald ihren Widerstand im Hinblick auf einen multilateralen Vertrag auf. Ihr Hauptargument – ein solcher Vertrag wäre ein Vorwand für die USA, sich von Europa zurückzuziehen, da nun die Sicherheit Westeuropas garan-

---

[8] FRUS 1948, Bd. 3, S. 6f.; Minute DPZ, 27 Jan 1948, Netherlands Ministry of Foreign Affairs, The Hague (NMFA), Embassy Brussels Secret Archives, Box 39, Folder Bevin Plan; Minute de Gruben, 28 Jan 1948, Belgian Ministry of Foreign Affairs, Brussels (BMFA), File 12237.

[9] Jean Stengers, Paul-Henri Spaak et le Traité de Bruxelles de 1948, in: Poidevin, Histoire des Débuts (Anm. 6), S. 123–132.

[10] Die Benelux- und britisch-französischen Memoranden in NMFA, WEU Archives 999.1, Box 4, Folder 12.

tiert sei – wurde von den Amerikanern selbst bestritten, und der öffentliche Protest in Westeuropa auf die Ereignisse in der Tschechoslowakei Ende Februar eröffnete den Weg, eine Formel zu akzeptieren, die bis zu diesem Zeitpunkt nach Ansicht der Briten und Franzosen der Sowjetunion gegenüber verletzend gewesen wäre. Um ihr Ziel zu erreichen, brauchten die Benelux-Staaten somit nicht ihre Drohung – die am 4. März in Brüssel begonnenen Verhandlungen abzubrechen[11] – wahrzumachen.

In einem Punkt jedoch blieb Frankreich unnachgiebig. Deutschland sollte im Vertragstext als mögliche Bedrohung erwähnt werden. Die unterschiedlichen Standpunkte zu Deutschland können am besten aus den sowohl von den Benelux-Staaten wie von Großbritannien und Frankreich vorgelegten Vertragsentwürfen herauskristallisiert werden[12]. Der von den Benelux-Staaten vorgelegte Vertragsentwurf war klar und unzweideutig. Er bestand aus fünf Artikeln; den Kern bildete Artikel III, in dem sich die Hohen Vertragsschließenden Parteien gegenseitige militärische und sonstige Unterstützung für den Fall versprachen, daß einer von ihnen infolge eines bewaffneten Angriffs auf sein europäisches Territorium oder seine Besatzungstruppen in Deutschland in Kriegshandlungen verwickelt würde. Der andere Hinweis auf Deutschland findet sich in der Präambel. Als eine ihrer grundlegenden Überlegungen bekräftigten die Benelux-Staaten ihre Entschlossenheit, einer Rückkehr Deutschlands zu einer aggressiven Politik entgegenzuwirken. Der französisch-britische Entwurf sah elf Artikel vor. Artikel V – die militärische Unterstützungsklausel – war genauso eindeutig formuliert wie der Vorschlag der Benelux-Staaten, nur war er nicht allein auf Europa beschränkt. Französischer Einfluß war vor allem in den Artikeln VIII und IX zu spüren, die sich direkt von Artikel I und III des Dünkirchener Vertrages ableiteten. Darin wurden die Aktionen der Vertragsparteien im Falle einer erneuten deutschen Bedrohung oder einer Nichterfüllung wirtschaftlicher Verpflichtungen durch Deutschland definiert.

Obwohl Deutschland in der militärischen Beistandsklausel nicht erwähnt wurde, bestand die französische Delegation während der Verhandlungen darauf, daß ein Hinweis auf eine deutsche Bedrohung irgendwo im Vertragstext seinen Niederschlag finden müßte. Insbesondere die Holländer lehnten jedoch jegliche Erwähnung Deutschlands im Text ab. Immer wieder betonten Außenminister Van Boetzelaer und hohe Beamte seines Ministeriums die überragende Bedeutung einer zukünftigen Einbeziehung Deutschlands, so z. B. Regierungsbeauftragter Hirschfeld:

„He felt that Western Europe should have a sound economic basis, which necessitated the inclusion of at least the western part of Germany and should not be designed as a defensive military organization against a country which should be an integral part."[13] Die Holländer unterlagen in dieser Auseinandersetzung. Sie mußten akzeptieren, daß Hinweise auf eine deutsche Bedrohung in die Präambel und in den Artikel VII des

---

[11] Compte Rendu de la Réunion des Représentants des Pays de Benelux, B/PV/1, 3 Mar 1948, BMFA, File 12071 année 1948.
[12] Beide Texte in: NMFA, WEU Archives 999.1, Box 4, Folder 13.
[13] Feaver to Sec of State, No. 58, 19 Feb 1948, Public Archives of Canada, Ottawa (PAC), RG 25 Series G1, Acc. 84–85/019, Box 387, File 11030-40.

Brüsseler Vertrages eingefügt wurden[14]. Auf der anderen Seite jedoch erläuterte die
militärische Beistandsklausel die Ursprünge einer zukünftigen Aggression nicht näher,
und eine mögliche Einbeziehung Deutschlands durch eine geeignete Beitrittsklausel
war sichergestellt. Keiner der fünf Unterzeichnerstaaten konnte aber einen Beitritt
Deutschlands in naher Zukunft voraussehen. Die französische Besatzungszone war
noch nicht an die britisch-amerikanische Bizone angeschlossen, und die erste Nach-
kriegskonferenz über Deutschland ohne sowjetische Beteiligung, die am 23. Februar in
London begonnen hatte, konnte noch keine großen Fortschritte vorweisen. Das „neue
Italien" galt – insbesondere auf Drängen der USA – als erstes Land, das für eine
Beteiligung an der „Western Union" akzeptabel schien.

Eine tatsächliche Teilnahme Deutschlands wurde deshalb zu jenem Zeitpunkt
öffentlich verworfen, jedoch hinter den Kulissen ernsthaft in Erwägung gezogen, und
zwar nicht nur im Hinblick auf den Brüsseler Pakt, sondern auch im Hinblick auf den
ihm folgenden Nordatlantikpakt. Als Bevin eine „Western Union" vorschlug, blickte
er über Westeuropa hinaus. Letztendlich mußten die USA und zumindest einige
Staaten der Dominions miteinbezogen werden, um der „Western Union" die nötige
militärische und wirtschaftliche Stärke zu verleihen. Kurz nach – ja sogar schon vor –
seiner „Western-Union"-Rede bedrängte er in einer Flut von Telegrammen seine
amerikanischen und kanadischen Kollegen mit seinen Ideen[15].

In seinem eindringlichen Memorandum vom 11. März 1948, mit dem er schließlich
die Zustimmung der Amerikaner zu vorbereitenden Gesprächen über atlantische
Sicherheitsfragen erreichte, erwähnte er Deutschland kein einziges Mal. Dagegen kam
das deutsche Problem sofort in den eigentlichen Verhandlungen, die am 22. März im
Pentagon begannen, zur Sprache[16]. Während dieser Verhandlungen – sechs Sitzungen
in elf Tagen – stimmten alle Konferenzteilnehmer darin überein, daß jeglicher Schritt
und Vorschlag vermieden werden mußte, der einer deutschen zukünftigen Teilnahme
entgegenstehen könnte. Als die Delegationen während der zweiten Sitzung Einvernehmen darüber erzielten, daß ihre gemeinsamen Bemühungen die Gründung eines
Sicherheitspaktes für den Nordatlantikbereich anvisieren mußten, beschlossen sie, daß
alle an den Nordatlantik angrenzenden Nationen darin einbezogen werden müßten
und „the way would be left open for accession later by Western Germany, Austria and
Spain"[17].

Zwei der drei Delegationen jedoch erwähnten Deutschland nicht in den Papieren,
die sie anschließend als Diskussionsgrundlage vorbereiteten. Sowohl das amerikanische
wie das britische Papier, die auf der dritten Sitzung beratschlagt wurden, ließen die
Frage einer deutschen Beteiligung außer acht; den Kanadiern gebührt das Verdienst,

---

[14] Fritsch-Bournazel erwähnt nur den Hinweis auf Deutschland in der Präambel, vgl. Renata Fritsch-Bournazel, „Mourir pour Berlin?" Die Wandlungen der französischen Ost- und Deutschlandpolitik während der
Blockade 1948/49, in: Vierteljahrshefte für Zeitgeschichte 35 (1987), S. 184. Vaisse verweist auf Artikel 8 und
9 des Dünkirchener Vertrages; diese existieren jedoch nicht, da der Vertrag nur 6 Artikel aufweist. Er meint
wahrscheinlich Artikel 8 und 9 des britisch-französischen Vorschlags eines Militärpaktes, vgl. Vaisse,
L'échec d'une Europe (Anm. 6), S. 378; Anglo-French proposal, 6 Mar 1948, NMFA, WEU Archives 999.1,
Box 4, Folder 13.
[15] Vgl. FRUS 1948, Bd. 3, S. 3ff.; North Atlantic Security Pact, Department of External Affairs, Ottawa, File
283 (s).
[16] Cees Wiebes; Bert Zeeman, The Pentagon Negotiations March 1948: the launching of the North Atlantic
Treaty, in: International Affairs 59 (1983), S. 351–363.
[17] FRUS 1948, Bd. 3, S. 66.

formal den Weg für Deutschland geebnet zu haben. In Punkt 9 ihres Papiers schlugen die Kanadier vor, in den geplanten westlichen Verteidigungspakt eine Beitrittsklausel aufzunehmen, „under which, among others, Western Germany and Western Austria, might join". Schließlich wurde der kanadische Vorschlag in das Papier mitaufgenommen, das als Resultat aus den streng geheimen Sitzungen in Washington hervorging. Dieses sogenannte Pentagon-Papier umriß den zukünftigen Kurs der amerikanischen Außenpolitik im Hinblick auf atlantische Sicherheitsfragen und atlantische Bündnisse. Der in dem Papier vorgeschlagene Kurs trug eindeutig die britische und kanadische Handschrift. Sein Kernelement war die Entscheidung zu Verhandlungen über ein kollektives Verteidigungsabkommen für das Nordatlantikgebiet, das neben den drei Konferenzteilnehmern auch Frankreich, Norwegen, Schweden, Dänemark, Island, Irland, Italien, Portugal und die Benelux-Staaten umfassen sollte. Die Zweigleisigkeit in der Behandlung Deutschlands zeigt sich erneut in Paragraph 6 des Papiers:

„When circumstances permit, Germany (or the three Western Zones), Austria (or the three Western Zones) and Spain should be invited to adhere to the Five-Power-Treaty (= Treaty of Brussels) and to the Defense Agreement for the North Atlantic Area."

Aber: dieses Ziel *should not be publicly disclosed*[18]. Was innerhalb der bewachten Mauern des Pentagon gesagt werden konnte, durfte nicht publik gemacht werden. Welche Rolle Donald Maclean spielte, der auf britischer Seite an diesen Verhandlungen teilnahm und seine sowjetischen Auftraggeber über die neuesten Entwicklungen auf dem Laufenden hielt, bleibt weiter unklar.

II.

Bis Ende März 1948 war die Frage eines deutschen Beitrags zur Verteidigung des Westens in erster Linie mit der Perspektive eines auf lange Sicht hin geplanten Beitritts Deutschlands zu einem westlichen Verteidigungsbündnis behandelt worden. Zumindest eine Person zweifelte jedoch – und dies schon Anfang 1948 – nicht daran, daß ein deutscher Beitrag zur Verteidigung des Westens wünschenswert, ja sogar notwendig sei – und zwar bald. Der Leiter des Imperial General Staff der britischen Armee und zukünftige Vorsitzende der Western Union Commanders-in-Chief, Feldmarschall Montgomery, erläuterte im Januar 1948 diese Notwendigkeit in einem Memorandum, das sich mit möglichen Reaktionen des Westens auf eine zukünftige sowjetische Aggression befaßte. Tief beeindruckt von der, wie er sagte, Schwäche und dem Defätismus der westlichen Demokratien angesichts der sowjetischen Bedrohung, dachte er Bevins „Western-Union"-Vorstellungen bis zu ihren logischen Konsequenzen durch. Sein Memorandum mit dem Titel „The Problem of Future War and the Strategy of War with Russia" war klar und direkt.

Nach Meinung Montgomerys hatte Frankreich im Konzept der „Western Union" eine Schlüsselrolle inne. Man mußte die französische Regierung davon überzeugen, daß ihre Sicherheit von einem lebensfähigen deutschen Staat abhängig sei, und dies nicht nur in politischer und wirtschaftlicher, sondern auch in militärischer Hinsicht.

---

[18] Canadian draft, 23 Mar 1948, PAC, Escott Reid Papers, MG 27 III G 5, Vol. 6; FRUS 1948, Bd. 3, S. 75 (Hervorhebung durch Verf.).

„Therefore France must come into the German Government being set up at Frankfurt; this Government must embrace the three western zones and the resulting state
should be called ‚Germany'. (...) Clearly we cannot afford to neglect any area which
could provide fighting manpower and industrial potential. In both these respects
Germany would be an important asset. Britain should make a Treaty with Germany
and bring her into the Western Union."

Er prognostizierte massive politische Schwierigkeiten mit der französischen Regierung, aber ihr Eigeninteresse mußte sie von der Gültigkeit seiner Argumente überzeugen. Ein sowjetischer Angriff mußte, da amerikanische Unterstützung fraglich war,
zum frühest möglichen Zeitpunkt gestoppt werden. „We must agree that, if attacked,
the nations of the Western Union will hold this attack as far East as possible e.g. on
the Rhine." Auch Großbritannien mußte seinen Beitrag zu diesen Verteidigungsanstrengungen leisten. Andernfalls wäre Westeuropa nicht in der Lage, sich selbst zu
verteidigen[19].

Montgomery war seiner Zeit voraus. Sein Memorandum wurde von seinen Kollegen
im Chiefs of Staff Committee abgelehnt. Sie waren zu diesem Zeitpunkt nicht bereit,
Großbritannien zu einer Kontinentalstrategie zu verpflichten[20]. Die „Western Union"
war noch nicht so weit ausgerüstet, daß sie sich mit solch weitreichenden Vorschlägen
befassen konnte. Von Anfang an bestanden gravierende Meinungsunterschiede zwischen den Benelux-Staaten, Frankreich und Großbritannien über den organisatorischen Rahmen der „Western Union" und die Notwendigkeit zu raschem und energi-
schem Handeln.

Eine Woche nach Unterzeichnung des Brüsseler Vertrages stritten sich schon die
diplomatischen Vertreter in Brüssel über den organisatorischen Aufbau, den Sitz der
Ständigen Kommission und des Sekretariats und den Status des Generalsekretärs der
„Western Union". Die Benelux-Staaten wollten der neuen Organisation den nötigen
Nachdruck verleihen. Sie schlugen regelmäßige – mindestens monatliche – Sitzungen
der Außenminister in dem vom Brüsseler Vertrag in Artikel VII vorgesehenen Konsultativrat vor, die am Sitz des Sekretariats (vorzugsweise Brüssel) stattfinden sollten;
ebenso propagierten sie die Bildung eines militärisch-politischen und eines Wirt-
schafts- und Sozialausschusses. Im Hinblick auf die regelmäßigen Sitzungen der
Außenminister gab es keinen Widerspruch, doch die Briten forderten London als Sitz
des Sekretariats und damit als Sitzungsort des vorgeschlagenen Konsultativrates, während die Franzosen den Konsultativrat je nach Bedarf (ad hoc) einberufen wollten.
Wirtschaftsfragen sollten in Paris, militärische Angelegenheiten in London beraten
werden. Die Benelux-Staaten lehnten eine solche Struktur ab, und während sie die
Briten in ihrer Forderung nach dem Sitz des Sekretariats in London unterstützten,
forderten sie selbst das Amt des Generalsekretärs[21].

Die diplomatischen Vertreter waren nicht in der Lage, die unterschiedlichen Standpunkte zu überbrücken, und somit war es Aufgabe der Außenminister, die sich am
17. April zur ersten Sitzung des Konsultativrates der „Western Union" in Paris trafen,

[19] Zit. nach Nigel Hamilton, Monty. The Field Marshall 1944–1976, London 1986, S. 700f.
[20] Vgl. John Baylis, Britain, the Brussels Pact and the continental commitment, in: International Affairs 60 (1984), S. 615–629.
[21] Proposal Benelux, 23 Mar 1948, NMFA, Embassy Brussels Secret Archives, Box 39, Folder Western Union; Réunion des Représentants, PV/S/1, 24 Mar 1948, BMFA, File 13249.

den Gordischen Knoten zu durchtrennen. Die Differenzen zwischen den fünf Staaten wurden noch durch die unterschiedlichen Vorstellungen der sechzehn westeuropäischen Länder verstärkt, die die Organisation für wirtschaftliche Zusammenarbeit (OEEC) – die europäische Marshall-Plan-Organisation – aufzubauen versuchten. Schließlich setzten die Franzosen erfolgreich den Sitz des Sekretariats der OEEC in Paris wie auch das Amt des Generalsekretärs (Robert Marjolin) durch. Daraufhin gaben sie in Fragen der Organisation der „Western Union" nach. London war als Sitz des Sekretariats vorgesehen; die Außenminister sollten alle drei Monate abwechselnd in einer der Hauptstädte der Mitgliedsstaaten zusammentreffen; eine Ständige Kommission (bestehend aus einem britischen Unterstaatssekretär und den Botschaftern in London) sollte mindestens einmal im Monat tagen; als Tagungsort aller Komitees war ebenfalls die britische Hauptstadt geplant. Für die Niederlande war das Amt des Generalsekretärs reserviert, da Spaak Vorsitzender des OEEC-Ministerrates geworden war.

Nach diesem Vorgeplänkel versuchte die „Western Union" zur Tagesordnung überzugehen. Der holländische Diplomat Star Busmann wurde zum Generalsekretär ernannt und ein kleines Sekretariat geschaffen, die Ständige Kommission tagte zum ersten Mal am 24. April und Ende April trafen sich die Verteidigungs- und Finanzminister der „Western Union" zur ersten Sitzung. Die Verteidigungsminister und ihre Generalstäbe, die in London zusammenkamen, einigten sich über Organisation und Zusammensetzung eines ständig tagenden Militärausschusses. Dieser Ausschuß nahm sofort seine Arbeit auf. Auf einer der seit Januar regelmäßig stattfindenden Sitzungen über Fragen der atlantischen Sicherheit äußerte der amerikanische Unterstaatssekretär, Robert Lovett, gegenüber dem britischen Botschafter Inverchapel, daß die USA, bevor überhaupt Gespräche über eine Realisierung der in dem Pentagon-Papier vorgesehenen Vorschläge beginnen konnten, mehr über die militärischen Pläne der „Western-Union"-Länder wissen müßten. Die Verteidigungsminister beauftragten den Militärausschuß, die amerikanischen Fragen zu beantworten[22].

Gladwyn Jebb, der britische Vorsitzende der Ständigen Kommission, überreichte am 14. Mai im Namen der „Western Union" den Amerikanern die Antworten[23]. Was das tatsächliche Ausmaß an Ausrüstung und Material der „Western Union" betraf, so spiegelten die Antworten zwar hehre Absichten, aber kaum harte Fakten wieder. Man war bereit zu einer Zusammenlegung der Ausrüstung, zur Standardisierung und zur Harmonisierung der militärischen Organisationsstrukturen. Doch als man auf konkrete militärische Pläne zu sprechen kam, konnte das Militärkomitee nur folgendes konstatieren:

„In the event of an attack by Russia, however soon it may come, the five powers are determined to fight as far east in Germany as possible. If Russia overruns the countries of Western Europe irreparable harm will be done before they are liberated, owing to the Russian policy of deportation and pillage."

Durch das Eingeständnis militärischer Schwäche im Falle eines unmittelbar bevorstehenden Angriffs erkannten die Länder der „Western Union" an, daß ihre Planungen

[22] Vgl. z. B. Sir Nicholas Henderson, The Birth of NATO, London 1982, S. 22–24; Martin H. Folly, Breaking the Vicious Circle: Britain, the United States, and the Genesis of the North Atlantic Treaty, in: Diplomatic History 12 (1988), S. 72f.
[23] FRUS 1948, Bd. 3, S. 123–126.

sehr eng mit dem strategischen Konzept der Amerikaner verknüpft werden mußten, da die amerikanische Militärmacht den Ausschlag zugunsten des Westens geben müsse. Man wies die Amerikaner eindringlich auf die Brisanz der Ergebnisse ihrer Fragebogenaktion hin: „It would clearly be disastrous if this information were to fall into the hands of unauthorised persons."

Vier der fünf Nationen der „Western Union" hätten sich vermutlich noch weniger wohl gefühlt, wenn sie mehr über das amerikanische Strategiekonzept, auf das sie vertrauten, gewußt hätten (nur die Briten wurden über die amerikanischen strategischen Planungen auf dem Laufenden gehalten). Denn der kurzfristig angelegte amerikanische „Kriegsplan" HALFMOON, maßgeblich für die amerikanische Militärstrategie 1948, sah die Evakuierung des westeuropäischen Kontinents im Falle einer sowjetischen Aggression vor; man hielt es also nicht für möglich, den Kontinent zu verteidigen[24]. Der Rückzug der amerikanischen Truppen sollte in zwei Stufen durchgeführt werden: zunächst bis an den Rhein, dann weiter durch Frankreich hindurch, entweder bis zu den französischen Häfen oder bis zu den Pyrenäen. Um eine Luftoffensive gegen die Sowjetunion über dem Kontinent starten zu können, war die Verteidigung Großbritanniens von großer Wichtigkeit. Die Wiedereroberung Westeuropas war nicht einmal in dem Katalog der militärischen Ziele aufgeführt, die nach sechs Monaten Krieg erreicht sein sollten.

Weder die Antworten des Militärausschusses der „Western Union" noch die amerikanischen Generalstabspläne befaßten sich mit einem möglichen deutschen Militärbeitrag, um dem deutlichen Ungleichgewicht abzuhelfen. Ein anderes Problem beschäftigte im Sommer 1948 die westlichen Staaten: Wie konnte den Absichten der USA, die westeuropäischen Staaten zu unterstützen – so wie es im streng geheimen Pentagon-Papier stand und wie es auch öffentlich von Präsident Harry S. Truman am Tag der Unterzeichnung des Brüsseler Vertrages verkündet worden war – Substanz verliehen werden? Das größte Hindernis für einen frühen Verhandlungsbeginn zwischen den Vereinigten Staaten und Westeuropa waren interne amerikanische Schwierigkeiten. Die im Pentagon-Papier enthaltenen Vorschläge – diese wurden anschließend in das NSC-Document 9 ‚The Position of the United States with Respect to Support for Western Union and Other Related Free Countries' übernommen – waren innerhalb der amerikanischen Administration nicht unangefochten. Der Direktor des politischen Planungsstabes des State Department, George Kennan, der Berater des State Department, Charles Bohlen, und die Militärs äußerten ihre Bedenken, ob denn eine militärische Verpflichtung der USA gegenüber Westeuropa so wünschenswert sei[25]. Darüber hinaus mußte die Regierung die bevorstehenden Präsidentschaftswahlen mit in ihre Überlegungen einbeziehen; ein Sieg der Republikaner galt damals als sehr wahrscheinlich. Deshalb mußte die amerikanische Administration sicher gehen, daß ihre Verhandlungsvorschläge keinesfalls Objekt von Parteistreitigkeiten werden wür-

---

[24] Zu HALFMOON vgl. Thomas H. Etzold, John Lewis Gaddis (Hrsg.), Containment: Documents on American Policy and Strategy 1945–1950, New York 1978, S. 315–323; für die britische Seite vgl. Steven L. Rearden, History of the Office of the Secretary of Defense, Bd. 1: The Formative Years 1947–1950, Washington 1984, S. 465.

[25] Vgl. z. B. Escott M. Reid, Time of Fear and Hope. The Making of the North Atlantic Treaty 1947–1949, Toronto 1977, S. 99–112; Lawrence S. Kaplan, The United States and NATO. The Formative Years, Lexington 1984, S. 69–75.

den. Dies gelang am 11. Juni 1948 mit der Vandenberg-Resolution; sie sanktionierte die „Association of the United States, by constitutional process, with such regional and other collective arrangements as are based on continuous and effective self-help and mutual aid, and as affect its national security."[26]

Ungefähr zum gleichen Zeitpunkt hatte man auch die interne Opposition im State Department und bei den Militärs überwunden, und auch in London konnten die drei westlichen Besatzungsmächte und die Benelux-Staaten über die Frage der Zukunft Deutschlands Einigung erzielen. Westdeutschland sollte wirtschaftlich eine Einheit und politisch eine Föderation bilden. Alle Hindernisse waren beseitigt worden.

Die Verhandlungen zwischen den USA und Westeuropa begannen nach dem Ausbruch der Berliner Blockade im Sommer 1948 auf zwei Ebenen. In Washington eröffneten Lovett und die Botschafter Kanadas und der „Western-Union"-Staaten am 6. Juli die politischen Gespräche. Hauptthemen waren die Sicherheitsfrage in Europa im allgemeinen, der Charakter der sowjetischen Bedrohung und, als wichtigster Punkt, die Möglichkeiten eines Bündnisses der USA mit der „Western Union". Obwohl die französische Regierung am Vorabend der Verhandlungen erklärte, die westlichen Demokratien seien konfrontiert „with (1) an eventual threat, which is Germany; and (2) an actual threat, which is the Soviet Union; (3) an immediate threat which is Soviet action in Germany"[27], verlor man keine Zeit, sich mit dem Fall einer ‚potentiellen Bedrohung' zu beschäftigen. Als die Unterhändler schließlich über eine zukünftige Mitgliedschaft in einer nordatlantischen Allianz sprachen, wurden nur jene Standpunkte aus den Brüsseler Pakt-Verhandlungen wiederholt, die die endgültige Teilnahme Westdeutschlands betrafen; keiner vertrat mehr die Auffassung, Deutschland müsse als potentielle Gefahr in dem Vertrag Erwähnung finden.

Der zweite Verhandlungsschauplatz war London. Die Ständige Kommission der „Western Union" lud am 15. Juli die Regierung der USA offiziell dazu ein, Militärexperten nach London zu entsenden, die an den Diskussionen des Militärausschusses teilnehmen könnten. Bis zu diesem Zeitpunkt hatte ein Regierungsvertreter der amerikanischen Botschaft in London von Zeit zu Zeit als Beobachter an den Ausschußsitzungen teilgenommen. Die Antwort der USA kam sofort und fiel positiv aus. Die Regierung nahm die Einladung an und schickte eine siebenköpfige Delegation unter der Leitung von General Lyman L. Lemnitzer, dem Direktor des Joint Staff; die Amerikaner nahmen auf der Basis der Nichtmitgliedschaft an den Sitzungen teil.

Hauptaufgabe des Militärausschusses war, ein Verzeichnis über das vorhandene Potential und den Bedarf der „Western Union" und den zukünftigen Aufbau der Militärorganisation aufzustellen. Die den Amerikanern bereits im Mai unterbreiteten Vorstellungen bildeten die Grundlage dieser Arbeit. Strategische Zielperspektive der „Western Union" war „the defense of Europe as far east as possible in Germany against the background of a world strategy"[28]. Im Hinblick auf Potential und Bedarf der „Western Union" konnten die Vertreter der fünf Staaten nur feststellen, daß ihr Bedarf ihre vorhandenen Möglichkeiten weit überstieg, sowohl an Streitkräften wie an militärischer Ausrüstung. Die amerikanische Militärhilfe galt als einziger Ausweg aus

[26] Zit. nach Kaplan, The United States (Anm. 25), S. 76; vgl. Daryl J. Hudson, Vandenberg Reconsidered: Senate Resolution 239 and American Foreign Policy, in: Diplomatic History 1 (1977), S. 46–63.
[27] FRUS 1948, Bd. 3, S. 142.
[28] Ebenda, S. 147.

diesem Engpaß auf dem Gebiet der militärischen Ausrüstung; ungelöst blieb auch das Problem des Personalmangels. Zum damaligen Zeitpunkt war die Integration der vorhandenen Truppen unter der Leitung eines Oberbefehlshabers vordringlicher. Am 24. August beschloß der Militärausschuß diesen Oberbefehlshaber zu ernennen, und einen Monat später wurde Montgomery zum Vorsitzenden der Oberbefehlshaber der „Western Union" bestimmt. Die Amerikaner unterstützten diese zaghaften Schritte in Richtung einer militärischen Integration mit Nachdruck, ohne sich selbst zu diesem Zeitpunkt zu etwas zu verpflichten. Das Strategiekonzept HALFMOON ließ ihnen auch keine andere Wahl.

Zu diesem Zeitpunkt hing ein Militärbeitrag der USA von einer Vereinbarung auf politischer Ebene ab. Nach zweimonatigen intensiven Diskussionen waren die in Washington versammelten diplomatischen Vertreter in der Lage, eine Art Abkommen zu präsentieren. Gravierende Meinungsunterschiede – z. B. unter den „Western-Union"-Staaten selbst über die Notwendigkeit einer vertraglichen Verpflichtung durch die Vereinigten Staaten[29] – verzögerten eine frühe Verständigung. Am 9. September 1948 aber konnten die Konferenzteilnehmer ihren Regierungen eine grobe Skizze derjenigen Maßnahmen unterbreiten, die sie für notwendig erachteten, um eine Situation zu beenden, in der die Sicherheit Westeuropas unmittelbar bedroht und die Nordamerikas ernsthaft berührt war. Irgendeine Form eines nordatlantischen Sicherheitsabkommens wurde jedenfalls als unabdingbar angesehen, um eine Vertrauensbasis wiederherzustellen. Alle an den Nordatlantik angrenzenden Staaten und insbesondere die sogenannten Sprungbrett-Länder wie Island, Norwegen, Dänemark und Portugal sollten Vertragspartner werden. Eine Mitgliedschaft Westdeutschlands, wenn Deutschland geteilt bliebe, war mit der jetzt schon vertrauten Warnung verbunden, daß dies im Augenblick noch verfrüht sei. Genauso wie bei den Brüsseler Pakt-Verhandlungen stellten erneut die Franzosen einer deutschen Mitgliedschaft die meisten Hindernisse in den Weg. Die bloße Erwähnung genügte, um französische Zweifel und Befürchtungen hervorzurufen[30].

Diese Zweifel und Befürchtungen verschwanden in den letzten Monaten des Jahres 1948 vollständig. Die anhaltende Blockade Berlins, der Regierungswechsel in Frankreich (Robert Schuman löste Georges Bidault ab) und die beharrliche Haltung der anderen Staaten zwangen die Franzosen dazu, ihre ablehnende Haltung gegenüber einer deutschen Mitgliedschaft aufzugeben[31]. Als die diplomatischen Vertreter im Dezember erneut in Washington zusammentraten, um den eigentlichen Vertragstext zu beraten, waren die Verhandlungen für die Bildung eines westdeutschen Staates bereits in vollem Gange. Eine mögliche Aufnahme Westdeutschlands in den Nordatlantikpakt wurde durch eine vage formulierte Beitrittsklausel sichergestellt. Zu diesem

[29] Vgl. z. B. die Sitzung des Konsultativrates der „Western Union" in Den Haag am 19. und 20. Juli 1948: Minutes of the 2nd Session of the Consultative Council, 19–20 Jul 1948, Metric Document No. 98, PRO Records of the Brussels Treaty Organization, DG 1/1/1 und Bidault's Vergleich der Atlantischen Allianz mit einem Einhorn; siehe auch Vaisse, L'échec d'une Europe (Anm. 6), S. 387f.
[30] Vgl. z. B. Memorandum 7th Meeting Working Group, 28 Jul 1948, National Archives Washington D. C. (NA), RG 59, Main Decimal File 1945–1949, Box 5570, 840.20/2-349.
[31] Vgl. René Girault, The French Decision-Makers and their Perception of French Power in 1948, in: Josef Becker, Franz Knipping (Hrsg.), Power in Europe? Great Britain, France, Italy and Germany in a Postwar World, 1945–1950, Berlin 1986, S. 58–61; Fritsch-Bournazel, „Mourir pour Berlin?" (Anm. 14), S. 188–192; Raymond Poidevin, Le Facteur Europe dans la Politique Allemande de Robert Schuman, in: Poidevin, Histoire des Débuts (Anm. 6), S. 311–326.

Zeitpunkt war eine deutsche Beteiligung, auf lange Sicht gesehen, kein Diskussionsthema mehr, während andererseits die Einbeziehung des „neuen" Italien die Verhandlungen fast zum Scheitern brachte[32].

Am 4. April 1949 unterzeichneten die Vertreter von 12 Nationen, zwei nordamerikanische und zehn europäische Staaten, den Nordatlantikpakt. Verglichen mit seinem Vorläufer waren die Vertragsbestimmungen zugleich enger, andererseits aber auch umfassender gehalten. Während die Beistandsklausel im Brüsseler Vertrag so formuliert war, daß damit fast ein Automatismus der Handlungsabläufe garantiert war, verlangte Artikel 5 des Nordatlantikpaktes lediglich „such action as it deems necessary". Andererseits umfaßte die Beistandsklausel des Nordatlantikpaktes den gesamten Nordatlantikraum. Die Sicherheit Deutschlands war zum damaligen Zeitpunkt durchaus garantiert, weil ein bewaffneter Angriff auf die in Europa stationierten Besatzungstruppen der vertragsschließenden Parteien als Angriff gemäß Artikel 5 betrachtet wurde. So war der junge westdeutsche Staat, dessen Geburt eine Woche nach der Unterzeichnung des Nordatlantikpaktes in Verhandlungen zwischen den Außenministern Großbritanniens, Frankreichs und der USA (Bevin, Schuman und Acheson) besiegelt worden war, durch den nuklearen Schirm der Vereinigten Staaten geschützt.

III.

Zum Zeitpunkt der Unterzeichnung des Nordatlantikpaktes in Washington existierte die „Western Union" bereits seit einem Jahr. Nach zwölf Monaten war ein ausgeklügeltes System von Kommissionen, Komitees und Beratungsgremien geschaffen worden. Der Konsultativrat, bestehend aus den Außenministern, bildete die Spitze der Pyramide. Seit seiner Gründung am 17. April 1948 war er fünf Mal zusammengetreten[33]. Die Ständige Kommission hatte sich zum eigentlichen Zentrum der „Western Union" entwickelt; sie tagte fast jede Woche, überwachte die Arbeit der untergeordneten Komitees und bereitete die verabschiedeten Empfehlungen für die Regierungen vor. Ein kleines Sekretariat versuchte alle Aktivitäten zu organisieren. Darüber hinaus wurde auf militärischer Ebene eine ähnliche Struktur geschaffen; sie umfaßte einen Verteidigungsausschuß (bestehend aus den fünf Verteidigungsministern), einen Militärausschuß (bestehend aus den Vertretern der nationalen Generalstäbe mit wöchentlichen Sitzungen in London), ein kleines Sekretariat unter der Leitung des Generalsekretärs Mallaby und ein Generalstabskomitee. Doch gerade auf militärischer Ebene waren die Möglichkeiten der „Western Union" sehr eingeschränkt. Wie der amerikanische Militärbeauftragte bei der „Western Union" im Sommer 1949 konstatierte, wurde auf militärischem Gebiet fast nichts Wesentliches erreicht[34].

Der springende Punkt waren die finanziellen Schwierigkeiten, die mit einem geeigneten Aufbau einer integrierten Verteidigung der „Western Union" verbunden waren und die auf allen Seiten fehlende Bereitschaft, sich diesen Schwierigkeiten zu stellen. Trotz der militärischen Bedrohung, die die Sowjetunion für die westlichen Nationen

[32] Vgl. Martin H. Folly, Britain and the issue of Italian membership of NATO, 1948–49, in: Review of International Studies 13 (1987), S. 177–196.
[33] In Paris (17. April 1948), Den Haag (19.–20. Juli 1948), Paris (25.–26. Oktober 1948) und zweimal in London (27.–28. Januar und 14.–15. März 1949). Zu den Sitzungsprotokollen siehe PRO DG 1/1.
[34] Kaplan, The United States (Anm. 25), S. 127.

darstellte (zumindest nach den öffentlichen Bekundungen ihrer Regierungen), waren diese Staaten, oder genauer die Staaten der „Western Union", nicht willens, den nötigen militärischen Aufbau auf Kosten des wirtschaftlichen Wiederaufbaus zu finanzieren. Diese Situation hätte noch unbegrenzt angedauert, wenn nicht die Frage einer amerikanischen Militärhilfe für die „Western Union" zur Debatte gestanden hätte.

Gleich von Anfang an war eine amerikanische Militärhilfe an die Staaten der „Western Union" eng mit den Verhandlungen zum Nordatlantikpakt verknüpft worden. Die amerikanische Administration bestand auf dem gleichen Modus wie beim Marshall-Plan, d. h. erst mußte eine Einigung über die beabsichtigten Maßnahmen erzielt werden, ehe die westeuropäischen Regierungen als Bittsteller an die Türe klopfen konnten; die Staaten der „Western Union" waren aber Ende 1948 nur in der Lage, den Amerikanern eine vorläufige Liste der geschätzten nationalen Defizite zu unterbreiten, hingegen keine gemeinsame Aufstellung über das Militärpotential, und nur eine sehr allgemein gehaltene Stellungnahme zu den strategischen Vorstellungen der „Western Union", nämlich den Feind möglichst weit im Osten von Deutschland zu stoppen[35].

Als sich die Außenminister im Januar 1949 zur vierten Sitzung des Konsultativrates in London trafen, war allen Beteiligten die Problemlage klar. Mallaby stellte abschließend den Mangel an Fortschritten auf militärischem Gebiet fest. Die 1949 zur Verfügung stehenden Truppen seien zur Erfüllung des erklärten Zieles gänzlich ungenügend, ihre Ausrüstung veraltet und nicht einmal geeignet, den Erfordernissen in Friedenszeiten gerecht zu werden. Spaak gab ebenfalls seine Enttäuschung über die auf militärischem Gebiet geleistete Arbeit kund. Es war immer noch unklar, was jeder einzelne Mitgliedsstaat tun sollte. „We should know how many divisions, squadrons, & c., would be required from each country and how these should be included in a general scheme."[36] Schuman leistete darin Spaak Schützenhilfe, nach seiner Ansicht waren aber nicht die Militärs für diese Situation verantwortlich. Finanzielle Schwierigkeiten waren das Hauptproblem. Deshalb bat der Konsultativrat die Finanz-, Verteidigungs- und Wirtschaftsminister, einen gemeinsamen und miteinander abgestimmten Plan zu präsentieren. Ein solcher Plan galt als wesentlicher Bestandteil, um die Amerikaner von der Notwendigkeit eines militärischen „,lend lease' programme" zu überzeugen.

Obwohl die Amerikaner bereit waren, militärische Unterstützung zu gewähren, erwarteten sie eine Gegenleistung. Als Paul Nitze aus der Wirtschaftsabteilung des State Department im Januar 1949 Westeuropa besuchte, konnte er schon feststellen, daß die Staaten der „Western Union" einem wirtschaftlichen Wiederaufbau Priorität vor der militärischen Wiederbewaffnung einräumten und keine Bereitschaft zeigten, eine zusätzliche militärische Anstrengung zu akzeptieren. Dennoch unterstrichen die amerikanischen Regierungsvertreter in ihren Gesprächen mit den Außenministern der „Western Union"-Staaten in der ersten Märzwoche nachdrücklich die Notwendigkeit einer zusätzlichen Anstrengung von seiten der Europäer, um den Forderungen des Kongresses zu genügen, wenn die amerikanische Regierung ihr militärisches Hilfspro-

[35] Lawrence S. Kaplan, A Community of Interests. NATO and the Military Assistance Program, 1948–1951, Washington 1980, S. 22f.
[36] Record of the 4th Meeting of the Consultative Council, 27–28 Jan 1949, Metric Document No. 217, PRO DG 1/1/1.

gramm unterbeiten würde[37]. Die Staaten der „Western Union" müßten dem in Artikel 3 des Nordatlantikpaktes verkündeten Prinzip der Selbsthilfe und gegenseitigen Unterstützung Substanz verleihen.

Da die USA – aus Budgetgründen – die Bitte der „Western Union" noch vor Mitte März erwarteten, tagte der Konsultativrat erneut am 14. und 15. März, ohne einen einmütigen Plan vorbereitet zu haben. Unter dem Druck der amerikanischen Forderungen tauchten im Laufe der Verhandlungen über den noch zu leistenden zusätzlichen Beitrag gravierende Meinungsunterschiede auf[38]. Spaak betonte erneut die Notwendigkeit gemeinsamer strategischer Planungen. Angesichts seiner günstigen wirtschaftlichen Situation sollte Belgien einen proportional größeren Anteil der Kosten übernehmen und Spaak wollte den genauen Verwendungszweck des belgischen Beitrages wissen. Die belgische Regierung sträubte sich nämlich dagegen, zur Finanzierung der britischen und französischen Wiederaufrüstung gezwungen zu werden. Die Holländer, unterstützt von Schuman, verwiesen auf die Notwendigkeit einer klaren Stellungnahme zugunsten der Verteidigung des gesamten Territoriums der Vertragspartner, da die Rhein-IJssel-Linie einen großen Teil des niederländischen Territoriums ungeschützt lassen würde. Die Briten, sowohl Bevin wie sein Verteidigungsminister Alexander, lehnten dies ab. Nach ihrer Ansicht sollte man an der bisherigen Strategie, d. h. die Staaten der „Western Union" soweit östlich wie möglich zu verteidigen, festhalten, da jede andere Definition einen schlechten Eindruck in Westdeutschland machen würde.

Trotz dieser schwerwiegenden Unterschiede konnte sich der Konsultativrat auf eine gemeinsame Antwort gegenüber den Amerikanern einigen; er hätte auch kaum anders handeln können. Als Gegenleistung boten die Staaten der „Western Union" den Vereinigten Staaten eine zusätzliche Militärausgabe von $ 600 Millionen an, verteilt auf die Jahre 1949, 1950 und 1951. Großbritannien sollte davon über 50% tragen, Frankreich etwas über 25%, Belgien und die Niederlande die restlichen 20%. Spaak brachte den Kompromiß beinahe zum Scheitern, als er forderte, daß die zusätzlichen Ausgaben Belgiens nur der belgischen Militärorganisation zugute kommen sollten. Er sah keine andere Möglichkeit, um diese zusätzliche Anstrengung im Parlament zu verteidigen. Schließlich stimmten die anderen Parteien zu und einen Tag nach Unterzeichnung des Nordatlantikpaktes, nach letzten Auseinandersetzungen mit den Amerikanern über den genauen Wortlaut des Antrages, unterbreitete die „Western Union" ihre Bitte um militärische Unterstützung[39]. Da immer noch zu wenig Truppen für die eigene Verteidigung vorhanden waren, es immer noch unmöglich war, ein integriertes Programm aufzustellen, und man immer noch nicht bereit war, die nötigen Finanzmittel zur Verfügung zu stellen, war die „Western Union" in erster Linie von amerikanischer Hilfe abhängig.

---

[37] FRUS 1949, Bd. 4, S. 54–55, 136–150.

[38] Vgl. Minutes of the 5th Session of the Consultative Council, 14–15 Mar 1949, Metric Document No. 257, PRO DG 1/1/1; Minutes of Meetings, 14 Mar 1949, 15 Mar 1949, NMFA, WEU Archives 999.21, Box 8, Folder 32.

[39] Der Antrag ist abgedruckt in FRUS 1949, Bd. 4, S. 285–287. Zu den Schwierigkeiten vgl. Kaplan, A Community (Anm. 35), S. 28–32. Zur Haltung der Niederlande vgl. Cees Wiebes; Bert Zeeman, Stikker, Indonesie en het Noordatlantisch verdrag. Of: hoe Nederland in de pompe ging, in: Bijdragen en mededelingen betreffende de geschiedenis der Nederlanden 100 (1985), S. 225–251.

Einige dieser Probleme hätten vermieden werden können, wenn die „Western
Union" unter einheitlicher und kräftiger Führung gestanden hätte. Die Meinungsunterschiede im Konsultativrat waren jedoch nichts verglichen mit jenen im Generalstabskomitee. Mit der Bildung dieses Komitees im Oktober 1948 und der Ernennung
von vier Befehlshabern grub sich die „Western Union" fast ihr eigenes Grab. Wichtige
organisatorische Probleme, die mit der Bildung einer internationalen Institution verknüpft sind, wurden durch kleinlichen Nationalismus und tiefe persönliche Anti-
pathien verschärft. Die Beziehungen zwischen dem Befehlshaber der Landstreitkräfte
(‚Uniter'), dem französischen General Lattre de Tassigny, und dem Vorsitzenden des
Generalstabskomitees (‚Unilion'), Montgomery, waren – milde gesprochen – gespannt.
Gleich von Anfang an zeigte sich, daß Montgomery und Lattre nicht zusammenarbeiten konnten, beide untergruben und hinterfragten die Autorität des anderen, und dies
führte zu einer fast nicht mehr wiedergutzumachenden und andauernden Spaltung in
der Militärhierarchie der „Western Union".

Wer auch immer für diesen tiefgreifenden Konflikt verantwortlich zu machen war
und welche Ursachen diesem zugrunde lagen, die im Generalstabskomitee zu Tage
getretene Unfähigkeit und mangelnden Fortschritte spiegelten zum großen Teil die
Entwicklungen auf anderen Ebenen wider. Trotz aller gegenteiliger Beteuerungen
waren die Staaten der „Western Union" nicht in der Lage, ihrer Organisation die
nötige Durchschlagskraft zu verleihen; sie stritten endlos darüber, was sie selbst tun
sollten. Schließlich konnte der Verteidigungsausschuß im Juni 1949 eine gemeinsam
beschlossene Aufstellung über die geschätzten Verteidigungserfordernisse Westeuropas vorlegen. Bei Kriegsausbruch würde die „Western Union" 18 Divisionen gebrauchen; drei Tage später weitere 16 und nach 30 Tagen Krieg würde man insgesamt 56
Divisionen, einschließlich 4200 taktischer Kampfflugzeuge, benötigen[40].

In seinem Bericht an den Konsultativrat betonte Generalsekretär Mallaby, daß die
Verteidigungsminister diesen Gesamtbedarf betrachteten als „a target at which to aim,
even though in existing economic circumstances it was very difficult to hit it". Deshalb
war das Ja zu diesem Ziel, wie auch zu dem Verteidigungsplan Westeuropas (einem
Operationsplan im Falle eines plötzlichen Angriffs, wobei der Feind östlich des Rheins
zum Stehen kommen sollte) eine völlig sinnlose Geste. Angesichts der Tatsache, daß
die damalige Truppenstärke nicht einmal 10 Divisionen erreichte (einschließlich der
Besatzungstruppen in Deutschland), nimmt es nicht Wunder, daß es in den Sitzungsprotokollen heißt: „The available forces were inadequate but an operational plan was
better than no plan at all."

Angesichts der ungenügenden Truppenstärke, der finanziellen Engpässe, angesichts
der Tatsache, daß das gegenseitige Hilfsprogramm noch nicht vom amerikanischen
Kongreß beschlossen war – schienen die Verteidigungspläne der „Western Union" in
der Sackgasse zu sein. Doch wie stand es mit einem deutschen Beitrag? Alle Probleme
konnten eventuell durch dieses Allheilmittel gelöst werden. Schließlich stand die Bildung eines westdeutschen Staates vor dem Abschluß; der Außenministerrat, der sich
nach der Aufhebung der Berliner Blockade in Paris traf, konnte sich nicht auf einen
Kompromiß in der deutschen Frage einigen und die Befürchtungen der westeuropäi-

[40] Minutes of the 6th Session of the Consultative Council, 17–18 Jun 1949, Metric Document No. 304, PRO
DG 1/1/2.

schen Staaten (insbesondere der Franzosen) vor einer erneuten Aggression Deutschlands waren durch den Nordatlantikpakt gegenstandslos geworden[41]. Doch die in Luxemburg versammelten Außenminister entschieden anders.

Diskussionsgrundlage bei der Behandlung der deutschen Frage bildete ein holländisches Memorandum, das Außenminister Stikker zuvor mit seinen belgischen und luxemburgischen Kollegen, Spaak und Bech, abgestimmt hatte. Ausgangspunkt war die Vorstellung, daß Verhandlungen mit der Sowjetunion über Deutschland zu nichts führen würden; daß die Londoner Vereinbarungen vom Juni 1948 den einzig möglichen Weg eröffneten und daß die Staaten der „Western Union" ihre Vorstellungen hinsichtlich Deutschland koordinieren sollten[42]. Das Memorandum führte weiter aus: „In view of the constant threat directed against it, Western Europe ought to make itself as strong as possible." Und weiter: „If Western Europe is to be strong the integration in the Western European constellation of Germany, or at least of that part of Germany which is at present occupied by the three Western Powers, is indispensable."

Die Holländer waren sich der Gefahren bewußt, die mit einer Wiederherstellung Deutschlands verbunden waren. Ein vereintes Deutschland könnte erneut eine tödliche Bedrohung für Westeuropa darstellen, insbesondere wenn es sich mit der Sowjetunion verbünden würde. Deshalb müßte die „Western Union" in ihrer Politik gegenüber Deutschland drei grundlegende Prinzipien befolgen:

a) „The military occupation should be continued until the military and political position of Western Europe is much stronger than at present.

b) Germany should not be allowed to have armed forces.

c) The manufacture of war materials should remain prohibited."

Die assoziierte Mitgliedschaft im Europarat sollte zum damaligen Zeitpunkt das vorrangige Ziel gegenüber Deutschland sein.

Bevin und Schuman akzeptierten die allgemeinen Schlußfolgerungen des Memorandums[43]. Der Konsultativrat beschloß, daß ein Militärbeitrag Deutschlands noch nicht möglich sei. Westdeutschland müsse durch die Mitarbeit im neu geschaffenen Europarat erst ein anerkanntes Mitglied der westlichen Gemeinschaft werden.

Die Verteidigungsminister, die sich einen Monat später ebenfalls in Luxemburg trafen, stellten sich den Folgen der inzwischen eingetretenen Situation. Sie einigten sich darauf, Planziffern aufzustellen, die jedes Land im Hinblick auf die Erweiterung der Truppen der „Western Union" bis Ende des Jahres 1951 erreicht haben sollte. Bis 1951 sollten mindestens 19 Divisionen für Friedenszeiten und 18 weitere Divisionen innerhalb von 90 Tagen nach Beginn der Mobilisierung aufgestellt werden (die sogenannten Luxemburger Richtlinien). Diese Vorgaben waren nicht nur für den europäischen Kriegsschauplatz gedacht, sondern auch für außereuropäische Gebiete, wie z.B. den Nahen Osten und Nordafrika. Die Gesamtsumme von 37 Divisionen erfüllte

---

[41] Der Nordatlantikpakt als Garant gegen eine sowjetische und deutsche Aggression ist Hauptthema bei Timothy P. Ireland, Creating the Entangling Alliance. The Origins of the North Atlantic Treaty Organization, London 1981.

[42] Memorandum of the Netherlands Government, 16 Jun 1949, NMFA, WEU Archives 999.21, Box 7, Folder 27; PRO DG 1/4/16, Document A/313.

[43] Minutes of the 6th Session of the Consultative Council, 17–18 Jun 1949, Metric Document No. 304 (I), PRO DG 1/1/2; „According to one source Stikker warned against Rapallo repetition", FRUS 1949, Bd. 4, S. 307.

beileibe nicht den von dem Generalstabskomitee geschätzten Bedarf (die genannte
Gesamtsumme lag im Juni 1949 um 19 Divisionen unter der für notwendig erachteten
Anzahl für einen Zeitraum von 30 Tagen). Doch die Verteidigungsminister wollten
eine Entscheidung vermeiden zwischen „such a high level of military expenditure that
bankruptcy would follow or, on the other hand, to give up all hope of being able to
defend Western Europe effectively"[44].

Die Übereinkunft über die Luxemburger Richtlinien und die in der Presse aufmerk-
sam verfolgte gemeinsame Flottenübung der „Western Union"-Staaten in der ersten
Juliwoche 1949 erweckten den Eindruck, daß die „Western Union" nun endlich in
Gang gekommen sei. Darüber hinaus konnte Montgomery in London die Operation
„Harmony" zur Überprüfung der Logistik ankündigen. Doch diese Maßnahmen
konnten die schlichte Tatsache nicht verbergen, daß die Verteidigung der „Western
Union" noch ein Trümmerhaufen war. Montgomery gestand selbst im November
1949 mit gewohnter Freimütigkeit und britischem Chauvinismus ein, daß:

a) „The French Army is in an appalling state; this is no exaggeration. (...)

b) The Belgian Army is making no progress. The Belgian Defence organization
flounders about in uncertainties.

c) The Dutch Army progress is practically NIL."

Genausogut hätte er hinzufügen können, daß die britische Armee nicht bereit sei,
irgendwelche Verpflichtungen auf sich zu nehmen. Kein Wunder, daß Montgomery,
als er den amerikanischen Verteidigungsminister Louis Johnson im selben Monat traf,
erneut die Wiedereingliederung künftiger westdeutscher Streitkräfte forderte, deren
Truppenstärke allerdings auf einem sehr viel niedrigeren Niveau gehalten werden
müsse, als die der vereinten Streitkräfte der anderen westeuropäischen Staaten[45].
Montgomery's Vorschläge stießen nicht auf taube Ohren: die Joint Chiefs of Staff
erwogen ebenfalls die Bildung von deutschen militärischen Einheiten zur Stärkung der
Verteidigung des Westens.

IV.

Im Herbst 1949 war die „Western Union" nicht mehr das einzige Verteidigungsbündnis in Westeuropa. Nachdem alle Signatarstaaten, als letztes Land Italien, den Nordatlantikpakt unterzeichnet hatten, trat er am 24. August 1949 in Kraft. Der nächste
Schritt war, den Vertrag mit Leben zu erfüllen, d. h. „putting the ‚O' into NATO"[46].
Eine aus Diplomaten bestehende Arbeitsgruppe, die sich in Abständen im Sommer
getroffen hatte, arbeitete – wie es Artikel 9 des Vertrages vorsah – Vorschläge für eine
Organisationsstruktur aus. Innerhalb eines Monats trat am 17. September der Nordatlantikrat, der die Außenminister der 12 Mitgliedstaaten umfaßte, in Washington zum
ersten Mal zusammen, um die Vorschläge der Arbeitsgruppe zu sanktionieren.

Man bildete einen Verteidigungsausschuß, der aus den Verteidigungsministern der
12 Nationen bestand, einen Militärausschuß aus den militärischen Vertretern des
jeweiligen Landes, die die Richtlinien vorgeben würden, und eine Ständige Gruppe,

---

[44] Minutes of the 5th Session of the Defence Committee, 15–16 Jul 1949, Metric Document No. 315 (I), PRO
DG 1/5/33.

[45] Hamilton, Monty (Anm. 19), S. 754–757.

[46] Ireland, Creating the Entangling Alliance (Anm. 41), S. 152.

bestehend aus den drei Großmächten USA, Großbritannien und Frankreich, die ständig in Washington tagen würde. Darüber hinaus beschloß der Rat die Bildung von fünf regionalen Planungsgruppen, die das gesamte Nordatlantikpakt-Gebiet umfassen sollten. Die Nationen der „Western Union", die gleichzeitig die westeuropäische Planungsgruppe repräsentierten, versuchten vergeblich, die volle Mitgliedschaft der USA in ihrer Gruppe zu erreichen. Die Joint Chiefs of Staff waren aber nicht willens, zu viele Verpflichtungen einzugehen und beschlossen daher, daß die USA nur in der Nordatlantik- und Kanada/USA-Gruppe volles Mitglied sein sollten[47]. Die USA erklärten sich aber bereit, bei den anderen Gruppen (Westeuropa, Nordeuropa und Südeuropa-Westliches Mittelmeer) beratendes Mitglied zu werden.

Die Gründung der Nordatlantikpakt-Organisation warf sofort die Frage auf, was nun mit dem Organisationsapparat der „Western Union" geschehen sollte. Die regionale Planungsgruppe Westeuropa würde vermutlich Doppelarbeit leisten, was bereits die Komitees der „Western Union" getan hatten. Es gab zwei Möglichkeiten: einerseits konnte man die „Western Union" in die NATO integrieren, andererseits konnten beide Organisationen weiter nebeneinander bestehen. Die Briten setzten sich mit aller Überredungskunst für die erste Möglichkeit ein. In ihren Augen hatte die „Western Union" ihren Hauptzweck erfüllt, nämlich die USA für die Verteidigung Westeuropas zu verpflichten; ihr wichtigster Beitrag für die Verteidigung des Westens wäre nun, wesentlicher Bestandteil der NATO zu werden. In diesem Sinne hatte sich Bevin auch gegenüber dem britischen Kabinett im Oktober 1949 geäußert: Solange die Staaten der „Western Union" nicht bereit seien, entweder eine drastische Reduzierung ihres Lebensstandards oder die Wiederbewaffnung Deutschlands zu akzeptieren, sei Westeuropa nicht in der Lage, sich selbst zu verteidigen. Auch wenn es Unterstützung von den Commonwealth-Staaten erhielte, könne es nicht die Rolle einer unabhängigen dritten Weltmacht spielen. Westeuropa brauche zuallererst das denkbar engste Bündnis mit den Vereinigten Staaten. Deshalb müsse der Schwerpunkt von der „Western Union" auf die atlantische Allianz verlagert werden[48].

Die Briten stießen auf heftigen Widerstand der Franzosen, die von den Benelux-Staaten zögernd unterstützt wurden. Die französische Regierung hatte die Frage bis ins Detail behandelt und das Kabinett hatte beschlossen, daß der Organisationsapparat der „Western Union" trotz aller seiner auch französischen Regierungskreisen bekannten Mängel aufrecht erhalten werden müsse[49], vor allem weil die „Western Union" ein Gegengewicht zu einem wiedererstarkenden Deutschland darstellte. Seine militärische Beistandsklausel war bindender als die der NATO, und der Nordatlantikvertrag konnte schon nach 10 Jahren revidiert werden. Daneben konnte die „Western Union" der britischen Neigung zu einer mehr pro-atlantischen als pro-europäischen Haltung

---

[47] FRUS 1949, Bd. 4, S. 330–337; Ireland, Creating the Entangling Alliance (Anm. 41), S. 158–163 und Kaplan, The United States (Anm. 25), S. 138–141.

[48] Vgl. David Dilks, Britain and Europe, 1948–1950. The Prime Minister, the Foreign Secretary and the Cabinet, in: Poidevin, Histoire des Débuts (Anm. 6), S. 411–415; Geoffrey Warner, The British Labour Government and the Atlantic Alliance, 1949–1951, in: Riste, Western Security (Anm. 3), S. 247–251; vgl. auch John Wilson Young, Britain, France and the Unity of Europe, 1945–1951, Leicester 1984, S. 97–149.

[49] Pierre Guillen, La France et la question de la défense de l'Europe occidentale, du Pacte de Bruxelles (Mars 1949) au Plan Pleven (Octobre 1950), in: Revue d'Histoire de la Deuxième Guerre Mondiale et des Conflits Contemporains, 144 (1986), S. 87–89.

entgegenwirken, und sie schuf für Frankreich die Möglichkeit, als Fürsprecher für den westeuropäischen Kontinent zu fungieren.

Im November 1949 setzten sich sowohl der Konsultativrat wie der Verteidigungsausschuß der „Western Union" mit der neuen Situation auseinander[50]. Bevin vermochte es nicht, seine Kollegen in Paris vom Primat der NATO-Maschinerie zu überzeugen. Der Rat beschloß, daß „the military organisation of the Brussels Treaty should continue to function as at present". Sie beauftragten aber den Verteidigungsausschuß, die militärische Organisation der „Western Union" auf ihre praktische Einsatzmöglichkeit als regionale „Planungsgruppe Westeuropa" zu überprüfen. Der Verteidigungsausschuß, der zwei Wochen später in London tagte, entschied zugunsten der Kontinentaleuropäer: Einstweilen sollten „Western Union" und NATO parallel nebeneinander bestehen bleiben. Der Verteidigungsausschuß billigte ebenfalls einen kurzfristigen Verteidigungsplan für Westeuropa. Trotz des Streitkräftemangels wurde der Rhein als wichtigste Verteidigungslinie betrachtet, nach anfänglicher Verteidigung soweit östlich wie möglich.

Dieses Konzept durchkreuzte grundlegende amerikanische Planungen. OFFTACKLE, das im Sommer 1949 entwickelt worden war, hatte HALFMOON abgelöst[51]. OFFTACKLE ging von der Prämisse aus, daß mit den bestehenden Streitkräften die Rheinlinie nicht gehalten werden könnte (obwohl man den Aufbau einer für diese Aufgabe fähigen Streitmacht für wesentlich erachtete); nur die Verteidigung Südspaniens, Großbritanniens und des Mittelmeeres galten als realistisch. Zeitweise übertünchte man diese Meinungsverschiedenheiten zwischen Amerikanern und Westeuropäern durch das Strategiekonzept zur Verteidigung des Nordatlantikgebietes[52]. Die NATO-Verbündeten standen unter enormem Druck, einem solchen Strategiekonzept zuzustimmen, da der amerikanische Kongreß 90% der Gelder des „Mutual Defence Assistance Program" von der Ausarbeitung eines Konzeptes abhängig machte, das vom Nordatlantikrat und vom amerikanischen Präsidenten gebilligt werden mußte. Das Strategiekonzept erläuterte die allgemeinen Prinzipien der zukünftigen NATO-Verteidigungspläne. Jede Nation „should undertake the task, or tasks, for which it is best suited". Das gesamte militärische und wirtschaftliche Potential mußte aufeinander abgestimmt werden, um „a powerful deterrent to any nation or group of nations threatening the peace, independence and stability of the North Atlantic family of nations" zu schaffen. Sollte ein Krieg ausbrechen, wäre eines der Hauptziele der NATO: „Arrest and counter as soon as practicable the enemy offensives against the North Atlantic Treaty powers by all means available". Auf seiner dritten Sitzung am 6. Januar 1950 in Washington stimmte der Nordatlantikrat dem Strategiekonzept ohne Veränderungen zu.

Als die regionalen Planungsgruppen, die Ständige Gruppe und der Militärausschuß mit der Arbeit an einem „Medium Term Defence Plan (MTDP, 1954) begannen, wurden die Differenzen zwischen den Amerikanern, Briten und Westeuropäern sehr

---

[50] Record of the 7th Session of the Consultative Council, 7 Nov 1949, Metric Document No. 362, PRO DG 1/1/2; Minutes of the 6th Meeting of the Defence Committee, 23 Nov 1949, PRO DG 1/5/34.
[51] Zu OFFTACKLE vgl. Etzold, Gaddis, Containment (Anm. 24), S. 324–334; siehe auch Christian Greiner, The Defence of Western Europe and the Rearmament of West Germany, 1947–1950, in: Riste, Western Security (Anm. 3), S. 150–152.
[52] FRUS 1949, Bd. 4, S. 352–356.

bald wieder deutlich. Die Beibehaltung eines Brückenkopfes auf dem Kontinent war alles, was die Amerikaner für realisierbar hielten; vielleicht war noch – mit allen verfügbaren Streitkräften – die Verteidigung des Rheins, Skandinaviens und Italiens möglich. Die Briten, einschließlich Montgomery, befürworteten einen Rückzug aller Besatzungstruppen in drei oder vier Tagen, um die Rheinlinie zu verteidigen. Die Franzosen schlugen vor, Angriffe schon an der Demarkationslinie zwischen der sowjetischen und den westlichen Besatzungszonen aufzuhalten. Die Ständige Gruppe, und daran anschließend der Militär- und Verteidigungsausschuß, akzeptierten die französischen Vorschläge. Im Medium Term Defence Plan hatte man das Verteidigungskonzept „so weit im Osten wie möglich" folgendermaßen definiert:

„The defence of the North Atlantic Treaty Area along its eastern front will be accomplished by engaging the enemy in active defensive-offensive operations from those positions in each region which will absorb the maximum enemy capabilities and blunt his initial offensive."[53]

Für die mitteleuropäische Region war dazu am besten Deutschland geeignet.

Der Medium Term Defence Plan enthielt auch eine Schätzung der für eine erfolgreiche Verteidigung notwendigen Streitkräfte. Erste Bedarfszahlen für eine Truppenmobilisierung beliefen sich auf fast 100 einsatzbereite und Reserve-Divisionen, ungefähr 8000 Flugzeuge und mehr als 2800 Schiffe (ausschließlich der in der Kanada-USA-Region benötigten Truppen)[54]. Der Plan veranschlagte jedoch nicht die voraussichtlichen Kosten dieses ehrgeizigen Vorhabens; ebensowenig stimmte er die nötigen Ausgaben mit den dafür erforderlichen Opfern beim wirtschaftlichen Wiederaufbau Westeuropas ab. Denn falls die Staaten der „Western Union" zwischen hohen Militärausgaben, die allmählich zum Bankrott führen würden, und unzureichenden Verteidigungsmaßnahmen zu wählen gehabt hätten, wären sie noch im Frühjahr 1950 bereit gewesen, den letzteren Priorität einzuräumen.

Während der achten Sitzung des Konsultativrates, am 16. und 17. April 1950 in Brüssel, bestätigten die „Western Union"-Staaten diese Priorität. Während man die Fortschritte bei der Realisierung der Luxemburger Beschlüsse und ein Programm für weitere Infrastrukturausgaben diskutierte, verwies der britische Verteidigungsminister Shinwell ohne Umschweife auf den wunden Punkt: „It was not so much what was required, but what the five countries were capable of providing from the financial point of view." Eine Aufstockung der nationalen Budgets war unmöglich; alle zusätzlichen Ausgaben mußten sich innerhalb des engen Finanzrahmens der jeweiligen Haushalte bewegen. Shinwell kündigte immerhin an, daß Großbritannien bereit sei, einen Beitrag zur Finanzierung von Infrastrukturmaßnahmen auf dem Kontinent zu leisten[55].

---

[53] Zit. nach Greiner, The Defence (Anm. 51), S. 157. Vgl. auch Rearden, The Formative Years (Anm. 24), S. 481–484 und Kaplan, The United States (Anm. 25), S. 138–144.

[54] Rearden, The Formative Years (Anm. 24), S. 483. Kaplan kommentiert zu recht, daß der MTDP nur den gemeinsamen Bedarf der Bündnispartner 1954 aufzeigte und „sonst sehr wenig". Vgl. Kaplan, A Community (Anm. 35), S. 86.

[55] Record of the 8th Session of the Consultative Council, 16–17 Apr 1950, Metric Document No. 436, PRO DG 1/1/2. Auf der Konferenz der Finanzminister der „Western Union" am 25. Januar 1950 hatten die Briten einen Finanzierungsbeitrag für Projekte außerhalb ihres eigenen Territoriums abgelehnt und waren nur bereit, Ausgaben für Infrastrukturmaßnahmen aus dem im März 1949 beschlossenen Zusatzprogramm zu finanzieren. Vgl. dazu Memo Conference in Brussels on 16 and 17 April 1950 of the Western Union, 20 Apr 1950, NMFA, WEU Archives 999.21, Box 8, Folder 33.

Sein belgischer Kollege Devèze brachte mit Unterstützung Stikkers das Hauptproblem, das sich der „Western Union" stellte, zur Sprache: Sollte man um jeden Preis
die Luxemburger Richtlinien aufrechterhalten? Indem er dabei die schon vor einem
Jahr von Spaak geäußerten Überlegungen wiederholte, betonte er die Notwendigkeit
eines abgewogenen Gesamtplanes, der den exakten Verwendungszweck für die der
„Western Union" zur Verfügung stehenden Truppen aufzeigte. Die „Western Union"
mußte eingestehen, daß sie mit der Verwirklichung der Luxemburger Richtlinien
schon im Rückstand lag und deshalb wenigstens jene Ziele zu nennen hatte, die noch
vor Ende des Jahres 1951 realisiert werden konnten.

Shinwell erkannte die Defizite bei der Realisierung der Luxemburger Richtlinien,
doch er warnte vor Defätismus. Wenn man nur die Defizite vor Augen habe, dann
bestünde die Gefahr, daß man den Plan selbst als illusorisch einstufe. „Targets should
be on a high level", war sein Standpunkt. Die Franzosen hatten eine zeitlich befristete
Lösung parat. Schuman und sein Verteidigungsminister René Pleven schlugen vor, die
Luxemburger Richtlinien der Ständigen Gruppe der atlantischen Allianz zur Information und Beratung vorzulegen. Mit der NATO-Maschinerie war ein neues Element
entstanden, das man in den Luxemburger Richtlinien noch nicht berücksichtigt hatte,
und eine erneute Überprüfung konnte möglicherweise die Zielperspektiven merklich
reduzieren.

Obwohl die französische Delegation darauf bestand, daß dieser Schritt nicht als
Verzögerungstaktik zu sehen sei, lief er doch darauf hinaus. Alle anderen Delegationen
gaben fast augenblicklich ihre Zustimmung; sie waren erleichtert, daß sie wiederum
nicht mit dem Dilemma, zwischen bevorstehendem Bankrott einerseits und unzureichenden Verteidigungsmöglichkeiten andererseits zu wählen, konfrontiert wurden.
Der Konsultativrat beauftragte das Chiefs of Staff-Komitee, die Luxemberger Richtlinien der Ständigen Gruppe zu unterbreiten, so daß letztere Abänderungen im Hinblick auf MTDP vorschlagen konnte. Devèze wies darauf hin, daß Belgien nicht in der
Ständigen Gruppe vertreten und deshalb an etwaigen Neuregelungen nicht gebunden
sei. Der Konsultativrat akzeptierte dies und beschloß, daß jegliche Empfehlungen der
Ständigen Gruppe dem Verteidigungsausschuß zur Entscheidung vorgelegt werden
sollten.

Wichtiger war aber, daß der Konsultativrat den Spielraum der Ständigen Gruppe für
Modifizierungen merklich einschränkte: „Whatever the conclusions resulting from the
reexamination of the Luxembourg programme (= targets) may be, it is clear that the
deficiency of armed forces cannot be made good by an increase in the national defence
budgets such as to endanger the economic and financial recovery of the signatory
nations, which is a prime element in the security of the western world."[56] Dem
wirtschaftlichen Wiederaufbau sollte also weiterhin Priorität vor Verteidigungszwek-
ken eingeräumt werden.

Die Probleme, die die Fortschritte innerhalb der „Western Union" hemmten, machten sich in der NATO ebenfalls bemerkbar. Die finanziellen Engpässe bei der Wiederaufrüstung und der Mangel an Streitkräften beherrschten maßgeblich die Überlegungen der NATO. Um schneller voran zu kommen, schlug die amerikanische Admini-

---

[56] Report by a Working Group on ‚Establishment of National Forces‘, 18 Apr 1950, Metric Document No.
433, ebenda.

stration ein ständiges, die zwölf Staaten repräsentierendes Organ innerhalb der NATO vor, das Planung und Ausführung der Politik zu koordinieren hatte. Auf der Sitzung des Nordatlantikrates im Mai 1950 wurde der amerikanische Vorschlag angenommen und der Stellvertreterrat ins Leben gerufen[57]. Trotz kleinerer Einwände akzeptierte der Rat auch den amerikanischen Vorschlag zur Bildung ausgewogener Kollektivstreit-kräfte anstelle ausgewogener nationaler Streitkräfte.

Diese Entscheidung hatte weitreichende Konsequenzen; denn die Zustimmung zu ausgewogenen Kollektivstreitkräften, d. h. zu einem arbeitsteiligen Konzept, in dem jedes Land seinen Beitrag entsprechend den Bedürfnissen der Organisation insgesamt leistete und das wiederum an die Strategie des MTDP (der ebenfalls auf der Mai-Sitzung beschlossen worden war) gekoppelt war, implizierte logischerweise die Auf-stellung deutscher Truppen. Nach Aussagen der Joint Chiefs of Staff hing die endgül-tige Antwort hinsichtlich des Truppenbedarfes der NATO von der deutschen Wieder-bewaffnung ab. Obwohl auf dieses Problem bei der Neudefinition der amerikanischen Außenpolitik vom Frühjahr 1950 – sie mündete in die berühmte Richtlinie NSC 68[58] – nicht speziell eingegangen wurde, erwähnte der Bericht ausdrücklich den endgültigen Wunsch der freien Nationen der Welt „to conclude separate arrangements with Japan, *Western Germany,* and Austria which would enlist the energies and resources of these countries in support of the free world"[59].

Für Acheson war jedoch die Frage einer deutschen Wiederbewaffnung zu diesem Zeitpunkt ein kontroverses und möglicherweise die Einheit des Westens gefährdendes Thema; deshalb weigerte er sich, diese Frage mit seinen Kollegen im Nordatlantikrat zu beraten. Greiner stellt in diesem Sinne zu Recht fest, daß die westdeutsche Wieder-bewaffnung keine militärische, sondern vor allem eine politische Frage war[60]. Unter den Gegebenheiten vor dem Ausbruch des Koreakrieges blieben sowohl die NATO wie die „Western Union" in erster Linie Bündnisse auf dem Papier, mit Mitgliedstaa-ten, die zwar voller guter Absichten, aber nicht bereit waren, den als wesentlich anerkannten Minimalanforderungen gerecht zu werden und sich der Frage eines deutschen Militärbeitrages zu stellen.

V.

Es erübrigt sich hier, die Konsequenzen des Koreakrieges für die deutsche Wiederbe-waffnung im Einzelnen aufzuzählen. Die Diskussionen in der amerikanischen Admini-stration, der „package deal" des Verteidigungsministeriums und des State Department, die „Bombe im Waldorf Astoria", der französische Gegenvorschlag von Premiermini-ster René Pleven und schließlich der Spofford-Kompromiß sind bereits an anderer

[57] FRUS 1950, Bd. 3, S. 100–122.
[58] Zur Entstehung von NSC 68 vgl. z. B. Samuel F. Wells Jr, Sounding the Tocsin: NSC 68 and the Soviet Threat, in: International Security 4 (1979), S. 116–138.
[59] Zu NSC 68 vgl. Etzold; Gaddis, Containment (Anm. 24), S. 385–442, insbes. S. 425 (Hervorheb. d. Verf.).
[60] Greiner, The Defence (Anm. 51), S. 159.

Stelle erschöpfend geschildert worden[61]. Natürlich wäre es eine große Übertreibung und Vereinfachung, alles dem Koreakrieg zuzuschieben; andere Faktoren spielten ebenfalls eine Rolle. Der Anstoß kam aber sicherlich von dort.

Sogar die „Western Union" wurde aus ihrer Lethargie aufgerüttelt. Der Verteidigungsausschuß, das Generalstabskomitee und die Oberbefehlshaber trafen sich zu einer informellen Sitzung in Fontainebleau am 20. Juli 1950. Die Militärs präsentierten ihre Minimalforderungen für eine Verteidigung Westeuropas. Verglichen mit den Luxemburger Richtlinien (37 Divisionen 90 Tage nach Mobilisierung der Truppen auf allen Schauplätzen) waren nun die Anforderungen stark gestiegen. Allein für eine Schlacht in Europa hielten die Oberbefehlshaber 34 ständige Divisionen und 22 weitere Divisionen 20 Tage nach Mobilisierung für unerläßlich, also insgesamt 56 Divisionen[62]. Der Verteidigungsausschuß akzeptierte diese Minimalanforderungen im Prinzip. In Anbetracht der finanziellen Opfer, die dies bedeutete, forderte der Verteidigungsausschuß den Konsultativrat – dessen nächste Sitzung am 1. August in Den Haag stattfinden sollte – auf, die Priorität des wirtschaftlichen Wiederaufbaus gegenüber der Verteidigungsmaßnahmen zu überdenken.

Um das Verteidigungskomitee von der Notwendigkeit einer drastischen Erhöhung der Divisionszahlen zu überzeugen, hatten die Oberbefehlshaber ein sehr pessimistisches Bild von den Tatsachen gemalt. Nach ihren Aussagen belief sich die Gesamtstärke des Feindes auf 325 Divisionen (einschließlich 6000 Tanks), 19000 Kampfflugzeuge und 300 Unterseeboote; davon bedrohten 100 Divisionen und 6000 Kampfflugzeuge Westeuropa unmittelbar. Die Mindestzahl an Truppen für eine effektive Verteidigung wurde auf 56 Divisionen geschätzt, davon sollten 18 Divisionen sofort östlich des Rheins im Falle eines Überraschungsangriffes zur Verfügung stehen[63]. In einem besonderen Memorandum („top secret, limited distribution") wurden die am 1. September 1950 für die Verteidigung der „Western Union" zur Verfügung stehenden Truppen aufgelistet: 9 Infanteriedivisionen (weitere 2 nach 90 Tagen), 3 Panzerdivisionen und 1000 Kampfflugzeuge (ohne die amerikanischen Streitkräfte). „The figures quoted should not be used for planning purposes." Nach Ansicht der Oberbefehlshaber konnten die vorhandenen und die zum damaligen Zeitpunkt geplanten Truppen nur eine Alibifunktion für die Verteidigung Westeuropas übernehmen.

Deshalb waren die 56 Divisionen so wichtig, nicht nur um einer Aggression aus dem Osten Einhalt zu gebieten, sondern auch um der Versuchung zum Angriff, zu dem die gegenwärtige schwache Position einlud, von vornherein den Boden zu entziehen. Nach Ansicht Lattres bestand die sicherste Verteidigung Westeuropas darin, östlich des Rheins zu kämpfen, sobald die 56 Divisionen zur Verfügung stünden. Montgomery kommentierte trocken, daß dies die Teilnahme Westdeutschlands in irgend-

---

[61] Vgl. z. B. Laurence W. Martin, The American Decision to Rearm Germany, in: Harold Stein, American Civil-Military Decisions. A Book of Case Studies, Birmingham 1963, S. 643–663; Robert McGeehan, The German Rearmament Question. American Diplomacy and European Defense after World War II, Urbana 1971; Anfänge westdeutscher Sicherheitspolitik 1945–1956, hrsg. v. Roland G. Förster, Bd. 1: Von der Kapitulation bis zum Pleven Plan, München 1982. Wichtige Quellen in FRUS 1950, Bd. 3, S. 1–610 und Documents on British Policy Overseas, Serie II, Bd. 2: German Rearmament 1950, London 1988.

[62] Rearmament Policy, undated, Metric Document No. 478 revised, NMFA, WEU Archives 999.21, Box 8, Folder 33.

[63] Draft Summary of the Procedure of the Ministers of Defence of the Five Powers of the Brussels Treaty held at Fontainebleau 20th July 1950, 27 Jul 1950, Metric Document No. M. D. (50) 18, ebenda; Forces Available at 1st September 1950, 27 Jul 1950, Metric Document No. M. D. (50) 19, ebenda.

einer Form erfordere, und diese Überlegungen würden politische Entscheidungen nach sich ziehen.

Die Behandlung solcher Fragen war dem Verteidigungsausschuß jedoch nicht erlaubt. Dennoch akzeptierten die Minister die von den Oberbefehlshabern vorgelegten Fakten, stimmten der nötigen proportionalen Steigerung des Anteils der Berufssoldaten in ihren Truppen zu und beschlossen, daß jedes Land seine Anstrengungen gemäß den jeweiligen Möglichkeiten erhöhen müsse. Die Chiefs of Staff wurden beauftragt, eine genauere Definition einer Division und der sie unterstützenden Einheiten auszuarbeiten „and this should be related to one which was not organised and equipped *to advance to Moscow* but was specifically designed to ensure the successful defence of Western Europe on as economical and practical a basis as possible"[64].

Als sich der Konsultativrat zehn Tage später in Den Haag traf, berücksichtigte er die neue, durch den Korea-Krieg und das informelle Treffen des Verteidigungsausschusses veränderte Situation. Der Vorsitzende, Stikker, legte in seiner Eröffnungsrede die Marschroute fest. In völligem Kontrast zu dem holländischen Memorandum vor einem Jahr, machte Stikker nun den Weg frei für eine deutsche Wiederbewaffnung. „Up to the present the defence of the five countries had only been symbolic; there was no real defence." Sollte sich Europa auf die Atombombe oder auf kanadische und amerikanische Hilfe verlassen, „or would it be necessary that Germany should play a part, in some way or another, in the defence of this part of the world?"[65] Stikker forderte die anderen Außenminister auf, dazu Stellung zu nehmen.

Seine Kollegen stimmten alle darin überein, daß ein Verteidigungskonzept der „Western Union" eigentlich nicht existiere. Bevin war sehr enttäuscht darüber, daß bis zu diesem Zeitpunkt so wenig erreicht worden war. Von Zeeland (Spaaks Nachfolger) gab zu erkennen, daß die fünf Staaten viel zu langsam vorangegangen seien, und daß es nun an der Zeit wäre, schneller zu handeln; und Bech gestand ein, daß sie völlig an der Aufgabe gescheitert seien, der Organisation Gewicht zu verleihen. Schuman bemerkte, daß kein Verteidigungsplan existiere, nicht einmal innerhalb der atlantischen Allianz. Sie waren alle der Meinung, daß man keine Zeit mehr verlieren dürfe, um die erweiterten Luxemburger Richtlinien zu verwirklichen. Angesichts der eindeutigen Bedrohung der Grenzen Westeuropas müßten wirtschaftliche Überlegungen hinter den Erfordernissen einer ausreichenden Verteidigungsplanung zurückstehen.

In der Frage eines deutschen Beitrages differierten jedoch die Meinungen. Bevin, unterstützt von Schuman, verwies auf die Schwierigkeiten, die mit einer deutschen Wiederbewaffnung verknüpft seien. Die vorhanden Waffenarsenale reichten schon nicht aus, um jedem Staat eine entsprechende Verteidigung zu ermöglichen, und es bestand die Gefahr, daß keiner der Staaten ausreichend ausgerüstet sein würde. Falls

---

[64] Draft Summary, 27 Jul 1950, M. D. (50) 18 (Hervorheb. d. Verf.), ebenda. Die Gespräche während der 8. Sitzung des Konsultativrates waren durch heftige und zermürbende Auseinandersetzungen über die Kosten für die Ausrüstung einer Division geprägt gewesen. Die Belgier behaupteten, daß die Franzosen viermal soviel Geld für eine Division benötigten als die Belgier. Vgl. auch Record of the 8th Session of the Consultative Council, 16–17 Apr 1950, Metric Document No. 436, PRO DG 1/1/2.

[65] Record of the 9th Session of the Consultative Council, 1 Aug 1950, Metric Document No. 487 I, ebenda. Am 19. Juni, kurz vor Ausbruch des Koreakrieges, hatte Stikker einen Aufschub der nächsten Sitzung des Konsultativrates aufgrund fehlender Tagesordnungspunkte vorgeschlagen. Vgl. Stikker to Michiels, No. 50, 19 Jun 1950, NMFA, WEU Archives 999.1, Box 6, Folder 26. Nach dem 25. Juni hatte sich die Situation völlig gewandelt.

man der Sowjetunion einen Vorwand geben würde, aus eigenem Interesse einen Vorstoß zu wagen, dann hätten die Staaten der „Western Union" keine Truppen, um sich
und Deutschland zu verteidigen. Bevin bestand daher in erster Linie auf einen vernünftigen Aufbau einer Verteidigungsstrategie der „Western Union".

Dagegen zeigten sich Van Zeeland und Stikker weniger zögernd. Van Zeeland, der
sich genauso freimütig und direkt wie seine Kollegen äußern wollte, sagte ganz offen:
„The western countries should not hesitate to have recourse to any weapon or to any
means whatever, if at a given moment it was in their interest to use it." Stikker verwies
erneut auf die exponierte Stellung der nördlichen Provinzen der Niederlande und auf
die Notwendigkeit, dem Parlament einige überzeugende Tatsachen zu präsentieren,
falls die Regierung um eine Erhöhung der Verteidigungsausgaben bitten mußte. „It
was not that the Netherlands felt any particular warmth for the Germans since the last
war, but they were convinced that the latter should play an essential part in the
defence of Western Europe." Angesichts der unterschiedlichen Meinungen wurden
jedoch keine Entscheidungen im Hinblick auf einen deutschen Militärbeitrag getroffen.

Kurz danach gingen die Verhandlungen innerhalb der „Western Union" endgültig
auf NATO-Ebene über. Diese Entwicklung hatte sich bereits mit der Errichtung der
NATO-Organisation abgezeichnet. Zeitweise hatten die von Frankreich und den
Benelux-Ländern gehegten Zweifel die Existenz der „Western Union" zu verlängern
vermocht, doch schon im Frühjahr 1950 wurden nicht nur britische, sondern auch
französische und holländische Regierungskreise vom Primat der atlantischen Allianz
überzeugt[66]. Die Sitzungen des Nordatlantikrates im September und Dezember 1950
besiegelten das Schicksal der „Western Union". Die Entscheidung, einen amerikanischen Oberbefehlshaber zu ernennen, eine integrierte Verteidigungsstreitkraft aufzubauen und einen passenden Rahmen für einen deutschen Beitrag zu finden, bedeutete den endgültigen Todesstoß für die „Western Union". Der Konsultativrat, der am
20. Dezember nach der Sitzung des Nordatlantikrates tagte, fällte die einzig mögliche
Entscheidung: „The continued existence of the Western Union defence organization is
no longer necessary."[67] Der vorhandene Organisationsapparat sollte deshalb in die
atlantische Allianz integriert werden. Was blieb anderes übrig nach „two years of
hesitation, indecision, disagreement, lack of genuine and effective co-operation, lack of
leadership and a complete failure to face up to practical realities"[68]?

Montgomery's Kommentare waren – ohne Übertreibung – ein angemessener Nach-
ruf für die Verteidigungsanstrengungen der „Western Union". Sogar die Amerikaner,
die zu ihren treuesten Anhängern zählten, gestanden nun ein, daß die Westeuropäische
Organisation einen retardierenden Einfluß auf die Nordatlantikpaktplanungen ausgeübt hatte und deshalb besser von der Bildfläche verschwinden sollte[69]. Die „Western
Union" blieb zwar weiterhin bestehen, doch wurden ihre Hauptfunktionen von der
NATO übernommen; folglich brauchten auch ihre Unterkommissionen ihre Arbeit

[66] Vgl. Guillen, La France (Anm. 49), S. 88–91; Memo DEU/WS, 13 Apr 1950, NMFA, WEU Archives 999.21, Box 7, Folder 28.
[67] Record of the 10th Session of the Consultative Council, 20 Dec 1950, PRO DG 1/1/2.
[68] So Montgomery in einem Bericht vom 18. Dezember 1950, zit. in Hamilton, Monty (Anm. 19), S. 772.
[69] Vgl. FRUS 1950, Bd. 3, S. 1495.

nicht mehr fortzusetzen[70]. Von 1951 bis 1954 überwinterte die „Western Union" und trat erst nach dem Scheitern der Europäischen Verteidigungsgemeinschaft im August 1954 kurz in Erscheinung. Die Teilnahme Westdeutschlands an der wiederbelebten „Western Union" – nun Westeuropäische Union – war eine nötige Vorbedingung für eine endgültige Lösung der Frage eines deutschen Militärbeitrages zur Verteidigung des Westens.

Betrachtet man die gesamte Lebensdauer der „Western Union" von 1948–1954, trug diese Organisation wesentlich zur Wiedereingliederung Deutschlands in den westeuropäischen Verbund bei. Wenn wir jedoch jene hier behandelte Zeitdauer betrachten, ist das Ergebnis weniger klar. Eine deutsche Wiederbewaffnung lag immer noch in weiter Ferne, als die „Western Union" sich im Dezember 1950 fast selbst auflöste. Andererseits erwies sich die zwischen 1948 und 1950 gewonnene Erfahrung insoweit als nützlich, als man den Part, den der ehemalige Feind in den neuen Auseinandersetzungen zwischen Ost und West übernehmen sollte, allmählich akzeptierte. In dieser Hinsicht spielte die „Western Union" eine wichtige, vielleicht sogar entscheidende Rolle bei der militärischen Wiedereingliederung Westdeutschlands[71].

Ein deutscher Militärbeitrag war das wohl unvermeidliche Ergebnis des von Bevins „Western-Union"-Rede ausgelösten Prozesses. Die Frage eines deutschen Militärbeitrages stand während der Verhandlungen im Zeitraum von 1948 bis 1950 über dem Aufbau einer westlichen Verteidigungsstrategie im Hintergrund, nicht immer als eine praktische Lösungsmöglichkeit, doch als mögliche Alternative, die nicht durch andere Beschlüsse überflüssig gemacht werden konnte. Bis zum Ausbruch des Koreakrieges galt aber ein solcher Beitrag aus politischer Sicht als nicht durchsetzbar. Letztlich ausschlaggebend war, daß die amerikanische Administration die Stärkung der atlantischen Verteidigung mit der Frage eines deutschen Militärbeitrages koppelte.

---

[70] Z. B. tagte zwischen Dezember 1950 und April 1954 der Konsultativrat nur mehr viermal. Protokolle in PRO DG 1/15. Die Ständige Kommission, die 128 Sitzungen in den ersten zweieinhalb Jahren ihres Bestehens abgehalten hatte, tagte nur mehr 54 mal in den nächsten viereinhalb Jahren.
[71] Für andere Beurteilungen der „Western Union" vgl. Lawrence S. Kaplan, Die Westunion und die militärische Integration Europas 1948–1950. Eine Darstellung aus amerikanischer Sicht; Wolfgang Krieger, Gründung und Entwicklung des Brüsseler Paktes 1948–1950, in: Norbert Wiggershaus und Roland G. Foerster (Hrsg.), Die westliche Sicherheitsgemeinschaft 1948–1950, Boppard am Rhein 1988, S. 37–56 und 191–207.

Pierre Guillen

Frankreich und die NATO-Integration der Bundesrepublik

Bei den Verhandlungen über den Atlantikpakt im Februar–März 1948 hat Frankreich von seinen Verbündeten gefordert, Deutschland nicht aufzunehmen[1]. Diese Forderung wurde erfüllt. Im Oktober 1954 wurden die Verträge von London und Paris unterzeichnet, die den Eintritt der Bundesrepublik Deutschland in die NATO festlegten und alsbald vom französischen Parlament ratifiziert wurden. In der dazwischen liegenden Zeit haben die aufeinanderfolgenden Regierungen Frankreichs einen langen, zähen Kampf gegen jede Form einer deutschen Wiederbewaffnung geführt, was vor allem auch auf die solchen Plänen gegenüber feindliche Haltung der französischen Öffentlichkeit zurückzuführen war.

I.

Dieser Kampf hatte sogar schon vor der Unterzeichnung des Atlantikpakts begonnen. Die ersten an Washington gerichteten Warnungen ergingen im Dezember 1948[2] und wurden in der Folgezeit häufig wiederholt. Im Mai 1949 äußerte sich Dulles vor dem außenpolitischen Ausschuß des amerikanischen Senats zu Gunsten einer Aufnahme der Bundesrepublik in die atlantische Allianz, was eine energische Widerrede Robert Schumans vor der Nationalversammlung zur Folge hatte[3]. Aber der amerikanische Druck ließ nicht nach.

Im November 1949 fand in Paris eine Konferenz des Generalstabs der Länder des Atlantikpakts statt, auf der darüber diskutiert wurde, ob der Rhein oder die Elbe als Verteidigungslinie zu halten seien. Man kam zu der Schlußfolgerung, Deutschland bis zur Elbe zu schützen, wozu es aber nach Ansicht der Amerikaner nötig war, die Bundesrepublik Deutschland wieder zu bewaffnen[4]. Adenauer hatte sich zuerst gegen eine Wiederbewaffnung geäußert, ohne Zweifel um der Ablehnung des Volkes Rech-

[1] Rapport d'A. Bérard, 16 août 1951, Archives ministère des Affaires étrangères Paris (MAE), Sous-Serie Europe 1945–1955, Allemagne, Vol. 253.
[2] Nach einem Telegramm von Seydoux vom 15. Oktober 1948; vgl. Pierre Guillen, La France et la question de la défense de l'Europe occidentale, du Pacte de Bruxelles (mars 1948) au Plan Pleven (octobre 1950), in: Revue d'histoire de la deuxième guerre mondiale 36 (1986), Nr. 144, S. 96f.
[3] Déclaration de Schuman 25 juillet 1949, MAE Allemagne, Vol. 253, note 15 février 1952. Wiederholung der im Zusammenhang mit der Aufnahme der Bundesrepublik Deutschland in den Atlantikpakt abgegebenen Erklärungen. Schuman bezeichnete den Vorschlag Dulles' als „erreur la plus monstrueuse"; François Seydoux, Mémoires d'Outre-Rhin, Paris 1975, S. 155.
[4] Armand Bérard, Un ambassadeur se souvient. Washington et Bonn 1945–1955, Paris 1978, S. 257; Note Direction Europe, 18 novembre 1949, MAE, Secrétariat général, Vol. 2.

nung zu tragen, das, von den Schlachten in Rußland traumatisiert, nicht wieder als Kanonenfutter in einem Krieg gegen Rußland geopfert werden wollte[5]. Doch angestachelt von den Amerikanern änderte er seine Haltung. In einem Interview, das er am 5. Dezember einem Journalisten gab, dann am 8. Dezember bei einem Kongreß der CDU von Nordrhein-Westfalen legte er dar, daß die Teilnahme eines deutschen Kontingents an der Verteidigung Europas nötig sei[6]. Zur gleichen Zeit erfuhr der Vertreter Frankreichs in Bonn, daß Adenauer sich mit den ehemaligen Generälen von Manteuffel und Halder besprochen habe, um die Wiederaufstellung einer deutschen Armee unter Mithilfe der Amerikaner vorzubereiten[7]. Die Aufregung in Paris war groß. Robert Schuman versicherte vor dem Rat der Republik am 13. Dezember, daß eine europäische Armee, die ein deutsches Kontingent miteinschließt, „n'est qu'une vue de l'esprit", und daß keine französische Regierung jemals mit der Einbeziehung der Bundesrepublik in das Atlantikpakt-System einverstanden sein werde[8]. Das wiederholte er am 20. 12. in Brüssel, indem er Deutschland als „nation éternellement insatisfaite" bezeichnete[9].

Um die Franzosen zu beruhigen, versicherte der amerikanische Hohe Kommissar McCloy im Februar 1950 in Stuttgart, daß es keine neue deutsche Armee geben werde – um zu verhindern, daß Deutschland jemals wieder eine Bedrohung für andere Völker und für den Weltfrieden darstellen könne[10]. Diese Versicherung bekräftigte er im Juli in einem Interview beim NBC, räumte aber ein, daß es im Fall eines ostdeutschen Angriffs schwierig sei, den Deutschen das „Recht und die Mittel sich zu verteidigen" zu verweigern[11]. Kurz nach dem Ausbruch des Koreakrieges erklärte McCloy sich für die Aufstellung einer von Adenauer mit Unterstützung der Amerikaner geforderten, mit schweren Waffen auszurüstenden Sicherheits- und Einsatzpolizeitruppe als Gegenstück zur ostdeutschen Volkspolizei. Alarmiert von ihren Vertretern in Bonn wehrte sich die französische Regierung entschlossen dagegen: man beginne damit den Wiederaufbau einer „armeé allemande camouflée", die jene überträfe, die der Versailler Vertrag einst erlaubt hatte[12]. Schließlich akzeptierte die französische Regierung Ende August – dem Druck der Amerikaner nachgebend – die Aufstellung einer solchen Polizeitruppe[13], schlug dann aber vor, die Ausrüstung mit Waffen und notwendigem Material zu übernehmen, „afin d'empêcher l'installation en Allemagne de fabriques d'armes et de munitions", wie sie von den Amerikanern verlangt wurde[14].

Der Eintritt Deutschlands in die NATO war im Laufe des Sommers 1950 heftig diskutiert worden. Die amerikanischen Militärs, die die französische Wiederaufrüstung für zu langsam und zu begrenzt hielten, um damit eine westliche Verteidigung zu

[5] Bérard, Un ambassadeur (Anm. 4), S. 262, Bericht an das Außenministerium (Qaui d'Orsay) vom 28. Dezember 1949.
[6] Ebenda, S. 258f.
[7] Bericht Bérards vom 22. Juli 1950 über diese Gespräche, die im Dezember 1949 stattfanden; Bérard, Un ambassadeur (Anm. 4), S. 337f.
[8] Seydoux, Memoires (Anm. 3), S. 155.
[9] Bérard, Un ambassadeur (Anm. 4), S. 261.
[10] Ebenda, S. 292, Déclaration de McCloy, 6 février 1950.
[11] Ebenda, S. 337, Note de Bérard, 22 juillet 1950.
[12] Ebenda, S. 341, 344, 353–355.
[13] Entretien Dean Acheson – Bonnet, 23 août 1950, MAE, Secrétariat général, Vol. 2.
[14] Bérard, Un ambassadeur (Anm. 4), S. 374, note 21 juin 1951.

gewährleisten, drangen darauf, das deutsche Potential zu verwenden[15]. Darüber hinaus hoffte die Regierung in Washington, auf diese Weise die neutralistische, auf die westdeutsche Öffentlichkeit zielende Propaganda der UdSSR zu unterlaufen und die Bindung Deutschlands an das westliche Lager zu festigen. Getrieben von den Amerikanern richtete die Regierung in Bonn am 29. August ein Memorandum an die Alliierten und ließ durch ihre Militärberater Pläne zur deutschen Teilnahme an der Europäischen Verteidigung erarbeiten – zur großen Bestürzung François-Poncets, der durch das Verhalten seiner englischen und amerikanischen Kollegen sehr irritiert war[16].

Am Vorabend der Zusammenkunft des Atlantikrats bekräftigte Frankreich noch einmal seine absolute Gegnerschaft gegen den Eintritt der Bundesrepublik in den Atlantikpakt; äußerstenfalls könnte sie durch finanzielle und wirtschaftliche Leistungen zur gemeinsamen Verteidigung beitragen[17]. Obgleich der Vorschlag der Amerikaner, 10 deutsche Divisionen im Rahmen der NATO aufzustellen, der französischen Vorstellung von einer europäischen Armee zuwiderlief, arbeiteten der Kommandant der amerikanischen Truppen in Deutschland, General Hays, und Graf Schwerin – mit Militärfragen beim Kanzleramt beauftragt – und deren Experten gemeinsam an Plänen zur Aufstellung dieser Divisionen. Das führte zu wiederholten scharfen Protesten der Franzosen gegen diesen exklusiven Dialog[18]. Der Pleven-Plan hatte nämlich vor allem das Ziel, eine Zugehörigkeit der Bundesrepublik zur NATO zu verhindern[19].

Aber da die Verhandlungen über die Europäische Verteidigungsgemeinschaft auf der Stelle traten, fuhr man gleichzeitig fort, den Eintritt der Bundesrepublik in die NATO zu diskutieren. Innerhalb der Hohen Kommission der Alliierten drängten die Amerikaner unter drei Bedingungen auf diesen Eintritt: Einvernehmen zwischen Deutschen und Alliierten über die Beschaffenheit und den Umfang der deutschen Teilnahme, über den neuen Vertrag, der die Beziehungen zwischen der Bundesrepublik und den Alliierten regeln sollte und über das Verbot einer Rüstungsindustrie in Deutschland. Die französische Seite protestierte: Wie konnte die Bundesrepublik, die noch keine Truppen hatte, Teil der NATO werden? Konnte man, falls sie als „Partner" zugelassen werden sollte, ihr weniger Rechte geben als den anderen Mitgliedern und die alliierte Oberhoheit über Deutschland auf diese Weise aufrechterhalten[20]? Als Bidault freilich im November 1951 nach Washington kam, unterstrichen die amerikanischen Spitzenpolitiker, daß die Einbeziehung Deutschlands in die NATO unvermeidlich sei[21].

Die Meinung der französischen Politiker war gespalten. Davon überzeugt, daß das Parlament niemals einverstanden sein würde, hofften die Verantwortlichen in ihrer Mehrheit, daß durch eine entsprechende europäische Verbrämung eine gewisse Form der deutschen Wiederbewaffnung durchzusetzen sein werde. Die meisten Militärs und Diplomaten hielten dagegen die Lösung der Frage der deutschen Wiederbewaffnung

---

[15] Ebenda, S. 340f., 347.
[16] Ebenda, S. 351.
[17] Pierre Guillen, La France (Anm. 2), S. 97f.
[18] Bérard, Un ambassadeur (Anm. 4), S. 353, 362. Bérard hatte vor allem den Auftrag, bei McCloy Proteste einzulegen – am 17. Juli 1950 und am 5. Januar 1951.
[19] Seydoux, Mémoires (Anm. 3), S. 160.
[20] Rapport de Bérard, 27 janvier 1951, MAE, Allemagne, Vol. 253; Bérard, Un ambassadeur (Anm. 4), S. 374–376, rapport 16 août 1951.
[21] Dépêche de Bonnet, 29 janvier 1952, MAE, Allemagne, Vol. 253.

für vordringlich. Sie verwarfen die Europäische Verteidigungsgemeinschaft und
betrachteten den Eintritt Deutschlands in die NATO als die bessere Lösung. Am Quai
d'Orsay wollten viele hohe Beamte, vor allem in der Europa-Abteilung, nichts von
einer übernationalen Integration zu sechst hören; denn sie werde Frankreich spalten
und es England entfremden, zudem könne Deutschland – gestützt von den USA – eine
Vormachtstellung in der Europäischen Verteidigungsgemeinschaft erringen und
Frankreich, das in sein Engagement in Indochina und Afrika verstrickt sei, ausstechen.
Warum die Dinge komplizieren und verzögern und die Alliierten verärgern, wenn es
doch viel einfacher wäre, die Bundesrepublik in die NATO einzugliedern[22]?

Das war auch der Standpunkt der Militärs, insbesondere des einflußreichsten unter
ihnen, des Marschalls Juin, der den Vorsitz im Komitee der Generalstabschefs innehatte. Als er im Herbst 1951 das Kommando des Sektors „Centre Europe" der NATO
übernahm, bereitete ihm das Mißverhältnis zwischen den östlichen und den westlichen
Streitkräften, das die Russen nur dazu reizen könnte, nach Westen vorzustoßen, große
Sorge. Da Frankreich aufgrund seiner finanziellen Situation und seiner Verpflichtungen außerhalb Europas selbst nicht in genügendem Maße zu einer Verstärkung der
NATO in Europa beitragen konnte, war dies nur durch einen deutschen Beitrag zu
erreichen „ardemment souhaité parce que indispensable". Daher wurde seine Kritik an
der Europäischen Verteidigungsgemeinschaft immer heftiger, je mehr Zeit verging,
weil sie die Aufstellung eines deutschen Beitrags verzögerte[23]. Es sei besser, sich an die
Bündnisformel der NATO zu halten, und mit integrierten Stäben zu arbeiten, was den
Vorteil habe, die französische Armee als Ganzes bewahren zu können und, dank der
Anwesenheit der USA und Englands, ein Übergewicht der Bundesrepublik Deutschland zu vermeiden. Deshalb begrüßte Juin die Vereinbarungen von London und Paris,
„solution autrement valable pour la France et l'OTAN elle-même que l'ancienne
CED"[24]. Die meisten anderen Militärs, schon seit 1948 von einer Wiederbewaffnung
Deutschlands überzeugt, hielten eine Eingliederung deutscher Divisionen in die
NATO, wie die Amerikaner sie verlangen, ebenfalls für die praktischste, schnellste,
wirkungsvollste und für Frankreich am wenigsten beunruhigende Lösung[25].

Aber dem Geist verpflichtet, der im politischen Lager dominierte, glaubte die
Regierung, die Meinung der Militärs und Diplomaten nicht berücksichtigen zu können. Als Adenauer im Januar 1952 das Interesse der Bundesrepublik Deutschland an
der NATO durch Hallstein amtlich vorbringen ließ, antwortete Schuman vor dem
Außenpolitischen Ausschuß der Nationalversammlung, daß die Zulassung der Bun-
desrepublik ausgeschlossen sei. Sie würde dem Atlantikpakt seinen defensiven Charak-
ter nehmen, weil die Westdeutschen territoriale Forderungen geltend machten. Den
Vertretern der Mitgliedsländer des Atlantikpakts wurde vom Quai d'Orsay die gleiche
Antwort erteilt[26]. In Washington setzte der Botschafter Frankreichs den wiederholten
Pressionen des State Department das gleiche „non possumus" entgegen und stellte sich

[22] Seydoux, Mémoires (Anm. 3), S. 145f., 162–164.
[23] Maréchal <Alphonse Pierre> Juin, Mémoires, Bd. 2, Paris 1960, S. 223f., 231, 260–262.
[24] Ebenda, S. 261, 267.
[25] Pierre Guillen, Les chefs militaires français, le réarmement de l'Allemagne et la CED, in: Revue d'histoire de
la deuxième guerre mondiale 33 (1983), Nr. 129, S. 4–9.
[26] François-Poncet 29 janvier 1952, note Direction Europe, 29 janvier 1952, rapport de Berlin 9 février 1952,
MAE, Allemagne, Vol. 253; Bérard, Un ambassadeur (Anm. 4), S. 388f.

hinter die von der französischen Delegation des Rates der Ständigen Vertreter (der Regierungen der NATO-Staaten) formulierte Note. Zugleich unterrichtete er Paris, daß es schwierig sein werde, sich den Amerikanern noch lange zu widersetzen. Robert Schuman schrieb daraufhin einen Brief an Dean Acheson, um die kategorische Opposition Frankreichs in Erinnerung zu bringen[27]. Der Botschaft in London zufolge, zeigten sich die Engländer einsichtiger. Sie waren der Ansicht, daß die Frage des Eintritts der Bundesrepublik in die NATO zwar im gegenwärtigen Augenblick nicht akut sei, sich in Kürze aber unvermeidbar stellen werde, und daß es dann nötig sein werde, sie zustimmend zu beantworten[28].

Bei der Konferenz in Lissabon im Februar 1952 fand sich Frankreich isoliert. Seine Alliierten betrachteten die Bundesrepublik Deutschland schon praktisch als Mitglied der NATO, das die gleichen Garantien wie die übrigen Mitgliedsstaaten erhalten und Beobachter in alle Komitees schicken sollte. Außerdem hatte der Rat der Ständigen Vertreter am 28. Februar beschlossen, daß gewisse Dokumente den Behörden in Bonn von jetzt an zur Kenntnis gebracht werden sollten[29]. Im Juli arbeitete der Nordatlantik-Rat ein Memorandum über die deutsche Teilnahme am Aufbau der Verteidigungskräfte aus und beauftragte das Sekretariat der NATO, die deutsche Regierung über den Fortgang der Arbeiten zu dieser Frage auf dem laufenden zu halten[30].

Paris aber lehnte es ab, seine Haltung zu ändern. Unermüdlich machte es in Washington und in London geltend, daß die öffentliche Meinung Frankreichs den Eintritt der Bundesrepublik in die NATO mit der Ablehnung der Europäischen Verteidigungsgemeinschaft quittieren werde, die dann nur mehr als ein vorübergehender Notbehelf erscheine. Der deutsche NATO-Eintritt werde zudem auch auf die Ablehnung des französischen Parlaments stoßen, was eine ernste politische Krise in Frankreich und in der Atlantischen Allianz zur Folge haben könne; schließlich ergäben sich auch gefährliche Konsequenzen für die Ost-West Beziehungen, da der deutsche NATO-Eintritt einen Bruch des Viermächteabkommens über Deutschland darstellen würde[31]. Aber auf dieses Plädoyer wurde nicht gehört. Alle aus den Hauptstädten der Alliierten kommenden Analysen betonten, daß im Falle eines Scheiterns der Europäischen Verteidigungsgemeinschaft die Mitgliedstaaten der Atlantischen Allianz einen anschließenden Eintritt der Bundesrepublik in die NATO unterstützen würden[32].

II.

Als sich im Juni 1954 das Kabinett Mendès France bildete, befand man sich immer noch in der gleichen Sackgasse. Obwohl er überzeugt war, daß die Europäische Verteidigungsgemeinschaft keine Chance hatte, vom Parlament ratifiziert zu werden, war auch der neue Ministerpräsident nicht bereit, einen Eintritt der Bundesrepublik in

---

[27] Bonnet 29 et 30 janvier 1952, MAE, Allemagne, Vol. 253.
[28] Londres 31 janvier 1952, ebenda.
[29] François-Poncet 26 février 1952, ebenda; Bérard, Un ambassadeur (Anm. 4), S. 392.
[30] Réunion Conseil de l'Atlantique Nord, 11 juillet 1952, MAE, Allemagne, Vol. 253.
[31] Note Sous-Direction Europe centrale, 11 février 1953, ebenda.
[32] Bulletin des Presse- und Informationsamtes der Bundesregierung vom 24. April 1953 (Erklärung des Senators Mansfield anläßlich des Auftritts Adenauers vor dem Außenpolitischen Ausschuß des amerikanischen Senats am 9. 4. 1953); Bericht François-Poncets vom 5. Juni 1953, Berichte aus London vom 7. Juli und 12. Oktober, aus Den Haag vom 5. November 1953, ebenda.

die NATO zu akzeptieren. Doch es mußte eine Übergangslösung gefunden werden, denn alles in allem konnte die Wiederbewaffnung Deutschlands aufgrund der Haltung der Alliierten nicht mehr länger vermieden werden. Wie Mendès France Molotow gegenüber erklärte, „laisser aller les choses, avec un réarmement de l'Allemagne sans nous et peut-être contre nous, ou créer un groupe qui limiterait la liberté de l'Allemagne réarmée. Tel est le choix grave que doit faire la France."[33] Mendès France lehnte es ab, auf ungewisse Resultate einer neuen Viererkonferenz zu warten; denn mit den Russen zu verhandeln, bevor man sich des westlichen Zusammenhalts versichert habe, hieße die größten Risiken einzugehen. Die UdSSR versuche, Zeit zu gewinnen und den westlichen Verteidigungswillen zu untergraben[34].

Aus Washington kommende Vorwürfe des Neutralismus wies der Ministerpräsident entschieden zurück. Er lehnte kategorisch jede Neutralisierung Deutschlands ab und hielt es für unbedingt notwendig „de conserver l'Allemagne dans les liens d'une alliance occidentale, à la fois politique, économique et militaire, quelle qu'en soit la forme"[35]. Es gelte deshalb eine Lösung zu suchen, die es erlaube „d'échapper à l'alternative traité de Paris ou entrée de l'Allemagne dans l'OTAN"[36].

Während man den zweifelhaften Ausgang der letzten Rettungsoperation für die EVG abwartete, an der in Brüssel auf der Grundlage französischer Vorschläge gearbeitet wurde[37], bemühte man sich in Paris, eine Ersatzlösung zu finden. Sollte man, wie die Amerikaner und Engländer es beabsichtigen, die Verträge von Paris und Bonn getrennt behandeln, d. h. der Bundesrepublik die Souveränität geben und sich einstweilen die *Form* ihrer Wiederbewaffnung vorbehalten? Nach Diskussionen im Quai d'Orsay war es *diese* Lösung, die Mendès France bei der letzten Sitzung der Konferenz in Brüssel vorschlug. Seiner Meinung nach handelte es sich nicht darum, der Frage der deutschen Wiederbewaffnung auszuweichen, sondern sie genau zu prüfen und in positiver Weise innerhalb kürzester Frist zu regeln, was er übrigens nachdrücklich in seiner Schlußerklärung auf der Konferenz in Brüssel bekräftigte[38]. Eine andere Möglichkeit wäre der amerikanische Plan einer Konferenz der Sechs (BENELUX, Bundesrepublik, USA, Großbritannien), der die Verteidigung Europas um Deutschland zentrieren würde, was unannehmbar wäre – oder aber die Vereinigten Staaten würden zum Isolationismus und zu einer „stratégie périphérique" zurückkehren,

---

[33] Entretien Mendès France – Molotow à Genève, 21 juillet 1954, Documents Diplomatiques Français (DDF) 1954, Annexes: Entretiens des Ministres des Affaires Etrangères concernant les problemes européen ..., S. 25ff.

[34] Note de Philippe Baudet (Kabinettsdirektor von Mendès France), 21 juillet 1954, DDF 1954, S. 1ff.; über die Haltung von Mendès France gegenüber der UdSSR und der deutschen Wiederbewaffnung vgl. die neue Studie von Georges Soutou, La France, l'Allemagne et les accords de Paris, in: Relations internationales Nr. 52 (1987), S. 451–470.

[35] Mendès France à Bonnet, 13 août 1954, DDF 1954, S. 141ff.; Mendès France fügt hinzu, er habe eine Beteiligung Deutschlands an der westlichen Verteidigung immer für notwendig gehalten.

[36] Note de Philippe Baudet, 21 juillet 1954, ebenda, S. 1ff.

[37] Diese Protokolle sind in Paris als Notbehelf ausgearbeitet worden, nach dem Scheitern eines innerhalb der Regierung versuchten Kompromisses zwischen Koenig, dem Haupt der EVG-Gegner und Bourgès-Maunoury, dem Haupt der EVG-Anhänger; Protocole français d' application du traité instituant la Communauté Européenne de Défense, DDF 1954, Annexes: Entretiens (Anm. 33), S. 105–112.

[38] Note de Baudet, 19 août 1954, DDF 1954, S. 179; Mendès France à Massigli, 24 août 1954, ebenda, S. 200f.; Mendès France à François-Poncet, 29 août 1954, ebenda, S. 230f.; Compte rendu réunions de la conférence de Bruxelles, déclaration finale de Mendès France, 22 août 1954, DDF 1954, Annexes: Entretiens (Anm. 33), S. 100ff.

wie Churchill es offenbar befürchtete und Dulles es androhte[39]. Um dem Amerikaner nicht den Vorwand für eine solche „révision déchirante" zu liefern, wurde eine Trennung der beiden Verträge schließlich verworfen.

Mußte man sich mit dem Eintritt der Bundesrepublik Deutschland in die NATO abfinden? Die anderen Mitglieder des Atlantikpakts wünschten diese Lösung. Die Engländer betonten zudem, daß die Deutschen Beschränkungen der Truppenstärke und Verbote gewisser Waffen leichter als Gegenleistung für ihren Eintritt in die NATO als für eine Eingliederung in einen europäischen Verband akzeptieren würden[40].

Doch die französische Regierung war sich der Gefahren wohl bewußt: die Mitglieder der NATO konnten ohne Begrenzung Truppen ausheben und ausrüsten, also würde die Bundesrepublik hierauf ebenfalls Anspruch erheben. Der Generalstab hatte den Quai d'Orsay in diesem Punkt gewarnt: Der Eintritt Deutschlands in die NATO sei notwendig und unvermeidbar, aber es gelte, sich gegen zwei Risiken abzusichern: nämlich, daß die Bundesrepublik einen Sitz in der „Standing Group" verlange und Frankreich daraus verdränge und daß sie mehr Truppen aufstelle als Frankreich[41].

Eine rein atlantische Lösung kam freilich nicht zustande. Statt dessen wurde eine europäische Gruppierung der Sechs gebildet, zu der sich England gesellte und die an das atlantische System angeschlossen würde. Nach einem Ausspruch von Churchill sollte „eine kleine Schachtel in die große Schachtel der NATO eingebaut"[42] werden.

Ein Projekt dieser Art war schon am 6. August vom Kabinett Mendès France angedeutet worden[43]. Der Stab der Armee präzisierte das Projekt: Bereits am 30. Juni hatte er vorgeschlagen, durch Umgestaltung und Erweiterung des Brüsseler Pakts eine europäische Verteidigungsorganisation zu schaffen. Der Vorschlag wurde am 12. August wiederholt, wobei man betonte, daß diese Form den Vorteil habe, ein wiederbewaffnetes Deutschland in einen Rahmen einzubauen, der es einschränken und kontrollieren würde[44]. In diese Richtung bewegte sich die Regierung nach dem Scheitern der Europäischen Verteidigungsgemeinschaft vor dem Parlament. Der sowjetischen Friedensinitiative für ein wiedervereinigtes, neutrales Deutschland stattzugeben, kam dagegen überhaupt nicht in Frage. Der Quai d'Orsay und Mendès France stimmten völlig darin überein, jede Idee der Neutralisierung Deutschlands zu verwerfen. Sie bleibe notgedrungen trügerisch, zöge den Abzug der amerikanischen und englischen Truppen nach sich und stelle die ganze europäische und atlantische Politik wieder in Frage. Die Truppen aber aus Deutschland abzuziehen, „c'est livrer les clefs de notre sécurité à un gouvernement allemand que ses revendications territoriales et sa situation géographique orienteront vers un rapprochement avec l'Est"[45]. Mendès France betonte, daß die Sicherheit nur in einer Verstärkung der Verteidigung des westlichen

[39] Conversations franco-britanniques, Chartwell, 23 août, DDF 1954, Annexes: Entretiens (Anm. 33), S. 131ff.; Bonnet à Mendès France et Mendès France à Bonnet, 24 août, DDF 1954, S. 197ff.
[40] Crouy-Chanel (Londres) à Roland de Margerie, 24 août, ebenda, S. 206f.
[41] Bonnet à Mendès France, 24 août, ebenda, S. 197f. Guillen, Les chefs militaires (Anm. 25), S. 34, Note del'Etat-Major de l'Armée, 12 août 1954.
[42] Conversations franco-britanniques, Chartwell, 23 août 1954, DDF, Annexes: Entretiens (Anm. 33), S. 131ff.
[43] Note Secrétariat d'Etat aux Affaires étrangères pour le Président, 6 août, DDF 1954, S. 96ff.
[44] Guillen, Les chefs militaires (Anm. 25), S. 32.
[45] Note Sous-Direction Europe centrale, octobre, DDF 1954, S. 637; Mendès France nimmt diese Argumentation auf in einem Telegramm vom 2. November an die diplomatischen Vertreter in London und Washington, ebenda, S. 641ff.

Europas liegen könne, wobei man auf den Beitrag der deutschen Luft- und Bodenstreitkräfte angewiesen bleibe. Nach einstimmiger Meinung der Militärs wäre es die
schlimmste Katastrophe für die atlantische Allianz, wenn auf eine militärische und
politische Verbindung mit der Bundesrepublik Deutschland verzichtet werden
würde[46].

In der Tat waren die Amerikaner entschlossen, im Falle des Nichtzustandekommens
einer Einigung im Rahmen der NATO entweder zu einer „stratégie périphérique"
zurückzukehren oder die Bundesrepublik durch ein direktes Abkommen mit den USA
wiederzubewaffnen[47]. Die Engländer drängten zur Aufnahme in die NATO, allerdings mit gewissen Einschränkungen bei der Wiederbewaffnung[48]. Aber die Regierung
in Bonn lehnte jede Einschränkung ab und gab bekannt, daß ein Beitritt zur NATO
nur unter der Bedingung völliger Gleichberechtigung stattfinden werde. Allenfalls
wäre sie bereit, einige Einschränkungen hinzunehmen, die dem Prinzip der strategisch
exponierten Zonen entsprächen. Aber sie weigerte sich, eine totale Kontrolle zu
akzeptieren, während sich Frankreich unter dem Vorwand seiner außereuropäischen
Verpflichtungen einer solchen entziehe[49].

Auf französischer Seite war man einerseits bestrebt, die amerikanische und englische
Militärpräsenz in Europa aufrechtzuerhalten, andererseits aber eine deutsche Wiederbewaffnung ohne Kontrolle und ohne Begrenzung zu verhindern und die Bundesrepublik zu zwingen, sich durch Verträge, die nicht einseitig aufgekündigt werden könnten, zu binden. Mendès France hielt die von den Engländern vorgeschlagene Lösung –
Eintritt der Bundesrepublik in die NATO unter nicht-diskriminierenden Beschränkungen, aber mit Kontrollen – für die einfachste Lösung; glaubte aber, dies nicht
erreichen zu können, weil das französische Parlament dem nicht zustimmen werde.

Um eine Mehrheit in der Nationalversammlung zu erreichen, sei es nötig, „trouver
une présentation qui, dans la perspective d'une entrée ultérieure de la République
fédérale dans l'OTAN, conserve un caractère européen et permette une participation
de l'Angleterre"[50]. Am Quai d'Orsay hielt man auch „un habillage, un passeport
portant le visa de l'Europe" für notwendig[51].

Es ist daher verständlich, daß die frühere Idee, den Pakt von Brüssel zu benützen,
um im Innern der NATO ein zusätzliches europäisches System zu schaffen, dem
England angehören könnte und das die Kontrolle über die Wiederbewaffnung
Deutschlands durch seine unmittelbaren Nachbarn erlauben würde, wieder auflebte.
Am Quai d'Orsay sprach man mit Blick auf die Bundesrepublik und Italien von einer
Umgestaltung und Erweiterung des Brüsseler Pakts. Am 8. September beschloß Men-
dès France, sich mit den Briten über diesen Punkt zu beraten. Im Falle einer positiven

[46] Projet de discours de Mendès France devant l'Assemblée nationale, novembre 1954, MAE, Allemagne, Vol. 1024.
[47] Bonnet à Mendès France, 1er et 21 septembre, DDF 1954, S. 244 und 377ff.
[48] Crouy-Chanel à Mendès France, 2 septembre, ebenda, S. 257; Massigli à Mendès France, 4 septembre, ebenda, S. 60f.
[49] François-Poncet à Mendès France, 1er et 21 septembre, ebenda, S. 242f. und 423f.; Bérard, Un ambassadeur (Anm. 4), S. 576, note 8 septembre.
[50] Projet de télégramme de Mendès France à Massigli, 8 septembre, DDF 1954, S. 313ff.; François-Poncet à Mendès France, 8 septembre, MAE, Allemagne, Vol. 253; Projet de discours de Mendès France, novembre, MAE, Allemagne, Vol. 1024; Bérard, Un ambassadeur (Anm. 4), S. 577f., note 20 septembre.
[51] Seydoux, Mémoires (Anm. 3), S. 189.

Reaktion wollte er General Ely nach Washington senden, um die Amerikaner für diesen Plan zu gewinnen[52].

Eden hatte zur gleichen Zeit genau die gleiche Idee und teilte sie am 9. September Massigli mit[53]. Aber dennoch waren die Ansichten noch weit voneinander entfernt, denn Frankreich wollte durch eine Ausdehnung des Brüsseler Pakts den Eintritt Deutschlands in die NATO – wenigstens für eine gewisse Zeit – verhindern, während aus englischer Sicht, der auch die Benelux-Staaten, Italien und Deutschland folgten, beides zur gleichen Zeit geschehen sollte. Die Erweiterung des Brüsseler Paktes würde das Problem der deutschen Integration nur auf politischem Gebiet regeln, die militärische Integration mußte dann im Rahmen der NATO erfolgen. Die französische Regierung setzte dem aber die Forderung entgegen, daß auch der militärische Aspekt im Rahmen des Brüsseler Pakts geregelt werden sollte[54].

Mendès France leistete in diesem Punkt heftigen Widerstand. Im Verlauf der Gespräche mit Eden am 15. und 16. September in Paris hielt er ein langes Plädoyer, in dem er einräumte, daß Deutschland *später* in die NATO eintreten könne, wenn alle von der Westeuropäischen Union (WEU) vorgesehenen Bedingungen erfüllt wären. Aber es gelang ihm nicht, Eden umzustimmen, der es für unmöglich erklärte, eine Ausdehnung der Verträge von Brüssel zu akzeptieren, wenn die Bundesrepublik aus der NATO ausgeschlossen bleibe; die Gleichzeitigkeit müsse gewährleistet sein. In dieser Frage sei kein Kompromiß möglich. In den Augen der Briten war der Beitritt der Bundesrepublik in die NATO das Wesentliche, das Ausweichen auf den Pakt von Brüssel und die Westeuropäische Union diente nur dazu, die öffentliche Meinung zu beruhigen. Eden erklärte mit Entschiedenheit: Wenn Frankreich sich in diesem äußerst wichtigen Punkt nicht der Vorstellung seiner Partner anschließe, werde Deutschland für den Westen verloren sein und Amerika sich in seine Festung zurückziehen. Mendès France scheint schließlich resigniert und unter drei Bedingungen nachgegeben zu haben: 1. der Eintritt der Bundesrepublik in die NATO sollte als Konsequenz ihres Beitritts zum Pakt von Brüssel präsentiert werden; 2. die WEU sei als „une réalité politique et militaire et non pas seulement une présentation purement illusoire et destinée à duper l'opinion publique" anzusehen; und 3. müsse der Eintritt der Bundesrepublik von einer Reihe von Garantien und Verpflichtungen begleitet sein[55].

Am Vorabend der Konferenz von London fühlte die französische Regierung sehr wohl die Schwäche ihrer Position. Die Berichte der Botschafter unterstrichen den Willen der alliierten Länder, den geänderten Vertrag von Brüssel und die Zulassung der Bundesrepublik zur NATO gleichzeitig in Kraft zu setzen. Sie hoben besonders die ungünstigen Reaktionen auf das französische Memorandum vom 18. September

[52] Note du jurisconsulte du Département pour la Direction politique, 8 septembre, DDF 1954, S. 302ff.; Projet télégramme pour Massigli même date, ebenda, S. 313ff.
[53] Massigli à Mendès France, 9 septembre, ebenda, S. 308ff.
[54] Massigli à Parodi, 10 septembre, ebenda, S. 328ff.; Massigli à Mendès France, 13 septembre, ebenda, S. 346; Vaucelles (Brüssel), 13 septembre, ebenda, S. 347f.; Fouques-Duparc (Rom), 13 septembre, ebenda, S. 348f.; François-Poncet, 14 septembre, ebenda, S. 358f.
[55] Conversations franco-britanniques Paris, 15 et 16 septembre 1954, DDF 1954, Annexes: Entretiens (Anm. 33), S. 145ff.; Mendès France aux ambassades, 18 septembre, DDF 1954, S. 395ff.; die Verpflichtungen und Garantien sind in dem französischen Memorandum über den deutschen Verteidigungsbeitrag vom 18. September 1954 aufgezählt sowie in dem ergänzenden Aide-Mémoire vom selben Tag über die zusätzlichen Garantien. Die Art dieser Garantien wird weiter unten dargelegt.

hervor, das diesen Zusammenhang nicht deutlich dargestellt habe[56]. Mendès France versuchte Dulles zu überzeugen, daß der WEU die Priorität gegeben werden solle, um „faire de la future association des Sept la base politique et militaire de la future Europe"[57].

Zur gleichen Zeit wurde das Verhältnis zu Bonn gespannter, denn die deutsche Regierung ließ die Beschränkungen und Kontrollen nur im Rahmen der NATO gelten. Sie verlangte, sobald die Bundesrepublik Mitglied des Atlantikpakts geworden sei, sollten die für den Krisenfall vorgesehenen Vorbehaltsrechte und das Truppenstationierungsrecht der Alliierten abgeschafft werden. Die Franzosen lehnten dies kategorisch ab. Darüber hinaus bezichtigten sie die Deutschen, auf die amerikanische Karte zu setzen, weil sie dem französischen Plan, eine Stärkung des Brüsseler Pakts vorzunehmen, feindlich gegenüberständen und von einem baldigen Sturz des Kabinetts Mendès France überzeugt schienen. Auf diese Weise wollten sie ihren uneingeschränkten Beitritt zur NATO erzwingen[58].

Die Verhandlungen auf der Konferenz von London erwiesen sich als schwierig. Weil er isoliert war und um das Scheitern der Konferenz nicht zu provozieren, akzeptierte Mendès France den sofortigen Eintritt der Bundesrepublik in die NATO[59]. Aber in seiner langen Erläuterung des französischen Memorandums erklärte er die NATO für ungeeignet, die Beschränkungen und Kontrollen der Bewaffnung der Bundesrepublik durchzuführen. Daher fand er es notwendig, „une cellule des pays de l'Europe occidentale" zu gründen und die Verantwortlichkeiten der WEU auf militärischem Gebiet möglichst auszuweiten. Die Höchstgrenzen der Ausrüstung und der Truppenstärken, die nicht überschritten werden durften, sollten festgelegt werden sowie die Zuteilung des von den USA gelieferten Materials und die Übertragung der Befehlsgewalten an die Mitgliedsstaaten durch eine gemeinsame Behörde, die darüber hinaus auch die Kontrolle über die Rüstungsindustrie hätte. Ohne Genehmigung dieser Behörde sollte kein neues Rüstungsunternehmen und keine neue Waffenfabrik gegründet werden dürfen[60].

III.

Welche Gefahren fürchtete die französische Regierung im Fall der Integration der Bundesrepublik in die NATO, und welche Garantien erhielt sie nun, um sich dagegen abzusichern? Die Hauptsorge war, daß die USA die Bundesrepublik mit einer Militärmacht ausstatten würden, welche diejenige Frankreichs angesichts der begrenzten finanziellen Mittel und der zahlreichen überseeischen Verpflichtungen des Landes überträfe. Wie konnte man das verhindern, da doch die NATO eine Vereinigung

---

[56] Siehe die Berichte von Ende Dezember in DDF 1954.
[57] Mendès France à Bonnet, 19 septembre, DDF 1954, S. 405f.
[58] François-Poncet à Mendès France, 24 septembre, ebenda, S. 453ff.; vgl. Bérard, Un ambassadeur (Anm. 4), S. 579f.
[59] Note 5 octobre 1954, explications de Mendès France pour le Conseil de la République, MAE, Allemagne, Vol. 1024.
[60] Séance 28 septembre, DDF 1954, Annexes: Conférence de Londres, 28 septembre – 3 octobre 1954, S. 21ff.

absolut souveräner Staaten war, von denen man die größtmögliche Anstrengung zur Aufrüstung verlangte und zwischen denen es keine Unterschiede geben durfte? Kurz gesagt, man riskierte, sich einer deutschen Wiederbewaffnung auszusetzen, die „illimité, unilatéral et incontrôlé" sein würde[61]. Die Frage der Truppenstärken taucht in den französischen Akten immer wieder auf. Die deutschen Streitkräfte müßten auf jeden Fall unterhalb der Stärke der französischen Armee in Europa liegen, denn „aucun gouvernement français ne pourrait proposer que la plus forte armée continentale fût allemande". Daher sei die deutsche Truppenstärke auf 300 000 Mann festzulegen, d. h. ungefähr auf zwei Drittel der Stärke, die in der Europäischen Verteidigungsgemeinschaft vorgesehen gewesen war und in der NATO erwartet wurde; denn Frankreich verfügte in Europa über nicht mehr als 300 000 bis 350 000 Mann[62]. Doch auch wenn die Höchstgrenzen durch die NATO festgesetzt wurden, konnte man nicht sicher sein, daß die Bundesrepublik keine Revision nach oben erreichte? Wie konnte man sicherstellen, daß in diesem Fall die einstimmige Zustimmung der NATO-Mitglieder nötig sei? Paris beharrte daher darauf, daß die Höchstgrenzen in dem engeren Rahmen der WEU festgelegt wurden, um die Bundesrepublik daran zu hindern, mehr Truppen auszuheben, als ihr durch das Programm der WEU zugestanden wurden[63].

Beunruhigend war auch, daß eine wieder auferstandene deutsche Armee mit einem Großen Generalstab ausgestattet sein könnte. Um das zu vermeiden, verlangte Mendès France eine gründlichere Integration als in der NATO, auf dem Niveau der Division, damit es keine nationalen Armeekorps und keine nationalen Generalstäbe mehr gäbe[64].

Eine weitere Sorge verband sich mit der Befürchtung, daß der defensive Aspekt des Atlantikpakts aufgrund deutscher Forderungen nach Rückgewinnung verlorener Gebiete und Wiedervereinigung in Frage gestellt werden könnte, mit der Konsequenz unkalkulierbarer Reaktionen der UdSSR. Deshalb verlangte man von der Bundesrepublik Deutschland eine Erklärung, bei der Lösung ihrer territorialen Probleme auf Gewalt zu verzichten. Diese Erklärung wurde von französischer Seite als fundamentale Forderung bezeichnet. Die Mitgliedsstaaten sollten sich im übrigen dazu verpflichten, keinerlei Hilfe und militärischen Beistand zu leisten, wenn Bündnispartner als erste zu Gewaltmaßnahmen griffen[65].

---

[61] Entretien Mendès France – Eden, 15 septembre, DDF 1954, Annexes: Entretiens (Anm. 33), S. 147ff.; Mendès France aux ambassades, 18 septembre, DDF 1954, S. 395ff.; Audition Mendès France à la commission des Affaires étrangères du Conseil de la République, 4 novembre 1954, MAE, Allemagne, Vol. 1024.

[62] Entretiens Moch – Eden, 24 mars 1955, DDF 1955, Bd. I, S. 343ff.

[63] Entretien Mendès France – Eden, 16 septembre, DDF 1954, Annexes: Entretiens (Anm. 33), S. 157ff.; Aidemémoire français 18 septembre, DDF 1954, Annexes: Conférence de Londres, S. 287ff.; 2ème séance 28 septembre, 6ème séance 30 septembre, ebenda, S. 109ff.; Mendès France aux ambassades, 7 octobre 1954, DDF 1954, S. 528ff.

[64] 2ème et 6ème séances 28 et 30 septembre, DDF 1954, Annexes: Conférence (Anm. 63), S. 43ff., 109ff.

[65] Entretien Mendès France – Eden, 16 septembre, DDF 1954, Annexes: Entretiens (Anm. 33), S. 147ff.; Aidemémoire français 18 septembre, DDF 1954, Annexes: Conférence (Anm. 63), 4ème séance 29 septembre, S. 81ff. Audition Mendès France à Commission Affaires étrangères du Conseil de la République 4 novembre, projet discours Mendès France devant le Parlement, novembre, MAE, Allemagne, Vol. 1024; Réponses du gouvernement aux questions de la commission Affaires étrangères de l'Assemblée Nationale, 7 et 8 novembre 1954, MAE, Allemagne, Vol. 1025.

Mendès France fügte der Zahl der Bedingungen, die Frankreich für die Zulassung der Bundesrepublik zur NATO stellte, noch eine weitere hinzu: eine für alle annehmbare Lösung der Saarfrage, die von den Anglo-Amerikanern garantiert werden sollte[66]. Welche militärischen Garantien verlangte und erhielt Frankreich? Vor allem würde die Bundesrepublik nicht die volle Souveränität erhalten. Die Aufrechterhaltung des Viermächtestatuts von 1945 und die Behauptung der Obersten Gewalt, die die herausragende Position Frankreichs, Großbritanniens und der Vereinigten Staaten bewahrte und ihnen gegebenenfalls die Wiederaufnahme von Kontakten mit der Sowjetunion in deutschen Angelegenheiten erlaubte, wurde von der französischen Regierung als „un principe essentiel" angesehen. Auf den Konferenzen in London und Paris bestand Mendès France beharrlich auf der Beibehaltung der Rechte in Bezug auf Berlin, der gemeinschaflichen Rechte hinsichtlich ganz Deutschlands und einiger Vorbehaltsrechte, beispielsweise zur Truppenstationierung und zum Schutz ihrer Sicherheit. Das zog eine Kontroverse mit der Bundesrepublik nach sich, die die Stationierung durch eine vertragliche Vereinbarung geregelt sehen wollte. Auf der Konferenz von Paris wurde folgender Kompromiß geschlossen: Die französische Position wurde aufrechterhalten, aber diese Rechte sollten auf dem Territorium der Bundesrepublik nur mit deren Zustimmung ausgeübt werden[67]. In der Folge gerieten Paris und Bonn über die Beteiligung der Bundesrepublik an den Stationierungskosten der alliierten Truppen aneinander, die nur für zwölf Monate anerkannt worden waren, die Frankreich aber in Anbetracht des florierenden Zustands der deutschen Wirtschaft verlängert und erhöht sehen wollte[68].

Eine weitere Vorbedingung Frankreichs war die Verpflichtung der USA und Großbritanniens, ihre Truppenkontingente auf dem Kontinent beizubehalten, wie auf der Konferenz von London am 9. September beschlossen worden war[69]. Großbritannien sollte außerdem aktiv an der WEU teilnehmen, um Frankreich bei der Überwachung der deutschen Wiederbewaffnung zu unterstützen[70]. Die USA weigerten sich jedoch unter Berufung auf ihre Verfassung, ihr Engagement in den Verträgen festzulegen. Ein derartiges Engagement, so verlautete aus Washington, könnte lediglich aus einer Erklärung des Präsidenten Eisenhower bestehen. Aber selbst diese Erklärung ließ auf sich warten, denn die amerikanische Regierung wollte sie erst abgeben, nachdem die Verträge von Paris ratifiziert waren. Paris bestand aber darauf, daß sie vorher erfolgte, weil dies die Ratifizierung durch das französische Parlament erleichtern würde. Trotz wiederholter französischer Demarchen gab Eisenhower eine solche Erklärung erst am 10. März 1955 ab. Die USA verpflichten sich darin, ihre Truppen in Deutschland zu belassen und im Rahmen der WEU bei der Kontrolle der Bewaffnung mitzuwirken, um ungerechtfertigte militärische Vorbereitungen von seiten eines der Mitgliedsländer

---

[66] Séance 28 septembre, DDF 1954, Annexes: Conférence (Anm. 63), S. 35ff.; Conversations Mendès France – Dulles – Eden à Paris, 16–18 décembre 1954; ebenda, Annexes: Entretiens (Anm. 33), S. 181ff.; Bérard, Un ambassadeur (Anm. 4), S. 581f.; Affaires étrangères aux postes, 27 octobre 1954, DDF 1954, S. 617ff.

[67] Mendès France à François-Poncet, 21 septembre, DDF 1954, S. 422; Mendès France aux ambassades, 23 septembre, 7 octobre et 27 octobre, ebenda, S. 436f., 528ff., 617ff.; Séance 20 octobre, DDF 1954, Annexes: Conférence (Anm. 63), S. 357ff.; Audition de Mendès France à Commission Affaires étrangères du Conseil de la République, 4 novembre, projet de discours de Mendès France au Parlement, novembre 1954, MAE, Allemagne, Vol. 1024, Fiche datée du 5 octobre.

[68] Bonn 31 août 1955, MAE, Allemagne, Vol. 253.

[69] 4ème séance 29 septembre 1954, DDF 1954, Annexes: Conférence (Anm. 63), S. 79ff.

[70] Note sans date sur la participation britannique, MAE, Allemagne, Vol. 1025.

zu verhindern. Jede die WEU bedrohende Handlung müsse als eine Bedrohung der Sicherheit der NATO angesehen werden[71].

Ebenso war man in Paris bestrebt, die Position Frankreichs innerhalb der NATO zu wahren. Deutschland sollte nicht den Anspruch erheben können, die erste Rolle zu spielen, seine Teilnahme an der Standing Group könne daher nicht zugelassen werden. England war derselben Meinung. Als die Deutschen im Frühjahr 1955 einen neuerlichen Vorstoß bei Außenminister Pinay unternahmen, setzten ihnen das Außen- und das Verteidigungsministerium eine entschlossene Ablehnung entgegen[72]. Andererseits wurde eine stärkere Integrierung der nationalen Beiträge zur NATO für unerläßlich gehalten. Vor der Konferenz von London hatten sich Mendès France und Eden über eine Verstärkung der NATO-Kräfte und über eine Vergrößerung der Befugnisse von SACEUR verständigt, die ihm zur Verfügung gestellten Truppen zu kontrollieren. Nach dem französischen Memorandum vom 18. September sollten alle deutschen Streitkräfte in die interalliierte Kampftruppe durch eine Einreihung deutscher und alliierter Divisionen in große gemeinsame Einheiten aufgenommen werden. Ihr Aufbau und ihre Verwendung würden den Entscheidungen von SACEUR unterliegen, ihre Führungen auf der Ebene der Armeestäbe integriert werden. Unterstützt von Eden, setzte Mendès France diese verschiedenen Punkte auf der Konferenz von London durch[73].

Es war darüber hinaus vorgesehen, daß der deutsche Generalstab nur die Funktionen der ersten und zweiten Stabsabteilung haben sollte (Aushebung der Truppen und territoriale Organisation sowie Nachrichtendienst), die Funktionen der dritten und vierten Stabsabteilungen, d. h. Operationen und Logistik, unterstanden SACEUR. Nach Ansicht der französischen Regierung war den deutschen Streitkräften somit jede „autonomie d'action" und die Möglichkeit zu einer „initiative isolée" genommen. Die Bundesrepublik sollte also nicht in eine lockere Koalition nationaler Armeen eintreten, sondern in einen geformten, einheitlichen Corpus; eine homogene deutsche Kampftruppe würde es nicht geben. Frankreich besaß so die Sicherheit, daß Deutschland nichts Gefährliches mehr unternehmen könnte[74].

Aber die Garantie, der Frankreich die größte Bedeutung beimaß und die es als unerläßliche Gegenleistung für die Aufnahme der Bundesrepublik in die NATO betrachtete, war die Kontrolle der deutschen Wiederbewaffnung durch die Mitgliedstaaten der WEU. Der Vertrag von Paris setzte die Höchstgrenze der Kampftruppen,

---

[71] Note de novembre 1954, ebenda; Mendès France à Bonnet, 10 et 14 décembre, DDF 1954, S. 881 und 909; Conversations franco-britanniques de Paris 16–18 septembre 1954, DDF 1954, Annexes: Entretiens (Anm. 33), S. 145ff.; Mendès France à ambassade à Washington, 28 décembre 1954, MAE, Allemagne, Vol. 1026; Bonnet à Mendès France, 4 janvier, DDF 1955, Bd. I, S. 8f.; Texte du message d'Eisenhower, DDF 1955, Annexes, Bd. I, Entretiens (Anm. 33), S. 221.

[72] Bonn 23 février, Londres 25 février 1955, MAE, Allemagne, Vol. 253; Palewski à Pinay, 18 juin 1955, DDF 1955, Bd. I, S. 796f.

[73] Entretiens Mendès France – Eden 16 septembre, DDF 1954, Annexes: Entretiens (Anm. 33), S. 157ff.; Aide-mémoire français 18 septembre, DDF 1954, Annexes: Conférence (Anm. 63), S. 287ff.; 2ème séance 28 septembre, ebenda, S. 43ff.

[74] Mendès France aux ambassades 7 octobre, DDF 1954, S. 528ff.; Note pour le débat au Conseil de la République 5 octobre, projet discours Mendès France au parlement novembre, audition Mendès France Commission des Affaires étrangères du Conseil de la République, 4 novembre, note Comparaison entre nos demandes initiales et les résultat de la conférence, novembre 1954, MAE, Allemagne, Vol. 1024; Réponses du gouvernement aux questions de la commission des Affaires étrangères de l'Assemblée nationale, 7 et 8 décembre 1954, MAE, Allemagne, Vol. 1025.

die Stärke der Polizei und der inneren Verteidigungskräfte fest, die nur durch einstimmigen Beschluß erhöht werden konnte. Frankreich wurde so das Übergewicht gegenüber der Bundesrepublik gesichert (18 Divisionen und 1980 Flugzeuge gegen 12 Divisionen und 1306 Flugzeuge)[75]. Außerdem waren der Bundesrepublik die Herstellung und der Besitz gewisser Waffentypen verboten. Auf der Londoner Konferenz kam es zu heftigen Diskussionen zwischen Franzosen und Deutschen über die Liste der verbotenen Waffen und die Festlegung der „strategisch exponierten Zonen", in denen keine Fabrikation und Lagerung von schweren Waffen stattfinden dürfte. Diese Formel wählte man, um eine offene Diskriminierung der Bundesrepublik zu vermeiden. Neben dem Verbot atomarer, bakteriologischer und chemischer Waffen, über das man sich schnell einig war, verlangte Mendès France noch ein Verbot von Raketen mit langer Reichweite, ferngesteuerter Raketen, Zeitzünderminen, von Schiffen über 3000 BRT und Unterseebooten mit mehr als 350 BRT sowie von Bombenflugzeugen. Obwohl die Partnerstaaten in ihrer Mehrheit wünschten, daß einige dieser Verbote später durch Mehrheitsbeschluß aufgehoben werden könnten, legte Frankreich großen Wert darauf, daß sie nicht einseitig in Frage gestellt werden konnten und forderte Einstimmigkeit. Das führte zu einer lebhaften Auseinandersetzung. Eden beschuldigte Frankreich, ein permanentes Vetorecht hinsichtlich der Wiederbewaffnung Deutschlands in Anspruch zu nehmen. Mendès France gab jedoch nicht nach[76].

Was die nicht verbotenen Waffen anging, wandte sich Mendès France gegen die Schlußfolgerungen im Bericht der Arbeitsgruppe. Er verlangte eine sehr genaue, strenge Kontrolle für alle Waffenkategorien (mit Ausnahme leichter Waffen), die sich nicht nur auf deren Besitz und Lagerung erstreckte, sondern auch auf deren Produktion und auf die Produktionskapazität. Die Bundesrepublik und die BENELUX-Staaten, unterstützt von den Engländern, protestierten dagegen. Mendès France erwiderte, daß es sich hier um eine fundamentale Frage handele und daß ohne ihre zufriedenstellende Lösung das französische Parlament die Verträge nicht ratifizieren werde. Die Kontroverse lebte auf der Konferenz von Paris wieder auf. Da man sich nicht einigen konnte, wurde die Frage an eine Expertengruppe verwiesen. Nach hartem Ringen wurde eine Grundsatzentscheidung gefällt, die sich im wesentlichen mit den französischen Wünschen deckte[77].

Die Bundesrepublik konnte allerdings eine Kontrolle der WEU umgehen, wenn sie Waffen und Kriegsgerät direkt aus Amerika bezog. Auf der Londoner Konferenz verlangte die französische Regierung, daß alle amerikanischen Hilfslieferungen und die Bestellungen aus Drittländern nicht an das einzelne Land geliefert werden sollten, sondern an die WEU gehen müßten, die dann die Verteilung vornehmen sollte. Dulles widersetzte sich dieser Forderung. Mendès France kam auf der Pariser Konferenz noch einmal darauf zurück und machte geltend, daß das französische Parlament diese

---

[75] Audition Mendès France Commission Affaires étrangères du Conseil de la République, 4 novembre 1954, MAE, Allemagne, Vol. 1024.

[76] 9ème, 10ème et 11ème séances 2 octobre, DDF 1954, Annexes: Conférence (Anm. 63), S. 195ff.; angesichts seiner Isolierung akzeptierte Mendès France schließlich auf der Pariser Konferenz einen Kompromiß: eine Zweidrittelmehrheit. Vgl. 2ème séance 21 octobre 1954, ebenda, S. 401ff.

[77] 10ème séance 2 octobre, DDF 1954, Annexes: Conférence (Anm. 63), S. 20ff.; Londres 2 octobre, MAE, Allemagne, Vol. 1025; Audition Mendès France Commission Affaires étrangères du Conseil de la République, 4 novembre 1954, ebenda, Vol. 1024.

Forderungen gestellt habe. Er mußte sich aber damit zufrieden geben, daß die USA jedem einzelnen Land der WEU eine Aufstellung über die Lieferung zur Verfügung stellten[78]. Diese Form wurde jedoch als ungenügend abgelehnt. Mendès France versuchte im November/Dezember von den USA zu erreichen, daß sie ihr Hilfsprogramm mit den Rüstungsprogrammen der WEU durch regelmäßige Konsultation und Kooperation in Einklang bringen sollten. Schließlich triumphierte die französische Beharrlichkeit über die amerikanische Zurückhaltung[79].

Nach Ansicht der französischen Regierung gehörte alles, was die deutsche Wiederbewaffnung betraf, in die Zuständigkeit einer WEU-Behörde, der die Kontrolle und Koordinierung der Waffenproduktion obliegen sollte. Das war schon für die EVG so vorgesehen gewesen. Bei der Suche nach einer Ersatzlösung hatte eine vom Generalsekretär und dem Leiter der Europa-Abteilung des Quai d'Orsay geführte Arbeitsgruppe im Juli/August 1954 vorgeschlagen, vom ganzen EVG-Vertrag nur eine Behörde für die Waffenproduktion zu behalten[80]. Mendès France nahm diese Idee wieder auf und stellte sie am 16. September in den Mittelpunkt der Unterredungen mit Eden. Eine Kontrollbehörde der WEU sollte alle Rüstungsprogramme planen und das Monopol für die Aufträge haben; die Produktion in den bereits bestehenden Rüstungsbetrieben und die Schaffung neuer Betriebe sollte ihrer Zustimmung bedürfen. Schon auf der ersten Sitzung der Londoner Konferenz behandelte Mendès France dieses Thema ausführlich[81].

Der französische Vorschlag eines „Waffenpools" stieß aber bei den Partnern Frankreichs sofort auf Ablehnung. Sie ließen sich von Mendès France' Argumenten nicht überzeugen, daß durch die so bewirkte Standardisierung und Harmonisierung die Materialkosten gesenkt und die Effektivität des Materialeinsatzes gesteigert werden könnten. Auch der politische Vorteil einer Kooperation zwischen den Sieben, die zu gemeinsamen Fabriken und einer gemeinsamen Produktion führen könnte, überzeugte sie nicht.

Die BENELUX-Staaten und Italien fürchteten schon um die mit der Rüstung verbundenen Sektoren ihrer Industrie und die Deutschen faßten den französischen Plan als Versuch auf, ihnen auf die Dauer jede Herstellung von Kriegsmaterial zu verbieten. Angesichts dieses Widerstands steckte Mendès France zurück. Die Kontrollbehörde sollte kein Monopol haben, sich aber bemühen, ein Höchstmaß an Organisation zu erreichen und in den Fällen, in denen es notwendig erschien, auch über eine gemeinsame Produktion verfügen. Doch den Text, der schließlich von den Experten auf der Konferenz vorgelegt wurde, bezeichnete Mendès France als unannehmbar. Noch einmal drohte er mit der „absoluten Waffe": ohne genaue Bestimmungen über

---

[78] 5ème séance 30 septembre, DDF 1954, Annexes: Conférence (Anm. 63), S. 89; 2ème séance 21 octobre, ebenda, S. 401ff.; Audition Mendès France Commission Affaires étrangères du Conseil de la République, 4 novembre 1954, MAE, Allemagne, Vol. 1024.

[79] Mendès France à Bonnet 1er décembre, DDF 1954, S. 830f.; Bonnet à Mendès France 2 décembre, ebenda, S. 842; Note Direction politique 14 décembre, ebenda, S. 919ff.; Message de Dulles à Mendès France et lettre de l'ambassadeur Dillon, 8 décembre 1954, MAE, Allemagne, Vol. 1025.

[80] Seydoux, Mémoires (Anm. 3), S. 186.

[81] Entretien Mendès France – Eden à Paris, 16 septembre, DDF 1954, Annexes: Entretiens (Anm. 33), S. 145ff.; Déclaration Mendès France à 1ère séance 28 septembre 1954 de conférence de Londres, ebenda, Conférence (Anm. 63), S. 25ff.

die Behörde für die Rüstungsproduktion werde das französische Parlament nicht zustimmen. Man beschloß schließlich die Frage an den Rat der WEU zu verweisen[82].

Nachdem Mendès France über den Rat der Republik einen Vorab-Auftrag durchgesetzt hatte, der die Ratifizierungsdebatte bis zur Errichtung eines Rüstungsproduktionsamtes aufschob[83], nahm er auf der Pariser Konferenz den Kampf wieder auf, damit die Grundsatzentscheidung von London (der Auftrag an den Rat der WEU) nicht leere Phrase bliebe. Die anderen Länder schienen keine Eile zu haben. Schließlich wurde für den 17. Januar 1955 der Zusammentritt einer Arbeitsgruppe anberaumt, die dem Rat der WEU ein Gutachten liefern sollte[84].

In der Zwischenzeit arbeitete die französische Regierung ein detailliertes Memorandum über die Standardisierung und die Rüstungsproduktion aus. Ein erster Entwurf des Quai d'Orsay wurde von Mendès France verworfen. Ein nach seinen Weisungen erstellter zweiter Entwurf reservierte der Behörde das Monopol, die Programme festzulegen und die Aufträge zu vergeben, machte jede Neuerrichtung oder Ausweitung von Fabriken von ihrer Zustimmung abhängig und sah die Gründung gemeinsamer Produktionsstätten vor, die der Behörde unterstanden[85]. Damit war die französische Regierung zu ihrer anfänglichen, von den Partnerländern in London und Paris zurückgewiesenen Haltung zurückgekehrt. Um diesen Widerstand zu brechen, wurde eine diplomatische Kampagne in Bonn geführt. Die Bundesrepublik sollte die französischen Vorschläge für eine europäische Waffenproduktion unterstützen, die als ein neuer Schritt zu einer wirtschaftlichen Integration bezeichnet wurde; diese Argumentation wurde auch gegenüber den italienischen Politikern verwendet. Zur gleichen Zeit bemühte sich die französische Regierung, eine anglo-amerikanische Intervention herbeizuführen, um den Widerstand der BENELUX-Staaten und Italiens zu überwinden[86].

Das französische Memorandum vom 3. Januar 1955, das offensichtlich aus dem Wunsch heraus entstanden war, in der Bundesrepublik die Entwicklung einer Rüstungsindustrie zu verhindern, lehnten die Partner vor allem deshalb ab, weil es für Frankreich eine Sonderstellung vorsah: diejenigen Teile seiner Produktion, die für den Export oder für die nicht der NATO unterstellten Streitkräfte bestimmt waren, sollten nicht dem Monopol der Behörde unterworfen sein. Bei der Experten-Konferenz legte Erhard einen Gegenentwurf vor, der jede dirigistische Organisation verwarf und es ablehnte, die Investitionen und die Erweiterung der Produktionskapazität einer supranationalen Behörde unterzuordnen. Bei den Repräsentanten Englands, Italiens

---

[82] 2ème séance 28 septembre, ebenda, S. 43ff.; 3ème séance 29 septembre, ebenda, S. 63ff.; 5ème séance 30 septembre, ebenda, S. 89ff.; 6ème séance 30 septembre, ebenda, S. 109ff.; 8ème séance 1er octobre, ebenda, S. 175ff.; 10ème séance 2 octobre, ebenda, S. 207ff.; 11ème séance 2 octobre, ebenda, S. 223ff.

[83] Motion à faire voter par le Conseil de la République à la fin de la discussion générale, MAE, Allemagne, Vol. 1024, Fiche du 5 octobre.

[84] 2ème séance 21 octobre, DDF 1954, Annexes: Conférence (Anm. 63), S. 401ff.; Télégramme circulaire aux postes 27 octobre, DDF 1954, S. 617ff.

[85] Projet de mémorandum français 26 novembre, MAE, Allemagne, Vol. 1025. Note pour Couve de Murville 10 décembre, ebenda. 2ème projet 16 décembre remis par Baraduc au cabinet de Mendès France, ebenda.

[86] Mendès France à François-Poncet 28 décembre, DDF 1954, S. 975f.; Bérard à Mendès France 30 décembre, ebenda, S. 972ff.; Mendès France aux ambassades Londres, Washington, Bonn 28 décembre, MAE, Allemagne, Vol. 1026; Mendès France à Londres et Washington 5 janvier, DDF 1955, Bd. I, S. 11ff.; Compte rendu réunion franco-italienne Rome 12 janvier, ebenda, S. 60ff.; Entretien Mendès France – Adenauer Baden-Baden 14 janvier, DDF 1955, Bd. I, Annexes: Entretiens du Ministre des Affaires étrangères concernant les problèmes européens et échanges de messages, S. 225ff.

und der BENELUX-Staaten stieß das französische Projekt ebenfalls auf starken Widerstand. Die Expertenkonferenz endete also mit einem Mißerfolg, für den die Franzosen vor allem Erhard verantwortlich machten; das erschwerte die Ratifizierung der Pariser Vereinbarungen durch den Rat der Republik[87].

Im Frühjahr 1955 griffen die Franzosen ihren Vorschlag wieder auf, allerdings auf bescheidenerer Grundlage: die Rüstungsproduktionsbehörde wurde aufgegeben. Die Expertengruppe machte sich wieder an die Arbeit. In ihrem Gutachten empfahl sie die Einrichtung eines permanenten Rüstungskomitees mit dem Auftrag, Vereinbarungen über Forschung, Standardisierung, Produktion und Beschaffung in die Wege zu leiten. Dieses Gutachten wurde am 7. Mai 1955 vom Rat der WEU angenommen[88].

In Anknüpfung an das aufgegebene Projekt einer europäischen Rüstungsbehörde bemühte sich die französische Regierung andererseits, Deutschland von den Vorzügen einer deutsch-französischen Zusammenarbeit auf diesem Gebiet zu überzeugen, die zugleich die Aussöhnung der beiden Länder und ihr Einvernehmen bei der Fortsetzung des Aufbaus Europas symbolisieren sollte[89]. Diese Zusammenarbeit sollte sich vor allem auf zwei Bereiche konzentrieren: Belieferung der deutschen Truppen mit französischem Kriegsmaterial und gemeinsame Herstellung bestimmter Waffentypen in französisch-deutschen Betrieben.

Was den ersten Punkt betraf, so war für den 13. Oktober 1954 eine interministerielle Zusammenkunft einberufen worden. Man rechnete damit, daß die französische Industrie Bodenwaffen – Kanonen, Panzer, automatische Waffen und Radarausrüstungen – gewinnbringend an die Bundesrepublik verkaufen könne; was die Luftwaffe betraf, so wurde beschlossen, deutsche Experten einzuladen, um die schon im Dienst stehenden Flugzeuge und die Prototypen zu prüfen. François-Poncet überreichte diese Vorschläge am 15. September Adenauer[90]. Aus der Perspektive von Mendès France war der Kauf von Rüstungsmaterial durch die Bundesrepublik in Frankreich für die französische Wirtschaft vorteilhaft, zudem war dies auch vom politischen Standpunkt aus enorm wichtig: Die Wiederbewaffnung Deutschlands erschien den Franzosen weitaus weniger gefährlich, wenn die Deutschen sich in Frankreich ausrüsten mußten. Die Deutschen schienen dazu aber kaum geneigt zu sein: sie entgegneten, die von den Franzosen angebotenen Produkte seien viel teurer als die, die sie selbst herstellen könnten; was die Luftwaffe betreffe, zogen sie die Ausrüstung mit deutschen Flugzeugen vor, die nach den in Argentinien unter der Leitung von Adolf Galland (dem

---

[87] Texte mémorandum français 3 janvier, contreposition Erhard 14 janvier, DDF 1955, Bd. I, Annexes: Entretiens (Anm. 86), S. 241ff.; La Haye 2 février et notes p. 146 et 147, DDF 1955, Bd. I, S. 145ff.; François-Poncet à Edgar Faure 4 février, ebenda, S. 150f.; Audition Pinay Commission Affaires étrangères du Conseil de la République 11 mars 1955, MAE, Allemagne, Vol. 1026; Bérard, Un ambassadeur (Anm. 4), S. 609, 613.

[88] Lettre et note de Coignard, commissaire français à l'Office militaire de Sécurité, 9 mars, DDF 1955, Bd. I, S. 303ff.; Baraduc à Pinay 17 mai et note 1, ebenda, S. 662.

[89] Für Mendès France sollten die Vereinbarungen von London und Paris einen neuen Anlauf in den deutsch-französischen Beziehungen bezeichnen; Projet de discours de Mendès France devant le Parlement novembre 1954, MAE, Allemagne, Vol. 1024.

[90] Note de la Direction des Affaires économiques 13 octobre, dépêche de Bonn 15 octobre 1954, MAE, Allemagne, Vol. 91.

ehemaligen Inspekteur der deutschen Jagdflieger) entwickelten Prototypen gebaut würden[91].

Die Errichtung von deutsch-französischen Rüstungsbetrieben in „nicht exponierten Zonen" (d. h. außerhalb Deutschlands) zur Herstellung der wichtigsten und schwersten Waffen war von Mendès France schon bei seinen Gesprächen mit Eden am 16. September 1954 empfohlen worden. Wenig später sprach Armand Bérard mit Hallstein darüber; er erwähnte dabei vor allem gemeinsame Fabriken für Flugzeuge und Sprengstoffe. Bei der interministeriellen Versammlung am 13. Oktober wies der Chef des Beschaffungsprogramms des Verteidigungsministeriums darauf hin, daß eine solche Zusammenarbeit bereits bestehe: Der Motor des 13 t schweren französischen Panzerwagens werde in Deutschland im Rahmen der Besatzungskosten hergestellt. Außerdem werde eine gewisse Zahl von Geräten unter Mitwirkung deutscher Spezialisten produziert; es müsse also ein leichtes sein, gemischte französisch-deutsche Fabriken in Frankreich und Nordafrika mit finanzieller und technischer Beteiligung der Bundesrepublik zu errichten. Im Dezember unterbreiteten die Franzosen Blankenhorn solche Vorschläge. Im Januar 1955 sprachen sie mit ihm über gemeinsame Unternehmen in Nordafrika und von Atomanlagen in Guinea. Aber auf deutscher Seite weigerte man sich, so etwas in Betracht zu ziehen[92].

Die Franzosen ließen sich jedoch nicht entmutigen. Da die deutsch-amerikanischen Lieferverträge nur die Ausrüstung von drei Divisionen mit altem Material vorsahen, das höchstens für die Ausbildung taugte, rechnete der Generalsekretär des französischen Verteidigungsministeriums mit guten Chancen, den Deutschen Kriegsmaterial verkaufen und Programme zur französisch-deutschen Zusammenarbeit aufstellen zu können. Man beschloß, für Bonn einen Militärattaché zu ernennen und eine Abordnung französischer Waffentechniker zu entsenden, die den Deutschen die Schaffung von deutsch-französischen Laboratorien und Forschungszentren vorschlagen und die Ausrüstungen und Programme für eine gemeinsame und sich ergänzenden Produktion entwickeln sollte. Am Quai d'Orsay faßte man jetzt den Abschluß einer gemeinsamen Vereinbarung mit der Bundesrepublik zur militärischen Zusammenarbeit ins Auge[93]. Wie auch die Durchführung der Vereinbarungen von London und Paris gewesen wäre, es ist sicher, daß sich Mendés France auf zahlreiche Garantien für Frankreich und auf die Perspektiven einer deutsch-französischen Zusammenarbeit berufen konnte, um dem französischen Parlament die Zustimmung zur Integration der Bundesrepublik in die NATO abzuringen. So erreichte er am 30. Dezember 1954 in der Nationalversammlung ein knappes Votum (287 Stimmen dafür, 260 dagegen, 74 Enthaltungen) – nach heftigen Debatten, in denen viele Abgeordnete mit Vehemenz die deutsche Gefahr beschworen hatten, „signe incontestable d'une répugnance sentimentale très

---

[91] Mendès France à François-Poncet 28 décembre, DDF 1954, S. 975f.; Bad Godesberg 12 février 1955, MAE, Allemagne, Vol. 91; Seydoux, Mémoires (Anm. 3), S. 192f.; Bérard, Un ambassadeur (Anm. 4), S. 607, Note 6 janvier 1955.

[92] Entretiens Mendès France – Eden 16 septembre, DDF 1954, Annexes: Entretiens (Anm. 63), S. 145ff.; François-Poncet à Mendès France 21 septembre, DDF 1954, S. 423ff.; Mendès France à François-Poncet 28 décembre, ebenda, S. 975f.; note Direction Affaires économiques 13 octobre 1954, MAE, Allemagne, Vol. 91; Bérard, Un ambassadeur (Anm. 4), S. 605f.: rencontre Bérard et Soutou avec Maltzan et Blankenhorn 5 janvier 1955; Seydoux, Mémoires (Anm. 3), S. 193.

[93] Note Sous-Direction Europe centrale 30 juin 1955, MAE, Allemagne, Vol. 91.

profonde au réarmement allemand dans l'opinion publique française"[94]. Es komme deshalb darauf an, meinte Mendès France, diese wegen der Haltung Deutschlands und der Konsequenzen der deutschen Wiederbewaffnung zu beruhigen[95]. Darum bestand der Ministerpräsident darauf, daß der Eintritt der Bundesrepublik in die NATO von einer Wiederbelebung der deutsch-französischen Verständigung und Zusammenarbeit begleitet wurde.

In der Tat schien sich die Aufregung in französischen Politikerkreisen in den folgenden Monaten zu legen. Als Adenauer im Mai 1955 nach Paris kam, um zum ersten Mal an einer Konferenz der NATO teilzunehmen, erklärte er sich jedenfalls sehr erfreut über die Herzlichkeit, mit der er empfangen wurde[96].

---

[94] Mendès France aux ambassades Washington et Londres 5 janvier 1955, DDF 1955, Bd. I, S. 11ff.
[95] Mendès France aux ambassades Washington, Londres et Bonn 28 décembre 1954, MAE, Allemagne, Vol. 1026 (auch in DDF 1954, S. 972ff.).
[96] Bonn 12 Mai 1955, MAE, Allemagne, Vol. 253.

Klaus A. Maier

Die Auseinandersetzungen um die EVG als europäisches Unterbündnis der NATO 1950–1954

Die EVG als supranationales Instrument für die kontrollierte Bewaffnung der Bundesrepublik

Angesichts der im National Security Council-Memorandum (NSC) 68 konstatierten und durch den Korea-Krieg als bestätigt empfundenen „totalen" Bedrohung der USA durch kommunistische Weltherrschaftspläne rückte Westeuropa mit seinem Menschenpotential und seinen Ressourcen in die vorderste Verteidigungslinie der USA auf[1]. Das amerikanische Sicherheitsinteresse in Europa und die dort herrschenden Verhältnisse erforderten nach Auffassung sowohl der amerikanischen Regierung als auch der europäischen Verbündeten eine über die Form herkömmlicher Militärbündnisse hinausgehende integrierte Verteidigungsorganisation im Rahmen der NATO unter Beteiligung und Führung der USA.

Der hierfür von Washington konzedierte Grad an Integration bot jedoch in französischen Augen keine ausreichende Garantie dafür, daß die von den USA und der NATO-Mehrheit als für die westliche Verteidigung gleichfalls unverzichtbar angesehene Bewaffnung der Bundesrepublik so kontrolliert werden konnte, daß sich der wirtschaftlich und politisch immer stärker werdende, territorial jedoch nicht saturierte westdeutsche Teilstaat nicht am Ende der Sowjetunion zuwandte, die wichtige deutschlandpolitische Trümpfe in der Hand hielt, oder aber mit einer Nationalarmee seine Nachbarn in militärische Abenteuer zur Rückeroberung der verlorenen Gebiete verwickelte. Zwischen diesen beiden Extremfällen lag die wahrscheinliche Gefahr, daß die Bundesrepublik Ost und West gegeneinander ausspielte. Die Westintegration und die Bewaffnung der Bundesrepublik mußten sowohl dem Bedürfnis nach Sicherheit *mit* als auch den Bedürfnissen nach Sicherheit *vor* Deutschland genügen.

Im Sommer 1951 setzte die französische Regierung gegen den amerikanischen Plan eines NATO-integrierten nationalen westdeutschen Kontingents (als Vorbedingung für das amerikanische Engagement in Europa) ihr Konzept einer supranationalen Europaarmee für die kontrollierte westdeutsche Aufrüstung durch. Ein anderer Weg zur Überwindung des deutsch-französischen Interessengegensatzes, – hier Ablösung des Besatzungsstatuts für eine vertragliche Westbindung, dort Kontrolle, – schien aus französischer Perspektive nicht möglich. Die amerikanische Regierung war demge-

[1] Foreign Relations of the United States (FRUS) 1950, Bd. 1, S. 234ff.

genüber bestrebt, die geplante Europäische Verteidigungsgemeinschaft fest in die
NATO oder – wie im EVG-Vertrag formuliert – „in die sich entwickelnde atlantische
Gemeinschaft" einzubinden, um die Gefahr einer militärischen oder gar politischen
Diversion innerhalb des nordatlantischen Bündnisses auszuschließen und ein gemeinsames Dach über seinen drei Hauptsäulen Nordamerika, westliches Kontinentaleuropa
und Großbritannien zu erhalten. Eine „Dritte Kraft" Europa, von George Kennan
1949 noch als Mittel gegen die Entwicklung des internationalen Systems in duopolare
Einflußsphären empfohlen, durfte es nach der in NSC 68 perzipierten Bedrohungslage
nicht geben.

Angesichts dieser Unterordnung der EVG unter die NATO war es nur verständlich, daß sich die Westeuropäer einschließlich der Bundesrepublik trotz der europapolitischen Attraktivität, die die EVG genoß, in ihrer Sicherheitspolitik letztlich an
der NATO als dem wichtigeren sicherheitspolitischen Forum orientierten, die sich
zu einem effizienten militärischen, rüstungswirtschaftlichen und politischen Steue-
rungsorgan entwickelt hatte, als die EVG noch nicht einmal vertragsreif ausgehandelt war.

Daß der EVG-Vertrag im Mai 1952 schließlich unterzeichnet wurde, war nur
möglich, weil die Vereinigten Staaten und Großbritannien unter Bezugnahme auf
ihre Beistandspflicht aus dem Nordatlantik-Vertrag den Bestand der EVG gegen
einen eventuellen Austritt der Bundesrepublik als NATO-Angelegenheit deklarierten, und weil Briten und Amerikaner dem Bundeskanzler versprochen hatten, sich
für einen Beitritt der Bundesrepublik zur NATO nach Gründung der EVG einzusetzen. Für die Zwischenzeit hatte Adenauer eine wenigstens mittelbare
deutsche Mitsprache in der NATO durchsetzen können, indem für bestimmte
Fälle gemeinsame Sitzungen des EVG-Ministerrats und Natorats vorgesehen wurden[2]. Die im „New Look" der Eisenhower-Administration angelegte Strategie der
massiven Vergeltung und der Nuklearisierung der konventionellen Kriegführung
verstärkten diese Diskrepanz zwischen der Rolle der EVG und der Bedeutung der
NATO.

Die Rolle der europäischen Verteidigungsgemeinschaft im „New Look" der Eisenhower-Administration

Eisenhower war kein prinzipieller Gegner der unter Truman eingeleiteten Containment-Politik gegenüber der Sowjetunion. Als NATO-Oberbefehlshaber war er einer
der wichtigsten Exponenten dieser Politik gewesen. Seine Entscheidung, als republika-
nischer Präsidentschaftskandidat gegen die Demokraten anzutreten, lag einmal in

---

[2] FRUS 1952–54, Bd. 5, T. 1, S. 36ff.; D-D (52) 35 Final, Relations between EDC and NATO, 20. 2. 1952,
ebenda, S. 247ff. Zum EVG-Projekt bis zur Unterzeichnung des Vertrages siehe Klaus A. Maier, Die EVG in
der Außen- und Sicherheitspolitik der Truman-Administration, in: Hans-Erich Volkmann, Walter Schwengler (Hrsg.), Die Europäische Verteidigungsgemeinschaft. Stand und Probleme der Forschung (= Militärgeschichte seit 1945, hrsg. v. Militärgeschichtlichen Forschungsamt, Bd. 7), Boppard 1985, S. 31ff.

seinem Wunsch begründet, die republikanische Nominierung Robert A. Tafts zu verhindern, den Eisenhower als gefährlichen Isolationisten betrachtete. Zu diesem außenpolitischen Motiv traten innenpolitische Gründe: Eisenhower befürchtete, daß eine Fortsetzung der Innen- und Sozialpolitik, wie sie unter der Truman-Administration verfolgt wurde, geradewegs zum Sozialismus führen werde. Unter der Devise „We must not destroy what we are attempting to defend"[3], wollte Eisenhower nicht zulassen, daß durch eine inflationäre Entwicklung oder durch staatliche Eingriffe in die amerikanische Wirtschaft infolge ungezügelter Rüstungsausgaben sich die Struktur der amerikanischen Gesellschaft veränderte. Dabei distanzierte er sich keineswegs von dem in NSC 68 gezeichneten Feindbild. Während NSC 68 jedoch die kommunistische Ideologie lediglich als Instrument, nicht aber als Determinante der sowjetischen Politik ansah, glaubten Eisenhower und Dulles offenbar daran, daß es das Ziel der Sowjetpolitik sei, „to extend its system throughout the world and establish its ‚one world' of state socialism"[4]. Diese Interpretation der sowjetischen Außenpolitik, die den Schwerpunkt auf die ideologischen Prämissen legte, erlaubte es der neuen amerikanischen Administration, sich stärker auf die sowjetischen Absichten als auf die sowjetischen Möglichkeiten zu konzentrieren.

Diese neue Containment-Politik hatte hauptsächlich zwei Folgen: (1.) der stärkere Rekurs auf den dogmatischen Aspekt der Sowjetpolitik prädisponierte die amerikanische Regierung weniger zu systemübergreifenden Verhandlungen mit der Sowjetunion, als dies bei einer Betonung der pragmatischen Seite der sowjetischen Außenpolitik wahrscheinlich der Fall gewesen wäre. Sowjetische Initiativen ließen sich leichter als Fallen für die westliche Politik interpretieren denn als Ausflüsse aktueller sowjetischer Interessenlagen vor dem Hintergrund konkreter politischer Verhältnisse und Umstände. (2.) Die Neuinterpretation der sowjetischen Politik erleichterte der Eisenhower-Administration die Suche nach einer neuen Containment-Strategie auf längere Sicht bei gleichzeitiger Verringerung der Kosten.

Ab Mai 1953 versuchte die US-Regierung unter dieser Prämisse in großangelegten Planübungen im Rahmen des „Project Solarium" zu einer konkreten Neuformulierung der amerikanischen Containment-Politik gegenüber der Sowjetunion zu kommen[5]. Die neue Containment-Strategie unter dem „New Look" fand schließlich ihren schriftlichen Niederschlag in der im Oktober 1953 von Eisenhower gebilligten Direktive NSC 162/2[6]. Kernstück der „New Look-Strategie" war die Drohung mit massiver Vergeltung durch Nuklearwaffen. Das nukleare Arsenal hatte zwar schon unter der Truman-Administration als Drohpotential eine entscheidende Rolle gespielt, und schon seit Sommer 1951 wurden die Einsatzmöglichkeiten taktischer Nuklearwaffen

---

[3] Zit. nach John L. Gaddis, Strategies of Containment: A Critical Appraisal of Postwar American National Security Policy, New York 1982, S. 127; dazu die wichtigsten Literaturangaben über die Motive Eisenhowers, ebenda, S. 135, Anm. 1; FRUS 1952–54, Bd. 2, T. 1, S. 397.
[4] So eine Aussage von Dulles am 7. Juli 150, zit. nach Gaddis, Containment (Anm. 3), S. 137.
[5] Zum „Project Solarium" siehe Robert J. Watson, History of the Joint Chiefs of Staff, Bd. 5: The Joint Chiefs of Staff and National Policy 1953–1954, Washington 1986, S. 11ff.; Dokumentation in FRUS 1952–54, Bd. 2, T. 1, S. 323ff.
[6] FRUS 1952–54, Bd. 2, T. 1, S. 577ff.; Watson, Joint Chiefs (Anm. 5), S. 21ff.

untersucht[7], doch erst unter Eisenhower wurde sein Einsatz ausdrücklich propagiert. So hieß es in NSC 162/2, daß die USA im Falle eines Krieges mit der Sowjetunion oder China Nuklearwaffen als „to be as available for use as other munitions" ansehen würden.

Der wichtigste Geltungsbereich der nuklearen Abschreckung durch massive Vergeltung und taktische Atomwaffen war Westeuropa, das nach dem Befund in NSC 162/2 ohne unzumutbare Belastung für die westeuropäischen Volkswirtschaften selbst nach Aufstellung westdeutscher Kontingente im Rahmen der Europäischen Verteidigungsgemeinschaft auf absehbare Zeit mit konventionellen Mitteln allein nicht gegen einen ernsthaften Angriff aus dem Osten verteidigt werden konnte. Nach NSC 162/2 waren aber auch die Vereinigten Staaten außerstande „(to) meet its defense needs, even at exorbitant cost, without the support of allies". Die konventionellen Aufrüstungsprogramme im Rahmen der NATO und der EVG, insbesondere die Beteiligung der Bundesrepublik waren durch die Konzeption des Einsatzes nuklearer Gefechtsfeldwaffen keineswegs überflüssig geworden. Der Einsatz dieser Waffen im Ernstfall schien nämlich nur sinnvoll, wenn der Angreifer durch hinreichende konventionelle Verteidigungsstreitkräfte zu Massierungen gezwungen wurde, die ein rechtzeitiges Erkennen der beabsichtigten Schwerpunkte und lohnende Ziele für diese Waffen abgaben[8].

Da Eisenhower seit dem Sommer 1951 als einer der prominentesten Befürworter der Europaarmee aufgetreten war, wundert es nicht, daß sich die neue US-Administration von Anfang an noch vehementer für die Ratifizierung der EVG einsetzte, als dies schon unter Truman der Fall gewesen war.

Dulles hielt eine neue amerikanische Initiative in der EVG-Politik für erforderlich, „in order to get the psychology of a rolling bandwagon"[9], und vereinbarte mit seinem britischen Kollegen, Außenminister Eden, am 5. März 1953, Frankreich zu isolieren, indem man die übrigen EVG-Staaten zu einer raschen Ratifizierung der Verträge anhielt. Erst wenn Frankreich durch diesen kumulativen Druck mit dem Rücken an der Wand stehe, wollte man seinen Wünschen in Bezug auf weitergehende angelsächsische Garantien für die EVG, hinsichtlich einer Hilfe in Indochina und hinsichtlich der französischen Probleme in Nordafrika entgegenkommen[10]. In Europa und ganz besonders in Frankreich wurden jedoch alle Anzeichen mit wachsender Sorge registriert, die darauf hindeuteten, daß mit der EVG gleichzeitig die Voraussetzungen für den Abzug amerikanischer Verbände aus Europa geschaffen werden sollten. Dieses von Eisenhower von Anfang an verfolgte Ziel[11] sollte sich zu einem Haupthindernis für die Ratifizierung des EVG-Vertrages durch Frankreich entwickeln.

[7] Christian Greiner, Das Militärstrategische Konzept der NATO von 1952 bis 1957, in: Bruno Thoß, Hans-Erich Volkmann (Hrsg.), Zwischen Kaltem Krieg und Entspannung. Sicherheits- und Deutschlandpolitik der Bundesrepublik im Mächtesystem der Jahre 1953–1956 (= Militärgeschichte seit 1945, hrsg. v. Militärgeschichtlichen Forschungsamt, Bd. 9), Boppard 1988, S. 217f.
[8] FRUS 1952–54, Bd. 5, T. 1, S. 714.
[9] Ebenda, T. 2, S. 1554ff.
[10] FRUS 1952–54, Bd. 5, T. 1, S. 748ff.; vgl. Department of State an US HICOG, 3. 3. 1953, National Archives (NA) RG 59, 762A.00/2-2853.
[11] Stephen E. Ambrose, Eisenhower, The President, Bd. 2: 1952–1969, London 1984, S. 143f.

Die Konferenz auf den Bermudas (4.–8. Dezember 1953) und das französische Bemühen um die Erhaltung seiner Rolle in der NATO

Bidault nannte auf der Bermuda-Konferenz[12] als die zwei wichtigsten Voraussetzungen für eine Verabschiedung der EVG durch das französische Parlament eine im französischen Sinne befriedigende Regelung der Saarfrage und eine langfristige Zusage über die Stationierung britischer und amerikanischer Streitkräfte auf dem europäischen Kontinent. Beide Bedingungen entsprangen der französischen Sorge vor einem Übergewicht der Bundesrepublik innerhalb der EVG und der Europäischen Politischen Gemeinschaft. Die zweite Bedingung wurde von Bidault als zentrales Problem herausgestellt. Eindringlich forderte er „that the strength of U.S. and U.K. forces stationed in Europe should represent a definite proportion of total forces and have a definite proportion relationship to the German forces of the couverture"[13]. Da ein britisch-amerikanisches Gegengewicht, wenn überhaupt, dann offensichtlich nur im Rahmen des nordatlantischen Bündnisses erreichbar war, ging Bidault besonders auf das Verhältnis von EVG und NATO und auf die Rolle ein, die Frankreich in der nordatlantischen Allianz zu spielen gedachte. Er erinnerte an die Außenministerkonferenz in Washington vom September 1951, während der als leitender Grundsatz der Einschluß Frankreichs in eine sich fortwährend entwickelnde atlantische Gemeinschaft herausgestellt worden sei. Er sprach von einer aufrechtzuerhaltenden Parallelität zwischen EVG und atlantischer Gemeinschaft und kündigte französische Vorschläge für eine Reform des atlantischen Bündnisses an. Konsequenterweise bemühte sich Bidault um eine Wahrung der französischen Stellung innerhalb des Bündnisses, die seines Erachtens nicht durch die Dienste, die Frankreich mit seiner Teilnahme an der supranationalen EVG dem Bündnis zu leisten gedachte, in Mitleidenschaft gezogen werden durfte. Bidault setzte mit diesen Bemerkungen den im Februar 1953 mit den vertragsändernden Zusatzprotokollen zum EVG-Vertrag eingeleiteten Versuch fort, die unter dem Zeitdruck der amerikanischen Präsidentschaftswahlen hingenommenen Nachteile des EVG-Vertrages nachträglich auszuräumen, d. h. Gemeinschaftsregelungen wieder in die nationale Befugnis zurückzuführen.

Alle Versuche Bidaults, während der Konferenz auf den Bermudas von den Amerikanern und den Briten Zugeständnisse in der Saarfrage und in der Frage der Stationierung britisch-amerikanischer Streitkräfte auf dem Kontinent zu bekommen, blieben erfolglos. Churchill drängte Bidault nachdrücklich, für eine Verabschiedung der EVG durch das französische Parlament zu sorgen. Als er für den Fall, daß dies den Franzosen unmöglich sein würde, eine „new version of NATO achieving the same hope as EDC" ins Gespräch brachte, kam dies der amerikanischen Delegation, die keine die EVG gefährdende Diskussion über Alternativen wollte, sehr ungelegen. Eisenhower widersetzte sich einer solcher Lösung, indem er besonders auf die Widerstände gegen

---

[12] Zur Konferenz der Regierungschefs und Außenminister der USA, Großbritanniens und Frankreichs auf den Bermudas siehe John W. Young, Churchill, the Russians and the Western Alliance: The three-power conference at Bermuda, Dezember 1953, in: The English Historical Review, 101 (1986), Nr. 401, S. 889ff.

[13] FRUS 1952–54, Bd. 5, T. 2, S. 1800; siehe auch die Berichte Sir Oliver Harveys an das Foreign Office vom 28. 11. 1953 über eine Unterredung mit Maurice Schumann, Public Record Office London (PRO) PREM 11/618.

eine Nationalarmee gerade in der Bundesrepublik hinwies. Den amerikanischen
Widerstand gegen eine alternative NATO-Lösung für die Bewaffnung der Bundesrepublik zur Kenntnis nehmend, warnte nun Churchill seinerseits die französische
Delegation, im Falle des Scheiterns der EVG und eines daraufhin möglichen Rückzugs
der US-Truppen vom Kontinent würden auch die britischen Verbände abgezogen[14].

Mit Eisenhowers beschwörendem Aufruf, niemand dürfe davon ausgehen, daß die
EVG mißlingen könnte, war den Konferenzteilnehmern auf den Bermudas eine günstige Gelegenheit verwehrt worden, die Frage der Bewaffnung der Bundesrepublik im
Zusammenhang mit der allfälligen Revision der NATO-Strategie nach dem mit dem
amerikanischen New Look veränderten Lagebild neu zu überdenken. Über die Notwendigkeit, die NATO-Strategie auf eine über einen längeren Zeitraum andauernde,
freilich nicht mehr so akute Bedrohung wie zur Zeit des Koreakrieges einzurichten,
war man sich auf den Bermudas allerdings einig.

Die NATO-Ministerratstagung in Paris,
14.–16. Dezember 1953

Unter Bestätigung der Ergebnisse der Bermudakonferenz akzeptierte der NATO-
Ministerrat auf seiner Tagung in Paris die Politik des „long haul", also die Umstellung
der bisherigen NATO-Strategie nach den Prämissen von NSC 68 auf eine Strategie zur
Begegnung einer länger andauernden Bedrohung. Gleichzeitig stimmte der Ministerrat
zu, daß die Streitkräfteplanung des Bündnisses mit Rücksicht auf das ab 1957 verfüg-
bare neue atomare Arsenal überprüft wurde[15].

Die Westeuropäer waren sich klar darüber, daß die neue Strategie neben dem Vorteil
ökonomischer Streitkräfteplanung auch Nachteile haben würde. Im wesentlichen kreisten die westeuropäischen Sorgen um zwei Fragen:
1. Würden die USA in Ausnutzung der Vorteile der neuen Strategie ihre Truppen aus
   Europa zurückziehen?
2. Wie wird die Mitwirkung der Westeuropäer bei der Entscheidung über den Einsatz
   nuklearer Waffen geregelt, die Europa im Ernstfall in ein atomares Schlachtfeld
   verwandeln würden?

Die Konsequenzen der New Look-Strategie der Eisenhower-Administration hatten
im Zusammenhang mit der Diskussion um die amerikanische Streitkräfteplanung
für das Haushaltsjahr 1955 konkrete Formen angenommen. Als das Pentagon am
13. Oktober 1953 dem National Security Council einen Verteidigungshaushalt in
Höhe von 43 Milliarden Dollar vorlegte, der zwar unter dem revidierten Budget für
1954 lag, jedoch um 3 Milliarden höher veranschlagt war, als der Nationale Sicher-

---

[14] FRUS 1952–54, Bd. 5, T. 2, S. 1803; Eisenhower notierte am 11. November 1953: „The reduction of
divisions in Europe should be constantly studied, but the State Department is to explore matter with Allies";
Robert H. Ferell (Hrsg.), The Eisenhower Diaries, New York 1981, S. 258; siehe auch das Memorandum
von Dulles für Eisenhower vom 21. Oktober 1953, FRUS 1952–54, Bd. 2, T. 1, S. 549f. und das Memorandum Bonbrights an Murphy vom 1. Februar 1954, FRUS 1952–54, Bd. 5, T. 1, S. 428ff.; Watson, Joint
Chiefs (Anm. 5), S. 35f.; Greiner, Konzept (Anm. 7), S. 221f.
[15] Zur NATO-Ministerratstagung in Paris vom 14. bis 15. Dezember 1953 siehe FRUS 1952–54, Bd. 5, T. 1, S.
454ff. und die britischen Sitzungsprotokolle PRO PREM 11/369. Das Abschlußkommuniqué ist veröffentlicht im U.S. Department of State Bulletin, 4. 1. 1954, S. 8f. und in Agence France Press, Bd. 1, S. 1633ff.

heitsrat als Zielmarke für 1955 fixiert hatte, erhob sich Kritik von seiten jener Mitglieder dieses Gremiums, die für das Haushaltsjahr 1955 eine wesentliche Kostenreduzierung erhofft hatten. Dieser Kritik begegnete der Vorsitzende der Joint Chiefs of Staff, Admiral Radford, mit dem Argument, unter den gegenwärtigen Bedingungen könne er keine geringeren Streitkräftestärken vorschlagen. Eine Reduzierung hielt er nur für möglich, wenn der Nationale Sicherheitsrat die Joint Chiefs of Staff eindeutig autorisierte, bei ihren Plänen davon ausgehen zu können, daß Nuklearwaffen unmittelbar bei Kriegsbeginn zum Einsatz kommen[16]. Daraufhin wurden die Joint Chiefs of Staff von Verteidigungsminister Wilson am 16. Oktober aufgefordert, einen Plan für eine US-Militärstrategie nach Maßgabe von NSC 162 vorzulegen. Wilson erinnerte in diesem Zusammenhang noch einmal an die wesentlichen Grundsätze dieses Memorandums und führte, vermutlich im Hinblick auf Radfords Forderungen, unter anderem folgendes aus: „We have entered an era where the quantity of atomic weapons and their military application necessitates a review of their impact on our strategy. We shall asume that such weapons will be used in military operations by U.S. forces engaged whenever it is of military advantage to do so.“[17] Ein Ad-hoc-Ausschuß unter Lieutenant General Frank F. Everest, U.S. Air Force, legte am 30. November 1953 einen entsprechenden Plan vor, der nach umfänglichen Diskussionen von den Joint Chiefs of Staff akzeptiert und am 16. Dezember 1953 zusammen mit einem revidierten Militärhaushalt für das Haushaltsjahr 1955 vom Nationalen Sicherheitsrat und vom US-Präsidenten gebilligt wurde. Der Plan der Joint Chiefs of Staff sah für das Haushaltsjahr 1957 eine Gesamtstärke der US-Streitkräfte von 2 815 000 Mann vor, was eine Reduktion von beinahe 600 000 Mann, gemessen an der aktuellen Mannschaftsstärke der US-Streitkräfte, bedeutete. Die Hauptlast der Reduzierung trug dabei die U.S. Army, die nahezu ein Drittel ihrer Mannschaftsstärke einbüßte, während Marine und Marine Corps ca. 15 Prozent bzw. 20 Prozent an Kürzungen aushalten sollten. Dagegen wurde die Stärke der U.S. Air Force um 60 000 Mann vermehrt. Als Voraussetzungen für die neuen Truppenstärken für das Haushaltsjahr 1957 nannten die Joint Chiefs of Staff u. a. „changes in the present US deployments in some forward areas".

Die Joint Chiefs of Staff gingen davon aus, daß selbst nach 1957 US-Landstreitkräfte notwendigerweise in Westeuropa stationiert werden müßten. Insgesamt sollten maximal sieben Heeresdivisionen in Friedenszeiten außerhalb der Vereinigten Staaten disloziert werden, wobei die Joint Chiefs of Staff keine Festlegung darüber trafen, wie viele davon in Westeuropa zu stationieren waren. Als „reasonably attainable action (...) in the politicomilitary field", die Verteidigungsminister Wilson in seinem Auftrag an die Joint Chiefs of Staff vom 16. Oktober gefordert hatte, unterstützten diese die Vorschläge des Everest-Ausschusses, „that foreign aid be allocated so as to shape allied military forces in the desired direction, that force requirements be constantly reviewed in the light of nuclear capabilities, and that the establishment of German and Japanese forces be encouraged". Jedem Rückzug von US-Streitkräften aus Westeuropa sollte ein

---

[16] FRUS 1952–54, Bd. 2, T. 1, S. 534ff.
[17] Memorandum des Secretary of Defence an die Joint Chief of Staff, 16. 10. 1953, hier zit. nach Watson, Joint Chiefs (Anm. 5), S. 27.

„Erziehungsprogramm" vorausgehen, mit dem die Verbündeten vom Wert der neuen Strategie überzeugt werden müßten[18].

Außenminister Dulles warnte am 10. Dezember im Nationalen Sicherheitsrat davor, daß irgendwelche amerikanischen Stellen die Frage eines Rückzugs wesentlicher Teile der amerikanischen Verbände aus Europa ins Gespräch brachten, bevor das State Department die Verbündeten auf diplomatischem Wege darauf vorbereitet hatte[19].

Während der NATO-Ministerratstagung in Paris vermied Dulles daher jeglichen Hinweis auf eine eventuelle Reduzierung der amerikanischen Verbände in Europa. Offensichtlich dienten jedoch seine ausführlichen Bemerkungen zu den neuen Möglichkeiten der atomaren Bewaffnung sowie sein Hinweis auf die Unmöglichkeit für die US-Regierung, sowohl atomare als auch konventionelle Streitkräfte in unbegrenzter Höhe zu unterhalten, eben gerade der Vorbereitung der Alliierten auf diese Eventualität[20]. Trotz der Schwierigkeiten, die die Europäer Dulles in der Frage eines automatischen Einsatzes amerikanischer Nuklearwaffen bereiteten, war der US-Außenminister der Meinung, daß seine „campain of education for our allies on atomic weapons" möglicherweise einmal als das wichtigste Ergebnis der gesamten NATO-Ratstagung in Paris angesehen werden würde[21].

Da die Europäische Verteidigungsgemeinschaft, vor allem als Medium für die westdeutsche Aufrüstung, von der amerikanischen Regierung als Teil dieser Kompensation für den Rückzug amerikanischer Verbände aus Europa angesehen wurde, drohte Dulles besonders den Franzosen mit einer „agonising reappraisal of basic United States policy"[22]. Diese spektakuläre Drohung, die Dulles am gleichen Tage auf einer Pressekonferenz wiederholte[23], fand ein zwiespältiges Echo. Bezeichnenderweise war in einer ersten Stellungnahme aus dem Quai d'Orsay zu den Äußerungen von Dulles zu hören, „that the press conference had finished EDC, that it must have been deliberate, that the problem now was to save the Atlantic Alliance, that some new way would have to be found to tie Germany to the West, perhaps through NATO, and finally that France would now have to do some painfull rethinking of its own policies"[24].

Eine solche echte Alternative zur EVG war jedoch, abgesehen von den bekannten oppositionellen Positionen, in keinem der westlichen Regierungslager erkennbar. Die dort kursierenden alternativen Überlegungen zur EVG verdienten nicht diese Bezeichnung, weil sie entweder nur Modifizierungen darstellten oder alternative Lösungen betrafen, die erst im Falle des Scheiterns der Europäischen Verteidigungsgemeinschaft

---

[18] JCS 22101/113, 10. 12. 1953, CCS 381 US (1-31-50) sec 32. Memorandum, JCS to Sec Def, „Military Strategy and Posture", 9. 12. 1953, JCS 2101/113, ebenda NSC Action Nr. 987, 16. 12. 1953; Zitate nach Watson, Joint Chiefs (Anm. 5), S. 31; siehe auch ebenda, S. 67ff.

[19] FRUS 1952–54, Bd. 5, T. 1, S. 449ff.

[20] Siehe vor allem die Berichte über die Geheimsitzung am 16. 12., FRUS 1952–54, Bd. 5, T. 1, S. 476ff. Record of the restricted meeting of Ministers of the NATO Council, 16. 12. 1953. Report by the Chief of the Imperial General Staff on the N.A.T.O. Meetings in Paris, 7.–16. 12. 1953. Chiefs of Staff Committee, Confidential Annex to C.O.S. (53) 144th Meeting hold on Tuesday, 22. 12. 1953, PRO PREM 11/369.

[21] Siehe den Bericht von Dulles vor dem National Security Council am 23. 12. 1953, FRUS 1952–54, Bd. 5, T. 1, S. 481.

[22] Ebenda, S. 463.

[23] Ebenda, S. 468f.

[24] Memorandum von Achilles, Chief of Mission U.S. Embassy in France, an Dulles vom 15. 12. 1953, ebenda, S. 469.

in Angriff genommen werden sollten und bis dahin wegen ihrer möglichen negativen Auswirkungen auf den Ratifizierungsprozeß unter außenpolitischer Quarantäne standen.

Das Ringen um die EVG im Schatten der Genfer Indochinakonferenz bis zum Regierungsantritt von Pierre Mendès France

Die britische und amerikanische Regierung bemühten sich nach der Berliner Viermächte-Konferenz (25. Januar – 28. Februar 1954) in enger Abstimmung untereinander, die ungenügenden Zusagen an Frankreich hinsichtlich einer angelsächsischen Truppenstationierung auf dem Kontinent mit einem Höchstmaß an verbaler Attraktivität auszustatten. Sie kamen jedoch überein, neuerliche Erklärungen erst abzugeben, nachdem die französische Regierung, wie von Bidault in Berlin versprochen, einen verbindlichen Termin für die Vorlage des EVG-Vertrages im französischen Parlament vor Beginn der Genfer Indochina-Konferenz festgesetzt hatte.

Angesichts der sich dramatisch verschlechternden militärischen Lage in Indochina erlangte die Regelung des Indochina-Problems in der französischen Regierung und Öffentlichkeit jedoch Vorrang vor der Ratifizierung des EVG-Vertrages. Am 23. April, während der Sitzung des NATO-Rats in Paris, waren sich alle britischen Experten einig, daß die EVG im französischen Parlament nicht mehrheitsfähig war, und daß es höchste Zeit sei, von der gegenteiligen Annahme Abschied zu nehmen. Ihrer Auffassung nach sollten zusammen mit den Franzosen Alternativen ausgearbeitet werden[25].

Während die amerikanische und britische Verweigerung einer offenen militärischen Unterstützung der Franzosen in Indochina die Grenzen der New-Look-Politik aufzeigte[26] – in NSC 162/2 war Indochina noch unter jenen Ländern aufgeführt worden, die, falls nötig, gegen kommunistische Subversion militärisch verteidigt werden müßten –, schritt im Pentagon und in der NATO Standing Group sowie in den höchsten NATO-Kommandobehörden gemäß dem Auftrag des NATO-Rats vom Dezember 1953 die Planungsarbeit für die nukleare Komponente der Strategie des Bündnisses voran. Anfang 1954 war im Military Committee von der französischen und italienischen Delegation darauf hingewiesen worden, daß im Falle einer extensiven nuklearen Bewaffnung der amerikanischen NATO-Verbände unter gleichzeitiger Reduzierung der konventionellen Komponente der NATO-Streitkräfte letztere für eine effektive Abwehr eines Angreifers zu schwach sein würden. In diesem Fall wären die europäischen NATO-Mitglieder im Verteidigungsfall ausschließlich von den USA abhängig, die sich das Recht über die Entscheidung vorbehalten würden, ob und wann sie Nuklearwaffen einsetzten. Tatsächlich wurde am 27. Mai vom Joint Strategic Survey Committee ein umfassendes Abkommen verlangt, das der amerikanischen Operationsführung alle notwendigen Rechte – „by the single decision by which each NATO Government commits its armed forces to action" – einräumte. Die NATO-Befehlshaber

---

[25] Evelyn Shuckburgh, Descent to Suez. Diaries 1951–56, London 1986, S. 170.
[26] FRUS 1952–54, Bd. 16, S. 447.

sollten vorab autorisiert werden, alle in einem zuvor gebilligten NATO-Verteidi-gungsplan vorgesehenen Maßnahmen zu treffen, ohne hierzu zuvor die Erlaubnis von Seiten einer höheren Instanz einholen zu müssen. Verteidigungsminister Wilson bil-ligte diese Überlegungen am 11. Juni, wartete jedoch das Ergebnis der vom NATO-Rat im Dezember 1953 in Aufrag gegebenen Studien der drei NATO-Kommando-bereiche Europa, Atlantik und Ärmelkanal ab. Diese lagen im Juli 1954 vor und bildeten die Grundlage für entsprechende Planungen in der NATO Standing Group, deren Bericht wiederum am 1. Oktober dem Military Representatives Committee und Ende November dem Military Committee vorgelegt werden sollte. In ihrem am 13. August 1954 den Joint Chiefs of Staff unterbreiteten Entwurf ging die Standing Group davon aus, daß ein künftiger Krieg wahrscheinlich in den ersten Tagen durch einen intensiven nuklearen Schlagabtausch entschieden würde. Daher solle die NATO an Stelle der Planung eines maximalen Stärkeaufwuchses nach Ausbruch der Feind-seligkeiten sich auf die Unterhaltung einsatzbereiter, mit nuklearen Waffen ausgerüste-ter Verbände konzentrieren. Die Standing Group war weitgehendst den Überlegungen im Joint Chiefs of Staff-Memorandum vom 11. Juli 1954 gefolgt, das Wilson am 16. August dem State Department mit der Bemerkung übermittelte, daß es beträchtli-cher psychologischer Vorbereitungen bedürfe, um die NATO-Länder zu der Art von Abmachungen zu bewegen, wie sie die Joint Chiefs of Staff wünschten. Bei diesen Vorbereitungen sollte sich das State Department der Untersuchungen der NATO-Kommandobehörden bedienen, in denen „the absolute necessity for ‚normalized' use of atomic weapons in the defense of Western Europe" aufgezeigt würde[27].

Nachdem Churchill am 23. März auf eine Anfrage im Parlament die den USA zwei Monate zuvor eingeräumten Stationierungsrechte auf Flugplätzen in Großbritannien für strategische Einsätze öffentlich bestätigte, war es nur verständlich, daß sich auch Bidault darum bemühte, daß französische Stellen ebenfalls in die nuklearstrategische Diskussion eingeschaltet wurden. Über die französische Botschaft ließ er am 30. März im State Department vorschlagen, in einem privaten Gespräch zwischen ihm, Außen-minister Eden und Außenminister Dulles den Einsatz atomarer Waffen in Europa allgemein und speziell von französischen Basen in Nordafrika und im Mutterland zu diskutieren. Ihm war auch daran gelegen, daß sich die Standing Group schon vor der in Aussicht gestellten Novellierung der informationspolitisch bislang sehr restriktiven Atomic Energy Act von 1946 durch den Kongreß mit dem Einsatz nuklearer Waffen im Rahmen der NATO befaßte[28].

Innerhalb der französischen Armee war die von einer supranationalen europäischen militärischen Integration wegführende nuklearstrategische Neuorientierung im Rah-men der NATO bereits in vollem Gange. Ein Sonderstab unter Marschall Juin, seit Juni 1951 Oberbefehlshaber der NATO in Mitteleuropa, hatte in einem Entwurf im Januar 1954 die EVG zu „einer reinen Organisation der Anregung, der Koordination und der Kontrolle, ohne politische Integration und Supranationalität, unter strenger politischer und militärischer Abhängigkeit von der NATO, mit einem Ministerrat,

---

[27] Watson, Joint Chiefs (Anm. 5), S. 304ff.
[28] FRUS 1952–54, Bd. 5, T. 1, S. 486f.; der Atomic Energy Act (McMahon Act) wurde vom Kongreß am 30. August 1954 dahingehend erweitert, daß der US-Präsident und der Secretary of Defense mit anderen Nuklearmächten in einen bilateralen oder multilateralen Informationsaustausch über die Nuklearwaffen und ihre Wirkung treten konnten.

einem ständigen Generalsekretariat, nationalen Delegierten für die Aufstellung und Verwaltung der nationalen Kontingente" reduziert[29]. Als sich der Marschall am 4. April gar öffentlich gegen die EVG aussprach, enthob ihn die französische Regierung seines Postens. Am 30. Juni schlug jedoch auch der französische Generalstab des Heeres eine neue „europäische Verteidigungsorganisation" durch Modifizierung und Erweiterung des Brüsseler Vertrages vor. Die Bundesrepublik sollte Mitglied der NATO werden, jedoch nicht der Standing Group angehören dürfen.

Wie ein Schreiben vom 11. September 1954 des französischen Generalstabs des Heeres an den Quai d'Orsay zeigt, liefen diese Überlegungen letztlich auf eine europäische Gruppierung unter Einschluß Großbritanniens innerhalb der NATO hinaus. Um nicht vollständig von den Vereinigten Staaten abhängig zu sein, müsse diese europäische Gruppierung Atomwaffen besitzen. Frankreich müsse daher Atommacht werden, auf keinen Fall jedoch die Bundesrepublik. Da Frankreich jedoch die Last der atomaren Bewaffnung und die einer der Bundesrepublik ebenbürtigen konventionellen Bewaffnung alleine nicht tragen konnte, empfahl der Generalstab des französischen Heeres die Schaffung einer integrierten europäischen Atomstreitmacht (nach Möglichkeit mit Beteiligung Englands) im Rahmen eines atlantischen Atompools, zu dem die europäischen Nationen durch Rohstofflieferungen, Stellung von Technikern und durch finanzielle Mittel ihren Teil beitragen sollten. Diese Atomstreitmacht sollte in relativ sicheren Gegenden in Südfrankreich und Nordafrika aufgestellt werden[30].

Die sich abzeichnende militärische Niederlage der Franzosen in Indochina[31] wirkte sich neben dem unmittelbaren psychologischen Effekt der Frustration über die verweigerte militärische Hilfe durch die Angelsachsen vor allem auch dadurch negativ auf die EVG aus, da sie die Einsicht in die Notwendigkeit der Erhaltung der nationalen Handlungsfähigkeit in Sicherheitsfragen, insbesondere zur Erhaltung der Union française, unterstrich.

Als Dulles versuchte, unter den EVG-Ländern, die den Vertrag bereits verabschiedet hatten, gemäß Artikel 132 des EVG-Vertrages eine Konferenz vorzubereiten, mittels der Druck auf den französischen Ratifizierungsprozeß ausgeübt werden sollte[32], mochte es vielen Abgeordneten in der Assemblée Nationale erscheinen, daß die Regierung Laniel/Bidault für einen erfolgreichen Abschluß der Indochinaverhandlungen in Genf, die sich seit dem 26. April ergebnislos hinzogen, wenig disponiert war. Am 12. Juni wurde das Kabinett Laniel am Ende einer Indochinadebatte gestürzt.

---

[29] Zit. nach Pierre Guillen, Die französische Generalität, die Aufrüstung der Bundesrepublik und die EVG (1950–1954), in: Volkmann, Schwengler, Verteidigungsgemeinschaft (Anm. 2), S. 155.

[30] Ebenda, S. 156f.; zum Entscheidungsprozeß über die Einrichtung einer französischen Atomstreitmacht siehe Aline Coutrot, La politique atomique sous le gouvernement de Mendès France, in: François Bédarida; Jean-Pierre Rioux, Pierre Mendès France et le Mendèsisme. L'expérience gouvernementale (1954–1955) et sa postérité, Paris 1984, S. 304f.; Georges-Henri Soutou gibt wichtige Belege für die Rolle der nuklearstrategischen Überlegungen im Zusammenhang mit dem von Mendès-France angestrebten amerikanisch-britisch-französischen „tripartisme" innerhalb der NATO mit dem Ziel der Offenhaltung der Möglichkeit eines Dialogs mit der Sowjetregierung und zur Wahrung des Gleichgewichts in Europa gegenüber der Bundesrepublik; Georges-Henri Soutou, La France, L'Allemagne et les accords de Paris, in: Relations Internationales, Nr. 52 (1987), S. 52ff.

[31] Die Festung Dien Bien Phu fiel am 7. Mai. Am 27. Mai gelangte ein Bericht einer Militärkommission in die Presse, wonach Hanoi nicht länger als 30 Tage zu halten war (Express, Nouvel Observateur).

[32] FRUS 1952–54, Bd. 5, T. 1, S. 953 und 971; Artikel 132 des EVG-Vertrages bestimmte, daß, falls 6 Monate nach Unterzeichnung des Vertrages der Vertrag noch nicht von allen ratifiziert sein sollte, diejenigen Länder, die die Ratifikationsurkunden hinterlegt haben, über zu treffende Maßnahmen beraten sollten.

Mit Mendès France übernahm ein Politiker die Regierungsgeschäfte, der klare Prioritäten setzte: Zuerst sollte eine Regelung des Indochinakonflikts und eine Lösung für die Probleme in Nordafrika gefunden werden. In der Zwischenzeit sollte eine Regierungskommission einen Kompromiß über die EVG ausarbeiten, der als Grundlage für die Vorlage im Parlament dienen und der nach Auffassung von Mendès France einer für unverzichtbar gehaltenen breiten nationalen Zustimmung sicher sein konnte[33].

Der amerikanisch-britische Plan für eine Lösung des Junktims zwischen Deutschland- und EVG-Vertrag Anfang Juli 1954

Auf einem britisch-amerikanischen Gipfeltreffen vom 25. bis 29. Juni in Washington warnte Dulles vor der Gefahr, daß sich im Pentagon das Konzept einer peripheren Verteidigung in Europa durchsetzen könnte, falls die Zusagen des State Departments hinsichtlich einer Ratifizierung der EVG, die man dem Pentagon zuerst für das Ende der Berliner Konferenz, dann für das Ende der Indochinakonferenz avisiert habe, nicht eingelöst würden[34]. Am Ende einigten sich Briten und Amerikaner in Washington auf folgendes Programm: Falls das französische Parlament vor seiner Sommerpause keine positive Entscheidung über die EVG traf, sollte das Junktim zwischen Deutschland- und EVG-Vertrag gelöst werden, indem man die Bestimmungen des Deutschlandvertrages in Kraft setzte, gleichzeitig jedoch mit Bundeskanzler Adenauer ein Übereinkommen traf, daß die Bundesrepublik vorerst von ihrer Wehrhoheit keinen Gebrauch machte. Für den Fall, daß die französische Regierung es ablehnte, sich an diesem Vorhaben zu beteiligen, sollte ihr bedeutet werden, daß die USA und Großbritannien entschlossen seien, ihren Plan in die Tat umzusetzen, „to place in effect, insofar as their relations with the Federal Republic were concerned, the provisions of the contractual agreement to the maximum extent practicable". Zur Vorbereitung dieses Programms wurde in London eine britisch-amerikanische Expertengruppe eingesetzt[35].

Diese legte am 12. Juli ihren Bericht vor, in welchem sie für den Fall, daß die französische Nationalversammlung den EVG-Vertrag nicht vor der Sommerpause verabschiedete, die Washingtoner Abmachungen für drei Eventualitäten konkretisierte: Sie legte Protokolle vor, die von den Besatzungsmächten und der Bundesregie-

---

[33] Ebenda, S. 52ff.

[34] Siehe das Memorandum der Joint Chiefs of Staff vom 25. 6. 1954, ebenda, S. 994f.; zum Entscheidungsprozeß über die EVG vom Juni 1954 bis zum NATO-Beitritt der Bundesrepublik siehe den auf der Grundlage der in FRUS 1952–54, Bd. 5 publizierten amerikanischen Akten und anhand der bis 1985 zugänglichen relevanten britischen Quellen verfaßten Beitrag von Rolf Steininger, Das Scheitern der EVG und der Beitritt der Bundesrepublik zur NATO, in: Aus Politik und Zeitgeschichte. Beilage zur Wochenzeitung Das Parlament, B 17/85, 27. April 1985. Siehe auch die ausführlichere, jedoch noch nicht auf dieser neuen Quellenbasis verfaßte Untersuchung von Paul Noack, Das Scheitern der Europäischen Verteidigungsgemeinschaft. Entscheidungsprozesse vor und nach dem 30. August 1954 (= Bonner Schriften zur Politik und Zeitgeschichte, Bd. 4), Düsseldorf 1977.

[35] FRUS 1952–54, Bd. 5, T. 1, S. 984ff.; Record of Conversation at the White House on Sunday, 27. 6. 1954, PRO PREM 11/618; Sir Roger Makins an Foreign Office, Nr. 1298, 27.6.1954. Sir Roger Makins an Foreign Office, Nr. 1317, 28. 6. 1954, ebenda; European Defence Community. Note by the Foreign Secretary, PRO CAB 129/69, C. (54) 226, 7. 7. 1954.

rung unterzeichnet werden sollten und durch die der Deutschlandvertrag vor Realisierung der EVG in Kraft gesetzt wurde, die gleichzeitig jedoch eine westdeutsche Aufrüstung verhinderten, bevor die EVG oder irgendeine Alternative zustande kam, und die die Weiterbezahlung der Stationierungskosten für die alliierten Truppen sicherstellten.

Für den Fall, daß sich die Franzosen diesem Verfahren widersetzten, unterbreitete die Arbeitsgruppe Pläne, die das unter Punkt 1. erklärte Ziel lediglich durch administrative Maßnahmen, höchstwahrscheinlich durch Abkommen zwischen der Alliierten Hohen Kommission und der Bundesregierung, erreichen sollten. Für den Fall, daß sich die französische Seite auch diesem Weg verschloß, hatte die Arbeitsgruppe Pläne entworfen, nach denen der Inhalt des Deutschlandvertrages durch Briten und Amerikaner allein in Kraft gesetzt werden konnte.

Auf eine Formulierung, mit der die Aufrüstung der Bundesrepublik suspendiert werden bzw. in welcher Form diese schließlich realisiert werden sollte, konnten sich Briten und Amerikaner vorerst nicht einigen: Es herrschte zwar Einvernehmen darüber, daß mittels einer Klausel verhindert werden sollte, daß die Franzosen jeglichen Fortschritt in der Frage des deutschen Verteidigungsbeitrages verhinderten, die Amerikaner wünschten jedoch darüber hinaus unter Berufung auf die gemeinsame amerikanisch-britische Erklärung von Washington eine Klausel, die der Bundesrepublik nach einem festgesetzten und nicht allzu langen Zeitraum von wahrscheinlich etwa sechs Monaten die Entscheidung über ihre Bewaffnung anheimstellte[36].

Noch am gleichen Tage wurde die französische Regierung durch den britischen und amerikanischen Botschafter in Paris in groben Zügen über das von der Londoner Expertengruppe erzielte Ergebnis informiert, jedoch ohne Erwähnung des eventuellen amerikanisch-britischen Alleingangs[37].

Die Grundlagen der Politik von Mendès France

Auch ohne die ausdrückliche Erwähnung konnte sich die französische Regierung freilich leicht ausrechnen, daß im Falle einer französischen Weigerung, an dem britisch-amerikanischen Programm zu partizipieren, Frankreich die totale Isolation im Bündnis drohte, und nicht nur die Souveränität, sondern schließlich auch die Bewaffnung der Bundesrepublik im deutsch-angelsächsischen oder gar nur deutsch-amerikanischen Alleingang realisiert würde. Damit hätte die innenpolitische Schwäche Frankreichs ihre extreme außenpolitische Entsprechung gefunden. Dies zu verhindern und gleichzeitig die Einheit des Westens gegenüber der Sowjetunion zu wahren, war das vorrangige Ziel von Mendès France. Für seine Unterredung mit Molotov am 21. Juli wurde Mendès France von seinem Kabinettsdirektor Philippe Baudet mit einem Positionspapier versorgt, in dem folgende außenpolitische Linien gezogen wurden: Der „New Look" in der sowjetischen Außenpolitik dürfe nicht überschätzt werden. Die

---

[36] Policy towards Germany, Memorandum by the Minister of State, PRO CAB 129/69, C. (54) 231, 13. 7. 1954; Bericht der Expertengruppe, FRUS 1952–54, Bd. 5, T. 1, S. 997ff.; Anglo-American Discussions on Germany, London 5. 7.–12. 7. 1954, PRO PREM 11/618.

[37] FRUS 1952–54, Bd. 5, T. 1, S. 1016f.; Steininger, Scheitern (Anm. 34), S. 6f.

Berliner Konferenz habe gezeigt, daß die Sowjetunion an der Teilung Deutschlands festhalte, jedoch durch Vorschläge über allgemeine Wahlen in Deutschland, verbunden mit Abrüstungsvorschlägen, die Einheit des Westens zu erschüttern hoffe. Für eine Festigung der westlichen Solidarität stelle die EVG wegen der von ihr ausgehenden Meinungsverschiedenheiten kein Element des Zusammenhalts mehr dar. Man müsse daher mit der Bundesrepublik eine bessere Lösung aushandeln und hierzu mit der britischen Regierung eng zusammenarbeiten[38].

Nach einer auf jüngst zugänglichen französischen Quellen beruhenden Untersuchung mußte damals eine französische Politik, die von der Zugehörigkeit Frankreichs zum Westen unter gleichzeitiger Wahrung eines Höchstmaßes an sicherheitspolitischer Selbstbestimmung ausging[39], folgende Bedingungen erfüllen: Die westliche Verteidigung war in unmittelbarer Zusammenarbeit mit Großbritannien und den USA unter Einschluß eines kontrollierten deutschen Verteidigungsbeitrages zu koordinieren. Den französischen Streitkräften sollte eine ausreichende Unabhängigkeit erhalten bleiben, die Frankreich in den entscheidenden Fragen Handlungsfreiheit beließ. Eine Überwindung der Konfrontation mit der Sowjetunion über einfallsreiche Verhandlungen aus einer Position der Stärke heraus sollte möglich bleiben[40]. Die Zusammenarbeit im nordatlantischen Bündnis und auch ein westdeutscher Verteidigungsbeitrag waren nicht nur notwendig angesichts der ökonomischen Situation Frankreichs, die Mendès France zu reformieren gedachte, beides war zugleich Voraussetzung für eine neue Struktur der französischen Streitkräfte, die als Instrument französischer sicherheitspolitischer Selbstbestimmung nach Lage der Dinge nur noch mit einem eigenen atomaren Arsenal vorstellbar waren. Wie schon die Studie des Generalstabes des französischen Heeres gezeigt hatte, sollte eine notwendigerweise verringerte konventionelle französische Rüstung durch deutsche Divisionen kompensiert werden. Warum sollte Frankreich auf den Besitz von Atomwaffen verzichten, die ihm den eigenen New Look zu ermöglichen schienen, seiner Stimme in der NATO und besonders in der Standing Group bei den nuklearstrategischen Dispositionen zumindest ein mit der britischen Stimme vergleichbares Gewicht verleihen und obendrein die nicht erreichbare konventionelle Balance mit dem deutschen Verteidigungsbeitrag ermöglichen würden? Ob Mendès France eine solche Entwicklung persönlich favorisierte oder nur Anstößen aus dem Militär oder aus dem Commissariat à l'Energie atomique (CEA) über deren Lobby im Kabinett nachgab, läßt sich anhand der wenigen bis heute zugänglichen Quellen noch nicht mit Sicherheit feststellen. Fest steht jedoch, daß Mendès France seit dem 25. August 1954 ein Bericht vorlag, in dem die Situation Frankreichs innerhalb der NATO untersucht und die Schaffung einer nationalen französischen Atomstreitmacht vorgeschlagen wurde, und daß er am 22. Oktober mit seiner Unterschrift

[38] Réarmement de l'Allemagne et cohésion occidentale, Note de M. Philippe Baudet, directeur du cabinet du Ministre, 21. 7. 1954, DDF, 1954 (21. 7.–31. 12.), Nr. 1, S. 1ff.
[39] Pierre Mélandri spricht von „l'indépendence dans l'indépendence", Faire mentir Machiavel, in: Bédarida, Rioux, Mendès France (Anm. 30), S. 135.
[40] René Girault, La France dans les rapports Est-Ouest en temps de la présidence de Pierre Mendès France, in: Bédarida, Rioux, Mendès France (Anm. 30), S. 243ff.

Unterschrift unter ein Dekret über die Einrichtung der „Commission supérieure des applications militaires" erste konkrete Entscheidungen traf[41].

Trotz des Prestiges, das Mendès France mit dem Genfer Ergebnis eines Waffenstillstandes in Indochina zugewachsen war, war es fraglich, ob es ihm gelingen würde, den EVG-Vertrag im Sinne der vorgenannten Kriterien so zu modifizieren, daß er die von ihm gewünschte deutliche Mehrheit des französischen Parlaments erhielt, ohne gleichzeitig auf die Ablehnung durch die EVG-Partner und die britische und amerikanische Regierung zu stoßen. Diese schiere Unmöglichkeit war für Zeitgenossen und Historiker Anlaß zu der Vermutung, daß Mendès France eine Modifizierung der EVG nie ernsthaft im Sinne hatte, sondern daß seine Vorschläge lediglich Teil eines schlau angelegten Crisis Managements waren und eine Alternative zu der für aussichtslos gehaltenen EVG vorbereiten sollten. Es gibt allerdings Anzeichen, die die Auffassung unterstützen, die schon in einer sehr kompetenten Analyse der amerikanischen Botschaft in Paris vom 16. September 1954 vertreten wurde, und derzufolge Mendès France auf die Brüsseler Konferenz (19.–22. August 1954) weder mit der präzisen Absicht, die EVG zu torpedieren, noch mit dem energischen Wunsch, ihr zum Erfolg zu verhelfen, gefahren ist[42].

Nachdem die von ihm eingesetzte Regierungskommission keinen gemeinsamen Nenner für die EVG-Politik seines Kabinetts finden konnte, nahm Mendès France die Suche nach einer modifizierten EVG selbst in die Hand. Für die beabsichtigte Konferenz der EVG-Länder in Brüssel kündigte er am 12. August an, daß dort die Saarfrage und die französischen Änderungsvorschläge zum EVG-Vertrag diskutiert werden müßten. Dann schockierte er jedoch seine Zuhörer mit der Nachricht, daß diese Änderungsvorschläge alleine nicht ausreichen würden, die Annahme der EVG im französischen Parlament sicherzustellen. Nach neuerlichen Vorschlägen der Sowjetregierung sei der Druck auf ihn von seiten des Parlaments und der französischen Öffentlichkeit sehr stark, dem sowjetischen Wunsch nach einem neuerlichen Treffen über Deutschland nachzukommen. Am 24. Juli 1954 hatten die Sowjets in einer Note eine neue Viererkonferenz mit der Teilnahme eines chinesischen Beobachters vorgeschlagen, auf der die Abrüstungsfrage, die Frage der Sicherheit in Europa und das Deutschlandprogramm erörtert werden sollten. Am 4. August forderten sie die Einberufung einer europäischen Sicherheitskonferenz. Nach beiden sowjetischen Initiativen hatte Mendès France Mühe, seine westlichen Verbündeten von der Unrichtigkeit einiger Pressespekulationen zu überzeugen, denen zufolge er in Genf gegenüber den Sowjets die EVG für eine Neutralisierung Deutschlands eingetauscht habe. Fest steht lediglich, daß Mendès France am 21. Juli Molotov zu einer ernsten Initiative aufgefordert hatte, mit der Ost-West-Verhandlungen in Gang gesetzt werden sollten[43]. Sein

---

[41] Coutrot, La politique atomique (Anm. 30), S. 312; Jean Delmas, La perception de la puissance militaire en France en 1954–1958; unveröffentlichtes Vortragsmanuskript für die Tagung „Europe and power politics (1952–1957): At the origins of the European Economic Community" in Florenz vom 23.–27. September 1987.

[42] Post Mortem on the Rejection of the EDC Treaty, 16. 9. 1954, FRUS 1952–54, Bd. 5, T. 1, S. 1094ff.; siehe das Rundschreiben von Mendès France an die französischen Auslandsvertretungen vom 8. 8. 1954, DDF, 1954 (21. 7.–31. 12.), Nr. 46, S. 101f.

[43] Girault, France (Anm. 40), S. 256; zu den sowjetischen Noten und der westlichen Antwort am 10. 9. siehe Department of State Bulletin, 20. 9. 1954, S. 397ff.; zu den Vorwürfen gegenüber Mendès France, siehe FRUS 1952–54, Bd. 5, T. 1, S. 1099.

Wunsch, den erfolgreichen Ost-West-Dialog von Genf weiter in Gang zu halten, war verständlich und im übrigen weit weniger spektakulär als die neuerliche Initiative Churchills, der am 4. Juli nach Konsultation mit der amerikanischen Führung in Washington, jedoch ohne vorher sein eigenes Kabinett hiervon in Kenntnis zu setzen, in einem persönlichen Schreiben an Malenkow ein sowjetisch-britisches Gipfeltreffen vorgeschlagen hatte[44]. Mendès France war der Auffassung, daß an eine Ratifizierung der Verträge nicht zu denken sei, bevor man sich nicht über die sowjetischen Absichten Klarheit verschafft habe. Aus diesem Grunde wollte er den modifizierten EVG-Vertrag der französischen Nationalversammlung für ein erstes, vorläufig nicht bindendes Votum vorlegen und dann die Ergebnisse einer eventuellen Konferenz mit der Sowjetunion über Deutschland abwarten. In der zweiten Oktoberhälfte würde sich dann der Rat der Republik mit der Vorlage befassen, während die Nationalversammlung ihre zweite Lesung dann Ende November halten konnte, um den Ratifizierungsprozeß wahrscheinlich Anfang Dezember abzuschließen. Diese Verschiebung glaubte Mendès France mit dem Hinweis auf den italienischen Ratifizierungsfahrplan verantworten zu können[45].

Churchill telegraphierte am 14. August Dulles, daß er der französischen Verzögerungstaktik schon lange überdrüssig sei, daß er jedoch hoffe, „you will not fail to grip the NATO solution which I am sure can be arranged"[46]. Churchills Schreiben wurde in Abwesenheit von Dulles vom Unterstaatssekretär Bedell Smith entgegengenommen, der die EVG zu diesem Zeitpunkt offensichtlich verloren gab. Im Zusammenhang mit der von Churchill geforderten NATO-Lösung kamen Bedell Smith jedoch Zweifel, daß diese geeignet war, die Deutschen ausreichend zu kontrollieren. Effizienz und Gehorsam würden sie dazu verleiten, wenn man ihnen erst einmal die Mittel in die Hand gegeben habe, ihr Land mit Gewalt wiederzuvereinigen. Von einer Neutralisierung Deutschlands hielt Bedell Smith jedoch noch weniger, da sich auch in diesem Fall die USA über kurz oder lang auf periphere Positionen in Europa zurückziehen müßten.

Churchill, dem die Ansichten Bedell Smiths zur Kenntnis gelangten, wurde dadurch nur in seiner lang gehegten Meinung bestärkt: „There is no alternative but a rivised NATO, ‚peripheral' is ruin for Europe". Am 19. August telegraphierte er Dulles, der weiter an der EVG festhielt, daß im Falle eines Scheiterns der EVG man „some variant of NATO" schaffen müsse und daß er hierüber ihm und dem Präsidenten Vorschläge unterbreiten wolle. Vom gleichen Tage datiert ein Memorandum Churchills für Verteidigungsminister Lord Alexander und Kirkpatrick, in dem er seinen Plan für die Integration der Bundesrepublik in die NATO unter gewissen Rüstungskontrollbeschränkungen entwickelte und die Meinung vertrat, daß im Falle eines französischen Vetos eine neue NATO „notfalls ohne Frankreich" geschaffen werden müsse[47].

---

[44] David Carlton, Anthony Eden. A Biography, London 1986, S. 353ff.; C.C. (54) 48th Conclusions, 8. 7. 1954, Confidential Annex, PRO CAB 128/72, pt. 2.
[45] FRUS 1952–54, Bd. 5, T. 1, S. 1026ff.; Reilly an Foreign Office, Nr. 538, 12. 8. 1954, PRO REM 11/618.
[46] FRUS 1952–54, Bd, 5, T. 1, S. 1037; siehe Steininger, Scheitern (Anm. 34), S. 10.
[47] Ausführlich: Steininger, Scheitern (Anm. 34), S. 10f.

Zum Stand der britischen, amerikanischen und westdeutschen Überlegungen über Alternativen im Falle eines Scheiterns der EVG im August 1954

Nach dem britisch-amerikanischen Gipfeltreffen in Washington Ende Juni 1954 begannen sowohl im Foreign Office wie auch im US-State Department die Arbeiten zu Alternativen zur EVG, die anders als die bisherige alternative Gedankenbildung der konkreten Entscheidungsvorbereitung dienten. So erklärte Sir Frank Roberts am 7. Juli in der zur Ausarbeitung von Vorschlägen gemäß der Übereinkunft von Washington gebildeten britisch-amerikanischen Arbeitsgruppe in London, daß die EVG zwar die erste Präferenz behalte, daß es aber an der Zeit sei, „to give thought to an alternative N.A.T.O. solution", für den Fall, daß die EVG scheiterte. Roberts unterbreitete zwar noch keinen formellen Vorschlag, sondern lediglich erste Gedanken „at the official level", die er in Form einer Ausarbeitung über „Restrictions on German Rearmament which might be feasible in the event of German admission to N.A.T.O." vorlegte[48]. Ausgehend von der Feststellung, daß die öffentliche Meinung in Frankreich und in den übrigen NATO-Ländern eine westdeutsche Mitgliedschaft in der NATO ohne einige Restriktionen hinsichtlich der deutschen Bewaffnung nicht akzeptieren würden, nannte das britische Papier als ideale Lösung, „to transplant to N.A.T.O. as many of the essential E.D.C. safeguards as we can persuade the Germans to accept as the price of joining the leading Western ‚club' as a full member". Art und Umfang eines anfänglichen deutschen Verteidigungsbeitrages zur NATO würden mit der Bundesrepublik im Rahmen der Verhandlungen über ihre Aufnahme in die NATO vereinbart werden. Der deutsche Beitrag sollte auf den im EVG-Vertrag vorgesehenen Stärken von 12 Divisionen und 1300 Flugzeugen basieren und weder Unterseeboote noch strategische Kampfflugzeuge umfassen. Eine Änderung der Zusammensetzung oder Stärke hätte nur nach Konsultationen mit dem NATO-Rat über den Annual Review-Prozeß und in Übereinstimmung mit der gültigen NATO-Strategie erfolgen können. In einem Protokoll zum Nordatlantikvertrag sollte jene EVG-Regelung inhaltlich aufgenommen werden, die die Produktion bestimmter Waffen (einschließlich entsprechender Forschung), darunter vor allem atomare und thermonukleare Waffen, Unterseeboote und Militärflugzeuge, von der Entscheidung des NATO-Rats abhängig machte. Um eine offensichtliche Diskriminierung der Bundesrepublik zu vermeiden, sei es wahrscheinlich notwendig, als strategisch exponierte Gebiete, für die diese Produktionseinschränkungen gelten sollten, nicht nur das Territorium Westdeutschlands, sondern auch die Teile des NATO-Gebiets zu bestimmen, die an den sowjetischen Einflußbereich grenzten, wie Nordnorwegen, Dänemark, Trazien und die Türkei nördlich der Dardanellen. Von politischer und psychologischer Bedeutung sei ein europäischer Rüstungspool, dessen Planung man in erster Linie den EVG-Ländern überlassen wollte. Er sollte innerhalb der NATO unter den sechs EVG-Ländern analog den Bestimmungen des EVG-Vertrages die Produktion und den Import und Export von Kriegsmaterial kontrollieren. Abschließend wurde in dem britischen Papier eine deutsche Gewaltverzichtserklärung bezüglich der bestehenden

---

[48] Anglo-American Discussions on Germany, London, 5. 7.–12. 7. 1954, S. 18f., PRO REM 11/618; FRUS 1952–54, Bd. 5, T. 1, S. 997ff.

Grenzen gefordert. Hierzu sollte die Bundesrepublik angehalten werden, in modifizierter Form zumindest jene Erklärung abzugeben, die der Bundeskanzler im Dezember 1953 im Zusammenhang mit der vorgeschlagenen Sicherheitsgarantie abzugeben bereit war und die bei Inkrafttreten der EVG den Sowjets angeboten werden sollte[49].

Die amerikanische Delegation war damals nicht autorisiert, den britischen Vorschlag zu diskutieren. Sie brachte daher das Gespräch auf einen amerikanischen Plan, den der amerikanische Hochkommissar Conant offenbar schon bei früherer Gelegenheit Sir Frank Roberts gegenüber erwähnt hatte. Er gestattete dem Amt Blank gewisse vorläufige Aufrüstungsmaßnahmen, darunter die Aufstellung von Kaderformationen und ein Abkommen über deren militärische Ausbildung durch alliierte Streitkräfte in der Bundesrepublik und in den USA. Diese Maßnahmen sollten eine künftige Form der westdeutschen Bewaffnung nicht präjudizieren, d. h. sie mußten sowohl mit der EVG als auch mit einer NATO-Lösung kompatibel sein. Sir Frank Roberts vertrat die Auffassung, mit einem solchen Vorschlag würde man möglicherweise von seiten Adenauers einmal konfrontiert werden, doch im Augenblick sei es politisch inopportun, solche Maßnahmen in Gang zu setzen, solange noch eine Hoffnung bestehe, daß die EVG zustande komme. Die öffentliche Meinung in Großbritannien würde jedem „advance rearmament" der Bundesrepublik mit großem Mißtrauen begegnen, solange die politischen Rahmenbedingungen hierfür nicht festgelegt wären[50]. Immerhin scheinen im Rahmen dieses Plans seit Anfang Juli bereits eine Anzahl amerikanischer Offiziere Gespräche im Amt Blank geführt zu haben[51].

Es steht fest, daß sich auch die deutsche Seite ihre Gedanken machte. Am 7. Juli 1954 wurde im Amt Blank eine Ausarbeitung über „Forderungen der Bundesrepublik im Falle einer anderen Lösung als der EVG für einen deutschen Verteidigungsbeitrag" erstellt. Der westdeutsche Verteidigungsbeitrag sollte auf der allgemeinen Wehrpflicht basieren. Unter einem parlamentarisch kontrollierten Verteidigungsminister sollte ein militärisches Oberkommando eingerichtet werden, das nach den Weisungen des Verteidigungsministers zu handeln hatte. Die deutschen Streitkräfte sollten dem Atlantischen Oberkommando in Europa „unter den allgemein gültigen NATO-Bedingungen zur Verfügung gestellt" werden. Dies implizierte eine „unabdingbar gleichberechtigte deutsche Beteiligung an allen NATO-Führungsorganen, die mit der Führung in Europa und mit der Gesamtkriegführung befaßt sind, oder anders ausgedrückt: Integrierung der operativen Führung nach einem allgemein gültigen Integrationsschlüssel bezüglich des personellen Anteils." Dies sollte für alle NATO-Gremien bzw. Kommandobehörden gelten, vom Militärausschuß über die Standing Group und den Ausschuß der Generalstabschefs, über die militärischen Fachausschüsse, zu SHAPE, und über die Oberkommandos bis herunter zu den Armeeoberkommandos, Luftflottenoberkommandos und Marineoberkommandos, sofern letztere nicht national geschlossen organisiert wurden. Für die Aufstellung dieser deutschen Streitkräfte nannte das Papier folgende allgemeinen politischen Voraussetzungen:

1. Herstellung der vollen Souveränität der Bundesrepublik. 2. Mitgliedschaft der Bundesrepublik in der NATO mit gleichen Rechten und Pflichten wie die übrigen NATO-Mitglieder. 3. Sicherstellung der Belassung genügend starker amerikanischer

---

[49] FRUS 1952–54, Bd. 5, T. 1, S. 1015f.
[50] NA RG 59, 762 A. 5/7-1254.
[51] Siehe das Schreiben Conants an Merchant vom 12. 7. 1954, FRUS 1952–54, Bd. 7, T. 1, Nr. 247.

und englischer Streitkräfte auf dem Gebiet der Bundesrepublik. 4. Klärung über Verbleib und Status der bisherigen Besatzungstruppen nichtangloamerikanischer Herkunft. 5. Besondere bilaterale Abkommen über engere Beistandsverpflichtungen mit den USA und Großbritannien nach dem Vorbild des Vertrages zwischen Großbritannien und den EVG-Mitgliedern[52].

Da sich die Briten allen amerikanischen Vorschlägen widersetzten, die auch nur den Anschein einer unabhängigen westdeutschen Nationalarmee erweckten[53], mußte sich auch das State Department auf andere Lösungen konzentrieren. Nachdem Dulles am 8. Juli gegenüber Merchant grünes Licht für entsprechende Überlegungen gegeben hatte, legte das State Department am 27. Juli einen Vorschlag über „Military Aspects of German Problem" vor, der mit dem Policy Planning Staff, dem Bureau of European Regional Affairs und dem Legal Adviser innerhalb des Departments koordiniert war und der als Grundlage für die Verhandlungen mit dem Pentagon dienen sollte. In seinem Vorschlag hielt das State Department an der EVG als der besten Lösung für einen westdeutschen Verteidigungsbeitrag fest. Als Alternativen im Falle einer Ablehnung der EVG durch Frankreich oder falls bei fortdauernder Verzögerung konkrete, vom State Department vorgeschlagene Interimsmaßnahmen nicht zum Erfolg führten, wurden genannt: Erstens die gleichberechtigte Aufnahme der Bundesrepublik in die NATO und zweitens die einseitige Bewaffnung der Bundesrepublik durch die USA und Großbritannien. Nur der erste Vorschlag wurde vom State Department diskutiert:

1. Die Lösung müsse einfach und schnell realisierbar sein, es dürfe nicht zu langwierigen Verhandlungen über die Bedingungen einer deutschen NATO-Mitgliedschaft kommen.

2. Jeder Vorschlag für die deutsche NATO-Mitgliedschaft müsse in einer Form gemacht werden, der für die Franzosen und die übrigen EVG-Länder akzeptabel sei. Es sei klar, daß die Franzosen einer deutschen NATO-Mitgliedschaft ohne zusätzliche Sicherheiten hinsichtlich der deutschen Aufrüstung nicht zustimmen würden.

3. Schließlich dürfe der Vorschlag die Deutschen nicht diskriminieren: „There must be no ‚second class' NATO membership for the Germans."

4. Der Vorschlag müsse ein Abkommen enthalten, daß die Vertragspartner keine Angriffshandlungen oder -versuche zur Änderung ihrer bestehenden Grenzen unternehmen werden.

5. Ein weiteres Abkommen müsse die Bundesrepublik zur Leistung eines fairen Beitrages zur Verteidigung des Westens verpflichten, wobei das deutsche Kontingent möglichst den vom NATO-Rat im September 1950 festgesetzten Umfang von nicht mehr als 20 Prozent der NATO-Landstreitkräfte (diejenigen Griechenlands und der Türkei nicht hinzugerechnet) erreichen sollte.

Nach der Erörterung einer Interimslösung für ein „pre-NATO' training program" entwickelte das State Department seine Vorstellungen, wie die NATO-Lösung für Frankreich und Großbritannien akzeptabel gemacht werden konnte. Hierzu schlug es vor, einen amerikanisch-britisch-französisch-deutschen Sicherheitspakt auszuhandeln,

---

[52] Bundeskanzleramt, Geheimregistratur, „Forderungen der Bundesrepublik im Falle einer anderen Lösung als der EVG für einen deutschen Verteidigungsbeitrag."

[53] Am 13. Juli berichtete US-Botschafter Aldrich und am darauffolgenden Tag Norris B. Chipman dem State Department über die britischen Widerstände, NA RG 59, 762 A. 5/7-354 und 762A. 5/7-1454.

der die rechtlichen Grundlagen für einen deutschen Verteidigungsbeitrag und für die
Annahme einer Beitrittseinladung von seiten der NATO bilden sollte. Mit dem Sicherheitsvertrag wurde der doppelte Zweck verfolgt „of expressing the safeguards against
resurgent militarism which the Federal Republic agreed to weave into the EDC
‚Package‘, and at the same time bind the Occupying Powers by treaty to the obser-
vance of these assurances".

Das State Department glaubte, daß ein solcher Viermächtevertrag von den Deutschen bereitwillig akzeptiert würde, da er ihnen die gleichberechtigte NATO-Mitgliedschaft versprach. Gleichzeitig gebe er Frankreich Sicherheit vor einem eventuellen
deutschen Angriff und gegenüber möglichen deutschen Ostabenteuern. Als formaler
Bündnisvertrag sei er wirksamer als ein NATO-Abkommen, da NATO-Ratsbe-
schlüsse nicht dieselbe rechtlich bindende Kraft besäßen. Obendrein könne man einen
solchen Viermächtevertrag leichter aushandeln als ein Abkommen innerhalb der
NATO. Ein weiteres Mittel, den Verbündeten den NATO-Beitritt der Bundesrepublik schmackhaft zu machen, sah das State Department in einer allgemeinen stärkeren
Integration der NATO-Streitkräfte, die sich in ihrem nicht diskriminierenden Charakter eher zur Kontrolle des deutschen Verteidigungsbeitrages eigne, als der Bundesrepublik von der NATO auferlegte Streitkräftehöchststärken: „It would be clear that
German NATO forces would be so thoroughly enmeshed with other NATO forces
that they would be incapable of independent military action."

In Kenntnis der entsprechenden britischen Vorschläge sah das State Department in
der Regelung der Frage der deutschen Rüstungsbeschränkungen das Hauptproblem
künftiger Verhandlungen mit den Verbündeten: Ein Drei- oder Viermächtemechanis-
mus zur Kontrolle der deutschen Rüstungsproduktion sei auch für die Deutschen
unannehmbar. Eine NATO-weite Produktionskontrolle sei sehr schwierig auszuhandeln und zu verwalten, auch bezweifelte man im State Department, daß die USA in der
Lage sein könnten, daran teilzunehmen. Der britische Vorschlag, die Rüstungskontrolle „in the European Community context" mittels eines Rüstungspools der sechs
EVG-Länder zu lösen, hätte nach Auffassung des State Department gleichfalls eine
lange Verhandlungsdauer erfordert. Im übrigen sollten die USA nicht zulassen, daß die
Einrichtung eines solchen Rüstungspools zu einer Voraussetzung wurde, die vor einer
Aufnahme der Bundesrepublik in die NATO erfüllt sein mußte. Einen besseren
Zugang zur Lösung des Problems der Rüstungskontrolle stelle vielleicht die Integration der Rüstungsprogramme innerhalb der NATO dar. Im Rahmen von „rationalized
production programs" würde jedes NATO-Mitglied diejenigen Waffen produzieren,
für deren Herstellung es die geeigneten Voraussetzungen besitze. Durch eine solche
Spezialisierung werde automatisch eine gegenseitige Abhängigkeit in der Waffenproduktion erreicht, die es einem Land unmöglich machen würde, eine unabhängige
Rüstungsindustrie für die Ausrüstung einer rein nationalen Armee zu entwickeln[54].

---

[54] Memorandum „U.S. Position on German Defence Contribution in Event of EDC Delay or Rejection",
Anlage zum Schreiben Robert D. Murphys, Deputy Under Secretary of State for Political Affairs, an Dulles
vom 27. 7. 1954, NA RG 59, 762 A. 5/7-2754. Murphy bemerkte, „the matter is of some urgency in that
Defense is pressing us for our views and we should be in a position to exchange views with the British
sometime next month". Ein Termin für die Diskussion des Memorandums, um den Murphy Dulles bat, ist
laut handschriftlicher Notiz auf den 3. 8., 4.30 Uhr festgesetzt worden. Siehe auch FRUS 1952–54, Bd. 5, S.
995, Anm. 3.

Die Auffassung des State Departments, daß eine NATO-Lösung als Alternative zur EVG nicht gegen den Willen Frankreichs durchgesetzt werden sollte, entsprach seit jeher der mehrheitlichen Meinung im britischen Foreign Office. Deshalb war Kirkpatrick am 20. August sogleich der Vorstellung Churchills, notfalls eine neue NATO auch ohne Frankreich zu konstruieren, sofort energisch entgegengetreten: „If the French veto the admission of Germany to N.A.T.O., and we are informed that this is certain, the rearmament of Germany under an Anglo-American-German arrangement would be a breach of our Treaties with the French. We could, of course, argue that their conduct has justified such a breach. But it would be a grave step and might have very grave consequences such as the departure of France from N.A.T.O. and the loss of our air bases, installations and lines of communication through France."

Noch eindringlicher schilderte der britische Verteidigungsminister, Lord Alexander, die negativen militärischen Implikationen einer Lösung ohne Frankreich[55].

Zusammenfassend läßt sich also sagen, daß sich Mitte August 1954 sowohl im US State Department als auch im britischen Foreign Office die Überlegungen hinsichtlich einer Alternative für den Fall des Scheiterns der EVG um die Bewaffnung der Bundesrepublik mittelbar oder unmittelbar im Rahmen der NATO und auf eine Kooperation mit Frankreich hinbewegten. Für beide Ministerien bestand dabei das Hauptproblem darin, in diese Lösung einen ausreichenden, jedoch die Bundesrepublik nicht diskriminierenden und daher akzeptablen Katalog von militärischen Beschränkungen einzubauen. Die Suche nach einer NATO-Lösung mit Frankreich wurde vom britischen Verteidigungsministerium und den britischen Chiefs of Staff unterstützt und befand sich in Washington wenigstens nicht im Widerspruch zu den Überlegungen im Pentagon. Die von den amerikanischen Joint Chiefs of Staff in einem Memorandum vom 25. Juni 1954 neben der bevorzugten NATO-Lösung erwogene Aufrüstung der Bundesrepublik allein durch Großbritannien und die USA fand nicht die Zustimmung des State Departments und wurde von den Briten blockiert. Eine Abstimmung der britischen und amerikanischen Vorschläge hatte bis zu diesem Zeitpunkt allerdings noch nicht stattgefunden, geschweige denn ein Gedankenaustausch mit der französischen Regierung.

Das „Anwendungsprotokoll" der Regierung Mendès France und das Scheitern der EVG-Konferenz in Brüssel vom 19. bis 22. August 1954

Am 13. August 1954 berichteten Bruce und Dillon dem State Department über erste, noch vorläufige Ergebnisse einer zweitägigen Diskussion im französischen Kabinett. Nach dem Bericht der beiden US-Diplomaten hatte sich Mendès France für die Vorstellung der Gruppe um De Seynes entschieden, die Änderungsvorschläge zum bestehenden EVG-Vertrag befürwortet hatte, und gegen die EVG-feindliche Gruppe um Parodi, die eine Koalition aus sieben Nationalarmeen unter Einschluß Großbritanniens vorschlug. In diesem sogenannten „little NATO"-Konzept der Parodigruppe

---

[55] Kirkpatrick an Prime Minister, PM/IK/54/145, 20. 8. 1954, PRO PREM 11/618; Alternatives to E.D.C., Lord Alexander an Prime Minister, 23. 8. 1954, PRO PREM 11/618.

sollte ein Rüstungspool aus sechs Nationen ein Höchstmaß der im EVG-Vertrag ausgehandelten Rüstungsbeschränkungen für die Bundesrepublik sicherstellen[56].

Die endgültige Fassung der französischen Änderungsvorschläge zum EVG-Vertrag wurde am 14. August den EVG-Partnern übermittelt und enthielt unter anderem folgende wesentliche Bestimmungen:

1. Alle verteidigungspolitischen Entscheidungen, die die Europäische Gemeinschaft berührten, sollten vom EVG-Ministerrat und NATO-Rat gemeinsam getroffen, die Hauptquartiere dieser beiden Organisationen daher am gleichen Ort eingerichtet werden. Dies war eine wesentliche Steigerung der NATO-Kompetenz gegenüber der am 22. Februar 1952 auf der Lissaboner NATO-Ratstagung angenommenen Formel für gemeinsame NATO-Rats- und EVG-Ministerratssitzungen. Die gemeinsamen Sitzungen wurden so, wie Wettig zurecht feststellt, „aus einem Instrument, das den Willen der Europäischen Gemeinschaft in der Atlantischen Allianz zur Geltung brachte, zu einem Mittel, das umgekehrt dem Willen des Atlantischen Bündnisses in der EVG Einfluß verschaffte"[57].

2. Politische Entscheidungen verblieben in nationaler Zuständigkeit.

3. Sollte sich in der britisch-amerikanischen Politik, insbesondere hinsichtlich der unbeschränkten Dauer des Nordatlantikvertrages oder bezüglich der Unterhaltung eines angemessenen Anteils ihrer Truppen auf dem europäischen Kontinent etwas ändern oder Deutschland wiedervereinigt werden, würde eine neue Situation entstehen, in der es nach unverzüglichen Beratungen jedem Mitgliedsstaat freistehen müsse, darüber zu entscheiden, ob er weiterhin in der EVG verbleiben wolle.

4. Acht Jahre lang sollte für Entscheidungen des Kommissariats und des Ministerrats Einstimmigkeit gelten. Dies bedeutete ein Vetorecht jedes einzelnen Mitgliedes.

5. Für die außerhalb der „strategisch exponierten Zone" gelegenen Gebiete wollte Paris jene Bestimmung des EVG-Vertrages nicht mehr gelten lassen, die eine jährliche Erzeugung von mehr als 500 Gramm Kernbrennstoff als nukleares Kriegsmaterial ansah und daher der Genehmigung des Kommissariats unterwarf. Mit dieser Bestimmung konnte eine französische Nuklearrüstung ermöglicht, eine westdeutsche jedoch verhindert werden.

Die Ansicht, daß diese französischen Änderungsvorschläge zum EVG-Vertrag keine neuerlichen parlamentarischen Beschlüsse in den Ländern erforderlich machten, die den Vortrag bereits verabschiedet hatten, wurde selbst im Quai d'Orsay bezweifelt[58].

Die Reaktion auf die französischen Vorschläge war größtenteils negativ. Vor allem das State Department hielt die Vorschläge für unannehmbar und beteiligte sich aktiv

---

[56] FRUS 1952–54, Bd. 5, T. 1, S. 1033ff.; vgl. das Memorandum von Staatssekretär Guérin de Beaumont für Mendès France vom 6. 8. 1954, DDF, 1954 (21. 7.–31. 12.), Nr. 44.

[57] Gerhard Wettig, Entmilitarisierung und Wiederbewaffnung in Deutschland 1943–1955, München 1967, S. 571ff.

[58] Text des „Protocole d'Application": Keesing's Archiv der Gegenwart, 1954, S. 4691ff.; Le Monde, 24. 8. 1954; Textes et Documentes, Brussels, Ministère des Affaires Etrangères et du Commerce Exterieur, 24. 8. 1954. Note explicative du Départment sur le protocole français d'application du traité instituant une Communauté européenne de défense, anonym, undatiert, wahrscheinlich von Parodi unmittelbar vor dem 13. 8. 1954 verfaßt, DDF, 1954 (21. 7.–31. 12.), Nr. 66. Zu der Auffassung, das französische Anwendungsprotokoll bedürfe keiner neuen parlamentarischen Beschlüsse in der Bundesrepublik und in den Benelux-Ländern findet sich folgender Randvermerk: ,Impossible d'afirmer cela alors qu'il y a modification du traité."

an der Organisation des Widerstandes der EVG-Partner Frankreichs gegen die neuerlichen Änderungswünsche, an dem schließlich die Konferenz der Regierungschefs und Außenminister der EVG-Länder in Brüssel scheiterte[59].

Das französisch-britische Treffen in Chartwell
am 23. August 1954

Nach dem Scheitern der Konferenz und in Erwartung der Ablehnung der EVG durch das französische Parlament kam es für Mendès France darauf an, eine Isolation Frankreichs im westlichen Bündnis zu verhindern. Aus diesem Grunde traf er sich mit Churchill und Eden in Chartwell. Dulles untersagte seinem Botschafter in London, an diesem Treffen teilzunehmen, da er den Eindruck vermeiden wollte, als würde man bereits offiziell über Alternativen zur EVG verhandeln[60].

Churchill drängte Mendès France am 23. August in Chartwell, sich entschieden für die EVG einzusetzen. Mendès France bezweifelte jedoch, ob es überhaupt klug sei, die EVG zur Abstimmung zu bringen, da sie in diesem Fall mit Sicherheit abgelehnt würde und da keine Übereinstimmung über eine Alternative bestehe[61]. Mendès France deutete als Alternative eine sehr einfache Lösung an („under ten main heads"), die innerhalb zweier Monate realisiert werden könne, und versicherte, auch er sei gegen eine Neutralisierung Deutschlands und für die Bewaffnung der Bundesrepublik. Er war auch bereit, der Bundesrepublik sofort die politische Souveränität einzuräumen und diese Absicht vor der Nationalversammlung anzukündigen. In diesem Zusammenhang zeigte er starkes Interesse („keen interest") an Methoden, wie der Deutschlandvertrag in Kraft gesetzt werden könnte und wünschte hierzu Einsicht in die Empfehlungen der britisch-amerikanischen Expertengruppe, über die er, wie oben gezeigt, ja nur unvollständig unterrichtet worden war. Dem britischen Bericht zufolge gab man Mendès France in Chartwell jedoch lediglich „a general idea of the recommendations of the Anglo-American Study Group". Als seine britischen Gesprächspartner die Möglichkeit einer einfachen „Zehnpunkte-Lösung" und deren Realisierung innerhalb zweier Monate als Alternative zu den Verträgen von Bonn und Paris in Zweifel zogen und den Beitritt der Bundesrepublik in die NATO als die beste alternative Lösung bezeichneten, machte Mendès France sehr allgemeine Ausführungen über eine Assoziierung Großbritanniens mit den sechs EVG-Ländern „in some modified structure within N.A.T.O., which would control something equivalent to the armaments pool restricted to the Six Powers". Ob dabei Westdeutschland Mitglied der NATO werden würde oder nicht, gab Mendès France nicht deutlich zu erkennen. Entscheidend war für ihn die Assoziierung Großbritanniens. Er brachte jedoch sehr entschieden seine Überzeugung zum Ausdruck („was very definite"), daß Frankreich es im Falle einer Ablehnung der EVG niemals wagen würde, eine Alternative abzuleh-

---

[59] Die belgischen Konferenzprotokolle sind auch abgedruckt in: DDF, 1954, annexes (21. 7.–31. 12.).
[60] FRUS 1952–54, Bd. 5, T. 1, S. 1051, Anm. 3.
[61] Mendès France hatte am 22. 8. in Brüssel gegenüber Tomlinson von der US-Botschaft in Paris angedeutet, er denke ernstlich daran, die EVG aus seiner Kompetenz als Regierungschef heraus abzulehnen, um so ein negatives Votum im Parlament zu vermeiden, von dem er nachteilige Auswirkungen auf die Solidarität innerhalb des nordatlantischen Bündnisses befürchtete; FRUS 1952–54, Bd. 5, T. 1, S. 1066.

nen, nicht einmal einen westdeutschen Beitritt zur NATO, und schien sich über das Problem der Sicherheitsbeschränkungen nicht allzuviel Sorgen zu machen[62].

Churchill telegraphierte daraufhin am 24. August 1954 Dulles, er sei überrascht, „to find that Mendès France was himself much keener about N.A.T.O.", und vermutete als Grund hierfür das deutliche französische Empfinden, innerhalb der EVG mit einem viel aktiveren und mächtigereren Westdeutschland verbunden zu sein, wohingegen dessen Übermacht im Rahmen der NATO erträglicher erschien, in der Großbritannien und die USA „counter balance Germany to her proper proportions"[63].

Als David Bruce, unterstützt von US-Botschafter Dillon, am 26. August eine Verschiebung der Debatte in der französischen Nationalversammlung und eine neuerliche EVG-Konferenz für den 30. August unter britischer und amerikanischer Beteiligung vorschlug, was von Eisenhower und Churchill gemeinsam angekündigt werden sollte, lehnten Eden und Churchill dieses Ansinnen strikt ab[64]. Die Amerikaner ihrerseits wiesen den britischen Vorschlag zurück, Mendès France vertrauliche Einsicht in das britisch-amerikanische Arbeitsgruppenpapier zu gewähren. Bedell Smith erklärte, Mendès France sei eindeutig auf das Scheitern der EVG aus und man könne ihm nicht trauen. Er werde vom Inhalt der Protokolle Gebrauch machen, um zu zeigen, daß er mit Briten und Amerikanern in aktiven Verhandlungen über Alternativen stehe. Seinen Besuch in Chartwell würde Mendès France ohnehin für diesen Zweck mißbrauchen, und es sei wichtig, daß die Debatte in der französischen Nationalversammlung nicht in eine Diskussion über EVG-Alternativen ausarte[65].

Der britische Alternativplan für die Aufnahme der Bundesrepublik in die NATO im Falle des Scheiterns der EVG

Nicht nur bezüglich der Gewährung der Souveränität für die Bundesrepublik, bei einstweiliger Suspendierung ihrer Wehrhoheit, wurde London aktiv, auch bezüglich möglicher Alternativen für den westdeutschen Verteidigungsbeitrag nahm das Ergebnis monatelanger Beratungen zwischen dem Foreign Office, dem Ministry of Defence und der Treasury nunmehr konkrete Formen an. Außenminister Eden stellte am 27. August 1954 den Stand der britischen Überlegungen in einer Kabinettsvorlage vor. Nach seiner Auffassung war die wahrscheinlich beste Alternative für Großbritannien der Beitritt der Bundesrepublik zur NATO unter Beibehaltung möglichst vieler Sicherheitsvorkehrungen aus dem EVG-Vertrag. Hierzu legte Eden dem Kabinett jenes Arbeitspapier über Sicherheitsbeschränkungen vor, welches am 7. Juli von Sir

---

[62] Conversations at Chartwell with M. Mendès France on 23rd August, 1954, WU 1197/783 G., mit anliegendem Foreign Office Telegram to Washington Nr. 4241 of 23. 8. 1954 (persönliche Botschaft Edens an Dulles), PRO PREM 11/618. Letzteres abgedruckt in: FRUS 1952–54, Bd. 5, T. 1, S. 1978f. Die französische Niederschrift des Gesprächs in Chartwell ist abgedruckt in: DDF, 1954, annexes (21. 7.–31. 12.).

[63] FRUS 1952–54, Bd. 5, T. 1, S. 1077.

[64] Ebenda, S. 1079ff.; Steininger, Scheitern (Anm. 34), S. 15.

[65] PRO PREM 11/618 an FO, Nr. 1870, 26. 8. 1954.

Frank Roberts der amerikanischen Delegation der britisch-amerikanischen Expertengruppe in London unterbreitet worden war, zu dem von amerikanischer Seite aber bis dato noch keine Stellungnahme vorlag[66]. Eden hoffte zwar, einige oder alle diese Sicherheitsbeschränkungen durchsetzen zu können als Gegenleistung für die Aufnahme der Bundesrepublik in die NATO, er war aber keinesfalls sicher, daß der Bundeskanzler so viele Diskriminierungen akzeptieren konnte. Auch war ihm bedeutet worden, daß sich das französische Parlament trotz der mutigen Ausführungen von Mendès France in Chartwell einem deutschen NATO-Beitritt widersetzen würde. Man werde auch in England auf Schwierigkeiten stoßen, wo die deutsche Bewaffnung bislang nur im Rahmen der EVG akzeptiert worden sei. Auch die Amerikaner würden zögern, und zwar nach Auffassung Edens, aus drei Gründen:

1. Sie hätten gewollt, daß die EVG alleine die Stellung hält („to hold the field alone").
2. Sie fürchten ein französisches Veto nach weiteren Verzögerungen.
3. Sie würden es schwierig finden, jene Modifizierungen in der Struktur der NATO für sich selbst zu akzeptieren, mit denen die Sicherheitsbeschränkungen unter Vermeidung einer Diskriminierung der Bundesrepublik realisiert werden sollten.

Der erste Einwand, so Eden, würde mit dem Zusammenbruch der EVG verschwinden. Das zweite Problem stelle bestenfalls eine offene Frage dar. Es bleibe dann nur noch das dritte Problem. Bevor man jedoch mit dieser von Eden favorisierten NATO-Lösung für die Bewaffnung der Bundesrepublik zu weit fortschreite und sich innerhalb einer entsprechenden gemeinsamen britisch-amerikanisch-französischen Politik festlege, müsse man sich vergewissern, daß diese Politik für Adenauer annehmbar sei. Daher sollte der Bundeskanzler unmittelbar nach einer negativen Abstimmung über die EVG in Frankreich konsultiert werden[67].

In seiner Sitzung am 27. August autorisierte das britische Kabinett Eden, nach den in seinem Memorandum aufgezeigten allgemeinen Linien und den in der Kabinettsdiskussion vorgetragenen Gesichtspunkten zu verfahren. In dieser Kabinettsdiskussion hatte der Commonwealth Secretary erklärt, er sei gegen jede engere Assoziierung Großbritanniens mit den kontinentaleuropäischen Ländern, die über das im Zusammenhang mit der EVG vorgesehene Maß hinausgehe, da dies wahrscheinlich in gewissen Commonwealth-Ländern Tendenzen fördere, sich den USA zuzuwenden. Dagegen kündigte Harold Macmillan, damals Minister of Housing, Vorschläge an, wie man die NATO-Lösung sowohl der französischen öffentlichen Meinung als auch der britischen Labour Party annehmbarer machen könne. Er deutete dabei schon die Lösung an, die den Pariser Verträgen vom Oktober 1954 schließlich als Grundlage dienen sollte und überlegte: „If, for this purpose, N.A.T.O. could be made at least to appear

---

[66] Am 20. 8. 1954 hatte Kirkpatrick dieses Arbeitspapier über Sicherheitsbeschränkungen Churchill vorgelegt, der den Vorschlag am 22. 8. wie folgt kommentierte: „Before we consult Dr. Adenauer or begin to argue in detail with the Americans we must be master of the subject ourselves. It was for this reason that I sent you my note." (Gemeint war Churchills Vorschlag einer „neuen NATO" notfalls ohne Frankreich vom 20. 8.); Prime Minister an Kirkpatrick, M 143/54, 22. 8. 1954, PRO PREM 11/618.
[67] C. (54) 2276, 27. 8. 1954, Alternatives to the European Defence Community. Memorandum by the Secretary of State for Foreign Affairs, PRO CAB 129.

to have been modified in the direction of the European idea. Was it possible, for example, for Germany formally to adhere to the Brussels Treaty which continued to subsist within the North Atlantic Treaty?"[68]

Die Ablehnung der EVG durch das französische Parlament

Am 29. August begann die Debatte in der französischen Nationalversammlung mit den Reden der Sprecher aller relevanten Parlamentskommissionen. Sie sprachen alle gegen die EVG. Ihnen folgte Mendès France mit einer äußerst ausgewogenen Rede, der man sein Bemühen anmerkte, der Debatte ein Höchstmaß an Objektivität und Nüchternheit zu verleihen, ein Unterfangen, das bei den bekannten Gegensätzlichkeiten und nicht zuletzt angesichts der im Verlauf der Brüsseler Konferenz verstärkten Emotionen sicher nicht leicht war. Offen schilderte er die Schwäche der französischen Position in der EVG-Frage und deren Auswirkung auf die Geduld der EVG-Partner. Dann referierte er nochmals Abschnitt für Abschnitt den Sinn seiner Änderungsvorschläge und betonte deren Charakter als nicht unterbietbare Voraussetzungen für eine Mehrheit im französischen Parlament. Hart ging er sowohl mit Anhängern als auch Gegnern der EVG ins Gericht, die ihm durch ihre Kritik den erforderlichen Rückhalt für Brüssel schuldig geblieben seien und die somit zu seinem dortigen Mißerfolg beigetragen hätten. Die Rolle der NATO wurde von Mendès France besonders herausgestellt: Sie war für ihn die Basis der französischen Außenpolitik. Die NATO „qui définit la solidarité des nations occidentales" sei ein vertrauter Organismus, an dem die Franzosen teilhätten. Gegenüber dieser Organisation seien die Franzosen Verpflichtungen eingegangen, deren Reichweite man exakt kenne. In der NATO besitze Frankreich einen gewissen Einfluß und spiele eine gewisse Rolle. Freilich müßte auch die EVG in irgendeiner Weise in die NATO eingebunden sein, und diejenigen, die sie konzipiert hätten, hätten darüber nie anders gedacht, „mais il nous a semblé que nous rassurerions un certain nombre de Français qui peuvent avoir des inquiétudes sur les implications politiques futures de la C.E.D., en resserrant plus étroitement les liens, peut-être même les liens de subordination entre l'O.T.A.N. que nous connaissons et qui, je le répète, à beaucoup d'égards peut nous donner certaines garanties et certaines sécurités". Den ebenfalls im ersten Abschnitt des französischen Anwendungsprotokolls aufgeführten Wunsch, im Falle wesentlicher Änderungen in der amerikanischen oder britischen Europapolitik, speziell hinsichtlich der anglo-amerikanischen Truppenstationierung auf dem Kontinent, den EVG-Mitgliedern das Recht einzuräumen, sich aus der Gemeinschaft zurückzuziehen, kommentierte Mendès France mit folgender Bemerkung: Diese Sanktionsandrohung richte sich gegen Überlegungen, die, wie er vorsichtig, jedoch unzutreffend formulierte, nicht in der amerikanischen Administration kursierten, sondern in gewissen amerikanischen Kreisen, die davon ausgingen, daß es im Falle der Einrichtung der EVG Amerikanern und Briten zu einem gegebenen Zeitpunkt möglich werde, ihre Streitkräfte vom europäischen Kontinent zurück-

---

[68] C.C. (54) 57th Conclusions, 27. 8. 1954, Minute 3, PRO CAB 128/27.

zuziehen. Ebenso deutlich wie bei anderen Gelegenheiten zuvor sprach sich Mendès France für eine deutsch-französische Versöhnung im europäischen Rahmen aus und erklärte in diesem Zusammenhang seinen Willen, der Bundesrepublik volle Souveränität zu gewähren, „telle que nos alliés l'ont prévue", womit er freilich seine Abkehr von der EVG wenigstens indirekt offenbarte[69]. Das oberste Ziel der französischen Diplomatie war nach seiner Auffassung die Erhaltung des Friedens, was dazu zwinge, immerfort an der Konsolidierung und Entwicklung der Atlantischen Gemeinschaft zu arbeiten. Die erste Aufgabe, die der französischen Regierung aus der Notwendigkeit der Stärkung der westlichen Gemeinschaft erwachse, sei so der Ministerpräsident „le redressement intérieur de notre pays. Sans une France et sans une Union française fortes, il n'y a pas de communauté Atlantique valable"[70]. Die Rede von Mendès France war letztlich Wasser auf die Mühlen der EVG-Gegner. Am 30.August wurde deren Antrag auf Absetzen der EVG-Debatte von der Tagesordnung mit 319 gegen 264 Stimmen bei 12 Enthaltungen angenommen. Damit hatte das französische Parlament den Vertrag abgelehnt.

Um zu verhindern, daß sich die führenden politischen Kräfte in der Bundesrepublik, durch das Scheitern der EVG desillusioniert, einer Politik der Neutralisierung oder gar Verständigung mit der Sowjetunion zuwandten, wurde der britische Hochkommissar schon einen Tag nach der Entscheidung im französischen Parlament von London angewiesen, möglichst umgehend die Auffassung des Bundeskanzlers über alternative Lösungen für die politische und militärische Integration der Bundesrepublik in den Westen zu sondieren. Während man auf der politischen Ebene mit der Lösung des Junktims zwischen EVG- und Deutschlandvertrag ein zwischen London und Washington abgestimmtes Programm parat hatte, für das Mendès France in Chartwell und in der französischen Nationalversammlung die französische Zustimmung signalisiert hatte, war man bezüglich einer militärischen Alternative noch nicht so weit. Mit Kenntnis der US-Regierung sollte der britische Hochkommissar versuchen, den Bundeskanzler für die von Eden am 27. August dem britischen Kabinett vorgelegte militärische Alternative zu gewinnen, die im Interesse einer möglichst raschen Bewaffnung der Bundesrepublik „on the basis of existing institutions and existing ideas", also über einen westdeutschen NATO-Beitritt realisiert werden sollte. Im Foreign Office bezweifelte man jedoch zu recht, daß der deutsche Bundeskanzler die Souveränitätsre-

---

[69] Um zu verhindern, daß mit der Bundesregierung, die nach einer französischen Absage an die EVG die volle Rückendeckung der USA genießen würde, Neuverhandlungen erforderlich wurden, wollte man französischerseits bei der Gewährung von Souveränitätsrechten an die Bundesrepublik vom bestehenden Besatzungsstatut ausgehen: „En droit, c'est le statut d'occupation qui est notre point de départ. En fait, ce point de départ pourrait être la décision de principe prise il y a six semaines par les gouvernements anglais et américain – décision approuvée par leurs Parlaments respectifs – d'aller vers la restitution ‚octroyée' à l'Allemagne de certains des attributs souverains prévus dans le traité de Bonn, la question du réarmement restant servée conformément à l'article 2 du statut d'occupation ... et devant faire l'objet de consultations ultérieures." Note du Directeur du cabinet du ministre, Suggestions en cas d'échec de la conférence de Bruxelles, mit Anlagen: Note du Service juridique. Dissociation des conventions de Bonn et du traité de Paris. Note de la Direction politique (sous-direction d'Europe centrale Entretiens anglo-americains de Londres et disjonction des accords de Bonn du traité de Paris, 19. 8. 1954, DDF 1954 (21. 7. –31.12.), Nr. 81.
[70] Zitate nach Pierre Mendès France, Gouverneur c'est choisir. Sept mois et dix-sept jours, Juin 1954 – Février 1955, Paris 1955, S. 55ff.

striktionen des Deutschlandsvertrages und die für den NATO-Beitritt der Bundesrepublik vorgesehene Übernahme der Rüstungsbeschränkungen aus dem EVG-Vertrag,
ohne die man den westdeutschen NATO-Beitritt in den Benelux-Ländern und vor
allem in Frankreich nicht für durchsetzbar hielt, unter den neuen Gegebenheiten in der
alten Form und in ihrem bisherigen Umfang akzeptieren würde[71].

---

[71] Foreign Office an britische Hochkommission, Nr. 1085, 1. 9. 1954, PRO T 225/413, 130982.

Bruno Thoß

Sicherheits- und deutschlandpolitische Komponenten der europäischen Integration zwischen EVG und EWG 1954–1957

Mit dem Scheitern der Europäischen Verteidigungsgemeinschaft (EVG) am 30. August 1954 war mehr zu Bruch gegangen als lediglich ein Rahmen für den militärischen Einbau der Bundesrepublik in das westliche Allianzsystem. Die supranationale Sicherheitsgemeinschaft mit ihrer Übernahme zentraler nationaler Souveränitätsrechte hatte vielmehr geradezu zwangsläufig den größeren Verbund einer Europäischen Politischen Gemeinschaft als Ziel in Aussicht genommen und damit den Weg zum europäischen Bundesstaat über eine Dachkonstruktion geöffnet, unter der politische, wirtschaftliche und militärische Intregration Westeuropas gleichermaßen Platz zu finden versprachen. Da sich dieser Gesamtplan im Sommer 1954 als zu ambitioniert erwiesen hatte, mag sich aus der historischen Rückschau der Eindruck einstellen, als seien sicherheits- und europapolitische Wege von nun an unabhängig voneinander weiterverfolgt worden. Das Bild von zwei unverbunden nebeneinander verlaufenden Bewegungen – allianzpolitisch über die Westeuropäische Union (WEU) zur NATO-Erweiterung um die Bundesrepublik, europapolitisch dagegen über eine Revitalisierung der wirtschaftlichen Einigungsbestrebungen von der Montan-Union zur Europäischen Wirtschaftsgemeinschaft (EWG) – läßt freilich außer Acht, daß mit dem supranationalen Anlauf über die EVG zwar ein Weg, nicht aber das langfristige Ziel einer umfassenderen als der nur sicherheitspolitischen oder nur wirtschaftlichen Vereinigung Westeuropas aufgegeben worden war.

Vielmehr sollte schon der Herbst 1954 zeigen, daß der militärische Einbau der Bundesrepublik in die westliche Allianz nicht ohne europäische Einkleidung zu haben war. Umgekehrt hatte die wirtschaftliche Einigung mit dem Zusammenbruch des umfassenderen politisch-militärischen Integrationskonzeptes einen Stoß erhalten, dessen Nebenwirkungen an der Jahreswende 1954/55 auch auf die Montan-Union ausstrahlten. Und ein Drittes geht bei einer Betrachtung verloren, die sicherheitspolitische und wirtschaftliche Integration allzusehr auseinanderfallen läßt: die in den europäischen Einigungsbemühungen immer mitbedachte Entschärfung der deutschen Frage. Für sich allein genommen erschienen den politisch Handelnden nämlich weder das atlantische Bündnis noch der wirtschaftliche Zusammenschluß Westeuropas ausreichende Garanten gegen ein Wiedererwachen des deutschen Nationalismus mit seinen möglichen Sprengwirkungen an der Nahtstelle zwischen Ost und West. Gerade die wechselseitige Verschränkung von Allianz- und Europapolitik versprach dagegen deutschlandpolitische Rendite in doppelter Hinsicht. Sie hielt die westdeutsche Dyna-

mik in den kontrollierten Bahnen der westeuropäischen Einigung, ohne diskriminierend auf Bonn zu wirken, und half gleichzeitig über die Werbewirksamkeit des
Europagedankens die offene nationale Wunde der deutschen Teilung zu schließen.

Wenn daher im Folgenden den sicherheits- und deutschlandpolitischen Verstär-
kungswirkungen auf die wirtschaftliche Integration für die Zwischenjahre 1954–1956
nachgespürt wird, so nicht in der Absicht, die bisherige Dominanz ökonomischer
Zugänge vom sicherheitspolitischen Blickwinkel her in Frage zu stellen. Vielmehr soll
lediglich der Versuch unternommen werden, jenes Zusammenspiel der unterschiedlichen Stränge zu rekonstruieren, wie es sich für die Entscheidungsebene der Kabinette
nunmehr auf Aktenbasis in ersten Ansätzen belegen läßt.

In die Übergangsphase vom supranationalen Scheitern in Gestalt der EVG bis zum
konföderalen Erfolg in Gestalt der EWG schalteten sich Sicherheits- und Deutschlandpolitik in drei Schüben ein. (1) Zunächst ging es ab Herbst 1954 darum, mit der
Erweiterung des Brüsseler Paktes von 1948 zur WEU ein Zwischenstück zwischen der
festen deutschen Anbindung an eine Europa-Armee und der freien Verfügbarkeit
Bonns über eine Nationalarmee im Rahmen der NATO zu schaffen. Erhofft wurde
davon, daß die westdeutsche Aufrüstung so kontrolliert wie in der EVG gestaltet und
gleichzeitig die Schubkraft gemeinsamer Sicherheitsinteressen für den Europagedanken
am Leben erhalten werden konnte. (2) Mit den spürbaren Wirkungen der sowjetischen
Entspannungsoffensive auf die Öffentlichkeit in der Bundesrepublik gesellten sich
dazu seit dem Frühjahr 1955 die westlichen Sorgen vor einem nationalen Stimmungs-
umschwung in der Bundesrepublik, wie sie nachdrücklich auf dem Höhepunkt der
österreichischen Staatsvertragsverhandlungen im April/Mai und erneut beim Scheitern
der Genfer Außenministerkonferenz im Herbst 1955 empfunden wurden und deshalb
als europapolitische Stimulanz wirkten. (3) Mit den Plänen um eine einschneidende
Reduzierung der US-Streitkräfte in Westeuropa sollte sich schließlich seit Sommer
1956 zusätzlich europäische Skepsis über die Dauer und Verläßlichkeit des amerikanischen Sicherheitsengagements auf dem alten Kontinent einstellen. Im Verlauf der
Suez-Krise strebte man schließlich eine ausgewogenere Gewichtsverteilung zwischen
dem westeuropäischen und dem transatlantischen Pfeiler der Allianz an und räumte
dafür letzte Hindernisse vor dem Abschluß von EWG- und EURATOM-Vertrag
beiseite.

I.

Das Scheitern der EVG traf die Hauptbeteiligten je nach ihren investierten politischen
Hoffnungen in unterschiedlichem Maße und bestimmte auch ihre künftige Europapolitik bei der sofort einsetzenden Suche nach Alternativen. Eisenhower und Dulles
gestanden sich nicht nur wegen ihres persönlichen Engagements für das EVG-Konzept
einen „schweren Rückschlag" ein[1]. Ein supranational geeintes Westeuropa hätte ihrer
Stabilisierungsstrategie in mehrfacher Weise entsprochen. Eine dauerhafte Bündelung
der westeuropäischen Ressourcen mochte schon mittelfristig die sicherheitspolitische

---

[1] Rede Eisenhowers in Des Moines/Iowa, 30. 8. 1954, zit. nach Sherman Adams, Firsthand Report. The Story
of the Eisenhower Administration, New York 1961, S. 125; vgl. auch die Dulles-Erklärung vom 31. 8. 1954,
in: Keesing's Archiv der Gegenwart (KAG) 1954, S. 4715 D.

Selbsthilfe Westeuropas aktivieren und damit Chancen zur Reduzierung des konventionellen Engagements der USA auf dem Kontinent eröffnen. Über ihre Bindewirkungen ließen sich die nationalstaatlichen Fliehkräfte innerhalb der westlichen Allianz besser unter Kontrolle halten. Ihr erhoffter wirtschaftlicher Erfolg würde schließlich als prosperierendes Schaufenster eine Magnetwirkung auf das osteuropäische Vorfeld des weltpolitischen sowjetischen Rivalen entfalten. Daneben erlaubte sie Nutzung und Kontrolle des westdeutschen Potentials gleichermaßen und legte sich von daher als zusätzliche Klammer um die zentrifugalen Tendenzen in Westeuropa[2].

Aus ähnlichen Gedanken heraus mußte auch Adenauer den 30. August 1954 zumindest für seine Europapolitik als „schwarzen Tag" empfinden[3]. Gerade dieser schlagende Beweis für die mangelnde Handlungsfähigkeit der Westeuropäer mußte in seinen Augen als Verstärker isolationistischer Stimmungslagen in den USA wirken und die immer befürchtete Rückwendung in die „Festung Amerika" beschleunigen. Die jetzt zu erwartende Rückkehr zu nationalstaatlicher Interessenpolitik konnte zudem seine Politik einer langfristigen Anbindung der Bundesrepublik an den Westen von zwei Richtungen her unterhöhlen. Eine Stagnation der europäischen Integration konnte schnell zu enttäuschter Abwendung der Deutschen von Europa und zu verstärkter Rückbesinnung auf ihre ungelöste nationale Frage führen. Dies wiederum bot der Sowjetunion doppelte Gelegenheit zur Erweiterung der westinternen Risse über ein gleichzeitiges Spielen mit der nationalen Karte gegenüber den Westdeutschen und umgekehrt mit den Deutschlandängsten ihrer westeuropäischen Nachbarn[4].

Günstigere Aspekte vermochten dagegen die Briten dem Votum der französischen Nationalversammlung gegen das „sludgy amalgam" abzugewinnen, wie Churchill das ungeliebte supranationale Konstrukt der EVG schon 1950 genannt hatte[5]. In einer engen kontinentalen „Föderation" wie der Montan-Union oder der EVG, so brachte Schatzkanzler Macmillan die britische Europapolitik auf den Punkt, mußten sich insbesondere die wirtschaftlichen Gewichte rasch zu deutscher Dominanz hinneigen, während die jetzt wieder wahrscheinlichere lose „Konföderation" ein austarierendes Mitspielen Londons erlauben würde[6]. Von daher sah das britische Kabinett den militärischen Einbau der Bundesrepublik am besten in einem NATO-Beitritt Bonns unter

---

[2] Vgl. dazu Paul Noack, Das Scheitern der Europäischen Verteidigungsgemeinschaft, Düsseldorf 1977, S. 22–29; John L. Gaddis, Strategies of Containment. A Critical Appraisal of Postwar American National Security Policy, New York 1982, S. 152f.; Stephen E. Ambrose, Die Eisenhower-Administration und die europäische Sicherheit, in: Bruno Thoß, Hans-Erich Volkmann (Hrsg.), Zwischen Kaltem Krieg und Entspannung. Sicherheits- und Deutschlandpolitik der Bundesrepublik im Mächtesystem der Jahre 1953–1956, Boppard/Rh. 1988, S. 25–34.

[3] Tagebuch-Eintrag Heinrich Krones vom 30. 8. 1954, in: Heinrich Krone, Aufzeichnungen zur Deutschland- und Ostpolitik 1954–1969, in: Adenauer-Studien III: Untersuchungen und Dokumente zur Ostpolitik und Biographie, hrsg. v. Rudolf Morsey und Konrad Repgen, Mainz 1974, S. 135; ähnliche Erinnerungen der unmittelbaren Kanzlermitarbeiter bei Herbert Blankenhorn, Verständnis und Verständigung. Blätter eines politischen Tagebuchs 1949–1979, Frankfurt/M. 1980, S. 194f.; Felix v. Eckardt, Ein unordentliches Leben, Düsseldorf 1967, S. 301; zu Adenauers eigener Einschätzung, Konrad Adenauer, Erinnerungen 1953–1955, Stuttgart 1966, S. 298.

[4] Vgl. Noack, Scheitern (Anm. 2), S. 88f.; Hans-Peter Schwarz, Die Ära Adenauer 1949–1957, Stuttgart 1981, S. 246f.; F. Roy Willis, France, Germany, and the New Europe 1945–1963, Stanford 1965, S. 226; Gilbert Ziebura, Die deutsch-französischen Beziehungen seit 1945. Mythen und Realitäten, Pfullingen 1970, S. 79f.

[5] Churchill an Eisenhower, 17. 9. 1954, Foreign Relations of the United States (FRUS) 1952–54, Bd. 5, T. 2, S. 1225.

[6] Harold Macmillan, Tides of Fortune, 1945–1955, London 1969, S. 480.

bestimmten Sicherheitsauflagen, die wirtschaftliche Zusammenarbeit in Europa dagegen besser im weiteren Rahmen der OEEC aufgehoben[7].

Auch in Frankreich hatte mit Mendès France ein europapolitischer Pragmatiker die Verantwortung übernommen, der seinen Kurs unter das Motto „Kein geeintes Europa mit einem gespaltenen Frankreich" stellte[8]. Ähnlich wie der Indochinakrieg von außen hatte aber das EVG-Projekt die französische Nation zusätzlich im Innern gespalten und sie damit von ihrem eigentlichen Ziel, der wirtschaftlichen Revitalisierung des Landes, abgehalten. Gleichzeitig drohte die supranationale Bindung den außen- und sicherheitspolitischen Spielraum Frankreichs als einer unabhängigen Macht im Vergleich zu einem nicht der EVG angehörenden Großbritannien unverhältnismäßig einzuschränken. Sollte eine neue Lösung für eine Allianzerweiterung um die Bundesrepublik daher innenpolitisch auf breiterer Basis vermittelbar sein, dann mußte sie wenigstens drei Voraussetzungen erfüllen: Ihre Bindewirkung mußte lockerer sein als in der EVG, um Gaullisten im Innern und Briten von außen für die Teilnahme zu gewinnen; sie mußte gleichzeitig aber wenigstens noch so viel europäische Substanz beinhalten, daß die proeuropäischen Sozialisten und Volksdemokraten sie weiterhin mittragen würden; und sie mußten schließlich eine ähnlich kontrollierte Aufrüstung der Bundesrepublik garantieren wie im bisherigen EVG-Rahmen[9].

Für die ab Anfang September 1954 eingeleiteten Reparaturmaßnahmen der Schäden aus dem EVG-Debakel zeichnete sich damit europapolitisch gesehen folgende Ausgangslage ab: Aus grundsätzlichen Erwägungen würden Washington und Bonn auch nach dem Scheitern des supranationalen Anlaufs an einer europäisch ausbaufähigen Ersatzlösung interessiert bleiben; aus innen- und sicherheitspolitischem Kalkül würde Paris ebenfalls für eine europäische Anreicherung von Vorschlägen zu einer deutschen Aufrüstung im NATO-Rahmen plädieren; lediglich London würde zunächst versuchen, westliche Allianz- und Europapolitik weitgehend unabhängig voneinander zu halten.

In der Erkenntnis dieser auseinanderdriftenden Interessen hatten sich der britische Botschafter in Paris, Sir Gladwyn Jebb und der französische Senator Maroger schon im Frühjahr 1954 Gedanken über einen „europäischen" Ausweg aus den permanenten Krisen der EVG gemacht, da die EVG offenbar zu supranational, ein direkter Beitritt der Bundesrepublik zur NATO dagegen für die Westeuropäer zu national war. Mit ihrem auf die spätere WEU-Lösung vorausweisenden Vorschlag waren sie dagegen zunächst nirgends durchgedrungen[10]. Erst als in der zweiten Augustwoche mit der Brüsseler Konferenz der letzte Rettungsversuch der EVG gescheitert war, griff Mendès France ihre Idee eines lockeren europäischen Vorschaltstücks, „a little box in the big NATO frame"[11] auf. Dazu sollte der Brüsseler Pakt von 1948 durch Öffnung für Italien und die Bundesrepublik zur WEU erweitert und militärisch eng mit der NATO

---

[7] Vgl. die Bestandsaufnahmen im britischen Kabinett vom 27. 8. und 1. 9. 1954, Public Record Office London (PRO), CAB 128/27, C.C. 57(54) bzw. 58(54).

[8] Pierre Mendès France et le mendèsisme. L'expérience gouvernementale (1954–1955) et sa postérité. Sous la direction de François Bédarida et Jean-Pierre Rioux, Paris 1984, S. 235.

[9] Die beste Übersicht über die innenpolitischen Splitterungen der Vierten Republik nach wie vor im Beitrag von Stanley Hoffmann zu: La querelle de la C.E.D. Sous la direction de Raymond Aron et Daniel Lerner, Paris 1956, S. 59–87.

[10] Vgl. The Memoirs of Lord Gladwyn, London 1972, S. 271ff.

[11] Dillon aus Paris, 24. 8. 1954, FRUS 1952–54, Bd. 5, T. 1, S. 1074.

verzahnt werden. Ohne die Supranationalität der EVG würde sich Großbritannien stärker in die westeuropäische Zusammenarbeit einbinden lassen. Gleichzeitig ließ sich damit ein europapolitisches Signal an die Proeuropäer in Paris, Washington und Bonn setzen. Überdies mochte es auf diesem Weg auch gelingen, die wichtigsten Kontrollinstrumente gegen eine ungebremste westdeutsche Aufrüstung aus der EVG in die WEU hinüberzuretten, ohne die Deutschen einseitig zu diskriminieren[12].

So günstig sich der Gedanke eines erweiterten Brüsseler Pakts auch auf dem weiteren Weg zur sicherheitspolitischen Überwindung der EVG-Krise auswirken würde, europapolitisch belastete er die künftige WEU mit erheblichen Geburtsfehlern. Unter dem Gesichtspunkt militärischer Effizienz der übergeordneten NATO, die keine europäische Konkurrenzorganisation vertrug, waren einem Ausbau der WEU zum europäischen Pfeiler in der westlichen Allianz von Anfang an engste Grenzen gesetzt. Ihre vorrangige Aufgabe als Kontrollorgan gegenüber einem westdeutschen Verteidigungsbeitrag nahm ihr daneben aber auch viel von ihrer europäischen Attraktivität für die Deutschen. Und was zunächst wie ein europäischer Glücksgriff aussah, eine engere Heranziehung Großbritanniens an den Kontinent, sollte sich wegen der unterschiedlichen Europavorstellungen auf der Insel und dem Kontinent schnell als selbsteingebaute Bremse herausstellen.

Dennoch konnte sich Eden, als er sein ursprüngliches Werben um einen direkten NATO-Beitritt der Bundesrepublik aufgab und den europäischen Vorbau eines erweiterten Brüsseler Paktes akzeptierte, bei seiner Rundreise durch die westeuropäischen Hauptstädte erst einmal allgemeiner Zustimmung sicher sein. Insbesondere Adenauer zeigte sich an der europäischen Einkleidung einer westdeutschen Aufrüstung sofort „außerordentlich interessiert", da er bei seiner tiefsitzenden Skepsis gegen künftige nationalistische Anfechtungen der Deutschen eine stärkere als ihre rein militärische Einbindung in den Westen für notwendig hielt[13]. Kritischer blieb dagegen zunächst Dulles bei seiner Europareise Mitte September, da der Brüsseler Pakt „nicht supranational" und deshalb als Ersatz für die EVG vor dem US-Kongreß schwerlich zu vertreten sei[14]. Im State Department hatte zu diesem Zeitpunkt jedoch ebenfalls ein Umdenken begonnen, da sich allzu forciertes amerikanisches Drängen in der Allianz- und Europapolitik schon beim Scheitern der EVG letztlich als kontraproduktiv erwiesen hatte. Deshalb folgte schließlich auch der Außenminister dem Rat seines Planungsstabes, eine von den Westeuropäern selbst gefundene Sicherheitslösung zu akzeptieren und auch die wirtschaftliche Integration künftig eher durch indirekte Ermutigung als durch offenen Druck zu unterstützen[15].

Das französische Memorandum vom 17. September für die Londoner Konferenz und die öffentliche Präsentation seiner Grundzüge vor dem Europarat in Straßburg am

---

[12] Vgl. die Gespräche von Mendès France mit Dillon am 24. 8. und 2. 9. 1954, ebenda, S. 1074 bzw. Bd. 5, T. 2, S. 1134f.

[13] Churchill an Eisenhower über Adenauers Reaktion auf Edens Vorschlag, 14. 9. 1954, FRUS 1952–54, Bd. 5, T. 2, S. 1194; ebenso Sir Anthony Eden, Memoiren, 1945–1957, Köln 1961, S. 185f. und Blankenhorn, Verständnis (Anm. 3), S. 195.

[14] Macmillan, Fortune (Anm. 6), S. 482; vgl. auch Eden, Memoiren (Anm. 13), S. 193–196; Dwight D. Eisenhower, Die Jahre im Weißen Haus 1953–1956, Düsseldorf 1964, S. 443f.; zu den Besprechungen Dulles–Eden in London, Mitte September, FRUS 1952–54, Bd. 5, T. 2, S. 1213–1223.

[15] Memorandum des Policy Planning Staff „US Policy toward Europe – Post EDC", 10. 9. 1954, FRUS 1952–54, Bd. 5, T. 2, S. 1170–1177; zur Übernahme dieser Position durch Dulles: Sitzung des National Security Council, 24. 9. 1954, ebenda, S. 1263–1268.

20. September[16] bestätigten freilich die europäischen Pessimisten. Über eine Erweiterung des Brüsseler Paktes hinaus hatte Mendès France zwar darin als europapolitisches Kernstück den Plan eines westeuropäischen Rüstungspools mit weitgehenden supranationalen Befugnissen zur Ausarbeitung gemeinsamer Herstellungsprogramme, für die Lenkung und Kontrolle der Produktion und die Zuteilung von Rüstungsgütern an die einzelnen Partnerstaaten untergebracht. Doch das vorrangige Kontrollanliegen dahinter sprang zu offensichtlich ins Auge, als daß davon integrationistische Werbewirkung ausgehen konnte. Für die Proeuropäer fiel das französische Programm schlicht enttäuschend aus; auf deutscher Seite empfand man es sogar als diskriminierend. Im State Department zeigte man sich zudem alarmiert über Umfang und Perfektionismus des Programms und die Gefahr einer militärischen Konkurrenzorganisation in Gestalt der WEU innerhalb der NATO. Am maßvollsten fielen immer noch die britischen Reaktionen aus, was allerdings nicht verwunderlich war, da Mendès France doch gegen zu erwartenden Widerstand aus London klarstellte, daß die geforderten Rüstungskontrollen „nur auf die kontinentalen Staaten angewandt und nicht auf Großbritannien ausgedehnt würden"[17].

Auf der Londoner Konferenz stieß Frankreich mit seinem Plan eines Rüstungspools jedenfalls auf den geballten Widerstand seiner Partner. Vor allem die Benelux-Staaten sperrten sich mit dem Verdacht, Paris wolle damit lediglich den Aufbau einer westdeutschen Rüstungsindustrie verhindern und den Löwenanteil der anfallenden Produktion für die eigene Wirtschaft sichern[18]. Auch ein direkter Versuch zur Einigung mit den Deutschen lief ins Leere, obwohl Mendès France ihnen gegenüber die Kontrollaspekte völlig in den Hintergrund treten ließ und vor allem auf die integrationistische Schubkraft seines Vorschlages abhob. Die deutsche Seite erkannte darin zwar „zweifellos interessante Seiten", wich aber wegen der diskriminierenden Bestimmungen für die Bundesrepublik mit dem Argument aus, weder werde Großbritannien den Widerstand gegen die Supranationalität eines derartigen Projekts aufgeben, noch ließen sich die USA die im französischen Plan angestrebte Verteilung ihrer Militärhilfe für Westeuropa durch die WEU vorschreiben[19]. Wollte er die Konferenz nicht platzen lassen, dann blieb Mendès France mithin nur die Wahl, auf den Kompromißvorschlag seiner Partner einzugehen, den Grundsatz westeuropäischer Rüstungskooperation zwar jetzt zu akzeptieren, die Details seines Planes aber erst später in einer Arbeitsgruppe der WEU inhaltlich zu verhandeln[20].

Die Londoner Schlußakte stellte schließlich insbesondere Adenauer zufrieden, da sie seine allianz- und europapolitischen Ziele gleichermaßen voranbrachte. Gleichberechtigte NATO-Mitgliedschaft sowie eine europäisch ausbaufähige WEU unter voller

[16] Das französische Memorandum ist als Konferenzdokument NPC (54)1 abgedruckt ebenda, S. 1332ff.; zur Rede in Straßburg: Europa-Archiv 9 (1954), S. 7038.
[17] Berichte über die Reaktionen auf die Rede von Mendès France: US-Konsul aus Straßburg, 22. 9. 1954, FRUS 1952–54, Bd. 6, T. 1, S. 403f. (Alle Übers. v. Verf.); Rundtelegramm des State Department, 23. 9. 1954, ebenda, S. 1245f. sowie Eden im britischen Kabinett, 21. 9. 1954, PRO CAB 128/27, C.C. 61(54).
[18] Berichte zum Gespräch von Mendès France mit Dulles am 29. 9. 1954, FRUS 1952–54, Bd. 5, T. 2, S. 1309 bzw. 1467.
[19] Aufzeichnung über die Gespräche zwischen deutscher und französischer Delegation am 29. 9. 1954, Politisches Archiv Auswärtiges Amt Bonn (PA AA), Akten Büro Staatssekretär.
[20] Zu den Auseinandersetzungen um diesen Kompromiß: Aufzeichnungen der US-Delegation über die 9. bis 13. Plenumsitzung der Londoner Neunmächtekonferenz, 2. 10. 1954, FRUS 1952–54, Bd. 5, T. 2. S, 1324–1328.

· Mitarbeit Großbritanniens und mit weiteren Interessenten (Norwegen, Dänemark, Türkei) vor der Tür boten seiner Westpolitik starke Pfeiler für die Zukunft[21]. Weniger Zustimmung erntete da schon der eigentliche Initiator einer Erweiterung des Brüsseler Paktes. Mendès France mußte sich in seiner Nationalversammlung von den Bänken der Europäer ein „Zu wenig" entgegenhalten lassen. Erst ein Forderungenkatalog seines ehemaligen Ministers Bourgès-Maunoury rettete die Londoner Schlußakte Mitte Oktober über die parlamentarischen Hürden in Paris, band die französische Verhandlungsführung für die kommenden Pariser Konferenzen aber auch einschneidend. Danach würde die Nationalversammlung einen westdeutschen NATO-Beitritt nur unter drei Zusatzbedingungen mittragen: (1) einer definitiven „Europäisierung" der Saar, (2) einem WEU-Rüstungspool mit der Kompetenz zur Verteilung der US-Militärhilfe für Westeuropa und (3) einem eigenen parlamentarischen Organ der WEU[22].

Daß der Weg dahin außerordentlich schwierig sein würde, bekam Mendès France indes schon auf der Expertenebene bei der Vorbereitung der Pariser Konferenz zu spüren. Die Deutschen verhielten sich französischen Vorfühlern gegenüber reserviert, die für eine engere deutsch-französische Rüstungskooperation als Nukleus eines künftigen Rüstungspools warben. Dabei gingen die Auffassungen in der Bundesregierung auseinander. Während die „Integrationisten" im Auswärtigen Amt um Prof. Ophüls die supranationalen Entwicklungsmöglichkeiten einer Rüstungsgemeinschaft auszuloten bereit waren, blickten Dienststelle Blank und Wirtschaftsministerium skeptisch auf die kaum verhüllten Kontrollabsichten im französischen Plan. Militärisch drohte das Konstrukt nur zu einer Konkurrenz für bereits vorhandene NATO-Organe zu werden, die einem zügigen und effizienten Aufbau westdeutscher Streitkräfte hemmend im Wege stand. Zudem bereiteten Erhard die mit deutschem Wirtschaftsdenken schwer zu vereinbarenden dirigistischen Elemente und die Kontrollkomponenten mit ihren Möglichkeiten zu Restriktionen und Wirtschaftsspionage[23] Sorgen. Gerade der „einsame Entschluß" des Bundeskanzlers in London zum ABC-Waffenverzicht ohne Berücksichtigung seiner Weiterungen speziell für die chemische Industrie, wo sich militärische und zivile Nutzung nur schwer auseinanderhalten ließen, hatte die Sensibilität seiner Mitarbeiter gegenüber solchen Gefahren erhöht.

Derartige Sorgen vor wirtschaftlich-militärischer Konzessionsbereitschaft zugunsten europapolitischer Entwicklungsmöglichkeiten erwiesen sich indes auf den Pariser Konferenzen von Ende Oktober schnell als übertrieben. Durch ihre enge militärisch-organisatorische Verklammerung mit der übergeordneten NATO und ihre Aufgabenbegrenzung auf den Rüstungskontrollsektor blieb die WEU auf ihre Grundfunktion

---

[21] Gespräch Adenauers mit der Presse, 5. 10. 1954, in: Adenauer, Teegespräche 1950–1954, bearb. v. Hanns Jürgen Küsters, Berlin 1984 (= Adenauer. Rhöndorfer Ausgabe, hrsg. v. Rudolf Morsey und Hans-Peter Schwarz), S. 554f.; ähnlich sein Bericht vor dem Bundesparteivorstand der CDU, 11. 10. 1954, Archiv für Christlich-Demokratische Politik St. Augustin, VII-001-003/5, S. 14f.

[22] KAG 1954, S. 4793 A; vgl. auch Gespräch von Mendès France mit Dillon, 13. 10. 1954, FRUS 1952–54, Bd. 5, T. 2, S. 1387ff

[23] Zu den französischen Vorstößen für bilaterale deutsch-französische Rüstungsvereinbarungen und den Bedenken in der Dienststelle Blank wie im Wirtschaftsministerium konnte der Autor für das Forschungsprojekt des Militärgeschichtlichen Forschungsamtes „Anfänge westdeutscher Sicherheitspolitik 1945–1956" im Politischen Archiv des Auswärtigen Amtes Akten einsehen, die der Forschung noch nicht allgemein zugänglich sind. Eine nähere Zitierung ist daher nicht möglich; der Autor verbürgt sich aber für die Richtigkeit der Angaben.

beschränkt, einen europäisch kontrollierten Beitritt der Bundesrepublik zur westlichen
Allianz zu ermöglichen. Nicht einmal eine europäische Verzahnung über einen jährlichen Tätigkeitsbericht der WEU vor der Montan-Union, wie dies von Italien vorgeschlagen und von Adenauer unterstützt wurde, ließ sich durchsetzen, da Großbritannien nur Mitglied einer der beiden Organisationen war[24]. Schließlich scheiterte auch
ein erneuter Vorstoß von Mendès France für eine frühzeitige WEU-Konferenz über
seinen Rüstungspoolplan schon für Anfang Dezember, um ihn noch vor Ratifizierung
der Pariser Verträge in der französischen Nationalversammlung unter entsprechendem
Kompromißdruck verhandeln zu können. Frankreichs Partner sahen darin vor allem
die Gefahr eines neuen Junktims zwischen französischer Ratifizierung der Westverträge und westeuropäischer Akzeptanz des Pariser Projekts einer Rüstungsgemeinschaft. Der französische Regierungschef mußte sich deshalb in doppelter Hinsicht
bescheiden: sein Plan würde erst nach den Debatten in der Nationalversammlung ab
Mitte Januar 1955 zur Verhandlung kommen und außerdem nicht auf WEU-Minister-
ebene, sondern lediglich auf Arbeitsgruppenebene diskutiert werden[25].

Wie begrenzt die europapolitischen Möglichkeiten der WEU tatsächlich waren,
sollte sich im übrigen bereits im Interimsausschuß zeigen, der als Übergangsorgan des
Brüsseler Paktes die organisatorischen Vorarbeiten für die WEU bis zum Inkrafttreten
der Pariser Verträge vom Herbst 1954 bis Anfang Mai 1955 zu leisten hatte. Das
Hauptproblem lag darin, für die WEU einen eigenständigen Platz zwischen der sicherheitspolitisch übergeordneten NATO und den europapolitisch bereits existierenden
Organisationen von Montan-Union und OEEC zu finden. Dabei traten sofort wieder
die alten Bruchlinien unterschiedlicher Europakonzepte zutage. London plädierte mit
Blick auf NATO und OEEC für eine Aufgabenbegrenzung der WEU, Paris suchte sie
umgekehrt militärisch und kontrollpolitisch zu erweitern und Bonn fand sich zusammen mit den übrigen Partnerstaaten in dem Dilemma, daß man aus europäischer Sicht
an einer Aktivierung, aus allianz- und kontrollpolitischer Reserve aber an einer Dämp-
fung ihrer Tätigkeit interessiert war[26].

Am schärfsten zeigte sich dieses Auseinanderklaffen in der Frage eigener militärischer Aufgabenstellungen für die WEU. Die vom Interimsausschuß am 6. November
1954 aufgeworfene Frage, „ob eine besondere militärische Organisation (der WEU; d.
V.) erforderlich ist", stieß bereits im Ausschuß selbst auf mehrheitliche Ablehnung.
Beim Außenministertreffen der künftigen WEU-Staaten am 18. Dezember 1954 in
Paris griff Mendès France den Gedanken daher zwar noch einmal auf, da der WEU
doch schließlich mit der Festlegung der Streitkräfteobergrenzen und der Rüstungskontrolle eigene Aufgaben zufielen. Um jeden Anschein einer die NATO schädigenden
Doppelorganisation zu vermeiden, folgten ihm seine Kollegen jedoch nur in einen
bescheideneren Kompromiß. Danach sollten militärische Fragen von genuin westeuro-
päischem Zuschnitt erforderlichenfalls in Ad-hoc-Beratungen ohne permanente Einrichtung eines eigenen Militärapparates verhandelt werden. Eigenständigkeit bewies
der Interimsausschuß lediglich in der Frage des künftigen Verhältnisses der WEU zu
den USA, deren Beobachter nicht grundsätzlich an seinen wie den späteren Sitzungen

---

[24] Sitzung der Neunmächtekonferenz in Paris am 21. 10. 1954, FRUS 1952–54, Bd. 5, T. 2, S. 1412.
[25] Frz. Vorschlag, 21. 9. und endgültige Resolution, 22. 9. 1954, ebenda, S. 1416f. bzw. 1429.
[26] Sitzungen des Interimsausschusses vom 6., 20. und 22. 11. 1954, Bundesarchiv-Militärarchiv (BA-MA) BW
2/584.

des WEU-Rates teilnehmen, sondern nur von Fall zu Fall zugeladen werden sollten, wenn US-Interessen tangiert waren[27]. Noch glaubte Mendès France freilich, mit den ab 17. Januar 1955 angesetzten Verhandlungen über einen Rüstungspool ein Eisen für die Stärkung des westeuropäischen Unterbündnisses innerhalb der NATO im Feuer zu haben. Gegen sein Projekt stand jedoch nach wie vor die stabile Front seiner Kritiker, die dahinter entweder eine Gelegenheit zur Wiederaufnahme der französischen Verzögerungstaktik gegen eine Ratifizierung der Pariser Verträge wie zu EVG-Zeiten witterten oder zumindest den Versuch, der französischen Industrie überproportionale Vorteile zu verschaffen. Die Taktik des französischen Regierungschefs ging deshalb dahin, an das mehrfach artikulierte Interesse Adenauers an europäischen Fortschritten[28] anzuknüpfen. In Bonn hatten sich unterdessen aber die Skeptiker aus dem Wirtschaftsministerium und der Dienststelle Blank mit Erhard als gewichtigem Sprecher zusammengefunden. Der Wirtschaftsminister hatte schon unmittelbar nach den Pariser Konferenzen zwar generelle Bereitschaft zu einem Ausloten des französischen Plans signalisiert, gleichzeitig seinen Kanzler aber davor gewarnt, „daß der Vorschlag voller wirtschaftlicher Probleme steckt"[29]. Indirekte Schützenhilfe erhielten die deutschen Kritiker vor allem auch von Gegenströmungen in Frankreich selbst. Auch hier standen Wirtschaftsfachleute und militärische Führung nur bedingt hinter einem Programm, das die eigene rüstungswirtschaftliche Bewegungsfreiheit ja ebenfalls einschränken mußte[30].

Mit seinem Memorandum vom 3. Januar 1955 als Grundlage für die zum 17. des Monats einzuberufende Arbeitsgruppe „Rüstungsproduktion und -standardisierung" der WEU-Staaten suchte Mendès France die allgemeine Kritik auf drei Ebenen aufzufangen. Zunächst einmal kleidete er die Kontrollaspekte stärker europapolitisch ein. Daneben streckte er den Zeitplan für das Ingangkommen einer westeuropäischen Rüstungsgemeinschaft. Danach sollte in einer Übergangsphase (régime provisoire) ein lockeres Netz zwei- und mehrseitiger Rüstungsabkommen zwischen interessierten WEU-Staaten geknüpft werden, das erst zu einem späteren Zeitpunkt nach einer angemessenen Gewöhnungsphase mit einer supranationalen Dachorganisation (régime définitif) überspannt werden sollte. Um britischem Störfeuer vorzubeugen, sollte das ganze Projekt schließlich auf den westeuropäischen Kontinent beschränkt bleiben[31].

Dennoch ging das französische Memorandum vom Januar 1955 mit seinen dirigistischen Elementen noch weit über die früheren Befürchtungen der Partnerstaaten hinaus. Der WEU-Rüstungsgemeinschaft sollte letztlich die gesamte Bedarfsermittlung, Koordinierung und Überwachung für alle nationalen Rüstungsprogramme obliegen. Noch vor Beginn der eigentlichen Verhandlungen in Paris erntete das französische Konzept daher überwiegend Ablehnung. Bereitschaft war bestenfalls zu einer lockeren

[27] Fragebogen des Generalsekretärs „Von der Interimskommission zu bearbeitende Fragen", 6. 11., sein Bericht über die Außenministersitzung vom 18. 12., sowie Memorandum des US-Botschafters in London, 29. 11. und Antwort des Generalsekretärs, 22. 12. 1954, ebenda.

[28] So insbesondere in seinem Teegespräch mit Journalisten nach der Konferenz von London, Adenauer, Teegespräche 1950–1954 (Anm. 21), S. 544f. (5. 10.).

[29] Erhard an Adenauer, 25. 10. 1954, Bundesarchiv-Zwischenarchiv St. Augustin, B 136/2111.

[30] Aktennotiz von Oberst a. D. Hükelheim über seine Unterredung mit dem militärischen Beauftragten für die Vorbereitung der Rüstungspoolverhandlungen, Colonel Meyer in Paris, 20. 11. 1954, BA-MA BW 9/987, Bl. 1–5.

[31] Das frz. Memorandum ist auszugsweise abgedr. in: KAG 1955, S. 4951A.

Zusammenarbeit auf freiwilliger Basis – die erste Stufe des französischen Konzepts – zu erkennen. Wie sehr der Initiator selbst an der Durchsetzbarkeit seines eigentlichen supranationalen Endzieles zweifelte, machte Mendès France im übrigen mit seiner Bitte an London deutlich, ihm bei den kommenden Verhandlungen doch zumindest „leichte Fortschritte" zu ermöglichen, die sich für die zweite Ratifizierungshürde der Pariser Verträge im französischen Senat verwenden ließen[32]. Die Gewichte verschoben sich indes noch in der ersten Januarwoche weiter zuungunsten des französischen Planes. In Bonn mußte der „Integrationist" Ophüls aus dem Auswärtigen Amt den Platz als Delegationsleiter bei den Rüstungspoolverhandlungen für Erhard freimachen, der sich für seine abwehrende Linie Unterstützung in getrennten Gesprächen mit dem BDI und dem DGB gegen zusätzliche französische Eingriffsmöglichkeiten in die deutsche Wirtschaft gesichert hatte[33]. Mit einer Doppelreise nach Rom am 12./13. und nach Baden-Baden am 14. Januar 1955 versuchte parallel dazu allerdings auch Mendès France noch einmal in direkten Regierungsgesprächen für sein Projekt zu werben. Ein Artikel im „Combat", der als amtlich inspiriert eingeschätzt wurde, sorgte dabei in London und den Benelux-Hauptstädten für Aufregung, da er als Ziel der Gespräche eine „Dreier-Organisation" von Frankreich, Italien und der Bundesrepublik als rüstungspolitischen Gravitationskern in Westeuropa erkennen ließ[34].

Die Ergebnisse von Rom und Baden-Baden rechtfertigten jedoch diese Befürchtungen nicht. Wohl zeigte die italienische Regierung generelles Interesse an den europäischen Möglichkeiten eines Rüstungspools. Bei parallelen Kontakten italienischer und französischer Wirtschaftsfachleute überwog dagegen ähnlich wie in westdeutschen Wirtschaftskreisen die Abneigung gegen die dirigistischen Instrumentarien im französischen Projekt[35]. Ein ähnlich weiches Abfedern bestimmte auch die Begegnung mit Adenauer und Erhard in Baden-Baden. Ein grundsätzliches Ja zum Gedanken westeuropäischer Rüstungskooperation konnte nicht darüber hinwegtäuschen, daß auch Bonn unverändert ablehnend gegen das supranationale Rüstungskontrollgebäude blieb und an seinem Konzept freiwilliger Zusammenarbeit unter fortdauernder nationaler Verantwortung festhielt. Überdies hatte die deutsche Seite schon früh den Eindruck, daß Mendès France selbst nicht mit letztem Nachdruck hinter seinem Plan stand, vielmehr aus innenpolitischen Gründen stärker am Zustandekommen der am 17. Januar beginnenden Verhandlungen überhaupt als an ihren erzielten Resultaten interessiert war[36].

Das Schicksal des französischen Planes zeichnete sich denn auch bereits in der ersten Sitzungsrunde der AG Rüstungsproduktion und -standardisierung vom 17. bis 21.

[32] Jebb aus Paris, 4. 1. 1955, PRO FO 371/118 195/WG 1071/3; zu den Reaktionen in London und den Benelux-Staaten: Deutsche diplomatische Berichte zwischen 8. und 16. 1. 1955, Akten PA AA; zur deutschen Position: Tgb Dienststelle Blank, 10. und 12. 1. 1955, BA-MA BW 9/2527-11, Bl. 355f.
[33] Antrag Erhards auf Leitung der Delegation an Adenauer, 31. 12. 1954 und Antwort des Bundeskanzlers, 14. 1. 1955, PA AA, Akten Büro Staatssekretär (BStS); zur Kommentierung dieser bereits vorher bekanntgewordenen Kanzlerentscheidung: Handelsblatt vom 7. 1. 1955 „Erhard führt die Pariser Delegation"; zu den Besprechungen Erhards mit dem BDI, 6. 1. und dem DGB, 8. 1. 1955: BA-MA BW 9/987, Bl. 24f. bzw. 33f.
[34] Etzdorf aus Paris, 7. 1. 1955, PA AA, BStS.
[35] Clarke aus Rom, 15. 1. und Jebb aus Paris, 16. bzw. 17. 1. 1955, PRO FO 371/118 196/WG 1071/48 und 50 bzw. 118 197/WG 1071/78 sowie v. Brentano aus Rom, 12. 1. 1955, PA AA, BStS.
[36] Kurzprotokoll der Besprechung Erhards mit Mendès France in Baden-Baden am 14. 1. 1955, PA AA, BStS.; vgl. auch die Berichte aus Bonn und Paris, 17. 1. 1955, PRO FO 371/118 197/WG 1071/50 bzw. 60.

Januar 1955 in Paris ab[37]. Von Anfang an standen sich das supranationale Projekt des französischen Delegationsleiters Parodi und der vor allem von Erhard betonte Gedanke strikter Freiwilligkeit in der westeuropäischen Rüstungskooperation gegenüber. Bei der festgefügten Front aller übrigen Teilnehmer gegen den Kern der französischen Vorschläge konnte es über den Ausgang der Verhandlungen bald kaum noch Zweifel geben. Eine strikte direkte Ablehnung vermied man allerdings aus zwei Gründen: Sie hätte die Fortsetzung des Ratifizierungsprozesses für die Westverträge im französischen Senat belastet und dadurch die Regierung in Paris möglicherweise doch noch zu einer Art Junktim zwischen Vertragsratifizierung und Fortschritten in der Rüstungspoolfrage veranlaßt.

Die Pariser Arbeitsgruppe trat somit von Ende Januar bis Ende März in den substantiellen politischen Fragen auf der Stelle und verlagerte ihre eigentliche Arbeit deshalb auf untergeordnete Detailfragen in zwei Unterausschüssen. Die lange Regierungskrise in Paris im Februar tat ein übriges zur Verlangsamung des Verhandlungstempos. Tatsächlich ging es fast nur noch darum, die Ratifizierungsdebatten im französischen Senat ohne negative Einwirkungen aus den Rüstungspoolgesprächen vorankommen zu lassen. In der Zwischenzeit verschob sich das französische Interesse aus Einsicht in die Chancenlosigkeit des Gesamtprojekts immer stärker auf die Ebene künftiger deutsch-französischer Rüstungskooperation. Nach der Zustimmung des Senats zu den Pariser Verträgen kam deshalb in der Pariser Arbeitsgruppe schon Anfang April ein britischer Kompromißvorschlag zum Tragen. Dem französischen Wunsch nach einer festen Organisationsform wurde durch einen WEU-Ausschuß für Rüstungsfragen mit einem ständigen Sekretariat und einem der stellvertretenden WEU-Generalsekretäre als Leiter Rechnung getragen. Der Ausschuß sollte indes nur in engster Abstimmung mit entsprechenden NATO-Organen arbeiten und außerdem ohne supranationale Kompetenzen allein der freiwilligen Rüstungskooperation zwischen einzelnen WEU-Staaten dienen[38].

Die Untauglichkeit der WEU als europäischer Integrationsmotor wird dabei anhand einer Gegenüberstellung von Adenauers ursprünglichen Hoffnungen unmittelbar nach den Pariser Konferenzen und Hallsteins Gedankenaustausch mit dem Wirtschaftsministerium über eine Aktivierung der Europapolitik von Ende März 1955 besonders greifbar. Hatte der Kanzler trotz der bekannten Abneigung der Briten gegen kontinentale Europavorstellungen gerade in der WEU einen „Eckstein und Hauptstützpfeiler" für die Revitalisierung des Europagedankens nach seinem EVG-Rückschlag gesehen, so gestand sich Hallstein nach den zurückliegenden Erfahrungen nunmehr ein, daß der „Prozeß der Desintegration ins Nationale" gerade auf sicherheitspolitischem Felde inzwischen zu weit fortgeschritten war. Da für ihn wie für seinen Kanzler aber die Notwendigkeit zu langfristiger politischer Integration Westeuropas mit den Wirkungen der sowjetischen Entspannungsoffensive unterdessen eher noch gewachsen war, stellte sich die Bundesregierung schon im Frühjahr 1955 voll hinter den von den

---

[37] Protokoll der Plenumssitzungen, 17.–21. 1. 1955, BA-MA BW 9/987, Bl. 41–129.
[38] Vorlage des britischen Kompromißvorschlags im Organisationsausschuß der Pariser Rüstungspoolverhandlungen am 24. 3., akzeptiert am 31. 3. und in den Mantelbericht für den WEU-Ministerrat aufgenommen am 28. 4. 1955, ebenda, Bl. 75–78, 92–95 und BW 9/832.

Benelux-Staaten favorisierten Plan einer Neubelebung der wirtschaftlichen Integration
über die Montan-Union[39].

II.

Mit seinen Sorgen vor einem Zusammenspiel von westpolitischer Enttäuschung und
ostpolitischer Versuchung in der westdeutschen Öffentlichkeit traf der Kanzler korre-
spondierende Befürchtungen seiner westlichen Partner. Seit der TASS-Erklärung vom
15. Januar 1955 mit ihrem Angebot freier gesamtdeutscher Wahlen im Gegenzug zu
einer Bonner Ablehnung der Pariser Verträge zeigte man sich bei den Westmächten, in
diesem Falle allen voran in London, zunehmend alarmiert über Stimmungsschwan-
kungen in der Bundesrepublik. Insbesondere in der sogenannten Paulskirchen-Bewegung schien sich eine unheilige Allianz aus Nationalisten, Neutralisten und Pazifisten
zusammenzufinden, die bei weiterer Stagnation der westlichen Einigungspolitik und
psychologisch geschickten Deutschland- und Entspannungsangeboten der Sowjetunion nur zu rasch weiteren Zulauf erhalten konnte. Analysen der amerikanischen und
britischen Hochkommissionen registrierten zwar immer noch eine insgesamt günstige
Stimmungslage für den Westen, resultierend aus allgemeiner Westorientierung, konkreten Europahoffnungen und tiefsitzender Russenfurcht[40]. Ständige Verzögerungen
beim Ratifizierungsprozeß in Frankreich und europapolitische Ernüchterung über
mangelnde Fortschritte in Montan-Union und WEU konnten die Stimmung indes
schon in den nächsten Wochen und Monaten gefährlich umschlagen lassen.

Die Alarmnachrichten in den westlichen Hauptstädten häuften sich, als Molotov in
seiner außenpolitischen Rede vom 8. Februar nunmehr auch in der Österreichfrage
initiativ wurde, während eine dreiwöchige Regierungskrise in Frankreich weitere Verzögerungen bei der Ratifizierung der Westverträge befürchten ließ. Der Hebelpunkt
Österreich war für eine Offensive der sowjetischen Außenpolitik geradezu ideal
gewählt. Die Westmächte hatten den Abschluß eines österreichischen Staatsvertrages
seit der Berliner Außenministerkonferenz vom Februar 1954 immer wieder zum
Beweisstück für die Ernsthaftigkeit des sowjetischen Entspannungswillens erhoben.
Sie konnten sich daher essentiellen Angeboten Moskaus nicht mehr durch ein dilatori-
sches Taktieren bei künftigen Staatsvertragsverhandlungen entziehen. Erfolge in Wien
würden andererseits aber Wasser auf die Mühlen derer leiten, die in Paris und Bonn
ein Ausloten der sowjetischen Entspannungsinitiativen insgesamt empfahlen und deshalb für ein zumindest zeitweiliges Anhalten des Ratifizierungsprozesses für die Westverträge plädierten.

Das problemgeladene Zusammenspiel von Ost- und Westpolitik in der Bundesrepublik kumulierte Mitte April, als die bilateralen sowjetisch-österreichischen Verhandlungen in Moskau erfolgreich abgeschlossen werden konnten, während sich in Paris
mit dem Abschluß eines französisch-saarländischen Wirtschaftsvertrages als Vorbedin-

[39] Adenauer, Teegespräche 1950–1954 (Anm. 21), S. 544 (5. 10. 1954) und Hallsteins Analyse von Ende März,
    Akten PA AA. Zur Unterstützung des Beyen-Plans durch Bonn vgl. Herbert Müller-Roschach, Die
    deutsche Europapolitik 1949–1977, Bonn 1980, S. 54.
[40] Ausführliche Analysen der Paulskirchen-Bewegung durch US-HICOG, 4. und 11. 2. 1955, National Archi-
    ves Washington (NA), RG 59, 762.5/2-455 bzw. 762.00/2-1155, sowie durch Hoyer Millar, 14. 2. 1955,
    PRO FO 371/118 248/WG 1074/15.

gung für die französische Hinterlegung der Vertragsurkunden eine neue Hürde vor dem Inkraftsetzen der Westverträge aufbaute. Für die westdeutsche Öffentlichkeit zeichneten sich damit die deutschlandpolitischen Kosten von Adenauers Politik der Westorientierung in der Saarfrage unübersehbar ab, ohne daß ihr Nutzen bei der Rückgewinnung der Souveränität bereits greifbar geworden wäre. Ausgelöst durch eine Serie von Leitartikeln in der „Frankfurter Allgemeinen Zeitung" schien sich für westliche Beobachter zeitweilig eine breite Front deutschlandpolitischer Kritiker gegen den Bundeskanzler zusammenzufinden, deren Diskussionen um die Vergleichbarkeit des „Modellfalls Österreich" mit der Wiedervereinigungsfrage in Deutschland kreisten[41].

In den westlichen Außenministerien lösten derartige Beobachtungen wachsende Beunruhigung aus. Exemplarisch mag dies ein Gedankenaustausch des britischen Geschäftsträgers in Paris mit einem leitenden Beamten des Quai d'Orsay verdeutlichen. In Österreich werde den Westdeutschen ein „künstlich neutralisiertes Paradies" vor die Haustür gestellt, um Bonn permanent an die eigene erfolglose Wiedervereinigungspolitik im Verbund mit der westlichen Allianz zu erinnern. Noch garantiere zwar die Person Adenauers die Berechenbarkeit der deutschen Politik, nach seinem Abgang müsse man aber eine „rapide Desintegration Westdeutschlands" aus dem westlichen Lager befürchten, da die steigende national-neutralistische Strömung in der Bundesrepublik schon bald die Schuld für die deutsche Teilung vorzugsweise bei den Westmächten und ihrer Wiederbewaffnungspolitik suchen werde. Für die unmittelbare Zukunft komme daher alles darauf an, „eine außerordentliche Anstrengung zu unternehmen, um die Westdeutschen auf unserer Seite zu halten". Eine Möglichkeit dafür zeichnete sich nach Einschätzung des französischen Diplomaten über eine Intensivierung der Europapolitik ab. Nur geriet man hier sofort in ein neues Dilemma, da sich als natürlicher Ansatzpunkt zwar eine „Neubelebung des Europa der Sechs" anbot, die sich aber andererseits mit den Vorstellungen des eben über die WEU hinzugetretenen Partners Großbritannien stieß[42].

Wohl konnte man nach den Landtagswahlen in Niedersachsen vom 24. April den unmittelbaren Rückwirkungen der Österreichlösung auf die westdeutsche Öffentlichkeit erst einmal etwas gelassener entgegensehen. Einmal mehr hatte sich nämlich in einem besonders schwierigen Bundesland für den Kanzler gezeigt, wie vergleichsweise gering der Einfluß außenpolitischer Fragestellungen auf das Wahlverhalten in der Bundesrepublik war[43]. Das verschaffte den Westmächten jedoch nur eine kurze Atempause, da Adenauers Deutschlandpolitik in der zweiten Jahreshälfte 1955 in doppelter Weise auf den internationalen Prüfstand kam. Auf den Viermächtekonferenzen in Genf mußte sich im Sommer und Herbst nämlich zeigen, wie tragfähig die westliche Deutschlandstrategie war, die erfolgreiche Verhandlungen mit der Sowjetunion erst aus einer Position eigener Einheit und Stärke heraus führen zu können glaubte. Blieb dieser Strategie aber der greifbare Erfolg versagt – und darauf deutete

[41] Zum Durchschlagen der Österreichfrage auf die westdeutsche Stimmung im Frühjahr 1955 vgl. Bruno Thoß, Modellfall Österreich? Der österreichische Staatsvertrag und die deutsche Frage 1954/55, in: Thoß, Volkmann, Zwischen Kaltem Krieg und Entspannung (Anm. 2), S. 93–136.
[42] Gespräch des britischen Geschäftsträgers Reilly mit Soutou, 16. 4. 1955, PRO FO 371/117 790/RR 1071/179.
[43] Vgl. den Leitartikel von Paul Sethe, Zwei Sieger, in: Frankfurter Allgemeine Zeitung, 26. 4. 1955.

schon im Sommer 1955 die Betonung der Zwei-Staaten-Theorie in der Deutschlandpolitik der Sowjetunion als Antwort auf den NATO-Beitritt der Bundesrepublik hin –,
dann zog mit der sowjetischen Einladung an Adenauer zu einem Moskaubesuch
langfristig die Gefahr bilateraler Eigenwege Bonns in der Verfolgung seiner nationalen
Ziele herauf. Eden hatte die Probleme der bevorstehenden Ost-West-Gespräche in
einer eingehenden Analyse schon Ende März auf den Punkt gebracht. Zwar sei der
Status quo in Mitteleuropa „nicht ohne Vorteile für uns alle, sogar für die Sowjetunion", nur biete ein Offenhalten der deutschen Wunde den Sowjets einen zusätzlichen Nutzen als Hebelpunkt gegen die westliche Allianz: „Sie haben die deutsche
Einheit zu jedem Zeitpunkt verfügbar und können sie, wenn sie wollen, den Deutschen schon morgen zu verlockenden Bedingungen anbieten."[44]

Der neue britische Außenminister Macmillan zog aus dieser Analyse und den Stim-
mungsschwankungen in der Bundesrepublik ähnlich wie das Quai d'Orsay den
Schluß, daß man die Deutschen so eng wie möglich an Westeuropa binden mußte,
bevor in Bonn „irgendein Wandel in der Politik oder der Führung" eintrat[45]. Dazu
war eine westliche Gegenstrategie gegen ostpolitische Versuchungen der Bundesrepublik in zweifacher Richtung notwendig. In den Genfer Viermächtegesprächen mußten
die Westmächte ihren ernsthaften Willen zu Verhandlungen mit der Sowjetunion über
die deutsche Frage dokumentieren, um aus der undankbaren Rolle des reinen Reagie-
rens auf sowjetische Initiativen herauszukommen. Da die Aussichten für ein deutschlandpolitisches Nachgeben Moskaus jedoch nicht sonderlich günstig standen, mußte
zugleich frühzeitig ein europapolitisches Auffangnetz für voraussehbare nationale Frustrationen der Westdeutschen aufgespannt werden. Dem ersten Ziel diente die westliche Einladung zum Genfer Gipfel an Moskau unmittelbar nach dem Beitritt der
Bundesrepublik zur NATO im Mai 1955; für eine Revitalisierung der Europapolitik
übernahm daneben der holländische Außenminister Beyen mit seinem Plan eines
Vorantreibens der wirtschaftlichen Integration Westeuropas schon im April 1955 die
Initiative.

Die im Frühjahr 1955 eingeleitete „relance européenne" stieß freilich von Beginn an
auf zwei Schwierigkeiten: auf welchem Weg und in welchem Rahmen sollte sie voranzukommen suchen? Die Ausdehnung der Montan-Union auf die Gebiete Transport
und herkömmliche Energieplanung, wie sie im Beyen-Plan vorgeschlagen wurde,
würde für sich allein nicht die nötige europäische Dynamik entfalten. Deshalb gab der
Vizepräsident der Montan-Union, Albert Coppe, bei seinem Besuch in den USA
schon am 20. April zu erkennen, daß die Initiatoren einer europäischen Aktivierung
auf der Konferenz von Messina Anfang Juni zusätzlich für eine gemeinsame Atomenergiepolitik Westeuropas (EURATOM) eintreten würden. Dahinter stand der
Gedanke, daß sich die Sechsergemeinschaft auf diesem Felde „mit der Energie der
Zukunft identifizieren und damit die öffentliche Vorstellungskraft gefangennehmen"
konnte[46]. Daneben tauchte allerdings sofort das Problem der britischen Skepsis gegen
eine kontinentale Abschottungspolitik auf, das zunächst freilich noch durch die Ein-

[44] Memorandum Edens „Talks with the Soviet Union", 26. 3. 1955, PRO CAB 129/74, C.(55)83.
[45] Harold Macmillan, Riding the Storm 1956–1959, London 1971, S. 67.
[46] Gesprächsprotokoll über den Besuch Coppes im State Department, 20. 4. 1955, FRUS 1955–1957, Bd. 4, S. 288.

schätzung Londons aus den Erfahrungen mit der EVG gemildert wurde, daß ein Erfolg der neuen Europabemühungen nicht allzu rasch zu erwarten war[47].

Wichtig für die Europapolitiker auf dem Kontinent war dagegen, daß die USA auf beiden Feldern, der gemeinsamen Organisation zur friedlichen Nutzung der Kernenergie und einer Wirtschaftsunion der Sechs, aus politischen Gründen hinter den Plänen der Montan-Union standen, wenn sie auch nach den Erfahrungen des Vorjahres möglichst keinen offenen Einfluß auf die eigenständigen westeuropäischen Anstrengungen nehmen wollten[48]. Dieser Kurs einer zwar indirekten, in der Sache aber umso nachdrücklicheren Ermutigung des in Messina eingeleiteten Integrationsprozesses wurde während des ganzen zweiten Halbjahres 1955 nirgends so greifbar wie in der amerikanischen Haltung zu den EURATOM-Verhandlungen. Gegen die zurückhaltendere Linie der US-Atomenergiefachleute stellte sich Dulles persönlich auf die Seite der politisch argumentierenden Europa-Abteilung im State Department. Um EURATOM als Motor der europäischen Integration aufzuwerten, ließ Washington daher schon im Sommer 1955 seine Bereitschaft erkennen, dem Gemeinschaftskonzept vor weiteren bilateralen Abkommen mit den einzelnen westeuropäischen Interessenten den Vorzug zu geben[49].

Als wesentliche Triebkraft stand dabei in allen amerikanischen Analysen immer wieder das Argument mit im Vordergrund, das Ophüls gegenüber US-Botschafter Conant besonders betont hatte: „Bevor Deutschland nicht noch enger mit dem Westen integriert sei, könnte der wachsende Nationalismus die Bundesrepublik zunehmend aufnahmebereit für sowjetische Versuchungen machen." Ähnlich argumentierte Schatzkanzler Butler im britischen Kabinett, wenn er mit Blick auf den in Messina eingeschlagenen Weg wegen der wirtschaftlichen Bedenken Großbritanniens zwar für eine langsamere Gangart plädierte, demgegenüber aber unter gesamtpolitischen Aspekten das „starke Interesse an jeder Art neuer Bindeglieder für Deutschland" herausstrich, wie sie sich aus europäischen Fortschritten erhoffen ließen. Und schließlich vertrat auch die französische Regierung ihre Zustimmung zu den Bemühungen von Messina vor der Nationalversammlung neben anderem mit der Begründung, man müsse die Bundesrepublik so dauerhaft an Westeuropa binden, daß sie jeden Gedanken an eine Wiederholung des deutschen Schaukelspiels zwischen Ost und West wie in der Zwischenkriegszeit aufgab[50].

Als sich London indes trotz aller Zustimmung zum politischen Ziel einer noch engeren Westbindung Bonns deutlich zurückhaltend gegenüber einem forcierten wirtschaftlichen Integrationskurs des Kontinents verhielt und stattdessen für eine stärkere Betonung der Freihandelsbemühungen im Rahmen der OEEC eintrat, fand es Wa-

---

[47] Vgl. Miriam Camps, Britain and the European Community, 1955–1963, Princeton 1964, S. 45ff.; Elisabeth Barker, Britain in a Divided Europe 1945–1970, London 1971, S. 150.

[48] Zur US-Haltung für die Konferenz von Messina vgl. State Department an die US-Botschaft in Rom, 30. 5. 1955, FRUS 1955–1957, Bd. 4, S. 290.

[49] Erster Hinweis auf die EURATOM-Pläne: Bericht des Ständigen US-Vertreters bei der Montanunion, Palmer, an Washington, 30. 6. 1955, ebenda, S. 301ff.; zu den internen Auffassungsunterschieden in der US-Administration: Memoranden des Beauftragten für Atomfragen, Smith, und des Leiters der Europa-Abteilung im State-Department, Merchant, 1. 7. 1955, ebenda, S. 306f. bzw. 304f.

[50] Gespräch Conants mit Ophüls, 14. 6. und damit übereinstimmende interne Analyse des State Department, 15. 6. 1955, ebenda, S. 307f.; Stellungnahme des britischen Schatzkanzlers zu Messina, 29. 6. 1955, PRO CAB 129/76, C.P. (55)55; zur französischen Haltung vgl. Pierre Guillen, Frankreich und der europäische Wiederaufschwung, in: Vierteljahrshefte für Zeitgeschichte (VfZ) 28 (1980), S. 9ff.

shington eindeutig auf der Seite der Sechsergemeinschaft. Dulles übernahm ausdrücklich die Auffassung seiner Europa-Abteilung, daß die Messina-Beschlüsse zum Erfolg
geführt werden mußten, da sonst „ein sehr unglücklicher Wandel in der deutschen
öffentlichen Meinung" zu befürchten sei. Selbst die Zuziehung eines offiziellen
OEEC-Repräsentanten zu den im Sommer 1955 in Brüssel anlaufenden Verhandlungen einer Arbeitsgruppe der Sechs unter Leitung von Spaak lehnte der US-Außenminister strikt ab, da er die Engländer in Verdacht hatte, damit nur einen Bremser in
die kontinentalen Integrationsbemühungen einschleusen zu wollen[51].

Wie sensibel die Westmächte jede mögliche Stimmungsveränderung in der Bundesrepublik beobachteten, mag ihre Reaktion auf die sowjetische Einladung an Adenauer
zu einer Moskau-Reise für den Herbst 1955 verdeutlichen. Während die Regierungen
in Washington, London und Paris sofort ihr Vertrauen in den Bundeskanzler artiku-
lierten und ihm für die Annahme der Einladung grünes Licht gaben, schwankte die
westliche Presse erheblich zwischen der Hinnahme künftiger diplomatischer Beziehungen Bonn–Moskau als einem normalen Vorgang und dem Verdacht, daß die Sowjetunion die Westdeutschen damit bewußt in eine Pendelposition zwischen Ost und
West ziehen wolle, was einer Wiederaufnahme der Rapallo-Politik aus der Zwischenkriegszeit gleichzukommen schien. Außenminister v. Brentano beeilte sich zwar
sofort, derartigen Verdächtigungen mit der Erklärung entgegenzutreten, daß Bonns
ostpolitische Schritte sich „nur im Rahmen der gemeinsamen Politik der in den
Westverträgen verbundenen Staaten" bewegen würden[52]. Die Haltung der damaligen
Bundesregierung war indes nicht das eigentliche Problem, dem sich die Westmächte
mit Blick auf künftige bilaterale Fäden zwischen Bonn und Moskau konfrontiert
sahen.

Eine eingehende Analyse Hoyer Millars über die mittel- und längerfristigen Trends
der Bonner Ost- und Deutschlandpolitik hob vielmehr auf eine schleichende, aber
kontinuierliche Veränderung der politischen Stimmungslage in der Bundesrepublik ab,
die ihre für den Westen gefährliche Sprengkraft erst nach dem Abgang Adenauers von
der politischen Bühne voll entfalten würde. Stimmen der Unzufriedenheit über die
mangelnde Durchschlagkraft der westlichen Deutschlandpolitik bis in Bonner Koali-
tionskreise hinein, Ostkontakte einzelner FDP-Politiker, die Artikulation von
Osthandelsinteressen aus Wirtschaftskreisen und die grundsätzliche Forderung der
SPD nach aktiveren Bemühungen in der deutschen Frage auf Viermächteebene begannen sich für den britischen Beobachter zu einer unheiligen Allianz von rechtem und
linkem Nationalismus zu bündeln. Nach einer Phase der Zurückhaltung, ausgelöst
durch den Schock der totalen Niederlage, schien sich in der Bundesrepublik nach der
Wiedergewinnung der Souveränität schon jetzt tendenziell eine Rückkehr zur traditionellen deutschen Außenpolitik der freien Hand nach West und Ost anzukündigen. Sie
war zwar im Augenblick noch nicht mehrheitsfähig, konnte aber bei weiterer Stagna-

---

[51] Aldrich aus London, 5. 7., Memorandum Merchants, 15. 8. und Stellungnahme von Dulles zum britischen
Vorschlag eines offiziellen OEEC-Vertreters bei der Spaak-Kommission in Brüssel, 1. 9. 1955, FRUS 1955–
57, Bd. 4, S. 309ff., 324, 328f.
[52] Zusammenstellung des AA „Reaktion des westlichen Auslandes auf die Einladung des Herrn Bundeskanzlers nach Moskau", 8. 7. 1955, Bundesarchiv-Zwischenarchiv, B 136/3644 und Interview v. Brentanos im
NWDR, 8. 7. 1955, Bulletin des Presse- und Informationsamtes der Bundesregierung, Nr. 106, 11. 6. 1955;
ähnlich Adenauer im Interview mit der „New York Times", 12. 6. 1955, ebenda, Nr. 107, 14. 6. 1955.

tion in der Deutschland- und Europapolitik nur zu bald Zulauf auch aus dem Koalitions-lager erhalten. Für diesen Fall aber öffneten die neuen Kontakte nach Moskau schon jetzt Türen, deren sich eine in ihre traditionellen Bahnen zurückschwenkende deutsche Außenpolitik durch offensive Nutzung der eigenen Mittellage bedienen konnte[52].

Die Kanzlerreise nach Moskau im September 1955 und ihre unmittelbaren Nachwir-kungen in der westdeutschen Öffentlichkeit rechtfertigten manch übertriebene Sorgen im Westen über potentielle deutsche Alleingänge nicht. Daß die Diskussion über eine stärkere Einbindung der Bundesrepublik in den Westen über eine Forcierung der europäischen Integration dennoch in diesem Herbst 1955 nicht zur Ruhe kam, dafür sollte schon wenige Wochen später die Genfer Außenministerkonferenz (27. Oktober – 16. November 1955) sorgen. Einerseits mußte nämlich den Westmächten daran gelegen sein, die Sowjets endlich zum deutschlandpolitischen Offenbarungseid zu zwingen: War die Sowjetunion um den Preis westlicher Sicherheitsgarantien in Mittel-europa zu deutschlandpolitischen Konzessionen zu bewegen? Da dies indes schon vor Konferenzbeginn unwahrscheinlich geworden war, konnte andererseits die damit ein-hergehende Enttäuschung in der westdeutschen Öffentlichkeit sowohl koalitionsinter-nen Kritikern wie der SPD-Opposition als Beweis für die mangelhafte Umsetzbarkeit der Adenauerschen Westpolitik in deutschlandpolitischen Gewinn dienen.

Als sich das negative Ergebnis der Genfer Konferenz daher Ende Oktober abzu-zeichnen begann, trat der angesehene französische Publizist Raymond Aron im „Figaro" mit einem vielbeachteten Artikel hervor. Er zielte genau auf die zu befürch-tende nationale Frustration in der Bundesrepublik und plädierte deshalb unbedingt für ein Auffangen dieses Stimmungseinbruchs durch eine Vertiefung der deutsch-französi-schen Beziehungen als Voraussetzung für eine Aktivierung der westeuropäischen Eini-gung. Außenminister Pinay griff den Gedanken noch während der Konferenz auf und verständigte sich mit Brentano auf einem Besuch in Bonn noch vor Konferenzende, um gemeinsam mit Adenauer einen politischen Anstoß für die nur zögernd vorankom-menden Vorarbeiten der Spaak-Kommission in Brüssel zugunsten einer Europäischen Wirtschaftsgemeinschaft zu geben[53].

Einer der Gründe für die langsamen Fortschritte in Brüssel hatte indes mit der Frage eines westeuropäischen Atomenergiepools zu tun, in den große integrationspolitische Hoffnungen gesetzt wurden. Gerade in der Bonner Koalition, die aus gesamtpoliti-scher Sicht das größte Interesse an einem Vorankommen der Europapolitik haben mußte, regten sich nämlich zunehmend wirtschaftliche Zweifel; die Kritiker erhofften sich bessere Konditionen bei der zivilen Nutzung der Atomenergie durch bilaterale deutsch-amerikanische Zusammenarbeit und konnten dabei auf Unterstützung durch Wirtschaftsminister Erhard und Atomminister Strauß rechnen[54]. Um ihren Wider-stand gegen befürchtete Restriktionen für die deutsche Forschung und Industrie aus den Brüsseler Verhandlungen der Spaak-Kommission zu überwinden, erstellte das Auswärtige Amt deshalb schon Anfang November den Entwurf für eine Kanzlerricht-linie, die das Kabinett aus übergeordneten politischen Erwägungen auf die notwendi-gen wirtschaftlichen Konzessionen als Voraussetzung fur europäische Fortschritte

---

[53] Raymond Aron in: Le Figaro, 1. 11. 1955; das Treffen Pinay–Brentano in Genf in den Akten PA AA.
[54] Neben einer Reihe gleichlautender Meldungen an das State Department über die Haltung Erhards und Strauß' vgl. vor allem das Gespräch Conants mit Strauß, 4. 11. 1955, FRUS 1955–1957, Bd. 4, S. 344ff.

einschwören sollte[55]. Unmittelbar vor Abschluß der Genfer Konferenz kam außerdem
Pinay am 13. November nach Bonn und verständigte sich mit Adenauer darauf,
„angesichts der völlig negativen Haltung der Sowjetunion in Genf die europäische
Integrationspolitik in verstärkter Form fort(zu)setzen"[56].

Gegen dieses Umschalten vom Vorrang der deutschen Frage während der Genfer
Konferenzen auf die Ebene der Europapolitik unmittelbar nach ihrem Abschluß regte
sich allerdings sofort Unmut innerhalb der Bonner Koalition. Die FDP kritisierte
dieses Ablenken vom deutschlandpolitischen „Hauptziel ... in eine europäische
Geschäftigkeit" und verlangte stattdessen, wie von den Westmächten seit längerem
befürchtet, ein Ausloten der bilateralen ostpolitischen Möglichkeiten über den eben
installierten direkten Draht nach Moskau. Der stellvertretende FDP-Vorsitzende Middelhauve ging sogar noch einen Schritt weiter und dachte laut über eine Revision der
Pariser Verträge nach, falls diese einer Wiedervereinigung im Wege stünden. Der
Kanzler bereinigte die heraufziehende Koalitionskrise Ende November wohl noch
einmal, indem er die Liberalen vor die Koalitionsfrage stellte[57]. In den westlichen
Außenministerien bestätigten sich dagegen die eigenen Befürchtungen vom Zusammenspiel deutschlandpolitischer Enttäuschung und ostpolitischer Versuchung bei den
Westdeutschen, die durch europapolitische Fortschritte aufgefangen werden mußten.

Deshalb trat jetzt auch das State Department erneut aus vorrangigen politischen
Gründen der britischen Skepsis gegen protektionistische Gefahren eines kontinentalen
Gemeinsamen Marktes entgegen und entmutigte zugleich deutsche Hoffnungen auf
eine bilaterale Regelung der Atomenergiefrage, indem es EURATOM ausdrücklich
Vorrang einzuräumen versprach[58]. Während der NATO-Außenministerkonferenz
(15./16. Dezember 1955) stellte sich Dulles zusätzlich in einer Serie zweiseitiger
Gespräche noch einmal ganz offen auf die Seite der kontinentalen Integrationspolitik
mit der permanent wiederholten Formel, dies sei vor allem auch für ein Kanalisieren
des deutschen Nationalismus erforderlich. Macmillan blieb wenig mehr als die Forderung, die sich ankündigenden kontinentalen Zollmauern dann wenigstens nicht zu
hoch werden zu lassen[59].

III.

Die politische Prioritätensetzung in den westeuropäischen Außenministerien und ihre
Unterstützung durch die USA zugunsten einer Beschleunigung der kontinentalen

[55] Vgl. Hanns Jürgen Küsters, Die Gründung der Europäischen Wirtschaftsgemeinschaft, Baden-Baden 1982,
S. 225f.; Peter Weilemann, Die Anfänge der europäischen Atomgemeinschaft, Baden-Baden 1983, S. 68;
Müller-Roschach, Europapolitik (Anm. 39), S. 55f.; die Kanzler-Richtlinie zur Europapolitik, die den
Ministerien am 19. 1. 1956 zuging, ist abgdr. in: Die Auswärtige Politik der Bundesrepublik Deutschland,
hrsg. v. Auswärtigem Amt, Köln 1972, S. 317f.
[56] dpa-Meldung, 13. 11. 1955; KAG 1955, S. 5463A.
[57] Die Kritik Dehlers und Middelhauves Mitte November 1955 ist abgdr. in: KAG 1955, S. 5491C; vgl. auch
Konrad Adenauer, Erinnerungen 1955–1959, Stuttgart 1967, S. 75–85.
[58] Zur Forcierung der US-Europapolitik nach Genf: Eisenhower vor dem National Security Council, 21. 11.
und Memorandum Merchants, 6. 12. 1955, FRUS 1955–57, Bd. 4, S. 348f. bzw. 356; zum amerikanisch-
britischen Gegensatz über die europäische Integration: Gespräch Merchants mit dem britischen Botschafter
Makins, 22. 11. 1955, ebenda, S. 350; zur Entmutigung deutscher Hoffnungen auf bilaterale Beziehungen
mit den USA in der Atomenergiepolitik: Gespräch Dulles – v. Brentano, 17. 12. 1955, ebenda, S. 372.
[59] Vgl. insbes. die Gespräche von Dulles mit Spaak und Macmillan, 17. bzw. 15. 12. 1955, ebenda, S. 370 bzw.
S. 370, Anm. 4.

Integration stießen sich indes nicht nur am britischen Widerstand, sondern trafen auch weiterhin auf die Skepsis der Einzelinteressen in den Brüsseler Expertengesprächen selbst. Das zeigte sich immer wieder bei den EURATOM-Verhandlungen, die sich doch zunächst gerade wegen der hier noch nicht voll entwickelten organisierten Interessen als Motor für die Europabewegung angeboten hatten. Insbesondere in Frankreich und der Bundesrepublik erneuerte sich schon im Spätherbst 1955 und verstärkt seit Anfang 1956 die Konstellation aus den WEU-Verhandlungen über einen Rüstungspool. Gegen die Integrationisten aus übergeordneter gesamtpolitischer Sicht in den Außenministerien meldete sich die Skepsis einer Koalition aus Fachministerien und interessierter Wirtschaft.

Das Festhalten an der wirtschaftlichen und militärischen Unabhängigkeit der eigenen Atomforschung und an dem dabei gewonnenen wissenschaftlich-technologischen Vorsprung einerseits geriet in Frankreich in Widerspruch zu der wachsenden Einsicht in die Vorteile eines gemeinsamen europäischen Programms. Über EURATOM würde sich nämlich nicht nur der enorme Kostendruck nationaler Entwicklungen für das immer angespannte französische Budget mindern, sondern auch wirtschafts- wie sicherheitspolitisch gleich bedenkliche westdeutsche Eigenwege auf dem Nuklearsektor unter Kontrolle halten lassen[60]. Gerade diese erkennbaren Steuerungs- und Kontrollabsichten bestärkten umgekehrt die Phalanx der Kritiker in Bonn, die den Einengungen eines neuen supranationalen Anlaufs nach den negativen Erfahrungen mit der EVG und dem französischen Rüstungspoolplan zugunsten einer Lösung im Rahmen der weniger bindenden OEEC zu entgehen suchten. Das dort vorherrschende Freihandelsprinzip kam nicht nur der eigenen Abneigung gegen „sozialistische"[61], mit der Erhardschen Orientierung unvereinbare planwirtschaftliche Komponenten entgegen. Die Bevorzugung bilateraler Absprachen im OEEC-Rahmen traf sich auch mit den Hoffnungen in Wirtschafts- und Atomministerium, durch direktes Spielen der deutsch-amerikanischen Karte bessere Konditionen für die eigene Atomenergiepolitik erreichen zu können.

Zusätzlich kompliziert wurden die Verhältnisse schließlich dadurch, daß auch die Haltung der USA für die Westeuropäer erkennbare Weichstellen aufwies. Während Präsident und State Department unbeirrt an ihren politischen Präferenzen für eine Atomgemeinschaft der Sechs festhielten, boten die US-Atomenergiebehörde (AEC) wie die amerikanische Energiewirtschaft genügend Ansatzpunkte für die europäischen EURATOM-Kritiker und ihre bilateralen Hoffnungen. Für die politische Spitze in Washington vereinigte EURATOM geradezu ideal zwei ihrer Zielsetzungen: es versprach europapolitische Schubkraft und fügte sich wegen seiner Steuerungs- und Kontrollmöglichkeiten zugleich in die Nonproliferationspolitik der USA ein, über die zivile und militärische Nutzung der Atomenergie auseinandergehalten werden sollten. Andererseits war die amerikanische Atomindustrie jedoch an frühzeitiger Einflußnahme auf den sich eben herausbildenden Nuklearmarkt in Westeuropa interessiert,

---

[60] Vgl. Weilemann, Atomgemeinschaft (Anm. 55), S. 39–42 sowie Gabriele Latte, Die französische Europapolitik im Spiegel der Parlamentsdebatten (1950–1965), Berlin 1979, S. 82ff.
[61] Dieses Argument benutzte inbes. Strauß während seiner USA-Reise im Mai 1956 mehrfach, traf damit aber auf EURATOM bezogen im State Department auf Ablehnung, FRUS 1955–57, Bd. 4, S. 435–441.

den sie ähnlich wie die europäischen Interessenten nicht durch supranationale Restriktionen verstellt sehen wollte. Dabei spielten vor allem die negativen Erfahrungen mit dem überladenen Konstrukt der EVG und dessen Scheitern entscheidend in den Überlegungen der amerikanischen EURATOM-Skeptiker mit. Würde sich der europapolitische Perfektionismus des neuen supranationalen Anlaufs nicht erneut in lähmender Verzögerung festlaufen, während der Weg über bilaterale Abkommen mit den einzelnen Staaten Westeuropas unter entsprechenden Sicherheitsauflagen wesentlich schneller zum Erfolg führte[62]?

Wie berechtigt solche Sorgen vor einem Versanden der europäischen Integration im innereuropäischen Interessenstreit waren, ließ sich an den Reaktionen aus Frankreich und der Bundesrepublik auf den Kompromißvorschlag von Monnets Aktionskomitee für die Vereinigten Staaten von Europa vom 18. Januar 1956 ablesen. Um die Verhandlungen der Spaak-Kommission über die Messina-Beschlüsse aus ihrem Tief herauszuführen, waren darin drei Signale gesetzt worden: (1) Das Projekt eines Gemeinsamen Marktes sollte zeitweilig hinter EURATOM zurücktreten, um das erfolgversprechendere Zugpferd an der Hürde der augenblicklich für die französische Nationalversammlung nicht akzeptablen Wirtschaftsunion vorbeizulenken. (2) Um alle Hoffnungen auf nationalen Zugang zur Atomenergie mit US-Hilfe zu verbauen, sollten die Eigentumsrechte für spaltbares Material an EURATOM übertragen und von dort aus kontrolliert werden. (3) Schließlich wurde ein allgemeiner Nuklearwaffenverzicht für die Atomgemeinschaft empfohlen, der dem US-Interesse nach Nichtweiterverbreitung von Atomwaffen wie den Bonner Forderungen nach Nichtdiskriminierung gleichermaßen entgegenkam, da er die künftigen EURATOM-Mitglieder nicht in zivile und militärische Nutznießer teilen würde[63].

Wohl suchte Adenauer seine Koalition durch eine Kanzlerrichtlinie über den Vorrang gesamtpolitischer Aspekte in seiner Europapolitik schon zu Jahresbeginn auf Kompromißkurs in den Detailverhandlungen festzulegen. Auch der neue französische Ministerpräsident Mollet hoffte, mit seiner grundsätzlichen Bereitschaft zur Beschränkung von EURATOM auf ausschließlich friedliche Nutzung der Atomenergie und die Übertragung entsprechender Kontrollbefugnisse auf die Atomgemeinschaft französische Hindernisse aus dem Weg zu räumen. Selbst in London begann Macmillan vorsichtig umzudenken, da weitere britische Abstinenz gegenüber einem integrierten Westeuropa Großbritannien in eine wirtschaftliche Randlage zum Kontinent bringen mochte. Zudem machten die USA erneut klar, daß ihnen europäische Fortschritte wichtig genug waren, um dafür selbst eine zeitweilige Beeinträchtigung ihrer traditionell guten Beziehungen zu London zu riskieren. Im übrigen stellte Spaak dem britischen Premierminister Eden noch einmal vor Augen, wie wesentlich eine dauerhafte Einbindung der Bundesrepublik in den Westen über ihre reine Allianzzugehörigkeit

---

[62] Vgl. Küsters, Wirtschaftsgemeinschaft (Anm. 55), S. 234 und Weilemann, Atomgemeinschaft (Anm. 55), S. 98. Die inneramerikanischen Differenzen in der Beurteilung von EURATOM 1955/56 erschließen sich jetzt durchgängig aus FRUS 1955–57, Bd. 4.
[63] Vgl. Weilemann, Atomgemeinschaft (Anm. 55), S. 74 und Latte, Europapolitik (Anm. 60), S. 82; die Resolution des Aktionskomitees ist abgedr. in: KAG 1956, S. 5574A.

hinaus war, um „Deutschland einen Rahmen (zu geben), in dem seine Expansion begrenzt bleibt"[64].

Aus Paris und Bonn warnten indes schon Anfang Februar die US-Botschafter vor der Formierung ernstzunehmender Kritik gegen den Monnet-Vorschlag und sein Aufgreifen durch die Spaak-Kommission. In Paris werde ein genereller Produktionsverzicht für Nuklearwaffen eine ähnliche nationale Antikoalition in der Nationalversammlung zusammenschweißen, wie sie 1954 beim Scheitern der EVG wirksam geworden sei. Und in Bonn registrierte Conant gleichzeitig ein weiteres Zusammenrücken von Erhard und Strauß gegen die „verdächtigen" Kontrollabsichten im Monnet-Plan, die den Deutschen wie im Falle des französischen Rüstungspoolgedankens von 1954/55 in europäischer Verkleidung einschneidende Beschränkungen und Überwachungen auferlegen sollten. Der neue französische Außenminister Pineau und der Präsident der Hohen Behörde der Montan-Union, René Mayer, rieten dem State Department daher jetzt dringend, aus seiner bisher geübten öffentlichen Zurückhaltung herauszutreten und um des gemeinsamen integrationspolitischen Erfolges willen allen westeuropäischen Interessenten die Türen zu bilateralen Verträgen über nukleare Zusammenarbeit mit den USA zu versperren[65].

Bis zur Außenministerkonferenz der Sechs in Brüssel Mitte Februar verfestigte sich die Kritik in Paris und Bonn jedoch so weitgehend, daß Spaaks Kommission wieder einmal auf der Stelle trat. Frankreich wollte auf keinen Fall auf eine nationale Option bei Nuklearwaffen verzichten, während die Bundesrepublik in der Eigentums- und Kontrollfrage bei spaltbarem Material zähe Gegenwehr leistete[66]. Für Adenauer hatten sich „Ungewißheit und Unsicherheit in Europa" deshalb schon kurz nach der Brüsseler Konferenz derart verstärkt, daß er gegenüber Krone sogar laut darüber nachdachte, ob Bonn möglicherweise unter diesen Umständen „nichts Klügeres tun (könne), als mit Amerika bilateral ein Bündnis einzugehen"[67]. Intern sah man denn auch im Foreign Office Mitte März den Zenit der Europabegeisterung in Bonn überschritten, befürchtete damit freilich schon mittelfristig wachsendes Interesse der Deutschen an der Aktivierung ihrer nationalen Frage[68]. Um dieser Stagnation entgegenzuwirken, gab Dulles seinen Missionschefs in Westeuropa daher ausdrückliche Weisung für die neuerliche Klarstellung, daß die USA EURATOM bessere Konditionen offerieren würden als jedem einzelnen Interessenten. Nur mußte er gegenüber den EURATOM-Kritikern in den USA gleichzeitig zugestehen, daß die bilateralen Gespräche über nukleare

[64] Zur Kanzlerrichtlinie vgl. Anm. 55; zur Regierungserklärung Mollets: Latte, Europapolitik (Anm. 60), S. 85 und Lawrence Scheinmann, Atomic Energy Policy in France under the Fourth Republic, Princeton 1965, S. 137; zu Macmillans Umdenken: ders., Riding the Storm, S. 74; zum absoluten Vorrang der europäischen Integration vor den amerikanisch-britischen Beziehungen: Dulles an US-Botschaft in Brüssel, 26. 1. 1956, FRUS 1955–1957, Bd. 4, S. 399f.; der Brief Spaaks an Eden vom 7. 2. 1956 ist abgedruckt bei Pierre-Henri Spaak: Memoiren eines Europäers, Hamburg 1969, S. 311f.

[65] Dillon aus Paris, 3. bzw. 7. 2. 1956 und Conant aus Bonn, 9. 2. 1956 sowie Besprechungsprotokolle über Mayers Besuch in Washington, 6. bzw. 9. 2. 1956, FRUS 1955–57, Bd. 4, S. 401f., 406ff., 412 und 415.

[66] Vgl. Küsters, Wirtschaftsgemeinschaft (Anm. 55), S. 235f. und Scheinman, Atomic Energy Policy (Anm. 64), S. 142.

[67] Tgb. Krone, 15. 2. 1956, Krone, Aufzeichnungen (Anm. 3), S. 140.

[68] Memorandum „The Federal Republic and the Movement towards European Unity", 10. 3. 1956, PRO, F.O. 371/124 544/WG 1071/29.

Zusammenarbeit mit westeuropäischen Einzelinteressenten weiterliefen, solange bei den Verhandlungen der Sechs kein Licht am Ende des Tunnels auszumachen war[69].

Genau diese Bresche suchte Strauß bei seinem USA-Besuch im Mai 1956 zu nutzen, um entweder auf bilateralem Wege voranzukommen oder Washington wenigstens für weniger einschneidende Kontrollmechanismen bei den EURATOM-Verhandlungen zu gewinnen. Das State Department favorisierte zwar weiter EURATOM, ließ allerdings über die US-Botschaft in Brüssel einen vermittelnden Vorstoß bei der Spaak-Kommission unternehmen. Danach stellte sich die USA in der Nuklearwaffenfrage hinter die von Spaak aufgegriffene Moratoriumsidee der französischen Regierung, wonach sich die künftigen EURATOM-Mitglieder nur zeitlich begrenzt auf vorerst fünf Jahre und nicht generell auf einen Produktionsverzicht einzulassen brauchten. Damit konnte die militärische Forschung unterhalb der Produktionsschwelle in Frankreich weiterlaufen, ohne der Bundesrepublik eine Handhabe für das Argument einseitiger Diskriminierung und die Forderung nach Aufhebung der deutschen Verpflichtungen aus den Pariser Verträgen von 1954 über einen Produktionsverzicht bei ABC-Waffen zu liefern. In der Eigentums- und Kontrollfrage bei spaltbarem Material unterstützten die USA außerdem nach wie vor die übrigen fünf Staaten gegen die Liberalisierungsforderungen aus Bonn, da sich die Sorgen der Mehrheit gegen eine ungebremste Bonner Nuklearentwicklung nahtlos in die eigene Nonproliferationspolitik fügte[70].

Nennenswerte Beschleunigung erfuhren die festgefahrenen EURATOM-Verhandlungen indes auch auf diesem Wege nicht. Wichtige Schrittmacherdienste leisteten vielmehr erst merkliche westeuropäisch-amerikanische Verstimmungen, die im Sommer 1956 in Bonn begannen und im Gefolge der Suez-Krise schließlich im Herbst auch voll auf Paris und London übergriffen. An die Öffentlichkeit getragene inneramerikanische Diskussionen um eine einschneidende Truppenreduzierung der USA und die Schließung der dann auftretenden konventionellen Lücken durch frühzeitigen Einsatz taktischer Nuklearwaffen („Radford-Plan") riefen schon im Juli bei Adenauer das immer latent vorhandene Mißtrauen hinsichtlich einer schleichenden Rückkehr der amerikanischen Führungsmacht zu ihrem traditionellen Isolationismus hervor. Die damit verbundene Schwächung des innerwestlichen Zusammenhalts mußte den Kanzler um so härter treffen, da er sich mit Blick auf die Stagnation in der Europafrage den wachsenden Machtverfall Westeuropas zwischen den beiden Supermächten vergegenwärtigte. Schon Mitte September warb er deshalb beim Besuch des britischen Oppositionsführers Gaitskell in Bonn für seine Idee einer politischen Aufwertung der WEU, mit der vor allem Großbritannien wieder näher an die kontinentalen Einigungsbemühungen herangezogen und damit das Gesamtgewicht Westeuropas besser zur Geltung gebracht werden konnte[71].

---

[69] Weisung von Dulles an die US-Missionschefs in Europa, 30. 3. 1956, FRUS 1955–57, Bd. 4, S. 420f.

[70] Dulles an US-Botschafter in Brüssel, 24. 5. 1956, FRUS 1955–57, Bd. 4, S. 442ff.

[71] Reaktion Adenauers auf den Radford-Plan, Adenauer, Erinnerungen 1955–1959 (Anm. 57), S. 197–214; vgl. auch Hans-Gert Pöttering, Adenauers Sicherheitspolitik 1955–1963, Düsseldorf 1975, S. 62–80 und Martin Geiling, Außenpolitik und Nuklearstrategie, Köln 1975, S. 119ff. Zum Vorstoß bei Gaitskell: Adenauer, Erinnerungen 1955–1959 (Anm. 57), S. 219–222 und Hugh Gaitskell, The Diary, 1945–1956, hrsg. v. Philip M. Williams, London 1983, S. 609ff.

Zusätzliches Gewicht erhielten derartige Gedanken, als den Westeuropäern bei den Konferenzen der Kanalbenutzer in London (16.–23. August und 19.–21. September 1956) nach der einseitigen Nationalisierung des Suezkanals durch Nasser „die Ohnmacht Europas erschreckend deutlich" wurde. Die kontinentale Einigung kam nicht voran, die NATO blieb in der heraufziehenden internationalen Krise als politischer Koordinator „schwach" und die USA zeigten sich außenpolitisch durch ihren Wahlkampf „gelähmt". Adenauer suchte seine westeuropäischen Partner deshalb in einer eindringlichen Rede vor den „Grand Conférences Catholiques" in Brüssel am 25. September für sein Anliegen einer „starken gemeinsamen europäischen Außenpolitik" zu gewinnen, die „Europa als eigenständige Kraft zwischen den beiden Machtblöcken Sowjetunion und USA" hervortreten ließ[72].

Die französische Regierung griff die deutschen Vorstellungen freilich zunächst in einer Richtung auf, die weniger in das Bonner Konzept paßte. Ende September plädierte sie in einem Memorandum für die Wiederbelebung ihres alten Planes einer westeuropäischen Rüstungsgemeinschaft, die über eine engere deutsch-französische Zusammenarbeit eingeleitet werden und von da aus ihre Sogwirkung auf die übrigen WEU-Staaten entfalten sollte. Aus den Erfahrungen mit entsprechenden französischen Überlegungen im Rahmen der EVG und später im Frühjahr 1955 bei den WEU-Verhandlungen über einen Rüstungspool verhielt sich die Bundesregierung jedoch auf diesem Gebiet abwartend. Bei Mollets Besuch in Bonn am Monatsende wurde zwar in einen ganzen Katalog zusätzlicher Maßnahmen zur Aktivierung der verschiedenen europäischen Organisationen auch die Prüfung dieses französischen Vorschlags aufgenommen. Adenauers Skepsis wird aber noch nachträglich in seiner Bedingung erkennbar, daß sich derartige Pläne „streng im Rahmen der Verpflichtungen der Bundesrepublik innerhalb der Westeuropäischen Union und innerhalb der Nordatlantikpaktorganisation halten mußten"[73].

Größere Bereitschaft zur Ausräumung europapolitischer Hindernisse zeigte der Kanzler dagegen erneut gegenüber dem ständigen Drängen der USA und seiner westeuropäischen Partner, die deutsche Blockade in der Frage des Eigentums an spaltbarem Material bei den EURATOM-Verhandlungen aufzugeben. Nach direkten Vorstößen über die US-Botschaft in Bonn gab Adenauer schon Anfang Oktober zu erkennen, daß er an die Überwindung des immer noch kräftigen Widerstandes seiner Fachminister gehen wollte[74]. Dennoch konnte auch eine weitere Außenministerkonferenz der Sechs in Paris am 20. und 21. Oktober „gewisse Meinungsverschiedenheiten" über die nach deutschem Empfinden nach wie vor zu dirigistischen EURATOM-Vorstellungen nicht ausräumen. Für den amerikanischen Konferenzbeobachter hingen EURATOM und Gemeinsamer Markt vielmehr weiterhin „in der Luft"[75]. Immerhin bewegte sich

---

[72] Alle Zitate: Adenauer, Erinnerungen 1955–1959 (Anm. 57), S. 223f.; Wortlaut der Brüsseler Rede in: Konrad Adenauer, Reden 1917–1967, hrsg. v. Hans-Peter Schwarz, Stuttgart 1975, S. 327ff. und ihre Bewertung bei Küsters, Wirtschaftsgemeinschaft (Anm. 55), S. 323.

[73] Adenauer, Erinnerungen 1955–59 (Anm. 57), S. 262f.; zur Wiederaufnahme der Rüstungspoolidee insgesamt: Weilemann, Atomgemeinschaft (Anm. 55), S. 120f.

[74] Memorandum State Department, 26. 9., Dulles an Conant, 30. 9. und dessen Brief an Adenauer, 3. 10. sowie Bericht über den Besuch des US-Sonderbotschafters Murphy in Bonn, 4. 10. 1956, FRUS 1955–57, Bd. 4, S. 466ff. und 472f.

[75] Butterworth an State Department, 25. 10. 1956, FRUS 1955–57, Bd. 4, S. 477; das Schlußkommuniqué der Pariser Konferenz ist abgedruckt in: KAG 1956, S. 6036A.

wenigstens Adenauer bei einem erneuten Vorstoß Conants Ende Oktoker aus übergeordnetem gesamtpolitischen Interesse zugunsten von EURATOM weiter auf die
Position der USA und der übrigen Westeuropäer zu. Erleichtert wurde ihm dies nach
eigenem Eingeständnis auch dadurch, daß der härteste deutsche Interessenverfechter
Strauß „jetzt mit anderen Dingen beschäftigt sei"[76]; der Atomminister hatte nämlich
Mitte des Monats das Verteidigungsressort übernommen und hier alle Hände voll zu
tun, um der NATO die Nichteinhaltung der selbstgesteckten Ziele beim Aufbau
deutscher Streitkräfte zu erklären.

Tatsächlich brachten auch schon eine Woche später die im Zeichen des britisch-
französischen Suez-Debakels stehenden Gespräche Adenauers mit der französischen
Regierung am 6. November den Durchbruch. Die harten Gegenreaktionen Washingtons gegen die britisch-französische Militäraktion in der Kanalzone ließen London
und Paris mit aller Eindringlichkeit die Machtverschiebungen zu ihren und Europas
Ungunsten im internationalen System nach 1945 spüren. Sie riefen darüber hinaus
beim Bundeskanzler gleichzeitig tiefe Betroffenheit über die Spaltungswirkungen dieses Dissenses auf das gesamte westliche Lager hervor. Vordringlich geboten erschien
ihm daher ein Akt europäischer Solidarität insbesondere mit dem in internationale
Isolierung geratenen Partner in Paris, um ein weiteres Auseinanderdriften innerhalb
der atlantischen Allianz zu verhindern und die überdeutlich gewordenen innerwestlichen Ungleichgewichte durch die Selbstaufwertung Westeuropas über seine beschleunigte Integration abzubauen. Zu Recht ist daher inzwischen die außerordentliche
Beschleunigungswirkung dieser mit viel psychologischem Einfühlungsvermögen
durchgeführten Paris-Reise des Kanzlers auf die nunmehr in wenigen Monaten
abschließbaren EURATOM- und EWG-Verhandlungen herausgearbeitet worden.
Berichte der US-Diplomaten im November/Dezember 1956 aus Brüssel und Paris
bestätigen diese Schubkraft der Suez-Enttäuschung auf die deutsche und französische
Europapolitik und damit auf den Integrationsprozeß insgesamt neuerdings nachdrücklich[77].

Wie sehr sich der Machtverfall Europas an der Jahreswende 1956/57 im übrigen
selbst den Briten mitteilte, läßt ein beinahe sensationeller Vorschlag ihres Außenministers in der Kabinettssitzung vom 8. Januar 1957 ermessen. Selwyn Lloyd schlug darin
nicht weniger als eine eigene Initiative zu verstärkter militärischer Zusammenarbeit in
Westeuropa vor, die im Plan einer gemeinsamen westeuropäischen Nuklearstreitmacht
als Äquivalent zu den Potentialen der beiden Supermächte gipfelte! Der Weg dahin
aber sei finanziell nur durch engstes Zusammenrücken mit dem Kontinent gangbar.
Die Mehrheit seiner Kabinettskollegen wehrte eine derartige Neubestimmung bisheri-
ger britischer Sicherheits- und Europapolitik allerdings geradezu entsetzt ab. Erforderlich sei vielmehr die vorrangige Wiederherstellung der amerikanisch-britischen Beziehungen und nicht ihre zusätzliche Belastung durch einen kaum verdeckten Konflikt-
kurs gegen die westliche Führungsmacht[78].

---

[76] Conant aus Bonn, 30. 10. 1956, FRUS 1955–57, S. 480f.
[77] Eingehende Analyse bei Küsters, Wirtschaftsgemeinschaft (Anm. 55), S. 327–331; vgl. dazu jetzt Dillon aus
Paris, 19. 11. und Alger aus Brüssel, 19. 12. 1956, FRUS 1955–57, Bd. 4, S. 487f. und 497f.
[78] Protokoll der Kabinettssitzung vom 8. 1. 1957, PRO, CAB 128/30, C.M. 3 (57).

IV.

Beim Rückblick auf die europapolitischen Umbaujahre von 1954 bis 1957 verdichtet sich der eingangs geäußerte Eindruck, daß der Versuch einer säuberlichen Trennung des sicherheitspolitischen (bis 1954) vom nachfolgenden wirtschaftlichen Anlauf zur Integration die weiterlaufende Verzahnung beider Ansätze und ihre Verflechtung mit einem dritten, dem deutschlandpolitischen Problembereich, verfehlen würde. Da der Prozeß einer Reaktivierung der Europafrage nach dem Rückschlag des 30. August 1954 nicht kontinuierlich, sondern stoßweise verlief, bedurfte es gerade an den Krisenpunkten dieser Entwicklung immer wieder einer Schubkraft aus übergeordnetem gesamtpolitischem Interesse, um die Stagnation der sich ineinander verkeilenden Sachinteressen zu überwinden. Dabei stellten sich nicht selten die wirtschaftlichen Sachfragen als retardierende, sicherheits- und deutschlandpolitisch motivierte Interessen an einer zusätzlichen Westbindung der Bundesrepublik wie an einer Verstärkung des westeuropäischen Gewichts innerhalb der atlantischen Allianz dagegen als aktivierende Momente heraus. Bezeichnend dafür sind die Frontstellungen zwischen Außenministerien und Fachbehörden, die sich bei allen Administrationen in Westeuropa wie in den USA feststellen lassen.

In sachlicher Hinsicht wirkten vor allem drei Anstöße als Beschleuniger eines immer wieder abgebremsten Integrationsprozesses zusammen. Auf der internationalen Ebene wurden (1) für den Westen insgesamt die Klimaveränderungen in den Ost-West-Beziehungen in der ersten Entspannungsphase nach Stalins Tod spürbar. Die damit einhergehende Abnahme vorrangig militärischer Bedrohungsvorstellungen führte zu einer zunehmenden Politisierung des Sicherheitsbegriffs. Die starre Systemkonfrontation der Militärblöcke wurde insbesondere im Zeichen einer flexibleren Weltpolitik der Sowjetunion in wachsendem Maße von den Herausforderungen einer stärker politisch-wirtschaftlichen Systemkonkurrenz beeinflußt und überlagert. Herkömmliche Bindekräfte aus der Hochphase des Kalten Krieges begannen sich in beiden weltpolitischen Lagern abzuschwächen. Um einigende und konkurrierende Interessen in den Allianzen auszugleichen, bedurfte es mithin zusätzlicher, über den engeren sicherheitspolitischen Rahmen hinausreichender Anstrengungen.

Im westeuropäisch-atlantischen Raum trafen diese Veränderungen (2) auf eine Staatengemeinschaft und deren innere Ungleichgewichte von äußerlich zwar gleichberechtigten, durch das innerwestliche Machtgefälle aber erheblich differierenden Mitgliedern. Für die mittleren und kleineren Partnerstaaten resultierte daraus die wachsende Besorgnis, daß ihre berechtigten Konsultationswünsche bei allianzübergreifenden Problemstellungen von den dominanten Interessen der Großen Drei im Bündnis unterlaufen wurden. Westeuropäische Selbstorganisation gewann von daher neben ihrer ökonomischen Attraktivität zusätzliche Bedeutung für die Ausgewichtung der innerwestlichen Balance zwischen den transatlantisch-westeuropäischen Pfeilern im Allianzgefüge. Dazu mußte in den Herbstkrisen 1956 freilich bei Briten und Franzosen die Diskrepanz zwischen traditioneller Großmachtorientierung und schwindender materieller Basis wenigstens so weit ins öffentliche Bewußtsein rücken, daß die Bündelung der verbliebenen westeuropäischen Potentiale zum Gebot der Stunde wurde und fortdauernde interessenpolitische Divergenzen zumindest in Paris zeitweilig zu überspielen vermochte.

Bei alledem legte sich (3) durchgängig ein deutschlandpolitisches Kontinuum über den Interessenstreit, das sich in der Formel von der Sicherheit mit und vor Deutschland am eingängigsten fassen läßt. Eine im Zuge ihrer Westpolitik souverän gewordene Bundesrepublik trat von nun an nicht nur selbstbewußter bei der Verfechtung ihrer Eigeninteressen auf. Die erkennbare Verfestigung des mitteleuropäischen Status quo führte ihr auch gleichzeitig die deutschlandpolitischen Kosten ihrer westpolitischen Erfolge zunehmend vor Augen. Gelang daher die allgemeine Bändigung der gerade am und nach dem 30. August 1954 so überdeutlich gewordenen nationalstaatlichen Renaissance im europäischen Rahmen nicht oder zu langsam, dann war aus westlicher Sicht zu befürchten, daß auch in Bonn nationale Enttäuschung eigene Wege zu einer mit gesamtwestlichen Belangen unverträglichen Interessenwahrung suchen würde. Auch von daher bedurfte es einer zusätzlichen und attraktiveren als der vorrangig militärischen Bindung der Bundesrepublik an die westeuropäische Staatengemeinschaft, die ihrer wachsenden Dynamik aussichtsreiche und kontrollierte Bahnen gleichermaßen wies.

Mark Cioc

Abschreckung und Verteidigung

Die Kontroverse über die Atombewaffnung in der Ära Adenauer 1949–1963

I.

„Wenn heute die Frage an uns gestellt wird, warum der Bundestag eine Verteidigungs-debatte führt", erklärte Franz Josef Strauß im Februar 1952 im Bundestag, „dann möchten wir dazu ausdrücklich feststellen: Es ist nicht der Wunsch der Bundesregie-rung, es ist nicht der Wunsch der demokratischen verantwortlichen Parteien in diesem Hause, sich mit der Frage zu beschäftigen, ob Deutschland militärisch wieder eine Rolle spielen soll." Westdeutschlands prekäre geographische Lage, erläuterte Strauß, ließe der Bundesregierung keine realistische Wahl als die militärische Integration in die NATO. „Das Gewitter von Korea hat den Vorhang vor dem wirklichen Zustand der Welt zerrissen und die freien Völker vor die Entscheidung gestellt, ob sie einzeln nach und nach von dem bolschewistischen Sog verschluckt werden oder ihre Kräfte vereini-gen wollen, um dieser Entwicklung auf der Welt Einhalt zu gebieten."[1]

Mehrere schwierige Fragen mußten jedoch gelöst werden, bevor Westdeutschland seine Nische in der großen NATO-Strategie fand. Viele Europäer scheuten die Aus-sicht auf eine deutsche Wiederbewaffnung so kurz nach der Nazikatastrophe, und NATO-Führer fanden es deshalb außerordentlich schwierig zu entscheiden, welche Rolle westdeutsche Truppen im westlichen Verteidigungssystem spielen sollten. Die europäischen Mitglieder, besonders die Franzosen, fanden wenig Trost in der Aus-sicht, die Bundesrepublik als militärisches Bollwerk in Mitteleuropa entstehen zu sehen, trotz der offensichtlichen Vorteile, die ein deutscher Verteidigungsbeitrag für die Budgets der anderen NATO-Mächte haben würde. Selbst nachdem der Koreakrieg die europäische Stimmung erheblich verändert hatte, diskutierten westliche Führer noch geraume Zeit über das verwickelte Problem, wie man beides erreichen könne: Sicherheit *für* Westdeutschland und Sicherheit *vor* einem neuerlichen deutschen Mili-tarismus[2].

Auch innenpolitische Auseinandersetzungen verlangsamten den Fortgang der mili-tärischen Integration. Als Adenauer Ende 1950 das Thema Wiederbewaffnung zum

---

[1] Franz Josef Strauß, Ein deutscher Verteidigungsbeitrag (7. 2. 1952), Bundestagsreden, Bonn 1968, S. 18–20.
[2] Die Wiederbewaffnungsfrage wird von mehreren Studien behandelt, darunter Helga Haftendorn, Sicherheit und Entspannung, Baden-Baden 1983; Andreas Hillgruber, Europa in der Weltpolitik der Nachkriegszeit 1945–1963, München 1979; Gunther Mai, Westliche Sicherheitspolitik im Kalten Krieg, Boppard/Rh. 1977; Ernst Nolte, Deutschland und der Kalte Krieg, München 1975; Klaus von Schubert, Wiederbewaffnung und Westintegration, Stuttgart 1970; Gerhard Wettig, Entmilitarisierung und Wiederbewaffnung in Deutschland, München 1967.

ersten Mal anschnitt, traf er auf eine weitverbreitete „Ohne-mich-Haltung" der Westdeutschen. Obwohl viele Bundesbürger die Westintegrationspolitik des Kanzlers in politischen und ökonomischen Fragen unterstützten, und viele auch die Notwendigkeit eingestanden, auf lange Sicht für ihre eigene Verteidigung aufkommen zu müssen, standen sie einer Wiederbewaffnung zunächst ablehnend gegenüber.

Die Inthronisierung der amerikanischen Doktrin der massiven Vergeltung verschärfte die westdeutsche Uneinigkeit weiter. Die Stärke der Doktrin lag in ihrem Wert als Abschreckungsmittel; aber sie ließ die lokalen Konsequenzen in Mitteleuropa für den Fall, daß die Abschreckung versagen sollte, außer acht. Der Einsatz nuklearer Waffen erschien deshalb in Washington und Bonn in je unterschiedlichem Licht. Das amerikanische Ziel war der endgültige Sieg im Krieg; wie stark bestimmte Regionen zerstört wurden, war von sekundärer Wichtigkeit. Aber für Bonn zählte der erste, nicht der letzte atomare „Schuß"[3].

Adenauer sah die NATO jedoch nicht einfach nur als ein militärisches Mittel, die Sowjets von Angriffen in Mitteleuropa abzuschrecken, sondern auch als wichtiges politisches Instrument, um der Bundesrepublik einen gleichberechtigten Status im Westen zu sichern. Die Wiederbewaffnung war darum ein zentrales Element in Adenauers umfassendem Entwurf zur politischen und ökonomischen Einbindung Westdeutschlands in die westliche Welt, genauso wichtig wie die EGKS, die EWG und EURATOM; sie war aber auch die kontroverseste seiner Integrationsbemühungen, denn sie beschwor Ängste vor einem Wiederaufleben des deutschen Militarismus und von nuklearer Vernichtung herauf. Fast die ganzen fünfziger Jahre hindurch blieb die deutsche Wiederbewaffnung ein explosives internationales Thema, das Spannungen innerhalb der Allianz erzeugte und den Fortgang der westlichen Integration zu verlangsamen drohte.

II.

In den ersten Jahren der NATO verließen sich die westeuropäischen Regierungen fast ausschließlich auf das Nukleararsenal der Vereinigten Staaten zum Schutz vor der Roten Armee. Aber zwischen 1949 und 1957 zündete die Sowjetunion nicht nur ihre ersten Atom- und Wasserstoffbomben, sondern sie demonstrierte auch ihre Fähigkeit, die Vereinigten Staaten mit Interkontinentalraketen zu treffen. Amerikanische Führer hielten an der Erweiterung des nuklearen Schirms fest, aber Westeuropas Glaube an die Abschreckung bröckelte. Um den bekannten Satz zu benutzen: Es gab keine

[3] Zur Nukleardoktrin der NATO siehe Raymond Aron, The Great Debate, New York 1965; Lawrence Freedman, The Evolution of Nuclear Strategy, New York 1981; John Lewis Gaddis, Strategies of Containment, New York 1982; Robert Osgood, NATO: The Entangling Alliance, Chicago 1962; David Alan Rosenberg, The Origins of Overkill, International Security 7 (1983); David Schwartz, NATO's Nuclear Dilemmas, Washington D.C. 1983; und Hans Speier, German Rearmament and Atomic War: The views of German military and political leaders, Evanston 1957. Siehe auch die vier Studien des Militärgeschichtlichen Forschungsamtes (MGFA): Anfänge westdeutscher Sicherheitspolitik 1945–1956, hrsg. v. Militärgeschichtlichen Forschungsamt, Bd. 1: Von der Kapitulation bis zum Pleven-Plan, hrsg. v. Roland G. Foerster, Christian Greiner, Georg Mayer, Hans-Jürgen Rantenberg und Norbert Wiggershaus, München 1982; Militärgeschichte seit 1945, hrsg. v. Militärgeschichtlichen Forschungsamt, Bd. 1: Aspekte der deutschen Wiederbewaffnung bis 1955, Boppard/Rh. 1975; Verteidigung im Bündnis. Planung, Aufbau und Bewährung der Bundeswehr, 1950–1972, hrsg. v. Militärgeschichtlichen Forschungsamt, München 1975; Vorträge zur Militärgeschichte, hrsg. v. Militärgeschichtlichen Forschungsamt, Bd. 4: Entmilitarisierung und Aufrüstung in Mitteleuropa 1945–1956, Herford, Bonn 1983.

Garantie, daß die Vereinigten Staaten Chicago riskieren würden, um Bonn zu verteidigen.

Während der frühen fünfziger Jahre begannen Großbritannien und Frankreich, ihre eigenen Nuklearkräfte als Garantie gegen eine mögliche nukleare Selbst-Isolation Amerikas zu entwickeln. Aber die Bundesrepublik war von diesem Weg durch den EVG-Vertrag ausgeschlossen, der den Erwerb von Waffen und Technologie massiv einschränkte. Die Vereinigten Staaten wollten die Deutschen zwingen, auf die Produktion atomarer, biologischer und chemischer (ABC) Waffen gänzlich zu verzichten. Die Briten setzten sich für Beschränkungen der deutschen Flugzeugproduktion ein, die Franzosen für ein Verbot praktisch aller Waffenfabriken in Westdeutschland, angeblich aus dem Grunde, daß Mitteleuropa „strategisch exponiert" liege, aber in Wirklichkeit aus der Überzeugung heraus, daß keine deutsche Regierung vertrauenswürdig sei[4]. Adenauer protestierte unter Berufung auf Artikel 3 des EVG-Vertrages gegen diese Einschränkungen, erklärte sich jedoch bereit, bestimmte Vereinbarungen „freiwillig" zu akzeptieren, insbesondere jene, daß Westdeutschland keine Kernwaffen produzieren oder besitzen und nicht mehr als 500 g Kerntreibstoff pro Jahr für Forschungszwecke benutzen werde. Als Konzession an die Franzosen willigte er sogar ein, Westdeutschland als „strategisch exponiertes Gebiet" zu definieren, was bedeutete, daß die NATO sich weigern konnte, Waffenfabriken dort zu lizenzieren[5].

Die Pariser Verträge – die 1955 die todgeweihte EVG ersetzten – lockerten diese Beschränkungen: Die Westmächte stimmten dem Aufbau eines Atomministeriums und einer nationalen Kernenergieindustrie zu. Nach dem genauen Wortlaut der Vereinbarung versprach die Bundesrepublik, „auf ihrem Gebiet" keine Nuklearwaffen zu produzieren; sie erklärte sich auch einverstanden, keine gesteuerten Raketen, Kriegsschiffe über dreitausend Tonnen oder strategische Bomber ohne Zustimmung des Brüsseler Rates zu bauen. „I do not like to feel fractious or quarrel", erklärte Adenauer am 2. Oktober 1954 auf der Londoner Außenministerkonferenz, „therefore, I am prepared to declare on behalf of the Federal Republic that we will voluntarily renounce the manufacture of A, B and C weapons, not on the reasons of strategically exposed zones, but quite voluntarily."[6]

Der ABC-Waffenverzicht des Bundeskanzlers wurde als der „erste nuklearpolitische Akt der Bundesrepublik" bezeichnet[7]. Dies war jedoch keineswegs eine freiwillige Geste, nachdem alle westlichen Alliierten sie zu einer Bedingung für Westdeutschlands Aufnahme in die NATO gemacht hatten. Auch war es kein bedingungsloses Gelöbnis: die westdeutsche Regierung versprach lediglich, keine Sprengköpfe auf eigenem Territorium zu produzieren; Kooperationen mit anderen Ländern waren nicht ausgeschlossen. Außerdem war das Versprechen nicht an die Sowjetunion, sondern nur an NATO-Mitglieder gerichtet, die die Beschränkungen ändern konnten. Schließlich setzte der Bundeskanzler die Bereitschaft der NATO voraus, westdeutsche Soldaten

---

[4] Die Diskussion zwischen den westlichen Alliierten sind aufgezeichnet in der Reihe des amerikanischen Außenministeriums Foreign Relations of the United States (FRUS) 1951, Bd. 3, T. 2, S. 1701–1746.
[5] FRUS 1951, Bd. 3, S. 68–75, 104–105.
[6] Verbatim record of the 9th Plenary meeting of the Nine-Power Conference, 2 October 1954, U.S. State Department, Conference Files 60D627 CF 368.
[7] Dieter Mahnke, Nukleare Mitwirkung. Die Bundesrepublik Deutschland in der Atlantischen Allianz 1954–1970, Berlin 1972, S. 7.

mit Waffen gleichwertig derer anderer NATO-Truppen auszurüsten[8]. „In Wahrheit
erkaufte sich die Bundesrepublik Sicherheit durch Partnerschaft um den Preis einer
institutionalisierten ausländischen Kontrolle über ihr Militärwesen", schrieb der
deutsche Publizist Theo Sommer[9].

Aber anstatt die Nukleardiskussion zu beenden, belastete Adenauers ABC-Verzicht
die amerikanisch-westdeutschen Beziehungen und löste innerhalb der Allianz Irritationen aus. Würde das deutsche Militär zu einem gewissen Grade Kontrolle über den
amerikanischen Nuklearwaffenbestand haben? Würde das westdeutsche Verteidigungsministerium die NATO-Strategie beeinflussen? Anders als Großbritannien oder
Frankreich mußte sich die Bundesregierung allein auf Amerikas erklärte Bereitschaft
verlassen, den Nuklearschirm über dem Kontinent auszubreiten. Aufgrund ihrer strategischen Lage beherbergte die Bundesrepublik den größten Teil des Nukleararsenals
der NATO. Angesichts des in alliierten Kreisen beliebten Arguments, daß die Bundesrepublik wegen ihrer geographisch exponierten Lage keine nationale Nuklearabschrek-
kung besitzen sollte, entbehrte dies nicht einer gewissen Ironie.

III.

Präsident Truman verpflichtete die Vereinigten Staaten auf eine „Vorwärtsverteidi-
gung" in Westeuropa. Er setzte sich gegen seine Kritiker durch, entsandte insgesamt
sechs kampfbereite Divisionen an den Eisernen Vorhang und ließ einen Teil des
Strategic Air Command (SAC) in europäischen Stützpunkten aufstellen. Sein Nachfolger, Präsident Eisenhower, war der europäischen Front genauso verpflichtet. Aber
viele Ratgeber Eisenhowers waren konservativ in Finanzangelegenheiten und isolatio-
nistisch auf politischer Ebene, und es war kein Geheimnis, daß der Vorsitzende der
Vereinigten Stabschefs (JCS), Admiral Radford, nach Truppenabzügen aus Europa
trachtete. Innerhalb der Allianz stritt man sich von 1953 bis 1956 über Amerikas
Verpflichtung zur Verteidigung Europas, die Zahl der NATO-Truppen, die in der
Bundesrepublik stationiert werden sollten, und ihre strategische Mission.

Eng verbunden mit dieser Auseinandersetzung innerhalb der Allianz war die Frage
der Nuklearwaffen und der NATO-Strategie. Zusätzlich zu dem bereits vorhandenen
strategischen Arsenal an H- und A-Bomben wurden in den USA seit 1951 neue,
kleinere Sprengköpfe entwickelt. Die militärischen Argumente für solche Waffen lagen
auf der Hand: jeglicher vorstellbare sowjetische Vormarsch in das Zentrum Westeuropas erforderte, im strategischen Kontext der fünfziger Jahre, einen massiven Blitzkrieg
mit überlegenen Bodenkräften, ausreichenden Nachschubbasen und ausgedehntem
Hinterland. Um einen solchen Angriff abzuwehren, benötigten die Streitkräfte der
NATO ausreichende Lager in der Nähe der Frontlinie. Kernwaffen mit großer
Sprengkraft waren auf dem Gefechtsfeld unbrauchbar. Die NATO brauchte Waffen
mit größerer Feuerkraft als konventionelle Artillerie, aber entschieden geringerer Zer-

[8] Vgl. insges. FRUS 1952–1954, Bd. 5, S. 1294–1366.
[9] Theo Sommer, Deutsche Nuklearpolitik, in: Österreichische Zeitschrift für Außenpolitik, 7 (1967), S. 28.
  Siehe auch Catherine Kelleher, Germany and the Politics of Nuclear Weapons, New York 1975, S. 19–21;
  Kurt Lauk, Die nuklearen Optionen der Bundesrepublik Deutschland. Die Sicherheit der Bundesrepublik im
  Kräftefeld der nuklearen Strategien der westlichen Nuklearmächte, Diss. Kiel 1977, S. 41f.

störungskraft als der eines Hiroshima-Sprengkopfes, um, mit Robert Oppenheimers Worten, die Schlacht aufs Schlachtfeld zurückzubringen[10].

Die USA entwickelten mehrere dieser Gefechtsfeldsysteme für den Einsatz in Europa mit verschiedener Stärke, Genauigkeit, Reichweite und Manövrierbarkeit. Das erste war eine 85t/280mm-Atomartilleriekanone, die in den sechziger Jahren durch kleinere Feldgeschütze von 155 und 203 mm ersetzt wurden. Zwei weitere Waffensysteme – „Honest John" und „Corporal" – kamen wenig später. „Honest John" war eine ballistische Rakete mit einer Reichweite von 30 km, „Corporal" war eine gesteuerte Rakete mit einer Reichweite von 130 km. 1958 bot Amerika der Bundesregierung „Matador"-Raketen mittlerer Reichweite und „Nike Hercules"-Boden-Luft-Raketen an. Diese Systeme wurden „dual capable" genannt, weil sie konventionelle und nukleare Sprengköpfe tragen konnten. Für ihren Einsatz bedurfte es auch eines „dual key": die amerikanische Armee kontrollierte die Nuklearsprengköpfe, während der Bundeswehr die Abschußsysteme unterstanden.

Die ursprüngliche 280mm-Atomkanone war allerdings keine Waffe von geringer Sprengkraft: sie entsprach der Hiroshima-Bombe und war wegen ihres großen Zerstörungspotentials Gegenstand vieler Kontroversen in der Bundesrepublik. Auch die „Matador" war sehr umstritten. Obwohl sie der Bundesregierung als „dual capable"-System verkauft wurde, war sie in Wirklichkeit eine landgestützte Nuklearrakete mit großer Reichweite (1000 km) und geringer Treffgenauigkeit, so daß sie als Gefechtsfeldwaffe mit konventionellem Sprengkopf unbrauchbar war.

Die neuen Waffensysteme verliehen der Vorwärtsstrategie Glaubwürdigkeit. Verteidigungsplaner konnten realistischerweise eine Verteidigung entlang des Rheins und, sobald westdeutsche Truppen verfügbar waren, entlang des Eisernen Vorhangs entwerfen. Das westdeutsche Gebiet blieb damit in exponierter Lage als mutmaßliches Schlachtfeld für beide Seiten. Mit den neuen Waffen veränderte sich zudem die Aufgabe der Bodentruppen in Europa. NATO-Truppen würden als provisorischer „Schild" agieren, während die taktischen Luft- und Bodenstreitkräfte einen nuklearen „Schwertschlag" gegen den Aggressor vorbereiteten. Das hieß effektiv, daß die Rolle der lange diskutierten und umstrittenen europäischen Kräfte auf die eines Stolperdrahts reduziert würde, der die nukleare Vergeltung aktivierte. Tests mit taktischen Nuklearwaffen in den Wüsten Nevadas im Jahr 1953 ergaben sogar, daß eine Nuklearverteidigung die Stationierung zusätzlicher kampfbereiter Truppen entlang des Eisernen Vorhangs notwendig machte – wegen der hohen Todesrate, die man an der Front erwartete. Viele bundesdeutsche Politiker – besonders die Wortführer der SPD im Bundestag – erkannten, daß die neue NATO-Konzeption die Musterung großer Divisionen „atomaren Kanonenfutters" im Interesse der amerikanischen Globalstrategie verlangte.

IV.

Die ersten nuklear verwendbaren 280mm-Kanonen kamen Mitte September 1953 in der Bundesrepublik an, kurz nach Adenauers Wiederwahl. Während der nächsten achtzehn Monate beschäftigte sich der Bundestagsverteidigungsausschuß in mehreren geheimen Anhörungen mit den Implikationen der „massiven Vergeltung". Diese Sit-

[10] Vgl. Freedman, The Evolution of Nuclear Strategy (Anm. 3), S. 68.

zungen – die ersten Erörterungen der Nuklearfrage auf hoher parlamentarischer Ebene – bildeten den Auftakt zu sechs wichtigen einschlägigen Bundestagsdebatten über die Pariser Verträge (Februar 1955), das Freiwilligengesetz (Juni 1955), das Wehrpflichtgesetz (Juni 1956), das Manifest der Göttinger 18 (Mai 1957), den Rapacki-Plan (Januar 1958) und die Matadorraketen (März 1958)[11].

In der Anhörung vom Juli 1954 verteidigte Adolf Heusinger, einer der ranghöchsten Militärs in der Bundesrepublik, die Nuklearpolitik der NATO und erläuterte den strategischen Auftrag einer künftigen Bundeswehr. Die NATO benötige ausreichende Kräfte, um die Positionen der westlichen Welt in der Zeit des Kalten Krieges zu sichern und zu festigen. Außerdem brauche sie Waffen mit abschreckender Wirkung, also Atomraketen aller Art, um nach Möglichkeit den Ausbruch des Krieges überhaupt zu verhindern. Schließlich seien Kräfte notwendig, die bei einem Verzicht auf den Atomkrieg oder im Falle keiner klaren Entscheidung des Atomkrieges in der Lage seien, den Gegner in einem langen Krieg zu zermürben.

Heusinger argumentierte, daß die militärische Integration der einzig durchführbare Weg sei, einen sowjetischen Vormarsch zu verhindern, und erläuterte, was für ihn die operativen Prinzipien des Krieges im Nuklearzeitalter waren[12]:

„Erstens. Die Möglichkeit eines Atomkrieges hat zweifelsohne zur Zeit eine abschreckende Wirkung ... Um so mehr werden sich die Sowjets mit dem Gedanken befassen, in kleineren kriegerischen Auseinandersetzungen ihrem erstrebten Ziel näherzukommen, bei denen ein Einsatz von Atombomben nicht lohnt. Diese Beispiele haben wir in Korea gehabt und erleben sie jetzt in Indochina ...

Zweitens. Kommt es trotzdem zu einer Auseinandersetzung der beiden Großmächte, dann kann der Fall eintreten, daß beide Parteien ganz, oder wenigstens zunächst, auf den Einsatz der Atombombe verzichten ... Das würde bedeuten, daß damit die Kriegführung wieder von den übrigen Waffen übernommen werden müßte ... Es ist unbedingt notwendig, die Rüstung auf den anderen Gebieten nicht zu vernachlässigen ...

Drittens. Kommt es zum Atomkrieg, dann ist von entscheidender Bedeutung, von welchen Abflugbasen dieser Krieg geführt werden kann. Die Abflugbasen müssen gegen die feindliche Erd- und Luftbedrohung geschützt werden ...

Viertens. Ist der Atomkrieg ausgebrochen, dann kann schließlich der Fall eintreten, daß auch dieser Krieg keine Entscheidung bringt, daß die Kräfte sich ausbalancieren und die Abwehrmaßnahmen so gesteigert sind, daß eine kriegsentscheidende Wirkung nicht erzielt wird. Auch in diesem Fall wird dann der Ruf an die übrigen Waffen der Streitkräfte ergehen ...

Fünftens. Die genannten Folgerungen zeigen die Notwendigkeit, in kluger Überlegung die Rüstung auf alle Wehrmachtsteile zu verteilen und nicht zu glauben, daß allein durch die Atomwaffe die anderen Waffen überflüssig würden."

Heusinger sah taktische Nuklearwaffen als einen zeitweilig zweckmäßigen, nicht als einen dauernden Ersatz für menschliche Kräfte entlang des Eisernen Vorhangs. Er räumte ein, daß NATO-Kommandeure den bundesdeutschen Militärstab angewiesen hatten, seine Planungen auf die Verwendung nuklearer Waffen aufzubauen, und glaubte, daß Bundeswehrführer zu einem gewissen Grade Kontrolle über ihren Einsatz haben würden. Er nahm auch an, die NATO werde sich wieder in Richtung auf eine konventionelle Kriegsdoktrin bewegen, sobald Westeuropa seine Bodentruppen ausgebaut hatte. Die Schaffung der Bundeswehr werde der NATO erlauben, einen

---

[11] Eine umfassende Diskussion dieser Bundestagsdebatten findet sich in Mark Cioc, Pax Atomica: The Nuclear Defense Debate in West Germany during the Adenauer Era, New York 1988, S. 21–65.

[12] Stenographisches Protokoll der 15. Sitzung des Ausschusses für Fragen der europäischen Sicherheit, 12. 7. 1954, Parlamentsarchiv Bonn, Verteidigungsausschuß.

Ersatz für die massive Vergeltungsdoktrin zu finden. Die Verteidigung des Westens in Europa sei ohne deutschen Beitrag nicht vorstellbar, es sei denn, die gesamte Verteidigung werde mit Atomwaffen geführt. Der Eiserne Vorhang müsse auf gesamter Länge als ein einziger Kriegsschauplatz mit vier Kampfzonen gesehen werden: dem Raum südlich des Kaukasus, dem Balkan-Raum, Mitteleuropa und Skandinavien. „Der wirklich entscheidende Angelpunkt aber, meine Damen und Herren, ist Westdeutschland. Denn wenn Westdeutschland verlorengeht, dann bricht diese große Front – die ich vorhin aufzuzeigen versuchte – vom Persischen Golf bis zum Nordkap in der Mitte auseinander ... Damit tritt die Situation ein, daß dieser große Kriegsschauplatz zerfällt, wobei nun dem östlichen Gegner der wesentliche Teil in die Hand fällt mit all den Vorteilen, die er dadurch auf wirtschaftlichem Gebiet erringt; von dem politischen Gebiet will ich hier gar nicht sprechen."[13]

Heusinger meinte, daß England und Frankreich die primären sowjetischen Nuklearziele waren, nicht die Bundesrepublik; und er nahm an, daß eine konventionelle Verteidigung entlang des Eisernen Vorhangs durchführbar war, sobald die Bundeswehr ihre volle Stärke erreicht hatte. Seine Analyse zeigte, wie sehr er eine große stehende Armee nach den Richtlinien der Lissabonner NATO-Konferenz von 1952 befürwortete; und sein Gedankengang nahm in vieler Hinsicht die Strategie der Flexible Response (von der NATO 1967 angenommen) voraus. Aber seine Analyse stand im Gegensatz zur Logik der Doktrin der massiven Vergeltung, die von einer permanenten konventionellen Unterlegenheit des Westens ausging. Die erklärte Politik der Eisenhower-Administration sah zudem den frühen Ersteinsatz von Nuklearwaffen in Mitteleuropa vor, ohne Rücksicht darauf, ob die Sowjets auf konventioneller Ebene angriffen.

Tatsächlich zeigten, gerade als Heusinger die Vorteile der NATO-Strategie erläuterte, zwei NATO-Übungen, Battle Royal (1954) und Carte blanche (1955), den Bundesbürgern zum ersten Mal ihre geographische Verwundbarkeit und ließen sie die Vorzüge der militärischen Integration in den Westen in Frage stellen. In Battle Royal „benutzte" die NATO zehn atomare Bomben, um eine begrenzte sowjetische Panzerinvasion auf einer 80 km langen Front zurückzuwerfen, und „verseuchte" dabei fast 2000 Quadratkilometer der Bundesrepublik[14]. In Carte blanche „warfen" sowjetische und NATO-Truppen je über 150 Nuklearbomben in Europa ab, von denen zwei Drittel auf westdeutschem Boden „landeten", 1,7 Millionen Deutsche „töteten" und weitere 3,5 Millionen „verwundeten"[15]. Diese Manöver – und folgende NATO-Übungen von Lion noir (1957) bis Fallex 62 (1962) – machten deutlich, daß die Bundesrepublik im Falle einer Konfrontation der Supermächte in Mitteleuropa zum nuklearen Inferno werden würde.

Nach Carte blanche hörten CDU/CSU-Sprecher auf, der Öffentlichkeit vorzutäuschen, daß die NATO die Bundesrepublik mit konventionellen Waffen verteidigen werde; und als Strauß 1956 Verteidigungsminister wurde, paßte die Bundeswehr sich

---

[13] Stenographisches Protokoll der 37. Sitzung des Ausschusses für auswärtige Angelegenheiten in Verbindung mit der 32. Sitzung des Ausschusses für Fragen der europäischen Sicherheit, 10. 2. 1955, ebenda.
[14] Stenographisches Protokoll der 23. Sitzung des Ausschusses für Fragen der europäischen Sicherheit, 1. 12. 1954, ebenda.
[15] Luftmanöver „Carte Blanche" im Kommandobereich Mitteleuropa, Wehrkunde (Juli und August 1955) und Der Spiegel, 13. 7. 1955.

ziemlich rasch dem neuen amerikanischen Verteidigungskonzept an. Von diesem Moment an basierte die CDU/CSU-Verteidigungspolitik auf der Parole: Kriegsverhinderung durch nukleare Abschreckung.

SPD-Führer machten jedoch deutlich, daß ihr Augenmerk nicht auf der Abschreckungsdoktrin der NATO lag, sondern auf den Folgen für die Bundesrepublik, falls die Abschreckung versagen sollte. Wer sollte schließlich von der massiven Vergeltungsdoktrin stärker abgeschreckt werden: die Sowjetunion oder die deutsche Bevölkerung? Immer wieder zeigten sie auf, daß die US-Nukleardoktrin nicht für eine Verteidigung entlang der mitteleuropäischen Front geeignet war, weil sie das Gebiet, das sie schützen sollte, verwüsten, die Städte, die sie verteidigen sollte, zerstören und die Bevölkerung, die sie retten sollte, dezimieren würde. „Man kann nicht *ohne* die 12 deutschen Divisionen die Bundesrepublik verteidigen", stellte Fritz Erler, der SPD-Verteidigungsexperte, auf der Sitzung des Verteidigungsausschusses vom Januar 1955 fest, „aber damit ist noch lange nicht gesagt, daß man sie *mit* 12 deutschen Divisionen wirklich verteidigen kann."[16]

Erlers Bedenken wurden von Bogislav von Bonin geteilt, der in der Dienststelle Blank von 1952 bis 1953 Heusingers Planungschef war, also genau zu dem Zeitpunkt, als die Eisenhower-Administration die NATO-Doktrin zu verändern begann. Bonin war überzeugt, daß die Doktrin der massiven Vergeltung Deutschland zum nuklearen Niemandsland machen würde und daß die NATO der Bundesrepublik keinen ausreichenden Schutz vor einem sowjetischen Vormarsch bieten könne. Eine Vorwärtsstrategie, argumentierte Bonin, die auf dem frühen Ersteinsatz von Nuklearwaffen basierte, drohte das Territorium zu zerstören, das verteidigt werden sollte. Anstelle einer wehrpflichtigen Bundeswehr mit 500 000 Mann befürwortete er eine Armee aus 125 000 bis 150 000 Freiwilligen, ausgerüstet mit 8000 Panzerabwehrwaffen, für den Einsatz an der 800 km langen innerdeutschen Grenze. In der Bundesrepublik sollten keine Kernsprengköpfe stationiert werden und die NATO sollte ihre Politik nicht auf den Ersteinsatz taktischer Atomwaffen in Mitteleuropa aufbauen. Diese Freiwilligen-Bundeswehr sollte unabhängig von den westlichen Verbündeten operieren – obwohl Bonin letztlich auf die Bereitschaft der NATO baute, Westdeutschland zu befreien, falls Mitteleuropa überrannt werden sollte[17].

Sowohl die Regierungssprecher als auch die Opposition nahmen an, daß die größte Gefahr für Mitteleuropa in einer blitzkriegartigen Panzerinvasion aus dem Osten lag, aber sie waren sehr unterschiedlicher Meinung, was das beste Verteidigungskonzept für Westdeutschland war. Heusingers Analyse stimmte mit der von CDU/CSU-Führern überein, die dazu neigten, deutsche Sicherheit nur als einen Teil einer umfassenden westlichen Abschreckung zu sehen. Bonins Analyse stimmte mit der der meisten SPD-Führer überein, die eine kleine, konventionelle nationale Armee befürworteten, die in der Lage war, einen begrenzten Angriff abzuwehren. Bonin und

---

[16] Stenographisches Protokoll über die 25. Sitzung des Ausschusses für Fragen der europäischen Sicherheit, 12. 1. 1955, Parlamentsarchiv Bonn, Verteidigungsausschuß.
[17] Zum Bonin-Plan siehe Heinz Brill, „Die taktischen Atomwaffen sind im Grunde nicht anders als eine Weiterentwicklung der Artillerie." Vgl. Bogislaw von Bonin im Spannungsfeld zwischen Wiederbewaffnung – Westintegration – Wiedervereinigung. Ein Beitrag zur Entstehungsgeschichte der Bundeswehr 1952–1955, Baden-Baden 1987.

Heusinger redeten, genau wie SPD und CDU/CSU, aneinander vorbei, jeder scheinbar nicht gewillt, die Position des anderen anzuerkennen. Indem er auf die Konsequenzen für die Bundesrepublik aufmerksam machte, traf Bonin die Achillesferse der NATO-Politik. Aber sein Gegenvorschlag war eher ein kaum verhülltes Wiedervereinigungsvorhaben als ein ernstzunehmender Versuch, das strategische Dilemma Westdeutschlands zu überwinden. Eine 150 000 Mann starke Bundeswehr konnte nur ein Gegengewicht zu einer ostdeutschen Armee darstellen, sie würde zu schwach sein, um der sowjetischen Armee widerstehen zu können; sie konnte der NATO noch nicht einmal die Bodentruppen stellen, die für eine konventionelle Verteidigung entlang des Eisernen Vorhangs benötigt wurden. Bonin setzte voraus, daß eine sowjetische Attacke nicht-nuklear sein würde. Er ignorierte Amerikas Containment-Strategie, die nukleare Abschreckungsdoktrin und die Sicherheitsbedürfnisse der anderen NATO-Länder. „Wenn die russischen Soldaten die Grenze erreichen", soll Strauß über den Bonin-Plan gesagt haben, „werden sie sofort umfallen und vor Lachen sterben."

Heusinger und die Dienststelle Blank verfochten dagegen eine strategische Konzeption, die auf der Abschreckungsfähigkeit der NATO beruhte, aber sie beachteten die offensichtliche Verwundbarkeit der Bundesrepublik, falls die Abschreckung versagen sollte, nicht. Eine Ausrüstung nach dem neuesten Stand der Technik war kein Ersatz für eine Strategie; es war wenig sinnvoll für die Westdeutschen, zwölf Divisionen atomaren Kanonenfutters einzuberufen.

V.

Die interessantesten Verteidigungsdebatten fanden im Bundestag zwischen dem 10. Mai 1957 und dem 25. März 1958 statt. Die meisten wurden von SPD-Führern herbeigeführt, die den Funken der Opposition gegen Adenauers Politik der militärischen Integration zu entzünden hofften. Mehrere Ereignisse trugen dazu bei, eine lebhafte Diskussion zu sichern. Im Februar 1956 verließ die FDP die Regierungskoalition und näherte sich in Verteidigungsfragen der Haltung der SPD. Im Oktober 1956 wurde Strauß Verteidigungsminister; er unterstützte nicht nur eifrig Amerikas Nuklearabschreckungsdoktrin, sondern drängte auch auf ein französisch-deutsches Nuklearforschungsprojekt. Im Dezember 1956 entschied die NATO, einige Bundeswehreinheiten im Gebrauch nuklearer Waffensysteme auszubilden und Matador-Mittelstreckenraketen auf westdeutschem Boden aufzustellen. Zur gleichen Zeit nahm die NATO offiziell das Militärkomitee-Dokument MC-14/2 an, das die NATO-Politik auf eine Linie mit der amerikanischen nuklearstrategischen Doktrin brachte. Im April 1957 unterlief Adenauer sein berühmter „Artillerie"-faux pas in einer Pressekonferenz[18]. Carl-Friedrich von Weizsäcker und siebzehn weitere prominente westdeutsche Wissenschaftler antworteten mit dem publizitätsträchtigen „Göttinger Manifest", in dem sie Adenauers leichtfertige Bemerkung abkanzelten und feierlich erklärten, nicht an Forschungen für nukleare Verteidigung teilnehmen zu wollen. Im September 1957 versuchte die SPD, die Bundestagswahlen zu einem Plebiszit gegen Adenauers Verteidigungspolitik zu machen. Im Oktober 1957 präsentierte Adam

---

[18] Dokumente zur Deutschlandpolitik, III. Reihe, Bd. 3, Bonn 1961-1969, S. 577.

Rapacki einen umfassenden Vorschlag für ein atomwaffenfreies Mitteleuropa, einen Plan, den die SPD während der nächsten Monate zu popularisieren versuchte. Schließlich verabschiedete der Bundestag im März 1958 einen Prototyp des Doppelbeschlusses, der die NATO-Entscheidung, Mittelstreckenraketen in der Bundesrepublik aufzustellen und unterdessen Rüstungskontrollverhandlungen mit den Sowjets aufzunehmen, sanktionierte.

Der Ton der Bundestagsdebatten zeigte, wie sehr Verteidigungsfragen zum Spielball der Innenpolitik geworden waren. Bestenfalls wiederholten die Parlamentarier die Argumente, die zuvor im Bundestagsverteidigungsausschuß ausgetauscht worden waren, ohne einer Übereinstimmung näher zu kommen. Schlimmstenfalls degenerierten die Debatten in Schreiwettbewerbe zwischen CDU/CSU- und SPD-Abgeordneten, die von ihren Sitzen aus Salven von Beleidigungen austauschten, Obszönitäten schrien und sich gegenseitig „Neofaschisten", „Nationalbolschewisten", „Halbkommunisten" und „Ganzkommunisten" nannten. Helmut Schmidt, der junge SPD-Verteidigungsexperte, hielt die provozierendste Rede. Er griff die CDU/CSU-Abgeordneten, von denen viele der Weimarer Zentrumspartei angehört hatten, scharf an: „Ihre Zustimmung zu dem Ermächtigungsgesetz hat uns wie viele Millionen anderer später auf die Schlachtfelder Europas geführt und in die Keller unserer Städte, Millionen in die KZ und deren Todeskammern. ... Wir sagen dem deutschen Volke in voller, ernster Überzeugung, daß der Entschluß, die beiden Teile unseres Vaterlandes mit atomaren Bomben gegeneinander zu bewaffnen, in der Geschichte einmal als genauso schwerwiegend und verhängnisvoll angesehen werden wird, wie es damals das Ermächtigungsgesetz für Hitler war."[19]

Während die SPD die Bundesregierung im Parlament angriff, finanzierte und steuerte sie auch die außerparlamentarische Bewegung „Kampf dem Atomtod" (KdA); sie war lose am Modell von Bertrand Russells „Campaign for Nuclear Disarmament" (CND) in Großbritannien orientiert. Die Bewegung formierte sich am 23. März, nur zwei Tage bevor der Bundestag den „Doppelbeschluß" verabschiedete. Auf Bundes-, Landes- und lokaler Ebene planten ihre Führer zusammen mit der SPD eine Reihe von Volksentscheiden mit dem Ziel, die Bundestagesentscheidung vom März zu revidieren. Daneben sollte die Führung des Deutschen Gewerkschaftsbundes überzeugt werden, aus Protest gegen die Verteidigungspolitik des Bundeskanzlers einen Streik auszurufen; das Ziel war nicht nur, Druck auf die Regierung auszuüben, sondern auch die öffentliche Aufmerksamkeit auf Nuklearfragen zu richten. Außerdem war geplant, Hunderte von Landes- und Ortsverbänden zu gründen, deren Zweck darin bestand, Demonstrationen zu organisieren und die Botschaft der SPD in Städte und Dörfer im ganzen Land zu tragen. Der wichtigste Test für all diese Agitation waren die Landtagswahlen in Nordrhein-Westfalen im Juli 1958. Falls die CDU/CSU eine entscheidende Niederlage in diesem dichtbesiedelten Bundesland erleiden würde, könnte Adenauer sich gezwungen sehen, in seiner Nuklearverteidigungspolitik zurückzustecken[20].

Am 24. April debattierte der Bundestag über die SPD-Initiative für den Volksentscheid, die eine direkte Abstimmung der Wahlberechtigten über folgende zwei Fragen

[19] Verhandlungen des Deutschen Bundestages, 3. Wahlperiode, Stenographische Berichte, Bd. 40, S. 1040–1041.
[20] Über KdA siehe Cioc, Pax Atomica (Anm. 11), S. 116–143; Hans-Karl Rupp, Außerparlamentarische Opposition in der Ära Adenauer, Köln 1970.

vorsah: „Sind Sie damit einverstanden, daß deutsche Streitkräfte mit atomaren Spreng-
körpern ausgerüstet werden? Sind Sie damit einverstanden, daß in Deutschland
Abschußvorrichtungen für atomare Sprengkörper angelegt werden?"[21] Zur gleichen
Zeit wurde über ähnliche Vorschläge in den Landtagen von Bayern, Schleswig-Holstein, Niedersachsen, Baden-Württemberg und Hessen und in den Bürgerschaften von
Hamburg und Bremen debattiert. Die Volksentscheide kamen jedoch aus politischen
und verfassungsrechtlichen Gründen nicht zustande. Die SPD hatte nur in Bremen
und Hamburg die parlamentarische Mehrheit. Anderswo hing der Erfolg der Volksentscheide ganz von der Haltung der FDP-Führer ab, die sich nicht willens zeigten,
eine außerparlamentarische Agitation zu unterstützen. Eine CDU/CSU-FDP-Bundes-
tagsmehrheit überstimmte den Vorschlag der SPD mit 215 gegen 123 Stimmen; ähnlich
einseitige Ergebnisse gab es in Bayern, Schleswig-Holstein, Baden-Württemberg und
Hessen. Außerdem rief die Bundesregierung, als Bremen, Hamburg und Frankfurt für
die Volksentscheide stimmten, das Bundesverfassungsgericht an, bevor die Abstimmungen stattfinden konnten. Zwei Monate später erklärte das Gericht Volksabstim-
mungen auf Landes- und lokaler Ebene für nicht verfassungsmäßig: Die Volksbefragung betreffe Angelegenheiten der Verteidigung und der auswärtigen Politik, die zur
ausschließlichen Gesetzgebungs-, Regierungs- und Verwaltungszuständigkeit des Bundes gemäß Art. 73, Ziff. 1, 65, 65a, 87a, 87b, des Grundgesetzes gehörten[22].

Auch die Streikfrage stockte aus politischen und juristischen Gründen. Zwei Arten
von Streiks wurden diskutiert: ein Warnstreik mit einer kurzen bundesweiten Arbeits-
niederlegung entweder für eine Stunde oder einen Tag; oder ein unbefristeter Generalstreik, der den Bundeskanzler und seine Regierung ins Wanken bringen sollte. Den
meisten Gewerkschaftsführern schien keine dieser Möglichkeiten sehr vielversprechend. Der Generalstreik – eine drakonische Maßnahme – stellte die Prinzipien der
parlamentarischen Demokratie in Frage. Ein Warnstreik hingegen war vor allem ein
symbolischer Akt, der die politische Solidarität der Arbeitnehmer demonstrieren, auf
die Bundesregierung aber ohne Wirkung bleiben würde. Trotzdem schien eine Mehrheit der Arbeitnehmerschaft eine Streikaktion zu befürworten, Meinungsumfragen
zufolge sogar die Bevölkerung insgesamt. Die DGB-Führung fühlte sich dieser Stimmung verpflichtet, zumindest anfangs. Aber als der Vorstand des DGB am 28. März
zusammentrat, um einen Aktionsplan festzulegen, dämpften juristische Fragen den
Enthusiasmus für einen Streik schnell: „Ein politischer Generalstreik darf sich nicht
gegen eine legitime, die Grundrechte der Verfassung respektierende Regierung richten", stellte der juristische Experte der Gewerkschaften, Hermann Grote, fest, „auch
dann nicht, wenn sich die Gewerkschaften genötigt sehen, diese freigewählte Regierung wegen ihrer Politik mit allen legalen Mitteln schärfstens zu bekämpfen."[23] Der
DGB-Vorstand entschied sich deshalb klugerweise, nur einen einzigen, einstündigen
Streik im SPD-regierten Hamburg zu unterstützen.

Während die SPD nach Volksbefragungen strebte und die Arbeitnehmerführer mit
der Streikfrage kämpften, organisierte die Antiatombewegung fast 100 Demonstrationen während des Sommers 1958. 26 fanden in Nordrhein-Westfalen, 18 in Bayern, 14

---

[21] Entwurf eines Gesetzes zur Volksbefragung wegen einer atomaren Ausrüstung der Bundeswehr, Verhandlungen des Deutschen Bundestages, 3. Wahlperiode, Anlagen, Bd. 57, Drucksache 303.
[22] Bundesverfassungsgericht: 2BvF 3/58 und 2BvF 5/58.
[23] Hermann Grote, Gewerkschaften und Generalstreik. 28. 3. 1958, DGB-Archiv Düsseldorf, Atom.

in Baden-Württemberg, je neun in Niedersachsen und Rheinland-Pfalz, vier in West Berlin, je zwei in Bremen und Hamburg und eine in Schleswig-Holstein statt. Die meisten Demonstrationen zogen 1000 bis 2000 Sympathisanten an, während acht Demonstrationen mehr als zehntausend auf die Straße brachten: Hamburg (150 000), Bielefeld (25 000), München (10 000), Bremen (25 000), Karlsruhe (20 000), Frankfurt (30 000), Ulm (15 000) und Hannover (40 000). Insgesamt nahmen vielleicht eine Million Personen an solchen Demonstrationen teil, wenn man die Maifeiern, die von den Gewerkschaften organisiert wurden, und zahllose lokale Initiativen dazurechnet[24].

Keine dieser außerparlamentarischen Aktivitäten half der SPD jedoch im Kampf um die politische Macht. Die Wahlen in Nordrhein-Westfalen im Juli 1958 gingen ebenso verloren wie die Bundestagswahlen vom vorhergehenden September. Die CDU gewann zum ersten Mal in der Geschichte dieses Bundeslandes die absolute Mehrheit (50,5 Prozent), indem sie den antinuklearen Wahlslogan der SPD übernahm und ergänzte: „Kampf dem Atomtod *in der ganzen Welt.*"[25]

Es gab weitere Anti-Atom-Demonstrationen, weitere Bundestagsdebatten und laut-starke Agitation, weitere Diskussionen und Initiativen für Volksbefragungen. Aber nach der Wahl in Nordrhein-Westfalen erlangte die „Kampf-dem-Atomtod"-Bewegung nie wieder Einfluß: die SPD verlor das Interesse an Demonstrationen; die Gelder der Gewerkschaften versickerten und Landesverbände fielen auseinander, als Friedens-aktivisten sich anderen Fragen zuwandten. Alle Versuche, Adenauers Integrations-politik auf außerparlamentarischer Ebene zu konterkarieren, schlugen fehl.

VI.

Ab Mitte 1958 war die Nukleardebatte praktisch nur noch eine Diskussion inner-halb der SPD über die Notwendigkeit einer wahltaktischen Neuorientierung der Partei. Erler und Schmidt arbeiteten eine Verteidigungspolitik aus, die fast identisch war mit der, die Adenauer vor der Umrüstung von 1956 befürwortet hatte: eine große Wehrpflichtarmee, die für eine konventionelle Verteidigung ausgebildet werden sollte, in Verbindung mit einer NATO-Doktrin der flexiblen Optionen.

Der erste Schritt der SPD war, die Bundeswehr als integralen Bestandteil der Verteidigungssstruktur der NATO anzuerkennen: Es war wenig wahrscheinlich, daß die westlichen Regierungen sich auf eine konventionelle „Vorneverteidigung" verstän-digen würden, ehe die westdeutsche Armee ihre volle Stärke erreicht hatte. Daher ermutigte die SPD-Bundestagsfraktion die Jungsozialisten ab Oktober 1958, in die Bundeswehr einzutreten, und drängte auf die Intensivierung der Kontakte mit Bun-deswehroffizieren. Im November 1959 billigte die SPD eine „Heimatverteidigung" auf dem Bad Godesberger Parteitag. Im Januar 1962 schließlich unterstützte die SPD einen Gesetzesvorschlag, der den Wehrdienst von zwölf auf achtzehn Monate verlängerte[26].

---

[24] Rupp, Außerparlamentarische Opposition (Anm. 20), S. 289–296; Cioc, Pax Atomica (Anm. 11), S. 121.
[25] Bericht zur Landtagswahl in NRW am 6. 7. 1958, Wolfgang-Doering-Stiftung Düsseldorf, Wahlberichte.
[26] Zur Veränderung der SPD-Verteidigungspolitik siehe Abraham Ashkenasi, Reformpartei und Außenpolitik, Köln 1968; Rudolf Hrbek, Die SPD – Deutschland und Europa. Die Haltung der Sozialdemokratie zum Verhältnis von Deutschland-Politik und Westintegration (1947–1957), Bonn 1972; Joachim Hütter, SPD und nationale Sicherheit, Meisenheim 1975; Kurt Klotzbach, Der Weg zur Staatspartei, Berlin 1982; Lothar Wilker, Die Sicherheitspolitik der SPD 1956–1966, Bonn 1977.

Mit der neuen Haltung zur Bundeswehr ging eine Revision der SPD-Position zu Kernwaffen in Übereinstimmung mit der westlichen Sicherheitspolitik einher. Kurz nachdem die SPD der Bundesregierung ihr Interesse an einer gemeinsamen Außenpolitik signalisiert hatte, bereitete Erler im Juli 1960 ein Memorandum für Parteiführer vor, das die militärisch-technischen Aspekte der NATO-Doktrin zusammenfaßte. Die Sicherheit Westeuropas, argumentierte er, müsse auf den Säulen Abschreckung und Verteidigung ruhen. Die massive Vergeltungsdoktrin ruhe nur auf einem Pfeiler, während der andere unberücksichtigt bleibe. Die NATO-Doktrin setze zum Ausgleich sowjetischer Bodenüberlegenheit auf jeden Fall Atomwaffen ein; die NATO verfüge nur über eine Abschreckungsdoktrin, „nicht aber über eine Verteidigungskonzeption für den Fall, daß die Abschreckung versagt"[27].

Erler verdeutlichte, daß Abschreckung und Verteidigung keine identischen Strategien waren; sie bedingten verschiedene Ansätze, der eine global, der andere regional. Er empfahl zwei Veränderungen der NATO-Doktrin, von denen er meinte, daß sie den Verteidigungspfeiler des Westens stützen würden, ohne den Abschreckungspfeiler zu schwächen. Zuerst müsse die NATO zustimmen, keine Mittelstreckenraketen innerhalb eines Radius' von 1000 km um die Sowjetunion zu stationieren. Damit würde eine *strategische* atomwaffenfreie Zone einschließlich der Bundesrepublik entstehen, die es der NATO erspare, im Kriegsfall entlang des Eisernen Vorhangs sofort mit Kernwaffen zu antworten. Außerdem sollten NATO-Einheiten so ausgebildet und ausgestattet werden, daß sie von Kernwaffen unabhängig seien. Eine Aggression sollte nach Möglichkeit ohne Rückgriff auf Amerikas Kernwaffenlager zurückgeschlagen werden. Erler schlug eine „Arbeitsteilung" innerhalb der NATO-Streitkräfte vor. Die Vereinigten Staaten sollten die alleinige Kontrolle über die strategische Abschreckung des Westens behalten, während die Bundesrepublik zu einer *strategischen* atomwaffenfreien Zone mit der Bundeswehr als konventioneller Kampfmacht werden würde.

In seinem Buch „Verteidigung oder Vergeltung" entwickelte Schmidt eine ähnliche Verteidigungskonzeption in noch detaillierterer Form. Die NATO, erklärte er, solle ihre konventionellen Streitkräfte ausbauen, um die Notwendigkeit des Einsatzes taktischer Nuklearsprengköpfe zu verringern. Schmidt wollte die Schwert-Schild-Strategie umkehren: anstatt eines nuklearen Schwertes und eines konventionellen Schildes sollten die konventionellen NATO-Streitkräfte als Schwert agieren, während die Nuklearkräfte als Schild funktionieren sollten. Schmidt empfahl die Doktrin der „Flexible Response" als Lösung des nuklearen Dilemmas der NATO, die Schaffung eines Verteidigungs-Abschreckungssystems, das von konventionellen Waffen bis zu strategischen Raketen reichte. Die NATO-Truppen entlang des Eisernen Vorhangs sollten hauptsächlich aus hochmobilen westdeutschen Einheiten bestehen, die mit konventionellen Waffen ausgerüstet wären; sie würden die erste Welle eines Angriffs aus dem Osten absorbieren. Verstärkungstruppen hinter der Frontlinie wären in der Lage, einen taktischen nuklearen Gegenangriff zu starten, wenn das Maß der Gewalt über die konventionelle Ebene hinaus eskalierte. Mittelstrecken- und Interkontinentalraketen würden die obersten Stufen der Abschreckungsleiter ausmachen. Das NATO-Gebäude, erklärte Schmidt, müsse dem Gegner auf militärischer und politischer Ebene

---

[27] 34-Punkte Memorandum ohne Titel vom 12. 7. 1960, Archiv der sozialen Demokratie Bonn, Fritz Erler Nr. 138.

als unzerstörbar erscheinen, so daß sich keine westeuropäische Regierung vor militärischen Erpressungen zu fürchten brauchte. „Die zur Verteidigung Europas vorbereiteten Strategien der NATO", schrieb er, „müssen einem kontinuierlichen System entsprechen, das unter Vermeidung von Lücken vom Kalten Krieg bis zum allgemeinen
und totalen Kriege reicht. Auf der untersten wie auf der obersten Stufe möglicher
Konfliktformen wie auch auf allen denkbaren Zwischenstufen muß die NATO in der
Lage sein, dem angreifenden Gegner untragbare Risiken zuzumuten."[28] Ab 1960 hieß
die SPD-Parole: Kriegsverhinderung hauptsächlich durch konventionelle Abschrek-
kung.

Die neue strategische Konzeption der SPD beendete zwar nicht die nukleare
Debatte, veränderte aber den Kontext parteiinterner Debatten über Verteidigungsfragen dramatisch. Nachdem die SPD die Prämisse der westdeutschen Allianz mit der
NATO akzeptiert hatte, arbeitete sie eher auf eine allmähliche Transformation als auf
eine völlige Umkehr der Sicherheitspolitik der Bundesregierung hin. Die ideologisch
belasteten Auseinandersetzungen der Vergangenheit wurden durch eine gemeinsame
Anstrengung ersetzt, die beste „Mischung" nuklearer und konventioneller Waffen für
die Verteidigung Westeuropas zu finden, eine Anstrengung, die 1967 auf dem Treffen
des NATO-Rates ihre Früchte trug, als die westlichen Führer eine modifizierte Version der Flexible Response-Doktrin (MC-14/3) annahmen. Die NATO beschloß, ihre
nicht-nukleare Kapazitäten zu stärken, indem sie die Frontstreitkräfte so aufbaute,
daß der Westen nicht unbedingt auf den sofortigen Einsatz von Nuklearwaffen
zurückgreifen mußte, ohne allerdings prinzipiell auf den Ersteinsatz von Kernwaffen
zu verzichten.

Als die Adenauer-Ära zu Ende ging, entstand eine Art von Konsens zwischen den
beiden großen Parteien: Die Bundeswehr sollte aus der innenpolitischen Auseinandersetzung herausgehalten werden. Die Nuklearbewaffnung wurde in den 60er Jahren
ohne größere Diskussion erheblich ausgebaut. Die Debatte drehte sich nun um zwei
Kernfragen: Welche NATO-Strategie konnte am besten die Sowjetunion eindämmen
und wie konnte die Bundeswehr innerhalb der NATO am besten zum Frieden beitragen? Die Vorteile der militärischen Integration wurden sowohl von der Regierung als
auch von der Opposition akzeptiert.

---

[28] Helmut Schmidt, Verteidigung oder Vergeltung: Ein deutscher Beitrag zum strategischen Problem der
NATO, Stuttgart 1961, S. 215.

V.

Die Westmächte und die Eingliederung der Bundesrepublik

Klaus Schwabe

Fürsprecher Frankreichs?

John McCloy und die Integration der Bundesrepublik

Als der vormalige Unterstaatssekretär im amerikanischen Kriegsministerium und spätere Präsident der Weltbank John McCloy im Mai 1949 sein neues Amt als amerikanischer Militärgouverneur (nach Inkrafttreten des Besatzungsstatuts: als Hoher Kommissar) in Deutschland antrat, war die Europapolitik der USA mehr und mehr in eine Krise geraten. Die Überwindung der Spaltung Europas war mit dem Fehlschlagen der Pariser Viermächtekonferenz fürs erste illusorisch geworden. Wie das außerhalb des sowjetischen Machtbereiches verbliebene Westeuropa, wie die Rolle konkret aussehen sollte, die die neu gegründete Bundesrepublik in diesem Teileuropa spielen sollte, war noch unklar. Fest stand nur das erklärte Ziel der USA, den westdeutschen Teilstaat wirtschaftlich und politisch als gleichberechtigtes Mitglied in eine noch zu schaffende Gemeinschaft der Völker Westeuropas einzubinden. Über die Form, die dieser europäische Rahmen annehmen sollte, gingen die Meinungen in der amerikanischen Regierung mehr und mehr auseinander, verfolgte die amerikanische Regierung doch zwei Ziele, die, wie sich im Sommer 1949 immer deutlicher herausstellte, miteinander nicht in Einklang gebracht werden konnten: Einerseits wünschte sie einen möglichst weit umfassenden Zusammenschluß der westeuropäischen Staaten, zu dem auf jeden Fall Großbritannien gehören sollte (trotz dessen überseeischen Bindungen); auf der anderen Seite sollte dieser europäische Zusammenschluß aber auch supranationale Strukturen enthalten, das heißt, den Mitgliedern Verzichte an ihren Souveränitätsrechten auferlegen.

Es war vor allem die Rücksichtnahme auf eine künftige deutsche Mitgliedschaft in diesem integrierten Europa, welche die US-Regierung veranlaßte, lange Zeit auf der Erfüllung *beider* Bedingungen eines westeuropäischen Zusammenschlusses – einer Beteiligung Großbritanniens und einer Schaffung supranationaler Strukturen – zu beharren. Ein ausgedehnter britisch-amerikanischer Meinungsaustausch, der im Sommer 1949 stattfand (und bei dem der Direktor des Policy Planning Staff im State Department, George F. Kennan, die amerikanische Seite vertrat), führte zu dem Ergebnis, daß die britische Regierung für ein supranational strukturiertes Westeuropa nicht zu haben war. Die amerikanische Europapolitik stand damit vor dem Dilemma, entweder auf Großbritannien als Mitglied einer europäischen Gemeinschaft oder aber auf eine supranationale Struktur dieser Gemeinschaft verzichten zu müssen. Sowohl das eine wie das andere erschien indessen in den Augen des State Departments unerläßlich, um ein Übergewicht Deutschlands in diesem Verbund zu verhindern[1]. Innerhalb des State Departments gewannen in einer immer heftiger werdenden Debatte um diese Alternativen im Herbst 1949 allmählich die Befürworter eines Verzichtes auf England bei der Schaffung einer supranationalen Einigung Europas ein gewisses Übergewicht. Vor allem der Außenminister Acheson rang sich zu dieser Option durch und appellierte mehrfach an die französische Regierung, bei dem europäischen Einigungsprozeß doch die Führung zu übernehmen. Er schloß sich damit einer Meinung an, zu der vor allem Kennan als Ergebnis seiner Londoner Sondierung gelangt war[2].

McCloy hat bekanntlich als amerikanischer Hochkommissar auf die Integration der Bundesrepublik in das von Acheson ins Auge gefaßte „Kleinsteuropa" einen entscheidenden Einfluß genommen. Für seine Rolle bei diesem Prozeß stellten sich drei Fragen, für die im Folgenden eine Antwort gesucht werden soll:
1. Hat McCloy dieses kleinsteuropäische Ziel schon von Anfang seiner Amtszeit an angesteuert?
2. Aus welchen Motiven hat er sich gegebenenfalls für dieses Konzept eingesetzt?
3. Inwieweit hat er sich dabei zum Anwalt der Interessen Frankreichs oder der Bundesrepublik gemacht?

John McCloy ist für die Aufgabe, die ihn 1949 in Europa erwartete, bestens vorbereitet gewesen. Die Deutschen hatte er schon im Ersten Weltkrieg kennengelernt, zunächst als Gegner auf dem Schlachtfeld, dann als Besiegte in der damaligen amerikanischen Besatzungszone (Trier). Zu Ende des Zweiten Weltkrieges war er als Unterstaatssekretär im Kriegsministerium und rechte Hand des Ministers Stimson maßgebend mit der Planung der amerikanischen Besatzungspolitik im besiegten Deutschland befaßt und tat sich dabei als Gegner des Finanzministers Morgenthau hervor[3]. Die Nachkriegszeit brachte ihn zunächst mit Frankreich und dessen finanziellen Problemen in Berührung. 1947 half er dem finanziell in höchste Bedrängnis gelangten Land eine Anleihe vermitteln[4]. Mit Jean Monnet verband ihn eine langjährige Familienfreundschaft. Während des Zweiten Weltkrieges arbeiteten beide bei der Planung der militärischen Versorgung des freien Frankreich zusammen[5]. Offenbar hat ihm der Ruf, ein Fürsprecher Frankreichs zu sein, wesentlich zu seiner Ernennung zum Nachfolger des Generals Clay an der Spitze der amerikanischen Militärverwaltung in Deutschland

[1] Das Folgende versteht sich als Vorstudie für ein größeres Projekt, in dem der Verf. die amerikanische Integrationspolitik in Europa von 1947 bis 1955 darstellen möchte. Es wurde deshalb auch auf die Angabe von Archivsignaturen verzichtet. – Vgl. Klaus Schwabe, Der Marshall-Plan und Europa, in: Raymond Poidevin (Hrsg.), Histoire des débuts de la construction européenne, Brüssel usw. 1986, S. 62ff. Die für diesen Beitrag nötigen Archivarbeiten wurden von der Deutschen Forschungsgemeinschaft durch eine Sachbeihilfe im Rahmen ihres Schwerpunktes: „Westeuropa und Nordamerika, Geschichte der transatlantischen Wechselbeziehungen" gefördert.
[2] Dean Acheson, Present at the Creation, New York 1969, S. 362; Kennan vor Policy Planning Staff, 18. 10. 1949, National Archives Washington (NA); Acheson an U.S. Embassy France, 19. 10. 1949, Foreign Relations of the United States, Washington (FRUS) 1949, Bd. 4, S. 470; ders. an Schuman, 30. 10. 1949, FRUS 1949, Bd. 3, S. 622; dazu jetzt: Michael Hogan, The Marshall Plan. America, Britain and the Reconstruction of Western Europe, 1947–1952, Cambridge 1987, S. 268ff.; Gunther Mai, Dominanz oder Kooperation im Bündnis? Die Sicherheitspolitik der USA und der Verteidigungsbeitrag Europas, in: Historische Zeitschrift, Bd. 246 (1988), H. 2, S. 348f.
[3] Paul Y. Hammond, Directives for Germany: The Washington Controversy, in: Harold Stein, American Civil-Military Decisions, Birmingham 1963, S. 417ff., 426.
[4] Thomas Schwartz, The Administration of the Marshall Plan 1948–1952: From Occupation to Partnership, Ms.
[5] Jean Monnet, Erinnerungen eines Europäers, München 1978, S. 392, 427, 441.

verholfen, gerade weil dieser sich durch seine schroffe Sachlichkeit und seinen Ressort-patriotismus in Frankreich zahllose Gegner gemacht hatte[6]. Die amerikanische Regierung sah es jedenfalls als eine von McCloys Hauptaufgaben an, Frankreich beim Wiederaufbau von dessen Militärpotential zu helfen und es für ein Zusammengehen mit der Bundesrepublik auf der Grundlage französischer Stärke zu gewinnen[7].

Anders als man hätte erwarten können, tat sich McCloy zu Anfang seiner Dienstzeit keineswegs als unbedingter Befürworter französischer Interessen gegenüber der Bundesrepublik hervor. Zum Teil lag dies sicher daran, daß die französische Politik gegenüber der Bundesrepublik noch keine klaren Konturen gewonnen hatte und der Wunsch nach verbesserter Kooperation mit dem neuen Nachbarn dem Festhalten an Methoden der wirtschaftlichen und politischen Niederhaltung des ehemaligen Gegners noch unvermittelt gegenüberstand. So bestand die Pariser Regierung z. B. auf der Fortführung der in Deutschland so unbeliebten Demontagen. Nach kurzem Zögern hat McCloy diese Politik schon im September 1949 als wirtschaftlich widersinnig und politisch schädlich verworfen – eine Wiederholung der verfehlten französischen Politik gegenüber der Weimarer Republik, die einem prowestlichen Regime vorenthalten hatte, was sie dann einem dem Westen feindselig gesonnenen Regime – Hitler – freigebig zubilligte[8]. McCloy optierte auch, anders als Acheson, zunächst nicht für eine kleinsteuropäische Einigung ohne England[9]. Ganz sicher war er sich an dieser Stelle freilich nicht: Waren die französischen Sorgen um die Erhaltung des wirtschaftlichen Gleichgewichts in Europa, so fragte er am 21. Oktober 1949, nicht überholt, da es Frankreich bei einem westeuropäischen Zusammenschluß doch offenkundig nur mit der westlichen Hälfte Deutschlands zu tun haben werde[10]? Beeindruckt zeigte er sich auch von dem Schwinden der Macht Großbritanniens, dessen Platz als Führer bei der Einigung Europas Frankreich freilich nicht zu übernehmen versprach, weil es angesichts seiner wirtschaftlichen Instabilität dazu gar nicht fähig erschien[11].

Selbstverständlich begriff sich McCloy mit diesen Bedenken nicht als Gegner französischer Interessen, und gegenüber deutschen Gesprächspartnern verteidigte er auch – gegen seine bessere Einsicht – den französischen Standpunkt in der Demontage-frage[12]. Zu der internen Debatte der Westmächte über die Bedingungen einer deutschen Mitgliedschaft am Europarat trug er mit dem Vorschlag bei, doch dem französischen Wunsch nach einer gleichzeitigen Aufnahme des Saarlandes als quasi unabhängiger Größe in den Europarat nachzukommen. Er mußte sich in diesem Punkte vom State Department berichtigen lassen[13]. Ganz die Haltung Frankreichs unterstützte McCloy in seiner unbedingten Ablehnung jeder Form einer westdeutschen Aufrüstung oder gar einer Mitgliedschaft der Bundesrepublik in der NATO[14].

---

[6] Schwartz, Administration (Anm. 4); Bonnet an Schuman, 20. 5. 1949, Archives du ministère des relations extérieures.

[7] Thomas Schwartz, The „Skeleton Key" – American Foreign Policy, European Unity, and German Rearmament, 1949–1954, in: Central European History, Bd. 19 (Dez. 1986), S. 370; Die Dissertation von Schwartz, From Occupation to Alliance: John J. McCloy and the Allied High Commission in the Federal Republic of Germany, 1949–1952, Ann Arbor 1985, war mir bei Niederschrift dieses Aufsatzes noch nicht zugänglich.

[8] Riddleberger an Acheson, 14. 9. 1949, FRUS 1949, Bd. 3, S. 597f.

[9] Bruce an Acheson, 22. 10. 1949, FRUS 1949, Bd. 4, S. 342.

[10] Summary Record of a Meeting of U.S. Ambassadors at Paris, 21.–22. 10. 1949, ebenda, S. 487.

[11] 8th Staff Conference Meeting (HICOG), 25. 10. 1949, NA.

[12] McCloy an Acheson, 13. 9. 1949, FRUS 1949, Bd. 3, S. 595.

[13] McCloy an Acheson, 26. 10. 1949, ebenda, S. 488f.; Acheson an McCloy, 28. 10. 1949, ebenda, S. 490.

[14] Schwartz, Skeleton Key (Anm. 7), S. 371; McCloy an Acheson, 13. 9. 1949, FRUS 1949, Bd. 3, S. 275.

An einem entscheidenden Punkt trat er freilich seinen französischen Gesprächspartnern entgegen – wenn nicht Schuman, so doch zahlreichen anderen führenden Politikern und Diplomaten in Paris, und zwar wenn diese durch ihr Verhalten erkennen
ließen, daß sie die Frage einer Integration der Bundesrepublik in die westliche Welt für
nicht so dringend hielten. Nachdem McCloy sich mit der politischen Situation im
zweigeteilten Deutschland vertraut gemacht hatte, war er im Gegenteil zu der Überzeugung gelangt, daß die Zeit in dieser Frage gegen den Westen arbeite und daß
deshalb konkrete Schritte zur endgültigen Bindung des neuen westdeutschen Staates
an die westliche Welt dringendst geboten seien. Erwartete er doch in nächster Zeit eine
„machtvolle Offensive" des Ostens, der im „Ringen um Fausts Seele" mit einigen
Trümpfen gegenüber dem Westen aufwarten konnte: dem Fehlen eines Besatzungsstatuts in der neugegründeten DDR, dem sowjetischen Übergewicht in der alten Reichs-
hauptstadt, der Aussicht auf einen intensiven Handelsaustausch und vor allem dem
deutschen Sehnen nach Wiedervereinigung. Mit alledem konnte die UdSSR, wie
McCloy fürchtete, den deutschen Nationalismus für sich ins Spiel bringen, nachdem
dieser gerade in Westdeutschland wieder sein Haupt erhoben hatte. All diesen Tendenzen und Verlockungen vermochten die Westmächte nur entgegenzuarbeiten, wenn sie
selbst zusammenhielten und gemeinsam der Bundesrepublik den Weg in eine europäische Partnerschaft wiesen[15].

Der amerikanische Außenminister hatte sich u. a. dieses Motiv zu eigen gemacht, als
er Ende Oktober 1949 seinen bereits erwähnten Appell an Robert Schuman richtete,
im Namen Frankreichs bei der Eingliederung der Bundesrepublik in ein integriertes
Westeuropa doch die Initiative und Führung zu ergreifen[16]. Acheson hatte damit nur
den Teilerfolg erzielt, daß Frankreich sich im Petersberger Abkommen vom 22.
November 1949 zu einer weitgehenden Herabsetzung der westdeutschen Demontage-
verpflichtungen und einer Revision der Beschränkungen der deutschen Industrieproduktion bereitfand[17]. Doch die Aufnahme der Bundesrepublik in eine westeuropäische
Staatengemeinschaft machte keine Fortschritte, und die Beziehungen zwischen Paris
und Bonn verschlechterten sich sogar wieder im Zeichen einer immer heftiger werdenden deutsch-französischen Kontroverse um die Zukunft des Saargebietes[18].

Die amerikanische Europa- und Deutschlandpolitik stagnierte also weiter. Angesichts der Uneinigkeit und Unentschiedenheit der Westmächte in der Frage der Integration der Bundesrepublik in den Westen, so warnte McCloy auf einer amerikanischen Botschafterkonferenz Ende März 1950, liefen diese Gefahr, die Initiative in der
Deutschlandpolitik an die UdSSR zu verlieren; die Westdeutschen hätten schon Pres-
segerüchte über einen möglichen Beitrag der Bundesrepublik zur Verteidigung der
NATO und die Rückschläge bei den europäischen Einigungsbemühungen als Zeichen
westlicher Schwäche gewertet. Die Europabegeisterung hätte sich bei ihnen dementsprechend abgekühlt. Es sei daher höchste Zeit, die Bundesrepublik in die bereits
bestehenden Organisationen westeuropäischer Zusammenarbeit – so den Europarat –
aufzunehmen, und dies nicht als Zeichen eines Entgegenkommens der westlichen

---

[15] McCloy auf Meeting of U.S. Ambassadors at Paris, 21.–22. 10. 1949, FRUS 1949, Bd. 4, S. 475, bes. 485ff.
[16] Acheson an Schuman, 30. 10. 1949, FRUS 1949, Bd. 3, S. 622f.
[17] Hans-Peter Schwarz, Die Ära Adenauer 1949–1957, Stuttgart 1981, S. 67f.
[18] Klaus Schwabe, „Ein Akt konstruktiver Staatskunst" – die USA und die Anfänge des Schuman-Plans, in:
ders. (Hrsg.), Die Anfänge des Schuman-Plans, Baden-Baden 1988, S. 220.

Siegermächte, sondern als Vollzug einer konsequenten Entwicklung auf ein integriertes Westeuropa hin[19].

Im Vorfeld der auf Anfang Mai 1950 angesetzten Konferenz der westlichen Außenminister in London intensivierte McCloy seine Bemühungen, seine Regierung und vor allem Frankreich und Großbritannien für eine radikale Revision ihrer Deutschlandpolitik zu gewinnen. Voraussetzung dafür, so legte er Anfang Mai 1950 dar, sei die Bildung eines föderierten Europa auf der Grundlage einer langfristigen Annäherung zwischen Frankreich und Deutschland. Zum ersten Male deutete McCloy hier eine Bereitschaft an, die westeuropäische Integration, wenn nötig, auch *ohne* England voranzutreiben; d. h., er steuerte eine „kleinsteuropäische" Lösung an, von der sich die von Frankreich enttäuschte amerikanische Regierung schon wieder zu entfernen begann[20]. Für McCloy lieferte die europäische Integration vor allem eine Antwort auf die Frage nach der westlichen Sicherheit gegenüber einem erstarkten (West-)Deutschland. Einschränkungen der westdeutschen Produktionskraft, wie sie nach wie vor in Kraft waren, verboten sich nämlich angesichts der sich verschärfenden west-östlichen Spannungen immer mehr; ja, es erschien McCloy wünschenswert, das wirtschaftliche Potential der Bundesrepublik auch für die Verteidigung des Westens gegen die UdSSR auszuschöpfen, auch wenn ein Wiederaufbau der deutschen Rüstungsindustrie oder gar ein unmittelbarer Militärbeitrag der Bundesrepublik aus politischen Gründen noch nicht in Frage kamen.

Auf jeden Fall rechnete McCloy damit, daß die verbliebenen Kontrollmöglichkeiten der Westmächte in der Bundesrepublik bestenfalls noch zwei Jahre wirksam bleiben würden. Diese Zeit müßten die westlichen Verbündeten ausnutzen, um die liberalen Elemente in Deutschland zu stärken und eine dauerhafte Bindung der Bundesrepublik an den Westen sicherzustellen. Die Fortführung mehr oder weniger schikanöser Wirtschaftskontrollen könne nur das Gegenteil bewirken: „Was die deutsche Demokratie braucht und was sie in den Augen der Deutschen nie gehabt hat, ist ein Erfolg ..." McCloy rechnete dazu einen steigenden Lebensstandard und außenpolitisches Ansehen. Die Tendenz der alliierten Politik müsse deshalb wegführen von der Konzeption der Internationalen Ruhrkontrollbehörde und weg vom Military Security Board als Sicherheitskontrollorgan; anvisieren müsse sie statt dessen vielleicht eine internationale Behörde zur Kontrolle der gesamten westeuropäischen Kohle- und Stahlindustrie und eines Tages die volle Mitgliedschaft der Bundesrepublik in einer „atlantischen Union" oder der NATO[21].

McCloy hatte damit die Grundkonzeption des Schuman-Planes gut zwei Wochen vor dessen Bekanntgabe umrissen. Wahrscheinlich wußte er von den diesbezüglichen Vorüberlegungen Monnets und des Quai d'Orsay[22]. Der Gedanke einer Fusion der europäischen Schlüsselindustrien war in der internationalen Diskussion um die Zukunft Westeuropas schon öfter aufgetaucht; Adenauer hatte ihn in die Debatte geworfen. Indem Frankreich sich diese Konzeption offiziell zu eigen machte, übernahm es die Führerrolle bei der Fortführung der europäischen Einigung, die die US-

---

[19] Meeting of U.S. Ambassadors at Rome 22.–24. 3., Summary Record, FRUS 1950, Bd. 3, S. 815, 817.
[20] McCloy an Secretary of State, Draft Memorandum o.D. (May 1950): Program for progress on the German problem, NA; Schwabe, Staatskunst (Anm. 18), S. 222f.
[21] McCloy an Acheson, 25. 4. 1950, NA; ders., Draft Memorandum (siehe Anm. 20), ebenda.
[22] Schwabe, Staatskunst (Anm. 18), S. 224.

Regierung ihm im Herbst zuvor angeboten hatte. Es beschritt gleichzeitig den Weg, der auch in den Augen McCloy am sichersten die Integration der Bundesrepublik in die westliche Welt gewährleistete[23]. So wurde McCloy neben dem amerikanischen Botschafter in Paris, Bruce, der früheste und wichtigste Interpret und Befürworter des Monnet-Schuman-Planes gegenüber der Regierung in Washington, in der sich anfangs gewisse Vorbehalte gegenüber dem französischen Projekt zeigten[24]. McCloy sicherte den Schuman-Plan-Verhandlungen, in denen die Bundesregierung sich zum ersten Male in internationalem Rahmen selbst vertrat, die Unterstützung der westalliierten Hohen Kommission[25]. Erfolgreich warnte er wenige Wochen später vor einer Verknüpfung der Schuman-Plan-Verhandlungen mit den Beratungen über einen westdeutschen Verteidigungsbeitrag, der nach Ausbruch des Koreakrieges aktuell geworden war[26], und bemühte sich gleichzeitig, die Schuman-Plan-Verhandlungen vor vermeintlichen britischen Querschüssen abzuschirmen[27].

In die eigentliche Konferenz der sechs künftigen Mitgliedsstaaten des Schuman-Plans hat McCloy bis zum Ende des Jahres 1950 nur ausnahmsweise eingegriffen, weil die inhaltlichen Vorstellungen der US-Regierung den Verhandlungsdelegationen in Paris direkt übermittelt wurden[28]. Aus dieser Reserve trat er jedoch heraus, als ihn am 18. Dezember 1950 ein Hilferuf Monnets erreichte, der eine Zustimmung der französischen Regierung zum Schuman-Plan für unwahrscheinlich erklärte, falls nicht die von den Westalliierten geplante Entflechtung der Ruhr-Schwerindustrie durchgeführt werde. Es ging hier um die Ausführung des Gesetzes Nr. 27 der Hohen Kommission vom 16. Mai 1950. Die französische Regierung war daran besonders interessiert, seitdem eine Bewaffnung der Bundesrepublik zur Diskussion stand. Die diesbezüglichen Verhandlungen kamen indessen bis zum Ende des Jahres 1950 nicht voran. Nachdem Frankreich sein Ja zum Schuman-Plan von der Ausführung dieses Gesetzes über die Entflechtung der Ruhrindustrie abhängig gemacht hatte, schalteten sich McCloy und dessen Rechtsberater Bowie dann selbst ein.

Erfolg oder Mißerfolg des Schuman-Plan-Projektes hingen in den ersten Wochen des Jahres 1951 von dem Gelingen der Verhandlungen ab, die die amerikanische Hohe Kommission mit der Bundesregierung in der Entflechtungsfrage führte. Sie erwiesen sich als überaus zäh. Vor allem für die Fortexistenz des DKV (Deutscher Kohlenverkauf), einer gemeinsamen Kohlenverkaufsorganisation des Ruhrkohlenbergbaus, setzten sich alle zuständigen Stellen auf deutscher Seite ein, auch die Oppositionsparteien. Die Interessen Frankreichs und der USA deckten sich andererseits in dieser Frage: Die

---

[23] Pierre Melandri, Les états unis face à l'unification de l'Europe, Paris 1980, S. 155; McCloy an Acheson, 15. 10. 1949, FRUS 1949, Bd. 3, S. 601; McCloys Urteil in HICOG Staff Conference, 24. 5. 1950, NA.

[24] Acheson an Webb, 10. 5. 1950, FRUS 1950, Bd. 3, S. 694; die Vorbehalte beruhten auf der Befürchtung, daß mit dem französischen Projekt ein europäisches Kartell anvisiert sein könnte, das den freien Wettbewerb im Bereich der Marshall-Plan-Empfängerländer behindern würde (Langdon S. Simons an Jeffers u. a., 10. 5. 1950, NA [ECA]).

[25] McCloy an Acheson, 23. 5. 1950, FRUS 1950, Bd. 3, S. 708.

[26] McCloy an Acheson, 24. 8. 1950, ebenda, S. 746f.

[27] McCloy an Acheson, 6. 7. 1950, NA; ders. an Acheson, 10. 7. 1950, ebenda.

[28] So wandte sich McCloy gegen eine Verwässerung der supranationalen Kompetenzen der Hohen Behörde des Schuman-Plans durch den von niederländischer Seite vorgeschlagenen Außenministerrat als übergeordneter Instanz; McCloy an Bruce, 7. 7. 1950, NA. Informell griff dann im November 1950 der Rechtsberater McCloys, Robert Bowie, in die Debatte um ein Kartellverbot ein, das für den Schuman-Plan vorgesehen war; McCloy an Acheson, 9. 12. 1950, ebenda.

amerikanische Seite war seit Beginn der Schuman-Plan-Verhandlungen darauf bedacht, Bedingungen für einen freien Wettbewerb in dem geplanten integrierten europäischen Kohle- und Stahlmarkt sicherzustellen, d. h. die Entstehung monopolartiger Unternehmenszusammenschlüsse zu verhindern. Frankreich fürchtete seinerseits ein Übergewicht der Ruhr-Schwerindustrie, falls diese ihre zentralistische Organisation beibehielt. Mit nur unwesentlichen Abstrichen gelang es McCloy, den gemeinsamen amerikanisch-französischen Standpunkt gegen den Widerstand der deutschen Seite durchzusetzen. Die Deutschen mußten, wie McCloy drohte, ein Scheitern des Schuman-Planes und einen Rückfall Frankreichs in dessen Restriktionspolitik der Jahre 1945–49 gewärtigen, falls sie nicht nachgaben. Das konnte natürlich auch Adenauer nicht riskieren[29].

McCloy genoß während dieser entscheidenden Verhandlungen die volle Rückendeckung der amerikanischen Regierung. Am 20. März 1951 würdigte der Leiter der Deutschlandabteilung des State Department, Byroade, McCloys Verhandlungserfolg mit den Worten: „I believe it not an overstatement to say that the Schuman-Plan would not have succeeded but for the personal efforts of McCloy. When the going got rough, and particularly during the last month, it is almost a certainty that the French and the Germans would not have stuck together in an effort to find an agreed solution without some catalyst pulling them together ..."[30]

Die Rolle eines solchen Katalysators sollte McCloy nun auch in der Vorgeschichte der Europäischen Verteidigungsgemeinschaft (EVG) übernehmen. Der Gedanke einer europäischen Verteidigungsstreitmacht als Rahmen und Grundlage eines deutschen Beitrages zur eigenen und westlichen Verteidigung war seit der Gründung der Bundesrepublik von Adenauer mehrfach ventiliert worden[31]. Anfang Juni 1950 – d. h. noch vor Ausbruch des Koreakrieges – soll McCloy dem Bundeskanzler vertraulich zu verstehen gegeben haben, daß er die Beteiligung Westdeutscher an einer internationalen Streitmacht befürworte[32]. Entscheidend für die Vorstellungen McCloys über die militärische Behandlung des Deutschlandproblems nach der Gründung der Bundesrepublik war aber seine Ablehnung einer wie immer gearteten „nationalen" (d. h. allein im Rahmen der Bundesrepublik vollzogenen) westdeutschen Aufrüstung[33].

Von dieser Haltung ist McCloy auch nach Ausbruch des Koreakrieges nicht abgewichen. Auch hier befand er sich in Übereinstimmung mit dem State Department und dem Präsidenten selbst – auch indem er sich mit Entschiedenheit gegen britisch-westdeutsche Sondierungen mit dem Ziel der Herstellung einer minimalen Verteidi-

[29] Dazu wieder Schwabe, Staatskunst (Anm. 18), S. 233ff. Der französische „Hilferuf" in: Bruce an Acheson, 18. 12. 1950, NA; auf deutscher Seite hatte der CDU-Abgeordnete und Geschäftsführer der Klöckner-Werke, Henle, schon zuvor gewarnt, daß eine Zustimmung des Bundestages zum Schuman-Plan so lange zweifelhaft sei, wie die zuständigen deutschen Stellen nicht wüßten, wie weit die Alliierten die Entflechtung der Kohle- und Stahlindustrie vorantreiben würden. Henle bezeichnete insbesondere die „Verbundwirtschaft" an der Ruhr als unverzichtbar (McCloy an Acheson, 1. 12. 1950, NA). – Mein Schüler Albert Diegmann ist mit einem Dissertationsvorhaben befaßt, das die Entflechtung der westdeutschen Kohleindustrie behandelt.
[30] Byroade an Acheson, 20. 3. 1951, NA; Acheson, Creation (Anm. 2), S. 389.
[31] Hans-Peter Schwarz, Adenauer. Der Aufstieg 1876–1952, Stuttgart 1986, S. 735f.
[32] Schwarz, Adenauer (Anm. 31), S. 744; Schwartz, Skeleton key (Anm. 7), S. 373.
[33] Z. B. auf Meeting of U.S. Ambassadors at Rome, 24. 3. 1950, FRUS 1950, Bd. 3, S. 815. Vgl. auch Anm. 34.

gungsfähigkeit der Bundesrepublik aussprach[34]. Die Gründe, die für McCloy zwingend gegen eine isolierte westdeutsche Aufrüstung sprachen, waren besatzungs- und außenpolitischer Art. Der amerikanische Hochkommissar war überzeugt, daß eine derartige Remilitarisierung der Westdeutschen genau den nationalistisch-rechtsgerichteten Elementen dort in die Hände spielen würde, deren Einfluß die Besatzungsmächte unterdrückt hatten. Umgekehrt mußte eine solche einseitige Aufrüstung die liberalen Kräfte schwächen, auf die sich die amerikanische Besatzungspolitik stützte und die sich selbst vehement gegen eine erneute Bewaffnung der Deutschen aussprachen. Eine Wiederholung der Fehlentwicklung der Weimarer Republik war dann zu befürchten. Mehr noch: Ein militärisch gestärktes, sich selbst überlassenes Westdeutschland, so fürchtete McCloy ähnlich wie die Franzosen, würde über kurz oder lang einen neutralistischen Kurs einschlagen und schließlich gemeinsame Sache mit der UdSSR machen, die allein den Schlüssel für eine Wiedervereinigung aller Deutschen in der Hand hielt[35]. Was aus der Sicht McCloys für den Schuman-Plan gesprochen hatte, begründete also auch eine Aufrüstung der Bundesrepublik, wenn überhaupt, dann ausschließlich in europäischem Rahmen.

Der Koreakrieg hat diese Bedenken McCloys in keiner Weise entkräftet; wohl aber setzte er die Westmächte, wie auch McCloy – nicht zuletzt unter dem Eindruck mehrfacher Interventionen Adenauers – zugeben mußte, unter zeitlichen Zugzwang[36]. McCloy konnte die Augen nicht vor der zutiefst demoralisierenden Wirkung verschließen, die der für die USA zunächst ungünstige Verlauf des Koreakrieges in der Bundesrepublik hinterließ. Sachkenner ebenso wie die breite öffentliche Meinung zweifelten auch an der minimalsten Verteidigungsfähigkeit des Westens in Mitteleuropa. An dieser Schwäche setzte die kommunistische Propaganda an mit dem Ziel, so fürchtete McCloy, die Westdeutschen für eine östliche Machtübernahme in der Bundesrepublik nach inneren Unruhen und einem Einmarsch der kasernierten Volkspolizei reif zu machen[37]. Für McCloy waren also die psychologischen Wirkungen einer westlichen Gegenrüstung mindest ebenso wichtig wie die eigentlich militärischen. Die Bedeutung seiner Berichterstattung nach Washington lag nicht zuletzt darin, daß er die amerikanische Regierung mit diesen psychologischen Aspekten der Lage in Deutschland vertraut machte, die ja auch das Denken Adenauers in jenen Wochen beherrschten[38].

Angesichts dieses Zugzwanges, in dem sich die Westmächte befanden, konnte McCloy nun nicht mehr an seiner Vorstellung festhalten, daß sich die Frage eines

---

[34] McCloy an Acheson, 13. 6. 1950, NA; Acheson an McCloy, 21. 6. 1950, FRUS 1950, Bd. 4, S. 689; Truman an Acheson, 16. 6. 1950, ebenda, S. 688; ein am 13. 6. 1950 entworfenes, jedoch erst am 3. 7. 1950 weitergeleitetes Memorandum des State Departments nannte als einen Grund für den Aufschub einer westdeutschen Aufrüstung den Wunsch, nach einer Stärkung der westlichen Position mit den Sowjets noch einmal über eine deutsche Wiedervereinigung zu verhandeln; Report to the National Security Council by the Secretary of State, 3. 7. 1950, FRUS 1950, Bd. 4, S. 694. Auch McCloy, HICOG Staff Conference Meeting, 1. 8. 1950, NA.

[35] Vgl. Anm. 33, dann: McCloy an Acheson, 3. 8. 1950, FRUS 1950, Bd. 3, S. 181. McCloy, Memorandum for the President, 10. 9. 1950, Truman Presidential Library, Truman Papers (TLT); McCloy an Acheson, 8. 10. 1950, NA.

[36] McCloy an Acheson, 3. 8. 1950, FRUS 1950, Bd. 3, S. 180ff.

[37] McCloy, Memorandum for the President, 10. 9. 1950, TLT.

[38] Auch das bekannte Sicherheitsmemorandum Adenauers gelangte über McCloy in die Hände Trumans: McCloy, Memorandum for the President, 10. 9. 1950, TLT; McCloy an Acheson, 4. u. 25. 8. 1950, FRUS 1950, Bd. 4, S. 704f. bzw. 711, Anm. 3. Auch: McCloy an Acheson, 14. 7. 1950, ebenda, S. 697.

westdeutschen Verteidigungsbeitrages langfristig über die zunächst wirtschaftliche und politische Integration der Bundesrepublik in ein geeintes Westeuropa von selbst lösen werde; es war nötig geworden, diese Integration auf allen drei Ebenen zugleich voranzutreiben – und auf der militärischen zuerst. Vor diesem Hintergrund ist dann McCloy zu einem der wichtigsten Vordenker und Befürworter einer europäischen Verteidigungsgemeinschaft geworden. Dabei schwebte ihm eine Regelung vor, die auf dem militärischen Gebiet die Strukturen übernahm, über die für den schwerindustriellen Sektor bei den Schuman-Plan-Verhandlungen gerade diskutiert wurde. McCloy nahm damit den Gedanken einer sektoral-militärischen Integration Westeuropas vorweg, den wenig später Jean Monnet und René Pleven auf französischer Seite aufgriffen[39].

Als McCloy das Projekt einer europäischen Verteidigungsgemeinschaft seiner Regierung am 3. August 1950 zum ersten Male unterbreitete, hatte er bereits die Überzeugung gewonnen, an der er auch in der Folgezeit festhalten sollte – daß allein auf diesem Wege eine Aufrüstung der Bundesrepublik für alle Betroffenen annehmbar und damit unter den gegebenen Umständen zu verwirklichen war. Dies galt nicht zuletzt für die Westdeutschen selbst, bei denen die westlich orientierten Kräfte gleichzeitig sich für ein geeintes Europa einsetzten und einen westdeutschen Verteidigungsbeitrag, wenn überhaupt, dann nur auf dieser Grundlage guthießen; dies galt aber ebenso für Frankreich, das seine Vorbehalte gegen eine Bewaffnung der Deutschen nur bei einer Einbeziehung der Bundesrepublik in eine übernational-europäische Organisation zurückstellen würde; das galt schließlich auch für Großbritannien, das eine europäische Streitmacht als Erweiterung der von ihm angestrebten „Western Union" willkommen heißen mußte; und nicht zuletzt galt dies sogar für die UdSSR, die sich mit einer europäisch-kontrollierten Bewaffnung Westdeutschlands eher abfinden würde als mit einer „nationalen" westdeutschen Aufrüstung[40].

Dreierlei ist an diesem Vorschlag, für den McCloy auch bei Truman selbst warb, festzuhalten: McCloy konnte sich lediglich eine „kleinsteuropäische" Verteidigungsgemeinschaft vorstellen, die also nur die für die EGKS (Schuman-Plan) vorgesehenen Mitgliedsstaaten umfaßte[41]; die Bindung der „European Defense Force" an die NATO war für ihn selbstverständlich, wenn er auch im Moment die europäischen Aspekte dieser Konzeption stärker akzentuiert sehen wollte als die atlantischen[42]; die „European Defense Force" war europapolitisch für McCloy mindestens ebenso wichtig wie sicherheitspolitisch als Schutz gegen die kommunistische Bedrohung: Diese Verteidigungsorganisation war für ihn nach wie vor ein entscheidender Schritt in Richtung auf ein politisch geeintes Europa und gleichzeitig „our ultimate assurance against future German aggression"[43].

Trotz all seiner Bemühungen vermochte McCloy die Konzeption einer europäischen Verteidigungsorganisation innerhalb der amerikanischen Regierung doch nicht durchzusetzen, obwohl diese im Prinzip auch im State Department (dort auch im Policy Planning Staff) und bei Truman selbst Billigung fand. Das State Department

---

[39] McCloy an Acheson, 3. 8. 1950, NA; vorher: McCloy an Acheson, 25. 4. 1950, FRUS 1950, Bd. 4, S. 633ff.
[40] McCloy an Acheson, 3. 8. 1950, FRUS 1950, Bd. 3, S. 180ff.
[41] Ebenda, S. 181.
[42] McCloy an Acheson, 11. 8. 1950, ebenda, S. 206.
[43] McCloy, Memorandum for the President, 10. 9. 1950, TLT.

wollte sogar soweit gehen, daß die USA selbst in die geplante supranationale Verteidigungsorganisation einbezogen werden sollten[44]. Doch gerade dieser Vorschlag ging dem Generalstab und dem Verteidigungsministerium entschieden zu weit. Den militärischen Spitzen der USA kam es vor allem auf eine *schnelle* Aufrüstung der Bundesrepublik an – wenn nicht anders möglich, dann eben in „nationalem" Rahmen mit der NATO als einziger Kontrollinstanz[45].

Im Hinblick auf das bevorstehende Treffen der westlichen Außenminister in New York einigten sich State und Defense Department dann auf einen Kompromiß, der sich zwar für eine „European defense force within the North Atlantic Treaty framework" aussprach, gleichzeitig aber auf die supranationalen und spezifisch europäischen Elemente, die in dem Vorschlag McCloys enthalten waren, weitgehend verzichtete. Das eigentliche Dach dieser Verteidigungsorganisation sollte die NATO sein[46]. Wie sich bei den Beratungen der westalliierten Außenminister in New York am 12. September 1950 zeigte, war dieses Programm für Frankreich nicht einmal im Prinzip annehmbar, obwohl die USA gleichzeitig eine Vermehrung ihrer Truppen in Europa und einen amerikanischen Oberbefehl für die atlantischen Streitkräfte anboten. Die amerikanische Integrationspolitik, die auf dem Wege der Schuman-Plan-Verhandlungen verheißungsvolle Fortschritte gemacht hatte, hatte sich im Bereich des Militärischen wieder festgefahren[47].

McCloy hat nicht so sehr die unmittelbaren Folgen dieses Mißerfolges – den Aufschub der westdeutschen Aufrüstung – gefürchtet als vielmehr dessen langfristige Wirkungen – den Beginn einer Wiederaufrüstung Europas unter allein nationalem Vorzeichen, an dessen Ende ein Wiederaufleben des deutsch-französischen Gegensatzes stehen werde, wenn eines Tages die USA als Schutzmacht Europas sich zurückziehen würden[48]. Der Gedanke einer europäischen Verteidigungsgemeinschaft hatte sich für ihn nach der New Yorker Außenministerkonferenz in keiner Weise erledigt; eine weitere Aussprache der Verteidigungsminister war bereits anberaumt, und McCloy nutzte die Zwischenzeit, um für sein Projekt – jetzt offenbar auch in Frankreich – zu werben. Dabei warnte er abermals vor der Gefahr, daß bei einem Nichtzustandekommen einer integrierten westlichen Verteidigungsstreitmacht schließlich dann doch eine westdeutsche Nationalarmee aufgestellt werden würde, und dies womöglich zu einem Zeitpunkt, da eine bislang von Rüstungslasten freie Bundesrepublik bereits das wirtschaftliche Übergewicht in Westeuropa erlangt hätte[49]. Um den europäischen Rahmen von deutschen Streitkräften sicherzustellen, war er – sehr zur Beunruhigung des State Department – zunächst bereit, einen Verzug von einem Jahr bis zum Beginn der westdeutschen Aufrüstung in Kauf zu nehmen[50].

[44] Acheson, Memorandum on a Meeting with the President, 31. 7. 1950, FRUS 1950, Bd. 3, S. 167f.; Klaus A. Maier, Die EVG in der Außen- und Sicherheitspolitik der Truman-Administration, in: Hans-Erich Volkmann, Walter Schwengler (Hrsg.), Die Europäische Verteidigungsgemeinschaft. Stand und Probleme der Forschung (= Militärgeschichte seit 1945, hrsg. v. Militärgeschichtlichen Forschungsamt, Bd. 7), Boppard/Rh. 1985, S. 35; Paul Nitze (Policy Planning Staff) an Acheson, 8. 8. 1950, NA.
[45] Maier, EVG (Anm. 44), S. 35f.; Laurence W. Martin, The Decision to Rearm Germany, in: Harold Stein (Hrsg.), American Civil-Military Decisions, Birmingham 1963, S. 656f.
[46] Maier, EVG (Anm. 44), S. 36.
[47] Raymond Poidevin, Robert Schuman, homme d'Etat, Paris 1986, S. 311f.
[48] Schwartz, Skeleton Key (Anm. 7), S. 377.
[49] McCloy an Acheson, 8. 10. 1950, NA; Schwartz, Skeleton Key (Anm. 7), S. 377.
[50] Summary of Telegramms, 24. 10. 1950, TLT.

Der Pleven-Plan für eine Europäische Verteidigungsgemeinschaft vom 26. Oktober entsprach mindestens in seinem übernationalen Strukturprinzip den Vorstellungen McCloys. Dieser ließ sich unverzüglich in Paris von Monnet und anderen führenden Persönlichkeiten über die Zielvorstellungen informieren, die Frankreich mit diesem Plan verband. Diese Gespräche zerstreuten einen Argwohn, den er zunächst nicht unterdrücken konnte: Bildete der Pleven-Plan, der die Unterzeichnung des Schuman-Planes und die Bildung einer politischen Gemeinschaft Europas zur Voraussetzung für die französische Zustimmung zu einer Bewaffnung der Bundesrepublik machte, nicht letztlich nur ein Verzögerungsmanöver? Tatsächlich überzeugten ihn seine französischen Gesprächspartner, daß sie bei den Verhandlungen für die EVG einen strikten Zeitplan einhalten wollten. Auch schenkte er ihrer Versicherung Glauben, daß der Pleven-Plan keine wesentliche Diskriminierung der Deutschen enthalte. Entscheidend für Frankreich sei die unwiderrufliche militärische Bindung der Bundesrepublik an die defensiven Absichten des Westens und damit auch die Unmöglichmachung eines deutschen Revanchefeldzuges gegen Polen. Zwei Bedenken blieben freilich bei McCloy – zum einen ließ der Pleven-Plan bei seiner Realisierung erhebliche Komplikationen erwarten; zum andern erschien es als Fehler, daß Frankreich ein Junktim zwischen der Unterzeichnung des Schuman-Planes und dem Beginn der EVG-Verhandlungen hergestellt hatte. Es lief damit Gefahr, am Ende weder das eine noch das andere zu erreichen. Trotz dieser Bedenken riet McCloy seiner Regierung, aus dem französischen Vorschlag das Beste zu machen; denn eine europäische Verteidigung ohne Frankreich sei ebensowenig denkbar wie eine solche ohne Deutschland[51].

Mit dieser vorsichtigen Befürwortung des Pleven-Plans ist McCloy innerhalb der amerikanischen Regierung bis in das Frühjahr des Jahres 1951 hinein ein „weißer Rabe" gewesen, überwog in Washington doch allgemein – nicht zuletzt bei Truman selbst – die entschiedene Ablehnung des „umständlichen" französischen Vorschlags[52]. Die Situation komplizierte sich zusätzlich, insofern die Bundesregierung mit wachsendem Nachdruck den Ersatz des Besatzungsstatuts durch ein Vertragswerk forderte, das die alliierten Kontrollen über die Bundesrepublik auf ein Minimum reduzieren sollte: Erst wenn die Bundesrepublik in diesem Sinne mit dem Ende der Besatzungsherrschaft rechnen könne, sei ein deutscher Verteidigungsbeitrag im Bundestag mehrheitsfähig[53]. In dieser schwierigen Lage setzte sich McCloy Anfang Dezember 1950 erneut für die prinzipielle Unterstützung des Pleven-Plans durch die USA ein: „As soon as possible, French should invite Germans and other European nations to meeting to work out agreement for European army and political structure. U.S. should make clear its active support for this solution." Die USA sollten gleichfalls mit Nachdruck die Schuman-Plan-Verhandlungen vorantreiben. Wenn Frankreich sich in beider Hinsicht der Unterstützung der USA sicher sein könne, dann werde es auch seine Bedenken gegenüber einer Revision des Besatzungsstatuts zurückstellen. Der Fortschritt in der Europapolitik, so schloß McCloy, hänge ganz wesentlich von der

---

[51] McCloy an Acheson, 26. und bes. 28. 10. 1950, NA; HICOG Staff Conference Meeting, 31. 10. 1950, ebenda.
[52] Maier, EVG (Anm. 44), S. 38; Acheson, Creation (Anm. 2), S. 459.
[53] McCloy an Acheson, 15. 7. 1950, FRUS 1950, Bd. 4, S. 754ff., McCloy an Acheson, 17. 11. 1950, ebenda, S. 780f.

Energie ab, mit der die USA ihre Führerrolle gegenüber den Europäern wahrnähmen[54].

Die amerikanische Regierung hat sich diese Vorschläge im wesentlichen zu eigen gemacht; sie sicherte Frankreich ihre guten Dienste bei der geplanten Konferenz über die Bildung einer europäischen Verteidigungsorganisation zu, ließ allerdings das Projekt einer politischen Union Europas unerwähnt. Sie wich hier von der Empfehlung McCloys ab, weil sie es – anders als dieser – für nötig hielt, an dieser Stelle britische Bedenken zu berücksichtigen[55]. Die Brüsseler Konferenz (18./19. Dezember) konnte grünes Licht geben für Verhandlungen über einen deutschen Verteidigungsbeitrag und die Revision des Besatzungsstatuts. Die militärischen Beratungen fanden dann bekanntlich auf zwei Ebenen statt – auf dem Petersberg zwischen den Hohen Kommissaren und der Bundesregierung und, seit dem 15. Februar 1951, in Paris zwischen den Mitgliedern der geplanten EGKS und weiteren interessierten europäischen Staaten (so England), die wie die USA und Kanada Beobachter entsandten[56].

McCloy war für die USA bei den mehr technisch konzipierten Verhandlungen auf dem Petersberg verantwortlich. Ihr Ergebnis zeigte, daß die Deutschen politische Vorbedingungen für den geplanten Wehrbeitrag der Bundesrepublik stellten und daß auch ihre Vorstellungen über die technische Verwirklichung dieses Beitrages von denen der Alliierten, vor allem der Franzosen, abwichen. McCloy kam erneut auf das EVG-Projekt zurück als die erfolgversprechendste Möglichkeit, die Ansichten Frankreichs und der Bundesrepublik zur Deckung zu bringen. Im Unterschied zu Erwägungen im State Department, die auf eine Entkoppelung des deutschen Verteidigungsbeitrages, der dringend nötig erschien, von den politischen Problemen einer europäischen Verteidigungsorganisation, die unvermeidlich Zeit beanspruchen würden, hinausliefen, gab McCloy zu bedenken, „that perhaps what we ought to do is to explore more intensively the French ideas with the thought they might become the immediate solution rather than the long-range solution ...“[57]. Auch die Wendung des neuen NATO-Oberbefehlshabers Eisenhower zu einer öffentlichen Unterstützung der EVG half McCloy mit vorbereiten[58]. Ende August 1951 konnte er mit Befriedigung konstatieren, daß sich die amerikanische Regierung offiziell auf jede nur mögliche Förderung des EVG-Projektes festlegte, solange dieses fest in der NATO verankert blieb[59].

An den weiteren Beratungen über den EVG-Vertrag bis zu dessen Unterzeichnung im Mai 1952 ist McCloy unmittelbar nicht mehr beteiligt gewesen. Die gelegentlichen

---

[54] McCloy an Acheson, 4. 12. 1950, NA.

[55] Maier, EVG (Anm. 44), S. 40.

[56] Robert McGeehan, The German Rearmament Question, London 1971, S. 219; Edward Fursdon, The European Defence Community: A History, London 1980, S. 107ff.

[57] HICOG Staff Conference Meeting, 24. 7. 1951, NA; McCloy an Byroade, 8. 6. 1951, FRUS 1951, Bd. 3, S. 1482; dagegen Acheson an Bruce, 28. 6. 1951, ebenda, S. 801ff., dazu: Maier, EVG (Anm. 44), S. 42. Acheson stieß hier vor allem auf den Widerspruch des US-Botschafters in Paris Bruce, der in Fragen der EVG auch sonst in aller Regel mit McCloy übereinstimmte.

[58] Schwartz, Skeleton Key (Anm. 7), S. 380; HICOG Staff Conference Meeting, 24. 7. 1951, NA.

[59] Acheson und Lovett an Truman, 30. 7. 1951, FRUS 1951, Bd. 3, S. 849f. Die Direktive sah freilich immer noch Interim-Arrangements vor, die eine möglichst rasche Aufstellung deutscher Einheiten gewährleisten sollten, indessen nur unter der Oberhoheit der EVG, für die eine Grundsatzvereinbarung vorliegen mußte. Acheson hatte sich schon vorher, z. T. mit den Argumenten McCloys, für die EVG als primären Rahmen der deutschen Aufrüstung ausgesprochen, von dem er hoffte, daß er auch erhalten bliebe, wenn die USA einmal aus Europa abziehen würden; Acheson an Bruce, 28. 6. 1951, FRUS 1950, Bd. 3, S. 802; dazu vgl. Schwartz, Skeleton Key (Anm. 7), S. 377.

Ratschläge, mit denen er sie begleitete, zeigen aber, daß er an seiner im Grunde schon 1950 gefundenen Position festhielt: Als Adenauer zum Beispiel im August 1951 eine Übergangsregelung für den Beginn einer deutschen Wiederbewaffnung vorschlug, die der Unterzeichnung des EVG-Vertrages vorausgehen und, wie es schien, auf die vorläufige Aufstellung eines nationalen deutschen Truppenkontingentes unter einem nur nominal übergeordneten europäischen Verteidigungsrat hinauslief, bestand McCloy auch dem Kanzler gegenüber auf der unverzüglichen Fertigstellung und Unterzeichnung des EVG-Vertrages, an dem aus seiner Sicht auch kein vorläufiger Weg vorbeiführte[60]. In der heiß umstrittenen Frage einer deutschen Mitgliedschaft in der NATO neigte McCloy zunächst auch eher dem französischen Standpunkt zu, gelangte dann freilich wenige Wochen vor der Unterzeichnung des EVG-Vertrages, als Frankreich sich von seinem eigenen Projekt immer mehr zu distanzieren schien, zu der Schlußfolgerung, daß die Bundesrepublik außerhalb der NATO gefährlicher sei als in ihr; doch auch jetzt hielt er es für verfehlt, im Interesse einer deutschen NATO-Mitgliedschaft auf Frankreich Druck auszuüben[61].

Es gehörte zu den Leitgedanken der Außenpolitik Adenauers seit 1949, sich darum zu bemühen, daß die Alliierten Fortschritte bei der Integration der Bundesrepublik in den Westen mit Konzessionen beim Abbau der Besatzungsherrschaft honorierten. Den Amerikanern wurde diese Taktik am deutlichsten präsentiert, als Adenauer in den letzten Augusttagen des Jahres 1950 mit seinen beiden bekannten Sicherheitsdenkschriften das Angebot eines westdeutschen Verteidigungsbeitrages mit der Forderung nach einer Ablösung des Besatzungsstatuts verknüpfte[62]. Die Westalliierten haben daraufhin im März 1951 das Besatzungsstatut einer „kleinen Revision" unterzogen und dann im September 1951 Verhandlungen mit der Bundesregierung mit dem Ziel begonnen, an die Stelle des oktroyierten Besatzungsstatuts eine vertragliche Regelung der Beziehungen zwischen Bundesrepublik und Westalliierten treten zu lassen.

McCloy war sowohl an den amerikanischen Vorüberlegungen für eine Revision des Besatzungsstatuts als auch an den entscheidenden deutsch-alliierten Verhandlungen im Herbst 1951 beteiligt. Die Notwendigkeit, die Westdeutschen von dem wirtschaftlichen und politischen Kuratel zu befreien, unter das sie das Besatzungsstatut gestellt hatte, ist ihm zum ersten Mal deutlich geworden, als er von den französischen Plänen für eine europäische Kohle- und Stahlgemeinschaft erfuhr. Zu diesem Zeitpunkt – d. h.

[60] McCloy, Memorandum, 1. 9. 1951, FRUS 1951, Bd. 3, S. 874ff. Auch in diesem Schreiben erscheint eine politische Einigung wieder als vorrangiges Ziel der amerikanischen Außenpolitik; Bezug: Adenauer, Memorandum, 25. 8. 1951, ebenda, S. 869f.
[61] HICOG Staff Conference Meeting, 12. 2. 1952, NA; Bruce an Acheson, 27. 10. 1951, FRUS 1951, Bd. 3, S. 901; McCloy an Dept. of State, 1. 2. 1952, FRUS 1952–54, Bd. 5, S. 15f. – Am 12. 10. 1951 konterte McCloy den ohne Umschweife von Adenauer geäußerten Wunsch einer deutschen Mitgliedschaft in der NATO mit dem Hinweis, daß Frankreich und England diesem Ansinnen erhebliche Bedenken entgegenstellen würden. Das State Department erinnerte er daran, daß auch nach der Bildung der EVG kein europäisches Land freiwillig auf seine NATO-Mitgliedschaft verzichten werde: „We must either be prepard to accept German membership in NATO on same basis or risk charge that Germany is being discriminated against with consequent adverse effect upon German defense contribution ..."; McCloy an Acheson, 12. 10. 1951, FRUS 1951, Bd. 3, S. 1550f. Eine Weisung des State Departments bestätigte die Absicht der USA, die Bundesrepublik nach Inkrafttreten der EVG in die NATO aufzunehmen. Doch sollte Adenauer vertraulich auf die diesbezüglichen Bedenken Frankreichs hingewiesen werden, mit denen offen konfrontiert zu werden die USA vermeiden wollten, Acheson an McCloy, 19. 10. 1951, ebenda, S. 1556f.
[62] Schwarz, Adenauer (Anm. 31), S. 764ff.

Anfang Mai 1950 – setzte er sich mit besonderem Nachdruck für die Beseitigung der über die deutsche Wirtschaft verhängten Restriktionen ein[63].

In die Souveränität entlassen sehen wollte er damit die Bundesrepublik noch keineswegs. Wie eine grundsätzliche Stellungnahme von ihm aus der Zeit unmittelbar nach Ausbruch des Koreakrieges zeigt, wollte er zwar der Bundesrepublik das Recht zuerkennen, sich selbst international zu vertreten, wenn auch mit gewissen Vorbehalten; auch wollte er die Deutschen für die rasche Durchführung von alliierterseits in die Wege geleiteten Gesetzgebungsvorhaben, z. B. zur Entflechtung bestimmter Industrien, verantwortlich machen; die höchste Autorität in Westdeutschland sollte indessen bei den westlichen Siegermächten verbleiben: Insbesondere müßten diese sich das Recht vorbehalten, „to insure security from totalitarian aggression whether internal or external or from Germany's alignment with the East; protection of a democratic order in Germany, of a government responsible to the people, and of the rights of the individual; protection and support of the occupation forces ...“[64].

McCloy leitete auch Adenauers Memorandum zur Frage der Neuordnung der Beziehungen zu den Besatzungsmächten vom 29. August 1950 an Truman weiter und empfahl, die Besatzungsherrschaft Zug um Zug mit der Integration der Bundesrepublik in eine europäische Gemeinschaft zu beenden[65]. Er erkannte, daß nur die Aussicht auf eine weitgehende Verselbständigung der Bundesrepublik in der Lage war, die Bedenken der Opponenten Adenauers in der Bundesrepublik – vor allem der SPD – gegen eine westdeutsche Aufrüstung zu entkräften[66]. Die wachsenden innenpolitischen Schwierigkeiten der Regierung Adenauer im Sommer 1951 und ein unübersehbarer Umschwung der öffentlichen Meinung in Westdeutschland zuungunsten einer deutschen Beteiligung an der NATO-Verteidigung ließen dem Hochkommissar eine Ablösung des Besatzungsstatuts besonders dringlich erscheinen, um so die Verabschiedung des EVG-Vertragswerkes durch den Bundestag sicherzustellen, ehe sich die Stimmung in der Bundesrepublik noch weiter verschlechterte[67].

Trotz oder vielleicht auch wegen dieser Besorgnis war McCloy freilich immer noch nicht bereit, der Bundesrepublik die volle Souveränität nach innen zu gewähren. An dieser Stelle geriet er in einen immer schärferen Gegensatz zum State Department. Dieses war schon im Dezember 1950 dafür, nach Inkrafttreten des Schuman-Plans und der militärischen Integration der Bundesrepublik die höchste Autorität im westdeutschen Staat an die zuständigen deutschen Stellen abzutreten und in dieser Hinsicht nur für Berlin einen Vorbehalt zu machen. Die Hohe Kommission müsse dann ebenso verschwinden wie das Besatzungsstatut und die Westalliierten mit Botschaftern in

[63] McCloy an Acheson, 25. 4. 1950, FRUS 1950, Bd. 4, S. 633f.; McCloy, Program for progress on the German problem, Memorandum für Acheson, o. D. (Mai 1950), NA.
[64] McCloy an Acheson, 15. 7. 1950, FRUS 1950, Bd. 4, S. 754.
[65] McCloy, Memorandum for the President, Subject: The situation in Germany, 10. 9. 1950, TLT.
[66] McCloy an Acheson, 4. 12. 1950, NA.
[67] McCloy an Byroade, 8. 6. 1951, FRUS 1951, Bd. 3, S. 1484f. Vorher auf der Brüsseler Außenministerkonferenz: U.S. delegation minutes, 19. 12. 1950, FRUS 1950, Bd. 4, S. 805; Summary of Telegrams, 17. 8. 1951, TLT, und McCloy an Acheson, 22. 10. 1951, Truman Presidential Library, Acheson Papers.

Bonn vertreten sein[68]. Acheson präzisierte diese Absicht in einem Schreiben an den französischen Außenminister Schuman vom 9. August 1951[69].

McCloy erhob gegen diese Politik Einspruch und bewies damit erneut, welch enger Zusammenhang in seinen Augen zwischen der geplanten Verselbständigung der Bundesrepublik durch den „Deutschlandvertrag" und der europäischen Integration bestand. Wie schon im Vorjahr drängte er darauf, daß die Westmächte unter allen Umständen sich das Recht reservieren müßten, in der Bundesrepublik intervenieren zu können, falls dort die demokratische Grundordnung gefährdet sei: „No one can say today how great the risk of such developments [threatening the stability of the Federal Republic] may be ... the gradual emergence of more intransigent attitudes is apparent. They will probably become more pronounced ... as the date for a German [defense] contribution approaches." Auch zahlreiche deutsche Gesprächspartner McCloys hätten sich für eine Art Schutzgarantie der Westalliierten für die deutsche Demokratie ausgesprochen. Eine solche Garantieerklärung werde es vor allem aber auch den anderen europäischen Ländern leichter machen, die deutsche Partnerschaft in einer europäischen Gemeinschaft zu akzeptieren: „The French, the Belgians, and the Dutch all have good reason to be doubtful of German democratic tendencies ... If these countries felt that the United States was as much interested in the political stability of Europe as in its military strength, and was determined that no new political adventure such as Nazism would be tolerated, I believe they would show more boldness in going forward toward European unity ..." McCloy fand, daß diese Gesichtspunkte sowohl im State Department selbst als auch in den letzten Entscheidungen des Nationalen Sicherheitsrates viel zu wenig berücksichtigt worden seien[70].

McCloys Standpunkt fand im State Department keine Gegenliebe. Der Leiter der Deutschland-Abteilung Byroade hielt McCloy entgegen, daß die Alliierten mit dem von diesem geforderten Interventionsvorbehalt die deutsche Demokratie eher schwächen würden. Nur unter der Bedingung voller Gleichberechtigung könne man einen nachhaltigen Beitrag der Bundesrepublik zur militärischen Stärke des Westens erwarten. Fielen die Westmächte hinter dieses Versprechen zurück, dann müßten sie sich langfristig auf einen Verlust ganz Deutschlands an den Osten gefaßt machen. Ein Interventionsrecht könne vertraglich allenfalls in dem Sinne vereinbart werden, daß die Westalliierten bereit seien, *auf deutschen Wunsch* bei einem inneren Notstand in der Bundesrepublik zu intervenieren[71].

Tatsächlich vermochte sich McCloy gegen die Meinung des State Departments nicht durchzusetzen. Die immer prekärere innenpolitische Lage Adenauers, die seit Mitte September 1951 durch Deutschlandinitiativen der DDR noch zusätzlich kompliziert wurde, dürfte maßgeblich zu der Entscheidung der US-Regierung beigetragen haben, auf das ausdrückliche Recht der Siegermächte, zugunsten der Erhaltung der Demokra-

---

[68] Acheson an McCloy, 12. 12. 1950, FRUS 1950, Bd. 4, S. 797f.; Acheson an McCloy, 6. 7. 1951, FRUS 1951, Bd. 3, S. 1486; HICOG an Acheson, 30. 6. 1951, ebenda, S. 1485.
[69] Acheson an Schuman, 9. 8. 1951, ebenda, S. 1166: Als einzige Vorbehaltsrechte der Westalliierten bezeichnete Acheson dort das Recht zur Truppenstationierung, einen Generalvorbehalt für Berlin, die deutsche Wiedervereinigung und einen Friedensvertrag, insbesondere Grenzfragen.
[70] McCloy an Acheson, 18. 8. 1951, ebenda, S. 1175ff.
[71] Byroade, Memorandum, 3. 9. 1951, ebenda, S. 1192ff.; kurzer Hinweis auf die Kontroverse bei Schwarz, Adenauer (Anm. 31), S. 885.

tie in der Bundesrepublik zu intervenieren, zu verzichten[72]. Daß der endgültige
Deutschlandvertrag dann doch einen Notstandsartikel enthielt, der indessen juristisch
mit der Sicherheit der westalliierten Streitkräfte in der Bundesrepublik begründet war,
ging auf den Wunsch des französischen und (eigenartigerweise) des britischen Außenministers zurück[73]. Die Feststellung eines Notstandes in der Bundesrepublik blieb
auch eine Prärogative der Schutzmächte – anders als dies die US-Regierung gewünscht
hatte[74].

Eine letzte Komplikation trat ein, als die französische Regierung zu Anfang des
Jahres 1952 einen Botschafter ins Saargebiet entsandte, offenbar um den Status quo in
dem umstrittenen Industrierevier damit festzuschreiben. Adenauer rief erneut die
Vermittlungsdienste McCloys an, der allerdings den deutschen Wünschen nur soweit
entgegenkommen wollte, wie dadurch die Zugehörigkeit des Saarlandes zum französischen Wirtschaftsraum nicht in Frage gestellt wurde[75].

Wenn McCloy in all den Verhandlungen, die der Unterzeichnung des EVG- und
des Deutschland-Vertrages vorausgingen, sorgfältig darauf achtete, daß französische
Interessen und Besorgnisse nicht unberücksichtigt blieben, so gab ihm der wachsende
Widerstand in der französischen Öffentlichkeit gegen dieses Vertragswerk in gewisser
Weise recht. Ganz offenbar waren die westlichen Nachbarn der Bundesrepublik noch
nicht bereit, diese als im wesentlichen souveränen Partner in einer Weise zu akzeptieren, als ob Deutschland den Zweiten Weltkrieg nicht begonnen und verloren hätte.
Diese Vorbehalte trugen dann 1954 ja schließlich auch zur Niederlage der EVG vor
der französischen Nationalversammlung bei.

Eine Bilanz dieser Skizze über die Rolle McCloys in der Geschichte der Bemühungen um eine Westintegration der Bundesrepublik soll sich an den anfangs gestellten
Fragen orientieren: Wir fragten *erstens*, ob McCloy ein „Kleinsteuropäer" der ersten
Stunde gewesen sei. Dies, so zeigte sich, war nicht der Fall. McCloy optierte erst zu
dem Zeitpunkt für eine kontinental-europäische Integration, als deutlich geworden
war, daß Frankreich die Führungsrolle in diesem Prozeß, die ihm die USA angetragen
hatte, auch tatsächlich übernahm.

Die *zweite* Frage bezog sich auf die Motivation, die McCloys Eintreten für eine
westeuropäische Integration zugrunde gelegen hat. In deren Mittelpunkt standen
sicher nicht der „Kalte Krieg" und die Bedrohung des Westens durch die UdSSR und
ihre Satelliten als solche, sondern die Gefahren, die sich aus einer Hinwendung des
westdeutschen Teilstaates zur UdSSR ergeben hätten. In diesem Falle wäre aus der
Sicht McCloys nicht nur das Gleichgewicht in Europa erschüttert gewesen, sondern
wäre auch die westalliierte Politik einer „Verwestlichung" der unter ihrer Kontrolle
befindlichen Deutschen gescheitert – die Alternative konnte nur ein neuer deutscher

[72] McCloy, der sich bemühte, den Einfluß der östlichen Deutschlandoffensive aus den Verhandlungen herauszuhalten, an Acheson, 27. 9. 1951, FRUS 1951, Bd. 3, S. 1537; McCloy an Acheson, 2. 10. 1951, ebenda, S.
1538ff.; die Arbeitsvorlage des Generalvertrages zur Beratung durch die westlichen Außenminister in
Washington schloß ein Interventionsrecht in das Verfassungssystem der Bundesrepublik ausdrücklich aus;
Draft Instructions, 10. 9. 1951, Bd. 3, S. 1201.
[73] U.S. delegation minutes, 4th meeting, foreign ministers, Washington, 13. 9. 1951, ebenda, S. 1273f.
[74] Draft Agreement on General Relations, 17. 11. 1951, FRUS 1951, Bd. 3, S. 1592 (Präambel), S. 1594, auch
Anm., Art. 5. Vorausgegangene Diskussion: ebenda, S. 1523, 1564, 1567, 1569, 1573, 1584, 1592, auch 1598.
[75] McCloy an Acheson, 1. 2. 1952, NA; McCloy an Bowie, 13. 3. 1952, NA; mein Schüler Martin Kerkhoff
bereitet eine Dissertation vor, die die Haltung der angelsächsischen Mächte zur Saarfrage nach 1945
untersucht.

Nationalismus sein. Als eigentliches Gegenmittel gegen eine derartig fatale Entwicklung betrachtete McCloy die Annäherung zwischen Frankreich und der Bundesrepublik in der Form der gegenseitigen Integration unter Beteiligung der übrigen interessierten kontinental-westeuropäischen Staaten. Dieses Ziel, das eine Wiederholung der europäischen Katastrophen des frühen 20. Jahrhunderts verhindern sollte, besaß für McCloy durchaus einen eigenständigen Wert. Wie er bei dem Pilgrims' Society Dinner in London schon am 4. April 1950 erklärte, ergäbe sich die Notwendigkeit eines geeinten Europa wegen der Drohung aus dem Osten gewiß um so dringender; „but it would still be pressing even without that threat. The fact is we cannot solve the German problem without fitting it into the larger context of a united Europe ...“[76] In diesem Sinne wurde McCloy zusammen mit Bruce der nachdrücklichste Vertreter der verschiedenen europäischen Integrationsinitiativen, von denen er die politische Integration „Kleinsteuropas“ zweifellos für am wichtigsten hielt.

Wieweit, so lautete unsere *dritte* Frage, verstand sich McCloy in seiner Integrationspolitik als Vertreter der Interessen Frankreichs? Einer Antwort auf die Frage muß die Selbstverständlichkeit vorausgeschickt werden, daß McCloy natürlich zu allererst die Interessen seiner Regierung und seines Landes zu wahren gesucht hat – wobei er mit Kritik am State Department, wie wir sahen, nicht gespart hat, wenn er dies für nötig hielt. Davon abgesehen aber war McCloy sich indessen der Tatsache voll bewußt, daß der Schlüssel für den Erfolg der amerikanischen Europapolitik primär in Frankreich zu suchen war. Das, was er als höheres Interesse – „enlightened interest“ – Frankreichs begriff und was in Frankreich selbst von seinem Freund Monnet propagiert wurde: die Bildung einer Interessengemeinschaft Frankreichs mit der Bundesrepublik als „junior partner“, das hat er mit großer Zähigkeit verfochten – wenn nötig im Gegensatz zu Adenauer und zu den Wünschen seiner eigenen Regierung. Mehr als diese drängte er darauf, das ganze Gewicht der amerikanischen Weltmacht in die Waagschale zu werfen, um so die Integration Westeuropas durchzusetzen. Auch angebliche militärische Zwangsläufigkeiten – das Bedürfnis nach einer schnellen Aufrüstung der Bundesrepublik – haben ihn von diesem Kurs nicht abgebracht.

Die amerikanische Regierung hatte McCloy zum Hochkommissar in der Bundesrepublik auch deshalb ernannt, weil ihm der Ruf vorausging, ein Fürsprecher Frankreichs zu sein. McCloy hat diese Hoffnungen nicht enttäuscht.

---

[76] U.S. Press Liaison Office, Text of McCloy's Address, 4. 4. 1950, 1 Ex. NA.

Heather J. Yasamee

Großbritannien und die Westintegration der Bundesrepublik 1948–1951

Die Geschichte der Eingliederung der Westzonen Deutschlands in die westliche Welt zeigt, wie sehr sich Bevins Prophezeiung aus dem Jahr 1948 bewahrheitete: „The sense of a common danger drives countries to welcome tomorrow solutions which appear unpractical and unacceptable today."[1] Als eine solche Gefahr wurde 1948 die Sowjetunion angesehen. Die von Bevin vorgeschlagene Lösung sah die Bildung eines westlichen Blocksystems vor, das in der Lage sein sollte, die Sowjetunion auf den von ihr geschaffenen östlichen Block zu beschränken. Bevin bezeichnete dies als vorrangiges Ziel britischer Außenpolitik. Die Vorstellung einer Eingliederung Deutschlands in einen westlichen Block erschien zum damaligen Zeitpunkt nach Ansicht mancher, wie Bevin zugab, als nicht praktikabel und akzeptabel; denn dies hätte erhebliche Anpassungsleistungen erfordert. Gleichwohl war es 1948 nicht besonders schwer, sich prinzipiell darauf zu einigen, daß die Westzonen ein Teil des westlichen Europa sein müßten, ohne die spätere Wiedervereinigung Deutschlands dadurch auszuschließen. In den Jahren 1948 bis 1950 wurden in rascher Folge Entwürfe für die Stufen einer solchen Eingliederung ersonnen. Wie Dean Acheson, der amerikanische Außenminister, später beklagte, bestand das Problem darin, daß „the principles agreed between the three powers for dealing with Germany often seemed to break down when it came to their concrete application"[2].

Dafür gab es zahlreiche Gründe, doch waren sie zum großen Teil auf die allgemeine Schwierigkeit zurückzuführen, die im Krieg entstandene Furcht und den Argwohn gegenüber Deutschland zu begraben. Eine politische Strategie bis zum Ende zu durchdenken und sie in die Tat umzusetzen, war deshalb nicht möglich. Man hatte 1948 erkannt, daß man Westdeutschland als Partner einbinden müsse, sollte eine Konsolidierung Westeuropas Erfolg haben. Eine gleichberechtigte Partnerschaft wurde nicht in Betracht gezogen, jedoch erwartete man von Westdeutschland loyale Mitarbeit. Bis zum Herbst 1950 endeten die Überlegungen zur wirtschaftlichen und politischen Integration stets unmittelbar vor dem militärischen Bereich. Auch als die Ereignisse in Korea in dramatischer Weise dazu zwangen, die bisherige Politik neu zu durchdenken, sahen die Pläne für eine deutsche Wiederbewaffnung eine deutsche Nationalarmee

---

[1] Cabinet memorandum CP(48)6 vom 4. Januar 1948: „The First Aim of British Foreign Policy", CAB 129/23.
[2] Documents on British Policy Overseas (DBPO), Serie II, Band 2: The London Conferences, Anglo-American Relations and Cold War Strategy 1950. London 1987, Nr. 96.

oder gar das Zugeständnis voller Souveränität nicht einmal als Zielperspektive vor. Die westlichen Alliierten versuchten beides zu erreichen – Deutschland auf die Beine zu stellen, es gleichzeitig aber im Zaum zu halten. Das Resultat war eine in mancher Hinsicht inkohärente Politik.

Die Frage, wie man die Furcht vor Deutschland mit der Erkenntnis verbinden sollte, auf Deutschland angewiesen zu sein, stellte auf dem Höhepunkt des Kalten Krieges ein immer wiederkehrendes Thema in der britischen Deutschlandpolitik dar. In diesem Dilemma befanden sich freilich alle westlichen Staaten. In einem englischen Regierungsbericht über die wirtschaftliche Anbindung der Bundesrepublik an Westeuropa wurde die ambivalente, mehr von politischen als von wirtschaftlichen Faktoren geleitete Haltung des Westens gegenüber Deutschland bedauert. „Conditioned by an embittering burden of history and experience, yet prompted by the increasing gravity of their present situation and future outlook, all Germany's Western neighbours, the United Kingdom perhaps less than others, are moved in varying degrees and in turn by a conflicting fear and need for her."[3] Dieser Konflikt war der eigentliche Grund für die Schwierigkeiten der Alliierten im Umgang mit Deutschland. Konrad Adenauer, der deutsche Bundeskanzler, hatte dies erkannt, als er im April 1950 den Alliierten vorschlug, doch mehr gesunden Menschenverstand als Emotionen bei der Behandlung der deutschen Fragen walten zu lassen[4].

Die vollständige Geschichte der Eingliederung der Bundesrepublik Deutschland in die westliche Welt ist lang und kompliziert und würde den Rahmen dieses Aufsatzes sprengen. Deshalb soll hier versucht werden, die britischen Vorstellungen und Verfahrensweisen in Bezug auf Deutschland darzustellen, wie sie sich in den Dokumenten des britischen Foreign Office widerspiegeln[5]. Ich konzentriere mich dabei auf die Zeitspanne vom Ende der vierziger bis zum Anfang der fünfziger Jahre, auf die erste Hälfte des Zeitraumes also, der zwischen dem Kriegsende 1945 und der Wiederherstellung der Souveränität der Bundesrepublik im Jahre 1955 liegt. Zunächst soll untersucht werden, welche Akteure die Deutschlandpolitik zu jener Zeit bestimmten und welche Motive sie leiteten. Wie diese Politik umgesetzt wurde, soll in getrennten Abschnitten über die wirtschaftlichen, politischen und militärischen Aspekte der Integration analysiert werden, wobei zu zeigen sein wird, daß ihre Interdependenz fortschreitend zunahm.

Die Dokumente zeichnen das Bild eines Großbritannien, das ein Empire verloren und sein Rollenverständnis als auf sich selbst zurückgeworfene Weltmacht noch nicht gefunden hatte. Man hoffte, diese Stellung als führende Macht des Commonwealth durch das Bündnis mit den Vereinigten Staaten sichern zu können. Dies stellte sich zwar als fragwürdig heraus, man hielt aber trotzdem starr daran fest. Die britischen Vorstellungen über Deutschland und Europa wurden völlig vom Verhältnis Großbritanniens zu den USA bestimmt. Es erschien als Schlüssel zu Großbritanniens Stellung

[3] Report on Economic Association of Western Germany with Western Europe and the Sterling Area, April 1950, Public Record Office (PRO) FO 371/85667: CE 2121/45/181, zit. nach DBPO, II, 2, Nr. 12, Anm. 5.
[4] DBPO, II, 2, Nr. 44, Anm. 7.
[5] Folgende Bände der Serie II der Documents on British Policy Overseas wurden hauptsächlich für diesen Aufsatz herangezogen: Band 1: The Schuman Plan, the Council of Europe and Western European Integration 1950–1952, London 1986; Band 2: The London Conferences (Anm. 2); Band 3: German Rearmament 1950, London 1989.

in der Welt und zu seiner Fähigkeit, sich gegenüber der Sowjetunion zu behaupten. Die Pläne über Deutschland und über die möglichen Strukturen eines europäischen Systems, in das es eingefügt werden sollte, dienten allesamt dazu, Großbritanniens Stellung als wichtigster Partner der USA zu untermauern.

Großbritanniens Überzeugung, daß seine Stärke vorrangig auf dem Commonwealth und dem Verhältnis zu den USA beruhe und erst in zweiter Linie mit Europa zu tun habe, erklärt seine ablehnende Haltung gegenüber den föderalistischen Europaplänen. Diese Haltung hatte aber unvorhergesehene Folgen für seine Stellung als Kontrollmacht in Deutschland. Was die britische Kontrolle Deutschlands angeht, zeigen die Akten eine liberale britische Politik, die allzu oft von einer starren französischen Linie und der amerikanischen Neigung, wie ein Pendel von einem Extrem zum anderen zu schwingen[6], durchkreuzt wurde. Eingezwängt von der Politik der Verbündeten scheint die britische Deutschlandpolitik gelegentlich so schwer greifbar, daß sich die Frage stellt, ob es sie überhaupt gab. Zwar lassen sich mehrere Stränge dieser Politik ausmachen, doch keiner erwies sich als besonders erfolgreich. Immer basierte die britische Politik auf der zweifelhaften Prämisse, daß es möglich sei, die fortschreitende Lockerung der Kontrolle über Deutschland zu dirigieren. Doch Großbritannien konnte dies nicht bewerkstelligen; teils weil es sein Verhältnis zu seinen Hauptverbündeten, den USA und Frankreich, nicht maßgebend bestimmen konnte – geschweige denn zu ihrem Hauptrivalen, der Sowjetunion –, teils weil die Vorstellung von der „Siegermacht Großbritannien und dem besiegten Deutschland" die britischen Verhaltensweisen prägte. Da Deutschland wirtschaftlich, politisch und militärisch am Boden lag, galt es in gewisser Hinsicht als Beutestück, mit dem man dementsprechend glaubte umspringen zu können. Spätestens 1950 hatte man jedoch erkannt, daß man Westdeutschland angesichts der Bedrohung durch die Sowjetunion anders behandeln müsse. Nachdem die Alliierten dazu beigetragen hatten, Deutschland wieder auf eigene Füße zu stellen, hatten sie es nun nicht mehr mit einer am Boden liegenden Macht zu tun. Je enger die BRD an den westlichen Club angeschlossen wurde, desto größer wurde ihr Verhandlungsspielraum. Mit dieser neuen Situation zurechtzukommen, bereitete Bevin und seinem Mitarbeiterstab jedoch Schwierigkeiten.

Dieses Unbehagen über die neue Situation spiegelt sich deutlich in den Akten wider; so urteilte z. B. Ivo Mallet, Assistant Under-Secretary of State, in einem Memorandum über die Folgen einer deutschen Wiederbewaffnung für die deutsch-alliierten Beziehungen: „It will not be pleasing or easy to treat Germany as a partner and equal, but we cannot have it both ways. If we need Germany's help and want Germany to form part of our Western bloc, we must make her a full member of the club and reconcile ourselves to seeing her smoking a large cigar in a big chair in front of the fire in the smoking room. Otherwise, Germany will not pay the subscription we are asking; she may even join another club where she will be better treated. We have not only to give the Republic the social prestige of being an equal member of the Western confederation, but we have also to see to it that it is in her economic interest to belong to that confederation. We have not only to cease treating her as though we distrusted her or were frightened of her but must also give her political equality. This means that we must recognise that the Occupation regime will have to come to an end much sooner

---

[6] DBPO, II, 2, Nr. 45, Anm. 1.

than we anticipated and that Germany will recover complete sovereignty subject only
to such military arrangements as may be made within the Atlantic pact for stationing
Allied troops on German soil. We must shortly expect to see Adenauer sitting at the
conference table with the Americans, the French and ourselves."[7]

Mallet hat hier in wenigen Sätzen das Kernproblem der britischen Politik bei der
Lösung der deutschen Frage angesprochen. Doch ehe wir uns den britischen Vorstellungen und ihren Auswirkungen auf die tatsächliche Politik zuwenden, soll deutlich
gemacht werden, welche Akteure zur damaligen Zeit die politische Bühne beherrschten und welche Politik sie betrieben.

Die Akteure und das institutionelle Gefüge

Unter dem Begriff „die Briten" werden hier jene Minister und Beamten des Foreign
Office verstanden, die die britische Deutschlandpolitik zum damaligen Zeitpunkt
entscheidend mitgestaltet haben, ganz im Gegensatz zur Kriegszeit, als militärische
Überlegungen vorherrschten, die durch den Premierminister Winston Churchill in
seiner Funktion als Verteidigungsminister maßgeblich geprägt wurden. Die ursprüngliche Planung für die Besatzungsherrschaft nach dem Krieg sah eine strikte Trennung
zwischen Kriegs-, Außen- und Finanzministerium vor. Die eigentliche Besatzungspolitik wurde auf internationaler Ebene von der European Advisory Commission (EAC)
festgelegt, die u. a. für die Aufteilung der Zonen in Deutschland verantwortlich war.
Über den britischen Vertreter, William Strang, konnte das Foreign Office jedoch
maßgeblichen Einfluß auf die EAC ausüben. Strang, der sich als Spezialist für sowje-
tisch-deutsche Fragen im Foreign Office profiliert hatte, trug wesentlich zur politischen Nachkriegsplanung in Deutschland bei. Nach seinem Ausscheiden aus der EAC
wurde er politischer Berater Feldmarschall Montgomerys bei der Britischen Kontroll-
kommission in Berlin und Lübeck. Diese Stellung behielt er während der ersten beiden
schwierigen Besatzungsjahre und übernahm im Oktober 1947 die Leitung der neuge-
schaffenen deutschen Sektion des Foreign Office in London.

Vor der Gründung dieser Sektion im April 1947 lag die Behandlung der deutschen
Angelegenheiten außerhalb der direkten Kontrolle des Foreign Office. Über die
Grundsätze der Kontrolle war eine Einigung zwischen dem britischen Premierminister
und seinem Außenminister und einer vorwiegend aus Foreign Office-Angehörigen
zusammengesetzten Delegation in Potsdam erzielt worden. Danach konzentrierte sich
die britische Deutschlandpolitik auf die Errichtung der Besatzungsherrschaft und auf
die Verwaltung und lag insofern in der Zuständigkeit des Control Office for Germany
and Austria. Diese im Oktober 1945 gegründete Behörde wurde von einem eigenen
Minister, John Hynd, Chancellor of the Duchy of Lancaster, geleitet und stand unter
der Aufsicht des Secretary of State for War. Einflußmöglichkeiten auf die Gestaltung
der Besatzungsherrschaft in Deutschland hatte das Foreign Office durch Strang. Er
berichtete direkt an Bevin und erhielt regelmäßig seine Instruktionen von der Deutschlandabteilung des Foreign Office, die wiederum sehr eng an das Control Office
angebunden war. Als politischer Berater konnte er Ratschläge erteilen, er hatte jedoch

---

[7] DBPO, II, 3, Nr. 105.

keinerlei Handlungsbefugnisse. Diese lagen in den Händen des Militärgouverneurs, der seine Instruktionen vom Control Office empfing. Im April 1947 wurde infolge der Eingliederung des Control Office als deutsche Sektion des Foreign Office das Außenministerium wieder mit der Regelung der deutschen Angelegenheiten betraut. Die unmittelbare Regierungsverantwortung lag nun erneut in den Händen des Chancellor of the Duchy of Lancaster, mittlerweile Lord Pakenham, der Bevin rechenschaftspflichtig war. Als Pakenham 1948 das Ministerium für Zivile Luftfahrt übernahm, wurde die Regierungsverantwortung für Deutschland an Lord Henderson, einen Permanent Under-Secretary des Foreign Office, delegiert.

Die deutsche Sektion entwickelte sich rasch zu einer wirksamen und mächtigen, vom Foreign Office ziemlich unabhängig operierenden Institution, die mit einem eigenen Permanent Under-Secretary und Personalstab auch administrativ vom restlichen Foreign Office losgelöst war. Sie baute sich eigene Abteilungen auf[8]; im Zentrum stand die deutsche politische Abteilung unter der Leitung von Patrick Dean (1946–49) und Denis Allen (1949–51).

1950 hatte Strang die Leitung des gesamten Foreign Office übernommen. Als wichtigster Berater Bevins behielt er maßgeblichen Einfluß auf die britische Deutschlandpolitik, nicht zuletzt weil er eine neue Denk-Fabrik innerhalb des Foreign Office förderte, das Permanent Under-Secretary's Committee (PUSC), das von 1949 bis 1951 ein wachsames Auge auf die britische Außenpolitik richtete.

Die maßgeblichen Personen in der deutschen Sektion waren 1950 Ivone Kirkpatrick, Donald Gainer, Ivo Mallet und Roger Stevens. Die meisten von ihnen konnten aufgrund ihrer glanzvollen Karriere im Foreign Office auf einen großen Schatz an Erfahrungen in deutschen Fragen zurückblicken. Kirkpatrick, der nach Strang die Stelle des Permanent Under-Secretary in der deutschen Sektion übernahm, und Mallet, ein Assistant Under-Secretary, waren in den dreißiger Jahren in der britischen Botschaft in Berlin tätig gewesen. Als Kirkpatrick General Sir Brian Robertson als Britischer Hoher Kommissar in Deutschland 1950 ablöste, übernahm Gainer dessen Stelle in der deutschen Abteilung; Gainer war zwischen 1925 und 1937 als Vize-Konsul und später als Generalkonsul in München tätig gewesen. Sein Ausscheiden im Oktober 1951 fiel mit dem Niedergang der deutschen Sektion zusammen; der endgültige Todesstoß war die Eingliederung der deutschen politischen Abteilung in den allgemeinen Verwaltungsapparat des Foreign Office im Januar 1952. Die Abteilung wurde in „Central Department" umbenannt und damit eine Rückkehr zum Status quo der Vorkriegszeit signalisiert. „This represents a further step in the process of integrating German Departments into the Foreign Office proper", hieß es damals in einem Rundschreiben des Foreign Office. Dieser – parallel zu den Ereignissen in Deutschland – ablaufende Integrationsprozeß zog sich über ein Jahr hin, bis im März 1953 die letzte übriggebliebene Abteilung der alten deutschen Sektion – das „German General Department" – geschlossen wurde.

Bis zum Jahre 1950 waren in den britischen Behörden in Deutschland vorwiegend militärische und zivile Experten und nur wenige Diplomaten tätig. Eine der herausra-

---

[8] Bis 1950 waren die ursprünglich 15 deutschen Abteilungen der deutschen Sektion zu 11 zusammengefaßt: Commercial Relations and Industry; Education; Finance; General Economics; Information; Internal; Political; Section Accounts; Establishment and Organisation; Supply; Travel.

genden Persönlichkeiten war von 1945 bis 1950 General Sir Brian Robertson. Von
1945 an war er als stellvertretender Militärgouverneur zuerst Montgomery und
anschließend Luftmarschall Sir Sholto Douglas unterstellt; ab 1947 übernahm er selbst
die Position des Militärgouverneurs, 1949 wurde er der erste Britische Hohe Kommissar; er repräsentierte damit eine nicht zu unterschätzende Kontinuität im Übergang
von der Militärregierung zur Hohen Kommission. Unter den britischen Beamten
zeigten Robertson und Kirkpatrick ein Maß an Verständnis für die deutschen Probleme, das nicht viele zu jener Zeit mit ihnen teilten. Insbesondere Robertson verfügte
über das für einen Militär eigene Gespür für Realpolitik und war gewandt im Umgang
mit Menschen. Im persönlichen Bereich setzte er sich sehr dafür ein, die unter der
„Herrschaft" seines nicht so beliebten Vorgängers beeinträchtigten deutsch-britischen
Beziehungen wieder ins Lot zu bringen. Und was besonders wichtig war – er konnte
ein gutes Verhältnis zu Adenauer, der seit September 1949 Kanzler der Bundesrepublik war, aufbauen. Diese mehr auf gegenseitiger Achtung als auf eigentlicher Freund-
schaft beruhende Verbesserung der persönlichen Beziehungen hielt auch unter Robertsons Nachfolger Ivone Kirkpatrick an. Die politischen Schwierigkeiten, die Kirkpatrick „erbte", hat er treffend in seinen Erinnerungen beschrieben. Es ist seiner Tatkraft
und seinem Geschick zu verdanken, daß er am Ende seiner Amtszeit in Deutschland
im November 1953 behaupten konnte, daß eine Entscheidung über die militärische
Verwendung einer Tanzhalle an einem Samstagabend in einer Garnisonsstadt in der
Provinz als einziges Problem übriggeblieben sei[9].

Die Beamten des Foreign Office hielten sich streng an die Instruktionen Bevins,
dessen Führungsstil darin bestand, seinen Untergebenen generelle Handlungsanwei-
sungen zu geben, ihnen aber die Ausarbeitung der Einzelheiten und die Ausführung
der politischen Anweisungen zu überlassen. Viele Dokumente zeigen deutlich die
Vorstellungen und Äußerungen, wenn nicht die Handschrift Bevins. Wie die meisten
Außenminister machte er selbst nur wenige schriftliche Aufzeichnungen, sondern
erläuterte seinen Mitarbeitern in Besprechungen seine Vorstellungen, die diese in ihren
Memoranden wiedergaben. Der übliche Amtsweg wurde somit umgekehrt.

Attlee ließ Bevin weitgehend freie Hand. Kritiker seines Laissezfaire-Stiles ließ er
wissen, man müsse nicht selbst bellen, wenn man sich einen guten Wachhund halte.
De facto aber hielten beide in politischen Fragen engen Kontakt, und Bevin unterrichtete Attlee über die meisten wesentlichen Themen.

Sowohl Bevin als auch Attlee hielten die Fäden der britischen Außenpolitik fest in
ihrer Hand. Die Einführung von Regierungsausschüssen durch Attlee erleichterte dies
in hohem Maße, auch wenn es keinen Ausschuß für auswärtige Angelegenheiten
analog zu den Ausschüssen für Verteidigung und Wirtschaft gab[10]. Diese auf oberster
Regierungsebene angesiedelten Gremien von hochrangigen Ministern behandelten
unter Vorsitz des Premierministers zahlreiche wichtige, Deutschland betreffende Fragen; so prüfte der Verteidigungsausschuß z. B. die Möglichkeiten für eine deutsche
Wiederbewaffnung, und der Wirtschaftsausschuß übernahm die entsprechende Aufgabe im Falle des Schumanplanes.

---

[9] Ivone Kirkpatrick, The Inner Circle, London 1959, S. 232.
[10] Eine Erklärung des Cabinet Committee Systems findet sich in Peter Hennessy, Andrew Arends, Mr.
Attlee's Engine Room, Cabinet Committee Structure and the Labour Governments 1945–57 (= Strathclyde
Papers on Government and Politics Nr. 26), Glasgow 1983.

Nur bei sehr seltenen Gelegenheiten, wenn es um Fragen der „hohen Politik" ging, befaßte sich das Kabinett mit Deutschland, so z. B. in den Jahren 1948 und 1949, als sich ein Wandel der allgemeinen Politik abzeichnete. Insgesamt widmete das Kabinett deutschen oder gar außenpolitischen Angelegenheiten nur wenig Zeit. Hauptanliegen der Labour–Regierung von 1945 bis 1951 war die britische Innenpolitik, insbesondere der Aufbau des Wohlfahrtsstaates und die Nahrungsmittelversorgung. Die Entwicklung der Agrar- und Nahrungsmittelpreise beschäftigte 1950 das Kabinett auf fast jeder Sitzung; entsprechende Unterlagen sowie Berichte über die Seifen- und Teerationen und über die Entwicklung des Tomaten- und Gurkenabsatzes übertreffen bei weitem die Zahl der Stellungnahmen zu Deutschland, auf die nur 15 von insgesamt 326 Memoranden entfallen.

Die politischen Vorstellungen

Eine klar umrissene Gruppe führender britischer Regierungsvertreter war also – unter der Leitung ihres Außenministers – für die Ausgestaltung der britischen Deutschland-politik verantwortlich. Sie gehörten alle der gleichen Generation an, sie waren alle, wie Kirkpatrick schrieb, in einer „Atmosphäre deutscher Bedrohung"[11] aufgewachsen und hatten die gleiche diplomatische Schule durchlaufen; und sie alle fürchteten ein wieder-erstarktes Deutschland. Einige von ihnen konnten diese Furcht leichter überwinden, wie z. B. Mallet, der im Herbst 1950 einen Beitritt der BRD in den westlichen „Club" befürwortete; andere taten sich schwerer, wie z. B. Strang, der 1950/51 nicht nur gegen die deutsche Wiederbewaffnung argumentierte, sondern auch gegen eine deutsche Beteiligung am Schumanplan. Strang, der – wie er zu Recht von sich behaup-tete – einer der Architekten des Potsdamer Abkommens war, fiel es schwer, von dessen Bestimmungen abzurücken. Insbesondere sein „blindes Vorurteil"[12] gegenüber einer deutschen Wiederbewaffnung kontrastiert mit Kirkpatricks mehr zukunftsorien-tierten Vorschlägen, die Bevins Einschätzung der Lage in Deutschland nach der Koreakrise eher entsprachen. Vielleicht besaß Kirkpatrick deshalb, obwohl er Strang unterstellt war, mehr Einfluß auf die britische Deutschlandpolitik als dieser.

Die meisten Regierungsvertreter und Minister – mit der rühmlichen Ausnahme von Sir Stafford Cripps – betrachteten die Situation in Deutschland nur durch eine atlan-tisch gefärbte Brille. Großbritanniens Festhalten an einem atlantischen Bündnis beruhte auf drei klaren Überzeugungen:
1. Europa alleine sei nicht stark genug, um Deutschland in Schach zu halten.
2. Die Sicherheit Europas hinge von der fortdauernden Präsenz amerikanischer Trup-pen in Europa ab.
3. Großbritannien sei weiterhin eine Weltmacht und müsse daher „as a power with world interests and not merely as a potential unit of a Federated Europe" angesehen werden[13].

Das PUSC hatte bestimmte Vorstellungen, wie sich eine westliche Organisation entwickeln und welche Rolle Großbritannien darin spielen könnte: „To control Ger-

---

[11] Kirkpatrick, The Inner Circle (Anm. 9), S. 3.
[12] DBPO, II, 3, Nr. 24.
[13] DBPO, II, 2, Nr. 33.

many and to consolidate Western Europe, an association of states confined to Western Europe itself, is not enough. It is therefore necessary to develop a more extensive ‚Western Union' which must include the United States and Canada. It has already been recognised that the cost of the defence of Western Europe is beyond the resources of Western Europe itself. In the same way it should be recognised that the consolidation of Western Europe, including Germany, is not possible without a closer political and economic association of the United States of America and Canada with Western Europe."[14]

Es war jedoch mehr erforderlich als eine politische und wirtschaftliche Allianz. Amerikanische Truppen und Finanzmittel waren die Grundvoraussetzung für die Verteidigung Europas. An die Stelle Deutschlands als des am meisten gefürchteten potentiellen Aggressors in Europa war die Sowjetunion getreten. Ein entwaffnetes und geteiltes Deutschland besaß weder die Möglichkeit, die Sicherheit des Westens zu bedrohen, noch sie zu festigen. Im Mai 1950 war man der Meinung, daß ohne das militärische Potential Deutschlands Westeuropa nicht stark genug sei, um der Sowjetunion Widerstand leisten zu können. Da aber eine Wiederbewaffnung Deutschlands nicht realisierbar erschien, galt es, die Amerikaner für unbestimmte Zeit in Europa zu halten. Auch unter diesen Gegebenheiten gab das PUSC im April 1950 freimütig folgendes zu erkennen: „From the military point of view, the situation is that even with American help there is nothing at present to stop the Russians occupying the entire Atlantic coast of Europe."[15] Um so wichtiger war es daher, den Westen durch ein politisch und wirtschaftlich wiederaufgebautes Deutschland zu stärken.

Die Bemühungen, eine Garantie für eine amerikanische Verpflichtung gegenüber Europa zu erhalten, beherrschten Bevins Außenpolitik. Die Verteidigung Westeuropas gewann 1950 für Großbritannien zunehmende Bedeutung, nachdem die Regierung den von den Chiefs of Staff im Mai vorgeschlagenen Entwurf einer Globalstrategie akzeptiert hatte. Der 1947 erlittene Verlust Indiens markierte den Beginn des Abschieds vom Empire und führte zu einer Neubewertung der strategischen Interessen Großbritanniens. Spätestens 1950 hatten die Chiefs of Staff beschlossen, einer Verteidigungslinie auf dem westeuropäischen Kontinent Priorität einzuräumen; dies signalisierte einen erheblichen Wandel in der strategischen Bewertung Westeuropas und des Nahen und Mittleren Ostens. „If we lost the Middle East we would still survive: if we lost Western Europe, we might well be defeated."[16] Diese Überlegungen führten zu noch intensiveren Bemühungen, amerikanische Truppen in Europa zu halten, denn nach wie vor gab es in dieser Frage keine Klarheit. 1945 hatten die USA nur eine zweijährige Aufenthaltsdauer in Europa vorgesehen; wegen zunehmender Ost-West-Spannungen und der Berlin–Krise von 1948 war eine Entscheidung zwar hinausgeschoben worden, doch eine Verpflichtung zur unbegrenzten Präsenz war Washington nicht eingegangen. Auch nach der Unterzeichnung des Nordatlantikpaktes 1949 basierte die Strategie der USA auf dem Prinzip der Befreiung, nicht der Verteidigung Europas.

---

[14] Ebenda, Nr. 30.
[15] Ebenda, Nr. 20.
[16] Ebenda, Nr. 43, Anm. 2.

Bevin wollte die Amerikaner vor allem deswegen enger an Europa binden, weil er Westeuropa die Fähigkeit zur Selbstverteidigung absprach. Gegenüber dem amerikanischen Chargé d'Affaires in London erklärte er im August 1950: „The people in this country were pinning their faith on a policy of defence built on a Commonwealth-USA basis. People here were frankly doubtful of Europe. How could he go down to his constituency – Woolwich – which had been bombed by Germans in the war, and tell his constituents that the Germans would help them in a war against Russia? Londoners would not rely on the Germans; if the Germans came in to help, so much the better. But reliance must be placed on America, and the Commonwealth. Similarly in regard to France, the man in the street, coming back from a holiday there, was almost invariably struck by the defeatist attitude of the French."[17]

Die Überzeugung von der Schwäche Europas – insbesondere Frankreich galt 1950 als instabil[18] – steht im Gegensatz zu der etwas übertriebenen Vorstellung von der Stärke Großbritanniens.

Trotz zahlreicher Arbeiten[19] ist bisher noch nicht zufriedenstellend erklärt worden, welche Rolle britische Politiker von 1945 bis 1955 Großbritannien beimaßen. Die Dokumente des PUSC, insbesondere jene über die britischen Verpflichtungen in Übersee und über die anglo–amerikanischen Beziehungen – werfen etwas Licht in das Dunkel[20]. Ebenso wie Sir Orme Sargents berühmtes Resümee vom Juli 1945 gehen sie von der Prämisse aus, daß Großbritannien infolge kriegsbedingter wirtschaftlicher Engpässe ohne die Unterstützung der USA nicht länger die Rolle einer Weltmacht spielen könne. Wie sollte es aber seine Unabhängigkeit bewahren; Sir Orme Sargents geniale Antwort lautete 1945: „We must have a policy of our own and try to persuade the United States to make it their own."[21] Sollte dies mißlingen, so Sargent, solle Großbritannien als Führungsmacht des Commonwealth versuchen, alleine so weit wie möglich zu kommen. In der Praxis waren die Grenzen jedoch sehr schnell erreicht.

In den Jahren 1945 bis 1950 war sich das Foreign Office der eingeschränkten Rolle Großbritanniens in einer von den zwei Supermächten, den USA und der Sowjetunion, polarisierten Welt sehr deutlich bewußt. Dagegen machte man sich große Illusionen über die Unterstützung, die Großbritannien in seiner selbstgewählten Rolle als Amerikas Juniorpartner in den USA zu finden hoffte. Desillusionierend wirkte vor allem das amerikanische Verhalten in der Frage der europäischen Integration. Als sich Großbritannien nicht bereit zeigte, die von den USA gewünschte führende Rolle zu übernehmen, fanden die Amerikaner in Frankreich schnell einen neuen Partner.

Bevin hielt mit großem Nachdruck am Konzept eines atlantischen Bündnisses fest und machte es zum Ausgangspunkt seiner Politik. Aus britischer Sicht war es vorrangig, die Integration der Bundesrepublik in die westliche Welt eher in einem atlantischen als einem rein europäischen Rahmen zu vollziehen.

Im Frühjahr 1950 war keines der beiden Systeme voll entwickelt. In den Dreimächteverhandlungen im April in London warfen die Briten die Frage auf, welche Richtung

---

[17] DBPO, II, 3, Nr. 1.ii.
[18] DBPO, II, 1, Nr. 136.i.
[19] David Reynolds beleuchtet die Hauptprobleme in seiner Rezension: Britain and the New Europe: The Search for Identity since 1940, in: The Historical Journal, Bd. 31, 1. 3. 1988.
[20] DBPO, II, 2, Nr. 36 und 27; wichtig ist auch Nr. 20: „A Third World Power or Western Consolidation."
[21] DBPO, Serie I, Band 1: The Conference at Potsdam 1945, London 1984, Nr. 102.

die alliierte Deutschlandpolitik einschlagen solle. „All were agreed that the policy was to integrate Germany into the Western system. To assure this there must be first of all some definite Western system into which to integrate Germany."[22]

Man muß hier zwischen den verschiedenen Bedeutungen des Begriffes „Integration" unterscheiden. Anfang 1950 verstand man unter westeuropäischer Integration lockere Formen intergouvernementaler Kooperation, die ihre Impulse aus der Notwendigkeit zum wirtschaftlichen Wiederaufbau in Europa bezogen. Sie bildeten die Basis für die Planung eines effektiven westeuropäischen Sicherheitssystems. Der Marshallplan, so Bevin, ermöglichte die Grundsteinlegung eines westlichen Sicherheitsblockes. Die Bildung der Organization for European Economic Cooperation (OEEC) im April 1948 sollte den wirtschaftlichen Wiederaufbau in Europa beschleunigen. Auf der militärischen Seite gelangen die ersten Erfolge 1948 mit dem Brüsseler Pakt; ein Jahr darauf folgte der Nordatlantikpakt. Ein Schritt in Richtung auf die politische Integration war im Mai 1949 mit der Schaffung des Europarates unternommen worden. In diese Bündnissysteme wollte Großbritannien Deutschland eingegliedert sehen.

Die 1950 von Frankreich lancierten Pläne für supranationale Gemeinschaften veränderten das Konzept der europäischen Integration. Der Terminus „europäische Integration" wurde mehr und mehr mit Vorhaben wie dem Schuman-Plan für eine europäische Gemeinschaft für Kohle und Stahl, dem Pflimlin-Plan für einen europäischen Agrarpool und dem Pleven-Plan für eine europäische Armee identifiziert. Diese rein auf Europa beschränkten Pläne sahen die Errichtung supranationaler Organe mit eigenen Befugnissen vor und sollten, nach Meinung ihres Gründungsvaters Jean Monnet, letztendlich zur Bildung einer europäischen Föderation führen.

Nach dem Mai 1950 war Großbritannien in der Frage der europäischen Integration stets darauf bedacht, zwischen lockeren europäischen Integrationsformen, denen es beitreten könnte und auch beitrat, und Formen mit supranationalem Charakter, denen es nicht beitreten konnte, zu unterscheiden. Anfänglich hoffte man, eine europäische Gemeinschaft, die Deutschland einschloß, innerhalb einer größeren atlantischen Allianz schaffen zu können. Je mehr jedoch – zur Überraschung Großbritanniens – sich die engere europäische Gemeinschaft herauskristallisierte, desto deutlicher wurde, daß dies auf Kosten der „umfassenderen Allianz" geschah. Gegen Ende des Jahres 1950 meldeten sich britische Regierungsverantwortliche warnend zu Wort. Und im März 1951 stellte sich Bevins Nachfolger, Herbert Morrison, öffentlich die Frage, „whether the construction of a European framework is a necessary step towards the construction of a wider international framework" oder präziser formuliert, „whether the scheme which Monnet apparently has in mind for involving Germany in a whole series of supra-national but European organisations is the surest road to the achievement of our German policy"[23].

Welche Politik verfolgte nun Großbritannien und wie sollte sie durchgesetzt werden?

Das erklärte Ziel der westlichen Alliierten war seit 1948 die schrittweise Integration der Westzonen Deutschlands in die westliche Welt. Die dazu in einer Reihe internatio-

---

[22] DBPO, II, 2, Nr. 40.
[23] DBPO, II, 1, Nr. 227; hinsichtlich der warnenden Stimme von Mallet im Dezember 1950 siehe ebenda, Nr. 196.

naler Konferenzen von April 1948 bis November 1949 entwickelte Politik sah einstweilen nur die wirtschaftliche und politische Integration vor, die unter der Kontrolle der westlichen Besatzungsmächte nach und nach realisiert werden sollte. Die Frage einer militärischen Integration war zunächst nur Thema für Diskussionen und wurde erst nach Ausbruch des Koreakriegs im Juni 1950 als Möglichkeit ernsthaft in Betracht gezogen. Nach Ansicht der Briten hing eine erfolgreiche Eingliederung der Bundesrepublik zuallererst von einer Integration in das atlantische Bündnis ab, denn nur diese Perspektive erschien attraktiv genug, um Deutschland für den Westen zu gewinnen. Zweitens hing der Erfolg davon ab, ob es gelang, bei der Behandlung Deutschlands den richtigen Mittelweg zwischen „Verbündetem" und „potentiellem Feind" einzuschlagen. Ein wirtschaftlich und letztlich auch militärisch starkes Deutschland war notwendig, um die Konsolidierung Westeuropas zu garantieren. Gleichzeitig wollte man aber sichergehen, daß der Beitrag Deutschlands – nun befreit von den Fesseln der Alliierten – zum Aufbau des Westens und nicht zu dessen Zerstörung beitrage.

Nach Meinung Bevins war die Bildung eines gegenseitigen Vertrauensverhältnisses ein Schritt in diese Richtung. Auf der Londoner Außenministerkonferenz im Mai 1950 eröffnete er die Diskussion über die nach seinen Worten „vexed question of Germany" mit der Feststellung, sie sei „really a question of developing two confidences – German confidence in the West, and Western confidence in the Germans"[24]. Als er kurz zuvor seinem Kabinett seine Deutschlandpolitik präsentiert hatte, hatte er erklärt: „Confidence is indeed an important factor in the whole German situation. The Germans are acutely conscious of their own exposed position in Europe and of the fact that one of the main fronts of the cold war runs through their country. They know they could not defend themselves and are sceptical of the willingness or ability of the Western Allies to protect them in an emergency. They know their place is with the West but are not yet convinced of the strength or effectiveness of the Western association. For their part the Western Allies naturally enough are not yet convinced of the trustworthiness or goodwill of the Germans. It is only by efforts on both sides that confidence can be developed. The Western Allies must concentrate upon building up their own strength and unity, through the Brussels Treaty organisation, the Council of Europe, the O.E.C. and above all the North Atlantic Treaty Organisation. The more evidence we show of our own determination and power and of our ability and willingness to help Germany, the more we avoid any impression that we are soliciting or depending upon any help or contribution from her, the greater will be the chances that Germany will join us as a willing and acceptable partner."[25]

Bevin war stets darauf bedacht, jede Situation zu vermeiden, in der er die Deutschen um einen Gefallen bitten müßte. Die Deutschen sollten eher für ihr gutes Benehmen belohnt werden; auf diesem Prinzip beruhte die britische Deutschlandpolitik. Unter der Voraussetzung, daß Deutschland jedesmal die nötigen Beweise seines guten Willens gab, war er bereit, sich für ein höheres Maß deutscher Eigenverantwortlichkeit in wirtschaftlichen, politischen und sogar militärischen Angelegenheiten einzusetzen.

[24] Ebenda, Nr. 4.
[25] Cabinet memorandum CP(50)80 vom 26. April 1950: „Policy Towards Germany", CAB 129/39.

Die wirtschaftliche Integration

Die ersten Schwierigkeiten, Deutschland einerseits als ehemaligen Kriegsgegner und andererseits als notwendigen Verbündeten zu behandeln, zeichneten sich auf wirtschaftlichem Gebiet ab. Die Potsdamer Beschlüsse hatten gefordert, Deutschland sowohl politisch als auch wirtschaftlich und militärisch so zu entmachten, daß die Gefahr einer erneuten Zerstörung Europas gebannt sei. Gleichzeitig erkannte man jedoch, daß die Kosten des wirtschaftlichen Zusammenbruchs Deutschlands nicht von Deutschland allein getragen werden konnten, sondern vom restlichen Europa mitgetragen werden mußten. Schon 1941 hatte der damalige Außenminister Anthony Eden erklärt, „it is not part of our policy to cause Germany or any other country to collapse economically ... A starving and bankrupt Germany in the midst of Europe would poison all of us who are her neighbours."[26]

Vorwiegend wirtschaftliche Überlegungen ließen die ursprünglich in den Jahren 1941 bis 1944 verfolgten westlichen Pläne einer Zerstückelung und Agrarisierung Deutschlands (Morgenthau-Plan) endgültig scheitern. Es herrschte Übereinstimmung darüber, daß Deutschland in die Lage versetzt werden sollte, die Reparationen selbst zu bezahlen. Die britische Regierung war insbesondere daran interessiert, jede Situation zu vermeiden, in der die Alliierten de facto für die deutschen Reparationsleistungen aufkommen mußten. Wenn Deutschland aber Reparationen zahlen sollte, dann mußte es lebensfähig sein.

Mit Bestürzung mußten die Briten, die sich selbst in einer wirtschaftlich prekären Lage befanden, jedoch feststellen, daß sie die deutsche Wirtschaft finanziell massiv unterstützten. Alleine die Sicherung der Nahrungsmittel- und Kohleversorgung in der britischen Zone stellte eine schwere Belastung dar. Unterdessen wurden Industriegüter aus Deutschland in großen Mengen als Reparationsleistungen in die Sowjetunion verbracht. Die UdSSR hatte in Potsdam ein günstiges Verhandlungsergebnis erzielt und sich anschließend in der eigenen Zone schadlos gehalten, ohne dabei auf den Beschluß, Deutschland als wirtschaftliche Einheit zu behandeln, Rücksicht zu nehmen.

Bald zeigte sich jedoch, daß die Besatzungsmächte das Ausmaß des Zusammenbruchs Deutschlands und das daraus entstandene Chaos in ihrer Nachkriegsplanung weit unterschätzt hatten. Kontrollmaßnahmen erschwerten oft eine effiziente Verwaltung Deutschlands, was den vor Ort mit Aufgaben der Deindustrialisierung, Dezentralisierung, Demilitarisierung und Denazifizierung beauftragten Verantwortlichen früher klar wurde als den Beamten im fernen London. Ohne deutsche Arbeitskräfte und Ressourcen war eine Verwaltung der Zonen nicht möglich.

Daher bemühten sich die britischen Behörden in Deutschland nach Möglichkeit, die wirtschaftlichen Restriktionen soweit zu reduzieren, daß sich Deutschland in höherem Maße selbst versorgen konnte, und zwar schon lange bevor der harte Winter von 1946/47 eine Lockerung erzwang. Die im Januar 1947 gebildete anglo–amerikanische Bizone war der Versuch, eine auf eigenen Beinen stehende Wirtschaft in der britischen und amerikanischen Zone bis spätestens Ende 1949 zu schaffen. Die ersten wichtigen

---

[26] Zit. nach Alec Cairncross, The Price of War: British Policy on German Reparations 1941–1949, London 1986, S. 11.

Schritte für eine wirtschaftliche Integration der Westzonen in das westliche Europa waren im Jahre 1948 die Einbeziehung der Zonen in den Marshallplan und die Währungsreform. Die Notwendigkeit, dem Marshallplan zum Erfolg zu verhelfen, gab den westlichen Plänen für eine Wiedereingliederung Deutschlands in den Kreis der demokratischen Staaten Auftrieb. Die Überlegungen, nach denen Westdeutschland zwar unter alliierter Kontrolle bleiben, aber dennoch mehr und mehr Entscheidungsfreiheit in Wirtschafts- und Verwaltungsfragen bekommen sollte, wurden auf einer Reihe von Konferenzen zwischen 1948 und 1949 ausformuliert und mündeten schließlich in die Gründung der Bundesrepublik Deutschland und die Bildung der Bundesregierung im September 1949.

Hierauf folgte aber unweigerlich eine Phase der Ernüchterung, als man versuchte, die Integration der Bundesrepublik in die westliche Welt schrittweise und unter sorgfältiger Kontrolle in die Realität umzusetzen. Die bis März 1950 erzielten Ergebnisse verursachten bei den britischen Verantwortlichen einiges Unbehagen, als sie für die Londoner Außenministerkonferenz im Mai Bilanz zogen. Das Petersberger Abkommen vom November 1949 war der bis dahin letzte Schritt zu einer wirtschaftlichen und politischen Integration der Bundesrepublik. Diese Vereinbarung war in der Hoffnung auf gegenseitigen Nutzen abgeschlossen worden. Die Bundesregierung erklärte sich bereit, der Internationalen Ruhrbehörde beizutreten und die alliierte Politik der Demilitarisierung, Denazifizierung, Dekartellisierung und Demokratisierung fortzusetzen; im Gegenzug hoben die Alliierten die Einschränkungen im Schiffsbau auf, entschärften das verhaßte Demontageprogramm und erlaubten die Errichtung deutscher Konsular- und Handelsvertretungen mit anderen Staaten.

Der mit dem Petersberger Abkommen eingeschlagene pragmatische Kurs brachte aber auch Komplikationen mit sich. Im Foreign Office hatte man im Frühjahr 1950 die Sorge, ob nicht eine enttäuschend verlaufene wirtschaftliche Entwicklung sowie die Schwierigkeiten, ein harmonisches Arbeitsklima zwischen der AHK und der Bundesregierung herbeizuführen, die Kontrolle der westlichen Alliierten über Deutschland untergraben würden. Es wurde sogar ein Nachgeben der Bundesrepublik gegenüber Angeboten aus dem Osten befürchtet, die zunehmend attraktiver zu werden schienen und durch eine geschickte sowjetische Propaganda unterstützt wurden.

Entgegen den Erwartungen erwies sich die in der Sowjetzone im Oktober 1949 gebildete Regierung Pieck – eine rasche Antwort auf die Gründung der Bundesrepublik – als relativ stabil. Nach Aufhebung der Gegenblockade im Mai 1949 und gestützt auf massive Importe aus der Sowjetunion hatte sich die wirtschaftliche Situation der DDR erheblich verbessert, was die ostdeutsche Regierung auch immer wieder hervorhob. Obwohl die allgemeinen Lebensbedingungen in der DDR denen in Westdeutschland noch weit hinterherhinkten, mußte man eingestehen, daß „there are two things which the Soviet zone can supply which at present the Federal Republic cannot – tolerable housing conditions for everyone and security against unemployment"[27]. Die Arbeitslosenzahl hatte im Westen im Gegensatz dazu im Februar die 2-Millionen-

---

[27] DBPO, II, 2, Nr. 31.

Grenze überschritten und stieg weiter an. Das Ziel, die Bundesrepublik lebensfähig zu machen, schien ferner denn je[28].

Die wirtschaftliche Schwäche rief alte Befürchtungen wach, daß sich Deutschland erneut dem Osten zuwenden könnte, wo seine traditionellen Märkte lagen – ein Argument, das die Sowjetunion gerne ins Spiel brachte. Solche Besorgnisse des amerikanischen Hohen Kommissars, John McCloy, spiegeln sich in einem im März 1950 verfaßten Bericht wider: „He is clearly worried about the trend of affairs in Germany over the last six months ... The Russians are offering the Germans a market from Poland to the Pacific. Many Germans have always believed that the natural market of Germany lay East and South East. The Russians have all this to offer and they are offering it. McCloy therefore feels there is urgency in the situation and is looking, like so many Americans here, for some imaginative and creative policy which will link Western Germany more firmly into the West and make the Germans believe their destiny lies that way."[29]

Großbritannien unterstützte es deshalb, daß sich die Bundesrepublik um wirtschaftliche Betätigungsfelder im Westen bemühte. Gleichzeitig aber war man ebenso wie Frankreich daran interessiert, die eigenen Märkte zu schützen. Alliierte Maßnahmen, die eine engere Anbindung Westdeutschlands an Westeuropa und das Sterlinggebiet herbeiführten, bargen Risiken für den britischen Handel und die britische Industrie[30]. Deshalb folgte Großbritannien nur zögernd den amerikanischen Vorschlägen von 1950, das „Prohibited and Limited Industries Agreement" zu revidieren und insbesondere die Stahlproduktion anzuheben. Andererseits bemühte sich Großbritannien, die Europäische Zahlungsunion kräftig zu unterstützen. Die britischen Schwierigkeiten in der EZU verdeutlichen das Dilemma Londons, einerseits die wirtschaftliche Integration der BRD sicherzustellen, gleichzeitig aber – gemäß dem Ministerbeschluß vom Juli 1949[31] – engeren wirtschaftlichen Bindungen Grenzen zu setzen.

Im Mai 1950 mangelte es den Briten an Ideen für eine „innovative und kreative" Wirtschaftspolitik für Deutschland, so wie sie sich die Amerikaner wünschten. Als einzige Antwort drängten sie auf die Bildung einer wirtschaftlichen Unterorganisation der NATO als Teil einer zukünftigen politischen und wirtschaftlichen atlantischen Kooperation, in die man die BRD eingliedern könne, und auf den beschleunigten Abbau der Kontrollmaßnahmen. Dagegen protestierten jedoch die Franzosen, da man die Deutschen allmählich aus ihren Verpflichtungen entlasse, ohne sie gleichzeitig enger an den Westen zu binden[32].

Das Strang unterstellte Permanent Under Secretary's Committee hoffte, daß die aus Artikel II des Nordatlantikpaktes entstehenden wirtschaftlichen und politischen Verpflichtungen nicht nur ein größeres Engagement der USA nach sich ziehen würden, sondern auch eine Art Vorstufe für den Beitritt Deutschlands in die Atlantische Gemeinschaft – ohne militärische Leistungen – darstellten[33]. Dies stand jedoch völlig

---

[28] Memorandum by General Robertson on the progress and prospects of the Western Allies' German programme, PRO FO 371/85313: C 2765/2514/18.
[29] DBPO, II, 2, Nr. 5.
[30] Report on Economic Association (Anm. 3).
[31] DBPO, II, 2, Nr. 62, Anm. 3.
[32] DBPO, II, 1, Nr. 103.
[33] DBPO, II, 2, Nr. 30.

im Gegensatz zu den französischen Plänen, die Deutschland generell aus der NATO heraushalten sollten. Auf der Londoner Konferenz erklärte Bevin kämpferisch, daß er nicht bereit sei, dies zu akzeptieren, und unterbreitete die britischen Vorschläge für den Aufbau einer Wirtschaftsorganisation innerhalb der NATO.

Daß die USA diese Vorschläge ablehnten und sich für die französischen Pläne, die ein engeres Zusammengehen der USA und Kanadas mit der OEEC vorsahen, entschieden, war ein herber Schlag für die Briten, die sich um ein „umfassenderes Bündnis" bemühten. Gladwyn Jebb, Deputy Under-Secretary of State und aktives Mitglied des PUSC, äußerte seinem amerikanischen Kollegen Philip Jessup gegenüber anschließend die folgende Befürchtung: sollten langfristige, die atlantische Gemeinschaft betreffende Wirtschaftsfragen der OEEC übertragen werden, „the tendency might well be to perpetuate indefinitely the conception of the ‚Two Zones' within the Atlantic Community itself – the American and the European. This distinction was inherent not only in the present (French) proposal but also in the whole set-up of OEEC which had a purely external relationship with the North American continent ... Were such a tendency to manifest itself it would be clear that the United Kingdom would be regarded more and more as a purely European country. She would thus be under pressure more and more to ‚integrate' herself with Western Europe and to the extent to which such ‚integration' took place her position as leader of the Commonwealth and manager of the Sterling Area would be prejudiced. Indeed, it might well be that over a few years this position would disappear and the United Kingdom would then become a purely Continental country forming part of some wider Western European grouping"[34].

Diese Argumente ließen die „Amerikaner" in London freilich unbeeindruckt; sie akzeptierten zwar, daß das Vereinigte Königreich auch als Führungsmacht des Commonwealth und des Sterling-Gebietes für die Atlantische Gemeinschaft von Wert war, doch hatten sie die Meinung, daß die vorgeschlagene Erweiterung der OEEC diese Stellung nicht gravierend schwächen würde. Darüber hinaus betonten die USA bei jeder sich bietenden Gelegenheit, daß die Bedeutung Großbritanniens für sie vorwiegend in seiner potentiellen Führungsrolle innerhalb Europas liege. Sie wollten Großbritannien davon abbringen, seine „besondere Beziehung" zu den USA als Ausflucht zu gebrauchen, um seinen Verpflichtungen im Rahmen einer europäischen Integration zu entgehen. Dieses wiederholt von den Amerikanern vorgetragene Anliegen konnte Großbritannien jedoch von seinem Entschluß, sich eher in einem atlantischen als in einem europäischen Rahmen für die Integration einzusetzen, nicht abbringen. So glaubte auch Winston Churchill im Dezember 1951, daß die Amerikaner „would like us to fall into the general line of European pensioners which we have no intention of doing"[35].

Nur allmählich wurde den Briten klar, weshalb die USA sich gegenüber ihren Bemühungen um eine eindeutige Klärung ihres „besonderen Verhältnisses" so ablehnend verhielten. Auch hatte man nicht genügend in Betracht gezogen, welche Auswirkungen der Schumanplan auf die Ausgestaltung der westlichen Allianz haben würde. Obwohl Bevin, als er von dem Plan unterrichtet worden war, dem französischen

[34] Ebenda, Nr. 91.
[35] DBPO, II, 1, Nr. 413. Anm. 3.

Botschafter in London gesagt haben soll, daß sich im Verhältnis zwischen beiden
Staaten etwas verändert habe[36], dauerte es Jahre, bis sich der Schumanplan voll auf die
Stellung Großbritanniens in Europa auswirkte. In deutschlandpolitischen Fragen
waren die Wirkungen zuerst zu spüren.

Großbritannien hatte den Schumanplan mit gedämpftem Enthusiasmus begrüßt;
man sah darin ein weiteres Mittel, die Bundesrepublik an den Westen zu binden –
wenn auch in einem europäischen und nicht in einem atlantischen Rahmen –, und eine
erste realistische Hoffnung auf eine dauerhafte französisch-deutsche Aussöhnung.
Indem Großbritannien eine Europa-Politik des „one foot in and one foot out"[37]
verfolgte, gleichzeitig aber darauf bedacht war, die Integration der BRD in den westeuropäischen Verbund voranzutreiben, stellte sich das Problem, wie man Deutschland
unter Kontrolle halten könnte. Kurzfristig gab die amerikanische Unterstützung darauf eine Antwort, langfristig aber konnte man sich nicht darauf verlassen. Eine französisch-deutsche Aussöhnung mochte dagegen eine sichere Grundlage bieten.

Großbritannien begrüßte die Pläne Schumans, Pflimlins und Plevens, weil es eine
deutsch-französische Aussöhnung wünschte. Daß man sie als wesentliches stabilisie-
rendes Element innerhalb Europas anerkannte, behinderte die Bemühungen, diese
Pläne zu unterlaufen, jedoch ganz erheblich. Im Juli 1950 verkündeten Regierungsvertreter in Whitehall, „it would not be wise for the UK to follow a policy of pure
obstruction in relation to these schemes. On general political grounds it would be
most undesirable that we should do anything to hamper a rapprochement of France
and Germany, whose quarrels had bedevilled Europe for so long."[38]

Die britischen Reaktionen auf den Schumanplan waren vor allem deshalb zwiespältig, weil man nicht sicher war, ob er eine wirkliche Veränderung in der französischen
Deutschlandpolitik darstellte. Anfänglich (Mai bis Juli 1950) hatte man sich gegen eine
britische Teilnahme entschieden. Das Fehlen bei den Verhandlungen erschwerte es den
Briten aber zunehmend, eine klare Vorstellung von der französischen Politik und den
maßgeblichen Akteuren zu gewinnen. Zu Beginn hoffte man, daß der Plan – in ihren
Augen ein rein französisch-deutsches Unterfangen – Frankreich in die Lage versetzen
würde, seine offensichtlichen Schwierigkeiten zu überwinden, nämlich „her own de-
clared policy in regard to Germany and her undeclared desire to see Germany perma-
nently held under control and indeed in subjection"[39], miteinander in Einklang zu
bringen.

Die weitere Entwicklung machte jedoch anfangs gehegte Hoffnungen zunichte.
Einige Monate später berichtete Kirkpatrick – so als ob der Schumanplan kein neues
Kapitel in den französisch-deutschen Beziehungen aufgeschlagen hätte – daß, „the
French attitude is as unbending and as anti-German as before"[40]. Die britischen
Regierungsvertreter waren verwirrt und unsicher, wie man sich nun gegenüber diesen
offensichtlichen Widersprüchen in der französischen Deutschlandpolitik verhalten

[36] Nach Aussagen Massiglis entspricht die Geschichte vermutlich nicht der Wirklichkeit: „D'après Jean Monnet, Bevin m'aurait dit: Je crois bien qu'entre nos deux pays, quelque chose vient de changer.‘ Ce propos ne
m'a jamais été tenu, mais quelque chose était changé en effet: désormais, Bevin ne ferait plus confiance à
Robert Schuman." René Massigli, Une comédie des erreurs 1953–1956, Paris 1978, S. 188, Anm. 1.
[37] DBPO, II, 2, Nr. 30.
[38] Ebenda, Nr. 141.
[39] Ebenda, Nr. 17.
[40] Ebenda, Nr. 173.

sollte. Sie beklagten, daß dadurch eine kohärente Deutschlandpolitik des Westens fast unmöglich gemacht werde[41]. Der britische Botschafter in Frankreich, Oliver Harvey, versuchte die französische Politik folgendermaßen zu erklären: „The fundamental idea seems to be to treat Germany as an equal within a supranational organisation, while denying her equality as a national unit and even trying to prevent her from becoming one." Doch auch diese Politik werde nicht konsequent verfolgt. Harvey räumte zudem ein, daß Adenauer zu Recht darauf hingewiesen habe, daß der Pleven-Plan keine gleichberechtigte Behandlung Deutschlands vorsehe[42].

Als die deutsche Begeisterung für den Schumanplan im Oktober allmählich nachzulassen schien, erinnerte Bevin die Bundesregierung nachdrücklich an die Gefahren eines Ausstiegs. Er tat dies trotz wachsender eigener Bedenken gegenüber Sinn und Zweck des Planes und trotz ausdrücklicher Warnungen seines Permanent Under Secretary William Strang. Dieser war der Meinung, Großbritannien solle es nicht als seine Aufgabe betrachten, die Bundesregierung zur Annahme des Planes zu bewegen, den er selbst als einen „act of folly"[43] ansah. Einer der Gründe, weshalb Strang überstimmt wurde, war Bevins Sorge, der „Sabotage" beschuldigt zu werden – eine Sorge, die viele seiner Mitarbeiter mit ihm teilten. Dieser Vorwurf wog um so schwerer, als er leicht von seiten der USA ausgesprochen werden könnte. Die amerikanische Regierung machte deutlich, daß sie von den Briten eine Unterstützung und nicht eine Behinderung der europäischen Integrationspläne erwartete. Wichtiger scheint aber in diesem Fall die Auffassung Bevins zu sein, daß ein Scheitern des Planes ein zu großer Rückschlag für die französisch-deutschen Beziehungen und für eine wenn auch noch so zaghafte französische Europapolitik sei, die Deutschland miteinschließe[44].

Das Hauptanliegen der Briten, nämlich die französisch-deutschen Beziehungen zu fördern, ohne gleichzeitig die Amerikaner vor den Kopf zu stoßen, versperrte ihnen jedoch den Blick dafür, wie sehr ihre eigene Kontrolle über Deutschland allmählich ausgehöhlt wurde. Dies läßt sich besonders deutlich anhand der Schwierigkeiten bei der Aufhebung von Industriekontrollen im Jahre 1951 zeigen.

Die Schwierigkeiten, die bei der Aufhebung der alliierten Kontrollen der industriellen Produktion auftraten, unterstreichen, wie gering de facto der Einfluß Großbritanniens auf seine eigene Deutschlandpolitik war. Zum großen Teil war diese Politik eine Reaktion auf die Aktionen oder Vorstellungen seiner ehemaligen Kriegsverbündeten. Diese Tatsache läßt sich bis zu den Potsdamer Beschlüssen zurückverfolgen, wie zahlreiche Dokumente der „Documents on British Policy Overseas" beweisen[45]. Die Entscheidung, sich nicht an föderalistischen Integrationsplänen zu beteiligen, schwächte die britische Position in Deutschland 1950 gravierend; eine Folge davon war, daß während des nächsten Jahres Besatzungsfragen in Gremien diskutiert wurden, von denen Großbritannien ausgeschlossen war.

---

[41] Ebenda, Nr. 177.
[42] Ebenda, Nr. 222.
[43] Ebenda, Nr. 177, Anm. 4.
[44] Ebenda, Nr. 216.
[45] DBPO, Serie I, Band 2 deckt die Londoner und Moskauer Außenministerkonferenzen 1945 ab. Band 5: Germany and Western Europe, August – December 1945, London 1989, behandelt Deutschland und Westeuropa vom August bis Dezember 1945.

Dies läßt sich besonders deutlich an den Auswirkungen des Schumanplanes auf die industriellen Kontrollmaßnahmen in Deutschland zeigen. Von Anfang an war klar, daß die Kontrollen im Kohle- und Stahlsektor geändert, wenn nicht gar aufgehoben werden mußten, wollte man die BRD als gleichberechtigtes Mitglied aufnehmen. Großbritannien begrüßte diesen Schritt; man nahm an, daß zu gegebenem Zeitpunkt eine Regelung unter den Besatzungsmächten getroffen werden würde. Man erkannte jedoch nicht, daß die Verhandlungen im Rahmen des Schumanplanes – und damit ohne Beteiligung der Briten – beginnen würden. Die ersten Schritte zur Aufhebung der Kontrollmaßnahmen im industriellen Sektor erfolgten im Zuge französisch-deutscher Verhandlungen, in die sich später die USA einschalteten, ohne jedoch die Briten von Anfang an zu beteiligen. Daß die Briten erst verhältnismäßig spät schließlich doch miteinbezogen wurden, erschwerte es ihnen, ihre Anliegen durchzusetzen; in vielen Punkten mußten sie deshalb einlenken.

Die Aufhebung der Industriekontrollen hing davon ab, ob man zuvor eine deutsch-alliierte Übereinkunft über die Reorganisation der deutschen Eisen- und Stahlindustrie erzielte. Die Vertragsverhandlungen waren lang und ermüdend. Strittig waren insbesondere die Fragen der Verbundwirtschaft und der Zukunft des Deutschen Kohlenverkaufs, der zentralen deutschen Verkaufsorganisation (DKV). In beiden Punkten gab Großbritannien alte Positionen auf, um die Unterzeichnung des Schumanplanes zu erleichtern. Im Falle der Verbundwirtschaft stimmte Großbritannien einer zuvor getroffenen amerikanisch-deutschen Übereinkunft zu, in der den deutschen Stahlfirmen ein größerer, über das bis dahin von britischer Seite erwünschte Maß hinausreichender Anteil an Eigenförderung ihres Kokskohlenbedarfes zugesprochen wurde. Im Falle der DKV zogen die Briten ihre frühere Unterstützung für die deutschen Forderungen zugunsten der amerikanischen „trustbusting"-Pläne zurück[46].

Dies sind nur zwei Beispiele, die aufzeigen, vor welche Schwierigkeiten sich Großbritannien in der Frage der Industriekontrollen gestellt sah. Ein großer Teil des politischen Vertrauens, das man durch Nachgeben in wesentlichen Wirtschaftsfragen zu Gunsten des Schumanplanes erwarb, ging in der sich unmittelbar anschließenden Auseinandersetzung über die Sicherstellung der regelmäßigen Schrottlieferungen aus Deutschland, auf die die britische Schwerindustrie angewiesen war, wieder verloren. Dies war einer der Fälle, in denen Großbritannien seinen eigenen Wirtschaftsinteressen Priorität vor weiteren Schritten in Richtung auf die deutsche Unabhängigkeit eingeräumt hatte. Diese Episode, die in den „Documents on British Policy Overseas" dokumentiert ist, kann als Beispiel für britische Ressentiments gegenüber dem Schumanplan interpretiert werden. Daß die britische Obstruktionspolitik bei der Aufhebung der Internationalen Ruhrbehörde – diese Forderung hatten die Briten, im Gegensatz zu den Franzosen, zuvor ironischerweise lange Zeit erhoben – die Realisierung des Schumanplanes hinauszögerte, verschaffte den britischen Regierungsvertretern eine gewisse Genugtuung. Der britische Standpunkt bezog seine Legitimation aus dem Prinzip, daß die Deutschen erst eine Reihe von Verpflichtungen vollständig erfüllen sollten, ehe man sie von weiteren entband. Dieses Prinzip konnten die Alliierten, insbesondere die Amerikaner, die wegen der britischen Verzögerungstaktik erbost waren, nicht einfach ignorieren. Die Auseinandersetzungen um die Schrottlieferungen

---

[46] DBPO, I, 2, Nr. 220, 213, Anm. 1.

vom April bis September 1951 waren eine der wenigen Gelegenheiten, in denen die britische Regierung geneigt war, hart mit der Bundesregierung zu verhandeln. Dahinter stand vor allem der Kampfgeist Herbert Morrisons, der seinen zögernden Mitarbeitern eingeschärft hatte, zu kämpfen: „There's much to be said for coming clean with Dr. A. & being both friendly & tough."[47] Am Ende beeinflußten die britischen Forderungen nach Schrottlieferungen eher den Zeitpunkt der Industriekontrollabkommen als deren Inhalt.

Die politische Integration

Von 1948 bis 1950 verlief der Prozeß der politischen Integration Hand in Hand mit der wirtschaftlichen Eingliederung der Bundesrepublik in die westliche Welt. Bevin hatte sehr bald erkannt, daß der wirtschaftliche Wiederaufbau der Westzonen durch politische Zugeständnisse erleichtert werden würde. Im Januar 1948 argumentierte er, daß es der richtige Schritt in die richtige Richtung, d. h. zur Ankurbelung der Wirtschaft in den Westzonen, sei „to give the Germans more political authority and responsibility. The Germans have already been given considerable responsibility in the economic field, but the absence of corresponding political responsibility has deprived these economic concessions of much of their value."[48]

Die von Bevin im Januar 1948 vorgeschlagenen politischen Konzessionen schlossen auch die Errichtung einer westdeutschen Regierung mit ein; dies wurde mit der Gründung der Bundesrepublik Deutschland im September 1949 und der Bildung der Alliierten Hohen Kommission – eine auf die zivile Ebene verlagerten Besatzungsregierung, die vorwiegend als Überwachungsbehörde fungierte - erreicht.

Die praktischen Schwierigkeiten, die sich bei der Einübung der neuen, durch das Petersberger Abkommen definierten Umgangsformen ergaben, trugen zur Verschlechterung der deutsch-alliierten Beziehungen bei; dies bereitete dem Foreign Office von März bis Mai 1950 ziemliches Kopfzerbrechen. Wie alle „Jungvermählten", so mußten sich die Bundesregierung und die AHK auf einen modus vivendi einigen. Von Anfang an verfolgte die AHK eine ziemlich chauvinistische Politik; zahlreiche Streitigkeiten resultierten daraus, daß die Bundesregierung sich gegen diese Herr-im-Hause-Haltung der AHK verständlicherweise zur Wehr setzte.

Bevin kümmerte sich kaum um diese Art von Machtpolitik; auf der Londoner Konferenz meinte er, daß „the prestige and powers of the High Commission should not be the first object of the Western Occupying Powers. Their main object was to get the Federal Government respected by the German people. They wanted the Germans to make their own Government work. This raised the question of how far the Federal Government should be kept in leading strings. The Allies should be very clear and in complete agreement about what they wanted to do in Germany. For this reason he favoured the idea of setting out the kind of democratic methods which the Germans should follow. This would give a criterion for intervention. If the Germans themselves resented something done by their government that would lead to one situation, but if

---

[47] Ebenda, Nr. 341, Anm. 5, Nr. 344, Anm. 2.
[48] Cabinet memorandum CP(48)5 vom 5. Januar 1948: Policy in Germany, CAB 129/23.

the High Commission objected and disallowed it, that would lead to quite a different situation. Unless the Germans respected their government they might slip back into extreme nationalism, and that would give rise to a very difficult situation. He felt, therefore, that the Germans must be allowed to learn by trial and error."[49]

Dieses Argument tauchte immer wieder auf. Die Amerikaner teilten jedoch nicht Bevins konziliante Auffassung, derzufolge die Alliierten den Deutschen, nachdem sie ihnen politische Rechte zur Regelung interner Angelegenheiten verliehen hatten, nun auch deren Ausübung zugestehen müßten. Selbst als die Amerikaner darauf hinwiesen, wie wichtig es sei, die Gelegenheit zur Verankerung amerikanischer Werte im deutschen politischen Leben nicht zu verpassen, wiederholte Bevin, daß „the British attitude was based on the view that internal affairs which did not involve the security of the occupying powers should be left to the Germans entirely"[50]. Die Aufgabe der Alliierten bestand seiner Meinung nach insbesondere nicht darin, Entscheidungen in Fragen zu fällen, die in Großbritannien in die Zuständigkeit eines Stadtrates fallen würden[51].

Bevin bezog sich in diesem Fall auf den Sturm der Entrüstung, der kurze Zeit zuvor in der Bundesrepublik entstanden war, weil sich die AHK in die Pläne der Bundesregierung zur Reduzierung der Einkommenssteuer eingemischt hatte. Entsprechend den Instruktionen hatte sich der britische Hohe Kommissar wiederholt gegen die Ablehnung des von Bundestag und Bundesrat im März verabschiedeten Einkommenssteuergesetzes durch die AHK gewandt. Die Scheu, gegen die gemeinsame amerikanisch-französische Front anzukämpfen, überwog jedoch die Bereitschaft, dem Drängen General Robertsons nachzugeben, der in einem anderen Zusammenhang sich dafür ausgesprochen hatte, das zu tun, was für Deutschland wichtig sei[52]. Obwohl sich General Robertson von der Entscheidung, das Einkommensteuergesetz nicht zuzulassen, distanzierte, war er bereit, diese Entscheidung in der Öffentlichkeit zu vertreten. Diese Haltung zahlte sich jedoch nicht aus: In dem darauffolgenden Proteststurm ernteten die Briten lediglich Unmut dafür, daß sie die Entscheidung mitgetragen hatten, aber keine Anerkennung für ihre interne Kritik.

Auf der Londoner Konferenz hofften die Briten, Einigung über die beschleunigte Revision des Besatzungsstatuts, die im Petersberger Abkommen zugesagt worden war, zu erzielen sowie über eine ganze Reihe weniger wichtiger Verwaltungsfragen, die zu Unstimmigkeiten zwischen der AHK und der Bundesregierung geführt hatten. Weitere politische Zugeständnisse waren, wie immer, von Beweisen deutschen Wohlverhaltens abhängig, in diesem Fall von der Bereitschaft, der im April ausgesprochenen Einladung Folge zu leisten und dem Europarat als assoziiertes Mitglied beizutreten. Man beobachtete mit Unwillen, wie lange die Bundesregierung zögerte, das Angebot anzunehmen. Darin glaubte man einen weiteren Beweis für die bedauerliche Neigung Adenauers zum politischen „Kuhhandel" zu erkennen[53]. Inwieweit er tatsächlich eine Entscheidung bis zur Ankündigung des Schumanplanes vom 9. Mai hinauszögern wollte, ist ungewiß. Für Kenneth Younger, Minister of State im Foreign Office, war klar, daß Adenauer einer der wenigen war, die in den Plan eingeweiht gewesen

---

[49] DBPO, II, 2, Nr. 95.
[50] DBPO, II, 1, Nr. 4.
[51] DBPO, II, 2, Nr. 95.
[52] Memorandum by General Robertson (Anm. 28).
[53] DBPO, II, 1, Nr. 77, Anm. 2.

waren[54]. Obwohl Adenauer erst am Abend des 8. Mai offiziell von den Franzosen über den Plan informiert worden war, konnte er bereits am nächsten Morgen die Zustimmung seiner Regierung übermitteln, daß sie dem Bundestag die Annahme der Einladung empfehlen werde. Mit dieser Garantie beschlossen die Minister in London ein aus Vertretern der drei Mächte bestehendes Studienkomitee zu bilden, das den Ministern einen Vorschlag zur Revision des Besatzungsstatuts bei ihrer nächsten Sitzungsrunde in New York im September unterbreiten sollte.

Die britischen Verantwortlichen hatten jedoch auf ein schnelleres Procedere gehofft. Die Ankündigung des Schumanplanes hatte ihnen die so sorgfältig vorbereitete Basis entzogen, auch wenn sie dies damals nicht gleich erkannten. Verantwortlich dafür war ein unerwarteter Frontenwechsel der Amerikaner, der die britischen Beamten ausmanövrierte, die sich mit den administrativen Details der Besatzung herumschlugen. Bis zu diesem Zeitpunkt glaubten die Briten, daß auch die Amerikaner an einer Beschleunigung des Tempos der Revision des Besatzungsstatuts interessiert seien. Nun aber waren die Amerikaner, die auf die öffentliche Bekanntgabe des Planes warteten, plötzlich nicht mehr bereit, auf dieser „niederen" Ebene weiterzuarbeiten, sondern sie beabsichtigten, die deutsche Frage auf die Ebene der „hohen Politik" zu heben. Das bedeutete, daß die Amerikaner – zusammen mit den Franzosen – nun den Schumanplan als den nächsten, vorrangigen Integrationsschritt für die Bundesrepublik betrachteten. Dies jedoch entwertete und untergrub die britische Deutschlandpolitik, wie 1951 die Regelung der Industriekontrollen und jene Schwierigkeiten illustrierten, die 1950 bereits im Zusammenhang mit politischen Kontrollmaßnahmen aufgetaucht waren.

Von Mai bis September 1950 setzten sich die britischen Vertreter unter der Leitung Gainers tatkräftig dafür ein, von ihren amerikanischen und französischen Kollegen im Studienkomitee die Zustimmung zu einer Reihe von Maßnahmen zu erhalten, die der Bundesrepublik echte politische Rechte nicht nur in innen-, sondern auch in außenpolitischen Angelegenheiten zusichern würden. Mit den Franzosen konnte nur über wenige Punkte eine Übereinstimmung erzielt werden. Ihr primäres Anliegen war, die Kontrolle über Deutschland wenigstens so lange aufrechtzuerhalten, bis der Schumanplan unter Dach und Fach war. Mehr Erfolg konnten die Briten bei den Amerikanern verbuchen, jedoch nicht auf allen Gebieten. So weigerten sich die USA z. B., deutsche Botschafter in Washington, London und Paris zu akkreditieren. Insgesamt dokumentierte der den Ministern auf der Sitzung in New York im September vorgelegte Bericht des Studienkomitees eine Reihe durch französische Einwände blockierte anglo-amerikanische Vereinbarungen[55]. Einige Fortschritte wurden in New York erzielt: die Vereinbarung über die Beendigung des Kriegszustandes, die Anerkennung des Alleinvertretungsanspruchs der Bundesrepublik sowie das Recht, eine eigene Außenpolitik – nicht jedoch auf Botschafterebene gegenüber den drei Besatzungsmächten – betreiben zu können. In wirtschaftlichen Fragen einigte man sich auf eine Revision des Abkommens über verbotene und eingeschränkte Industrien und auf die Anhebung der Stahl-

---

[54] Ebenda, Nr. 17, Anm. 3.
[55] Der Bericht des Studienkomitees vom 4. September 1950 ist abgedruckt in: Foreign Relations of the United States (FRUS) 1950, Bd. III, S. 1248–1275. Der britische Text befindet sich in: PRO FO 371/85331: C 5683/3780/18. Die jeweiligen Positionen der britischen, amerikanischen und französischen Delegationen sind in einer amerikanischen Stellungnahme zum Bericht nachgezeichnet, siehe dazu DBPO, II, 3, Nr. 26.i.

produktion. Dies hing jedoch von deutschen Zusicherungen in der Frage der Schul-
denregelung und der Rohstoffbewirtschaftung ab.

Die britischen Vertreter waren trotz dieses Erfolges bitter enttäuscht, daß sie nicht
mehr durchsetzen konnten. Grund dafür war, wie bereits erwähnt, der Frontenwechsel der Amerikaner, deren einziges Anliegen zum damaligen Zeitpunkt die Zustimmung Frankreichs zur deutschen Wiederbewaffnung war, und die deshalb, zusammen
mit den Franzosen, die Lockerung der politischen und wirtschaftlichen Kontrollen
abbremsten. Hubert Penson, Wirtschaftsberater an der britischen Botschaft in Washington, erklärte gegenüber Roger Stevens im Foreign Office, „whilst the French
became more difficult on all points as a result of the pressure being put upon them in
the defence field, the Americans made it clear that they would give way on everything
else to win the French over on the main issue ... It became largely a series of ‚majority‘
decisions, with the Americans siding with the French on two or three points where
they had previously been with us. The French, for their part, showed no interest in
retaining our wording on foreign trade and in general I fear that we came off very
badly all round. Even the temporary character of the present limited concessions
disappeared in the last stages. The French were not prepared to agree to a resumption
of the Study Group's work on the Occupation Statute by 1st December, as the
Americans and ourselves had proposed, and this also we had to drop.“[56] Als Trost
blieb für die britische Delegation der Gedanke, daß die erwünschten Verfassungsände-
rungen den Verteidigungsvereinbarungen folgen mußten. Seit New York waren deshalb Zugeständnisse zur weiteren politischen und wirtschaftlichen Integration der
BRD in die westliche Welt untrennbar mit den Auseinandersetzungen über die militärische Eingliederung verknüpft.

Die militärische Integration

Bis zum Herbst 1950 machten die alliierten Integrationspläne immer wieder vor der
Frage einer Wiederbewaffnung Deutschlands halt – trotz wiederholter, schon vor
Ende des Krieges eingebrachter Vorschläge der britischen Chiefs of Staff. Nach deren
Auffassung konnte eine Verteidigung Westeuropas gegenüber der Sowjetunion, auch
mit amerikanischer Hilfe, nicht ohne einen gewissen deutschen Beitrag gesichert wer-
den. Ende März 1950 wiederholten die Chiefs of Staff ihre aufgrund der neuen
Globalstrategie – Verteidigung Westeuropas als vorrangiges Ziel – präzisierten Argu-
mente.

Trotz dieser auf den militärischen Bereich zielenden Schlußfolgerungen war niemand auf der Londoner Konferenz bereit, die Frage der deutschen Wiederbewaffnung
aufzuwerfen. Die Stellungnahme des Foreign Office empfahl, daß die britische Delegation nicht von sich aus das Thema anschneiden und jede Diskussion darüber als
verfrüht ablehnen sollte. Folgende Gründe ließen die Bildung einer deutschen Armee
für die absehbare Zukunft als nicht praktikabel erscheinen: die französische Opposition; die Gefahr einer Provozierung der Russen, die ebenfalls ein Wiederaufleben der
deutschen militärischen Macht fürchteten; das Fehlen finanzieller Mittel – die amerika-

[56] DBPO, II, 3, Nr. 62.

nischen Finanzquellen, von denen eine europäische Wiederaufrüstung abhing, waren nicht unerschöpflich und Deutschland stand auf der Liste an letzter Stelle – und die Notwendigkeit, die amerikanischen Truppen in Europa zu halten: „At the moment the Germans are prepared to put up with the occupation because they realise that the occupation troops constitute the only protection against the Eastern German People's Police and the Russian Army. If the Germans were allowed to reconstitute the army this sense of dependence on the occupation troops would disappear and there would be strong pressure on the western Allies to terminate the Occupation. The Americans, under such pressure, would be only too inclined to withdraw their troops from Germany"; die weiter bestehende Unsicherheit, ob sich die Bundesrepublik auch gegenüber dem Westen verpflichtet fühle: „Until Germany is far more involved with the West than she is at present we have no firm assurance that Germany will not throw in her lot with Russia."[57] Ein russisch-deutsches Zusammengehen sah man allgemein als die größte militärische Gefahr für den Westen an. Während aber das Foreign Office eine weitere Demilitarisierung Deutschlands vorschlug, um gerade diese Gefahr zu verhindern, bestanden die Chiefs of Staff darauf, den Deutschen Mittel zur eigenen Verteidigung in die Hand zu geben, da sonst einer Verständigung der Bundesrepublik mit der Sowjetunion nichts mehr im Wege stünde.

Premierminister Attlee teilte diese Ansicht bis zu einem gewissen Grade; eingedenk der langen Militärtradition Deutschlands war es seiner Meinung nach unwahrscheinlich, daß sich Deutschland damit zufrieden gab, keine eigenen Truppen zu besitzen; er schlug deshalb vor zu überlegen, ob es sinnvoll sei, das völlige Verbot bis auf unabsehbare Zeit aufrechtzuerhalten[58]. Auch im PUSC fragte man sich, ob man auf amerikanischer Seite die deutschen Forderungen nach Mitteln für ihre eigene Verteidigung möglicherweise als den einzig zufriedenstellenden Weg akzeptieren würde, um damit ein rehabilitiertes Deutschland an die westliche Welt zu binden[59]. Trotz all der Probleme, die eine deutsche Wiederbewaffnung implizierte, bestand Konsens, daß eine gewisse deutsche Wiederbewaffnung nicht zu vermeiden sei, wenn es Ziel der Alliierten war, Westdeutschland als möglichen gleichberechtigten Partner in das westliche System zu integrieren. Im Frühjahr 1950 konnten jedoch die britischen Verantwortlichen erleichtert feststellen, daß dieses Problem noch nicht zur Debatte stand und noch keine Notwendigkeit, ja keine Veranlassung vorhanden war, sich damit zu befassen[60].

Durch den Ausbruch des Koreakrieges hatte sich die Situation jedoch innerhalb weniger Monate dramatisch verändert. Man befürchtete, daß der nächste Konflikt in Europa ausbrechen und Deutschland als Schlachtfeld dienen würde. Anfang September warnte Bevin seine Kabinettskollegen: „I seriously fear that next year the Soviet Government will seek to repeat in Germany what they have done in Korea."[61] Alle westeuropäischen Staaten – mit der Zusage amerikanischer Hilfe im Rücken – starteten nun umfangreiche Wiederaufrüstungsprogramme. Die britischen Pläne sahen mehr als eine Verdoppelung des jährlichen Verteidigungsbudgets für die nächsten drei Jahre vor. Die Verteidigungsplanungen konzentrierten sich auf Deutschland; denn die Ent-

[57] DBPO, II, 2, Nr. 38.
[58] Ebenda, Nr. 38, Anm. 1.
[59] Ebenda, Nr. 27.
[60] Ebenda, Nr. 38.
[61] DBPO, II, 3, Nr. 3.f (D.O.(50)66).

wicklungen in der DDR erregten Besorgnis. Erhebliche Verbesserungen des Personalbestands und der Ausrüstung der Bereitschaftstruppen der Volkspolizei wurden als ein erster Schritt zu ihrer Umwandlung in eine reguläre Armee interpretiert, die Berlin einnehmen und innerhalb von 18 Monaten sogar in die BRD eindringen könnte.

Um dieser Gefahr zu begegnen, dachte Bevin – unterstützt von Kirkpatrick – daran, Polizeieinheiten in der BRD und in Berlin aufzustellen, deren Ausrüstung sie in die Lage versetzen sollte, einem Angriff der Volkspolizei Widerstand zu leisten, bis die alliierten Besatzungstruppen sie entlasten könnten. Bevin wurde ebenfalls in seiner Überzeugung bestärkt, die europäischen Wiederbewaffnungsprogramme zu forcieren; er schlug daher vor, daß die BRD einen wirtschaftlichen Beitrag zur westlichen Verteidigung leisten sollte. Wiederholte Eingaben der Chiefs of Staff, die einen umfangreicheren, militärischen Verteidigungsbeitrag forderten, lehnten die Minister zugunsten von Bevins vorsichtigeren Vorschlägen ab. Kaum hatten die Chiefs of Staff akzeptiert, daß eine Wiederbewaffnung aus politischen Gründen noch nicht möglich sei, veränderte die amerikanische Initiative vom 4. September zur Bildung einer Nordatlantiktruppe in Europa unter Einbeziehung deutscher militärischer Einheiten die Situation von Grund auf. Diese Vorschläge, die weit über Bevins eigene Pläne hinausgingen, überraschten die britischen und französischen Politiker völlig, die sich gerade auf die nächste Runde der Dreimächteverhandlungen in New York vorbereiteten.

Die amerikanischen Vorstellungen wurden in New York als Gesamtpaket präsentiert: Es sah eine Verstärkung der amerikanischen Truppen in Europa und eine Aufstockung des schon von Präsident Truman zugesagten amerikanischen Finanzbeitrages für die europäische Wiederaufrüstung vor. Bedingung hierfür war die prinzipielle Zustimmung zur deutschen Wiederbewaffnung, wobei Sicherheitsgarantien gegeben werden sollten, die den Einsatz deutscher Truppen gegen den Westen ausschlossen. Bevin hielt ein amerikanisches Engagement in Europa für so wichtig, daß er bereit war, den amerikanischen Plänen sehr schnell zuzustimmen. Es gelang ihm auch, sich die Unterstützung seiner Kabinettskollegen zu sichern, wenn diese auch etwas zurückhaltender ausfiel. Dieser rasche Frontenwechsel der Briten erregte bei den Franzosen Anstoß, die sich mit Nachdruck gegen die amerikanische Forderung gewehrt hatten und mit gewissem Recht anschließend beklagten, sie hätten bessere Bedingungen erzielt, wenn die Briten gemeinsame Sache mit ihnen gemacht hätten.

Die Briten ihrerseits waren über die Veränderung der amerikanischen Haltung erstaunt. Luftmarschall Sir William Elliot, verantwortlicher Berater Bevins in militärischen Fragen in New York, erklärte dazu: „It is only necessary to contrast the American case today with that of a year ago to realise how profoundly the American outlook has changed. Almost to the day a year ago I was with Lord Tedder in Washington discussing round a table with the American Chiefs of Staff what they might be prepared to do for the land battle in Europe. The initial answer, given by General Bradley, was that they would do virtually nothing. A small American force would be sent to Casablanca whence it would survey the strategic scene and then decide where it would go next – perhaps northwards through Spain; perhaps, as in 1942, eastwards along the North coast of Africa to join hands with our own forces based on Egypt. Later, in discussion, we persuaded the Americans to modify this answer to the extent that they would at least give thought to the possibility of sending their forces to Europe, should the line there be holding. In practice this concession could not mean much, since the time which it would take the Americans to reach Europe after the outbreak of war, would be such that their help would arrive, almost certainly too late. Thus, a year ago, American strategy was content to *liberate* Europe. Today it insists on *defending* Europe. Like ourselves, the Americans have reached the conclusion that an essential part of their protection lies in meeting and fighting the enemy on land in Europe. Like ourselves, they have come to this conclusion only after much profound heart searching. Moreover, for them it represents a departure from traditional thought even more radical than for us."[62]

Im Foreign Office warnte Strang jedoch davor, zu viel Vertrauen in die amerikanischen Hilfsangebote zu setzen, die nur allzu schnell wieder zurückgezogen werden könnten; er bezog ausführlich Position gegen eine grundsätzliche Zustimmung zur deutschen Wiederbewaffnung. „By agreeing to German rearmament in principle now, subject to no matter what conditions, we start a process which will almost certainly be continuous. That is to say, sooner or later there will be a German Army and a German High Command and General Staff, with the appropriate Ministry. The demand for equality of rights will become more and more insistent. This process will not only be continuous; it will also not be reversible. There will be no going back. There will thenceforward be a German army in Europe." Strang beschwor die Möglichkeit, daß diese Armee eine gefährliche und zerstörerische Macht in Europa darstellen könnte. „I have a conviction, possibly a foolish one, which it not amenable to reason, that it is still a mistake to put arms into German hands for purposes of war. If war comes soon, the German contribution to our forces, which may itself have provoked war, is unlikely to be decisive; if war is indefinitely deferred, we shall wish we had never armed them."[63]

Strang scheint der einzige im Foreign Office gewesen zu sein, der klar erkannt hatte, daß das Zugeständnis zu einer grundsätzlichen deutschen Wiederbewaffnung letztendlich zur Bildung einer deutschen Armee, eines Generalstabs und zu voller Souveränität führen würde. Sogar Mallet und Gainer konnten sich dies Ende 1950 nicht vorstellen, obgleich auch sie im Foreign Office die Meinung vertraten, daß in einem militärischen Bündnis – ob atlantisch oder europäisch – die militärische Gleichberechtigung der Deutschen und daraus resultierend auch die politische Gleichberechtigung unvermeidlich sei. In seinem „Smoking-room"-Paper schrieb Mallet, daß die Bundesrepublik völlige Souveränität erhalten würde, „subject only to such military arrangements as may be made within the Atlantic Pact for stationing Allied troops on German soil"[64]. Als Lord Henderson ihn kritisierte, gestand er ein, daß „we want to try and avoid the creation of an independent German army and German General Staff"[65]. Er glaubte, daß die Bundesregierung dies unter der Voraussetzung akzeptieren würde, daß ein gemeinsames atlantisches Bündnis gebildet werden würde, in dem jeder gewisse Einschränkungen hinsichtlich der eigenen militärischen Souveränität hinnehmen müsse, der Bundesrepublik aber politische Gleichberechtigung garantiert werden würde. Lord Henderson wies auf den schwachen Punkt dieser Argumentation hin und erinnerte Mallet daran, daß es ohne eine Armee und einen Generalstab auch keine vollständige

[62] Ebenda, Nr. 73.
[63] Protokoll von Strang vom 15. September, PRO FO 371/85054: C 5999/27/18, in: DBPO, II, 3, Nr. 24, Anm. 3.
[64] DBPO, II, 3, Nr. 105.
[65] Ebenda, Nr. 105, Anm. 2.

politische Gleichberechtigung gäbe: „The Western Allies have committed themselves to the prohibition of these two organisations, and that is to me a denial of some measure of political equality or sovereign rights. I do not think this can be regarded as merely academic."[66]

Lassen wir zum Abschluß Gainer noch zu Worte kommen. In einem Memorandum an Mallet und Henderson stellte er folgendes fest: „I do not myself consider that, only five years after the termination of the war, it would be safe or desirable to restore full sovereignty to Germany. The Germans are politically an uneducated people; they prefer to be governed rather than to govern themselves and this causes them to fall an easy prey to political adventurers. Given full sovereignty with all its attributes, which may well include an army, a general staff, etc., can we in any way be satisfied at this moment or for some years to come that they can be trusted, of their own free will, to cooperate fully and loyally with the West? The risks we shall take in so doing under pressure of the Russian threat are very great and should in fact only be taken if we are convinced that the Russian danger is so immediate and so grave that short-term defence over-rides the long-term danger. In the short view a controlled German re-armament might not constitute a serious danger, but how long shall we be able to control it? ... Nevertheless there can really be no halfway house between political and military equality for Germany within the Western orbit and a neutral Germany which either remains a burden to the West and destroys our own defence plans or at the worst seeks accommodation with the East."[67]

In den nächsten fünf Jahren setzten sich die Diskussionen und Spekulationen über eine adäquate Behandlung der Bundesrepublik fort. Ende 1950 war jedoch deutlich geworden, wie die Lösung der Probleme aussah: die Kontrollen würden beendet werden und die BRD würde faktisch die Souveränität erlangen, wobei die Aussicht auf eine deutsche Wiedervereinigung immer mehr in den Hintergrund geraten würde.

[66] Ebenda.
[67] Ebenda, Nr. 103.ii.

René Girault

Der kulturelle Hintergrund der französischen Integrationspolitik

Die französische Politik der europäischen Integration scheint das Resultat des entschlossenen Handelns einer kleinen Gruppe von Verantwortlichen gewesen zu sein, Männern aus der Politik einerseits, hohen Beamten andererseits. Vor allem Minister wie Robert Schuman[1] oder Guy Mollet[2], Persönlichkeiten wie Jean Monnet, Robert Marjolin, Bernard Clappier, Hervé Alphand, Pierre Uri, Emile Noël, Alexandre Vernet[3] verkörperten diesen französischen Willen, Europa, wenigstens das Europa der Sechs, aufzubauen. Diese kleinen Zirkel entschlossener, manchmal verschworener Männer unterschieden sich deutlich von der Mehrheit ihrer Mitbürger. Gruppen oder Persönlichkeiten aus der Geschäftswelt, führende Militärs und Gewerkschafter, Meinungsführer der Presse und anderer Medien und renommierte Intellektuelle befanden sich am Rande oder sogar außerhalb dieser Kreise. Ohne Zweifel verliefen die Fronten der Auseinandersetzung darüber, wie Europa politisch, wirtschaftlich oder militärisch am besten aufzubauen sei, mitten durch die politischen Parteien – Kommunisten und Gaullisten ausgenommen. Das eher geringe Interesse der Mehrheit der Parteimitglieder für diese aus ihrer Sicht zunächst zweitrangigen Fragen zeigte sich in der schwachen Beteiligung an den einschlägigen Debatten auf den Parteikongressen[4]. Ebenso konzentrierten die Gewerkschaftsverbände ihre Überlegungen und Handlungen auf die grossen nationalen Probleme: Vollbeschäftigung, Lohnsicherung, gerechte Verteilung der sozialen Lasten, die wöchentliche Arbeitszeit, und überließen das Problem einer Harmonisierung der Arbeitsbedingungen auf europäischer Ebene einer noch fernen Zukunft.

Man muß hinzufügen, daß die innen- und außenpolitische Lage und das Gewicht der Alltagsprobleme in den 50er Jahren die Anziehungskraft eines geeinten Europa auf die Franzosen nicht erhöhte. Der Kalte Krieg hatte Europa seit 1947/1948 ergriffen; infolgedessen fand sich Europa in zwei widerstreitenden Lagern unter zwei entgegengesetzten Schutzmächten wieder. Bei den französischen Verantwortlichen waren die Versuche oder Hoffnungen, gewisse Verbindungen zwischen den beiden Teilen Euro-

---

[1] Vgl. Raymond Poidevin, Robert Schuman, homme d'Etat 1886–1963, Paris 1986.

[2] B. Menager u. a. (Hrsg.), Guy Mollet, un camarade en République, Actes du Colloque tenu à Lille, octobre 1986, Lille 1987.

[3] Einige hohe Beamte haben ihre Erinnerungen veröffentlicht, so z. B. Jean Monnet, Mémoires, Paris 1986; Robert Marjolin, Le travail d'une vie, 1911–1986, Paris 1986; Hervé Alphand, L'étonnement d'être (Journal 1939–1973), Paris 1977.

[4] Zu dieser militanten Gleichgültigkeit vgl. die Bemerkungen von C. Pineau zur S.F.I.O. in: La S.F.I.O. et la politique étrangère de la France entre 1945 et 1954, Cahier Léon Blum, Nr. 21, 1987.

pas aufrechtzuerhalten, schnell weggefegt[5], und man mußte sich bald für eine partielle
europäische Konstruktion – ein „kleines Europa" – entscheiden, was angesichts der
Notwendigkeiten der militärischen Verteidigung eine wenig motivierende Aufgabe
war. Auf der anderen Seite standen die 50er Jahre für die Franzosen unter dem Zeichen
der Entkolonialisierung; Indochina, Marokko, Tunesien und vor allen Dingen Algerien waren Namen von vertrauten und gefürchteten Orten, die Emotionen hervorrie-
fen und die Gemüter polarisierten. Im Vergleich dazu beanspruchte Europa eine
geringere Aufmerksamkeit, selbst wenn man es hier und da als Mittel, Lösung oder
Mythos beschwor. In den 50er Jahren, als die Modernisierung und der Wiederaufbau
Frankreichs im Mittelpunkt aller politischen, wirtschaftlichen und ideologischen
Debatten stand, hatten die Probleme des täglichen Lebens, die sich in den Schwierigkeiten bei der Versorgung und beim Wiederaufbau sowie in den ersten Äußerungen
der Konsumgesellschaft zeigten, eine ausschließlich nationale Dimension[6]. Der geistige
Horizont der Franzosen endete an den Grenzen des Sechsecks und der Französischen
Union, die europäische Dimension blieb im Bereich der Imagination.

Unter diesen Bedingungen könnte der Historiker die Erforschung der Hintergründe
der europäischen Integrationspolitik darauf beschränken, die Konzepte und Motive
solcher Repräsentanten, wie sie am Anfang dieses Artikels genannt worden sind, zu
analysieren. Wenn man aber den „kulturellen Hintergrund" dieser Politik betrachten
möchte, muß man weiter ausholen. Aber zunächst ist zu präzisieren, was mit dem
Begriff „kultureller Hintergrund" gemeint ist: In jeder Periode der Geschichte haben
sowohl die einzelnen Verantwortlichen als auch die verschiedenen sozialen Gruppen
ein bestimmtes Weltbild, das durch mehrere Faktoren geprägt ist. Zuallererst definiert
die jüngere Vergangenheit (d. h. ein Zeitabschnitt von etwa 50 Jahren) unser normati-
ves Bezugssystem. Als weiterer Faktor festigt die Schulausbildung in Verbindung mit
religiösen Bräuchen und Denkgewohnheiten, oft auch moralische Regeln genannt, die
ideologischen Fundamente, auf denen intellektuelle Trends, an gewisse Leitfiguren
gebunden, das geistige Klima unterschiedlich stark und dauerhaft prägen. Die sozio-
ökonomischen Bedingungen endlich begünstigen unterschiedliche Präferenzen auf
dem kulturellen Gebiet. Nehmen wir beispielsweise die – bei gleicher Erziehung und
gleichem historischen Kontext – unterschiedlichen Abwehrreaktionen innerhalb bestimmter ethnischer Gruppen gegenüber anderen, je nachdem, ob die ökonomische
Lage günstig ist oder nicht, ob der Arbeitsmarkt gesättigt ist oder nicht. Insgesamt ist
der kulturelle Hintergrund der allgemeine Rahmen, in dem die Akteure im Zentrum
des Gemeinwesens – Politiker oder andere Verantwortliche – zuerst die Motive und
danach die Legitimation für ihre Handlungen finden.

Selbst wenn die Entscheidungsträger immer eine gewisse Fähigkeit besitzen, einen
Standpunkt jenseits der dominierenden kulturellen Strömungen einzunehmen – sei es
dank ihrer persönlichen Autorität, sei es kraft kultureller und bildungsbedingter Indi-
vidualität –, gilt, daß die vorherrschenden Bedingungen generell starke Kräfte entfalten, mit denen diese Entscheidungsträger rechnen müssen. Ein einfaches Beispiel mag

---

[5] Man kann die Enttäuschung von Staatspräsident Vincent Auriol verstehen, die in seinem Tagebuch: Le
Journal du Septennat, 7 Bde., Paris 1970ff., besonders für die Jahre 1947/1948 zum Ausdruck kommt.
[6] Vgl. Jean Pierre Rioux, La France de la IVème République 1944–1958, 2 Bde., Paris 1982f.; Jean Bouvier,
François Bloch-Laine, La France restaurée 1944–1954, Dialogue sur les choix d'une modernisation, Paris
1986.

diese Abhängigkeit verdeutlichen. Mitte der 50er Jahre, als über die Bildung der Europäischen Wirtschaftsgemeinschaft verhandelt wurde, ermittelten zahlreiche repräsentative Untersuchungen recht genau die Einstellung der Franzosen gegenüber dem Ausland[7]. Zwischen November 1954 und Dezember 1956 blieb die Einschätzung der vier großen ausländischen Staaten fast konstant, weil die Ablehnung Deutschlands und der UdSSR groß blieb, während die positive Einstellung gegenüber Großbritannien und teilweise gegenüber den Vereinigten Staaten anhielt. Man könnte also annehmen, daß die Errichtung eines europäischen Gebäudes, das Frankreich und Deutschland einschloß, Großbritannien aber beiseite ließ, schwierig war. Das Scheitern der EVG paßt gut zu dieser Sichtweise; aber die Verträge von Rom? Begleitete etwa ein Meinungsumschwung den neuen Integrationsversuch? Tatsächlich verlor Großbritannien zwischen Dezember 1956 und Dezember 1957 deutlich an Sympathie, während die Einstellungen gegenüber Deutschland sich spürbar änderten. Purer Zufall oder Wechselwirkung? Warum diese Veränderung der französischen Meinung?

Um eine Antwort auf diese letzte Frage geben zu können, müssen zuerst die Gesamtbedingungen der kulturellen Erziehung der Franzosen während der 50er Jahre analysiert werden. Ein Einstellungswandel läßt sich eher feststellen, wenn man zunächst die Ursachen der vorherrschenden Tendenz dieser Einstellung durchleuchtet hat. Wie stellten sich also europäisch gesinnte Franzosen in dieser Zeit die Zukunft Europas theoretisch und praktisch vor? Die Schwierigkeit, klare Antworten zu geben, resultiert aus dem aktuellen Forschungsstand. Dieser Beitrag stellt eher den Versuch dar, Forschungsrichtungen aufzuzeigen, als Ergebnisse bereits geleisteter Arbeiten zu präsentieren. Aber ist es nicht angebracht, erste Beobachtungen vorzustellen, um vergleichende Studien in anderen Ländern anzuregen[8]?

Die Untersuchungen, die seit einigen Jahren über die Perzeption der Macht in Frankreich und in einigen anderen europäischen Ländern durchgeführt werden, erlauben es, die Forschungsprobleme kurz zu skizzieren[9]. Es scheint uns, daß drei Analyseebenen ins Auge zu fassen sind, um die Europaidee zu verstehen, wie sie den französischen Verantwortlichen zu Beginn der 50er Jahre vorschwebte. Primär beruhte die Entstehung dieser Idee auf einem traditionellen Denkmuster, das wir als langfristig wirkende Idee (idée de long terme) bezeichnen, weil ihre Ursprünge bis in die Anfänge des 20. Jahrhunderts zurückreichen. Schon vor dem Ersten Weltkrieg erfaßten Politiker und Intellektuelle trotz des nationalistischen Fiebers der Zeit vor 1914 die Interdependenz der europäischen Verhältnisse und Kulturen. Sie erkannten die Vorzüge, die man aus einer internationalen Organisation zur friedlichen Regelung der innereuropäischen Konflikte ziehen konnte. Unter dieser Perspektive beschworen die internationalistischen Strömungen – die „kapitalistische" ebenso wie die Sozialistische Internationale, die vor allen Dingen auf europäischer Ebene agierten, genauso wie jene, die davon träumten, den Aktionsradius des Internationalen Gerichtshofes von Den Haag

---

[7] Die Zeitschrift „Sondages" publiziert regelmäßig die Untersuchungsergebnisse des Institut Français d'Opinion Publique unter der Leitung von F. Stoezel.

[8] Dieser Beitrag stellt eine erste Skizze der Forschungen dar, die im Rahmen eines großen europäischen Projekts über die kulturelle Geschichte Europas angelaufen sind.

[9] Vgl. René Girault, Robert Frank (Hrsg.), La Puissance en Europe, 1938–1940. Actes du Colloque tenu à Paris-Sèvres en 1982, Paris 1984; Josef Becker, Franz Knipping (Hrsg.), Power in Europe? Great Britain, France, Italy and Germany in a Postwar World, 1945–1950, Berlin 1986.

auszuweiten – die Vereinigten Staaten von Europa nach der Art eines Victor Hugo oder jede andere Konstruktion, die das Wettrüsten, Ursache tödlicher Konflikte, hemmen würde[10]. Von französischer Seite könnte man hier Politiker wie Maurice Rouvier, Joseph Caillaux oder Jean Jaurès nennen, Bankiers wie Maurice Noetzlin, Direktor der Bank von Paris und Louis Dorizon, Direktor der „Société Générale", Schriftsteller und Intellektuelle wie Roger Martin du Gard, Anatole France, Lucien Herr[11]. Die Wechselbeziehung der künstlerischen Strömungen in den Zentren wie Paris, Berlin und Wien, um nur die berühmtesten zu nennen, verstärkte diese europäische kosmopolitische Tendenz.

Ohne Zweifel erschütterte der Große Krieg, dem eine nationalistische Welle vorausgegangen war, in deren Verlauf Künstler wie Maurice Barrès und Paul Déroulède und der Theoretiker Charles Maurras sich profilierten, diese pazifistische und universalistische „europäische Mystik". Aber der Unterricht, der in den großen Erziehungsanstalten wie der Ecole Normale Supérieure erteilt wurde, prägte manche Geister. Das Korn wurde gesät, vor allen Dingen in den Grundschulen. Die Volksschullehrer der ausgehenden 3. Republik behielten nach dem Krieg diese Richtung bei, weil sie in der Grausamkeit des Krieges neue Argumente gegen den Nationalismus fanden. Indirekt wurde sogar eine große Anzahl von Radikalen und Sozialisten inspiriert[12]. „La génération qui parvient aux affaires entre 1919 et 1939 constitue bien, en fait, le rameau politique et quinquagénaire des jeunes clercs qui eurent vingt ans à la charnière des deux siècles" (J. F. Sirinelli). Dies wird durch eine berühmte Figur des populären Romans von Jules Romain, „Les hommes de bonne volonté" veranschaulicht: Jean Jerphanion, alias Yvon Delbos, Absolvent der Ecole Normale und Außenminister der Volksfront[13].

Ein großer Teil der Generation von 1905, der die Ecole Normale besucht hatte, war pazifistisch und von der Philosophie Alains (Emile Chartier) beeinflußt. Diese Franzosen stimmten mit dem Kurs Aristide Briands überein und waren Deutschland prinzipiell nicht feindlich gesonnen, vor allem nicht dem Deutschland Weimars – vorausgesetzt, daß die konservativen und nationalistischen Tendenzen des Nachbarn von kultivierten, demokratischen und weltoffenen Deutschen in Schach gehalten werden konnten. Es war das „gute" Deutschland Giraudoux' (Siegfried et le Limousin), das die Achtung eines Gide, eines Romain Rolland verdiente. Man ist nicht mehr erstaunt, hier Namen von Intellektuellen wiederzufinden, die weit mehr geneigt waren, Briand zu unterstützen, als Poincaré, den typischen Nationalisten, zu beweihräuchern. Diese Lehrer, Intellektuellen, Politiker vermittelten ihrerseits der folgenden Generation eine Art Ideal, das aus dem Überschreiten des nationalen Horizontes, aus dem Willen, den Frieden in Europa zu retten, erwachsen war, selbst wenn kurzfristig die nazistischen und faschistischen Perversionen jede Konstruktion dieser Art zunichte machten; selbst als der Völkerbund in den 30er Jahren zerbrach, behielt der Gedanke, ein Schiedsge-

[10] Vgl. Les Internationales et le problème de la guerre au XXème siècle. Actes du Colloque de Rome 1984. Publications Ecole Française de Rome, Nr. 95, 1987; René Girault, Diplomatie européenne et impérialisme 1870–1914, Paris 1979. Vgl. auch den Artikel von Maurice Vaisse, Le pacifisme français des anées trente, in: Relations Internationales, Nr. 53, 1988.
[11] Pascal Ory, Jean François Sirinelli, Les intellectuels en France de l'affaire Dreyfus à nos jours, Paris 1986.
[12] Serge Berstein, Histoire du Parti Radical, 2 Bde., Paris 1980–1982.
[13] Ory, Sirinelli, Les intellectuel (Anm. 11), S. 88.

richt, einen internationalen Gerichtshof oder eine allgemeine politische Organisation zu schaffen, seinen Wert. Ohne Zweifel waren diese Schöpfungen mehr im weltweiten als im europäischen Maßstab konzipiert. Aber lag, solange Europa für die Zeitgenossen das Zentrum der zivilisierten Welt blieb, nicht der Gedanke nahe, daß die Idee eines Vereinigten Europa auch die Grundlage für eine bessere Welt sei?

Die zweite Analyseebene ist mittelfristiger Art. Sie umfaßt die ökonomische Entwicklung, die aus der Großen Krise von 1929 hervorging. Um sich auf das Wesentliche zu beschränken, muß man deutlich machen, daß die französischen Verantwortlichen der 30er Jahre, die von dem Ausmaß der Erschütterung der Finanzen, der Industrie, des Handels und der Landwirtschaft geprägt waren, sich oft internationalen oder regionalen Lösungen zuwandten, um die wirtschaftliche Krise zu überwinden. Inspiriert von den liberalen Lehren, die an der „Ecole libre des Sciences Politiques" oder an der Fakultät der Rechte in Paris gelehrt wurden, waren die jungen Finanzbeamten, die auf wichtige Staatsposten gelangten und später häufig in den privaten Sektor überwechselten, eher geneigt, durch Verhandlungen im europäischen Rahmen Auswege aus der Krise zu suchen. Dies trifft zum Beispiel zu auf Jacques Rueff, der Europa vom Prinzip der Meistbegünstigung ausnehmen wollte, und zwar im Rahmen der Europäischen Union Aristide Briands, oder auf den Versuch einer Donau-Wirtschaftsunion mittels des Tardieu-Planes von 1932[14]. Die späteren Anstrengungen, Lösungen zur Stabilisierung und zur Wiederbelebung zu entwickeln, die zwischen den „reichen" Mächten (USA, Großbritannien, Frankreich) und den „proletarischen" Mächten (Deutschland, Italien) ausgehandelt wurden, wie die Mission van Zeelands (1937–1938) oder die Rekonstruktion europäischer Kartelle, wie beispielsweise im Stahlsektor, scheiterten wegen politischer Zufälligkeiten und der Entscheidungen Hitlers, aber die eingeschlagenen Wege stellten viele Ausgangspunkte für die Nachkriegszeit dar (z. B. für den Internationalen Währungsfonds oder die Internationale Bank für Wiederaufbau und Entwicklung). Jede nationale Abkapselung wurde als ungeeignet angesehen, gleichgültig, ob in deutscher oder italienischer Art oder in Form eines Kolonialreiches. Für kurze Zeit, am Vorabend des Krieges, waren die Verfechter eines Liberalismus der offenen Grenzen, ebenso wie jene, die eine Verständigung über eine europäische Organisation der Wirtschaftssektoren befürworteten, um wirtschaftliche Bereiche auf europäischer Ebene zu organisieren, die Verlierer – aber ihre Ideen überlebten.

Am Ende des Krieges fand sich eine große Anzahl dieser Leute auf verantwortungsvollen Posten wieder. Während des Krieges jedoch hatten die einen in der interalliierten Führung des Wirtschaftskrieges den Nutzen eines gemeinsamen Handelns mit den Angloamerikanern erfahren, wie Jean Monnet auf seinen Posten in London, Washington und Algier. Sie trafen wieder mit anderen zusammen, die in Algier beauftragt waren, Wiederaufbaupläne für ein befreites Frankreich zu entwerfen, wie Pierre Mendès France oder René Mayer, oder die, wie Emmanuel Mönick oder François Bloch-Lainé, in geheime Verhandlungen verwickelt waren, um regionale europäische Lösun-

---

[14] Vgl. die Memoiren von Jacques Rueff, De l'aube au crépuscule autobiographie, Paris 1977; Josef Becker, Klaus Hildebrand (Hrsg.), Internationale Beziehungen in der Weltwirtschaftskrise 1929–1933, München 1980.

gen zu entwickeln, die Frankreich seine Macht und Modernität wiedergeben sollten[15]. Die Ablehnung des „Neuen Europa", verstanden als Kontinent unter deutscher Vorherrschaft, wie er von einigen hohen Beamten der Vichy-Ära zwischen 1940 und 1941 akzeptiert wurde (wie Jacques Barnaud und Yves Bouthillier) bedeutete nicht die Rückkehr zu einem isolierten Frankreich, das sein Heil in sich und für sich selbst suchte. Der Zweite Weltkrieg, weit davon entfernt, einen Bruch mit den allgemeinen Vorstellungen hervorzurufen, bestärkte diese Verantwortlichen in ihrem Willen, Frankreich für seine und zusammen mit seinen europäischen Nachbarn zu öffnen. Allerdings gingen die Meinungen in der Frage des Ausmaßes dieser Öffnung auseinander: Mit wem die Zukunft bauen? Provisorisch und vorübergehend waren Beschränkungen des freien Verkehrs unumgänglich, um den internen Wiederbeginn sicherzustellen, aber sehr schnell würde sich die französische Wirtschaft in ein westeuropäisches Ganzes einfügen müssen. Mit den Benelux-Ländern? Mit Italien? Mit „Rheinstaaten" – wenn Deutschland nicht mehr existieren sollte? Und vielleicht mit Großbritannien, dem siegreichen Verbündeten?

Die deutsche Gefahr bildete die dritte, eine kurze Zeitspanne umfassende Ebene. Wie sollte ein stabiles und friedliebendes Europa errichtet werden, wenn ein geschlagenes, geteiltes, besetztes, aber gefürchtetes Deutschland sich zu schnell erholte? Die „deutsche Obsession" scheint paradox, weil diese Macht 1945 zerstört worden war. Dennoch wurden die traditionellen Mythen und Vorurteile über den Nachbarn jenseits des Rheins in die unmittelbare Nachkriegszeit verlängert, unabhängig vom rechtlichen Status der deutschen Gebiete. Die Angst vor Deutschland war zu groß; die Niederlage von 1940 und die Besatzung waren noch nicht weit genug entfernt, um den Argwohn aus dem Denken der Franzosen zu vertreiben. Niemand in Frankreich war bei dem Gedanken wirklich schockiert, daß die französische Besatzungszone maximal „ausgebeutet" werden sollte. Ebensowenig wurde die Ausnutzung der saarländischen Reichtümer in Frage gestellt. Außer einigen Germanistikspezialisten glaubte niemand so recht an die Möglichkeit des Wiedererstehens eines demokratischen, friedlichen und kultivierten Deutschlands, jenes der Jahre vor 1870; selbst in manchen französischen Geschichts- oder Geographiebüchern vom Anfang der 50er Jahre wurde nicht nur die Beunruhigung über den zu raschen wirtschaftlichen Aufstieg Deutschlands erkennbar, sie enthielten sogar eine Warnung an ihre jungen Leser, der Demokratisierung Deutschlands kein zu großes Vertrauen entgegenzubringen[16]. Unter diesen Bedingungen richtete sich der freundschaftliche Blick, der Wunsch nach einer besonders engen Beziehung, auf Großbritannien. Man hoffte, daß das Land, durch das jüngste Beispiel belehrt, verstehen werde, wo die gemeinsamen Interessen der Westeuropäer lagen: in der Gewährleistung ihrer zukünftigen Sicherheit vor Deutschland.

---

[15] René Girault, Robert Frank, Turbulente Europe et nouveaux mondes 1914–1941, Paris 1988. Diese Aspekte werden in Erinnerung gerufen in den Dissertationen von Philippe Mioche, Le Plan Monnet – genèse et élaboration, 1941–1947, Paris 1987; Michel Margairaz, L'Etat et la direction de l'économie et des finances en France 1932–1952 (i. Vorb.); Gérard Bossuat, La modernisation de la France sous influence. Les premières étapes de l'appel à l'étranger 1944–1949, Paris 1988.

[16] „Elle conserve la ténacité, l'opiniâtreté, le sens de l'organisation, la valeur technique, le sens de la discipline et du travail collectif qui caractérisent ses habitants. Il n'est aucunement certain que les ambitions et l'orgueil de naguère ne couvent pas encore, de si de là, dans le silence." Manuel Hatier, Les principales puissances économiques du monde, classe de philosophie 1950.

Zwei wichtige Entwicklungen zwangen die französischen Verantwortlichen zu einer schmerzlichen Revision: Auf der einen Seite lehnten Amerikaner und vor allem Briten es ab, den französischen Plänen für Deutschland und für eine europäische Wirtschafts- und Währungsordnung unwidersprochen zu folgen. Auf der anderen Seite war die Sicherheit Frankreichs vor allem seit 1948 einer neuen Bedrohung aus Osteuropa ausgesetzt – dem stalinistischen Expansionismus. In den Jahren zwischen 1946 und 1949 entstanden neue Kräftekonstellationen in Europa, die große Spaltung in zwei Blöcke verfestigte sich und die Abhängigkeit gegenüber den Vereinigten Staaten wurde als eine schmerzliche, aber notwendige Veränderung erlebt. Die kurzfristigen Imperative gaben den langfristigen Einstellungen eine andere Wendung.

Anhand einiger neuerer Untersuchungen – Dissertationen von J. Eutrope, A. Lacroix-Riz, Ph. Mioche, G. Bossuat, Ph. Marguerat[17] – ist es jetzt möglich, die wichtigsten Etappen dieser Veränderungen präziser anzugeben. Das Konzept zur Regelung der Beziehungen zwischen Frankreich und Westeuropa, das aus dem Jahre 1944 stammte, scheiterte 1947. Anläßlich der Diskussionen in Algier 1943/44 (Mayer-Plan) oder bei der Befreiung waren die französischen Experten der Meinung gewesen, daß Deutschland in mehrere kleine Staaten geteilt und das Ruhrgebiet internationalisiert werden sollte. Frankreich hätte sich dann an die Spitze eines westeuropäischen Wirtschaftsblocks setzen können, der die Beneluxstaaten, Italien und eine rheinische Zone umfassen sollte; das Spanien Francos wäre als Diktatur ausgeschlossen gewesen. Auf dem Gebiet der Sicherheit sollte diese Gruppe – ohne das besiegte Italien – durch Großbritannien verstärkt werden. Unter diesen Gesichtspunkten war der Vertrag von Brüssel ein geeignetes Instrument, jedoch hatte sich sein Sinn bereits verändert, als er am 17. März 1948 unterzeichnet wurde. Seit diesem Augenblick dominierte in der Tat das Klima des Kalten Krieges; infolgedessen wurde der Vertrag, entgegen ursprünglicher Absichten, die Achse einer antisowjetischen Allianz. Er verlor außerdem seine wirtschaftliche Dimension, denn seit Mitte 1947 wurde der Marshallplan zum Kernstück der europäischen Rekonstruktion. Dieser amerikanische Plan beschwor eine europäische Union, viel weiter gefaßt, als die ersten französischen Überlegungen, und vor allen Dingen begründete er ein System intereuropäischer Zusammenarbeit, das sehr stark von den amerikanischen Zielen und Vorstellungen abhängig war. Diese zogen unter anderem eine Wiedereingliederung Deutschlands in den westeuropäischen Rahmen in Betracht, die von einem schnellen Wiederaufschwung der Wirtschaft, besonders der Industrie, begleitet sein sollte. Es handelte sich nicht mehr darum, das besiegte Deutschland zahlen zu lassen und es zu besetzen, um Reparationen herauszupressen, sondern Deutschland zu helfen, sich mit Westeuropa zu verbinden; es ging nicht mehr darum, problemlos Kohle aus dem Ruhrgebiet zu bekommen, sondern dieser Region zu erlauben, wieder zum wirtschaftlichen Zentrum zu werden. In einem permanenten, durch wiederholte Niederlagen gekennzeichneten Rückzugsgefecht gegen die anglo-amerikanischen Absichten stellten die französischen Autoritäten nach

---

[17] Außer den bereits in Anm. 15 zitierten Dissertationen vgl. Annie Lacroix-Riz, Le choix de Marianne, Paris 1986; Jacques Eutrope, L'aide économique américaine et la politique française, juin 1944 – juillet 1947, Paris 1986. Zur französischen Politik gegenüber Deutschland vgl. Relations Internationales, consacré à l'Allemagne vue de l'Ouest, 1945–1953, Nr. 51 (Beiträge von Annie Lacroix-Riz, Marie Thérèse Bitsch, Nicole Piétri).

und nach ihre Machtlosigkeit und die Vergeblichkeit der französischen Deutschland-politik fest – eine schmerzliche Erfahrung.

Dennoch hielt sich noch 1947 und 1948 bei den Franzosen eine bestimmte Hoffnung; wenn man schon den anglo-amerikanischen Ansichten über die deutsche Zukunft folgen mußte, hoffte man, daß der Marshallplan wenigstens die Gelegenheit bieten würde, Westeuropa gemeinsam mit den Briten zu führen, im Stile der von Bevin und Bidault organisierten ersten vorbereiteten Marshallplan-Konferenzen vom Sommer 1947. Die anglophilen französischen Führungskreise rechneten mit positiven Reaktionen auf ihre Vorschläge zum gemeinsamen Schutz der Währungen, zur gegenseitigen Steigerung des Handelsverkehrs und zur Verstärkung des Zusammenhalts auf militärischem und kolonialem Gebiet. Die Antworten waren enttäuschend, die Mißverständnisse zahlreich, die Verständnislosigkeit an der Tagesordnung; bald zeigte sich dies in Gestalt von Konflikten zwischen Personen – Bidault gegen Bevin, Montgomery gegen de Lattre – bald als Ergebnis der grundlegenden geostrategischen Optionen – der große weite Atlantik oder das Commonwealth für die Briten, der europäische Kontinent für Frankreich. Diese „mésentente cordiale" beherrschte die Geister und machte die vielfältigen Bemühungen von Botschafter René Massigli um eine wirkliche Verständigung zunichte[18].

In Wirklichkeit war – wie man jetzt dank des Quellenstudiums in den Archiven weiß – die französisch-britische Meinungsverschiedenheit viel tiefer, denn sie drückte zwei verschiedene Konzeptionen des wirtschaftlichen und sozialen Wiederaufbaus Europas aus, verkörperte also zwei unterschiedliche Typen Europas. Unter dem Einfluß Keynes – bis zu seinem Tode im April 1946 – legte man auf britischer Seite das Schwergewicht bei der Rekonstruktion auf die Wiederherstellung der Währungsstabilität der Sterling-Zone, d. h. auf die Sanierung des Pfundes gegenüber dem Dollar mit Hilfe eines verstärkten Handels zwischen dem Commonwealth und der Metropole sowie zusätzlich durch eine leichte Steigerung des innereuropäischen Handels. Die Austeritätspolitik, die vom britischen Volk ertragen wurde, zielte auf die schnelle Stabilisierung der britischen Währung, deutliches Symbol der Macht in Vergangenheit und Zukunft; der Erfolg dieser Bemühungen hing von der amerikanischen Hilfe ab, aber noch mehr von der Vitalität der Sterling-Zone, also in der Hauptsache von der außereuropäischen Welt. „British reluctance to integrate with Europe appeared to have a sound economic rationale, although, as it turned out, British perceptions of the future were mistaken."[19] Im Gegensatz dazu hing die französische Rekonstruktion, auch wenn sie zunächst dafür konzipiert war, Frankreichs Macht zu erneuern, eng mit den im europäischen Rahmen getroffenen Vereinbarungen zusammen. Wie G. Bossuat in seiner Dissertation überzeugend nachweist, verbargen die innereuropäischen Verhandlungen über den Marshallplan, ebenso wie die Diskussionen über den politischen Aufbau Europas die französischen Absichten, umfassende Lösungen für alle Probleme zu finden, die die Modernisierung der wirtschaftlichen Strukturen Frankreichs hemmten; denn in Frankreich rangierte die Währungsstabilität nach den Imperativen des industriellen oder landwirtschaftlichen Wachstums. Es ist leicht, die Engpässe aufzu-

[18] René Massigli, Une comédie des erreurs, 1943–1956. Souvenirs et réflexions sur une étape de la construction européenne, Paris 1978.
[19] Vgl. den Beitrag von Georges Peden, in: Becker, Knipping, Power in Europe? (Anm. 9), S. 256.

spüren: Zuerst der gravierende Kohlenmangel, dann die Ausrüstung für die Hüttenindustrie, nicht zu vergessen die qualitative Veränderung der Transportmittel und der landwirtschaftlichen Methoden; die Lösung dieser Probleme konnte mit europäischen Mitteln erreicht werden, selbst wenn dazu amerikanische Finanzhilfe als Voraussetzung nötig war. Die Union Française stellte nur für kurze Zeit ein Reservoir dar und bedurfte zuvor selbst neuer Mittel, um als entscheidende Unterstützung dienen zu können. Es waren vielmehr die deutsche oder britische Kohle, es waren die Handelsbeziehungen mit den Nachbarn, die die Verwirklichung der Ziele des „Plan de modernisation et d'équipment" erlaubten und damit den industriellen Aufschwung[20].

Mehrmals hatten die französischen Verantwortlichen geglaubt, in Großbritannien die nötige Unterstützung zu finden für den Aufbau eines wirtschaftlichen Europa nach ihren Plänen; mehrmals hatten die dilatorischen und negativen Antworten aus London den mangelnden Realismus der französischen Ansichten gezeigt. In seinen Memoiren erinnert sich Jean Monnet an die Unterredungen vom April 1949 mit seinem britischen Kollegen Edwin Plowden – unnötige Verhandlungen, weil die britischen Vorstellungen von einem zukünftigen Europa so weit von seinen entfernt waren. In der Tat, diese Bemühungen kamen wohl eher dem letzten Sondierungsversuch eines Mannes gleich, der mit Bedauern immer wieder die Diskrepanz zwischen den Europakonzeptionen der beiden Anliegerstaaten des Ärmelkanals ausgemessen hatte. Andere französische Verantwortliche hatten seit Herbst 1948 dieselben Erfahrungen gemacht.

Im Juli 1948 hatte Averell Harriman im Namen der amerikanischen Marshallplanverwaltung die europäischen Staaten, die zukünftigen Nutznießer der amerikanischen Hilfe, gebeten, einen Vierjahresplan vorzubereiten, um 1952 den Ausgleich der europäischen Zahlungsbilanzen erreichen zu können[21]. Jean Monnet, der für die französischen Planungen Verantwortliche, drängte seine Regierung zu dem Vorschlag, die landwirtschaftlichen Ausfuhren in Abstimmung mit dem Bedarf Großbritanniens, der Beneluxländer und Deutschlands zu steigern. Sehr schnell ließen die Briten wissen, daß sie an der französischen Ausfuhrkapazität zweifelten, beispielsweise in einem Brief von Stafford Cripps an Henri Queuille vom 27. November 1948. Die französische Seite verdächtigte die Briten massiv, auf diese Weise das tiefsitzende Bedürfnis nach Autarkie im Rahmen des Commonwealth zu maskieren; schwierige Debatten folgten in der OEEC. Die Hoffnung, durch direkte bilaterale Verhandlungen (Treffen Cripps – Petsche, Februar bis März 1949) zu einer Verständigung zu gelangen, wurde aufgegeben. Im Frühjahr 1949 kam man, Marjolin zufolge, zu der Überzeugung, daß es ein Europa unter französisch-britischer Führung nicht geben und der Marshallplan scheitern werde[22]. Der Luxemburger Bech hatte Recht mit seiner Feststellung, daß „la volonté de coopération britannique n'excède pas pour l'instant le plan des manifestions verbales"[23].

---

[20] Monnet, Mémoires (Anm. 3), S. 330.
[21] Wir beziehen uns hier auf die Arbeiten von Gérard Bossuat. Vgl. auch Pierre Melandri, Le rôle de l'unification européenne dans la politique extérieure des Etats Unis 1948–1950, in: Raymond Poidevin (Hrsg.), Histoire des débuts de la construction européenne, mars 1948 – mai 1950. Actes du Colloque de Strasbourg 1984, Brüssel usw. 1986.
[22] Marjolin, Le travail (Anm. 3), S. 201.
[23] Der Bericht des französischen Botschafters in Luxemburg ist zitiert in Bossuat, La modernisation (Anm. 15).

Plötzlich begannen gewisse Kreise in der Wirtschaftsabteilung des Quai d'Orsay, in der Europaabteilung und in der Abteilung für Auswärtige Angelegenheiten des Finanzministeriums eine wirtschaftliche Ersatzlösung ins Auge zu fassen, deren politische Implikationen bedeutend waren. Eine Note des Quai d'Orsay, die den Botschaftern in London und Washington im Dezember 1948 übermittelt wurde, erwähnt eine „association économique et politique avec cette Allemagne à l'intérieur de l'Union occidentale en cours d'élaboration", selbst auf die Gefahr hin, einen Teil der französischen Souveränität aufgeben zu müssen – „au profit d'une organisation démocratique européenne que rendrait un nouveau conflit franco-allemand économiquement et politiquement impossible"[24].

Ebenfalls dieser Note zufolge waren die Experten des Planungskommissariats dabei, diese Frage gründlich zu untersuchen, denn „les profits que nous retirerions d'une telle orientation économique compenseraient ... les profits limités, à tous points de vue et essentiellement éphémères, que nous retirons des réparations". Seit Ende 1948 tauchten so die ersten Überlegungen auf, die 18 Monate später zum Monnet-Schuman-Plan führen sollten. In ihren Studien über die Ursprünge des Schumanplans haben P. Gerbet und R. Poidevin mit vollem Recht die Gründe unterstrichen, die nach dem Scheitern der früheren Deutschlandpolitik Frankreichs zu der neuen Lösung geführt haben. Es scheint jedenfalls, daß die Rolle des „Faktors Europa" erst in jenem doppelten Spannungsverhältnis zwischen der Unmöglichkeit, den Marshallplan – trotz der amerikanischen „Predigten" – auf europäischer Ebene zum Erfolg zu führen, und dem einsamen britischen „Kavalier" begriffen werden kann[25].

In diesen ersten Nachkriegsjahren schien die Idee zum Aufbau Europas bei den Verantwortlichen mehr der Absicht zu gehorchen, von diesem Konzept im nationalen Interesse Gebrauch zu machen, als hochherzigen und allgemeinen Idealen. Unbestreitbar lehnte kein Verantwortlicher die Europaidee ab, und der Glanz des berühmten Kongresses von Den Haag, auf dem jedermann auf seine Weise die wunderbare Perspektive „Europa" pries, weist in dieselbe Richtung. War es also in diesem Stadium möglich, über den nationalen Standpunkt hinauszugehen? Selbst General de Gaulle schrieb folgende Zeilen an den Grafen Coudenhove-Kalergi: „Nul plus que moi n'est convaincu de la nécessité de construire l'Europe. C'est le seul moyen d'aboutir à un règlement du problème allemand ... Entre une Angleterre que sollicite le Commonwealth et une Allemagne qui se cherche, j'ai toujours pensé que la France était destinée, par la géographie même, à promouvoir l'Union Européenne."[26] In der Tat, Europa zu bauen bedeutete, die kleinen europäischen Mächte oder die, die – besiegt – noch erschüttert schienen, zu veranlassen, sich hinter diesen oder jenen mächtigen Staat zu stellen. Nehmen wir eine Schlußfolgerung von G. Bossuat wieder auf: „Chacun imagine l'Europe à sa mesure, à sa dévotion pour ses objectifs particuliers: la défense du sterling en Grande-Bretagne, la défense de la modernisation en France. La notion d'abandon de souveraineté est complètement étrangère à la construction européenne dans les années 1948–1949."[27]

---

[24] Note v. 30. 11. 1948, ungezeichnet, vermutlich von M. Gary, einem Mitarbeiter von J. Paris, vgl. Bossuat, La modernisation (Anm. 15), S. 537.
[25] Vgl. Poidevin, Histoire de débuts (Anm. 21).
[26] Charles de Gaulle, Lettres, notes et carnet, mai 1945 – juin 1951, Paris 1984, S. 330.
[27] Bossuat, La modernisation (Anm. 15), S. 566.

Dieses Fazit würde auch für die militärischen Aspekte der europäischen Verteidigung gelten. Die Angst vor dem kommunistischen Vormarsch im Zusammenhang mit den Krisen von Prag und Berlin, die bald vom Ausbruch des Koreakrieges abgelöst wurden, zwang die Europäer, sich im Rahmen einer atlantischen Verteidigung zu verständigen. Die erdrückende Überlegenheit der amerikanischen Macht verhinderte jede innereuropäische Diskussion über die Wahl einer Führungsmacht auf diesem Gebiet auf oberster politischer Ebene; aber auf der Stufe unmittelbar darunter gab es Auseinandersetzungen zwischen Befehlshabern und innerhalb der mittleren und unteren Ränge, weil alle weiter an *ihre* Verteidigung und an *ihre* Sicherheit dachten und dies, wie bislang üblich, immer in Verbindung mit der eigenen Armee.

Untersuchungen von Spezialisten für militärgeschichtliche Fragen über das Machtbewußtsein in Frankreich um 1948 zeigen, daß die Militärs, im Bewußtsein der Schwächen der französischen Armee, die amerikanische Vorherrschaft akzeptierten. Aber die Hoffnung auf ein ausreichendes nationales Verteidigungssystem gab die militärische Führung nicht auf – sei es, daß sie auf eine industrielle oder wissenschaftliche Veränderung (etwa die Atombombe), sei es, daß sie auf das große Gebiet einschließlich der Territorien der Union Française (vor allen Dingen Nordafrika) vertraute[28]. Die französischen Militärs, ganz wie die anderen Verantwortlichen, hatten seit jeher gelernt, in nationalem Maßstab zu denken, mit der Vorstellung von Frankreich als einer unabhängigen Nation, die Verbündete hat, aber aus sich selbst heraus souverän ist. Eine unbedingt erforderliche, atlantische Solidarität anzuerkennen, schloß nicht die Notwendigkeit ein, eine europäische Armee zu verwirklichen, zu deren Gunsten jeder Partner einen Teil seiner Souveränität aufgeben müßte. In der Tat waren wenige Menschen in Frankreich durch ihre vorangegangene Erziehung, durch die Geschichte und durch die sozio-ökonomischen Verhältnisse der Vorkriegszeit auf den Gedanken der europäischen Integration vorbereitet. Hat das Fehlen „europäischer" Themen in den Kursen des „Institut d'Etudes Politiques" um 1948 nicht Symbolcharakter[29]? Die europäische Integration hatte im Frankreich der unmittelbaren Nachkriegszeit noch keinen wirklichen kulturellen Hintergrund.

Wann haben sich die Dinge verändert – wenn sie sich überhaupt verändert haben – und warum? Zugegebenermaßen begibt sich der Historiker hier auf das Gebiet der Hypothesen. Auch wenn wir beginnen, die konkreten Bedingungen der Verhandlungen, die der Unterzeichnung der Verträge von Rom vorausgingen[30], besser zu verstehen, sind wir doch nicht weit genug vorangekommen, was die Modalitäten der tiefen Veränderungen in der öffentlichen Meinung und bei den Verantwortlichen betrifft. Man kann recht klar die Rolle bestimmter französischer Politiker, hoher Beamter und Diplomaten auf dem Weg zur Integration erkennen; aber warum wurden die Verträge von Rom nach dem Scheitern der Verteidigungsgemeinschaft im August 1954 und einer intensiven Debatte im Land – eine neue „Affäre Dreyfus" sagten manche – ohne große Opposition angenommen? Etwa aus Gleichgültigkeit, wie bestimmte Kommentatoren meinten (die Debatten in der Deputiertenkammer 1956

[28] Zusammenfassender Bericht von Général Delmas, in: Becker, Knipping, Power in Europe? (Anm. 9).
[29] Zusammenfassender Bericht von Ory, Jean François Sirinelli, Les intellectuels (Anm. 11).
[30] Enrico Serra (ed.), The Relaunching of Europe and the Treaties of Rome, Brüssel u. a. 1989.

über EURATOM und die EWG ausgenommen)? Als Arbeitshypothese könnte man den Gedanken formulieren, daß die überwiegend ökonomischen Aspekte in diesen Verträgen bei den Zeitgenossen weniger Anstoß erregten als die militärischen Aspekte bei der EVG. Dennoch, warum sanktionierte die Westeuropäische Union seit Anfang 1955 die Wiederbewaffnung Deutschlands, ohne daß die französische Öffentlichkeit von neuem in Erregung versetzt worden wäre? Erklärt die Veränderung der politischen „Großwetterlage" – man ging in Europa zur Entspannung über – diese pragmatische Lösung? Dies waren nur äußere Gründe. Man muß weitergehen in dem Versuch, die Veränderungen zu verstehen, die zwischen 1955 und 1959/60 Frankreich ein neues Verhältnis zur europäischen Integration finden ließen. Einige Schlußfolgerungen, die während des Kolloquiums von Florenz im September 1987 über die Perzeption der französischen Macht zwischen 1954 und 1958 vorgetragen wurden, erlauben es, erste Hypothesen zu formulieren[31].

Serge Berstein konnte in seinem Vortrag über die Perzeption der französischen Macht durch politische Gruppen das offensichtliche Paradox eines negativen Bildes von der Macht Frankreichs bei den politischen Parteien zum damaligen Zeitpunkt belegen: Während die Anstrengungen um den wirtschaftlichen Wiederaufbau anfingen, Früchte zu tragen und sich die Modernisierung Frankreichs deutlicher zeigte, durchlebten *alle* politischen Parteien eine Art „Depression" und gaben ihrer Verzweiflung über das Schicksal Frankreichs Ausdruck. Die Parteien empfahlen verschiedene Lösungen, um diesem Niedergang zu entgehen, aber alle hätten sich den Worten von Pierre Mendès France anschließen können, die er in einer Rede vom Mai 1954 an die Schüler der Grandes Ecoles und an die Studenten richtete: „Tout va paraître très simple dans la *nouvelle bataille de libération* qui va commencer ... pour la *grande croisade du renouveau* auquel nous aspirons pour la France."[32] Der Appell an die Jugend schien überall ein wenig durch, um so lebhafter, als der Bevölkerungszuwachs, der 1942 eingesetzt hatte – Beweis einer gewissen Vitalität der Franzosen – andauerte und die junge Generation, die um 1965 20 Jahre alt sein würde, neue Ideale würde finden müssen. „La France aspire au fond d'elle-même à la force, à la noblesse, à la grandeur qu'elle a toujours connues et grâce auxquelles elle renaîtra", bestätigte General de Gaulle vor den Offiziersschülern von Goetquidan.

Aber wie die Mittel finden, ohne die so oft gepriesene politische Ordnung zu verändern? Mit welchen Zielen? Man könnte vermuten, daß das Auftauchen neuer Ideale abhängig ist vom umgekehrt proportionalen Verschwinden alter. Am Ende des Zweiten Weltkriegs hatte man allgemein die Union Française – die politische Neuauflage des alten Kolonialreiches – als mögliche Quelle für den Wiederaufstieg mit Hilfe der wirtschaftlichen Modernisierung des Landes angesehen. Die Modernisierung kam wohl gut voran, aber sie schien zu sehr von der amerikanischen Hilfe abzuhängen; sie drückte sich für die Franzosen durch eine offensichtliche soziale Verbesserung aus, selbst wenn die Wohnungsnot andauerte. Der Massenkonsum schritt in allen sozialen Gruppen voran, aber man konnte den Konsumrausch, der die Franzosen ergriffen

---

[31] Vgl. die noch unveröffentlichten Beiträge zu dem Kolloqium in Florenz, organisiert von der Università di Scienze Politiche im September 1987.
[32] Pierre Mendès France, Oeuvres complètes, Bd. 2: Une politique de l'économie, 1943–1954, Paris 1985, S. 515.

hatte, kaum als ein Ideal anbieten[33]. Infolgedessen hatte man die jungen Leute dazu ermuntert, in Übersee nach wirklichen Chancen für glänzende Zukunftsperspektiven, für ein begeisterndes Abenteuer zu suchen. Die Europaidee erschien demgegenüber abstrakter, mystischer, zu sehr durch das delikate deutsche Problem belastet.

Dann kam die Zeit der Entkolonialisierung mit ihren Begleiterscheinungen – Gewalttätigkeiten, offenen und verdeckten Kriegen. Konnte man weiterhin die Union Française zum Ideal erheben? Der Indochina-Krieg, der „schmutzige Krieg", weit entfernt und ein wenig in Vergessenheit geraten, der bei vielen Intellektuellen und Politikern Gewissensbisse verursachte, vermochte kaum den Stoff zu liefern, um mit gutem Gewissen träumen und handeln zu können[34]. Mußte man zwischen den afrikanischen und den asiatischen Territorien unterscheiden und den Aufruf zum Handeln auf die ersteren beschränken, wie es François Mitterand in seinem Buch „Aux frontières de l'Union Française" von 1953 vorgeschlagen hatte? Bald rückte der Gedanke eines „Eurafrika" in den Vordergrund – eine große Einheit, die es Frankreich als natürlicher Brücke zwischen den zwei Kontinenten erlauben würde, ein Betätigungsfeld zu finden, das seinem „Genie" entsprach[35]. Die europäischen Verbündeten Frankreichs erkannten, daß sich die Chance anbot, Frankreich bei der Erschließung der afrikanischen Gebiete zu helfen. Aber diese großen Visionen stießen sich an der harten Realität des Aufbäumens der Marokkaner und Tunesier, das bald von den schrecklichen Vorgängen in Algerien abgelöst wurde. Wie sollte man der Jugend ein anspornendes Ideal vorgeben, wenn sie gezwungen war, erst ein Jahr, dann zwei Jahre in einem Krieg zuzubringen, den man nicht so zu nennen wagte, weil es keine offizielle Kriegserklärung gab?

Durch seine Dauer, durch die zahlenmäßige Stärke der Wehrpflichtigen-Truppen, die dort eingesetzt waren – in Algerien 200 000 Männer im August 1955, 400 000 im Juli 1956 – entwickelte sich der Algerienkrieg zu mehr als einem heiklen politischen oder militärischen Problem; er wurde zur Feuerprobe für das moralische und politische Engagement großer Teile der französischen Jugend. Lesen wir noch einmal, was der katholische Philosoph Etienne Borne über die Folgen des Algerienkrieges für die französische Jugend schrieb, und zwar zu einem Zeitpunkt – im Herbst 1960 –, als die „Union nationale des Etudiants de France" sich für Verhandlungen mit dem Gouvernement provisoire de la République algérienne aussprach und 120 französische Intellektuelle ein Manifest unterzeichneten, in dem das Recht auf Wehrdienstverweigerung im Algerienkrieg proklamiert wurde: „La vérité est que la guerre d'Algérie, telle qu'elle se poursuit, est un attentat permanent contre le moral de la France et plus particulièrement de sa jeunesse. Sous l'interpellation de l'évènement, des générosités prises de vertige sont en passe d'y ressusciter la plus irréaliste des gauches ou la plus forcenée des droites. Que les responsables de la France et que les générations rassises, qui n'ont guère été capables de mettre ensemble la morale et la politique, ne s'étonnent pas de l'état de désarroi et peut-être de désepoir, dans lequel se trouve une jeunesse

[33] Rioux, La France (Anm. 6), S. 240.
[34] Vgl. Jacques Dalloz, La guerre d'Indochine 1945–1954, Paris 1987.
[35] Mit diesem Problem habe ich mich in meinem Beitrag zu dem bereits erwähnten Kolloqium von Rom beschäftigt.

partagée qui leur renvoie la violente image de leur propre échec."[36] In Wahrheit kann
man kein hehres Ideal auf einen Zustand der Ratlosigkeit gründen; der Algerienkrieg
trug nur dazu bei, endgültig die Idee einer Regeneration Frankreichs durch das kolo-
niale Abenteuer zu ruinieren.

Also doch das europäische Wagnis als Alternative? Das Dilemma zwischen Europa
und Übersee zeigte sich den Kommentatoren recht deutlich: „La France doit-elle avoir
comme objectif prioritaire une politique mondiale basée sur ses possessions coloniales
ou une politique continentale déterminée par l'équilibre des forces en Europe et dans
le monde?"[37] Die Dinge lagen nicht so einfach für die Zeitgenossen, die von Alltags-
problemen gefangen waren. Außerdem hätte man über detaillierte Untersuchungen
verfügen müssen, um ein Urteil über die Schnelligkeit und das Ausmaß der Veränderungen abgeben zu können. Unbestreitbar begriffen manche politischen Führer oder
Verantwortlichen diesen Wandel. Die Suezkrise trug dazu entscheidend bei, und zwar
in dem Maße, wie sie Frankreich die Vergeblichkeit eines überholten Machtstrebens
mit Mitteln der „Kanonenbootdiplomatie" demonstrierte. Guy Mollet selbst beurteilte
in einem später im „Populaire" veröffentlichten Artikel das Europa des Gemeinsamen
Marktes als „letzte Chance" Frankreichs[38]. Alain Savary, Berichterstatter in der Nationalversammlung über die Verträge von Rom, unterstrich die Notwendigkeit, den
Gemeinsamen Markt zur Befreiung vom Protektionismus, der Quelle des Malthusi-
anismus, zu nutzen und feierte die Ratifizierung dieser Verträge; zunächst ein entschiedener Gegner der EVG, kam er zu dem Schluß, daß Frankreich nicht zwischen
der Gemeinschaft und dem Status quo die Wahl gehabt habe, sondern zwischen der
Gemeinschaft und der Isolation. André Siegfried zog in der Zeitschrift „L'Année
Politique" 1957 eine allgemeine Bilanz: „Le phénomène le fait notable, dans le sens de
l'optimisme, c'est que la construction européenne se fait avec une étonnante et, à vrai
dire, inattendue rapidité. Il semble qu'il s'agisse d'une poussée organique, effet d'un
instinct vital plus encore que de la volonté consciente des constructeurs eux-mêmes ...
C'est dans cet esprit d'optimisme que l'aventure, car après tout c'en est une, du
Marché Commun a pu être acceptée, et c'est dans ce sens que l'année 1957 marque
peut-être, en ce que nous concerne, le plus grand tournant depuis la libération."[39] Ein
„vitaler Instinkt", schrieb Siegfried. Handelte es sich um einen Impuls aus der Tiefe
des kollektiven Bewußtseins? Wenn ja, müßte man die Grundlagen einer solchen
Haltung untersuchen sowie die intellektuellen Ursprünge dieser Veränderungen.

Ein zentraler Punkt könnte dafür den Schlüssel liefern: Trotz des Scheiterns der
EVG oder gerade deswegen begriffen die Franzosen, daß sie ihre Beziehungen zum
deutschen Nachbarn verbessern mußten, um die europäische Integration voranzubringen. Nehmen wir die Äußerungen Maurice Duvergers, eines Gegners der EVG, in „Le
Monde" als Beispiel, für den „la neutralisation de l'Allemagne n'a de sens et de
possibilité réelle que complétée par une intégration dans l'Europe ... faire entrer
l'Allemagne unifiée dans une communauté économique, culturelle et politique pro-
gressivement organisée, par étapes successives, c'est lui ôter un sentiment d'isolement

[36] Artikel „Le partage de la jeunesse", in „Le Monde", 1. 11. 1960. E. Borne spielt in diesem Text auf die ersten
    Anzeichen für das Erscheinen ultralinker (vor 1968) und ultranationalistischer Strömungen (OAS) an.
[37] Guy de Carmoy, Le politiques étrangères de la France, Paris 1966, S. 242.
[38] Artikel im „Populaire", 23. 1. 1957.
[39] Allgemeine Einleitung in L'Année Politique 1957, Paris 1958, S. XX.

et de frustration, c'est ouvrir à son énergie et à son génie créateur des possibilités d'action tournées vers des oeuvres de paix, accomplies en collaboration."[40] Frankreich lernte gleichfalls einzusehen, daß die Deutschen kein gefährliches Volk mehr waren und daß ihr Ideal in der wirtschaftlichen Expansion und im sozialen Fortschritt bestand. Glaubt man dem „Express", der am Vorabend der Bundestagswahl vom September 1953 eine Umfrage zu dem Thema „Wie die Deutschen leben" veröffentlichte, dann waren die Nachbarn im Osten besessen vom Gewinnstreben und belastet mit dem Problem, glücklich zu sein – kurz: „La chasse au bonheur individuel, le dégoût des choses politiques laissant peu de place aux rêves de domination mondiale que les conditions matérielles rendent bien prétentieux."[41] Gab es also doch ein „gutes" Deutschland? Es wurde mit gnadenloser Ironie im neuen „Guide Fodor" von 1957 vorgestellt: „Aujourd'hui les Allemands semblent consacrer l'essentiel de leur énergie à la reconstruction. Dans l'ensemble leurs habitudes sont paisibles. L'humour allemand, réputé d'être un peu lourd, s'est quelque peu amélioré. Il semble qu'on rie plus volontiers de soi, les plaisanteries sont plus compréhensibles pour les étrangers, mais elles restent un peu grosses pour le goût occidental ..., mais aucun observateur raisonnable ne niera que, tout compte fait, l'Quest soit plus riche et plus puissant grâce à l'apport de ce nouvel allié." Angesichts solcher Voraussetzungen kann das Ergebnis einer Umfrage vom Juli 1954 nicht überraschen, daß nämlich eine Mehrheit der Franzosen von der Möglichkeit einer französisch-deutschen Verständigung überzeugt war, vor allem, wenn sie auf wirtschaftlichem, kulturellem oder technischem Gebiet stattfand. In diesem Sinne war auch der Kommentar von Raymond Aron und David Lerner von 1956 zu verstehen: „Ils (les Français) acceptent donc la coopération malgré leur scepticisme. Peut-être font-ils un pari? Ils le font en tout cas dans le sens de l'entente pacifique. L'analyse sociologique des attitudes favorables au rapprochement franco-allemand montre bien qu'il s'agit d'un effort rationnel de compréhension s'op-posant au réflexe de l'instinct."[42] Ein Instinkt? Aber auf welchen wissenschaftlichen Begriff nimmt man Bezug? Ist hier nicht „Instinkt" das Synonym für eine bereits gewonnene Idee, für einen lange am Leben erhaltenen Mythos? Sollten sich die kurzfristigen in langfristige Faktoren verwandelt haben?

Man sprach später von französisch-deutscher Aussöhnung[43]. Welches Stadium hatte man 1956/1958 wirklich erreicht? Hatte die europäische Idee diese Verständigung also erleichtert? Oder half umgekehrt die französisch-deutsche Annäherung der europäischen Integration in diesen entscheidenden Jahren? Wenn man den Dingen auf den Grund gehen möchte, d. h. wenn man die kulturelle Geschichte Europas mit Hilfe des französischen Beispiels wiederentdecken möchte, sollte man, um zu einer Art Zwischenbilanz zu kommen, drei Beobachtern das Wort geben; jeder von ihnen konnte bestimmte französische Eliten beeinflussen.

---

[40] Maurice Duverger in „Le Monde", 20. 1. 1954.
[41] Veille d'élections: comment vivent les Allemands, in: „L'Express", 5. 9. 1953, S. 6.
[42] Die Männer mehr als die Frauen (??? Die Übers.), die Kader, die Beamten, die Angehörigen der freien Berufe, diejenigen, die im allgemeinen ein hohes intellektuelles Niveau haben, zählen zu den Aufgeschlos-senesten. Raymond Aron, Daniel Lerner, La querelle de la CED, Paris 1956, S. 141.
[43] Der von Franz Knipping und Ernst Weisenfeld herausgegebene Band, dies., Eine ungewöhnliche Ge-schichte. Deutschland – Frankreich seit 1870, Bonn 1988, konzentriert sich stärker auf die Anfänge der 50er Jahre und der 5. Republik als auf die Jahre von 1954 bis 1958.

1956 publizierte Jean Marcel Jeanneney, Professor der Rechte und schon ein bekannter Wissenschaftler, bevor er während der 5. Republik Minister wurde, ein Buch über die französische Wirtschaft, das rasch zum Standardwerk wurde. Er unterstrich die Möglichkeit zur Schaffung einer Europäischen Union mit bundesstaatlicher Regierungsgewalt und gemeinsamem Markt und bemerkte: „Quelque soit la structure constitutionnelle donnée à une telle autorité, ni les Anglais, ni les Français ni probablement les autres peuples n'accepteraient de remettre leur sort en ses mains. Au sein d'une nation, même si l'autorité politique exerce maladroitement son pouvoir, elle agit légitimement parce qu'elle émane d'une collectivité dont l'histoire a fait une réalité sociale. L'histoire n'a pas fait de l'Europe occidentale une nation. Elle a au contraire violemment opposé les peuples qui l'habitent .. Aucun d'entre eux n'est prêt à reconnaître comme légitimes les décisions prises contre la volonté de ses représentants."[44]

Jacques Fauvet, Chefredakteur von „Le Monde", veröffentlichte 1958 ein Buch über die 4. Republik, in dem er das Fehlen einer Denkschule oder einer Ideenschmiede im Frankreich jener Jahre bemängelte: „Seule l'idée européenne au dessus des nations, a représenté une idée force ou même un mythe pour certains cercles politiques et professionnels. Mais outre qu'elle était par définition moins nationale que supra nationale, elle n'a pas atteint les couches profondes de l'opinion ... Religion d'initiés dont le culte a été jalousement entretenu par les Etats-majors, la doctrine européenne a été peu conquérante. Elle a souffert finalement de l'immobilisme des institutions européennes."[45] Fürwahr eine harte Schlußfolgerung!

Ist sie gerechtfertigt, wenn man die Veränderungen im Innersten der Mentalitäten betrachtet, und paßt sie zu jener Beobachtung von Guy de Carmoy, einem Professor am „Institut d'Etudes Politiques", die er in einem 1966 erschienenen Buch festhielt, in dem er sich mit der Unfähigkeit der Franzosen zur Lösung des Dilemmas in den europäisch-überseeischen Beziehungen im Jahre 1958 beschäftigte: „La seconde observation concerne une attitude mentale que relève de l'éducation. Le Français reçoit une formation historique et vit, à l'école primaire comme à l'université, dans les rêves de la grandeur française ... Le rêve permanent de la grandeur chez l'étudiant, entraîne le refus de la vérité et de la responsabilité chez le citoyen. Refus de la vérité politique actuelle ... refus de la responsabilité: si les faits ne collent pas aux prévisions optimistes, la faute en incombe aux autres. Dans ce climat psychologique, l'Union Française devient un alibi, un moyen de continuer à vivre ‚la France seule'."[46] Haben diese drei Intellektuellen recht? Um dies beurteilen zu können, muß man die Erforschung der Kulturgeschichte der europäischen Integration weiterentwickeln – in Frankreich und anderswo.

[44] Jean Marie Jeanneney, Forces et faiblesses de l'économie française, Paris 1956, S. 52.
[45] Jacques Fauvet, La IVème République, Paris 1958, S. 359.
[46] Carmoy, Les politiques étrangères (Anm. 37), S. 244.

Hellmuth Auerbach

Die europäische Wende
der französischen Deutschlandpolitik 1947/48[1]

Zur Vorbereitung der vierten Konferenz des Rates der Außenminister der vier Besatzungsmächte in Moskau im Frühjahr 1947 legte die französische Regierung am 17. Januar 1947 ein umfangreiches Memorandum über die künftige Gestaltung Deutschlands vor[2], das von einer speziellen Kommission des Außenministeriums unter Beteiligung französischer Germanisten ausgearbeitet worden war[3]. Dieses Memorandum enthält die Grundzüge eines Verfassungsentwurfs für Deutschland, der extrem föderalistisch ausgerichtet war. Die Staatsgewalt sollte so weit wie möglich bei den einzelnen deutschen Ländern liegen; diese sollten jeweils vier Vertreter in ein Staatenhaus (Chambre des Etats) wählen, das als Parlament fungieren sollte. Die Rechte der Bundesregierung waren sehr beschränkt, auch hinsichtlich der Finanzhoheit und der Wirtschaftspolitik. Die Kommission Berthelot und mit ihr die französische Regierung waren der Ansicht, daß eine aus einer allgemeinen und direkten Wahl des ganzen Volkes entstandene parlamentarische Versammlung für ganz Deutschland nicht mit den Prinzipien eines wahren dezentralistischen Föderalismus zu vereinbaren war.

---

[1] Die Untersuchung und Darstellung der französischen Deutschlandpolitik im ersten Jahrfünft nach dem Ende des Zweiten Weltkriegs ist seit einigen Jahren – nachdem die Akten am Quai d'Orsay zugänglich geworden sind – kräftig in Gang gekommen. Sie war Gegenstand wichtiger Referate und Diskussionen bei internationalen Colloquien. Ich erinnere an Mainz und Augsburg 1981 – vgl. Die Deutschlandpolitik Frankreichs und die französische Zone 1945–1949, hrsg. v. Claus Scharf und Hans-Jürgen Schröder, Wiesbaden 1983; Die Deutsche Frage im 19. und 20. Jahrhundert, hrsg. v. Josef Becker und Andreas Hillgruber, München 1983 –, London 1983 – vgl. Kalter Krieg und Deutsche Frage. Deutschland im Widerstreit der Mächte 1945–1952, hrsg. v. Josef Foschepoth, Göttingen 1985 –, München und wiederum Augsburg 1984 – vgl. Westdeutschland 1945–1955. Unterwerfung, Kontrolle, Integration, hrsg. v. Ludolf Herbst, München 1986; La Puissance française en question (1945–1949), hrsg. v. René Girault und Robert Frank, Paris 1988. Die dort jeweils vorgetragenen und inzwischen größtenteils veröffentlichten Beiträge von Mme. Fritsch-Bournazel, Mme. de Cuttoli-Uhel, Raymond Poidevin und Wilfried Loth – um nur die wichtigsten zu nennen – waren bahnbrechend für die Forschung in diesem Bereich. Ich sehe meinen hier in erweiterter Form vorgelegten Beitrag in der Folge dieser Arbeiten und baue auf ihnen auf. In einem knappen Beitrag alle Aspekte der Veränderung der französischen Deutschlandpolitik in den bewegten Jahren 1947 und 1948 aufzuzeigen, scheint mir nicht möglich und auch nicht mehr nötig, denn darüber ist ja schon vieles geschrieben worden. Ich werde mich hier sowohl zeitlich wie räumlich beschränken, nämlich auf den Quai d'Orsay, das Außenministerium selbst und das letzte Jahr der Amtszeit von dessen erstem Chef nach 1945, Georges Bidault. Die Fortsetzung dieser Politik, die Neuorientierung in der Ära Robert Schuman, hat ja Raymond Poidevin schon früher dargestellt; vgl. Raymond Poidevin, Die Neuorientierung der französischen Deutschlandpolitik 1948/49, in: Foschepoth, Kalter Krieg, S. 129–144; ders., Robert Schuman. Homme d'Etat 1886–1963, Paris 1986, Kap. XI; Schuman et l'Allemagne 1948 – début 1950.

[2] Veröff. in: Documents français relatifs à l'Allemagne, Paris 1947, S. 42ff. Deutscher Text in Europa-Archiv 1 (1946/47), S. 537ff.

[3] Die Kommission stand unter Leitung von Marcel Berthelot, damals Secrétaire général aux Affaires allemandes. Text des Entwurfs: Projet d'organisation territoriale et constitutionelle de l'Allemagne, in: Archives de l'Occupation française en Allemagne, Colmar (AOF), C.C.F.A., Cabinet Civil, Pol I B 2, Carton Pol. 11.

Frankreich war bestrebt, jeden irgendwie zentralistisch gearteten Neuaufbau Deutschlands zu verhindern, weil man darin die Tendenz zu einem neuen unitaristischen Reich sah, das für Frankreich und ganz Europa sehr bald wieder gefährlich werden könnte.

Über diese Vorstellungen kam es bekanntlich auf der Moskauer Außenministerkonferenz im März/April 1947 zu Auseinandersetzungen, die offenkundig machten, daß Paris mit seiner extrem föderalistischen These isoliert dastand. Aber nicht nur in dieser Hinsicht, sondern auch mit seinen anderen Forderungen nach Klärung der deutschen Grenzen, der Behandlung des Ruhr- und des Saargebietes, der Kohleversorgung etc., drang die französische Delegation nicht durch. Die Hoffnungen Außenminister Bidaults, angesichts der amerikanisch-sowjetischen Gegensätzlichkeiten als Vermittler und Schiedsrichter auftreten zu können, erwiesen sich als trügerisch. Die Moskauer Konferenz wurde gerade für Frankreich zu einem kompletten Fehlschlag. Die Erkenntnis, daß man mit dem traditionellen Verbündeten im Osten des Deutschen Reiches, mit den Russen, zu keinen Vereinbarungen mehr kommen konnte, ja daß die jeweiligen Vorstellungen über das künftige Deutschland diametral entgegengesetzt waren, wirkte bei Bidault und am Quai d'Orsay wie ein Schock. Ein Schock, der auf die künftige französische Deutschlandpolitik nicht ohne Einfluß blieb. Seinem belgischen Kollegen Paul-Henri Spaak gegenüber erklärte Bidault kurz darauf, eine Verständigung mit der UdSSR sei unmöglich und er sei entschlossen, nun sehr viel eindeutiger auf die Angelsachsen zu setzen[4].

Das Scheitern der Moskauer Konferenz war ein Anstoß; ausschlaggebend für die Kursänderung und ein Überdenken der französischen Positionen in der Deutschlandpolitik war jedoch der Anfang Juni verkündete Marshall-Plan. Dessen Ablehnung durch die Sowjetunion und die unter ihrem Einfluß stehenden Staaten machte zudem für jeden Franzosen die Fronten des „Kalten Krieges" deutlich. Sie gingen mitten durch Deutschland. Die Amerikaner und Briten bestanden darauf, die westlichen Besatzungszonen in das Europäische Wiederaufbau-Programm miteinzubeziehen.

Ende Juni 1947 konstituierte sich in Frankfurt der Wirtschaftsrat der Bizone, was französischerseits als Ansatz einer neuen zentralistischen staatsrechtlichen Organisation angesehen wurde. Am Quai d'Orsay begannen Überlegungen, wie man darauf reagieren sollte und die angelsächsische Politik in Deutschland beeinflussen könnte. Es wurde heftig darüber diskutiert, ob es gut sei, die eigene Besatzungszone mit der Bizone zu fusionieren – auch innerhalb der Militärregierung in Baden-Baden: Der Generaladministrator Laffon war dafür, General Koenig dagegen. Die Entlassung Laffons war die Folge. Bidault zögerte mit einer Entscheidung und wollte erst einmal die nächste Konferenz der vier Außenminister abwarten. Man mißbilligte das allzu schnelle Vorgehen der Amerikaner.

Als die Angelsachsen im Zusammenhang mit dem Marshall-Plan beschlossen, die industrielle Produktion in ihren Zonen zu steigern, protestierte Bidault energisch dagegen. In Briefen an seine Amtskollegen Bevin und Marshall stellte er sogar die Behauptung auf, dies könnte die Beteiligung Frankreichs am Marshall-Plan in Frage stellen[5]. Frankreich hatte zwar während der Marshall-Plan-Konferenz im Sommer

[4] „... il était désormais décidé à jouer plus nettement la carte anglo-saxonne", René Massigli, Une comédie des erreurs 1943–1956, Paris 1978, S. 98.
[5] Vgl. Cathérine de Cuttoli-Uhel, La politique allemande de la France (1945–1948). Symbole de son impuissance, in: Girault, Frank, La Puissance (Anm. 1), S. 100.

1947 in Paris mit den anderen beteiligten Delegationen beschlossen, daß auch die drei westlichen Besatzungszonen Deutschlands an dem Wiederaufbau-Programm beteiligt werden sollten und ihre Wirtschaft auf lange Sicht in die europäische Wirtschaft integriert werden sollte. Aber zuerst müsse die französische Kapazität gesteigert werden, bevor man eine Erhöhung des deutschen Industrieniveaus zulassen könne.

Nun schaltete sich aber der Chef der französischen Wirtschaftsplanung, Jean Monnet, in die Debatte ein: Ende Juli 1947 sandte er eine Denkschrift an den Außenminister, in der er auf eine baldige Regelung des Ruhrproblems und die Einbeziehung Deutschlands in den europäischen Wiederaufbau im Einvernehmen mit den Amerikanern und Engländern drängte: Die europäische Zusammenarbeit „dépend du règlement du problème allemand. En effet, certaines ressources allemandes, comme le charbon de la Ruhr, sont nécessaires au relèvement immédiat de l'Europe – et le relèvement allemand lui-même est une nécessité pour une Europe prospère ... C'est seulement si un programme d'ensemble européen, comprenant un règlement allemand, est présent au Congrès et à l'opinion publique américaine que nous aurons une chance de succès." Monnet forderte, man müsse „engager le plus tôt possible des discussions avec les Etats-Unis et l'Angleterre sur le fond du problème allemand et sur le règlement du statut de la Ruhr ... pour que cet accord puisse être incorporé à temps dans le programme européen et lui donne la substance et la force matérielle et psychologique sans lesquelles ... ce programme ne sera qu'un objet de discorde profonde."[6]

Am Quai d'Orsay war man aber bestrebt, erst noch einmal die Minimalforderungen festzulegen, bevor man Konzessionen zu machen gewillt war. Sie bestanden vor allem aus folgenden vier Punkten:

- Festlegung (Garantie) der deutschen Westgrenzen auf lange Sicht, d.h. Ausschluß des Saargebiets aus dem deutschen Staatsverband;
- Zeitlich unbegrenzte Besetzung des linksrheinischen Gebiets;
- Wirtschaftliche Kontrolle der Ressourcen des Ruhrgebiets;
- Eine so wenig zentralisierte politische Organisation Deutschlands wie möglich.

Im übrigen befürchtete man, daß sich die Ost-West-Spannungen zugunsten Deutschlands auswirken könnten: „Le danger est que l'Allemagne ne se remonte plus vite que la France; et que, dans le conflit latent entre Américains et Russes l'Allemagne ne devienne l'atout principal en Europe des Anglo-Saxons, et de ce fait n'obtienne à notre détriment des avantages considérables."[7]

Angesichts dieser Position ist es nicht verwunderlich, daß die Verhandlungen, die zwischen den Vertretern der drei Westmächte im August in London über die Ruhrfrage und die Verteilung der Ruhrkohle geführt wurden, kaum Fortschritte brachten.

Die zunehmende Verschärfung der Ost-West-Spannungen und das Auseinanderdriften der Besatzungszonen diesseits und jenseits der Elbe war in Berlin, am Sitz des Alliierten Kontrollrats, am deutlichsten zu spüren und wurde von den dort stationierten französischen Diplomaten mit wachsender Besorgnis registriert. François Seydoux, damals Angehöriger des französischen Stabs beim Kontrollrat, berichtete am 15. September 1947 darüber ausführlich an das Außenministerium: Im Falle eines Konflikts

---

[6] Die Denkschrift ist abgedruckt im Anhang zu Vincent Auriol, Journal du Septennat, Bd. 1, 1947, Paris 1970, S. 695ff.
[7] Note de la Direction d'Europe, 10. 8. 1947, Ministère des Affaires Etrangères (MAE), Série Y (Internationale 1944–1949), Bd. 295.

der Angelsachsen mit Rußland würde der westliche Teil Deutschlands von ihnen sowohl als industrielles Arsenal wie als Angriffsbasis benutzt werden. Wenn die kommende Londoner Viermächtekonferenz auch zu keinen Lösungen führe, werde die Rolle Frankfurts gegenüber der Berlins wachsen und die erste Etappe eines westlichen Deutschlands bilden. Viele Franzosen seien der Meinung, daß ein solches weniger zu fürchten sei als ein Deutschland von 70 Millionen, dessen Grenzen sich bis nach Polen oder Rußland erstreckten. Aber man müsse sich vor Augen halten, daß ein solchermaßen amputiertes Deutschland sich eher wie ein gefährlicher Gegner oder zumindest als ein ernsthafter Konkurrent präsentieren werde. „Si certaines tendances, qui se manifestent à Berlin et qui ne tiennent aucun compte de la mentalité germanique, devaient prévaloir à Washington, l'Allemagne de l'Ouest connaîtrait par rapport à la France, sur le plan économique, un régime préferentiel redoutable pour nos intérêts ... Après avoir, seul parmi les Puissances occupantes, cherché à sauver jusqu'à la limite du possible une politique quadripartite dont elle n'avait pas été admise à discuter les bases, la France va se trouver amenée dans un avenir prochain à participer à la renaissance de cette Allemagne occidentale qui, pour avoir été conçue sans elle, risque de se developper contre ses intérêts."[8] Es sei deshalb wichtig, die wesentlichen französischen Bedingungen bald zu definieren. Die Angelsachsen drängten auf Eile und die Zeit arbeite gegen Paris. Angesichts des entscheidenden Einflusses, den General Clay in Washington habe, würde es von Vorteil sein, wenn diesen noch vor der Londoner Konferenz eine hochgestellte französische Persönlichkeit aufsuchen könnte, um ihm die französischen Positionen klar darzulegen.

Die französische Haltung blieb vorerst im ungewissen; man konnte sich noch nicht entscheiden, ob man die eigene Linie weiterverfolgen oder sich den Anglo-Amerikanern anschließen solle. Bidault und die Diplomaten des Quai d'Orsay mußten auch Rücksicht nehmen auf die Stimmung im eigenen Land. Kurz vor der Londoner Außenministerkonferenz faßte einer der Berater der französischen Delegation, Geoffroy de Courcel, die Perspektiven zusammen. Es gebe nur zwei Möglichkeiten: definitives Scheitern der Viermächteverhandlungen über Deutschland oder ein weiterer Aufschub. Courcel trat für letzteren ein, denn ein offizieller Bruch zwischen Ost und West würde das Ende jeglicher eigenständigen Deutschlandpolitik Frankreichs bedeuten; die Fusion der französischen Zone mit der Bizone würde unvermeidlich. Demgegenüber trat der französische Botschafter in London, René Massigli (der ebenfalls der Delegation angehörte), entschieden für ein Zusammengehen mit den Anglo-Amerikanern ein. Die Fusion der Zonen liege im französischen Interesse; man brauche Dollars und Ruhrkohle. Jetzt habe man noch die Möglichkeit, in dem politischen System, das die Anglo-Amerikaner in Deutschland aufbauen, bis zu einem gewissen Grade auch die eigenen Vorstellungen geltend zu machen. Später sei das nicht mehr möglich[9].

Die mit schon sehr gedämpften Erwartungen auf französischer Seite am 25. November 1947 begonnene fünfte Konferenz des Rates der Außenminister in London zeigte nur noch einmal, daß auf Viermächtebasis keinerlei Verständigung über deutsche

[8] Le Conseiller politique (gez. F. Seydoux) à Son Excellence M. le Ministre des Affaires Etrangères, Direction d'Europe, 15. 9. 1947, ebenda, Bd. 296.
[9] G. de Courcel, Perspectives de la conférence, 12. 11. 1947; Massigli an Bidault, 24. 11. 1947, beides ebenda, Bd. 201. Vgl. auch Cyril Buffet, Le blocus de Berlin. Les Alliés, l'Allemagne et Berlin 1945–1949, Diss. Sorbonne–Paris IV 1987, S. 534ff.

Fragen mehr möglich war. Gespräche zwischen den Ministern der drei Westmächte nach Beendigung der Bemühungen mit den Russen führten zu einer gewissen Annäherung der Franzosen. Bidault akzeptierte die erhöhten Ziffern der deutschen Industrieproduktion unter der Bedingung, daß Frankreich ein ausreichender Anteil an Kohle und Koks garantiert werde. Eine Fusion der Französischen Zone mit der Bizone bezeichnete er als möglich, aber nicht unbedingt notwendig. Man beschloß, daß von französischer Seite eine kritische Studie über die Bizonenverwaltung erstellt und nach Wegen gesucht werden sollte, die politische und wirtschaftliche Situation in Bizone und ZFO soweit wie möglich zu harmonisieren[10].

Bei der Beurteilung dieser zögernden französischen Haltung darf man nicht außer acht lassen, daß sich Bidault wie die ganze Regierung in einer innenpolitisch immer prekärer werdenden Situation befand. Bidault hatte schon während der informellen Gespräche in London im August 1947 zu verstehen gegeben, daß er selbst eine Fusion der Zonen durchaus in Betracht ziehe[11]. Sobald er aber offen mit den Anglo-Amerikanern paktierte, wurde ihm sowohl von gaullistischer wie von kommunistischer Seite vorgeworfen, er mißachte die nationale Unabhängigkeit und verstoße gegen legitime französische Interessen. Die seit 24. November 1947 amtierende Regierung Robert Schuman sah sich immer heftiger werdenden kommunistischen Streikwellen ausgesetzt; die französische Wirtschaft stand vor dem Ruin. Eine gewisse Erleichterung schuf allerdings die am 2. Januar 1948 abgeschlossene französisch-amerikanische Konvention über eine vorläufige Finanzhilfe von 520 Millionen Dollar. Das stärkte aber nicht gerade die nationale Unabhängigkeit.

Die Instruktionen, die General Koenig Anfang Januar 1948 für die Gespräche mit den Repräsentanten der anderen beiden westlichen Besatzungszonen erhielt, betonten ausdrücklich, daß sich die allgemeinen Ziele der französischen Deutschlandpolitik nicht geändert hätten[12]. Vor der Schaffung einer Trizone durch Einbeziehung der ZFO müsse erst die künftige Organisation Deutschlands und das internationale Regime des Ruhrgebiets geklärt werden. Neu an diesen Instruktionen war allenfalls, daß erstmals offiziell davon die Rede war, Deutschland solle in Europa integriert werden. Ohne Zweifel handle es sich dabei nur um Westeuropa und Westdeutschland. „Mais l'Europe est le seul espoir qui, en dehors du Reich, s'offre au monde germanique, et c'est aussi pour les vainqueurs d'hier le seul moyen de donner vie et consistance à l'Allemagne politiquement décentralisée, mais économiquement prospère, qu'ils doivent se proposer comme objectif."

Als ebenfalls Anfang Januar 1948 die angelsächsischen Militärgouverneure in Frankfurt Gespräche mit den Regierungschefs der Länder der Bizone führten, die eine Erweiterung der Kompetenzen des Wirtschaftsrates und des Länderrates zur Folge hatten, reagierten die Franzosen wiederum empört, weil sie nicht darüber informiert und zugezogen worden seien! Sie sahen sich vor ein fait accompli gestellt, fühlten sich ausgeschlossen, isoliert auch von ihren westlichen Alliierten. Die französische Regie-

---

[10] Darauf wird hingewiesen in der Einleitung der Note sur les conversations de Londres sur l'Allemagne (23 février – 6 mars 1948), 7. 3. 1948, MAE, Y, Bd. 301.

[11] Vgl. Foreign Relations of the United States (FRUS), 1947, Bd. 2, S. 1032.

[12] „En ce qui concerne la France, les objectifs généraux de sa politique allemande ne sont bien entendu pas modifiés ...", Le Ministre des Affaires Etrangères à M. le Général d'Armée Koenig, Commandant en Chef Français en Allemagne, 4. 1. 1948, MAE, Y, Bd. 298.

rung legte bei der amerikanischen und britischen offiziellen Protest ein. Noch ein
halbes Jahr später kam Bidault auf dieses Faktum zurück und erklärte in der Nationalversammlung pathetisch: „Cette donnée est une constante: l'absence de la France, que
ce soit à Yalta, que ce soit à Potsdam, que ce soit dans tout règlement allemand, se
traduit immédiatement par un lourd détriment des intérêts nationaux!"[13]

Es setzte sich nun endgültig die Erkenntnis durch, daß die Anglo-Amerikaner bei
noch längerem Zögern Frankreichs selbständig und ohne Rücksicht auf französische
Interessen den wirtschaftlichen und politischen Wiederaufbau Deutschlands vorneh-
men würden. Bezeichnenderweise waren es zuerst französische Diplomaten, die vor
Ort, in Deutschland selbst, tätig waren, die auf eine Änderung der französischen
Politik drängten.

Der politische Berater des Chefs der französischen Militärregierung, Botschafter
Jacques Tarbé de Saint Hardouin, der übrigens schon im Januar 1947 in einer Stellungnahme zum Memorandum Berthelot auf die Nützlichkeit einer Einbindung der
Deutschen in die „communauté européenne" hingewiesen hatte, da damit einem über
die kleinen Länder hinausgreifenden deutschen Aktivitätsdrang begegnet werden
könnte[14], richtete nun genau ein Jahr später in einem längeren Schreiben an sein
Ministerium die deutliche Aufforderung, Frankreich solle aus seiner Reserve heraus-
treten und den Deutschen konkrete Vorschläge für eine Zusammenarbeit machen. „Ce
que nous pouvons offrir aux Allemands, c'est, dans l'état actuel des choses, une
participation efficace et active à la reconstruction d'une Europe, conçue comme un
ensemble organisé et harmonieux ... Trente mois après la cessation des hostilités,
malgré le rattachement économique de la Sarre, grâce aux erreurs commises par nos
Alliés ... la voie reste ouverte à la France, moins pour tenter un rapprochement franco-
allemand qui souvent serait faussement interprété, que pour inaugurer une politique
vis-à-vis de l'Allemagne. Le temps passé n'est pas complètement du temps perdu."[15]

In einer außenpolitischen Debatte in der französischen Nationalversammlung am 13.
Februar 1948 sprach Bidault ebenfalls von der Lösung des deutschen Problems innerhalb einer europäischen Gemeinschaft: „La solution, il n'y a pas d'autre, c'est l'intégration d'une Allemagne pacifique dans une Europe unie, une Europe, où les Allemands
ayant trouvé leur place, auront pu se débarrasser de l'idée de la dominer ..."[16] Aber
Bidault wiederholte gleichzeitig die Bedingungen: weitgehende Dezentralisierung der
deutschen Staatsstruktur auf der Basis solider Länder; Garantie der französischen
Sicherheitsinteressen durch einen interalliierten Pakt; zeitlich unbegrenzte Besetzung
der rheinischen Provinzen (!); Verbot bzw. Beschränkung gefährlicher Industriezwei-
ge; „régime international" und Kontrolle der Ruhrregion. „Le charbon de la Ruhr est
une richesse européenne, qui doît être exploitée au bénéfice de l'Europe entière, y
compris l'Allemagne." An anderer Stelle sagte er es noch deutlicher: „... l'Allemagne

---

[13] Journal Officiel (J.O.), Débats parlementaires de l'Assemblée Nationale (A.N.), 11. 6. 1948, S. 3455.
[14] Observations sur le projet d'organisation territoriale et constitutionelle de l'Allemagne, gez. Saint Hardouin, 15. 1. 1947, MAE, Z (Europe 1944–1949), Bd. 82.
[15] Considérations sur une politique française à l'égard de l'Allemagne, J. Tarbé de Saint Hardouin à M. ... Georges Bidault, 20. 1. 1948, ebenda. Kopie auch in AOF, C.C.F.A., Cab. Civil, Pol. I B 2, Carton Pol. 11.
[16] J.O., A.N., 13. 2. 1948, S. 745.

est en Europe. Il faut que les Allemands puissent travailler pour l'Europe et pour eux-mêmes ..."[17]

Deutschland soll für Europa arbeiten, zum Wiederaufbau Europas beitragen und deshalb in die europäische Wirtschaftskooperation einbezogen werden – mit diesem Argument konnte Bidault angesichts der verfahrenen Situation am ehesten Unterstützung finden bei den weiterhin mehrheitlich deutschfeindlich gesinnten Kreisen im Parlament und in der gesamten französischen Öffentlichkeit. Es konnte aber gleichermaßen dazu dienen, notwendig werdende Änderungen der deutschlandpolitischen Linie, die sich ja schon abzeichneten, plausibel zu machen.

In den Instruktionen für die französische Delegation bei der Londoner Konferenz der Westmächte im Februar/März 1948 betonte Bidault ausdrücklich, daß eine Integration Deutschlands in die europäische Gemeinschaft nur unter den bekannten Bedingungen und Sicherheitsvorkehrungen, die noch einmal aufgelistet wurden, vollzogen werden könne[18]. Es wurde ausdrücklich auf das Memorandum vom Januar 1947 Bezug genommen! Die Entwicklung der Bizone sei der falsche Weg. Es dürfe keinen neuen Reichstag, d.h. ein vom Volke direkt gewähltes Zentralparlament, geben, sondern nur ein Staatenhaus und allenfalls ein durch die Landtage gewähltes Abgeordnetenhaus; die deutsche Bundesregierung dürfe nur geringe Kompetenzen haben.

Der Chef der französischen Verhandlungsdelegation, René Massigli, konnte in den Besprechungen immerhin darauf verweisen, daß Frankreich seine ursprüngliche Forderung einer Abtrennung des Ruhrgebiets aufgegeben habe und sich mit einem internationalen Status begnüge. Aber auch das ließ sich bekanntlich nicht durchsetzen: die Internationale Ruhrbehörde, auf deren Einrichtung man sich einigte, sollte keine Kontroll- und Leitungsbefugnisse haben, sondern nur die Produktion überwachen und verteilen. Das gefiel den Franzosen zwar nicht, wurde aber als Kompromiß akzeptiert. Auf den Vorschlag des amerikanischen Chefdelegierten, der vorgesehenen Internationalen Ruhrbehörde auch die benachbarten Kohle- und Stahlwerke in Frankreich und den Benelux-Staaten zu unterstellen, ging Massigli lieber nicht ein.

Hinsichtlich der künftigen politischen Organisation Deutschlands war man sich einig über einen föderalistischen Aufbau und Frankreich konzedierte bei diesen ersten Londoner Sechsmächteverhandlungen auch eine „ausreichende zentrale Autorität"[19] des neuen deutschen Staates – aber das war ein sehr verschieden auslegbarer Begriff! Die französische Nationalversammlung verabschiedete am 11. März 1948 eine Tagesparole (ordre du jour), in der die Regierung aufgefordert wurde „à préparer ... la création d'une Allemagne fédérale par la constitution de Länder appelés à s'intégrer dans une union européenne ..."[20].

Das am 7. März vom Leiter der Europa-Abteilung des französischen Außenministeriums, Jacques-Camille Paris, übermittelte Resümee der ersten Londoner Verhandlungsphase kommt zu folgendem Schluß: „La Délégation française ne pouvait naturellement méconnaître les réalités de la situation, mais elle s'est efforcée de montrer que

[17] Ebenda, S. 746.
[18] Copie des instructions adressées par le Département au Président de la Délégation française à la Conférence Tripartite sur l'Allemagne de Londres, Feb. 1948, AOF, C.C.F.A., Cab. Civil, Pol. I B 2, Carton Pol. 11.
[19] Vgl. Raymond Poidevin, Frankreich und die Deutsche Frage 1943–1949, in: Becker, Hillgruber, Deutsche Frage (Anm. 1), S. 417.
[20] J.O., A.N., 11. 3. 1948, S. 1665.

certaines conclusions qui en sont tirées risquent d'être hâtives et dangereuses. Le véritable péril du côté allemand est l'association de l'Allemagne et de l'Union Soviétique. C'est, indépendamment des motifs à long terme, la raison immédiate pour laquelle la France demande des garanties et subordonne à ces garanties l'accession de l'Allemagne à une complète coopération avec l'Europe Occidentale."[21]

Nach der staatsstreichartigen Machtübernahme der Kommunisten in der Tschechoslowakei Ende Februar 1948 wurde die kommunistische Gefahr zum Hauptthema im westlichen Europa. In einem direkten Appell an den amerikanischen Außenminister drängte Bidault auf einen militärischen Beistandspakt; die Garantien sollten nun nicht mehr in erster Linie gegen Deutschland schützen, sondern vor einem sowjetischen Überraschungsangriff auf westliches Territorium, der womöglich durch die Kommunisten im eigenen Lande unterstützt worden wäre. Die amerikanische Antwort konnte vorerst nur hinhaltend sein, aber die Prager Ereignisse beschleunigten den Abschluß des Brüsseler Vertrages vom 17. März 1948, dem Präsident Truman in einer Erklärung vor dem Kongreß seine Unterstützung zusagte.

Fast parallel mit den Londoner Verhandlungen lief im März im Kongreß in Washington die Debatte über die Marshallplan-Hilfe für Europa. Und im Zusammenhang damit verstärkten die USA ihren Druck auf Frankreich, ihre Zone der Bizone anzuschließen, sonst würde sie von der Wirtschaftshilfe ausgeschlossen. Die Franzosen empfanden das als Erpressung. An der zweiten Konferenz zur europäischen wirtschaftlichen Zusammenarbeit (15. März – 16. April) in Paris nahm der französische Militärgouverneur aber stellvertretend für die ZFO teil und unterzeichnete das OEEC-Abkommen. Die französische Zone blieb quasi bis zur Gründung der Bundesrepublik mehr oder weniger „selbständig".

Trotz der sich zuspitzenden politischen Lage trat die zur Lösung der noch offenen Fragen in Berlin gebildete Studiengruppe der drei Westalliierten vorerst auf der Stelle. Als am 20. März die Sowjets den Kontrollrat verließen und Ende des Monats mit Behinderungen des Berlinverkehrs begannen, ging die Parole „Krieg in Sicht" um[22]. Die Amerikaner wurden nervös und drängten auf die schnelle Bildung einer provisorischen deutschen Regierung für die Westzonen, da sie annahmen, daß die Russen dies in ihrer Zone sehr bald tun würden. Die amerikanischen Sorgen vor einem offensiven Vorgehen der Sowjets in Deutschland und General Clays Antikommunismus wurden aber von den Franzosen als übertrieben angesehen. Der amerikanische Aktivismus sei ungeschickt und wirke auf die Russen geradezu provozierend.

Anfang April 1948 kam, von General Clay direkt eingeladen, in der Person des Chefs der Politischen Abteilung des französischen Außenministeriums, Maurice Couve de Murville, der von Seydoux schon früher empfohlene Besuch einer „hochgestellten Persönlichkeit" in Berlin zustande. Couve de Murvilles pessimistische Berichte über die Lage in Berlin machten auf die Pariser Diplomaten und Politiker großen

---

[21] Note sur les Conversations de Londres sur l'Allemagne (23 février – 6 mars 1948), 7. 3. 1948, MAE, Y, Bd. 301.

[22] Siehe z. B. das Telegramm Tarbé de Saint Hardouins vom 10. April 1948, veröff. im Anhang zu Vincent Auriol, Journal du Septennat, Bd. 2, Paris 1974, S. 593ff., und das Protokoll der Ministerrats-Sitzung vom 14. April 1948, ebenda, S. 174ff.

Eindruck[23]. Die Russen könnten die Westmächte durch Unterbrechung der Lebensmittel-, Trinkwasser- und Elektrizitätsversorgung („par la faim, la soif et les ténèbres") jederzeit aus Berlin herausdrängen. Was sollte man tun? Es gab Stimmen, die im Ernstfall ein Aufgeben befürworteten, aber gewichtigere Stimmen wiesen darauf hin, daß dies ein „neues München" bedeuten und die Deutschen in die Arme der Sowjets treiben würde[24].

Als Couve de Murville von seinen Gesprächen mit Clay ein Papier mitbrachte, das deren Ergebnisse und die Beratungen der Generale in Berlin zusammenfaßte und im wesentlichen den amerikanischen Verfahrensvorschlag für die westdeutsche Staatsgründung enthielt, entstand in Paris der Eindruck, der Mann, der bisher die härteste Position gegenüber Deutschland eingenommen hatte, sei plötzlich mehr oder weniger auf die amerikanische Linie eingeschwenkt[25]. Die Berichte der Amerikaner über ihre Gespräche mit Couve de Murville in Berlin klangen sehr optimistisch und betonten die Übereinkünfte über die künftige politische Organisation Westdeutschlands und den Zeitplan ihres Aufbaus (Zusammentritt einer Verfassunggebenden Versammlung nicht später als 1. September 1948)[26]. Eher beiläufig wurden bei etlichen Punkten unterschiedliche Auffassungen der Vertreter Frankreichs und der Benelux-Staaten angeführt.

Couve bezeichnete dieses Memorandum aber lediglich als einen „effort pour permettre un compromis"[27]. Es wurde am 14. April im französischen Ministerrat besprochen und als Diskussionsgrundlage für die Londoner Verhandlungen akzeptiert – in wesentlichen Punkten bedürfte es aber noch der Änderung[28]. Auch der Abschlußbericht Tarbé de Saint Hardouins über die Arbeit der Interalliierten Studiengruppe betonte die noch strittigen Fragen, insgesamt acht Punkte, darunter die direkte oder indirekte Wahl des Parlaments, die territoriale Reorganisation (d.h. die Schaffung eines Rheinstaates ohne Westfalen – wenn aber Nordrhein-Westfalen bestehen bleibe, müsse auch Rheinland-Pfalz bestehen bleiben), die Aufteilung der Steuern, die Einberufung der Verfassunggebenden Versammlung, die Zuständigkeiten der beiden Kammern und die Anwendung der Bundesgesetze. Er stellte fest, daß über diese wesentli-

---

[23] Vgl. Brief Jean Chauvels an Henri Bonnet vom 15. April 1948, MAE, Papiers d'agents, Bonnet, Henri, Bd. 1, und Hervé Alphand, L'étonnement d'être, Journal (1939–1973), Paris 1977, S. 208: „Couve revient d'Allemagne très pessimiste. Les Russes ont évidemment décidé de rendre la vie intenable aux Occidentaux à Berlin."

[24] Vgl. dazu insbes. Renata Fritsch-Bournazel, Mourir pour Berlin? Die Wandlungen der französischen Ost- und Deutschlandpolitik während der Blockade 1948/49, in: Vierteljahrshefte für Zeitgeschichte (VfZ) 35 (1987), S. 171ff. und Buffet, Le blocus (Anm. 9), S. 680ff.

[25] Vincent Auriol: „Depuis longtemps, Couve était l'homme le plus intransigeant dans les affaires allemandes", Journal du Septennat, Bd. 2, S. 174; Jean Chauvel, der Generalsekretär des Quai d'Orsay, schreibt in seinen Erinnerungen: „... Couve de Murville, qui était jusqu'alors resté fidèle aux doctrines de Colombey-les-deux-Eglises, changea brusquement de front après un voyage à Berlin où Clay l'avait traité grandement et, semblait-il, converti à ses vues. Il en revint rallié aux thèses anglo-saxonnes." Jean Chauvel, Commentaire, Bd. 2: D'Alger à Berne (1944–1952), Paris 1972, S. 199.

[26] FRUS 1948, Bd. 2, S. 169–176; dieses sog. Clay-Paper ist auch veröff. in Lucius D. Clay, Decision in Germany, Garden City 1950, S. 398ff., dt. Ausg.: Entscheidung in Deutschland, Frankfurt/M. 1950, S. 438ff.

[27] Brief Chauvels an Bonnet vom 15. 4. 1948, MAE, (Anm. 23).

[28] Vincent Auriol, Journal du Septennat, Bd. 2, S. 174ff. Dem Clay-Plan wurde aber im französischen Kabinett keineswegs voll zugestimmt, wie bei Wolfgang Krieger, General Lucius D. Clay und die amerikanische Deutschlandpolitik 1945–1949, Stuttgart 1987, S. 354ff., dargestellt.

chen Fragen wohl nur dann eine Übereinkunft möglich sein werde, wenn die eine oder die andere Seite ihre Haltung grundlegend ändere[29].

Als am 20. April die zweite Phase der Londoner Sechsmächteverhandlungen begann, war man also kaum weitergekommen. Die Verschärfung der politischen Lage hatte die französischen Bedenken, gerade in dieser Situation einen westdeutschen Staat zu schaffen, noch verstärkt. Couve de Murville schrieb Mitte Mai mehrere warnende Noten, man dürfe hinsichtlich Deutschlands nichts forcieren, sondern müsse Zeit gewinnen. „Les discussions en cours à Londres au sujet de l'Allemagne vont conduire le Gouvernement à prendre une décision d'importance capitale, soit qu'il accepte, soit qu'il rejette les projets qui auront été élaborés. Il s'agit vraiment d'un tournant de notre politique extérieure ..., d'une orientation nouvelle et d'une responsabilité décisive ... en ce qui concerne l'organisation politique, il n'a pas été possible aux Alliés occidentaux de se mettre d'accord sur des principes communs ... Sur le plan pratique, pour maintenant et pour plus tard, la politique française en Allemagne perdra une large part de son indépendance ... Il serait téméraire de penser que l'organisation envisagée constituerait une défense adéquate contre l'influence de l'Est."[30] Die Sowjets besäßen in Berlin einen Haupttrumpf mit großer Anziehungskraft. Die Lage der Westmächte dort könnte unhaltbar werden. Eine Übereinkunft über die Bildung einer westdeutschen Regierung wäre der provokanteste Akt gegenüber der Sowjetunion, den man sich vorstellen könne. Im Falle eines Konflikts sei Frankreich durch keine Garantie gedeckt. Die USA seien nicht in der Lage, Europa zu verteidigen. Der Brüsseler Pakt vereinige nur die Machtlosen. Und eine Woche später: „... Arrêter les conversations de Londres ne serait pas justifié, mais il convient d'en peser avec soin les résultats et les conséquences. La France est invitée à souscrire à une politique allemande qui ne correspond que très partiellement à sa politique. Elle l'accepterait pour participer à une organisation occidentale dont elle attend, grâce à l'appui matériel des Etats-Unis, sa propre reconstruction économique et la mise sur pied de sa défense. Or de ce dernier point de vue elle ne peut rien ésperer pour le moment."[31]

Es ist hier nicht der Platz, die Verhandlungen der zweiten Phase der Londoner Gespräche und ihre Ergebnisse im Einzelnen darzulegen. Ein zusammenfassendes Resümee der Europa-Abteilung des Quai d'Orsay vom 3. Juni 1948 kam zu dem Schluß, daß Frankreich angesichts der aktuellen Situation das einzig mögliche Ergebnis erreicht habe, wenn man ernsthaft den Aufbau eines westlichen Europas wolle, an dem Deutschland freiwillig teilnehme. „A la tentation d'un communisme trop facile présenté par l'U.R.S.S. comme pouvant seul garantir à l'Allemagne l'indépendance et l'unité, nous avons opposé la tentation de l'Occident; et nous avons maintenu, sans esprit de revanche mais avec fermeté, les conditions de sécurité que nous a dictées notre victoire. Renoncer à ratifier cet accord équivaudrait pour la France à renoncer à jouer son rôle sur le continent ... Si les conclusions de la Conférence de Londres sont

---

[29] J. Tarbé de Saint Hardouin à M. Georges Bidault, Berlin 12. 4. 1948, MAE, Y, Bd. 302. Der Bericht schließt mit dem bezeichnenden Satz: „Il est nécessaire toutefois de concevoir clairement qu'il ne s'agit cette fois encore, pour nos partenaires, que d'une étape, et que d'ici quelques mois ils en amorceront sans doute une nouvelle sur la voie qui les conduit à relever l'Allemagne, à lui rendre sa puissance et son indépendance pour en faire le premier bastion d'une défense contre l'expansion de l'U.R.S.S."
[30] Couve de Murville an Bidault, 10. 5. 1948, MAE, Y, Bd. 305.
[31] Note de Couve de Murville, 17. 5. 1948, MAE, Z, Bd. 55.

repoussées par le Parlament, l'unité de l'Allemagne se fera, et elle se fera contre nous, que ce soit par la voie du communisme ou par le truchement de l'impérialisme américain. Aucune politique de coopération franco-allemande ne sera plus possible car les propagandes américaine et soviétique se poseront en même temps en défenseurs du peuple allemand contre le maximalisme d'une France obsédée." Diese Tonart sei schon von mehreren deutschen Zeitungen in der sowjetischen und der amerikanischen Zone aufgenommen worden.[32]

Schon einige Tage vorher hatte Bidault im Ministerrat klargemacht: „Il n'y a pas l'ombre d'une chance pour cumuler le bénéfice de l'aide Marshall et le refus d'une Allemagne qui serait tout de même conforme à 50% de nos vues. Il y a des moments où il faut savoir conclure. Si nous voulons agir seuls, nous perdrons tous. Dans la situation malheureuse où nous sommes, nous ne devons suivre que la logique de l'intérêt national."[33] Nach einer langen, heftigen Debatte wurden die „Londoner Empfehlungen" am 17. Juni mit knapper Mehrheit von der französischen Nationalversammlung angenommen. Schon am ersten Tag dieser Debatte, am 11. Juni, verabschiedete der amerikanische Senat die sogenannte Vandenberg-Resolution, die Washington in die Lage versetzte, Bündnisverpflichtungen gegenüber europäischen Staaten auch in Friedenszeiten einzugehen. Das erleichterte mindestens indirekt die französische Entscheidung, denn damit waren die Voraussetzungen für einen amerikanischen militärischen Garantievertrag gegeben. Schon im nächsten Monat begannen die Verhandlungen der USA mit den Staaten des Brüsseler Paktes, die am 4. April 1949 zur Bildung der NATO führten – noch vor der Gründung der Bundesrepublik, was für Frankreich nicht unwesentlich war.

Die Aufgabe der traditionellen eigenständigen Sicherheitspolitik gegenüber Deutschland kam den meisten Franzosen hart an. Gerade die Spitzenpositionen des Außenministeriums waren mit langjährigen Parteigängern de Gaulles besetzt, allen voran Bidault und Couve de Murville, die wie de Gaulle selbst in diesen Jahren noch ganz in den deutschlandpolitischen Kategorien der zwanziger Jahre dachten. Noch vor dem Beginn der Debatte in der Nationalversammlung hatte de Gaulle in einer öffentlichen Erklärung die „Londoner Empfehlungen" auf das heftigste kritisiert und die außenpolitische Verhandlungsführung seit seinem Abgang in Grund und Boden verdammt. Sie habe aus einer kontinuierlichen Folge von Rückzügen bestanden, bis zum letzten Verzicht. „Wir stehen am Rande des Abgrunds!"[34] Das muß Bidault schwer getroffen haben – Couve hatte ja gewarnt!

Um so bemerkenswerter ist es, daß gerade im französischen Außenministerium noch während der Londoner Verhandlungen und in den folgenden Monaten auch andere Überlegungen zur Deutschlandpolitik entwickelt worden sind, die es wert sind, hier näher dargestellt zu werden, denn in ihnen zeigt sich der Kern einer neuen zukunftsträchtigeren Politik. Die für Deutschland speziell zuständige Unterabteilung Mittel-Europa des Quai d'Orsay (die unter der Leitung von Pierre de Leusse stand) hatte schon mehrfach darauf hingewiesen, daß „unsere allgemeine Doktrin über das deutsche Problem" angesichts der Entwicklung der internationalen Politik wohl der

---

[32] Note de la Direction Europe, 3. 6. 1948, MAE, Y, Bd. 306.
[33] Vincent Auriol, Journal du Septennat, Bd. 2, S. 41.
[34] „Nous sommes au bord de l'abîme!" Erklärung vom 9. 6. 1948, veröff. in: L'Année politique 1948, S. 334f.

Veränderungen bedürfe. In einer umfangreichen Aufzeichnung vom 3. Mai 1948[35] wurde gleich einleitend festgestellt: „Toute doctrine de restriction ou de limitation appliquée à l'Allemagne ne peut être à la longue que stérile." Dem folgte ein Plädoyer für eine konkrete wirtschaftliche Zusammenarbeit zwischen Frankreich und Deutschland. Die Überindustrialisierung Deutschlands sei in hohem Grade für die deutschen Krisen mit ihren sozialen und politischen Folgen verantwortlich. Deutschland sei auf den europäischen Markt angewiesen, Frankreich und sein Kolonialreich bedürften der industriellen Ressourcen Deutschlands. Die Stabilität und Prosperität Europas könne nur durch eine Integration Westdeutschlands in das europäische System erlangt werden. Großbritannien werde aufgrund seiner Insellage und seiner Verpflichtungen gegenüber den Dominions niemals an einem solchen Ensemble teilnehmen. Damit Europa, vor allem ökonomisch, eine Form bekommt, sei eine aktive Partnerschaft Deutschlands unerläßlich. Es habe in Europa nie ein Gleichgewicht gegeben, weil es nie zu einer Normalisierung der wirtschaftlichen Beziehungen Deutschlands zu seinen Nachbarn gekommen sei. Diese Normalisierung müsse jetzt erreicht werden, während es noch möglich sei, Deutschland mit den unbedingt notwendigen Garantien einzubinden.

Es seien deshalb sofort folgende praktische Maßnahmen erforderlich: 1) die Entwicklung des deutsch-französischen Handels im Rahmen des Comité de Coopération Economique Européenne, 2) eine Lösung des Ruhrproblems in internationalem Rahmen: „Le but devrait être d'obtenir une intégration efficace, dans un ensemble cohérent du système de la Ruhr avec celui, par exemple, de la Lorraine et, éventuellement, belgo-néerlandais." 3) Frankreichs Reparationspolitik sollte ernsthaft überdacht werden. „C'est là encore dans le domaine de l'intégration que doivent être recherchées les solutions de l'avenir. Il devrait être possible, à cet égard, d'envisager notamment la constitution de sociétés mixtes franco-allemandes, sur des bases économiques saines et équitables ..." Diesen vorausgehenden Maßnahmen sollte eine Zollunion, mit oder ohne den Benelux-Staaten, folgen. Abschließend wurde darauf hingewiesen, daß diese Politik noch einen anderen Vorteil haben würde: indem man die Deutschen in Westeuropa integriere, würde man sie davon abbringen, eine auf Berlin ausgerichtete Einheit zu suchen, und außerdem die Gefahr verhüten, daß sie sich nach Osten wenden.

In einem wenige Tage später verfaßten Schriftsatz[36] wurde die Frage aufgeworfen, ob angesichts der Dreimächteverhandlungen in London nicht der Zeitpunkt gekommen sei, die Deutschlandpolitik von Grund auf zu überdenken. Die französische Sicherheitsdoktrin gegenüber Deutschland habe sich seit 1919 nicht verändert und berücksichtige in keiner Weise die seitdem eingetretenen grundlegenden Veränderungen. Der alte deutsch-französische Antagonismus habe für immer seinen bilateralen Charakter verloren; er sei heutzutage in einen weiter ausgreifenden Mächtekomplex eingebunden, der einen auf die zwei Staaten begrenzten Konflikt ausschließe.

Besonderen Eindruck machte auf die französischen Diplomaten offensichtlich ein Passus in einem Verfassungsentwurf der SPD (als Verfasser wird Dr. Karl Schmid

---

[35] Note de la Sous-Direction d'Europe-Centrale, 3. 5. 1948, MAE, Z, Bd. 82.
[36] Note sur la politique allemande de la France, 8. 5. 1948, ebenda.

genannt[37]), in dem die allgemein anerkannten Regeln des internationalen öffentlichen Rechts als integraler Bestandteil des Reichsrechts bezeichnet werden und die Übertragung von Souveränitätsrechten des Reichs an internationale Organisationen vorgesehen wird. Das sei beispiellos und zeige einen Friedenswillen und eine Bereitschaft zur Zusammenarbeit, die man bisher nicht beachtet hätte[38].

Pierre de Leusse und seine Mitarbeiter in der Unterabteilung für Mitteleuropa bemühten sich offensichtlich konsequent, eine eigene produktive deutsch-französische Politik in die Wege zu leiten. Es würde zwar von deutscher Seite behauptet, mit den bisherigen französischerseits erhobenen maximalistischen Forderungen mache man jede künftige deutsch-französische Kooperation zunichte; die sehr viel gemäßigtere Politik der Amerikaner würde die Deutschen auf deren Seite ziehen. Wenn sich aber Frankreich gänzlich der amerikanischen Politik anschließen würde, hätte es bei den Deutschen gar nichts mehr zu melden. Für eine deutsch-französische Politik seien beide Partner aufeinander angewiesen. Insofern stünde eine Versteifung der französischen Haltung in London keineswegs ganz im Gegensatz zur Politik eines „rapprochement franco-allemand"[39].

Beträchtliche Sorgen machte den Franzosen die parallel zu den Londoner Gesprächen in der Sowjetzone inszenierte Deutsche Volkskongreß-Bewegung für die Schaffung eines unabhängigen deutschen Einheitsstaates. Aber es wurde auch mit Erleichterung festgestellt, daß die meisten deutschen Politiker im Westen diese Propagandathesen ablehnen[40]. Den kommunistischen Einheitsparolen könne nur mit dem Programm einer Integration Westdeutschlands als gleichberechtigter Partner in einer westeuropäischen Gemeinschaft begegnet werden.

Georges Bidault verstand diese Integration allerdings noch etwas anders. In der Debatte über die Londoner Empfehlungen in der Nationalversammlung sagte er darüber: „Quant à nous, il est vrai, nous nous acharnerons à faire l'Europe, ce qui est la seule manière d'avoir une Allemagne réconciliée. Je dois dire qu'il serait sage que l'Allemagne fût, le temps venu, réconciliée avec l'Europe et avec la liberté, par la France, car toute autre réconciliation ne sera pas reconnue pour authentique. L'Allemagne doit avoir dans cette Europe une place proportionnée aux services qu'elle peut rendre à la communauté et controlée selon les besoins impérieux du pays qu'elle a meurtris."[41]

„Les recommandations de la Conférence de Londres sur l'Allemagne ont profondément désorienté l'opinion publique française, peu préparée à admettre l'existence d'une réalité allemande permanente, indépendante des victoires ou des défaites de l'Allemagne." Mit diesem Satz beginnt eine weitere bemerkenswerte Note der Mitteleuropa-Abteilung des Außenministeriums mit dem Datum 14. Juli 1948, also auch noch während

---

[37] Damit ist der Staatsrechtler und Justizminister von Württemberg-Hohenzollern, Carlo Schmid gemeint; vgl. Hellmuth Auerbach, Die politischen Anfänge Carlo Schmids. Kooperation und Konfrontation mit der französischen Besatzungsmacht 1945–1948, in: VfZ 36 (1988), S. 595–648.
[38] Note sur la politique allemande de la France, 8. 5. 1948, MAE, Z, Bd. 82.
[39] Notre position à Londres et les nécessités d'une politique franco-allemande, Note vom 19. 5. 1948, ebenda.
[40] Note vom 21. 5. 1948, ebenda.
[41] J.O., A.N., 16. 6. 1948, S. 3572.

der Amtszeit Bidaults abgefaßt[42]. In ihr wird die dringende Notwendigkeit ausgedrückt, die französische öffentliche Meinung über die veränderten Verhältnisse hinsichtlich Deutschlands aufzuklären, – darüber, daß die Rückkehr Deutschlands in das Konzept der europäischen Nationen als politisch, wirtschaftlich und sozial gleichberechtigter Partner unabweislich geworden sei, „que dans ces conditions, le duel franco-allemand paraît historiquement dépassé et qu'il ne pourra se produire que comme une phase secondaire d'un conflit plus grand". Wenn ein solcher Konflikt eintreten sollte, so wäre es wahrscheinlich, daß sowohl Frankreich wie Deutschland innerlich ideologisch gespalten wären.

„Dans ces conditions, il est possible d'entrevoir en Europe la manifestation d'une donnée nouvelle, qui est une communauté de destin franco-allemand, dans la mesure où il devient de plus en plus clair, que désormais, ce qui sera subi par les Allemands sera également subi par les Français ... les remarques prédédentes sont vraies aussi bien dans le cas d'une consolidation de l'idéal démocratique occidental, que dans le cas d'une victoire de l'idéologie communiste. Donc, il nous appartient dès maintenant de tirer les conséquences de cette évolution et d'essayer de penser le problème franco-allemand en ces termes nouveaux; d'essayer de poser les bases d'une association économique et politique franco-allemande qui viendrait s'intégrer dans le cadre de l'organisation occidentale en lente gestation."

Um diese deutsch-französische Zusammenarbeit zu erreichen, sollten auch außerhalb der offiziellen französischen Dienststellen in Deutschland Initiativen ergriffen, vor allem eine Zusammenarbeit französischer und deutscher Parteien angestrebt werden. Man wies aber auch darauf hin, daß gerade in der französischen Besatzungszone noch einige Voraussetzungen geschaffen werden müßten, bevor man die öffentliche Meinung und die Parteien zu solch einer Zusammenarbeit mit Frankreich gewinnen könne. Es sei notwendig, schon jetzt den Ländern der französischen Zone das Recht zu geben, frei alle Probleme zu diskutieren, die sie interessierten, mit den Requisitionen, Umlagen und der intensiven Ausbeutung der Zone, vor allem der Wälder, aufzuhören, und auf die Annektion von Kehl zu verzichten. Das Département drückte abschließend die Hoffnung aus, daß mit einer solchen deutsch-französischen Zusammenarbeit auf der Ebene der Parteien einer künftigen deutschen Regierung „une troisième solution entre l'expansionisme économique américain et l'expansionisme politique soviétique" angeboten werden könne.

Zu einer solchen Zusammenarbeit der Parteien beider Staaten ist es zwar auch vierzig Jahre später nur in Ansätzen gekommen. Aber die vorgenannten Ausführungen zeigen deutlich, daß man am Quai d'Orsay gerade in diesen Monaten angesichts der Rückzüge der französischen Diplomatie in London und des schmerzlichen Bewußtwerdens der Abhängigkeit in der internationalen Politik, versuchte, auf bilateralem Wege und in einem kontinentaleuropäischen Rahmen die Initiative gegenüber Deutschland wiederzugewinnen. Und zwar noch während der Debatte um die Londoner Vereinbarungen in der Amtszeit des gaullistischen Außenministers Bidault.

Das zuletzt zitierte Memorandum faßt in einer für die damaligen Verhältnisse kühnen, aber klaren Konsequenz Überlegungen zusammen, die im Laufe der ersten

---

[42] Note, handschriftl. dat. 14. 7. 1948, MAE, Z, Bd. 83. Vgl. dazu auch Poidevin, Neuorientierung (Anm. 1), S. 130.

Hälfte des Jahres 1948 am Quai d'Orsay entwickelt worden sind. Der Gedanke der Integration eines demokratischen Deutschland in eine europäische Gemeinschaft war natürlich nicht mehr neu; er hat in Frankreich seine Wurzeln in der Résistance und wurde seitdem in Publikationen und Parteien vielfach vertreten. Auch ein internationaler Verbund der westeuropäischen Kohle- und Stahlproduktion lag quasi schon in der Luft. Doch gerade in Frankreich an die Realisierung dieser Ideen zu gehen, bedurfte der Überwindung etlicher Hindernisse. Man läßt die „europäische Phase" der französischen Deutschlandpolitik im allgemeinen mit dem Amtsantritt Robert Schumans als Außenminister (Ende Juli 1948) oder mit seiner Proklamation zur Schaffung einer Montanunion am 9. Mai 1950 beginnen. Es sollte hier gezeigt werden, daß die Vorbereitungen hierzu am Quai d'Orsay schon vor der Ära Schuman einsetzten.

Hans-Peter Schwarz

Die Eingliederung der Bundesrepublik in die westliche Welt*

Die Aufgabe, mit der ich zum Abschluß bedacht worden bin, ist eine Ehre und eine Last zugleich. Eine Ehre deshalb, weil es ja eigentlich nichts Schöneres gibt, als den Erkenntnisertrag von 27 gehaltvollen Studien zu resümieren und damit zugleich den gegenwärtigen Forschungsstand zu umreißen. Eine Last ist das aber aus zwei Gründen: Zum einen wird es nicht möglich sein, auf die hier vorgetragenen, doch recht heterogenen Ansätze im einzelnen einzugehen, so sehr sie dies verdienen würden. Doch auch kollegiale Höflichkeit hat ihre zeitbedingten Grenzen. Zum anderen ist es natürlich eine nicht ganz dankbare Aufgabe, vom Feld der Detailforschung, auf dem wir uns alle am wohlsten fühlen, den Blick auf die großen Linien und Perspektiven zu lenken.

Ich tue dies, indem ich meine Beobachtungen und Überlegungen wie folgt gliedere: *Erstens* will ich dafür plädieren, bei der Erforschung des europäischen Staatensystems in den fünfziger Jahren von der Beobachtung auszugehen, daß erst hier – und nicht schon in den späten vierziger Jahren – die eigentliche Epochenzäsur liegt, von der an das europäische System jene bekannten Strukturen annimmt, die trotz vieler Weiterentwicklungen im großen und ganzen bis heute Bestand haben. Wir nennen dieses System im folgenden das europäische Nachkriegssystem. Ob Europa derzeit bereits in eine Übergangsepoche eingetreten ist, in der sich das Nachkriegssystem auflöst, läßt sich noch nicht klar erkennen.

Zweitens wird darauf einzugehen sein, was sich aus diesem Ansatz für die Bewertung der bundesdeutschen Außenpolitik ergibt. Welche Rolle hat die junge Bundesrepublik im damaligen Ensemble der Nachkriegsdemokratien gespielt?

Drittens sei versucht, einige wichtige Gegebenheiten der seinerzeitigen Konstellation zu erörtern, die in der bisherigen Forschung weniger Aufmerksamkeit gefunden haben als so grundlegende Faktoren wie die amerikanische Hegemonie, die totalitäre Bedrohung oder die Erfordernisse des sozioökonomischen Wiederaufbaus Westeuropas.

I.

Die Geschichtsschreibung – so unsere erste These, die vom Ergebnis dieses Sammelbandes weithin bestätigt wird – ist derzeit auf dem Weg, die fünfziger Jahre als Epochenzäsur zu entdecken. Sie sollte auf diesem Weg fortschreiten. Denn nur wenn

---

* Eine leicht veränderte Fassung dieses Beitrages ist veröffentlicht worden in der Festschrift für Gerhard Schulz: Wege in die Zeitgeschichte. Hrsg. von Franz Knipping, Berlin 1989.

wir die fünfziger Jahre als deutliche Zäsur zwischen der „Welt von gestern" und unserer Gegenwart begreifen, verstehen wir ihre historische Bedeutung richtig.

Seit dem frühen 19. Jahrhundert wird der Epochenbegriff vielfach synonym mit den Begriffen Periode, Phase oder Zeitalter verwandt, obschon die ursprüngliche Bedeutung des griechischen Begriffs Epoche eine andere ist, nämlich Zeitpunkt, zu dem eine neue Zeitrechnung beginnt, überhaupt Moment, zu dem ein *Umschwung* in der geschichtlichen Entwicklung einsetzt[1]. Um den terminologischen Unklarheiten aus dem Weg zu gehen, sei statt des klassischen Epochenbegriffs der Terminus *Epochenzäsur* verwandt. In unserem Fall heißt das genauer: Die fünfziger Jahre – *erst* die fünfziger Jahre! – bringen das neue europäisch-atlantische System, das bis in die achtziger Jahre Bestand hat. Sie eröffnen damit zugleich auch eine grundlegend neue Phase der deutschen Geschichte. In Klammern sei hinzugefügt: die These von den fünfziger Jahren als großer Epochenzäsur gilt ebenso für die westeuropäischen Gesellschaften, ganz besonders für die Gesellschaft in der Bundesrepublik. Auf vielen Feldern beobachten wir einen beispiellosen Modernisierungsschub[2]. Damals erfolgte eine Art Quantensprung: Lebensformen, Klassen, Wertesysteme, die im Deutschland der Zwischenkriegszeit und selbst im Dritten Reich sowie der ersten Nachkriegsperiode noch weithin vorherrschend waren, beginnen sich unter der Sonne der Wohlstandsgesellschaft, die allein zwischen 1950 und 1958 eine Verdoppelung des Bruttosozialprodukts[3] erlebt, zugleich mit dem Staatensystem rasch und tiefgreifend zu verändern. Doch das ist ein anderes Thema.

In unserem Zusammenhang geht es allein um das europäische Staatensystem. Wenn es zutrifft, daß hier die fünfziger Jahre nochmals eine ähnlich epochale Zäsur bedeuten wie die Jahre 1940 bis 1945, so ist zweierlei nachzuweisen: *erstens*, daß eine frühere

---

[1] Siehe Waldemar Besson, „Periodisierung", in: Geschichte, hrsg. v. Waldemar Besson, Frankfurt/M. 1961 (= Das Fischer Lexikon, Nr. 24), S. 245.

[2] Nachdem in den siebziger Jahren noch eine starke Neigung bestand, die Ära Adenauer mit der Kategorie „Restauration" zu erfassen, hat das Plädoyer des Verfassers für die Fruchtbarkeit des Modernisierungsparadigmas erstaunlich schnell ein positives Echo gefunden. Siehe Hans-Peter Schwarz, Modernisierung oder Restauration? Einige Vorfragen zur künftigen Sozialgeschichtsforschung über die Ära Adenauer, in: K. Düwell; W. Köllmann (Hrsg.), Rheinland-Westfalen im Industriezeitalter, Bd. 3, Wuppertal 1984, S. 278–293, sowie, ders., Die Ära Adenauer. Gründerjahre der Republik 1949–1951, Stuttgart 1981 (= Geschichte der Bundesrepublik Deutschland, Bd. 2, hrsg. v. Karl Dietrich Bracher u. a.), S. 382–388 und passim. Die neue Sicht der Zusammenhänge ist vor allem durch die Langzeitanalysen in dem Sammelband Sozialgeschichte der Bundesrepublik Deutschland, hrsg. v. Werner Conze und M. Rainer Lepsius, Stuttgart 1983, durchgesetzt worden. Wie stark sich in wenigen Jahren in Auseinandersetzung mit der neueren Forschung die Perspektiven verändert haben, zeigt ein Vergleich der Darstellung der Jahre 1945 bis 1955, die Christoph Kleßmann 1982 veröffentlicht hat – ders., Die doppelte Staatsgründung. Deutsche Geschichte 1945–1955, Bonn 1982, S. 223–260 – mit dem 1988 erschienenen Folgeband – ders., Zwei Staaten, eine Nation. Deutsche Geschichte 1955–1970, Bonn 1988, S. 21–67. Den neuesten Stand der Modernisierungsforschung resümieren Axel Schildt und Arnold Sywottek – dies., Die Ära Adenauer: Aspekte ihrer sozialkulturellen Entwicklung – eine Skizze, in: The Germanic Review, 83 (1988), S. 162–169 – dahingehend, daß „die formativen Jahre der Bundesrepublik dynamischer waren, als ein Blick allein auf die politische Geschichte vermuten läßt ..." (S. 169). Zusammenfassend jetzt mit vielen treffenden Einzelbeobachtungen Axel Schildt, Arnold Sywottek, „,Wiederaufbau' und ,Modernisierung'. Zur westdeutschen Gesellschaftsgeschichte in den fünfziger Jahren", in: Aus Politik und Zeitgeschichte. Beilage zur Wochenzeitung Das Parlament, B 6-7/89, 3. Februar 1989, S. 18–32.

[3] Das Bruttosozialprodukt stieg von 97,2 Millionen DM im Jahr 1950 auf 228,5 Millionen DM im Jahr 1958. (In konstanten Preisen von 1954 stieg das Bruttosozialprodukt von 113,1 Millionen DM [1950] auf 202 Millionen DM [1958].) Der private Verbrauch pro Kopf entwickelte sich genauso stürmisch: von 1475 DM im Jahr 1950 auf 2398 DM im Jahr 1958. Statistisches Bundesamt (Hrsg.), Statistisches Jahrbuch 1961, Stuttgart, Köln 1961, S. 544ff.

Phase, die kürzer oder länger gewesen sein mag, ganz offensichtlich zu Ende ging, und *zweitens*, daß die dabei entstehenden Strukturen fundamental *neu* waren, zugleich aber auch *dauerhaft*.

Vermeiden wir in diesem Zusammenhang eine Methodendiskussion über Nutzen und Nachteil historiographischer Periodisierung! Jeder weiß, wieviel Simplifizierung mit epochalen Eingrenzungen verbunden ist. Ihnen liegt – ausgesprochen oder nicht – die Frage zugrunde, ob der stets durch ein hohes Maß an Widersprüchlichkeit gekennzeichnete Geschichtsprozeß innerhalb von einigermaßen abgrenzbaren Phasen nicht doch durch *eine* Grundstruktur, *eine* fundamentale Herausforderung, *einen* großen Erfolg oder *eine* große Katastrophe, *eine* alles mobilisierende Dynamik, *einen* „Zeitgeist" oder durch ein anderes Einheit stiftendes Merkmal gekennzeichnet ist.

Dem Historiker, der Detailforschung schätzt, graust zwar meist davor, wenn er konstatieren muß, mit welcher Unbedenklichkeit seine Kollegen ihre jeweiligen epochalen Orientierungsrahmen zimmern. Doch spätestens dann, wenn er sich selbst herausgefordert sieht, einen erkenntnisleitenden hypothetischen Untersuchungsrahmen zu entwerfen, praktiziert er genau das, was er bei den Kollegen in der Stille der Brust oder öffentlich kritisiert hat.

So halten wir uns also an eine Feststellung des früh verstorbenen Waldemar Besson, der diesbezüglich bemerkt hat: „Die Gliederung des historischen Prozesses ist nicht nur eine künstliche, aber notwendige Aktion, um das riesige Arsenal geschichtlichen Wissens in handliche und überschaubare Abschnitte zu zerlegen. Sie entspricht vielmehr einer Grundgegebenheit, die der Geschichte ebenso eignet wie die Kontinuität: es gibt in ihrem Ablauf zwar keine Lücken, aber deutlich erkennbare *Zäsuren*. Zwischen diesen Zäsuren ist ... die unreduzierte geschichtliche Wirklichkeit nach Wesen, Erscheinung und Wirkkräften verschieden."[4]

Unser heutiges Bild der epochalen Veränderungen seit dem Ende des Zweiten Weltkrieges ist bekanntlich in verschiedenen Schüben entstanden. Auch die zünftige Forschung geht erst einmal von den Kategorien aus, mit denen die Zeitgenossen das Neue zu erfassen suchten. Dabei ist es für das zeitgeschichtliche Bewußtsein kennzeichnend, daß zeitgenössische Publizistik, zeitgenössische Politikwissenschaft und zeitgenössische Zeitgeschichte bereits wenige Monate und Jahre nach dem Geschehen erste Versuche einer wissenschaftlichen Verortung der Entwicklung vornehmen.

Hier muß auch an die Bedeutung der historisch-politischen „Jahrbücher" erinnert werden. Für die Einordnung und Bewertung der Vorgänge in den vierziger und fünfziger Jahren waren es vor allem die „Surveys" vom Chatham House, die das geleistet haben[5], seit 1958 auch die „Jahrbücher" der Deutschen Gesellschaft für auswärtige Politik.

Wie wir wissen, haben sich dann die Anfänge nuancierter, auf zuvor unzugängliche Quellen gestützter, vielfach auch der Sicht des Establishments zuwiderlaufender Zeitgeschichtsschreibung erst in den sechziger Jahren zu entwickeln begonnen – damals oft

---

[4] Besson, „Periodisierung" (Anm. 1), S. 246.
[5] Der jeweilige Abstand zu den Vorgängen betrug 3–4 Jahre, vgl. Peter Calvocoressi, Survey of International Affairs 1947–1948, hrsg. v. Royal Institute of International Affairs, London usw. 1952. Weitere Ausgaben: 1949–1950 (erschienen 1953), 1951 (erschienen 1954), 1952 (erschienen 1955), 1953 (erschienen 1956), 1953 (von Corall Bell, erschienen 1957), 1954 (von Corall Bell, erschienen 1957), 1955–1956 (von Geoffrey Barraclough, erschienen 1962), 1959–1960 (von Geoffrey Barraclough, erschienen 1964).

noch in problematischer Symbiose zur Publizistik, zur gegenwartsbezogenen politischen Wissenschaft und zum politischen Tageskampf. So wie das epochale Selbstverständnis der fünfziger Jahre im Geschichtsbild der „Jahrbücher" seinen Niederschlag fand, so blieb auch die Forschung der späten sechziger und der frühen siebziger Jahre vielfach im Bann des Zeitgeistes. Es waren dies einerseits Jahre intensiver Entspannungsbemühungen, andererseits auch die Jahre des Vietnamkrieges, der von den Protestbewegungen als Modellfall des „US-Imperialismus" begriffen wurde.

Dieses zeitgenössische Umfeld zusammen mit der Quellenlage hat damals dazu geführt, daß vorwiegend der Kalte Krieg ins Zentrum des Interesses trat – also die großen Entscheidungen der letzten Kriegsjahre und der ersten Nachkriegsjahre. Zusammenbruch der Kriegsallianz, „le grand schisme" (Raymond Aron), Teilung Europas und Deutschlands, Sowjetisierung Osteuropas, die Schuld am Kalten Krieg, Aufbau des amerikanischen Hegemonialsystems in der westlichen Welt – dies waren die großen Themen, und sie haben für gut zwei Jahrzehnte die Neigung hervorgerufen, in erster Linie die Jahre 1944 bis 1948/49 als Epochenzäsur zu begreifen.

Zwar ist der Revisionismusstreit längst verstummt. Auch die Enthüllung des britischen Anteils am Kalten Krieg gehört nicht mehr zu den besonders taufrischen Einsichten, genausowenig wie die Behandlung des Auseinanderbrechens des Kontrollratsystems in Deutschland und der entsprechenden Vorgänge im deutschen Parteiensystem.

Aber die Fixierung der historiographischen Aufmerksamkeit auf die Jahre 1944 bis 1948/49 ist lange Zeit erhalten geblieben. Tatsächlich ließ sich ja auch unschwer nachweisen, wie die großen Konzepte, die in den fünfziger Jahren konkretisiert wurden, schon *vor* ihrer Verwirklichung seit 1948/49 als Entwürfe vorlagen[6]. Wer etwa die Publizistik Wilhelm Röpkes im Jahr 1945[7] oder grundsätzliche Stellungnahmen Adenauers zwischen 1945 und 1948 studiert[8], findet dort bereits das Konzept einer alle Dimensionen – innere Ordnung, Außenwirtschaft, Verteidigung, Kultur – umfassenden Interessen- und Wertegemeinschaft der nordatlantischen Demokratien. Die Konzeptualisten waren der Wirklichkeit damals um einige Jahre voraus; das gilt für die Pläne der Europabewegung ebenso wie für folgenreiche Planungen der amerikanischen und britischen Außenpolitik. Als Konzept findet sich die Idee einer Einbindung Westdeutschlands in die westeuropäische bzw. westeuropäisch-atlantische Staatengemeinschaft schon früh – gekennzeichnet durch eine noch heute wirksame Dialektik freier Entfaltungsmöglichkeiten auf der einen Seite und entschiedener Einbindung zum Zweck einer prophylaktischen Schadenbegrenzung der deutschen Unruhe auf der anderen. Ebenso lassen sich bereits in der Kriegszeit und in den ersten Nachkriegsjah

---

[6] Der Verfasser selbst hat durchaus daran mitgewirkt. Vgl. Hans-Peter Schwarz, Vom Reich zur Bundesrepublik. Deutschland im Widerstreit der außenpolitischen Konzeptionen in den Jahren der Besatzungsherrschaft 1945–1949, 2. Aufl. Stuttgart 1980.

[7] Wilhelm Röpke, Die Deutsche Frage, Erlenbach–Zürich 1945; ders., Internationale Ordnung – heute, 1. Aufl. Erlenbach–Zürich 1945, 3. veränder. u. verm. Aufl. Erlenbach–Zürich, Stuttgart 1948.

[8] Eine vollständige Sammlung der aufschlußreichen frühen Reden Adenauers existiert noch nicht. Verwiesen sei auf die vom Verf. besorgte Auswahl – Hans-Peter Schwarz, Konrad Adenauer. Reden 1917–1967, Stuttgart 1975, S. 82–131 – und die Quellensammlung: Konrad Adenauer und die CDU der britischen Besatzungszone 1946–1949. Dokumente zur Gründungsgeschichte der CDU Deutschlands, bearbeitet v. Helmuth Pütz, Bonn 1975, S. 497ff.; der atlantische Gedanke ist besonders hervorgehoben in der Stellungnahme vom 14. 8. 1947, ebenda, S. 351. Auch das Briefwerk ist aufschlußreich, siehe die Rhöndorfer Ausgabe.

ren die bekannten späteren Ansätze zum staatenübergreifenden Wiederaufbau Europas in neuen Formen interdependenter Politik erkennen bis hin zu den bundesstaatlichen Zielvorstellungen[9].

Aus dieser Sicht hatte es den Anschein, als habe sich in den fünfziger Jahren nicht viel mehr als ein schon seit längerem vorbestimmter Neubau des westlichen Staatensystems auf Grundlage von Blaupausen oder von irreversiblen Entscheidungen vollzogen, die allesamt auf die Zeit vor dem Gründungsjahr der Bundesrepublik zurückgingen.

Gewiß finden auch die Weichenstellungen in den fünfziger Jahren seit langem die verdiente Aufmerksamkeit: der Koreakrieg mit seinen Rückwirkungen auf Europa, die Auseinandersetzungen um den deutschen Wehrbeitrag[10], um die europäischen Zusammenschlüsse, der ost-westliche Notenwechsel des Jahres 1952, Churchills Entspannungsinitiativen des Jahres 1953 oder die entscheidenden Jahre 1954 und 1955. Es ist also nicht so, daß die frühen fünfziger Jahre historiographisch neu zu entdecken wären. Aber so recht nachdrücklich wagt es bisher dennoch niemand zu formulieren, daß wahrscheinlich nicht die Phase von 1944 bis 1948/49, sondern erst die fünfziger Jahre als Epochenzäsur begriffen werden müssen, mit der ein neues Zeitalter beginnt – eben unser heutiges Zeitalter der zweiten Jahrhunderthälfte.

Darstellungen aus deutscher Feder haben allerdings schon seit langem die deutliche Neigung ihrer Verfasser erkennen lassen, das Jahr 1955 – Inkrafttreten der Westverträge, Souveränität der Bundesrepublik, Aufnahme diplomatischer Beziehungen zur Sowjetunion - als eigentliches Ende der Nachkriegszeit zu begreifen. Aber die Bundesrepublik Deutschland war in der Staatenwelt der frühen fünfziger Jahre doch in vielem ein Sonderfall. Heute wird aber auch der internationalen Forschung immer deutlicher bewußt, daß zwischen den Jahren 1951 und 1955 in einem weiteren regionalen Rahmen eine Epoche zu Ende geht und jene relative Stabilitätsperiode beginnt, die bis heute andauert. Das gilt mit Einschränkung sogar für Frankreich, das zwar seine Krisenperiode in den Jahren 1958 bis 1962 durchmachte, aber unter anderem auch deshalb so vergleichsweise gut damit fertig wurde, weil es inzwischen in den flexiblen Rahmen einer neuen europäischen Ordnung einbezogen war. Das komplizierte Thema Großbritannien bleibe hier einmal ausgeklammert.

Will man versuchen, den grundlegenden Charakter der Phase zwischen 1945 und 1951 auf einen Punkt zu bringen, so bietet sich der Begriff „Unsicherheit" an. Demgegenüber scheint die Entwicklung seit den Jahren 1952/53 zusehends durch den Begriff „Stabilität" gekennzeichnet, genauer gesagt durch Stabilitätsstrukturen und Stabilitätserwartungen, die von Jahr zu Jahr begründeter werden. Aus gutem Grund konnte freilich auch nach 1955 weder bei den Regierungen noch bei den Völkern das Gefühl

---

[9] Walter Lipgens (Hrsg.), Europa-Föderationspläne der Widerstandsbewegungen 1940–1945. Dokumentation, München 1968; ders., Die Anfänge der europäischen Einigungspolitik 1945–1950, 1. Teil: 1945–1947, Stuttgart 1977.

[10] Diese cause célèbre früher bundesdeutscher Außen- und Innenpolitik wird seit mehr als zwei Jahrzehnten gründlich erforscht. Genannt seien: Gerhard Wettig, Entmilitarisierung und Wiederbewaffnung in Deutschland 1943–1955. Internationale Auseinandersetzungen um die Rolle der Deutschen in Europa, München 1967; Norbert Wiggershaus, Die Entscheidung für einen westdeutschen Verteidigungsbeitrag 1950 u. Roland G. Förster, Innenpolitische Aspekte der Sicherheit Westdeutschlands 1947–1950, beide in: Anfänge westdeutscher Sicherheitspolitik 1945–1956, Bd. 1: Von der Kapitulation zum Pleven-Plan, hrsg. v. Roland G. Förster u. a., München usw. 1982, S. 325–402 u. S. 403–576.

ganz verschwinden, „auf unvergleichlich-unbekanntem, gefährlichem Boden zu gehen"[11]. Dennoch hat sich das Krisenbewußtsein in den mittleren und späten fünfziger Jahren zweifellos abgeschwächt und ist nicht einmal während der Spannungen um Berlin zwischen 1958 und 1963 oder im Algerienkrieg und den Kongo-Wirren jemals wieder so stark geworden wie in den frühen fünfziger Jahren.

Entscheidend war, daß beginnend mit den frühen fünfziger Jahren nunmehr zumindest jene Unsicherheiten zunehmend kontrollierbar erschienen, die zuvor aus dem *westlichen* Bereich drohten. Schwer prognostizierbar und kontrollierbar waren und blieben allerdings bis heute die Politik der Sowjetunion und die inneren Gärungen in ihrem europäischen Nachkriegsimperium. Neben den Unsicherheiten hinsichtlich der sowjetischen Absichten lassen sich die Ungewißheiten der Jahre 1945 bis 1951 mit drei Stichworten erfassen: Sicherheit, Weltwirtschaft und Deutschland.

Die Epoche seit 1951 ist zunehmend dadurch gekennzeichnet, daß die westlichen Demokratien für ihre Sicherheitsprobleme praktische Lösungen finden. Ausschlaggebend dafür waren Entscheidungen der Vereinigten Staaten. Die Unsicherheiten, die sich zuvor unter dem Stichwort „Sorge vor amerikanischem Neo-Isolationismus" zusammenfassen ließen, wurden 1951 durch den amerikanischen Entschluß zur längerfristigen Stationierung der Siebten Armee in Europa beseitigt. Erst seit 1948, zunehmend seit Anfang der fünfziger Jahre, begann Amerika auch ernsthaft, sein Arsenal an atomaren Sprengköpfen und an atomaren Trägersystemen konsequent auszubauen. Auch die britische Wiederaufrüstung kam in Gang. Und der Beistandspakt NATO mit seinen weitgehend unverbundenen Koalitionsarmeen wurde erst Anfang der fünfziger Jahre in eine Militärallianz mit der Fähigkeit zur integrierten Kriegsführung fortentwickelt. Schließlich hat die Wahl eines internationalistisch orientierten Republikaners in Gestalt General Eisenhowers im November 1952 Grund zur Erwartung gegeben, daß die USA für eine längere Zukunft als Schutzmacht und Hegemonialmacht in Europa verbleiben würden.

Die Unsicherheiten gingen aber nicht nur auf dem Feld der Verteidigung zu Ende, sondern ebenso auf dem der Wirtschaft. Zwar sind sich die Wirtschaftshistoriker noch nicht darüber einig, wann der große Nachkriegsboom tatsächlich begonnen hat und von wann an er unumkehrbar wurde, welche Rolle der Marshallplan dabei spielte, welches der Beitrag globaler Regime vom Typ GATT und IWF war und welche Bedeutung dabei den neuen europäischen Organisationen zukam, beginnend mit OEEC, EZU und EGKS. Herman Kahn, gewiß keine Autorität auf dem Feld der Wirtschaftsgeschichte, aber doch ein Pionier der Trendanalyse, läßt die „Deuxième Belle Epoque" 1948 beginnen und die „Mauvaise Epoque" der Jahre 1914 bis 1947 ablösen[12]. Aber kann man das auch schon für Deutschland so sehen oder für Großbritannien? Jedenfalls dürfte dahingehend Einigkeit bestehen, daß europaweit (westeuropaweit!) sowohl der Exportboom wie der Konsumgüterboom kaum vor der ersten Hälfte der fünfziger Jahre voll in Schwung kam – im deutschen Fall markiert das Jahr 1952 den Wendepunkt. Hauptvoraussetzung für die wirtschaftliche Erneuerung war die Liberalisierung des Handels zwischen den kontinentaleuropäischen Volkswirt-

---

[11] Golo Mann, „Neunzehnhundertfünfundvierzig", in: Propyläen Weltgeschichte. Eine Universalgeschichte, Band 10: Die Welt von heute, Berlin usw. 1961, S. 38.
[12] Herman Kahn, Die Zukunft der Welt (1980–2000), Wien usw. 1979, S. 222f.

schaften und der Aufbau von leistungsfähigen Institutionen zum „Management der Interdependenz" – auch dies ist erst in den frühen fünfziger Jahren geleistet worden.

Der große Boom der fünfziger Jahre war aber eine grundlegende Voraussetzung für die Stabilisierung der westeuropäischen Gesellschaften und Demokratien. Das galt ganz besonders für die psychologisch so labile Bundesrepublik Deutschland. Wie hätten die aus Sicht der Jahre 1950 und noch 1951 fast unfinanzierbar erscheinenden Beiträge zur inneren und internationalen Stabilität erbracht werden können! Verdoppelung des Bruttosozialprodukts von 1950 bis 1958 – dies war das Geheimnis, das die Stabilisierung vielleicht in erster Linie erklärt. Damit hat sich alles ermöglichen lassen – die privatwirtschaftlichen Investitionen und die der öffentlichen Hand, der Wiederaufbau der zerstörten Städte, Produktionsanlagen und Verkehrswege, die Integration der Flüchtlinge bzw. der Vertriebenen und der Ausbau der Sozialsysteme, die Steigerung der Massenkaufkraft, die Wiedergutmachung und die Finanzierung der Wiederbewaffnung.

Schließlich ein letzter Komplex von Unsicherheiten, der durch Stabilität abgelöst wurde: die „incertitudes allemandes" (Pierre Viénot). Sie wurden damals vorwiegend von zwei Sorgen bestimmt: Sorge um die Stabilität der Demokratie in der Bundesrepublik und Sorge vor einem westdeutschen Wiedervereinigungs-Nationalismus. 1951 – Wahlerfolge der SRP, deutschlandpolitische Initiativen der DDR – war diese Sorge berechtigt[13]. Nach Adenauers Wahltriumph vom 6. September 1953 war sie fast weggeblasen, und der Herbst 1954 brachte den endgültigen Durchbruch zur vertraglichen Westbindung der Bundesrepublik. Daß der Deutschlandvertrag von 1952 mit seinen diskriminierenden Bestimmungen und die organisatorisch wie politisch gleichermaßen problematische EVG dank der Entscheidung der französischen Assemblée Nationale nicht zustandekamen, erwies sich auf lange Sicht als Glücksfall, auch wenn das Debakel im August 1954 das westeuropäische System für einige Monate nochmals erzittern ließ. Doch solange vertiefte Studien über die Konferenzen von Genf, London und Paris 1954 sowie über die Bewegungsphase im Jahr 1955 noch ausstehen, wird sich die Frage der Epochenzäsur nicht endgültig bestimmen lassen.

Viel wesentlicher aber als die immer strittige Festlegung dieses oder jenes Jahres als Epochenzäsur ist die Erkenntnis, daß sich in den frühen fünfziger Jahren aus einer ganzen Reihe von Grundsatzentscheidungen jene neue Architektur des westlichen Staatensystems ergeben hat, die Bestand haben sollte.

Wohin der Forscher seinen Blick also auch wendet – erst in der Periode von 1951 bis etwa 1955, in einem weiteren Verständnis bis Ende der fünfziger Jahre, ist die neue europäische Nachkriegsordnung errichtet worden. Von nun an erscheinen nicht mehr europäische Kriege, kürzere oder längere Inflations- und Depressionsperioden sowie von Deutschland ausgehende Erschütterungen als Normalfall. Als normal erscheint nun zunehmend die Stabilität in allen Dimensionen, auf die es in modernen Gesellschaften und zwischen den modernen Staaten Westeuropas ankommt.

Inwiefern hat dieser Periodisierungsvorschlag also Bedeutung? Wenn man es für richtig hält, die lange Periode zwischen 1914 und 1950 als Krisen- und Instabilitätsperiode zu begreifen, dann ist natürlich die Frage, welche Faktoren zum epochalen

---

[13] Siehe Elisabeth Noelle; Erich Peter Neumann (Hrsg.), Jahrbuch der öffentlichen Meinung 1947–1955, Allensbach 1956, S. 172f.

Übergang in die folgende Stabilitätsperiode beigetragen haben, von größtem historiographischem Interesse. Es ist ein Vorgang, der sich zeitlich präzise eingrenzen läßt und heute im großen wie im kleinen genauestens analysierbar ist. Die Analyse verspricht eben deshalb so lohnend zu werden, weil damit ein Katastrophenzyklus abgeschlossen und unsere trotz aller Unsicherheit relativ stabile westeuropäische Welt von heute begründet wurde.

Mit Blick auf die europäischen Kolonialmächte müßte in diesem Kontext auch die Dekolonisierung mit einbezogen werden – das große weltpolitische Thema der vierziger, der fünfziger und der frühen sechziger Jahre. Als die hier skizzierte Neuordnung Westeuropas in den frühen fünfziger Jahren beginnt, ist die Zukunft der Kolonialimperien noch ungewiß. Die Niederlande wissen schon, daß das Kolonialzeitalter zu Ende ist – ihre nachhaltige Orientierung auf den europäischen Zusammenschluß bekundet das. Belgien meint beides haben zu können – das vereinte Europa und sein Kolonialreich Kongo. Frankreich sträubt sich in Indochina und Nordafrika gegen die nationalen Befreiungsbewegungen, ist aber eben deshalb auch genötigt, sich durch kooperative Politik in Europa den Rücken freihalten zu können. Und Großbritannien glaubt noch, mit dem Konzept des Commonwealth eine Formel zur Ausgestaltung einer modernen Weltmachtrolle gefunden zu haben, die es erlauben könnte, sich aus den westeuropäischen Integrationsgemeinschaften herauszuhalten. Dieses große Thema kann hier genausowenig vertieft werden wie der Parallelvorgang des Ausbaues eines informellen amerikanischen Imperiums und neuer sowjetischer Einflußsphären. Tatsache bleibt, daß selbst die Erschütterungen der Dekolonisierung die Stabilisierung des westeuropäischen Staatensystems nicht zu verhindern vermochten.

Zweifellos hat also die Forschung, die sich nun mit großem Nachdruck dieses Zeitraums annimmt, eine der wichtigsten Zäsuren neuerer europäischer Geschichte im Blick. Die Aufgabe besteht darin, die einmalige Konstellation im Detail zu erhellen, jene einmalige Konstellation, die – so darf man doch sagen – das Wunder der Stabilisierung möglich gemacht hat und die bis heute tragfähigen Strukturen einrichten ließ. Zwar neigen viele europäische Historiker seit Thukydides dazu, die Katastrophengeschichtsschreibung als ihre vornehmste Aufgabe zu betrachten. Aber ausnahmsweise dürfte auch eine reizvolle Herausforderung darin liegen, zu analysieren, wie und warum eine katastrophale Epoche von fast vierzig Jahren Dauer abgeschlossen wurde.

II.

Dies führt zum zweiten Hauptpunkt unserer Überlegungen. Solange die Aufmerksamkeit vorwiegend auf die im ganzen noch recht unsichere, katastrophenträchtige, durch Not und Angst gekennzeichnete Periode von 1944 bis 1949 gerichtet war, spielte das besetzte und stark zerstörte Deutschland vorwiegend als Wirtschafts- und Menschenpotential, als Gefahrenherd und als Machtvakuum eine Rolle. Churchills drastische Prognose, er wünsche kein Europa, das an einen deutschen Leichnam gekettet sei, schien zeitweilig in Erfüllung zu gehen[14]. Zwar drehten sich während der Kriegszeit

---

[14] Das Bild vom deutschen Leichnam geisterte auch durch Adenauers Reden. Unter Berufung auf ein „ausländisches Blatt" fragt er angesichts der drohenden Teilung Deutschlands in der Kölner Universität am 24. 3. 1946, „ob das übrige Deutschland nicht dadurch ... zu einem verwesenden Leichnam mitten in Europa wird, das genauso tödlich sein würde, wie ein siegreiches nationalsozialistisches Deutschland" gewesen wäre? Vgl. Adenauer, Reden (Anm. 8)

und erst recht nach dem Ende des Krieges die meisten Überlegungen über die Strukturen des neuen europäischen Systems um die Zukunft Deutschlands. Henry Morgen-
thaus Stichwort „Germany is our Problem" charakterisiert mindestens ein halbes
Jahrzehnt westeuropäischer und amerikanischer Diplomatie von 1944 bis 1948/49,
auch wenn es zunehmend von der Meinung überlagert wurde, daß es noch ein größeres Problem als Deutschland gebe, nämlich Rußland.

Aber erst Anfang der fünfziger Jahre begann sich die Einstellung zu Deutschland
und die Rolle Deutschlands deutlich zu verändern. Dies deshalb, weil Deutschland
vorläufig auf Westdeutschland verkleinert war, das sich zudem aus einem Herd aktueller und potentieller Instabilität zu einem Stabilitätsfaktor wandelte. Im Zentrum dieser
Gründerzeit der neuen westeuropäischen Ordnung, als die wir die fünfziger Jahre
verstehen lernen, steht nämlich eine mit bemerkenswerter außenpolitischer Reife operierende Bundesrepublik. Die Forschung zeigt gewiß mit hinlänglicher Klarheit, daß
alle beteiligten Regierungen ihren Anteil zur Stabilisierung beigetragen haben. Doch so
wie die internationalen Spannungen der vergangenen Jahrzehnte ohne nachhaltiges
deutsches Zutun nicht zum Chaos geworden wären, wäre auch die Neuordnung ohne
aktive deutsche Beteiligung nicht möglich gewesen.

Die komplexe Struktur des Systems, in dem die deutsche Frage gleichsam eingekap-
selt wurde, kann hier nicht erörtert werden. Zugespitzt läßt sich formulieren: Die
Frage der Sicherheit vor Deutschland wurde primär durch „Amerikanisierung" der
europäischen Verteidigung im NATO-Rahmen gelöst, sekundär durch „Europäisierung". „Amerikanisierung" insofern, als die USA durch ihre starke Militärpräsenz in
Deutschland Frankreich jede Sorge vor der Bundeswehr nahmen. „Europäisierung"
insofern, als die Bundesrepublik zustimmte, ihre dynamische Wirtschaft in den Ord-
nungsrahmen von EGKS, EWG und Euratom einzubringen. Der wirtschaftliche
Wiederaufbau wurde möglich durch eine Kombination von Liberalisierung, „Europäisierung" im Rahmen von EZU, EGKS, EWG und wiederum „Amerikanisierung"
sprich: Stabilisierung im Einflußbereich der amerikanischen „économie dominante".

Die Deutschen schließlich kamen zur Ruhe im Zeichen der Demokratisierung.
Damit verband sich die Domestizierung ihrer nationalen Aspirationen im Rahmen der
Westintegration. Diese hielt eine Wiedervereinigung zwar als Zukunftsmöglichkeit
offen, ließ sie aber nicht vordringlich erscheinen, so daß die neue Ordnung nicht durch
deutsche Irritationen vorzeitig erschüttert wurde.

Deutsche Politik hatte also an der Neuordnung Westeuropas großen Anteil. Das
wird leicht vergessen, wenn sich die Aufmerksamkeit in Verkennung dieser wichtigen
Epoche vorwiegend auf die Jahre 1947 bis 1949 richtet, in denen Deutschland noch
weitgehend Objekt der Machtpolitik gewesen ist. Eine Entdeckung der Epochenzäsur
in den fünfziger Jahren läßt eben nicht nur einfallsreiche und recht dynamische westeuropäische Staaten und Gesellschaften als Hauptakteure erkennen, sondern auch und
durchaus schon gewichtig einen neuen deutschen Staat als einfallsreichen und recht
dynamischen Hauptakteur.

Sieht man den Gesamtvorgang in dieser Perspektive, so wird übrigens auch die
Bedeutung der unter den deutschen Historikern so lebhaft diskutierten Weigerung
Adenauers im Jahr 1952 deutlich, bei der Westintegration einen Aufschub zu erwir-
ken, um die deutschlandpolitischen Möglichkeiten auszuloten. Es war – wenn dieser
Ausdruck aus dem Bereich der Steuerpolitik hier Verwendung finden darf – ein

deutsches Stabilitätsopfer, erbracht in der durchaus labilen Konstellation der Jahre 1951 bis 1953.

Die Forschung ist noch nicht weit genug, um Bereich für Bereich, Land für Land, internationale Institution für internationale Institution genau bewerten zu können, wie gewichtig der jeweilige deutsche Beitrag bei der Errichtung eines neuen dynamischen Gleichgewichts gewesen ist. Dies zu bestimmen bleibt eine der interessantesten Aufgaben künftiger Zeitgeschichte. Sicher dürfte aber sein, daß *ohne* Bereitschaft und Fähigkeit der deutschen Regierung, die Rolle der Bundesrepublik vorwiegend auf die Ziele Stabilität und Gleichgewicht in Westeuropa hin zu definieren, eine Stabilisierung der Lage nur schwer erreichbar, wenn nicht unmöglich gewesen wäre.

Das war allerdings nicht nur eine Angelegenheit der Außenpolitik. Voraussetzung für alle Fortschritte war die Überzeugung der westlichen Siegermächte, daß die Bundesrepublik ein „neues Deutschland" war – demokratisch, bürgerlich, vertrauenerweckend, kapitalistisch und friedlich. Der Test, wie groß damals das westdeutsche Schadenspotential war, ist allerdings zum Glück nie gemacht worden, so daß man darüber nur spekulieren kann. Wie wir aus verschiedenen Studien dieses Bandes entnehmen können, ist dieses Schadenspotential den zeitgenössischen Kabinetten stets präsent gewesen. Das Stabilitätspotential aber war bald gleichfalls evident. Daß es von Adenauer und seiner Regierung verantwortlich eingesetzt wurde, war eine Voraussetzung nicht nur des deutschen politischen, wirtschaftlichen und militärischen Comeback, sondern eben auch der Rekonstruktion Westeuropas. Verantwortliche deutsche Politik, das hieß von nun an: Außenpolitik sowohl im westdeutschen wie im westeuropäischen Interesse.

Wir wissen, daß Adenauer schon 1951 und 1952 gelernt hatte, die Außen- und Innenpolitik der Bundesrepublik in der Kategorie westeuropäischer Stabilitätspolitik zu konzipieren. Man hat seinerzeit häufig ausgeführt und auch kritisiert, er habe damals die Aufgabe nationaler Wiedervereinigung zurückgestellt, um der Chimäre europäischer Integration nachzujagen. Und wir kennen jene Historiker, die ihm deswegen auch heute noch den Prozeß machen. Ersteres, daß er die Wiedervereinigung temporär zurückgestellt hat, trifft in der Tat zu, letzteres aber bedarf der Qualifizierung. Nicht ein europäischer Bundesstaat war sein Nahziel, so häufig er das auch behauptet hat, sondern die Stabilisierung des westlichen Deutschland und der westeuropäischen Demokratien in einem modernen, institutionell fest verfügten, interdependenten Staatensystem unter aktiver Teilnahme der Vereinigten Staaten.

Daß jedenfalls die Adenauersche Bundesrepublik innerhalb der Integrationssysteme spätestens im Jahr 1952 ein vollgewichtiger Akteur war und Mitte der fünfziger Jahre von Churchill und Adenauer gleicherweise wieder als europäische Großmacht begriffen werden konnte[15], ist nicht zu bestreiten. Doch paradoxerweise ist es nur deshalb so rasch und so durchschlagend zum deutschen Wiederaufstieg gekommen, weil auch Bonn die Vorteile der westlichen Integrationssysteme rasch erkannt hatte und zu nutzen verstand. Manche Einzelstudien zeigen bereits, wie falsch die Alternative „nationale Souveränität" oder „Supranationalität" schon in der ersten Hälfte der fünf-

---

[15] Adenauers Einschätzung der Stellung Deutschlands unter den europäischen Mächten bei Schwarz, Die Ära Adenauer (Anm. 2), S. 352ff. Schon im Oktober 1953 sieht Churchill Deutschland wiedererstarkt. Auf dem Parteikongreß der Konservativen in Margate meint er: „Persönlich begrüße ich, daß Deutschland unter die großen Mächte der Welt zurückgekehrt ist", zit. Neue Zürcher Zeitung, 13. 10. 1953.

ziger Jahre war, so häufig sie gerade von den Befürwortern moderner Interdependenz beschworen wurde. Auch die Bundesrepublik Deutschland hat zwar in die neuen Integrationssysteme einerseits einen Teil ihrer – anfänglich ohnehin nicht vorhandenen – außenpolitischen Handlungsfreiheit auf Dauer eingebracht. Sie ist aber in diesen Systemen nicht aufgegangen, vielmehr als Staat erstarkt und hat sich dank der Bereitschaft zur Integration rasch einen beträchtlichen Spielraum zur Wahrnehmung ihrer spezifischen Interessen geschaffen.

Man hat schon oft bemerkt, daß der ingeniöse Einbau des früheren Kriegsgegners Deutschland in die Architektur der neuen europäischen Ordnung nicht so problemlos gelungen wäre, wäre Deutschland, wie sich die Bundesrepublik damals noch unbefangen nannte, nicht um die DDR und die Ostgebiete verkleinert gewesen. Doch selbst die Integration Westdeutschlands war ein Kunststück – das große Kunststück der fünfziger Jahre.

Wer die Vorgänge im Detail studiert, entdeckt mehr und mehr, daß von klar determinierter Entwicklung oder gar von der Durchführung früh konzipierter Meisterpläne keine Rede sein kann. Die Integrationsverträge, mittels derer die Bundesrepublik mit den westlichen Systemen verbunden wurde, ließen zwar institutionelle Phantasie, Risikobereitschaft und Gestaltungsfreude erkennen. Sie waren aber zugleich durch ein hohes Maß an pragmatischer Experimentierbereitschaft und Flexibilität gekennzeichnet. Kurz: Sie waren in erster Linie ein Werk der Politik. Alles in allem mehr Staatskunst als überlegen applizierte Integrationstheorie! Und daß sich diese Künste bisweilen doch auch am Rande des Scheiterns entfalteten, muß gleichfalls von Zeit zu Zeit in Erinnerung gerufen werden.

III.

Dies führt zum dritten und letzten Punkt unserer Betrachtungen, bei denen es um die Strukturen des neuen Systems geht, in die sich die Bundesrepublik eingliedert und die sie aktiv mitgestaltet.

Die Eigenart historischer Forschung bringt es nun einmal mit sich, daß aus einem Gesamtkonzept jeweils nur Einzelaspekte klar erhellt werden können. Solche Einzelaspekte sind: die Interessenlage und Politik bestimmter Länder, bilaterale Beziehungen, Vorgänge in Schlüsselbereichen, Entscheidungsprozesse einzelner Regierungen, die Rolle einzelner Personen und Gruppen, die Vorgänge in den Dimensionen der Wirtschaft, der Kultur, der Gesellschaft. Welchen *Stellenwert* haben aber die einzelnen Faktoren und Vorgänge im Gesamtkontext einer komplizierten Entwicklung?
– War es in erster Linie das Gewicht der Vereinigten Staaten, das damals zur Neugruppierung im europäischen Staatensystem führte und die Volkswirtschaften sowie die Gesellschaften vielfach mit umgestaltet hat?
– War es der Ost-West-Konflikt, der das europäische Staatensystem einerseits zwar belastet, andererseits aber doch auch vereinfacht hat? Vereinfacht in zweierlei Art und Weise: zum einen dadurch, daß weder Frankreich noch die Bundesrepublik Deutschland der Versuchung nachgeben konnten, ihre Probleme im Zusammenspiel mit Rußland zu lösen und damit erneut wechselseitige Unsicherheit heraufzubeschwören, zum anderen dadurch, daß in den entscheidenden Jahren die amerika-

nische Hegemonialmacht mit antisowjetischer Pointe eine Harmonisierung der
westeuropäischen Außenpolitik durchsetzen konnte?

– Oder war es der Umstand, daß die westeuropäischen Staaten, zu denen nun auch die
Bundesrepublik zählte, im Rahmen des neuen westlichen Staatensystems untereinander auch neue Formen institutionalisierter Zusammenarbeit entwickelt haben?

Verständlicherweise neigt jeder Forscher dazu, das Gewicht jener Faktoren besonders hoch zu veranschlagen, die er selbst eingehend untersucht hat. Der Wirtschaftshistoriker ist davor genausowenig gefeit wie der Diplomatiehistoriker, der Analytiker
der Ideengeschichte oder der Biograph. Mit dieser ganz natürlichen Neigung zur
Überbewertung jener Faktoren, mit denen man gründlich vertraut ist, verbinden sich
die methodologischen Schwierigkeiten jeder makrosoziologischen oder makropolitischen Faktorenanalyse. Angesichts der Vielzahl von Determinanten, deren Gewicht
sich zudem im Zeitablauf unablässig verändert, ist jede Gewichtung zwar nicht völlig
subjektiv, aber auch nie völlig gegen gravierende Einwände geschützt.

Immerhin läßt sich, ungeachtet aller Tendenzen zur Überschätzung der eigenen
partiellen Untersuchungsergebnisse aber doch dahingehend Übereinstimmung erzielen, daß jede Behauptung, ein einziger Hauptfaktor hätte die Veränderungen bewirkt,
den Gegebenheiten nicht gerecht würde. Im Grunde kann sich der Historiker natürlich nicht der Erkenntnis verschließen, daß komplexe Prozesse in einem komplexen
System durch Kontingenz gekennzeichnet sind und entsprechend studiert werden
müssen. Nicht nur die isolierte Betrachtung der Faktoren führt also zu Erkenntnisfortschritten, sondern vor allem die Einsicht in ihren Zusammenhang.

Doch da die Hauptfrage unserer Betrachtungen dem Gewicht und den Veränderungen des deutschen Faktors gilt, damit auch der Frage, wie es gelang, die damit
verbundenen Irritationen aufzufangen, sei doch andeutungsweise versucht, einige vorläufige Akzentsetzungen und Bewertungen vorzunehmen.

Greifen wir in diesem Zusammenhang zuerst die Beobachtung heraus, daß sich die
westlichen Nachkriegsdemokratien durchgehend veranlaßt sahen, ihre Beziehungen
multilateral zu organisieren. Bemerkenswert, aber doch auch wiederum nicht erstaunlich ist, daß die neuen Organisationen jeweils nur einzelne Sektoren umfassen und
häufig eine unterschiedliche Mitgliedschaft aufweisen. Seit dem Jahr 1948 bildete sich
jenes Ensemble unterschiedlich zusammengesetzter Bezugskreise heraus, das für die
Entwicklung so maßgebend geworden ist und in denen während der fünfziger Jahre
die außenpolitische Sozialisierung des jungen westdeutschen Staates erfolgte.

Aus bundesdeutscher Sicht war der entscheidende Bezugskreis natürlich das Verhältnis zu den drei westlichen Besatzungsmächten. Dieser Bezugskreis ist zumindest
bis 1952 fast allein ausschlaggebend gewesen und hat sich dann in dem Maße relativiert, in dem die Bundesrepublik ihre internationale Handlungsfähigkeit auszuweiten
vermochte. Von großer Bedeutung waren aber von Anfang an auch die funktionalen
„Clubs", deren Aufgabe im „Management der wirtschaftlichen Interdependenz"
besteht – globale Regime wie GATT oder IWF und regionale Organisationen wie
OEEC und EZU. Daneben bestand der Europarat, dessen Beratende Versammlung
und dessen Ministerratstagung während der Jahre 1950 bis 1953 erhebliche Bedeutung
hatten und die Bundesregierung sowie bundesdeutsche Spitzenparlamentarier in einen
exklusiv westlichen „Club" einführten. Diesem „Club" gehörten fast alle westeuropäischen Demokratien an, auch die traditionell neutralen Länder. Nur Finnland mußte

sich abseits halten. Der Beitritt der Bundesrepublik ist ursprünglich als großes Politikum gewertet worden. Nach kurzer Zeit hat es sich allerdings gezeigt, daß aus diesem „Club" nicht viel werden konnte.

Am wichtigsten wurden die westeuropäischen „Clubs" der Sechsergemeinschaft: die Montan-Union, die EVG, die nie ins Leben trat, schließlich EWG und Euratom – alles „Clubs" in denen Großbritannien nicht Mitglied war, wohl aber Italien und die Benelux-Staaten. Der Beitrag, den Italien, Belgien und die Niederlande zur Normalisierung des deutsch-französischen Verhältnisses geleistet haben, war von nicht zu überschätzender Bedeutung.

Parallel dazu die Verteidigungs-„Clubs": erst der Brüsseler Vertrag, dem 1954 nach seiner Umgestaltung zur WEU auch die Bundesrepublik beitrat, vor allem aber die sicherheitspolitische Zentralinstitution NATO. Auch die UN muß hier genannt werden. Zwar wurde die Bundesrepublik erst nach Abschluß des Grundlagenvertrages Mitglied. Aber seit 1953 war sie durch eine starke Beobachtermission in New York und in Genf vertreten, so daß man von einer Quasi-Mitgliedschaft in der UN–Familie sprechen kann. Allem Anschein nach hat Adenauer und mit ihm das offizielle Bonn die Unterschiedlichkeit dieser „Clubs" zuerst als verwirrend empfunden. Selbstverständlich waren alle Bemühungen anfänglich darauf gerichtet, in möglichst vielen der „Clubs" möglichst ohne Diskriminierung Mitglied zu werden. Das erwies sich nicht immer als einfach. Beim Eintritt in den Europarat erwies sich die französische Politik als störend. An eine Vollmitgliedschaft in der UN war wegen der sowjetischen Veto-Position nicht zu denken. Der Widerstand Frankreichs gegen den Beitritt zur NATO konnte erst im Herbst 1954 überwunden werden, obwohl Adenauer dieses Ziel von Anfang an anstrebte.

Ab Mitte der fünfziger Jahre zeigte sich dann, daß die so unterschiedlich zusammengesetzten „Clubs" der Bundesrepublik erheblichen Manövrierraum eröffneten. Vor allem Adenauer hat rasch erkannt, wie viele Vorteile es für die Bundesrepublik bot, das Verhältnis zu den größeren und kleineren Westmächten in recht unterschiedlichen Bezugskreisen zu gestalten. Der unpolitischere Freihändler Erhard hat demgegenüber zumeist auf Vereinfachung gedrängt.

Unsere These: die so rasche politische Akzeptierung der Bundesrepublik bei gleichzeitiger Einbindung ohne unerträgliche Diskriminierung ist durch die unterschiedlich zusammengesetzten Bezugskreise stark erleichtert worden. Das gilt für die globalen und regionalen Wirtschafts-Clubs ganz generell. Es gilt besonders aber für EGKS, EWG und Euratom. Die von Frankreich längere Zeit intendierte Hegemonie ließ sich mit Hilfe Italiens und der kleineren EG–Staaten verhindern. In der OEEC war England im Spiel, in der NATO ein großes Ensemble westlicher Demokratien, geführt von den USA. Assistiert und beargwöhnt zugleich wurde die amerikanische Hegemonialmacht dabei durch Großbritannien.

Vor allem die direkte oder indirekte Präsenz Amerikas war aus deutscher Sicht unschätzbar. Die amerikanische Hegemonie konnte genutzt werden, um erst den französischen, später den britischen Großmachtansprüchen auszuweichen. Außerdem gab aber seit 1957 die Sechsergemeinschaft zunehmend den Rahmen ab, auch der amerikanischen Übermacht entgegenzuwirken.

Das alles klingt zugegebenermaßen sehr allgemein. Doch wenn man sich klarmacht, welche Rolle in den wechselnden Konstellationen die Frage der „Club"-Mitgliedschaften jeweils gespielt hat, dann wird einzuräumen sein, daß dieser Aspekt große Bedeutung hatte und die Forschung weiter zu beschäftigen haben wird.

Schon bei den Verhandlungen über die EVG in den Jahren 1951 und 1952 war eine der wichtigen Fragen die, ob, wann und in welcher Form die Bundesrepublik außer der EVG auch der NATO angehören würde. Später, bei Gründung von EWG und Euratom, sowie bei den Verhandlungen über den britischen EWG-Beitritt ging es zwar vorrangig um die „Club"-Mitgliedschaft Großbritanniens. Doch aus deutscher Sicht war klar, daß dies auch nachhaltige Rückwirkungen auf die Rolle der Bundesrepublik haben würde. Ein weiteres Thema, bei dem es um die „Club"-Mitgliedschaft ging, war die Standing-Group der NATO, bestehend aus Repräsentanten der USA, Großbritanniens und Frankreichs. Adenauer verdroß es jahrelang, von diesem exklusiven „Club" ausgeschlossen zu sein. Desgleichen vermerkte er mit erheblichem Befremden, wie Eisenhower, de Gaulle und Macmillan bei westlichen Gipfeltreffen mit ihm ihre separaten Besprechungen durchführten. Selbstverständlich ist die Frage der Mitgliedschaften mit den Integrationskonzepten eng verbunden gewesen, ohne daß hier aber weiter darauf eingegangen werden kann[16].

In diesen Zusammenhang gehört wie bisher schon die Analyse der amerikanischen Hegemonie zu den aufregendsten, durchaus noch nicht endgültig geklärten Themen. Wären die geschwächten, aber immer noch sehr eigenwilligen westeuropäischen Großmächte wirklich bereit gewesen, sich ohne starken amerikanischen Druck auf die neuen Kooperationssysteme einzulassen? Und wie groß war die Autonomie der Europäer, wie groß das amerikanische Übergewicht? In welcher Hinsicht war Westeuropa damals ein amerikanisches Hegemonialsystem? Man sollte sich doch von Heinrich Triepel daran erinnern lassen, daß sich die staatliche Hegemonie „in der Mitte" zwischen Einfluß und Herrschaft befindet – „mit Neigung zuweilen nach oben, zuweilen nach unten"[17]. Tatsächlich war eben die konkrete Ausgestaltung der US-Hegemonie von verschiedenen Umständen abhängig – von der jeweiligen Konstellation, von den jeweiligen europäischen Hegemonialpartnern, auch von den Bereichen, um die es ging. Und die Bewertung hängt nicht zuletzt von der Zeitperspektive ab. Selbst in bezug auf so berühmte Vorgänge wie Frankreichs Ablehnung der EVG im Jahr 1954 oder die amerikanische Durchsetzung der Entflechtung in der Bundesrepublik im Frühjahr 1951 ist die Bewertung nicht ganz einfach.

Niemand wird im Ernst bestreiten wollen, daß Frankreich ohne andauernden amerikanischen Druck nicht bereit gewesen wäre, schließlich der deutschen Wiederbewaffnung zuzustimmen. Die französischen Kammermehrheiten haben also der Hegemo-

---

[16] Die Zusammenhänge zwischen Integrationstheorie, Integrationsorganisationen und Integrationsgeschichte harren noch der systematischen Untersuchung. Vorstudien sind: Peter Behrens, Integrationstheorie, in: Rechtseinheit für Europa. Festgabe für Konrad Zweigert zum 70. Geburtstag, Tübingen 1981, S. 8–50; Roy Pryce, Die Europäische Integration als Thema der Zeitgeschichte, in: Integration, Nr. 2, 1982, S. 74–77; aus Sicht der frühen siebziger Jahre Roy Pryce, The Politics of Co-operation and Integration in Western Europe, in: Roger Morgan (Hrsg.), The Study of International Affairs. Essays in Honour of Kenneth Younger, London 1972, S. 175–196; Hans-Peter Schwarz, Die europäische Integration als Aufgabe der Zeitgeschichtsforschung. Forschungsstand und Perspektiven, in: Vierteljahrshefte für Zeitgeschichte (VfZ) 31 (1983), S. 559ff.; ders., Adenauer und Europa, in: VfZ 27 (1979), S. 471–523; Wolfgang Wessels, Europapolitik in der wissenschaftlichen Debatte, in: Jahrbuch der Europäischen Integration 1985, Bonn 1986, S. 29–48; Ludolf Herbst, Die zeitgenössische Integrationstheorie und die Anfänge der europäischen Einigung 1947–1950, in: VfZ 34 (1986), S. 161–205.

[17] Heinrich Triepel, Die Hegemonie. Ein Buch von führenden Staaten, 2. Aufl. Stuttgart usw. 1943, S. 140.

nialmacht nachgegeben. Doch, war diese Hegemonie unbedingt oder bedingt? Einerseits ist dabei an den Umstand zu erinnern, daß sich die unterschiedlichen französischen Regierungen drei Jahre lang den letzten Entscheidungen zu entziehen vermochten, andererseits wird man darauf aufmerksam machen müssen, daß Paris in den Jahren 1954/55 doch keine Wahl mehr blieb.

Dasselbe gilt für die Bundesrepublik. Zweifellos war die Form, in der Adenauer im Februar und März 1951 die Entflechtung akzeptieren mußte, nicht frei gewählt, sondern – wie Klaus Schwabe im einzelnen herausgearbeitet hat[18] – Resultat massivster Einflußnahme des amerikanischen Hohen Kommissars John McCloy, den seinerseits Jean Monnet anstachelte. Aber wenn man das Endergebnis Mitte der fünfziger Jahre betrachtet, als sich die Rekonzentration vollzogen hatte, standen die Deutschen eben doch als Sieger da: „Die Dekartellisierung schlug fehl, die Hohe Behörde wurde nie ein Direktorat, und die Bundesrepublik drehte am Ende den Spieß um."[19] Ist das also amerikanische Hegemonie? Ist es erfolgreiche Verteidigung der einzelstaatlichen Autonomie – oder eben jene gemischte Machtlage, wie sie für das Verhältnis zwischen den Vereinigten Staaten und Europa, nicht nur der fünfziger Jahre, so typisch ist? Dies führt zur Frage der Verknüpfung der einzelnen Dimensionen.

Die Außenpolitik der westeuropäischen Staaten – so lehren die Politologen seit langem – findet sich in einem interdependenten Gesamtzusammenhang eingebunden. Aber jede genauere Prüfung läßt natürlich ein hohes Maß an Differenzierung der Bereiche erkennen. Seit dem Zweiten Weltkrieg entwickeln die westlichen Staaten ihre Beziehungen in einer Vielzahl funktionaler Regelkreise. Gewiß: Von Anfang an arbeitet man auch mit Regelkreisen zur Regulierung der Ost-West-Beziehungen. Und das UN-System kann gleichfalls als ein ausdifferenziertes Regelsystem verstanden werden. Am dichtesten und wichtigsten sind in den fünfziger Jahren aber doch die Regelkreise im westeuropäisch-nordatlantischen Raum. Sie sind vielfältig, sie überlappen einander, sie befinden sich während der fünfziger Jahre in ihrer Experimentierphase, und was wir heute rückblickend als Strukturen einer neuen Ordnung Europas begreifen, erscheint den Zeitgenossen bisweilen als organisierte Unordnung.

Die Westbindung bundesdeutscher Außenpolitik ist durch die Differenzierung der Bereiche aber nicht behindert worden, ganz im Gegenteil. Gerade die Vielzahl unterschiedlicher Bezugskreise war es, die die Verflechtung des Gesamtsystems intensiviert hat. Und alle fraglichen Regelkreise waren auch lange Zeit vorwiegend solche zwischen westlichen Gesellschaften. Will man es etwas überspitzen, so läßt sich die Feststellung treffen, daß die Einbindung Deutschlands in das damals zusammenwachsende westliche Verbundsystem auch deshalb so vergleichsweise rasch und dauerhaft erfolgt ist, weil die Konstellation und ein harter Kanzler dazu zwangen, die Westbindung *als Totalität* zu begreifen. Also nicht allein *politisch-ideologische* Westorientierung, konkretisiert im Aufbau eines demokratischen Verfassungsstaates, sondern auch *wirtschaftliche Einbindung* – schon frühzeitig diskutiert mit Blick auf den Marshall-

---

[18] Klaus Schwabe, ‚Ein Akt konstruktiver Staatskunst‘ – die USA und die Anfänge des Schuman-Plans, in: ders. (Hrsg.), Die Anfänge des Schuman-Plans 1950/51. Veröffentlichungen der Historiker-Verbindungsgruppe bei der Kommission der Europäischen Gemeinschaften. Beiträge des Kolloquiums in Aachen, 28.-30. 5. 1986, Baden-Baden 1988, S. 211–240.

[19] John Gillingham, Die französische Ruhrpolitik und die Ursprünge des Schuman-Plans, in: VfZ 35 (1987), S. 24.

Plan, am heftigsten und kontroversesten in bezug auf die Montan-Union. Die ideologische Westorientierung sollte auch politisch-organisatorischen Ausdruck finden – dies war 1949/50 der politische Hintergrund des Beitritts zum Europarat. Und seit Sommer 1950 zeichnete es sich unübersehbar ab, daß zur Totalität der Westbindung die *militärische Integration* in der einen oder anderen Form gehören würde.

Dies alles vollzog sich in einem Epochenklima, bei dem über die noch im Ausland befindlichen oder bereits zurückkehrenden Emigranten, durch die Einflußkanäle der Reedukation und auf vielen anderen Wegen aus den westlichen Zivilisationen stärkste Impulse auf die öffentliche Meinung einwirkten. Architektur und Mode, Theater, Literatur und Kino, Zukunftstechnologie, Erziehungswesen, Philosophie und Sozialwissenschaften – diese und andere Felder waren damals weit geöffnete Einfallstore von Lebensstilen und Geschmacksrichtungen, die als westlich verstanden wurden. Modern und westlich waren in den fünfziger Jahren weitgehend Synonyme. Dies um so mehr, als sich das von der Sowjetunion gestaltete Gesellschaftsmodell als zivilisatorischer Rückschritt darstellte. Tatsächlich wäre ja eine Trennung der Dimensionen politisch-ideologisches System, Wirtschaftsgemeinschaften, Verteidigungspakte, Zivilisation usw. durchaus vorstellbar gewesen. Österreich, Schweden, die Schweiz und Finnland sind Beispiele für Staaten, die „westlich" waren, ohne aber den europäischen Integrationsgemeinschaften oder den Verteidigungsorganisationen des Westens anzugehören.

Es gehörte zu den Hauptcharakteristiken des neuen Systems der fünfziger Jahre, daß sowohl die westlichen Regierungen wie Adenauer und die von ihm geführten politischen Kräfte nur dann Vertrauen in den Gesamtprozeß der Westorientierung fassen wollten, sofern die totale Westintegration der Bundesrepublik zustande kam. Zwar erfolgte die Konkretisierung, wie schon erwähnt, in unterschiedlichen internationalen Organisationen und Vertragssystemen. Aber diese waren doch so beschaffen, daß sie einander verstärkten und insgesamt jenen psychologisch-politischen Sog erzeugten, der aus den Westdeutschen Westeuropäer machte.

Gewiß wäre es eine reizvolle Idee, das Gewicht der einzelnen Dimensionen im Gesamtprozeß zu bewerten. Doch das für die „Club"-Mitgliedschaft Gesagte gilt auch hier: der Forscher wird in erster Linie herausarbeiten müssen, daß die durchweg absichtsvolle Verknüpfung der Bereiche eine Gesamtbewegung in Gang setzte, die sich als unwiderstehlich erwies.

Seit OEEC und EZU, Montan-Union, EWG und NATO aufgebaut worden sind, fehlt es nicht an Studien, die auf die große Bedeutung dieser neuartigen internationalen Organisationen hinweisen. Erst neuerdings hat Alan S. Milward, der gewiß nicht zu den Leichtgläubigen gehört, die Dauerhaftigkeit des Wiederaufbaus Europas zumindest teilweise auf die neuen Institutionen zurückgeführt[20].

Trotz vieler zeitgenössischer und zeitgeschichtlicher Vorarbeiten liegen aber bisher weder klare, auf Auswertung der Akten dieser Organisationen sowie der einzelstaatlichen Regierungen gestützte Arbeiten zum Zusammenwirken der Hohen Behörde mit den Mitgliedsstaaten vor, noch sind bisher über die Funktionen des Ministerrats und der Beratenden Versammlung der Montan-Union größere, quellengestützte historische

---

[20] Alan S. Milward, The Reconstruction of Western Europe 1945–51, London 1984, S. 494.

Arbeiten erschienen. Etwas besser steht es mit Brüsseler Pakt und NATO[21] in ihren Anfängen; das gilt auch für die Anfänge von EWG und Euratom[22].

Desgleichen läßt sich noch nichts Endgültiges über ein weiteres wichtiges Koordinationsorgan der frühen fünfziger Jahre formulieren – über den Ministerrat des Europarats. Auch andere internationale Gremien, von denen zweifellos eine gewisse Dynamik ausging – die Beratende Versammlung des Europarats oder der Ad-Hoc-Ausschuß – treten erst heute voll ins Visier der Geschichtsforschung.

Ausgerechnet jene Organisationen also, die die neuartigsten waren und von denen weithin angenommen wird, daß sie bei der Neuordnung Europas Schlüsselrollen spielten, sind nach wie vor große weiße Flecken auf der historiographischen Landkarte. Somit ist man vielfach darauf angewiesen, mit Hypothesen zu arbeiten.

In der Tat gibt es manche Anzeichen dafür, daß die Bereitschaft zur Akzeptanz der Interdependenz in starkem Maß auf die Erfahrungen mit neuartigen Vertragssystemen und Organisationen zurückging, für die sich damals das Stichwort „Integration" wie von selbst anbot. In die Integrationskonzepte der späten vierziger und der frühen fünfziger Jahre sind bekanntlich verschiedenartigste Traditionen eingeflossen. Ludolf Herbst hat unlängst in einem breitangelegten Überblick daran erinnert[23]. Im angelsächsischen Denken wirkten die nie ganz vergessenen Vorstellungen von Herbert Spencer, wiederbelebt und fortentwickelt von David Mitrany oder Talcott Parsons. Spencer hatte die Integration als Grundgesetz moderner europäischer Zivilisation vor allem in vier Dimensionen zu kennen geglaubt: Allianzen und internationale Beziehungen, weltwirtschaftliche Verflechtungen, Kommunikationswesen, Völkerrecht.

In diesem Zusammenhang wäre auch das Bestreben zu nennen, die „internationale Anarchie" (Emily Dickinson) mittels globaler oder regionaler Regelsysteme einzudämmen. Die Geschichte der Neuordnungskonzepte im 20. Jahrhundert war seit dem Ersten, erst recht seit dem Zweiten Weltkrieg auch eine Geschichte der internationalen Organisationen. Dabei hatten die liberalen Demokratien zweimal versucht, die Neuordnung mit globalen Organisationen zu bewerkstelligen – Völkerbund und Vereinte Nationen im politischen Raum, GATT und das System von Bretton Woods im Bereich der Weltwirtschaft.

Dem UN-Konzept war kein durchschlagender Erfolg beschieden, und die Frühgeschichte sowohl des europäischen Zusammenschlusses wie des regionalen Verteidigungsbündnisses der NATO kann als eine weitere Suchexpedition nach effektiveren internationalen Regimen begriffen werden – diesmal im regionalen Rahmen. Seit Ende der vierziger Jahre lagen nämlich die Schwächen der globalen Organisationen schon ziemlich offen zutage: Inhomogenität der Regierungssysteme ihrer Mitglieder – zuvor

---

[21] Siehe Lawrence S. Kaplan, Toward the Brussels Pact, in: Prologue. The Journal of the National Archives, 12 (1980), S. 73–86; Timothy P. Ireland, Creating the Entangling Alliance. The Origins of the North Atlantic Treaty Organization, London 1981; Christian Greiner, Die alliierten militärstrategischen Planungen zur Verteidigung Westeuropas 1947–50, in: Anfänge westdeutscher Sicherheitspolitik 1945–1956 (Anm. 10), S. 119–324; Hans-Erich Volkmann, Walter Schwengler (Hrsg.), Die Europäische Verteidigungsgemeinschaft. Stand und Probleme der Forschung, Boppard/Rh. 1985.

[22] Hanns Jürgen Küsters, Die Gründung der Europäischen Wirtschaftsgemeinschaft, Baden-Baden 1982; Hans von der Groeben, Aufbaujahre der Europäischen Gemeinschaft. Das Ringen um den Gemeinsamen Markt und die Politische Union (1958–1966). Baden-Baden 1982; Peter Weilemann, Die Anfänge der Europäischen Atomgemeinschaft. Zur Gründungsgeschichte von EURATOM 1955–1957, Baden-Baden 1983.

[23] Siehe Anm. 16.

im Völkerbund, jetzt in der UN; Vielzahl der Mitglieder, so daß nur recht allgemeine Regeln entwickelt werden konnten (ein Problem sowohl der UN wie des GATT); Konstruktionsfehler der Vertragssysteme und ganz allgemein die Ungunst der Umstände.

Ungelöst war auch noch Anfang der fünfziger Jahre das Problem der kollektiven Friedenssicherung. Ungelöst war der Aufbau eines für die westeuropäischen Volkswirtschaften geeigneten Regelsystems zur regionalen Re-Integration der Märkte. Ungelöst war vor allem die Frage von Regelsystemen für die Integration der Bundesrepublik Deutschland – eines Regelsystems, das sowohl deren Kontrolle wie deren freie Entfaltung ermöglichte. Man kann somit die europäischen Institutionen als geglückte Versuche verstehen, die allgemeinen Ziele internationaler Regime unter günstigeren Bedingungen zu erreichen: dank ideologisch homogener Mitgliedschaft, dank eines noch steuerbaren Kreises von Mitgliedstaaten (im Fall von Montan-Union, EVG und EWG lediglich sechs Staaten!), auch dank der Einbettung Deutschlands und Frankreichs in eine größere Gemeinschaft westeuropäischer Staaten mit ähnlicher Interessenlage.

Die Montan-Union, die EVG, EWG und Euratom waren durchweg komplizierte Organisationen von recht unterschiedlicher Zuständigkeitsverteilung und Reichweite. In bezug auf die Bundesrepublik haben sie alle einem Hauptziel gegolten: sie sollten die wirtschaftlichen und militärischen Potentiale Westeuropas und Westdeutschlands in allseits akzeptabler Weise regulieren, ohne einerseits die Leistungsfähigkeit, andererseits aber die Sicherheit der Beteiligten und vitale einzelstaatliche Interessen in Frage zu stellen.

Der Versuch, auch für die Verteidigung ein kompliziertes westeuropäisches Regime zu errichten, war zwar schließlich zum Scheitern verurteilt. Betrachtet man aber das von angelsächsischem Pragmatismus geprägte NATO-System, so läßt sich auch hier jenes hohe Maß von organisatorischer Kompliziertheit erkennen, das es erlaubt, Ungleiche scheinbar gleich und Gleiche ungleich zu behandeln, ohne berechtigte Empfindlichkeiten allzusehr zu verletzen und ohne den Zweck der Organisation zu gefährden.

An dem Gelingen haben viele Faktoren mitgewirkt, die hier nicht zu erwähnen sind. Ein Punkt war sehr wichtig, und er sei zum Schluß doch betont. Mit den Ministerräten des Europarats und der Montan-Union sowie mit den Gremien, die über die Westverträge berieten, waren in den entscheidenden Jahren, auch als Erfolg oder Mißerfolg noch in der Schwebe hingen, kleine arbeitsfähige Gremien von Spitzenpolitikern geschaffen, in denen die Strukturen des neuen Europa recht pragmatisch entwickelt werden konnten. Der Umstand, daß Adenauer damals zugleich sein eigener Außenminister war mit der Kompetenz, für die Bundesrepublik bindende Entscheidungen zu formulieren und durchzusetzen, kann in dieser Hinsicht gar nicht überschätzt werden.

Relativ rasch ist so zwischen den maßgebenden Regierungsmitgliedern eine Art „Club"-Atmosphäre entstanden, besseres Verständnis für die Zwangslage der anderen, auch Gespür für Zumutbares und Unzumutbares. Vergleicht man die Dichte der Spitzenkontakte seit Ende der vierziger Jahre mit den späten zwanziger und den dreißiger Jahren, so sind die Unterschiede offenkundig. Möglicherweise war das komplizierte Detail der Institutionen in den ersten Anfängen, die für die Neuorientierung entscheidend waren, sehr viel weniger wichtig als die Notwendigkeit, sich unablässig in kleinem Kreis zu treffen, auszutauschen und auszugleichen. Vielleicht war es diese rastlose Beschäftigung mit der Organisation der Beziehungen untereinander ohne allzu starke Ablenkung durch phantasievolle und zugleich zu Mißtrauen Anlaß gebende Ostpolitik, aus der sich viele Fortschritte jenes Jahrzehntes erklären lassen. Die westliche Familie raufte sich zusammen, weil und solange noch keine große Aussicht bestand, einen aussichtsreichen Dialog mit dem Osten zu führen. Zwar wurde letzteres von vielen Seiten gefordert und in immer neuen Anläufen durchaus mit Nachdruck versucht. Aber die eigentliche Entdeckung jener Jahre bestand doch darin, daß es tatsächlich möglich war, die Staatenwelt des Westens unter Einbeziehung „Deutschlands", wie die Bundesrepublik damals begriffen wurde, partnerschaftlich neu zu ordnen.

Ursprünglich war die Europabewegung durchaus gesamteuropäisch ausgerichtet. Als aber die Länder des Ostblocks hinter dem Eisernen Vorhang verschwunden waren, gewöhnte man es sich rasch an, von „europäischer" Integration und vom Aufbau „Europas" zu sprechen, ohne stets im gleichen Atemzug zu versichern, daß natürlich auch Dresden und Krakau, Prag und Budapest zu Europa gehören. Aus bundesdeutscher Sicht hatte dies durchaus seine Logik. Der Eiserne Vorhang schien – jedenfalls aus Sicht des in Bonn maßgebenden Mannes – vorerst undurchdringlich. Zugleich war aber auch der Umstand noch viel stärker als später im Gedächtnis, daß sich die drei großen Katastrophen deutscher Geschichte im 20. Jahrhundert – der Erste Weltkrieg, die Installierung der NS-Diktatur und der Zweite Weltkrieg – vor allem auch deshalb ereignen konnten, weil das Verhältnis zu den westlichen Staaten nicht in Ordnung war. So schien es ganz zwingend, hierin die Priorität zu erkennen. Die Eingliederung in die westliche Welt bot ja nicht allein den Ausweg aus aktuellen Schwierigkeiten und Gefährdungen. Sie half den Westdeutschen gleichzeitig, mit ihrer eigenen Vergangenheit ins reine zu kommen.

Es gibt eine vielerörterte Aktennotiz Adenauers vom 9. Oktober 1945, also ganz aus den Anfängen der Nachkriegszeit, als sich seine außenpolitischen Vorstellungen durchaus noch nicht geklärt hatten. Darin ist von einer Ansprache des damaligen französischen Ministerpräsidenten de Gaulle in Saarbrücken die Rede, in der dieser ausgeführt hatte, die Deutschen sollten dessen eingedenk sein, daß sie Europäer seien. „Die Journalisten", so vermerkte Adenauer, die bei dieser Rede zugegen waren, wußten zu berichten, „de Gaulle habe sogar gesagt, Franzosen und Deutsche müßten eingedenk sein, daß sie Westeuropäer seien." Und Adenauer fügte hinzu: „Ich erwiderte, ich wollte, daß ein englischer Staatsmann von uns als Westeuropäern gesprochen hätte."[24]

Dieses Stichwort verdeutlicht, worum es damals und in der Folgezeit nicht allein Adenauer ging. Möglicherweise war es aber dies, worin die Zeitgeschichtsforschung das wichtigste Resultat des vielschichtigen Gesamtvorgangs verstehen sollte, der uns unter dem Thema „Die Eingliederung der Bundesrepublik in die westliche Welt" beschäftigt hat. Die Westdeutschen sahen sich in einen Geschichtsprozeß einbezogen und nahmen seit Gründung der Bundesrepublik selbst aktiv daran Anteil, der die Struktur des europäischen Staatensystems, die Machtgewichte, die Orientierungen und die Psychologie aller Beteiligten nachhaltig verändern sollte. 1945, im Jahr der Nieder-

---

[24] Konrad Adenauer, Erinnerungen 1945–1953, Stuttgart 1965, S. 34.

lage, war selbst bei einem Deutschen wie Adenauer die Empfindung übermächtig, vom westlichen „Club" ausgeschlossen zu sein. Irgendwann im Verlauf des Prozesses – bei manchen früher, bei manchen später – kam es aber zur Entdeckung, daß aus den Deutschen in der Bundesrepublik unbeschadet ihrer nationalen Identität, vielleicht auch auf deren Kosten, wer weiß das genau, Westeuropäer geworden waren und aus der Bundesrepublik Deutschland ein westeuropäisches Land.

Abkürzungsverzeichnis

AA	Auswärtiges Amt
ACDP	Archiv für Christlich-Demokratische Politik der Konrad-Adenauer-Stiftung
AEC	Atomic Energy Commission
AHK	Alliierte Hohe Kommission
AN	Archives Nationales
Anm.	Anmerkung
AOF	Archives de l'Occupation française en Allemagne, Colmar
BA	Bundesarchiv
BA-MA	Bundesarchiv-Militärarchiv
BDI	Bundesverband der Deutschen Industrie
BENELUX	Belgien, Niederlande, Luxemburg
BIZ	Bank für Internationalen Zahlungsausgleich
BMFA	Belgian Ministry of Foreign Affairs, Brussels
BMWi	Bundesministerium für Wirtschaft
BRD	Bundesrepublik Deutschland
CCS	Combined Chiefs of Staff
CEEC	Committee of European Economic Cooperation
CGT	Confédération Générale du Travail
CINCEUR	Commander-in-Chief, Europe
DIHT	Deutscher Industrie- und Handelstag
Diss.	Dissertation
DP	Displaced Persons
EAC	European Advisory Commission
ECA	Economic Co-operation Administration
EFTA	European Free Trade Association
EG	Europäische Gemeinschaften
EGKS	Europäische Gemeinschaft für Kohle und Stahl
EPU	European Payments Union
ERP	European Recovery Program
EUCOM	European Command
EURATOM	Europäische Atomgemeinschaft
EWG	Europäische Wirtschaftsgemeinschaft
EVG	Europäische Verteidigungsgemeinschaft
EZU	Europäische Zahlungsunion
FRUS	Foreign Relations of the United States
GATT	General Agreement on Tarriffs and Trade
HICOG	(U.S.) High Commission(er) for Germany
hrsg., Hrsg.	herausgegeben, Herausgeber
HZ	Historische Zeitschrift
IfZ	Institut für Zeitgeschichte
IMF	International Monetary Fund
IWW/WA	Institut für Weltwirtschaft, Kiel/Wirtschaftsarchiv

J.O.A.N.   Journal Officiel, Assemblée Nationale

KA   Krekeler-Akten
KAG   Keesing's Archiv der Gegenwart

MAE   Archives de Ministère des Affaires étrangères
MAP   Military Assistance Program
MLA   Maier-Leibnitz-Akten

NA   National Archives, Washington
NATO   North Atlantic Treaty Organization
NL   Nachlaß
NMFA   Netherlands Ministry of Foreign Affairs, The Hague
NSC   National Security Council

OEEC   Organization for European Economic Cooperation
OSD   Office of the Secretary of Defense

PA AA   Politisches Archiv des Auswärtigen Amtes
PAC   Public Archives of Canada, Ottawa
PRO   Public Record Office, London
PUSC   Permanent Under-Secretary's Committee

SACEUR   Supreme Allied Commander, Europe
SHAEF   Supreme Headquarters, Allied Expeditionary Forces
SHAT   Service Historique de l'Armée de Terre, Paris
SHAPE   Supreme Headquarters, Allied Powers Europe
StBKAH   Stiftung Bundeskanzler-Adenauer-Haus

TLT   Truman Presidential Library, Truman Papers

UNO   United Nations Organization
UdSSR   Union der Sozialistischen Sowjet-Republiken
US   United States
USA   United States of America

VfZ   Vierteljahrshefte für Zeitgeschichte

WA   Winnacker-Akten
WEU   Westeuropäische Union

Auswahlbibliographie

I. Gedruckte Quellen und Dokumentensammlungen

Adenauer, Briefe, bearb. v. Hans-Peter Mensing, Bd. 1: 1945–1947, Berlin 1983; Bd. 2: 1947–1949, Berlin 1984; Bd. 3: 1949–1951, Berlin 1985; Bd. 4: 1951–1953, Berlin 1987, (= Adenauer, Rhöndorfer Ausgabe, hrsg. v. Rudolf Morsey und Hans-Peter Schwarz)

Adenauer, Konrad, Reden 1917–1967. Eine Auswahl, hrsg. v. Hans-Peter Schwarz, Stuttgart 1975

Adenauer, Teegespräche, bearb. v. Hanns Jürgen Küsters, Bd. 1: 1950–1954, Berlin 1984; Bd. 2: 1955–1959, Berlin 1986; Bd. 3: 1959–1961, Berlin 1988; Bd. 4: 1961–1963 (i. Vorb.), (= Adenauer, Rhöndorfer Ausgabe, hrsg. v. Rudolf Morsey und Hans-Peter Schwarz)

Akten zur Vorgeschichte der Bundesrepublik Deutschland 1945–1949, 5 Bde., hrsg. v. Bundesarchiv und Institut für Zeitgeschichte, Bd. 4: Januar–Dezember 1948, bearb. v. Christoph Weisz, Hans-Dieter Kreikamp und Bernd Steger, Bd. 5: Januar–September 1949, bearb. v. Hans-Dieter Kreikamp, München usw. 1976–1983

Deutsche Auslandsschulden. Dokumente zu den internationalen Verhandlungen Oktober 1950 bis Juli 1951, hrsg. v. Auswärtigen Amt, dem Bundesministerium der Finanzen, dem Bundesministerium für Wirtschaft und dem Bundesministerium für den Marshallplan

Baring, Arnulf (Hrsg.), Sehr geehrter Herr Bundeskanzler! Heinrich von Brentano im Briefwechsel mit Konrad Adenauer 1949–1964, Hamburg 1974

Brentano, Heinrich von, Deutschland, Europa und die Welt. Reden zur deutschen Außenpolitik, Bonn usw. 1962

Chandler, Alfred D. und Louis Galambos (Hrsg.), The Papers of Dwight David Eisenhower, 9 Bde., Baltimore 1970–1979

Containment. Documents on American Policy and Strategy, 1945–1950, hrsg. v. Thomas H. Etzold und John Lewis Gaddis, New York 1978

Dokumentation der Europäischen Integration, zusammengestellt v. Heinrich von Siegler, Bd. 1: Mit besonderer Berücksichtigung des Verhältnisses EWG-EFTA. Von der Zürcher Rede Winston Churchills 1946 bis zur Bewerbung Großbritanniens um Mitgliedschaft bei der EWG 1961; Bd. 2: 1961–1963 unter Berücksichtigung der Bestrebungen für eine atlantische Partnerschaft, Bonn usw. 1961–1963

Documents diplomatique français, hrsg. v. Ministère des Affaires Etrangères, Commission de publication des documents diplomatique. 1954 (21 juillet – 31 décembre) und Annexes, Paris 1987; 1955. Tome 1 (1er janvier – 30 juin) und Tome 1: Annexes, Paris 1987

Documents on British Policy Overseas, hrsg. v. Roger Bullen und Margaret E. Pelly, Serie I, Bd. 1ff.; Serie II, Bd. 1: The Schuman Plan, the Council of Europe and Western European Integration, May 1950 – December 1952, Bd. 2: The London Conferences, 1950, Bd. 3: German Rearmament, 1950, London 1986, 1987 u. 1989

Documents on Germany under Occupation 1945–1954, hrsg. v. Beate Ruhm von Oppen, London 1955

Documents on International Affairs, hrsg. v. Royal Institute of International Affairs, 1949/50–
1959, London 1953–1963

Documents on Swedish foreign policy, hrsg. v. Royal Ministry for Foreign Affairs. New Series.
Bd. 1: 1950–1951, Stockholm 1957; Bd. 2: 1952, Stockholm 1957; Bd. 3: 1953, Stockholm 1957;
Bd. 4: 1954, Stockholm 1957; Bd. 5: 1955, Stockholm 1957

Documents on the History of European Integration, hrsg. v. Walter Lipgens, Bd. 1: Continental
plans for European Union 1939–1945, Berlin 1985; Bd. 2: Plans for European Union in Great
Britain and in Exile 1939–1945, Berlin 1986; Bd. 3: The struggle for European Union by political
parties and pressure groups in Western European countries 1945–1950, Berlin 1988

Dokumente zur Deutschlandpolitik, hrsg. v. Bundesministerium für gesamtdeutsche Fragen, III.
Reihe, bearb. v. Ernst Deuerlein unter Mitwirkung v. Hansjürgen Schierbaum, Reihe 3: Vom 5.
Mai 1955 bis 9. November 1958, Bd. 1: 5. Mai bis 31. Dezember 1955, Frankfurt/M. usw. 1961;
Bd. 2: 1. Januar bis 31. Dezember 1956, Frankfurt/M. usw. 1963; Bd. 3: 1. Januar bis 31.
Dezember 1957, Frankfurt/M. usw. 1967; Bd. 4: 1. Januar bis 9. November 1958, Frankfurt/M.
usw. 1969

Europa, Dokumente zur Frage der europäischen Einigung, hrsg. im Auftrag des Auswärtigen
Amtes, 3 Bde., Bonn 1962

Europa-Archiv 1 (1946/47)ff. Dokumenten-Teil, Oberursel (Ts.) 1946ff.

Foreign Relations of the United States, Diplomatic Papers, hrsg. v. Department of State, Jg.
1941–1954, Washington 1958–1984

Germany 1947–1949. The Story in Documents, Washington 1950

Hallstein, Walter, Europäische Reden, hrsg. v. Thomas Oppermann, Stuttgart 1979

45Jahre Ringen um die Europäische Verfassung. Dokumente 1939–1984. Von den Schriften der
Widerstandsbewegung bis zum Vertragsentwurf des Europäischen Parlaments, hrsg. und kommentiert v. Walter Lipgens, Bonn 1986

Die Kabinettsprotokolle der Bundesregierung, hrsg. für das Bundesarchiv v. Hans Booms, Bd. 1:
1949, bearb. v. Ulrich Enders und Konrad Reiser, Boppard/Rh. 1982; Bd. 2: 1950, bearb. v.
Ulrich Enders und Konrad Reiser, Boppard/Rh. 1984; Bd 3: 1950. Wortprotokolle, bearb. v.
Ulrich Enders und Konrad Reiser, Boppard/Rh. 1986; Bd. 4: 1951, bearb. v. Ursula Hüllbüsch,
Boppard/Rh. 1988

Lademacher, Horst und Walter Mühlhausen (Hrsg.), Sicherheit, Kontrolle, Souveränität. Das
Petersberger Abkommen vom 22. November 1949. Eine Dokumentation, Melsungen 1985

Lipgens, Walter, EVG und politische Föderation. Protokolle der Konferenz der Außenminister
der an den Verhandlungen über eine europäische Verteidigungsgemeinschaft beteiligten Länder
am 11. Dezember 1951. Dokumentation, in: Vierteljahrshefte für Zeitgeschichte 32 (1984), S.
637–688

Monnet, Jean und Robert Schuman, Correspondance 1947–1953 (Fondation Jean Monnet pour
l'Europe, Centre de Recherches Européennes), Lausanne 1986

Rautenberg, Hans-Jürgen und Norbert Wiggershaus, Die „Himmelroder Denkschrift" vom Oktober 1950. Politische und militärische Überlegungen für einen Beitrag der Bundesrepublik
Deutschland zur westeuropäischen Verteidigung, in: Militärgeschichtliche Mitteilungen 1977, H.
21, S. 135–206

Schöndube, Claus (Hrsg.), Europa. Verträge und Gesetze, Bonn 1972

Schubert, Klaus von (Hrsg.), Sicherheitspolitik der Bundesrepublik Deutschland, Dokumentation 1945–1977, 2 Bde., Bonn 1977f.

Schumacher, Kurt, Reden – Schriften – Korrespondenzen 1945–1952, hrsg. v. Willy Albrecht, Berlin usw. 1985

Schwarz, Jürgen (Hrsg.), Der Aufbau Europas. Pläne und Dokumente 1945 bis 1980, Bonn 1980

Siegler, Heinrich von (Hrsg.), Europäische politische Einigung 1949–1968. Dokumentation von Vorschlägen und Stellungnahmen, Bonn usw. 1968

Smith, Jean Edward (Hrsg.), The Papers of General Lucius D. Clay, Germany 1945–1949, 2 Bde., Bloomington usw. 1974

Wandel, Eckhard, Adenauer und der Schuman-Plan. Dokumentation, in: Vierteljahreshefte für Zeitgeschichte 20 (1972), S. 192–203

Wiederaufbau im Zeichen des Marshallplanes 1948–1952, hrsg. v. Bundesminister für den Marshallplan, Bonn 1953

II. Memoiren und Tagebücher

Acheson, Dean, Present at the Creation. My Years in the State Department, New York 1969

Adenauer, Konrad, Erinnerungen 1945–1963, 4 Bde., Frankfurt/M. 1965–1968

Alphand, Hervé, L'étonnement d'être, Journal 1939–1973, Paris 1977

Attlee, Clement, As it Happened, London 1954

Auriol, Vincent, Journal du Septennat, 7 Bde., Paris 1970–1978

Auriol, Vincent, Mon septennat 1947–1954, Paris 1970

Bidault, Georges, D'une Résistance à l'autre, Paris 1965 (dt.: Noch einmal Rebell, Berlin 1966)

Blankenhorn, Herbert, Verständnis und Verständigung. Blätter eines politischen Tagebuchs 1949–1979, Frankfurt/M. usw. 1980

Bérard, Armand, Un ambassadeur se souvient. Washington et Bonn. 1945–1955, Paris 1978

Dalton, Hugh, High Time and After. Memoirs 1945–1960, London 1962

Eden, Anthony, The Memoirs of the Rt. Hon. Sir Anthony Eden. Full Circle, London 1960 (dt.: Memoiren 1945–1957, Köln usw. 1960)

Eisenhower, Dwight D., The White House Years. Mandate for Change. 1953–1956, London 1963; Waging Peace. 1956–1961, London 1966 (dt.: Die Jahre im Weißen Haus, 1953–1956, Düsseldorf usw. 1964; Wagnis für den Frieden, 1956–1961, Düsseldorf usw. 1966)

Ferell, Robert H., The Eisenhower Diaries, New York 1981

François-Poncet, André, Auf dem Wege nach Europa. Politisches Tagebuch 1942 bis 1962, Berlin usw. 1964

Gaitskell, Hugh, The Diary, 1945–1956, hrsg. v. Philipp M. Williams, London 1983

Grewe, Wilhelm G., Rückblenden 1976–1951. Aufzeichnungen eines Augenzeugen deutscher Außenpolitik von Adenauer bis Schmidt, Frankfurt/M. usw. 1979

Hausenstein, Wilhelm, Pariser Erinnerungen. Aus fünf Jahren diplomatischen Dienstes 1950–1955, München 1961

Hoffmann, Johannes, Das Ziel war Europa. Der Weg der Saar 1945–1955, München usw. 1963

Kennan, George F., Memoirs, Bd. 1: 1925–1950, Boston 1967; Bd. 2: 1950–1963, Boston 1973; dt.: Bd. 1: Memoiren eines Diplomaten, 1925–1950, Stuttgart 1968; Bd. 2: Memoiren 1950–1963, Frankfurt/M. 1973

Kirkpatrick, Ivone, The Inner Circle, London 1959

Macmillan, Harold, Memoirs, 6 Bde., Bd. 3: Tides of fortune 1945–1955, London 1969; Bd. 4: Riding the Storm 1956–1959, London 1971; Bd. 5: Pointing the Way 1959–1961, London 1972; Bd. 6: At the End of the Day 1961–1963, London 1973

Maréchal, Juin, Mémoires, Paris 1960

Marjolin, Robert: Le travail d'une vie, 1911–1986, Paris 1986

Massigli, René, Une comédie des erreurs, 1943–1956. Souvenirs et reflexions sur une étape de la construction européenne, Paris 1978

Mendès France, Pierre: Oeuvres complètes, Bd. 1: Une politique de l'économie, 1943–1954, Paris 1985

Monnet, Jean, Mémoires, 2 Bde. Paris 1976 (dt.: Erinnerungen eines Europäers, München usw. 1978)

Müller-Armack, Alfred, Auf dem Wege nach Europa. Erinnerungen und Ausblicke, Tübingen 1971

Schmid, Carlo, Erinnerungen, Bern usw. 1979
Seydoux, François, Mémoires d'Outre-Rhin, Grasset 1975

Shuckburgh, Evelyn, Descent to Suez. Diaries 1951–1956, London 1986

Spaak, Paul-Henri, Combats inachevés, 2 Bde., Paris 1970f. (dt.: Memoiren eines Europäers, Hamburg 1969)

Stikker, Dirk: Men of Responsibility. A Memoir, New York 1966

Truman, Harry S., Memoirs, Bd. 1: Years of Decisions, 1945, New York 1955; Bd. 2: Years of Trial and Hope, 1946–1953, New York 1956 (dt.: Bd. 1: Das Jahr der Entscheidungen, 1945, Stuttgart 1955; Bd. 2: Jahre der Bewährung und des Hoffens, 1946–1953, Stuttgart 1956)

III. Bibliographien

Bibliographie zur Saarfrage (1945–1954), hektographische Veröffentlichung der Forschungsstelle für Völkerrecht und ausländisches öffentliches Recht der Universität Hamburg Nr. 19

Bibliographie zum Schumanplan 1950–1952, bearb. v. Institut für europäische Politik und Wirtschaft, Frankfurt/M. 1953

Bibliographie zur Zeitgeschichte, zusammengestellt v. Thilo Vogelsang, Beilage der Vierteljahrshefte für Zeitgeschichte 1ff. (1953ff.)

Bibliography of historic research studies into European integration 1959–1984. Bibliographie des recherches historiques sur la construction européenne, zusammengestellt v. Centre d'Etudes Européenne, Université Catholique de Louvain, Brüssel 1985

Böttcher, Winfried, Jürgen Jansen und Friedrich Welsch, Das britische Parlament und Europa 1940–1972. Eine Fachbibliographie, Baden-Baden 1975

Deutsches und ausländisches Schrifttum zu den regionalen Sicherheitsvereinbarungen 1945–1956, Frankfurt/M. 1957 (= Aktuelle Bibliographien des Europa-Archivs, H. 14)

Gordon, Colin, The Atlantic Alliance. A bibliography, London 1978

Kujath, Karl, Bibliographie zur europäischen Integration, hrsg. v. Institut für Europäische Politik, Bonn 1977

Menyesch, Dieter und Bérénice Manac'h, France – Allemagne. Relations internationales et interdépendance bilatérales. Une Bibliographie 1963–1982, München 1984

Merritt, Anna J. und Richard L. Merritt, Politics, economics and society in the two Germanies, 1945–1975. A bibliography of English-language works, Urbana 1978

Mück, Walburga, Die NATO. Eine Auswahlbibliographie, in: Jahresbibliographie. Bibliothek zur Zeitgeschichte 54 (1982), Koblenz 1983, S. 423–479

Recherches universitaires sur l'intégration européenne. University research on European integration. Enquête réalisée par le Centre d'études européennes. Université Catholique de Louvain à la demande de la Commission des Communautés européennes, Nr. 13: Brüssel 1985; Nr. 14: 1987, Brüssel 1987

Siemers, J. P. und E. H. Siemers-Hidma, European integration. Select international bibliography of theses and dissertations. Europäische Integration. Internationales Auswahlverzeichnis von Dissertationen und Diplomarbeiten, 1957–1980, Den Haag 1981

Vogelsang, Thilo und Hellmuth Auerbach (Hrsg.), Bibliographie zur Zeitgeschichte 1953–1980, 2 Bde., München usw. 1982

IV. Darstellungen und Aufsätze

Abelshauser, Werner, Der Kleine Marshallplan. Handelsintegration durch innereuropäische Wirtschaftshilfe 1948–1950, in: Helmut Berding (Hrsg.), Wirtschaftliche und politische Integration in Europa im 19. und 20. Jahrhundert, Göttingen 1984, S. 212–224

Abelshauser, Werner, Wirtschaftsgeschichte der Bundesrepublik Deutschland 1945–1980, Frankfurt/M. 1983

Adamsen, Heiner R., Faktoren und Daten der wirtschaftlichen Entwicklung in der Frühphase der Bundesrepublik Deutschland 1948–1954, in: Archiv für Sozialgeschichte 18 (1978), S. 217–244

Adamsen, Heiner R., Investitionshilfe für die Ruhr. Wiederaufbau, Verbände und Soziale Marktwirtschaft 1948–1952, Wuppertal 1981

Adler-Karlsson, Gunnar, Western Economic Warfare 1947–1967. A Case Study in Foreign Economic Policy, Stockholm 1968

Alting von Geusau, F. A. M., European organizations and foreign relations of states. A comparative analyses of dicision-making, Leiden 1962

Ambrose, Stephen E., Eisenhower, The President, 1952–1969, 2 Bde., New York 1983f.

Ambrosius, Gerold, Europäische Integration und wirtschaftliche Entwicklung der Bundesrepublik Deutschland in den fünfziger Jahren, in: Helmut Berding (Hrsg.), Wirtschaftliche und politische Integration in Europa im 19. und 20. Jahrhundert, Göttingen 1984, S. 271–294

Anderson, Terry H., The United States, Great Britain and the Cold War 1944–1947, Columbia 1981

Andrén, Nils, Power-Balance and Non-Alignment. A Perspective on Swedish Foreign Policy, Stockholm 1967

Anfänge westdeutscher Sicherheitspolitik 1945–1956, hrsg. v. Militärgeschichtlichen Forschungsamt, Bd. 1: Von der Kapitulation bis zum Pleven-Plan, hrsg. v. Roland G. Foerster, Christian Greiner, Georg Mayer, Hans-Jürgen Rautenberg und Nobert Wiggershaus, München usw. 1982

Arbeitskreis Europäische Integration (Hrsg.), Die Kernenergie als Problem europäischer Politik, Baden-Baden 1980

Arkes, Hadley, Bureaucracy, the Marshall Plan and the National Interest, New York 1972

Aspekte der deutschen Wiederbewaffnung bis 1955, hrsg. v. Militärgeschichtlichen Forschungsamt Boppard/Rh. 1975 (= Militärgeschichte seit 1945, Bd. 1)

Azzola, Axel Christian, Die Diskussion um die Aufrüstung der BRD im Unterhaus und in der Presse Großbritanniens November 1949 – Juli 1952, Meisenheim a. G. 1971 (= Marburger Abhandlungen zur Politischen Wissenschaft, Bd. 12)

Baade, Fritz, Die deutsche Landwirtschaft im Gemeinsamen Markt, Baden-Baden 1958

Baade, Fritz und Franz Fendt, Die deutsche Landwirtschaft im Ringen um den Agrarmarkt Europas, Baden-Baden 1971 (= Schriftenreihe europäische Wirtschaft, Bd. 43)

Bahu-Leyser, Danielle, De Gaulle. Les Français et l'Europe, Paris 1981 (= Publications de la Sorbonne. Série Internationale, Bd. 14)

Baring, Arnulf, Außenpolitik in Adenauers Kanzlerdemokratie. Bonns Beitrag zur Europäischen Verteidigungsgemeinschaft, München 1969 (= Schriften des Forschungsinstituts der Deutschen Gesellschaft für Auswärtige Politik e. V., Bd. 28)

Barker, Elisabeth, Britain in a Divided Europe 1945–1970, London 1971

Barnavi, Elie und Saul Friedländer, La politique étrangère du Général de Gaulle, Paris 1985

Baron, Ismay, NATO: The First Five Years, 1949–1954, London 1955

Baylis, John, Britain and the Dunkirk Treaty: The Origins of NATO, in: Journal of Strategic Studies 5 (1982), S. 236–247

Baylis, John, Britain, the Brussels Pact and the Continental Commitment, in: International Affairs 60 (1984), S. 561–578

Becker, Johannes M., Die Remilitarisierung der Bundesrepublik Deutschland und das deutsch-französische Verhältnis. Die Haltung führender Offiziere (1945–1955), Diss. Marburg 1987

Becker, Josef und Franz Knipping (Hrsg.), Power in Europe? Great Britain, France, Italy and Germany in a Postwar World, 1945–1950, Berlin 1986

Bédarida, François und Jean-Pierre Rioux, Pierre Mendès France et le mendèsisme. L'expérience gouvernementale (1954–1955) et sa postérité, Paris 1984

Bellers, Jürgen, Reformpolitik und EWG-Strategie der SPD. Die innen- und außenpolitischen Faktoren der europapolitischen Integrationswilligkeit einer Oppositionspartei (1957–1963), München 1979

Beloff, Max, The United States and the Unity of Europe, New York 1963

Benz, Wolfgang (Hrsg.), Die Bundesrepublik Deutschland. Geschichte in drei Bänden. Politik, Gesellschaft, Kultur, Frankfurt/M. 1983, aktualisierte u. erw. Neuausgabe Frankfurt/M. 1989

Berding, Helmut (Hrsg.), Wirtschaftliche und politische Integration in Europa im 19. und 20. Jahrhundert, Göttingen 1984

Berghahn, Volker R., The Americanisation of West German Industry, 1945–1973, Leamington Spa 1986

Besson, Waldemar, Die Außenpolitik der Bundesrepublik. Erfahrungen und Maßstäbe, 2. Aufl. Berlin usw. 1973

Beugel van der, Ernst H., From Marshall Aid to Atlantic Partnership. European Integration as a Concern of American Foreign Policy, Amsterdam usw. 1966

Blancpain, Jean-Pierre, Vom Bilateralismus zur Konvertibilität. Die Entwicklung der europäischen Währungsreform von 1946 bis 1960, Herisau 1962

Blumenwitz, Dieter u. a. (Hrsg.), Konrad Adenauer und seine Zeit. Politik und Persönlichkeit des ersten Bundeskanzlers. Bd. 1: Beiträge von Weg- und Zeitgenossen, Bd. 2: Beiträge der Wissenschaft, Stuttgart 1976

Boltho, Andrea (Hrsg.), The European economy. Growth and crisis, Oxford 1982

Bonnefous, Edouard, L'idée européenne et sa réalisation, Paris 1950

Borchardt, Knut, Die Bundesrepublik in den säkulären Trends der wirtschaftlichen Entwicklung, in: Conze, Werner und M. Rainer Lepsius (Hrsg.), Sozialgeschichte der Bundesrepublik Deutschland. Beiträge zum Kontinuitätsproblem, Stuttgart 1983, S. 20–45

Borchardt, Knut, Integration in wirtschaftshistorischer Perspektive, in: Schneider, Eberhard (Hrsg.), Weltwirtschaftliche Probleme der Gegenwart, Berlin 1965

Borgert, Heinz-Ludger, Walter Stürm und Norbert Wiggershaus, Dienstgruppen und westdeutscher Verteidigungsbeitrag. Vorüberlegungen zur Bewaffnung der Bundesrepublik Deutschland, Boppard/Rh. 1982 (= Militärgeschichte seit 1945, hrsg. v. Militärgeschichtlichen Forschungsamt, Bd. 6)

Bossuat, Gérard, La modernisation de la France sous influence. Les premières étapes de l'appel à l'étranger 1944–1949, Diss. Paris 1988

Bouvier, Jean und François Block-Lainé, La France restaurée 1944–1954. Dialogue sur les choix d'une modernisation, Paris 1986

Brähler, Rainer, Der Marshallplan. Zur Strategie weltmarktorientierter Krisenvermeidung in der amerikanischen Westeuropapolitik 1933 bis 1952, Köln 1983

Brill, Heinz, Bogislaw von Bonin im Spannungsfeld zwischen Wiederbewaffnung – Westintegration – Wiedervereinigung. Ein Beitrag zur Entstehungsgeschichte der Bundeswehr 1952–1955, Baden-Baden 1987

Bromberger, Merry und Serge Bromberger, Jean Monnet and the United States of Europe, New York 1968

Buchheim, Christoph, Das Londoner Schuldenabkommen, in: Ludolf Herbst (Hrsg.), Westdeutschland 1945–1955. Unterwerfung, Kontrolle, Integration, München 1986, S. 219–229

Buchheim, Christoph, Die Wiedereingliederung Westdeutschlands in die Weltwirtschaft 1945–1958, München 1990

Buchheim, Christoph, Einige wirtschaftliche Maßnahmen Westdeutschlands von 1945 bis zur Gegenwart, in: Hans Pohl (Hrsg.), Wettbewerbsbeschränkungen auf internationalen Märkten, Stuttgart 1988, S. 213–226

Buchheim, Christoph, Werner Bührer und Constantin Goschler, Der Schumanplan als Instrument französischer Wirtschaftspolitik. Zur historischen Wirkung eines falschen Kalküls, in: Vierteljahrshefte für Zeitgeschichte 37 (1989), S. 171–206

Buczylowski, Ulrich, Kurt Schumacher und die deutsche Frage. Sicherheitspolitik und strategische Offensivkonzeption vom August 1950 bis September 1951, Stuttgart 1973

Bührer, Werner, Ruhrstahl und Europa. Die Wirtschaftsvereinigung Eisen- und Stahlindustrie und die Anfänge der europäischen Integration 1945–1952, München 1986

Bührer, Werner, Auftakt in Paris. Der Marshallplan und die deutsche Rückkehr auf die internationale Bühne 1948/49, in: Vierteljahrshefte für Zeitgeschichte 36 (1988), S. 529–556

Bullock, Alan, The Life and Times of Ernest Bevin, Bd. 3: Ernest Bevin. Foreign Secretary 1945–1951, London 1983

Bundesministerium für Wirtschaft (Hrsg.), Der Wissenschaftliche Beirat beim Bundesministerium für Wirtschaft, Sammelband der Gutachten von 1948 bis 1972, Göttingen 1973

Cahn, Jean-Paul, Le second retour. Le rattachement de la Sarre à L'Allemagne 1955–1957, Bern usw. 1985

Camps, Miriam, Britain and the European Community 1955–1963, London 1964

Cardozo, Richard N., The Project for a Political Community (1952–1954), in: The Dynamics of European Union, hrsg. v. Roy Price, London 1987, S. 49–77 (= Dokumente des Europäischen Parlaments und des Europarates)

Carew, Anthony, Labour under the Marshall Plan. The politics of productivity and the marketing of management science, Manchester 1987

Carlton, David: Anthony Eden. A Biography, London 1981

Carruth, R. A., Compliance mechanisms in intergovernmental organizations: the case of steel in the organization for economic cooperation and development and the European coal and steel community, Diss. Minnesota 1985

Cioc, Mark, Pax Atomica: The Nuclear Defense Debate in West Germany during the Adenauer Era, New York 1988

Colebrook, Mulford Jay, Franco-British Relations and European Integration 1945–1950, Diss. Genf 1971

Cooney, James A. und Gordon A. Craig (Hrsg.), The Federal Republic of Germany and the United States. Changing political, social and economic relations, Boulder 1984 (dt.: Die Bundesrepublik Deutschland und die Vereinigten Staaten von Amerika. Politische, soziale und wirtschaftliche Beziehungen im Wandel, Stuttgart 1985)

Czempiel, Ernst-Otto, Amerikanische Außenpolitik. Gesellschaftliche Anforderungen und politische Entscheidungen, Stuttgart 1979

Dahms, Th., „Jahrhundertvertrag" oder „Marktwirtschaft". Neuorientierung der Agrarpolitik im historischen Zusammenhang, in: Wirtschaftliche Strukturprobleme und soziale Fragen. Festschrift für J. Heinz Müller, hrsg. v. J. Klaus und P. Klemmer, Berlin 1988, S. 71–83

Daniel, Ute, Dollardiplomatie in Europa. Marshallplan, Kalter Krieg und US-Außenwirtschaftspolitik 1945–1952, Düsseldorf 1982

Dean, Robert W., West German trade with the East. The political dimension, New York 1974

Deppe, Frank (Hrsg.), Europäische Wirtschaftsgemeinschaft (EWG). Zur politischen Ökonomie der westeuropäischen Integration, Reinbek/Hbg. 1975

Dernberg, H. J., The Blocked Mark Problem (1931–1954), in: The Journal of Finance 10 (1955), S. 17ff.

Deubner, Christian, Die Atompolitik der westdeutschen Industrie und die Gründung von Euratom, Frankfurt/M. 1979

Deutsch, Karl W. u. a., Political Community and the North Atlantic Area. International Organization in the Light of Historical Experience, Princeton 1957

Deutsch, Karl W. und Lewis J. Edinger, Germany rejoins the powers. Mass opinion, interest groups, and elites in contemporary German foreign policy, Stanford 1959

Deutsch, Karl W., Roy C. Macridis, Lewis J. Edinger und Richard L. Merritt, France, Germany and the Western Alliance: A Study of Elite Attitudes on European Integration and World Politics, New York 1967

Dichgans, Hans, Montanunion. Menschen und Institutionen, Düsseldorf 1980

Didier, Francis, La genèse de l'affaire de la C.E.D., 1952–1954, Paris 1976

Diebold, William Jr., The Schuman Plan. A Study in Economic Cooperation 1950–1959, New York 1959

Diebold, William Jr., Trade and Payments in Western Europe. A Study in Economic Cooperation 1947–1951, New York 1952

Divine, Robert, Eisenhower and the Cold War, Oxford 1981

Doering-Manteuffel, Anselm, Die Bundesrepublik Deutschland in der Ära Adenauer. Außenpolitik und innere Entwicklung 1949–1963, Darmstadt 1983

Doering-Manteuffel, Anselm, Katholizismus und Wiederbewaffnung. Die Haltung der deutschen Katholiken gegenüber der Wehrfrage 1948–1955, Main 1981

Dohse, Rainer, Der Dritte Weg. Neutralitätsbestrebungen in Westdeutschland zwischen 1945 und 1955, Hamburg 1974

Dransfeld, Gabriele, Die Rolle der Westeuropäischen Union (WEU) im europäischen Integrationsprozeß, Diss. München 1974

Drummond, Gordon D., The German Social Democrats in opposition, 1949–1960. The case against rearmament, Norman 1982

Dumoulin, Michel (Hrsg.), La Belgique et les débuts de la construction européenne. De la guerre aux traités de Rome, Louvain-la-Neuve 1987

Eckert, Michael, Die Anfänge der Atompolitik in der Bundesrepublik Deutschland, in: Vierteljahrshefte für Zeitgeschichte 37 (1989), S. 115–143

Enders, Thomas, Franz Josef Strauß – Helmut Schmidt und die Doktrin der Abschreckung, Koblenz 1984 (= „Bernhard und Graefe aktuell", hrsg. v. Arbeitskreis für Wehrforschung, Bd. 38), Entmilitarisierung und Aufrüstung in Mitteleuropa 1945–1956, Herford usw. 1983 (= Vorträge zur Militärgeschichte, hrsg. v. Militärgeschichtlichen Forschungsamt, Bd. 4)

Erdmann, Karl Dietrich, Politik und Wissenschaft. Die europäische Herausforderung bei Briand, Adenauer, Schuman, De Gasperi, in: Geschichte und Wissenschaft und Unterricht 35 (1984), S. 421–433

Erhard, Ludwig (Hrsg.), Deutsche Wirtschaftspolitik, Düsseldorf 1962

Erhard, Ludwig (Hrsg.), Deutschlands Rückkehr zum Weltmarkt, unter Mitwirkung v. Vollrath Frh. v. Maltzahn, bearb. v. Herbert Gross, 2. Aufl. Düsseldorf 1954

Erhard, Ludwig, Gedanken aus fünf Jahrzehnten. Reden und Schriften, hrsg. v. Karl Hohmann, Düsseldorf usw. 1988

Eutrope, Jacques, L'aide économique américaine et la politique française, juin 1944 – juillet 1947, Diss. Paris 1986

Fedder, Edwin H., Defense politics of the Atlantic Alliance, New York 1980

Feld, Werner J. und John K. Wildgen, NATO and the Atlantic defense. Perceptions and illusions, New York 1982

Feld, Werner J., West Germany and the European Community. Changing interests and competing policy objectives, New York 1981

Fischer, Johannes, Militärpolitische Lage und militärische Planung bei Aufstellungsbeginn der Bundeswehr, in: Militärgeschichte. Probleme, Thesen, Wege, Stuttgart 1982, S. 452–477

Fischer, Per, Die Saar zwischen Deutschland und Frankreich. Politische Entwicklung von 1945–1959, Frankfurt/M. usw. 1959

Fischer, Per, Europarat und parlamentarische Außenpolitik, München 1962 (= Forschungs-institut der Deutschen Gesellschaft für Auswärtige Politik e. V., Dokumente und Berichte Bd. 16)

Fisher, Nigel, Harold Macmillan. A Biography, London 1982

Fontaine, Pascal, Jean Monnet. L'inspirateur, Père de l'Europe et homme d'Etat du monde, Sion 1988

Foschepoth, Josef (Hrsg.), Kalter Krieg und Deutsche Frage. Deutschland im Widerstreit der Mächte 1945–1952, Göttingen 1985 (= Veröffentlichungen des Deutschen Historischen Instituts London, Bd. 16)

Frankreichs Kulturpolitik in Deutschland, 1945–1950. Ein Tübinger Symposium, 19. und 20. September 1985, hrsg. v. Franz Knipping und Jacques LeRider unter Mitarb. v. Karl J. Mayer, Tübingen 1987

Freedman, Lawrence, The Evolution of Nuclear Strategy, New York 1981

Freymond, Jacques: Die Saar 1945–1955, München 1961

Fritsch-Bournazel, Renata, „Mourir pour Berlin?" Die Wandlungen der französischen Ost- und Deutschlandpolitik während der Blockade 1948/49, in: Vierteljahrshefte für Zeitgeschichte 35 (1987), S. 171–192

Frohn, Axel, Neutralisierung als Alternative zur Westintegration. Die Deutschlandpolitik der Vereinigten Staaten von Amerika 1945–1949, Frankfurt/M. 1985 (= Dokumente zur Deutsch-landpolitik, Beihefte, Nr. 7)

Fry, Earl H. und Gregory A. Raymond, The other Western Europe. A political analysis of the smaller democracies. Santa Barbara 1980 (= Studies in international and comparative politics, Bd. 14)

Furdson, Edward, The European Defence Community. A History, London 1980

Gaddis, John Lewis, Strategies of Containment. A Critical Appraisal of Postwar American National Security Policy, New York 1982

Gaddis, John Lewis, The Long Peace, New York 1987

Gaddis, John Lewis, The United States and the Origins of the Cold War, 1941–1947, New York 1972

Gardner, Richard N., Sterling Dollar Diplomacy: The Origins and Prospects of Our Internatio-nal Economic Order, 2. Aufl. New York 1969

Gascuel, Jacques, Genèse du plan Schuman, Conversations avec Jean Monnet, Otzenhausen 1975

Gatzke, Hans W., Germany and the United States. A „special relationship?", Cambridge (Mass.) 1980

Geiling, Martin, Außenpolitik und Nuklearstrategie. Eine Analyse des konzeptionellen Wan-dels der amerikanischen Sicherheitspolitik gegenüber der Sowjetunion (1945–1963), Köln usw. 1975

Gerbet, Pierre: La construction de l'Europe, Paris 1983

Gerbet, Pierre, La genèse du plan Schuman. Des origines à la déclaration du 9 Mai 1950, Lausanne 1962

Gillingham, John R., Die französische Ruhrpolitik und die Ursprünge des Schuman-Plans. Eine Neubewertung, in: Vierteljahrshefte für Zeitgeschichte 35 (1987), S. 1–24

Gillingham, John R., Zur Vorgeschichte der Montanunion. Westeuropas Kohle und Stahl in Depression und Krieg, in: Vierteljahrshefte für Zeitgeschichte 34 (1986), S. 381–405

Gilmore, Richard, Frances Postwar Cultural Policies and Activities in Germany 1945–1956, Washington 1973

Gimbel, John, The Origins of the Marshall Plan, Stanford 1976

Girault, René, La France dans les rapports Est-Ouest en temps de la présidence de Pierre Mendès France, in: Relations Internationales, Nr. 52 (1987), S. ...

Goldschmidt, Bertrand, Le complexe atomique. Histoire politique de l'énergie nucleaire, Paris 1980

Goralczyk, Dietmar, Weltmarkt, Weltwährungssystem und westeuropäische Integration. Studien zur Integration und Desintegration kapitalistischer Weltwirtschaft, Gießen 1975

Gowing, Margaret, Independence and Deterrence. Britain and Atomic Energy, 1945–1952, 2 Bde., London 1974

Grabbe, Hans-Jürgen, Unionsparteien, Sozialdemokratie und Vereinigte Staaten von Amerika 1945–1966, Düsseldorf 1983 (= Beiträge zur Geschichte des Parlamentarismus und der politischen Parteien, Bd. 71)

Graml, Hermann, Die sowjetische Notenkampagne von 1952, in: Die Legende von der verpaßten Gelegenheit. Die Stalin-Note vom 10. März 1952, hrsg. v. Hans-Peter Schwarz, Stuttgart usw. 1982, S. 16–37

Graml, Hermann, Westeuropa bis zu den Römischen Verträgen. Wiederaufbau und Integration. Anfänge europäischer Einigung, in: Das Zwanzigste Jahrhundert. Bd. 2: Europa nach dem Zweiten Weltkrieg 1945–1982, hrsg. v. Wolfgang Benz und Hermann Graml, Frankfurt/M. 1983, S. 58–82

Greilsamer, Alain, Les mouvements fédéralistes en France de 1945 à 1974, Paris 1975

Greiner, Christian, Die alliierten militärstrategischen Planungen zur Verteidigung Westeuropas 1947–1950, in: Anfänge westdeutscher Sicherheitspolitik 1945–1956, hrsg. v. Militärgeschichtlichen Forschungsamt, Bd. 1: Von der Kapitulation bis zum Pleven-Plan, hrsg. v. Roland G. Foerster, Christian Greiner; Georg Mayer, Hans-Jürgen Rautenberg und Norbert Wiggershaus, München usw. 1982, S. 119–323

Greiner, Christian, Die Dienststelle Blank, Regierungspraxis bei der Vorbereitung des deutschen Verteidigungsbeitrags von 1950–1955, in: Militärgeschichtliche Mitteilungen 17 (1975), S. 99–124

Greiner, Christian, Nordatlantische Bündnisstrategie und deutscher Verteidigungsbeitrag, 1954 bis 1957, in: Entmilitarisierung und Aufrüstung in Mitteleuropa 1945–1956, Herford usw. 1983, S. 116–143

Greiner, Christian, Zwischen Integration und Nation. Die militärische Eingliederung der Bundesrepublik Deutschland in die NATO, 1954 bis 1957, in: Ludolf Herbst (Hrsg.), Westdeutschland 1945–1955, Unterwerfung, Kontrolle, Integration, München 1986, S. 267–278

Grewe, Wilhelm G., Deutsche Außenpolitik der Nachkriegszeit, Stuttgart 1960

Griffiths, Richard T. (Hrsg.), The economy and politics of the Netherlands since 1945, Den Haag 1980

Griffiths, Richard T. und Frances M. B. Lynch, L'échec de la „Petite Europe". Le Conseil tripartite 1944–1948, in: Guerres mondiales et conflicts contemporains, Nr. 252 (1988)

Griffiths, Richard T. und Frances M. B. Lynch, L'échec de la „Petite Europe". Les négociations Fritalux/Finebel, 1949–1950, in: Revue historique, Nr. 274 (1985), S. 159–193

Groeben, Hans von der: Aufbaujahre der Europäischen Gemeinschaft, Baden-Baden 1981

Groeben, Hans von der (Hrsg.), Die Europäische Union als Prozeß. Baden-Baden 1980 (= Möglichkeiten und Grenzen einer Europäischen Union, Bd. 1)

Grosser, Alfred, Affairs extérieures: La Politique de la France 1944–1984, Paris 1984

Grosser, Alfred, La IVe République et sa politique extérieure, 3. Aufl. Paris 1972

Grosser, Alfred, Les Occidentaux. Les pays d'Europe et les Etats-Unis depuis la guerre, Paris 1978 (dt.: Das Bündnis. Die westeuropäischen Länder und die USA seit dem Krieg, München 1982)

Guillen, Pierre, Die französischen militärischen Führer, die Aufrüstung der Bundesrepublik Deutschland und die EVG (1950–1954), in: Die Europäische Verteidigungsgemeinschaft. Stand und Probleme der Forschung, Boppard/Rh. 1985, S. 125–157

Guillen, Pierre, Frankreich und der europäische Wiederaufschwung. Vom Scheitern der EVG zur Ratifizierung der Verträge von Rom, in: Vierteljahrshefte für Zeitgeschichte 28 (1980), S. 1–19

Guillen, Pierre, La France et la negociation du traité d'Euratom, in: Relations internationales, Bd. 44 (1985), S. 391–412

Guillen, Pierre, La France et la question de la défense de l'Europe occidentale, du Pact de Bruxelles (Mars 1948) au Plan Pleven (Octobre 1950), in: Revue d'Histoire de la Deuxième Guerre Mondiale et des Conflits Contemporains, 144 (1986), S. 87–89

Guldin, Harald, Außenwirtschaftliche und außenpolitische Einflußfaktoren im Prozeß der Staatswerdung der Bundesrepublik Deutschland (1947–1957), in: Aus Politik und Zeitgeschichte, Beilage zur Wochenzeitung Das Parlament 32 (1987), S. 3–20

Haas, Ernst B., The Uniting of Europe. Political, Social and Economic Forces 1950–1957, Stanford 1968

Haberl, Othmar Nikola und Lutz Niethammer (Hrsg.), Der Marshall-Plan und die europäische Linke, Frankfurt/M. 1986

Haftendorn, Helga, Lothar Wilker und Claudia Wörmann, Die Außenpolitik der Bundesrepublik Deutschland, Berlin 1982

Haftendorn, Helga, Sicherheit und Entspannung. Zur Außenpolitik der Bundesrepublik Deutschland 1955–1982, Baden-Baden 1983

Hahn, Carl Horst, Der Schuman-Plan. Eine Untersuchung im besonderen Hinblick auf die deutsch-französische Stahlindustrie, München 1953

Hahn, Hugo J. und Albrecht Weber, Die OECD – Organisation für wirtschaftliche Zusammenarbeit und Entwicklung, Baden-Baden 1976 (= Schriftenreihe europäische Wirtschaft, Bd. 44)

Hallstein, Walter, Die Europäische Gemeinschaft, 2. Aufl. Düsseldorf usw. 1974   .

Hanrieder, Wolfram F. und P. Auton Graeme, The foreign policies of West Germany, France, and Britain, Englewood Cliffs 1980

Hanrieder, Wolfram F. und Hans Rühle (Hrsg.), Im Spannungsfeld der Weltpolitik: 30 Jahre deutsche Außenpolitik (1949–1979), Stuttgart 1981 (= Studien zur Politik, Bd. 6)

Hanrieder, Wolfram F., Die stabile Krise. Ziele und Entscheidungen der bundesrepublikanischen Außenpolitik 1949–1969, Düsseldorf 1971

Harrison, Michael, The Reluctant Ally. France and Atlantic Security, Baltimore 1981

Harst, Jan van der, European Union and Atlantic Partnership: Political, Military and Economic Aspects of Dutch Defence, 1948–1954, and the Impact of the European Defence Community, Diss. Florenz 1988

Hartmann, Heinz, Amerikanische Firmen in Deutschland, Köln 1963

Hartwig, Klaus Dieter, Verteidigungspolitik als Moment der westeuropäischen Integration, Frankfurt/M. 1977

Hatch, Michael T., Politics and nuclear power: energy policy in Western Europe, Lexington 1986

Haussmann, Frederick, Der Schuman-Plan im europäischen Zwielicht. Ein Beitrag zu den Grundproblemen und zur Weiterentwicklung des Schuman-Planes, München usw. 1952

Helmreich, Jonathan E., Belgium and Europe. A study in small power diplomacy. Den Haag 1976 (= Issues in contemporary politics, Bd. 3)

Helmreich, Jonathan E., Gathering rare ores. The diplomacy of uranium acquisition, 1943–1954, Princeton 1986

Henderson, Nicholas, The Birth of NATO, London 1982

Herbst, Ludolf, Die zeitgenössische Integrationstheorie und die Anfänge der Europäischen Einigung 1947–1950, in: Vierteljahrshefte für Zeitgeschichte 34 (1986), S. 161–205

Herbst, Ludolf, Option für den Westen. Vom Marshall-Plan bis zum deutsch-französischen Vertrag, München 1989

Herbst, Ludolf (Hrsg.), Westdeutschland 1945–1955. Unterwerfung, Kontrolle, Integration, München 1986

Herken, Gregg F., The winning weapon. The atomic bomb in the cold war, 1945–1950, New York 1981

Hess, Jürgen und F. Wielenga, Die Niederlande und die Wiedervereinigung Deutschlands. Zur Debatte um die „verpaßten Gelegenheiten" im Jahre 1952, in: Vierteljahrshefte für Zeitgeschichte 35 (1987), S. 349–384

Hewlett, Richard H. und Francis Duncan, Atomic Shield. 1947/1952, Philadelphia 1969 (= A History of the United States Atomic Energy Commission, Bd. 2)

Hick, Alan, The European Movement and the Campaign for a European Assembly 1947–1950, Diss. Florenz 1981

Hillgruber, Andreas, Europa in der Weltpolitik der Nachkriegszeit (1945–1963), 3. Aufl. München 1983

Histoire des débuts de la construction européenne 1948–1950. Actes du Colloque de Strasbourg 28–30 Novembre 1984, hrsg. v. Raymond Poidevin, Brüssel 1986

Hoffman, George W., The European energy challenge: East and West, Durham 1985

Hogan, Michael J., American Marshall Planners and the Search for a European Neocapitalism, in: American Historical Review 90/1 (1985), S. 44–72

Hogan, Michael J., Paths to Plenty: American Marshall Planners and the Idea of European Economic Integration, 1947–1948, in: Pacific Historical Review 53 (1984)

Hogan, Michael J., The Marshall Plan. America, Britain, and the reconstruction of Western Europe, 1947–1952, Cambridge 1987 (= Studies in economic history and policy)

Holst, Johan Jorgen, Kenneth Hunt und Anders C. Sjaastad (Hrsg.), Deterrence and defense in the North, Oslo 1985 (= Norwegian foreign policy studies, Bd. 54)

Hrbek, Rudolf, Die SPD – Deutschland und Europa. Die Haltung der Sozialdemokratie zum Verhältnis von Deutschlandpolitik und Westintegration (1945–1957), Bonn 1972

Hütter, Joachim, SPD und nationale Sicherheit, Meisenheim 1975

Hveem, Helge H., The Global Dominance Systems: Notes on a Theory of Global Political Economy, in: Journal of Peace Research, 1973, S. 319–340

Ipsen, Knut, Rechtsgrundlagen und Institutionalisierung der Atlantisch-Westeuropäischen Verteidigung, Hamburg 1967 (= Veröffentlichungen des Instituts für Internationales Recht an der Universität Kiel, Bd. 57)

Ireland, Timothy, Creating the Entangling Alliance. The Origins of the North Atlantic Treaty Organization, Westport usw. 1981

Isaacson, Walter und Evan Thomas, The Wise Men. Six Friends and the World They Made, New York 1986

Jansen, Jürgen, Britische Konservative und Europa. Debattenaussagen im Unterhaus zur westeuropäischen Integration 1945–1972, Baden-Baden 1978

Jansen, Thomas und Dieter Mahncke (Hrsg.), Persönlichkeiten der Europäischen Integration. 14 biographische Essays, Bonn 1981 (= Europäische Schriften des Instituts für Europäische Politik, Bd. 56)

Jerchow, Friedrich, Außenhandel im Widerstreit. Die Bundesrepublik auf dem Weg in das GATT 1949–1951, in: Heinrich August Winkler (Hrsg.), Politische Weichenstellungen im Nachkriegsdeutschland 1945–1953, Göttingen 1979, S. 254–289

Jeutter, Peter, EWG – Kein Weg nach Europa. Die Haltung der Freien Demokratischen Partei zu den Römischen Verträgen, Bonn 1985 (= Europäische Studien des Instituts für Europäische Politik, Bd. 14)

Jordan, Robert S. und Michael W. Bloome, Political leadership in NATO. A study in multinational diplomacy, Boulder 1979

Jouve, Edmond, Le Général de Gaulle et la construction de l'Europe, 1940–1966, 2 Bde., Paris 1967

Kaiser, Karl und Beate Lindemann (Hrsg.), Kernenergie und internationale Politik. Zur friedlichen Nutzung der Kernenergie, München usw. 1975

Kaiser, Karl und Roger Morgan (Hrsg.), Strukturwandlungen der Außenpolitik in Großbritannien und der Bundesrepublik, München usw. 1970

Kaplan, Lawrence S., The United States and NATO. The Enduring Alliance, Boston 1988

Kaplan, Lawrence S., The United States and NATO. The Formative Years, Lexington 1984

Kaplan, Lawrence, S., A Community of Interests: NATO and the Military Assistance Programme, 1948–1951, Washington 1980

Kelleher, Catherine MacArdle, Germany and the politics of nuclear weapons, New York 1975

Keohane, Robert O., After hegemony. Cooperation and discord in the world political economy, Princeton 1984

Kersten, Albert E., Maken drie kleinen een grote? De politieke invloed van de Benelux 1945–1955, Bussum 1982

Kersten, Albert E., Niederländische Regierung, Bewaffnung Westdeutschlands und EVG, in: Hans-Erich Volkmann und Walter Schwengler (Hrsg.), Die Europäische Verteidigungsgemeinschaft. Stand und Probleme der Forschung, Boppard/Rh. 1985, S. 191–219

Kiersch, Gerhard, Parlament und Parlamentarier in der Außenpolitik der IV. Republik, Diss. Berlin 1971

Kindleberger, Charles P., A Financial History of Western Europe, London 1984

Kindleberger, Charles P., Europe and the Dollar, Cambridge (Mass.) 1966

Kindleberger, Charles P., Marshall Plan Days, Boston 1987

Kitzinger, Uwe, The European Common Market and Community, Reading 1967

Kitzinger, Uwe, The politics and economics of European integration. Britain, Europe, and the United States, New York 1963

Klotzbach, Kurt, Der Weg zur Staatspartei. Programmatik, praktische Politik und Organisation der deutschen Sozialdemokratie 1945 bis 1965, Berlin 1982

Kluge, Ulrich, Vierzig Jahre Landwirtschaftspolitik der Bundesrepublik Deutschland 1945/49–1985, in: Aus Politik und Zeitgeschichte, Beilage zur Wochenzeitung Das Parlament 42 (1986), S. 3–19

Kluge, Ulrich, Vierzig Jahre staatliche Agrarpolitik (1949–1989), Hamburg 1989 (= Berichte über Landwirtschaft, Sonderheft 202, 1. und 2. Teilbd.)

Knapp, Manfred (Hrsg.), Von der Bizonengründung zur ökonomisch-politischen Westintegration. Studien zum Verhältnis zwischen Außenpolitik und Außenwirtschaftsbeziehungen in der Entstehungsphase der Bundesrepublik Deutschland 1947–1952, Frankfurt/M. 1984

Knapp, Manfred, Werner Link, Hans-Jochen Schröder und Klaus Schwabe, Die USA und Deutschland 1918–1975, Deutsch-amerikanische Beziehungen zwischen Rivalität und Partnerschaft, München 1978

Knapp, Manfred, Reconstruction and West-Integration: The Impact of the Marshall Plan on Germany, in: Zeitschrift für die gesamte Staatswissenschaft 137 (1981), S. 415–433

Knipping, Franz und Ernst Weisenfeld, Eine ungewöhnliche Geschichte. Deutschland – Frankreich seit 1870, Bonn 1988

Knop, Winfried Rainer, Bundesrepublik Deutschland und Westeuropäische Union, Diss. Bonn 1983

Kölling, Mirjam, Führungsmacht in Westeuropa? Großbritanniens Anspruch und Scheitern 1944–1950, Berlin (DDR) 1984 (= Studien zur Geschichte, Bd. 3)

Köpper, Ernst-Dieter, Gewerkschaften und Außenpolitik. Die Stellung der westdeutschen Gewerkschaften zur wirtschaftlichen und militärischen Integration der Bundesrepublik in die Europäische Gemeinschaft und in die NATO, Frankfurt/M. usw. 1982

Koerfer, Daniel, Kampf ums Kanzleramt. Erhard und Adenauer, Stuttgart 1987

Koester, Ulrich, EG-Agrarpolitik in der Sackgasse. Divergierende nationale Interessen bei der Verwirklichung der EWG-Agrarpolitik, Baden-Baden 1977

Kolko, Joyce und Gabriel Kolko, The Limits of Power. The World and United States Policy 1945–1954, New York 1972

Koppe, Karlheinz, Das grüne E setzt sich durch. 20 Jahre Europa Union Deutschland 1946–1966, Köln 1967 (= Europäische Schriften des Bildungswerks Europäische Politik, Bd. 13)

Korff, Adalbert, Le revirement de la politique française à l'égard de l'Allemagne entre 1945 et 1950, Lausanne 1965

Kosthorst, Erich, Jakob Kaiser. Bundesminister für gesamtdeutsche Fragen 1949–1957, Stuttgart usw. 1972

Krause, Lawrence B., European economic integration and the United States, Washington 1968

Kreile, Michael, Osthandel und Ostpolitik, Baden-Baden 1978

Kretzschmar, Winfried W., Auslandshilfe als Mittel der Außenwirtschafts- und Außenpolitik. Eine Studie über die amerikanische Auslandshilfe von 1945 bis 1956 unter Berücksichtigung sowohl wirtschaftlicher als auch praktisch-politischer Gesichtspunkte, München 1964 (= Forschungsinstitut der Deutschen Gesellschaft für Auswärtige Politik e. V., Dokumente und Berichte, Bd. 21)

Krieger, Wolfgang, General Lucius D. Clay und die amerikanische Deutschlandpolitik 1945–1949, Stuttgart 1987 (= Forschungen und Quellen zur Zeitgeschichte, Bd. 10)

Küsters, Hanns Jürgen, Adenauers Europapolitik in der Gründungsphase der Europäischen Wirtschaftsgemeinschaft, in: Vierteljahrshefte für Zeitgeschichte 31 (1983), S. 646–673

Küsters, Hanns Jürgen, Die Gründung der Europäischen Wirtschaftsgemeinschaft, Baden-Baden 1982

Küsters, Hanns Jürgen, The Treaties of Rome (1955–1957), in: Roy Pryce (Hrsg.), The Dynamics of European Union, London 1986, S. 119–154

Küsters, Hanns Jürgen, Zollunion oder Freihandelszone? Zur Kontroverse über die Handelspolitik Westeuropas in den fünfziger Jahren, in: Helmut Berding (Hrsg.), Wirtschaftliche und politische Integration in Europa im 19. und 20. Jahrhundert, Göttingen 1984

Lacroix-Riz, Annie, Le choix de Marianne, Paris 1986

Laitenberger, Volkhard, Ludwig Erhard, Göttingen 1986

Lang, Winfried, Der internationale Regionalismus. Integration und Desintegration von Staatenbeziehungen in weltweiter Verflechtung, Wien usw. 1982

Lankowski, Carl F., Germany and the European Communities. Anatomy of a hegemonial relation, Ann Arbor 1982

Latte, Gabriele, Die französische Europapolitik im Spiegel der Parlamentsdebatten (1950–1965), Berlin 1979 (= Beiträge zur Politischen Wissenschaft, Bd. 36)

Leffler, Melvyn P., The United States and the Strategic Dimensions of the Marshall Plan, in: Diplomatic History 12/3 (1988), S. 277–306

Lejeune, René, Robert Schuman. Une âme pour l'Europe, Paris 1986

Leurdijk, J. H. (Hrsg.), The foreign policy of the Netherlands, Alphen aan den Rijn 1978

Lieber, Robert J., British politics and European unity. Parties, elites and pressure groups, Berkeley 1970

Lieberman, Sima, The growth of European mixed economies 1945–1970. A concise study of the economic evolution of six countries, Cambridge (Mass.) 1977

Lindbeck, Anders, Svensk ekonomisk politik. Problem och teorier, Stockholm 1962

Lindberg, Leon N., The Political Dynamics of European Economic Integration, London 1963

Link, Werner, Deutsche und amerikanische Gewerkschaften und Geschäftsleute 1945–1975. Eine Studie über transnationale Beziehungen, Düsseldorf 1978

Lipgens, Walter, Die Anfänge der europäischen Einigungspolitik 1945–1950, 1. Teil: 1945–1947, Stuttgart 1977

Lipgens, Walter, Europäische Integration, in: Die Zweite Republik. 25 Jahre Bundesrepublik Deutschland – eine Bilanz, hrsg. v. Richard Löwenthal und Hans-Peter Schwarz, Stuttgart 1974, S. 519–553

Lister, Louis, Europe's Coal and Steel Community. An Experiment in Economic Union, New York 1960

Loth, Wilfried, Deutsche Europa-Konzeptionen in der Eskalation des Ost-West-Konflikts 1945–1949, in: Geschichte in Wissenschaft und Unterricht 35 (1984), S. 453–470

Loth, Wilfried, Deutsche Europa Konzeptionen in der Grundungsphase der EWG, in: Enrico Serra (Hrsg.), Il rilancio dell' Europa e i trattati di Roma, Mailand 1989, S. 585–602

Loth, Wilfried, Die europäische Integration nach dem Zweiten Weltkrieg in französischer Perspektive, in: Helmut Berding (Hrsg.), Wirtschaftliche und politische Integration in Europa im 19. und 20. Jahrhundert, Göttingen 1984, S. 225–246

Loth, Wilfried, Die Teilung der Welt. Geschichte des Kalten Krieges 1941–1955, 5. Aufl. München 1985

Loth, Wilfried, Sozialismus und Internationalismus. Die französischen Sozialisten und die Nachkriegsordnung Europas 1940–1950, Stuttgart 1977

Ludlow, Peter, The making of the European Monetary System. A case study of the politics of the European Community, London 1982

Lüders, Carsten, Das Ruhrkontrollsystem. Entstehung und Entwicklung im Rahmen der Westintegration Westdeutschlands 1947–1953, Frankfurt/M. 1988

Lundestad, Geir, Empire by Invitation? The United States and Western Europe, 1945–1952, in: SHAFR Newsletter 15/3 (1984), S. 1–21

MacDougall, Donald, The World Dollar Problem. A Study in International Economics, London 1957

Machlup, Fritz A., A History of Thought on Economic Integration, London 1979

März, Peter, Die Bundesrepublik zwischen Westintegration und Stalin-Note. Zur deutschlandpolitischen Diskussion 1952 in der Bundesrepublik vor dem Hintergrund der westlichen und der sowjetischen Deutschlandpolitik, Frankfurt/M. usw. 1982

Mai, Gunther, Containment und militärische Intervention. Elemente amerikanischer Außenpolitik zwischen der Griechenland-Krise von 1946/47 und dem Koreakrieg von 1950, in: Vierteljahrshefte für Zeitgeschichte 32 (1984), S. 491–528

Mai, Gunther, Dominanz oder Kooperation im Bündnis? Die Sicherheitspolitik der USA und der Verteidigungsbeitrag Europas 1945–1956, in: Historische Zeitschrift Bd. 246 (1988), S. 327–364

Mai, Gunther, Westliche Sicherheitspolitik im Kalten Krieg. Der Korea-Krieg und die deutsche Wiederbewaffnung 1950, Boppard/Rh. 1977 (= Militärgeschichte seit 1945, hrsg. v. Militärgeschichtlichen Forschungsamt, Bd. 4)

Maier, Charles S., The Two Postwar Eras and the Conditions for Stability in Twentieth Century Western Europe, in: American Historical Review 87 (1982), S. 318–330

Maier, Charles S. (Hrsg.), The Origins of the Cold War and the Contemporary Europe, New York usw. 1978

Maier, Charles S., In search of stability. Explorations in historical political economy, Cambridge (Mass.) 1987

Maier, Klaus A., Die Außen- und Sicherheitspolitik der Bundesrepublik Deutschland von 1950 bis 1956, in: Entmilitarisierung und Aufrüstung in Mitteleuropa 1945–1956, Herford usw. 1983, S. 164–183

Manderson-Jones, Ronald B., The Special Relationship. Anglo-American Relations and Western Unity, 1947–1956, London 1972

Manfrass, Klaus (Hrsg.), Paris – Bonn. Eine dauerhafte Bindung schwieriger Partner. Beiträge zum deutsch-französischen Verhältnis in Kultur, Wirtschaft und Politik seit 1949, Sigmaringen 1984 (= Akten des deutsch-französischen Kolloquiums „Frankreich und die Bundesrepublik Deutschland. Kultur, Wirtschaft und Politik seit 1949, Paris, 11. bis 14. Oktober 1983)

Mann, Anthony, Comeback. Germany 1945–1952, London 1980

Manning, Adrian F., Die Niederlande und Europa von 1945 bis zum Beginn der fünfziger Jahre, in: Vierteljahrshefte für Zeitgeschichte 29 (1981), S. 1–20

The Marshall Plan. A Retrospective, hrsg. v. Stanley Hoffmann und Charles Maier, Boulder 1984

Mazuzan, George T. und Samuel Walker, Controlling the atom. The beginnings of nuclear regulation 1946–1962, Berkeley 1986

McGeehan, Robert, The German Rearmament Question. American Diplomacy and European Defense after World War II, Urbana 1971

McLellan, David S., Dean Acheson: The State Department Years, New York 1976

Meade, James E., H. H. Liesner und Sidney J. Wells, Case Studies in European Economic Union. The Mechanics of Integration, London 1962

Meier-Dörnberg, Wilhelm, Politische und militärische Faktoren bei der Planung des deutschen Verteidigungsbeitrages im Rahmen der EVG, in: Entmilitarisierung und Aufrüstung in Mitteleuropa 1945–1956, Herford usw. 1983, S. 184–208

Mélandri, Pierre, Les Etats-Unis face à l'unification de l'Europe 1945–1954, Paris 1980

Mélandri, Pierre, L'Alliance atlantique, Paris 1979

Melchior de Molenes, Charles, L'Europe de Strasbourg. Une première expérience de parlementarisme international, Paris 1971

Melissen, Jan und Bert Zeeman, Britain and Western Europe, 1945–1951: Opportunities lost?, in: International Affairs 63 (1987), S. 81–95

Militärgeschichtliches Forschungsamt (Hrsg.), Aspekte der deutschen Wiederbewaffnung bis 1955, Boppard/Rh. 1975

Militärgeschichtliches Forschungsamt (Hrsg.), Verteidigung im Bündnis. Planung, Aufbau und Bewährung der Bundeswehr, Boppard/Rh. 1975

Miljan, Toivo, The reluctant Europeans. The attitudes of the Nordic countries towards European integration, London 1977

Milward, Alan S., Die Benelux-Staaten und die Europäische Einigung, in: Mitteilungen der Ranke-Gesellschaft 1989, hrsg. v. Michael Salewski und Jürgen Elvert

Milward, Alan S., Entscheidungsphasen der Westintegration, in: Ludolf Herbst (Hrsg.), Westdeutschland 1945–1955. Unterwerfung, Kontrolle, Integration, München 1986, S. 231–245

Milward, Alan S., The Reconstruction of Western Europe 1945–1951, 2. Aufl. London 1987

Mioche, Philippe, Le Plan Monnet: genèse et élaboration, 1941–1947, Diss. Paris 1987

Misgeld, Klaus, Sozialdemokratie und Außenpolitik in Schweden. Sozialistische Internationale, Europapolitik und die Deutschlandfrage 1945–1955, Frankfurt/M. 1984 (= Campus Forschung, Bd. 392)

Mittendorfer, Rudolf, Robert Schuman – Architekt des neuen Europa, Hildesheim usw. 1983

Moon, Jeremy, European integration in British politics 1950–1963: A study of issue change, Aldershot 1985

Moore, Lynden, The growth and structure of international trade since the Second World War, Brighton 1985

Morgan, Roger und Caroline Bray (Hrsg.), Partners and Rivals in Western Europe: Britain, France and Germany, Aldershot 1986

Morgan, Roger, The United States and West Germany 1945–1973. A Study in alliance politics, London 1974 (dt.: Washington und Bonn. Deutsch-amerikanische Beziehungen seit dem 2. Weltkrieg, München 1975)

Morgan, Roger, West European Politics Since 1945. The Shaping of the European Community, London 1972

Morsey, Rudolf, Die Bundesrepublik Deutschland. Entstehung und Entwicklung bis 1969, München 1987

Morsey, Rudolf und Konrad Repgen (Hrsg.), Adenauer-Studien, 3 Bde., Mainz 1971ff.

Mosler, Hermann, Die Entstehung des Modells supranationaler Staatenverbindungen in den Verhandlungen über den Schuman-Plan, in: Probleme des europäischen Rechts, Festschrift für Walter Hallstein, hrsg. v. Ernst von Caemmerer und Hans-Jürgen Schlochauer, Frankfurt/M. 1966, S. 355–386

Müller-Armack, Alfred, Wirtschaftsordnung und Wirtschaftspolitik. Studien und Konzepte zur sozialen Marktwirtschaft und zur Europäischen Integration, Freiburg 1966 (= Beiträge zur Wirtschaftspolitik, Bd. 4)

Müller-Roschach, Herbert, Die deutsche Europapolitik 1949–1977. Eine politische Chronik, Bonn 1980 (= Europäische Schriften des Instituts für Europäische Politik, Bd. 55)

Nass, Matthias, USA und Europa, 1947–1950, Hamburg 1980 (= Ergebnisse, Bd. 11)

NATO's anxious birth. The prophetic vision of the 1940's, hrsg. v. Nicholas Sherwen, New York 1985

Neville-Rolfe, Edmund, The politics of agriculture in the European Community, London 1984

Noack, Paul, Das Scheitern der Europäischen Verteidigungsgemeinschaft. Entscheidungsprozesse vor und nach dem 30. August 1954, Düsseldorf 1977 (= Bonner Schriften zur Politik und Zeitgeschichte, Bd. 4)

Noel, Gilbert, Du pool vert à la politique agricole commune. Les tentatives de Communauté agricole européenne entre 1945 et 1955, Paris 1988 (= Collection Economieagricole & agroalimentaire)

Nolte, Ernst, Deutschland und der Kalte Krieg, München usw. 1974

Ovendale, Ritchie (Hrsg.), The foreign policy of the British Labour governments 1945–1951, Leicester 1984

Overturf, Stephen F., The economic principles of European Integration, New York usw. 1986

O'Neill, Francis, The French Radical Party and European integration 1949–1957, Farnborough 1981

Petzina, Dietmar, The Origin of the European Coal and Steel Community: Economic Forces and Political Interests, in: Zeitschrift für die gesamte Staatswissenschaft 137 (1981), S. 450–468

Pfetsch, Frank R., Die Außenpolitik der Bundesrepublik 1949–1980, München 1981

Picht, Robert (Hrsg.), Das Bündnis im Bündnis. Deutsch-französische Beziehungen im internationalen Spannungsfeld, Berlin 1982

Plischke, Elmer, The Allied High Commission for Germany, hrsg. v. HICOG, Historical Division, o. O. 1953

Plischke, Elmer, West German foreign and defense policy, in: Orbis 12 (1968/69), S. 1098–1136

Poidevin, Raymond (Hrsg.), Histoire des débuts de la construction européenne, Mars 1948 – Mai 1950, Brüssel usw. 1986

Poidevin, Raymond und Bariéty Jacques, Les relations franco-allemandes 1815–1975, 2. Aufl. Paris 1977 (dt.: Frankreich und Deutschland. Die Geschichte ihrer Beziehungen, München 1982)

Poidevin, Raymond, Der Faktor Europa in der Deutschlandpolitik Robert Schumans (Sommer 1948 bis Frühjahr 1949), in: Vierteljahrshefte für Zeitgeschichte 33 (1985), S. 406–419

Poidevin, Raymond, Frankreich und die Ruhrfrage 1945–1951, in: Historische Zeitschrift Bd. 228 (1979), S. 317–334

Poidevin, Raymond, Frankreich vor dem Problem der EVG. Nationale und internationale Einwirkungen (Sommer 1951 bis Sommer 1953), in: Die Europäische Verteidigungsgemeinschaft. Stand und Probleme der Forschung, Boppard/Rh. 1985, S. 101–124

Poidevin, Raymond, La question de la Sarre entre la France et l'Allemagne en 1952. Quelques aspects de la „bataille diplomatique", in: L'historien et les relations internationales, Genf 1981, S. 387–396

Poidevin, Raymond, René Mayer et la politique extérieure de la France (1943–1953), in: Revue d'Histoire de la deuxième guerre mondiale 34 (1984), H. 134, S. 73–97

Poidevin, Raymond, Robert Schuman, homme d'Etat, Paris 1986

Pollach, Jaroslav G., EURATOM: Its Background, Issues and Economic Implications, New York 1964

Pollard, Robert A., Economic Security and the Origins of the Cold War, 1945–1950, New York 1985

Priebe, Hermann, Die agrarwirtschaftliche Integration Europas, Baden-Baden 1979 (= Möglichkeiten und Grenzen einer Europäischen Union, Bd. 6)

Pryce, Roy (Hrsg.), The Dynamics of European Union, London 1987

Quené, Theo, Wissenschaftlicher Rat für die Regierungspolitik der Niederlande: Faktor Deutschland. Zur Sensibilität der Beziehungen zwischen den Niederlanden und der Bundesrepublik, Wiesbaden 1984

Radkau, Joachim, Aufstieg und Krise der deutschen Atomwirtschaft 1945 bis 1975. Verdrängte Alternativen in der Kerntechnik und der Ursprung der nuklearen Kontroverse, Reinbek/Hbg. 1983

Rearden, Steven L., History of the Office of the Secretary of Defense, Bd. 1: The Formative Years 1947–1950, Washington 1984

Reid, Escott M., Time of Fear and Hope: The Making of the North Atlantic Treaty, 1947–1949, Toronto 1977

Rieben, Henri, Des guerres européennes à l'Union Européenne, Lausanne 1987

Rioux, Jean-Pierre, La France de la Quatrième République. Bd. 1: L'ardeur et la nécessité 1944–1952, Paris 1980, Bd. 2: L'expansion et l'impuissance 1952–1958, Paris 1983

Rioux, Jean-Pierre, L'opinion publique française et la CED: querelle partisane ou bataille de la mémoire?, in: Relations internationales (1984), S. 37–53

Riste, Olav (Hrsg.), Western Security: The Formative Years. European and Atlantic Defense 1947–1953, Oslo 1985

Robert, Rüdiger, Konzentrationspolitik in der Bundesrepublik, Berlin 1975

Robertson, Arthur Henry, European institutions. Cooperation, integration, unification, 3. Aufl. London 1973

Robertson, Arthur Henry, The Council of Europe. Its Structure, Functions and Achievements, London 2. Aufl. 1961

Rosenberg, David A., The Origins of Overkill. Nuclear Weapons and American Strategy 1945–1960, in: International Security 7 (1983), S. 3–69

Ruggie, John Gerard, International Regimes, Transactions and Change. Embedded Liberalism in the Post-War Economic Order, in: International Organization (1982), S. 370–418

Rupp, Hans Karl, Außerparlamentarische Opposition in der Ära Adenauer. Der Kampf gegen die Atombewaffnung in den fünfziger Jahren. Eine Studie zur innenpolitischen Entwicklung der BRD, 2. Aufl. Köln 1980

Scharf, Claus und Hans-Jürgen Schröder (Hrsg.), Die Deutschlandpolitik Großbritanniens und die britische Zone 1945–1949, Wiesbaden 1979

Scharf, Claus und Hans-Jürgen Schröder (Hrsg.), Die Deutschlandpolitik Frankreichs und die französische Zone 1945–1949, Wiesbaden 1983

Scharf, Claus und Hans-Jürgen Schröder (Hrsg.), Politische und ökonomische Stabilisierung Westdeutschlands 1945–1949. Fünf Beiträge zur Deutschlandpolitik der westlichen Alliierten, Wiesbaden 1977

Scheinmann, Lawrence, Atomic energy policy in France under the fourth republic, Princeton 1965

Schlarp, Karl-Heinz, Alternativen zur deutschen Außenpolitik 1952–1954: Karl-Georg Pfleiderer und die „deutsche Frage", in: Aspekte deutscher Außenpolitik im 20. Jahrhundert. Aufsätze. Hans Rothfels zum Gedächtnis, hrsg. v. Wolfgang Benz und Hermann Graml, Stuttgart 1976, S. 211–248

Schlösser, Maria Helene, Die Entstehungsgeschichte der NATO bis zum Beitritt der Bundesrepublik Deutschland, Frankfurt/M. 1985 (= Europäische Hochschulschriften 3, Bd. 278)

Schmidt, Herbert, The Liberalization of West Germany Foreign Trade 1949–1951, hrsg. v. Historical Division, Office of the US High Commissioner for Germany, Frankfurt/M. 1952

Schmidt, Robert Heinz, Saarpolitik 1945–1957, 3 Bde., Berlin 1959ff.

Schmitz, Kurt Thomas, Deutsche Einheit und Europäische Integration. Der sozialdemokratische Beitrag zur Außenpolitik der Bundesrepublik Deutschland unter besonderer Berücksichtigung des programmatischen Wandels einer Oppositionspartei, Bonn 1978

Schneider, Heinrich, Das Wunder an der Saar. Ein Erfolg politischer Gemeinsamkeit, Stuttgart 1974

Schneider, Heinrich, Leitbilder der Europapolitik, Bd. 1: Der Weg zur Integration, Bonn 1977 (= Europäische Studien des Instituts für Europäische Politik, Bd. 9)

Schröder, Hans-Jürgen, Marshall-Plan, amerikanische Deutschlandpolitik und europäische Integration 1947–1950, in: Aus Politik und Zeitgeschichte. Beilage zur Wochenzeitung Das Parlament 18/87 (1987)

Schubert, Klaus von, Wiederbewaffnung und Westintegration. Die innerdeutsche Auseinandersetzung um die militärische und außenpolitische Orientierung der Bundesrepublik 1950–1952, 2. Aufl. Stuttgart 1972

Schwabe, Klaus, Adenauer und England, in: Studien zur Geschichte Englands und der deutschbritischen Beziehungen. Festschrift für Paul Kluke, hrsg. v. Lothar Kettenacker, München 1981, S. 353–374

Schwabe, Klaus, Die Anfänge des Schuman-Plans 1950/51. Beiträge des Kolloquiums in Aachen, 28.–30. Mai 1986, Baden-Baden 1988

Schwabe, Klaus, Die Außen- und Sicherheitspolitik der Bundesrepublik 1948 bis 1960, in: Militärgeschichtliche Mitteilungen 1973, H. 1, S. 150–166

Schwartz, David, NATO's Nuclear Dilemmas, Washington 1983

Schwartz, Thomas A., From occupation to alliance: John J. McCloy and the Allied High Commission in the Federal Republic of Germany, 1949–1952, Ann Arbor 1985

Schwartz, Thomas A., The „skeleton key". American foreign policy, European unity, and German rearmament, 1949–1954, in: Central European History 19 (1986), S. 369–385

Schwarz, Hans-Peter, Adenauer und Europa, in: Vierteljahrshefte für Zeitgeschichte 27 (1979), S. 471–523

Schwarz, Hans-Peter, Adenauer. Der Aufstieg 1876-1952, Stuttgart 1986

Schwarz, Hans-Peter, Die Ära Adenauer. Gründerjahre der Republik 1949–1957, Stuttgart 1981 (= Geschichte der Bundesrepublik Deutschland, hrsg. v. Karl Dietrich Bracher, Theodor Eschenburg, Joachim C. Fest und Eberhard Jäckel, Bd. 2)

Schwarz, Hans-Peter, Die Ära Adenauer. Epochenwechsel, 1957–1963, Stuttgart 1983 (= Geschichte der Bundesrepublik Deutschland, hrsg. v. Karl Dietrich Bracher, Theodor Eschenburg, Joachim C. Fest und Eberhard Jäckel, Bd. 3)

Schwarz, Hans-Peter, Die außenpolitischen Grundlagen des westdeutschen Staates, in: Die zweite Republik. 25 Jahre Bundesrepublik Deutschland – eine Bilanz, hrsg. v. Richard Löwenthal und Hans-Peter Schwarz, Stuttgart 1974, S. 27–63

Schwarz, Hans-Peter, Die Europäische Integration als Aufgabe der Zeitgeschichtsforschung. Forschungsstand und Perspektiven, in: Vierteljahrshefte für Zeitgeschichte 31 (1983), S. 555–572

Schwarz, Hans-Peter (Hrsg.), Handbuch der deutschen Außenpolitik, 2. Aufl. München 1976

Schwarz, Hans-Peter, Vom Reich zur Bundesrepublik. Deutschland im Widerstreit der außenpolitischen Konzeption in den Jahren der Besatzungsherrschaft 1945–1949, 2. Aufl. Stuttgart 1980

Schwarz, Hans-Peter, Europa föderieren – aber wie? Eine Methodenkritik der europäischen Integration, in: Demokratisches System und politische Praxis der Bundesrepublik. Festschrift für Theodor Eschenburg, hrsg. v. Gerhard Lehmbruch, Klaus von Beyme und Iring Fetscher, München 1971, S. 377–443

Shlaim, Avi, Britain and the origins of European unity 1940–1951, Reading 1978

Shlaim, Avi, The United States and the Berlin Blockade 1948–1949. A Study in Crisis Decision-Making, Berkeley 1980

Smith, Gaddis, Dean Acheson, New York 1972

Soutou, Georges, La France, l'Allemagne et les accords de Paris, in: Relations internationales, Nr. 52 (1987), S. 451–470

Spillmann, Kurt R., Aggressive USA? Amerikanische Sicherheitspolitik 1945–1985, Stuttgart 1985

Steinert, Marlis G., „Un saut dans l'inconnu: la République fédérale d'Allemagne face au plan Schuman, de la déclaration du 9 mai 1950 à la signature du 18 avril 1951", in: Relations internationales (1975), S. 155–178

Steininger, Rolf, Das Scheitern der EVG und der Beitritt der Bundesrepublik zur NATO, in: Aus Politik und Zeitgeschichte, Beilage zur Wochenzeitung Das Parlament, 17 (1985), S. 3–18

Steininger, Rolf, Deutschland und die sozialistische Internationale nach dem Zweiten Weltkrieg. Die deutsche Frage, die Internationale und das Problem der Wiederaufnahme der SPD auf den internationalen Konferenzen bis 1951, unter besonderer Berücksichtigung der Labour Party, Darstellung und Dokumentation, Bonn 1979

Steininger, Rolf, Ein vereintes, unabhängiges Deutschland? Winston Churchill, der Kalte Krieg und die Deutsche Frage im Jahre 1953, in: Militärgeschichtliche Mitteilungen 34 (1984), S. 105–144

Steininger, Rolf, Eine Chance zur Wiedervereinigung? Die Stalin-Note vom 10. 3. 1952, Bonn 2. Aufl. 1986

Studien zur Geschichte Englands und der deutsch-britischen Beziehungen. Festschrift für Paul Kluge, hrsg. v. Lothar Kettenacker, Manfred Schlenke und Hellmut Seiler, München 1981

Taylor, Paul G., The Limits of European Integration, New York 1983

Thomas, Siegfried, Der Schuman-Plan in der „Europapolitik" der BRD (1949–1952), in: Zeitschrift für Geschichtswissenschaft 24 (1976), S. 275–291

Thomas, Siegfried, Der Weg in die NATO. Zur Integrations- und Remilitarisierungspolitik der BRD 1949–1955, Frankfurt/M. 1978

Thoß, Bruno und Erich Volkmann (Hrsg.), Zwischen Kaltem Krieg und Entspannung. Sicherheits- und Deutschlandpolitik der Bundesrepublik im Mächtesystem der Jahre 1953–1956, Boppard/Rh. 1988 (= Militärgeschichte seit 1945, hrsg. v. Militärgeschichtlichen Forschungsamt, Bd. 9)

Triffin, Robert, Europe and the Money Muddle, New Haven 1957

Trouillet, Bernard, Das deutsch-französische Verhältnis im Spiegel von Kultur und Sprache, Weinheim 1981

Verteidigung im Bündnis. Planung, Aufbau und Bewährung der Bundeswehr, 1950–1972, hrsg. v. Militärgeschichtlichen Forschungsamt, München 1975

Vogel, Johanna, Kirche und Wiederbewaffnung. Die Haltung der Evangelischen Kirche in Deutschland in den Auseinandersetzungen um die Wiederbewaffnung der Bundesrepublik 1949 bis 1956, Göttingen 1978

Vogel, Walter, Deutschland, Europa und die Umgestaltung der amerikanischen Sicherheitspolitik 1945–1949, in: Vierteljahrshefte für Zeitgeschichte 19 (1971), S. 64–82

Volkmann, Hans-Erich und Walter Schwengler (Hrsg.), Die Europäische Verteidigungsgemeinschaft. Stand und Probleme der Forschung, Boppard/Rh. 1985 (= Militärgeschichte seit 1945, hrsg. v. Militärgeschichtlichen Forschungsamt, Bd. 7)

Volle, Angelika E., Deutsch-britische Beziehungen. Eine Untersuchung des bilateralen Verhältnisses auf der staatlichen und nichtstaatlichen Ebene seit dem Zweiten Weltkrieg, Bonn 1976

Wagner, Dietrich, FDP und Wiederbewaffnung. Die wehrpolitische Orientierung der Liberalen in der Bundesrepublik Deutschland 1949–1955, Boppard/Rh. 1978

Wallace, William (Hrsg.), Britain in Europe, London 1980

Warner, Geoffrey, Die britische Labour-Regierung und die Einheit Westeuropas 1949–1951, in: Vierteljahrshefte für Zeitgeschichte 28 (1980), S. 310–330

Warner, Geoffrey, The United States and the rearmament of West Germany 1950–1954, in: International Affairs 61 (1985), S. 279–286

Watson, Robert J., History of the Joint Chiefs of Staff, Washington 1986

Watt, Donald C., Britain looks to Germany: British Opinion and Policy towards Germany since 1945, London 1965 (dt.: England blickt auf Deutschland. Deutschland in Politik und öffentlicher Meinung Englands seit 1945, Tübingen 1965)

Watt, Donald C., Die konservative Regierung und die EVG 1951–1954, in: Hans-Erich Volkmann und Walter Schwengler (Hrsg.), Die Europäische Verteidigungsgemeinschaft. Stand und Probleme der Forschung, Boppard/Rh. 1985, S. 81–99

Watt, Donald C., Großbritannien und Europa, 1951–1959. Die Jahre konservativer Regierung, in: Vierteljahrshefte für Zeitgeschichte 26 (1980), S. 389–409

Weber, Albrecht, Geschichte der internationalen Wirtschaftsorganisationen, Wiesbaden 1983

Wee, Herman van der, Der gebremste Wohlstand. Wiederaufbau, Wachstum und Strukturwandel der Weltwirtschaft seit 1945, München 1984 (= Geschichte der Weltwirtschaft im 20. Jahrhundert, Bd. 6)

Weidenfeld, Werner, Konrad Adenauer und Europa. Die geistigen Grundlagen der westeuropäischen Integrationspolitik des Bundeskanzlers, Bonn 1976

Weilemann, Peter, Die Anfänge der Europäischen Atomgemeinschaft: Zur Gründungsgeschichte von EURATOM 1955–1957, Baden-Baden 1983

Weisenfeld, Ernst, Welches Deutschland soll es sein? Frankreich und die deutsche Einheit seit 1945, München 1986

Welschke, Bernhard, Außenpolitische Einflußfaktoren auf die Entwicklung der westdeutschen Außenwirtschaftsbeziehungen in der Frühphase der Bundesrepublik Deutschland (1949–1952), in: Manfred Knapp (Hrsg.), Von der Bizonengründung zur ökonomisch-politischen Westintegration. Studien zum Verhältnis zwischen Außenpolitik und Außenwirtschaftsbeziehungen in der Entstehungsphase der Bundesrepublik Deutschland 1947–1952, Frankfurt/M. 1984, S. 187–286

Wengst, Udo, Staatsaufbau und Regierungspraxis 1948–1953. Zur Geschichte der Verfassungsorgane der Bundesrepublik Deutschland, Düsseldorf 1984

Wettig, Gerhard, Entmilitarisierung und Wiederbewaffnung in Deutschland 1943–1955. Internationale Auseinandersetzungen um die Rolle der Deutschen in Europa, München 1967

Wexler, Imanuel, The Marshall Plan Revisited. The European Recovery Program in Economic Perspective, Westport 1983

Wiebes, Cees und Bert Zeeman, The Pentagon Negotiations March 1948: the launching of the North Atlantic Treaty, in: International Affairs 59 (1983), H. 3, S. 351–363

Wiggershaus, Norbert, Die Überlegungen für einen westdeutschen Verteidigungsbeitrag von 1948 bis 1950, in: Entmilitarisierung und Aufrüstung in Mitteleuropa 1945–1956, Herford usw. 1983, S. 93–115

Wiggershaus, Norbert, Effizienz und Kontrolle. Zum Problem einer militärischen Integration Westdeutschlands bis zum Scheitern des EVG-Vertragswerkes, in: Ludolf Herbst (Hrsg.), Westdeutschland 1945–1955. Unterwerfung, Kontrolle, Integration, München 1986, S. 253–265

Wiggershaus, Norbert und Roland G. Foerster (Hrsg.), Die westliche Sicherheitsgemeinschaft 1948–1950, Boppard/Rh. 1988

Wiggershaus, Norbert, Überlegungen und Pläne für eine militärische Integration Westdeutschlands 1948–1952, in: Josef Foschepoth (Hrsg.), Kalter Krieg und Deutsche Frage. Deutschland im Widerstreit der Mächte, 1945–1952, Göttingen usw. 1985

Wiggershaus, Norbert, Zur Bewertung einer möglichen sicherheitspolitischen Rolle Westdeutschlands durch ehemalige deutsche Militärs 1947–1950, in: Westeuropäische Nationalstaaten und Europa im internationalen Staatensystem. Die Sicht der Mächtekonstellation in Deutschland, Frankreich, Großbritannien und Italien 1945–1949 (erscheint in Kürze)

Wiggershaus, Norbert, Zur Frage der Planung für die verdeckte Aufstellung westdeutscher Verteidigungskräfte in Konrad Adenauers sicherheitspolitischer Konzeption 1950, in: Dienstgruppen und westdeutscher Verteidigungsbeitrag. Vorüberlegungen zur Bewaffnung der Bundesrepublik Deutschland, hrsg. v. Heinz-Ludger Borgert, Walter Stürm und Norbert Wiggershaus, Boppard/Rh. 1982 (= Militärgeschichte seit 1945, hrsg. v. Militärgeschichtlichen Forschungsamt, Bd. 6), S. 11–88

Wightman, David, Economic co-operation in Europe. A Study of the United Nations Economic Commission for Europe, London 1956

Wilker, Lothar, Die Sicherheitspolitik der SPD 1956–1966. Zwischen Wiedervereinigungs- und Bündnisorientierung, Bonn usw. 1977

Williams, Phil, Senate and US Troops in Europe, New York 1985

Willis, Frank Roy (Hrsg.), European Integration, New York 1975

Willis, Frank Roy, France, Germany and the New Europe 1945–1967, Stanford usw. 1965

Winkel, Harald, Die Wirtschaft im geteilten Deutschland 1945–1970, Wiesbaden 1974

Winkler, Heinrich August (Hrsg.), Politische Weichenstellungen im Nachkriegsdeutschland 1945–1953, Göttingen 1979, Geschichte und Gesellschaft, Sonderheft 5

Wünsche, Horst Friedrich (Hrsg.), Die Korea-Kriese als ordnungspolitische Herausforderung der deutschen Wirtschaftspolitik, Stuttgart 1986

Yakemtchouk, Romain, L'Europe face aux Etats-Unis. Relations, politiques et stratégies militaires contentieux économique compétition technologique, in: Studia diplomatica 39 (1986), S. 331–632

Yaniv, Avner, Some aspects of the politics of Britain, France and Germany towards the failure of E.D.C. and the establishment of WEU, Oxford 1972/73

Yarbrough, B.V. und R. Yarbrough, Cooperation in the Liberalization of International Trade: After Hegemony, What?, in: International Organization 41 (1987), S. 1ff.

Yergin, Daniel, Der zerbrochene Frieden. Der Ursprung des Kalten Krieges und die Teilung Europas. Frankfurt/M. 1979 (engl.: Shattered Peace – The Origins of the Cold War and the National Security State, New York 1977)

Young, John W. (Hrsg.), The Foreign Policy of Churchill's Peacetime Administration 1951–1955, Leicester 1988

Young, John W., Britain, France and the Unity of Europe 1945–1951, Leicester 1984

Young, John W., Churchill, the Russians and the Western Alliance. the three-power conference at Bermuda, December 1953, in: The English Historical Review, Bd. 101 (1986), S. 889–912

Young, John W., Churchill's „No" to Europe: The „rejection" of European Union by Churchill's post-war government, 1951–1952, in: Historical Journal 28 (1985), S. 923–937

Zauner, Stefan, Aspekte französischer Kulturpolitik in Deutschland nach dem Zweiten Weltkrieg. Das „Centre d'Etudes Françaises" in Tübingen 1946 bis 1961, Tübingen 1986

Zeeman, Bert, Britain and the Cold War: An Alternative Approach. The Treaty of Dunkirk Example, in: European History Quarterly 16 (1986), H. 3, S. 343–367

Ziebura, Gilbert, Die deutsch-französischen Beziehungen seit 1945. Mythen und Realitäten, Pfullingen 1970

Ziebura, Gilbert, Europaidee und Supranationalität in der westdeutschen Außenpolitik, in: Hans Steffen (Hrsg.), Die Gesellschaft in der Bundesrepublik, Analysen, 2. Teil, Göttingen 1971

Zorgbibe, Charles, La construction politique de l'Europe, 1946–1976, Paris 1978

Zurcher, Arnold J., The Struggle to Unite Europe 1940–1958. An historical account of the development of the contemporary European movement from its origins in the Pan-European Union to the drafting of the treaties for EURATOM and the European Common Market, 2. Aufl. Westport 1975

Namenregister

Abelshauser, Werner 232
Abs, Hermann-Josef 68, 74, 227
Abt, Henri A. 174
Acheson, Dean XIX, 6, 12f., 170, 187f., 210,
    411, 421, 428, 431, 518-532, 535
Achilles, Theodore C. 454
Adenauer, Konrad X, XVIIIf., XXII, XXV,
    XXIX, 3ff., 7-19, 24, 29ff., 33-39, 41-45,
    50ff., 57f., 64, 66, 68, 72-76, 126, 133ff., 163,
    169, 182, 185, 187, 193, 195, 201, 214, 224f.,
    246, 258ff., 266, 268, 282-286, 288ff., 293ff.,
    297, 316f., 321f., 324ff., 328f., 332ff., 336-
    344, 346, 348, 351, 353, 355-370, 427f.,
    430f., 442f., 445, 448, 458, 471, 477, 479-
    485, 487f., 490f., 494-498, 501-505, 509f.,
    512, 521, 523f., 529-533, 536, 538, 540, 551,
    554f., 596, 599-602, 605, 607f., 610ff.
Alain siehe Chartier, Emile
Albrecht, Karl 151, 155, 168
Aldrich, Winthrop W. 465, 490
Alexander of Tunis, Harold Lord 413, 462,
    467
Alger, Frederick M. jr. 498
Allen, Denis 539
Alphand, Hervé 561
Als, Robert 278
Amelunxen, Rudolf 66
Amerongen, Otto Wolff von siehe Wolff von
    Amerongen, Otto
Armand, Louis 318, 320, 324, 333
Arndt, Adolf 34
Arnold, Karl 22, 66, 68
Arnold, Thurmond 248
Aron, Raymond 491, 575, 596
Attlee, Clement 380, 385, 540, 557
Auriol, Vincent 211, 389, 562

Baade, Fritz 68
Bach, Otto 66, 72
Bähnisch, Dorothea 22
Balke, Siegfried 328
Baraduc, Jacques 443
Barnaud, Jacques 566
Barrès, Maurice 564
Battle, Laurie C. 183

Baudet, Philippe 432, 459f.
Bauer, Walter 238
Baumgartner, Joseph 68
Beaumont, Guérin de 468
Bech, Joseph 267, 275, 351, 415, 423, 569
Bérard, Armand 35, 427ff., 442, 444
Berg, Fritz 163, 173f., 182, 191, 227, 248
Bernhard, Henry 65
Berstein, Serge 572
Berthelot, Marcel 577, 582
Berry, Henry 241
Besson, Waldemar 595
Beuve-Méry, Hubert 399
Beus, J. G. de 122
Beutler, Wilhelm 74f., 172, 180, 248
Bevin, Ernest 7, 26, 32, 128, 212, 263, 383,
    385f., 389, 400ff., 404, 411, 413, 415, 417f.,
    423ff., 535, 538-545, 549ff., 553f., 557f., 568,
    578
Beyen, Johan W. 134, 138, 224, 284ff., 295,
    488
Bidault, George 27, 288ff., 292, 297, 348, 410,
    429, 451, 455ff., 568, 577f., 580-584, 586f.,
    589f.
Blanc, Clément 316f.
Blank, Theodor 345
Blankenhorn, Herbert 7, 35, 37, 42, 188, 224,
    279, 284, 297, 337, 353, 363, 366, 444
Blessing, Otto 72
Bloch-Lainé, François 565
Blücher, Franz 157f., 161, 172, 187, 195,
    336ff., 340f., 344, 358
Blum, Léon 55
Böckler, Hans 52
Böhm, Franz 238, 248f.
Boetzelaer van Oosterhout, Carel van 403
Bohlen, Charles, E. 187f., 261, 408
Bolte, Charles L. 394
Bonaparte, Napoleon 260
Bonbright, James C. H. 188, 452
Bonin, Bogislav von 508f.
Bonnet, Henri 210, 428f., 431-434, 436, 439,
    441, 519, 585
Bonsal, Philip W. 396
Boon, Hendrik (Han) 402

Borne, Etienne 573f.
Bossuat, Gérard 567-570
Bourdin, Paul 36
Bourgés-Maunoury, Maurice 432, 481
Bouthillier, Yves 566
Bowie, Robert R. 251, 323, 522, 532
Boyd-Orr, John 188
Bradley, Omar 558
Brandt, Willy 66, 283
Brauer, Max 22, 68, 74
Brentano, Heinrich von 16, 66, 68f., 282, 321, 326, 344, 348, 352f., 355-358, 361-368, 484, 490ff.,
Briand, Aristide 564f.
Brill, Hermann 55f., 68f., 73
Brink, Johannes Roelof Marie van den 126
Bruce, David K. E. 292f., 295, 467, 470, 519, 522f., 528f., 533
Brugmans, Henri 65, 77
Brzezinski, Zbigniew K. 233
Bull, Harold R. 383
Busmann, E. Star 407
Butler, Richard A. 215, 489
Butterworth, W. Walton 497
Byrnes, James F. 109, 376
Byroade, Henry Alfred 181f., 523, 528, 530f.

Caboni, Pinna 293
Caffery, Jefferson 142f.
Caillaux, Joseph 564
Cairncross, Alexander K. 188
Carmoy, Guy de 576
Carstens, Karl 362, 364f.
Cauwelaert, Frans van 30
Chartier, Emile 564
Chauvel, Jean 585
Chipman, Norris B. 465
Churchill, Sir Winston Spencer 23, 67, 141, 184, 260, 289, 291, 433, 451f., 456, 462, 467, 469ff., 477, 479, 538, 549, 597, 600, 602
Clappier, Bernard 561
Clarke, Ashley 484
Clay, Lucius D. XVII, 149, 234, 236, 238, 240f., 382, 384, 387f., 518, 580, 584f.
Cockcroft, Sir John 321
Collins, Robert 235
Conant, James B. 221, 321, 328, 464, 489, 491, 495, 497f.
Connelly, Walter J. 195
Coppe, Albert 488
Cornides, Wilhelm 65, 70
Costigliola, Frank 229
Coudenhove-Kalergi, Richard Graf 71, 570
Courcel, Geoffroy de 580
Couve de Murville, Maurice 442, 584-587

Cripps, Sir Stafford 146, 541, 569
Crouy-Chanel, Etienne de 433f.

Dean, Patrick 539
Debré, Michel 333
Dehler, Thomas 35, 66, 68, 492
Dehne, Gerhard 173f.
Deist, Heinrich 74
Delbos, Yvon 564
Delmas, Jean 571
Déroulède, Paul 564
Devèze, Albert 420
Dewey, Thomas 239
Dickinson, Emily 609
Diegmann, Albert 523
Dillon, Douglas 325, 441, 467, 470, 478f., 481, 495, 498
Dirks, Walter 64
Dittmann, Herbert 40, 42
Dobb, Maurice Herbert 188
Dorizon, Louis 564
Douglas, Sholto 540
Draper, William H. 389
Drees, Willem 134
Dulles, John Foster 185, 196, 219, 221, 323, 359, 427, 433, 436, 438, 440f., 449f., 452, 454, 456ff., 462, 465f., 469f., 476, 479f., 489f., 492, 495ff.
Duverger, Maurice 574f.
Dykerhoff, Harald 172

Edelmann, Maurice 23
Eden, Anthony 186, 316f., 435, 437-441, 444, 450, 456, 469ff., 473, 479f., 494, 546
Edwards, Corwin 248
Eisenhower, Dwight D. 184, 196, 204, 219ff., 291, 319, 323, 378f., 384, 392, 438f., 448-452, 470, 476f., 479, 492, 504, 528, 598, 606
Elliot, William Y. 240, 243
Elliot, William 558
Elsey, George M. 168
Ely, Paul 385, 435
Emminger, Otmar 95, 140, 152, 154f., 157
Erhard, Ludwig XVI, XXII, 68, 126, 139, 149f., 164f., 172f., 180, 188-193, 201, 216, 222, 232, 238f., 243, 246-253, 285, 293, 297, 319, 336-341, 343f., 350ff., 354-370, 442f., 481, 483ff., 491, 495, 605
Erler, Fritz 68, 74, 76, 508, 512f.
Ernst, Friedrich 340
Ernst, Wolfgang 343
Etzdorf, Hasso von 484
Etzel, Franz 352, 358, 361ff., 365ff.
Euler, August Martin 341
Eutrope, Jacques 567
Everest, Frank F. 453

Faure, Edgar 443
Fauvet, Jacques 576
Finkelnburg, Wolfgang 330
Flick, Friedrich 227
Forrestal, James V. 388
Foster, William C. 179
France, Anatole 564
Franco, Francisco 567
François-Poncet, André 11, 36f., 40, 268, 429-432, 434ff., 438, 442ff.
Frenay, Henri 77
Friedlaender, Ernst 30, 68, 72-77, 283, 289
Friedrich, Carl Joachim XVII, 233f., 251
Friedrich, Otto A. XVII, 227, 233ff., 237-253
Frings, Joseph 242

Gaddis, John Lewis 382
Gaillard, Felix 322, 333
Gainer, Donald 539, 555, 559f.
Gaitskell, Hugh 496
Galland, Adolf 443
Gareis, Hanns 309
Gasperi, Alcide de 280, 286, 289ff.
Gaulle, Charles de 217, 332f., 374, 392, 397, 570, 572, 587, 606, 611
Geiler, Karl 66, 68
Gerbaulet, Gustav 173
Gerbet, Pierre 570
Gide, André 564
Gillingham, John 230, 250
Giraudoux, Jean 564
Golding, Robert N. 179
Goldschmidt, Bertrand 316
Gordon, Marcus J. 155
Graf, Otto 273, 276
Grandval, Gilbert 46
Grau, Wilhelm 321, 330
Gray, Gordon 168
Greiner, Christian 421
Grewe, Wilhelm 13f.
Grimme, Adolf 68
Groeben, Hans von der 341, 343, 346, 348, 352, 358
Grote, Hermann 511
Gruben, Hervé de 277, 402
Grumbach, Salomon 52, 55
Günther, Eberhard 238ff., 242f., 247
Guillaumat, Pierre 316, 333
Gumppenberg, Max Freiherr von 70ff.
Guth, Karl 238

Haas, Wilhelm 338
Haberland, Ulrich 74
Hahn, Otto 68
Haiblen, Carl 177
Halder, Franz 428

Hallstein, Walter 222, 224, 266, 270, 284f., 292-295, 324, 338, 341f., 346, 350-355, 357f., 363, 366, 430, 444, 485f.
Hamilton, Walton 248
Hanes, Robert M. 174
Harkort, Günther 354, 356, 368
Harriman, W. Averell 87, 145f., 168, 179, 569
Hartmann, Heinz 229f., 251
Harvey, Sir Oliver 385, 451, 551
Hausenstein, Wilhelm 160, 292
Hays, George P. 429
Heile, Wilhelm 64
Heine, Fritz 51
Heinemann, Gustav 43
Heisenberg, Werner 68
Hellwege, Heinrich 68
Henderson, William Lord 539, 559f.
Henle, Günter 68, 74, 523
Henßler, Fritz 51f.
Hermes, Wilhelm 64ff.
Herr, Lucien 564
Heusinger, Adolf 506-509
Heuss, Theodor 28, 35, 68, 353
Hickerson, John D. 384
Hirschfeld, Hans 120, 124, 129ff., 403
Hitler, Adolf IX, 53, 235, 519, 565
Hobrecker, Walter 175
Hoegner, Wilhelm 47
Hoffman, Paul 147, 154, 168, 172, 179, 232, 248, 250f., 304
Hoffmann, Johannes 25, 31, 35
Hogan, Michael J. 235, 269
Hoover, Herbert jr. 320
Hoover, J. Edgar 378
Howard, Michael 376
Hoyer-Millar, Frederic 486, 490
Huebner, Clarence R. 380, 387ff., 393
Hugo, Victor 564
Hull, Cordell 141
Hull, John E. 379
Humbert, Jean 385
Hynd, John 538

Inverchapel, Archibald Lord 407
Isaacson, Walter 252

Jansen, Josef 348
Jaurès, Jean 564
Jeanneney, Jean Marcel 576
Jebb, Gladwyn 407, 478, 484, 549
Jerphanion, Jean 564
Jessup, Phillip 549
Joffe, Josef 374
John, Otto 75
Johnson, Louis 416
Josten, Paul 238f., 241ff., 247

Juin, Alphonse Pierre 430, 456
Junker, Werner 357f.

Kahn, Herman 598
Kaisen, Wilhelm 66, 74
Kaiser, Jakob 28, 35f., 38, 43, 64, 68
Kaplan, Lawrence S. 400
Kasting, Wilhelm 65
Kattenstroth, Ludwig 358
Katz, Milton 155
Kehrl, Hans 233
Kennan, George F. XVII, 210, 284, 408, 448, 517
Kerkhoff, Martin 532
Kersten, Albert E. XV
Keynes, John Maynard XIV, 568
Kibler, Franklin 387
Kiefer, Alexander F. 184, 199
Kielmannsegg, Johann Adolf Graf 317
Kiesinger, Kurt Georg 75
Kingsbury-Smith, Joseph siehe Smith, Joseph Kingsbury
Kirkpatrick, Sir Ivone 7, 11f., 14f., 17, 182, 462, 467, 471, 539ff., 550, 558
Kleffens, Eelco van 121ff.
Knight, Ridgway B. 389
Koenecke, Fritz 237f., 245, 248f.
Koenig, Pierre 384, 432, 578, 581
Kogon, Eugen 22, 64-69, 71-74
Kohl, Helmut 119
Kohnstamm, Max 129f., 274
Kollert, Roland 316
Kost, Heinrich 74
Krekeler, Heinz 197, 323f., 333f.
Kremmler, Horst 230f.
Kroll, Hans 184, 189f., 193
Kromphardt, Wilhelm Martin 217
Krone, Heinrich 477
Kronstein, Heinrich 248
Krumme, Heinrich 188
Krupp von Bohlen und Halbach, Gustav 238
Kuniholm, Bruce 382

Lacroix-Riz, Annie 567
Laffon, Emile 578
Lahr, Rolf 354
Lange, Karl 175, 177
Laniel, Joseph 457
Lattre de Tassigny, Jean de 390, 414, 422, 568
Layton, Walter Thomas Lord 30, 42
Leahy, William D. 379
Lemnitzer, Lyman L. 409
Lenz, Otto 188
Lerner, David 575
Leusse, Pierre de 587, 589
Leverkuehn, Paul 74f.

Limbourg, Peter 364
Linder, Harold F. 185
Link, Werner 227-230, 251f.
Lippmann, Walter 259
Lloyd, Selwyn 498
Löbe, Paul 68
Löwenstein, Prinz Karl zu 22, 68
Löwenthal, Richard 64
Lovett, Robert A. 143, 407, 409, 528
Lubbers, Ruud 119
Luce, Henry 231
Ludwig, Adolf 68
Lupin, Friedrich Freiherr von 199

Mackenroth, Gerhard 304
Maclean, Donald 405
Macmillan, Harold 323, 471, 477, 488, 492, 494f., 606
Maddocks, Ray T. 391
Mahs, Ernst-Robert Freiherr von 354
Maier-Leibnitz, Heinz 314, 326, 330
Makins, Sir Roger 458, 492
Malenkow, Georgij Maximilianowitsch 462
Mallet, Ivo 537ff., 541, 544, 559f.
Maltzan, Vollrath von 153, 172, 185, 213, 294, 338f., 346, 348f., 354, 364, 444
Mangoldt, Hans Karl von 146, 151f., 159, 161
Mann, Wilhelm R. 139
Mansfield, Mike 431
Mansholt, Sicco 222, 307
Manteuffel, Hasso von 428
Marc, Alexandre 65, 76
Margerie, Roland de 433
Marguerat, Philippe 567
Marjolin, Robert 160, 407, 561, 569
Maroger, Jean 478
Marshall, George C. XI, 142f., 210, 382, 388, 401, 578
Martin du Gard, Roger 564
Martini, Herbert 151f.
Mason, Edward 248, 251
Massigli, René 257, 432, 434f., 550, 568, 580, 583
Matloff, Maurice 373
Matthews, H. Freeman 188
Maurras, Charles 564
Mayer, René 261, 289, 291, 495, 565
McCarthy, Joseph R. 181
McCloy, John XXIf., 10f., 13, 42, 163, 169, 182, 187, 251, 260, 277, 428f., 517-533, 548, 607
Mendès France, Pierre 316, 431-445, 458-462, 467-473, 478-484, 565, 572
Menne, Wilhelm Alexander 191
Merchant, Livingston 319, 464f., 489f., 492
Merton, Richard 249

Metzner, Alfons 188
Metzner, Max 238, 242
Maurice, Joseph 277
Meyer-Cording, Ulrich 331
Middelhauve, Friedrich 492
Milward, Alan S. 230, 232, 608
Mioche, Philippe 567
Mitrany, David 609
Mitscherlich, Alexander 68
Mitterand, François 573
Moch, Jules 259, 261, 437
Mönick, Emmanuel 565
Mollet, Guy 55, 327ff., 333, 494f., 497, 561, 574
Molotow, Wjatscheslaw Michailowitsch 432, 461, 486
Mommer, Karl 283
Monnet, Jean 258, 261, 265ff., 274ff., 278, 297, 318f., 322-325, 329, 351f., 494, 518, 521f., 525, 527, 533, 544, 550, 561, 565, 569, 579, 607
Montgomery, Bernard L. 129, 379, 382, 386f., 405f., 410, 414, 416, 419, 424, 538, 540, 568
Morgenthau, Henry 232, 518, 601
Morino, Lina 30
Morrison, Herbert 544, 553
Mosler, Hermann 346
Mühlenfeld, Hans 348
Müller, Josef 66, 74
Müller-Armack, Alfred 235, 293, 352, 364-367
Murphy, Robert D. 384, 452, 466, 497
Myrdal, Gunnar 192

Napoléon siehe Bonaparte, Napoléon
Nasser, Gamal Abd el 497
Nenni, Pietro 52
Nesterow, Michail 189
Niemöller, Martin 64, 66
Niklas, Wilhelm 337
Nitze, Paul H. 187, 412, 526
Noack, Ulrich 64
Noël, Emile 561
Noetzlin, Maurice 564
Norstad, Laurin 380

Öckhardt, Kuno 184
Ollenhauer, Erich 50ff.
Oncken, Onno 174
Ophuels, Carl Friedrich 296, 320, 343, 352, 481, 484, 489
Oppenheim, Friedrich Carl Freiherr von 74
Oppenheimer, Robert 505
Ory, Pascal 571
Ostrander, Taylor 155

Pahl, Hans 237, 242, 245
Pakenham, Francis Lord 539

Palewski, Gaston 439
Palmer, Joseph 489
Paris, Jacques-Camille 570, 583
Parodi, Alexandre 435, 467f., 485
Parsons, Talcott 609
Patterson, Robert 377
Pauls, Rolf Friedemann 343
Pella, Giuseppe 295
Penson, Hubert 556
Petersen, Rudolf H. 249
Petsche, Maurice 261, 569
Pfeifer, Gottfried Georg 22
Pfeiffer, Anton 68, 347
Pfister, Bernhard 238
Pflimlin, Pierre 307, 550
Phelps, Thomas W. 183
Philip, André 55f.
Pieck, Wilhelm 547
Pinay, Antoine 281, 322, 439, 443, 491
Pineau, Christian P. 495, 561
Pleven, René XX, 11, 257, 261, 281, 420f., 525, 550
Plowden, Edwin 569
Poincaré, Raymond 564
Posadowsky-Wehner, Harald Graf von 339, 357
Posse, Hans 139, 156
Prud'homme, Hector 151, 182
Pünder, Hermann 72, 76, 150, 242

Quandt, Harald 227
Quandt, Herbert 227
Queuille, Henri 569

Radford, Arthur W. 453, 504
Rapacki, Adam 510
Regul, Rudolf 352
Reilly d'Arcy, Patrick 462, 487
Reinhardt, Hermann 339, 349, 364, 368
Reusch, Hermann 184
Reuter, Hans 214
Revers, George 383, 386, 389f.
Richter, Hans-Werner 64
Riddleberger, James W. 519
Rieck, Otto 152
Risse, Roland 238-241, 243, 246ff.
Robert, Rüdiger 247
Roberts, Frank 186, 463f., 471
Robertson, Brian Hubert Lord 42, 149, 539f., 548, 554
Robinson, Howard A. 323
Röpke, Wilhelm X, 596
Rogers, Jordan T. 180
Rolland, Romain 564
Romain, Jules 564

Roosevelt, Franklin Delano 141, 236, 375, 382, 392
Rosenberg, Ludwig 68, 76
Rosenthal, Philip 197
Roser, Dieter 72-75
Roßmann, Erich 65f., 68
Rouvier, Maurice 564
Rueff, Jacques 565
Russel, Bertrand 510
Rust, Josef 342f., 346f., 352, 358

Sachs, Hans-Georg 160f., 297
Sahm, Ulrich 337, 341ff., 345-349
Salewski, Wilhelm 154
Sandys, Duncan 67
Sargent, Orme 543
Savary, Alain 574
Sawyer, Charles 179, 208f., 215
Schäfer, Albert 74, 233, 247ff.
Schäfer, Hermann 341
Schäffer, Fritz 341, 344f.
Schalfejew, Eduard 242, 249, 337f.
Schaller, Joachim 174
Schenck, Ernst von 64ff.
Scherpenberg, Hilger van 364f., 368
Schinzinger, Albert 72
Schmid, Carlo 24, 65f., 68f., 72f., 588
Schmidt, Helmut 510, 512f.
Schmitt, Matthias 139
Schöndube, Claus 77
Schroeder, Luise 68
Schultze-Schlutius, Karl-Gisbert 247
Schulz, Werner 148
Schumacher, Kurt XVIIIf., 8, 13f., 24, 27ff., 31, 42, 45, 47-61, 64, 68f., 73, 258
Schuman, Robert XX, XXIV, 6, 12, 15, 25-29, 31, 34-37, 59, 125, 133, 257-261, 267, 275, 279ff., 297f., 337, 348, 387, 410-413, 415, 420, 423, 427f., 430f., 519f., 531, 550, 561, 577, 581, 591
Schumann, Maurice 451
Schwerin, Gerhard Graf von 429
Seebohm, Hans Christoph 340
Seeling, Otto 337
Seib, Friedrich G. 156
Seidel, Hanns 337
Semler, Johannes 76
Sethe, Paul 487
Seydoux, François 427, 579f., 584
Seynes, Philippe de 467
Shinwell, Emanuel 419f.
Shuman, Frederik 237
Siegfried, André 574
Siemon, Bruce 396
Silvermann, Samuel Sydney 188
Simons, Langdon S. 522

Sirinelli, Jean François 564
Smith, Gerard 322, 489
Smith, Joseph Kingsbury 39
Smith, Walter Bedell 185, 462, 470
Snoy et d'Oppuers Jean Charles 271
Sölter, Arno 231
Sohl, Hans-Günther 227
Sommer, Theo 504
Soutou, Jean 444, 487
Spaak, Charles 71
Spaak, Paul-Henri 55, 222, 282, 288, 317, 320, 322, 324f., 329, 351, 402, 407, 412f., 415, 420, 423, 490, 492f., 495f., 578
Spencer, Herbert 609
Spiecker, Carl 66, 68
Spieker, Karl 22
Spierenburg, Dirk Pieter 266f., 273ff.
Spinelli, Altiero 76f.
Stahl, Rudolf 238
Stalin, Josef Wissarionowitsch 137, 187, 205, 215, 218, 289, 376
Stassen, Harold E. 196, 221
Steltzer, Theodor 68, 241
Sternberg, Hubert H. A. 173f.
Sternberger, Dolf 68
Stevens, Roger 539, 556
Stikker, Dirk 125f., 130f., 134, 265, 280, 415, 420, 423f.
Stimson, Henry L. 518
Strang, William 538f., 541, 548, 551, 559
Strauß, Franz-Josef 75, 191, 315, 320-328, 332f., 358ff., 491, 493, 495f., 498, 501, 507, 509
Strauss, Lewis 328
Strauss, Walter 243, 246
Stricker, Fritz 149
Süsskind(-Schwendi), Alexander Freiherr von 161
Süsterhenn, Adolf 51, 66
Suétens, Max 266, 270, 275ff.
Suhr, Otto 22

Taft, Robert A. 449
Talleyrand, Charles Maurice de 48
Tarbé de Saint Hardouin, Jacques 582, 584ff.
Taviani, Paolo Emilio 267
Taylor, Wayne C. 167
Tedder, Arthur 558
Teitgen, Pierre-Henri 383, 389
Tenenbaum, Edward 156
Teusch, Christine 22, 68
Thomas, Evan 252
Thukydides 600
Tito, Josip Broz 391
Tocqueville, Alexis de IX
Tomlinson, William M. 469

Trudeau, Pierre E. 188
Truman, Harry S. 183, 204, 209f., 375, 377, 381, 388, 408, 448, 450, 504, 524f., 527f., 530, 558, 584

Uri, Pierre 272, 561

Vernet, Alexandre 561
Viénot, Pierre 599
Vinck, Frans 274
Vocke, Wilhelm 160

Waldersee, Etta Gräfin 76
Wallner, Woodrow 396
Warburg, Eric M. 172
Webb, James W. 522
Weber, Alfred 64
Wedemeyer, Albert C. 380, 382ff., 387-391, 393

Wehner, Herbert 68
Wehrer, Albert 274f.
Weizsäcker, Carl-Friedrich von 509
Wellhausen, Hans 338
Werkmeister, Karl 160f.
Westerbarkey, Ferdinand 188
Westrick, Ludger 339, 342, 352, 357f., 367
Whitman, Roswell H. 219, 221
Wilson, Charles E. 453, 456
Wolff von Amerongen, Otto 192

Young, Mason J. 396
Younger, Kenneth 554

Zangen, Wilhelm 238
Zeeland, Paul van 30, 266, 274, 278, 285f., 423f., 565
Zijlstra, Jelle 223
Zorn, Rudolf 74

Quellen und Darstellungen zur Zeitgeschichte
Herausgegeben vom Institut für Zeitgeschichte

Band 31
Christoph Buchheim
**Die Wiedereingliederung Westdeutschlands
in die Weltwirtschaft 1945 – 1958**
1990. XVI, 205 Seiten.

Band 32
Werner Bührer
**Die Bundesrepublik Deutschland
und die Organisation für europäische wirtschaftliche
Zusammenarbeit (OEEC)**
In Vorbereitung.

Oldenbourg

www.ingramcontent.com/pod-product-compliance
Lightning Source LLC
Chambersburg PA
CBHW071009140426
42814CB00004BA/175